郭寿康法学文选

郭寿康 著

知识产权出版社
全国百佳图书出版单位

责任编辑：刘　睿　文　茜　　　　　　责任校对：韩秀天
文字编辑：文　茜（中文部分）　　　　　　责任出版：卢运霞
特约编辑：张欣然（英文部分）

图书在版编目（CIP）数据

郭寿康法学文选／郭寿康著．—北京：知识产权出版社，2013.9
ISBN 978 – 7 – 5130 – 1886 – 9
Ⅰ．①郭… Ⅱ．①郭… Ⅲ．①知识产权 – 中国 – 文集 – 汉、英
Ⅳ．①D923.404 – 53
中国版本图书馆 CIP 数据核字（2013）第 031055 号

郭寿康法学文选
Guoshoukang Faxue Wenxuan
郭寿康　著

出版发行：	知识产权出版社		
社　　址：	北京市海淀区马甸南村 1 号	邮　　编：	100088
网　　址：	http://www.ipph.cn	邮　　箱：	bjb@cnipr.com
发行电话：	010 – 82000860 转 8101/8102	传　　真：	010 – 82005070/82000893
责编电话：	010 – 82000860 转 8113	责编邮箱：	liurui@cnipr.com
印　　刷：	北京市凯鑫彩色印刷有限公司	经　　销：	新华书店及相关销售网点
开　　本：	787mm×1092mm　1/16	印　　张：	59
版　　次：	2013 年 9 月第一版	印　　次：	2013 年 9 月第一次印刷
字　　数：	1396 千字	定　　价：	198.00 元
ISBN 978 – 7 – 5130 – 1886 – 9			

出版权专有　侵权必究
如有印装质量问题，本社负责调换。

序　一

2012年5月，我在中国人民大学参加中美知识产权司法审判研讨会，见到同来出席这次盛会的我的知识产权启蒙老师、中国人民大学法学院教授郭寿康老先生。郭老告诉我，他和几位弟子正在整理自己的法学文集，打算出版，并嘱我作序。我欣然应允，并为先生以87岁高龄出版文集而备感欣慰。

我向来尊郭老为我的知识产权启蒙老师，这并非一句客套。我与郭老的缘分归根结底就是我与知识产权事业的缘分。

1979年，中国专利法起草小组正式成立，从全国各地邀请来的科技、法学、外贸、外语等专业的专家一共8人组成这个起草小组，开始了中国专利法从无到有的艰辛历程。郭寿康教授就是其中的专家之一。当时的中国，起草专利法的阻力相当大，从官方到民间都有强烈的反对声音和意见。郭老和各位专家不断地研究和论证，做了很多基础性、开创性的工作。为了将这一工作长期且顺利地开展下去，1979年9月，新中国历史上第一个专利法研修班在北京怀柔开班，我和另外十几位同学有幸成为其中的学员，郭老和另几位专家就是我们的培训老师。

郭老等人对我们这批学员倾注了大量心血，在没有任何教材的情况下，他结合自己积累多年的专利法资料将自己的研究心得传授给我们。我印象中，他为我们讲授了时任世界知识产权组织总干事鲍胥格博士提供的30多个国家的专利法和时任德国马普所所长提供的50多个国家的专利法摘要，并提炼出我国专利法起草过程中的各种争议与争论以及他个人的观点供我们研习。在我30多年的知识产权职业生涯中，这个研修班是我出发的原点，我很珍惜这难得的学习机会，学到了最基本的专利法相关概念、原则与规范，为我后来走出国门进一步学习专利知识打下了良好的基础。

据郭老讲，这也是他第一次讲授专利法，并且他从此与专利结缘，与中国的专利事业结缘，积极参与专利局的各项活动，并与社会各界因专利而加强联系，做了很多开创性的工作。中国知识产权研究会在六里桥创立时，郭老担任专利法研究会副主任；中国知识产权培训中心成立时，他是最早的7位名誉教授之一。尤其值得一提的是国际知识产权保护协会（AIPPI）中国分会的成立，1982年，在当时特殊的历史背景下，在时任中国国际贸易促进委员会副主任、党组副书记任建新同志提议下，任建新、当时的专利局局长和商标局局长以及郭寿康教授等7人迅速组建了中国分会。

郭老给我最深刻的印象就是他数十年持之以恒、兢兢业业，又紧跟潮流、探索前沿，始终活跃在我国知识产权教学研究的第一线，不仅教书育人桃李满天下，更有潜心研究成果丰且硕。多年来，我每次见到他，都会听到他讲述工作中的新进展、新收获，并给我的工作带来新启迪、新思路。郭老是我永远的老师。

翻阅郭老的书稿，思绪万千，他的研究历程可以说是中国知识产权事业尤其是专利事业的缩影，他是新中国知识产权法治的奠基者、研究者、教育者和推动者之一，他严谨的治学精神和他俭朴宽和的为人让他成为国内最受人敬仰的学者，也在业界赢得了广泛的世界声誉。整理出版郭老法学文集对当前我国知识产权事业的发展具有积极的推动意义。一方面，郭老的文集具有重要的史料价值。文集清晰地展示了我国知识产权事业建立的相关背景和当代发展的脉络，有助于读者回顾过去，触摸我国知识产权事业的历史脉搏；另一方面，郭老的文集更具有积极的启迪意义，有助于研究当前我国知识产权事业的现状和探索我国知识产权事业的未来方向。难能可贵的是，郭老长期坚持用外语发表论著，及时将中国知识产权取得的进步介绍给国外同行。因此，郭老法学文集的出版无疑是国际知识产权界的一个重要成果，必将为推动知识产权事业的国际交流作出积极的贡献！

衷心祝愿郭老身体安康、学术之树常青。

田力普

2013 年 2 月

序二　知识报国　炉火纯青
——向郭寿康学长学习

《郭寿康法学文选》（以下简称《文选》）付梓之前，承作者惠来全书目录，嘱我作序。我自忖学养不足，未敢贸然应命。经学长鼓励再三，转念不妨以学弟、读者的身份，略谈几点学习体会，就教于同行，

这套文选荟萃了作者数十年来的主要研究成果，篇幅近1 000，长篇、短论兼具，中文、英语并茂，琳琅满目，美不胜收。其中最令人敬佩、最难能可贵的，是贯穿全书的知识报国的热忱和炉火纯青的学识。这主要体现在以下三个方面：

第一，通过长期教书育人，实行知识报国，学长1948年毕业于北京大学，随即留校执教，其后粉笔生涯60余载，传道授业解惑，始终不渝不懈。其间历经风风雨雨，"教书匠"的社会地位起起落落、飘摇不定。学长无怨无悔，坚坐"冷板凳"，不慕虚华，不图厚禄，以"蜡烛"精神，燃烧自己，点亮别人，为我国悉心培育一茬又一茬高等法学人才，共同投身振兴中华大业。《文选》所辑多种获奖的高校教材以及可供教学参考的研究著述，就是学长在这一主要干道上风雨无阻、践行知识报国素志的有力佐证。

第二，通过多次参加立法，实行知识报国。数十年来，学长就知识产权等前沿法律问题广泛调查，收集中外一手资料，潜心比较研究，立足国情，去粗存精，提出真知灼见，发表文章，不但对有关公安人员和社会大众，进行"启蒙"，而且多次以专家身份应邀进入殿堂，参加立法，填补新中国在相关领域的立法空白，竭思殚虑，为我国有关知识产权法律法规的成龙配套，做出突出贡献。具体言之，学长从早年起，就相继全面参加我国《专利法》《商标法》《著作权法》《反不正当竞争法》与《计算机软件保护条例》等法律法规的起草工作，是我国唯一的连续参加几部重要知识产权法律起草的资深专家。此外，还曾参与我国《对外贸易法》、原《涉外经济合同法》、三部"三资"企业法等法律法规的起草。❶《文选》所辑多篇论文，就是学长在这一启蒙和立法进程中践行知识报国素志的真实记录。

第三，通过外文著述，弘扬中华学术，实行知识报国。学长熟练掌握外语，运用自如，多次代表中国学界专家，参加相关领域的国际学术论坛和条约谈判，及时发出中华

---

❶ 百度百科："郭寿康"，载 http://baike.baidu.com/view/3196273.htm，2012年5月30日访问。

之声；或撰写专文，阐明中国合理主张，平起平坐、有理有据地参与国际争鸣，达到互相补益，共同提高，从而使中国人的学术研究成果"走出国门"、实现"国际化"，为中国的相关国内立法和国际条约主张，赢得国际理解和国际声誉。例如，早在1985～1986年，学长在世界知识产权组织（World Intellectual Property Organization，WIPO）时任总干事鲍格胥博士（Dr. Arpad Bogsch）、国家教委以及中国人民大学的支持下，组建中国人民大学知识产权教学与研究中心，并被任命为第一任主任。该中心乃是我国最早的专门从事知识产权教学与研究的机构，被誉为我国知识产权领域学术的"工作母机"。接着，2000年，学长又受联合国教科文组织的主动约请，就有关"版权与邻接权教席"的设立事宜，进行会谈；随即于2001年主持创办"联合国教科文组织版权与邻接权教席"。该教席设在中国人民大学法学院内，是联合国教科文组织在我国设立的首个也是至今唯一的法学类教席，学长现任该教席主持人。❶ 这一典型事例，从一个侧面显示了学长的学术造诣炉火纯青，获得高度的国际承认。《文选》所辑多篇外文论文，均与上述弘扬中华学术，实行知识报国的活动密切相关。

概言之，郭寿康学长以炉火纯青之学术，践知识报国之夙志，数十年如一日，孜孜矻矻，贡献多多，堪称学界楷模。一部《文选》荟萃传世，对同辈、对后学，均大有示范和启迪。如今，学长虽已届耄耋高龄，依然诲人不倦，笔耕不辍；依然活跃在国内相关立法以及国际论坛和谈判第一线，着实令人敬仰，催人奋发。谨此祝愿郭寿康学长健康长寿、学术生命之树常青！

厦门大学教授 陈 安
2012年初夏于鹭海之滨

---

❶ 百度百科："郭寿康"，载 http://baike.baidu.com/view/3196273.htm，2012年5月30日访问；郭寿康："我国知识产权制度的起步和发展"，载 www.iprcn.com/Rdjj_ShowZaspx? News_PI=159，2012年5月30日访问。

序　　三

著名法学家郭寿康先生的著述即将结集出版，当为知识产权学术界与实务界的一件大事。先生嘱我为之作序，本人甚为惶恐。先生与我既有中国人民大学师生之情，又有知识产权同道之谊，在此恭敬不如从命，放言为尊者序。

先生是我国前一辈法学大家，早年毕业于北京大学法律系，曾为美国哥伦比亚大学、乔治城大学、加州（洛杉矶）大学和德国马普研究所的访问学者。现以87岁高龄工作于人民大学法学院。数十年来，先生与法同行，以书为伴；学贯中西，蜚声国际；通晓多门外国语言，兼功民法、国际法、知识产权法等多个领域。

先生是知识产权教育事业的开拓者。他是联合国教科文卫组织版权讲座教授，在他与前世界知识产权组织鲍格胥博士的共同努力下，中国政府有关部门作出决定，在20世纪80年代得以启动专门的知识产权教育。以先生为主任的知识产权教学与研究中心成为专门人才培养的"工作母机"。回想我在90年代攻读博士学位期间，先生参加论文答辩，精心指点，可谓是深得其教益。

先生是知识产权法制建设的推动者。他亲历了我国知识产权立法的全过程，是唯一一位参加了《专利法》《商标法》《著作权法》三部法律起草的专家。在中国知识产权制度艰难起步之初，可供借鉴资料有限，阻力歧见甚多，先生以自己的智慧和见识为相关立法作出了卓越的思想贡献。

先生是知识产权学术研究的先行者。他主编有英文版的《中国知识产权法》、合著有英文版的《国际版权法律与实务》《知识产权边境保护》，译著有《版权法导论》。进入耄耋之年，他组织翻译并审校了《WIPO因特网条约评注》《版权法与因特网》等。这次入选《郭寿康法学文选》的几十篇论文，涉及知识产权基础理论及版权、专利、商标等。这些著述记录了先生半个多世纪来学术生涯的心路历程，总结了他探索知识产权真谛的真知灼见。可以说，他的学术思想对几代学人都产生了重要影响。

谨以此颂言为长者序。

吴汉东

/ 序　四 *

Preface

Being invited to write a preface for a book honouring the 87th birthday of Professor Guo Shoukang with a collection of his numerous publications in all areas of intellectual property, is a truly exceptionally honour and privilege, but at the same time also a first class challenge.

If today's professional world thinks of China and intellectual property rights, it thinks primarily of the 391,177 patent applications filed with the State Intellectual Property Office (SIPO) in 2010, of which 293,066 were filed by domestic applicants. Those, who read patent statistics, have difficulties to believe that in 2011 number one PCT patent applicant was the ZTE Corporation of China and number three the Chinese Huawei Technologies Co. The better informed and interested in intellectual property rights policies have also heard of the "Outline of China's National Intellectual Property Strategy" issued and implemented in 2008 by the State Council, and of China's Action Plan in Intellectual Property Protection 2010, as well as of the Interim Provisions on the Intellectual Property Management for National Significant Scientific and Technological Projects. Some of professionals, of course, think of problems of enforcement and of complications in the Chinese judiciary system. However, the entire business world is deeply impressed by the continuous growth of Chinese domestic product (GDP) of close to 10% annually, and by ever increasing Foreign Direct Investment (FDI) of at present some US $ 116 billion per year. Because of the growing interdependence of the globalized economy, the business world at the same time anxiously analysis these developments and makes forecasts for Chinese economy, well understanding how dependent the rest of the world has become on the health of Chinese economy. If there is a personal attachment of these impressive developments of the last thirty years, it is for sure the late Chinese leader Deng Xiaoping.

For us at the Max–Planck–Institute for Intellectual Property and Competition Law in Munich, and for me personally, the Chinese developments in the area of intellectual property rights, which have for sure made their contribution to the present remarkable state of economic affairs in China, have a somewhat different, more micro–cosmic and personahzed perspec-

---

*　序四含英文原序及其中文译序。中文译序由广西师范大学法学院韦之教授翻译。

tive, fully dominated by the person of Professor Guo Shoukang: Professor Guo Shoukang was the first Chinese academic colleague who visited our Institute in 1983, i. e. before the Peoples Republic of China even adopted its first Patent Act. Since then Professor Guo Shoukang has left deep intellectual traces in the English and German language journals published by the Institute. As one of the co-drafters of the first Patent Law of the People's Republic of China, adopted by the Sixth National People's Congress Standing Committee on March 12, 1984, Professor Guo Shoukang reported, first hand, in our International Review of Industrial Property and Copyright Law (IIC), under the title "Drafting and Promulgating of the Chinese Patent Law" [16 IIC 367 et seq. (1985)], and in our German language Journal "Gewerblicher Rechtsschutz und Urheberrecht, Internationaler Teil" (GRUR Int. 1985, 1 et seq., in German). Professor Guo Shoukang has since then continued to inform us and the entire interested international public on "TRIPs and Intellectual Property Protection in the People's Republic of China" (GRUR Int. 1996, 292 et seq., in German), on the "Protection of Well Known Marks in the People's Republic of China" (GRUR Int. 1997, et seq., in German), on the "Development and Perspectives of Intellectual Property in People's Republic in China" (GRUR Int. 1997, 949 et seq., in German), on the "New Chinese Copyright Act" [31 IIC 526 et seq. (2000)], or on the "Protection of Copyrights in Cyberspace-Newest Developments in the People's Republic of China" (GRUR Int. 2001, 1011 et seq., in German).

However, Professor Guo Shoukang has not left his intellectual traces at the Institute only by his important publications, but has been also instrumental in laying down the very foundation for a continuous exchange of academics from China with those from the Institute, Germany and Europe in general. What started with Professor Wei Zhi, the editor of this book, has developed over time in a true stream of academics in both directions. From the Institute the first visit to China was paid by the then Director, late Professor Friedrich-Karl Beier, a great admirer and fan of Professor Guo Shoukang. Later Professor Adolf Dietz, who, probably not least inspired by Professor Guo Shoukang even had managed to learn Chinese, followed. Since then practically countless academics, judges and Ph. D. students from China have visited the Institute Vice-versa many members of the Institute visited and lectured in China. I personally have several times benefited from the hospitality of Professor Guo Shoukang.

In brief thanks to the ties established between Professor Guo Shoukang, the Renmin University and other institutions of China, and the Institute, we have not only learned and got an insight into developments in China in the area of intellectual property during these decisive years, but were also in the position to offer some help, at the very beginning, even by organizing book gifts for his Renmin University. We indeed may feel us very privileged in many respect. I personally, not least, by the fact that I have served for many years with Professor Guo Shoukang on the Advisory Board of the WIPO World-Wide Academy, the Executive Committee of the International Association of the Teachers and Researchers in Intellectual Property (A-TRIP), to whose, "funding fathers" Professor Guo belongs, or, for instance, in the International Association for the Protection of Intellectual Property (AIPPI).

Professor Guo Shoukang is doubtless the most respected and best known expert in intellectual property of his country. This is clearly evidenced by his numerous offices and recognitions at a national as well as international level. However, Professor Guo Shoukang is also a most admirable and agreeable person: always friendly, helpful, always opening doors for colleagues from China to other countries and from other countries to China. No wonder, that he has a worldwide fan community, including myself. Last, but by no means least, Professor Guo Shoukang is also blessed with good health. He continuous to lecture, advise and publish with the same energy and persuasion as ever. His recent contribution "Commemoration on the 10th Anniversary on China's Accession to the WTO: A Decacle of IP Development", in China Intellectual Property 1 – 2/2012, p. 50 et seq., is best proof for this. I, and I am convinced that I speak for the great fan community of Professor Guo Shoukang worldwide, I wish him to remain as he is, in good health and spirit in the years to come. The present book will not only demonstrate the profound knowledge of intellectual property of Professor Guo Shoukang and his prolific publishing activity over decades, but also be a most valuable source for all those interested in intellectual property.

Joseph Straus[1]

获邀为庆祝郭寿康教授87岁华诞而集结出版的他的法学文选作序确属罕有的礼遇和殊荣,当然,同时还是一个顶级的挑战。

若如今专业圈内论及中国的知识产权,即会想到国家知识产权局(SIPO)在2010年收到的391 177件专利申请案,其中国内申请人的占据了293 066件。而关注专利统计数据的人很难想象,2011年居于首位和第三位的专利合作条约专利申请者分别是中国中兴公司(ZTE)和华为技术公司。那些更在意和了解知识产权政策的当会知道2008年国务院发布施行的"中国国家知识产权战略大纲"、2010年中国知识产权保护行动计划以及国家重大科技项目知识产权管理暂行规定。当然,一些同行还会想起执法问题以及中国司法体制的困境。无论如何,中国持续的近10%的国民生产总值(GDP)增长率以及不断上升的、目前每年已达大约1 160亿美元的外国直接投资给整个商业世界都留下了深刻的印象。随着全球化的经济相互依存度的提高,商业世界同时还焦虑地分析中国经济的这些发展并预测其走向,深知外界已变得多么依赖于中国经济的健康。如果要为这半个甲子的发展寻找一个个人因素的话,当然非已故的中国领袖邓小平莫属。

而对我本人以及慕尼黑马克斯-普朗克知识产权和竞争法研究所的其他同行而言,

---

[1] Director Emeritus, Max – Planck – Institute for Intellectual Property and Competition Law, Munich; IPMO – UNISA Chair for Intellectual Property University of South Africa (UNISA), Pretoria; Marshall B. Coyne Visiting Professor of International and Comparative Law, George Washington University Law School, Washington D. C.

中国在知识产权领域中的进步——它无疑对中国取得当今这样辉煌的经济成就作出了贡献——则呈现出了另一个多少有些差别，更加微观、更加个性化的视角，即完全为郭寿康教授所占据。郭寿康教授早在1983年，即中华人民共和国颁行其首部专利法典之前，就作为第一位中国学者访问了我们的研究所。自此以后，郭寿康教授在本所出版的英、德文刊物上留下了深深的足迹。作为1984年3月12日由第六届全国人民代表大会常务委员会通过的中华人民共和国专利法的起草者之一，郭寿康教授以"中国专利法的起草和颁布"为题，在我们的刊物《工业产权和著作权国际评论》（IIC）和德文杂志《工业产权及著作权·国际版》上作了权威的报告［16IIC 367 et seq.（1985）；GRUR Int. 1985，1 et seq.，德文］。随后，郭寿康教授还连连向我们以及兴趣盎然的全体国际公众介绍了《TRIPs协定与中华人民共和国的知识产权保护》（GRUR Intl. 1996，292 et seq.，德文）、《中华人民共和国对驰名商标的保护》（GRUR Int. 1997，et seq.，德文）、《中华人民共和国知识产权发展与展望》（GRUR Int. 1997，949 et seq.，德文）、《中国的新著作权法》［31IIC 526 et seq.（2000）］和《网络时代的著作权保护——中华人民共和国的最新发展》（GRUR Int. 2001，1011 et seq.，德文）。

然而，郭寿康教授在本所留下的智慧之果并没有局限于其重要的著述，相反，他还在为中德乃至中欧间的学术交换奠定牢固的基石方面做了许多有益的工作。大致从本书编者韦之教授开始，双方学者们的往来随着时间的推移汇成了一股相向的学术之流。就本所而言，最早访华的是已故的时任所长弗里德里希－卡尔·拜尔教授，他也是郭寿康教授的一个伟大的知己和粉丝。而随后而往的有阿道夫·迪茨教授，也还是由于郭寿康教授的启发，他甚至还下决心学了汉语。自然，在这期间也有不计其数的中方学者、法官、博士生到访本所，相应地所里的许多成员也去了中国并在那儿讲学。我本人也多次荣幸地受到了郭寿康教授的盛情款待。

总之，正是由于建立在本所与郭寿康教授、与中国人民大学以及其他中国机构间的纽带，我们在这些决定性的岁月中得以不仅接触并深入地观察了中国在知识产权领域中的发展，从一开始就享用到了提供支持的机会，包括给他所在的中国人民大学筹集图书等。我们为此深感荣幸。另外，我自己也曾经在很长的时期内与郭寿康教授一起在世界知识产权组织世界学院咨询委员会、国际知识产权教学与研究促进会（ATRIP）——郭寿康教授也是其"创始之父"中的一员——执行委员会以及国际知识产权协会（AIPPI）共事。

郭寿康教授无疑是他的国家里最受尊敬、最有名望的专家。这有其所获得的众多的国内及国际上的荣誉与职务为证。尽管如此，郭寿康教授还是一个和蔼可亲的人，他总是十分友善、乐于助人，致力于敞开大门迎送中外同行。正因此，一点也不奇怪，他在世界范围内拥有一个粉丝群，包括我在内。最后，祝愿郭寿康教授永葆健康，一如既往地、满怀激情并执着地讲学、建言和发表著述。他最近发表在《中国知识产权》（2012年第1~2期，第50页以后）的文章《中国加入世界贸易组织十年回顾——知识产权的历程》便是最佳佐证。我谨表达我自己的衷心祝福，希望郭寿康教授在未来的岁月中身心健康，当然，我相信，这正是他那广大的遍布世界各地的粉丝们的共同心声。这部文选不仅表明了郭寿康教授渊博的知识产权学识和数十年来卓有成效的出版活动，而且也将成为所有对知识产权感兴趣者的最有价值的资源。

序五　老骥伏枥，志在千里
——愿郭老师生命与学术之树常绿

郭老师要出版《郭寿康法学文选》，嘱咐我写序。

郭寿康是我的老师。给师长的作品作序，总觉不妥。为此我多次请益郭老师，几度推辞，他执意要我写，我只好斗胆应命。

郭老师早年入北京大学，攻读法律学。当年授业老师，皆民国法学界翘楚，1948年毕业任教，已历65载。郭老师的学业功底，令人羡艳。郭老师过人的语言能力，令人称奇。对外经贸大学金渝林教授是有真学问的人，在知识产权界以严谨著称。有一次专门打电话给我，说刚看完中央电视台英语频道的对话节目，对郭老师的英语赞不绝口，说如果闭上眼睛，只用耳朵听，俨然一个外国学者。

郭老师从事法学教育65年。在人大长期从事民法学教学与研究，后来到国际法教研室工作。是我国著名的民法学家、国际法学家、国际经济法学家、国际私法学家，还是我国第一代杰出的知识产权法学家。郭老师博闻强记，通六国语言，至今笔耕不辍，身先士众，带领学生翻译大部头的学术著作，不断有新书问世。他学问涉猎之繁博、阅历之丰富、学术生命之漫长，在当今中国法学界，罕有其匹。恩师佟柔先生生前每次对我谈起郭老师，都赞叹他超强的学习能力。郭老师学贯中西，声名遐迩，无论在亚洲，还是欧美知识产权学界，谈到中国的知识产权时，几乎言必称郭寿康教授。我作为后学晚辈，在他身边工作多年，感触尤甚。今管中窥豹，写几点感受，用以告诉读者我眼中、心中的郭老师，表达我对他的敬意。

一、终身学习的典范

在香港，为了让社会保持活力，鼓励人们终身学习，还有专门机构评选这样的人物。我的一个学生，1956年出生，40多岁时被评上，香港的报纸用大幅版面宣传，很是风光自豪。但比起郭老师，可谓小巫见大巫。记得十几年前，为了让中青年教师普及电脑操作能力，人民大学法学院举办电脑培训班。当时，我心想，自己的年龄不当不正，不学也罢。一次路过正在上电脑课的教室门口，不经意间，触目惊心地发现年近八旬的郭老师正聚精会神地听讲，那端坐的姿态，那孜孜以求的目光，那与满屋年少反差巨大的一头白发，那相对早衰的身体官能所蕴含的灵动、不懈的学习精神，惊人的一瞥中，顿时浮现一幅"老骥伏枥，志在千里"的活生生写照！那幅场景让我记忆犹新，每每忆及此事，都让我羞愧难当、无地自容！我无法揣测郭老师当时的想法，但后来的实践给我的教育是：电脑绝不仅仅是一种技能，而是一种生活方式，是人类进入现代社会的重要桥梁。电脑彻底改变了世界。电脑以及互联网技术作为人类有史以来最伟大的发明，它根本上改变了我们的生活，它给人类生存方式、行为方式、思维方式带来的革命性变革，对人类社会生产力的飞跃式的解放，以及它呈现出的令人眼花缭乱、惊惶赞叹、近乎"无所不能"的发展前景，最初对我来说是无法想象的，郭老师却不惧年高，毫不犹豫地学习这一新事物，义无反顾地迈进这个新世界。这一件看似的"小事"，足见郭老师内心境界之高远。老一辈学者的学问，后人学习甚至超越，都不一定太难，但他们的思想和精神境界，我后学晚辈，虽心向往之，却难望其项背。如今，十多年过去了，郭老师已届米寿，却不改初衷。他对新生事物仍是那么出奇的敏锐，处理数据的能力还是那么快捷、准确，他保持着几十年来形成的习惯，时刻关注和追踪国内外知识产权的最新动态，天下风云变幻，尽入其法眼。欧洲的哪位学者出了新书，"云计算"给著作权法带来哪些新问题，哪个部门出台了新规定，最高人民法院有了什么最新司法解释，谁和谁发生了商标纠纷，美国专利法最近作了哪些重要修改，世界知识产权组织总干事在何地的讲演中提出了什么新观点，欧盟发出了哪条知识产权指令，美国作出了什么新判决，"反假冒贸易协定"又有何新进展，"十八大"如何表述创新驱动发展战略，和知识产权战略的关系，等等，他如数家珍，了如指掌。郭老师兴趣之广泛，精力之旺盛，非常人可以企及。最令大家唏嘘不已的是，无论学术会议，还是报告会，只要有新意，郭老师不放过任何一次机会，而且不管一天还是两天，一定参会到底，聚精会神地听，认真地记录。比起那些终日四处"赶场"，在哪里也坐不住的学术活动家，尤其令人钦佩。常有人问郭老师为何还如此热心新事物，他戏称："我是80后，不知道的东西太多，且得学呢！"赤子之心，跃然言表。常言说，少成若天性，习惯成自然。我想，学习已成为郭老师与生俱来的生活方式和主要工作方式，成为他的天性。

二、严谨治学的楷模

自20世纪80年代中期起，我参加了著作权法的起草工作，参加该工作的还有谢怀栻、郭老师和郑成思。谢老性情耿介，对不同意见，从来是旗帜鲜明地反对，郑成思和我，正值盛年，也是不肯让人。遇有我们三人意见不一时，常常辩论，辩到激烈处，有时面红耳赤，忘记了长幼之序。郭老师则不然，即便他有不同观点，也从不急躁，而是引经据典，侃侃而谈。一个制度，或一项规定，如何而来，哪国首创，何时订立，有何不同意见，为何修改，学界有何评论，现状如何，其他国家如何效仿，来龙去脉，一清二楚，用事实说话，从不凭空而论。最近，著作权法第三次修改，郭老师作为专家组成员，对版权局草稿中有关"合理使用"的设计，有理有据地提出了自己的观点，依然是引经据典，令人信服。郭老师培养博士，从开题，到答辩，一丝不苟。他评阅论文之认真，无论宏观与细节，从论文题目设计、结构组成、逻辑安排、语法、引文，事无巨细，明察秋毫。一次博士答辩，有篇论文引用了一段希腊文，郭老师在看似不经意中提醒作者，生僻语种的材料不是不可以引用，关键是要谨慎，不能马虎，尽量避免错误，并指出了引文的错误所在，既令作者汗颜，也令在场的答辩委员暗暗称奇。对国外权威学者，郭老师尊重，但不迷信。他极为重视学术著作的翻译，他常说："翻译是苦差事，能人不愿干，孬人干不了。"从20世纪50年代起，他翻译了不少外国学术专著，注重质量，一丝不苟。几年前他翻译匈牙利著名学者菲彻尔的《版权法与因特网》（中国大百科全书出版社出版）一书，发现了多处疑问，反复揣摩，不得其解。出于慎重，郭老师致信菲彻尔本人，提出了疑问和自己的见解。菲彻尔回复他，郭老师的疑问是有道理的，其见解也是正确的。并表示，再版该书时，他会按照郭老师的观点作修改。

三、行为世范的师表

如果说任建新院长是把知识产权的火种从国际社会引入中国的第一人，即郭老师则是把中国的知识产权制度与政策告诉国际社会的第一人。郭老师是我国唯一参加了所有知识产权单行法律立法工作的学者。是我国知识产权高等法学教育的开拓人、国际知识产权研究与教学事业的先行者。郭老师早在 1981 年就在人民大学研究生教育中，挂牌招收民法学知识产权方向研究生，开了新中国知识产权研究生教育的先河。还与国际著名的知识产权学者共同发起建立了"国际知识产权研究与教育协会"，对中国乃至国际知识产权的教育和研究，他都是里程碑式的人物。郭老师治学严谨，但是对不同观点，却又包容大度。对年轻人，凡是认真为学，即便见解偏颇，也宽容有加。两年前的博士论文开题报告会上，郭老师对一位女同学论文设计的基本观点旗帜鲜明地提出批评，气氛一时紧张、凝重。表明观点后，郭老师话锋一转，又坚定不移地支持、鼓励她写这篇论文，指出学术没有禁区，真理是相对的，知识产权作为与人类创新活动息息相关的一门学问，任何问题都可以探讨，任何思想和制度都可以质疑，关键是写出新意、成一家之言。此言一出，该生竟顿时泪如泉涌，失声痛哭。

郭老师作为前辈学者，淡泊名利、甘当人梯。他早年受聘为联合国教科文组织亚太地区版权与邻接权教席主持人，对推动该组织与中国的交流与合作作出了重要贡献。为了让这项工作得以可持续的发展，郭老师几年前就多次和我商议，主动提出应当选择杰出的青年学者接替他的工作，经过认真研究，又经教科文组织的考察，教科文组织两年前续聘李琛教授为该教席的主持人。

无可置疑，郭老师的内心世界是极为丰富的，郭老师是知识的宝藏，是一本大书。他是许许多多鲜为人知的历史真相的亲历者、见证者、知情者。郭老师是地地道道的学者，凡其涉猎，无不求科班、地道、极致。他又是一位多才多艺的文化人，琴棋书画，皆有见地，却又深藏不露。人民大学的知识产权学术团队，向来是"亲而不近，周而不比"。难得有一次大家聚在一起闲聊，谈到京剧，郭老师不经意间在纠正一位青年教师的说法时，竟随口讲起了京剧理论，从角色到流派，从做派到板眼，从演员到琴师，从马连良到梅兰芳，从徐兰沅到李慕良，无一不如数家珍，娓娓道来。21 世纪的中国，伟大，不应再是政治人物的专利。褒扬之词也不应再如此吝啬。1990 年先师佟柔仙逝，我为中国人民大学学报撰写人物介绍，对一位逝者用了"佟柔教授是一个伟大的人"一句，却被删掉。今天，我们发自内心，对一位为教育事业耕耘了 65 个春秋，已入耄耋之年的郭老师道声"杰出"，绝不为过。

郭老师年事虽高，却仍然致力于学术。我等晚辈，唯愿他老人家健康、硬朗，生命与学术之树常绿！

刘春田
2013 年 4 月 8 日

前　　言

经过朋友们的倡议和热情帮助，这本"法学文选"终于出版问世。

这是一部自改革开放以来我从事知识产权法和国际经济法领域学习、探索和教学方面的一些习作的汇集。这样说绝不是什么谦虚和客套话，而是确确实实的真实情况。

回想起个人开始法律学科的学习，直到后来一直从事这方面的教学、研究、参与立法工作，掐指算来已经经历了68个寒暑。我们的祖国经历了天翻地覆的变化，从一个半封建半殖民地的"东亚病夫"，经过抗日战争和人民革命的胜利、社会主义的建设，特别是改革开放以来所取得伟大成就，发展成为当今欣欣向荣、繁荣昌盛的大好形势。我个人的专业学习和工作也随着历史的发展经历了三次180°的转身和变化。每一次转身后都是重新做起，从头学习。

新中国成立以前，我在北京大学读了四年本科，随后留系工作，主要是学习资本主义体系的成套法学。受业于清末变法以来留学欧美、日本的先辈大师，也阅读了不少国内外的法学名著，主要是民法学名著。新中国成立后，宣告废除旧法，一边倒地学苏联，肃清旧法成为重中之重，从而完全抛弃过去学的那一套，使出全部精力学习俄语，读苏联教科书、论文和专著，批判资产阶级国家的法学。60年来中国人民大学主要就是教苏联民法。这是第一次大转身。后来，"反修防修"，苏联的一套又成了批判靶子。20世纪60年代初短期开课介绍、批判资本主义国家法学。再后来，政治运动不断，阶级斗争的弦愈绷愈紧，许多课程（首先包括民法）停开，师生下乡"四清"。回来后，即开始了"文化大革命"，学校停办，教师赴"五七干校"劳动。中外法学书刊，除了实在舍不得而保留了少数教材外，绝大多数都作废品处理。

从"五七干校"回京后，我又重新被分配回到北大法律系。"文革"停课闹革命、业务停顿。恰好我国刚刚恢复了在联合国的合法地位。几位年长又懂得外语的教师被安排从事浩如烟海的联合国第六委员会和国际法委员会文件的整理、收集和研究，供国家有关部门参考。我有幸被选中，记得做过"国家责任"和"最惠国条款"的专题研究，还在北大举办的公安部门外事人员培训班上讲过《国际公法》。这是第二次大转身，又从头学习国际公法专业。

"文革"结束，十一届三中全会后，我国社会主义法制建设迅猛发展。法学教育与学科建设也步入历史上最好的时期。我先后参与了知识产权法领域的专利法、商标法、著作权法、不正当竞争法及相关的"实施条例"和"细则"以及国际经济法领域的三资企业法、涉外经济合同法，复关、入世、乌拉圭回合谈判等立法起草和相应的教学研究工作。这些方面的立法都填补了我国法制历史上的空白,我国也从来没有这些方面相应的学科设置,国际上也是"二战"结束后才逐步发展起来的,我国更是白手起家、新起炉灶。对于我个人的专业工作与学习研究,这又是第三次转身。

以上简略回顾,是为了说明本"文选"收集的文章、著作主要是改革开放以来随着我国法制建设的发展,个人对这些新领域、新课题的学习探索深深刻上了历史的烙印。本书内容完全按原样收入,无任何修改。错误和缺点,请业内同人批评、指正。

本书主要包括用中文发表的作品,也包括部分用英文在国外发表的作品(包括讲学和演说的纲要)。未包括用其他语言发表的作品。

"文革"前发表的作品找到三篇,也包括在本文选中,明显反映出那一时期的时代烙印。

笔者还出版了一些译著,因篇幅较多,未纳入本"文选"。

衷心感谢中共中央书记处原书记,中央政法委原书记,最高人民检察院原检察长任建新同志为本书亲笔题写书名。

衷心感谢国家知识产权局局长、中国知识产权研究会理事长田力普教授,中国国际经济法学科创始人之一、厦门大学资深教授陈安老先生,中南财经政法大学校长、著名知识产权专家吴汉东教授,中国人民大学知识产权学院院长刘春田教授以及德国马克斯–普朗克知识产权与竞争法研究所所长 Joseph Straus 教授惠为"文选"作序。

感谢"文选"中一些论文的合作者。

感谢"文选"的倡议者和出版协助者韦之教授、戴钦公律师、马强博士、王东勇法官、郭虹博士、韦贵红教授、余俊博士、马宁律师、周靖女士等。

感谢刘睿副编审、文茜女士及知识产权出版社对"文选"出版的大力帮助。

目 录

中 文 部 分

论文 ··· (3)
  外国专利法的比较和剖析 ··· (4)
  《保护工业产权巴黎公约》的回顾与展望 ··· (11)
  《中华人民共和国专利法》的孕育与诞生 ··· (16)
  载于《中国大百科全书（法学卷）》有关知识产权条目 ························· (19)
  十年来我国国际经济法学研究的回顾及展望 ······································· (28)
  海峡两岸应该相互保护知识产权 ·· (36)
  浅谈著作权邻接权的国际保护 ·· (37)
  谈美术作品的追续权 ··· (41)
  知识产权及其发展动向 ·· (43)
  知识产权的历史及现状 ·· (47)
  知识产权的发展动向 ··· (50)
  涉外著作权关系的正常化 ··· (52)
      ——纪念《中美知识产权谅解备忘录》实施一周年
  保护集成电路知识产权的华盛顿条约 ··· (55)
  关贸总协定与知识产权的新发展 ·· (63)
  改革开放以来知识产权的教学研究 ·· (67)
      ——学海片断追忆
  关贸总协定与著作权法律保护的新发展 ··· (73)
  轶闻追忆 ·· (77)
  中国知识产权教学的展望与发展 ·· (81)
  论WTO争端解决机制的创新与发展 ··· (85)
  加入世界贸易组织与我国立法的有关问题 ··· (90)
  新技术与国际版权公约的发展 ·· (99)
  WTO与知识产权国际化的新发展 ··· (102)
  ATRIP诞生亲历记 ·· (107)
  少林秘方走向前台之得与失 ·· (110)
  知识产权与外商技术投资 ··· (114)
  实行专利制度　促进四化建设 ·· (118)

1

《民法通则》与知识产权 …………………………………………… (121)
民间文学艺术表达的法律保护模式研究 …………………………… (125)
"非违反之诉"与TRIPs协定 ………………………………………… (134)
中国的知识产权教育 …………………………………………………… (143)
　　——发展与前景
药品专利与发展中国家公共健康问题 ………………………………… (148)
《现代条约法与实践》总序 …………………………………………… (162)
中国外贸法限制知识产权滥用措施制度研究 ………………………… (164)
对"哈啤"案的几点思考 ……………………………………………… (173)
　　——兼论商品特有名称的法律性质及其保护
中国知识产权教育发展与前景 ………………………………………… (185)
专利强制许可制度的利益平衡 ………………………………………… (187)
我国QFⅡ制度的研究与思考 ………………………………………… (193)
技术创新与知识产权保护 ……………………………………………… (199)
中国知识产权制度的产生与发展 ……………………………………… (203)
金融产品专利保护与实施初探 ………………………………………… (214)
我国知识产权审判组织专门化问题研究 ……………………………… (222)
　　——以德国联邦专利法院为视角
传统文化表现形式的保护问题 ………………………………………… (231)
　　——从WIPO《保护TCEs/Eof政策目标与核心原则修订稿》谈起
改革开放与我国知识产权教育的创建与发展 ………………………… (237)
　　——教学追忆片断
WTO协定的新发展 …………………………………………………… (242)
《版权法导论》序言 …………………………………………………… (250)
欧盟知识产权保护新发展 ……………………………………………… (251)
论国际广播组织条约谈判的新发展 …………………………………… (259)
WTO协定的首次修订 ………………………………………………… (265)
　　——TRIPs协定第31条之修改
加快《著作权法》实质性修订的进程 ………………………………… (276)
《知识产权教学原则与方法》中译本序（二） ……………………… (279)
入世十年与中国知识产权发展 ………………………………………… (281)
网络服务提供者侵权责任的思考 ……………………………………… (285)
　　——读"泛亚诉百度案"二审判决
反不正当竞争法在互联网案件适用中的若干问题研究 ……………… (293)
论互联网不正当竞争案件中诉前禁令的适用 ………………………… (301)
关于民法调整的对象 …………………………………………………… (303)
　　——财产关系的几个问题
第二次世界大战后的美国反劳工立法 ………………………………… (310)

种族主义的美国婚姻立法 ······································· (323)
著作节选 ··· (329)
《民法原理》第四编　智力成果权 ······························· (330)
《国际技术转让》第一章　绪论 ·································· (354)
《国际贸易法》第一章　国际贸易法概论 ······················ (364)
《知识产权法》节选 ·· (369)
《国际经济法（第二版）》导言 ··································· (425)
关于《实施国际著作权条约的规定》的研究报告 ············· (438)
中国商标立法与实践 ··· (492)
　　——中国商标制度概况和商标及不正当竞争案例评析

英　文　部　分

Patent Law of China and Import Technology ······················ (539)
Drafting and Promulgation of the Chinese Patent Law ·········· (548)
China and the Berne Convention ····································· (558)
Some Opinions on Copyright in the People's Republic of China ······ (563)
Application and Development of the Foreign Economic Contract Law of the
　P. R. C ·· (568)
Technology Transfer ·· (574)
TRIPs and Intellectual Property Protection in the People's Republic
　of China ·· (590)
Utility Models ·· (598)
Current Issues and Perspectives of Utility Models in the People's Republic of
　China ·· (605)
New Chinese Copyright Act ··· (612)
Copyright Protection in Cyberspace-Recent Developments in the People's Republic
　of China ·· (617)
WTO and Border Control of Intellectual Property Rights in China ······ (626)
Some Remarks On the Third Revision Draft of the Chinese Patent Law ······ (631)
People's Republic of China Chapter 1 ······························ (647)
China ··· (675)
Intellectual Property Law of People's Republic of China ········ (734)
Border Control of Intellectual Property Rights in China ········· (880)

后记 ·· (923)

中 文 部 分

论 文

外国专利法的比较和剖析[*]

专利法是一个重要的法律部门。目前世界上有150多个国家和地区制定了专利法。无论是社会主义国家还是资本主义国家,无论是发达国家还是发展中国家,大都制定有各自的专利法。在资本主义国家中,采用欧洲大陆法系的国家(如西德、法国、日本、意大利等国)和采用英美法系的国家(如英国、美国、加拿大等国),在调整财产关系的法律方面有很大的差别。欧洲大陆法系国家都制定有民法典。英美法系国家则没有民法典,而靠从法院判例长期形成的《普通法》(Common Law)和单行法令来处理财产方面的法律问题。但是,它们却都制定有自己的专利法。从立法上看,这是颇为引人注目的。

从历史发展上看,具有现代特点的专利法,是17世纪以来随着资本主义经济的发展而陆续制定和颁布的。至20世纪初,发达的资本主义国家都颁布了专利法。第二次世界大战结束后,新独立国家纷纷制定专利法。进入20世纪70年代以后,为适应科学技术的迅速发展,发达国家纷纷修订原有的专利法,颁布新的专利法,可以说形成了一个修订专利法的高潮。即使在法律上素以保守著称的英国,也不能不适应形势的发展,于1978年颁布了新的专利法。

从以上所述可以看到,各个国家尽管情况不同,但对专利法的制定和颁布,都是予以重视的。

我国当前正在根据国家的实际需要,斟酌参考外国立法,拟定我国的专利法。现在迫切感到需要对专利法问题进行深入的研究和广泛的宣传。以前,我国在这方面还是空白,现在是从头开始。我把近来学习专利法问题所接触到的一部分材料初步整理简介于下,供参考。

一、什么是专利法

法律是划分为各种部门的,例如,宪法、民法、刑法等。专利法也是一个独立的法律部门。

什么是专利法?从国外材料看来,虽然说法不一,但要点却大致相同。日本1978年出版的吉藤幸朔所著《专利法概论》(第4版)中表述为:"专利法是授予发明人在一定期间内对其发明享有独占权利,从而保护并利用发明,促成新技术的产生和开发的

---

[*] 原载《发明与专利》1979年第5期。

法律。"如果概括通俗地说，专利法就是规定和保护发明人（或其权利继受人）对其发明创造享有独占权的法律。当然，应当强调指出，法律是有阶级性的，不同类型国家的专利法，其阶级本质也是不同的。

发明权和专利权二者之间有联系，也有区别。发明权是指法律所规定和保护的发明人所享有的权利。它包括两个方面：人身权和财产权。人身权是与发明人的人身不可分割的权利，如发明人取得某种荣誉称号，在发明物上依法冠以自己的姓名，接受奖状、勋章等。电灯的发明人是爱迪生，这属于人身权，是不能转让和继承的。财产权则是指发明人所享有的具有经济内容的权利，可以转让和继承。例如，一个发明人取得一定报酬，将其发明成果转让给他人，这个受让人只能利用该项发明成果获得经济上的利益，并不能成为发明人，取得发明的荣誉、奖状等。专利权是属于财产性质的权利。

通常人们把专利权和商标权合在一起叫做工业产权。工业产权同版权合在一起，通常称为知识产权。专利权、工业产权以及知识产权，具有三个特点，即专有性、地域性和时间性。

专有性，也叫"垄断性"或"独占性"，即非经权利人本人同意，任何人不能使用或享有该项权利，否则就是侵权。专有性这个特点正在变化发展，也可用立法限制，例如"强制许可""征用"等即是。但在无立法限制时，就要严格保护权利人的专有权。

地域性，就是说受一国法律保护的专利权、商标权或版权，仅能在该国范围内受到保护，在没有得到批准或同意的国家内当然就不能得到保护。

时间性，是指这些权利都有一定期限的限制。各个国家对专利权、商标权和版权的有效期规定虽不相同，但是都规定有一定期限，这一点同其他财产权（动产或不动产）并无期限的限制，有很大的不同。

二、专利法的作用

"法律就是取得政权，掌握国家权利的阶级的意志的表现。"[1] 这种意志的内容是由统治阶级生存的物质生活条件所决定的。统治阶级制定法律，就是为了维护其阶级利益，巩固和发展其赖以存在的经济基础。我国当前制定的法律，总的来说，都是为了巩固无产阶级专政、保护和发展社会主义经济基础、加速实现四个现代化服务的。作为法律部门之一的专利法，当然不能例外。具体来讲，值得强调指出专利法具有以下几个方面的作用。

（一）促进本国科学技术的不断发展

据一些发达国家的经验，从中世纪到现在，每个国家总是在工业化开始阶段颁布专利法，实行专利制度的。专利法承认并保护发明人的精神创造，奖励发明人的发明革新活动，促进技术知识的公开和推广，这些都会加速科学技术的不断发展。1885年日本的科学技术水平比欧美大约落后了100年。在明治维新中，颁布了第一个专卖专利条例，实行专利制度，这对于激发科技人员的积极性，迅速提高日本的科学技术水平，起了一定作用。

---

[1] 《列宁全集》（第13卷），第304页。

(二) 有利于引进国外先进技术

毛泽东同志曾经说过:"自然科学方面,我们比较落后,特别要努力向外国学习……在技术方面,我看大部分先要照办,因为那些我们现在还没有,还不懂,学了比较有利。"即使技术发达的国家,也很注意引进技术,并不是什么都自己搞。其理由,一是缩短时间,二是节省费用。据日本长期信用银行调查,日本在1955~1970年的15年间,几乎集中了全世界半个世纪开发的全部先进技术。从费用看,日本在1950~1976年,共引进先进技术2.8万件,花费66亿多美元,如自己搞则估计需花费2 000亿美元。日本能顺利引进这些技术,同国内有专利制度是分不开的。我国颁布专利法,保护经我国批准的外国专利,对引进先进技术是有利的。

(三) 促进本国经济的发展

科学技术本身就是生产力。马克思指出:"劳动生产力是随着科学和技术的不断进步而不断发展的。"❶ 经济越发达,科学技术对促进发展所起的作用也越大。西德有人计算,20世纪50~70年代,西德经济年平均6%~7%的增长率中,有2%~4%是科技进步的结果。日本人计算,1957~1970年,日本工农业生产总值的增加中,约有45.4%是技术进步所带来的。许多国家的经验表明,颁布专利法,实行专利保护制度以后,促进科学技术的发展,工农业生产都有不同程度的提高。

(四) 调动群众和单位发明创造的积极性,加速四个现代化的实现

调动一切积极因素才可以迅速实现四个现代化。专利法用专利保护的方法,从经济利益上调动科技战线和经济战线上广大群众和科研、企业等单位发明创造的积极性,改变目前"吃大锅饭"的状态,对技术和生产的发展会有促进作用。专利法规定,申请专利权时,要公开新技术的内容。这对于新技术的推广和在新技术的基础上创造出更先进的发明,也是有利的。

总之,颁布适合我国需要的专利法,实行专利保护制度,必然会促进我国科学技术的发展和对外国先进技术的引进,加速四个现代化的实现,从而大大加强我国无产阶级专政的物质基础。

三、专利法的主要内容

各国根据自己的情况和需要,在专利法内容上有各种不同的规定。经济发达国家和发展中国家的专利法,在某些方面有很大差别,在专利权的国际保护方面也存在着尖锐的斗争。这里不能全部涉及,只谈谈专利法内容上的几个比较重要的问题。

(一) 体例

这个问题分两点谈。第一点,绝大多数国家都采取单一专利制度,苏联、捷克、保加利亚、阿尔及利亚和墨西哥等少数国家采取专利证书与发明(人)证书并用的制度。苏联《发现、发明及合理化建议条例》第23条规定,发明人可自行选择领取发明(人)证书或专利证书。领取发明(人)证书的,发明归国家所有,其他单位都可无偿使用。实际上,苏联国内发明人都是申请发明(人)证书,专利证书主要是发给外国

---

❶ 《马克思恩格斯全集》(第23卷),第664页。

人和外国企业。据统计，在1974年、1975年、1976年三年中，苏联国内的发明人没有一件发明是申请专利的。这种办法，看来是不利于调动企业和科研单位的积极性。波兰、匈牙利已改为采取单一专利制度。匈牙利1965年经济改革后，对企业的发明给予专利权，规定无权拒绝其他单位使用，但有权索取报酬实践表明，这种做法有利于调动企业的积极性。第二点，有些国家只是制定一部专利法（如美国），有些国家则除专利法外，还制定有实用新型法和工业品外观设计法。美国也保护外观设计，但规定在《专利法》第171条里，不另定单行法。我国台湾地区则是把实用新型和新式样（即外观设计）都规定在专利的有关规定中。这里简单谈一点实用新型和外观设计的问题。

实用新型，目前只有少数国家制定有专门法律进行保护，如西德、日本、意大利、西班牙、葡萄牙、菲律宾、乌拉圭和南朝鲜等国家和地区。按日本《实用新型法》第1条规定，实用新型是指"物品的形状、结构以及其组合的设计"。所以，没有一定形状构造的东西，如小麦粉、饮料等粉末状的东西或液体等也就没有实用新型。制造方法属于专利范围，不属于实用新型。实用新型，在历史上比专利、商标、外观设计产生的晚，人们通常也叫它"小发明"，在日本数量很大。据日本1978年的统计，专利累积数达66万件，而实用新型却达94万件。实用新型有时同发明不易区别。日本学者在书中曾举铅笔为例，发明铅笔可取得专利，而为防止铅笔在桌上滚动而设计出六角形的外形，这种设计就是实用新型。

外观设计早在中世纪就产生于佛兰德、佛罗伦萨等地，后来许多国家都采用了。按日本《外观设计法》第2条规定："外观设计是指产品的形状、图案和色彩或它们的结合，通过视觉能引起美感的东西。"保护外观设计，有利于促进商品式样的改进，丰富人民生活，加强出口竞争能力；而且从外国人的申请中还可以了解国外市场的要求，受到启发，创造了新颖的式样，以改变某些物美价廉的商品只是因款式陈旧而滞销或低价出售的状况。

（二）专利条件

专利条件，是指具备哪些条件的发明才能取得专利权。大部分国家的专利法都规定，必须是同时具备新颖性、先进性和工业实用性的发明，才能取得专利权。如西德《专利法》第1条（2）即规定："专利权应授予可在工业上应用的、新颖的并具有先进性的任何发明。"

新颖性是指前所未有或未公知公用的意思。各国立法对这一条规定大致有三种情况：（1）在国内外都未曾公布和未曾公开使用的发明才算具有新颖性；（2）在世界范围内未公布，在本国范围内未公开使用的发明，即具备新颖性；（3）只要在本国范围内未曾公布和使用，即认为具有新颖性。

新颖性是审查批准专利时的一个重要问题，情况也较复杂。除上述外，许多国家立法上还规定，在学术刊物和学术会议上发表的发明和在展览会上首次展出的发明，在一定期限内不丧失新颖性，其目的是为了鼓励技术交流。

先进性也叫"创造性"或"进步性"，是指比现有技术水平先进，有独创之处，不是本行业中等水平的技术人员很容易就能制造出来的。一项发明，虽然具有新颖性，是前所未有的，但是，如果不具备先进性，没有独创先进之处，也不能取得专利。

实用性，是指一项发明必须在工农业生产上能够应用的。不具备实用性的发明，即便具有新颖性和先进性，也不能取得专利。

先进性和实用性在多数工业先进国家的专利法中都有规定，但也有些国家不作这种规定。

（三）不授予专利的情况

并不是具备新颖性、先进性和实用性的发明，都一定能授予专利。各国立法上都规定有不授予专利的例外情况，主要有以下几方面。

1. 违反公共秩序或道德的不能取得专利

各国法律上的用语不同，实质含义也随国家的阶级性质的不同而不一样，但在法律上都有相当于这样的规定，以保护统治阶级的重大利益。发明虽具备三性，但与统治阶级的重大利益相抵触时，就可援用这条规定不授予专利。如发明一种赌博用具或犯罪用具，一般都是不能取得专利的。

2. 科学发现、科学理论和数学方法有些国家法律上明文规定不能取得专利

有的国家虽然法律上无明文规定，但解释上以科学发现、科学理论和数学方法不具有工业实用性，因而也不能取得专利。

3. 某些物质不授予专利

许多国家在专利法上都规定，对某些物质不授予专利。如食品、饮料、调味品、医药品和诊断治疗方法、化学物质、原子能物质、动植物新品种等。有些国家规定计算机程序也不授予专利。这些不授予专利的情况，理由也是各不相同的。像食品、医药品等不授予专利，主要理由是，涉及人民生活不应准许垄断，同时为了保护本国工业，防止工业先进国家以科学技术上的优势来垄断市场。化学物质不授予专利，主要基于保护本国的科学技术发展。一种化学物质可能通过不同的化学工艺获得，如果保护了化学物质，就会限制化工技术的发展。动植物新品种不授予专利的理由之一是因为不属于人的创造物。原子能物质是基于国防考虑。有些工业先进国家，原来对这些物质不授予专利，后来由于科学技术水平提高，对有些物质改为授予专利，日本、西德就是如此。现在，对饮食品、医药品、化学物质授予专利的，有美国、英国、西德、法国、日本、瑞典、挪威、丹麦和芬兰。对动物新品种授予专利的，有匈牙利和罗马尼亚。对植物新品种授予专利的，有美国、西德、法国、意大利、波兰、丹麦、瑞典和日本。美国对原子能物质也授予专利。

对计算机程序是否授予专利，争论很大。反对授予专利的，认为计算机程序本质上是一种计算方法，不是对自然法则的利用。主张授予专利的，认为程序输入计算机后就构成其物理构造的一部分，也属于对自然法则的利用（美国1969年8月14日的一项判例即采取这种立场）。还有一种折中意见，主张分别情况，有的授予专利，有的不授予专利，日本特许厅就采取这种态度。

总之，现在只有少数工业发达国家对上述几种物质授予专利，多数国家不授予专利。虽然举出各种理由，但从国内外技术水平差距出发，在政策上保护本国的利益，是一条主要的原因。

（四）外国人申请专利

一国的自然人和法人向另一个国家申请专利的，主要涉及以下几个问题。

1. 国民待遇问题

这是《巴黎公约》规定的一项重要原则。目前参加《巴黎公约》的 88 个成员国，都要遵守公约的这条规定。未参加《巴黎公约》的，当然不受约束，有些是通过双边条约或按对等原则来处理外国人申请专利问题。

2. 优先权问题

这是《巴黎公约》规定的另一个重要原则。根据《巴黎公约》第 4 条规定，先在一个成员国正式提出专利权申请，以后又在规定的期限内（对于发明专利和实用新型为 12 个月，对于工业品外观设计和商标为 6 个月）向其他成员国提出申请时，享有按第一次提出申请的日期算起的优先权。非成员国当然不受此约束，而通过双边条约或国内立法来处理这方面的问题。《巴黎公约》中关于国民待遇、优先权等原则，在形式上是互相平等的，但由于工业发达国家在科学技术和经济上都拥有很大优势，所以发展中国家经常处于不利的地位。因此，许多发展中国家强烈要求修订《巴黎公约》，要求更多优惠待遇，如优先权期限延长为 18 个月等。

3. 通过当地专利代理人问题

许多国家在专利法上规定，外国人申请专利的，必须通过当地的专利代理人。罗马尼亚《发明与革新法》第 31 条规定："外国发明申请罗马尼亚专利权，应根据专利权人的请求，经罗马尼亚工商协会转交，由发明局批准。"瑞典《专利法》第 12 条规定："不在我国（指瑞典）定居的申请人应有一名居住在我国的代理人，该代理人应有权在一切有关申请的事务中代表申请人。"

（五）专利审批

外国审批专利，大体上有以下三种情况。

1. 形式审查制度

实行形式审查制度的国家，对专利申请只审查手续是否完备，文件是否齐全，符合法定手续的，就授予专利。采取这种办法，批准的发明水平不高。如法国 1968 年以前一直采取这种制度，1969 年后有所变化。目前法国专利约有 40% 在外国不被承认为专利，国际上公认法国专利水平低。据说，法国最近又修订了一次专利法，于 1979 年 7 月 1 日实行，新法改用实质审查制度。现在，阿尔及利亚、伊拉克、尼日利亚、苏丹等国都采取形式审查制度。

2. 实质审查制度

即对专利申请，除进行形式审查外，还要经过严格的技术审查，审查发明是否符合新颖性、先进性、实用性等专利条件。1963 年前，大部分工业先进国家都采用实质审查制度，现在美国还采用此制度。

3. 延迟审查制度

也叫请求审查制度，是从实质审查制度发展来的。因为采用实质审查制度，工作量很大，经常发生大量、长期积压现象。为解决这个问题，1963 年荷兰率先采取延迟审查制度。申请人对专利申请可在一定年限内请求实质审查，延期不请求审查即视为自动放弃。请求延迟审查的期限有规定两年的（巴西）、四年的（匈牙利）、五年的（澳大利亚）、七年的（西德、日本、荷兰）。总之，现在许多工业先进国家都采用延迟审查制度。发展中国家如果审查量不大，不一定采用延迟审查的办法。世界知识产权组织过去为发展中国家制定的《发明范本法》，原定有延迟审查制度供采用，在最新的修订本中取消了，据说是基于发展中国家的要求。

（六）申请在先原则和发明在先原则

当两个以上发明人分别创作出同样内容的发明，而先后申请专利的，应该由谁取得专利呢？对这个问题，大多数国家采取申请在先原则，即对申请在先的发明人授予专利权。采用这种办法，有利于促使发明人尽早申请，从而也就尽早公开发明的内容。但也有少数国家采取发明在先原则，即只要能证明发明在先，尽管申请在后，也能取得专利权。美国、加拿大、菲律宾采用这种办法。发生纠纷时，申请人有责任提交发明在先的证据。

（七）专利权的有效期限

专利权有一定的有效期限，这一点是对各国立法都普遍适用的。但各国法律规定的具体期限不同。绝大多数国家都在 10~20 年。拉丁美洲的一些国家，如阿根廷、智利、委内瑞拉和海地等国规定专利权有效期限短至 5 年。总的来看，工业先进国家保护专利的有效期限较长，如西德、日本、英国等国都定为 20 年。起算日期也有不同，一种是从申请日开始，另一种是从批准日开始。绝大多数国家规定专利权有效期限届满后，不得延长。但也有少数国家规定可以延长，如巴基斯坦、科威特等国。

（八）发明的实施

发明通过实施才能达到促进经济发展的目的。如果取得专利的发明，不进行实施，即达不到促进经济发展的目的。在这个问题上，工业发达国家与发展中国家之间也存在着激烈的斗争。有时某些工业先进国家在发展中国家申请专利，并不是为了实施，而是为了进行控制，阻止他人进入该国市场。针对这种情况，发展中国家在立法上也采取一些对策。主要有以下几点：

（1）规定实施的含义，必须是在生产上应用该专利，并且达到一定规模。故意少批量生产，不能满足市场需要的，不算充分实施。

（2）输入受专利保护的物品，不算实施。

（3）国家因国防或公众利益特别需要的专利，可规定强制许可，不经专利权人同意即许可他人实施。

（4）专利权人无正当理由经过一定期限不实施发明的，法律上也可以规定强制许可，不经专利权人同意即可许可他人实施。

《巴黎公约》承认强制许可制度，规定凡专利批准后三年内无正当理由而不实施的，可实行强制许可，但不能独占。在讨论修订《巴黎公约》中，发展中国家要求把不实施的期限缩短为两年，并可独占。工业发达国家则坚持维护原来的规定。有人说，强制许可搞得太过分，发达国家就不来申请了。另外，有时限于本国的各种条件，就是决定强制许可，自己也不一定能够实施。总之，这方面的斗争是很复杂尖锐的。既要让发达国家有利可图，从而能够引进先进技术，又要防止其控制和垄断以及获得不合理的高利润。

《保护工业产权巴黎公约》的回顾与展望*

The author wrote this article to mark the 100th anniversary of the establishment of the "*Paris Convention for Protection of Industrial Property*".

The article holds that in the past 100 years, the Paris Convention has played an active role in promoting international technological exchange and economic development.

Historical turn is marked by the current activities for revising the Convention, which have been pushed forward by the developing countries.

The article says, China should make a thorough investigation of the Convention and seriously consider the issue or becoming party to the Convention immediately after the promulgation of it's patent law.

一、《巴黎公约》的诞生和背景

1883年3月20日,11个国家于法国首都巴黎在《保护工业产权巴黎公约》(以下简称《巴黎公约》)上签了字,1884年6月6日,在巴黎的法国外交部交换了批准书,一个月以后,《巴黎公约》在7月7日正式生效。公约的最初成员国共有14个,除原已签字的比利时、巴西、法国、危地马拉、意大利、荷兰、葡萄牙、萨尔瓦多、塞尔维亚、西班牙和瑞士外,还有公约生效时新加入进来的英国、突尼斯和厄瓜多尔。

签订《巴黎公约》的直接原因可以追溯到在维也纳举办的国际展览会。由于对外国专利缺乏适当的保护,美国驻维也纳公使约翰·杰伊(John Jay)向奥地利外交部提出照会,表达了美国人的抱怨情绪,从而导致1873年8月4~9日在维也纳召开了一次专利改革的会议,这就是酝酿签订《巴黎公约》的开端。

1878年在巴黎举行国际展览会时,法国商业部于9月5~17日组织召开了一次国际工业产权会议,讨论了工业产权方面的理论问题,并通过决议设立了一个国际常设委员会。1880年11月4~20日在巴黎召开的会议上,讨论并通过了由法国代表雅各施米特(Jagerschmidt)起草的一项公约草案,这项草案经1883年会议上签字,即成为《保护工业产权巴黎公约》。

从社会经济发展的历史背景来看,《巴黎公约》的诞生不是偶然的,而是适应了当时资本主义国家间社会经济和科学技术发展与交流的需要,是社会历史发展的产物。

---

* 原载《发明与专利》1983年第2期。

19世纪后半叶，随着资本主义经济和科学技术的迅速发展，专利、商标等工业产权以及各国在工业产权方面的立法都有了很快的进展。以美国为例，据统计，1790～1799年之间美国颁发的专利共268件，1880～1889年之间即猛增到205 475件，增加了766倍。❶ 制定专利法和商标法的国家也越来越多。1873年开始酝酿《巴黎公约》，当时有22个国家制定了专利法，16个国家制定了商标法。1884年《巴黎公约》生效时，已有29个国家制定了专利法，36个国家制定了商标法。❷ 由于生产、技术和交通的发展，国际经济技术交流日益频繁，而各国国内的专利、商标立法又具有严格的地域性，因而签订一项国际间的多边条约来保护专利、商标和其他工业产权就日益成为迫切的需要。正是这种需要，导致了《巴黎公约》的诞生。

二、《巴黎公约》的发展和作用

《巴黎公约》问世以来，百年间曾经召开过八次修订公约的会议。第一次会议于1886年4月29日至5月11日在罗马召开；第二次会议于1890年4月1日和1891年4月14日在马德里分两期召开；第三次会议于1897年12月1日和1900年12月11日在布鲁塞尔分两期召开；第四次会议于1911年5月15日在华盛顿召开；第五次会议于1925年10月8日在海牙召开；第六次会议于1934年5月1日在伦敦召开；第七次会议于1958年10月6～31日在里斯本召开；第八次会议于1967年6月11日至7月14日在斯德哥尔摩召开。

从布鲁塞尔修订会议开始，每次修订会议都通过一项公约的修订本。到目前为止，已经有了六个修订本。布鲁塞尔修订本和华盛顿修订本现在只具有历史意义，已经没有任何国家仍然适用这两个修订本。到1982年年底，适用海牙修订本的国家有2个，即巴西和多米尼加共和国；适用伦敦修订本的国家有9个，即加拿大、冰岛、印度尼西亚、黎巴嫩、新西兰、圣马力诺、斯里兰卡、叙利亚和土耳其；适用里斯本修订本的国家有11个，即阿根廷、巴哈马、塞浦路斯、海地、伊朗、马耳他、尼日利亚、菲律宾、坦桑尼亚、特立尼达多巴哥以及赞比亚。❸ 此外，有70个国家都适用斯德哥尔摩修订本。目前，《巴黎公约》共有92个成员国。在92个成员国中，属于第一世界的国家有2个，属于第二世界的国家有35个，属于第三世界的国家有55个。

百年以来，《巴黎公约》在历史上所起的作用和功过，可以从两个方面来进行分析。

一方面，《巴黎公约》在过去一个世纪的历史上，对于国际的经济贸易交往和技术交流都起了积极的作用。人们普遍认为《巴黎公约》是国际专利制度的法律基础。也

---

❶ 《美国百科全书》（第21卷），1978年版，第385页。
❷ 《专利制度在发展中国家技术转让中的作用》，联合国贸发会全文件 TD/B/AC·11/19/REV.1，1975年，第33页；《商标在发展中国家的作用》，联合国贸发会文件，TD/B/C·6/AC·3/3/Rev.1，1979年，第4页。
❸ 加拿大、印度尼西亚、斯里兰卡、土耳其、马耳他、菲律宾和赞比亚已经批准并适用斯德哥尔摩修订本的行政条款。

正是由于这个原因，百年来加入《巴黎公约》的国家日益增多。下表就可以说明这种情况。❶

年　　　份	1884	1900	1911	1925	1934	1958	1967	1973	1982
《巴黎公约》成员国	14	16	22	37	39	47	78	80	92
公约中的发展中国家	5	3	5	9	9	15	42	44	55

另一方面，《巴黎公约》百年来的历史发展和历次修订，都是不断加强对工业产权的保护。❷ 第二次世界大战结束后，特别是从20世纪60年代以来，大批新独立国家登上了历史舞台，许多发展中国家都制定了专利法和商标法，有些还加入了《巴黎公约》。由于历史上的原因，它们的经济技术暂时还处于落后状态，在世界范围内和发展中国家中，绝大部分的技术专利都被西方工业发达国家的企业所取得。形式上法律平等，实际上则导致更有利于西方发达国家。发展中国家对于着重维护专利权人的权利而忽视发展中国家的社会利益和经济需要的现行《巴黎公约》的某些条款，日益表示出强烈的不满。

三、《巴黎公约》的结构和原则

《巴黎公约》斯德哥尔摩修订本共30条，其结构可以分成四个部分：国民待遇的规定、优先权的规定、实质性的共同法律规则以及行政条款和最终条款。

国民待遇的规定是《巴黎公约》的一个重要原则。《巴黎公约》第2条规定："本联盟任何成员国的国民，在保护工业产权方面，应在本同盟其他成员国内享有各该国法律现在或今后给予各该国国民的各种利益。"早在开始酝酿《巴黎公约》阶段，就有人曾经主张把各国专利法的规定用一个公约统一起来，这在各个主权国家利害矛盾、立场和考虑互不相同的情况下是根本不可能做到的。在前面谈到过的1878年召开的会议上，已经明显表明只能在国民待遇的原则上达成一致的意见。❸ 应该说，1883年最初签订《巴黎公约》时就采用的国民待遇的规定，是一个切实可行的办法。100年来的实践也证明，总的来说，国民待遇原则是各主权国家都可以接受的。《巴黎公约》经历了一个世纪之久仍具有生命力，这与采用国民待遇的原则有密切的关系。优先权的规定是《巴黎公约》的另一个重要原则。按照公约第4条规定，专利、发明人证书、实用新型、商标和外观设计的申请人在第一次向一个缔约国提出正规申请以后，在一定期限（6个月或12个月）内又向其他缔约国提出申请时，仍以第一次申请的日期作为后来提出申请的日期。也就是说，后来的申请比在这两次申请之间其他人提出的同样申请具有优先的

---

❶ 1973年以前的数字引自联合国贸发会文件，TD/B/C·6/AC11/Rev.1，1975年，第34页；1884年成员国原表为13，怀疑有误；1982年数字来源于世界知识产权组织统计。

❷ 《国际专利制度：保护工业产权巴黎公约的修订》。联合国贸发会文件 TD/B/C·6/AC·3/2，1977年。

❸ 拉大斯：《专利商标和有关权利》，1975年英文版，第62页。

权利。优先权的原则也是从1883年就规定在《巴黎公约》之中,迄今仍然为各成员国所接受。凡是向外国提出申请的,都需要考虑经济效益,选择国别,进行必要的准备(如译本)等。同一时间向国内和外国一次提出申请,实际上很难办到。以专利为例,许多国家都采用先申请原则,需要尽快提出申请。一旦在本国申请,又会因发明的公布或利用而丧失新颖性,从而不能在其他国家取得专利。采用优先权的原则就可以解决这个问题。

《巴黎公约》规定的实质性共同法律规则,是各成员国必须遵守的为数不多的规定。但其内容却颇为复杂,不可能在这篇短文中一一具体论述。应该特别强调的是,除这些为数不多的实质性共同法律规则外,工业产权方面的许多重要问题,如专利条件、授予范围、专利期限以及商标的申请和注册条件等,都由各成员国的国内法来规定。《巴黎公约》诞生百年来,这一部分规定经历了多次修订和补充,其总的倾向是不断加强对工业产权的保护。近年来,发展中国家对其中某些条款甚表不满,要求加以修订。

《巴黎公约》最后一部分是行政条款和最终条款。它规定了根据公约而建立的巴黎联盟的行政机构、不同议定书成员国之间的关系、公约的修订以及联盟的预算等问题。《巴黎公约》第20条规定,以前各修订本的成员国可以批准或加入斯德哥尔摩修订本行政条款,而不适用斯德哥尔摩修订本的实质条款。

四、《巴黎公约》的展望

《巴黎公约》向何处去?这是全世界工业产权界普遍关心的问题。一种意见主张,《巴黎公约》最好不变,他们认为斯德哥尔摩修订本已经蛮不错,不再需要改动。另一种意见则认为,现行《巴黎公约》以及国民待遇和优先权等原则主要是有利于工业发达国家的企业,因而要求对《巴黎公约》进行有利于发展中国家的修改。❶

在发展中国家的推动下,从1974年起开始了又一次修订公约的活动。1975年12月,政府专家特别委员会通过了一项《修订巴黎公约的宗旨宣言》。其中规定,修订《巴黎公约》的目的是要有助于建立世界经济新秩序,在特定情况下应该允许背离国民待遇原则,而让发展中国家享受非对等的优惠待遇。政府间筹备委员会拟定的提交修订《巴黎公约》外交会议讨论的"基本建议",则具体地表达了发展中国家修订公约条款的具体要求。但是,正像联合国世界知识产权组织总干事鲍格胥博士早在1978年国际工业产权律师联合会(FICPI)大会上所说的:"这种背离(国民待遇原则)范围有限,以致许多人都认为并没有构成重大的背离。"经过长期准备以后,于1980年、1981年和1982年连续召开了三次修订公约的外交会议。由于发展中国家与工业发达国家立场不同、矛盾尖锐,因而进展缓慢、收效甚微。

当然,修订《巴黎公约》是一件十分复杂的工作,结果如何,还要看事态的发展。但是,从总的趋势可以看出两点:第一,《巴黎公约》要变,斯德哥尔摩修订本一字不改地长期存在下去的可能性已经很小;第二,要向有利于发展中国家的方面变。这一次

---

❶ F. K. 拜尔:"专利制度对技术经济和社会的意义",载《国际工业产权法和版权法评论》1980年第5期,第564页。

修订与过去 100 年来历次修订的发展方向不同,是从 1883 年《巴黎公约》问世以来所进行的第一次为了适应发展中国家特殊需要而作的修改。发展中国家的发言人温德布依(Vanderpuye)在 1980 年修订《巴黎公约》外交会议上曾说过:"发展中国家并不是想要一夜之间推翻这个近百年之久的古老公约","发展中国家集团所设想的新公约是能够以公平、合理和合乎正义的方式包括和平衡所有各个方面的利益"。❶ 尽管发展会迂回曲折,但只要都本着这种精神,总会通过各方面的努力,找到克服困难的途径,使修约活动取得成效,使这个年满百岁的公约重新焕发出新的活力。

我国已于 1982 年 8 月 23 日公布了《中华人民共和国商标法》(1983 年 3 月 1 日起施行),不久即将制定并公布《中华人民共和国专利法》。为了贯彻对外开放政策,积极引进先进技术,扩大对外经济技术交流,在专利法公布以后,我们就应该认真切实地考虑参加《巴黎公约》的问题。在作出决定以前,还需要进行一系列深入细致地调查研究工作,要逐条逐款地搞清楚《巴黎公约》的含义、成员国的权利和义务,以及与我国现行法律是否存在矛盾等。不但要研究斯德哥尔摩修订本,而且要研究海牙本、伦敦本和里斯本修订本,弄清楚各不同修订本成员国之间的权利义务关系。做好这些方面的工作,就可以情况明了,心中有数,在时机成熟时,我国政府即可作出相应的决定。

---

❶ 《修订巴黎公约外交会议文件》,PR/DC/1NF/9。

《中华人民共和国专利法》的孕育与诞生[*]

中华人民共和国第六届全国人民代表大会常务委员会于 1984 年 3 月 12 日通过了《中华人民共和国专利法》。同日,由中华人民共和国主席令(第 11 号)予以公布,宣告了新中国第一个专利法的正式诞生。《中华人民共和国专利法》的制定并公布,标志着建立我国专利制度的良好开端。实施专利法,保护发明创造专利权,对鼓励发明创造,推动发明创造的推广应用,促进科学技术的发展,加速社会主义现代化建设,都必将发生重要的作用。

起草并制定专利法,在我国是一件新鲜事物。既要适合我国的国情,又要考虑国际上通行的惯例。经过广泛征求意见,深入调查研究,参阅大量国内外资料,既充分听取了各个方面的看法,又在时机成熟时作出集中决断。五载艰苦工作,终于瓜熟蒂落,顺利诞生。回顾这一段不平凡的历程,对于总结经验,作好实施专利法的准备工作,是有益处的。

专利法从着手起草到最后公布,经历了几个重要的阶段。

为适应社会主义现代化建设和实行对外开放政策的需要,从 1978 年下半年起,在国家科委主持下,开始调查研究,筹建我国的专利制度。1979 年 3 月 19 日正式成立了中华人民共和国专利法起草小组,着手草拟专利法。专利法起草小组成立后,采取广泛调查、登门访问、书面联系等方式征求了许多地区、部门、单位和有关专家的意见。收集、分析并研究了 85 个国家的专利法摘要和 30 多个国家的专利法全文。有关部门曾三次组团出国访问、考察了分属于社会主义国家、发展中国家和发达国家三种不同类型的 9 个国家的专利机构和专利制度(罗马尼亚、南斯拉夫、巴西、日本、联邦德国、法国、瑞士、澳大利亚和美国)以及世界知识产权组织和欧洲专利局。在此基础上,拟定框架,逐条推敲,形成了专利法草案的雏形。

1980 年 1 月,国务院批转了国家科委《关于我国建立专利制度的请示报告》,成立了中国专利局。在中国专利局的主持下,专利法起草工作逐步深入,反复征求有关部门和单位的意见,并利用出席国际会议和国外专利界人士来访的机会,与世界知识产权组织和一些国家专利局的知名人士对专利法的一些问题进行了探讨。1980 年 11 月,国家科委和中国专利局在北京召开了有法律、经济、科技、教育、贸易、工业各界多名代表参加的专利法讨论会。讨论会上对我国是否需要制定专利法、建立专利制度以及专利法

---

[*] 原载《中国专利》1984 年第 1 卷第 4 期。

草案的章节、条款进行比较深入而详细的探讨。参加讨论会的代表们认为,《中华人民共和国专利法》应体现出以下几项原则:第一,要具有中国的特点,适合我国的社会主义制度,保护本国的利益;第二,要能促进我国国民经济和科学技术的发展;第三,要有利于调动全国人民的积极性,兼顾国家、集体和个人三者的利益;第四,要有利于引进外国先进技术,促进国际贸易和国际科学技术交流。会后,吸取了讨论会上的许多有益意见,对专利法草案进行了修改。专利法中的某些重要问题,如采取专利制度而有采取发明人证书制度、专利保护的对象包括发明、实用新型和外观设计,早期公开,延期审查,对外国人来华申请专利的处理原则等,都逐步明确并基本定型。这是专利法着手起草、调查研究、反复探讨、逐步成型的阶段。

专利法讨论会结束后,修改工作虽有进展,但是对于在我国现阶段是否需要并应该制定专利法、建立专利制度,并没有达成一致的看法。有些意见相距颇远,甚至截然相反。从1981年年初以后,起草工作进展不快。各种会上会下的探讨,尽管没有缩小不同意见之间的距离,但是各种观点、论据都比较充分地摆出来了。随着时间的推移、讨论的深入、问题关键所在也日益明朗。在广泛、深入讨论的基础上作出决断的条件渐趋成熟。1982年9月国务院常务会议上听取了中国专利局的工作汇报,作出了"从全局和发展的观点看,我国应该建立专利制度"的决定。赵紫阳总理在五届人大五次会议上所作的《关于第六个五年计划的报告》中,提出要"制定和施行专利法"。关于是否在我国需要制定专利法、建立专利制度的问题,终于获得了解决。这是深入探讨、集中意见,在广泛充分民主讨论的基础上作出决断的时期。

需要制定专利法的问题解决以后,究竟制定出一个什么样子的专利法,专利法草案应该如何进一步修改的问题,又重新提上了议程。人们认识上的距离,还要经过一段过程才能逐步消除。1983年8月,国务院常务会议再一次讨论并原则上通过了《中华人民共和国专利法(草案)》。其后,修改工作中明确了或进一步明确了我国专利法应该具有的几个重要原则:专利法既要适合我国国情,又要照顾国际惯例,要便于发动大家搞发明创造,便于迅速推广应用技术发明,便于引进外国的先进技术,对外国人来中国申请专利不要限制过多,为促进国内先进地区向落后地区转让技术,应有保护技术转让合同的条款。在此基础上,又经过反复协调和修改,于1983年12月正式提交六届人大常委会第三次会议进行审议,并由中国专利局局长黄坤益同志受国务院委托,向全体会议作了关于《中华人民共和国专利法(草案)》的说明。全国人大法律委员会在关于《中华人民共和国专利法(草案)》审查结果的报告中指出,"专利法草案从1979年开始起草,经过5年的反复研究修改,基本上是成熟的、可行的"。这是专利法草案经过几上几下、反复修改、逐步成熟的阶段。

在第六届全国人大常委会第三次会议结束后,全国人大法律委员会先后举行了7次会议,听取了法制工作委员会经过大量细致的工作后所提出的关于修改《中华人民共和国专利法(草案)》的一些问题的汇报,结合全国人大常委会委员、教科文卫委员会以及中央有关部门和省、自治区、直辖市人大常委会的意见,对草案逐条进行了审议。在1984年2月29日举行的第六届全国人大常委会第四次会议上,全国人大法律委员会副主任委员张友渔同志代表法律委员会作了关于《中华人民共和国专利法(草案)》审议结果的报告。报告中指出，"为了有利于引进国外先进技术，鼓励发明创造，促进科学技术的发展，加速社会主义现代化建设，制定专利法，建立我国的制度，很有必要"，经过反复研究修改的专利法草案，基本上是成熟的、可行的。与此同时，法律委员会提出了十分重要的修改建议：针对一些外国专利权人担心"一家引进，百家利用"，建议补充规定被许可人无权允许合同规定以外的任何单位或者个人利用该项专利；为有利于国内技术专利的推广应用，建议修改相应条文为国务院有关主管部门和省、自治区、直辖市的人民政府根据国家计划，有权决定本系统内或者所管辖的全民所有制单位持有的重要发明创造，允许指定的单位实施，由实施单位按照国家规定向持有专利权的单位支付使用费，关于全民所有制单位内职务发明创造，建议修改为全民所有制单位申请专利被批准后，专利权归该单位持有（不是所有），对未经专利权人许可，实施其专利的侵权行为，建议修改为专利权人或者利害关系人可以请求专利管理机关进行处理，也可以直接向人民法院起诉，对侵犯专利权的刑事责任，建议修改为假冒他人专利的，比照原草案第59条（本法第60条）处理，情节严重的，对直接责任人员比照《刑法》第127条的规定追究刑事责任。第六届全国人大常委会第四次会议审议了修改草案后，于3月12日正式通过了《中华人民共和国专利法》。这是专利法草案的审议修改、通过和正式公布的阶段。

专利法的起草、制定工作，五载孕育，一朝诞生。这是我国经济生活中和法制建设上的一件大事，引起了国际上经济、贸易、法律以及知识产权界的重视，也获得了国际专利界许多知名人士的高度评价。制定专利法过程中，6次征求各部门、各地方的意见，先后进行了20多次的重大修改。认真总结这段工作的丰富经验，对于实施专利法做好准备工作，是必要和有益的。本文基本上根据已经公布的资料，结合个人认识，概括回顾，以表祝贺。深入总结经验、细致分析研究，只能待之于来日。

载于《中国大百科全书（法学卷）》有关知识产权条目

一、商标权的国际保护（international protection of trade-mark）

商标权具有严格的地域性，只在注册国领域内有效。为此，国际上签订了一些条约，以利于在国外取得商标保护。国际条约中重要的有：

《保护工业产权巴黎公约》 于1883年订立，规定了对商标所有人的国民待遇和优先权（见专利权的国际保护）。商标的优先权期限为6个月。商标在一个成员国内注册，同在其他成员国包括原属国家内的注册是相互独立的，即一个商标注册在某一个成员国内过期或撤销，并不影响在其他成员国内注册的效力。商标的申请和注册条件，都按照各该国国内法律的规定。在原属国注册的商标，其他成员国也应同样接受注册申请和保护，但如该项商标侵犯第三人已取得的权利、缺乏明显特征、违反道德与公共秩序，尤其是带有欺骗公众的性质时，得拒绝给予注册。公约还规定了商标上使用成员国国徽、官方标志和政府间组织标志等禁例。当前，在修订《巴黎公约》的"基本建议"中，发展中国家要求增加禁止使用"国家官方名称"的规定。

《商标国际注册马德里协定》 1891年4月14日在马德里签订，1900～1967年6次修订。至1983年3月15日止，共有25个成员国。协定规定，只有《巴黎公约》的成员国才能参加《马德里协定》。凡协定成员国的国民，在本国注册商标后，才可以向设在日内瓦的世界知识产权组织国际局申请国际注册。注册经批准后，由国际局公布，并通知申请人要求给予保护的那些成员国。这些成员国可以在一年内声明对该项商标不予保护，但需说明理由，申请人可向该国主管机关或法院提出申诉。如果一年内未做上述声明，则国际注册就在该国具有国家注册的效力，期限20年。协定还规定，在国际注册5年内，原先国家注册的撤销即导致国际注册的撤销。国际注册对商标所有人的好处是，商标在原属国注册后，只需用一种语言（法语）向一个机构（国际局）提出申请和缴纳费用，而不需要用许多不同语言分别向各成员国的政府机关提出申请和缴纳费用。办理续展（每20年一次）时相同。对国家机关，也可以减少工作量。国际局的收费一部分转交给申请人请求保护的成员国，年终有盈余时，还可以分给各成员国。

《商标注册条约》 1973年6月12日签订，至1983年3月15日止有5个成员国。条约规定，申请人可以向世界知识产权组织国际局（或通过本国的机构）提出商标的国际申请。国际申请符合本条约及其实施细则时，国际局即给予注册并在公报上公布，分别通知申请人要求提供保护的每一个成员国的主管机关。各该国家的商标注册机关可以在 15 个月的期限内拒绝该项国际申请的效力，否则该项国际注册即取得在该国注册的同样效力。国际注册的有效期为 10 年，期限可以续展，每期 10 年。《商标注册条约》不要求在国际注册之前必须先办理国家注册，也没有《马德里协定》中关于在国际注册后 5 年内，原先国家注册的撤销，即导致国际注册撤销的规定。续展手续也很简单，只需在期限届满时向国际局交纳续展费即可。

此外，还有一些地区性的商标注册条约，如 1929 年签订的《商标和商务保护泛美公约》，1962 年比利时、荷兰、卢森堡签订的《布鲁塞尔公约》，1976 年非洲 12 个国家的《非洲知识产权组织公约》以及 1973 年苏联等 7 个经互会国家所签订的《通过经济、科学与技术合作组织对发明、工业品外观设计和商标以法律保护的协定》等。

中华人民共和国的规定 中国 1963 年颁布的《商标管理条例》第 12 条规定，外国企业来中国申请商标注册，必须具备两个条件：（1）申请人的国家和中国已经达成商标注册互惠协议；（2）申请注册的商标已经用申请人的名义在其本国注册。同年公布的《商标管理条例施行细则》还规定，外国企业申请商标注册，要送交本国注册证件。1978 年以后，中国对《商标管理条例》及其施行细则中有关签订商标注册互惠协议和提交本国注册证件的规定，按照对等原则灵活运用。即对方国家要求达成商标注册互惠协议和提交本国注册证件，中国也要；对方不要，中国也不要。按照这一原则，中国已经同加拿大、瑞士、泰国以及奥地利等国相互确认免交本国注册证件（见商标法）。

1983 年 3 月 1 日起施行的《中华人民共和国商标法》第 9 条规定："外国人或者外国企业在中国申请商标注册的，应当按其所属国和中华人民共和国签订的协议或者共同参加的国际条约办理，或者按对等原则办理。"

二、商法（commercial law）

传统上指与民法并列、并互为补充的部门法，即调整市场经济关系中商人、商业组织和商业活动的法律规范的总称。商业活动范围非常广泛，其共同点是当事人一方将具有经济价值的物资、产品和服务提供给需要的一方，以交换需要方提供的对应价值，通常是货币。商法的范围因而也很广泛，包括公司法、票据法、保险法、海商法等方面的法规。

西方古代商法 约公元前 15 世纪的《赫梯法典》（见楔形文字法）中，就有对商品价格管理的规定。希腊时期商法方面的规范，最著名的是《罗得法》（Lex Rhodia）中的有关规定。《罗得法》是由以航海为生的腓尼基人发展起来的，因东地中海的罗得岛而得名。《罗得法》中规定，船长在航海中为挽救船舶和货物免遇危险而造成的损失，应由一切货主和船主按照比例分担。当代共同海损制度即起源于此。另一项重要制度是从海上借贷发展起来的，海上贸易航行以前借入一笔贷款，以船货为担保。还本付息则以船舶安全远航为条件。利息率达 24% ~ 36%，远远高于正常利率。这种制度后来逐渐发展为现代的海上保险。

在罗马法中，具有商法特征的规定就更多了。在市民法之外，又发展了调整罗马公民与非罗马公民之间以及非罗马公民相互之间的贸易和其他关系的《万民法》。《万民法》有两个特点，后来即发展成为商法的特点：(1)《万民法》不像市民法那样严格；(2) 在当时的西方世界一致适用。罗马人在海商法方面也创造了两种重要的制度：一种是船主对船长签订的契约负责的制度，代理制度就是由此逐渐发展起来的；另一种是船长对旅客的行李等货物所受的损害承担责任的制度。

中世纪商法 11～15 世纪，欧洲－地中海一带的城市国家国际贸易迅速发展，当时的封建制度已经不能适应商业发展的需要。行会组织中的商人便设置自己的特殊法庭，采用各种商事习惯来解决商事纠纷，逐渐形成中世纪的商人法（jus mercatorum）。最早的单行商事立法，有法国路易十四（1643～1715 年在位）时期在 J. B. 科尔贝尔（1619～1683 年）主持下颁布的《商事敕令》(1673) 和《海事敕令》(1681)。

18 世纪以来大陆法系商事立法 这时期进行了商法典的编纂。1794 年制定的《普鲁士国家的普通邦法》第 2 编第 8 章第 7～14 节（第 475～2464 条）即包含票据、保险、海商等有关商法的规定。它是以商人为规定的对象的。世界上近代第一部资本主义的商法法典，是拿破仑于 1807 年颁布的《法国商法典》。这部法典不以人的社会地位为规定对象，而以商事行为为法典规定的基础。《法国商法典》曾在卢森堡国境内实行。受其影响而制订的商法典，有 1838 年的荷兰商法、1867～1870 年的比利时商法、1838 年的希腊商法、1850 年的土耳其商法、1883 年的埃及商法、1860 年的塞尔维亚商法、1885 年的西班牙商法、1888 年的葡萄牙商法以及拉丁美洲许多国家的商法。1897 年制定、1900 年 1 月 1 日起生效的《德国商法典》，对许多国家也有很大影响，如奥地利商法、1899 年的日本商法以及斯堪的纳维亚各国的特别商事立法等。法国、德国、日本、荷兰、比利时、西班牙、葡萄牙等国在民法典外另订有商法典，民事活动根据民法典处理，商业活动依据商法典处理。这种办法通常称民商分立。民商分立的主要论据是：(1) 商业活动以营利为目的，注重迅速，与一般民事行为不同；(2) 商业活动日新月异，变化很快，民商分立便于随时修改法规。在民法典之外不再另订商法典，商法的内容也规定在民法典之中，这种办法通常称民商合一。民商合一的办法从瑞士开始，1869～1872 年由曼金格尔起草的属于民法范畴的《瑞士债务法典》，将商法、票据等有关规定都包括在内。1881 年成为联邦法律。1907 年瑞士制定民法典，1911 年将债务法编入《民法典》内，成为《瑞士民法典》的第 5 编。民商合一的主要论据是：(1) 商业活动不外乎债权债务行为，商业法规可规定在民法典债务中，不必另订商法典；(2) 商业行为与一般债权债务无明确界限，民商分立则适用法律易生疑难；(3) 另订商法典可能偏护商人的利益。

英美法系国家商法 从 1756 年曼斯菲尔德男爵 W. 马里将商人法混入普通法以后，并不存在有单独的商法。但在英国，商品买卖、公司、票据、保险、海商、破产等方面都制订有单行法规。有关商法方面法律成文化的倾向是很明显的。美国则由全国州法律统一委员会议从 1896 年起公布了许多统一法规，包括《统一流通票据法》(1896)、《统一买卖法》(1906)、《统一仓库收据法》(1906)、《统一股票转让法》(1909)、《统一提单法》(1909)、《统一附条件销售法》(1918)、《统一信托收据法》(1933)。上述法规已为多数州所接受。在这些统一法规的基础上，1952 年又公布了《统一商法典》。

国际范围内商法的统一工作 1926 年在意大利政府倡议下建立起来的罗马国际统

一私法学社,是一个政府间的国际组织,在这方面做过一些工作。第二次世界大战期间,统一有关商法方面的工作被迫中断,战争结束后又重新恢复。1966年12月17日联合国大会通过决议,设立了联合国国际贸易法委员会,确定了该委员会的宗旨是促进国际贸易法的逐步协调与统一。在联合国国际贸易法委员会的主持下,先后制定并通过了《国际销售货物时效期限公约》(1974年6月12日)、《联合国国际货物销售合同公约》(1980年4月10日)、《联合国海上货物运输公约》(《汉堡规则》)(1978年3月30日)、《联合国国际货物多式联运公约》(1980年5月24日)等。在其他方面,如铁路运输、航空运输、专利、商标、版权等方面也在不同时期签订了一些国际性和地区性的公约或协定(见《国际铁路货物联运协定》、国际航空货物运输公约、专利权的国际保护、商标权的国际保护、版权的国际保护)。

三、知识产权的国际保护（international protection of intellectual property）

指国际上为了解决按照一个国家的国内法取得的专利、商标和版权等知识产权,只在该国领域内受到保护,在其他国家内不能发生法律上的效力的问题,而签订双边或多边条约,实现对知识产权的国际保护,以促进技术、知识的国际交流。

专利、商标等工业产权方面的最重要的国际条约是1883年3月20日签订的、目前已有92个成员国参加(迄1983年3月15日止的数字)的《保护工业产权巴黎公约》(以下简称《巴黎公约》)。目前,以《巴黎公约》为中心在工业产权方面有13个条约或协定已经生效。它们是:《保护工业产权巴黎公约》《制止产品来源虚假或欺骗性标记马德里协定》(1891)、《商标国际注册马德里协定》(1891)、《工业品外观设计国际保存海牙协定》(1925)、《商标注册用商品与劳务国际分类尼斯协定》(1957)、《保护原产地名称及其国际注册里斯本协定》(1958)、《建立工业品外观设计国际分类洛迦诺协定》(1968)、《专利合作条约》(1970)、《国际专利分类协定》(1971)、《商标注册条约》(1973)、《保护植物新品种国际公约》(1961)、《国际承认用于专利程序的微生物保存布达佩斯条约》(1977)以及《保护奥林匹克会徽的内华罗条约》。保护版权(又称著作权)方面的国际条约有:《保护文学和艺术作品伯尔尼公约》(1886)、《世界版权公约》(1952)、《保护表演者、唱片录制者和广播组织国际公约》(1961)、《保护唱片录制者防止其唱片被擅自复制的公约》(1971)、《人造卫星播送载有节目信号公约》(1974)以及《避免对版权提成费双重征税的马德里多边公约》(见版权的国际保护)。

上述条约或协定,除《世界版权公约》由联合国教科文组织管理外,其他都由世界知识产权组织管理或参与管理。世界知识产权组织是根据1967年在斯德哥尔摩签订的公约(于1970年生效)而成立的一个政府间组织,1974年12月成为联合国专门机构之一。该组织的宗旨是:(1)通过国与国之间的合作,并在适当情况下,与其他国际组织进行协作,以促进在全世界范围内保护知识产权。(2)保证各知识产权同盟间的行政合作。世界知识产权组织总部设在日内瓦。迄1983年3月15日止共有101个成员国。中国政府于1980年3月3日递交了加入书,于同年6月3日生效。

四、《中华人民共和国中外合资经营企业法》(Law of the People's Republic of China on Chinese-Foreign Joint Ventures)

中国调整中外合资经营企业在建立、终止及生产经营管理中发生的各种关系的法律规范。1979年7月1日第五届全国人民代表大会第二次会议通过，同月8日公布生效。共15条。该法的制定，是为了在平等互利的基础上，吸收外国投资，与外资合营某些双方认为有利的企业，以扩大经济合作和技术交流。

该法的基本精神是，(1) 依法保护外国合营者在合营企业的投资，应分得的利润和其他合法权益；(2) 外国合营者作为投资所提供的技术和设备，必须确实是适合中国需要的先进技术和设备；(3) 合营企业的一切活动应遵守中国法律和有关条例的规定。

《中外合资经营企业法》的主要内容：(1) 合营各方签订的合营协议、合同、章程，应报中华人民共和国对外经济贸易部决定批准或不批准。经批准后，向中华人民共和国工商行政管理总局登记，领取营业执照，开始营业。(2) 合营企业的形式为有限责任公司。(3) 合营各方可以现金、实物、工业产权等进行投资，外国合营者如果有意以落后的技术和设备进行欺骗造成损失的，应赔偿损失；中国合营者的投资，可包括为合营企业经营期间提供的场地使用权；各项投资应在合同和章程中规定，其价格（场地除外）由合营各方评议商定；在合营企业的注册资本中，外国合营者的投资比例一般不低于25%。(4) 合营各方按注册资本比例分享利润、分担风险及亏损；合营者的注册资本如果转让，必须经合营各方同意。(5) 合营企业设董事会，人数组成由合营各方协商，在合同、章程中规定，并由合营各方委派和撤换。董事会的职权是按章程规定，讨论决定合营企业的一切重大问题，包括企业发展规划、生产经营活动方案、收支预算、利润分配、劳动工资计划、停业，以及总经理、副总经理、总工程师、总会计师、审计师的任命或聘请及其职权和待遇等。董事会设董事长一人，由中国合营者担任；副董事长一人或二人，由外国合营者担任。正副总经理（或正副厂长）由合营各方分别担任。(6) 合营企业获得的毛利润，按中国税法规定缴纳所得税后，扣除章程规定的储备基金、职工奖励及福利基金、企业发展基金，净利润根据合营各方注册资本的比例进行分配。合营期在10年以上的合营企业经税务机关批准开始获利的年度起，第1年、第2年免征所得税，第3年、第4年、第5年减半征收所得税。外国合营者将分得的净利润用在中国境内再投资时，可申请退还已缴纳的部分所得税。(7) 外国合营者分得的净利润，在合营企业期满或者终止时所分得的资金以及其他资金，可按合营企业合同规定的货币，通过中国银行按外汇管理规定汇往国外。外籍职工的工资收入和其他正当收入，按中国税法缴纳个人所得税后，可通过中国银行按外汇管理规定汇往国外。(8) 合同期限，可按不同行业、不同情况，由合营各方商定。合同期满后，如各方同意并报请中华人民共和国外国投资管理委员会批准，可延长期限，合同期满前，如发生严重亏损、一方不履行合同和章程规定的义务、不可抗力等，经合营各方协商同意，报请中华人民共和国对外经济贸易部批准，并向中华人民共和国工商行政管理总局登记，可提前终止合同。但如果因违反合同而造成损失的，应由违反合同的一方承担经济责任。(9) 合营各方发生纠纷，董事会不能协商解决时，由中国仲裁机构进行调解或仲裁，也可经合营各方协议由其他仲裁机构仲裁。

为了便于《中外合资经营企业法》的顺利实施，陆续制定和实施了一些与之有关的法律，如1980年9月10日第五届全国人民代表大会第三次会议通过的《中外合资经营企业所得税法》和《个人所得税法》；此外，国务院公布了《中外合资经营企业登记管理办法》《中外合资经营企业劳动管理规定》《外汇管理条例》和《关于对外国公司、企业从中国取得的收入征收所得税的规定》。财政部也公布了《中外合资经营企业所得税法施行细则》和《个人所得税法施行细则》。

《中外合资经营企业法实施条例》：1983年9月26日国务院颁布，全文16章，118条，是《中外合资经营企业法》的具体化。它体现了中国政府对利用外资、举办合营企业进一步放宽政策的精神，体现了对合营双方平等互利的原则。《条例》规定合营企业是中国的法人，受中国法律的管辖和保护，这就赋予合营企业以更加明确的法律地位，为它的建立和发展提供了充足的法律依据。《条例》对设立合营企业的申请、审批程序，它的协议、合同和章程、组织形式、出资方式和经营权利，董事会的职权，劳动管理和工会，它的主管部门，以及合营各方发生争议时的协商、调解和仲裁等，都作了明确的规定，这就使中国有关中外合资经营企业的法规更为具体和完善。

五、专利法（patent law）

确认发明人（或其权利继受人）对其发明享有专有权，规定专利权人的权利和义务的法律规范的总称。

"专利"一词来自拉丁文"litterae patents"，含有公开之意，原指盖有国玺印鉴不必拆封即可打开阅读的一种文件。现在，"专利"一词一般理解为专利证书，或理解为专利权。国家颁发专利证书授予专利权的专利权人，在法律规定的期限内，对制造、使用、销售（有些国家还包括进口该项专利发明或设计）享有专有权（又称垄断权或独占权）。其他人必须经过专利权人同意才能为上述行为，否则即为侵权。专利期限届满后，专利权即行消灭。任何人皆可无偿地使用该项发明或设计。

沿革 在西方国家，一般认为最早的一件专利是英王亨利三世于1236年授予波尔多的一个市民以制作各色布的15年的垄断权。实际上这是封建特权的一种形式，并非现代意义上的专利。第一个建立专利制度的国家威尼斯，于1474年颁布了第一部具有近代特征的专利法，1476年2月20日即批准了第一件有记载的专利。一般认为，英国1624年制定的《垄断法规》是现代专利法的开始，对以后各国的专利法影响很大，德国法学家J. 柯勒曾称之为"发明人权利的大宪章"。从18世纪末到19世纪末，美国（1790）、法国（1791）、西班牙（1820）、德国（1877）、日本（1826）等西方工业国家陆续制定了专利法。到了20世纪，特别是第二次世界大战结束以后，工业发达国家的专利法陆续进行了修订，许多发展中国家也都制定了专利法。20世纪60年代以来，阿尔及利亚在1966年通过了新专利法，巴西在1969～1971年，印度、秘鲁、尼日利亚和伊拉克在1970年，委内瑞拉、哥伦比亚在1971年，墨西哥在1976年，南斯拉夫在1981年，都修订或重新颁布了专利法。阿根廷、叙利亚等国也对专利法进行了重大修改。80年代初期，约有150个国家和地区建立了专利制度。阿尔及利亚和保加利亚、捷克斯洛伐克、民主德国、苏联等国，除建立专利制度外，还采用发明人证书制度，取得发明人证书后，发明权归国家所有，发明人取得一定奖励，但不能拒绝经国家批准的其他人使用其发明。墨西哥则采用发明证书制度，发明人有权实施发明，但不能拒绝其他人使用，而可以取得国家批准的一定报酬。

中国的专利法 近代专利法始于"中华民国"时期1912年的《奖励工艺品暂行章程》。1944年国民党政府公布过《专利法》。新中国成立后，1950年政务院颁布了《保障发明权与专利权暂行条例》。侯德榜发明的侯氏制碱法就是根据该条例取得专利权的一项发明。这一条例后由1963年颁布的《发明奖励条例》所取代。1980年1月，中国政府正式筹建专利制度，后又成立了中国专利局。1984年3月，全国人民代表大会常务委员会通过并颁布了《中华人民共和国专利法》。

授予专利的范围 一般涉及以下几个问题：（1）违反公共秩序和道德的发明，一般都规定不授予专利。不过这项规定的应用是与国家的阶级实质密切相关的。（2）科学发现和自然科学基础原理，因不能在工农业生产上直接应用，不授予专利。许多国家都依专门法律给予奖励（见发现权）。（3）某些物质发明，如以化学方法获得的物质，以原子核变换的方法获得的物质以及食品、饮料等，大多数国家不给专利，但少数工业发达国家则授予专利。其制造方法一般也可以取得专利。（4）动植物新品种，许多国家不给专利，少数国家规定授予专利。（5）诊断医疗方法和药品，也是少数国家授予专利。（6）计算机程序（软件），极少数国家授予专利。

实行发明专利制度的国家，有些还采用实用新型和外观设计的保护形式。实用新型指对物品的形状、构造或其组合作出的革新设计，亦称"小发明""小专利"。其特点是，对发明要求较低，申请和审批手续比较简单，费用较少，保护期限较短。采用实用新型保护的只有少数国家和地区，如联邦德国，法国、日本、意大利，西班牙、葡萄牙、波兰、菲律宾、乌拉圭等。外观设计也称工业品外观设计，指对产品的外形、图案、色彩或其结合作出富于美感而适用工业上应用的设计。据世界知识产权组织1976年的统计，采用外观设计保护的国家有61个。有的国家规定在专利法中（如美国、泰国），有的国家则在专利法以外另订单行法规（如联邦德国、日本）。中国的《专利法》对实用新型、外观设计的保护作了明确规定。

授予专利的条件 各国专利法规定不同，中国和多数国家都要求发明应具备新颖性、先进性和工业实用性。新颖性指在提出专利申请之日或优先权日，该项发明是现有技术中所未有的，即未被公知公用的。凡以书面、磁带、唱片、照相、口头或使用等方式公开的，即丧失其新颖性。有些国家采用世界新颖性，有些国家采用国内新颖性，也有些国家公知以世界范围为标准，公用以本国范围为标准。先进性也称创造性，指发明在申请专利时比现有技术先进，其程度对所属技术领域的普通专业人员不是显而易见的。实用性指发明能够在产业上制造和使用。

专利的审批 目前各国专利法大体规定有三种不同的办法：（1）登记制，专利局对专利申请案只进行形式审查，如果手续、文件齐备即给予登记，授予专利权，而不进行实质审查。采用登记制的，其专利往往质量不高。（2）实质审查制，即不仅进行形式审查，还要审查发明的新颖性、先进性和实用性。实质审查能够保证专利的质量，但需有大批高水平的审查人员，且容易造成大量积压。（3）延期审查制，对形式审查合格的申请案，自提出申请之日起满一定期限（如18个月）即予以公布，给予临时保护；在公布后一定年限内经申请人要求专利局进行实质审查，逾期未要求实质审查的，则视为撤回申请。采用延期审查制可减轻审查工作的负担。中国对专利的审批采用延期审查制。

专利保护的期限 各国专利法的规定不同。最短有5年以下的，如伊朗、委内瑞拉等。大部分国家规定在10~20年，如英国为16年、美国为17年、联邦德国为18年、法国为20年。还有的国家规定了几个期限，申请人可以自行选择，如阿根廷、智利等。期限开始的时间，有的国家规定从提出申请之日起算，有的国家规定从授予专利权之日起算。中国的《专利法》规定，发明专利权的期限为15年，实用新型和外观设计专利权的期限为5年，都自申请日起计算。

专利的实施 有些国家（如美国）专利法并不要求专利必须实施，但多数国家，特别是许多发展中国家，法律上要求专利权人有义务在该国实施其发明。实施通常理解为，产品专利指制造该项发明产品，方法专利则指在生产制造上使用该项发明方法。专利只有通过实施才能对该国工业与技术的发展起切实的积极作用。一般认为，专利权人允许他人实施其专利发明的也算是实施，但进口不算实施。许多国家的专利法规定，取得专利权的发明自申请之日起满4年，或自批准之日起满3年，无正当理由而没有实施或没有充分实施的，主管机构可以根据申请给予实施该项发明的强制许可，即被许可人向专利权人支付一定的报酬后实施该项专利。如果两项发明互相依存，一项发明的实施有赖于另一项发明的实施，而又不能得到该项发明的专利权人的同意时，有些国家专利法规定可以根据一项发明的专利权人的申请，给予其实施另一项发明的强制许可。如果专利发明与国家的国防、国民经济或公共卫生有重大关系，还可以规定准许其他人有偿使用其发明，甚至由国家付给一定报酬予以征用。中国的《专利法》对专利实施的强制许可作了专章规定。

专利法一般对专利方面的侵权、诉讼等问题也都有规定。对专利法的实施，许多国家还制定有实施细则。为避免在国际上发生对专利权的侵权行为，19世纪以来还制定了一些国际公约（见专利权的国际保护）。中国的《专利法》规定对专利权实行保护，侵权人要赔偿损失，情节严重的要依法追究刑事责任。

六、专利权的国际保护（international protection of patent）

由于专利只能在批准国受到保护，为了突破其地域性，以适应技术交流和国际贸易的发展，国际上自19世纪以来订立了一些条约，协调各国的专利法，避免了专利所有人要想在其他国家得到保护，还须在各该国重复申请批准手续。这方面重要的国际条约有：

《保护工业产权巴黎公约》 1884年生效。经过1873年、1878年和1880年多次会议的准备，主要由法国政府起草了一个公约草案。1883年3月20日外交会议上，有11个国家签署了这个草案。1884年7月7日公约生效时，成员国有11个国家。后来公约又经过多次修订：1886年在罗马，1890年和1891年在马德里，1897年和1900年在布鲁塞尔，1911年在华盛顿，1925年在海牙，1934年在伦敦，1958年在里斯本，1967年在斯德哥尔摩。20世纪70年代以来，发展中国家倡议再一次修订公约，经过多年准备，修订公约的政府间筹备委员会草拟了一份"基本建议"，并在1980年2月4日至3月4日、1981年9~10月和1982年10~11月，先后在日内瓦和内罗毕召开了三届修订公约的外交会议。截至1983年3月15日，公约共有92个成员国，其中有2个国家使用1925年海牙议定书、9个国家使用1934年伦敦议定书、12个国家使用1958年里斯本议定书，其他国家都使用1967年的斯德哥尔摩议定书。公约共30条，其主要的实质性规定如下：

关于国民待遇的规定　即在工业产权保护方面，公约成员国必须把给予本国国民的保护同样也给予其他成员国的国民（第2条），不得加以歧视。非成员国国民而在成员国内有住所或"真实有效"的工商管理所的，也享受国民待遇（第3条）。国民的含义包括自然人和法人。成员国法律上关于司法和行政程序、管辖权、选定送达地址或指定代理人规定，凡属工业产权法律所要求的，公约准许加以保留。

关于优先权的规定　即申请人向缔约国之一提出正式申请后，可以在一定期限内（专利和实用新型为12个月，外观设计为6个月）向其他缔约国申请保护，而以后的申请视为与首次申请的日期相同。这些后来的申请比同样发明的其他申请人在此期限内提出的申请享有优先的权利。优先权的规定对外观设计等专利申请人有很大的实际利益。当申请人想在几个国家取得保护时，可以有6~12个月的期限考虑在哪些国家取得专利保护，应该采取哪些措施，而又不致因考虑这些问题而贻误时间，为其他申请人抢先。所以，有人把优先权与国民待遇称为构成公约所建立的国际工业产权保护制度的两块主要基石。

关于一些共同的实质性法律规则　主要有专利独立、发明人有权在专利证书中记载其姓名，在一定条件下授予强制许可，船只、飞机或车辆上使用专利发明而暂时进入另一国家领域时不认为是侵犯专利权等规定。

《专利合作条约》　1970年6月19日在华盛顿签订。截至1983年3月15日，共有33个成员国。条约规定，一项发明可以提出向几个缔约国取得保护的国际申请，对国际申请案要进行先行技术的审查，以判断该发明是否具有新颖性、是否"非显而易见"以及是否在工业上适用。这种程序的好处，是申请人根据国际调查报告便于决定是否值得向几个国家申请，专利局可以大大减轻调查和审查任务，而公众因能看到申请书与国际调查报告同时公布（一般是自申请日起满18个月公布），可以更好地了解发明和估计其取得保护的机会的大小。

此外，还有关于专利国际保护的另外一些条约或协定，如1971年3月24日签订的《国际专利分类协定》（截至1983年3月15日有27个成员国）、1961年12月2日签订的《保护植物新品种国际公约》（截至1983年3月15日有17个成员国）、1977年4月28日签订的《国际承认用于专利程序的微生物保存布达佩斯条约》（截至1983年3月15日有12个成员国）、1925年11月6日签订的《工业品外观设计国际保存海牙协定》（截至1983年3月15日有17个成员国）以及1968年10月8日签订的《建立工业品外观设计国际分类洛迦诺协定》（截至1983年3月15日有15个成员国）。

除国际性的条约与协定外，还有地区性的保护专利的条约与协定，其中重要的有《欧洲专利公约》（1973）和《建立非洲、马尔加什工业产权专利局的协定》（1964）。

十年来我国国际经济法学研究的回顾及展望*

国际经济法是第二次世界大战后形成的一门新兴的综合性边缘学科。它是随着国际经济关系的发展而逐步地产生和发展起来的。实践证明，各国间频繁的经济交往和商品交换，是国际经济法产生的客观基础；而大量的调整此类交往与交换关系的条约和法律规范，则是国际经济法赖以生存与发展的必要条件。

一

我国国际经济法学的孕育和诞生与我国的对外开放政策同步。党的十一届三中全会以来，随着我国对外经济贸易和国际经济技术合作的迅速发展，以前那种主要依靠行政手段管理对外贸易和经济合作的方式已经不能适应对外开放政策的需要，而亟待法律手段的调整。在这种情况下，北京一些政法院系和科研机构的理论工作者开始参加一些涉外经贸法律的起草工作，并且走访了一些涉外实际工作部门，对他们在新形势下遇到的一些实际问题如技贸结合、技术引进及合资经营等进行了调查研究。此后便萌发了将国际经济法从国际私法中分离出来的想法。1981年2月，在北京市法学会召开的首届年会上，原中国人民大学法律系国际法教研室主任刘丁同志向学会提交了《关于国际经济法的几个基本问题》的论文，❶ 就国际经济法应当成为独立的法律部门、国际经济法的概念及其与邻近法律部门的关系等问题，比较系统地阐述了自己的见解，并率先在北京大学、中国人民大学等单位讲授国际经济技术合作中的若干法律问题。我国国际经济法作为一个独立的法学学科，正是在我国贯彻执行对外开放政策中诞生的，并且随着这一政策的深入实施而迅速地发展。尽管同一些传统的法学学科相比，它的体系还不完善，有许多重大理论问题仍在探索之中，但是这个学科在教学与科研中已经开始显示强大的生命力。其具体表现是：

第一，国际经济法的教学与科研队伍不断壮大。十年来，多数法律院系都开设了国际经济法学的有关课程，有些院系还设立了国际经济法学系或专业，招收本科生、研究生班、硕士研究生和博士研究生。其中许多已完成学业，活跃在我国对外贸易、涉外经济仲裁、审判和检察、涉外律师以及教学与研究战线。中国国际经济法研究会也已于

---

* 原载《法学家》1990年第1期，本文为郭寿康、赵秀文合著。赵秀文，中国人民大学教授、博士研究生导师，国际仲裁研究所所长，法学博士。

❶ 《国际法论集》，法学杂志社1981年版，第179~190页。

1987年宣告成立，有些地方或院校还成立了国际经济法研究会和研究所。

第二，有关国际经济法的专著、译著、教科书等相继问世。由刘丁同志编著、中国人民大学出版社1984年出版的《国际经济法》，是系统阐述我国国际经济法学的第一本专著。该书填补了我国国际经济法学研究的空白，获得了国家教委优秀教材二等奖。此外，沈达明、冯大同编写的《国际贸易法》、姚梅镇编著的《国际投资法》，也分别获得司法部和国家教委的优秀教材奖。1987年，鹭江出版社还推出了陈安主编的国际经济法系列专著：《国际贸易法》《国际投资法》《国际税法》《国际海事法》和《国际货币金融法》。由司法部法学教材编辑部组织编写的高等学校国际经济法学试用教材《国际贸易法新论》（沈达明，冯大同编著）、《国际技术转让》（郭寿康主编）、《国际金融法》（董世忠主编），《国际税法》（高尔森主编）、《海商法》（吴焕宁副教授主编）等系列专著，也已由法律出版社陆续出版。此外，深圳大学编辑出版中心从1988年开始推出一套与国际经济法有着密切关系的"中国涉外法"丛书，出齐后共18种。据不完全统计，在国际经济法学领域，仅专著、教科书、工具书等就有六七十种之多。

第三，中外学术交流空前活跃。我国许多专家、学者应邀到国外进行讲学、访问活动；一些外国专家和学者也经常到各法律院系讲授国际经济法的有关专题。许多院系同国外一些大学建立了校际交流关系，互派留学生和进修教师。中外学者和实业界人士联合在北京、上海等地多次举办有关贸易，知识产权与技术转让、投资，税收等专题研讨会。我国一些教授、专家还被选为某些国际经济、贸易、投资、保险、海商、知识产权、仲裁、律师等组织的领导成员。所有这些，都有力地促进了我国国际经济法学界同国外的学术交流，使我国国际经济法的教学与研究不断地向纵深发展。

二

十年来，我国国际经济法学者坚持理论联系实际的原则，对国际经济法的重大理论问题，对国际经济关系发展和我国改革与开放过程中出现的各种新问题进行了积极的探索，对于丰富我国国际经济法学的教学与研究，为我国经济改革和对外开放政策服务及完善我国的涉外经济立法等，作出了应有的贡献。然而，由于国际经济法学是一门新兴学科，无论在国外还是国内，都尚未形成完整的体系，在其本身的概念、对象、主体、范围、性质等一些重大理论问题上仍存在着不同的看法。现将国际经济法学界探讨的若干理论问题概述如下。

（一）国际经济法是一个独立的法律部门，还是国际公法的一个分支

这个问题是国内外国际法学界争议的中心问题。我国国际法学界对这个问题的公开争议始于20世纪80年代初，主要表现为以下两种观点：

第一种观点认为，国际经济法是国际公法的一个分支。这种观点基于传统的法学分类法，严守国际法与国内法、公法与私法的界限，将国内法排除在国际经济法之外。他们认为，国际经济法是随着国家对经济的与日俱增的干预而形成与发展起来的，这种干预主要通过国家间订立国际条约的方式实现。因此，国际经济法是"调整国际经济关系

的原则、规则和规章、制度的总和"。❶

第二种观点认为,国际经济法是一个独立的法律部门。这种观点打破了传统法学分科的界限,从当代国际经济关系的实际情况出发,坚持实证和综合的研究方法,认为国际经济法调整自然人,法人、国家和国际经济组织相互之间的国际经济法律关系,是"国际社会中关于经济关系和经济组织的法律规范的总和,即关于国际经济交往中商品生产、流通、结算、信贷,投资、税收等关系及国际经济组织等法规和法制的总称"。❷目前,我国多数学者都认为,国际经济法应该由一个独立的法学部门加以研究,因为国际经济法是一个既包括国际法、又包括国内法,既包括公法规范、又含有私法规范的综合性法律部门。

此外,我国有些教科书将国际经济法列入国际私法的范畴。他们认为,国家在国际交往中的相互关系,由国际公法来调整;而不同国家的国民、经济组织和国家机构在国际交往中的相互关系应由国际私法来调整。

(二) 国际经济法的对象

国际经济法的对象是国际经济关系。在这一点上,对国际经济法持不同观点的学者们的认识是一致的。然而,他们对国际经济关系的解释各不相同。

认为国际经济法是国际公法的一个分支的学者认为,这里的国际经济关系指国家之间、国家与国际经济组织之间或它们相互之间的经济关系,而不直接涉及自然人与法人之间的国际经济关系。他们认为,国际经济秩序是国际经济法学的主要研究对象,其中包括国家间、国家与国际经济组织之间的贸易、投资、技术转让、援助、信贷等方面的关系,特别是发展中国家的发展问题。

主张国际经济法是一个独立法律部门的学者认为,国际经济法所调整的国际经济关系,不仅仅指国家间或国家与国际经济组织间的经济关系,多数情况下指位于不同国家的自然人或法人之间的超越一国范围的贸易、投资、技术转让、信贷等方面的关系。这种关系既包括自然人,法人、国家和国际经济组织之间发生在国际贸易,国际投资、信贷、技术转让等方面的关系;也包括发生在个人对国家纳税、国家对个人进行外汇管制、海关监管,以至于国家对个人实行投资保护过程中的各种法律关系。❸

国际经济法同国内经济法一样,都是一门综合性的学科。然而,由于国际经济法冠以"国际"二字,它所研究的对象就超出了一国的范围,而涉及国际经济交往的各个领域。因此,国际经济法的对象,应当包括国际经济交往中所产生的一切关系。这种关系是随着国际经济交往的发展而发展的。

(三) 国际经济法的主体

主张国际经济法是国际公法的学者认为,国际经济法的主体同国际法的主体是一致的,主要表现为各主权国家,其次还包括类似国家的政治实体以及政府间的国际组织或国际机构。自然人和法人并不直接享有和承担国际经济法的权利和义务,因此不是国际

---

❶ 高等学校法学教材《国际法》,法律出版社1981年版,第421页。
❷ 姚梅镇:"国际经济法是一个独立的法学部门",载1983年《国际法年刊》,第374页。
❸ 刘丁:《国际经济法》,中国人民大学出版社1984年版,第5页。

经济法的主体。

主张国际经济法是一个独立法律部门的学者认为，国际经济法的主体除国家和国际经济组织外，还应包括自然人和法人，因为它们（特别是跨国公司）是国际经济关系特别是国际商业交易的主要参加者。将其排除在国际经济关系之外的做法，不符合国际经济交往的实际情况。况且，近年来国家间签订的有关调整国际经济关系的国际公约，如1966年10月14日生效的《关于解决各国和其他国家的国民之间的投资争端的公约》、1988年1月1日起生效的《联合国国际货物销售合同公约》等，其效力直接及于参加国际经济关系的自然人或法人。

（四）国际经济法的渊源

国际经济法的渊源是指国际经济法规范的各种表现方式。在这个问题上，也存在着两种不同的观点。

主张国际经济法是国际公法的学者认为，国际经济法的渊源主要表现为有关调整国际经济关系的国际条约和国际惯例，以及联合国及其有关机构和其他国际经济组织通过的有关决议和规章、制度。❶ 由于国际经济法是国家之间的法律，因而一国有关调整涉外经济关系的法律不能成为国际经济法的渊源。

主张国际经济法是一个独立法律部门的学者认为，国际经济法的渊源，首先表现为各国调整涉外经济关系的国内立法，包括调整国际经济流转中平等当事人之间的相互关系（横的关系）的规范和国家对国际经济流转当事人进行管制和管理（纵的关系）的规范；其次表现为国际条约、国际惯例和其他国际经济组织的决议、规章和制度中体现的国际法规范。

（五）国际经济法的范围

认为国际经济法是国际公法的学者认为，国际经济法的范围涉及包括在国际条约、国际惯例和有关国际经济组织的决议、规章中的各项法律制度，主要有：（1）关于外国人法律地位的制度；（2）关于私人国外投资的法律制度；（3）关于政府间国际金融机构投资的法律制度；（4）关于国际贸易的法律制度；（5）国际货币制度；（6）有关国际经济组织和机构的法律制度；（7）关于区域经济一体化的法律制度；（8）国际税法；（9）国际技术转让的法律制度。❷

主张国际经济法是一个独立法律部门的学者认为，上述各项制度不仅表现在国际条约和国际惯例中，而且还表现为各国国内法中的有关制度。实际上，国际法与国内法是相互渗透的。国际法的原则和制度没有国内法的补充不能实现，国内法的补充方式则取决于各国的具体情况。在国际社会中，由于各国的发展程度和社会制度的背景不同，任何一项国际公约都不可能为一切国家所参加，适用于一定国家间的公约，并不一定适合于其他国家，因而国际公约并不能代替国内法。不同国家的自然人或法人在国际经济交往中发生争议，通过协商调解不能解决时，最终将诉诸于一国法院。法院则根据有关国家的国内法和国际公约作出裁定。因此，国际经济法的范围应当包括"国际贸易法、国

---

❶ 汪瑄："略论国际经济法"，载1983年《国际法年刊》，第395～396页。

❷ 史久镛："论国际经济法的概念和范围"，载1983年《国际法年刊》，第370～371页。

际投资法、国际货币金融法制、国际税法及国际经济组织法"。❶ 鉴于国际经济关系的范围十分广泛，并且随着国际经济的发展而发展，因而国际经济法的范围也将随着国际经济关系的发展而日益扩大。

（六）国际经济法的性质

由于在国际经济法的基本概念上存在分歧，导致了对国际经济法的性质有不同认识。

几乎所有主张国际经济法是国际公法的学者都认为，既然国际经济法是国际公法的一部分，那么它就理所当然地具有国际法的性质。

主张国际经济法是一个独立法律部门的学者则认为，国际经济法是既包括国际法规范、又包括国内法规范的综合性法律部门，因而在对国际经济法定性时，应认为它既具有国际法的性质，也具有某些国内法的性质。

从国际经济关系的现实情况出发，几乎每一项具体的国际经济活动，如国际货物买卖、国际技术转让、国际投资、国际信贷等，都要涉及交易双方的法律地位、双方当事人的权利义务、解决争议的方法及法律适用等问题。此外，当事人之间的交易通常还必须受有关国家的国内公法规范的管辖。以货物或技术出口为例，如果当事人之间协议的标的属于国家控制出口的货物或技术，则协议能否履行，取决于出口国家是否允许该项货物或技术出口。同样，如果进口国家限制该货物或技术进口，那么只有在进口方获得进口国家有关主管当局的许可后，才能使该进口货物或技术的协议得以实施。当事人之间的上述交易还要受有关双边或多边条约的拘束。事实上，在国际经济交往中，几乎每一项交易都要受国内法（包括国内公法与私法）和有关国际条约或惯例的制约，所以，采用综合的研究方法，打破国际法与国内法、公法与私法的界限，把国际经济法作为一个整体加以研究，才更加符合国际经济交往的实际情况。这也代表了国际经济法研究的趋向。

（七）国际经济法与国际私法的关系

国际经济法和国际私法都是调整广义的国际民事关系的法律部门。二者在法律关系的主体和规范的表现方式等方面，有某些相似之处。所以，国内一些学者主张将国际经济法作为国际私法的一个部分加以研究，也不是没有道理。由法学教材编辑部组织编写的高校法学教材《国际私法》在体例的编排方式上，采用的就是这种观点。

尽管国际经济法与国际私法在研究对象、主体和规范的表现方式等方面有不少相同之处，但它们之间的区别也是很明显的，主要表现在调整方法的不同，即国际经济法采用的是直接调整的方法，而国际私法主要采用间接调整方法，与此相适应，前者表现为直接规定当事人权利义务的实体规范，后者则主要表现为"冲突规范"。

为了进一步对有关的学科进行深入、系统的探讨，多数学者认为，按照调整方法的不同，将国际经济法从国际私法中分离出来，作为一门独立的学科加以研究，这是十分必要的。

---

❶ 姚梅镇："国际经济法是一个独立的法学部门"，载 1983 年《国际法年刊》，第 374 页。

（八）国际经济法与跨国法

国内有些学者认为，把国际经济法作为一个综合性的法律部门加以研究，类似于西方一些学者提出的"跨国法"。其实，脱离国家的跨国法律是不存在的，因为：（1）现代国际社会以主权国家为基础，没有主权国家的同意，不可能产生一个跨越于各国或超越于各主权国家的法律。（2）国际公法的效力虽然超越一国的界限，但是国际公法的基础仍然是国家的同意，没有国家的同意不能产生跨越于各国法律之上的国际法。（3）所谓法律的一般原则是没有具体内容的。在社会制度不同，经济发展水平不同的国家之间，很难存在一般的法律原则。强国往往在法律的一般原则的掩饰下，把自己的意志强加于弱国。（4）国际社会的习惯也不具有超越国内法的效力。习惯的遵守有赖于各国的接受。如果某种国际社会习惯违反一个国家的公共秩序，它对该国就没有拘束力。总之跨国法的理论不能成立。这种主张是跨国公司用来逃避所在国法律的支配，为发达国家对发展中国家的掠夺服务的。❶ 我们研究的国际经济法同跨国法的概念是不同的。国际经济法有具体的内容，包括一国调整涉外经济活动的立法，以及该国参加或同意的国际条约和国际惯例，而跨国法并没有上述具体内容。

三

目前，我国的国际经济法学仍处于初创阶段。尽管它在体系、内容上还不尽完善，但也已初具规模，尽管起步较晚，但发展迅速。可以预料，我国国际经济法学的发展有着十分广阔的前景。

为了进一步加强对国际经济法学的研究，使之更好地服务于我国的对外开放和四化建设，服务于我国的涉外经济法制建设和建立国际经济新秩序，我们认为，应注意以下几个问题。

（一）继续加强对国际经济法学基本理论的研究

国际经济法是一门应用性很强的学科，它直接服务于我国的对外开放政策，服务于涉外经济立法与司法实践。因此，加强对国际经济法基本理论的研究，对于完善本学科的建设，使之更好地服务于我国的内政外交政策，有着重大的意义。

国际经济法究竟是国际公法的一个分支，还是一个独立的法律部门，这是关系到国际经济法的性质及其在法学中的地位的大问题，因而仍有待于进一步探讨。特别是有关国际经济法的主体、对象、渊源、范围和体系的问题，对于完善国际经济法的体系事关重大。此外，对于国际经济法的基本原则、建立新的国际经济秩序、南北关系、发展中国家的发展等问题，也应进行深入的研究。

（二）加强对与我国涉外经济活动有密切联系的专门问题的研究

对我国国际经济法的研究，必须始终如一地坚持理论联系实际的原则，从我国国际经济交往的实际出发，为实践服务，把理论研究同对外贸易和其他各种形式的经济技术合作结合起来，针对我国在国际经济交往中已经出现的或将来可能发生的各种法律问题，从理论上加以论证，为从事实际工作的同志提供素材，使他们逐步熟悉用法

---

❶ 王名扬："国际经济法是一门独立的学科"，载 1983 年《国际法年刊》，第 390~391 页。

律武器维护国家和企业在涉外经济活动中的正当权益。当前，几个比较突出的领域是：

（1）国际贸易。国际贸易是国际经济交往的最重要的方式之一，是我国对外经济活动最重要的内容。新中国成立初期，同我国有贸易关系的仅有几十个国家，现已发展到 180 多个国家和地区。我国还同包括欧洲经济共同体在内的 90 多个国家和地区签订了双边贸易协定。在这一领域，我国颁布了一系列法规，也参加了诸如《多种纤维协定》《联合国国际货物销售合同公约》等多边条约。目前，恢复我国的《关税与贸易总协定》成员国地位的谈判正在进行之中。为了进一步促进我国对外贸易的发展，我们一方面应加强对有关的国际条约和惯例的研究，如有关买卖、运输、票据方面的国际公约，以及商业单据托收、信用证方面的规则与惯例；另一方面，要加强对我国的重要贸易伙伴所在国家和地区的进出口管理、税收、防止不正当竞争与垄断、产品责任等"公法"的研究，目的在于使我国的出口商品能够顺利进入对方国家的市场，并为我国完善该领域的立法提供服务。

（2）国际技术转让。国际技术转让活动一向为发达国家的跨国公司所垄断。但从 20 世纪 60 年代以来，一些发展中国家积极参与此项活动。我国开展大规模的技术引进工作虽然起步较晚，但发展迅速。截至 1988 年年底，经国家批准的技术引进合同共 3 530 项，金额为 205.5 亿美元，近几年我国还改变了只引进不输出技术的局面，到 1988 年年底共出口成交 306 项，金额为 5 亿美元。❶ 与此相适应，我国制定了有关技术引进的法规，如《技术引进合同管理条例》及其施行细则，还加入了《保护工业产权巴黎公约》，并派代表团参加联合国贸易与发展会议组织的关于《联合国国际技术转让行动守则（草案）》的谈判会议，在一些重大问题上表明了我国的立场和观点。在国际技术转让领域，需要我们研究的问题仍然很多，如我国对技术出口的管理问题、国际技术转让中的限制性做法与反垄断法之间的关系问题、国际许可证协议期满后的技术使用问题等。至于技术出口的立法，有关部门已经着手进行，这方面的理论研究亟待起步。

随着近年来计算机事业在世界范围内的迅猛发展及其应用普及，计算机和软件正越来越广泛地进入社会生活。特别是 20 世纪 60 年代末以来，软件已从计算机中分离出来，单独作为技术贸易的对象，平均每年的增长速度达到 30%。如何通过法律保护软件开发者的权益，制裁侵权行为，已引起各国的普遍重视。因此，加强关于计算机软件的法律保护，软件转让与许可中的法律问题的研究，也是摆在我们面前的重大课题之一。

（3）国际投资。国际投资对我国来说有两方面的含义：一是在我国境内吸收利用外国投资的问题；二是我国的外贸公司、企业或组织在我国境外的国家和地区进行投资的问题；十年来，我国吸收利用外资的工作取得了长足的进展。截至 1989 年 7 月底，共批准兴办各类外商直接投资企业 19 445 家，目前已逾 2 万家。与此同时，我国的公司

---

❶ 《人民日报》，1989 年 9 月 25 日。

在国外兴办了 526 个非贸易企业，总投资额达 18.98 亿美元。❶ 十年来，我国颁布了一系列利用外资的法规，如《中外合资经营企业法》《中外合作经营企业法》《外商投资企业法》及其配套法规，并同一些国家签订了双边投资保护协定和避免双重税收等方面的协定。这一领域的学术研究也比较深入，出现了一批质量较高的专著和论文，但仍有许多尚未解决的问题，如子公司与母公司之间的关系问题、三资企业经营管理中的有关法律问题等，对于如何运用法律手段保护我国公司在国外的投资，如何加强对这类企业的管理等方面的法律问题，也很少涉及。因此，国际经济法学必须不断地加强学科自身的建设，加强对重大基本理论和现实法律问题的研究，使之在社会主义现代化建设和对外经济技术交流与合作中发挥应有的作用。

---

❶ 《人民日报》，1989 年 9 月 25 日。

海峡两岸应该相互保护知识产权[*]

"十月草案"在对大陆人民知识产权（智慧财产权）的保护上，比"二月草案"有了很大的倒退。

"二月草案"第21条规定："大陆地区人民得依中华民国法律，在台湾地区申请注册商标专用权或申请专利权，并受保护。""十月草案"中，这一规定不见了。大陆人民不能在我国台湾地区申请注册商标专用权和申请专利权，并且不受保护。这种做法，既显失法理上之不平，也违反时代之潮流。

在知识产权的另一个重要领域著作权（版权）方面，"十月草案"比"二月草案"也有明显的倒退。按照"二月草案"第21条规定："大陆地区人民的著作，需依中华民国法律在台湾地区申请著作权注册后，始受保护。"据我所知，台湾地区的"著作权法"原则上也采用"自动保护"。第4条规定："……著作人于著作完成时享有著作权。"只有对外国人的著作，而且是在台湾地区首次发行或依条约或其本国法令、惯例，台湾之著作人在该国享受同等权利者，才要求申请著作权注册；注册的著作权，著作人才享有"著作权法"上所规定的权利（第17条）。"二月草案"将大陆同胞与外国人置于同样地位，已属极不合理。当代世界潮流，明显趋于著作权的自动保护。甚至长期坚持履行注册程序的美国，最近于参加《保护文学和艺术作品伯尔尼公约》之前，修订了美国版权法，不再要求外国人履行注册手续后才能在美国法院享受版权保护。面对这样的时代趋势，"十月草案"变本加厉，在其第25条规定："大陆地区人民之著作，须依法向内政部申请著作权注册审查，经核准后始受保护。"按照该条规定，大陆同胞的著作，要在台湾地区受到保护，不但要同外国人一样进行注册，而且要受审查，经核准后才受保护。也就是说，尽管同外国人一样进行注册，但是如果经审查未获核准的，大陆同胞的著作也不能在台湾地区受到保护。这也是在著作权方面歧视大陆同胞，对大陆同胞的待遇尚不如对外国人的待遇的又一例证。

对比台湾同胞在知识产权方面在大陆上享有与大陆同胞同样的权利，甚至享有更多的方便。例如在《巴黎公约》其他缔约国申请工业产权后可以在大陆上享有优先权待遇，人们就会深切感到"十月草案"的做法，非常不近情理，需要加以改变。

---

* 原载《法学家》1990年第2期。

浅谈著作权邻接权的国际保护[*]

1990年9月，全国人民代表大会常务委员会通过的《中华人民共和国著作权法》规定，表演者、音像制品制作者和广播电视组织的与著作权有关的权利，根据著作权法的原则予以保护。表演者权是表演者有权禁止他人未经其同意而录音、广播或向公众传播其表演声像，音像制品制作者权是录音录像制作者有权授权或禁止他人复制其音像制品，有权禁止擅自复制的音像制品进口，广播组织权是广播组织有权授权或禁止他人转播、录制或复制其广播节目。这三种权利在著作权法上称为邻接权。

邻接权是知识产权领域的新成员，它是随着留声机、无线电、磁带录音、录像机、电影、电视、广播卫星等新技术的发明和在文化领域中的广泛应用而产生的，现在已经有越来越多的国家在著作权法中保护这种权利。邻接权作为知识产权的一部分，同样具有地域性的特点。为了有效制止一国的邻接权在其他国家受到侵犯，伯尔尼联盟（the Berne Union）、国际劳工组织（ILO）和联合国教科文组织（UNESCO）在20世纪50年代初开始着手制订保护邻接权的国际公约，结果于1961年通过了《保护表演者，唱片制作者和广播组织的国际公约》（以下简称《罗马公约》），随后又在1971年和1974年分别通过了《保护唱片制作者、防止唱片被擅自复制公约》（以下简称《日内瓦公约》）、《关于播送由人造卫星传播载有节目信号的公约》（以下简称《卫星公约》）。

一、《罗马公约》

《罗马公约》于1961年10月缔结，1964年5月生效，到1990年1月已经有35个国家参加。

《罗马公约》和其他保护知识产权的国际公约一样，确认国民待遇原则是公约的最基本原则，[❶] 要求成员国对表演者、唱片制作者和广播组织的权利给予最低限度的保护。

依据公约，表演者是"演员，歌唱家，音乐家，舞蹈家和其他表演、歌唱，演说、朗诵、演奏或以其他方式表演文学和艺术作品的人"。唱片是"任何对表演的声音和其他声音的专门录音"。唱片制作者是"首次将表演的声音或其他声音录制下来的自然人

---

[*] 原载《法学家》1991年第1期，本文为郭寿康、孔雨泉合著。孔雨泉，中国人民大学国际经济法硕士，竞天公诚律师事务所合伙人。

[❶] 《罗马公约》第3条、第7条。

或法人"。广播是"供公众接收的声音或图像和声音的无线电传播"。这里唱片中的其他声音主要指鸟叫和其他自然界的声音,而广播不包括广播电缆的问题。

公约规定,表演者受保护的最低限度权利为:没有经过表演者的同意,不能擅自广播、向公众传播、录制或复制其表演;广播组织受保护的最低限度权利是:可以授权或禁止他人转播,录制,复制或以营利为目的向公众传播其节目。❶ 由于公约对有线节目传播没有规定,因此造成有些广播组织对公约的消极态度。公约规定,唱片和磁带的商业性复制、发行以及把复制品直接用于广播或向公众以其他方式传播,使用者应当向表演者或唱片制作者支付合理报酬。如果缔约国国内法就唱片的保护要求履行一定的手续,公约认为应依缔约国法律办理,即在已经发行的所有供销售的复制品或其包装上载上符号Ⓡ、首次发行的年份和唱片所有者的姓名。❷

《罗马公约》对上述三种邻接权规定了20年最低限度的保护期,并对权利的行使作了一定的限制,即允许缔约国依据国内法律,就私人使用、在时事报道中少量引用、广播组织为自己的广播节目利用自身设备的暂时录制、仅为教学和科研目的使用表演、唱片和广播节目作出例外的规定,在合理的情况下,缔约国还可以就这三种权利的行使颁发强制许可证。

到目前为止,《罗马公约》的成员国不仅数量有限,而且缺乏普遍性,绝大多数发展中国家没有参加该公约,苏联和美国也不是公约的缔约国。这固然和发展中国家科学技术发展水平、公约的封闭性(即只有《伯尔尼公约》或《世界版权公约》的成员国才有资格参加公约),以及公约存在的时间有关,但是下面几个方面也是影响《罗马公约》没有被世界上大多数国家接受的因素。

首先是有关唱片的二次使用问题。所谓唱片二次使用,是指唱片以广播或其他形式向公众传播后,是否要向表演者或唱片制作者支付报酬的问题。《罗马公约》第12条规定:"如果为商业目的发行的唱片或此类唱片的复制品直接用于广播或以任何其他方式向公众传播,使用者应当付一笔总的合理报酬给表演者或唱片制作者,或同时给两者。"很多国家的广播组织认为,这种规定影响了自身的经济利益,所以竭力反对所在国家加入公约。

其次,《罗马公约》保护的表演者、唱片制作者、广播组织的利益各不相同,在一部公约里试图把不同的利益充分协调起来,看来非常困难。表演者倾向的是对个人权利的保护,而唱片制作者和广播组织却要求公约着重保护企业和组织的权利,因此在制定公约的外交会议上,就有人主张针对这两种不同的愿望,分别制定两部国际公约,最后这种建议没有被接纳。国际劳工组织在《罗马公约》制定过程中发挥着最重要的作用,该组织主要代表表演者个人的利益,结果公约对表演者权保护得最充分。唱片制作者在很多国家是一些唱片制作公司,只要是私营的公司对公约都持积极的态度,因为公约对它们还是提供有力保护的,广播组织对公约的态度就不一样了,最突出是欧洲广播组织,公约制定前,该组织积极支持公约的酝酿,但是公约通过后,其态度发生了根本性

---

❶ 《罗马公约》第3条、第7条。
❷ 普罗曼,哈密尔顿:《版权》,1980年英文版,第69页。

变化。这种变化的根据是《罗马公约》第12条的规定，多数广播组织都不愿意在广播或以其他方式传播唱片或其复制品时支付给表演者和唱片制作者高昂的使用费，因此希望改变这一不利于广播组织的规定。另外，作家、词曲家的利益也受公约的影响。根据公约，表演者有权禁止无偿广播或传播的行为，而很多作家、词曲家的收入依赖于其录制作品的广播或传播量，因此有不少词曲家和作家也不欢迎《罗马公约》。

最后公约的有些规定比较含糊，尤其是没有考虑到发展中国家的科技水平和现状，而把发展中国家和发达国家放置在同一起跑线上，受相同规则的制约，影响了发展中国家对公约的承认。

由于我国没有加入《伯尔尼公约》和《世界版权公约》，因此暂时还谈不上是否参加《罗马公约》，但这并不意味我们不需要对邻接权的保护问题进行研究。《罗马公约》有关表演者、唱片、唱片制作者、广播等概念的定义，有关邻接权最低限度保护的规定，关于保护期限、对权利的限制等，都值得我们研究借鉴。

二、《日内瓦公约》

尽管《罗马公约》保护唱片制作者，但是由于当时参加该公约的成员国有限，而擅自复制唱片的行为广泛蔓延，唱片制作者的利益受到了极大损害。为了更有效地保护唱片制作者，1971年联合国教科文组织和世界知识产权组织发起制定保护唱片制作者防止唱片被擅自复制的国际公约，也称《日内瓦公约》，于1971年10月通过，1973年4月生效，到1990年已经有43个国家参加该公约。

《日内瓦公约》为了吸收更多的国家参加，规定成员国无须以加入《伯尔尼公约》或《世界版权公约》为前提，另外公约还规定了最低限度的保护标准，成员国可以根据这一标准制定本国的保护规则。

该公约沿用了《罗马公约》关于唱片和唱片制作者概念的定义，复制品则是"一件含有从某唱片上直接或间接取得声音的物品，该物品含有录制在唱片上的声音的全部或主要部分"，因此唱片的全部和部分复制都受公约的保护。至于公开发行，根据公约，是指"将唱片复制品直接或间接供给公众或公众中任何一部分人的行为"。这是最低限度的规定，成员国可以根据国内法作出具体规定。公约规定，缔约国有义务保护具有其他缔约国公民身份的唱片制作者。❶

《日内瓦公约》有一个显著特征，即规定缔约国根据国内的法律规定，采取授予版权或其他特定权利的方法或通过不正当竞争规则、刑法制裁手段来保护唱片制作者的权利。❷ 公约规定的20年保护期，从声音被第一次录制成唱片的那年年底计算，或从唱片第一次发行那年年底计算，唱片录制者需要履行的手续和《罗马公约》的规定一致。

公约没有关于唱片的二次使用问题的规定，它允许发展中国家在合理的条件下，可以对唱片的复制发放强制许可证。这种合理的条件是：复制的目的是为了教学、科学研

---

❶ 《罗马公约》第3条。
❷ 《日内瓦公约》第3条。

究的目的，此种使用仍要支付合理费用，并不能擅自出口该复制品。❶

如果一个国家同是《罗马公约》和《日内瓦公约》的成员国，那么该国要同时受这两个公约的约束，在两个公约规定有抵触时，必须适用给予更充分保护的规定。❷

《日内瓦公约》没有追溯力，不适用公约缔结前成员国唱片制作者及其唱片的保护。

由于《日内瓦公约》是开放性的公约，为了促进我国音像事业的发展，打入和占领国际市场，为了更多、更好地吸引国外的录制品，为了进一步保护国内外唱片制作者的利益，我们应尽早权衡加入《日内瓦公约》的利弊，根据我国音像业现实发展状况，对是否加入该公约做出抉择。

三、《卫星公约》

《卫星公约》于1974年5月在布鲁塞尔缔结，1979年8月生效，到1990年已经有12个国家参加。

人造卫星传播载有节目的信号，是同步卫星发射成功后才开始的。1963年7月美国发射了第一颗同步卫星，苏联在1974年、"欧洲空间组织"和日本在1981年、我国在1984年都相继成功地把同步卫星送入轨道，目前世界各国已经发射了近百颗同步卫星。人造卫星播送载有节目的信号在数量和地理范围上的急剧增长，越来越需要有一种国际制度，防止播送者播送不是为其提供的、由人造卫星传播的载有节目的信号，以保障卫星通信系统的正常使用。这是《卫星公约》产生的主要原因。

《卫星公约》制定过程中遇到的一大难题，是如何协调广播组织和节目制作者（主要指作者、表演者和其他权利拥有者）的利益。《罗马公约》的多数成员国坚持，公约必须兼顾双方的利益，而且新公约的制定不能给《罗马公约》带来不利的影响，这种主张自然受到多数广播组织的反对。因为它们不愿意看到节目制作者的利益在新公约中反而得到加强。这一难题在1973年内罗毕召开的制定《卫星公约》的第三次外交会议上得到了解决，该会议接受了摩洛哥代表团的提案，即要求各缔约国采取必要措施。防止播送者在该国领域内播送不是为他们提供的，由人造卫星传播的载有节目的信号。这样公约没有提及广播组织或节目制作者各自的权利如何保护的问题。

《卫星公约》保护载有节目的信号，所谓信号是指"一种能传播节目的电子载波"。节目是"为了供最大限度传播而发射的信号中所包含的由一个图像、声音或二者构成的实况或录制材料的整体"。该公约对保护的期限没有作出限制，但规定为时事报道或适当引用的目的使用节目信号，属于合理使用的范围，另外发展中国家可以为教学目的使用节目信号。

《卫星公约》和《日内瓦公约》一样是开放性公约，由于我国的航天工业比较发达，卫星及卫星发射技术比较先进，因此加强对播送人造卫星传播载有节目信号国际保护制度的研究，具有一定的现实意义。

---

❶ 《日内瓦公约》第6条。
❷ 普罗曼，哈密尔顿：《版权》，1980年英文版，第80页。

中 文 部 分

谈美术作品的追续权[*]

在法律上是否应当规定对美术作品享有追续权，这是一个值得我国版权学者进行研究的问题。

对美术作品的追续权，最初是由一个法国人于 1893 年提出来的，法国于 1920 年首先在法律上规定了追续权，《保护文学和艺术作品伯尔尼公约》（以下简称《伯尔尼公约》）1948 年布鲁塞尔修订会议上将追续权增订为第 14 条之 2，1967 年斯德哥尔摩修订本和 1971 年巴黎修订本将条文号码改列为第 14 条之 3（坊间出版物仍有引用公约第 14 之 2 为追续权根据的，这是不对的），继法国之后许多国家的版权法也引入了追续权。据《伯尔尼公约》100 周年（1986）时的统计，有 28 个国家规定了追续权制度，其中《伯尔尼公约》成员国有 26 个，非成员国有 2 个，此外，美国加利福尼亚州的立法上也规定了追续权，《突尼斯示范法》和《版权立法示范条款》（都是由世界知识产权组织草拟的），也均有追续权的规定。

追续权，按世界知识产权组织出版的《版权与邻接权词汇》中的定义，是"作者，其继承人或法律指定的组织，在保护期限内，对美术作品原件的每一次再出售中要求分享一定份额的权利，这一权利也可适用于手稿的再出售"。《伯尔尼公约》第 14 条之 3（1）规定："对于作家和作曲家的艺术原作和手稿，作者或作者死后由国家法律所授权的人或机构享有不可剥夺的权利，在作者第一次转让作品之后对作品进行的任何转售中分享利益。"这里并不限于购买人再次转售时获得高于购买时支付的金额时，才有权要求分享这一差额中的一定比例。

追续权，有不同的理论论证和不同的立法判例。"衡平说"认为作者早年创造的美术作品后来价格飞涨，而作者或其遗孀、幼子却穷得很，这是很不公平的，从而论证追续权的必要性。另一种可以叫做"价值实现说"，认为美术作品主要通过第一次出售原作而实现其价值，不像文字作品、戏剧作品等主要通过复制出版或演出而取得收入。所以应在后来原作再出售时也继续实现其价值，以与文字、戏剧等其他作品相平衡。如联邦德国《版权法》第 26 条规定："如果艺术作品的原作被再次让与并且有艺术商或拍卖商作为受让人，让与人或中间人参与，让与人应将让与所得（而不是差额）的 5% 付给著作人。"国外版权学界认为，这种规定是版权的充分体现。同时，这样规定也表明追续权在有些国家立法上不是只就前后售价的差额求偿。再一种理论可以叫做"劳动增

---

[*] 原载《美术》1991 年第 3 期。

值说"，认为原出售艺术作品后来大幅度增值，是由于作者后来付出大量劳动，取得了声誉，从而使得原来低价出售的作品，也大幅涨价，从而论证追续权制度存在的必要。在这种情况下，立法上只规定从前后售价的差额中求偿。如意大利《版权法》第144~145条、巴西《版权法》第39条、捷克斯洛伐克《版权法》第31条，都规定作者从前后售价的差额中求偿。

笔者认为，后两种说法较有理由，可以结合起来考虑。从我国情况出发，道理上也应承认追续权的合理性。而且，按《伯尔尼公约》第14条之3（2）的规定，适用互惠原则（或对等原则），即"只有在作者本国法律承认这种保护的情况下，才可在本合同的成员国内要求上款所规定的保护，而且保护的程度应限于被要求给予保护的国家的法律所允许的程度"。就我国当前和最近期间的困难而论，尚难用大宗款项从国外购买美术作品。我们的绘画、书法等美术作品却随着改革开放的发展，大量出售给国外。如我国著作权法上没有追续权的规定，即使一旦加入《伯尔尼公约》，对公约成员国内的我国作者创作的艺术作品，不论如何价格飞涨，也只能眼睁睁地看着国外艺术商大发其财而不能得到按照该国法本可以取得的求偿。这显然对维护我国艺术作品作者的合法权益大为不利。

知识产权及其发展动向[*]

一

知识产权，通常指各国法律所赋予的智力劳动成果的创造人对其创造性的智力劳动成果所享有的专有权利。据文献记载，知识产权一词最早起源于17世纪的法国，主要倡导者是卡普佐夫（Carpzov，1595~1666年）。1893年保护工业产权巴黎联盟的秘书处和保护文学艺术作品伯尔尼联盟的秘书处合并在一起，后来命名为"保护知识产权联合国际局"（法文缩写字为BIRPI）。"知识产权"一词在国际上日益被人们接受。1967年在瑞典首都斯德哥尔摩签订了《建立世界知识产权组织公约》。1974年12月，世界知识产权组织成为联合国组织系统的一个专门机构。截至1991年1月1日，世界知识产权组织已经有125个成员国。我国从1980年6月起已经是该组织的正式成员国。现在，知识产权这一术语在国际上已经被广泛地采用。

知识产权主要包括两个部分：工业产权和版权（著作权）。工业产权一词最早出现在1791年法国专利法中，为该法起草人D.布孚拉所倡导。按照《保护工业产权巴黎公约》的规定，工业产权包括专利、实用新型、外观设计、商标、服务标记、厂商名称、货源标记或原产地名称以及制止不正当竞争。许多国家除颁布有保护作品作者的著作权法（版权法或作者权法）外，还颁布或在著作权法中包括有保护作品的传播者（表演者、音像制品制作者和广播、电视台）权利的法律，通常称之为邻接权，即指邻接于著作权之意。近年来一些国家颁布的保护集成电路书面设计的专门立法，既不能纳入工业产权法，也不能纳入著作权法，有人称之为工业版权法也不恰当。可以肯定地说，这是工业产权和著作权之外的一种知识产权。

知识产权是近代发展起来的一种制度。人类历史上的第一个现代意义的专利法是1603年由英国颁布的，第一个现代意义的版权法是1709年英国颁布的《安妮女王法》，第一个现代意义的商标法是1804年法国颁布的《商标法》。20世纪以来，特别是第二次世界大战结束以来，随着科技、经济、文化、交通通信和国际交往的迅猛发展，人们越来越认识到知识产权的重要作用，各国有关知识产权的国内立法以及国际上有关知识产权的公约也日益增多，同时知识产权也是国际矛盾斗争极其尖锐复杂的一个领域。

---

[*] 原载《百科知识》1991年第9期。

二

我国第六届全国人民代表大会常务委员会1984年3月12日第四次会议通过了《中华人民共和国专利法》，从1985年4月1日起施行。国务院根据《专利法》的规定，于1985年1月19日批准了《中华人民共和国专利法实施细则》，从1985年4月1日起与《专利法》同时施行。

中国《专利法》的立法宗旨，是为了保护发明创造专利权，鼓励发明创造，有利于发明创造的推广应用，促进科学技术的发展，适应社会主义现代化建设的需要。其中规定了专利的申请、专利申请的审查和批准、专利权的期限、终止和无效、专利实施的强制许可、专利权的保护等规则。自《专利法》施行以来，成绩显著，获得国内外的好评。截至1991年5月，发明、实用新型和外观设计三种专利的国内外申请，共176 000件，已授权66 000件，向中国申请专利的国家和地区达66个。据不完全统计，专利技术实施累计新增产值近200亿元，新增利税30多亿元。

党的十一届三中全会以后，商标管理工作得到了恢复和发展。起步较晚的《中华人民共和国商标法》起草进展迅速，后来居上，于1982年8月23日第五届全国人民代表大会常务委员会第二十四次会议上通过，从1983年3月1日起施行。这是新中国第一部《商标法》，也是我国知识产权立法的一个良好开端。《商标法》实行自愿注册与强制注册相结合的注册制度，突出了对商标专用权的保护。国务院根据《商标法》的规定于1983年3月10日颁布了《中华人民共和国商标法实施细则》，同日起施行。1988年1月3日，国务院批准修订《商标法实施细则》，同年1月13日由国家工商行政管理局发布施行。

《商标法》的颁布施行，是为了加强商标管理，保护商标专用权，促使生产者保证商品质量和维护商标信誉，以保障消费者的利益，促进社会主义商品经济的发展。其中规定了商标注册申请、审查和核准、注册商标续展、转让和使用许可、注册商标争议的裁定，商标使用的管理以及商标专用权的保护等规则。这是一部既符合中国国情，也适应国际上通行原则的现代化的《商标法》。实施8年来，成就举世瞩目，截至1990年12月31日，我国有效注册商标总数已达到279 397件，其中国内商标237 300件，外国商标42 097件，来自62个不同的国家和地区。

筹备、起草历时11载，先后易稿20余次的《中华人民共和国著作权法》，终于由第七届全国人民代表大会常务委员会第十五次会议于1990年9月7日通过，自1991年6月1日起施行。国务院根据《著作权法》的规定，批准了《著作权法实施条例》，与《著作权法》同日施行。国务院还于1991年5月24日通过了《计算机软件保护条例》，自1991年10月1日起施行。

《著作权法》的立法宗旨，是为了保护文学、艺术和科学作品作者的著作权，以及与著作权有关的权益，鼓励有益于社会主义精神文明、物质文明建设的作品的创作和传播，促进社会主义文化和科学事业的发展和繁荣。《著作权法》中规定了受保护的作品、著作权人及其权利、著作权归属、权利的保护期、权利的限制、著作权许可使用合同、出版、表演、录音录像和播放以及法律责任等内容。这是一部现代化的、范围广泛的《著作权法》，受到了国际上有识之士的称赞。

我国已经先后颁布、实行了《专利法》《商标法》和《著作权法》，可以说，这标志着我国知识产权制度的基本建成。

三

随着我国经济、科技和文化事业的发展，经验的不断丰富和积累，我国的知识产权制度也在日益充实和完善。总结《专利法》和《商标法》施行以来的经验，结合近年来国际知识产权制度的新发展，有关部门正在积极修订《专利法》和《商标法》。

在修订《专利法》方面，正在考虑的主要问题包括：（1）将方法专利的保护延伸到使用该方法所直接得到的产品；（2）将进口专利产品权列为产品专利的专利权人的权利之一；（3）将发明专利权的15年期限延长为20年。

在修订《商标法》方面，正在考虑的主要问题包括：（1）明确驰名商标受法律特殊保护；（2）增加保护服务商标、联合商标、集体商标、防御商标和证明商标的规定；（3）增加注册商标的无效申请以及对决定不服的复议；（4）增加有关部门可以通知海关扣押侵犯他人注册商标专用权的商品。

在著作权方面，当前正在加紧起草有关配套法规，如《民间文学艺术作品著作权保护办法》《中华人民共和国著作权合同仲裁条例》、各类作品付酬标准的规定以及有关作品集体管理的规定等。

此外，有关部门正在积极起草《制止不正当竞争法》、研究制定《集成电路布图设计保护条例》等法规，以进一步完善我国的知识产权制度。在国际公约方面，我国已经参加了世界知识产权组织，加入了《保护工业产权巴黎公约》和《商标国际注册马德里协定》。我国已在《集成电路知识产权公约》上签字，并已同联合国教科文组织和世界知识产权组织联系，就我国加入《世界版权公约》和《保护文学和艺术作品伯尔尼公约》的问题进行具体商谈。此外，我国一贯积极参加国际知识产权方面的许多活动，以扩大我国同国际知识产权界的合作与交流。

四

随着科技、文化、经济方面的飞速发展，国际知识产权界面临着许多新课题。

高新技术的发展，使国际知识产权界面临着对计算机程序、集成电路、复印、录音录像、卫星传播、电缆传播、生物技术等如何进行法律保护的问题。这些问题都在不断深入讨论、探索的过程中，在许多方面，意见分歧，还没有一致的结论。世界知识产权组织已经并继续在这些方面做着大量的工作。

大量发展中国家自20世纪60年代登上世界政治舞台以来，强烈要求在知识产权国际领域中发生有利于发展中国家的变化，在发展中国家推动下于1980年2月召开的修订《保护工业产权巴黎公约》的外交会议，遭到了西方发达国家，特别是美国的多方抵制和阻挠。后来，连会也开不成了。在发展中国家倡导与推动下开始的联合国贸发会议范围内制定《国际技术转让行动守则》的工作，也因为同样的原因而停滞不前。

美国为扭转这一对其不利的形势，在1986年开始的《关税与贸易总协定》的乌拉圭回合谈判中，极力坚持增加一项与贸易有关的知识产权的新课题，并先后于 1987 年 10 月 28 日、1988 年 10 月 17 日和 1990 年 5 月 14 日提出过三次建议案文。美国建议案文中包括专利、商标、版权、商业秘密和集成电路布图设计五个方面高出于现行知识产权国际公约的实质标准以及对侵权的制裁。由于遭到了许多发展中国家的反对，以及发达国家间在农产品补贴问题上谈判失败，乌拉圭回合谈判没有能够按照预定计划在 1990 年年底结束。目前，乌拉圭回合各项谈判陆续重新启动。近期有关知识产权谈判能否有所进展，人们正拭目以待。

美国企图施加种种影响和压力，来促进乌拉圭回合中的知识产权谈判达到美国预定的目的。美国在 1988 年经修订后公布的《综合贸易与竞争法》中增加了一项所谓"特殊 301 条款"，授权美国贸易代表对于"没有充分并有效"地保护美国知识产权的贸易伙伴，可以列入所谓"重点国家"的名单。对于列入"重点国家"的国家要进行 6 个月（必要时可以延长到 9 个月）的调查。调查期满，认为这些"重点国家"对美国知识产权的保护并没有显著的改进时，美国贸易代表即可自行决定进行贸易报复。这里所谓的"充分并有效的"标准，就是美国在乌拉圭回合谈判中所提出的标准。这也就是说，美国企图用"特殊 301 条款"在双边谈判中施加压力，促使其贸易伙伴在乌拉圭回合多边谈判中接受美国政府所提出的建议案文。

"特殊 301 条款"从 1989 年实施以来，美国贸易代表在 1989 年和 1990 年并没有宣布"重点国家"名单，而是另外搞出一个"重点观察国家"名单和一个"观察国家"名单。1991 年 4 月 26 日，美国政府不顾我国在知识产权保护方面做出的巨大努力和取得本文前述的显著进展，悍然宣布将中国同印度、泰国一起列为未能对美国的知识产权提供充分、有效保护的"重点观察国家"。这种不公正的做法，遭到中国各方面的强烈反对和抗议。中国政府敦促美国政府以中美关系大局为重，尽快将中国从"特殊 301 条款"重点观察国家名单中去掉，以利于中美贸易关系的发展和中美在知识产权方面的合作。

中 文 部 分

知识产权的历史及现状*

一、传统上，知识产权主要包括两个部分：工业产权与著作权（版权）

按照《保护工业产权巴黎公约》（1883 年签订，1967 年斯德哥尔摩修订本，我国已经于 1985 年参加），工业产权包括专利、实用新型、外观设计、商标、服务标记、厂商名称、货源标记或原产地名称以及制止不正当竞争。

著作权，在有些国家称为版权。许多国家还专门颁布或在著作权法中包括有保护作品的传播者（表演者、音像制品制作者和广播、电视台）权利的法律，通常称之为邻接权，指邻接于著作权之意。

近年来，一些国家还陆续颁布了保护集成电路布图设计的专门立法。这一法律既不能纳入工业产权法，也不能纳入著作权法，而是工业产权和著作权之外的另一种知识产权。

人类历史上，第一个现代意义的专利法是 1603 年由英国颁布的。第一个现代意义的版权法是 1709 年英国颁布的《安妮女王法》。第一个现代意义的商标法是 1804 年法国颁布的《商标法》。第一个保护集成电路的法律是 1984 年美国颁布的《半导体芯片产品保护法》。

二、我国施行了多项保护知识产权法令

《中华人民共和国专利法》在 1984 年 3 月 12 日召开的第六届全国人民代表大会常务委员会第四次会议上通过，自 1985 年 4 月 1 日起施行。

《中华人民共和国专利法实施细则》由国务院于 1985 年 1 月 9 日批准，4 月 1 日起与《专利法》同时施行。

《专利法》的立法宗旨是为了保护发明创造专利权，鼓励发明创造，适应社会主义现代化建设的需要。《专利法》中规定了专利的申请、专利申请的审查和批准、专利权的期限、终止和失效、专利实施的强制许可以及专利权的保护等。

我国《专利法》自实施以来成绩显著，获得国际知识产权界有识之士的好评。据统计，我国 1991 年的专利申请量已突破 5 万件大关，达到 50 040 件。其中国内申请 4 395 件，国外申请 4 645 件。1991 年，中国专利局共批准专利申请 24 616 件。这样，自

---

* 原载《电子商报》1992 年 2 月 11 日第 6 期。

《专利法》实施以来，我国的专利申请总量已达 217 383 件。1991 年，专利技术实施也取得了明显的社会经济效益，仅据四川、江苏、湖南、湖北、哈尔滨"四省一市"对 9 527 个已授权专利项目进行的统计表明，已形成批量生产的有 2 138 项，这些项目新增产值 189.7 亿元，新增税利 21.6 亿元。自《专利法》实施以来，各专利管理机关共受理专利纠纷案 1 260 件，结案 888 件，人民法院受理专利纠纷案 669 件，结案 451 件。

《中华人民共和国商标法》于 1982 年 8 月 23 日在第五届全国人民代表大会常务委员会第二十四次会议上通过，1983 年 3 月 1 日起施行。《商标法实施细则》由国务院于 1983 年 3 月 10 日颁布，同日起施行。后经国务院于 1988 年 1 月 3 日批准修订，同年 1 月 13 日施行。

《商标法》的制定与施行是为了加强商标管理、保护商标专用权、促进生产者保护商品质量和维护商品信誉，以保障消费者的利益，促进社会主义商品经济的发展。《商标法》实行自愿注册与强制注册相结合的注册制度，突出了对商标专用权的保护，其中规定了商标注册申请、审查与核准、注册商标续展、转让和使用许可、注册商标争议的裁定、商标使用的管理以及商标专用权的保护等。1991 年，商标局共受理商标注册申请 67 601 件，其中国内申请 59 124 件，外国商标申请 5 885 件，马德里商标国际注册申请领土延伸 40 327 件。截至 1991 年年底，我国有效注册商标总数已达 318 912 件。

《中华人民共和国著作权法》于 1990 年 9 月 7 日在第七届全国人民代表大会常务委员会第十五次会议上通过，自 1991 年 6 月 1 日起施行。《著作权实施条例》经国务院批准后，与《著作权法》同日施行。国务院还于 1991 年 5 月 24 日通过了《计算机软件保护条例》，自 1991 年 10 月 1 日起施行。

《著作权法》的立法宗旨是为了保护文学、艺术和科学作品作者的著作权，以及与著作权有关的权益，鼓励有益于社会主义精神文明、物质文明建设的作品的创作和传播，促进社会主义文化和科学事业的发展和繁荣。《著作权法》中规定了受保护的作品、著作权人及其权利、著作权归属、权利的保护期、权利的限制、著作权许可使用合同、出版、表演、录音录像和播放以及法律责任等内容。

我国已经参加了《世界知识产权组织》(1980)、《保护工业产权巴黎公约》(1985) 和《商标国际注册马德里协定》(1989)。

三、我国知识产权制度日益充实和发展

有关部门正在总结《专利法》和《商标法》施行以来的经验，结合近年来国际知识产权制度的新发展，积极进行《专利法》和《商标法》的修订。

在修订《专利法》方面，正在考虑的主要问题包括：（1）将方法专利的保护延伸到使用该方法直接得到的产品；（2）将进口专利产品权利列为产品的专利权人的权利之一；（3）将发明专利权期限由 15 年延长为 20 年；（4）增加化学物质和药品的专利保护。

在修订《商标法》方面，正在考虑的问题包括：（1）明确驰名商标受法律特殊保护；（2）增加保护服务商标、联合商标、集体商标、防御商标和证明商标的规定；（3）增加注册商标的失效申请以及对决定不服的复议；（4）增加有关部门可以通知海关扣

押侵犯他人注册商标专用权的商品。

在著作权方面,正在加紧起草有关配套法规,如《民间文学艺术作品著作权保护办法》《中华人民共和国著作权合同仲裁条例》、各类作品付酬标准的规定以及有关作品集体管理的规定等。有关部门根据情况的发展,正在积极努力使我国《著作权法》的规定同《保护文学和艺术作品伯尔尼公约》进一步一致起来,并打算将计算机软件作为文学作品来加以保护。

此外,有关部门正在着手研究、制定《制止不正当竞争法》《半导体集成电路芯片布图设计保护条例》等法规,以进一步完善我国的知识产权制度。在国际公约方面,除《巴黎公约》和《马德里协定》外,我国已在《集成电路知识产权条约》上签字,并且已经同联合国教科文组织和世界知识产权组织就我国加入《世界版权公约》和《保护文学和艺术作品伯尔尼公约》进行具体商谈(1991年9月),可能在不远的将来成为两个公约的成员国。此外,我国有关部门,还积极采取措施,争取在近期内加入《保护唱片制作与禁止未经许可复制其唱片的日内瓦公约》。

知识产权的发展动向*

随着科技、文化、经济方面的飞速发展，国际知识产权领域面临着许多新课题。

高新技术的发展使国际知识产权界面临计算机软件、集成电路、复印、录音、录像、卫星传播、生物技术等如何进行法律保护的问题，许多问题还在探索的过程中。世界知识产权组织已进行并仍将继续进行大量工作，我们最好能密切注视、积极参加。

自20世纪60年代许多发展中国家登上世界政治舞台以来，它们积极主张国际知识产权制度应向有利于发展中国家的方向发展。在发展中国家推动下召开的修订《保护工业产权巴黎公约》的外交会议，以及在联合国贸发会议范围内制定有利于发展中国家引进技术的《国际技术转让行动守则》的努力，由于遭到西方工业发达国家，特别是美国的多方抵制和阻挠而被迫停顿下来。

美国基于其自身利益，为扭转不利的形势，坚持在1986年开始的《关税与贸易总协定》的乌拉圭回合谈判中增加与贸易有关的知识产权（TRIPs）的新课题，并先后提出三次建议案文。美国建议案中包括专利、商标、版权、商业秘密和集成电路布图设计五个方面高于现行知识产权国际公约的实质标准以及对侵权的制裁。美国利用"特别301条款"进行双边谈判，施加压力，以促成TRIPs谈判。由于工业发达国家在农产品补贴问题上谈判失败，乌拉圭回合谈判没有按预定计划在1990年年底完成。现在，Dunkel总干事提出一项折中案文，谈判仍在继续。

美国在1988年公布的修订后的《综合贸易与竞争法》中，包括一项"特别301条款"，授权美国贸易代表（USTR）对于"没有充分并有效地"保护美国知识产权的贸易伙伴，可以列入"重点国家"的名单。确定"重点国家"名单一个月后，即进行6个月（必要时可以延长到9个月）的调查。调查期间如认为这些"重点国家"对美国知识产权的保护并没有显著改进时，美国贸易代表可自行决定提出贸易报告，不需要美国国会或总统的批准。美国所谓的"充分、有效的"标准，就是美国在乌拉圭谈判中所提出的标准，这也就是说，美国企图用"特别301条款"谈判中施加的压力，促使其贸易伙伴在乌拉圭回合多边谈判中接受美国政府所提出的高于现行知识产权国际公约标准的建议案文。

"特别301条款"从1989年实施以来，美国贸易代表在1989年和1990年并没有宣布"重点国家"名单，而是另外搞出了一个"重点观察国家"名单和一个"观察国家"

---

* 原载《电子商报》1992年2月18日第7期。

名单。1991年4月,美国贸易代表不顾我国在知识产权领域作出的巨大努力和取得的显著进展,悍然宣布将我国列入"重点国家"名单。经过多次谈判,由于美方坚持超越国际标准的要求,未取得成果。美方列出进行贸易报复的货物列单和最后期限,我国经贸部发言人宣告,任何单方面的贸易报复性威胁都是无济于事的,既无助于问题的解决,也绝不可能迫使中方接受,其结果不只是中方利益受损,美国公司和美国消费者也要受害。只有中美双方本着合作诚意、互谅互让、平等协商,才能取得共识,尽早解决中美间的知识产权问题。我国对美国贸易报复的威胁,也采取了相应措施,中美间一场报复与反报复的贸易战迫在眉睫。在谈判的最后关头,经过艰苦的努力,中美双方终于在互相谅解、互相让步的基础上达成了协议,签署了中美关于保护知识产权的谅解备忘录。从签署谅解备忘录之日起,美方终止根据"特别301条款"对中国发起的调查,并取消把中国指定为"重点国家"。

中美两国知识产权谈判达成协议表明了中国愿意发展与美国的经济、贸易、科技等各个领域的合作,这将对改善和促进中美关系起到很好的推动作用。同时,《中美保护知识产权谅解备忘录》的签订,也将对我国知识产权法制建设产生重要、深远的影响。

涉外著作权关系的正常化*
——纪念《中美知识产权谅解备忘录》实施一周年

第七届全国人民代表大会常务委员会第十五次会议通过的《中华人民共和国著作权法》（以下简称《著作权法》），从1991年6月1日起施行。《著作权法》第2条规定："外国人的作品首先在中国境内发表的，依照本法享有著作权。外国人在中国境外发表的作品，根据其所属国同中国签订的协议或者共同参加的国际条约享有的著作权，受本法保护。"《中华人民共和国政府与美利坚合众国政府关于保护知识产权的谅解备忘录》（以下简称《中美知识产权谅解备忘录》），就是我国《著作权法》颁布施行后签订的第一个有关著作权保护的双边协议，也是我国涉外著作权关系正常化的重大举措和开端。

在平等协商、互谅互让的基础上，经过艰苦耐心的谈判而签订的《中美知识产权谅解备忘录》，标志着我国的著作权保护制度已经登上了世界舞台。1992年1月17日签署《中美知识产权谅解备忘录》，将作为我国涉外著作权关系正常化的一个重要事件而载入史册。

我国建立和发展著作权保护制度，促进涉外著作权关系正常化，开展著作权领域的国际合作与交流，首先是由于深化改革和扩大开放的需要。邓小平同志在1992年年初"南巡"讲话中，特别指出在版权问题上"要遵守国际有关知识产权的规定"，应该说，从《中美知识产权谅解备忘录》中的著作权有关条款开始，一直到1992年内所采取的加入国际著作权公约等一系列重大的举措，都是在邓小平同志"南巡"讲话的精神指导下进行的。

在"备忘录"刚刚签订后，我国对外经贸部李岚清部长就对中外记者强调指出："中国人说话是算数的，协议中要求中国方面做的，我们都将严肃认真地做好。"现在回顾起来，确实是不折不扣地做到了。

根据"备忘录"的规定，中美两国政府将于签字之后60天开始通过各自的法律保护对方国家的作品。我国国家版权局于1992年2月29日，根据国务院知识产权领导小组的部署，就实施中美双边著作权保护向有关部门发出通知，宣布从1992年3月17日（或其后美国政府做出宣布之日）开始，美国国民的作品（包括计算机程序和录音制品）受中国《著作权法》及有关规定的保护，美国国民的作品未超过中国《著作权法》规定的保护期限的，给予保护；保护，不适用于1992年3月17日之前（或双边保护开

---

* 原载《中国出版》1993年第3期。

始的另外日期之前）发生的对美国作品的使用；美国国民在中国所享著作权的内容及其受到的法律限制，与中国国民相同；1992年3月17日或双边保护开始的另外日期之前开始的对美国作品的特定复制本（主要指计算机程序）为特定目的的使用，在前述日期之后可以继续进行而不承担责任，但不得无故损害著作权所有者的合法利益。中国根据"备忘录"对美国作品的保护，至国际著作权公约开始在中国生效时自行停止。1992年3月17日美国总统乔治·布什发布文告，宣布根据美国《版权法》第104条（b）（5）的规定，将美国版权保护扩大到中华人民共和国的作品，自1992年3月17日起中国国民和居民的作品以及首次在中华人民共和国发表的作品有权受美国版权法的保护。从1992年3月17日起，中美相互保护对方作品的著作权，实现了中美双边著作权关系的正常化。

《中美知识产权谅解备忘录》是涉及著作权保护的中美双边协议，而中国加入《保护文学和艺术作品伯尔尼公约》（以下简称《伯尔尼公约》）和《世界版权公约》则标志着中国涉外著作权关系的完全正常化。第七届全国人民代表大会常务委员会第二十六次会议于1992年7月1日决定我国加入《伯尔尼公约》和《世界版权公约》。经过办理公约规定的程序，《伯尔尼公约》和《世界版权公约》已经分别于1992年10月15日和10月30日在我国生效。

1888年9月9日在瑞士首都伯尔尼签订的《伯尔尼公约》和1952年9月6日在日内瓦签订的《世界版权公约》，是当前两个最重要的国际著作权公约。《伯尔尼公约》对作品保护的水平很高，《关税与贸易总协定》乌拉圭回合谈判中"与贸易有关的知识产权"（TRIPs）最后文件草案就明确要求成员国必须按照《伯尔尼公约》及其附件（第6条之2除外）保护其他成员国的作品。根据至1992年9月1日为止的统计资料，《伯尔尼公约》共有92个成员国。《世界版权公约》是为了沟通《伯尔尼公约》成员国与当时不准备参加《伯尔尼公约》的国家（尤其是美国）在著作权国际保护方面的关系而签订的。截至1992年9月1日，《世界版权公约》共有84个成员国，其中只参加《世界版权公约》，而没有参加《伯尔尼公约》的国家有19个。总体来说，参加上述两个国际著作权公约的国家共111个。主要的版权大国都参加了国际著作权公约。美国于1989年加入了《伯尔尼公约》，俄罗斯也可望在近期内加入，从而《伯尔尼公约》的适用范围日益扩大。

中国参加两个国际著作权公约，不但是中国涉外著作权关系正常化的一件大事，对于这两个国际著作权公约来说，也是它们100多年历史发展中从未有过的一件大事。当我国向世界知识产权组织递交加入《伯尔尼公约》申请书时，笔者正在日内瓦，亲眼看到世界知识产权组织领导成员兴高采烈的情绪。世界知识产权组织总干事鲍格胥博士兴奋地说，在中国加入以前，由92个成员国组成的伯尔尼联盟共有25亿人口，但是，到1992年10月14日午夜，当时钟的分针刚一指向新的一天时，伯尔尼联盟成员国的人口就猛增到37亿~38亿。一天之内增长50%的人口，这在《伯尔尼公约》106年的历史上还从未有过，并且从数量上讲，今后也许很可能不会再有。

为实施国际著作权条约，保护外国作品著作人的合法权益，国务院于1992年9月25日发布了《实施国际著作权条约的规定》，自1992年9月30日起施行。《规定》所称国际著作权条约，指《伯尔尼公约》和与外国签订的有关著作权的双边协定。《规定》主要内容可以分为三部分：（1）明确对外国作品的保护，适用《中华人民共和国著作权法》《中华人民共和国著作权法实施条例》《计算机软件保护条例》和本规定；（2）对少数《著作权法》条款同《伯尔尼公约》的规定不一致的地方，按《伯尔尼公约》明确加以规定。例如，明确规定外国作品的范围，对未发表的外国作品的保护期，实用艺术作品的保护期，外国作品著作权人、外国电影、电视和录像作品的著作权人可授权他人公开表演其作品，除转载有关政治、经济等社会问题的时事文章外，报刊转载外国作品，应当事先取得著作权人的授权，外国作品的著作权有权禁止进口侵权复制品和来自对其作品不予保护的国家的复制品，表演、录音或者广播外国作品适用《伯尔尼公约》以及对录音制品的保护等；（3）对《著作权法》《计算机软件保护条例》同版权国际发展趋向（主要表现在乌拉圭回合谈判与贸易有关知识产权最后文件草案上）和《中美知识产权谅解备忘录》少数不一致的地方，明确加以规定。例如，外国计算机程序作为文学作品保护，可以不履行登记手续，保护期为自该程序首次发表之年年底起50年；外国作品的著作权人在授权他人发行其作品的复制品后，可以授权或者禁止出租其作品的复制品。这样，我国的涉外著作权关系即实现了全面正常化。

第七届全国人大常委会第二十八次会议于1992年11月7日决定中国加入《保护录音制品制作者防止未经许可复制其录音制品公约》。该公约于1971年10月29日在日内瓦签订，于1973年4月生效。截至1992年11月共有43个成员国。预期在经过必要的程序后，录音制品公约将在近期内对中国生效。

综上所述，可见1992年是我国大步踏上国际著作权保护舞台，全面实现涉外著作权关系正常化的一年。《中美知识产权谅解备忘录》是这一过程的开端，而且延续到全面正常化的整个过程。面对着国际领域内的机遇和挑战，我们在著作权方面仍然有大量的工作需要去作。但是，"备忘录"的签订和实施将以我国著作权发展史上的一件大事载入史册，而且将继续发挥其影响和作用。

中 文 部 分

保护集成电路知识产权的华盛顿条约[*]

《关于集成电路知识产权条约》（Treaty on Intellectual Property in Respect of Integrated Circuits，简称 IPIC）是 1989 年 5 月 26 日在美国首都华盛顿为制定该条约而召开的外交会议上通过的，共 20 条。

依条约第 16 条第 1 款的规定，在第五个批准书、接受书、认可书或加入书递交之日起 3 个月后，这一条约即开始生效。

截至 1992 年 1 月 1 日，在条约上签字的共有 8 个国家：中国、埃及、加纳、危地马拉、印度、利比里亚、南斯拉夫和赞比亚。批准的国家只有埃及。该条约至今仍未生效。

一、《关于集成电路知识产权条约》的制定背景的经过

《关于集成电路知识产权条约》的诞生，同集成电路的出现和迅猛发展以及各国有关集成电路立法的陆续颁布有着密切的关系。

历史上第一个保护集成电路的法律是美国国会在 1984 年 10 月 9 日通过的，美国总统于同年 11 月 3 日签字生效的 1984 年《半导体芯片保护法》。这个法律，在知识产权法体系中占有独特的地位。它不属于传统的工业产权，因而不适用国际上大多数国家参加的《保护工业产权巴黎公约》（按 1992 年 1 月 1 日的统计有 101 个成员国）。同时，它也不属于传统上的版权（著作权），从而也不适用于国际上许多国家参加的《保护文学和艺术作品伯尔尼公约》（按 1992 年 1 月 1 日的统计有 84 个成员国）和《世界版权公约》（按 1992 年 1 月 1 日的统计也有 84 个成员国）。它具有工业产权、版权以及其本身独有的特点，国际法学界普遍称之为单独的专门立法保护（sui generis protection）。美国这一法律所保护的是掩模作品（mask work）。按照该法第 902 条的规定，对外国人的保护包括与美国同属于一个保护掩模作品条约的外国国民、有住所的居民或主权当局、不论在何处定居的无国籍人、掩模作品在美国首次被商业利用以及经美国总统公告保护的外国掩模作品。美国总统公告保护的前提条件是该外国对美国国民掩模作品的保护大体相同于美国《半导体芯片保护法》所规定的保护。也就是说，美国在这里所采取的是对等的原则。

---

[*] 原载惠永正、段瑞成、郑成思主编：《知识产权纵横论》，上海科学技术文献出版社 1993 年版。

各国保护集成电路的法律,都在不同程度上受美国《半导体芯片保护法》的影响,采取单独立法形式。因而,也不适用国际上的工业产权和版权公约。我们知道,各国保护集成电路的法律都属于国内法,仅在各国主权管辖范围内有效。为在国际协调集成电路的国内立法,就必须制定一项国际公约。这项工作由联合国世界知识产权组织承担起来。

世界知识产权组织从 1985 年就开始着手准备一项公约草案。为此,先后召开了四届关于集成电路知识产权的专家会议。第一届专家会议于 1985 年 11 月 26～29 日召开,第二届专家会议于 1986 年 6 月 23～27 日召开,第三届专家会议于 1987 年 4 月 27～30 日召开,第四届专家会议于 1988 年 11 月 7～22 日召开。在此期间,世界知识产权组织还在 1988 年 1 月 11～15 日和 1988 年 5 月 24～27 日召开了两次发展中国家专家咨询会议。国际局为配合专家会议和咨询会议的召开,进行了深入的调查研究,准备了 7 项专题研究和分析。

在上述工作的基础上,世界知识产权组织于 1988 年 11 月 14～22 日召开了缔结保护集成电路知识产权条约外交会议的准备会议。美国政府对缔结这项条约态度很积极,邀请外交会议在美国首都华盛顿举行。经过一系列准备工作,缔结集成电路知识产权保护国际条约的外交会议于 1989 年 5 月 8～26 日在华盛顿美国国务院国际会议中心召开。出席会议的有 72 个政府代表团、4 个政府间国际组织、23 个非政府间国际组织。由美国版权局局长拉尔夫·奥曼担任大会主席。会议最后一天（5 月 26 日）通过了《关于集成电路知识产权条约》。

二、《关于集成电路知识产权条约》的主要内容

（一）保护对象

条约的保护对象是集成电路布图设计。保护对象与条约的名称也有着密切的联系。

美国 1984 年颁布的法律名为《半导体芯片保护法》。实际上该法保护的对象是掩模作品。"掩模作品"这一术语,取意于集成电路生产中的掩模。但是,随着集成电路生产工艺的不断发展,现在生产集成电路已经可以不使用掩模板了。例如,采用离子注入技术、电子束曝光技术等来生产集成电路。所以,现在再使用"掩模作品"一词就有些过时了。

条约的名称也没有"半导体"字样。因为随着技术的迅速发展,制作集成电路已经不限于半导体材料,区别于半导体理论的新原理的集成电路也正在研制开发。据悉,日本三洋电机公司正研制出超导晶体管,运算速度比现在的半导体硅晶体管快 10 倍,而耗电量只有半导体硅晶体管的 1%。但是,考虑到各国技术水平差异很大,条约虽未用"半导体"字样,却允许成员国立法灵活选择。条约第 3 条第 1 款（0）规定:"任何缔约方,其法律对布图设计的保护限定在半导体集成电路的布图设计范围内,只要其法律包括有这类限定,均应有适用这类限定的自由。"

日本的法律保护"电路布图"（或译为线路布局,原文为回路配置 Circuit Layout）。这一用语应用不广,且路线布局一词也容易与电子线路板的布线、设计混淆。

欧洲国家的法律上,多用拓扑图（Topography）,也有译为"形貌结构"的。这一

用语本来是借用地理学上词汇,并不是电子学上的术语,而且太专业化,不易接受。

世界知识产权组织在准备条约草案时,对保护对象有两种意见:一种是微电子芯片布图设计,另一种是集成电路布图设计。在华盛顿举行的外交会议上,经过辩论,其中包括中国代表团的据理力争,最后,条约文本中采用了"集成电路布图设计"这一科学用语。主要理由是:集成电路是一个有严格定义的科学技术用语,已被学术界、工业界和世界知识产权组织长期广泛使用,而"微电子芯片"不是一个严格的科学术语,各国使用"微电子芯片"这一用语都比较混乱,而且集成电路与分立元、器件有严格区别、微电子芯片则容易模糊集成电路与分立元件、分立器件或其他简单的复合器件间的界限,不能确切表示集成电路的真正含义。因此,最后条约采用了"集成电路布图设计"这一术语,并分别对集成电路和布图设计在条约第1条中规定了一个为大家所接受的定义:"集成电路"是指一种产品,它的最终形态或中间形态,是将多个元件,其中至少有一个是有源元件,和部分或全部互连集成在一块材料之中和/或之上,以执行某种电子功能,"布图设计"(拓扑图)则是指集成电路中多个元件,其中至少有一个是有源元件,和其他部分或全部集成电路互连的三维配置,或者是指为集成电路的制造而准备的这样的三维配置。

(二)原创性(Originality)

受保护的集成电路布图设计必须具备原创性。迄今制定有单独立法的国家,在法律上都是这么规定的。条约第3条第2款(A)明确规定,原创性是指该布图设计(拓扑图)是其创作者自己的智力劳动成果,并且在其创作时,在布图设计(拓扑图)创作者和集成电路制造者中不是常规的设计(not commonplace)。

人们应该注意到,集成电路布图设计所应具有的原创性有其独特的地方,是对传统知识产权法的一项突破。它既不同于专利法所要求的专利性(新颖性、创造性和实用性),也有别于版权法所要求的原创性。在大多数情况下,集成电路布图设计的原创性都达不到专利法上对新颖性和创造性所要求的那样高度。换言之,集成电路布图设计的原创性比专利性的要求要低;另一方面,集成电路布图设计的原创性也不同于版权法上的原创性,它比后者的要求要高。文学、艺术和科学作品只要是作者自己创作的,不是抄袭别人的,不管其质量高低、价值大小,都具有原创性。但是,对集成电路布图设计的原创性要求,条约上规定,除必须是布图设计创作者自己所创造外,还要在其创造时在布图设计创作者和集成电路制造者中不是常规的设计。许多国家的国内法上也都有类似的要求。例如,美国《半导体芯片保护法》第902条(b)款规定,如掩模作品是一项平庸的、通常为半导体工业所周知的(staple, commonplace or familiar in the semiconductor industry),则不给予保护。所以,集成电路布图设计所应有的原创性,既不同于工业产权中的专利权,也不同于版权,从而也不是兼有工业产权和版权特征的所谓"工业版权"。认为集成电路布图设计者所享有的权利是什么"工业版权",显然是一种误解。

(三)保护的法律形式

条约对保护集成电路布图设计的方式采取灵活的态度,允许成员国可以自由选择保护集成电路布图设计的法律形式。条约第4条规定:"每一缔约方可自由通过布图设计

（拓扑图）的专门法律或通过其关于版权、专利、实用新型、工业品外观设计、不正当竞争的法律，或者通过任何其他法律，或者通过任何上述法律的结合来履行其按照本条约应负的义务。"这也就是说，只要是缔约国法律上规定的义务符合这个条约上所规定的义务就可以了，而不问它们各自采用什么样的法律形式。

条约第 4 条的规定是由发展中国家建议而写进草案的。❶ 这样，各国就可以利用已经存在的法律来保护集成电路布图设计。

在适用条约第 4 条规定时，要结合适用条约的第 12 条。条约第 12 条规定："本条约不得影响任何缔约方根据《保护工业产权巴黎公约》或者《保护文学和艺术作品伯尔尼公约》所承担的义务。"按照世界知识产权组织总干事鲍格胥博士的解释："如果一个缔约方履行本条约的义务是通过一项法律，而该项法律是全部或部分地基于布图设计是一项版权法上的作品或是一项工业产权法的主题，并且该缔约方不但是本条约的成员国而且是《伯尔尼公约》或《巴黎公约》的成员国时，则该项法律既要符合本条约的规定，又符合《伯尔尼公约》或《巴黎公约》的规定。例如，一个缔约方认为布图设计是版权法上的作品，而它同时是本条约和《伯尔尼公约》的成员国，则该国对布图设计的保护不要求履行手续（尽管建议缔结的本条约要求履行手续），保护期限至作者死后 50 年（尽管建议缔结的本条约规定较短的保护期限）。如果该缔约方是本条约和《巴黎公约》的成员国，而用发明专利或实用新型来保护布图设计时，则布图设计需经专利授权或取得其他官方文件（尽管建议缔结的条约保护布图设计不需在政府权力机构办理任何手续）。"

迄今为止，尽管条约第 4 条允许采用各种不同的法律形式，但是已经立法的各个国家都采用单独的立法。可以说，单独立法目前已成为保护集成电路布图设计立法的主流。

（四）条约的保护范围

条约的第 6 条规定了保护范围。这一条可以说是条约的核心。它规定了权利人享有权利的内容和限制，也是各缔约国承担必须给予保护的最低限度。

第 6 条规定，未经权利持有人许可，任何人均不得"复制受保护的布图设计（拓扑图）的全部或其任何部分，无论是否将其结合到集成电路中，但复制不符合第 3 条第 2 款所述原创性要求的任何部分布图设计除外"。该条还规定："不得为商业目的进口、销售或者以其他方式供销❷受保护的布图设计（拓扑图）或者其中含有受保护的布图设计（拓扑图）的集成电路。"未经权利持有人许可而进行上述两项以外的其他行为，任何缔约方亦有确定其为非法的自由。

这里应该强调，根据发展中国家的建议，条约中未规定应对含有集成电路的工业产品加以保护。发展中国家认为，对含有集成电路的工业产品也要加以保护，但实际中有

---

❶ 世界知识产权组织总干事为缔结该条约召开的外交会议所准备的条约草案（IPIC/DC/3），英文版第 66 页。

❷ 原文为 distributing，在这里译为"发行""分配"比较合适，可包含出租等。译为"供销"就同"销售"分不清了。——本文作者注

很大的困难。例如，海关如何能够确定进口的工业产品中含有受保护的集成电路，从而采取相应的措施呢？海关轻率地采取扣押等措施，就会大大妨碍贸易的正常流转。❶ 美国代表团和日本代表团激烈主张保护包含有集成电路的工业产品，坚决反对条约中不包括含有集成电路的工业产品，这也是为什么美国代表团和日本代表团本来态度很积极，但在最后表决时却投反对票的一个重要原因。

条约对权利持有人的权利，根据集成电路布图设计的特点和需要，规定了一些限制。

条约第6条规定，出于私人目的或单纯为了评价、分析、研究和教学的目的，未经权利持有人许可而复制受保护的布图设计的，任何缔约方不应该认为是非法行为。此外，在权利持有人权利的限制上，集成电路布图设计还有一些特殊的规定。

1. 反向工程（reverse engineering）

反向工程，也称逆向工程或还原工程。集成电路知识产权条约虽然没有明确使用反向工程这个术语，但是实际上条约中有这方面的规定。允许反向工程，这是与半导体产业的普遍实践相符合的。

条约第6条第2款（B）规定，在第一个布图设计的基础上创作出符合原创性要求的第二个布图设计，则第二个布图设计的创作人有权处置其创作的布图设计，而不视为侵犯第一个布图设计创作人的权利。如果第三人独立创作出具有相同原创性的布图设计，按照条约第6条第2款（C）的规定，也不视为侵权。允许反向工程，对于进一步发展集成电路技术是十分必要的。传统版权不涉及这个问题。传统的工业产权更不允许反向工程。允许反向工程也是集成电路布图设计保护方面的一个特殊规定。

2. 非自愿许可

条约第6条第3款规定了非自愿许可。在这个问题上，发展中国家与发达国家之间的斗争也非常激烈。美国的建议、条件十分苛刻。外交会议上通过的条文，虽然是双方意见的折中和妥协，但仍然遭到美国代表团和日本代表团的强烈反对。这也是美国、日本代表团最后投反对票的另一个重要原因。

条约中规定，对于维护重大国家利益所必要时，可授予非自愿许可。这在相当程度上满足了77国集团的愿望。而授予非自愿许可，需限定于"非通常的情况下"，并且"按商业惯例经过努力而未能取得权利持有人的许可"，则是反映发达国家建议中的要求。

第6条中还规定：（1）非自愿许可只能是非独占的；（2）仅供在该国领域内实施；（3）需支付公平的补偿费；（4）应当经过司法核查；（5）授予非自愿许可的各项条件不复存在时，应该撤销非自愿许可。从以上规定中可以看出，集成电路知识产权条约中规定的非自愿许可，比《巴黎公约》中的规定更为严格。

3. 善意侵权

前面已谈过，凡未经权利持有人许可，为商业目的进口、销售或者以其他方式供

---

❶ Carlos M. Correa.："集成电路布图设计的法律保护·世界知识产权组织条约"，载《欧洲知识产权评论》1990年第6期，第198页。

销❶受保护的布图设计或含有受保护布图设计的集成电路,都属于非法。但是,条约第6条第4款规定,对于采用非法复制的布图设计的集成电路,而为商业目的进口、销售或以其他方式供销(应为发行或分配)的,如果进行这些行为或者指示别人进行这些行为的人不知道或者没有合理的依据知道该集成电路含有非法复制的布图设计,则任何缔约方都没有义务认为上述行为是非法行为。

善意侵权的一个争论点是,善意侵权人一旦获悉侵权的事实,是否应该支付报酬?发达国家的建议中主张在这种情况下要支付报酬。然而,在最后通过的条文中未对报酬问题作出规定。这就意味着,获悉侵权事实后是否支付报酬的问题,还留待于各国国内法解决。

4. 权利用尽

第6条第5款规定了权利用尽,即任何缔约方可以认为,对由权利持有人或者经其同意投放市场的布图设计或者采用该布图设计的集成电路,不经权利持有人的许可而为商业目的进口、销售或者以其他方式供销❷的,应属于合法。这一规定的主要目的是在权利持有人或经其同意而首次出售该布图设计或集成电路后,其权利已经用完,不能再阻止买受人再一次出卖、出租或进口。

(五)保护期限

条约第8条规定:"保护期限至少应为8年。"在保护期限问题上,争论也是很激烈的。发达国家的法律都规定保护期限为10年。它们一直坚持需要10年甚至15年的保护期。发展中国家认为5年的保护期就足够了。外交会议上最后采纳了世界知识产权组织总干事的非正式的折中建议,保护期定为至少8年。

(六)国民待遇

条约第5条规定,每一缔约方在其领导范围在布图设计的知识产权保护方面应给予下列人员同该缔约国给予其本国国民同样的待遇。

(1) 任何其他缔约方的国民或在任何其他缔约方的领土内有住所的自然人。

(2) 在任何其他缔约方领土内为创作布图设计或生产集成电路而设有真实、有效营业场所的法人或自然人。

但是,就指派代理人、指定送达地址或者就法院程序中外国人适用的特别规定而言,任何缔约方都可以不适用国民待遇原则。

国民待遇原则本来是《保护工业产权巴黎公约》《保护文学和艺术作品伯尔尼公约》和《世界版权公约》中规定的一项历史悠久的重要原则。然而,在《关于集成电路的知识产权条约》中规定国民待遇原则,则有特殊重要的意义。

美国1984年《半导体芯片保护法》对非本国公民和法人原则上采取对等原则,而且要通过复杂的程序,经总统授权专利和商标局局长依法对所谓善意致力于建立同美国《半导体芯片保护法》近似保护的国家给予保护。如1991年7月15日美国专利和商标

---

❶ 应为"发行"或"分配"。——本文作者注
❷ 同上。

局局长根据布什总统签署的法律,对 19 个国家❶的集成电路布图设计的临时保护延展到 1992 年 12 月 31 日。除日本外,许多西方国家的立法在这个问题上也受到美国的强烈影响。这样,当然会造成很多麻烦。条约规定了国民待遇的原则,成员国都按国民待遇办理,就简便多了。

(七) 实施、登记和公开

条约第 7 条规定了实施、登记和公开。任何缔约方均可以不保护进入普通商业实施以前的布图设计,可以不保护未登记的布图设计,也可以既要求商业实施又要求登记。在后一种情况下,要求那些已经在世界上任何地方首次商业实施的布图设计还要进行登记的,商业实施与申请登记之间的时间,不应少于两年。

对于登记申请,可以要求附具该布图设计的副本或图样。当该布图设计已经商业实施时,可以要求提交该集成电路的样品并附具确定该集成电路旨在执行的电子功能的定义材料。但是,申请人在其提交的材料足以确认该布图设计时,可免交副本或图样中与该集成电路的制造方式有关的部分。

(八) 争议的解决

条约第 14 条规定了争议的解决。这在知识产权国际条件中尚属首创。这一条是根据美国代表团在第四次专家会议上提出的草案而拟定的。

条约规定,对本条约的解释或者实施出现的问题,可以进行协商。如协商不能解决,争议各方可采取斡旋、和解和仲裁等方式解决。如果这几种方式仍未解决争议问题(或有的方式未被采用),大会应根据争议一方的书面请求,召集专门小组研究该问题。专门小组应准备书面报告,并交争议各方以提出意见。报告应提交大会,其中应有解决争议的事实、建议,并附有争议各方的意见。大会根据其对本条约的解释和专门小组的报告,向争议各方作出一致的建议。

三、《关于集成电路知识产权条约》的发展趋势和动向

《关于集成电路知识产权条约》在华盛顿外交会议上以 49 票的多数票通过。投赞成票的国家中包括中国、发展中国家、苏联、东欧社会主义国家以及欧洲的许多工业发达国家。投反对票的有美国和日本。弃权的有瑞典、加拿大、新西兰、梵蒂冈和列支敦士登五国。

由于美国和日本占世界集成电路生产的绝大部分,它们投票反对,不能不影响条约的作用。这可能就是为什么许多投赞成票的国家至今没有签署、批准,以至条约迄今尚未生效。

在此期间,关税与贸易总协定乌拉圭回合谈判就"与贸易有关的知识产权"(TRIPs)问题进行反复磋商。美国贸易代表也根据《1988 年综合贸易与竞争法》的"特别 301 条款"同其贸易伙伴进行知识产权谈判,施加压力。

通过 1986 年以来长期艰巨的谈判,关税与贸易总协定总干事邓克尔(Arthur

---

❶ 19 个国家是:日本、瑞典、澳大利亚、加拿大、欧洲共同体 12 个成员国、瑞士、芬兰和奥地利。

Dunkel）于 1991 年 12 月 20 日提出乌拉圭回合谈判的最近协议草案。其中与贸易有关知识产权部分的第六节就是关于集成电路布图设计的规定。该节包括第 35 条、第 36 条、第 37 条和第 38 条四个条文。

草案规定，缔约方应按集成电路知识产权条约的第 2~7 条（第 6 条第 3 款除外）、第 12 条和第 16 条第 3 款的规定保护集成电路布图设计。有关各条内容，前面都已经谈到，这里不再重复（第 35 条）。

除属于善意侵权的情况外，缔约方对于未经权利持有人同意而为商业目的进口、出售或以其他方式发行（或分配）的受保护的布图设计、含有受保护布图设计的集成电路以及含有这种集成电路的产品（article），都应该被认为是不合法的。这表示，美国和日本不但主张要保护布图设计和集成电路，而且要保护含有布图设计和集成电路的产品的观点，虽然在订立集成电路知识产权条约的外交会议上没有被接受，但是在这次乌拉圭回合谈判中很可能被订入关贸总协定中。这是第 36 条规定的一项重要内容。

草案第 37 条规定善意侵权不视为非法。这总算对扩大保护范围直至保护产品进行了一定的平衡。草案规定，当善意侵权人获得足够信息知道是非法制造该布图设计时，他可以继续处理手上存有的和此前已订购的产品，但应支付合理的使用费。该条还对非自愿许可规定适用非常复杂的条件。

第 38 条规定保护期限最少 10 年，从申请登记之日或首次商业实施日起算。但缔约方也可以规定从布图设计完成之日起 15 年的保护期。

上述草案如果最后能够通过，为大多数国家所接受，美国、日本以及欧洲发达国家有可能签署、批准《关于集成电路知识产权条约》。换言之，《关于集成电路知识产权条约》能否生效以及作用大小如何，在相当程度上要看乌拉圭回合谈判的结果如何。国际知识产权界人士对于关贸总协定乌拉圭回合谈判的发展，正予以密切注视。

关贸总协定与知识产权的新发展[*]

1993年12月15日，关贸总协定萨瑟兰总干事手中的锤子沉重地一击，宣告了历时七年之久的关贸总协定乌拉圭回合谈判的结束，同时也标志着知识产权制度进入了历史发展的新时期。

这一次乌拉圭回合谈判中再一次提出了知识产权问题，而且终于通过了一项全面、高保护标准的《与贸易有关的知识产权协议》（简称TRIPs协定）。

协议分为七个部分，共73条。

一、一般规定和基本原则

除肯定根据《巴黎公约》《伯尔尼公约》《罗马公约》和《关于集成电路知识产权条约》所承担的义务以及国民待遇原则外，本协议第一次将最惠国待遇原则引入国际保护知识产权协议。第4条规定："在保护知识产权方面，一缔约方给予另一国国民的利益、优惠、特权或豁免应立刻和无条件地给予其他成员国的国民。"今后，一缔约方如与另一国缔结的保护知识产权的双边协定，其保护水平高于协议的部分，按照最惠国待遇的原则，将立即无条件地也给予其他缔约方的国民。但本条对最惠国待遇原则规定了四项例外：（1）由司法互助和执行一般性法律的国际协议而产生的（而不是专门保护知识产权的）待遇；（2）根据《伯尔尼公约》（1971）或《罗马公约》的规定而给予的待遇，但这种待遇是在另一个国家授予的，而不属于国民待遇；（3）本协议未规定的有关表演者、录音制品制造者和广播组织的权利；（4）在建立多边贸易机构（MTO）协议生效前已经生效的保护知识产权的国际协议所产生的待遇，其条件是这样的协议已经通知与贸易有关的知识产权理事会，并且对其他缔约方的国民不构成任意或不合理的歧视。

第7条规定，知识产权的保护和实施应有利于促进技术革新、技术转让和技术传播，有利于生产者和技术知识使用者的相互利益，保护和实施的方式应有利于社会和经济福利，并有利于权利和义务的平衡。国际知识产权条约上这样的原则性的规定，也是本协议的初创。

---

[*] 原载《百科知识》1994年第8期。

二、知识产权的获得标准、范围和行使

这是本协议最重要的实质性条款，规定了对知识产权高水平的保护。

1. 著作权及其相关权利

明确缔约方应遵守《伯尔尼公约》(1971)中除精神权利（第6条之2）以外的一切实质条款。第10条规定计算机程序应作为文学作品来保护；数据汇编，并内容的选取或编排构成智力创造的，即应提供保护。第11条规定了计算机程序和电影作品的租赁权。第14条对表演者、录音制品制作者和广播制作者的保护，规定了录音制品制作者和其他权利所有者的租赁权。对表演者和录音制品制作者的保护期至少应为50年。广播组织享有权利的保护期限，为自进行广播之年的年底起20年。

2. 商标

规定商标的定义为：任何能够将一个企业的商品或服务区别于另一个企业的商品或符号或符号组合都应能够构成商标。第15条规定，一个商标的实际使用不应成为提交商标注册申请的前提条件。第16条规定，《巴黎公约》对驰名商标的规定，应准用于服务商标。在确定驰名商标时，应考虑该商标在相关公众范围内，包括由于宣传而形成的知名度。第19条规定，注册商标和续展的保护期限，均不得短于七年。续展次数不限，注册商标只有不间断地连续三年不使用，且不能提出正当理由时，才能注销注册。第20条规定，商标的商业使用不应受到不合理的特殊要求的妨碍，如和其他商标一起使用等。第21条明确不允许对商标的强制许可，转让注册商标时，无须将商标所属企业一同转让。

3. 地理标记

明确规定了"在本协议中，地理标记是指示出一种商品是在一个缔约方的领土内或者在上述领土的一个地区或地点所生产的原产产品的标记，而该产品的某种质量、声誉或者其他特性在本质上取决于其产地"。第22条规定，缔约方应提供法律手段以制止：(1)在产品的名称或介绍中采用任何方式指明或暗示该产品来源于一个并非其原产地的地域，其方式会使公众对该产品的产地产生误解；(2)任何根据《巴黎公约》(1967)第10条之2的规定所指的不正当竞争行为。如发生上述情况，缔约方应拒绝或撤销对该项商标的注册。第23条对葡萄酒和烈酒的地理标记规定了特殊的保护。第24条规定缔约方同意参加关于加强对单独地理标记的保护的谈判，缔结双边或多边协议，由与贸易有关的知识产权理事会进行检查。

4. 工业品外观设计

规定禁止第三方未经外观设计所有人许可，"为了商业目的而制造、出售或进口具有或采用与受保护的外观设计相同或基本上相同的外观设计的物品"。对工业品外观设计保护期至少为10年。

5. 专利

规定"专利应适用于所有技术领域的发明"（27条）。缔约方应以专利方式或者一种有效的特殊体系，或者两者的结合，对植物新品种给予保护。上述规定将在本协定生效之日起四年内予以复查（27条）。专利权中应包括进口权（28条）。专利的保护期限

不得少于自申请日起20年（33条）。在方法专利的侵权诉讼中，应由被告证明其制造相同产品的方法不同于原告所有的专利方法（34条）。协议对强制许可规定更加苛刻，只有经过努力，试图在合理的商业条件下获得权利所有者的同意，但经过合理期限仍未获得允许，才可以准许强制许可。在国家紧急状态或者其他特别紧急的情况下，或者在非商业性公共利用的情况下，才不受上述限制。强制许可的范围和期限应限于准许使用的目的。产品只能投放批准一方的国内市场，必须向专利权人支付适当费用。应能接受司法复查或更高级别主管部门的独立复审（31条）。

6. 集成电路布图设计

规定缔约方同意按集成电路知识产权条约（IPIC条约）的有关规定对集成电路布图设计提供保护（35条）。保护范围不但包括为商业目的而进口、出售或推销受保护的布图设计和采用受保护的布图设计而生产的集成电路，而且还包括采用上述受保护的集成电路而制造的产品（36条）。保护期限不得少于自注册申请日起（如果要求注册）或者自在世界上任何地方进行首次商业性使用之日起的10年（38条）。半导体技术的强制许可更为严格，只能用于公众的非商业使用或一项实践经司法或行政程序确定为具有反竞争性后所采取的补救措施［31条（C）］。

7. 未公开信息的保护

这是国际知识产权协议上的首次明确规定。第39条规定，未公开信息的所有人（自然人或法人）应有可能防止他人在未经其同意的情况下以非诚实商业活动的方式透露、获得或使用合法地处于其控制之下的保密的、具有商业价值的、并采取合理措施保守秘密的信息（也即通常所说的商业秘密，包括专有技术Know-How）。如果缔约方要求提交未公开的测试数据或其他数据作为批准一种采用新化学成分的药品或农业化学产品投放市场的条件，则该缔约方应禁止对这种数据的不正当商业使用。

8. 对许可合同中限制竞争行为的控制

规定缔约方可以采取适当措施来防止或控制对知识产权的滥用，从而在相应市场上对竞争产生相互作用的许可行为或条件。

三、知识产权的施行

本协议规定了行政和民事救济的程序、临时性措施、有关边境措施和刑事程序。这一部分大大强化了实施保护知识产权的司法和行政措施，也是过去没有的。

四、知识产权的获得、维持和当事人间的有关程序

本协议规定缔约方应保证在合理期限内作出授权与注册，以避免缩短保护期限。《巴黎公约》优先权规定（第4条）应准用于服务标记。获得、维持知识产权的程序，行政撤销程序和异议、无效等程序，都应合理、公平，不应收费过高和拖延。案件的判决应仅仅依据证据。

五、过渡性安排

分别对发展中国家缔约方、从中央计划经济向市场和自由企业经济转变的缔约方、

正进行知识产权体系改革的缔约方、扩大保护技术领域的缔约方,以及属于最不发达国家的缔约方,都规定了除一年过渡期以外另有 4 年、5 年和从协议实施日起 10 年的过渡期。

六、机构设置和最终条款

规定建立与贸易有关的知识产权理事会及其职责,明确本协议对缔约方在实施本协议以前的行为不产生影响,审查、修改、保留以及为安全所需的例外。

中 文 部 分

改革开放以来知识产权的教学研究*
——学海片断追忆

  我是在 20 世纪 40 年代读的大学法律系。在整个四年大学学习期间，无论是在教授们的课堂讲授，还是在阅读的教材、期刊和参考文献，都从来未曾听到或者读过"知识产权"和"工业产权"这样的法律词汇。我也学过几种外语，也许是当时国内缺乏必要的国外图书文献，像 intellectual property, propréte intellectuelle, geistiges Eègentum 这些法律术语也从没有碰到过。过去，中国的绝大部分法律术语、词汇都是从日本移植过来的。但是，回想起来，像"知の所有权"这样的法律名词概念也好像没有遇到过。

  当时的中国政府虽然在 1944 年 5 月颁布过一部包括四章 133 条的《专利法》，但是直到中华人民共和国成立，从没有在大陆实施过。《商标法》是在 1931 年 1 月 1 日施行，并于 1935 年 11 月 23 日修订，《著作权法》是在 1928 年颁布实施。但是，四年学习期间也从没有在哪一门课程中正式涉及这些法律的讲授。显然，由于旧中国经济文化的落后，为适应和促进科技文化发展需要的专利法、商标法、著作权法等法律部门也极不发达，甚至连"知识产权""工业产权"这些法律概念也是闻所未闻。

  新中国成立以后，由于实行严格的计划经济制度，法制建设发展迟缓。20 世纪 50 年代初期颁布的《保障发明权与专利权暂行条例》《商标注册暂行条例》等法规，不久也被停止发挥作用。1973 年 11 月，经周恩来总理批准，由任建新率领的中国代表团以观察员身份，应邀参加了世界知识产权组织（以下简称 WIPO）领导机构会议。新华社报道中第一次出现了"知识产权"这个词汇。尽管许多人主张"智慧财产"可能更符合 intellectual property 的科学含义，但"知识产权"一词经多年使用，已经深入人心，硬要改变，是既无必要，也不大可能了。

  虽然 1973 年我国已与 WIPO 开始接触，会后代表团也曾向中央和周恩来总理写过报告，但是在当时"文化大革命"的形势下，这种接触难以继续下去，中国还没有建立知识产权制度的条件。直到"文化大革命"结束，党的十一届三中全会拨乱反正，开始了改革开放的新政策，建立知识产权制度的历史任务才提到议事日程。没有改革开放，就没有中国知识产权制度的建立和发展。知识产权制度的建立与发展是改革开放的需要，同时也促进了改革的深入和开放的扩大。而知识产权的教学与研究，更是与开放改革的实施以及知识产权立法的制定与发展密切联系在一起的。

---

 * 原载刘春田主编：《中国知识产权二十年（1978~1998）》，专利文献出版社 1998 年版。

一、知识产权研究的肇端

从知识产权教学研究来看，可以说在中国实施改革开放政策的情况下，是研究先行、教学随后，而研究是与立法工作的开展紧密相关的。

1978年以来，在中央领导下，国家科委着手研究改革科技管理制度，探索推行现代专利制度的可能性。国家科委开始出访考察专利制度，并于1978年冬季和1979年5月两次访问WIPO的日内瓦总部。其间，正式成立了国家科委领导下的专利法起草小组，开始了系统地研究专利制度和中国专利法的起草工作。

"文革"前，我本来长期从事外国民商法教学工作，在"文革"中回北大时期又搞了一段国际法方面的教研工作。可能由于这样的背景，经国家科委与中国人民大学洽商，要我在一段时间内全力以赴地参加专利法起草小组的工作。在当时，高校刚刚恢复招生，还没有高年级学生，教学任务尚未像后来那样繁重，这样脱产参加立法工作在当时是完全办得到的。至今我还清楚地记得，有一天，我被通知于1979年3月19日下午去国家科委三里河大楼参加专利法起草小组第一次会议。国家科委武衡副主任主持会议，出席起草人员7人。1个月以后又有一位同志从西安调京参加小组工作，起草人员共8人。专利法起草和研究工作正式启动。

当时情况是一无资料，二无经验，可以说是从零开始。但是，在改革开放路线指引下，在国家科委领导下，多次进行国内调研，广泛征求意见，又利用出访考察和参加国际会议之便，尽量收集有关资料，虚心学习，向懂行的人请教。在WIPO及其当时的总干事鲍格胥博士等人的帮助下，收集到30多个国家的专利法，将其中有代表性国家的专利法翻译成中文，结集出版《专利法丛书》和《国外专利法介绍》。1980年秋，第一次全国性专利会议（有时称为"西山会议"或"政协礼堂会议"），以及经邓小平同志批示，由方毅副总理主持召开的更高层次的专利讨论会上，反对和赞成实行专利制度的不同观点激烈交锋，实际上形成了一次大规模地对专利法的学习与研究。1980年2月，我国派出代表团参加由WIPO在日内瓦召开的修订《保护工业产权巴黎公约》第一届外交会议。会议长达四周，但对程序问题争论不休。我代表团利用这个机会，与总干事鲍格胥、副总干事德纳尔会晤13次，深入探讨了我国专利法草案的详细设想（实际上是由口头表达的草案初稿条文），以及与《巴黎公约》的衔接。这又是一次深入细致的学习研究过程。对后来中央决策和专利法最终形成，都起了很好的作用。法学界权威人士张友渔同志就曾经说过，要不要制定专利法大家可以探讨，但专利法草案从体系安排、法律技巧、文字表达等方面都是具有相当高的水平。专利法颁布实施后，果然获得很高的国际评价。鲍格胥博士、德国专利局前局长豪伊赛尔博士等国际知识产权界权威人士都给予高度赞扬。

商标法、著作权法以及反不正当竞争法的研究，也同样是与该法律的起草工作密切联系的。这也可以说是中国改革开放时期知识产权研究所带有的中国特色吧！

二、知识产权教育与培训

改革开放20年来，知识产权的教育与培训也经历了一个从无到有、从开始建立到发展壮大的过程。在我的记忆中，有些事情虽然过去已久但却记忆犹新。

（一）怀柔初讲专利法

筹建专利制度，就需要培养高水平的人才。恰好中国科学院科学情报研究所通过全国范围的考试招收了一批研究生，文化素质、外语水平以及许多人理工科专业基础都很扎实。而且恰好当时有机会送一批人到欧美日本学习专利。因此，决定让这一批研究生专攻专利，国家科委1979年8～9月在怀柔（北京郊区）举办培训班，由成果局安玉涛副局长主持，贸促会和上海方面也有一些同志参加。现在专利界的许多骨干都曾参加了那一次的培训。在我的记忆中，像国家知识产权局的马连元、乔德喜、文希凯、田力普等同志，联合国世界知识产权组织的王正发、李家浩先生，上海专利商标代理界的须一平先生等，当时都参加过这一届培训班。

培训班领导邀请我向班上学员做了一次系统的专利法知识讲授。当时，我虽然从事法学教育已有20多年，但是从没有讲过专利法，以前也没有专利法这个法律部门和相应的法律课程。只能根据参加专利法起草工作以来收集到的有关资料，认真准备了一个多月，征求了专利法起草小组成员们的意见，比较系统地讲了一整天。对我来说，这是平生第一次讲授专利法，也可能是国内第一次进行的专利法教学活动。回想起来，讲授中疏漏之处不少，但毕竟在专利法教学方面迈出了第一步。

（二）首部知识产权法教材的问世

20世纪80年代初，专利法、商标法和著作权法的起草研究工作都在进行，我也分别参与了这些方面的工作。恰好，1981年秋我开始有机会"归队"搞我的老本行——"外国民商法"，老友佟柔教授、赵中孚教授正受司法部教材编辑部委托主编《民法原理》，乃邀请我撰写"智力成果篇"即"知识产权篇"。经过半年多的时间，稿件几经修改，特别应该提到的是，当时中国专利局法律部赵元果部长专门组织力量提出宝贵的意见，对我帮助很大。《民法原理》撰稿人会议也多次帮我努力改进稿件内容。这部教材于1982年出版，使用很广，后经修订再版，还分别获得了国家教委和司法部的国家级优秀法学教材的一等奖。"知识产权编"共五章，约占全书的20%。不久，段瑞林编著的《知识产权法概论》、郑成思编著的《知识产权法通论》等书陆续出版。时至今日，各种版本的"知识产权法"教材、专著纷纷问世，其广度和深度已超过20世纪80年代初期。我国知识产权法教学的过程，从无到有，从小到大的发展，煞是喜人！

（三）WIPO系统讲座

在我国系统全面、成本大套地讲授专利、商标、版权等知识产权的讲座，还应该从WIPO在我国举办的专利法、商标法和版权法的讲习班说起。

1980年10月20日至11月14日，应中国专利局邀请，WIPO在北京工人体育馆举办为期四周的专利法讲座。总干事鲍格胥博士主持讲座并亲自讲授。讲课人还有法纳尔副总干事、WIPO各主管司长卡迪伽玛（后任斯里兰卡外交部部长）、柯乔德（现WIPO副总干事）、雷大济、巴厄末尔以及德国的马德勒、英国的文森特、西班牙的爱尔扎布鲁等著名专家。有一次，鲍格胥总干事对我讲，这是WIPO第一次举办历时这么长、内容这么广泛的专利法讲座。本来想找一种现成的教材，但发现所有的教材都是讲授国外的专利法，没有一本是讲授专利法的基本理论和基本知识的。所以，才决定由国际局和各讲授人专门撰写教材，后经汤宗舜、朱晋卿、马连元等18位同志译成中文出版。

老实说，这样时间长、阵营强大的专利法讲座，不能说是绝后，但至少是空前的，而且据我所知，至今也没有同样规模的专利法讲座在世界上任何地方举办过。我们专利界的许多同志，包括我本人在内，都是在这个讲座上聆听到全面系统的专利法知识的介绍。以后我们逐步发展到联合举办，甚至单独举办许多培训班、研讨班，以培养高层次的专门人才。但是，工体WIPO讲座的启蒙和奠定基础方面的作用，仍然值得人们怀念。

类似但规模又不尽相同的商标法讲座和版权法讲座也陆续举办。1982年5月11～20日，国家工商局与WIPO联合举办商标法律培训班，由任中林局长与鲍格胥总干事共同主持，讲课人有德国司法部高级官员柯里格、英国专利商标局局长戴维思、美国专利商标局局长莫森豪夫、著名商标律师沃夫纳等。

版权方面第一次系统的讲座是国家出版局与WIPO于1982年5月10～21日在北京联合举办的。国家出版局许力以副局长与WIPO鲍格胥总干事共同主持。WIPO老资格的版权司长马祖也埃、英国戴维思局长、匈牙利菲切尔局长（即现在WIPO的助理总干事）以及美国著名版权专家私立纽约大学的拉特曼教授担任老师，讲授课程。

后来，我们单独或联合举办过多次知识产权方面的讲座和研讨班。但是，在我的记忆中，深感到上面提到的三次讲座是专利、商标、版权方面全面、系统、时间较早而又影响最大的知识产权培训活动。现在的知识产权方面的骨干人才，许多人就是在这几次讲座上受到启蒙性的系统知识产权教育的。这段历史以及WIPO与鲍格胥总干事的盛情帮助和支持，都值得我们铭记在心。

（四）知识产权教学与研究机构的成立

谈到中国建立知识产权教学与研究机构，让我们先来引用WIPO出版的一部重要出版物里的一段话："几年前，北京方面就考虑在有关大学建立教授知识产权法的讲习班、中心或学院。校址设在北京的中国人民大学，郭寿康教授提出这一设想，经过他的努力，教育部认真考虑这个问题，后来要求世界知识产权组织就建立知识产权教研机构的方案提供帮助。为回应这一请求，世界知识产权组织成立一个专家组［其中包括洛桑大学教授、同时也在弗莱堡大学任教的戴西蒙代（Dessementet）、现任WIPO副总干事、在纽沙特大学教授知识产权法的居尔舒（Frangois Curchod）以及法律顾问雷大济（Gust Ledakis）］赴北京同教育部官员和学术界领导（中国人民大学、清华大学和北京大学的校长、副校长和法律系主任）就怎样建立这样的讲习班、中心或学院及其经费来源进行探索和讨论。当时，还考虑在中国其他地方，特别是武汉、上海和西安建立与大学相联系的讲习班、中心或学院。这些大学的代表们也都来到北京参加讨论。郭寿康教授最后成功地在中国人民大学建立起一个教研机构（按：即现在的"知识产权教学与研究中心"。——译者注）。"❶ WIPO教材中的这段话，需要作些必要的补充，就是应该着重强调鲍格胥总干事在进行这一项举措中所起的重要作用。事情的缘起是，1985年夏天，

---

❶ 世界知识产权组织：《知识产权教材》（*Intellectual Property Reading Material*），1995年英文版，第602页。

我应邀赴 WIPO 日内瓦总部参加一个学术会议。像往常一样，会议期间安排看望鲍格胥这位老朋友。谈话中涉及知识产权教学与研究问题，我们都深感中国知识产权方面已建立起专利、商标、版权、审判、代理等许多机构，并已开始工作，中国也应该建立自己的知识产权教学研究机构，不能完全或主要靠请外国专家来华讲学或派人出国培训。仅仅这样做不但接受培训的人数有限，不能满足今后发展的需要，而且不能深层次地紧密结合中国实际。鲍格胥博士还谈到，他也曾把这个想法同中国一些领导同志，像万里委员长、姚依林副总理等人谈到过，但是总是未能进一步落实。我建议他在即将再次访华期间，安排同刚刚建立的国家教委会谈这个问题，可能主持教委常务工作的何东昌副主任是合适的会谈人。鲍格胥博士表示同意，第二天就派李家浩先生送照会到中国赴日内瓦代表团，要求在即将访华日程中，增加同国家教委会谈知识产权教学与研究的日程安排。不久，我赴美国哥伦比亚大学等处研究进修，未能参与这次会议。以鲍格胥总干事为首的 WIPO 代表团同主管外事工作的黄幸白副主任为首的国家教委代表团举行了会谈。双方一致认为中国需要建立自己的知识产权教学与研究机构，WIPO 将愿意提供咨询与帮助。于是，双方各自派出三人代表团探讨详细规划和具体有关事宜。WIPO 方面由法律顾问雷大济教授主谈，成员有 PCT 司司长居尔舒教授（现副总干事）和洛桑大学戴西蒙代教授。中方三人代表团由北大、清华、人大三位教授组成，指定由我主谈。我正要应邀由美国赴伦敦出席《伯尔尼公约》成立 100 周年纪念大会，并作为报告人之一。接到国内紧急通知，乃将论文寄往伦敦，由澳大利亚的 Sam Ricketson 教授代为宣读。这次会议的论文后由哥伦比亚大学汇集出版。参加这次会谈的还有上海、武汉、西安有关高校的代表，当时设想中国知识产权教研机构在北京设一个中心（由北大、清华、人大合办，设在人大），在上海、武汉、西安设三个点。会谈中对各项具体事宜都进行了认真、详细的讨论，WIPO 还仔细聆听了中方、特别是京外代表的意见和要求。半个月期间，对知识产权教研的认识、规划、进行步骤、教学计划、内容，聘请外国专家讲学等进行了深入的探讨。WIPO 代表团同意回到日内瓦后将提出具体书面报告，再进一步商量。转年，我再度赴日内瓦时，雷大济顾问交给我一份详细的书面报告，困难仍然在于经费来源。我国政府一时难以拨付或筹措数量可观的经费，WIPO 也不能向个别成员国提供大量经费用来置办设备等硬件（这也在我的意料之中）。WIPO 惯常的做法是，出资聘请专家讲学或资助出国参加培训，因而这个庞大计划一时难以实现。根据形势的发展，国家教委乃决定先在中国人民大学设立一个中心，招收第二学士学位学员，攻读知识产权专业，期限两年。招收的学员都具有理工、外语、经贸等第一学士学位。由我担任第一届中心主任（1987~1994 年）。这就是我国第一家知识产权教研机构——中国人民大学知识产权教学与研究中心成立的经过。

三、参与国际知识产权教研活动

19 世纪后半期，在《保护工业产权巴黎公约》（1883）和《保护文学和艺术作品伯尔尼公约》（1886）缔结前后，1878 年在法国大文豪雨果等人筹备下成立了"国际文学联合会"，后来演变为现在的"国际文学艺术联合会"（ALAI）。后来，1897 年又建立了"国际保护工业产权协会"（AIPPI）。到了 20 世纪六七十年代，随着知识产权制度在国际范围的蓬勃发展，各种政府间和非政府间的知识产权国际组织，如世界知识产权组织、专利商标版权各个领域的国际代理人组织、国际版权集体管理组织、知识产权国际律师组织等纷纷建立起来。每当世界知识产权组织举行重要会议和签订重要条约时，常常有几十个重要的政府间和非政府间的国际性和地区性的知识产权组织以观察员的身份列席会议，积极活跃于国际知识产权舞台上。但是，直到 20 世纪 70 年代末，国际上还没有一个专门从事知识产权教学研究活动的学术团体。

在 WIPO 和鲍格胥总干事的支持下，20 世纪 70 年代即开始酝酿建立一个国际性的专门从事知识产权教研活动的学术性组织。热心进行筹备工作的有世界驰名的德国马克斯·普朗克工业产权法、版权法和竞争法研究所所长 F. K. 拜尔教授、阿根廷老资格的知识产权专家佐拉金教授，当时在英国伦敦大学任教的科涅什教授和美国乔治·华盛顿大学的魏士顿教授等人。经过周密的筹备之后，在 1981 年 7 月 14 日下午 5 时，来自 30 个国家从事知识产权法教学与研究的 69 名教授、专家齐集在 WIPO 的日内瓦总部庄严宣告"国际促进知识产权教学与研究学会"（ATRIP）正式成立。会议期间，每位创始会员分别都当着鲍格胥总干事和雷大济法律总顾问的面签署了学会的章程，并留下了有历史意义的照片。会议选出首届会长拜尔教授和 4 位副会长（数年之后修订章程，改为执行委员）。我应 WIPO 和鲍格胥博士盛情邀请，出席了会议，成为唯一的来自中华人民共和国的签署学会章程的创始会员。

按照章程规定，学会总的目标是促进知识产权法领域的教学和研究工作。具体目标是促使大专院校对知识产权法的教学工作给予更大注意，分配更多的教时，注意并帮助比较知识产权法、国际知识产权法和知识产权史的教学与研究，鼓励帮助教师获得讲授知识产权法的知识，鼓励并组织教授和研究人员之间进行通信、互访、举办研讨班，编纂、传播和交换教学资料和科学情报，进行专题研究以及出版专著等。从事知识产权法教学和研究工作者，经两名会员推荐、本人申请、执委会同意，都可以成为本会会员。会员大会每年一次，执委会每届任期两年。学会除多次在日内瓦召开大会外，还曾在慕尼黑、剑桥、华盛顿、萨拉芒卡（西班牙）、斯德哥尔摩、鲁布利亚纳（斯洛文尼亚）、西雅图、卡萨布兰卡、巴黎、墨西哥城等地召开过大会。中国除我作为创始会员并曾担任三届（六年）执委外，从 20 世纪 90 年代中期陆续有更多的知识产权专家加入了学会的活动。

学会几乎包括全世界所有的著名知识产权法教授与专家。每届年会上都能聆听到丰富多彩、深刻并颇有启发的学术报告。我们也尽其所能地向国外同行介绍、交流中国知识产权的最新发展和对热点问题的探讨。本学会是迄今为止国际上唯一的从事知识产权教学研究的学术组织，历史虽短，但成绩显著。据我所知，这也是我国唯一的从开始就一直积极参加并延续至今的世界性的知识产权机构。

此外，我国有关专家和机构还参加了"国际保护工业产权协会"（AIPPI）和"国际版权学会"（INTERGU）等知识产权方面的学术研究组织，许多同志（包括我本人）并参与了领导机构的工作。

中 文 部 分

关贸总协定与著作权法律保护的新发展[*]

关税与贸易总协定乌拉圭回合谈判，从 1986 年开始，历时七年之久，终于在 1993 年 12 月 15 日达成最后协定。1994 年 4 月在摩洛哥玛拉喀什会议上，包括中国代表团在内的许多国家都正式签字，协议将在 1995 年 1 月 1 日开始生效。我国正在进行紧张的恢复关贸总协定缔约方地位的谈判。"复关"只是一个时间早晚的问题。我国一旦实现"复关"，乌拉圭回合最后协议将对我国正式生效。

《与贸易有关的知识产权协议》（TRIPs）是乌拉圭回合谈判中的一个新议题。这一协议的达成，标志着世界范围内对知识产权的保护标准达到了一个新的水平。限于篇幅，本文主要谈谈关贸总协定与著作权（版权）法律保护的新发展。

TRIPs 谈判的历史背影

以美国为代表的西方国家发动 TRIPs 谈判，主要基于两个方面的考虑：一方面，从 20 世纪 60 年代许多前殖民地和附属国获得独立，登上世界政治舞台，在知识产权领域提出一些有利于发展中国家引进技术、发展经济的主张。主要表现为由发展中国家发动的新的一轮《保护工业产权巴黎公约》的修订和在联合国贸发会议主持下制定《国际技术转让行动守则》的努力。西方国家受到了很大的压力，处境被动，日子不好过。从而，美国最积极地想方设法把知识产权纳入关贸总协定的谈判范围之内。另一方面，更深刻的原因是西方经济遇到困难，美国出现大量财政赤字和外贸逆差，但是在技术上（特别是在高技术领域）仍占有显著的优势，加强知识产权以保护其经济利益是势在必争。美国前总统里根 1984 年 10 月收到一份《总统委员会工业竞争力的报告》。其附录 D 中就鼓吹用"保护知识产权"来"保持美国的工业竞争力"，认为高技术的革新是保护美国工业全球市场地位的唯一办法，而改进知识产权的国际保护和国内保护，是对于这种努力的必要的和最有效的支持。

美国尽力将 TRIPs 谈判纳入乌拉圭回合，甚至以不列入 TRIPs 议题美国就不参加乌拉圭回合谈判为要挟。此外，谁不同意参加 TRIPs 谈判，就会被认为缺乏"善意"而导致列入美国"特别 301 条款"的名单。

最后协议，包括 TRIPs 协定，几经激烈争议和曲折，才在相互妥协、一揽子平衡的

---

[*] 原载《中国出版》1994 年第 10 期。

基础上，最后达成一致。

TRIPs 协定中有关著作权的新内容

TRIPs 协定中包括有著作权和邻接权国际保护方面的一些新内容。这也是当前著作权、邻接权法律保护方面的新发展。

一、引入最惠国待遇原则

TRIPs 协定在历史上第一次在包括著作权在内的知识产权保护上引入了最惠国原则。协定第 4 条规定，"就知识产权的保护而言，一个缔约方向任何其他国家的国民所给予的任何利益、优惠、特权或豁免都应立即和无条件地适用于所有其他缔约方的国民"。对于最惠国原则，协定只允许有四点例外：（1）由司法互助和执行基本法律的国际协议所产生的，并且不是特定于对知识产权保护的利益、优惠、特权或豁免；（2）根据《伯尔尼公约》（1971）或《罗马公约》的规定而给予的，但这不是国民待遇，而是在另一个国家中所给予的待遇；（3）关于本协定中所不曾规定的表演者、录音制品制造者以及播放组织的权利；（4）由在本协定生效日之前已经生效的关于知识产权保护的国际性协议所产生的，其条件是这样的协议已通知与贸易有关的知识产权理事会，并且对其他缔约方的国民不构成一种任意或不合理的歧视。

二、与《伯尔尼公约》的关系

由于历史原因，国际上存在两个保护著作权的公约：《保护文学和艺术作品伯尔尼公约》（简称《伯尔尼公约》）（1971）和《世界版权公约》。《伯尔尼公约》保护水平较高，《世界版权公约》保护水平较低。TRIPs 协定第 9 条规定，各缔约方对著作权的保护，应该符合《伯尔尼公约》第 1~21 条以及公约附录所规定的内容。但是，《伯尔尼公约》第 6 条之 2 关于保护作者精神权利的规定，可以作为例外。这显然是照顾英美法系国家，特别是美国版权法中不包括保护作者精神权利的情况。

协议还明确，著作权保护应延伸到表达方式，而不保护作品的思想、程序、操作方法和数学概念。这样的规定，在国际著作权公约中也是首次出现。

三、计算机程序和数据汇编

计算机程序和数据汇编的保护，国际著作权公约和国际工业产权公约都没有明确规定。工业界、法律界都有很大的争论。在美国和一些西方国家的影响下，TRIPs 协定第 10 条分别对这两个问题作出了规定。计算机程序无论是源码还是目标码，都应作为《伯尔尼公约》（1971）中的文学作品来进行保护。这样，计算机程序按自动保护原则不需要办理登记等手续，而且保护期限也按文学作品应为作者终生和死后 50 年。过去，法国著作权法对计算机程序的保护期限规定为 25 年。今后，也不能作为先例而援引了。

TRIPs 协定这样规定，并不意味着学术界对计算机程序的保护方式不再继续进行探讨。实际上，它仍然是知识产权界一直关注和探索的一个课题。笔者最近获悉，美国两位著名的计算机程序法律保护专家,匹兹堡大学法学院的 Pamela Samuelson 教授和 Vandetlilt 大学法学院的 J. H. Reichman 教授,近来重申强烈反对用著作权法来保护计算机程序,并将于年内在《哥伦比亚法律评论》上发表重要论文。

数据或其他内容的汇编,无论是采用机器可读方式或其他方式,只要其内容的选取或编排构成智力创造,就应对其本身提供保护。但是,这样的保护不应扩展到数据或内容本身,不应影响对数据或内容本身所获得的任何著作权。

四、租赁权

租赁权是国际版权界近年来研究、探索的一个热门话题。TRIPs 协定第 11 条规定,至少对计算机程序和电影作品,缔约方应该规定,其作者或合法继承人有权允许或禁止将他们具有著作权作品的原件或复制件向公众出租。但对出租权也允许有例外。对于电影作品,除非商业性出租导致广泛复制该项作品,从而严重损害缔约方为作者或其合法继承人提供的复制独占权,否则该缔约方可以不承担这项义务。对于计算机程序来说,如果程序本身不是出租的基本主题,那么也免除这一义务。如果在市场上购买一台计算机并带有程序,则出租计算机时可以将程序一起出租,不需要取得特别授权。

五、保护期限

除摄影作品和实用艺术作品的保护期限在《伯尔尼公约》中已有明确规定外,协定第 12 条规定:当作品保护期不是按照自然人的寿命来计算时,其保护期不得短于自授权出版之年的年底起 50 年;如果作品没有在创作作品之日起 50 年内授权出版,则保护期为自作品创作之年的年底起 50 年。

六、限制和豁免

TRIPs 协定第 13 条规定,缔约方应将对独占权的限制或豁免限于一定的特殊情况。这样的限制和豁免应同作品的正常利用不相冲突,而且也不会不合理地损害权利所有人的合法权益。这条规定对各缔约方国内著作权法中的合理使用和法定许可条款,具有重要的意义。

七、对表演者、录音制品制作者和广播制作者的保护

TRIPs 协定第 16 条规定对表演者、录音制品制作者和广播制作者的保护。在大陆法系国家,这些都属于邻接权的问题。

协定规定,表演者有权禁止未经其授权而将其未固定下来的表演固定在某种载体上并进行复制。表演者也有权禁止未经其授权而将其现场表演无线广播或向公众传播。

对录音制品制作者的保护方面,协定规定录音制品制作者有权允许或禁止直接或间接地复制其录音。

对于广播制作者的保护方面,协议规定广播制作者有权禁止未经其授权而将其广播节目固定在载体上、复制、再广播以及向公众电视传播。如果缔约方不授予广播组织上述权利,则应根据《伯尔尼公约》(1971)的规定,使播放内容的著作权所有人能够制

止上述行为。

前述计算机程序的租赁权规定，应准用于录音制品制作者以及缔约方国内法律所确定的录音制品的其他权利所有者。但是，如果在本协定的签字日，一缔约方已经实行了为权利所有者提供公正报酬的体制，则可以继续保留这样的体制，其条件是录音制品的商业性出租不得严重损害权利所有者对复制的独占权。

TRIPs 协定规定，对表演者和录音制品制作者所提供的保护期限，应至少自进行录制、表演或广播那一年年底起，到第 50 年的年底。对广播组织提供的保护期限，为自进行广播之年的年底起 20 年。

缔约方可以在《罗马公约》允许的范围内，对上述表演者、录音制作者和广播制作者的权利规定出条件、限制、例外和保留。《伯尔尼公约》第 18 条关于新加入国追溯适用的规定，也应该准用于表演者和录音制品制作者的权利。

中 文 部 分

轶闻追忆[*]

1898年是中国历史上极不平凡的一年。在那一年发生了戊戌变法、百日维新。京师大学堂就是变法维新的产物。一时轰轰烈烈的改革运动虽然很快遭到了反动势力的镇压，光绪被囚，康梁外逃，六君子喋血菜市口，但京师大学堂在血雨中却顽强地存续下来。在近代史上的这一时期翻天覆地的伟大时代，北京大学对祖国的民主与科学的事业作出了巨大的贡献。值此百年华诞，抚今追昔，一些历史镜头和师长们的音容笑貌清楚地呈现在我的脑海中。

我有幸在母校学习、工作先后数十年，距我1948年从法律学系毕业恰好半个世纪。从宏观总体上和深层次上阐述母校的光荣历史，自有鸿儒大师、各界精英的长篇巨作。我仅想从一些亲自经历或聆听过的旧闻追忆中，记载下一些片段，都是有关法律学科先辈师长的事迹，有些对人们颇有启示，也有些属于母校历史上的一些雪泥鸿爪，用以表达我对母校百年诞辰的衷心的祝贺。

一、戴修瓒通缉段祺瑞

戴修瓒先生早年留学日本，专攻法学，是著名的民法专家。所著《民法债编》等书，长期被法科院校采用为教材，影响很大。戴先生在"七七事变"以前任北京大学法律学系主任，颇多建树，对北大法科教育的发展作出过不少贡献。新中国成立初期，戴先生在政务院法制委员会工作，参与《私营企业暂行条例》等法规的起草工作。同时，在北大法律系兼课。当时，我刚刚从法律系毕业，留系工作，常常为送一些通知文件而去戴老家，接触较多，承蒙在做学问上给予指点，获益很大。有时，也顺便谈到一些法学界的历史掌故，使我增加了许多见闻。但是，戴老很少谈到自己的事情。

有一次，我又去戴老家送通知，蒙戴老留我饮茶休息。闲谈中，我询问戴老从日本回国后从事法律工作的情况时，戴老讲到了他的一段经历，给我留下了深刻的印象。时间已过了半个世纪，这件事在我心中仍然是记忆犹新。

在北洋政府段祺瑞担任执政、权倾一时的时期，戴先生任京师检察厅检察长的职务（确切的职称待考）。戴先生为人正直，富有正义感。不久，发生了血染铁狮子胡同的"三一八"惨案，许多无辜群众遭到段祺瑞的血腥镇压。戴先生因职责所在，赴现场察看，见尸体狼藉，惨不忍睹。当他看到有的无辜遭难的儿童，身量还没有棺材高的时

---

[*] 原载《青春的北大》，北京大学出版社1998年版，第185~190页。

候，怒发冲冠，愤慨已极。回家以后，置个人生死于度外，连夜起草了通缉令，交新闻界通电全国，缉拿杀人凶手段祺瑞等归案。转天，段祺瑞看到了戴先生以京师检察长身份发出的通缉令后，羞恼交加，简直不相信竟然有这样不怕死的人敢于虎口拔牙，太岁头上动土，立即派出大批军警前去逮捕。而这时，戴先生却在群众和朋友们的帮助下，坐上南下的火车，逃脱了段祺瑞的追捕，前往武汉，被武汉革命政府任命为最高法院院长。

戴先生这一壮举，既是法律界的光荣，也为我们法律界人士树立了表率。半世纪过后的今天，回想起来，仍然觉得受益匪浅。一个社会主义中国的法律工作者，就要忠诚正直，有正义感，严格执法，以身作则，敢于向一些邪恶腐败、包括司法腐败进行忘我的斗争。

二、冀贡泉好莱坞拍抗日影片

冀贡泉先生，山西人，早年赴日本学习法律。回国后，长期在山西工作。抗日战争期间滞留美国。战后，应胡适校长邀请，来北大法律系任教。抗战胜利后，燕树堂先生任法律系主任，后因故去武汉大学法律系任教，法律系主任一度由周炳琳院长兼任。1948年冀贡泉先生主持系务。1949年秋季，应谢觉哉校长的邀请，任当时刚刚成立的中国政法大学三部（法律系本科）主任。1950年中国政法大学合并于中国人民大学，冀贡泉先生任政务院法制委员会专门委员，后来曾参与日本战犯的审理。冀先生长子冀朝鼎长期参与领导中国国际贸易促进会的工作，幼子冀朝铸是美国哈佛大学毕业，曾担任毛泽东主席和周恩来总理的重要翻译，历任驻英大使和联合国副秘书长等要职。冀老先生主持系务工作的时候，一般每天上午10点钟到系办公直到中午，我也就每天在同一时期到办公室值班。遇有空闲，每每谈及一些历史、轶闻。一次，报上登载美国卫生环境好，臭虫蚊子都消灭了。冀老说："不对，我在美国生长多年，臭虫蚊子一样不少。说这话的人，或者是迷信美国月亮比中国的亮的盲目崇拜者，或者是根本不了解美国，"冀老话锋突然一转，"我是了解美国的，我在好莱坞还演过电影呢！"于是，冀老就讲出了一段有趣的故事。

太平洋战争时期，一位美国飞行员驾驶飞机轰炸东京，在东京上空停留了32秒，被日军高射炮击中。飞行员驾驶着这架负伤的飞机艰难地飞行到中国内地东部地区，最后不得已降落在一个已被日军占领的农村地区。当时群众冒着极大的风险，掩护了这名驾驶员，后来安全地将他转移到内地、辗转送回到美国。这一段中美人民同仇敌忾、生死与共的抗日佳话，在美国掀起了极大的轰动。好莱坞制片商筹划拍摄一部命名为《东京32秒》的影片，以反映这个震撼人心的事情。在物色演员时，一个关键性人物陈大夫找不到合适的演员。有人推荐由冀老担任。当这位飞行员见到冀老时大吃一惊，冀老与他遇到的那位救命恩人十分相像，长袍马褂，特别是那胸前飘飘的美髯，简直就像是同一个人。当即邀请冀老扮演陈大夫这个角色。冀老要看脚本，如果是正面形象可以答应。冀老看过脚本认为可以，制片商于是特邀他赴西部好莱坞拍摄这部影片，放映后在美国及反法西斯盟国中引起强烈的轰动。这一段反法西斯第二次世界大战中的佳话及影片将永远铭记在人们的心里。冀老为抗战及中美人民友好事业所作出的这一件专业外的额外贡献，也应该大书一笔。

三、余棨昌、唐纪翔——京师大学堂最早的法科学员

我所接触过的京师大学堂法科出身的先辈，最早的要算余棨昌和唐纪翔两位先生了。他们两人是京师大学堂法科早期的同班同学。前些日子，听北大法律系副主任朱启超教授说，北大从哪一年开始办法科，说法不一。我个人认为，从余、唐两位的在校历史推算，很可能京师大学堂在1898年开办的时候就设有法科。学校本身的设立就是戊戌变法维新的产物，开办伊始就设立法科也是顺理成章的。

一次，我同时见到了余、唐两位先生，聆听到他们的一段令我至今记忆犹新的谈话。唐先生说："我们两人是'发孩'。"（"发孩"即从幼年时代就熟悉的朋友。）余先生说："还是同班同学呢。本来毕业那一年先是决定小圃（唐先生的学名，有人说是别号，其实不对）赴日本去留学，后来因为'丁忧'（即父亲去世，须守孝三年）而由我去了。"余先生1882年生于北京，1902年赴日留学，1911年获日本东京帝国大学法学学士后回国。京师大学堂1898年创立，四年以后余先生即赴日本留学，由此可见法科设立很早。余、唐两位是北大最早一批的法科学生。当时，法科毕业生已经是为数很少，留洋学习回国的更是凤毛麟角了。

余先生在日本学习近十年，因地理距离较近，有时暑假乘海船回国探亲休假。唐先生风趣地说："余先生回国看到我们已有工作，生活不错，而他仍在艰苦奋斗，有悔不当初之意。但是，学成回国后即被重用，29岁时（1921）即任大理院院长（相当于现在的最高人民法院院长），余先生也就不再后悔了。"说罢两位老人相视哈哈大笑。

北大在百年历史中为祖国培养了两位最高法院院长。余棨昌先生主持大理院于20世纪20年代，任建新同志出任最高人民法院院长于90年代（建新院长是复合型领导，在北大学化学），这也是北大历史上光荣的一页。唐纪翔先生虽因这段曲折而未能出国留学，但长期从事教学工作，造诣很深，成为著名的老一辈国际私法的专家，所著《国际私法》一书收入《大学丛书》，在全国影响很大。

四、热爱祖国的法学教授

我国从清末变法维新以来，采用大陆法系，许多法学先辈多为日本留学。抗日战争前在北大法律系教书的戴修瓒、蔡枢衡等教授都是这样。蔡先生在日本学习优异，受到东京帝大教授、日本刑法学泰斗牧野英一的赏识，破例向北大书面推荐蔡先生来北大任教。他们虽然在日本学习多年，会说日本话，有不少日本的师友，但是他们热爱祖国，坚决反对日本军国主义的侵略，在八年抗战中颠沛流离，生活艰苦，却坚持教学不辍。复校后，仍坚持着清贫的教学生涯，令人十分敬佩。

抗战胜利后，北大法律系的一大优势是留学德国的教授在全国法科校系中稳居首位。现仍在北大任教的年届九旬的芮沐教授就是德国法兰克福大学的法学博士，费青教授（费孝通副委员长之兄）在柏林大学深造国际私法并曾访问过德国20世纪的法学大师Stammler教授，李士彤教授曾获得柏林大学法学博士学位。他们都是学问精湛，精通德语、英语，芮、李两位先生还通晓法语等其他语种，国外也都有许多师友，但是他们

基于对祖国的热爱，毅然回到战火纷飞、水深火热中的祖国，从事清苦的教育下一代的事业。费青、李士彤两位先生原来是考取了庚款留学，本来可以赴美国学习。而第一次世界大战后的美国，因本土未遭战争破坏，经济发展已经超过欧洲，生活水平高于欧洲国家，尤其是大大高于备受战争破坏、物价飞涨的战败国德国。拿美国工资、住英国洋房、吃法国大餐成为当时西方绅士们向往的"三大幸福"。但是，费、李两位先生宁愿放弃生活优越的美国，而选择去了德国，就是因为当时中国采用的德日法系，与英美法系相距甚远。出洋是为了学习本领，学成归国为祖国效劳，不是去过舒适的生活，更不是打算一去不返、想方设法地长期居留下去。后来的实践，也确实证明了他们的初衷，回到了多灾多难的祖国，将学到的本领为国家的法律教育事业服务。新中国成立以后，更是精神振奋，为祖国法律事业贡献不息。尽管历史上的原因，他们从事的法学教育工作一度也遇到些挫折，但是他们那种不计较个人，不追求生活舒适，为祖国而宁愿过着清贫淡泊教学生涯的爱国主义崇高精神境界，仍然是值得今天以至下一代学习的。

中 文 部 分

中国知识产权教学的展望与发展*

从晚清维新变法以后,旧中国仿照西方近代的法制,陆续颁布实行了许多法律与法规。在知识产权领域,最早实施的有1898年戊戌变法时期光绪皇帝颁发的《振兴工艺给奖章程》、1904年颁布的《商标注册试办章程》和1910年的《大清著作权律》。1898年设立的京师大学堂(后改名为北京大学)设有教授法律的科系。但由于旧中国经济、文化的落后,知识产权领域的法律也相应的很不发达。知识产权法律的教学实际上处于空白状态。

我是20世纪40年代在北京大学攻读四年法律专业,有幸受教于变法以来第一代法学耆宿,如出身于京师大学堂初期的余棨昌、唐纪翔等老先生。回忆在四年学习中,从没有上过专利、商标、著作权等课程,也没有看到过或听到过这方面的情况,甚至连"知识产权"和"工业产权"这样的法律术语也没有听说过。❶

一、中国知识产权教学的肇端和发展

中国在1949年后的一段时间,为数不多的几所政法院系曾经在民法课程中讲授一点专利、商标和著作权的问题。我认为,这显然是受到当时苏联的影响,但后来,民法课程也时开时停。到了"文化大革命"期间,法律教育也就停顿下来。"文化大革命"结束,实行改革开放政策,为建立知识产权法制及其教学研究工作,开辟了广阔的道路。

党的十一届三中全会后,专利、商标和著作权法的起草工作,从1979年起就陆续提上了议事日程。1979年3月19日我参加了国家科委主持下成立的专利法起草小组。尽管历尽了曲折,但是随着建立专利制度的进展,培养人才的任务也就突出地摆在面前。有两件事还清楚地存留在我的记忆中。一件事是1979年8~9月,国家科委在北京郊区怀柔县举办了历史上第一次专利培训班。中国科学院情报研究所通过全国性考试录取的第一批研究生,转而从事专利专业并派往欧、美、日本等国进修专利。出国前,组织了这次怀柔培

---

* 供1999年5月10~12日在北京举行的"关于21世纪知识产权制度中大学和研究开发机构的作用问题的亚洲地区研讨会"用。

❶ 1998年10月在北京举行的"面向21世纪知识产权保护制度国际研讨会"期间,作者同ALPLA执行主任Michael Kirk谈到这个问题。Michael Kirk说,过去在美国学习时也没听说过知识产权,但是上过有关这方面的课程。

训班。中国贸促会和上海方面也派人参加。我有幸应邀作了一整天的专利法讲座。这是我平生第一次讲授专利法,也可能是国内第一次举行的专利法教学活动。

应该说外国友人和国际组织,特别是联合国世界知识产权组织(WIPO),对于培训我国知识产权方面的人才作出了很大的贡献,尤其是 WIPO 与我国有关部门于 1980 年 5 月举行的为期四周的专利法讲座、1982 年 5 月的商标法讲座和版权法讲座。现在的许多业务骨干和领导都是在这些讲座上接受了启蒙性的系统专业教育。

另一件事是国家科委常务副主任武衡为了培养正规专利人才,同中国人民大学常务副校长郭影秋商议在人民大学设立培训专利人才的机构,经费和理工科师资由科委负责。郭影秋副校长已经同意。后因种种原因未能实现,以致我国正规培养知识产权人才的事业又被拖延了好几年。

1985 年夏,当我参加在日内瓦 WIPO 总部召开的一个学术会议时,像往常一样看望了当时的鲍格胥总干事。在谈到中国已建立起专利、商标和版权的政府机构、司法机构和代理机构之后,认为应建立自己的教育机构,将培养知识产权人才的工作立足于国内。对这个看法,互相深有同感。我建议他在下次访华时,可与刚建立不久的国家教委联系。不久,他在再次访华时,会见了教委负责外事的黄幸白副主任,对协助中国建立知识产权教研机构一事相谈甚为融洽。鲍格胥博士回去后指定 WIPO 高级官员雷大济博士、居尔舒博士和洛桑大学戴西蒙代教授组成三人代表团于 1986 年 4 月来华商讨具体事宜。国家教委指定北大、清华和人大组成中方三人代表团,以我为主谈人,进行商谈。半月间,对教学机构(北京设一个中心,上海、武汉、西安设立三个点)、教学计划、课程内容、对外交流等都进行详细商讨,并仔细听取了各地列席会议人员的意见。第二年,WIPO 代表团曾就会议计划和经费匡算提出了一份报告。尽管因经费困难,这一计划未能实现,教委仍决定在中国人民大学设立知识产权教学与研究中心,成为中国设立专门知识产权教研机构的开端。后来,北京大学、上海大学相继建立了学院、室、所等相应组织,知识产权教学工作获得了蓬勃的发展。

与知识产权教学工作的发展相适应,各种教材与专著也纷纷出版。20 世纪 80 年代初,我应邀编写了《民法原理》中知识产权一篇,该书获得司法部和教育部高等法律院校教材一等奖。后来,更完善的《专利法》《商标法》《著作权(版权)法》以及《知识产权法》等教材纷纷问世,一片前所未有的繁荣景象,中国的知识产权教育工作得到了很大发展。

二、中国知识产权教学的展望

如前所述,改革开放以来短短 20 年,中国知识产权法制建设和教育工作都获得了迅猛发展。但是,中国和国际上的知识产权新举措层出不穷。为了不断改进,提高我国知识产权教育,与国际上的新发展逐步接轨,以适应科学技术和经济文化增长的需要,展望即将来临的 21 世纪,我认为有几个方面是值得人们注意。

(一) 知识产权教育的巩固、扩大和规范化

中国的法学教育从"文化大革命"前的四院四系发展到目前的 300 多个院系,发展速度和规模是惊人的。据我所知,许多法律院校都设有知识产权课程。但是,课时多

少、内容繁简却不一样。有些院校限于师资力量，尚未开设这门课程。不久以前，经教育部下设的法学教育指导委员会研究，以教育部文件形式，规定了全国法律院校必须开设的14门"核心课程"。"核心课程"的课时、提纲都规定要求各院校必须符合标准。其中包括宪法、民法、刑法、民事诉讼法、刑事诉讼法、国际法等。知识产权法也属于14门"核心课程"之一。在"核心课程"之外，各院校可开设其他必修课和选修课。必修课的设置，可能各院校不一样，但是，包括知识产权法在内的14门"核心课程"是全国300多个法律院系必须按规定要求开设的。目前，有关院校正在分工负责编写14门"核心课程"教材。"知识产权法"这门"核心课程"的教材，经分工决定由我所在的中国人民大学知识产权教学与研究中心负责编写。最迟在21世纪开始，14门"核心课程"的规划就要付诸实施。法律院系的知识产权法课程的教学，即将进一步扩大范围并且规范化。

理工院校和财经院校中也有许多开设知识产权法课程。我认为，也需要根据不同情况，研究出规范化方案，或单独开设课程，或成为法制课程的一个重要组成部分。

（二）结合知识经济、高技术的发展，大力提高知识产权法教学质量

随着以信息技术和生物工程为核心的高新技术和知识经济的迅猛发展，知识产权的法制建设和教学工作面临着严重的挑战。中国教育必须面向现代化、面向世界和面向未来，这已经是确定不移的方针。

以信息技术为例，特别是因特网和日益临近的"信息高速公路"对知识产权法律提出了许多新问题。1996年12月，WIPO召开的外交会议上通过的两个因特网条约，即《世界知识产权组织版权条约》和《世界知识产权组织表演和录音制品条约》，就包括有网络方面的新规定。美国国会于1998年也通过了内容相应的"千年数据版权法"。尽管两个因特网条约目前尚未生效，但是迟早要面对这些新的知识产权课题，已经是迫在眉睫了。在当前修订著作权法的过程中，有些专家主张对这些新课题应有所规定，另外一些专家则主张再看一看，不急于马上增加这些新内容。我认为，知识产权法教学应稍稍超前一步，不能只跟在现行立法后面亦步亦趋。一旦学生毕业后工作，陆续颁布了这些对同学们来说是闻所未闻的新法律，那将造成很大困难。其他高新技术导致产生的知识产权法上的新课程，在教学工作上也应该适当涉及。

与此相适应，教育体制上也应该考虑有所改变。例如，可开设"网络法"（law of net）、"网络空间法"（cyberspace law）或"因特网法"（law of internet）这类课程，至少作为选修课。第二学士学位（即先获得一个非法学士学位，如理工科、经济、外语等学士学位后，再攻读知识产权学士学位）实践上证明是颇为成功的，毕业生很受欢迎。但是，两年短了些，可改为三年。毕业生与硕士毕业生应同等待遇。再者，由于历史原因，知识产权法博士生归于民法学科领域。既然知识产权法与民法同属"核心课程"，那么就应该可以单独招收博士生。从长远来说，这对提高知识产权教学和培养出来的人才质量，都会有好处。

（三）充分发挥"中国知识产权培训中心"的作用，加强知识产权专门人才的在职进修

经国务院批准，在国家专利局（即现在的国家知识产权局）的大力筹划和一些涉

外代理机构等单位的重金资助下，未用国家拨款，于 1998 年建立起颇具规模的"中国知识产权培训中心"。

中国知识产权培训中心的一项重要任务或工作重点，是对我国知识产权领域的在职人员进行制度化、规范化的专业培训，为国家培养高层次的知识产权专门人才。自培训中心成立以来，已举办各类知识产权培训班上百次，培训人数上万人。培训内容涉及专利、商标、版权及不正当竞争、许可证贸易、知识经济等。培训人员涉及专利代理人、专利审查员、专利管理人员、知识产权法官、企业专利工作者以及其他在职人员。

培训中心已全面展开《中国知识产权课程》的编写工作。这套教程包括知识产权法律基础、知识产权的国际保护、国外专利保护制度、专利审查、专利代理、专利文献与信息、专利管理、知识产权诉讼、版权保护的法律制度、数字技术的知识产权保护、商标保护的法律制度、许可证贸易及不正当竞争等内容共 13 分册。

知识产权专业队伍不断扩大，陆续有许多新生力量参加这项工作。原来专业人员也需要随着形势的发展不断更新知识和提高专业水平。终身教育，是知识产权专业人员必须遵守的方针，而中国知识产权培训中心将是 21 世纪完成在职继续教育的一个重要阵地，从而也必将得到进一步的巩固和发展。

论 WTO 争端解决机制的创新与发展[*]

世界贸易组织（WTO）被誉为当今世界的"经济联合国"，而其争端解决机制则是 WTO 体系的"心脏"，保证着该体系的正常运转。WTO 争端解决机制在吸收原关税与贸易总协定（GATT）争端解决机制优点与经验的基础上，又有很大的创新，它独具特色，为整个国际争端解决法的发展，作出了相当的贡献。

一、WTO 争端解决机制对 GATT 争端解决机制的改进

WTO 争端解决机制是对 GATT 争端解决机制的继承与发展，包括某些突破性发展。

（一）建立了统一的贸易争端解决制度

GATT 始终没有形成一套系统完整的争端解决制度。WTO《争端解决规则和程序的谅解协议》规定了一套统一的争端解决制度。不仅确定了由争端解决机构进行统一管理，而且明确了协议适用范围、专家小组和常设上诉机构的组成和职权，规定了严格的程序和期限，以及争端各方的权利与义务。与此同时，WTO 争端解决机制也允许在不损害其统一性和权威性的条件下，适用具体协议中特别或附加的争端解决规则和针对不同发展水平国家的特别规定。

（二）扩大了调整范围，提高了裁决效力

GATT 争端解决机制的调整范围，只限于缔约方基于关贸总协定发生的涉及货物贸易的国际争端，而对于国际投资、知识产权保护等领域，以及某些重要敏感性商品，如农产品、纺织品等均无管辖权；对于政治原因引起的贸易争端和"灰色区域"措施等的解决，也都受到制约和限制。WTO 的争端解决机制则适用于各成员方关于《建立世界贸易组织协定》和《谅解协议》所覆盖的各项协议的解释和适用所产生的争端。范围不再仅限于货物贸易，还涉及服务贸易、与贸易有关的投资措施和知识产权等领域。

（三）设立了解决贸易争端的专门机构，规定了严格的时限

GATT 期间没有设立负责争端解决的常设机构，实践中只能由总协定缔约方理事会和干事担负解决缔约国之间贸易争端的责任。WTO 设立了专门的争端解决机构（DSB），负责解决贸易争端事宜。该机构是 WTO 总理事会的另一种形式，有自己的议事规则与程序。DSB 有权成立专家小组和上诉机构，审议通过它们的报告，监督裁决和

---

[*] 原载《人民法院报》2000 年 7 月 29 日，第 3 版。本文为郭寿康、王洋合著。王洋，商务部公平贸易局处长，法学硕士。

建议的履行，并依照有关协议授权中止各项减让或其他义务。这一方面减轻了 WTO 其他机关的负担，另一方面也有助于争端的迅速解决。

GATT 规则只笼统地要求各程序环节在"合理期限内""尽快"完成，因此办案效率低下一直是困扰 GATT 争端解决机制的一大弊病。与之相反，WTO《谅解协议》及其附件对争端解决的各个阶段，包括协商、专家小组成立、审案、报告通过及上诉评审等程序，都规定了严格的时限。"否定式共识"原则是 WTO 争端解决机制为提高效率而采取的另一措施，它大大加快了专家小组的设立及报告书的通过，有利于及时采取中止减让或其他义务的措施，缩短了某成员遭受损害或丧失利益的时间，改变了过去 GATT 报告通过时被拖延或被个别贸易大国阻挠而悬置的状况。

（四）形成了较完善的争端解决程序

GATT 争端解决程序基本上分为双边协商程序和多边解决程序两个步骤。WTO 争端解决机制在对其继承的基础上，又从若干方面进行了补充完善。

首先，健全了专家小组程序。WTO《谅解协议》对专家小组的设立、组成、职权范围、工作程序、资料来源与处理、报告的提交与通过等作了详细规定。明确承认投诉方要求设立专家小组的权利，只要没有遭到 DSB 的一致反对即可成立。

其次，增设上诉程序。DSB 设立了常设上诉机构，受理任一争端当事方对专家小组报告提起的上诉。上诉范围仅限于专家小组报告所涉及的法律问题和作出的法律解释，而不涉及事实问题。上诉机构可维持、修改或推翻专家小组的结论。其报告经 DSB 通过后，争端各方应无条件接受。

最后，明确将仲裁作为一种争端解决手段。WTO《谅解协议》及其附件专门就仲裁作了规定，包括三部分内容：一是作为争端解决一般途径的仲裁机制，它与 DSB 程序（即专家小组、上诉程序）并行，由当事方在两者中择其一而采用之；二是为解决执行中的某些具体争执问题（如中止减让的范围与幅度、遵循的原则与程序等）而进行的辅助性的仲裁程序；三是《谅解协议》附件二列明的各涵盖协议中规定的、特殊或附加规则中蕴含的仲裁机制，主要见诸《补贴与反补贴协议》及《服务贸易总协定》的相关条款中。

此外，WTO《谅解协议》还对协商阶段作了更完善的规定，使斡旋、调解和调停程序的适用更加灵活；建立了监督执行的规则和程序，加大裁决执行力度，引入交叉报复的做法，并对涉及发展中国家的争端解决设定了特别程序。

二、WTO 争端解决机制对整个国际争端解决法的突破性发展

WTO 争端解决机制独具特色，体现出国际争端解决方法从"任意型"向"强制型"、从"外交型"向"法制型"、从"权力型"向"规则型"转变的趋势，对整个国际争端解决法的发展都具有重要的意义。

（一）"特"——特殊的争端主体、争端性质及解决方法

1. 争端主体特殊

WTO 成员方既有作为国际法主体的国家和国际组织（如欧共体），又有中国香港地区、中国澳门地区这样不属于国际法主体的单独关税区，而它们之间的贸易争端既不属

于国际公法管辖，也不属于国际私法（广义）的调整范畴。因为国际公法的主体包括国家、政府间国际组织和从殖民主义统治下争取独立的民族，国际私法主要调整不同国家的私法主体（自然人与自然人、法人与法人、自然人与法人）之间的民商事争议。WTO争端解决机制也不同于联合国海洋法法庭及海底分庭，它未授予私人以出诉权。而实际上国家介入涉及本国企业的贸易争端已成为一种趋势，由DSB解决一成员方提出的以另一成员方企业为真正对方当事人的争端是在所难免的。1997年美国柯达公司指控日本富士公司在摄影器材的国际贸易中违反WTO原则一案，就是典型例证。因此，WTO鼓励各成员方建立相应的国内司法、行政审查机制和执行程序，以便将WTO规则转化成各成员方的域内法，并为私人"间接地利用WTO机制"，维护其相关权益提供机制保障。

2. 争端性质特殊

国际争端根据其发生原因的不同，一般分为法律争端、政治争端、混合型争端和事实争端四种。事实上，国际争端中很少存在纯粹的法律争端或政治争端，大多数争端属于混合型争端，其解决方法没有固定模式。WTO解决的是基于《建立世界贸易组织协定》及其相关协定所产生的争端，本应属法律性质的争端，不涉及或很少涉及各方政治利益。然而，当今世界上，各国的经济利益与政治利益密切相关，贸易成为各国联系的强力纽带和政府间关系的敏感区域，本属法律性质的贸易冲突被形容为"贸易战"，足见其事关重大和政府介入程度之深。因此，将WTO解决的争端视为与各国政治利益毫无联系的、纯粹的法律性质的经贸争端，是有失偏颇的。

3. 解决方法独特

WTO争端解决机制将政治方法与法律方法融合，既采取外交方法，最大可能地求得各方均满意或能接受的解决办法，又向法院化和法规化进一步迈进。同时，还加入了报复措施等强制性办法，具有相当的独创性。

（二）"新"——新颖的表决方法及报复制度

1. 新颖的表决方法

表决方法是决策机制的核心部分。WTO争端解决机构采用的"否定式共识"原则，是对国际组织表决方法的重大发展。"共识"（consensus）的定义是："在就提交事项作决定的会议上，与会成员（代表）只要无人正式提出反对，就视为该机构已作出决定"。缺席、弃权、沉默均不妨碍共识的达成。其优点在于能体现各国主权平等、避免投票方式的公开对抗，却为少数国家阻挠多数国家意志的贯彻提供了可能。GATT争端解决机制运用的是"肯定式共识"的表决方法，即只要一方反对，决定就不能通过。20世纪90年代的反倾销与反补贴案件中，专家小组报告遭败诉方否决的情况屡有发生，极大地减损了GATT争端解决机制的威信。

与此相反，WTO争端解决机制采用"否定式共识"（亦称为"反向协商一致"）的表决方式，即只要没有遭到全体反对，所决议的事项便可在DSB获得通过。它使专家小组的设立、专家小组或上诉机构报告的采纳，以及授权中止减让或其他义务等决策的通过几乎成为自动程序，大大加速了决策进程，克服GATT机制中因败诉方阻挠而无法通过决策的弊端。

2. 新颖的贸易报复制度

按照国际法规则，一定条件下，因国际不法行为而蒙受损失的国家，有权在不违反其所承担的国际义务的条件下，自由选定采取报复的方法强制解决争端。报复虽被视为可接受的强制执行法律的措施，却有被滥用的危险。比如，过去 GATT 历史上，由于制度上的缺陷，经其授权缔约方采取报复措施的情况仅发生过一次，而缔约方未经授权，根据本国国内法单方面实施贸易报复的事例却层出不穷。针对此种情况，WTO 争端解决机制规定了独特的贸易报复制度。

首先，禁止单边报复。WTO《谅解协议》虽然规定了争端成员方在一定条件下可以实施报复，但决非毫无限制，而是必须符合其对报复权的适用先决条件、范围、授予、行使程序等的严格规定，而且必须经 DSB 授权并在其监督之下"合法"地进行。这有效地加强了对报复措施的国际多边控制。

其次，WTO 争端解决机制引入了交叉报复的做法。GATT 中报复性的中止减让或其他义务应限制在发生争端的同一协议或部门的范围内。例如，打纺织品官司者，其报复措施就应限于中止纺织品方面的条约义务。而 WTO 体制下可作跨部门的交叉报复：中止减让义务原则上应限于争端相关的同一协议的同一部门，如"不实际可行或效果不佳"，可中止同一协议下的其他部门的减让义务；如仍不可行，还可对不同协议下的不同部门进行报复。即如果是纺织品贸易争端，中止纺织品贸易方面的减让并不能取得效果，胜诉方就有权中止农产品贸易方面的减让，或进而在服务贸易或知识产权方面对违反义务方进行报复。这无疑大大增强了该手段的威慑力。

（三）"强"——强制力的加大

1. 强制管辖权的确立

为了更好地维护国际贸易秩序，WTO《谅解协议》仿效海洋法海底争端法庭的做法，确立了 DSB 对案件的强制管辖权。WTO 各成员方之间及世贸组织与其成员方之间因解释和适用 WTO 体系下几乎所有协议所产生的争议，都必须且只能通过 WTO 争端解决机制解决，未经授权的单边行动被禁止，从而增强了 WTO 争端解决机制的权威性。

而且，"否定式共识"表决方式的引入使专家小组的设立、专家小组和上诉机构报告的通过几乎成为自动程序，实质上等于授予 DSB 和专家小组对争端的强制管辖权，是向司法机制倾斜的一大标志，提高了争端解决机构的效力。

2. 强化裁决执行力度

国际法缺少国内法中那种强制执行手段，因此裁决做出后，如何促使败诉方执行是一个"老大难"问题，而得不到执行的裁决无异于一纸空文。为改变这一状况，WTO《谅解协议》不再仅依靠道义上的压力，而是做出具体规定，来增强 DSB 建议和裁决的执行力度。最主要的体现是：

（1）第 21 条第 6 款的执行督促程序：将建议与裁决的执行置于 DSB 监督之下，直至问题得以解决为止；在此期间任何成员方都可提出质疑，败诉方应在每次监督与审议其执行情况的 DSB 会议前 10 天，提供执行进展情况的书面报告。这种不断曝光构成了一种强大的道义压力，迫使败诉方执行建议或裁定。

（2）第 22 条中的交叉报复手段：如果败诉方不能在规定的或合理的时间内执行，

双方又无法达成补偿协议,则可采取报复以至交叉报复手段,以促使败诉方履行义务或至少消除违法状态。

3. 强化多边争端解决制度

根据WTO《谅解协议》的规定,对于已发生的违法行为、已经丧失或受损害的利益和实现协定目标所受阻碍的认定,不得自行进行;所采取的行动应与专家小组或上诉机构的报告或仲裁裁决相一致;在确定执行建议和裁决的合理期限、确定中止减让或其他义务水平,以及因其他成员方未执行DSB建议或裁决而决定对其采取报复措施时,必须遵循规定的规则与程序或经DSB授权。其目的是要把WTO的一切争议都纳入WTO争端解决的多边体制中来,避免成员方单独采用该体制之外的强制方法解决贸易争端,干扰多边贸易体制。

(四)"法"——法制化的趋向

如果说《联合国宪章》给予和平解决国际争端以优先地位,而将以往国家间采用的武力方法规定为违法是对国际争端法的一个划时代的突破的话,那么,WTO争端解决机制一改侧重权力和外交取向的做法,更强调规则取向与法律方法,可称得上是国际争端法的又一次飞跃。其法制化的具体表现有:

(1)"法规化",即制度的完善。WTO《谅解协议》对争端解决的各方面都做了详细的规定,使争端当事方"有法可依"。

(2)"法院化",这是法制化最突出的表现。设立了专门的争端解决机构,并为争端解决的各环节都规定了硬性的、明确的时限。新设立的上诉机构程序,同专家小组程序相结合,类似国内的"两审终审"制度。尽管专家小组与上诉机构的报告没有法院判决一样的强制力,但仍得到了绝大多数争端当事方的遵守,而且有强制管辖权的法院存在的本身,就具有足够的威慑力,推动当事方通过谈判解决争端。这使WTO争端解决具有准司法的性质。

此外,WTO争端解决机制下的协商也不再是争端各方任意选择的程序,而是开始该争端解决机制的首要必经程序。并且必须在严格的时限内完成,否则经申请方请求,即进入专家小组程序。WTO《谅解协议》第4条第4款还规定:"任何协商请求均应以书面作出,说明请求的理由,包括对争议措施的核实证明,并说明投诉的法律根据。"这说明协商已被纳入法制化轨道,而不再是单纯外交行为,并且为转入专家小组审理的司法程序提供了重要的衔接条件,或者说它已具有打官司的"诉状"的性质。

应该承认,WTO争端解决机制仍然存在着诸多实用主义因素,通过传统政治手段,利用自身实力或明或暗地影响争端解决的情况仍然存在。但更应该看到,通过制定严格的规则,以法律方法解决国际争端已是大势所趋。

WTO争端解决机制的法制化与强制性相得益彰,改变了国际法是"软法"、缺乏强制效力而难以执行的情况,是整个国际争端解决法的一个重大发展。

加入世界贸易组织与我国立法的有关问题[*]

1986年7月10日，中国政府正式提出"恢复在关税与贸易总协定中的缔约国地位"的申请。世界贸易组织（WTO）成立后，从1995年11月起，中国的"复关"谈判改为"入世"谈判。经过14年漫长而曲折的谈判，我国"入世"已进入了最后阶段，可望于不久的将来实现。我国"入世"后，将享有世界贸易组织成员应当享有的权利，同时也将承担世界贸易组织成员应当承担的义务。这一权利义务也体现在立法上，一方面我国负有按照世界贸易组织有关规定使我国法律、法规与世贸规则衔接的义务，同时也享有在世贸规则允许的范围内制定、修改有关法律、法规以维护我国利益的权利。我准备从三个方面谈一下有关世贸规则及"入世"后我国立法的因应措施问题。

一、世贸规则的调整范围和约束力

（一）世贸组织、世贸协议和世贸规则

按照世界贸易组织秘书处的权威性解释，该组织是世界上唯一处理国家（单独关税区）与国家（单独关税区）之间贸易规则的国际组织，其核心是《WTO协议》（以下简称世贸协议）。它为国际商业活动提供了基本的法律规则。世贸协议是成员签订生效的国际法律文件，构成了国际贸易制度和秩序的基本法律框架和世贸组织法律体系的主要内容，其实质是规范成员相互权利义务的世贸规则。世界贸易组织也被人们称作一个致力于公开、公平和无扭曲竞争的规则体制。

（二）世贸规则的调整范围

世贸规则的框架，包括《建立世界贸易组织协定》和四个附件。有关世贸规则的实质性规定都体现在四个附件。这四个附件中，前三个附件构成了《建立世界贸易组织协定》的组成部分，对所有的成员有约束力；第四个附件只对接受的成员有约束力，对未接受的成员不产生任何权利和义务。第四个附件只有少数成员参加。

（1）附件1：其中

附件1A：货物贸易多边协议。其中包括GATT1994；农产品协议；实施动植物卫生检疫协议；海关估价协议；装船前检验协议；原产地协议；进口许可程序协议；补贴和反补贴协议；保障措施协议。

附件1B：服务贸易总协定。

---

[*] 原载《法学家》2001年第2期。

附件 1C：与贸易有关的知识产权协议。
（2）附件 2：关于争端解决规则与程序的谅解。
（3）附件 3：贸易政策评审机制。
（4）附件 4：多边协议，共包括四个具体协议：民用航空器协议；政府采购协议；国际奶制品协议；国际牛肉协议。

附件 1、附件 2 和附件 3 中的协议构成了多边贸易协议。当《建立世界贸易组织协定》的规定与多边贸易协议的规定发生冲突时，应以前者为准。当 GATT1994 的规定与附件 1A 中其他的货物贸易协议的规定冲突时，后者优先适用。❶

与原关税与贸易总协定相比，世贸协议调整的范围要宽得多，不仅包括原关贸总协定调整的货物贸易，还扩大到服务贸易和与贸易有关的知识产权。同时，世贸协议还确立了适用于货物贸易、服务贸易和与贸易有关的知识产权的贸易政策评审机制和争端解决机制。

（三）世贸规则的约束力度

世贸规则的规范约束力度比原关税与贸易总协定也大大增强了。这可以从几个方面来加以说明。

世贸规则对成员规定的义务主要是通过成员的国内立法来实施的，要求国内法律、法规、行政决定、司法裁决与世贸规则的要求相一致。但这一要求与原关税与贸易总协定的要求是不同的，其要求的标准、约束的力度远非原关税与贸易总协定可比。《建立世界贸易组织协定》第 16 条第 4 款明确规定："各成员应保证其法律、规章与行政程序符合附件各项协议规定的义务。"这表明世贸组织成员有义务使其国（域）内立法与世贸协议相一致。《关于 1994 年关税与贸易总协定第 24 条的解释谅解》中，在原第 24 条规定的基础上也增加了"成员应对遵守 1994 年关税与贸易总协定全面负责"的规定，如果地方政府没有遵守有关规定，成员应采取合理措施来保证遵守有关规定或提供赔偿。

基于上述情况，我国有的学者曾主张世贸组织是一个超国家的经济主体和司法机构。世贸组织的规范高于个别成员的法律规范，任何国家的经济立法与世贸规则相抵触，就可能被裁定违背世贸规则并受到制裁。❷

原关贸总协定是临时适用的政府间协定，没有经过立法机关批准，不要求国（域）内立法与其接轨，而是"在不违背现行立法的最大限度内临时适用关税与贸易总协定的第二部分"❸（即所谓的"祖父条款"，grandfather clause）。世贸组织与原关贸总协定的法律地位有很大区别。世贸组织协定是经各成员立法机构依宪法程序正式批准的国际条约，立法机构在批准这一协定时也承担了使国（域）内立法同世贸规则接轨的义务。同原关贸总协定包含的祖父条款相比，世贸规则的规范力度不但大大加强，而且有质的

---

❶ 《建立世界贸易组织协定》第 16 条第 3 款：多边货物贸易协议对附件 1A 的一般解释性注释。
❷ "序"，见《中国"入世"的研究报告：进入 WTO 的中国产业》，社会科学文献出版社，2000 年版，第 1 页。
❸ 《临时适用议定书》第 1 条（b）。

飞跃，在国际经贸法律规则的发展史上是非常值得重视的新事物。

人们常常把国际法称为"软法"，就是因为它不像国内法那样具有强制实施的保障和有力措施。世贸规则在这方面前进了一大步。

二、世贸规则的实施保障机制

经验证明，国际经贸规则无论制定得如何完备，如果缺乏保障实施的切实有效的措施，最终就会形同虚设，不起作用。在总结历史经验的基础上，世贸规则不但规定了广泛的规范标准，而且也规定了保障规范实施的切实有效的措施，在相当程度上改变了国际法的"软法"特性。

以下准备就几个问题逐一说明，它们都是涉及世贸规则实施的保障机制。

（一）世贸组织规则的透明度要求

世贸组织要求成员的法律、法规、终局判决、行政程序等必须与世贸协议规则接轨。这不仅是原则要求，而且有一系列措施来切实保障实现。"透明度"原则就是提供这种切实保障的一项重要内容。

这一要求通常称为"透明"原则或"阳光"原则，旨在使各成员及贸易者对成员的法律、法规、司法判决、行政决定及相关的其他国际协议有充分、及时的了解和熟悉，对贸易机会提供可靠性和预期性。成员是否符合世贸协议的要求、是否履行接轨的义务，都将其置于阳光之下，照得一清二楚。这就为成员法律、法规等与世贸协议接轨奠定了基础。

透明度的要求主要规定在1994年《关税与贸易总协定》第10条、《服务贸易总协定》第3条、《与贸易有关的知识产权协议》第63条。根据以上要求，各成员应迅速公布有关法律、法规等。无法公布时，必须提供公众可以获得的条件。

透明度要求具有多方面的重要意义，它有助于促进成员的法律、法规与世贸规则的一致性，同时又为判断、监督成员的法律、法规是否与世贸规则一致提供了一个初步、坚实的基础。通过这一要求，任何成员或贸易者都可对某一成员的法律状况一目了然。在现有的贸易争端案件中，许多案件都含有没有满足透明度要求的争议，争端解决机构也做出过要求履行透明度义务的裁决。

（二）通知要求

透明度要求是对成员公布法律、法规的要求，可以理解为在自己国内的媒体上公布法律、法规等，而通知要求则是要求成员向世贸组织的有关机构通知其法律、法规的情况。通知要求进一步促进成员法律、法规的透明度和与世贸规则的一致性。

需要通知的事项既包括现有的规定，也包括对现行法律规章的修改以及新颁布的规定，还包括对有关协议的适用措施。多边贸易协议的许多协议都规定了通知要求。例如，《补贴与反补贴协议》要求各成员向世贸组织通知有关的法律、提供的补贴以及对外国产品采取的反补贴措施。世贸组织的各项协议中包含200多项有关通知的要求。从世贸组织成立到1996年2月一年多的时间，即收到成员依据有关协议所提供的通知1 500多份。

在乌拉圭回合谈判中，部长会议通过了一项《关于通知程序的决定》，规定了需要通知的措施清单，涉及货物贸易、服务贸易、与贸易有关的知识产权以及与贸易有关的投资措施。该决定还规定，在世贸组织秘书处内设立一个通知登记中心。

(三) 贸易政策评审制度

作为世贸协议附件3的《贸易政策评审机制》是世贸协议的重要组成部分之一，也是乌拉圭回合中达成的新协议，确立的新制度。贸易政策评审机构每隔一定的时间对成员的贸易政策进行审查，审查的频率依据成员的贸易量确定。对美国、日本、欧共体和加拿大（约占世界贸易总量70%）每两年一次，贸易量占第五位至第20位的16个成员，每四年一次，第20位以后的成员每六年评审一次，对最不发达成员，评审周期更长。至2000年9月总共进行了15次审查，其中欧共体被评审过三次，美国和日本被评审过两次，香港被评审过一次，韩国和泰国被评审过两次。

被评审的成员要提交其贸易政策与做法的报告。世贸组织秘书处单独提交一份报告。其他成员也可以提出有关被评审成员的贸易政策和做法的报告。在评审会上，任何与受评审成员有利害关系的成员都可以提出质询、批评或表扬。受评审方对提出的质询和批评要作出回答或答辩。评审结束后，秘书处将受评审成员的报告、秘书处报告、评审记录概要和贸易政策审查机构主席的结论四份文件合订公布，并提交部长会议记录在案。

除贸易政策审查机构的审查外，许多具体协议也规定了各自的审查制度。例如，《与贸易有关的知识产权协议》第63条规定，成员应将现行法律和细则、终审司法判决和普遍适用的行政决定，通知知识产权理事会，以有助于理事会审查本协议的执行。理事会据此做出了《依第63条第2款通知和普遍登记国内立法与条例的程序》的决定，规定一般成员应在适用TRIPs协定30天内（需要翻译时在60天内）将相应的法律和细则通知理事会。1999年10月21日，理事会进一步规定，对1999年年底过渡期满的约70个发展中国家和地区分两批在2000年6月和11月进行审议。其余42个成员将在2001年分三批进行审议；事前可以向被审议成员提出问题，会上被审议成员先作简短发言并回答提出的书面问题，接着口头提问和回答。会上不能立即回答的问题应在会后八个星期内提出答复。

据TRIPs理事会负责人、WTO知识产权部主任Adrian Otten介绍，我国"入世"后知识产权方面的法律评审程序分四段：(1)"入世"后30天内将国内法律等通知理事会；(2) 其后约两个月时间由各成员提出问题；(3) 其后的两个月时间由我国政府答辩；(4) 最后，用一个月的时间召开评审会议。这里需要注意的是，新加入的成员没有过渡期，几乎立即启动评审程序。

贸易政策评审制度是确保透明度和一致性的重要环节和组成部分。虽然评审结果和提出的建议对被评审方没有约束力，但该制度提供了一个监督和反馈的机会，对其他成员认为与世贸规则不一致的法律，被评审方如果不作出改进，很可能被其他成员利用争端解决程序提出指控。

(四) 争端解决制度

世贸组织的争端解决制度是保证成员的国内法律、法规与世贸组织规则要求一致的最有力的措施和制度，该制度继承并发展了原关税与贸易总协定的争端解决制度。

1. 统一的多边争端解决制度

乌拉圭回合谈判达成的《关于争端解决规则和程序的谅解》建立了统一的贸易争端解决机制。该谅解的调整范围不仅限于一般的货物贸易，而且扩大到了 WTO 协定涉及的包括服务贸易、与贸易有关的知识产权、与贸易有关的投资措施以及原来游离于 GATT 之外的农产品和纺织品等方面所发生的争端。专家组和上诉机构负责审查争端、帮助争端解决机构做出裁决和建议。争端解决机构（DSB）实际上就是世贸组织的总理事会。但争端解决机构有自己的主席、议事规则和程序以及专家组、上诉机构的人员。上诉机构是常设机构，而专家组则是不时地根据申诉方的请求而设立的，专家组的组成人员从秘书处的符合任职资格的人员名单中确定。

争端解决制度将成员间的贸易争端解决置于多边制度的约束之下。成员在寻求解决违反义务和利益损害时，应诉诸并遵守争端解决体制的规则和程序。成员不得单边作出确定违反义务和利益受到损害的决定；成员应遵循有关程序确立实施建议和裁定的合理期限，确定中止减让或其他义务的水平，并在中止前按程序获得争端解决机构的授权。这一原则具体规定于《关于争端解决规则和程序的谅解》第 23 条，在多个案件中都强调了这一原则。最能说明这一原则的案件是对美国 301 条款的审理。而欧共体香蕉争议案则充分体现了确定实施的合理期限、中止减让的范围的多边性。

2. 争端解决制度的主要程序

争端解决机制强调争端成员间磋商的重要性，鼓励争端方通过磋商达成相互接受的解决方案。被要求磋商的成员有义务与提出磋商要求的成员进行磋商，如果没有提出磋商要求就不能向争端解决机构提出设立专家组的申请，进行下面的专家组程序以及上诉程序。如果磋商没有达成相互接受的解决方案，申诉方即可以提出设立专家组的申请，进行专家组程序。由专家组对争端的事实、法律的适用进行审查，作出裁定和建议。如果其中一方对专家组报告中的法律问题或专家组所作的法律解释有异议，可以向上诉机构提出上诉。上诉机构只审理法律问题，不再对争端的事实进行审查。最后由争端解决机构通过专家组、上诉机构的报告，作出裁决并提出建议。

对争端解决机构的裁决和建议，有关成员应予执行，并提出报告。如有关成员未在合理期限内执行裁决和建议，申诉方则可请求赔偿或要求争端解决机构授权中止对有关成员的减让或其他义务。申诉方中止减让或其他义务，也就是通常所说的"报复"。该报复首先限于受到损害的同一部门，在同一部门的报复不足以补偿受到的损害时，即不可行或没有效时，可以在同一协议的其他部门（跨部门）或另一协议下的部门（跨协议）进行报复，即所谓的交叉报复。如在厄瓜多尔诉欧共体香蕉争议案中，厄瓜多尔获得授权对欧共体进行报复，授权报复量为每年 2.01 亿美元，但争端涉及的消费品部门没有这么大的数量，厄瓜多尔要求对 TRIPs 协定下表演者、录音制品制作者和广播组织方面中止减让。

3. 争端解决程序的两大特点

争端解决制度规定了严格的程序上的时间限制。在提起磋商要求的 30 天内应进行磋商；磋商 60 天未达成相互接受的解决方案时，申诉方可提出设立专家组的申请；专家组审查一般不超过 6 个月，最长不超过 9 个月；争端方提起上诉后，上诉程序一般不超过60天，最长不超过90天。从专家组设立到争端解决机构通过报告，如果没有上诉，一般期限为9个月；如果提起上诉，一般期限为12个月。实施裁决和建议的合理期限由争端方协商决定，在争端方不能就合理期限达成一致而经由仲裁时，该期限为通过报告时起的15个月。如果争端方就中止减让的范围有异议而提交仲裁，仲裁应在合理期限届满后60天内完成。在仲裁过程中不应中止减让或其他义务。

争端解决机制在程序上的另一特点是实质上的自动程序。设立专家组是自动的，争端解决报告的通过是自动的，这从根本上改变了原来关税与贸易总协定争端解决制度下被诉方阻挠程序进行的缺陷。尤其是争端解决机构通过专家组报告或上诉机构报告的程序，与原关税与贸易总协定相比，有了重大的突破。在原关税与贸易总协定框架下，专家组的设立和通过专家组报告，都要求全体一致同意，一票不赞成就不能设立或通过，这称之为顺向一致或肯定性协商一致。这一制度运行的结果是被诉方可能会阻挠程序的进行，或阻挠通过专家组做出的报告，使得专家组的裁决得不到执行。而在世贸组织争端解决机制下，则采取了相反的做法，只有全体不赞成时才能予以否决，即反向一致或否定性协商一致。其运行的结果是实质上的自动通过程序。美国国会在通过乌拉圭回合协议时曾对这一规定进行了激烈的辩论，有人提出这是对美国主权的限制或侵犯，但国会最终还是通过了实施乌拉圭回合协议的法案。

由于上述争端解决机制的特点以及实际运作的结果，该机制获得的信任越来越大，通过该机制解决争端的案件大增。自世贸组织成立到2000年9月底，受理了多达205件争端，而原关税与贸易总协定存在近半个世纪，受案数仅为238件。世贸组织处理的第一个案件是委内瑞拉诉美国的汽油标准案。该案件经由专家组程序、上诉程序做出裁决和建议，确认美国的汽油规则不符合国民待遇原则，要求美国修订联邦法典中基线规则条款，使其与美国依GATT1994所承担的义务相符。美国表示服从并实施这一裁决和建议。这一案件为争端解决机制开了个好头。原则上，世贸组织成员享有的权利和承担的义务是平衡的，争端解决机制也是如此。一方面，成员不得违反其依据世贸规则承担的义务，如果被裁决违反义务或对其他成员造成利益的损害，则应取消不一致的措施或给予赔偿，否则即可能受到其他成员的报复；另一方面，申诉方不能自己单方面决定其他成员违反了有关义务、造成损害，不能自己决定报复措施，被诉方享有受该机制保护的权利，在执行裁决和建议的合理期限内以及中止减让的范围没有确定之前，申诉方不得采取报复措施。

需要说明的是，任何成员的立法与世贸规则相抵触，就可能被认定为违背世贸规则而最终受到相应的制裁。这并不违反国家主权原则，因为是否参加世贸组织是主权国家（以及单独关税区）自主选择决定的。

三、"入世"与我国立法的因应措施

（一）与世贸规则接轨同我国法制建设的目标是一致的

我国"入世"后，既要享有应该享有的权利，也要履行应该承担的义务，体现权利义务的平衡与统一。"入世"对我国的立法工作提出了新要求。我们首先面临的就是我国法律、法规如何与世贸规则靠拢，或者说是接轨的问题。

改革开放以来，我国法制建设取得了巨大的成就，20 年来制定了大量的法律、法规，逐步适应了建设社会主义市场经济的需要。但是，由于从计划经济向社会主义市场经济过渡时期的种种历史和现实的原因，现行法律、法规与世贸规则之间还有某些差距也是客观事实。"入世"就要全面研究范围广泛的世贸规则，结合我国做出的承诺，对国内法律、法规采取相应的措施，履行我们承担的遵守世贸规则、国内法律、法规与世贸规则接轨的义务。

实际上，根据世贸规则采取相应的立法措施，是与建立和完善我国的适应社会主义市场经济的法制目标相一致的。市场经济是法治经济。建设社会主义市场经济需要我国法律制度的进一步完善。"入世"后，世贸规则对我国法律建设将起到促进的作用。即使不"入世"，我国社会主义市场经济的法制建设也要借鉴世贸规则，不断发展和完善。

（二）我国立法工作需要采取的措施

考虑到世贸规则对成员的要求，考虑到我国法律的现状，我国加入世贸组织需要在立法方面采取相应的措施。具体说来，"入世"前后我国法律、法规将会经历立、改、废三种情况。

"立"，就是制定一些世贸规则所要求或允许的、符合市场经济运作的新的法律、法规。世贸规则要求制定的法律必须抓紧制定。无论是透明度通知还是与规则的一致，都需要首先存在相应的国内立法。在欧盟诉印度的专利争议案中，印度由于没有及时制定保护知识产权的立法，被争端解决机构裁定违反了有关义务。实事求是地说，对于世贸规则调整的事项，在许多方面我国还没有相应的立法，自然也谈不到权益的保护。服务贸易方面的立法、保障措施法、电信法以及保护集成电路布图设计的法律等，都需要考虑提上全国人大的立法日程。

"改"，即修改现行法律、法规中不符合世贸规则的一些内容，或者补充某些规定得不充分的内容。这部分数量很大，涉及许多部门，需要在全国人大和国务院领导下，各有关部门分工合作进行修订；既要慎重研究，又要抓紧时间，也可以考虑采取先易后难的方法。对于明显违反世贸规则的，一律修改。例如，涉及进口数量限制（限额和许可证）、贸易平衡要求、外汇平衡要求、当地成分要求、优先购买国内产品等，都要适当修订。关税法、商标法、著作权法、外商投资立法等，都要参照世贸规则，结合我国实际加以修订。印度尼西亚对汽车工业采取的措施涉及当地成分要求，就曾被裁决与有关规则不符。

"废"，就是废除那些不符合世贸规则的规定。首先，"内部文件"要废除，不能作为法律依据。过去清理过内部文件，但还有许多各式各样的内部文件有待清理。一些因时过境迁、不再适用的法规也要明令废除。

应该看到，中国的立法修订工作是艰巨的，除了上述的工作量大、范围广外，由于中国的经济实力和政治影响，某些成员对我国实施世贸规则的态度、决心和力度持怀疑态度。有些对我国"入世"后的政策、法律及实践，很可能挖空心思，伺机找碴，不排除通过争端解决机制寻衅。因此，无论是在法律方面，还是思想方面，我们都应尽可能地做好充分的准备。

（三）法律的修改、制定应尽可能维护我国利益

世贸规则在要求成员制定相关立法的同时，也给予成员相应的权利和立法空间。我国"入世"要行使应有的权利，运用于我有利的立法空间。除了利用例外条款规定外，还可以制定、实施世贸规则允许成员保护国内产业的措施。例如，人们常常谈到的最惠国待遇有利于我国建立多边的长期稳定的对外经贸关系。世贸规则中的"保障条款"的规定和《保障措施协议》是我国"入世"后的"安全阀"，对于保障我国的经济安全将非常重要，应该制定相应的法律、法规以便能够具体实施。在补贴问题上，一方面，我们可以根据有关规则对国内产业提供"绿色"补贴；另一方面，又可以对外国向我国出口的受补贴产品采取反补贴措施。面对外国产品的低价倾销，我们可以采取反倾销措施。这些都是我们可以依据世贸规则采取的措施。反垄断法也是需要考虑的问题。《服务贸易总协定》第8条明确提到了垄断和专营服务提供者的问题。一个企业在市场上占有垄断地位会严重妨碍竞争，几家企业瓜分市场或约定限价（price fixing）控制市场也属于反垄断法的范围。目前我国的《反不正当竞争法》还不能调整类似的问题。

总之，承担的义务要履行，享有的权利要用足，于我有利的立法空间要及时填充和使用。

（四）其他相关问题

中国"入世"提出了一个非常重要、需要深入研究并加以解决的问题，就是"入世"后世贸规则是否能够在我国法院等执法机构直接适用？当世贸规则与我国法律、法规有抵触时优先适用哪一个？这涉及国际条约在我国的法律地位问题。我国在这方面一直不明确。许多国家都在宪法中对这一问题加以规定。争端解决机构认为，即使在宪法规定国际法优先于国内法的国家，该适用主体也仅限于法院（阿根廷对鞋类及服装品采取措施案）。在我国，全国人大需要考虑这一问题。就现在来看，一些发达国家都没有采取世贸规则优先于国内法适用的做法，如美国的乌拉圭回合协议法。这也需要制定相应的国内法。

另外一个问题是立法技术、方法问题，尤其是行政规章制定。在制定有关规则时，必须进行深入的研究、详细的调查、多方的考证，尽量避免随意性因素。世贸组织规则要求成员以统一、公正、合理的方式实施有关法律、条例、判决和决定。即使是一般例外允许的措施，也不得构成任意的、不公正的歧视或对贸易的变相限制。所采取的措施不应比实现正当目的所要求的更具有贸易限制性，换句话说，限制的程度应当与要求的相符。就迄今为止世贸组织争端解决机构处理的案件来看，随意性的措施几乎都被裁定违反了世贸规则的要求。如日本农产品案中，日本没有考虑是否存在贸易限制性更小的替代措施，被裁定违反了有关义务；在美国虾案件中，美国禁止使用在效果上与美国要求的捕虾方法相同的方法捕获的虾进口，被裁定违反了有关义务。这些情况都对政府机构制定措施提出了新的要求，也要求在人员的配备、素质的提高方面做出努力。我国政府部门的法规、政策制定人员，需进一步加强法律知识的进修和研究。

有些问题很复杂，要深入研究。如民待遇义务问题，在不同的协议中其义务的性质是不同的，《服务贸易总协定》将国民待遇作为成员经谈判而承担的义务，而不是必须遵守的一般义务；同时即使是一般义务的情况下，也允许国民待遇的例外。《1994年

关税与贸易总协定》《与贸易有关的知识产权协议》《服务贸易总协定》和《与贸易有关的投资措施协议》都规定了义务（包括国民待遇义务）的一般例外。我们应深入研究分析这些复杂情况，适当运用于我国法律、法规中，以维护我国的权益。

最后，还需要提到，运用世贸规则实施条款也是"入世"后我国的权利。通过透明度和通知机制，我们有权了解其他成员的政策、法律及其运作实践。我国也有权参加对其他成员的评审，启动争端解决机制解决经贸纠纷。对某些成员对我国采取歧视待遇或其他违反世贸规则的做法，世贸组织制度提供了比较客观公正的解决途径。与主要依据实力进行双边谈判的渠道相比，世贸组织的多边制度对维护我国合法权益显然更为有利。

另外，我国"入世"后享有参与制定世贸新规则的权利，而不是单纯被动地遵守他人制定的规则。世贸组织新千年回合谈判可能不久即将开始，会涉及贸易与环境、贸易与劳工等诸多新问题。这些问题与我国的经济发展有着密切的关系。我国"入世"后以成员的资格参与谈判，会有利于达成比较公正合理的世贸新规则。这也是世贸组织的广大成员，特别是发展中国家的成员所欢迎和支持的，中国在这方面将发挥重要的作用。

中 文 部 分

新技术与国际版权公约的发展*

中国入世以后,在版权方面大家关注比较多的是 TRIPs,还有 WCT、WPPT,这些都是新热点,而且是我们研究得不够的。比如 TRIPs,我们就没有从头到尾参加它制定研究的过程。据我所知,业界人士有全面深入了解的不是很多,而且一些原始的文件也很难找得到。对于 WCT 和 WPPT 的研究制定我们有一些政府官员参加了,这一方面稍好一些。但从 TRIPs 里反映出来的四个知识产权公约,即 1883 年《保护工业产权巴黎公约》、1886 年《保护文学和艺术作品伯尔尼公约》、1989 年《关于集成电路知识产权条约》和《保护录音制品制作者防止未经许可复制其录制品公约》。长期以来经过 TRIPs 的折射,《巴黎公约》与《伯尔尼公约》的买断条款也适用于世贸组织的成员,尽管这些成员可能并不是上述公约的一员。如《巴黎公约》,印度和巴基斯坦长期以来不是成员国,现在印度已经加入这一公约了,巴基斯坦还没有加入,但巴基斯坦作为 WIO 的成员国,也要按 TRIPs 的要求服从《巴黎公约》的实质条款(即第 1~12 条)。考虑在我们国家,历史比较短,对《伯尔尼公约》《保护表演者、音像制品制作者和广播组织罗马公约》研究都很不够,对 TRIPs、WCT、WPPT 显然从广度和深度上也差得很多,所以我们有必要对这些方面要急起直追深入研究。

第一,在《伯尔尼公约》100 周年时,WIPO 前总干事 A. Bogsch 博士写了一篇文章,认为以《伯尔尼公约》为核心的版权方面,WIPO 在没有解决的有争议问题方面的活动,其目的主要是为了促进版权方面的发展,而版权的发展是与技术的发展密切相关的,这一论述是很深刻的。从《伯尔尼公约》来看,1886 年文本的第 2 条和现在的第 2 条内容不完全相同,它也采用列举式,而不是概括无遗的,也使用"诸如"提法,但"诸如"的提法是这么讲的,《伯尔尼公约》保护的作品是文学艺术作品即书籍、小册子以及其他文学戏剧和音乐戏剧作品,有歌词或无歌词的音乐创作,素描、绘画、雕刻、版画、湿版画、插图、地图以及与地形、地理、建筑和一般科学有关图纸、草图和模型等。相比 1971 年巴黎修订的版本,少了摄影、电影两种作品,而现在,摄影和电影则已经作为《伯尔尼公约》保护的作品了,人类在摄影方面的第一张相片是 1827 年一个法国人尼布勒拍摄的,现在保存下来。当时是非常昂贵的东西,一直到 1888 年美国人乔治·伊斯门才真正创造出第一架使用方便的照相机,从此以后照相技术才比较广泛流行起来。《伯尔尼公约》是 1886 年签订的,而摄影技术比较普遍出现在 1888 年,

---

* 原载王兵主编:《高新技术知识产权保护新论》,中国法制出版社 2002 年版,第 48~52 页。

所以当时的《伯尔尼公约》对此并未作规定，没有对摄影作品进行保护。实际上，从《伯尔尼公约》的发展史来看，到了1908年柏林的修订会议，才提出对此加以保护的要求。这是一个非常重要的会议，尤其对中国重要。《伯尔尼公约》100周年时，我写了一篇文章在伦敦研讨会上演讲，他们非常感兴趣。那次会议中国参加了，中国政府派当时驻德国使馆的参赞参加了1908年会议，这是中国与《伯尔尼公约》在历史上第一次发生联系。在这次会议上才正式地把摄影作品的保护提上日程。在同一会议上，在《伯尔尼公约》里在第3条增加规定"本公约适用于摄影作品和以及与摄影相同手段得到的作品"。这是在《伯尔尼公约》里随着科学技术的发展而增加保护客体的一个很明显的例子，相应的在有关条文里也涉及这方面问题。当然也有争议，学术界很多人认为摄影只是一种机械的活动，没有原创性，有人则认为摄影是一种艺术，这方面分歧很大，还有争议。《伯尔尼公约》对它的保护期是25年，TRIPs也保留了这一点，为25年，与一般作品不一样。现在有的观点认为摄影的保护期限应该和别的作品一样，即保护期为70年。电影作品更是如此。也是在1908年柏林会议，法国电影发明家在会议期间在法国取得了电影专利保护，因而法国代表提议对电影作品加以版权保护，在法国倡议之下，决定在第14条（2）规定："一旦作者以导演的方法或情节的连续赋予作品以个性或特性，则电影作品应该受到保护。"所以，在最初的《伯尔尼公约》里并没有关于摄影和电影方面的规定，而是随着技术的发展和普及在以后的修订文本里增加的。

第二，从邻接权的方面看，对表演者、录音制作者和广播组织的保护也是《伯尔尼公约》没有的。《罗马公约》将这些规定在一起，对于表演者而言，如果没有技术的发展，问题是不尖锐的。比如××唱的《贵妃醉酒》，唱完了就完了，要想再看得重新买票，这个问题不突出，不能抱走，也不能盗走。只是录音技术发展以后，问题才凸显出来。人类能够将声音固定，是技术的一大进步，爱迪生1877年将声音记录在载音机上，1900年出现圆盘形唱片，1925年美国人马文·卡姆拉斯发明磁带录音机。不过如果不对表演者的表演权加以保护，则他们有失业的危险，因而在国际音乐家协议和国际劳工组织的推动下制定了关于邻接权的《罗马公约》（1961），同样可以看到技术进步与知识产权保护的关系密切。

第三，是计算机软件问题。它的保护是从战后开始的，在1964年IBM的360问世后，计算机运用开始普及，从IBM开始把软件与硬件分离开，随着技术的发展，开始考虑怎样对软件加以保护，当时引起了轩然大波，主要有两种意见：一种是版权保护（最早由德国老资格专家Eugen ULmer在20世纪70年代提出），另外一种是特殊保护WIPO考虑用特殊保护，当然也有人主张用专利保护，当然困难很多，还有人主张用邻接权保护（如德国版权专家，中国人民大学名誉教授A·Dietz），观点很多，但主要有以上两种。在1985年年初，在日内瓦WIPO总部召开了九个国家非政府专家的会议，首先发言者美国专家主张用版权来保护，巴西、印度提出了很多不同的意见。日本则分为两种意见，一种是通产省赞成特殊保护，一种是文部省主张用版权来保护。会议结束后，西方的发达国家都陆续采用版权保护的做法，从方便角度来看，版权保护较有优势。

第四，是WCT和WPPT。最早也是WIPO提出的。它的依据是，《伯尔尼公约》

1886年生效，总共修改了五次，平均20年一次，20年之中的技术发展都比较集中地反映在公约的修订里面。最近的一次修订是1971年巴黎文本，到了20世纪80年代以后至90年代初，开始考虑到第六次修改。关于Internet，1969年美国国防部高级计划研究署建立了最早的计算机网络，即Arpanet，1982年由Arpanet和Bilnet合并在一起成为现在的Internet，从那时起WIPO开始考虑将Internet纳入到《伯尔尼公约》新一轮修订范围之内。但1986年乌拉圭回合启动，WIPO对TRIPs持等待观望态度，由于种种原因WTO并未将网络技术纳入谈判的范围。这样，WTO协议一签订，WIPO很快提上议程并在1996年12月20日就WCT和WPPT达成协议。

总之，从这几个方面，可以归纳出几点：

第一，版权公约在国际上的发展是与科学技术发展密切相关的，《伯尔尼公约》平均20年修改一次，五次修订的情况都可以说明这一点。

第二，越是到近年来，新的技术发展反映在版权公约里的时间越来越缩短，如果说摄影技术等古老的技术需要几十年，那么包括计算机和网络这方面的技术的反映是比较快多了。

第三，以前往往是新技术的发展首先反映在国内法方面，许多国家的国内法逐渐达成一致以后，才反映在国际公约里面，过去，这是一般的普遍的作法，现在WCT、WPPT不一样了，速度提前了，有的发达国家的国内法，如美国千年的数字法，是在1996年WCT和WPPT制定以后才颁布的。欧盟对这两个公约还尚未签字，相应地，有些国家没有相应的规定，这些都是以前没有的情况。而按照近日获得的信息，WCT可能于2002年3月生效（30个国家批准），WPPT也将于稍后时间生效。我国新修订的著作权法也增加了网络传输权的规定。现在，是我们认真考虑加入WCT和WPPT的时候了。

WTO 与知识产权国际化的新发展*

随着国际交往的日益密切,具有严格地域性的知识产权法律已发展为跨国知识产权保护。最初采用的是签订双边协定的方式,早在 1859 年英国与俄罗斯签订的通商条约中就包含有保护知识产权的条款。到 1883 年,各国之间签订了不少于 69 项这样的协定。❶ 随着经济交往与人员流动的进一步发展,用多边国际条约保护知识产权已成为必然,《保护工业产权巴黎公约》(以下简称《巴黎公约》)和《保护文学和艺术作品伯尔尼公约》(以下简称《伯尔尼公约》)由此诞生。

1883 年 3 月 20 日缔结的《巴黎公约》只有 11 个签字国:比利时、巴西、法国、危地马拉、意大利、荷兰、葡萄牙、萨尔瓦多、塞尔维亚、西班牙和瑞士。❷ 1886 年 9 月 9 日缔结的《伯尔尼公约》其签字国也只有 10 个国家:英国、法国、德国、意大利、瑞士、比利时、西班牙、利比里亚、海地和突尼斯。但到第二年公约生效时,由于利比里亚未批准,因而经批准而生效的只有 9 个国家。❸ 我们可以看到,这两个最重要的知识产权公约在成立之初,不但签字国与批准国数目非常有限,而且许多地位重要的国家都没有加入。但是,无论如何,《巴黎公约》和《伯尔尼公约》的签订,标志着知识产权国际化的具有重要意义的开端。

后来,两个公约的加入国在缓慢地增加。经过约百年之久的发展,到关税与贸易总协定乌拉圭回合谈判即将启动的 1985 年 3 月 19 日,即我国加入《巴黎公约》之日为止,加入《巴黎公约》的国家还不到 100 个,确切的数字是 96 个,到已经启动乌拉圭回合谈判的 1988 年 2 月为止,加入《伯尔尼公约》的国家也不过是 76 个。

经过 15 年谈判而最终达成的《与贸易有关的知识产权协定》标志着知识产权的国际化取得了新发展,甚至可以说是进入了国际化发展的新阶段。这里说的"新"体现在下面几方面。

---

* 原载《中国版权》2002 年 8 月第 4 期。

❶ Patens, Trademarks, and related rights, National and international Protection, Stephen P. Ladas Harvard University Press, 1975, Vol. I, p. 43.

❷ Patens, Trademarks, and related rights, National and international Protection, Stephen P. Ladas Harvard University Press, 1975, Vol. I, p. 67.

❸ The Berne Convention for the Protection of litery and Artistic Works: 1886 ~ 1986, Sam Ricketson. Kluwer, 1987, p. 79.

一、知识产权国际保护适用范围的扩大

《巴黎公约》和《伯尔尼公约》经过 100 年左右的发展，加入的国家才分别达到 96 国（1985 年 3 月 19 日）和 76 国（1988 年 2 月）。而 TRIPs 协定在 1995 年 1 月 1 日生效时，创始成员就大大超过了 100 个。到 2002 年年初，成员又增加到 144 个。知识产权国际保护的适用范围迅速扩大。

之所以出现这种情况，包括 TRIPs 协定在内的世贸协定（WTO Agreement）采取了一揽子（package）的谈判方式，是一个重要的原因。20 世纪 60 年代由发展中国家发动的新一轮《巴黎公约》的修订，因为发展中国家与发达国家之间的意见分歧，从 1980 年年初起连续四年开了四届会议，结果不了了之，无果而终。❶ 差不多在同一时期，由联合国贸发会议发起的技术转让行动守则的谈判，也没有取得任何成果。在单独涉及知识产权国际保护的谈判中，哪一方面也不愿作出让步，很难达成协议。关贸总协定乌拉圭回合谈判中涉及几十个协定，用一揽子谈判方式，综合平衡。在一些方面作出让步，在另一些方面则获得利益。作为世贸组织的各项多边协定（multilaterala greement），要参加就都参加，不能有所保留。虽然经过激烈复杂地斗争，但是通过平衡各个方面的利益，❷ 最终达成了协议。

二、将《巴黎公约》和《伯尔尼公约》的实体条款纳入 TRIPs 协定

过去，知识产权国际公约都是各自作出实体规定。而 TRIPs 协定的一个新发展就是纳入《巴黎公约》和《伯尔尼公约》这两个最重要的国际公约的实体条款，另外再增加或强化某些条款，即所谓的《巴黎公约递增》（Paris-Plus）和《伯尔尼公约递增》（Berne-Plus）。这样一来，就出现了新的情况。有些 TRIPs 协定成员（也即 WTO 的成员），原不是《巴黎公约》或《伯尔尼公约》的缔约方，本来不受两公约的约束，但是，由于 TRIPs 协定第 2 条第（1）款规定："就本协定的第 2 部分、第 3 部分和第 4 部分而言，各成员应遵守《巴黎公约》（1967）第 1 条至第 12 条和第 19 条"；TRIPs 协定第 9 条第（1）款规定："各成员应遵守《伯尔尼公约》（1971）第 1 条至第 21 条及其附录的规定"，❸ 从而 TRIPs 的某些成员虽然不是两公约的缔约方，但是要遵守两公约的上述实体条款。这种新办法在法理上是站得住脚的，在方法技术上也颇为高明，避免把两公约的大量条文照抄一遍，徒增篇幅而无实益。

印度和巴基斯坦曾因没有加入《巴黎公约》，引起很多人注意，印度后于 1998 年

---

❶ 笔者有幸以中国代表团成员的身份参加了头两次会议。会议情况参见郭寿康："保护工业产权巴黎公约发展的新阶段"，见《中国国际法年刊》1983 年卷，第 299～310 页。

❷ 利益的冲突和平衡是协定谈判的重要背景。一位美国专家坦率地讲："协定背后的关键性力量就是美元。"见 Rai Bhala, Internationa Trade Law: Theory and Practice, 2001 年英文第三版，第 1175 页。

❸ TRIPs 协定第 2 条第（1）款和第 9 条第（1）款"应遵守"均是"shall comply with"的中释文。有的译本将前者译为"应符合"，后者译为"应遵守"，好像两者之间有所区别，笔者个人认为不妥。

12月7日加入了《巴黎公约》。现在,是TRIPs成员但未加入《巴黎公约》的还有安哥拉、文莱、斐济、科威特、坦桑尼亚、泰国、香港和中国台湾地区等。是TRIPs成员方但未加入《伯尔尼公约》的有文莱、布隆迪、吉布提、几内亚比绍、科威特、马尔代夫、莫桑比克、缅甸、巴布亚新几内亚、所罗门群岛、坦桑尼亚、阿拉伯联合酋长国、中国台湾地区、中国香港地区和中国澳门地区等。香港地区和澳门地区参加中国代表团出席上述两个公约的会议,中国台湾地区不是主权国家,不能加入由主权国家参加的上述两个公约。

TRIPs协定生效时,即1995年1月1日,属于上述情况的成员方还更多。TRIPs生效后,促使许多国家陆续加入了两个公约。《巴黎公约》从1985年3月19日到2002年1月15日,由96个成员国增加到162个成员国。《伯尔尼公约》也从1988年2月到2002年1月15日,由76个成员国增加到148个成员国。

三、TRIPs协定将尚未生效的"集成电路知识产权条约"也纳入其中

TRIPs协定第35条规定:"全体成员同意,依照'集成电路知识产权条约'第2条至第7条〔其中第6条第(3)款除外〕、第12条及第16条(3)款,为集成电路提供保护。"这同上面所谈的《巴黎公约》与《伯尔尼公约》的情况又不一样。这里新的地方在于"集成电路知识产权条约"还没有生效,而且看来将来也可能不会生效,但是却由于被纳入TRIPs协定而对其成员产生效力。这样,对于已经批准"集成电路知识产权条约"的国家,由于条约尚未生效,从而该条约并不具有约束力,但作为TRIPs协定的成员方却由于上述规定而应遵守这一条约。

看起来这有些奇怪,但是,从法理上讲同前述《巴黎公约》和《伯尔尼公约》的情况是一样的。不论纳入的公约已经生效(如《巴黎公约》和《伯尔尼公约》),还是没有生效(如"集成电路知识产权公约"),TRIPs协定成员都必须根据TRIPs协定的有关条款"应遵守"公约或"依条约的规定提供保护",这也等于是将其条款原样不动地纳入到TRIPs协定里。

这样,TRIPs协定的适用范围就大大增加了。根据尚未生效的集成电路知识产权条约,还没有任何一个国家受其约束。而根据TRIPs协定,144个成员方却都要遵守该项条约的实体条款。其适用的国家和独立关税地区显然激增,知识产权国际化的范围也相应扩大了。

四、部分移入《保护表演者、录音制品制作者和广播组织国际公约》的实体条款

上面我们已经谈过,TRIPs协定纳入了《巴黎公约》《伯尔尼公约》和"集成电路知识产权条约"的实体条款。它们都是用指出条款号码的方法将三个公约的实体内容纳入TRPIs协定之中。对《罗马公约》则采用不同的办法:其部分实体条款基本上逐字逐句地移到了TRIPs协定中,另有部分实体条款没有移入。此外,还增加了一些新的实体条款。这里,我个人认为可以用《罗马—递增—递减》(Rome-Plus-Minus)来表示。

以下将对前三个公约采用的方式称为"纳入",而将《罗马公约》所采用的方式称

为"移入",无非是表示两者所采用的方式不同而已。

TRIPs协定第14条第1款、第2款和第3款都是从《罗马公约》移入的。第1款规定,"对于将表演者的表演固定于录音制品的情况,表演者应有可能制止未经其许可而为的下列行为:对其尚未固定的表演加以固定,以及将已经固定的内容加以复制。表演者还应有可能制止未经其许可而为的下列行为:以无线方式向公众广播其现场表演,向公众传播其现场表演"。这一款是从《罗马公约》第7条(b)(c)和第7条(a)移入TRIPs协定的。其第2款规定:"录音制品制作者应享有权利许可或禁止对其作品的直接或间接复制。"这是从《罗马公约》第10条移入TRIPs协定的。其第3款规定,"广播组织应享有权利禁止未经其许可而为的下列行为:将其广播以无线方式重播,将其广播固定,将已固定的内容复制,以及通过同样方式将其电视广播向公众传播。如果某些成员不授予广播组织上述权利,则应依照《伯尔尼公约》1971年文本使对有关广播之内容享有版权之人,有可能制止上述行为。"这一款是从《罗马公约》第13条移入TRIPs协定的。

另一方面,《罗马公约》的一些实体性条款,如第8条、第9条、第11条和第12条等却没有移入TRIPs协定。其第8条规定:"如果若干表演者参加同一项表演,任何缔约国可根据本国法律和规章,明确指出表演者在行使权利方面确定代表的方式。"第9条规定:"任何缔约国均可根据国内法律和规章,将本公约提供的保护扩大到不是表演文学或艺术作品的艺人。"❶ 第11条规定:"对于录音制品,如果其缔约国根据其国内法律要求履行手续作为保护录音制品制作者或表演者或二者的权利的条件,那么只要已经发行的录音制品的所有供销售的复制品上或其包装物载有包括符号 P 和首次发行年份的标记,并且标记的方式足以使人注意到对保护的要求,就应当认为符合手续;如果复制或其包装物上没有注明制作者或制作者的许可证执有者(载明姓名、商标或其他适当的标志),则标记还应当包括制作者权利所有者的姓名;此外,如果复制品或其包装物上没有注明主要表演者,则标记还应当包括在制作这些录音的国家内拥有此种表演者权利的人的姓名。"其第12条规定:"如果某种为商业目的而发行的录音制品或此类录音制品的复制品直接用于广播或任何方式向公众传播,使用者则应当支付一笔总的合理的报酬给表演者或录音制品制作者,或给二者。如有关各方之间没有协议,国内法律可以提出分享这些报酬的条件。"《罗马公约》的这些实体条款,还是颇为重要的,但是都没有移入到TRIPs协定。所以,我不敢苟同有些出版物中所讲的,WTO成员"均应遵守《伯尔尼公约》1971年文本的实体条款,以及其他三个公约的实体条款"。这么笼统的表述值得商榷。因为我们上面引用的各项条款,并没有移入TRIPs协定,因而WTO成员也就不需要遵守。这一点对我国不但具有理论意义,而且也具有实践意义。我国还未加入《罗马公约》,上述尚未移入TRIPs协定的条款,我们当然也就没有遵守的义务了。

---

❶ 世界知识产权组织的出版物中,举出"杂耍艺术家"和"杂技艺术家"(Variety and Circus Artists)作为例证,见 *Guide to the Rome Convention and to the Phonograms Convention*,1981,p. 42。执笔人为 WIPO 已故资深版权专家 Claude Masouye。

TRIPs 协定第 14 条第 4 款、第 5 款和第 6 款，都是《罗马公约》中所没有的新规定。这种"递增"（plus）与前述三个公约的情况是一样的，不再赘述。

五、知识产权执法（或实施）——争端的防止与解决的新规范

以前的知识产权国际公约都不涉及执法（或实施）问题。对争端的解决，有的公约只规定国际法院有管辖权，又允许缔约国可以保留。据了解，到目前为止，尚没有提交国际法院要求解决的知识产权争议案件。

TRIPs 在知识产权国际保护的历史上第一次规定了执法（或实施）与争端解决的崭新规范。这些具体有力的措施大大加强了知识产权国际保护的力度。

TRIPs 协定第三部分知识产权执法（或实施）条款，都属于程序性的条款。其中包括了许多新的内容：在民事与行政程序及救济中，规定了举证责任倒置、禁令、损害赔偿、司法审查、侵权发生前的临时措施、海关的边境保护等。争端的防止与解决机制，对知识产权国际保护来讲，更是为实体条款的保护增添了"牙齿"，是一项重大的创新。当然，这一部分内容新颖丰富，在此不做详述。

总之，TRIPs 协定中无论是实体性条款，还是程序性条款，对知识产权国际保护都有许多新的内容和发展。国际上有人将 TRIPs 协定称之为"可能是本世纪国际知识产权法律的最为重要的发展"，"WTO 的建立迎来了知识产权全球保护的新纪元"。[1] 这样的评价，并非溢美之词，而是反映了真实的情况。

---

[1] Jeffrey J. Schott 主编：《西雅图之后的 WTO》，华盛顿 DC，国际经济研究所 2000 年 7 月英文版，第 137 页。

中 文 部 分

ATRIP 诞生亲历记[*]

ATRIP 是国际促进知识产权教学与研究学会的英文缩写，全名为 International Association for the Advancement of Teaching and Research in lntellectual Property。1981 年 7 月在联合国世界知识产权组织（WIPO）日内瓦总部大楼会议厅正式成立，至今已经有 20 多年的历史。

近年来，国内对于这个学会已经有所了解。有人将其译为"协会"，我以为不妥。按国内一般习惯，"协会"大多既包括教学研究方面从事理论工作的专家，也包括从事实务方面工作的人士，有时甚至以后者为主。而 ATRIP 则完全是知识产权教学与研究方面的专家组织，不包括律师和代理人等实务界人士，也不包括政府官员，所以称之为"学会"是比较贴切的。

一、孕育

知识产权制度乃至国际知识产权保护，到了 20 世纪 70 年代得到了蓬勃发展。历史悠久的《保护工业产权巴黎公约》《保护文学和艺术作品伯尔尼公约》等重要知识产权方面的公约，经过多次修订，继续发挥作用。"二战"后缔结的知识产权方面的公约，如《世界版权公约》《专利合作条约》以及邻接权方面的国际公约等，纷纷付诸实施，并起到积极作用。与此相适应，保护知识产权的国际上的政府间组织和非政府间组织也越来越多。政府间组织包括联合国世界知识产权组织、联合国教科文组织、联合国劳工组织等，非政府间组织有国际保护工业产权协会（近来改名为国际保护知识产权协会，但缩写仍为 AIPPI）、国际文学艺术联合会（ALAI）和国际工业产权律师协会（FICPI）等。至于涉及版权、专利和商标等行业方面的国际组织和地区性组织更是为数众多。每当 WIPO 召开重要知识产权会议的时候，都有一大批政府间和非政府间国际组织以观察员身份列席会议。他们在缔结和修订国际知识产权公约、研究和推进知识产权保护上，都发挥了重要作用。

然而，直到 20 世纪 70 年代，却缺乏一个知识产权方面专门从事教学与研究人士的国际组织。

一些从事知识产权教学与研究工作的著名专家，如赫赫有名的德国（当时的西德）马普研究院工业产权、版权与竞争法研究所的拜尔教授（F. K. Beier）、英国伦敦大学的

---

[*] 原载《法学家茶座》2003 年第 2 期。

柯尼希教授（W. Cornish，现任职于剑桥大学）、美国乔治·华盛顿大学的维斯登教授（C. Weston）以及阿根廷名重一时的索拉金教授（Aracama Zorraquin）都热心于此事。在WIPO和当时的总干事鲍格胥博士、法律顾问雷大计博士的大力支持和帮助下，进行了大量的准备工作。记得1979年鲍格胥博士访华时就向我提起此事，1980年年初，我作为中国代表团正式成员出席在日内瓦召开的修订《保护工业产权巴黎公约》外交会议时，鲍格胥博士又问我是否愿意参加筹备工作。我欣然答应。经过一系列准备，终于在1981年7月，在日内瓦WIPO总部大楼召开了学会的成立大会。出席会议的各国从事知识产权教学与研究的专家有40多位。我作为唯一的来自中华人民共和国从事知识产权教学与研究的专家，应鲍格胥博士亲自正式邀请，出席了此次盛会。

二、诞生

在国际促进知识产权教学与研究学会成立大会上，会议参加者首先听取了学会筹备工作的报告，继而讨论了学会的章程草案。对章程的通过，采取了每个参加者走上台去，在鲍格胥博士主持和雷大计法律顾问的协助下，单独签署章程，并拍摄下每个人签署章程时与鲍格胥博士和雷大计博士的合照，以作为历史文献。ATRIP正式成立，作为知识产权发展史上第一次教学与研究方面的国际组织载入史册。

在ATRIP成立大会上，选举出主席、副主席组成执行委员会，并推举出学会的秘书和财务。首届主席是国际知识产权界著名专家，德国马普研究院国际和比较工业产权法、版权法及竞争法研究所所长拜尔教授，副主席有阿根廷的索拉金教授、英国的柯尼希教授、美国的维斯登教授和波兰的斯瓦佳教授（J. Szwaja），秘书为德国的Kunz-Hallstein博士。

按规定，每届主席、副主席（后改为执委）及执委会任期两年，以主席所在地为学会所在地。第一届主席是拜尔教授。以后，顺序为索拉金教授、柯尼希教授和维斯登教授。

1982年年会仍然在日内瓦WIPO总部召开。会议第一阶段为学术讨论和交流活动。除安排重点学术发言外，自愿发言介绍所在国知识产权教学与研究情况。我也在会上作了介绍中国知识权教学与研究的发言，由大会将发言稿印发给参加会议的各国专家。

三、发展

ATRIP正式成立后，首届主席任期到1983年。1982年年会在日内瓦举行。1983年年会，主席拜尔教授联系安排在德国慕尼欧洲专利局总部大楼举行。会议分两部分：一部分学术研讨，一部分讨论会务。会前举行执委会会议。会议结束前，执委会将下次开会的时间、地点与研讨主题等情况向全体宣布，并从此形成惯例。

本次研讨重点之一为欧洲专利公约（EPC）。特邀德国专利局前任局长，有欧洲专利之父美称的Kurt Haertel博士和欧洲专利局主管法律事务的斯塔林希副局长做了专题发言，并进行研讨交流。我也提交了介绍中国最近知识产权教学与研究状况的书面材料，印发全体会员，并在会上进行了说明和补充。此后，每届开会都提交发言文稿。

索拉金教授在主席任内（1984~1985年），年会均在日内瓦WIPO总部大楼举行。

研讨主题都围绕着当时国际知识产权界的前沿课题,如家庭录音录像、光电复印等。WIPO 法律顾问雷大计博士也就 WIPO 新条约准备工作进展情况进行了介绍。

柯尼希教授担任主席任内（1986~1987 年）,一次年会在日内瓦举行,一次在英国剑桥大学举行。在这次会议上,由本会会员、现已接任马普所所长的 Joseph Straus 教授和特邀的几位英国专家就生物技术、遗传工程的知识产权保护问题进行了重点发言。参会者均感到受益匪浅。

维斯登教授担任主席期间（1988~1989 年）,也是一次年会在日内瓦,另一次在美国首都的乔治·华盛顿大学法学院进行。

R. Bercovitg 教授任主席期间（1990~1991 年）,一次年会在拉丁美洲的哥斯达黎加举行,另一次在西班牙古老的萨拉曼卡大学举行。

我很荣幸地于 1986~1991 年被选担任 ATRIP 执行委员会委员,任职达六年之久,也是中国人最早担任这一职务、登上国际知识产权舞台的学术界人士。在任职期间,每届会议都担任主持会议,为专题讨论做小结。

G. Kanell 任主席期间（1992~1993 年）,有一次年会是在瑞典斯德哥尔摩召开的。斯德哥尔摩也是 WIPO 建立公约签订地。但是,当时亲身参加过该次会议的人已经很少了。本会会员 Bodenhausen 教授和 Bogsch 博士是当时健在并参加过该次盛会的为数不多的专家。

Joseph Straus 教授任主席期间（1994~1995 年）,一次年会在斯洛文尼亚召开,另一次在美国西雅图的华盛顿大学召开。在 1994 年斯洛文尼亚年会上,中国的另一位知识产权专家、中国社科院法学所的郑成思教授也参加了会议。后来,北大的郑胜利教授、韦之教授等也陆续入会。

A. Fran on 任主席期间（1996~1997 年）,一次年会在摩洛奇的卡萨布兰卡举行,另一次在法国巴黎举行。Rangel Ortiz 任主席期间（1998~1999 年）,有一次年会在墨西哥首都举行。F. Dessemontet 任主席期间（2000~2001 年）,一次年会在瑞士洛桑举行,另一次在希腊举行。2000 年年会在主席 Verma 教授所在国印度新德里举行。下届当选主席 Y. Gendreau 任职期间（2004~2005 年）,估计一次年会可能在加拿大举行吧。

从 1981 年到现在,经过 22 年的时间,ATRIP 从小到大,会员人数从几十人增加到几百人。在历史长河中,22 年只不过是过眼一瞬,可是在国际知识产权教研发展史上,ATRIP 却发挥着重要的作用。

少林秘方走向前台之得与失*

今年7月底，嵩山少林寺通过互联网站公布了历代珍藏秘传的传统药方中的三个。这一举动引起了众多媒体和社会公众的广泛关注。外界的这种强烈反应与少林医学文化的源远流长及其神秘色彩不无关联。嵩山少林寺创建于公元495年，在其1 500多年的悠久历史中，逐步创立发展了博大精深的禅、武、医一体的传统文化，其中的少林医学被尊为"少林医宗"。公元13世纪初，当时的少林寺住持志隆禅师专门创设了"少林药局"，使少林医学在历代医僧的济世实践中得以逐步光大，流传下来上千方的中医药方。"少林药局"在700多年的风雨历程中由于战乱或其他原因而时有断续，至1928年因遭受军阀混战的劫难而停办，但少林传统药方对外一直都是秘而不传的。

"少林药局"自2004年年初重新挂牌后，首先的一个举动就是公布了几个秘传药方。少林方面认为，作为全面保护少林传统文化的一个步骤，其初衷是为了让社会公众全面、准确地了解少林禅、武、医一体的传统文化特色，避免简单地将少林传统文化理解为仅仅是宗教和少林功夫。同时，通过外界的了解，少林文化可以在交流中进一步发展传承，通过正宗传统文化的公开传播达到正本清源、保护少林传统文化源头的目的。

笔者认为，这样不加分别地、简单地公开秘传药方与保护少林传统医学文化知识产权的宗旨恰恰南辕北辙，而其正本清源、促进传承和发展的初衷也难以实现。事实上，维护知识产权与促进少林医学的交流，传播和发展不是相互矛盾的。知识产权制度正是为了鼓励知识、技术的公开，传播及进一步发展而创设的法律机制。为实现促进知识传播和进步的目的，恰恰应该从维护知识产权而不是放弃知识产权的保护入手。我们认为，少林寺中医秘传药方是中国传统医学的宝贵财富，只有在妥善保护的前提下，才能有效利用，造福社会。因此，对其进行有效的知识产权保护是十分必要的，不分情况地加以公开，将在知识产权保护方面处于十分被动的地位。从知识产权保护的角度考虑，少林寺不宜进一步简单地公开其秘传药方。

一、从商业秘密保护的角度看

商业秘密的所有人，对其商业秘密享有专有权，有权禁止他人通过不正当手段获取、披露，使用其商业秘密。我国《反不正当竞争法》第10条第2款规定："本条所

---

* 原载《中国发明与专利》2004年第10期。本文为郭寿康与左晓东合著。左晓东，时为中国人民大学法学院民商法博士生，现为天润置地集团副总裁兼法务总监，法学博士。

称的商业秘密,是指不为公众所知悉,能为权利人带来经济利益,具有实用性并经权利人采取保密措施的技术信息和经营信息。"从这一规定可以看出,技术信息或经营信息成为商业秘密必须符合规定的条件,其中一项条件就是"不为公众所知悉",这个条件明确了获得商业秘密保护的前提是保密性,如果失去了保密性,也就失去了得到商业秘密保护的可能性。少林秘传药方一旦对社会公开,就失去了其保密性,不能再作为商业秘密得到保护。从这个角度讲,公开秘传药方无异于主动放弃原本享有的商业秘密保护权。

二、从著作权保护的角度看

少林传统药方作为一种文字作品,可以考虑对公布后的药方享有著作权。但是,进一步仔细地分析起来,对药方的著作权保护也存在一定的问题。

(1) 著作权法保护的作品必须具有独创性,这要求作品至少要体现出是作者的独立创作,而不是抄袭来的。这里也包含着一定程度的创造性,尽管各国对其程度的要求不尽相同。我国《著作权法实施条例》第2条规定:"著作权法所称作品,是指文学、艺术和科学领域内具有独创性并能以某种有形形式复制的智力成果。"因此,如果对某一思想或事物的表现方式具有唯一性,或者表现方式很有限,则这种表现方式缺乏独创性而不受著作权法的保护。很多中医药方一般较为简洁,仅包括中药名称和分量,没有关于详细制作方法的说明,而一些具有同等功效的中药方,在主要中药的选择和分量上大同小异。因此,一些药方能否得到著作权法的保护,可能会存在疑问。

(2) 著作财产权以及部分著作人身权的保护是有法定期限的,例如,我国《著作权法》规定,自然人的作品其发表权及著作财产权的保护期限为作者终生及其死后50年。而少林传统药方历史悠久,按照著作权法规定的保护期限去衡量,很多可能已经超过了保护期。

(3) 即使个体的传统药方不能享有著作权,如果对这些药方进行的汇编在对内容的选择或编排上具有独创性,那么,对整体的汇编可以作为汇编作品享有著作权。但由于被汇编的各个传统药方本身可能不受著作权法的保护,因此,其他人仍然可以自由利用这些药方进行新的汇编,并对该汇编享有汇编作品著作权。

(4) 著作权法只保护作者独立创作作品的外在表现形式,保护的是作者思想的表达,但这种保护不能及于作品所反映的思想和观点。因此,药方如果作为作品享有著作权,则权利人只有权禁止他人未经其许可而复制该作品,以及著作权法所规定的其他权利,但权利人不能禁止他人根据药方的描述生产经营药品。由此看来,药方所体现的技术方案无法获得著作权保护,这无法满足保护药方的目的。看来著作权保护不是有效保护秘传药方的合适选择。

三、从传统知识保护的角度看

据少林方面称,少林公开其秘传药方是为了弘扬少林传统文化,保护源头,正本清源。从这个逻辑出发,不可避免地使人产生通过传统知识保护机制保护所公开的传统药方的期望。事实上,少林寺作为不具有营利目的和要求的宗教寺院,如果通过传统知识保护机制能够有效地保证少林传统医学文化的广泛传播和发展,公开秘传药方也不失为保护少林医学传统文化遗产的好途径。但目前,系统的传统知识保护机制的缺失,使这个良好的意愿无法实现。

虽然还没有形成获得广泛接受的有关传统知识的定义,但在有关的讨论中涉及的传统知识所涵盖的范围十分广泛,其中的民间文学艺术保护,自《伯尔尼公约》1967年斯德哥尔摩文本加入有关保护条款起,以知识产权法予以保护的做法得到了许多国内立法的认同。我国《著作权法》第6条规定:"民间文学艺术作品的著作权保护办法由国务院另行规定。"但我国有关民间文学艺术作品著作权保护的具体办法尚在研究制定之中。其他方面的传统知识,包括传统医药的保护问题,则是从20世纪90年代中期开始才受到普遍关注,这在一定程度上受到印度的一些传统医药,在发达国家未加实质变动却取得专利权而引发的有关传统知识的案例的影响,许多发展中国家开始大规模倡导对传统知识给予恰当的保护。在创立世界贸易组织的过程中,印度曾提出将传统知识保护纳入世贸框架,世贸组织2001年多哈会议部长宣言也强调TRIPs理事会进一步致力于传统知识保护的必要性。世界知识产权组织也多次召开国际会议专门讨论知识产权与传统知识保护问题,并已于2000年成立了"关于知识产权和遗传资源、传统知识和民间文艺的政府间委员会"(GRTKFIC)。其他有关国际组织也对此问题开展了广泛的讨论和研究。

可见,在包括传统医药在内的传统知识的保护问题上,基本还停留在研究和探讨阶段,对于保护的目标、保护的范围和标准,如何保护等关键性问题还没有达成普遍的一致。因此,尽管少林传统药方可能属于探讨中应受保护的传统知识,在现阶段寄希望于传统知识保护机制显然是不现实的。

四、从专利保护的角度看

专利制度是世界各国保护发明创造的普遍的、有效的、成熟的制度,发明创造的权利人可以通过申请专利取得对其发明创造在法定期间内的独占实施权利,而为了促进发明创造,获得专利的技术方案可以对社会公众公开。一项发明创造只有具备新颖性,创造性和实用性的实质性条件才能被授予专利。这些实质条件体现了发明创造本身在技术上所达到的水平和本身属性。与本文探讨的问题直接相关的是新颖性要求,我国《专利法》第22条第2款规定:"新颖性,是指在申请日以前没有同样的发明或者实用新型在国内外出版物上公开发表过,在国内公开使用过或者以其他方式为公众所知,也没有同样的发明或者实用新型由他人向国务院专利行政部门提出过申请并且记载在申请日以后公布的专利申请文件中。"

少林秘传药方是少林医学千百年来实践的结晶,尽管其中可能不乏已经很普通的甚至落后的药方,然而其中可能也有很大一部分药方符合授予专利的条件,或者经过进一步的开发后而符合授予专利的条件。秘传药方一旦公开,则必然构成现有技术的一部分失去新颖性,从而失去了以专利保护药方的可能性。因此,为了有效地保护药方的知识产权,在公开之前,有必要对数量众多,内容繁杂的药方进行系统、全面、专业的清理和研究,以便加以区别对待。对于符合专利保护条件的,根据需要决定是否申请专利,而不能在条件不成熟的情况下盲目公开这些秘传药方。

五、加紧确立和实施商标战略

强化对秘传药方的知识产权保护，弘扬少林传统医药文化，保护少林传统医学的源头和正宗地位，就有必要在产业化过程中加大商标保护方面的工作力度，有条不紊地推进商标战略。通过对商标的认知，社会公众才能辨别实施药方而生产的产品来源于少林，而不是来源于其他非少林途径，避免非正宗来源的混淆。

实践当中这种蓄意混淆的试图早已开始，国内外都有大量的围绕"少林"或"少林功夫"等能与少林传统美誉搭上车的商标抢注行为发生，并已经产生了混淆和误解。虽然从诚实信用的角度讲，这种抢注行为具有不正当的动机，但却没有违反法律的规定。根据商标法的有关规定，"少林"或有关的用语不属于不得注册为商标的文字或图形符号的范围，也不属于缺乏显著性的标志。因此，完全可以注册为商标。很难说少林药局或相关组织对这些文字或设计在全球具有排他申请注册商标的特权，无法限制或禁止他人将其注册为商标。因此，面对实践中大量抢注商标的混乱情形，少林方面不宜卷入而奔波开展"商标保卫战"，可以考虑远离这些商标纷争，而基于少林传统文化的特点作出全新的商标设计注册商标，结合宣传广告，树立在全球全新的商标形象，这样，各地兴起的抢注"少林"商标的搭车策略必然不攻自破。

这里可能涉及一个如何认识商标价值的问题。可能会有人认为"少林"是少林传统文化的符号象征，是千百年的积淀，从而作为商标具有巨大的既得价值。事实上，商标的价值与商标区别不同的商品服务，及区分商品服务不同的提供者这一根本功能有直接的关系。商标的价值，一方面取决于它所标注的商品或服务的质量；另一方面取决于商品或服务提供者的信誉。少林以其少林传统文化正宗代表者的地位，一旦启用新的设计作为注册商标并对外界宣布和声明，这一商标将迅速使公众在有关产品和服务与少林之间建立对应性的联系，而抢注的商标也就失去了抢注时所期望的附加价值，甚至成为假冒的符号。这就起到了正本清源的作用。

保护少林秘传药方的知识产权是保护少林传统文化传承的重要组成部分，而保护少林秘传药方的知识产权是个系统的工程，应按照相应的规律确定方案并实施。在这方面，"少林药局"任重而道远。

知识产权与外商技术投资[*]

一、知识产权与《中外合资经营企业法》

从历史上来讲,《中外合资经营企业法》与知识产权是有密切联系的。在1978年年底,当改革开放的政策刚被采纳时,中国与外国公司间的技术转让谈判早已进行,但是由于中方缺少外汇而延迟了很长时间。外方在考虑了这些情况后指出,中国为什么不设立中外合资企业。中国政府因此开始考虑合资制度,经过深思熟虑和艰苦的工作后,中国历史上第一部合资企业法——《中华人民共和国中外合资经营企业法》于1979年7月1日在五届全国人民代表大会第二次会议上通过,并且在7月8日施行。

该法第5条规定:"合营各方可以以现金、实物、工业产权等进行投资。"这条同时也规定,外国合营者作为投资的技术和设备,必须确实是适合我国需要的现金、技术和设备,如果有意以落后的技术和设备进行欺骗,造成损失的,应赔偿损失。《中外合作经营企业法》第8条以及《外资企业法实施细则》第25条也规定,工业产权可以作为外商直接投资公司的投资。

二、何谓技术投资

技术投资是指用商标、专利以及技术作为合营企业的出资方式。《中外合资经营企业法实施条例》第28条规定,作为出资的工业产权或者专有技术,必须符合下列条件之一:(1)能生产中国急需的新产品或出口适销产品的;(2)能显著改进现有产品的性能、质量,提高生产效率的;(3)能显著节约原材料、燃料、动力的。由于作为出资的技术比现金和原材料要复杂得多,因此,在1997年,国家科学技术委员会和国家工商行政管理局联合颁布了《关于以高新技术成果出资入股若干问题的规定》(以下简称《高新技术规定》)。

三、关于工业产权是否可以作为投资的争论

关于工业产权是否可以作为投资的争论的实质,实际上可以说是对于知识产权是否

---

[*] 原载《高新技术知识产权保护——校企合作的实践和理论》,中国方正出版社2004年版。本文为郭寿康与韦贵红合著。韦贵红时为中国人民大学法学院博士生,现为北京林业大学副教授,法学博士。

可以作为经济意义的个人财产和不动产的论证。在改革开放的政策下，中国开始将知识产权作为一种具有经济意义的财产进行保护。然而，却在政府机构和学者间产生了激烈的争论。反对的主要理由如下：工业产权制度产生于资本主义国家，而在中国，大多数企业，公司，科研机构和其他组织都是国有的，属于全国人民，工业产权的独占权利不符合或者说与中国的社会主义本质不一致；另外，中国是一个发展中国家，并且在它和发达国家之间存有技术上的鸿沟，工业产权基本上保护的都是外国人的权利，而且外国的工业产权将会占有甚至完全占据中国的技术市场。❶

通过这场争论以及对改革开放新政策的仔细研究，同时也借鉴国外经验，越来越多的人开始支持中国建立保护知识产权制度，这一制度第一次在《中外合资经营企业法》第5条中得到体现，例如，工业产权可以作为投资。此后，《专利法》《商标法》《版权法》以及其他法律也先后得到颁布和实施。

四、《中外合资经营企业法》中对工业产权并没有实际上的最高额限制

在实施《外商直接投资法》的早期，曾经有一种说法——工业产权作为投资不能超过注册资本的20%。一些人甚至认为有这样规定的内部文件。实际上，并没有这样的条款和内部文件存在。

然而，在20世纪80年代，中国非常缺乏外汇，甚至连人民币也缺乏。如果技术投资在注册资本中占有很大比重，而中方又不能提供足够的现金和外汇，外商直接投资公司想顺利地运作是很困难的。在批准阶段，必然要考虑到上面提到的有关对知识产权投资的限制。

五、《公司法》对工业产权投资最大限额的规定

《中华人民共和国公司法》（以下简称《公司法》）在1993年12月29日第八届全国人大常委会第五次会议上获得通过，并于1994年7月1日起施行。

总结过去许多年的经验，《公司法》第24条规定："以工业产权、非专利技术作价出资的金额不得超过有限责任公司注册资本的20%，国家对采用高新技术成果有特别规定的除外。"

这里应当指出，上面所提到的条款同样适用于外商直接投资的有限责任公司。《公司法》第18条规定："外商直接投资的有限责任公司适用本法，有关中外合资经营企业、中外合作经营企业、外资企业的法律另有规定的，适用其规定。"目前，在外商直接投资的相关法律中还没有其他规定，因此，第24条应当适用于中外合资经营企业、中外合作经营企业、外资企业。

六、高新技术企业的最高投资额限制

正如上文所提到的，工业产权不得超过20%的限制，但有一个例外条款："国家对

---

❶ 郭寿康："中国专利法的起草与颁布"，载《国际工业产权与版权法杂志》（第16卷），1985年第4期，第369页。

采用高新技术成果有特别规定的除外。"根据这一特别条款，国家科学与技术委员会和国家工商管理局在1997年颁布了《关于以高新技术成果出资入股若干问题的规定》，在该规定中，20%的限制被增加到了35%。1999年，科技部和国家工商管理局颁发了《关于以高新技术成果作价入股若干问题的通知》，该通知规定："高新技术成果作价金额在500万元人民币以上，且超过公司注册资本35%时，由科技部认定。"这也就是说，如果该情况得到了科技部的认定，高新技术投资可以超过注册资本的35%的限制。

七、出资入股的高新技术

《高新技术规定》规定了作为出资入股的高新技术成果，应当符合下列条件：
（1）属于国家科委颁布的高新技术范围；
（2）为公司主营产品的核心技术；
（3）技术成果的出资者对该项技术合法享有出资入股的处分权利，保证公司对该项技术的财产权可以对抗任何第三人；
（4）已经通过国家科委或省级科技管理部门的认定。（国家科委、国家工商行政管理局，《高新技术规定》第4条）

八、技术评估

《中外合资经营企业法》规定，外国合营者作为投资的技术应当是先进的以及合营企业确实需要的。《中外合资经营企业法实施条例》在第25条规定，合营者可以用工业产权和专有技术出资，其作价应当确定；如果投资是以工业产权或者专有技术出资的，作价由合营各方按照公平合理的原则协商确定，或者聘请合营各方同意的第三方评定。

九、以高新技术成果作为出资的问题

《中外合资经营企业法》规定，外国合营者作为投资的技术，必须确实是合营企业需要的先进技术。问题是中方合营者有时对高新技术了解不够，而且对于什么是高新技术又无一个统一的标准，因此外方很有可能夸大其技术成果。

（一）对非先进技术作价过高

在一些合营企业里，对外方出资的高新技术的作价往往超过其真实价值，而且甚至超过其整个出资额的50%。而中方由于缺乏必要的知识，以及缺乏评估相关技术的国际标准，中方只能同意外方的作价金额。此外，《中外合资经营企业法实施条例》规定，外国合营者以技术作为出资的，其作价由合营各方按照公平合理的原则协商确定，或者聘请合营各方同意的第三者评定。然而，该法并未明确公平合理原则的具体标准，也没有明确评估的具体办法。因此，外国合营者利用中方在此方面上的知识欠缺是有可能的。

此外，当外国合营者已经决定将某一技术作为出资，并且合营合同已签订，该项技术也已经转化成资本形式，则该项技术就具有在合营企业中固定的价值。但是，新技术的寿命变得越来越短已成为一种必然的趋势。因此，合营企业必须面对的两难问题就是一旦技术转化成资本形式，外国合营者就有权与中国合营者一道分享利润。如果后来又

出现了更先进的技术，合营企业则要进行选择，要么放弃该技术并且要求外国合营者提供更先进的技术，要么继续使用该旧技术。

（二）以不合理的价格进行技术转让

当合营企业已经与外方依据法律签订了进口专有技术或者专利技术合同，则合同中一定会有有关使用技术付费的相关条款。实践中，外方通常有好几种方法要求其投资的合营企业以高价获取该技术。

第一种方法是先一次性付一笔定金，然后在合营企业开始赢利时，每年抽出一定比例的利润额。该定金不能从其分配利润的比例中扣除。

第二种方法是要求合营企业以一个很高比例的利润额来进行支付。通常，在合营企业开始赢利后，外方可获得总利润额的5%作为技术出资的回报。

第三种方法是要求合营企业在很长时间内，按照一个固定的比例付费。通常根据合同，外方可以在10年内每年获得一定比例的利润。但是，实践中，如果外方作为出资的技术允许其他中国合营者使用，而这项技术对合营企业又至关重要，这时外方如果不满意，就会离开合营企业，去另选合作伙伴。因此，他们通常会要求合营企业付费的时间超过10年。而即便该要求不合理，中方也别无选择唯有接受。

十、如何解决以上问题

正如上文所提到的，一旦技术转化为资本，需要该技术的合营企业只有在一定期间内按照固定的比例付费，而不论该技术是否过时。技术使用的时间越长，花费也就越多。因此，当技术作为出资时，不应当由外方单独作价，而应当由双方协商或者由第三方评估。合同中应当订立一个合理的总利润额的比例，作为付给外方技术出资的费用。上文所说的利润是指在技术投入使用后合营企业所获的利润。此外，在合同中也应当规定评估技术的方法，认证标准以及未履行合同规定提供的技术的违约责任。一旦中外双方的权利、责任写入合同，实践中的很多争端都可以避免。

实行专利制度　促进四化建设*

参加了两天的会，学到了很多的知识。我不作系统发言，仅就几个问题谈些意见。

(1) 有的同志认为，对科学技术的封锁保密和对科研成果的没有保护的状况不能再继续下去了，是否可以搞一个有偿技术转让的办法，不必搞专利制度。我认为，有偿技术转让的办法是比谁都可以无偿使用的"吃大锅饭"的办法进了一步。在我国没有实行专利制度以前，作为过渡的办法是必要的，但是毕竟不能从根本上解决问题。有偿技术转让有两种情况：一种是保护发明成果的产权，另一种是不保护这个产权，或者说不明确保护这个产权。如果明确保护产权，别人不能侵害，任何人使用都要支付费用，实际上这就是专利，就是在承认和保护产权的基础上实行有偿技术转让。如果不保护或不明确保护产权，就会带来不能解决的一系列的问题：

第一，公开的问题解决不了。不保护产权怎么能要求公开呢？如果公开了，别人学去就可以无偿地使用，发明单位的利益就要受到损害。

第二，技术封锁和保密的问题解决不了。现在这个问题越来越严重，反映也很强烈。因此，只强调有偿技术转让而不明确保护产权，公开的问题解决不了，要想解决这个问题也是不能办到的。

第三，避免科研大量的重复浪费的问题解决不了。因为相互封锁技术，互不知都在搞什么项目，人家早已经搞出来了你还不知道，以致把我国本来就有限的资金和力量的相当一部分，花在了科研的重复浪费上。

第四，第三者的侵害问题解决不了。因为科研成果的产权与一般产权不一样，在法律上称为无体财产权，看不见摸不着，只能经过审查确认你的发明确实合乎条件而加以公布，给予法律上的保护，任何人不得侵犯。有偿转让合同只对合同当事人有约束力，不能解决第三人的侵权问题。

因此，要从根本上解决问题，还是采取专利制度。在保护发明成果产权的基础上，再进行技术有偿转让。

(2) 有人主张，只在国内实行专利制度，对外不实行。这也是不妥当的。本来实行专利制度对内是鼓励创造发明，对外是便于技术引进和转让。对外不搞，就不能起到后一方面的作用。许多同志都谈到了这个问题，我不重复了。这里只讲两点：① 我国的声誉要受到影响。我国政府与美国政府签订了贸易协定。在《中美贸易协定》第6条

---

* 本文为专利法讨论会大会发言之十四。

就明确规定:"中美双方承认在其贸易关系中有效保护专利、商标和版权的重要性。"在我国《中外合资经营企业法》的第 5 条中明文规定:"合营企业各方可以以现金对实物、工业产权等进行投资。"前面有同志谈到,我们对合同历来坚持"重合同,守信用"的原则。合同不过是两个公司之间订立的,而条约、协定是我国政府与外国政府签订的。法律更是经过全国人民代表大会通过,公布于众,有目共睹的。如果我国以后只在国内实行专利制度,对外不实行,外国人提出,你们政府订立的协定算不算数?你们法律上明文规定的条款算不算数?我们有什么理由说得过去呢?② 现在《巴黎公约》成员国有 90 个国家,这 90 个国家当然都全部接受外国的专利申请。另外一些国家,如智利、哥伦比亚、利比里亚、秘鲁、苏丹、委内瑞拉、印度、科威特、巴基斯坦等,虽然没有参加《巴黎公约》但在本国的法律上都明文规定接受外国的专利申请。上星期,我请教一位外国朋友(世界知识产权组织副总干事,西德人),他是长期从事工业产权方面工作的,对国际工业产权情况十分了解。我问他:"全世界建立工业产权制度的国家有没有只在国内实行专利制度,对外不接受专利申请的国家?"他回答"一个也没有"。反过来说,接受外国专利申请而在国内实际上不搞专利的国家倒是存在的。如苏联实行的双轨制,去年批准的专利都是外国人申请的,苏联人都是取得发明人证书,取得专利的一件也没有。

(3) 对国际工业产权制度的估计。有的同志认为,国际工业产权制度现在已经日薄西山,离穷途末路不远了,这种说法没有事实根据的。我认为,国际专利制度现在是处于活跃和改革的阶段,而绝不是离穷途末路不远了。这从三个方面可以看出:① 各个国家的专利申请量和批准量,除个别少数国家外(另有原因),都是逐步上升的。批准量从十几万件、二十几万件直到 1979 年是 34 万件。在 20 世纪 60 年代的时候,对专利申请,许多国家的专利局就感到应接不暇。增加人员,提高效率也解决不了审查问题,积压很多,拖的时间很长。后来荷兰发明一个办法——"延期审查",这样缓和了一些。② 国际上的世界性公约和地区性公约近年来也有许多新的发展。如《专利合作条约》这样的国际公约,就搞了好几个。地区性专利公约如《非洲工业产权联盟》,欧洲一些国家签订了《欧洲专利条约》,成立了"欧洲专利局"等。这些国际组织和条约都是在 20 世纪 60 年代和 70 年代登上历史舞台的。当然,从长期的战略观点看,不但专利制度将来是要消灭的,而且资本主义也要消灭,国家、军队也要消灭。但是从短期几十年看,没有事实表明专利制度已经穷途末路了。③《巴黎公约》的斗争由来已久,从 1961 年就开始了,但真正开始研究修订是在 1974 年。今年春天,我参加了修订《巴黎公约》的外交会议,会议前后我翻阅了从 1974 年以来历次专家会议和筹备委员会的大量文件,没有发现有废除《巴黎公约》或专利制度的意见。参加这次会议的有 89 个国家,14 个政府间国际组织和十几个非政府间的国际组织。在这次会议上和会下交谈中也没有一个国家提出退出《巴黎公约》或者要求废除《巴黎公约》。为更多地照顾发展中国家的利益,有个基本方案,这个方案主要反映发展中国家的意见,要求修改的条款很多,与发达国家矛盾很大,斗争很激烈。今天时间有限,不能详谈,只能举一两个例子。如发展中国家提出的 A 条草案规定"发展中国家的国民在发达国家申请专利的费用要减半",B 条草案规定"发展中国家的国民在其他国家申请专利的优先权期限要延长一半"等。在会议结束前夕，七十七国集团的发言人加纳代表团长，代表发展中国家在大会上说："我们并不想一夜之间推翻这个有一世纪之久的古老公约。这就是为什么我们满足于提出一个14点的修订案。发展中国家集团所打算的是签订一个公平合理和平衡各方面利益的新公约。"据我们在会下接触，主张修订《巴黎公约》最积极的是南斯拉夫和印度，国际贸发组织也只是要求改革并不是要求废除。

（4）过去30年，我国的工业主要靠仿制，在将来一段时间内，从国内的现有技术水平看，还需要搞一些仿制。有的同志担心，我国实行专利制度后，国际上有几百万件专利，我们避不开，很发愁。我觉得这个问题与了解专利制度有关系。① 现在国际上的有效专利大约在350万件以上。这350万件专利是否避不开呢？其实一个也不用避，如果需要仿制，愿意仿哪个就仿哪个，因为这些专利都不是我国批准的专利，我们都不保护，将来也不可能保护，因为这些专利早已公开，也就丧失了新颖性，拿到我国申请，也不能得到批准。所以说，过去四五十年代的发明我们可以仿制，20世纪六七十年代的发明照样可以仿制，在法律上是允许的，不发生什么侵权的问题。② 80年代的专利怎么办？如果我国1985年1月1日开始接受外国的专利申请，而且在对等原则的基础上承认一年的优先权，这样1984年1月1日以前国际公布的专利照样可以仿制，只是1985年以后，在我国申请得到批准的专利，就要保护了。

我们实行专利制度，会有多少外国申请呢？昨天有同志建议要估计一下。我同意这个意见。估计当然不会很准，但也要有根据。我们就从去年的情况出发来分析一下吧。去年一年，全世界批准的有效专利是34万件，其中批准外国专利最多的国家是美国、西德和日本。美国批准外国申请的专利是18 248件、西德11 639件、日本2 241件。再者以苏联、东欧各国为例，苏联2 448件、捷克1 846件、波兰1 531件、罗马尼亚751件、东德1 629件、匈牙利845件。我们再看发展中国家，墨西哥1 790件、《非洲工业产权联盟》12个国家545件、肯尼亚98件、孟加拉83件、布隆迪1件、朝鲜1件也没有。从以上数字表明，如果我国实行专利制度，每年接受外国的专利申请绝不会超过美国、西德、日本这些国家，充其量也就是三四千件吧。要是具体分到我们近20个工业部，平均每个部有两三百件。按我国专利法草案规定保护17年，17年累积起来，每个工业部所面对的外国专利就会有几千件了。但是，那已经是2002年的事了。历史已经进入21世纪了。到那个时候，经过一代人的努力奋斗，中华民族的子孙，完全可以也应该在国际技术领域内与技术发达国家进行一番较量了。

综上所述，我认为我国应该实行专利制度，逐步开展工作，以利于促进我国的发明创造，以利于加快四化的进程。发言中错误和不妥之处，请大家批评指正。

中 文 部 分

《民法通则》与知识产权[*]

中华人民共和国成立以来，曾经先后三次起草民法。前两次民法起草工作，都因为现在已经为大家所知道的原因而中途停顿下来。一直到中国共产党十一届三中全会以后，社会主义的法制建设蓬勃发展，民法起草工作也同样逐步取得了进展。新中国成立后制定的第一部比较全面系统地调整平等主体的公民之间、法人之间、公民和法人之间的财产关系和人身关系的民事法律——《中华人民共和国民法通则》，由中华人民共和国第一届全国人民代表大会第四次会议于1986年4月12日通过，同日李先念主席明令公布，并于1987年1月1日起施行。

《中华人民共和国民法通则》（以下简称《民法通则》）的公布和施行是中国社会主义法制建设中的一件大事，同时对建立、健全知识产权领域中的法制也具有重要的意义。

首先，《民法通则》在中国历史上第一次用立法形式将知识产权制度确定下来。

据国外文献记载，知识产权的概念在人类法制史上产生较晚。它源于17世纪的法国，其倡导者是卡普佐夫（Carpzov）。到了19世纪后期，1883年缔结了《保护工业产权巴黎公约》，1886年缔结了《保护文学艺术作品伯尔尼公约》。1893年，保护工业产权巴黎联盟和保护文学艺术作品伯尔尼联盟的执行机构，联合组成了"保护知识产权联合国际局"（BIRPI），知识产权的概念得到了国际上的承认。1967年在瑞典首都斯德哥尔摩签订了《建立世界知识产权组织公约》，1974年12月，世界知识产权组织成为联合国系统下的一个专门机构，截至1986年1月1日，世界知识产权组织已经有了112个成员国，知识产权的概念也就日益获得国际上的广泛承认。

在中国历史上，尽管也曾经颁布过有关专利、商标和版权方面的法律和条例，但是无论在新中国成立以前还是在新中国成立以后，法律上从没有正式出现过知识产权的概念和用语，就是在法学书籍、杂志和辞典等学术性文献中也很少涉及知识产权的问题。中国最初接触知识产权问题，可以追溯到1973年。在那一年，中国国际贸易促进委员会的一个代表团应邀访问了世界知识产权组织在日内瓦的总部。中国共产党十一届三中全会以后，中国实行对外开放、对内搞活的政策，进行经济体制的改革，着手起草专利法和商标法并准备草拟版权法，同联合国世界知识产权组织以及国外有关组织机构之间的联系与交往日益频繁，从而也就逐渐熟悉了知识产权的概念和制度。后来，1980年3

---

[*] 本文为供苏州"非物质文化遗产保护"研讨会使用。

月 3 日，中国驻日内瓦代表处的大使向世界知识产权组织的总干事递交了中国政府的加入书，中国于 1980 年 6 月 3 日成为该组织的正式成员。至此，中国第一次在国际法和国际事务上正式承认了知识产权。

近年来，中国虽然在国内立法方面陆续制定并施行了《专利法》和《商标法》，并且正在加紧起草《版权法》，在某些法律和条例中还采用了工业产权的概念，但是在《民法通则》公布以前并没有在法律上使用过知识产权的概念和用语。近几年来第三次起草《民法》所形成的四个草案中，曾经出现过"智力成果权"。智力成果权的概念虽然在某些人看来可以包含发明、发现等他们认为在理论上不宜包括在知识产权中的制度，但是它却难以表明专利、商标和版权等属于无形财产范畴的特点。《民法通则》中没有采用"智力成果权"，而是明确使用了"知识产权"。在中国法制史上这是第一次用立法的形式正式承认并确定了知识产权的制度。

另外需要强调指出的是，《民法通则》在新中国法制建设的历史上第一次用立法的形式正式规定了著作权（版权）。

从中华人民共和国成立以来，除十年动乱期间外，国家和政府还是重视对著作权（版权）的保护的。新中国成立初期，1950 年 9 月召开的全国出版会议通过的《关于改进和发展出版工作的决议》中就指出"出版业应尊重著作权及版权，不得有翻版、抄袭、窜改等行为"，"在版权页上，对于初版、再版的时间、印数、著者、译者的姓名及译本的原书名称等，均应作忠实的记载。再版时，应尽可能与作者联系，进行必要的修订"。这个决议中还规定了稿酬办法和计算稿酬的标准。稿酬办法和标准后来又有了许多发展，一直延续到今天。1953 年，中央人民政府出版总署发出了《关于纠正任意翻印图书现象的规定》，其中明确指出"一切机关团体不得擅自翻印出版社出版的书籍、图片，以重版权"。1957 年，文化部起草了一个《保障出版物著作权暂行规定》，说明中提到，"凡在中华人民共和国境内出版的出版物，不问著作人国籍如何，均承认其著作权。中国公民在国外的出版物，在中国境内，其著作权仍受保护"。后来，由于众所周知的各种原因，这个暂行规定草案并没有正式公布施行。

中国共产党十一届三中全会以后，为了实行对外开放、对内搞活政策的需要，为了适应经济体制的改革，有关部门开始着手调查研究，并起草新中国第一个版权法。1985 年 8 月国务院批准成立国家版权局。该局局长在公开答记者问中明确了国家版权局主要任务之一就是"组织、起草版权法律和有关法令、规章，并负责监督实施"。国家版权局设立后"对内，主要是完成版权法的起草工作，作好立法准备工作"。[1] 在版权法公布施行以前，《民法通则》是新中国法制建设史上第一次用法律形式确定了对著作权（版权）的保护。

《民法通则》只有一条直接涉及著作权（版权），这就是第 94 条。按照该条规定："公民、法人享有著作权（版权），依法有署名、发表、出版、获得报酬等权利。"从第 94 条规定，我们可以分析得出几点重要的结论。

第一点是，著作权与版权尽管用语不同，但实质含义并无两样。在版权法史上，英

---

[1] 《人民日报》1985 年 9 月 13 日，第 3 版。又见《瞭望》杂志，1985 年第 37 期。

美法系国家通常使用"版权"（Copy-right），侧重于财产权利，作者的人身权利（也叫精神权利）则由版权法以外的其他法律来规定，因而法人也能够成为版权的主体。在欧洲大陆的法国、西德等国家则通用"作者权"（法语 Droit d'auteur，德语 Urheberecht）。它源于法国资产阶级大革命时的天赋人权学说，认为作品是作者人格的体现，既包括作者的财产权利，也包括其精神权利，从而只有个人才能成为作者权的主体。日本在建立版权法体系时，虽然是仿效欧洲大陆国家，但却使用了著作权。日本的用语对1910年清政府颁布的《大清著作权律》、1915年北洋政府颁布的《著作权法》以及1928年国民党政府颁布的《著作权法》都有直接影响。中华人民共和国成立后，在有关文献中既使用过著作权，也使用过版权。起草中华人民共和国继承法时，草案中原来使用版权，通过之前又改为著作权（《继承法》第3条）。著作权还是版权？两者含义有无区别？这在学术界曾经长期存在着不同意见。有人主张作者享有著作权，而由出版社享有版权。这显然是把版权与出版权混为一谈。出版社通常根据出版合同只享有出版权。未经特别授权，版权中的翻译权、改编权、广播权等等仍应属于作者或其他版权所有者。作者的人身权利如署名权等更不能转让给出版社。《民法通则》第94条明确了著作权与版权是指一件事情，两者实质含义并无区别，从而为长期争论不决的这个问题作出了法律上的规定。

第二点是，著作权（版权）的主体可以是公民，也可以是法人。中国著作权法（版权法）当然不是以天赋人权为思想基础，因而主体在理论上也不需要仅限于自然人。职务作品的版权，也可以法人为主体。

第三点是，著作权（版权）的内容既包括财产权利，也包括人身（精神）权利。《民法通则》第94条明确规定"依法有署名、发表、出版、获得报酬等权利"。因发表、出版而获得经济报酬属于作者的财产权利，而署名（包括署真名、署笔名或不署名）、是否发表以及怎样发表作品等则属于作者的人身权利（精神权利）。

再者，还应该注意到，《民法通则》明确规定，依法取得并受法律保护的专利权主体，可以是公民，也可以是法人；商标专用权的主体可以是法人、个体工商户和个人合伙（第95条、第96条）。

《专利法》规定，企业、单位可以成为专利权的主体，《商标法实施细则》第2条则规定依法登记的企业、事业单位可以申请商标注册。专利法和商标法都没有使用法人的概念。这样规定是完全可以理解的，因为当时的中国法律上还没有建立起正式的法人制度。

《民法通则》建立起完整的法人制度。第46条明确规定法人是具有民事权利能力和民事行为能力，依法独立享有民事权利和承担民事义务的组织。法人应当具备4个条件：（1）依法成立；（2）有必要的组织和经费；（3）有自己的名称、组织机构和场所；（4）能够独立承担民事责任。企业法人需经主管机关核准登记，取得法人资格。有独立经费的机关，从成立之日起即具有法人资格。具备法人条件的事业单位和社会团体，依法不需要办理法人登记的，从成立之日起具有法人资格；依法需要办理法人登记的，经核准登记才取得法人资格。企业之间或者企业、事业单位之间联营，组成新的经济实体，独立承担民事责任，具备法人条件的，经主管机关核准登记，取得法人资格。《民法通则》第 95 条明确规定公民、法人依法取得的专利权受法律保护，第 96 条规定法人、个体工商户、个人合伙依法取得的商标专用权受法律保护。因而，机关、企业、事业单位等组织，只有依《民法通则》取得法人资格的，才能成为专利权或商标权的主体，不能或没有取得法人资格的，则不能成为专利权或商标权的主体。专利法和商标法在将来适当的时候进行修订时，应该同《民法通则》中的有关规定一致起来。

对个体工商户的规定在《民法通则》第 26 条。按照该条规定："公民在法律允许的范围内，依法经核准登记，从事工商业经营的，为个体工商户。个体工商户可以起字号。"个体工商户的债务，个人经营的，以个人财产承担；家庭经营的，以家庭财产承担（《民法通则》第 29 条）。目前能够成为商标专用权主体的，不仅有以个人财产承担债务的个体工商业者，而且也包括以家庭财产承担债务的个体工商户。所以将来修订商标法时也应该同《民法通则》的有关规定一致起来。

《民法通则》还规定个人合伙可以成为商标专用权的主体。《民法通则》所规定的个人合伙"是指两个以上公民按照协议，各自提供资金、实物、技术等，合伙经营，共同劳动"。个人合伙的经营活动，由合伙人共同决定，合伙人有执行和监督的权利。合伙负责人和其他人员的经营活动，由全体合伙人承担民事责任。合伙的债务，由合伙人按照出资比例或者协议的约定，以各自的财产承担清偿责任。合伙人对合伙的债务，除法律另有规定外，原则上承担连带责任。所谓连带责任，是指在个人合伙不履行其债务时，合伙的债权人有权要求任何一个合伙人清偿合伙的债务，换言之，也就是任何一个合伙人都有义务向债权人清偿合伙所欠的全部债务。这只是就合伙的外部关系而言。就合伙的内部关系说，合伙人偿还合伙债务超过自己应当承担数额的，有权向其他合伙人追偿。在起草、公布《商标法》及其细则时，由于当时的历史情况，没有规定个人合伙可以成为商标专用权的主体。在将来修订《商标法》时，也应该同《民法通则》的有关规定一致起来。

总之《民法通则》在中国法制史上第一次用立法形式确定了中国的知识产权制度，也第一次用法律形式正式规定了中国的著作权（版权）制度。在专利权和商标权方面也有了进一步的发展。还应该注意到，《民法通则》中的公民、法人、民事法律行为和代理、民事权利、民事责任、诉讼时效以及涉外民事关系的法律适用等规定，对知识产权及其行使——如专利商标使用许可合同、出版合同、专利商标代理、侵犯专利权和商标权的民事赔偿等都有密切的关系和重要的意义。

中 文 部 分

民间文学艺术表达的法律保护模式研究*

民间文学艺术是人类社会重要的文化遗产，是经过历史沉淀的各个文化群体的智慧结晶，负载着一个群体的价值取向，也是人类经过漫长历史创造与积累沉淀而形成的宝贵财富。但是长期以来，民间文学艺术表达没有被给予适当的法律保护。随着科学技术的发展，特别是由于录音和录像技术、广播技术的迅速发展，使得对于民间文学艺术表达的商业利用日益普遍。在对民间文学艺术表达给予法律保护的问题上，从总体上看，发达国家和发展中国家处于截然不同的立场。

发达国家，一方面，因为大多数自身文化底蕴不深厚，民间文学艺术不发达，因此没有法律保护的迫切要求；另一方面，因为发达国家及其公民凭借其掌握的现代技术，记录、改编发展中国家的传统文化形式，并最终借助各种传媒手段向公众传播，从而可以赚取大量的金钱。所以，它们对于以法律保护民间文学艺术表达持反对或消极的态度。而许多发展中国家由于具有丰富的民间文学艺术资源，因此首先提出了保护民间文学艺术表达的主张。自20世纪50年代起，非洲、南美的一些发展中国家要求在国内法以及国际法层面建立一种特殊制度，以对抗对民间文学艺术表达的任何不适当的利用，尤其对抗那些由域外人士实施的、利用民间文学艺术表达赚取商业利益却不给予其发源地人民任何回报的利用。由于民间文学艺术表达的特殊性，50多年过去了，迄今国际上对于保护民间文学艺术表达的法律模式仍未能够达成一致。

一、民间文学艺术表达的特征

民间文学艺术表达对应的英文是"expressions of folklore"，在世界知识产权组织（WIPO）的一些文件中，它是与"traditional cultural expressions"互换使用的。WIPO在其出版物中解释道，"expressions of folklore"在许多国际文件以及国内立法中被广为使用，但由于一些国家认为"folklore"一词带有贬义，因此，WIPO使用"traditional cultural expressions"这个比较中性的词语，其与"expressions of folklore"作为同义词使用。[1]

---

* 本文供苏州"非物质文化遗产保护"研讨会使用，为郭寿康与万勇合著。万勇，时为中国人民大学法学院国际法学博士研究生，现为上海交通大学凯原法学院副教授。

[1] Intellectual Property and Traditional Cultural Expressions/Folklore, p. 2, WIPO Publication No. 913 (E).

WIPO认为民间文学艺术表达通常具有以下特征：

(1) 通过口传或模仿，世代相传。

(2) 反映某一群体（community）的文化和社会特征。

(3) 由群体的文化遗产的特有因素构成。

(4) 作者身份不明，并/或能够确认为属于本群体和/或其中的享有权利、承担责任或被许可使用的个人。

(5) 一般不是出于商业创作目的，而是作为宗教和文化表达的手段。

(6) 在本群体内逐步形成并不断地发展和再创造。❶

在同一出版物中，WIPO还对民间文学艺术表达进行了解释，传统文化表达/民间文学艺术表达是指：由具有传统艺术遗产特征的要素构成，并由某一国家的某一群体或者某些个人创作并维系，反映该群体传统艺术取向的产品（productions）。❷ 上述定义中，使用的是"productions"而不是"works"，体现出WIPO在对于民间文学艺术表达的保护上并不局限于《版权法》的保护模式，因为"works"（作品）是《版权法》上的概念。

民间文学艺术表达通常包括以下几种形式：

(1) 口头表达（verbal expressions），诸如民间传说、民间诗歌以及民间谜语等。

(2) 音乐表达（musical expressions），诸如民歌及器乐（instrumental music）。

(3) 行为表达（expressions by actions），诸如民间舞蹈、民间游戏、民间艺术形式以及民间宗教仪式。

(4) 有形表达（tangible expressions），诸如：① 民间艺术品，尤其是绘画、雕刻、雕塑、陶器、拼图、木制品、金属器皿、珠宝饰物、编织、刺绣、纺织品、地毯、服装式样；② 手工艺品；③ 乐器；④ 建筑形式。❸

二、国际社会为保护民间文学艺术表达进行的努力

国际上对于民间文学艺术表达的法律保护模式一直存有很大的争论。一些学者主张将民间文学艺术表达纳入现有的知识产权法律制度予以保护，另外一些学者则主张设立专门的（sui generis）法律制度加以保护。下面介绍国际上保护民间文学艺术表达的几

---

❶ Intellectual Property and Traditional Cultural Expressions/Folklore, p. 5, WIPO Publication No. 913 (E).

❷ Intellectual Property and Traditional Cultural Expresstons/Folklore, p. 6, WIPO Publication No. 913 (E).

❸ 该范围与WIPO和UNESCO共同制定的《保护民间文学艺术表达，防止不正当利用及其他侵害行为的国内示范法》第2条规定的范围是一致的。

次比较重要的尝试。❶

(一)《伯尔尼公约》

国际社会第一次尝试将民间文学艺术表达纳入版权法保护的体系始于 1967 年在斯德哥尔摩召开的修订《伯尔尼公约》外交会议。

修订《伯尔尼公约》实体内容委员会成立了一个工作组，来负责制定相关的建议以及决定"在公约的哪个地方规定民间文学艺术作品是最合适的"。工作组的建议除了六票弃权外，获得了全体缔约方的一致同意。修订成果体现在《伯尔尼公约》的斯德哥尔摩文本以及巴黎文本的第 15 条第 4 款中：

（a）对作者的身份不明，但有充分理由推定该作者是本同盟某一成员国国民的未出版的作品，该国法律得指定主管当局代表该作者并有权维护和行使作者在本同盟成员国内之权利。

（b）根据本规定而指定主管当局的本同盟成员国以书面声明将此事通知总干事，声明中写明被指定的当局全部有关情况。总干事应将此声明立即通知本同盟所有其他成员国。

值得注意的是，从该条款的字面来看，并没有明确提到"民间文学艺术"，而且似乎也可以包括那些并不是民间文学艺术表达的作品。但我们通过考察缔约历史，根据修订会议的意图，能够了解订立该条款的初衷是为了将民间文学艺术表达涵盖在《伯尔尼公约》的保护之内。❷ 不过此条款在国际上并没有获得广泛的实施，到目前为止，只有印度依据该条款指定了主管当局。❸

(二) 1976 年《突尼斯发展中国家版权示范法》

1976 年 2 月 23 日至 3 月 2 日，在 WIPO 和 UNESCO 的支持下，突尼斯政府召集了政府专家委员会讨论如何保护民间文学艺术表达。最终，该委员会通过了《突尼斯发展中国家版权示范法》（以下简称《示范法》）。❹《示范法》对"民间文学艺术"作出了如下的定义："在本国领土内由被推定为本国国民的作者或种族团体创造的，世代相传

---

❶ 本文只介绍了《伯尔尼公约》《突尼斯发展中国家版权示范法》以及《保护民间文学艺术表达，防止不正当利用及其他侵害行为的国内示范法》的相关内容。实际上，国际社会进行保护民间文学艺术表达所进行的努力并不止这些。还包括：1984 年，WIPO 和 UNESO 共同召集专家组，制定对于民间文学艺术表达给予国际保护的草案，最终以 1982 示范法为蓝本通过了一个条约草案；1996 年，WPPT 规定对于民间文学艺术表达的表演者提供保护；1998～1999 年，WIPO 发起在 28 个国家进行实地考察的活动；1999 年，WIPO 组织了保护民间文学艺术表达的区域性磋商会议；2000 年，在 WIPO 第 26 届大会上批准成立了"知识产权与遗传资源、传统知识及民间文学艺术政府间委员会"等。[资料来源：Intellectual Property and Traditional Cultural Expressions/Folklore, WIPO Publication No. 913（E）]

❷ *Model Provisions for National Laws on the Protection of Expressions of Folklore against Illicit Exploitation and Other Prejudicial Actions*, para. 9, Published by UNESCO, WIPO, 1985.

❸ WIPO/GRTKF/IC/5/3, Annex, p. 23.

❹ WIPO/GRTKF/IC/5/3, Annex, p. 24.

的，并构成传统文化遗产要素一部分的所有文学、艺术和科学作品。"❶《示范法》规定，民间文学艺术❷受到独立保护；从民间文学艺术演绎的作品被视为版权作品。此外，该示范法还规定，给予民间文学艺术以法律保护，没有固定（fixation）的要求，没有独创性（originality）的要求，而且保护期限也没有限制。

从上述规定可以看出，一方面，《示范法》是给予"民间文学艺术"以一种特殊的保护制度；另一方面，对于以"民间文学艺术"为基础的演绎作品仍然是按照一般的版权法保护。

（三）1982 年《保护民间文学艺术表达，防止不正当利用及其他侵害行为的国内示范法》

一直以来，WIPO 和 UNESCO 致力于寻找解决保护民间文学艺术表达的办法。这两个国际组织的秘书处共同召集了一个工作小组，负责草拟保护民间文学艺术表达的示范法以供各国国内法参考。草案几经修订，最终于 1982 年在政府专家委员会上被采纳，名称为《保护民间文学艺术表达，防止不正当利用及其他侵害行为的国内示范法》（以下简称"1982 年示范法"）。在 1985 年由 WIPO 和 UNESCO 出版的对于"1982 年示范法"的评论中提到，并不要求国家将该示范法的内容单独的制定一部法律，相反，它们可以作为国家知识产权法典的一章。甚至也不要求其必须由立法机构通过，也可以作为政府颁布的法令（decree）。❸ 该示范法为各国采用最适合本国实际情况的保护体系留有充分的余地。

"1982 年示范法"共有 14 条。第 2 条对于"民间文学艺术表达"进行了定义，并将之分为四类，这四种类型与上文提到的 WIPO 的分类是一样的。第 3 条规定："在不违反第 4 条的前提下，❹ 对民间文学艺术表达如果以盈利为目的，并在其传统或习惯范围之外进行下列使用，须经第 9 条第 1 款所指的主管当局授权：（1）对民间文学艺术表达的出版、复制及复制品的发行；（2）对民间文学艺术表达的公开朗诵、表演以及通过有线或无线传播，或任何其他形式的对公众的传播。"依据该条的规定，并不是所有的使用民间文学艺术表达的行为都需要得到授权，只有同时具备"以盈利为目的"以及"在其传统或习惯范围以外使用"才需要得到授权。也就是说，某种使用行为即便是以盈利为目的，但如果它属于传统或习惯范围以内的使用，则无须得到授权。另外，

---

❶ Tunis Model Law on Copyright for Developing Countries, Art. 8。

❷ 该示范法使用的就是"folklore"，而不是"expressions of folklore"。原因可能是因为在该示范法的定义中，已经将民间文学艺术限定为作品。

❸ *Model Provisions for National Laws on the Protection of Expressions of Folklore against Illicit Exploitation and Other Prejudicial Actions*, para. 26, Published by UNESCO, WIPO, 1985.

❹ 第 4 条规定的是例外，其具体内容为：（1）第 3 条规定不适用于下列情况：①为教育目的而使用；②在合理的使用范围内，在作者或作者们的原作中以例证（插图）的形式使用；③借鉴民间文学艺术表达以创作自己的作品；（2）第 3 条规定也不适用于对民间文学艺术表达的偶然使用，偶然使用特别包括：①在符合新闻报道目的的合理使用范围内，以摄像、广播或录音、录像方式使用时事中可见或可听到的民间文学艺术表达，以便进行时事报道；②在摄影、电影制片或电视制片中，收入了长久放置于公共场所的含有民间文学艺术表达的客体。

如果某种对民间文学艺术表达的使用,超出了传统或习惯范围并且以盈利为目的,即便它是由创造该民间文学艺术表达的群体中的成员使用,也需要得到授权。需要注意的是,该条没有规定对民间文学艺术表达的改编是否需要授权。

"1982年示范法"还规定,在一切向公众传播的印刷出版物中,均须以适当方式注明一切来源明确的民间文学艺术表达的出处,即指出所使用的有关表达出自的群体和(或)地理位置,但第4条第1款第3项以及第4条第2款不适用上述规定。❶ 作出此规定的目的,一方面是为了强化民间文学艺术表达与其来源的群体之间的联系,另一方面也有利于控制对于民间文学艺术表达的使用。❷

"1982年示范法"第6条规定,下列行为构成犯罪:(1)任何人故意(或过失)违反第5条第1款;(2)任何人故意(或过失)违反第3条;(3)任何人故意直接或间接欺骗性的标示展示于公众的表演或朗诵对象或手工制品,即其标示民间文学艺术表达来源于某群体,而事实上并非来源于该处;(4)任何人直接或间接公开使用民间文学艺术表达时,故意歪曲以致损害有关群体的文化利益。需要指出的是,第6条的英文标题是"offenses",国内有很多学者将之翻译为"违法行为"或"侵权行为",笔者认为是不准确的。因为该示范法第7条规定的是"扣押及其他行动",第8条规定的是"民事救济",从行文的结构来看,第6条应该是与第7条和第8条相并列的一种制裁措施——刑事制裁。此外,该示范法评论的第64段提到,对于上述规定的各种"offenses"的制裁应当依据各国的国内刑法。因此很明显,"1982年示范法"的制定者在第6条中规定的是犯罪行为。不过,该示范法也规定,实行刑事制裁并不影响民事救济。❸

"1982年示范法"值得我们关注的另一个条文是第10条,该条规定的是授权:(1)对于民间文学艺术表达的单独或者一揽子授权申请,应(以书面形式)向主管当局(或有关群体)提交;(2)如果主管当局(或有关群体)批准使用,则应按监管当局规定(或批准)的收费标准确定收费额。所收费用应用于发展和保护本国文化(民间文学)的目的;(3)申请授权的个人以及(或者)相关利益群体的代表对于主管当局作出的决定有权提起诉讼。❹

从上面的分析可以看出,"1982年示范法"对于民间文学艺术表达的保护是采取一种特殊的法律保护制度。该示范法第12条指出,本法并不限制或妨碍根据版权法对民间文学艺术表达实施的保护,也不限制或妨碍邻接权法、工业产权法、任何其他法律或

---

❶ 《保护民间文学艺术表达,防止不正当利用及其他侵害行为的国内示范法》第5条。

❷ *Model Provisions for National Laws on the Protection of Expressions of Folklore against Illicit Exploitation and Other Prejudicial Actions*, para. 56, Published by UNESCO, WIPO, 1985.

❸ 《保护民间文学艺术表达,防止不正当利用及其他侵害行为的国内示范法》第7条。

❹ 《保护民间文学艺术表达,防止不正当利用及其他侵害行为的国内示范法》第11条规定,反对主管当局(监管当局)作出的决定,可以向(某某)法院提起诉讼。

原文使用的是"appeal"一词,笔者之所以将之翻译为诉讼,而没有译为上诉,是因为在英美法中,请求法院对于行政机关作出的决定进行审查与请求上级法院对于下级法院作出的裁决进行的审查,都叫"appeal"。而在中国,只有请求上级法院对下级法院作出的裁决进行审查才叫上诉,而对于行政机关作出的决定不服,向法院提起的诉讼叫行政诉讼。

该国参加的任何国际条约对民间文学艺术表达的保护；本法也不以任何方式妨碍为维护和保环保民间文学而制定的其他保护形式。

三、《版权法》* 对于保护民间文学艺术表达的局限性

从上面的分析可以看出，尽管国际社会对于民间文学艺术表达的法律保护首先是在版权领域内进行的，但随后的一些国际文件却倾向于采取一种特殊的制度。其原因是因为将民间文学艺术表达纳入现有的《版权法》体系是存在一定困难的。这些困难既有提供积极保护（positive protection）方面的，也有提供防御性保护（defensive protection）方面的。❶

（一）提供"积极保护"方面的困难

1. 关于独创性的问题

作品要受到著作权保护，首先应当具有独创性。如何理解"独创性"，目前的国际条约以及国内立法都没有明确的定义。这应当由法院根据具体的案情来加以判断。尽管普通法系和大陆法系在这个问题上可能存在一些分歧，但两种制度都承认，如果存在某种程度的知识投入并且没有抄袭他人作品，则该作品即具有独创性。❷

而民间文学艺术表达是一种非个人的、连续的、缓慢的创作过程的产物。创作过程中的创造性活动是在一个特定的群体之中经过不间断的模仿而实现的。因此，版权法所要求的独创性，即体现作者的独特个性，在体现群体共性的民间文学艺术表达中是找不到的，因此其也就不能作为作品。❸

2. 关于作者的问题

版权不仅保护个体创作者，也保护集体创作者——如共同作者或者雇员。事实上，现代社会多个人共同创作一部受到版权保护的作品的现象越来越普遍。但无论如何，创作者是可以被确定的。

而民间文学艺术表达是特定群体内不特定的个人连续创作的产物，群体内的任何一个个人都可能对民间文学艺术表达的创作贡献了自己的智力成果。民间文学艺术表达是许多知名和不知名的个体共同创作的，根本无法找到一个版权法意义上的那种明确具体的具有独立法律人格的作者。由于民间文学艺术表达很难确定作者，因此很难用版权法对其加以保护。

3. 关于保护期限的问题

《版权法》对于作品的保护是有一定期限的。❹ 保护期的计算，对于自然人的作品

---

* 本文中使用版权这一术语并不表明是在英美版权法体系中讨论这一问题。在本文中，版权与著作权具有相同含义。

❶ WIPO/GRTKF/IC/5/3, Annex, p. 35~46.

❷ WIPO/GRTKF/IC/5/3, Annex, p. 37.

❸ WIPO/GRTKF/IC/5/3, Annex, p. 36.

❹ 按照大陆法系的著作权法理论，著作权由作者的精神权利和经济权利构成，对经济权利的保护是有一定期限的，而对于精神权利的保护则是没有时间限制的。而按照英美法系的版权法理论，版权是经济权利，有一定时间限制。

是作者终生加死后若干年；对于法人作品则是作品发表或者创作完成后若干年。

民间文学艺术表达的创作是一个漫长的历史过程，通常比《版权法》提供的保护期还要长。而且也无法判断它是何时创作完成，何时发表，因此《版权法》中的保护期无法适用于民间文学艺术表达。

4. 关于所有权（ownership）问题

《版权法》的"所有权"概念与原住民社区的习惯法规则是不一致的。版权指独占的、私有的个人财产权利。原住民隶属于复杂的规则和责任，在他们的世界里，存在的是使用权或管理权。《版权法》下的"所有权"概念与原住民的习惯规则中的"使用权"概念的区别，使得用《版权法》来保护民间文学艺术表达是存在困难的，例如有关许可的问题。在《版权法》下，作为版权所有者的某个原住民有权将其权利许可或者转让给第三方，但是在其习惯规则中，这种行为则是不允许的。❶

（二）提供"防御性保护"方面的困难

在提供"防御性保护"上，目前的版权法制度也存在很多局限性：

（1）尽管目前的版权法制度认为民间文学艺术表达进入了公有领域，但是人们可以通过改编民间文学艺术表达，获得对于演绎作品中"新的"表达的版权。

（2）即使某些民间文学艺术表达可以受到版权的保护，但是版权法规定的例外会损害原住民在习惯法下享有的权利。例如，大多数国家的版权法都规定，对于设置或者陈列在室外公共场所的雕塑或者手工艺术品，可以自由地进行摄影、绘画。但需要指出的是，对于某些作品进行公开展示所引起的后果在原住民艺术家中可能是不清楚的。另外，各国版权法通常还规定，允许公共图书馆、档案馆或者类似的机构复制文学、艺术作品，并对公众开放。这种做法可能会产生诸多文化问题以及损害原住民权利问题。❷

（3）版权不保护制造方法或者风格，然而传统产品的风格和制造方法是很容易模仿的。❸

四、对于中国保护民间文学艺术表达的立法建议

从上文的分析可以看出，用著作权法来保护民间文学艺术表达存在很多困难和局限。试图将民间文学艺术表达纳入现有的著作权法体系是"削足适履"，更可行的做法应当是对于民间文学艺术表达这个特殊对象"量体裁衣"，制定专门的法律制度加以保护。而国际社会在这方面已经有经验可以为我们所借鉴，比如上文提到的1982年《保护民间文学艺术表达，防止不正当利用及其他侵害行为的国内示范法》。笔者在借鉴国际经验并结合我国实际的基础上，拟提出如下建议。

（一）制定专门的法律制度

通过修改目前的法律，试图将民间文学艺术表达纳入现有版权法律体系内是困难的和不合适的。笔者建议制定专门立法，考虑到目前对于民间文学艺术表达的有关问题尚

---

❶ 例如澳大利亚的 Yumbulul v. Reserve Bank of Australia 案。
❷ WIPO/CRTKF/IC/5/3, Annex, p. 44.
❸ WIPO/CRTKF/IC/1/5, Annex Ⅱ, p. 7, 8.

有很大争议，因此由全国人大常委会通过法律似乎是很困难的。因此，更可行的办法是由国务院通过有关的行政法规予以规定。名称可以为《保护民间文学艺术条例》或者《促进民间文学艺术发展条例》等。之所以在标题名称中没有使用"民间文学艺术表达"，是因为国内大多数人对这个概念比较陌生，而更习惯使用"民间文学艺术"。在立法时，必须兼顾学术性与大众性，因此笔者建议，法律名称使用"民间文学艺术"，而在具体的条文中规定保护的对象是"民间文学艺术表达"。

（二）保护范围

建议借鉴上文提到的1982年《保护民间文学艺术表达，防止不正当利用及其他侵害行为的国内示范法》以及WIPO在其913号出版物中，对于民间文学艺术表达的保护范围所作的规定，即包括口头表达、音乐表达、行为表达以及有形表达。

（三）权利主体

确定民间文学艺术表达的权利主体，是为了明确界定权利的归属，这样既有利于鼓励、促进进一步发展和传播民间文学艺术，又能增强人们保护民间文学艺术的法律意识，加强权利主体对民间文学艺术保护的责任感。

笔者认为由国家作为权利主体并不合适。原因在于如果国家作为权利主体，则必定要授权有关的国家机关来行使相关的权利，在这种情形下，权利维护的效果总是不如由最具有利害关系的主体来行使更好。❶ 鉴于目前国有企业产权不明晰所造成的诸多负面影响，我们在对民间文学艺术表达的权利主体进行制度设计时，一定要小心谨慎。

笔者建议应赋予各有关的群体以权利主体的地位，但是国家可以再设立一个权利集体管理机构❷来代他们行使相关权利。经过有关群体的授权，该集体管理机构可以以自己的名义与使用者订立使用民间文学艺术表达的权利许可使用合同；向使用者收取使用费；向权利人转付使用费；进行有关的诉讼和仲裁等。另外法律还应规定，如果有关群体认为集体管理机构侵犯了自己的权利，有权提起诉讼。

（四）权利内容

建议借鉴"1982年示范法"作出如下规定：

（1）对民间文学艺术表达如果以盈利为目的，并在其传统或习惯范围之外进行下列使用，须经有关群体授权：① 对民间文学艺术表达的复制、发行；② 对民间文学艺术表达的公开朗诵、表演以及通过有线或无线传播，或任何其他形式的对公众的传播；③ 对民间文学艺术表达的改编。

（2）要求以适当方式注明出处的权利。为了强调民间文学艺术表达与其创造群体之间的联系，有效的控制和监督对民间文学艺术表达的使用，权利主体有权要求在传统或习惯范围以外使用民间文学艺术表达的人注明出处。

"以适当方式注明"有两方面的含义：一是指注明的方式要适当，不能破坏民间文学艺术表达的形象，例如不能要求在民间雕塑上注明出处，而应当允许通过另外的标示

---

❶ 如果无法确定民间文学艺术表达创作的主体，则可以由国家作为名义上的权利人，但是其从中获得的财产收益应当专门用于保护和发展民间文学艺术事业。

❷ 性质类似于目前的著作权集体管理机构，但其行使的权利不是著作权。

注明。二是指要正确注明，不能错误或欺骗地注明来源。

（3）禁止歪曲、滥用的权利。歪曲、滥用民间文学艺术表达是指任何以直接或者间接方式曲解、篡改、贬损和其他损害民间文学艺术表达的行为，这些损害行为会损害有关群体的思想感情、风俗习惯以及宗教信仰。权利主体有权对这些歪曲、滥用行为予以禁止。

对权利的限制以及例外的规定，建议借鉴上文提到的"1982年示范法"第4条的规定。

（五）保护期限

民间文学艺术表达的特点之一就是变异性，它总是随着时间的推移而不断变化的。民间文学艺术表达是由特定的群体在历史过程中逐渐积累而形成的，在其创造群体依然按照传统方式生产与生活的前提下，这种艺术将处于不断发展的过程中，因此任何有限期的保护都是不合理的。笔者建议对于民间文学艺术表达不应规定固定的保护期限，当然在用语上使用"给予永久保护"也不适宜。笔者认为，如果作为某一民间文学艺术表达创造者的群体经过若干年后消亡，或者被其他民族所同化而不具有其传统特征，在这种情况下，对于其创造的民间文学艺术表达就不应再给予保护。

（六）救济方式

一般而言，法律的救济方式包括民事救济、行政救济与刑事救济措施。但由于对于民间文学艺术表达所提供的法律保护是在行政法规中规定的，而根据《中华人民共和国立法法》，有关犯罪和刑罚只能由法律制定，因此条例只能规定民事救济以及行政救济。

应当指出的是，本文只是在法律框架内探讨如何能够更有效的保护民间文学艺术表达。而要真正弘扬民族文化，保护文化的多样性，仅仅依靠法律是不够的，它是一个系统工程，需要全社会的共同努力。❶

---

❶ 事实上，WIPO 也注意到了这一点，它在其出版物中多次提到，保护民间文学艺术表达，应当采用法律保护（protection）、保存（preservation）和维护（safegunrding）等多种方式。

"非违反之诉"与 TRIPs 协定*

"违反之诉"(non-violation complaints)是世界贸易组织(WTO)协定比较有特色的一项争端解决规则。在成员方协定利益存在"抵消或损害"(nullification or impairment)的情形下,作为受损害方根据争端解决规则提起申诉的一种诉由,在《关税与贸易总协定》(GATT)签订之初就规定在 GATT1947 第 23 条 1 (b) 中,经过 GATT/WTO 近 50 年的实践,通过专家小组和上诉机构的具体案件裁决得到一定限度的阐明,乌拉圭回合谈判将其适用领域又进一步扩展到《服务贸易总协定》(GATS)和《与贸易有关的知识产权协定》(TRIPs)。

依照 GATT1947 第 23 条第 1 款规定提起的申诉,其中(a)被称为"违反之诉",(b)被称为"非违反之诉",(c)被称为"情势之诉"。有时将(b)、(c)合并称为"非违反之诉"。GATT/WTO 争端的绝大多数是"违反之诉"(violation complaints),即一成员方指称另一成员方采取了不符合 WTO 协议规则的措施,从而对其贸易利益造成了损害。"但是,甚至在没有真正违反规则时,也可以提出起诉,而且起诉也可能被认定是有理由的,这就是'非违反起诉'。如果被起诉的政府采取的行动使起诉方的利益丧失或减损,而且起诉方可以证明它有理由期望根据 WTO 的某个协议获得这一利益,在这种情况下,就要适用正常的争端解决规则,除非不能强迫应诉方撤销这一措施"。❶

中国加入 WTO 后,至今还没有牵涉"非违反之诉",但是,在货物贸易和服务贸易领域面临"非违反之诉"的可能性是时刻存在的,知识产权领域的"非违反之诉"目前也不是完全不可能的,并且在关于 TRIPs 协定是否以及如何适用"非违反之诉"的讨论和谈判中也应表明相应的立场。因此,了解"非违反之诉"的适用问题是十分必要的。

开篇提到"非违反之诉"是 WTO 协定比较有特色的争端解决规则,所说的"特色"主要体现在如下几方面:(1)虽然没有违反协定的规定,却可能因此而承担责任,从责任来源的角度讲,似乎难以理解;(2)从规定的字面上理解,应该是一种实践中应用很广泛的诉因,但实际情况却并非如此,其实际适用范围不能仅仅从字面上去把握;(3)这是一个自始就争议很大的规则,而将其扩展适用于 TRIPs 协定,则引发了更

---

* 原载《中国知识产权发展战略论坛论文集》(2005 年),第 183~201 页。本文为郭寿康与左晓东合著。左晓东,天润置地集团副总裁兼法务总监,法学博士。

❶ WTO 秘书处编:《乌拉圭回合协议导读》(中译本),法律出版社,第 39~40 页。

大的争议。对这几点特色予以说明，则本文所要分析的主题的轮廓也就基本能凸显出来了。

一

GATT1947"非违反之诉"的概念源于20世纪30年代国际联盟系列经济会议有关贸易政策的讨论，以及同一时期主要是美国签订的双边贸易协定。

第一次世界大战后，各国政府在恢复经济的努力中，对贸易自由化的认识并不存在分歧。为落到实处，国际联盟于1920年设立的经济委员会主持了一系列讨论，主要目的之一就是促进签订贸易条约以降低关税，即所谓的"关税停战"（customs truce）。但达成此目的必须解决普遍存在的"间接保护"（indirect protection）问题，这样才不致使关税降低的利益被关税外的其他替代性措施所抵消。"间接保护"在当时不但十分盛行，而且花样繁多，因此，如何解决这一问题自然成为讨论中的关键。最初的设想是要先列出应予禁止的"间接保护"措施，但1933年的伦敦货币与经济会议否定了这个设想，因为各国逐渐认识到，全部列出此类措施是不可能的，于是决定以一个原则性的条款，即"公平待遇条款"（equitable treatment clause）来解决。❶ 在此背景下，美国代表Fred Nielsen为会议准备了条款草案，并被伦敦会议所采纳。在这个条款中第一次使用了"抵消或损害"的用语，形成了"非违反性抵消或损害"（Non-Violation Nullification or Impairment，NVNI）的概念。这一概念在美国其后的双边贸易协定中得到普遍推行，在此基础上，美国通过其提出的作为ITO谈判基础的"宪章建议稿"，使这一概念引入到ITO中，进而引入到GATT谈判中。有意思的是，美国在其建议稿中，仅意在使"非违反之诉"适用于ITO的"商业政策篇"，这样做的目的是计划将"商业政策篇"作为一个独立的协议，作为首轮关税减让谈判结果的协议框架。这一目的因GATT1947的先期临时生效而实现，从而美国将"非违反之诉"仅适用于关税减让情形的初衷昭然若揭。

回到前面提到的第一个特色，最初提出这一概念草案的美国代表Fred Nielson在其给美国国务卿的备忘中提到："从逻辑的角度看，更具体地讲，从法律解释原则的角度看，说由于未违反条约条款的行为损害了条约的目的，似乎有些自相矛盾。"❷ 但从其根源及被写入GATT的背景看，显然是为了维持关税减让承诺的实际利益或作用，从而使通过关税减让来促进国际贸易这一当时唯一可选择的途径不致落空，因此，关税减让利益的维持是"非违反之诉"的核心和整个设计的全部目的所在。GATT的根本目的是保护成员方间互惠关税减让，由于当时在国际贸易领域许多实体规则的缺失，名目繁多的"间接保护"措施可能会轻易地动摇GATT的根基，因此，以"非违反之诉"的设计防止成员方利用非关税壁垒或其他政府措施抵消关税减让带来的利益。"日本消费胶

---

❶ James P. Durling & Simon N. Lester, *Original Meanings and The Film Dispute: The Drafting History, Textual Evolution, and Application of the Vonviolation Nullification or Impairment Remedy* Geo. Wash. J. Int'l L. & Econ. Vol. 32, p. 217~222.

❷ James P. Durling & Simon N. Lester, p. 213~214.

卷和相纸案"的专家组对此曾明确指出:"第23条1(b)的目的是,通过对 GATT 规则没有规定,但却抵消或损害一成员方关税谈判合法预期利益的政府行为予以调整,保护 GATT 的减让平衡。"❶

二

"非违反之诉"如从字面理解,与"违反之诉"相对应、并列,似乎"违反之诉"之外的情形均包含在其中,适用范围应很宽泛。但事实上,在 GATT 争端解决历史上,仅有8个案件的专家组报告实质性地涉及"非违反之诉",其中3个案件的"非违反之诉"获得支持,通过了专家组报告;两个案件中专家组报告支持了所提出的"非违反之诉",但报告未获通过;其余3个案件中"非违反之诉"没有得到支持。自 WTO 以来,仅有一个案件的专家组报告实质性地涉及"非违反之诉"。❷ 与 GATT/WTO 历史上共300多个案件相比,"非违反之诉"是极少量的。虽然从字面上看不出这层意思,但从条款的设定背景和目的看,起草者们并没有将"非违反之诉"视为常例,本意是要将其作为特例对待,这一层意旨随着国际贸易政策规则化范围的扩展而日渐清晰。在"日本消费胶卷和相纸案"中,专家组非常明确地表达了这一精神:"虽然非违反之诉救济是 WTO/GATT 争端解决中一个重要的、被接受的手段,并已'载入书本'近50年,我们注意到只有八个案件专家组报告实质性地对第23条1(b)申诉进行了裁判。这表明,无论是 GATT 缔约方还是 WTO 成员方均谨慎地适用该救济措施,并实际上将其视为例外的争端解决工具。我们注意到,在这一点上,欧盟油菜子案及本案中的欧盟和美国均确认'非违反抵消或损害'(NVNI)救济应谨慎适用,并应视为例外性的概念。理由很简单,成员方谈判议定其同意遵守的规则,只例外地因未违反这些规则的行为而受到挑战。"❸

毕竟"非违反之诉"的规定字面含义宽泛,规定模糊,上述例外对待的原则只能通过具体案例予以体现,因此,通过专家组的判例裁决,基本确立了"非违反之诉"的构成要素,主要包括:(1)存在一成员方政府的措施;(2)申诉方在谈判时无法合理预期会实施前述措施,或从另一个角度讲,对一成员方的减让存在合理预期的利益;(3)该利益因上述措施受到抵消或损害,即上述措施不利地打乱了减让所确立的产品间的竞争关系。

日本消费胶卷和相纸案(Japan Measures Affecting Consumer Photographic Film and Paper)是 WTO 第一个"非违反之诉"案件,虽然美国提出的"非违反之诉"没有得到支持,但专家组报告对"非违反之诉"进行了较为全面细致地论述,包括"非违反之诉"的目的、构成要素、举证责任、证明标准等,这是专家组在总结 GATT 以往实践的基础上对"非违反之诉"的理解。对专家组的这些理解还存在很多争议,值得专门进行讨论,超出了本文的范围。但是,通过对本案事实的大致了解,有助于更具体地认识

---

❶ *WTO Panel Report*,WT/DS44/R.
❷ WTO,IP/C/W/124,p.9.
❸ *WTO Panel Report*,WT/DS44/R.

"非违反之诉"的含义。

1996年9月20日,美国根据WTO争端解决谅解第4条及第6条的规定,请求设立专家组,以解决其与日本间有关消费胶卷和相纸的争端。美国认为,日本的某些法律、法规、要求和措施影响了进口到日本的消费胶卷和相纸的分销、允诺销售和国内销售,对美国应从日本在肯尼迪回合、东京回合、乌拉圭回合所做的消费胶卷和相纸关税减让中取得的合法预期利益造成抵消或损害,因此依照GATT第23条1(b)的规定提起"非违反之诉"。❶

美国在申诉中提出的对其利益造成抵消或损害的日本政府措施共有21项,大体分为三类:(1)分销措施:鼓励和便利形成一种消费胶卷和相纸的市场结构,这种市场结构使进口胶卷和相纸被排除在传统分销渠道之外;(2)大型零售商场法:通过限制大型零售商场的设立,限制了进口消费胶卷和相纸替代性分销渠道的发展;(3)促销措施:通过限制促销而使进口消费胶卷和相纸在市场上处于不利地位。美国认为,日本的这些国内措施虽然并没有违反GATT的规定,但对其在关税减让谈判中的预期利益产生抵消或损害,因此符合"非违反之诉"的成立条件。专家组报告认定美国提出的"非违反之诉"不成立。

前面提到,"非违反之诉"字面上看来范围很宽泛,但事实上却是作为例外来掌握的,因此,无法望文生义地理解。这里选择美国申诉的其中一项措施——"大型零售商场法",来进一步认识这一点。

日本国会于1973年10月1日通过"大型零售商场法",1974年3月1日起生效。该法主要是对大型零售商场的设立予以监控。根据该法的要求,新的大型零售商场计划完工和开张前12个月,须向有关部门提交通知,有关部门就该商场是否适用该法规定的程序作出通告,商场只能在此通告7个月后才能开业。向有关部门提交前述通知后的4个月内,必须向有关部门、地方商会、当地零售商或其协会、消费者就商场设立的计划进行解释。商场开业前至少5个月,必须向有关部门提交通知,该有关部门确定新商场的设立是否可能对中小零售商产生重大影响,如果是,则有关部门可要求减少商场面积及/或推迟开业时间。美国认为,大型零售商场更乐于销售进口消费胶卷,因而是进口消费胶卷和相纸重要的分销渠道。"大型零售商场法"限制、制约了新的大型商场的设立,从而限制了进口消费胶卷和相纸的另一分销渠道的发展。

专家组认为,构成"非违反之诉"应符合三个要素的要求,即被诉方政府实施某项措施、申诉方具有合法预期利益、损害及因果关系。就"大型零售商场法"而言,第一个要素是具备的,它属于日本政府实施的一项措施;关于合法预期利益,美国认为其源自日本消费胶卷和相纸关税减让(肯尼迪回合、东京回合、乌拉圭回合)对市场准入改善的合法预期,而专家组认为,从实施措施和关税减让的时间看,美国仅对源自肯尼迪回合的关税减让有改善市场准入的合法预期;关于损害和因果关系,专家组认为"大型零售商场法"并不是特别针对某一具体产品或某一来源的产品,因此,并未破坏进口及国产消费胶卷和相纸的竞争关系,不存在损害。因此,专家组裁定,美国提出的

---

❶ *WTO Panel Report*, WT/DS44/R.

"非违反之诉"不成立。

三

"非违反之诉"自订入 GATT 之日起,对其是否适当及存废就存在激烈的争论。

在"非违反之诉"的规定基本定稿的 ITO 日内瓦谈判会议上(1947 年夏),南非代表坚决反对"非违反之诉"的规定,认为对实施不违反条约但抵消或损害利益的措施的缔约方,以制裁作为救济手段似乎构成了以前不存在的新义务,对于违反义务的情形给予制裁是没有问题的,但对非违反抵消或损害的情形,采取磋商的方式就足够了。谈判中,美国及澳大利亚针对这一情况,对"非违反之诉"的规定作了进一步的范围限定,但南非代表 J. E. Holloway 博士并不接受,其最后发表的声明很经典,代表了"非违反之诉"订入 GATT 之际的反对声音:"主席先生,我想要说明的是,在所能作出的所有含混、模糊的惩罚性规定中,在我看来此为之最。据我看来,它所表达的意思是:在这个充满罪恶的世界上,有一些罪恶是我们还没有发现的,而且经过漫长的审查后我们仍无法界定。但既然存在这样的罪恶,如果发现它是什么,并且有人犯下了这种罪恶,我们将对其施以一定的惩罚。回到非违反抵消或损害上来,只有当 ITO 认为这是严重的犯罪,而不是轻微的过错时,我们才将其定性为罪恶,但我们不知道 ITO 在何种情形下可能会认定其是严重的。然而,考虑到存在这种罪恶,虽然我们还不知道它们到底是什么,也不知道在何种情形下将对其施以惩罚,我们仍要提供一种模糊的'达摩克利斯之剑',悬于可能犯下此种罪恶的人们头上。再来看整个条款中唯一确定的东西:对触犯者所施与的惩罚。主席先生,在我看来,这就好像皮兰德娄的剧作'六个主人公寻找作者',只是正好相反,这里是一个惩罚找寻六种罪恶!"❶

争论归争论,"非违反之诉"还是订入了 GATT 中,将没有停止的争论留给了学者们。但 WTO 进一步将"非违反之诉"扩展至 TRIPs 协定,则引发了成员方之间关于"非违反之诉"应否适用于 TRIPs 协定的新一轮争论。

四

TRIPs 协定第 64 条规定:

(1) 由《争端解决谅解》细化和实施的 GATT1994 第 22 条和第 23 条的规定,应当适用于本协定项下的磋商和争端解决,除非本协定另有规定。

(2) 自本协定生效之日起 5 年内,GATT1994 第 23 条第 1 款第(b)项和第(c)项不适用于本协定项下的争端解决。❷

---

❶ Robert E. Hudec, "The GATT Legal System and World Trade Diplomacy" (Kluwer Law and Taxation Publishers, 1997) p. 42.

❷ GATT1994 第 23 条第 1 款规定:"1. 凡任何缔约方认为,它依本协定直接或间接享有的利益受到抵消或损害,或者本协定的任何目的的实现受到妨碍,而这是由于:(a) 另一缔约方未履行其在本协定中承担的义务;或 (b) 另一缔约方实施的任何措施,不论其是否与本协定相冲突;或 (c) 存在任何其他情况。该缔约方为使问题获得令人满意的调整,得向它认为有关的一个或多个缔约方提出书面陈述或建议,任何被涉及的缔约方应对向它提出的陈述或建议予以同情的考虑。"

（3）在第 2 项规定的期限内，TRIPs 理事会应当审查按照本协定提出的，属于 GATT1994 第 23 条第 1 款第（b）项和第（c）项规定类型的起诉的范围和方式，并提出交部长会议批准的建议。部长会议批准此种建议或扩展第 2 项规定期限的任何决定，只能经协商一致后通过，经批准的建议应当对所有成员生效，无须其他正式接受程序。

TRIPs 协定关于"非违反之诉"适用及限制适用的规定体现了谈判当中对此问题的争议，表达了这一争议并没有取得最终一致意见的实际谈判情况。

事实上，直至 1989 年，多数发展中国家仍反对将知识产权纳入乌拉圭回合谈判。关于争端解决，发展中国家的想法是将知识产权问题排除在新的争端解决机制之外，主要原因一是对于将知识产权纳入统一的争端解决机制的后果还不清楚，二是担心损害到国家主权。这是 TRIPs 争端解决问题谈判的背景。另外，TRIPs 争端解决问题很大程度上取决于乌拉圭回合谈判的整体结果如何履行及其机构框架的设定，在后一问题明朗化之前，难以就争端解决问题进行实质性谈判。因此，1990 年布鲁塞尔草案仍没有就争端解决问题提出明确的规定，而只是提出了三项可能的选择。直到 1991 年 12 月，有关机构框架问题才初步明朗，即设立"多边贸易组织"（MTO），并适用统一的争端解决机制。因此，1991 年 12 月的"邓克尔文本"（Dunkel Draft）关于 TRIPs 争端解决问题的规定与 TRIPs 第 64 条第 1 款基本一致，但注明可能会根据 MTO 统一的争端解决备忘的最后结果予以修改。可见，由于特定的原因，此前一直没有在谈判中具体涉及 TRIPs 有关"非违反之诉"问题。到了 1992～1993 年法律起草小组期间，这个问题才开始凸显出来。一些国家反对将"非违反之诉"纳入 TRIPs 中，认为 TRIPs 协定主要规定了知识产权保护的最低标准，而不是市场准入协定。发展中国家担心"非违反之诉"会导致知识产权保护水平的提高，发达国家中也有支持这一立场的，如欧盟。欧盟当时在视听产品方面设有市场准入限制，因此担心美国会提起"非违反之诉"。争论方没有达成实质性一致意见，而乌拉圭回合接近尾声的谈判又不可能因这个具体问题而拖延，最后作为一个折中方案，在 TRIPs 第 64 条中又增加了第 2 款、第 3 款两款，规定在 5 年内，TRIPs 不适用"非违反之诉"，责成 TRIPs 理事会在这一期间提出 TRIPs 如何适用"非违反之诉"的建议，以便部长会议批准。❶

事实证明，这个折中方案把棘手问题的解决留给了未来。五年期届满时，并没有按预想的方向使这一问题得到彻底解决，相反却引起了旷日持久的争论。这里首先不可避免要面对的问题就是，如何理解 TRIPs 协定第 64 条第 2 款、第 3 款的规定及其对第 1 款的影响。

TRIPs 协定第 64 条第 1 款首先明确，"非违反之诉"应适用于 TRIPs 协定的磋商和争端解决，但不是无条件的，而要受到第 2 款、第 3 款"另外规定"的限制和制约。

第一个限制规定，在 WTO 协定生效后的 5 年期间内（即 2000 年 1 月 1 日前），"非违反之诉"不适用于 TRIPs 协定。结合第 1 款的规定，似乎表明，一旦该期限届满，"非违反之诉"就应自动适用于 TRIPs 协定。而第 3 款特别强调对该期限的延展必须经部长会议一致通过，则加强了前述有关期满自动适用的观点。持这种观点的主要是美国

---

❶ WTO，IP/C/W/124.

和瑞士。瑞士的态度相对缓和，认为5年期满后，"非违反之诉"就应适用于TRIPs协定，但不反对讨论"非违反之诉"的范围和方式，并务实地同意为此而延长期限。美国的态度比较强硬，认为5年期限本身就是乌拉圭回合谈判中相互让步的结果，不能进一步延长，否则谈判形成的均衡将被打破，同时，也没有必要讨论"非违反之诉"的范围和方式，因为GATT1994和DSU已规定得很清楚。[1]

第二个限制规定，TRIPs理事会应在第2款规定的期限内就TRIPs协定适用"非违反之诉"的范围和方式提出建议，经部长会议一致通过。这表明，"非违反之诉"应按照部长会议一致通过的范围和方式适用于TRIPs协定，即"非违反之诉"如何适用于TRIPs协定取决于部长会议的一致同意。

第64条的起草者在规定第2款、第3款时只考虑了一种可能，即在规定的期间内，将会就"非违反之诉"的范围和方式达成一致意见，没有考虑到如果没有如期达成一致意见，将如何处理。而没有考虑到的情形恰恰成了现实。这样，TRIPs协定第64条第2款、第3款规定的矛盾就凸显出来了：一方面，5年期限未能延长，则"非违反之诉"应适用于TRIPs协定；另一方面，未就如何适用"非违反之诉"达成一致，则"非违反之诉"无法适用于TRIPs协定。就这个问题，我们认为，前述的两条限制应该是叠加的关系，即使5年期届满，但如果部长会议没有一致通过"非违反之诉"适用的范围和方式，TRIPs协定第64条第1款就无法适用。仅仅5年期限届满这一事实，不能使"非违反之诉"自动适用于TRIPs协定，否则就等于将部长会议的权力赋予了争端解决专家组。"印度药品和农业化学产品专利案"的上诉机构在其1997年12月的报告中注意到了这个权力分配的问题："TRIPs协定争端解决是否适用'非违反之诉'是一个仍需由TRIPs理事会根据协定第64条第3款决定的问题，而不是通过专家小组或上诉机构的解释来解决的问题。"[2]

至2000年1月1日，TRIPs协定第64条规定的5年期限届满，但TRIPs理事会未能向部长会议提出"非违反之诉"范围和方式的建议。2001年多哈部长会议决定延长该期限，要求TRIPs理事会继续审议TRIPs协定"非违反之诉"的范围和方式，并向部长会议第五次会议——2003年9月坎昆会议提出建议，而在此期间，成员方同意不提起TRIPs协定"非违反之诉"。但这次延期仍没有达成预期。为此，2004年8月总理事会"关于多哈谈判工作程序的决定"再次延长该期限至部长会议第六次会议。

WTO协定生效至今已10年，但TRIPs协定"非违反之诉"问题仍没有得到解决，这从侧面反映出成员方在这个问题上存在很大的分歧。由于TRIPs理事会至今未能向部长会议提出建议，因此，对这个问题的实质讨论一直停留在TRIPs理事会会议的层面上。在1995年3月TRIPs理事会第一次会议上，曾有代表建议将"非违反之诉"问题列入理事会工作计划，但直到1998年年底，TRIPs理事会才开始讨论这个问题，一直持续至今。大体上可以将TRIPs理事会的讨论划分为三个时期：一是2000年1月1日之

---

[1] WTO，IP/C/M/21~30.
[2] WTO，WT/DS50/AB/R.

前，二是 2001 年 11 月多哈会议延期前，三是 2004 年 8 月延期决议前后。❶

第一个时期的讨论是在面临着 TRIPs 协定规定的 5 年期限即将届满的情形下进行的，虽然并没有就"非违反之诉"的范围和方式本身进行实质性的讨论，但基本显露出了成员方的三种不同立场：（1）以韩国和加拿大为代表，认为 TRIPs 协定与 GATT 不同，不是有关市场准入的协定，而是规定了知识产权保护的最低标准，因此担心适用"非违反之诉"的范围很难确定，也担心会损害成员方立法方面的主权，倾向于不应适用"非违反之诉"；（2）以美国为代表，认为 TRIPs 协定应适用"非违反之诉"，而且没有必要进一步讨论"非违反之诉"的范围和方式；（3）认为考虑到 TRIPs 协定的特点，应进一步讨论确定适用"非违反之诉"的范围和方式。

第二个时期的讨论是在 TRIPs 协定规定的 5 年期限届满的情形下进行的，欧盟提出了仍应继续讨论的建议，并且该建议得到理事会的事实认可，围绕着 TRIPs 协定的特点，就适用"非违反之诉"的范围和方式本身进行了较为实质性的讨论。以欧盟为代表，提出确定"非违反之诉"的范围和方式，应考虑两个因素：一是 TRIPs 协定不是市场准入协定，二是 WTO 各协定间的协调性。以韩国、加拿大、墨西哥为代表，按照 GATT 有关"非违反之诉"构成要素的框架，结合 TRIPs 的特点对 TRIPs 协定适用"非违反之诉"的范围和方式提出建议。这一时期的讨论避开了 TRIPs 协定是否应适用"非违反之诉"这个前提性的争点。

第三个时期的讨论是在 TRIPs 协定规定的期限两次延期，面临向部长会议提出具体建议的压力的情形下进行的。这一时期讨论的特点是再次回归到 TRIPs 协定是否应适用"非违反之诉"这一根本问题上，并基本形成两派对立的立场，一是绝大多数国家主张 TRIPs 协定不应适用"非违反之诉"，二是少数国家（美国和瑞士）主张 TRIPs 协定应适用"非违反之诉"。

从 TRIPs 协定第 64 条起草的历史看，"非违反之诉"的订入是在 WTO 协定适用统一的争端解决机制这一原则下形成的，谈判中没有充分考虑到 TRIPs 协定的特殊性，而在最后出现分歧意见时，仅以第 2 款、第 3 款作为临时解决措施。重新考虑第 64 条的适当性是应该的，TRIPs 协定是否适用"非违反之诉"是个不能回避的问题。我们认为，TRIPs 协定不适用"非违反之诉"的理由是正当的：

（1）支持适用"非违反之诉"的理由认为，由于 TRIPs 协定有助于减少市场扭曲，因而属于市场准入协定；TRIPs 协定是 WTO 协定的一部分，适用"非违反之诉"不会影响 WTO 协定的整体协调性；不适用"非违反之诉"将会打破乌拉圭回合谈判形成的平衡。但是，并没有从正面提出适用"非违反之诉"的必要性，也无法提出必须适用"非违反之诉"的可能情形。总之，到目前为止，尚没有提出令人信服的理由。

（2）TRIPs 协定与 WTO 其他协定不同，不是解决市场准入问题的协定，因此，不存在成员方间权利义务的交换，而只是规定了知识产权保护的最低标准，因此，很难确定与 GATT "非违反之诉"中相对应的"利益"，成员方间的权利、义务平衡已充分体现在 TRIPs 协定的各项规定中，这种平衡通过严格执行 TRIPs 协定就可得到充分保护。

---

❶ WTO, IP/C/M/21~30, IP/C/M/32~40, IP/C/M/45.

而 TRIPs 协定也明确规定，成员方没有义务提供更高水平的保护。"非违反之诉"产生的历史也表明了它的特定目的，不适合移植到其他类型的协定中。

（3）TRIPs 协定适用"非违反之诉"会影响到 WTO 各协定间的整体协调性，可能使得一个协定下正当的权利在另一协定中通过"非违反之诉"受到否定。

（4）TRIPs 协定体现了知识产权权利人、使用人、社会公众间的一定利益平衡，这也是知识产权制度需谨慎处理的重大关系。而适用"非违反之诉"可能会使权利人的地位得到额外加强，从而影响了上述预定的平衡。

（5）TRIPs 协定的宗旨很大程度上涉及公共健康、技术转让、环境保护等重大的公共利益问题，牵涉许多对社会经济利益至关重要的领域中的立法问题，适用"非违反之诉"不但使 TRIPs 协定中的各种灵活性规定的适用受到限制，也会更多地影响到成员方的立法主权。

TRIPs 协定第 64 条本身是个有问题的条款，"非违反之诉"是否适用、如何适用的问题需要得到解决，否则协定的可预见性必将受到影响。目前各成员方的立场比较清晰，但取得实质性突破的难度还是比较大的。正如 TRIPs 协定本身的谈判一样，可能需要通过在一个整体谈判中综合平衡各种利益而得到一揽子解决。但这个问题自 1995 年至今已逾 10 年未获实质性进展，表明成员方还没有真正感受到其现实的迫切性，在这种情形下，为解决这个问题而减少自己在其他方面的谈判筹码是有难度的。这样看来，争取在 WTO 本次回合谈判中寻找到搭车解决方案是相对比较可行的。

中国的知识产权教育*
——发展与前景

一、中国知识产权教育的发展

旧中国经济文化落后,专利法、商标法和著作权法极不发达,在大学的课堂上甚至没有提到过"知识产权"或"工业产权"等法律概念,就更谈不上具有一定规模的知识产权教育了。新中国成立以后,实行严格的计划经济体制,法制建设发展迟缓,为数很少的有关知识产权方面的立法几乎没有或者不能发挥应有的作用。直到1973年11月,中国代表团访问世界知识产权组织(WIPO),新华社的报道中才第一次出现了"知识产权"这个词汇。我国知识产权的教学与研究是在党的十一届三中全会实施改革开放的新政策以后,伴随着知识产权制度的建立与发展而逐步开展并繁荣起来的。

(一)知识产权研究的肇端

在中国实施改革开放政策之初,知识产权教学与研究的情况是研究先行、教学随后。知识产权方面的学术研究与立法工作的开展紧密相关。20世纪70年代末进行的《专利法》的起草工作,对于知识产权研究起了很大的推动作用。立法过程中的资料收集、翻译、调研、征求意见、讨论以及对外交流等探索活动同时也是知识产权研究活动。对于商标法、著作权法以及反不正当竞争法的研究,也同样是与该法律的起草工作密切相关、相互促进。这是我国在拨乱反正之后各项事业百废待兴、缺乏知识产权制度的传统和积淀、没有现成的经验以供借鉴、只能白手起家的国情下的必然结果,这也可以说是中国改革开放初期知识产权研究的中国特色。

(二)知识产权教育与培训

改革开放20年,中国知识产权的教育与培训经历了一个从无到有、从开始建立到发展壮大的过程。

1. 怀柔初讲专利法

国内第一次系统的专利法教学活动大概是1979年8~9月间国家科委在北京怀柔举办的培训班,由参加我国《专利法》起草工作的本文第一作者❶讲授。虽然当时他已从

---

* 原载《中国知识产权发展战略论坛论文集》(2005年),为郭寿康与陈霞合著。陈霞,时为中国人民大学法学院博士研究生,现为首都师范大学教师,法学博士。

❶ 即郭寿康教授——编者注。

事法学教育20多年，但这却是他平生第一次系统讲授专利法。

2. 首部包含知识产权内容的教材问世

1981年，在由中国人民大学教授佟柔和赵中孚主编的司法部统编教材《民法原理》中，本文第一作者撰写了其中的"智力成果篇"，即"知识产权篇"。该教材于1982年年初出版，使用很广，后经修订再版，分别获得教育部和司法部的国家级优秀法学教材一等奖。不久，段瑞林的《知识产权法概论》、郑成思的《知识产权法通论》等知识产权方面的专著陆续出现。时至今日，各种版本、各具特色的知识产权法教材专著纷纷问世，其广度和深度已经大大超出20世纪80年代初期，有力地促进了我国知识产权教学活动的繁荣兴盛，成果喜人。

3. 世界知识产权组织的系统讲座

1980年10月20日至11月14日，应中国专利局邀请，世界知识产权组织在北京工人体育馆举办为期四周的专利法讲座。总干事鲍格胥博士主持讲座并亲自讲授。他称这是WIPO第一次举办历时这么长、内容这么广泛的专利法讲座。随后又陆续举办了类似的，但规模不尽相同的商标法讲座和版权法讲座。这些启蒙性的系统地进行知识产权教育的讲座，邀请了国际组织以及各国知识产权界的高级官员、教授和律师，使内的听众大开眼界，伴随着这些讲座成长起一批知识产权方面的骨干人才，对于中国知识产权制度的建立与发展起了很大的推动作用。

4. 知识产权教学与研究机构的成立

本文第一作者很久以来一直关心我国知识产权教育的建立与发展。1985年夏，他与WIPO总干事鲍格胥博士交换了这方面的情况和意见，并推荐总干事在访华时与我国当地刚刚建立的国家教委接触。经过友好的商谈，最终成功地在中国人民大学建立起我国第一个知识产权教研机构，即现在的中国人民大学知识产权教学与研究中心。随后北京大学、清华大学、复旦大学、上海大学、华东政法学院、中国社科院等高校和科研机构陆续建立了知识产权学院、知识产权教学研究中心或者其他形式的知识产权教研机构。这些机构为社会培养了高质量的知识产权应用和研究人才。

此外，2001年8月，联合国教科文组织（UNESCO）与中国人民大学及其法学院合作设立了中国人民大学联合国教科文组织版权与邻接权教席，由本文第一作者担任教席主持人（讲席教授），这是UNESCO设立于中国和亚洲的唯一在知识产权领域的教席。

最近，中南财经政法大学知识产权研究中心被批准为教育部第五批人文社会科学重点研究基地，这是我国迄今第一个经教育部批准的知识产权方面的人文社会科学重点研究基地。

（三）参与国际知识产权教研活动

19世纪后半期，围绕着《保护工业产权巴黎公约》（1883）和《保护文学艺术作品伯尔尼公约》（1886）缔结的前后，1878年在法国大文豪雨果等人筹备下成立了"国际文学联合会"，后演变为现在的国际文学艺术联合会（ALAI）。1897年又建立了"国际保护工业产权协会"（AIPPI）。20世纪六七十年代，随着知识产权制度在国际范围内蓬勃发展，各种政府间和非政府间的知识产权国际组织纷纷建立起来，并在WIPO举行重要会议或签订重要条约时出雅马哈呈列席会议。但直到20世纪70年代末，国际上还没有一个专门从事知识产权教学研究活动的学术团体。

1981年7月14日，在WIPO和鲍格胥总干事的支持下，经过周密的筹备，"国际促进知识产权教学与研究学会"（ATRIP）在WIPO日内瓦总部正式宣告成立。本文第一作者当时是唯一来自中国的签署学会章程的创始会员，并曾担任三届执委。从20世纪90年代中期以后，陆续有更多的知识产权专家加入了学会的活动。

国际促进知识产权教学与研究学会总的目标是促进知识产权法领域的教学和研究工作，鼓励并组织教授和研究人员之间的学术交流。在学会召开的大会上，我国的专家教授既可以聆听到世界著名的知识产权法教授与专家内容丰富、深刻的学术报告和学术观点，又能够宣传、介绍我国知识产权研究的成果和最新发展，并就世界范围内知识产权的热点问题进行交流和探讨。此外，我国有关专家和机构还参加了"国际保护工业产权协会"和"国际版权学会"等知识产权方面的学术研究组织，并参与领导机构的工作。

上述所有的有关知识产权教育的国际交流与合作，提高了国内知识产权教学研究人员的理论水平和实践能力，极大地促进了我国的知识产权教育的发展，使其立足高起点，朝着高水平迈进。

二、中国知识产权教育的前景

展望中国未来的知识产权教育发展前景，不外乎普及与提高这两个层面，也是两个目标。其中普及是基础，提高是方向。二者不可或缺。

（一）知识产权教育的普及

知识产权教育的普及包括在校学生和在职人员的普及两部分。目前全国大约有400所法学院，知识产权课程已成为高等学校法学课程的14门核心课程之一。理工科院校已经开展了知识产权方面的教育，并倡导成立了专门的中国高校知识产权研究会，文科学生在此方面有所欠缺，需要进一步普及，使得学经济、管理等专业的学生掌握一定的知识产权知识，优化其知识结构，使其成为未来企业进行知识产权管理、实施企业知识产权的骨干，并为其将来走上企业领导岗位奠定必要的知识产权基础。值得关注的是，我国目前包括音乐、戏剧、影视、美术、摄影等在内的艺术类院校几乎没有或很少开设知识产权课程，这对于我国的版权保护和文化产业（版权产业）的发展极为不利，应当尽快改变这种状况，把艺术专业的学生作为重点普及对象。在普及方式上，则应该注重知识产权知识的全面性，避免片面化，比如，对于理工科学生不能仅仅重视专利方面的知识，还要重视版权法的学习，尤其是计算机专业学生，因为目前我国的计算机程序是受著作权法保护和调整的。再比如，对艺术类学生不能仅重视著作权法，还应重视专利法、商标法的学习等。

知识产权教育，也应该"从娃娃抓起"。在对中小学生乃至学龄前儿童的教育中，建议利用思想品德、自然课程、法制教育以及科学实验兴趣小组活动等机会，以生动活泼的形式倡导尊重他人著作权、专利权和商标权的理念，鼓励他们积极进行作品创作和发明创造，灌输保护自己权利的观念。

关于在职人员的普及。我国目前的行政管理人员和企业界尤其是文化产业（版权产业）界的知识产权基础知识普遍缺乏，工业企业和商业企业也大多只关注专利、商标等知识产权，缺乏全面系统的知识产权知识，对于著作权等其他知识产权法律部门的重视程度不够。因此，今后对于职人员的知识产权教育普及的重点应当放在党政干部和文化产业管理人员以及科技创新和科技管理人员上，还要提高中小学校教职员工的知识产权意识。各知识产权培训中心以及高等学校应充分利用现有资源对各界在职人士进行知识产权理论和实务方面的培训。通过培训，知识产权管理、执法、企业的知识产权工作以及与知识产权相关的中介服务的各类从业人员的素质得以不断提高，政府和企业领导层得以充分认识到知识产权对于增强企业核心竞争力的重要性，我国源远流长的人文地理资源将得到充分保护和可持续利用，文化产业和市场在知识产权法的框架下才能日趋成熟和有序，并最终对我国 GDP 的增长作出更大贡献。

此外，从我国知识产权教育的战略高度来看，因为我国存在东西部知识产权人才和其他教育资源不均衡的现象，所以无论是对于在校生还是对于在职人员的普及都应当开展交流、合作与援助，这也应当成为我国西部发展战略的重要组成部分。西部大开发应该是利用知识和智慧对丰富的人文资源和有限的自然资源进行可持续发展的开发，急需以知识产权制度加以规范和引导，因此，西部地区的知识产权教育显得更为紧迫。

总之，我们每一个人都是潜在的知识产权的持有人、使用人，也可能是他人知识产权的侵权人，通过知识产权教育的普及最终在全社会形成追求、尊重、保护、利用知识产权的意识、习惯和风气。借用 WIPO《经修订的 2004～2005 年计划和预算草案》中的话就是帮助公众理解个人的创造和创新的重要性和价值，吸收他们共同创造有助于理解和尊重这种努力的知识产权文化。

知识产权教育的提高知识产权教育的提高以培养知识产权高级人才为目标，这是我国处于知识经济时代和作为 WTO 新成员的迫切要求。具体而言，应在如下几个方面提高我国的知识产权教育：

（1）培养具有扎实理论基础的复合型人才，创造条件使得一批具有外语、理工科（如生物、网络等）及经济等非法律专业背景的学生能够专门学习和研究知识产权法，并最终成为复合型的法律人才。

（2）在上述基础上又要有所侧重，使得知识产权人才更为专业化，培养具有国际性和战略性的专家级人才，以解决国际国内的重大现实问题。只有这样才能适应我国作为 WTO 成员和最大的发展中国家所面临的任务。我们不能停留在仅仅限于被动消极地加入相关的知识产权国际条约上，还要积极创设和影响知识产权国际条约和规则的制定，不能仅仅参与单纯程序性条款的拟定，还要广泛参与到实体性条款的拟定中。

（3）用国家宏观调控和行政职能，对于高等教育中的资源配置、学科设置、办学方式以及人才的国际交流与合作给予行政指导、经费资助与课题侧重。目前仅有为数不多的知识产权研究中心或是知识产权学院能够开展一些高水平的国际学术交流与人才交流活动。本文第一作者经多方努力争取，于 2011 年秋季由中国人民大学与欧盟合作并经其大力资助而共同举办了国际知识产权研讨会，为期三周，共有全国几十个法律院校 120 多名教师参加，取得良好效果。这样的活动应多搞一些，要经常化，我们自己也要花些钱，目前对于各种资源如何进行合理的优化配置确是高等教育主管部门面临的一个重大课题。

(4) 增加学生的实践经验，加强实习环节。我国目前虽有一些高等院校从事知识产权教育，但大多偏重于法理方面，缺少实务技能的教育。甚至连许多教师都没有实践经验。我们应当参照国外先进的教育经验，在人才和经费上尽快提升国内一般高等学校的知识产权教学、科研和实践水平。只有这样才能在培养知识产权普通人才的基础上提升国际性高级人才的素质，才能最终摆脱"纸上谈兵"的窘境。

此外，对于国家重大的有关知识产权的国际、外交活动，我们应当像西方发达国家那样，让教育界、学术界专家参与其中，这样不仅保障活动开展的深层次和专业化，而且更有利于提高教育的针对性和适应性，使得学校教学和研究更能贴近社会现实，理论与实践更密切地结合。在过去的几年里，联合国教科文组织（UNESCO）设在中国人民大学的版权与邻接权教席，致力于培养包括版权和邻接权在内的知识产权专业的硕士生和博士生，为各个层次的学生开设知识产权课程，并编写了中央党校函授教材《知识产权法》，在党校系统以函授形式给党政干部、包括科技干部传授知识产权基础知识和基本理论，还开展了许多大型国际学术合作与交流项目，对于传播世界范围内的知识产权研究成果，促进中国知识产权保护与研究作出了较大的成绩和应有的贡献。2001年9月，本教席将与国家版权局和联合国教科文组织合作，举办"东北亚版权与邻接权国际研讨会"，并邀请欧美高层知识产权专家参会并演讲。今后，本教席仍将会与从事知识产权教育的其他高等院校和机构一道，一如既往地为知识产权教育的发展与繁荣作出应有的贡献。

三、结语

光阴荏苒，我国加入世界贸易组织已经三年半了，在知识经济的今天，知识产权的地位日益提高，知识产权纠纷日趋专业化、复杂化，知识产权问题已经到国际贸易的各个角落，西方发达国家以知识产权为治国之利器，纷纷制定知识产权战略，在世界经济一体化的浪潮中捍卫自己的切身利益。近来WTO谈判的议题与我国以及其他发展中国家的利益密切相关，譬如，TRIPs与公共健康问题、地理标志的扩大保护问题、传统知识的保护问题等。利用WTO机制保护智慧的中华民族代代传承的宝贵的精神遗产和物质资源，是我们这一代中国人的使命和责任。我们需要一流的知识产权专家在WTO的舞台上发出强有力的声音，领导和代表发展中国家在世界经济的舞台上与发达国家相抗衡。

知识产权的普及与提高、知识产权高级人才的培养迫在眉睫，时不我待。普及是基础，提高是方向。这对于刚刚实行知识产权制度20年、历史上权利意识淡薄的中国人来说，任重而道远。知识产权制度的有效运作、知识产权法治的实现，有赖于知识产权观念和意识深入每个社会民众内心，有赖于在全社会构建知识产权文化。而文化的形成不是一朝一夕之事，它是一个漫长而复杂的过程，是一个民族的历史与传统长期演化、扬弃、积淀的结果。为此，WIPO在2003年首次提出了创建知识产权文化的新思路，促进和鼓励各国提高对知识产权作为促进经济、社会和文化发展的强有力手段的认识。中国的传统法律文化显然不利于这种充满活力的知识产权文化的培育，这就越发凸显了知识产权教育的重要性。知识产权教育可谓"利在当代，功在千秋"。

药品专利与发展中国家公共健康问题[*]

一、专利制度对于医药产业的重要性

专利权的保护,是医药产业从创新发明中获取利润的最重要的因素。[❶] 专利权的保护对于药品产业的重要程度可从以下分析得知。

Richard Levin 与 Wes Cohen 教授所带领的两个研究小组曾广泛地以美国不同领域的产业为目标群,针对各公司的研发部主任,调查其心目中影响研发获利最关键的因素。[❷] 这两份研究报告均指出,在医药产业中专利是影响研发最重要的因素,相对而言,对于其他以研发为核心的产业,如电脑和半导体,则着重于前置时间(lead-time)[❸] 等因素。这些研究结果与英国学者 Taylor 与 Silberston 较早之前的研究彼此相呼应。[❹] Taylor 与 Silber-ston 两位学者根据针对英国产业的研发部门所作的调查,指出若在不需取得专利的情况下,药品研发的成本预估将大幅度降低 64% 之多。但对于其他产业,研发成本仅相对地降低 8%。相似的研究结果也出现在 Edwin Mansfield 针对全美 100 家公司的研究部门的调查报告中。[❺] 医药产业的发展对专利权依赖之深,是与医药

---

[*] 原载《专利法研究》,知识产权出版社 2005 年版。本文为郭寿康与韦贵红合著。

[❶] Henry Grabowski, "Patents, Innovation and Access to New Pharmaceutical", 5 (4) *Journal of International Economic Law* 849~860 (December 2002), p. 849~850.

[❷] Richard D Levin et al 849~850, "Appropriate the Returns from Industrial Research and Development", Brookings Papers on Economic Activity (1997), p. 783~820; Wes Cohen et al849~850. "Appropriate Conditions and Why Firms Patent and Why They Do Not in the American Manufacturing Sector," Working Paper (Pittsburgh: Carnegie-Mellon University, 1997).

[❸] Lead-time 是指产品设计与实际生产的期间。

[❹] C. T. Taylor and Z. A. Silberston, The Economic Impact of the Patent System (UK: Cambridge University Press, 1973) 在以后的研究中, Silberston 将产业研发对专利的需求程度区分为三个等级:最重要 (essential), 非常重要 (very important), 较不重要 (less important), 而在最重要的等级中仅有医药产业。Z. A. Silberston, The Economic Importance of Patents, (London: The Common Law Institute of Intellectual Property, 1987).

[❺] Edwin Mansfield 进行问卷调查,了解在 1982~1983 年,若缺少专利权保护,将有多少比例的创新产品无法被顺利发展。调查结果显示,在制约产业约占 60%,但在其他产业平均只占 14%。Edwin Mansfield, "Patent and Innovation: An Empirical Study", 32 *Management Therapeutics* (1995), p. 175.

研发过程的特殊性密不可分的。

新药品从研发到上市是一项极为复杂的长期过程，可分为以下三个主要阶段：发现与筛选临床前试验、临床试验、登记生产及上市。

由发现新化合物到申请专利之时，一般需要花费 10～15 年时间作广泛的研究与试验，然后才能实际上市。研发所耗费的成本十分高昂，以美国为例，制药公司从新药的发现、发展，并取得医药管理机构许可生产上市，❶ 可能必须花费 5 亿美元的巨额资金。❷

药品的研发需要漫长的过程与巨额的投入，在此过程中，专利权对于药品研发的重要性可以归纳为以下三点：

第一，由于医药专利涉及化学分子的结构，药品专利较容易证明专利侵害的事实，因此能获得较为有效的专利保护。

第二，医药研发成本相当高昂，专利所提供的法律保护使该医药较易获取足够的商业利益。

第三，在缺乏专利保护的情况下，仿制厂商为节省研发成本，生产学名药❸上市销售，牟取高额利润。学名药的成本相对于研发新药所投入的成本而言，极为低廉。

2001 年 Scherer 的一份研究报告指出，因专利保护导致获利机会增加将使制药公司投入更多的成本从事研发。❹ 然而必须注意的是，虽然专利制度为鼓励研发的重要因素之一，但仅依赖专利制度并无法完全提供新药品研发的动机。在 TRIPs 协定实施后，对许多发展中国家特有的热带疾病，仍无法有效提高制药厂商研发新药的积极性。近年来，针对发展中国家健康需求为导向的医药投资已经近乎停滞。在 1975～1997 年核准的新药约有 1 223 种，其中仅有 1%（13 种新药）是针对治疗热带疾病所研发，此为发展中国家所面临的难题之一。❺

鼓励新药品开发通常需要其他两种机制，一为推力（push mechanism），一为拉力（pull mechanism）。前者是指国家给予财务资助，促使制药公司从事新药品研发；后者在于确保新药品研发之后，市场上将有足以分担制药成本的强大需求。❻

---

❶ 医药除了专利的限制外，还需要先获得国家相关医药管理机构的许可才能生产上市。一般认为，上市许可的准备及审查至少需要 4 年的时间。

❷ 关于制造新药的成本，国际制药联盟（International Federation of Pharmaceutical Manufactures）1998 年的研究报告认为，平均所需为 5 亿美元。

❸ 学名药指专利期间届满之后，他人所制造的相同成分的医药。市场上销售的学名药通常以其主要化学成分为名，因此称为学名药。

❹ WHO and WTO Secretariats, WTO Agreements and Public Health, 2002, p. 92～93, http://www.wto.org/english/res-e/booksp-e/who-wto-e.pdf visited 10/3/2004.

❺ Patrice Trouiller and Piero Olliaro, Drug Development Output from 1975 to 1997: "What Proportion for Tropical Disease", 3 International Journal of Infect Disease 61 (1999). 转引自 Ellen Hoen, "TRIPs, Pharmaceutical Patents, and Access to Essential Medicines: A Long Way from Seattle to Doha", 3 (1) Chicago Journal of International Law (Spring2002), p. 29.

❻ WHO and WTO Secretariats, supra note 9, p. 91.

二、药品专利影响发展中国家药品取得

在 TRIPs 协定生效之前，没有所谓的知识产权最低保障标准的充分有效的机制，而各国开始对于知识产权中的医药专利赋予保护，乃是 20 世纪中期以后的趋势。[1] 因此，在 TRIPs 协定谈判之时，多数发展中国家实际上并未赋予医药发明专利，而是在深受发达国家的压力之下，开始逐一改变。除过渡期的设置外，世界贸易组织（WTO）成员依 TRIPs 协定对于一切技术领域负有实施专利制度的义务，包括医药专利，这样的转变对于发展中国家所产生的影响非常大。虽然长期而言，专利制度是新药品研发的动力，但现实中对于发展中国家面临的药品取得的问题，已形成莫大的阻碍。

1. 发展中国家所面临的药品取得问题

发展中国家由于传染病的流行，对于基本药品[2]的需求相当迫切，但药品的可取得性很低，特别是抗艾滋病的药品取得问题尤为严重。艾滋病人绝大多数在发展中国家，已成为这些国家公共健康的最大威胁。

在南撒哈拉非洲国家因艾滋病死亡的人数将会超过 1347 年瘟疫大流行时的死亡人数。据估计，该区感染艾滋病毒的人数有 2 200 万人之多。而未来十年，此地区因艾滋病相关疾病死亡的人数，将超过 20 世纪所有战争死亡人数的总和，即每天有 5 500 人死亡。此外，东亚与南亚约有 670 万人受感染，而南美洲约有 140 万人受感染。以上地区大多属于无力负担药价的贫穷国家。治疗艾滋病的能力，主要取决于国民收入和艾滋病感染率。而治疗艾滋病的鸡尾酒疗法在非洲国家每人每年需花费约 1.2 万美元，绝大多数国家民众无力负担。因此约有 3 000 万艾滋病患者在贫穷国家，将因无力负担药价与得到适当的治疗而逐渐死亡。[3]

2. 专利、药价与药品取得之关系

世界卫生组织（World Health Organization，WHO）认为基本药品的获取有赖于可负担的药价、药品的合理选择与使用、可持续而充分的财政支持、可靠的卫生与供应体系。[4] 在公共健康与贸易的讨论上，焦点集中在可负担的药价。此外，由于多数发展中国家人民必须自行负担包括药品的医疗保健费用，药价对于药品的取得而言特别敏

---

[1] 英国至 1949 年赋予医药专利权保护，法国为 1960 年，德国为 1968 年，日本为 1976 年，意大利为 1978 年，瑞典为 1978 年。J. Nogues, "Patents and Pharmaceutical Drugs: Understanding the Pressures on Developing Countries", *The Global Trading System* Vol. l3 (London New York, 2002), p. 277.

[2] WHO 列有基本药品清单，其基本药品（essential drugs）定义为：满足多数民众医疗保健之需要的药品，其需具备可负担的药价，且兼顾品质、安全、功效、价格。www.who.int/en（visited 20/03/2004）.

[3] Bess-Carolina Dolmo, "Examining Global Access to Essential Pharmaceuticals in the Face of Patent Protection Rights: The South African Example", 7 *Buffalo Human Rights Law Review* 137, p. 139~140.

[4] WHO, "Globalization, TRIPs and access to pharmaceuticals," No. 3 March 2001, WHO Policy Perspective on Medicines, http://www.who.int/medicines/library/edm_general/6papers/PPM03ENG.pdf (visited 20/03/2004).

感。❶ 因此，尤其对多数低收入的发展中国家以及穷困的民众而言，降低药价实为增加药品取得的关键所在。降低药价的途径主要包括：价格管制、公共采购的价格谈判、降低关税与税收、降低流通及配送成本、降低行销费用、在药品专利到期后增加生产、利用 TRIPs 协定的弹性规定。

在国际贸易的层面，高额药价严重影响着药品取得。然而，高额药价是否会因 WTO 成员履行 TRIPs 协定而发生变化，各国学者的实证分析未见一致结果。学者 Michael Scherer 与 Jayashree Watal 认为专利制度的实施确实是导致药品高价的关键。❷ 学者 Ellen Hoen 在探讨 TRIPs 协定、医药专利与药品取得的文章中也同意以上见解。❸ 然而在 2002 年一篇 WTO 与 WHO 针对 WTO 协定与公共健康的共同研究报告中，对于专利制度对药价的影响则持较为保留的态度，仅认为专利保护的效果将使专利权人可以排除他人制造相同药品所产生的竞争，并使专利权人"可能"制定较高的售价。❹

许多研究报告中的药品价格比较所使用的方法过于简单，仅将新研发的专利的药品在具有药品专利保护国家的售价（如美国），与该药品在无医药专利保护的国家（如印度）相比较，即认定专利导致较高的药品价格。因为影响价格的因素很多，例如消费者的购买力、制造成本等，而此类比较方法多未排除这些因素而仅将专利对价格的影响性单独分析。❺

从经济学角度来看，专利权赋予权利人对于该专利产品排他性的专属权，以使用、制造、销售该发明。而仅有专利权人可以合法地将发明流通于市场上，因此学者认为专利权的授予实际上赋予了专利权人垄断该发明流通的权利。❻ 就医药专利而言，专利权人对新药品的独占严重影响发展中国家的迫切需求。以下从经济学角度就专利独占现象，探讨药品专利与发展中国家药品取得问题的关联性。

独占权使制药公司在竞争市场内能以较高价格出售专利药品，因为就该专利药品而言，缺乏其他可取代之物，而消费者对于药品的需求一般而言缺乏弹性。而对于具有独占权的制药厂商而言，获取最大利润的经营模式为提高售价而降低供给量。❼ 因此，某

---

❶ WHO and WTO Secretariats, supra note 9, at 88.

❷ Michael Scherer and Jayashree Watal, Post TRIPs Optionsp. for Access to Patented Medicines in Developing Countries," CMH Working Papers, Paper No WG4: 1, p. 5 ~ 8, http://www.cmhealth.org/docs/wg4-paper1.pdf (visited 05/04/2004).

❸ Hoen, supra note 10, p. 29.

❹ WHO and WTO Secretariats, supra note 9, p. 94.

❺ Ibid, at 94. 有证据指出，在缺乏专利保护且有数种学名药相互竞争的情况下，药价并不必然降低，在阿根廷的艾滋病药品价格即为此例。详细内容可参见 WHO and WTO Secretariats, "Report of the Workshop on Different Pricing and Financing of Essential Drugs", Norwegian Foreign Affairs Ministry, Global Health Council, 8 ~ 11 April 2001, Hosbjor, Norway Http://www.who.int/medicines/library/edm_general/who-wto-hosb-jor/wholereporthosbjorworkshop-fin-eng.pdf (visited 20/11/2003).

❻ Robert Cooter & Thomas Ulen, Law & Economics, 3 rded (2000), p. 128.

❼ Theodore C. Bailey, "Innovation and Access: The Role of Compulsory Licensing in the Developing Country and Distribution of HIV/AIDS Drugs", *University of Illinois Journal of Law*, Technology & Policy 193 (2001), p. 205.

些人在竞争市场下或许有能力负担药品，但在专利药品所形成的独占市场下，便无法负担。此现象对于抗艾滋病等专利药品具有特别的重要性，因为有 90% 的艾滋病患者是发展中国家的人民，低收入的人群无力负担高昂的健康医疗成本。这些人在固定收入的情况下，必须减少必要的基本生活费用，来增加健康医疗支出。❶ 对于发展中国家的消费者而言，其对于这些基本生活必需品的需求曲线具有极低的弹性，他们通常不愿放弃生活必需品，而去选择非生活必需的药品。因此就理论而言，发展中国家人民对于艾滋病药品的需求弹性高，对药品价格敏感度也高。在这种情况下，原则上将改变制药公司因专利而获得独占的经济地位，使制药公司为达到最高利润而降低药品价格。因此，可合理地预期拥有治疗艾滋病药品专利独占地位的制药公司所采取的定价行为，必须接近于不具有独占地位的制药公司所采取的定价行为，以适合市场的价格提供药品。❷

以 Glaco-Welcome 药厂为例，其生产的艾滋病用药在南非的定价仅为全球平均价格的 30%。❸ 然而，这一现象并非表示该药厂对其专利药品的销售策略与非独占市场所采用的销售策略相同。若售价与供应量均能符合南非政府所需，则南非政府就不需再使用强制授权的方式，增加药品的可取得性。因此，推断具有独占权的制药公司在面对弹性需求极高的市场时，不会采取与竞争市场完全相同的药品供应策略。Glaco-Welcome 药厂在南非销售的艾滋病药品 AZT 定价低于全球平均价格 70%；一剂 AZT 在美国（此药在全球主要销售市场之一）的售价为 15 美元，其实际成本为 40 美分。若以美国售价作为全球定价标准，南非 AZT 一剂的定价则为 45 美分，相当接近该药品的制造成本，而与竞争市场时的定价策略相似。所以，有学者认为，在南非这一供求失衡的情况下，最显著的原因是供给量的问题，而非定价问题。❹

在实证研究方面，目前对于专利制度的实质影响仅有少数的研究，因为药品价格取决于许多复杂的因素：供给与需求、消费模式、制造成本、市场竞争条件、赋税、汇率、价格弹性等。因此，单独研究实施专利制度对于药品价格的影响有其方法学上的困难。

总之，在专利制度的保护下，专利药品不需面对过多来自学名药的竞争，因此价格相比之下通常较为高昂。专利制度对于药价确有影响，但不能据此推论专利药品的高昂价格是实施医药专利的必然结果，药品价格实乃巨额的研发成本使然。

3. 学名药对于发展中国家药品取得的影响

当药品专利期满后，该发明已成为公共财产，其他厂商即可实施该专利，制造并出售相同的药品，在市场上销售的这种药品通常以其化学成分为名，故被称为学名药。此外，某种药品从未被赋予专利，或在专利保护范围外被制造，亦可称为学名药。

发达国家每研制一个创新药物，一般均需投入数亿美元的投资。所以各厂商为了保护自己发明创造的利益，阻止不正当市场竞争、收回巨额投资，都会为所研发的药物及

---

❶ Marcus Mabry, "Give us This Day Our Daily Med", *Newsweek International*, July 5, 1999.
❷ Bailey, supra note 22, p. 206~207.
❸ Mabry, supra note 23.
❹ Bailey, supra note 22, p. 206~207.

早申请专利。但专利的保护期通常为 20 年,而从申请专利到研究开发投入市场需经历 10 年左右的时间,故一个新药正式上市后的实际受保护期不会超过 10 年。大多数药物的市场存在期要比其专利保护期长得多,一些医疗效果显著、经济效益可观的药物更是如此。如果能在某一个新药专利保护期结束之际,及时向市场推出药效相同的仿制药物,必定能迅速夺取市场,合理合法地获取厚利。因为适时地推出学名药,一是由于专利药物药效可靠、市场占有率高、品牌知名度高,可以节省大笔宣传费用;二是由于是学名药,也节约了巨额研发费用。据统计,在学名药上市一年内,多以原专利药价的 50% 以上的价格出售,占有 64% 的市场。❶ 所以,学名药的市场将持续增长。因此,面对学名药的竞争,原专利药品价格急剧下跌,导致产品利润大幅滑落。

药品专利不同于其他工业产品,除了专利的限制外,还需事先获得国家有关药品管理机构的许可才能上市。学名药必须具备相同的有效成分、功效、剂型、投药方式、体内药品释出量等,以确保其具有与专利医药相同的品质与疗效。

在比较专利药品与学名药的售价关系后,可得出以下结论:

第一,专利药品的价格通常较之相类似的学名药高出许多。比较艾滋病药品的价格可以发现,跨国公司制药商销售的药品价格比学名药要高得多。例如,美国 Glaxo Smith Kline 推广的 3TC(Lamivudine)使每位患者每年需要支付的药价为 3 271 美元,而用印度 Cipla 和 Hetero Drugs 提供的学名药则分别为 190 美元和 98 美元。又如,美国 Bristol-Myers Squibb 销售 Zerit(Stavudine)使每个患者每年需要支付 3 589 美元,而用 Cipla 和 Hetero 的非专利药则分别为 70 美元和 47 美元。❷

第二,引入学名药竞争后,专利药品的价格会下降。来自非专利制药商的竞争会导致药品价格降低和趋向一致。例如,学名药厂商在泰国销售 Fluconazole 药的价格为 0.29 美元,在印度是 0.64 美元。这和相同的专利药在肯尼亚 1 050 美元、在南非 825 美元的价格形成强烈对比。❸ 巴西的情况提供了一个良好的例证,当巴西政府开始引进艾滋病的学名药生产以后,其同种专利药的价格下降了 79%。艾滋病药的国内生产使巴西政府能普遍实行对艾滋病的免费治疗,使其艾滋病治疗项目成为全球最成功范例之一。❹

由此得知,增加学名药的生产与流通实为解决发展中国家药品取得问题的主要方法之一。学名药不仅是对专利权的适当限制,同时亦增加全球药品市场的竞争关系,有助于降低药品价格,增加药品的可取得性。此外,值得一提的是,学名药虽以价格取胜,但仍应确保其品质与原专利药相似。为达到此目的,WHO 与世界银行(World Bank)同其他专门从事药品制造领域的组织,将扮演监督制造过程的角色,此项授权属于

---

❶ Henry Drabowski and John Vernon, "Effective Patent Life in Pharmaceutical", 19 *International Journal of Technology Management* (2000) p. 98 ~ 120.

❷ www.twnchinese.org.my/iprs/intellectual12/c2.html《与贸易有关的知识产权、药品和公共健康》.

❸ Oxfam, "2001 Policy papers", www.oxfam.org(visited 15/03/2004).

❹ Medicine sans Frontieres, "2001 Policy papers", www.msf.org(visited 15/03/2004).

TRIPs 协定下鼓励技术转让的措施。❶

三、药品取得是保障公共健康的重要一环

在国际法的发展上，已将药品的取得的问题视为健康权的一部分。UN Office of the High Commissioner of Human Rights 与 UNAIDS 在 1998 年通过了《艾滋病与人权国际指南》（The International Guidelines on HIV/AIDS and Human Rights）。❷ 该指南第 6 条规定，国家应立法制定与 HIV 病毒相关货品、服务与资讯的规定，以确保人民能获得良好预防措施、适当的 HIV 病毒防治与医疗资讯，以及具有可负担药价的、安全有效的药品。此指南虽不具有法律效力，但联合国人权委员会再三强调，并请求各国采取所有必要步骤，以尊重、保障、实现指南所包含相关人权；督促各国确保其法令、政策、实践均能促进安全有效药品的获得，以治疗 HIV 感染或艾滋病。❸

联合国与 WTO 指出"国家必须增进治疗艾滋病等流行病的药品取得途径"，此义务逐渐受到国际法的肯定和认可。联合国人权委员会在 2001 年、2002 年分别通过两项决议案，声明"在诸如艾滋病等流行病的威胁下，药品取得是实现健康权的基本要件之一"。❹ 决议内容进一步要求各国制定足以促进药品与医疗技术可取得性与可负担性的政策，并确保国际条约的适用均能支持公共健康政策，促进安全、有效、可负担的药品与技术的广泛取得。❺ 其中，2002 年获无异议通过的决议中，逐字重申 WTO 在 2001 年 11 月通过的《TRIPs 协定与公共健康多哈宣言》的前四段内容。

2001 年 6 月，联合国大会（General Assembly）以决议形式通过《关于艾滋病承诺的宣言》（Declaration of Commitment on HIV/AIDS）中，也使用了相似的文字："在诸如艾滋病等流行病的威胁下，药品取得是实现健康权的基本要素之一，以求逐步实现每人

---

❶ Frederick Abbott, "WTO TRIPs Agreement and Its Implications for Access to Medicines in Developing Countries", Study paper 2a, UK Commission on Intellectual Property Rights, p. 61, www.iprcommission.org/papers/pdfs/study_papers/sp2a_abbott_study.pdt（visited 10/05/2004）.

❷ 相关资料可参见 www.unaids.org（visited 25/03/2004）。

❸ 参见 UN Commission on Human Right, Resolution 2001/51。

❹ 参见 UN Commission on Human Right, Resolution 2001/33, April 23, 2001, 以及 UN Commission on Human Right, Resolution 2002/32, April 22, 2002. www.unhchr.ch（visited 25/03/2004）。

❺ 原文：to pursue policies which would promote the availability and affordability of medicines and medical technologies, to ensure that the application of international agreements is supportive of public health policies promoting broad access to safe, effective and affordable pharmaceuticals and technologies.

享有高标准的身心健康的权利。"❶ 严格来说，该宣言虽无法律效力，但对促使药品取得成为人权的一部分而言，的确为相关国际规范的产生提供了证明，也使国际法与国内法对该权利的执行取得了法理基础。

WTO 近年来在对发展中国家获取药品与治疗的问题上取得了很大的进展，2001 年 11 月的第四届部长会议通过了《TRIPs 协定与公共健康多哈宣言》（*Declaration on the TRIPs Agreement and Public Health*，以下简称"多哈宣言"），显示出各国对于艾滋病等公共健康议题的关注。

四、TRIPs 协定与公共健康

TRIPs 协定与公共健康相关的知识产权保障领域，包括商标、营业秘密保护、专利等，TRIPs 协定要求成员提供最低保障标准，包括所保护的客体、所允许的例外、与保障的最低期限等。在商标领域，假药（counterfeit drugs）是主要与公共健康有关的议题之一。假药通常仅含有少量的或根本缺乏活性成分（active ingredients），可能对健康有害，这是发展中国家所面临的重大问题之一。特定的制药过程应依商业秘密予以保护，而以获得行销新药品许可为目的所递交的试验资料（test data），也需要给予保护，以防其他不正当的商业利用。❷ 在医药专利的领域中，以发展中国家因公共健康危机所造成的药品取得问题尤为重要。

1. TRIPs 协定与多哈宣言

多哈宣言认识到影响很多发展中和最不发达国家的公共健康问题的严重性，特别是由获得性免疫病毒/艾滋病、结核、疟疾和其他流行病造成的公共健康问题。此宣言反映了发展中和最不发达国家对 TRIPs 协定对公共健康影响的关注，并不限于某些疾病。

多哈宣言制定了一个专门的解释规则，该规则提供了《条约法维也纳公约》中总的解释性规定。GATT/WTO 的裁判规程已经根据这些规定而确立。因此，在可能有多种解释的情况下，专家组和受理上诉机构应当采用能够有效地"支持成员保护公共健康权利"的解释。确认 TRIPs 协定在国家层面上提供了灵活性的空间。宣言明确了"公共健康危机"能够代表"国家紧急或其他非常迫切的状况"。"紧急"可以是一个短期问题或是一个长期状况，并规定证明一种紧急或迫切性不存在的责任由投诉成员承担。

多哈宣言明确了成员采用权利用尽的国际原则的权利（确定那些可以允许平行进口

---

❶ 原文：Recognizing that access to medication in the context of pandemics such as HIV/AIDS is one of the fundamental elements to achieve progressively the full realization of the right of everyone to the enjoyment of the highest attainable standard of physical and mental health; Also, in an urgent manner make every effort to: provide progressively and in a sustainable manner, the highest attainable standard of treatment for HIV/AIDS, including the prevention and treatment of opportunistic infections, and effectiveness and reduce the risk of developing resistance; to cooperate constructively in strengthening pharmaceutical policies and practices, including those applicable to generic drugs and intellectual property regimes, in order further to promote innovation and the development of domestic industries consistent with international law.

❷ WHO and WTO Secretariats, WTO Agreements and Public Health, 2002, p. 39 ~ 41. http://www.wto.org/english/res_s/booksp_e/who_wto_e.pdf (visited 15/4/2004).

的原则)。宣言指出：TRIPs 协定的这些规定的作用——是使每个成员自由地、不受挑战地建立各自的权利用尽体制，各成员依据各自决定的范围授予强制许可的权利。2003 年 8 月 30 日，理事会通过了《TRIPs 协定与公共健康多哈宣言》第 6 段的执行决议，解决在药品制造领域不具备生产能力或生产能力不足的 WTO 成员在有效使用 TRIPs 协定中规定的强制许可制度时可能面临的问题。

2. TRIPs 协定的公共利益原则

TRIPs 协定第 8 条规定："成员可在其国内法律及条例的规定或修订中，采取必要措施以保护公众的健康与发展，以增加对其社会经济与技术发展至关紧要之领域中的公益，只要该措施与本协议的规定一致。"

可采取适当措施防止权利持有人滥用知识产权，防止借助国际技术转让中的不合理限制贸易行为或有消极影响的行为，只要该措施与本协议的规定一致。

TRIPs 协定规定成员应对知识产权提供最低标准的保护，然而这些标准并不因此成为各成员实行公共政策的障碍，WTO 各成员可以在不降低对知识产权保护的前提下，采行有助于公共健康的有效措施。举例而言，成员可对流通于市场的药品进行品质与安全性的管制。专利之授予并不代表专利权人必定有权利用该发明，若该发明对公众造成妨害，成员可以禁止其商业利用。许多 WTO 成员在医药专利上，已建立起维持合理药品价格的不同体系，如：价格控管、药价差异公告、鼓励学名药生产等。总之，TRIPs 协定第 8.1 条允许成员采行各种符合上述要件的措施。

在乌拉圭回合谈判时，发展中国家担心强化知识产权保护，将影响政府采取预防措施。第 8.2 条规范三种行为：权利滥用、不合理限制贸易的行为、对技术的国际转移有不利影响的行为。事实上，上述第三种形态并不构成独立的行为范畴，仅涉及权利滥用或反竞争行为时是 TRIPs 协定所不允许的。另外，反竞争行为，必为权利滥用行为，但权利滥用行为并不必然是反竞争行为。国家目标与产业利益的重要性，使得知识产权的保护并非绝对。

从公共健康的角度而言，TRIPs 协定第 8 条使得 WTO 成员可以制定国内法以回应公共健康问题以及其他公共利益事项，也为解释协定条文的重要依据。以药品取得而言，此条款使得成员以考虑取得药品的最佳方式来制定相关国内法规。

3. 专利的例外

根据 TRIPs 协定第 27.2 条和第 27.3 条的规定，各成员"可拒绝对某些发明授予专利权，如在其领土内对这些发明的商业利用是维护公共秩序或道德，包括保护人类、动物或植物的生命或健康，避免对环境造成严重损害所必需的，只要此种拒绝授予并非仅因为此利用为法律所禁止"，并进一步允许成员可将"人类或动物的诊断、治疗和外科手术方法"排除于可获专利之外。

我国《专利法》第 5 条规定，对违反国家法律、社会道德或者妨害公共利益的发明创造，不授予专利权。该条款提供了比 TRIPs 协定第 27.2 条更宽的例外。首先，"违反法律"发明本身不可专利；其次，没有规定禁止将不可专利的发明进行商业利用；最后，"公共利益"概念范围比"公共秩序"更宽。第 25 条规定，对科学发现、智力活动的规则和方法、疾病的诊断和治疗方法、动物和植物品种、用原子核变换方法获得的物质不授予专利。疾病的治疗方法是不可专利的，那么医药产品的第二适应症是否可授予专利呢？这也是公共健康所关注的敏感问题。

药品第二适应症是指一个以前具有已知药用的产品发现了新治疗用途。因为专利保护发明而不保护发现，在专利法的一般原则下不能对已知产品新用途的发现授予专利。对药物第二适应症的保护，与专利法的基本原则不一致，有些专利局（如欧洲专利局）在权利要求的表述符合"Swiss 规则"的框架时，已经承认在法律上给予保护。在中国，虽然将治疗方法排除在专利之外，在所谓的"Swiss 权利要求"的基础上，国家知识产权局承认药物的第二适应症。❶

TRIPs 协定第 30 条允许 WTO 成员就专利权设定例外，但须符合下列三项要件：（1）须为有限例外；（2）例外措施不得与专利的正常利用发生不合理的冲突；（3）不得不合理地影响专利权人的合法权益，并须将第三人之合法权益考虑在内。

该规定允许 WTO 成员对专利的排他权设立有限的例外，使发展中国家可运用例外规定的形式，在未经药品专利人的同意下实施专利，增加药品的取得性。例如"Bolar 例外"，❷ 主要适用于医药专利。为取得药品在专利保护期间届满后的上市许可，在专利权届满前，学名药制造厂商为进行试验，而制造使用属于专利发明技术范围内的药品行为，应不构成专利侵害。其目的在于协助学名药厂商在药品专利到期后，即能上市销售学名药，使消费者能立即以较低的价格购得药品。然而，需要注意的是，"加拿大药品专利案"是 WTO 争端解决程序唯一对 TRIPs 协定第 30 条作出裁决的案例。争端解决小组认为在专利有效期间内，制造及储存专利药品的行为属非法，此解释增加了发展中国家解决药品取得问题的困难度。

4. 耗尽原则对发展中国家的影响

所谓耗尽原则，是指为避免知识产权人企图控制整个销售体系，而使权利人首次将产品在市场交易流通后，即失去其行销控制权。就专利权而言，由于专利权人享有专属销售与使用的权利，若不加以适当限制，则任何人非经其同意不得用该专利产品，自专利权人处购得专利产品后，欲将之转售出去或交由他人使用，必须先征得专利权人的同意，使该专利产品在市场上之流通与使用受到限制，对于货物的自由流通与物品使用效益的发挥极为不利。权利耗尽原则之产生，对专利权人的专属权加以限制。专利权人在其制造或经同意制造的专利产品第一次进入市场后，即已耗尽其对该物品之销售权与使用权。根据此原则，任何人合法取得专利产品后，可自由让与他人或任意使用，而专利权人不得干涉或主张其专利权。

耗尽原则可分为三种类型：国内耗尽（national exhaustion）、国际耗尽（international exhaustion）、地区耗尽原则（regiomd exhaustion）（欧盟所采用）。所谓"国内耗尽原

---

❶ 参阅 World Health Organization Essential Drugs and Medicines Policy, IPR in China: the Doha Declaration and the protection of public health, A review of Chinese legislation, Health Economics and Drugs, EDM Series No. 15（June 2003）。

❷ 首先在美国引入的专利权人独占权利的一个重要例外，是涉及在专利届满以前为了进行试验和获得卫生局批准而使用与制药产品相关发明和在专利期满以后一个仿制药品的商业化。

则",是指专利权人将专利产品在国内市场首次出售后,权利即告耗尽,丧失其在国内转售的权利。依此原则,若专利品第一次进入的市场为国外市场,则专利品上之权利并不会因此耗尽,专利权人仍拥有专利产品上的权利。此时,若该专利产品未得到国内专利权人的允许而进口,则会侵害专利权人的进口权。因此,国内耗尽原则对专利权人之保护较为严密。所谓"国际耗尽原则",是指专利产品一旦在国内或国外市场第一次销售后,专利权人即丧失其对该专利产品上的权利。国际耗尽原则较侧重于公益的保护,促使专利品在第一次销售后即可自由在市场上流通,消费者因而可从不同的销售管道购买该专利产品。因此,容许平行进口是采用国际耗尽原则的结果。

发达国家多为技术输出国,较重视专利权人的保护,多采"国内耗尽原则"。因为技术输出国的产业本身拥有庞大的资金与充分的研发能力,因此在专利法之保护上多赋予专利权人较完备的保护效果,可鼓励发明,进而促进产业的发展与进步。❶ 因此,在专利法上多赋予专利权人进口权的保护与采用国内耗尽原则的立法,禁止专利产品的平行进口。而对于发展中国家而言,多采国际耗尽原则。因为发展中国家多为技术输入国,国内研发能力不足,因此国内所申请的多数专利技术为外国人所拥有。如果专利法对于专利权人赋予过于强劲的保护,反而会对技术的研发形成相当大的限制,无法达到专利法促进产业发展的目的。因此,技术输入国在专利法上侧重公益的维护,鼓励货物自由流通与消费者权益的保护,进而促进产业技术的发展。因此,在专利品平行进口的问题上,发展中国家多采取保护专利权人进口权以及国际耗尽原则的立法。

发展中国家以及最不发达国家面对公共健康危机,迫切需要的是获得可负担价格的药品。基本上,平行进口的效果在于削减专利权人对各国市场采取的价格歧视。❷ 在专利药品定价高昂的市场,只要运费与进口关税的成本能低于该专利药品在另一国出售的差价,可能产生药品平行进口的诱因。因此,自出售较低售价药品的国家平行进口该专利药品,这种现象常常引起贸易争端。依据国际耗尽原则,发展中国家得以主张,该专利药品从国外市场销售后,权利已告耗尽,因而可自由进口该药物至发展中国家,以满足公共健康之强烈需求,使患者有能力购买药物。平行进口是发展中国家所采取的重要政策,以缓和专利药品的高价销售,促进国内药品市场的竞争。

---

❶ 依据经济学家的分析,知识产权人分割市场,禁止平行进口更直接的原因可包括以下因素:保持消费者需求的一定品质、保持售前及售后服务、有效收集资讯及投资的决定、授权人要收取整批权利金、为防止仿冒行为、创造并保有独占地位、价格歧视(price discrimination)等。价格歧视并非就是在不同国家间存在不同价格的现象,而是由于不同地区、不同需求造成边际成本不同,以及市场内的品牌竞争强弱不同等因素后,仍有相当的价差时才成立。

❷ 在禁止平行进口的情况下,药品专利权人对于各国的行销策略多采用区别定价。其价差基本上取决于该国对于此药品的需求弹性。若需求弹性低,代表即使以较高价格出售也会有一定市场销售额,因此往往采高价策略;反之,若需求弹性高,代表价格一旦上涨容易丧失消费群,因此多采用低价策略。

然而，允许平行进口仍有其不足之处，同时也存在隐患。❶ 平行进口的药品基本上为专利药，故价格较学名药昂贵，患者仍未必有能力负担。此外，若禁止平行进口，则药品专利权人有意以该国国民可负担的低价出售该专利药品，只要该价格足以负担制药的固定成本而不需担心此低价药品将可能出口至其他定价较高的国家。但在允许平行进口的情况下，极可能使药品专利权人实施单一的全球性价格，而直接以发达国家的国民的水准定价。如此而言，反而使面临公共健康危机的发展中国家雪上加霜。从我国《专利法》第11条的规定可以看出，由专利权人或者专利权人授权才能进口专利产品，这种限制性规定的结果使得除非得到权利人在中国的授权，政府或其他机构不能从国外寻找更廉价的专利药品的来源。

5. 强制许可的意义

TRIPs 协定第 31 条规定了成员实施强制许可❷必须遵守的基本条件。强制许可的意义在于未经专利权人同意或违反专利权人意愿的情况下，由政府授权该专利给予第三人使用。因此，政府的授权实际上取代了专利权人的授权。换言之，专利权人原则上有利用其发明或授权他人利用的自由，但在具有整体利益的正当性时，国内政府可以授权第三人使用该发明，而不须经权利人的同意。被授权人的法律地位与强制许可的范围或期间等实施条件无关，TRIPs 协定第 31 条也无针对不同授权对象而予以不同规范或要求，而是根据强制许可的目的而设有不同限制。❸

根据 TRIPs 协定第 31 条，社会公益可以成为减损专利权的正当化事由，这些事由包括以下各项：

（1）依司法或行政程序认定某行为具有反竞争性时。❹

（2）某一专利权（第二专利）必须侵害另一专利权（第一专利），始得实施时。❺

（3）符合公共利益：包括国家紧急危难、其他紧急情况、或基于非营利的公益考虑。❻

此外，根据《保护工业产权巴黎公约》（以下简称《巴黎公约》）的规定，亦可得出强制授权的事由。包括避免专利权人滥用其对于专利权的专属权利，以及防止对于专

---

❶ 美国曾对平行进口提出质疑，其中一项理由认为，平行进口将导致进口国监督的困难，反而可能有害公共健康。WTO, Intervention of the delegation of the United States under item (Intellectual Property and Access to Medicines) of the agenda of the Council for TRIPs meeting of 18~22 June 2002, JOB (01) /97/add. 5. Council for TRIPs, 28 June 2001。然而，进口监管与专利权期间并无绝对关联性，且与知识产权保护无关。每位 WTO 成员都有权建立一完善之平行进口体系，订立进口的许可规范与监管措施。

❷ 事实上，TRIPs 协定第 31 条并没有使用"强制许可"（compulsory license）一词，而仅以"未经权利人授权的其他使用"（other use without authorization of the rights holder）表示。因为此用语在当时协商谈判的 GATT 成员法律架构中并不常见。"强制许可"由学者提出，而被广泛使用。

❸ TRIPs 协定第 31（b）条针对不同目的的强制许可设定不同条件。

❹ TRIPs 协定第 31（k）条。

❺ TRIPs 协定第 31（l）条。

❻ TRIPs 协定第 31（b）条。

利发明的不予实施。❶ 而在半导体技术领域的强制许可，则以非营利的公益使用，或作为经司法或行政程序确定的反竞争措施之救济为限。❷

原则上，强制许可申请人必须是曾就专利授权事项以合理商业条件与权利人尽力协商，而无法在合理期间内取得授权者，政府方可准许该强制许可。此要求不因被授权者法律地位不同而有所区别，无论是政府或私人机构均需在实施强制许可前已试图请求专利权人为专利授权。然而，此要求并非绝对，TRIPs协定第31（b）条规定三种例外，即国家紧急危难、其他紧急情况、非营利之公益使用。国家紧急危难仅为紧急情况之一种，而紧急情况将事先不以合理商业条件与专利权人协商的状况予以正当化。而就非营利的公益使用而言，不需事先与专利权人协商的理由乃是基于该非营利使用具有普遍的公众利益。是否属非营利使用则必须由其使用目的加以判断。

TRIPs协定第31（f）条规定，强制许可应当主要是为了给予许可的成员的国内市场。强制许可本质上是专利保护的例外，因此实施强制许可基本上必须具有公共利益的考虑。由于专利权具有属地性，强制许可的地域必须限制在其所欲保护的公共利益存在的领域范围之内。强制许可在理论上不应用来维护他国境内的利益。❸ 此属地概念源于《巴黎公约》所建立的专利独立性原则。《巴黎公约》第4.2（1）条规定：本联盟国家的国民向本联盟各国申请的专利，与在其他国家（不论是否为本联盟的成员国），就同一发明所取得的专利是相互独立的。第4.2（2）条规定：上述规定，应从不受限制的意义来理解，特别是指在优先权期间内申请的各项专利，就其无效和丧失权利的理由以及其正常的期间而言，是相互独立的。

而在TRIPs协定中，强制许可的范围及期间既然限于所授予的目的，则基于该授权所生产的专利产品，其制造、供应必须与国内需求相符。然而，协定中亦允许制造过剩的专利产品出口，但此一部分必须为非"主要"（predominant）部分。由此可知，强制许可的主要目的应为供应国内市场所需，仅有无法避免、或非预期的过剩产品方可出口，即强制许可的主要目的不得为供应他国市场所需；此外，强制许可下的生产也不得超过国内市场的需求程度，而意图出口过剩产品。因此，经济规模小的国家难以利用强制许可制度。

对于发展中国家所面临的公共健康问题，强制许可是解决途径之一，但却可能侵蚀国际专利保护的法律架构，给发展中国家带来潜在的危机。强制许可剥夺了专利权人同意他人使用其专利的授权，并且过度依赖实施强制许可的结果可能使国内难以发展具有

---

❶ 《巴黎公约》第5（A）（2）条规定：本联盟各国都有权采取立法措施规定授予强制授权，以防止由于行使专利所赋予的专有权而可能产生的滥用，例如：不实施。第5（A）（3）条规定：除强制授权的授予不足以防止上述滥用外，不应规定专利的取消。自授予第一个强制授权之日起两年届满前不得提起取消或撤销专利的诉讼。

❷ TRIPs协定第31（c）条。

❸ 相类似的属地规范也存在于TRIPs协定第27.2条之中。

独立研发能力的制药公司，长期而言，无法解决国内的市场需求。❶

五、结束语

专利制度对于医药产业是至关重要的，同时药品专利也严重影响着发展中国家药品的取得，药品的取得又是保障公共健康的重要一环。因此，我们既要认识到专利制度的重要性，又要考虑解决公共健康问题的迫切性。在我国目前情况下，对于已到期的专利药品，根据市场需求，鼓励学名药的及时生产。对于未到期的专利药品，我们要正确理解 TRIPs 协定中的强制许可制度，依法、慎重使用强制许可❷。同时又要认识到，中国是具有一定的科技基础的发展中国家，在基因序列等多学科领域的研究与开发方面具有优势，我们应该系统地研究发展中国家流行疾病的预防与治疗，对发现新药和新的治疗方法发挥重要的作用。

---

❶ 在乌拉圭回合谈判时，美国研发型制药公司强烈主张，若缺乏有效的专利保护，以研发新药品为主的制药产业将难以生存。加拿大也多次主张，若无专利保护，制药产业将成为生产仿制药品的产业类型。Harvey E Bale, Jr., "Uruguay Round Negotiations on Intellectual Property: A Step Forward?" Remarks at the Third Annual Conference on International Trade, 1991, p. 1, 13, 15, 17~18.

❷ 2003 年 7 月 15 日，我国开始施行《专利实施强制许可办法》，我国与强制许可有关的法律还包括《专利法》及《专利法实施细则》。

《现代条约法与实践》总序[*]

我国改革开放事业的总设计师邓小平同志,早在1978年就发出了大力加强对国际法的研究的号召。江泽民同志亲自主持了中共中央举行的国际法知识讲座,并发表了重要讲话,要求各级领导干部都要努力学习包括国际法知识在内的法律知识,所有代表国家从事政治、经济、文化、司法等工作的同志都要学习国际法知识。以胡锦涛同志为总书记的党中央突出强调要重视学习和掌握国际经济、政治、法律等各方面的知识,坚持独立自主的和平外交政策,不断提高应对国际局势和处理国际事务的能力。努力学习和认真研究国际法,不但是我国法学界、尤其是我国国际法学界面临的一项光荣任务,而且是广大干部、特别是各级领导干部都要切实履行的使命。

和平与发展仍然是当今世界面临的重要课题。建设小康社会需要一个和平和安全的环境。进入21世纪,国与国之间的关系日益紧密,国际经济、政治、文化等的交往也越来越广泛。同时,世界上各种力量之间的竞争和斗争也仍然是十分激烈的,霸权主义和强权政治依然存在。这些都要求我们要学习和深入研究国际法所确认的基本原则和通行惯例,了解国际法的发展趋势。

在中国近代史上,有很长一段时期,人们通常认为国际法只是外交界高层人士和国际法少量专业人士的事情,与广大业外人士关系不大。20世纪40年代我在大学攻读法学专业之时,学子们通常也都认为将来从事法官、律师等法律工作几乎不会遇到什么国际法方面的问题,国际法课程也不像民商法、刑法、诉讼法等学科那么实用。现在,情况有了巨大的变化。国际交往日益频繁,经济全球化发展迅速,改革开放以来,我国的政治、经济地位在世界上举足轻重。我国又是联合国安全理事会常任理事国,参加了上百个国际组织,加入和参与缔结了大量国际条约、公约和协定。政治、经济、文化、教育、军事等各界人士都经常会碰到国际法上的各种各样的问题。联合国安理会、世界银行、世界贸易组织、反恐、人道主义,甚至护照、签证等名词在人们的日常生活中经常被提及。这些都从各个角度表明了国际法的重要性,以及学习与研究国际法的迫切需要和深远历史意义。对于从事外交、外经贸以及政治、经济、文教、军事等涉外领域工作的各界人士,国际法问题可以说是无处不在,无所不在。这种提法绝非夸大,而是千真万确的现实。

在当今世界,国际法所规范、调整的内容和范围不断扩充,涉及政治、经济、科

---

[*] 原载《现代条约法与实践》,中国人民大学出版社2005年版。

技、文化、环保、海洋开发、外层空间以及军事、司法等各个领域。以前传统的国际法主要包括国际公法和国际私法，其主要内容涉及领土、主权、条约、和平解决争议、战争法、民商事法律冲突等。我在大学学习期间以及"文化大革命"前教书时就是这样的课程安排和学科内容。现在规范的范围则大大扩展了。除上述内容外，国际法领域还包括国际组织法、国际环境法、海洋法、外层空间法、国际经济法、国际贸易法、WTO法、国际投资法、国际金融法、国际知识产权法、国际技术转让法、国际商事仲裁法等。这里出现的许多新的分支，内容新颖且在不断发展中，尤其值得我们密切注意和深入进行追踪研究。

当前的国际法体系，从总体上讲，是有利于维护世界和平、有利于经济发展的。但是，我们也应该看到，国际法体系中也有一些不合理的成分。对新领域的拓展和新问题的解决，也存在很大的意见分歧和争论。这些都说明现行国际法体系还有待进一步改进和完善。以前，我们主要是参加已经订立的国际条约，遵守已经形成的国际法规范，但是，目前和今后我们要担负起积极参与新条约的缔结、为创立国际法新规范作出努力与贡献的历史使命。这一使命既是责无旁贷的，也是光荣而艰巨的。

要完成上述各项任务，我们需要广泛、深入地研究国际法的现状和发展前景，而且也需要了解国际上的最新研究成果，以供我们借鉴。因此，引进、翻译这些方面的高水平、有代表性的精品著作，也就具有重要的意义。在中国人民大学出版社的支持下，我们精选了一些国外的国际法精品近作，组织在国际公法、国际私法和国际经济法方面颇有素养的专家、学者进行翻译，陆续编辑出版了这套《国际法学精品译丛》，供读者学习、研究、参考。在有限的条件下，我们将尽力而为，为各界人士提供于学习与研究有益的一些读物，为国际法学的繁荣与发展作出努力与贡献。

中国外贸法限制知识产权滥用措施制度研究*

2004年《中华人民共和国对外贸易法》的修订，增加了第五章"与对外贸易有关的知识产权保护"。这一章的内容是充分吸收、借鉴TRIPs协定和欧美做法，并结合我国实际进行的立法。该章是《对外贸易法》中第一次规定有关知识产权保护的内容，其对我国知识产权制度的发展有着重要意义。限于篇幅的原因，本文仅对该章有关限制知识产权滥用行为进行探讨。

由于知识产权具有专有性，非知识产权权利人要使用知识产权，必须得到知识产权权利人的许可或者从权利人那里受让知识产权。许可通常是指一国的知识产权权利人许可其他人在确定期限内在一国或一定区域内行使权利人的独占权所包括的一项或多项行为。

知识产权权利人依法享有有关知识产权的垄断性权利，该权利客观上为权利人提供了滥用此种专有权的条件。当知识产权权利人滥用其权利时，不但对被许可人的利益造成了不正当侵害，还可能危害贸易秩序，阻碍相关技术的传播、使用和发展，甚至导致不公平竞争条件的形成。因此，对知识产权许可合同中的限制竞争行为进行规制是国际上的普遍做法。

一、国际社会规范知识产权滥用行为的努力

（一）《保护工业产权巴黎公约》

历史上，许多国际组织都试图对滥用知识产权行为作出规范。《保护工业产权巴黎公约》是国际社会第一次在条约中规定对知识产权滥用采取限制措施。第5条A（2）规定："本联盟各成员国都有权采取立法措施规定颁发强制许可证，以防止由于行使专利所赋予的独占权而可能产生的滥用，例如不实施专利权。"❶ 该款是针对专利权滥用而授权各成员国可以给予强制许可。由于巴黎公约在国际知识产权立法上的重要影响，后来的有关条约中基本上都有对专利权滥用采取措施的规定。

---

* 原载《法学家》2005年第5期。本文为郭寿康与万勇合著。

❶ 《巴黎公约》规定的强制许可，是为了防止专利权滥用的目的。至于为了防止专利权滥用以外的目的，例如，为了公共利益的目的，可以采取什么措施，公约没有规定。参见汤宗舜：《专利法教程》，法律出版社2003年版，第209页。

(二) 《国际技术转让行动守则》(草案)

20世纪60年代末、70年代初,许多发展中国家在联合国提出要制定一项关于技术转让的国际行动守则。随后,联合国大会在1974年5月第六届特别会议上通过决议,❶ 要求制定一项符合发展中国家普遍需要的关于技术转让的国际行动守则。发展中国家与发达国家在很多问题上难以达成一致,比较大的分歧是在守则第四章讨论的限制性惯例的评价问题上。发展中国家评价限制性惯例的标准是"发展标准"。发达国家评价限制性条款的标准是"竞争"标准。❷

尽管草案没有获得通过,草案的核心部分对限制性惯例作出的规定影响深远,为后来的一些国际文件所借鉴。谈判中不可克服的概念上的分歧,最终在乌拉圭回合谈判中得以适当的解决,TRIPs协定为长期以来在国际上争论很久的关于如何在技术转让协议中处理限制性惯例提出了解决方案。❸

(三) TRIPs协定有关限制知识产权滥用的规定

TRIPs协定在参考有关国际文件的基础上,制定了其特有的限制知识产权滥用措施的规定。TRIPs协定成功地将限制知识产权滥用措施纳入其框架,主要是因为WTO谈判一揽子方式接受的特点。TRIPs协定规定的知识产权保护总体上说有利于发达国家,但发展中国家经过努力,在TRIPs协定谈判中引入了限制知识产权滥用议题。TRIPs协定第40条是这一妥协的结果:它在第2款中允许成员方采取"适当的措施"控制限制竞争的许可行为,在第3款中允许成员方进行磋商以寻求对于竞争法的遵守。❹

TRIPs协定在其引言的第一句话中即提到:"全体成员,期望着减少国际贸易中的扭曲与阻力,考虑到有必要促进对知识产权充分、有效的保护……"而在知识产权许可合同中,滥用知识产权优势地位,限制被许可人的权利,一般都会对国际贸易造成扭曲和阻力,因此TRIPs协定对此类行为作了限制。除了在引言中对此种行为予以否定性评价外,TRIPs协定还在第8条以及第40条对滥用知识产权的行为作了明确规定。

1. TRIPs协定第8条

TRIPs协定第8条是关于防止知识产权作为一种专有权被滥用的原则性规定。❺ 防止滥用包括两个方面:一是知识产权保护的程度及范围,不能有害社会公众利益;二是权利人在行使权利时,不能采用"限制贸易行为"。

TRIPs协定第8条第2款规定:"(成员)可采取适当措施防止权利人滥用知识产权,防止借助国际技术转让中的不合理限制贸易行为或有消极影响的行为,只要该措施与本协议的规定一致。"该款为各成员在其国内法中采取措施防止权利人滥用知识产权

---

❶ 联大第3202 (S—Ⅵ) 号决议第4节。

❷ 郭寿康主编:《国际技术转让》,法律出版社1988年版,第212页。

❸ Carlos M Correa & Abdulqawi A Yusuf (ed), Intellectual Property and International Trade: The TRIPs Agreement, London-The Hague-Boston, Kluwer Law International 1998, p. 270.

❹ Michael Blakeney, Trade Related Aspects of Intellectual Property Rights: A Concise Guide to the TRIPs Agreement, London, Sweet & Mexwell, 1996, p. 108.

❺ Thomas Cottier, The Prospects for Intellectual Property in GATT, 28 Common Market Law Review (1991), p. 262.

提供了指导性原则，一要"适当"，二要"与本协议的规定一致"。

2. TRIPs 协定第 40 条

TRIPs 协定第 40 条是 TRIPs 协定第二部分第 8 节唯一的一个条文。第 8 节的标题是"对协议许可中限制竞争行为的控制"。制定这一条的目的是防止知识产权权利人在缔结合同的谈判中滥用自己的专有权。从这一节的标题以及第 40 条的内容来看，协议所涉及的仅仅是对竞争产生限制作用的行为，也就是说，TRIPs 协定没有采用"本身违法规则"，而是采用"合理规则"。❶

该条第 2 款规定："本协议的规定，不应阻止成员方在其国内立法中具体说明在特定场合可能构成对知识产权的滥用、从而在有关市场对竞争有消极影响的许可贸易活动或条件。如上文所规定，成员方可在与本协议的其他规定一致的前提下，顾及该成员的有关法律及条例，采取适当措施防止或控制此类活动。这类活动包括诸如排他性返售条件、禁止对有关知识产权的有效性提出异议、或强制性的一揽子许可。"可以说，这是在国际条约的层面上第一次明确作出涉及知识产权滥用的限制性贸易的规定。

第 2 款的规定中使用了"市场"一词，"市场"的界定对于控制知识产权许可合同中的反竞争条款非常重要。对市场范围的界定越宽，则该反竞争条款对被许可人经营活动产生的负面影响就越小。但该款中"有关市场"究竟指什么，却含混不清。它可以指与许可技术有关的产品市场或者服务市场，也可以指技术市场本身。美国《知识产权许可的反托拉斯指南》认为，可能受到知识产权许可行为影响的市场有三种，即产品市场、技术市场和研究开发市场（创新市场）。❷ 因此，对于"有关市场"的具体含义，TRIPs 协定是留给各成员方的国内法去解释。❸

该款采取的是未穷尽的列举方法来说明知识产权权利人滥用知识产权的行为。第 2 款首先规定各成员可以采取适当措施来控制此类（滥用知识产权）活动，然后说此类活动包括诸如独占性返授条件、禁止对有关知识产权的有效性提出异议以及强制性的一揽子许可。"包括"在 TRIPs 协定英文译本中对应的是"include"，通常隐含的意思就是"包括但不限于"，而英文译本为了更加强调其规定措施的未穷尽性，还在"include"后又加了一个"for example"，然后再提到独占性授售条件、禁止对有关知识产权的有效性提出异议以及强制性的一揽子许可这三种情况。TRIPs 协定中仅明确规定了三种情况，而对于其他滥用知识产权行为授权各成员方可以在其国内法中作出规定加以限制，但前提是这些限制措施不得违反 TRIPs 协定的规定。

TRIPs 协定第 40 条第 2 款规定的"特殊场合"，应理解为个案处理，具体案件具体分析。而"构成对知识产权的滥用"和"对竞争有消极影响"这两个条件需要同时具备。谈判中曾将上述两种情况规定为选择性的，但最后的文本中删去了"或"，而改为

---

❶ See Thomas Cottier, The Prospects for Intellectual Property in GATT, 28 Common Market Law Review (1991), p. 383~414.

❷ Antitrust Guidelines for the Licensing of Intellectual Property, Section 3.2.2.

❸ Carlos M Correa & Abdulqawi A Yusuf (ed), Intellectual Property and International Trade: The TRIPs Agreement, London-The Hague-Boston, Kluwer Law International 1998, p. 270.

要求两者同时具备。❶

二、美国有关限制知识产权滥用的规定

美国知识产权滥用理论的出现和发展是以司法判例为基础的。在 Morton 食盐案中，美国联邦最高法院认为，专利权滥用可以作为侵害专利权诉讼中的抗辩理由……有关行为与是否同时构成反托拉斯法所禁止之行为无关。❷ 此后，美国国会通过了《1988 年专利权滥用修正法》(*Patent Misuse Reform Act of* 1988)，将专利权滥用原则纳入了立法中。版权滥用原则的确定则来源于 Lasercomb 案，"既然版权与专利权实现的是相类似的公共利益，滥用这个抗辩理由就应当同样的适用于专利权和版权"。法院通过判例确认了"版权滥用"原则。❸

在美国，反托拉斯法也可以适用某些知识产权滥用的情况。美国法院在实践中形成了判断某种行为是否违反反托拉斯法的两种不同的原则。❹ 一种是"本身违反规则"，即某种行为只要发生就可以认定违反了反托拉斯法，不需要对具体情况进行分析。另一种是"合理规则"，按照这一规则来判断是否构成违反反托拉斯法的行为，需要对行为的具体情况进行分析，例如合同双方的市场支配力，合同条款对相关市场的实际影响等。在 20 世纪 70 年代初期，美国司法部对于知识产权行为的审查是以著名的"九不"(the Nine No-Nos) 原则为基础，但到 20 世纪 80 年代，司法部逐渐放弃了这一原则。❺

集中反映美国反托拉斯法在知识产权滥用领域适用的文件是美国司法部和联邦贸易委员会联合发布的《知识产权许可的反托拉斯指南》（以下简称《指南》）。该指南认为知识产权法与反托拉斯法具有共同的目的——促进创新、增进消费者福利。"尽管知识产权与其他形式的有形或无形财产相比具有重要的不同特征，但是在涉及反托拉斯的问题上，知识产权与其他财产一样适用相同的原则"。对大多数涉及知识产权的许可合同中的限制条款应当采用"合理规则"进行分析、评估。但是，在某些情况下，法院认为某一限制的性质和必然结果是明显的反竞争的，就直接适用"本身违反规则"，而无须再进一步详细查明这种限制可能对竞争的影响。《指南》还对许可合同中经常出现的一些限制性条款进行了具体分析和说明，这些条款是：横向限制、维持转售价格、搭售安排、排他性交易、交叉许可与联营协议、回授、知识产权的取得。值得注意的是，《指南》认为一揽子许可在某些情况下可以提高效率（例如为了使用某一产品而需要多项许可，在这种情况下，一揽子许可可以提高效率）。另一方面，一揽子也可能构成"搭售"，如果一种产品的许可是以接受另外一种独立的产品的许可为条件。❻

---

❶ Daniel Gervais: The TRIPs Agreement, Drafting History and Analysis (2nd edition), Sweet & Maxwell Publication 2003, p. 281.

❷ Morton Salt Co. v. G. S. Suppiger, 314 U. S. 488, 86 L. Ed. 363, 62 S. Ct. 402 (1972).

❸ Lasercomb America, Inc. v. Reynolds, 911 F. 2d 970 (4th Cir. 1990).

❹ Scherer, Industrial Market Structure and Economic Performance, 2nd Ed, p. 182.

❺ [美] 约翰·理查兹等:《产品进入美国市场的法律问题》，侯国云等译，中国政法大学出版社 1991 年版，第 216~217 页。

❻ Antitrust Guidelines for the Licensing of Intellectual Property, Section 5.3.

从上面的分析可以看出，美国知识产权法和反垄断法都可以对知识产权滥用行为进行规制。只不过，利用"专利权滥用"或者"版权滥用"原则只能被动使用，不能主动提出。只有在权利人在法院起诉被告侵犯其知识产权时，被告才可以利用"专利权滥用"或者"版权滥用"原则作为抗辩，而这一抗辩理由成立的结果只能使被告不承担侵权责任，而并不能宣告原告的知识产权无效。也就是说，"专利权滥用"是矛而不是盾，它使得被控侵权人免于因其侵权行为受到法律制裁，但是它不能为被控侵权人提供要求金钱或禁令救济的基础。[1] 而如果知识产权滥用行为违反反托拉斯法，被告则可以提起以反托拉斯法为依据的反诉，也可以单独提起诉讼。此外，由于反托拉斯法体现的是美国的竞争政策，因此违反反托拉斯法的行为必定是滥用行为。介于合法利用权利和违反反托拉斯法之间还有许多行为，虽然不足以构成反托拉斯法行为，但却足以构成知识产权滥用行为。[2] 因此，行使知识产权违反反托拉斯法的行为是知识产权滥用行为，但知识产权滥用行为不一定违反反托拉斯法。

三、欧盟有关限制知识产权滥用的规定

欧盟竞争法的实体规范集中体现在《欧共体条约》第 3 条、第 81 条和第 82 条。2004 年 4 月 7 日，欧洲委员会通过了新的《关于对若干技术转让协议适用条约第 81 条第 3 款的第 772/2004 号规则》（以下简称"新规则"），[3] 该新规则取代了原来的第 240/96 号规则。[4] 新规则对于有关专利许可、专有技术许可以及计算机软件版权许可适用竞争政策制定了新规则。新规则改变了旧规则以形式为基础的制度，放弃了"白色清单""黑色清单"以及"灰色清单"的分类，转向以经济为基础的方法，将合同各方之间的关系以及它们占有的市场份额作为给予集体豁免时所需要考虑的两个重要因素。[5]

新规则的一个重大创新是对竞争者之间签订的技术转让协议与非竞争者之间签订的协议适用不同的规则。[6] 因此，在依据新规则分析有关技术转让协议时，首要考虑的问题是合同各方之间的关系是竞争性的还是非竞争性的。规则对于竞争者之间的协议比非竞争之间的协议处理的要严重。此外，新规则对低于某些市场份额的技术许可协议给予集体豁免：如果具有竞争关系的合同各方的总的市场份额加起来不超过相关技术市场和产品市场的 20%，则他们之间订立的技术转让协议将被给予豁免；而如果是不具有竞争关系的合同方，比例则为 30%。为了清楚的表述竞争关系与市场份额的含义，新规则区分了两种相关的市场：产品市场（即使用许可技术以及其替代品的产品或者服务市

---

[1] Ansul Co. v. Uniroyal, Inc., 448 F. 2d 872, 882~883 (2nd Cir. 1971).

[2] [美] 阿瑟·R. 米勒、迈克尔·H. 戴维斯：《知识产权法概要》，中国社会科学出版社 1997 年版，第 90 页。

[3] Commission Regulation (EC) No. 772/2004 of 27 April 2004 on the Application of Art. 81 (3) of the Treaty to Categories of Technology Transfer Agreements, OJ 2004 L123/11. （以下简称 TTBER）

[4] Commission Regulation (EC) No. 240/96 of 31 January 1996 on the Application of Art. 85 (3) of the Treaty to Categories of Technology Transfer Agreements, OJ 1996 L 31/2.

[5] 参见 Recital 4 of TTBER。

[6] 同上。

场）以及技术市场（许可技术和替代技术的市场）。❶ 据条例发布的指南还提到，在某些情况下，创新市场也可以被考虑。❷

新规则的另一个创新是引入了有关许可实践中的恶性限制（hardcore restrictions）条款，如果技术转让协议中含有一项或者多项核心限制内容，则整个技术转让协议都不能获得集体豁免范围，而且只有在极少数的情况下才被认为满足《欧共体条约》第81条第3款的要求。属于绝对限制内容的行为有价格限制、某些情况下的产量限制、某些情况下的销售限制以及对于市场和客户的分配等。❸

新规则第5条规定的是被排除的限制（excluded restrictions），被排除的限制也是指不能豁免的限制，但只是该限制本身不能豁免，协议其他部分并不受影响。该条规定，如果技术转让协议中包括有下列义务，则本规则第2条有关豁免的规定将不适用："（1）直接或间接要求被许可方对于其技术改进或新的应用排他性的许可给许可方或者许可方指定的第三方；（2）直接或间接要求被许可方对于其技术改进或新的应用的权利全部或者部分转让给许可方或者许可方指定的第三方；（3）直接或间接要求被许可方不得对许可方在共同市场中拥有的知识产权的有效性提出质疑……"将上述规定与TRIPs协定的规定进行对比，可以发现上述第1款和第3款的内容与TRIPs协定第40条第2款中规定的"排他性返授条件和禁止对知识产权有效性提出质疑"基本是一样的。这反映了在TRIPs协定实施以后，欧盟委员会也适当参考了其相关内容。

四、中国《对外贸易法》中有关限制滥用知识产权的规定

我国2004年新修订的《对外贸易法》第五章"与对外贸易有关的知识产权保护"共有三个条文（第29条、第30条以及第31条），这几条都是以前在我国法律层面上没有明确规范的，这也充分说明在对外贸易法中规定知识产权保护和限制滥用的必要性。❹ 其中第30条就是有关限制知识产权权利人滥用权利的规定。

（一）《对外贸易法》第30条的适用条件

1. 存在定义的行为

（1）知识产权权利人阻止被许可人对许可合同中的知识产权的有效性提出质疑。"阻止被许可人对许可合同中的知识产权的有效性提出质疑"是指在知识产权许可合同中，知识产权权利人要求被许可人以在合同中明确约定的方式或者采取其他手段，使被许可方不得对许可方的知识产权是否有效提出质疑。历史上，美国联邦最高法院最初曾使用禁止反言原则来否定被许可方质疑许可方专利权无效的权利，❺ 后来发现在专利领

---

❶ Art1 (1) (j) of TTBER.

❷ Commission Notice: Guidelines on the Application of Art. 81 (3) of the Treaty to Categories of Technology Transfer Agreements, OJ 2004 C 101/2.

❸ Article 4 of TTBER.

❹ 在修订《对外贸易法》的过程中，是否纳入有关知识产权的内容，争议很大。本文的第一作者自始即主张应该增加有关知识产权的内容，因为其与国内立法的已有规定并不重复。

❺ Automatic Radio Manufacturing Co. v. Hazeltine Research, In. c, 339 U. S. 827, 836 (1950).

域适用禁止反言原则不公平,因此拒绝发出禁令以执行被许可方关于不质疑专利权有效性的承诺。欧盟《指南》认为:被许可方通常处于确定一项知识产权是否无效的最有利位置。为了不扭曲竞争并遵从知识产权保护的原则,无效的知识产权应该被剔除。无效知识产权抑止创新而非促进创新。❶

合同中明确规定被许可人不能质疑知识产权的有效性,即使该知识产权是无效的或已经过期失效,许可人也没有构成违约,被许可人得不到救济,这就使被许可人订立合同的目的落空。这无疑将会对贸易产生不良影响并且阻碍技术的传播和转让。因此,对其必须加以禁止。

(2)强制性一揽子许可。"强制性一揽子许可"条款,是指知识产权权利人将其知识产权许可或者转让给被许可方时,同时要求被许可方接受其不需要的许可事项,并以此作为被许可方获得其需要的知识产权的条件。❷ 在对外贸易中,需要获得他人技术的被许可方,特别是发展中国家的被许可方总是处于相对劣势的地位,这就使得知识产权权利人有条件利用这种优势地位,要求被许可方必须购买其不需要的货物或技术,否则就不许可其使用知识产权。这种行为不仅会增加被许可方的财政负担,而且会阻碍被许可方实现技术或技术产品的替代,影响受让技术的国产化。此外,这种行为违反了公平贸易原则,同时人为设置贸易壁垒,加大了贸易成本,更不利于技术的传播与应用。所以,这种强制性一揽子许可行为也必须禁止。

(3)在许可合同中规定排他性返授条件。"返授"是指在许可合同中,被许可人同意将其对许可的技术所作的改进回授给许可方或者许可方指定的其他企业。❸ 返授在一定情况下可能是促进竞争的。因为当许可人和被许可人都使用许可技术时,许可人有必要跟上被许可人改进技术的步伐以保证商业利益,避免被挤出市场。通过降低被挤出市场的可能性,返授有助于促进向最有效率的使用者授予知识产权许可。美国《知识产权许可的反托拉斯指南》认为对于返授条款应当根据"合理规则"进行判断,根据许可合同的总体结构和相关市场和条件,来考虑其可能产生的影响。❹

"排他性返授"是指知识产权许可人授予被许可人使用其知识产权时,规定这样一种条件:必须将其在许可人知识产权基础上研发的知识产权排他性的返授给许可人,而不能授予其他人。被许可人在使用许可人的知识产权后,有可能在此基础上发展出新的、更为先进的技术,这一点在专利许可中尤为典型。根据我国《专利法》除了法律规定的强制许可的情形外,专利权人有权自主决定许可他人实施其专利。但是,如果许可方和被许可方在合同中约定将来被许可方在许可方的知识产权的基础上研发的知识产权只能授予许可方,实际上是限制了被许可方将来行使其知识产权权利,这样就会阻止该知识产权的有效利用,妨碍技术的传播。

---

❶ Commission Notice: Guidelines on the Application of Art. 81 (3) of the Treaty to Categories of Technology Transfer Agreements, OJ 2004 C 101/2, para. 112.

❷ 郭寿康主编:《国际技术转让》,法律出版社1988年版,第107页。

❸ 同上书,第108页;Antitrust Guidelines for the Licensing of Intellectual Property, Section 5.4.

❹ Antitrust Guidelines for the Licensing of Intellectual Property, Section 5.6.

(4) 其他行为

该条在提到上述三种情况后，同 TRIPs 协定一样使用了"等"字，这表明国务院对外贸易主管部门采取限制措施的情况并不仅限于这三种行为。

《技术进出口合同管理条例》第 29 条规定了技术进口合同中不得含有的七种限制性条款。❶ 这七种情况主要是针对进口合同中的限制性条款作出的规定。将这七种情况与上文提到的美国《知识产权许可的反托拉斯指南》与欧盟《指南》相比，可以发现尽管用语不一样，但实质内容大部分是一致的：例如有关"搭售""产量限制""排他性交易"等的规定。

此外，最高人民法院于 2004 年 11 月 30 日通过了《关于审理技术合同纠纷案件适用法律若干问题的解释》。尽管该解释的适用范围并不局限于进出口合同，但其对于理解《对外贸易法》第 30 条所做的非穷尽性规定是有帮助的。该解释第 10 条规定，有六种情形属于《合同法》第 329 条所称的"非法垄断技术、妨碍技术进步"。❷ 虽然这一条没有直接提及"知识产权滥用行为"或者"限制性条款"，但其内容实质上是属于"限制性条款"的范围。将这六种情形与《技术进出口合同管理条例》规定的七种情况相比较，其内容都可以由条例所覆盖，除了第 1 项规定的"双方交换改进技术的条件不对等"以外，该项内容规定在 1985 年的《技术引进合同管理条例》第 9 条第 5 项中，但新的《技术进出口合同管理条例》将这一项给删除了。

从上文分析可以看出，《技术进出口合同管理条例》和《最高人民法院关于审理技术合同纠纷案件适用法律若干问题的解释》，对于将来实践中对外贸易主管部门如何认定除《对外贸易法》明确提到的三种情况以外的哪些行为也属于滥用知识产权提供了依据。

2. 危害对外贸易公平竞争秩序

《对外贸易法》规定存在以上行为，并危害对外贸易公平竞争秩序的，国务院对外

---

❶ 这七种限制性条款是：(1) 要求受让人接受并非技术进口必不可少的附带条件，包括购买非必需的技术、原材料、产品、设备或者服务；(2) 要求受让人为专利权有限期限届满或者专利权被宣布无效的技术支付使用费或者承担相关义务；(3) 限制受让人改进让与人提供的技术或者限制受让人使用所改进的技术；(4) 限制受让人从其他来源获得与让与人提供的技术类似的技术或者与其竞争的技术；(5) 不合理地限制受让人购买原材料、零部件、产品或者设备的渠道或者来源；(6) 不合理地限制受让人产品的生产数量、品种或者销售价格；(7) 不合理地限制受让人利用进口的技术生产产品的出口渠道。

❷ 这六种情形是：(1) 限制当事人一方在合同标的技术基础上进行新的研究开发或者限制其使用所改进的技术，或者双方交换改进技术的条件不对等，包括要求一方将其自行改进的技术无偿提供给对方、非互惠性转让给对方、无偿独占或者共享该改进技术的知识产权；(2) 限制当事人一方从其他来源获得与技术提供方类似技术或者与其竞争的技术；(3) 阻碍当事人一方根据市场需求，按照合理方式充分实施合同标的技术，包括明显不合理地限制技术接受方实施合同标的技术生产产品或者提供服务的数量、品种、价格、销售渠道和出口市场；(4) 要求技术接受方接受并非实施技术必不可少的附带条件，包括购买非必需的技术、原材料、产品、设备、服务以及接收非必需的人员等；(5) 不合理地限制技术接受方购买原材料、零部件、产品或者设备等的渠道或者来源；(6) 禁止技术接受方对合同标的技术知识产权的有效性提出异议或者对提出异议附加条件。

贸易主管部门才采取措施。这说明我国是适用"合理规则"来认定知识产权滥用行为的违反性问题的。

(二)《对外贸易法》第 30 条与将来制定的《反垄断法》的关系

我国的《反垄断法》目前正在加紧制定中,根据《反垄断法(送审稿 2004 年)》第 66 条的规定:"经营者依照著作权法、商标法、专利法等行使合法权利的行为,不适用反垄断法。但滥用知识产权的行为违反本法规定的,依照本法处理。"这就产生了一个问题,在未来《反垄断法》通过以后,对外贸易中的知识产权滥用问题究竟是适用《对外贸易法》还是《反垄断法》?

上文在论述美国有关限制知识产权滥用的规定这一部分提道:"美国法院认为,行使知识产权违反反托拉斯法的行为一定构成知识产权滥用行为,但知识产权滥用行为不一定违反反托拉斯法。"可见,知识产权滥用行为所涵盖的范围要比受到反垄断法处罚的不当行使知识产权的违法行为要宽,也就是说有些知识产权滥用行为违法程度比较轻,还达不到反垄断法处罚的最低标准。

此外,《对外贸易法》第 32 条也规定了反垄断问题:"在对外贸易经营活动中实施垄断行为,危害市场公平竞争的,依照有关反垄断的法律、行政法规的规定处理……"由于第 32 条与第 30 条的规定是并列的,因此第 30 条规定的知识产权滥用行为并不能完全被第 32 条所吸收,即对外贸易中的知识产权滥用行为不能完全受到未来制定的《反垄断法》的处罚。

因此,对于对外贸易中的知识产权滥用行为,合适的做法应当是:如果知识产权滥用行为达到了《反垄断法》的适用要求,则适用《反垄断法》;如果没有达到,但是符合《对外贸易法》第 30 条的规定,则适用《对外贸易法》。

中 文 部 分

对"哈啤"案的几点思考*
——兼论商品特有名称的法律性质及其保护

一、"哈啤"案案情简介**及特点

原告哈尔滨啤酒有限公司（以下简称哈尔滨公司）成立于1900年，是我国最早的啤酒生产企业，哈尔滨啤酒是该公司的主要品牌。近年来，哈尔滨公司在各种媒体上投入1亿多元广告费宣传哈尔滨啤酒，广告中以"哈啤"二字简称这个品牌。被告哈尔滨圣士丹啤酒有限公司（以下简称圣士丹公司成立于2000年5月。自2002年以来，在圣士丹公司生产的多种听装、瓶装啤酒的包装装潢上，有分两排印刷的四个文字，一种是"哈啤"二字在上"金酒"二字在下，一种是"哈啤"二字在上"豪酒"二字在下，这些啤酒在哈尔滨本地和外省市销售。哈尔滨市工商行政管理局曾为此给予圣士丹公司行政处罚，并查封其部分产品。原告以被告擅自使用其商品特有名称"哈啤"构成不正当竞争为由；向法院起诉圣士丹公司。审理中，双方主要的争议点是："哈啤"是否为知名商品的特有名称？被告的行为是否构成不正当竞争？经哈尔滨市中级人民法院审理，圣士丹公司败诉。圣士丹公司向黑龙江省高级人民法院提起上诉。在二审程序中原被告双方达成调解协议，从而结束了两公司之间的"哈啤"名称之争。

与其他有关知名商品特有名称的不正当竞争纠纷案件相比，本案的主要争议点有着特别之处：首先，本案的争议点之一是商品名称"哈啤"是否为商品的"特有名称"？而其他案件的争议点大多集中在商品是否"知名"，或者商品名称是"特有"名称还是"通用"名称上；❶ 其次，原告所主张的特有名称"哈啤"未直接出现于商品的商标、包装或容器（瓶体或瓶贴）上，而是出现于原告的广告宣传及其他商业活动中；最后，原告所主张的"特有名称""哈啤"实质上是商品的"特有名称"的简称。

---

* 　原载《政法论丛》2005年第5期。本文为郭寿康与陈霞合著。
** 　"哈尔滨公司诉圣士丹公司不正当竞争纠纷案"，载《最高人民法院公报》2005年第3期。
❶ 　在1999年河北旭日集团的"冰茶"案件中，主要争议点在于"冰茶"是否是一类商品（饮料）的通用名称。此外，爱特福公司诉北京地坛医院等不正当竞争纠纷上诉案的主要争议点也在"84"是否为该类消毒液的通用名称。"亮甲"产品不正当竞争纠纷案的主要争议点则在产品是否知名上。

二、商品特有名称的简称是否构成商品的特有名称

商品名称，通俗地讲就是对一个商品的称谓，有正式名称和非正式名称、通用名称和专用名称（亦即特有名称）之分。而商品的特有名称是某一个经营者单独使用的名称，是一商品赖以区别于其他经营者的同类商品的一种标记。"特有"的含义是与"通用"相对的，是指不为相关商品所通用，具有显著的区别性特征的名称。至少在我国，商品特有名称表彰商品来源的功能有时甚至超出注册商标，有许多企业的商品名称很有名而其商标却鲜为人知（如多数的酒类产品，如华灯牌北京醇白酒）。

判断一个商品名称是否为"通用"名称时，应当参照以下两个方面：（1）国家或者行业标准以及专业工具书、辞典是否已经列入该商品名称，已经列入的，应当认定为通用名称；（2）是否已为同行业经营者约定俗成、普遍使用以表示某类商品，如果是，也应认定为该商品的通用名称。❶ 例如，84 消毒液产品，从目前市场上"84"名称使用和管理的实际状况看，它已经成为同类消毒产品的通用名称。仅凭"84"消毒液的名称已经不能区别该商品来源，不会让人立刻联想到北京地坛医院、龙安 84 或者其他类似产品。用以区别该类产品的标志是各生产厂家的商标，而不是"84"消毒液这一商品名称。

关于如何命名商品即商品名称如何构成，国内相关的规范很少。在卫生部于 2001 年 4 月 11 日发布的《卫生部关于印发健康相关产品命名规定的通知》中，对于包括消毒剂、消毒器械在内的健康相关产品的命名提出了特别要求。该通知第 4 条第 3 项规定，健康相关产品的名称由商标名、通用名和属性名三部分组成。其中商标名或属性名应该是一种产品所特有的、具有区别性的名称，属性名的含义似乎与"特有"名称的含义更为接近。

实践中，商品（特有）名称的构成方式种类繁多，如"商标名＋通用名""通用名＋属性名""商标＋通用名＋属性名"（比如在桂林天和药业股份有限公司研发的天和骨通贴膏中，"天和"为注册商标，"骨通"为其特有名称）等，没有统一的规范，其表现形式也多种多样，有的属于正式名称，正式标注于商品、包装或其他登记文件上；有的属于非正式名称：表现为商品的俗名、别名，多是一些简称或约定俗成的称法（如"哈啤""普通燕京"等），多出现于非正式的商业活动和广告宣传中，为一定的人群所共知，其知名度有的甚至超过正式名称，并最终转变成为正式名称。比如腾讯公司推出的即时通信软件 OICQ❷ 的别名 QQ，就取代了原来的正式名称成为其正式名称，并最终注册。有的商品的非正式名称是由具有突出显著性的经典广告语演变而成。因此在这个意义上可以认为，商品的广告语构成广义的商品特有名称，而且商品特有名称也不应该仅仅限于商品的正式名称。

---

❶ "爱特福公司诉北京地坛医院等不正当竞争纠纷上诉案"，载《最高人民法院公报》2003 年第 5 期。

❷ OICQ 是深圳市腾讯计算机系统有限公司开发的基于 Internet 的即时寻呼软件，全称腾讯 OpenICQ，含义为"Oh, I seek you!"。

"哈啤"这一名称不是其注册商标的组成部分（其注册商标中只有 HAPI 这一汉语拼音），也并未"正式"出现于与之相对应的商品或其包装或容器上，只是在其广告中提及"喝哈啤"。但如果仔细观察哈尔滨公司的啤标展示，不难发现，"哈啤"实际上是该公司的产品之一——"哈尔滨啤酒"的简称，其中"哈尔滨啤酒"明显标注于瓶帖上，"哈啤"实际上既是该商品名称的简称，同时也是哈尔滨啤酒有限公司的"商号"或者企业名称的简称。那么，不正当使用"哈啤"二字其实也属于《反不正当竞争法》第5条第（3）项规定的"擅自使用他人的企业名称或者姓名，引人误认为是他人的商品"的不正当竞争行为。只是原告没有以此作为诉讼的案由而已。

那么简称等非正式名称是否就是商品的特有名称呢？因为简称通常不正式出现于商品或其包装或容器上，相对于正式名称而言其知名的程度和相关公众的范围一般比不上正式名称。商品的简称实际上构成了一个不同于商品全称的新的商品名称，它是否能够识别全称所称谓的商品，从而与全称所指代的对象相同，我们认为必须具备以下三个条件：公示、持续使用、特有性。

（一）公示

名称作为对物的一种称谓，公示是其基本属性。所以商品名称必须是公开展示、为一定范围内的公众所知悉，并以实际的、持续的使用为名称取得的前提。如果仅在个别特殊情况下、在极小的人群范围内非持续使用，就不会使相关公众建立起该简称或其他非正式名称与某种商品的联系，该简称也就不能称为该商品的名称。一个名称，即使未正式出现于商品或其包装或容器上，只要以其他方式公示、也就具有宣示的效果。"哈啤"这一简称不仅在其广告中以"喝哈啤"的形式出现，而且出现于哈尔滨啤酒有限公司的网站上，以及其他商业活动中，具备公开的性质。公示的结果是商品特有名称为相关公众所知悉，此处的相关公众是指同行业的经营者和该类商品的消费者。

（二）持续使用

商品的简称、别名等非正式名称因为其公示方式的非正式性，多以口头或非正式书面文件的形式出现，因而惟其反复一致、无间断地使用，才能与所指称的商品形成一一对应关系，形成一种商品的习惯称谓。商品的简称是通过持续使用而形成的一种约定俗成的名称。

（三）特有性

商品的简称为该商品所独有，不是同类商品的通用名称。如"哈啤"不是所有哈尔滨地区生产的啤酒的通称，而是特指哈尔滨啤酒有限公司生产的哈尔滨啤酒。

综上，"哈啤"这一简称显然具备上述各条件，是哈尔滨啤酒的特有名称。

三、关于商品特有名称的法律性质——权利还是法益

商品特有名称因其用于商业目的，便于经营者商业运作和消费者识记，所以首先应该属于商业标识的范畴。在讨论商品特有名称的法律保护之前必须首先弄清楚其法律性质。

从目前国内的研究和实践看，关于商品特有名称的法律性质有以下几种观点：

(1) 是一种未注册商标且与商品的包装、装潢联系密切；❶ (2) 不是一种商标，但具有与商标同样的作用，即区别作用；❷ (3) 对于知名商品而言，其特有名称是一种专门权——知名商品特有名称权；❸ (4) 是一种法益。❹ 在"哈啤"案中，哈尔滨市中级人民法院认定圣士丹公司的行为侵犯了原告哈尔滨公司的知名商品特有名称专用权。

上述几种观点中，第一种观点和第四种观点究其实质是相同的，也就是说未注册商标本质上是一种法律保护的利益。商业标识注册与否是确定财产与财产权存在的重要途径，对无体财产来说尤其如此。依靠行政机构的登记职能，财产的存在由某种陈述来确定。这种对财产的陈述在法律上被等同于财产本身，如专利、外观设计登记文件中的说明就是专利、外观设计本身。这样一来，以陈述性登记（represenlative representation）为基础，无体财产被约简为纸上的表述。当然，对于商标等商业标识而言，这种陈述性登记的含义则是允许使用许多类型不同但相似的标识的经营商们从整体上将其登记为一个陈述性的标识。❺ 商标专用权作为一种财产权因注册而得到确认与公示。而未经注册程序确定的商业标识，"财产"的存在与边界相当含糊；是法律在一定条件下予以保护的一种利益，又称为法益。

在我们看来，商品特有名称可以视为一种未注册商标，同时也是法律予以保护的一种利益。从具体的商业活动可以看出，商品的特有名称可以理解为属于广义上的商标范畴。因其具有特有性而与注册商标一样具有显著性特点和识别性功能。随着现代工商业的发展，商标保护范围在逐步扩大。最初的商标只是简单的名称或附着于商品上的识别性符号，后来公司名称和产品名称一同出现在产品上，最终商业口号或短语也可以作为商标受保护。❻ 可见，在实际使用的商品特有名称注册为商标之前，它实际起着识别商品来源的作用，只是未正式申请注册，因而是一种未注册商标。

---

❶ 孔祥俊：《反不正当竞争法新论》，人民法院出版社2001年5月版，第295页、第418页、第419页。他认为未注册商标无非是注册商标以外的商业标识，也即具有标识意义而又未经注册，其与商品的特有名称、包装装潢等商业标识本来就是一回事，仿冒未注册商标与仿冒特有名称常常是一回事。

❷ 曹新明："关于知识产权领域不正当竞争行为的研究"，载《法商研究》1994年第2期。

❸ "最高人民法院对台福食品有限公司与泰山企业股份有限公司不正当竞争纠纷上诉案的判决"，载《最高人民法院公报》1999年第6期。

❹ 姚欢庆："知名商品的认定与保护——关于'老干妈'一案的评述"，载 www.civillaw.com.cn；陈红："商标权与知名商品的特有名称冲突问题研究"，载王立民、黄武双主编：《知识产权法研究》（第1卷），北京大学出版社2004年12月版，第224页。

❺ 参见 Brad Sherman, Lionel Bently: The making of modern intelleetual property-the British experience, 1760~1911, Cambridge University Press 1999, p. 181~182。"representative representation" 应用于商标时，与专利、外观设计的情形不同，作者在原文中指出 "Our use of this term（是指 representative representation：本文作者注）differs from the way in which it was used in relation to trade marks where represenntative representation was intro duced to allow manufacturers who used many different, but similar, types of marks to regist er a representative mark of the class as a whole"。

❻ Robert P. Merges, Peter S. Menell, Mark A. Lemley, Thomas M. Jorde 著：《新技术时代的知识产权法》，齐筠等译，中国政法大学出版社2003年10月版，第445页。

商品特有名称同时又是一种法益。我国反不正当竞争法对于知名商品特有名称和包装装潢的保护与商标法对于注册商标的保护是不同的。对于注册商标的保护不考虑是否产生市场混淆，只要相同或者近似即予以禁止，权利边界清晰，显然是一种典型的权利保护模式。而商品名称本身并不当然受保护，而必须满足一系列不确定的要件，如"知名商品""特有""相同或者近似使用"、造成混淆等，这种不确定性恰恰说明了商品特有名称是一种边界不太清楚的利益。❶

如果在实际使用一定时间后，经营者将商品特有名称注册为商标，这时商品特有名称就转化为注册商标，不再具有特有名称的属性，而具有注册商标权的专有性。

四、保护商品特有名称的合理性

（一）商品特有名称是否是"中国特色"

有学者提出商品特有名称仅仅是"商品通用名称形成过程中的一个状态，在资本主义国家未作为专门概念受到重视，更未受到法律专用保护"，认为我国知名商品特有名称的形成是"我国特定历史条件下的产物，与市场经济体制格格不入，对于这一特殊现象只能妥善弥补，而不能通过维护其专用而强化其不合理性"，并主张通过把商品特有名称注册为商标的方式消除这一现象。❷

确实，有关禁止不正当竞争的国际条约和其他国家的立法，表面上看大多未明确表述关于仿冒"商品特有名称"或"商品专用名称"的不正当竞争行为，以此为诉因的相关案例也比较少见，大多只是提及对于商品外观（Trade Dress）或包装和装潢的保护。而我国自《反不正当竞争法》制定并实施以来，以擅自使用知名商品特有名称为案由的诉讼在不正当竞争案件中占了较大的比重。

然而，立法条文中没有明确表述"商品特有名称"这一术语并不等于不予以保护。目前，有关国际条约和国外立法规定仿冒行为的模式有两种，即一般条款和未穷尽式列举。对于擅自使用他人知名商品特有名称的仿冒行为或包含于商业或产品外观中，或包含于一般条款或相关立法的兜底条款之中，是立法文件的应有之义。比如，《兰哈姆法》第43条（《美国法典》第1 125条）禁止虚假来源标志和虚假描述的一般规定。根据《兰哈姆法》，商业外观❸可予以注册。但是由于其复杂和多变的性质，《兰哈姆法》第43条（a）款、《美国法典》第15编第1 125条（a）款，也保护大多数未注册的商

---

❶ 孔祥俊：《反不正当竞争法新论》，人民法院出版社2001年5月版，第413~414页。

❷ 卢修敏："对知名商品特有名称不宜进行专用保护——兼评我国《反不正当竞争法》第5条第2款规定"，载《法学》1996年第5期。

❸ 美国法上的商业外观（trade dress）最初主要是指产品的标签（label）与包装（packaging）以及它们构成的总体形象，后来扩展到产品的全部视觉效果和总体形象，包括尺寸、形状、颜色或颜色组合、图案、表示、声音、甚至营销技巧等特点，还包括提供服务的店堂的装潢设计风格。参见林晓云、沈况："汽车外观设计引发的法庭大战"，载http://www.chinaiprlaw.com/lgxd/lgxd56.htm，2005年8月21日访问。

业外观或产品外观，该款一般被视为商标和相关商品来源识别物的联邦统一法保护。❶

再比如，我国台湾地区"公平交易法"第 20 条第 1 款在未穷尽列举的仿冒行为中虽然没有明确列举出商品的特有名称，但可以理解为对商品特有名称的仿冒包含在"其他显示他人商品之表征"中。况且，在第 20 条第 2 款规定的仿冒行为的例外中，对以普通使用方法使用商品习惯上之通用名称或惯用之表征的行为予以排除，反推过来，就是以不正常使用之方法，使用商品本身非通用名称的行为应属于仿冒行为。❷ 某些西方国家如美国，之所以未明确提出商品特有名称的概念，是因为由于法律传统采用商标使用原则，其商标法实质上对注册商标和未注册商标一并进行保护，而商品特有名称就是一种未注册商标。

由此看来，商品特有名称"在资本主义国家未作为专门概念受到重视"是真，但因此就认为其"未受到法律专用保护"就不符合事实了。

我国在商标专用权的取得上采注册原则，商标法实际上保护的是注册商标，对于其他商业标识则主要以反不正当竞争法予以保护。在立法中对商品特有名称进行保护，并非权宜之计，而是符合商品流通规律和实际情况的。不是简单地通过把它注册为商标就能消除的。商标和商品特有名称是两个相对独立的概念，二者都是商品重要的表征手段。商标是商品上相对稳定的标识，商品特有名称则是适应经营者经营活动的变化而产生的相对易变的标识。

尽管反不正当竞争法与商标法对商品特有名称与注册商标的保护强度不同，但鼓励经营者把商品特有名称及时注册为商标，将更有利于经营者对已经取得的工商业利益（商业信誉、商品声誉、市场占有率等）进行排他性保护。比如"84"消毒液一案，地坛医院如果及时将"84"注册为商标，就可以分别对其技术和商标使用进行许可，这样不只是经济收入的提高，更重要的是可能树立起一个具有较高市场价值的品牌，不致最终形成一类消毒液的通用名称而丧失专用权以及由此带来的不可预知的经济利益。即使在使用原则的美国，商标注册的一个主要优势就是自商标申请之日起自动赋予全国性保护。在美国，依据普通法对于未经注册的商标，商标所有权不一定赋予商标的全国性

---

❶ 参见《美国法典》第 1 125 条（《兰哈姆法》第 43 条）：禁止虚假来源标志和虚假描述：(a)(1) 任何人，若在或黏附在商品或服务上或商品的任何包装上，商业使用任何文字、术语、名称符号或图案、或以上各项的任何组合、或者使用任何错误的来源标志、虚假或误导性事实描述，(A) 可能造成混淆或错误，或欺骗此人与他人有附属关系、联系或联合，或者其商品、服务或商业活动是他人创作、支持或准许的，或者 (B) 在商业广告或宣传中，虚假陈述他或她的或他人的商品、服务或商业活动的性质、特点、质量或地理来源，应该在由相信该行为而损害或有可能损害其利益的人提起的民事诉讼中负责。

❷ 我国台湾地区"公平交易法"第 20 条：事业就其营业所提供之商品或服务，不得有左列行为：（一）以相关大众所共知之他人姓名、商号或公司名称、商标、商品容器、包装、外观或其他显示他人商品之表征，为相同或类似之使用，致与他人商品混淆，或贩卖、运送、输出或输入使用该项表征之商品者。……前项规定，于左列各款行为不适用之：（一）以普通使用方案，使用商品本身习惯上所通用之名称，或交易上同类商品惯用之表征，或贩卖、运送、输出或输入使用该名称或表征之商品者。……

保护。普通法商标只在产品的出售地或广告地受保护，理由是商标的目的不是赋予广泛的财产权利，而只是保护商标所有人对该商标投入的信誉。

在我国反不正当竞争法出台前，国家工商行政管理局、轻工业部、商业部于1980年10月11日在《关于改进酒类商品商标的联合通知》（现已废止）中规定："名酒的特定名称可以作为商标申请注册""酒的商标应当同其特定名称统一起来"。1989年国家工商局在《关于继续开展整顿酒类商标工作的通知》中规定："禁止使用酒的别名""要求将酒的别名转变为商标使用的，应当将别名作为商标申请注册。"在当时的条件下，做出此类行政行为的出发点是，酒的商标不醒目，缺乏显著性，而其所用的特定名称却非常显著，导致消费者只认的特定名称，商标起不到区别不同酒的来源的作用，特定名称实际上起着商标的作用。❶ 显然只是为了增强商标的显著性，而不是为了消除商品特有名称这一"特殊现象"。

商品特有名称这种商品表征形式的存在是客观的、必然的，不是简单地通过引导经营者将其注册为商标就能消除的问题。立法应符合商品从生产领域进入流通领域的规律，符合一般消费者对于商品特征的认知规律。一种商品在从开始上市到知名再到家喻户晓，消费者对其感知一般是从商品突出显示的、具有独创性的标识开始的。对于一种新出现的、不熟悉的商品，其标识越独特、越能给人以身心的愉悦和认同感，就越能给消费者留下深刻的印象，使之产生新奇感，刺激其购买欲望。随着对商品功能体验的加深，只要商品具有不错的质量和其他良好的服务，消费者对于该商品的信赖度就会提高。在消费群体心目中能使之与某种商品相联系、产生联想的标识会依其独创性程度可能是商品的商标、装潢、包装、商品的特有名称，也可能仅是一句绝妙的广告语等。因此，出现某些知名商品特有名称的知名度大于商标的知名度的现象就是很正常的一件事情了。所以商品的特有名称成为商品最主要的表征并不是一个过渡现象，或者是"中国特色"的产物，而是市场经济条件下的一种客观存在。

尽管经营者的商标意识不断加强，大部分的驰名商标和著名商标都已申请注册，并取得了商标专用权。但对于已经付出努力、其产品或服务形成一定知名度的特有名称的未申请注册，或虽然申请但因种种原因未被工商局核准的商标，给予反不正当竞争法保护，才符合公平原则，才会使得我国对商标（不论是否注册）的保护更加全面和完善。由于人们的商标意识差异和其他复杂的社会因素的存在，生产者或服务提供者最初缺乏对自己商业标识的保护意识，没有及时把自己有影响的产品名称注册为商标，而一直在持续使用该商品名称。还有些经营者是对商品的名称边使用边申请注册，然而由于注册程序具有一定的周期，在申请注册到商标局核准的过程中，如果发生了针对该商品特有名称的不正当竞争行为，就可能无特别法可依（虽然仍然可依民法通则的有关规定处理）。还有的情况是虽然申请商品名称注册为商标但发生纠纷诉诸法院时尚未获得商标局核准注册，而商品已在相关公众中积累了一定的知名度，只能以现有状态继续使用。例如，1995年长春市通达化工技术实验厂向国家商标局提出"WH橡胶防老剂"的商

---

❶ 国家工商总局商标局："改革开放以来我国商标工作的回顾"，载 http：//www.iprp.com.cn，2005年8月9日访问。

标注册申请后、尚未核准注册前,长春市橡胶助剂厂即在未征得通达厂同意的情况下,将自己的防老剂也以"WH—02"命名并销售。[1] 另外的一个案例是新乡市红旗助剂厂生产"洲旗"牌939高级仿瓷涂料,并将939设计于产品包装上。1996年向国家商标局申请"939"高级仿瓷涂料产品的注册商标,因939系阿拉伯数字在当时不能作为商标注册未获核准。而被告新乡市涂料厂生产销售"锦绣"牌939高级仿瓷涂料,确实有不正当竞争之嫌。[2] 因上述种种原因未能注册为商标但已经积累了一定市场知名度的商品特有名称,如果放弃使用既不经济,也不公平,有必要进行保护。这样有利于促进刚刚起步、处于摸索阶段的企业(尤其是资金缺乏的中小企业)的发展,降低企业的经营成本,增强市场秩序的稳定。因为对于处于创业阶段的经营者来说,商标的国内和国际注册费用也是一笔不小的开支。

(二)对商品特有名称予以保护的价值何在

既然市场经济下大规模生产要求商品自身具有多种表征形式,既然商品特有名称通常是商品外观中突出显示的、最"抢眼"的部分,是商品的"眼睛",是包含于商品外观(商品包装、装潢等)之中的一种未注册商标,是一种法律意欲保护的利益,就应该对其进行保护。这已经成为国际社会的共识。

自《巴黎公约》签订以来,对商业标识的保护范围渐呈扩大趋势。《巴黎公约》第10条(3)1仅笼统禁止对"营业所、商品或者工商业活动产生混淆的所有行为",对于被仿冒的客体或者对象未做明确规定和具体划分。依据WIPO的解释,《巴黎公约》第10条(3)1的范围非常宽泛,包括商人所使用的标记(mark)、牌子(sign)、标语(slogan)、包装(packaging)、商品的形状(shape)或者颜色(color)以及其他任何区别性标识(distinctive indication)。此外,商品的外观(the appearance of goods)和服务的表征(the presentation of services)也被认为与禁止混淆有关。WIPO《反不正当竞争保护示范条款》(Model Provisions on Protection Against Unfair Competition)第2条第(2)项界定了《巴黎公约》上述仿冒行为的商业标识范围,列举的产生混淆的典型的商业标识,包括商标,不论是否注册;商号;商标或者商号以外的商业标识;产品的外观;商品或者服务的表述;知名人士或者众所周知的虚构形象。

商业标识保护范围扩大的根源是保护理念发生了深刻的变化。以美国为例,其商标法最初的目的是为了保护大规模生产的社会中的消费者,禁止不择手段的经营者试图在他人的驰名标识或显著符号的旗帜下飞翔。但近些年来开始接受激励、个性和自然权利理论。[3] 对于商品特有名称进行保护,主要基于以下考量:

1. 激励创新,张扬个性

对于世界和各国商业标识保护的立法与实践加以考查,不难看出:这种制度源于其

---

[1] 最高人民法院中国应用法学研究所编:《人民法院案例选》(1992~1999年合订本知识产权卷),中国法制出版社2000年9月版,第549~553页。

[2] 最高人民法院中国应用法学研究所编:《人民法院案例选》(1992~1999年合订本知识产权卷),中国法制出版社2000年9月版,最高人民法院中国应用法学研究编:第564~569页。

[3] Robert P. Merges, Peter S. Menell, Mark A. Lemley, Thomas M. Jorde 著:《新技术时代的知识产权法》,齐筠等译,中国政法大学出版社2003年10月版,第20页。

背后的价值追求和目标——鼓励、激励经营者进行商业标识上的智力创造，给这种传统上仅仅认为只是一种"工商业标记"、包含甚少智力创造的知识产权类型注入更多的"智力成果"因素，使得以商标为典型代表的商业标识不仅仅具有传统的"保存"商品或服务声誉、商誉的功能。而更能以标识独特的"创意"、鲜明的"个性"凸显商品或服务的个性，以加强标识的识别性和显著性。随着市场经济的发展、社会分工的精细化以及市场竞争的加剧，商品和服务的种类与数量迅速增长，简单的、没有太多创造性的商业标识所标注的商品或服务，在众多注重商品或者服务质量的同行业竞争对手提供的商品或服务中很难脱颖而出，为消费者注意、识别并记忆。至少，在商品或服务缺乏个性的情况下，在"标识"的设计、宣传上多花点心思、多一些创意和"个性"，使之如著作权的客体"作品"一样给人以精神上的愉悦和享受，对于激烈的市场竞争也是有益的。

基于文字、图形、颜色、数字、符号等商标构成要素资源的无限性，提升商业标识形成中的智力创造含量，有利于使知识产权客体统一于智力成果权的基础之上。

2. 避免不劳而获的搭便车行为

依据自然权利理论，经营者为树立其商业标识的知名度付出了大量劳动和努力，取得了一定的市场利益或优势，应该对该商业标识拥有权利，禁止他人攀附其商业成果，搭其便车。

有人认为，对于标注不同注册商标、生产厂家和地址的两种或几种同类商品，普通消费者施以普通注意力是能够识别出商品的不同来源的，不致产生误认为是"他人产品"的混淆，因而没有必要对商品特有名称予以专门保护。譬如，"哈啤"案中原被告产品的商标不同、包装和装潢、生产企业名称等商业标识不同，普通消费者通过辨认能够分清是两个不同企业生产的产品，不致混淆两种啤酒的来源主体，认为此商品为彼商品。但是没有造成商品之间的误认并不等于没有导致"混淆"后果的产生，也不能说仿冒知名商品特有名称的行为不会造成混淆。混淆的含义是多方面的：包括商品来源本身的混淆、商品生产经营者的关联关系、保证关系以及赞助或支持关系的混淆等。无论是何种性质、何种程度的混淆都是违反诚信原则的搭便车行为—不劳而获，有违公平原则。

3. 其他保护方式（著作权、外观设计专利）之不足

对于商品特有名称等商业标识可以其他方式进行保护。比如对包含商品特有名称在内的商品包装、装潢以著作权、外观设计专利等专有权利形式予以保护。但无论是著作权还是外观设计专利，其保护都是有期限的。而一个商品特有名称的商业使用，客观上要求稳定、连续，在经营者保证其商品质量的前提下，其市场价值是随着使用时间的增长而逐渐积累、得到提升的。这样在保护期限届满之后，原来受保护的文字（或连同图形）便进入公有领域，可以被他人自由使用。权利人具有较高知名度的标识面临淡化的危险，这样经营者长久以来对于标识的大量经济投入和积聚起来的市场信誉就付诸东流了。不仅如此，还可能产生市场混淆，影响消费者选择商品，有损消费者的利益。由此可见，有期限的著作权、专利权与实际上无期限的标识独占使用权是冲突的，如果捆绑在一起，会与永久使用的客观要求相背离，并带来许多难以解决的后遗症。

五、商品特有名称的保护要件

虽然对于商品特有名称的保护是合理的，但并不是所有的商品特有名称都有必要或可能进行保护。由于商品特有名称表现形式灵活多样，相对于注册商标是一种不太稳定的商业标识，立法可以考虑在相关权利人的权利或利益保护与其他竞争者选择商品或服务标识的自由之间找到一个平衡点，防止对其市场表征行为过多束缚，并降低经营者表征其进入市场的新产品的信息搜集成本。商品特有名称受到法律保护应满足的条件，即为商品特有名称的保护要件。

（一）显著性

当一个商品的特有名称能够立刻识别独特的产品来源时，这一名称就具有了内在的显著性。"特有"之中就包含了这种显著性，具有引人注意、令人难忘的含义。商品名称具备了特有性就等于具备了显著性。对于起初不具显著性的商品名称也可以经过长期使用产生"第二含义"而具有显著性。商品"知名"度的形成过程实质是非显著性"演变"为显著性的过程。以"地名"作为商品名称的组成部分，属于描述性的标识，如"哈尔滨啤酒""哈啤"，在最初使用时不能认定为商品的特有名称，而是属于某个范围（特定地域）内的通用名称。因长期使用获得显著性。我国《商标法实施条例》第3条把"使用"界定为包括将商标用于商品、商品包装或者容器以及商品交易书上；或者将商标用于广告宣传、展览以及其他商业活动中。显然，用于广告宣传也是一种使用方式。

（二）为相关公众所共知

为相关公众所共知，就是要求具有一定的知名度。我国《反不正当竞争法》第5条第2项只对知名商品的特有名称提供保护，规定的就是这一要件。但依据反推法推知商品是否知名，是否为相关公众所共知，是一个极含糊的标准，容易扩大知名商品的保护范围，有循环论证之嫌。应对其具体界定。国家工商行政管理局《关于禁止仿冒知名商品特有的名称、包装、装潢的不正当竞争行为的若干规定》第3条规定："知名商品是指在市场上具有一定知名度，为相关公众所知悉的商品。"《北京市反不正当竞争条例》第9条把对于商品是否知名的认定细化为：（1）在我国有关部门认可的国际评奖活动中获奖的商品；（2）被省、部级以上政府部门、行业组织或者消费者协会认定为名优的商品；（3）为消费者所公认，在相关市场内久负盛名的商品；（4）其他经广泛宣传，在相关市场内有较高知名度的商品。《上海市反不正当竞争条例》第8条规定的认定标准是：（1）使用经认定的驰名商标或者著名商标的商品；（2）经国家有关行政机关、行业总会认可的在国际评奖活动中获奖的商品；（3）为相关消费者所共知、具有一定市场占有率和较高知名度的商品。

判定一种商品是否为相关公众所共知应考虑以下几个方面的因素：（1）商品质量；（2）广告宣传和市场推广投入；（3）售后服务；（4）市场占有率；等等。在具体认定方式上，我国台湾地区"公平交易法"第20条规定，"相关大众所共知"是商业标识的保护要件之一。而其公平交易委员会对于为"相关大众所共知"的认定方式主要有：（1）相关大众之范围包括相关的制造者、相关消费者；（2）问卷调查；（3）召开座谈

公听会;(4) 参酌商标主管机关之认定。此外还参考其他市场方面的因素。❶

(三) 造成混淆的可能

美国《兰哈姆法》第 43 条规定混淆包括:欺骗此人与他人有附属关系、联系或联合,或者其商品、服务或商业活动是他人创作、支持或准许的。WIPO《反不正当竞争保护示范条款》认为:混淆可以产生于所发出的有关商品或服务的或者提供商品或服务的企业与其他提供同类商品或服务的企业的关系的信息。混淆也可以由企业的工作服和店铺风格所引起,即其可以给人一种该商品或服务是经过先使用该工作服或店铺风格的企业的授权而提供的。❷ 混淆的含义是多方面的,其中使消费者将侵权人产品误认为是权利人产品的混淆,是商标法或反不正当竞争法的核心问题。但这只是消费者产生混淆的许多方式中的一种,其他的混淆还有商品来源混淆、赞助方混淆、出资方混淆等。❸

六、"哈啤"案的启示

虽然我国反不正当竞争立法对知名商品特有名称、包装、装潢给予保护,但其保护的程度仍然不够,不能涵盖现实生活中存在的种种复杂的仿冒行为和搭便车行为。譬如在"哈啤"案中,仅商品特有名称就有多种表现形式。与此同时,由于商品特有名称是一种不确定的权利,而且"为相关公众所共知"本身具有一定的地域局限性,因而在把它注册为商标之前,法律不必要也不宜赋予其专用权进行强保护。通过对"哈啤"案的分析,我们对商品特有名称的保护提出如下建议:

(一) 对于商品特有名称应该予以适度保护,仅限于为相关公众所共知的商品特有名称

因为商品名称是商品上易变的、活的表征要素,随着经营者经营策略、新产品或服务的推出而不断出新,使市场主体有相当的行为自由和较低的信息收集负担。况且,现代社会有一套比较完善的商标申请注册制度,可以使得商品特有名称转化为注册商标从而得到强保护。

(二) 对于商品特有名称仿冒行为产生混淆的内涵范围应该扩大,加大保护力度

仅包含商品的混淆,而不包括其他关联关系、保证关系、附属关系的混淆,是不够的。在混淆的认定上,还要考虑商品知名的地域范围,从而判定是否确实存在混淆的可能性。

(三) 从经营者的角度来说,应该适时地把商品特有名称以及商品包装、装潢予以注册

上面已经论述了以这种形式保护商品特有名称等商业标识,比以其他方式如著作权、外观设计专利具有优势。如果以著作权、外观设计专利等有期限的权利保护商品特有名称连同包装、装潢,则需要在该期限届满前,或寻求注册途径,或及早调整市场

---

❶ 张瑜凤:《仿冒行为之案例研究》,台湾三民书局 1995 年版,第 62 页。
❷ 孔祥俊:《反不正当竞争法新论》,人民法院出版社 2001 年 5 月版,第 312~314 页。
❸ Robert P. Merges, Peter S. Menell, Mark A. Lemley, Thomas M. Jorde 著:《新技术时代的知识产权法》,齐筠等译,中国政法大学出版社 2003 年 10 月版,第 543 页。

策略。

（四）实践中，消费者对有些商品以广告语作为识别手段

例如，农夫果园广告中的"喝前摇一摇"，可以认为属于广义的"商品特有名称"。在我国已经有一些企业意识到了广告语对于商品或服务表征的重要性，在现有条件下尽可能地寻求知识产权保护。比如，为有效制止广告语被他人抄袭或篡改使用，桂林天和药业股份有限公司将其长期使用的八件广告语和即将使用的广告语进行了著作权登记，并获得著作权证书。❶ 基于上述同样的道理，由于著作权保护是有期限的，对于广义的商品特有名称——具有独创性的、经典的广告语或标语也应以反不正当竞争法保护，因为其性质类似于商品的别名、俗名，是非正式名称。当然，保护的前提是广告语或标语具有内在显著性，对于描述性的一般短语，不能赋予相关经营者以垄断使用权。

（五）基于商品特有名称是未注册商标，是一种不确定的权利，在对商品特有名称保护的时间方面，应坚持一个原则，我们姑且把它称之为"同时性"原则，即仿冒知名商品特有名称的行为必须与该商品特有名称的使用处于同一个时期

一旦某个商品特有名称不再使用，除非它被注册为商标，否则其他经营者就可以使用该名称而不构成不正当竞争行为。当然，由于一个商品名称退出市场的时间界限不是很鲜明，所谓的同时性应该是一个相对的概念。参照我国《商标法》第46条对撤销或注销的商标进入公有领域的时间限制规定为该注册商标退出市场一年以后，我们的初步意见是把不满半年的间差均视为同时。

---

❶ 中国新闻网，http：//www.chinanews.com.cn/news/2005/2005-07-22/26/602875.shtml，2005年8月2日访问。

中 文 部 分

中国知识产权教育发展与前景[*]

我想两个问题。不论是保护知识产权还是促进商业经济发展,还是尊重知识产权的意识,归根结蒂还是人的问题,还是以人为本,立法需要人,执法也需要人。人的培养、人的教育在知识产权保护上是非常重要的,保护知识产权需要两手,一手硬,一手软。硬的是执法,罚款,判刑,现在最高可以判到七年。中关村过去卖盗版,现在大大减少,过去在人民大学的过街桥上,很多妇女抱着小孩卖盗版,现在几乎见不到了。但从根本上解决,还要有软的一手,软的一手就是教育,从长远看起来这个不能放松,应该不断地反复宣传和反复进行教育。

改革开放以后,我就参与这方面的工作,当时印象很深刻的一个案子,是袁隆平同志的案。袁隆平的杂交水稻当时已经很成功,美国有个西方石油公司的董事长叫哈米尔,这个人是传奇性的人物。他是列宁的朋友,常在苏联投资。后来小平同志访美,他主动找上门来,结果小平同志把他请来,搞了很多投资项目。他原来不知道杂交水稻,投资的是煤矿和南海石油。以后发现杂交水稻很好,也进行了投资,第一年在加州试种很成功,第二年要推广到拉美和东南亚。他们公司了解了,杂交水稻大概有43项专利,41项是公开的(那两项后来据说也公开了)。有专利,应该是有保护的。但是菲律宾有一个水稻研究所,我们那时候讲传经送宝,无代价就给人家送出去了。以后袁隆平同志做科研,有一段时间很困难,资金缺乏,真是端着金碗讨饭吃。我们自己的创造,技术含量很高,效果也很好,应该理直气壮认定是我们自己的东西。但往往技术方面没问题,经济方面没问题,问题就是没有知识产权的意识,白白地损失了很多。这种例子当时很多,像北京的景泰蓝,像中国传统的宣纸,都是这样。到了现在,又发生"海信"没注册商标这案子,也还是没有吸取过去的经验,还是宣传不够,大家意识不够。

对于别人的知识产权,如何尊重也是一个问题。刚改革开放的时候,有一个产品,高等学校做得很好,质量也很过硬,费了很大的力气到香港出口,已经装了船还没有出发,杜邦公司在香港发表声明:你这是仿制我们的,如果你在香港一登陆,我就扣你的货。结果不敢发了,反过来跟杜邦公司谈。那个时候你再谈,条件就很吃亏了。以后我们还遇到过不少这样的情况。厦门的华厦,计算机从日本引进的,里边有美国的RCA技术,没觉察,后来人家警告,你们有我们的技术,应该给我们专利费,当时厂长跟我说,这是从日本引进的,跟你有什么关系,不理。这个产品运到美国去卖,到了海关就

---

[*] 原载《中关村》2005年第6期。

扣了。厂长慌了，就到北京，有关部门开紧急会议给想办法，最后还是给钱了。但是到这样兵临城下的时候，再谈的话，就处于一种被动的地位。

DVD 不考虑知识产权，有人说是故意的，不管是故意的还是不是故意的，市场很大了，出口很多了，人家找上门要专利使用费，不给出不了口。给吧，谈判的时候就很不利了，最后谈定是 2 美元。现在 MP3 又提上日程了，这些东西都是缺乏足够的宣传，不只是条文的问题。我们的律师事务所能够出去能打国际官司、高科技官司方面的人才是很少的，不仅从法律方面，内外的法律知识，还是语言方面等各种条件要求是很高的，打涉外官司必须找外国律师事务所。不过从人才培养方面，现在应该说我们有了很大的进步。原来我上大学的时候，那是 20 世纪 40 年代，就在北京大学，没有听说过知识产权这个名词，也没学过这门课。现在这成了热门的话题，有这种专业了，有这种学院了，全国现在有四五百家。

第二个内容，就是普及的保护。这方面可以说我们人人有责。知识产权意识的培养是一个长期的，很艰巨的任务。说一个笑话，有一个发展中国家，他本身是版权局的领导人，但是他就买盗版的东西。但比如小孩子上学的时候，看到同学的铅笔很好，偷偷地拿回来，大多数的家长和老师就会教育他，别人的东西你不能拿，要尊重别人的财产。这样的教育对孩子将来的生长，思想意识的培养有很大的关系。但是如果我买一个盗版的东西，或者别人的东西我自己转录一下，这个好像没有什么了不起的，不需要多管。但想一想，其实性质是一样的。人家花的劳动，人家花的投资，人家生产出来，你平白地把别人的东西拿回来，这是很不应该的。这种意识我们过去没有，为什么没有？中国历史上很长的时候没有版权法。现在有了，有很大的进步，要看到这一点。随着中国经济、科学技术发展的壮大，我们现在经常对外投资，现在的对外贸易数量额达一万多亿元，而且前景还很大，档次要不断地提升，我们很多包含知识产权的东西，都需要别的国家来使用，同时在全球经济一体化情况下，我们侵犯别人的知识产权的路是走不通的，到时候吃亏的还是自己。这种认识，这种意识不是一朝一夕可以完成的。所以我呼吁，知识产权的意识要从娃娃抓起。我们的下一代，第二代、第三代，有必要从小的时候培养建立起这种意识，他要很明白，知识产权别人要尊重，自己也要尊重。并不是做不到，从我几十年的经历说起来，经过各方面的努力，在党和政府的领导之下，逐步可以解决这个问题。当然这个问题是人整个素质一个有机的部分，反过来也促进人的素质的提高。因此我希望每个人都建立这样一个责任感，树立这样一个风气。

专利强制许可制度的利益平衡[*]

一、利益平衡原则下的专利强制许可

强制许可制度的合理性来源于知识产权制度的利益平衡原则。单纯地保护专利权不是国家授予专利权的全部目的，将专利权定性为私权也不是单纯为了保护专利权，事实上，国家授予专利权也是实现其基本公共政策的手段。正如 TRIPs 协定第 7 条对 TRIPs 目标所定位的那样："知识产权的保护和执法应当有助于促进技术革新以及技术转让和传播，有助于技术知识的创造者和使用者的互利，并在一定程度上有助于社会和经济福利，以及有助于权利义务的平衡。"因此，知识产权制度设计的理念本身决定了要在权利人的利益和社会公共利益之间寻求平衡，在特定情形下，为了社会公共利益的目的，需要对知识产权权利人的权利予以一定的限制。专利制度中的强制许可、版权制度中的合理使用等均是实现这一理念的手段。基于这种利益平衡的要求，专利权人的权利不是绝对的权利，权利人不能超越法律的界限滥用其权利，为此，TRIPs 协定第 8 条明确了禁止知识产权滥用的原则："只要与本协定的规定相一致，为防止权利人滥用知识产权、采取不合理地限制贸易或对国际技术转让造成不利影响的行为，在必要时可以采取适当的措施。"可以说，强制许可是防止和救济专利权滥用的重要措施之一。因此，专利许可制度的设计和实施都必须以知识产权利益平衡原则为指导，这意味着，专利强制许可的制度空间受限于利益平衡的要求，对专利强制许可制度的评价和检验取决于该制度实现利益平衡的力度和程度。与此相关的问题是，知识产权利益平衡的要求在不同的国家可能会有不同的具体表现，相应地，也就无法强求不同国家设立完全相同的专利强制许可制度。

专利强制许可制度作为寻求知识产权保护利益平衡的一种机制，其前提是承认知识产权保护制度的合理性，而不是否认知识产权保护的必要性和基础。这与"知识产权怀疑论"甚至"反知识产权论"思潮的观点是完全不同的。"知识产权怀疑论"认为知识产权保护不是对社会、经济、文化、科技等产生了促进作用，而是相反的起阻碍的作用，怀疑知识产权制度的合理性，"反知识产权论"甚至提出废除知识产权制度的主张，在这种思潮下，根本就没有必要探讨强制许可制度问题，因为，强制许可制度的前提是承认保护知识产权。专利强制许可制度一直是一个比较敏感的话题，个别国家对该

---

[*] 原载《知识产权》2006 年第 6 期。本文为郭寿康与左晓东合著。

制度表现出较强的抵触态度，把它与知识产权保护水平联系起来，实质上是（有意或无意地）将专利强制许可制度与"反知识产权"视为类似的甚至等同的范畴。因此，明确利益平衡属于知识产权制度的内在要求和组成部分，重申专利强制许可与"反知识产权论"的本质区别，是非常必要的。

二、全面体现利益平衡原则的演进历程

专利强制许可概念的产生与发明专利权利人当地实施义务有着密切的联系。在第一部成文专利法《1474年威尼斯专利法案》之初，授予专利权的目的是鼓励权利人运用有关技术，否则专利将被撤销。1623年英国《垄断法》（*Statute of Monopolies*）明确规定了专利权人在当地实施专利的义务，被其后许多国家的专利法所效仿。当时很多国家的专利法规定，专利不实施的后果是撤销专利权，而后来的专利强制许可制度正是为了弱化这一严厉措施而设定的。为此，英国1883年专利法引入了强制许可制度，规定专利不在英国实施将可以适用强制许可。《保护工业产权巴黎公约》有关强制许可制度的产生也印证了这一点。

在国际层面，1873年在维也纳召开的国际专利大会上，在讨论专利保护原则及专利国际保护问题的过程中，强制许可问题被摆到了桌面上，决议认为，在公共利益要求的情形下可以使用强制许可。维也纳会议的决议虽然没有获得普遍的接受，但构成了酝酿缔结《巴黎公约》的开端。1883年3月6日在巴黎召开的缔结《巴黎公约》正式外交会议上，诞生了《保护工业产权巴黎公约》，在TRIPs协定之前，《巴黎公约》一直是工业产权国际保护方面最重要的国际公约。但是，1883年的《巴黎公约》并没有规定强制许可制度。《巴黎公约》引入强制许可制度是在1925年海牙修订会议上，此后历经多次修订。

《巴黎公约》1883年文本的第5条规定了当地实施的问题，一方面规定，专利权人进口专利产品并不导致其在进口国的专利权的撤销；另一方面规定，专利权人仍应根据进口国的法律规定实施其专利。而当时许多国家都规定专利权人有义务在权利授予国当地实施其专利，如果权利人不实施，则撤销该专利。可见，《巴黎公约》第5条最初是关于专利权当地实施问题的规定，而在此基础上，通过多次修订以后，该条款演变为专利强制许可制度的规定，从而从专利权人实施义务的规定角度演变为控制专利权人滥用专利权的规定。

《巴黎公约》1883年文本第5条规定意味着专利权人为保有其专利权，不得不在每个取得专利权的国家实施其专利。这从经济角度上讲是不现实的，而且专利因此而撤销后，其他人由于投资以及专有技术方面的原因，往往也难以实施该项技术。为此，许多国家开始逐渐以强制许可代替专利撤销作为对不实施专利的救济，这是专利法的一项重大变革，这种变革与"巴黎联盟"（Paris Union）的目标是一致的，即在所有的成员国授予发明人专利权，尽管专利权人不可能在所有的国家实施其专利。这导致了1925年修订《巴黎公约》时在第5条引入了强制许可制度。《巴黎公约》1925年文本第5条的规定包含了三层意思：一是成员国有权采取必要的法律措施以阻止专利权人滥用其权利，例如不实施专利；二是只有在强制许可不足以阻止专利权人滥用权利的情形下，才

可以规定撤销专利权；三是自专利权授予之日起至少三年内不得采取上述措施，或者在专利权人证明存在合法理由的情况下也不得采取上述措施。

《巴黎公约》1925 年文本第 5 条经 1934 年伦敦修订微小修改、1958 年里斯本修订较大修改后，形成了 1967 年斯德哥尔摩修订文本的现状，修改主要体现在何种依据的强制许可适用宽限期以及强制许可应遵守的原则。这一修改起因于，在 1958 年修订《巴黎公约》的里斯本会议中，与会代表认为有必要明确，以公共利益为依据的强制许可及除不实施以外的其他滥用专利权情况下的强制许可，均不受《巴黎公约》第 5 条对强制许可的期限限制的约束，也就是说，只有因不实施专利情况下的强制许可，才受《巴黎公约》第 5 条对强制许可的期限限制的约束。经过如此修改后，《巴黎公约》有关强制许可的规定包含如下内容：

（1）成员国有权规定强制许可阻止专利权人滥用权利，并明确规定不实施构成滥用专利权；

（2）只有通过强制许可不足以阻止专利权滥用才可以撤销专利权，撤销专利权只能在第一个强制许可颁发后两年届满；

（3）在专利申请日后 4 年或授予专利后 3 年届满后（以后到期者为准），才能以不实施或不充分实施为由授予强制许可；

（4）强制许可应是非独占的，并且不可转让，除非与使用强制许可的企业一并转让。

从上述规定可以看出，《巴黎公约》明确规定了强制许可的依据包括不实施专利行为以及其他专利权滥用行为。但是，许多国家在不存在专利权滥用的情况下，主要是公共利益方面的理由，也规定了适用强制许可；从而将公共利益需要也作为强制许可的依据，而公共利益是非常宽泛的，因此，各国所规定的强制许可的依据五花八门，名目繁多，例如：拒绝交易、不实施或不充分实施、反竞争行为、政府使用、从属专利、特别产品（如药品、食品）、紧急状态、国防、环境保护、价格控制等。

关于以公共利益为依据的强制许可，Bodenhausen 认为，《巴黎公约》第 5 条没有规定专利权滥用以外的其他情形，因此，成员国完全可以根据公共利益的需要而适用强制许可，并不受《巴黎公约》第 5 条对强制许可的限制的约束。[1] 事实上，这一观点可以从《巴黎公约》1958 年修订历史中得到印证。在《巴黎公约》1958 年修订会议筹备过程中，巴黎联盟国际局已获知有 15 个国家保留了不适用《巴黎公约》规定的期限限制而以公共利益为依据颁发强制许可的权利，因此认为有必要对此予以明确，在 1958 年修订《巴黎公约》的里斯本会议中，与会代表决定，以公共利益为依据的强制许可及除不实施以外的其他滥用专利权情况下的强制许可，均不受《巴黎公约》第 5 条对强制许可的期限限制的约束。因此，修改后的《巴黎公约》第 5 条特别明确，对于以不实施或不充分实施为由的强制许可，须受规定的期限的限制（专利申请日后 4 年或授予专利后 3 年届满后，以后到期者为准）。

---

[1] G. H. C. Bodenhausen, "Guide to the Application of the Paris Convention for the Protection of Industrial Property, as Revised at Stockholm in 1967", Geneva: BIRPI 1968, p. 70.

三、WTO：专利强制许可制度对公共健康问题的回应

在 1980~1984 年对《巴黎公约》进行新一轮修订中，发展中国家与发达国家之间对《巴黎公约》第 5 条（A）有关强制许可的规定争论很激烈，无法达成协议，这是导致《巴黎公约》此次修订搁浅的重要原因。这次修订谈判的失败也使发达国家认识到，在世界知识产权组织（WIPO）框架内无法解决他们认为应该解决的知识产权问题，这促使知识产权问题被引入到 GATT 乌拉圭回合谈判中。

TRIPs 协定第 31 条是对专利强制许可的规定，只是没有使用"强制许可"的措辞，而是用了"未经权利人授权的其他使用"作为标题。这一规定是发展中国家与发达国家对强制许可不同立场间矛盾妥协的产物。发达国家强调对专利权的保护，要求尽可能地减少适用强制许可，并坚持将强制许可的依据限定在几种有限的具体情形；而发展中国家则期望宽泛的强制许可，强调不实施专利作为强制许可的依据，要求对食品和药品适用容易取得的强制许可。TRIPs 协定第 31 条的规定没有限制适用强制许可的具体情形，成员国可以自行确定哪些情况构成强制许可的理由或依据，但强制许可应遵守一系列的原则，包括：（1）个案审查；（2）申请强制许可前，以合理的商业条件争取自愿许可，但在合理期限内未获成功，才允许强制许可。国内紧急状态或其他紧急情势下可以豁免这一要求；（3）使用范围和期限仅限于授权的目的；（4）非排他性；（5）这种使用不得单独转让；（6）主要用于授权国国内市场的供应；（7）在充分保护被授权人合法权益的前提下，如果导致强制许可的事由不复存在或不可能再次出现，强制许可应终止；（8）对专利权人充分补偿；（9）对强制许可的任何决定的合法有效性，应接受司法审查或其地上一级主管机关的独立审查；（10）从属专利交叉许可应满足附加的条件。

在公共健康危机与专利保护的关系问题日益受到国际社会关注的背景下，WTO 在 2001 年多哈部长会议上通过了《TRIPs 协定与公共健康宣言》（*Declaration on the TRIPs Agreement and Public Health*,《多哈宣言》）。《多哈宣言》在强调采取措施保障公共健康的重要性的同时，也强调知识产权保护对新药研制的重要性，并指出，TRIPs 协定的实施应有利于公共健康特别是药品的获得。《多哈宣言》重申了成员方使用强制许可的权利，每位成员都有权决定什么情况属于全国性紧急状态或其他极端紧急的情形，每位成员都有权自由决定准予强制许可的依据或理由。这样，《多哈宣言》明确了为公共健康之目的使用强制许可的合法性，但是，TRIPs 协定第 31 条（f）规定，强制许可主要用于满足国内市场的需求，而许多需要专利药品处理公共健康危机的发展中国家尤其是最不发达国家本身并没有生产这些药品的能力。为此，《多哈宣言》认识到没有或缺乏生产能力的最不发达国家无法使用强制许可，责成 TRIPs 理事会寻求解决这一现实问题的方法，使得利用强制许可解决公共健康危机具有可操作性。

经过艰难的谈判，2003 年 8 月 30 日，WTO 总理事会在日内瓦通过了《TRIPs 协定与公共健康多哈宣言第 6 节的执行决议》（*Implementation of Paragraph 6 of the Doha Declaration on the TRIPs Agreement and Public Health*），通过在特定情形下豁免 TRIPs 协定第 31 条（f）所规定的义务（即强制许可生产的产品主要用于当地市场需求，不得出口），

使得缺乏生产能力的成员方可以使用强制许可获得解决公众健康危机所需的药品。

目前，几乎所有国家都规定了强制许可制度，但是实际启动强制许可的案例并不是很多。自TRIPs协定关于公共健康强制许可制度得到明确以来，虽然很多非洲国家以及其他一些国家艾滋病防治的形势非常严峻，强制许可至今仍然没有成为解决这一危机的现实措施。但不能由此而认为强制许可制度是无用的设计，事实上，授予强制许可的现实压力，往往促成自愿许可的达成，促成强制许可所追求的目标的实现。例如巴西为了解决防治艾滋病药物价格过高的问题，以对罗氏制药生产的抗HIV药物Nelfinavir实施强制许可为谈判筹码，成功地迫使罗氏制药将该产品在巴西的销售价格降低了40%。事实上，正确评价强制许可的积极作用和消极作用，分析在特定情形下如何使用这一工具，促成实现设计强制许可制度的目的，是每个国家都需要面对的重要课题。

四、中国的情况

我国《专利法》和《专利法实施细则》中规定了对发明和实用新型可以实施强制许可，针对强制许可的实施问题，国家知识产权局还于2003年6月13日颁布了《专利实施强制许可办法》。我国《专利法》自1984年制定以来就一直有强制许可的规定，1992年、2000年两次专利法修订均对强制许可的规定进行了修改或调整，根据现行的《专利法》规定，对发明和实用新型专利可以授予强制许可的情形有三种[1]：一是拒绝交易；二是国家出现紧急状态或非常情况，或者为了公共利益的目的；三是从属专利情况下的强制许可。我国1984年专利法曾规定了专利权人当地实施的义务，并规定了不实施情形下的强制许可，但1992年修订时取消了这一规定。

中国自1985年实施专利法以来，还没有使用过强制许可制度，这一制度被认为是一把"悬在半空中的剑"。但事实上，在如何发挥它的威慑作用方面，还有很多值得思考的余地，中国DVD生产企业的专利使用费事件就是一个很好的例证。中国DVD生产企业在开拓市场时期，对专利问题没有给予足够重视，在占领了国内外市场可观的份额后，面对6C联盟、日立、松下、东芝、JVC、三菱电机、时代华纳六大技术开发商组成）、3C联盟（索尼、先锋、飞利浦）、汤姆逊这些专利技术权利人的侵权诉讼的威胁，不得不支付巨额的专利使用费，而且非常被动。事实上，这些专利权人的做法无可厚非，在对其专利权侵权的规模不大甚至微不足道的情况下，专利权人没有必要采取维权措施，而随着其认为的侵权规模的扩张、侵权产品市场占有的扩大，采取保护行动是顺理成章的。DVD生产企业最初就应当重视这个问题，通过调研、检索后如果发现无法绕过的专利，首先要尊重他人的专利权，通过谈判取得自愿许可。如果权利人要价过高或不合理，也可以货比三家，寻找替代技术，使不同的技术拥有者之间产生竞争。在谈判过程中，可以利用强制许可的威慑作用，防止权利人漫天要价，促成以合理价格达成协议。

---

[1] 《中华人民共和国专利法》第48条、第49条、第50条。

五、进一步的问题

强制许可历来是争议较大的一项制度，各国法律对强制许可的规定也不尽相同，对待强制许可的态度差别很大。在国际层面上，TRIPs 协定有关强制许可的规定是发展中国家与发达国家间妥协的结果。这些都决定了目前在强制许可制度上还存在很多尖锐的问题：

（1）按照《巴黎公约》的规定，在授予专利的国家当地不实施专利，构成强制许可的正当理由。但是，由于 TRIPs 协定第 27 条（1）规定："——专利的获得和专利权的享有应当不因发明地点、技术领域以及产品是进口还是本地生产而受到歧视。"因此，不在当地实施专利的行为是否仍然属于滥用专利权，目前仍然存在争论❶。就此问题，美国曾于 2000 年 5 月 30 日向巴西政府提出磋商请求，并于 2001 年年初提出成立专家组的要求，但后来美国撤回了申诉。目前还没有就这一问题的权威结论。

（2）如前所述，《TRIPs 协定与公共健康多哈宣言第 6 节的执行决议》，通过在特定情形下豁免 TRIPs 协定第 31 条（f）所规定的义务（即强制许可生产的产品主要用于当地市场需求，不得出口），使得缺乏生产能力的成员方可以使用强制许可获得解决公众健康危机所需的药品。这只是一个临时性的解决办法，TRIPs 可能按照这个方向进行相应修订，但如何进行修订是摆在眼前不可回避的问题。TRIPs 协定、强制许可、公共健康的关系问题如何处理，仍将是 TRIPs 日程表中的重要一项。

（3）按照 TRIPs 协定的规定，在导致强制许可的理由不复存在或不可能再次出现的情况下，专利权人可以请求终止强制许可。但是，强制许可被许可人实施专利的行为是一种经济行为，受经济规律的调节，与专利权人请求终止强制许可的权利如何协调是一个难题，而且，专利权人请求终止强制许可的权利必然也要受到不同的强制许可依据的影响，例如，反竞争行为下的强制许可与紧急状态下的强制许可，专利权人的终止请求权应该有所差别。

（4）如前所述，强制许可的合理性根源于知识产权制度在权利人与公共利益之间平衡的要求，强制许可具体制度的设计必然以这个要求为导向。如何使强制许可制度真正发挥应有的作用，而不是仅仅作为威慑的武器，是对强制许可制度进行改革过程中应研究的课题。

---

❶ Michael Halewood, "Regulating Patent Holders: Local Working Requirements and Compulsory Licences at International Law", *Osgoode Hall Law Journal*, Vol. 35, No. 2, p. 243 – 287.

中 文 部 分

我国 QF Ⅱ 制度的研究与思考*

QF Ⅱ 制度的全称是合格的境外机构投资者（Qualified Foreign Institutional lnvestor）制度，是指允许合格的境外机构投资者，在一定规定和限制下汇入一定额度的外汇资金，并转换为当地货币，通过严格监管的专门账户投资当地证券市场，其资本利得、股息等经过批准后可转换为外汇汇出的一种市场开放模式。作为一种引进外资，开放资本市场的过渡性安排，QF Ⅱ 的根本目的在于吸引国外的资金进入本国资本市场。允许外资直接投资国内证券，尤其是在我国资本项目没有完全开放，货币没有实现完全可自由兑换的情况下，允许一些具有较高资质和实力、无不良记录的外国机构投资者进入我国资本市场，无疑会有助于建立价值投资和理性投资的市场氛围，为我国资本市场走向最终完全开放并取得良好经验创造条件。

一、境外 QF Ⅱ 的成功经验及启示

（一）QF Ⅱ 在境外的成功

在一些新兴工业化国家和地区，由于货币没有实现完全可自由兑换，资本项目尚未完全开放，货币体系比较脆弱，金融市场发展也不成熟，外资介入对其证券市场可能造成较大的冲击，因此，它们选择 QF Ⅱ 制度作为一种过渡性措施逐步开放证券市场，控制外来资本对本国经济独立性的影响，抑制投机性外资对本国经济的冲击，推动资本市场国际化，使其健康发展，例如韩国、印度、巴西和我国台湾地区，均在 20 世纪 90 年代初利用 QF Ⅱ 制度成功推动了其证券市场发展❶。以我国台湾地区为例，台湾作为 QF Ⅱ 制度的发源地，在利用这一制度发展岛内金融、促进经济的快速发展方面积累了一定的经验。实行 QF Ⅱ 制度之前的台湾，股市低迷，证券市场投资主体结构不合理，投机活动盛行，与内地今日的证券市场很相似，通过引入 QF Ⅱ 制度，建立了证券市场上"价值投资"的理念，调整了证券市场主体结构，有效地重建台湾地区的证券市场。台湾地区股市能避过 1997 年的亚洲金融风暴，QF Ⅱ 制度功不可没，正是由于国外机构投资者的长期、理性投资对中小散户的影响，才使其对持有的证券保有信心，没有盲目地

---

* 原载《海南大学学报（人文社会科学报）》2006 年第 3 期。本文为郭寿康与张雨泽合著。张雨泽，法学博士，北京万国学校培训专家。

❶ 李艳军："QF Ⅱ 制度：中国证券市场的必然选择"，载《金融观察》2003 年第 4 卷第 1 期，第 31~32 页。

去买涨杀跌，保持了股市的基本稳定，从而力挺岛内经济避开了东南亚诸国的遭遇。

（二）QFⅡ对内地证券市场建设的意义

2002年11月8日中国证监会和中国人民银行联合下发《合格境外机构投资者境内证券投资管理暂行办法》（以下简称《办法》），标志着QFⅡ制度在我国大陆的确立和实施。在此前提下研究我国台湾地区实行该制度的得失成败，对我国的证券市场建设不无裨益。就我国的现状而言，资本项目尚未开放，国内证券市场尚不完善，资本市场的完全开放尚不现实。此时，援引GATS中的特定义务逐步市场化，分批吸收境外资质良好的投资机构进入我国证券市场，是我国开放全部资本市场的一条必由之路。近几年我国证券市场特别是股票市场行情低迷，股民结构畸形，以中小散户构成股民的主体，而机构投资者比例过低，股票的盈利率偏高且股价易受政策影响，同时投资风险较大。这些都反映出我国股票市场的不成熟，这样的股票市场如果突然全面放开，外国游资大量涌入，就像一座排水泄洪系统不健全的水库突然被洪峰涌入一样，结果可能是全面崩溃。但我国已经加入WTO，按照其逐步开放金融市场的规定，是迟早要迎接国外资本尤其是国际游资冲击的，当务之急就是把自己的吞吐资本的能力和抵御风险的能力提高。而要达到这一目的，仅仅靠自身的慢慢调整和积累是不行的。采用QFⅡ制度，先引进少数资本雄厚、经营历史久远、操作经验丰富、富有理性投资战略的外资机构进入我国的证券市场是大有裨益的。

（三）QFⅡ所带来的积极作用

1. 激发投资者的信心，稳定证券市场的局势

以我国台湾地区为例，除了在1997年亚洲金融危机期间外，QFⅡ对台股都是买超。由于他们被认为是经验丰富且富于理性投资者，其购买的股票往往受到其他投资者特别是中小投资者的追捧和青睐，从而激励了岛内外对持有台股的信心。在1997～1998年的金融危机中，由于大部分QFⅡ投资者坚持长期投资的理性观念，在危机中没有太大的买卖动作，才使台湾股市大体上保持了稳定，躲过了席卷东南亚的金融风暴。2000年以后，尽管台湾股市熊市绵绵，股指点数屡创历史新低纪录，QFⅡ的资金流出也很少，而且还是持续买进，对市场起到了持续稳定的作用❶。

2. 引入QFⅡ利于调整我国证券市场的投资主体结构

我国大陆证券市场上的投资者目前仍以中小散户为主。大部分中小散户在买卖证券时的特点是：缺乏理性分析，爱跟风起哄，投机心理严重，很少长期投资，大都抱着赚一把就走的心理。因为散户的资金投入很小，要想迅速获利最好的办法莫如做短线投机。同时，散户缺乏对市场的有效分析能力，对买入的证券潜力到底有多大没有准确的认知，所以只能去跟风。散户占主体的证券市场必定是一个稳定性差、极易波动起伏的市场，而这样的市场对整个经济是没有好处的。实力雄厚的机构投资者由于资本雄厚，经得起证券价格升降的折腾，拥有专业的证券分析家，能从长计议作出最优的选择。我国台湾地区证券市场在引入QFⅡ制度前与内地相仿，散户交易额占97%，机构投资者

---

❶ 张亚军，郑斌："QFⅡ制度：台湾经验及对祖国大陆的启示"，载《国际经济合作》2003年第3期，第60~63页。

只有3%，引入QFⅡ制度后，机构投资者交易额在10年间提高到15.6%，提高了4倍多❶。这些实力雄厚的机构投资者就成了台湾证券市场的中流砥柱，也成了广大散户的风向标。可以想见，QFⅡ制度在我国大陆证券市场也可能带来同样的效应，QFⅡ机构投资者和国内机构投资者同样会理性指引散户的投资方向，形成较为稳定的市场，而不是大起大落后熊市绵绵的市场。

3. 可以建立"价值投资"理念，活跃市场交易

股票价格说到底是上市公司价值的反映，价值规律决定了价格不可能长期偏离价值。股票价格一涨千里和一落千里都是一种不正常的、病态的现象。作为一个新兴市场，我国大陆证券市场长期以来一直呈现"双高"的特征，即高市盈率、高换手率，市场投机气氛浓厚，炒作之风盛行。QFⅡ实施之后，这种资本市场的"双高"症状将逐步降温，证券市场将逐步趋于理性。从周边情况来看，我国台湾地区在QFⅡ实施后，股票市盈率和国际逐渐接轨，从1991年的3 205倍的市盈率（几乎是当时纽约和伦敦市场的2倍）降到2001年10月与纽约和伦敦的市盈率十分接近的水平，而换手率也在1991年实施QFⅡ制度后迅速降低。此外，随着上市公司市盈率的降低，国内市场的整体投资价值将会凸显，市场长期向好的格局将逐步确立。从韩国、我国台湾地区、印度在实施QFⅡ制度后的情况看，证券市场对此制度均显现出积极反应，三地市场在实施QFⅡ制度16周后股价显著推高。而韩国股市在引入QFⅡ制度5年内暴涨了5倍之多❷。

4. 提高与国际证券市场关联度，推动我国证券市场国际化

我国目前的证券市场与国际证券市场的关联度并不高，尚不能够成为反映国际经济的晴雨表。这与我国经济日益融入世界的大形势是不相匹配的，有鉴于此，笔者认为，将在国际证券市场上纵横驰骋多年、实力雄厚且操作经验丰富的QFⅡ引入我国证券市场，使其在此做长期投资，有利于我国投资者熟悉国际资本运作的游戏规则，积累应对各种风险的经验。引入QFⅡ等于找到教学经验丰富的优秀教师，在与其交流中可迅速发展自己的操作技巧和经验理念。等到资本市场全面放开，国外资本蜂拥而入之日，已可从容应对，游刃有余。我国台湾地区在引入QFⅡ的初期，即1991~1995年期间，与纽约、伦敦证券市场关联度还是较低的，到了第二阶段，即1996~1999年，关联度有所提高；而使用2001年的各月指标计算，台湾地区与纽约市场的关联系数达到0.682，与伦敦市场则达到0.785❸。这表明我国台湾地区市场越来越多地受到纽约和伦敦市场的影响，其证券市场的国际化程度加深。

由是而观，QFⅡ制度可谓是一剂良药，其理论上的各种特点能有效地克服我国证券市场目前的各种缺陷。但无论如何，QFⅡ制度现在仍然是一个新生事物，需要在实际运作中改进、丰富和发展；并且除了它的正面效应外，还要看到它的负面影响并及早预防。

---

❶ 张亚军，郑斌："QFⅡ制度：台湾经验及对大陆的启示"，载《湖南商学院学报》2003年第10卷第3期，第58~60页。

❷ 方芳、李纪明中国："QFⅡ的制度安排及对资本市场的影响"，载《浙江金融》2004年第4期，第26~28页。

❸ 同上。

二、正确对待 QF Ⅱ 并预防其消极影响

(一) 对 QF Ⅱ 要逐步、适当地放宽限制

大陆和台湾对 QF Ⅱ 的准入准出门槛标准是不一样的,大陆的准入门槛远较台湾为高。例如《办法》中要求所有类型的境外机构投资者管理证券资产的规模均不小于 100 亿美元,台湾的限制是 3 亿~5 亿美元;机构的经营历史要求除基金管理机构外大陆和台湾标准相同,都是 5 年,保险和证券公司都要求有 30 年以上的经营历史,而台湾仅仅要求保险公司要有 10 年以上经营保险业务的历史。在投资额度上,《办法》规定的单个 QF Ⅱ 机构投资额下限是 5 000 万美元,上限是 8 亿美元,台湾规定单个 QF Ⅱ 机构投资的上下限是 500 万美元到 5 000 万美元,只有大陆相应额度的 1/10 和 1/16。不仅进入大陆 QF Ⅱ 的标准较台湾严格,QF Ⅱ 本金汇出标准也较台湾为严格。但国际社会能给出缓冲的时间是有限的,我国已经加入 WTO,当承诺履行有关义务的时间到了之后,就要履行资本自由化的相关国际义务,要在有限的时间里达到国际资本运营的水平来和国际资本角逐,可谓时间短、任务重。笔者的意见是,在现今 QF Ⅱ 制度引入数年的前提下,也应该对引入的 QF Ⅱ 机构较大幅度地放宽限制。毕竟,一个 13 亿人口的中国大陆与台湾在吞吐资金量和抵御金融风险上的能力是不可同日而语的,对资金的需求和抵御金融风险的能力都远远高于台湾,理应引入更多的 QF Ⅱ。放宽限制应具体体现在降低境外机构的准入资格,允许境外规模适中、业绩良好、信誉卓著的机构,尤其是亚洲各国的中小机构投资者进入我国大陆资本市场,同时对他们的投资品种、本金和利得的汇出时间、批准手续较大幅度的放宽和免除。对资质良好,愿意长期理性投资我国的 QF Ⅱ 要给予国民待遇。

(二) 理性、正确地监管 QF Ⅱ

放宽了对 QF Ⅱ 的限制必然会吸引更多的外资进入中国大陆的证券市场,在看到他们能带来的利益、经验、技巧和投资理念之外,还要对他们可能带来的负面影响要有充分的考虑。毕竟,外资来中国证券市场是来运作获利的,把"门缝"开大了,进来的外资难免鱼龙混杂,这些 QF Ⅱ 里有愿意长期理性投资的机构,但也有意图来浑水摸鱼者。例如把大笔美元兑成人民币后不是投资而是放在银行账号上睡觉,就等着人民币升值好大捞一把❶。如何对这些 QF Ⅱ 规范监管,使其投资符合我国的利益意图,为我国经济服务而不是仅仅作为他们的自动提款机,成为摆在我国证券监管机构面前的任务。

要使外国金融资本为我所用,使其发展、运作符合我国利益目标,笔者认为应首先从监管入手。对 QF Ⅱ 的外部监管要规范、严格,应该从其进入市场、中间的运作程序、信息的公开披露、盈利的报告、本金和利得的汇出、资本的追加、投资的种类和行业等方面立法进行管理。目前我国的证券立法中对 QF Ⅱ 尚无确切立法管理,虽有少数此方面规范(例如《办法》)规定 QF Ⅱ 要遵守我国法律,从而将其置于我国法律监管之下,但一是立法层次太低,二是立法规范中的监管部分不够全面,在监管中不尽如人意。笔者认为,从现实的角度来看,对现存的证券法没必要做大手术修改,可采取附加条款的

---

❶ 张宏:"QF Ⅱ 的中国算盘",载《中国企业家》2005 年第 15 期,第 19~20 页。

方式填补缺乏对外资的相应规定而导致的漏洞，例如对大规模恶意撤资的 QFⅡ要严惩；对进入中国内地后一定时间内不做投资的 QFⅡ要征收高额赋税，对长期不投资的 QFⅡ可取消其额度并劝退以防止其投机汇率，对劝而不退者可采取严格有效的经济制裁措施甚至行政没收措施等。其次，要对这几年的 QFⅡ机构监管经验进行总结，尽快制定出切合我国实际并富有前瞻性的法规，除了在过渡期间监管 QFⅡ外，还要着眼于将来全面开放资本市场后的监管工作。眼下对 QFⅡ的监管难点在于实施 QFⅡ制度后，海外证券市场上的投资者可以通过 QFⅡ在中国境内进行投资，这使 QFⅡ在海外市场的投资行为和投资结果可能影响其在国内的投资行为，其在海外市场的失败很可能会传导到国内市场上来，因为 QFⅡ们乐于投资中国内地除了想获利外，还在于将在内地市场的投资与其他海外证券市场相组合来降低投资风险。所以，随着中国 QFⅡ制度的逐步放宽，如何加强在海内外多个市场进行投资的 QFⅡ的监管，如何把握 QFⅡ的财务能力，只让好的 QFⅡ进入中国证券市场就成为监管部门的一个难题。而就 QFⅡ制度本身而言，当前比较突出的问题有两个，一是如何实施对 QFⅡ背后的客户的监管，在当前的 QFⅡ制度下，监管者只能监管 QFⅡ的操作，而其背后的客户之间，以及客户和其他客户的交易就无从而知了。二是 QFⅡ的信息披露问题，目前只有监管层才能通过托管银行看到 QFⅡ投资的具体信息，一般投资者只能通过上市公司间接看到 QFⅡ的不完整投资信息[1]。笔者认为在今后的金融立法中对于 QFⅡ建立相应的信息披露制度还是很必要的。

（三）健全我国证券市场的内部化解风险能力

发展中国家在自身的抗风险能力和化解风险能力尚不能与国际资本的冲击相抗衡之际就急于引入国际资本这只"金鸡"，期待着收获"金蛋"，实现超常规发展，结果往往被国际游资盯上，利用其内部防范化解风险能力的低下，轻而易举掠走了其多年积累的财富，并导致社会动荡。1997 年的亚洲金融危机与我国擦肩而过，我国台湾地区虽受到袭击但顶住了游资冲击。在庆幸之余，回观我国内地的证券市场，问题颇多，上市公司不规范运作情况已是司空见惯，市场操纵行为广泛存在，公司薄利、负利并且赢利能力逐年下降的趋势明显，市场信息披露机制形同虚设，这样的证券市场抵御金融危机的能力极差，对境外投资机构能有多大的吸引力可想而知，QFⅡ要在这样的市场上生存发展也只能搞投机。毕竟 QFⅡ到中国是为赚钱来的，逐利是其本性，而选择何种股票买卖只是手段，在巨大的短期投机利益面前要求它们理性投资是不现实的，而能否为国人树立起理性投资的风气更非他们的义务[2]。在化解金融风险方面，笔者认为建立投资品种齐全的金融市场是十分必要的，台湾地区在拓宽投资渠道、创建金融避险工具方面的经验是值得借鉴的。台湾地区早在 1973 年颁布"制定国库券条例"，同年发行"国库券"；1976 年 5 月，台湾几家银行和"中央投资公司"合股成立首家票券公司——中兴票券金融公司，同年又有两家票券公司成立。1991 年允许银行创造开发各种新型金融商品，包括外币保证金交易、利率互换、买卖期权等。1997 年 6 月，台湾证交所允许 31 家上市公司可以发行认股权证。

---

[1] 赵锡军："QFⅡ2004 年的实践"，载《中国金融观察》2005 年第 1 卷第 2 期，第 70～71 页。

[2] 周庆行，鲁燕，江小华："关于完善我国 QFⅡ制度的几点思考"，载《经济师》2005 年第 7 期，第 110～111 页。

1998年，台湾期货交易所成立，推出台股指数期货。由于投资渠道不断拓宽，各种金融避险工具不断被创造出来，使得台湾在推出QFⅡ制度并逐渐解除对QFⅡ的限制上显得从容不迫，将潜在的风险一一化解❶。内地的证券市场与台湾当初情况很相似，随着QFⅡ的不断引入，金融风险也会逐渐积累，如果没有健全的金融避险工具体系，QFⅡ们就有可能将其在国际证券市场上的风险转移到我国证券市场中来；同时，QFⅡ们在中国的运作中产生的风险也会逐渐积累，由于他们的明星效应，其一举手一投足都可能获得大批资金追随，即使投资方向错误，仍可以利用其对国际金融避险工具的谙熟将投资转移而把风险留在中国内地。QFⅡ与国内机构投资者相比最大的优势在于其全球运作的视野，尽可以将风险转移。而国内投资者却无此转嫁风险能力。其结果是QFⅡ们收获利润和平安，中国市场和投资者获得损失和风险。

三、结语

我国大陆QFⅡ制度的特点是采取一步到位，有限制的直接投资制度。由于中国大陆证券市场和外汇储备规模较大，辅之以政府强大的监管力量，不必像台湾地区那样采用"海外基金"形式，而是直接引入QFⅡ因此外资投资证券市场速度要远快于当时的我国台湾地区、韩国等。同时，我国台湾地区在QFⅡ制度初期只允许境外基金管理机构、保险公司和银行进入，而不允许证券公司和其他资产管理机构进入。而《办法》规定的投资主体几乎包括了所有类型的境外投资者，兼之中国经济的高速发展是世界经济的亮点，为广大外国机构投资者看好。据报道，2005年9月，外管局正式宣布QFⅡ投资总额从40亿美元扩容到100亿美元❷，可以预见我国大陆实行QFⅡ制度的前景是美好的。我国完善QFⅡ试点专题研究小组围绕"国九条"作出了大量规范工作，据悉，2006年年底我国的QFⅡ试点工作将完成，由试点走向全面推行。但是，QFⅡ制度的成功实施不可能一蹴而就，需要不断探索，不断总结经验，不断改进相关的制度环境和监管环境，循序渐进，兴利除弊，以充分发挥QFⅡ制度的应有的积极作用。毕竟我国的QFⅡ制度还处于初创期，QFⅡ们也还处于试水期，从借鉴台湾地区的经验来看，QFⅡ作为资本市场开放过程中一种有效的过渡性制度安排，一般长达10年以上，无论资格条件，机构种类还是投资种类、持股比例、投资额度都有一个循序渐进的动态演进过程，具有明显的持久性。再者，QFⅡ们资金的涌入也必然导致对我国股市、汇率稳定和国际收支平衡的冲击。对此须慎重对待。启动QFⅡ制度的第一步要慎重一点，实践一段时间后再寻求更平衡的做法，尽量减少和控制发展中的风险以及改革中可能伴随的问题。实施QFⅡ可能只是中国证券市场国际化过程中的一小步，却是中国证券市场对外开放的一大步。可以预见，在现阶段成功的基础上，通过健全法制，总结经验，我国证券市场对外开放将会迈出更大的步伐，对外开放的程度将不断提高。

---

❶ 韩德宗，葛西城："中国台湾地区的QFⅡ制度及其启示"，载《国际金融研究》2002年第10期，第31~35页。

❷ "QFⅡ'扩容'开始加速"，载《深圳商报》2005-11-12（A8）.

中 文 部 分

技术创新与知识产权保护[*]

谈到技术创新与知识产权保护，有必要提及"自主知识产权"的问题。近年来，在各类新闻媒体、报刊文章中，经常出现"自主知识产权"的提法，普通大众对这个提法已经耳熟能详，一些法律学者也纷纷撰文从法律的角度进行分析和探讨，对"自主知识产权"这个提法的态度以及其含义，理解上还不一致。

一种观点认为，[❶]"自主知识产权"是一个政治化的法律概念，虽然仍属于传统的知识产权，但相比之下具有自己鲜明的特点，是在知识经济时代产生的具有中国特色的一种新的权利主张，这个新概念的形成，可能会引发中国新世纪知识产权法律保护制度的新革命。

另一种观点认为，[❷]"自主知识产权"是在误解知识产权制度的基础上制造的一个不恰当的术语，因为所有的知识产权都是自主的，根本就不存在不自主的知识产权，既然如此，强调自己的知识产权是"自主的"知识产权，似乎多此一举。

看来，人们在普遍使用"自主知识产权"提法的过程中，没有同时界定它的具体含义，对于这样的术语是否属于法律概念存在不同意见，也属难免。科技部自主知识产权认定指南课题组提出的《高科技产业自主知识产权认定指南》对自主知识产权所做的定义是："由中国公民（自然人）、法人或非法人单位主导研究开发、设计而创作形成的，并由其依法自主享有实现该技术权益的知识产权。"许多赞成"自主知识产权"概念的人都大致地认同这个定义。这个定义重点强调了由中国公民（自然人）、法人或非法人单位主导研究开发、设计而创作形成，是个自主创新的概念，这样看来，也可以称之为"自主创新的知识产权"或简称"自创知识产权"。

在现行的法律规范性文件中并没有使用"自主知识产权"的概念，在这个范围之外使用的"自主知识产权"提法，其本意恐怕要按照使用的目的去理解。事实上，"自主知识产权"之所以引起人们的关注，很大程度上也由于国家的一些正式文件中多次提到了这个词语。1999年中共中央国务院《关于加强技术创新发展高科技实现产业化的

---

[*] 原载《技术转移的法律理论与实务》，上海交通大学出版社2006年9月版。本文为郭寿康与左晓东合著。

[❶] 芦琦："论'自主知识产权'及其法律保护"，载《上海市政法管理干部学院学报》2000年第2期。

[❷] 刘银良："简论'自主知识产权'一词的不当"，中南财经政法大学知识产权网。

决定》、江泽民在中国共产党第十六次全国代表大会上作的《全面建设小康社会，开创中国特色社会主义事业新局面》的报告、《国民经济和社会发展第十一个五年规划纲要》、国务院《国家中长期科学和技术发展规划纲要（2006～2020年）》等文件中，都强调技术创新，提到了要拥有"自主知识产权"。

按照其上下文用语去理解，上述各文件中提到"自主知识产权"，是要表达这个知识产权是属于中国权利人的知识产权，其目的就是强调自主创新、掌握核心技术，适应知识经济时代的新要求，创建新的竞争环境下的经济发展立足点。因此，以"自主知识产权"为出发点，讨论如何形成"自主知识产权"、如何认定"自主知识产权"、如何保护"自主知识产权"，相比之下，倒不如以技术创新、自主创新为出发点，研究在知识经济时代来临之际如何进行自主创新、如何建立竞争优势，反而目标更加明确和直接。正因为如此，上述有关文件非常正确地抓住了问题的要害，即以技术创新为核心。国务院《国家中长期科学和技术发展规划纲要（2006～2020年）》在这一点上更加明确："面对国际新形势，我们必须增强责任感和紧迫感，更加自觉、更加坚定地把科技进步作为经济社会发展的首要推动力量，把提高自主创新能力作为调整经济结构、转变增长方式、提高国家竞争力的中心环节，把建设创新型国家作为面向未来的重大战略选择。"

在知识经济的环境下，强调增强自主创新能力对我国意义尤为重大，一方面，同许多发达国家相比，我国科学技术总体水平差距较大，许多核心技术对国外的依赖程度较大，因此开展自主创新的基础比较差；另一方面，我国企业研发投入较少，缺乏进行研发投入的动力，如何引导企业加大技术创新投入是目前必须面对的问题。

我国专利授予的现实情况可以反映出上述形势的严峻性。根据国家知识产权局发布的数据（整理后见表1），2001年1月至2006年3月，共授予发明专利192 341件，其中国外权利人占65%，而国内权利人仅占35%。授予国内权利人专利共729 635件，但其中发明专利仅占9.2%；授予国外权利人专利共160 540件，其中发明专利的比例高达77.84%。从这些数据可以看出，我国权利人的专利中，发明专利较少，而以外观设计和实用新型专利为主；外国权利人的专利中，以发明专利为主。在发明专利中，国外权利人拥有的绝对数量和比例都远远高于国内权利人拥有的发明专利，尽管外国权利人拥有的全部专利数量远远少于国内权利人拥有的专利数量。

与主要发达国家相比，我国在研究开发方面的投入无论是绝对值还是占GDP的比例差距还很大。欧盟委员会于2005年12月9日公布了"产业研发投入报告：动向与展望"，根据2004年的统计数据，对全球1 400家研发投入最多的企业进行了研发投入排行和分析。该报告显示，列入排行榜的1 400家企业的研发投入总额达到了3 150亿欧元，其中前10位企业的研发投入达到493.22亿欧元，每家企业的研发投入都在40亿欧元以上。中国有3家企业进入了排行榜，包括中国石油研发投入2.61亿欧元，名列第139位，中国中兴通讯设备有限公司研发投入1.95亿欧元，排行第195位，中国石化总公司研发投入1.35亿欧元，排名第260位。英国贸工部于2005年10月发布的第15次"全球企业研发排行榜"（The 2005 R&D Scoreboard）所披露的数据显示出了基本一致的总体态势。根据该排行榜，全球前1 000家企业2004年研发投入总额达到2 200亿英镑，其中前 10 位企业的研发投入总额达到 349.18 亿英镑。中国有 4 家企业进入了排行榜，包括中国石油研发投入 1.85 亿英镑，中兴通讯研发投入 1.38 亿英镑，中国石化研发投入 0.96 亿英镑，联想研发投入 0.25 亿英镑。上述数据表明，中国企业研发投入的力度相比之下要小的多，进行大量研发投入的企业数量很少。事实上，我国企业的总体研发投入目前还不到 2 000 亿元人民币，仅相当于美国研发投入前三位企业的投入额，占 GDP 的 1.3%，而发达国家研发投入一般占 GDP 的 2%～4%，加上美国、日本、欧盟等 GDP 基数大，因此研发投入绝对额是庞大的。

表 1　2001～2006 年 3 月我国专利授予情况汇总表

年份	发明（国内） 数量（件）	发明（国内） 比例（%）	发明（国外） 数量（件）	发明（国外） 比例（%）	实用新型（国内） 数量（件）	实用新型（国内） 比例（%）	实用新型（国外） 数量（件）	实用新型（国外） 比例（%）	外观设计（国内） 数量（件）	外观设计（国内） 比例（%）	外观设计（国外） 数量（件）	外观设计（国外） 比例（%）
2001	5 388	33.1	10 909	66.9	54 018	99.4	341	0.6	39 865	91.4	3 731	8.6
2002	5 854	27.3	15 622	73.3	57 091	99.3	392	0.7	49 143	92.0	4 299	8.0
2003	11 404	30.4	25 750	69.6	68 291	99.1	615	0.9	6 9893	91.8	6 273	8.2
2004	18 241	37.0	31 119	63.0	70 019	99.1	604	0.9	63 068	89.8	7 187	10.2
2005	20 705	38.8	32 600	61.2	78 137	98.5	1 212	1.5	72 777	89.5	8 572	10.5
2006	5 788	39.2	8 961	60.8	20 164	98.8	242	1.2	19 789	90.4	2 111	9.6
合计	67 380	35.0	124 961	65.0	347 720	99.0	3 406	1.0	314 535	90.7	32 173	9.3

数据来源：国家知识产权局网站。

为了实现通过技术创新增强核心竞争力的目标，在目前的状况下，加大技术创新投入是必然的选择。按照国务院《国家中长期科学和技术发展规划纲要（2006～2020 年）》的设想，到 2010 年，全社会研究开发投入占国内生产总值（GDP）的比重将达到 2%，即 3 600 亿元左右，到 2020 年，全社会研究开发投入占国内生产总值的比例要提高到 2.5% 以上，即 9 000 亿元左右。很显然，技术创新的研发投入主要应依靠企业进行，因此，有必要具体落实引导、促进、鼓励企业合理加大研发投入的各种政策措施。但无论如何，企业技术创新行为的最终引导力量来源于市场，增强企业对市场竞争的敏感度以及完善企业长期行为的机制是最根本的要求，也是制定和实施技术创新战略的最重要的一环。在增加技术创新投入的同时，还有个管理问题不容忽视，只有创新选题准确、科学，避免官僚主义干扰和研发上的简单重复，才能使增加的投入真正发挥出应有的效应。

技术创新的重要条件是必须加强和完善知识产权保护。知识产权保护制度是促进、激发技术创新的重要环节，知识产权制度的这一功能在知识经济的环境下显得更为突出。但这并不是要求对"自主知识产权"提供特别保护，否则，不但是对知识产权制度的误解，实践上也会最终侵蚀、损害知识产权制度对技术创新的促进作用。美国商务部长古铁雷斯在访华期间就知识产权保护问题发表观点称，加强知识产权保护符合中国的利益，盗版对中国的长远发展构成重大威胁，控制盗版对双方都有好处。此番虽然是从美国企业利益出发的言论，但从中国的促进技术创新、实施创新型国家的战略考虑，加强知识产权保护应该说是两国的共识。正如胡锦涛主席2006年4月18日参观美国微软公司总部时指出，加强知识产权保护不仅是中国扩大对外开放，改善投资环境的需要，也是加强自主创新能力、实现又快又好发展的需要。中欧国际工商学院许小年教授曾就中国企业不重视研发的原因进行过调查，民营企业家们的解释是，企业做研发投入很大，如果失败，投资收不回来，即使成功，投资也收不回来，新产品和新技术投放市场，不久就被仿制，冒牌货价格低，进行研发的企业没法竞争。这确实是许多企业在技术创新决策中所面临的尴尬，只有加强对知识产权的有效保护，才能刺激企业进行理性的研发投入。

制定和实施技术创新战略，要正确处理好自主研发与引进吸收的关系。强调技术创新，并不是要万事不求人，自主开发所有需要的技术。完全依靠自主技术创新，特别是开创性的技术创新，不仅不符合人类社会技术进步的规律，从经济的角度讲也不现实；而全面依赖引进技术，势必会在技术上从而企业的发展以及国家经济发展上受制于他人，成为他人的依附。发达国家之间相互进行技术转让是很普遍的，在特定的技术领域内，不同的主体拥有各自的核心技术，这些核心技术互为补充，不同的主体在技术上占有各自的竞争优势，不但不是受制于人，反而形成合理的分工，在交叉许可中拥有以合理条件开展合作的砝码。这应该是核心竞争力概念的应有之意。国务院《国家中长期科学和技术发展规划纲要（2006~2020年）》提出自主创新、重点跨越、支撑发展、引领未来作为今后15年科技工作的指导方针，实际上体现了在技术创新中不能忽视自主创新和技术引进"两条腿走路"的含义，强调在技术竞争中寻找适当的契合点在分工中形成自己的核心竞争力。目前，我国在技术引进上仍有很强的态势，根据商务部公布的数据❶，我国2006年一季度技术进口合同登记数量为2 875件，合同总金额达到72.2亿美元，同比增长72%，进口技术的主要来源国依次为日本、欧盟和美国，技术引进金额按部门分依次为铁路、电子通信、运输部门。在实施技术创新战略的过程中，无论是从国家宏观的角度，还是从企业微观的角度，如何合理处理自主创新与技术引进的关系，统筹确定适当的具体方案，都有很多方面的问题需要进行细致研究和论证。

---

❶ 《中国日报》（英文版），2006年4月18日，第12版。

中 文 部 分

中国知识产权制度的产生与发展*

主持人：

各位同学大家好！欢迎大家来到由法律硕士联合会和北京大学法学院学生会共同主办的"百年院庆，名家讲坛"的讲座现场。今天我们非常荣幸地请到了中国人民大学的博士生导师郭寿康教授为我们讲解中国知识产权制度的产生和发展。首先让我们以热烈的掌声欢迎郭老师的到来！在讲座正式开始之前，请允许我先简单介绍一下郭老师的一些基本情况，郭老师是中国人民大学博士生导师、联合国教科文组织版权与邻接权教席主持人，兼任中国版权研究会副会长、世界知识产权组织仲裁中心仲裁员等。下面讲座正式开始，让我们以热烈的掌声欢迎郭老师！

郭寿康：

今天很高兴跟大家见面，谈谈知识产权的问题。我跟大家也是同学，我60年前也在北京大学读书，不过不是在这里，而是在沙滩那个地方。在这个地方我也待过一段时期，不过那是以后的事情了。大家让我今天来讲讲中国知识产权制度的产生和发展，我想今天跟大家说老话，因为大家对知识产权前沿的问题都已经有所接触了，而且短时间也讲不清前沿问题。

知识产权在我念书的时候还没有，没有这门课程，甚至没有这个术语。我们那时看外国书和外国杂志，也没发现有知识产权的讲法。改革开放以后，我经常出国，认识了一些外国朋友。我跟他们谈起知识产权，起码在美国，他们过去也不大注意这门学科。这也不奇怪，因为这是一个新兴的学科，发展得也很快。从历史上说，在西方，知识产权制度可以追溯到18世纪甚至17世纪，专利法可以追溯到1723年。但是，知识产权制度真正发展起来还是在20世纪，尤其第二次世界大战以后，越到近些年，它所占的分量越重，大家也越重视。这已经不仅是一个专业人士关注的问题了，大家知道胡锦涛同志最近访问美国也谈到了这个问题，在中美关系中这也是个重要问题。在过去，知识产权制度没有这么重的分量。中国过去是半殖民地半封建社会，知识产权这方面很不发达。清末变法的时候，开始有了专利的萌芽。真正在法律上有所反映，还不是系统、现代化的规定，是在19世纪末20世纪初的时候。比如《著作权法》最早制定于1910年，实际上这部法律也没有实行，第二年辛亥革命把清朝推翻，这部法律也就没有发挥它的作用。专利法方面有一些单行法规。商标法就更奇怪了，它是在海关出现的。1900

---

* 原载《北大讲座》第15辑，北京大学出版社2007年7月。

年义和团运动后八国联军入侵，清朝战败，中国赔了一笔数字很大的款，这笔钱从哪里来呢？比较可靠的途径就是海关，海关收税比较稳妥。当时海关的总税务司是英国人Hart，中国翻译成"赫德"，他掌握着海关的命脉。后来因为外国的商品来中国销售就有保护商标的要求，于是出现了保护商标的规定，不是很正规，也没有上升到法律层面。所以，知识产权制度在旧社会中很不发达。

在新中国成立以后，知识产权制度的制定在20世纪50年代开始提上日程。在专利方面有发明专利的暂行条例；商标法也有一个暂行条例；著作权法有一些单项的决定，还不到条例法规的层次。但是很快地，在"三大改造"以后，知识产权制度的发展就停滞下来了。比如，在专利方面，从1950年到1960年，专利方面的暂行条例基本不起作用了，大概一共就颁发了四件专利，我记得其中有一件是著名化工学家侯德榜的"侯氏制碱法"，以后就不再搞这些东西了。所以，知识产权方面的规定实际上已经停止作用了。我国知识产权的法律部门和相应学科是改革开放以后发展起来的，也就是说没有改革开放，就没有我们今天的知识产权。在改革开放不久，中央就把知识产权的制定提上日程，改革过去科技战线在商业专利、商标方面的制度。过去在发明创造方面虽然有一些奖励办法，但实际上是"吃大锅饭"，也就是说发明创造不能私有，如果个人的发明由个人所有就是典型的走资本主义道路，这是不可以的，一切发明创造都是归国家所有，其他的国有企业都可以无偿使用。这种制度在改革开放以后就感觉到很不适应了，当时是把新的发明创造无偿地送上门，不管是国内的人还是国外的人，都要贡献出来。但实际运转上不是这么回事。在以后立法过程的调查中，有的厂长表示很矛盾：发明创造有风险，如果失败了自己的工厂受很大损失，如果成功了也没有什么好处，而且还要无偿贡献出来。广大工人就很有意见，大家觉得辛辛苦苦搞出发明创造，却由厂长拿出去，好像是他的功劳，好像是他的风格高，但实际上根本不是厂长创造的。因此，厂长感觉自己"里外不是人"，如果不公开，好像自己是旧思想，但如果按照规定办，自己也有很大压力。而且，最重要的是，旧的制度束缚了生产力的发展，束缚了广大科学技术人员的创造性。我们调查发现，很多人有抱怨心理：当时下班后，还没有什么社会娱乐场所，可以打扑克、聊天，但是不能搞科研，不能搞发明创造；一搞发明创造就是走个人道路，各种各样的帽子就会戴到头上。所以，科技人员发明创造方面的积极性发挥不出来。而且，发明创造搞出来以后，在旧中国都是采取保密的办法，就像电视剧《大宅门》里的秘方一样，非常机密，家里只有一两个人知道，要采取这种保密方式，否则整个生意就会受影响，这种方式与推广科学技术、为社会服务是背道而驰的。所以，广大的科技战线、生产部门改革旧制度的呼声都很高。在进行了调查研究以后，中央决定要采取现代化的、在很多国家行之有效的专利制度。在改革开放一开始，1979年，十一届三中全会前后（有的早一点，但真正展开是在十一届三中全会以后），《专利法》《商标法》《著作权法》的制定都提上了日程，但是重视程度不一样。《专利法》方面已经成立了一个起草小组，我记得那是1979年3月12日下午，国家科委召集了一些同志，我们一共八个人宣布组成"中国专利法起草小组"。《商标法》的制定也是从1979年开始的，它的障碍比较小。《著作权法》的制定更慢一些，当时成立了一个研究小组，还不是起草小组。总而言之，中国知识产权方面的立法基本上是从改革开放以后，从1979年开始起步的。当时最尖锐的问题是在《专利法》方面，《专利法》一共起草了20多稿，在开始着手推进的过程中，有一些很有影响的部门提出了强烈的反对意见，于是《专利法》制定这件事就停下来了。某个工业部门的负责人向中央写了一个报告，我们当时开玩笑说是"告御状"，信一直写到邓小平同志那里。他说就中国目前的国情来看不能搞专利，专利是在资本主义社会产生的，中国是社会主义国家不能搞专利，搞专利对我们不利。邓小平同志采取了很高明的办法，他没有批示应该搞还是不应该搞，在今天看来，邓小平同志是走群众路线，他批示由当时主管科技战线的国务院副总理方毅同志负责组织讨论，让大家讨论讨论到底应不应该搞专利制度。在邓小平批示的意见之下，当时就展开了比较广泛的讨论。我记得当时比较突出的有两个场合：一个是全国性会议，一方面是务虚，就是讨论中国是否要成立专利制度，另一方面也务实，因为已经起草出初步的草案了，大家可以广泛地提意见，这个会是在西山北京军区的招待所召开的，简称"西山会议"，这是一个比较大的会议。还有一个会议是小型的，是部长一级的干部在中南海召开的一个决策性会议，讨论中国究竟应不应该建立专利制度，这个会只有几十人参加，但是起了决策性作用。在会上的分歧很大，不过在今天想来当然是这样，也不是哪个人就高明，哪个人就不高明，因为对大家来说这是个新的事物，大家都不太了解。现在回想起来，主要有这样几点可以跟大家说一说。

  第一就是《专利法》的性质。刚才我们讲了，很多同志有这样的想法——专利制度是资本主义社会产生的，和市场经济、私有制很合拍，但到了社会主义社会，如果发明创造归单位或个人所有，这与社会主义体制是不适应的，这是一个问题。第二个问题是当时的中国科研经费、人才培养、国际交流等方面都还谈不上，很肯定地说，我们是个发展中国家，科学技术、经济方面还都很落后。因此很多同志提出，在这种情况之下搞专利制度，结果会保护外国人和发达国家的利益，因为中国的发明创造少，这方面不发达，所以搞出这样一部法律是在保护别人，而不是保护自己。还有一个方面是有些人不大了解什么叫专利制度。我记得在会议上有些影响很大的科学家，他们觉得如果搞专利制度的话，将来设计画图时在不知道的情况下跟别人的一样，就会发生侵权，就会寸步难行。这显然是对专利制度不够了解。但是这些不同的意见在今天看来很有好处，因为正是有这些不同的意见，才使得大家开动脑筋、调查研究：到底什么是知识产权？什么是专利？它们到底是什么东西？到底对于改革开放、中国社会主义的建设事业有没有好处？带着这些问题，大家就开始从书本中找根据、在国内外进行调查。反对的同志也有国际联系，我记得有的部门就和联合国某个机构的看法不一样，当时搞专利、商标等知识产权制度的主要是世界知识产权组织，它对我国知识产权法制建设起了很大的帮助作用。经过调查研究我们发现，在当时的社会主义国家中，除了极个别国家没有这种制度，其他国家都有这种制度，当然它们的制度跟西方不完全一样，它们有一种叫做"发明人证书"的制度：一种是发明人证书，一种是专利，发明创造人可以选择是取得专利还是发明人证书，总而言之有章法。所以不能说搞专利制度是资本主义国家的专利，不是只有它们能搞而社会主义国家不能搞，这是不存在的。主要是看这种制度对我们有没有用、有没有好处。固然我们当时各方面都比较落后，但是经过调查研究以后我们发现，历史上一直是如此，很多国家都有差距。比如德国，在19世纪上半叶就没有20世纪时发达。像美国也是这样，它在第二次世界大战以前的时候还有许多地方落后于欧洲，但是它后来居上。日本也是如此。所以不是说经济、技术方面比较不发达的国家就不能采取知识产权保护制度，而且西方发达国家采取这种制度是对它们有利的，要看是不是能起到作用。日本就是一个很成功的例子，在第一次世界大战之后，日本受到很大破坏，它们自己估计是落后于美国和欧洲20~30年的样子，所以日本在20世纪40年代后期、50年代时花了一大笔钱引进技术和专利，但它不是单纯地引进使用，而是在消化的基础上创新。日本的做法取得了很好的效果，变成了一种后来居上，而不是亦步亦趋，不是人家搞过了再在后面跟着搞，而是在人家已经取得的基础之上更上一层楼。到了七八十年代时，愈来愈发证明了这个方法确实是行之有效的。比如汽车，美国当时是世界第一大、第三大汽车公司横行天下，在第二次世界大战以后，美国的汽车可以说是走遍世界，没有什么竞争对手，但是日本人在美国已经取得的发明专利的基础上，花了不少钱引进技术，并加以改进、加以发展，特别是适合市场的要求，比如车形美观、安全性高、节油等。说到这儿，我想起这么一件事：在20世纪80年代的时候，我们在美国，美国人都卖日本汽车。我有一个朋友整天骂美国人，说美国人没有出息，没有爱国思想，看到日本车便宜些，就不买美国车而是买日本车。美国车有它的优点，但也有不是之处，美国车不像德国车，德国车可以用很多年，美国车用的年限比较短，更新很快。我这个朋友的车也要更新了，他到市场上转了三天，最后还是买了一部日本车。于是大家都笑话他，说他每天说美国人没出息，买日本车，结果自己也买了一辆日本车。我用这个例子是想说明要想后来居上，就不能闭关自守，不能万事不求人，我们过去就是闭门造车，那是不行的，应该采取开放的态度，在别人取得的成果的基础之上再发展。专利制度的优点就在这里，新的发明经申请后，被授权为专利，这时就必须要把专利内容公开，使得别人不再低水平地重复，而且也可以在已经取得的成就之上进行新的开发，这一优势是总的考虑，也逐渐比较明确了。至于那些误解的内容，大家经过逐步地学习和研究，也越来越清楚了。专利保护是拿别人的东西来进行商业上的运用，是为了盈利的目的。如果把别人的发明创造作为开发的基础，更上一层楼，或者画图、做试验等等，这都不会发生侵权的问题。应该说，通过一些讨论，促进了大家开动脑筋、调查研究，问题越来越清楚了，真理越辩越明。

1982年的时候，情况开始明朗起来，中央表态中国还是要建立自己的专利制度，这可以算是一场激烈的争论，在学习、讨论过程中，中国的专利制度逐渐地成长起来。当然我们也学习了西方的东西，邓小平同志有这样一句话"《专利法》不懂的话可以向西方学习嘛"，经过我们的摸索、讨论和学习，《专利法》制定这件事逐步比较明朗了。一直到了1984年3月19日，历时五年时间，《专利法》才出台。在当时一个立法用五年的时间，这种情况是几乎没有的。《中外合资经营企业法》是1979年7月1日颁布的，是颁布的第一批法律之一。这部法律半年多就制定出来了，当时我们也不懂，所以也有很大的困难，到处收集材料，但是材料很不好收集，发电报给各国大使馆要所在国的法律材料，但是因为大使馆没有法律专业人员，不知道上哪里去找法律材料。结果我们就因陋就简，在当时的情况下制定出《中外合资经营企业法》。这部法律的条文很简单，数量非常少，多了也搞不出来。但在今天看起来，就是这几个条文起了很大的作用，几千亿外资引进来了。今天的《专利法》也是如此，因为下手比较早，这是一个很有利的条件，如果到了20世纪80年代后期90年代时再起步的话，那就远远不如在改革开放一开始就把问题提到日程上。但是我们建立专利制度也不是照抄，我们也有适合我们国家情况的一些创造。比如我们的专利有三种，这和很多国家就不一样，像《巴黎公约》所指的专利就是发明专利，我们既有发明专利，也有实用新型，还有外观设计。采取实用新型这个制度的国家不多，最早是在德国采用，后来日本也采用。我们研究认为实用新型对中国很适合，因为作为发展中国家，不像发达国家资金雄厚、人才很多，它们可以搞一些重大的、有根本性变革的发明创造。但是我们的国情是人口众多，适合于小发明小创造。实用新型就是指产品的结构、外形有所改变后，会发生实际作用，有实效，有时也被称为"小发明""小专利"，但一定要有市场效果，对经济和人民生活的改善能起很大的作用。比如现在的转笔刀的革新就挺好，最早是用刀子削铅笔，一不小心就会把手削破，后来有了转笔刀，但是铅会弄得到处都是，挺脏的，现在在转笔刀上安一个帽，销完的铅都到帽里面去了，最后把铅倒出来，就干干净净的了。指甲刀也有类似的小发明，尤其在西方大部分家庭铺地毯，剪指甲时指甲会蹦到各处，还要用专门的那种很重的机器来清理，很不方便。于是把指甲刀的形状改变一下，前边有一个帽，剪下的指甲都在那个帽里面，最后一倒就可以了。像这些东西在生活中有很多很多。过去讲"罐头好吃盖难开"，开罐头开不好的话都会把手指弄破，现在有一部分罐头盖上安了小钥匙，轻轻一转盖就打开了，又容易又干净，但是还不太普遍。这些形状上、结构上的改革，动脑筋想出的发明创造，受到了群众的欢迎。我记得我当时在日本考察的时候，他们给我讲了几个例子，给我的印象非常深刻。我跟大家说其中一个：第二次世界大战后，20世纪四五十年代时，美国人占领了日本，在日本的美国人经常举办酒会，喝的都是软饮料、可口可乐等，用的杯子都比较大。但是日本过去的生活习惯不同于西方，他们喝清酒，用的都是小酒杯，于是他们用大杯子喝啤酒、软饮料非常不习惯，特别是妇女不习惯，有的时候因为杯子太重拿不动，把杯子掉到地上，不仅杯子碎了、饮料洒了，而且很尴尬。于是有个人就发明出了这样一种杯子：在杯子上面有一个凹陷，这样一拿杯子时大拇指就卡住了，杯子就不会掉下来了。就是这样一个小改革，解决了当时的问题。据说这种杯子在三五年之间在市场上一直居于统治地位，大家都买这种杯子，不再买传统杯子，因为这种新杯子适合社交场合的需要。日本人还给这种杯子起了一个非常美丽的名字——酒窝杯。像这样的例子还有很多。于是我们考虑，在中国这样一个人口众多的国家，发明创造的潜力很大，但是当时我们在发明、科研方面的投资还有很大局限，所以这种小型的发明创造应该大力提倡，因此我们的《专利法》中不但有发明专利——这是各国都规定的，《巴黎公约》也是这样规定的，而且我们还采用了实用新型制度。我们也采用了外观设计制度，从严格意义上说，外观设计不属于技术发明，它就是给人以美感，但是在当时的情况下，大家一致同意将外观设计制度规定在《专利法》之中。在当时，我们出口的东西质量好，价格便宜，但是销售不成，有时候甚至只能摆地摊卖，连超市都进不去，主要问题就在于外观设计不好。我也深有感触，比如我们出口的菠萝罐头，质量好价格也公道，但是让人一看就不想买——一个简单的玻璃罐，还被磕得坑坑洼洼，一点都不美观，作为礼品就更拿不出手了。外国人送礼很讲究包装，有时礼品并不贵重，但是包装要很漂亮。所以说外观设计在今天仍很受重视，特别是外贸方面。

还有一些其他符合我们国情的情况。比如开始时对药品不保护，这是我们经过考察的，像意大利是从1978年才开始保护药品的，那时我们都快要实行改革开放了，因为过去意大利与英国、德国的差距比较大，它需要留出缓冲的时间。特别是西药投资很大，一种有效的新药开发的时间大概需要10年，投资需要1亿美元，后来是需要3亿~4亿美元，现在据说要7亿~8亿美元，因为各种试验基本都做绝了，再有一种化学配方要有疗效的话，就要做大量的投资和试验，才能取得效果，我们当时很多药品还都是仿制的。我们对药品不保护不是独家的，这是国际惯例，而且《巴黎公约》也不要求每个技术部门都要保护，所以我们也留出了缓冲的时间。到了1993年我们才开始开放，一方面我们自己发展了，另一方面国际形势也改变了，WTO与贸易有关的知识产权协议要求对一切技术部门都要加以专利保护，所以我们1993年时就有所改变了。以前我们对食品、调味品等也不开放，这都是和当时的情况有关系的，比如面包，现在有几百种面包，当时我们用粮票，能吃到馒头就不错了，更不用说面包了，如果再加上专利的费用的话，高价的面包大家承担不起，这对我们当时的社会情况来说不现实，1993年以后情况才有了变化。我们原来的专利保护期是15年，以后随着国际上的发展，根据WTO的规则的要求，我们延长到了20年，这都是逐步发展的过程。

商标方面不是很复杂，大家的反对意见不是很多。主要有两个层次的问题：一是商标是不是必须要注册，要不要全面注册？在20世纪50年代，有个关于商标的暂行条例，到了1963年被废除，1963年的新条例主要是管理条例，否定了过去条例中最主要的精神：一是自愿注册而不是全面注册，需要注册的才注册；二是注册商标有专用权，注册以后别人不能侵犯。到了"文化大革命"时期这种否定达到了顶峰，大部分商标都是花草鱼虫，都算"四旧"，只有有限的几个牌子，比如"红旗""工农兵""井冈山"等有限的革命口号式的商标不属于四旧，但就是这几个带有革命性的商标也出问题。天津有个鞋油厂，因为过去的皮鞋都是黑色的，所以鞋油也只产黑色的，厂长说别的商标都改成革命意义的了，我们再用过去的商标就不好了，于是也改名字，改成了"红旗"牌，结果造反派说这是一大罪名，黑鞋油用红牌子，这是典型的"打着红旗卖黑货"，于是就把厂长抓起来了。商标局解散了，商标局的大印交给了贸促会，贸促会是一个社会团体，不是国家机关，包括一些外国商标的事务就都交给了贸促会管。改革开放以后，大家觉得这样不行，认为应该制定现代化的符合中国情况的商标法，主要解决以上两个问题。一是自愿注册，因为商标在市场上有的被认可有的不被认可，如果商标注册成功了，就继续注册，这样有利于创出名牌，但如果商标没有注册成功，市场没有认可，就可以放弃，没有必要再进行注册，否则不但企业自己多花钱，而且商标注册机关商标局也劳民伤财，所以全面注册不是一个好的办法。其他国家的规定也是如此，商标是一种私权，愿意要这种权利就可以注册，不愿意要这种权利就可以放弃。因此，1982年的《商标法》主要解决的第一个问题就是自愿注册，但是除了个别的少数商品，比如药品、烟这些与人民健康有关的东西要求必须强制注册。这是有关商标的第一个方面。二是注册以后有专用权，别人不能侵犯，如果别人再用相同或类似的商标都是不可以的。看两个商标是否类似有时候不是很好判断,主要的标准是看相关的群众是否会混淆,相关的群众有的是广大消费者,有的是专业技术人员,就算外行不懂情况,无法判断是否类似,本专业的人员可以了解情况,如果专业人员容易发生混淆的话,就会发生类似的问题。在生活中就有类似的问题。比如上海有一种糖果叫"大白兔",很受欢迎,后来有一个糖果厂家搞了一个商标叫"大白鼠",老鼠画得很大,也是白色的,只是耳朵短一些,放在货架上,从远处也分不清"大白兔"和"大白鼠",以为买的是"大白兔",买回家后才发现是"大白鼠"。这种情况在实践中遇到不少,因此保护商标,不仅不能有相同的,也不能有类似的。最初我们的服务业不发达,银行只有中国人民银行,航空公司只有国航,保险公司只有中国人民保险公司,随着改革开放,服务业也越来越发达,现在航空公司和保险公司都有很多家了,虽然仍然有很大的差距,但是和过去已经大不一样了。所以1993年修改《商标法》的时候,增加了服务商标,随着发展不断改进法律。到了"入世"的时候,跟WTO的知识产权协议接轨的地方就更多了,现在我们对于驰名商标、集体商标、证明商标都有规定,内容发展得越来越丰富,特别是又分出了"地理标志"。地理标志很重要,WTO的协议是反映西方国家的斗争,与此有关的规定一共两条,主要的一条是关于葡萄酒和烈性酒的规定,其他的并没有涉及,这是法国和美国之间斗争、妥协的产物。地理标志对发展中国家、对我们国家很重要,它所反映的产品与地方的自然条件或人文条件是分不开的。比如茅台酒,只有茅台那个地方的水才可以造出茅台酒;再比如金华火腿,只有金华那个地方才能造出这种火腿,别的地方的火腿无论在制作方法还是质量上都不如金华火腿。所以我们很多农产品的商标,像库尔勒香梨,都是在国际上很畅销的东西,不能随便使用,否则就会受到很大损害。而且地理标志也不限于农产品,还有湘绣、剪纸等手工业品,这些传统工艺很多都是发展中国家很大的优势,这方面还是在不断地发展。现在有几个问题在世界上研究讨论,世界知识产权组织的专门委员会在讨论三个问题:一个是TK(Technology Knowledge),即传统知识,像传统中药就属于这类;还有一个是folklore,即民间文学艺术,在我国,这种无形的民间文学艺术产业很多,但是这种东西发达国家,特别是美国不感兴趣,因为美国只有两百多年历史,没有多少民间文学艺术。美国和法国还发生过不小的纠纷:有一年法国的天气很干旱,于是葡萄歉收,所以法国的香槟酒供不应求,美国有很多地方都有与欧洲相仿的地名,美国也有个地方叫"香槟",那一年法国葡萄歉收后,美国大量出口香槟酒,实际上这就混淆了法国和美国的香槟酒,法国的香槟是真正的香槟,有高度的信誉,可以算是知名商标,因此法国和美国为这件事闹得不可开交。世贸组织知识产权协议中的两条关于地理标志的规定也是法国和美国妥协的产物,世贸组织现在仍在研究这个问题,是不是要登记,是不是要扩大范围,但一直没有争论出结果。现在又开始研究基因方面的问题了。我们国家的商标是从无到有、从小到大,越来越复杂。过去大家对商标都不大注意,在"文化大革命"时期,强调阶级斗争,"方寸之地充满了阶级斗争",一个小小的商标也会有阶级斗争问题。改革开放以后,我们"走出去"了,跟世界发生联系了,才发现商标代表的商誉是非常有价值的。我记得,在改革开放初期,可口可乐的总裁来中国:我们还问他"可口可乐"这块商标值多少钱,他说他也说不准,没有一个确切数字,但他告诉了我们这样一个情况:如果发生了第三次世界大战等情况，可口可乐在全世界的工厂毁于一旦，第二天银行就会给他贷款，他就可以重建可口可乐，因为他还有这个商标，值得银行贷款，是一种无形财产。我们国家现在的名牌没有这么贵，比如海尔，估计价值六七百亿元人民币，也是个不小的数字。因此，现在的企业，尤其是做强、做大的企业越来越重视商标的问题了。不久以前，海信（Hisense）和德国的西门子发生了一场很大的争议，海信的外文商标是"Hisense"，西门子也有一个"HiSense"，区别就在一个大写的"S"上，一般人分不清。海信在德国已经打开了销路，被消费者所承认，但是有个缺点——没有在德国注册，因此西门子有类似的商标，海信就不同意了，于是在北京邀请专家出主意。但是西门子说它的商标一系列都是用"Hi"，表示高级，不仅是"HiSense"，还有一系列以"Hi"开头的商标，因此不是恶意的，而且注册在前。但是，由于海信的商标在德国得到了大家的承认，打开了销路，而且我们国家日益强大，德国与中国的贸易数量很大，投资也很大，中国是一个很大的市场，因此谈判就比较好办了，这个问题就比较妥善地解决了。如果真的要打官司，特别是在国外打官司，这个问题将会很麻烦，因为西门子公司先在德国注册的商标。可见商标的问题越来越严重，以前我们不注意这个问题，有一些老字号、名牌，比如"狗不理""同仁堂"等，都在日本、新加坡等很多地方被抢注了，那时眼光不够长远。现在不同了，相当一批企业走到国外，商标工作就必须跟得上。过去的企业里没有法律部、知识产权部，现在大企业逐渐开始注意这件事情了，因为他们知道注册商标只是花小钱，但是如果不注册商标，等到以后商标成立不了时、必须退出市场时，受到的损失将会是几十万元、几百万元甚至几千万元。

我再讲一些关于著作权的问题。著作权的麻烦更大一些，因为著作权不牵涉技术，过去主要是在印刷品、出版物方面，因此改革开放以后首先成立了一个研究小组，还提不到要起草这方面的法律。我国与《伯尔尼公约》在1908年就已经有接触了，那还是在清朝，也就是1908年在柏林的修订会议向中国清政府发出邀请，清政府指定当时驻德国的使馆去参加这个会议，但是是否有有关这个会议的报告；报告的具体内容是什么，现在还找不到，尽管我们还没有参加《伯尔尼公约》，但毕竟我们已经有所接触了。我们正式制定出有关著作权的法律是在1901年，但是没有实行。在1925年北京政府时期的著作权法律，和1901年的《大清著作权律》是基本相同的。到了国民党时期，1928年，那时的关于著作权的法律不是很现代化，没有现在这么复杂。新中国成立以后，酝酿了几次关于《著作权法》的制定，曾经设立了一个小组，由鲁迅的弟弟周建人主导，后来被各种政治运动冲淡了，就停止下来。一直到了改革开放以后才再次被提上日程，这次遭受了非常大的阻力。一方面的阻力来自科技界，大部分人都支持搞"专利法"，但是反对搞"著作权法"。我记得当时有一个很有影响的大科学家说："我能够取得今天的成就就是因为读盗版书，我买不起原版书。"别说旧社会家里穷，就算家里不穷，花上几十美元、上百美元买原版书也是不现实的。旧社会有一个"龙门书店"就是专门盗版书的，成批地盗版，因为没参加《伯尔尼公约》，也管不了，而且当时这方面也不发达，卖不出多少盗版书。所以制定"著作权法"遭受了很大的抵触。后来经过逐步地了解和发展，大家感觉需要搞"著作权法"了，又遇到了很大的困难就是算经济账，有几个很有分量的部委作了一个统计：要是制定版权法、参加版权公约、付版权费，在当时（20世纪80年代）要支出9亿美元。所以在讨论制定"著作权法"的时候，财政部的人就不同意了，他们支持制定《著作权法》，但是要钱没有。过去不像现在外汇这么多，有8 000多亿元，过去外汇很紧张，要想换10块、20块的外汇需要层层批示，出国的话最多也就30美元，所以在当时拿出9亿美元是根本不可能的。但是他们算账的方法是不对的，他们的账是这样算的：比如过去在中国卖的《哈佛评论》都是盗版书，而且需要的也不多，也就500本，但是如果进口500本《哈佛评论》就得需要好多钱了，这还仅是一种杂志，全国各科系、各部门所用的图书杂志都这么算的话，恐怕算9亿美元的话还不够呢。但实际上不是这样做的，他们不太了解情况。我们现在都是搞版权贸易，就是要经过别人授权后，再在国内的出版社出版、发行，这是合法的，要给别人提供版税。现在一般来说版税是8%，如果销售不是很多的话，版税所占的份额就比较大了，因为要付给原作者和翻译者双重稿费；但是如果销路很多的话，分担下来版税所占的份额也就不是那么大了。我们经过调查研究，也问了些发展中国家，像印度、前南斯拉夫，他们也有自己的经验，我们体会也是如此，而且它们国家的使馆和出版商的口径不完全一样使馆愿意多出它们本国的书籍以扩大影响，出版商当然还要考虑经济上的收益。总而言之，不是像过去那种算法，不是盗版了多少将来就变成进口的多少，而是用版权贸易的方式来解决，付一定的版税，基本上还是可以承担的。现在我们在著作权方面是很严格的，没有授权决不翻译、绝不侵权，而且都有和对方约定好的标准合同，一般是8%的版税，这样在出版后就是合法的。所以制定《著作权法》的周折很多，从1979年开始酝酿，一直到1990年才通过，历经十几年的时间。通过这部法律以后，这方面的变化很大，现在远远不仅是出版物、电影、音像作品、计算机软件的问题了，又出现了网络盗版的问题，并且发展得很快。我们在"入世"时修改《专利法》和《商标法》时，中央的精神很明确，主要是和世贸组织接轨。因为《世贸成立协议》第16条第4款要求成员方的法律、行政法规必须要和世贸组织的协议接轨，这是我们的义务，我们参加了以后就要使得我们的法律和世贸的几十个协议接轨。除了这个问题，其他的问题暂时不谈，主要就是为了解决"入世"问题，精神非常明确。但是就《著作权法》来说，我们可以说，现在的水平已经超出了世贸组织的水平，因为世贸组织的协议不包括网络。1986年乌拉圭回合启动，当时就吵得一塌糊涂，达成乌拉圭回合的框架已经很不容易了。因为在过去没有服务贸易，根本没有知识产权，很多发展中国家是坚决反对的，当时《巴黎公约》的修订也进行不下去了。世贸组织的乌拉圭回合谈判的时候，奉行"一揽子"计划，就是谈好后不算数，必须要全部谈好后、平衡后，这时最后点头才算数，这一招对乌拉圭回合达成协议有很大作用。比如世贸组织关于知识产权的协议，显然是对发达国家有好处，发展中国家的发明创造、专利这方面很少，当然也就不积极。可另一方面，关于纺织品、农产品的限额取消就对发展中国家更有利。比如咖啡对美国人来说非常重要，美国却又不出产咖啡，这时优势就在发展中国家。所以说，大家相互妥协，你在这方面做出让步，我在那方面做出让步，于是就达成了"一揽子协议"。可是在这个过程之中，短短几年内，网络迅猛发展，网络发展起来后，再在乌拉圭回合中加入有关网络的内容就很难了，基本是不可能的事情，因为很多发展中国家还有传统知识、民间文学艺术可以增加进去，双方必须要对等，这就不好谈了，这个"盘子"已经定下来了，就不能再动了。因此，在乌拉圭回合达成了协议、1984年4月15日通过了关贸总协定的协议并于1985年1月1日开始施行后，这时世界知识产权组织早有准备，在1996年12月26日通过了两个关于互联网的条约，一个是世界知识产权组织的版权条约（WCT），另一个是世界贸易组织关于表演者及录音录像的协议（WPPT），WTO的知识产权协议中没有关于互联网方面的内容。我们在"入世"时还考虑订立这方面的内容会不会太超前了，但是根据网络发展如此之快的趋势，我们还是决定增加了"网络传输权"，就是网上版权的保护，而且实践中已经有这方面的案件了。第一个是王蒙的那个案件，王蒙、张抗抗、毕淑敏等6个作家的7部作品上网了，谁都可以看，于是这些作家不同意，就告到了海淀区法院。但是法院没有根据，我们当时的《著作权法》还没有关于网络版权、网络传播的规定，于是很伤脑筋。好在著作权的权利中有一项兜底条款，在各项权利之后还有一个"等"字，这里面就可以大做文章了，随着社会、经济、技术的发展会产生新的权利。海淀法院在征求了官方的和民间的很多意见后，做出了王蒙等人胜诉的判决。但是海淀法院只是基层法院，而且我国不是判例法国家，这个判决没有拘束力。不久以后，最高人民法院作出一个与网络版权有关的司法解释，这样才有了拘束力。在法律修改的时候，把网络版权内容正式纳入到法律之中，因此我们这次的修改应该说是有先见的，没有冒进，确实是跟着形势发展。国务院日前原则通过一个《信息网络传播权的保护条例》只是"原则"通过，还有一些问题仍没有达成共识，各界的意见不同，还在平衡。比如数字图书馆，这是件好事，在计算机上可以看到各地图书馆的书，虽然很好，但是版权问题怎么办？这样的话以后就没人愿意写书、创作了。而且版权不仅仅是写书、电影等问题，还包括舞蹈、戏剧等艺术方面的内容，如果这些版权完全不保护的话是不行的。因此如何平衡是个很重要的问题。并且还要符合国情，因此有些问题还要细化。总而言之，我们目前整体发展还是很快的，在《著作权法》方面已经超出了WTO知识产权协议的水平，我们不但是法律有规定，而且很快还会公布单行条例。据我所知，在今年之内我国就要考虑参加WCT和WPPT这两个条约。这两个条约很奇怪，因为以前发达国家加入很积极，发展中国家很不积极，因此有一条规定30个国家批准以后才生效，这是前所未有的，一般过去有五到八个通过就可以了，增加到30个国家批准后才生效，难度也增加了，现在已经到了50多个国家了，已经生效了，所以我们也受到国际上的影响，也在考虑这个问题。现在欧盟还没有参加，之所以没参加就是因为欧盟的国家太多，情况复杂，达成一致还得经过一个过程，原则上没有什么大的障碍，只是程序上要逐步进展。我们在了解了这个情况以后，很可能今年就参加这方面的条约。

  总之，在专利、商标、著作权方面，都是不断发展的。我们提出要建立创新型国家，在知识产权方面也不例外，而且知识产权特别是和创新分不开的：从大的哲学方面的理解到具体部门的法条规定，它不是停滞的。不是一劳永逸的。回想起来，这100多年间，出现了电话、电报、飞机等，人类的变化都是过去想象不到的。至于21世纪结尾时会变成什么样子很难说，很多未来学家有一些科学上的大胆的想法，很可能在某种形势下就会实现了。比如中国的水问题，是个很大、很紧张的问题，"南水北调"花了很高的成本，但是只能解决北京、天津的问题，西部的问题还解决不了。关于南方发大水，科学家们现在有几个想法，一个是"北水南调"，就是把贝加尔湖的水调过来，因为贝加尔湖年年发水灾，是俄罗斯一大患，如果能合作就会是个很大的工程，把贝加尔湖湖水引到新疆、甘肃等地就可以解决干旱问题，这是第一个方案。第二个方案是把喜马拉雅山打一个"窗户"，让热空气进来，热空气和冷空气相遇，西北部就可以下雨了。还有一种是"南水北调"，不是从地上调水，而是从空中调水，把云层调过来。这些在现在虽然办不到，但是到 21 世纪下半叶会变成什么样子就很难说了，有待你们这一代或者你们的下一代不断努力。总而言之，法律是为现实服务的，随着将来科学技术的日新月异、花样百出，人们的创造会越来越多。中国有句古话"苟日新，日日新，又日新"，古希腊哲学家赫拉克利特讲过"一个人的脚不能两次踏进同一条河流"，都表明世界是不断发展、不断更新的。20 世纪的发展既然那么快，21 世纪肯定是比 20 世纪还要快，因此反映在知识产权的法律上，将来的变化和发展还有很多新的问题有待大家来研究、思考，这对我们国家的建设是极其重要的。

今天我就讲到这里，谢谢大家！

金融产品专利保护与实施初探*

商业银行的金融产品本身就是一种金融制度创新,它是金融业务创新的制度性结果。从金融创新的概念和内涵来看,金融创新是一类特殊的知识产权客体,它既不同于专利、商标、智力作品等知识产权的一般客体,又区别于一般的商业秘密、商业技术。

金融产品创新是指金融内部各种要素的重新组合和创造性变革或引进的新事物,它包括金融制度、金融业务、金融组织结构的创新等。它是"一种活动",一个动态的过程。从思维层次上看,"创新"有三层含义:(1)原创性思想的跃进,如第一份期权合约的产生;(2)整合性,将已有观念的重新理解和运用,如股指期货合约的产生;(3)组合性创新,如蝶式期权的产生。从金融创新的宏观生成机理来看,金融创新都是与经济发展阶段和金融环境密切联系在一起的。从微观角度来看,每一个金融创新都是创新主体的内在动因和外在动因的一种体现。从内因上看,创新主体有"获利性"需求,因而会产生"获利性创新";在逐利本性下,又会产生"避管性创新";由于金融行业的高风险性,会诱发"避险性创新"。从外因上看,由于经济发展与市场的变化,金融主体内部竞争加剧,会诱发"扩源性创新"。而商业方法专利作为一种保护创新的法律制度,对金融产品创新具有重要的作用。

一、商业方法专利在金融产品创新中的作用分析

金融创新是在金融科技发展过程中形成的一整套技术秘密、经营秘密、管理程序、服务理念和营销策略的有机集合。这种金融创新要被授予专利,其前提条件是方案具有创造性,即创新具有一定的技术高度,与一定的硬件设备相结合,并能在网络上运行,能够解决技术领域内的某个问题。商业方法专利将使金融业务创新获得制度上的保障,从而充实了金融制度的内容。

1. 从理论上看,商业方法专利对金融创新的产权界定和保护,有利于降低交易成本

有效率的产权应是竞争性和排他性的。为此,必须对产权进行明确的界定,以减少未来的不确定因素,降低产生机会主义的可能性,否则,将导致交易或契约安排的减少。交易成本是决定制度的基础,也是影响制度变迁的主要因素。如果一项制度的运营成本过高的话,必然运转低缓,最终被社会所放弃。金融产品创新制度的建构目标是为

---

* 原载《海南大学学报(人文社会科学版)》2008年第2期。

了使金融的效率最大化。因此，如何降低交易成本是金融制度建构和金融产品创新必须面对的问题。

2. 商业方法专利有利于金融产品创新

任何一种金融产品创新在其创新的初期，由于缺乏竞争对手，都能够为创新者带来可观的利润和市场份额。但由于知识的开放性，使得竞争对手可以很快地模仿和改进，使得原创者"为他人作嫁衣裳"。如果运用商业方法专利进行保护的话，由于专利的垄断性特征，使之成为金融创新者保护其创新成果的有力措施。专利的授予使金融业务的创新者能够在一定期限内维持对该业务的相对市场的独占性，防止他人直接利用其创新的业务，从而确保特定期限内独自利用该业务获利。可见，商业方法专利的授予，将直接鼓励金融领域的业务创新。由于模仿他人的商业方法被法律禁止，金融从业者不得不从事自己的业务创新，以在市场上立足并参与竞争，创新能力的拥有和保持将成为争夺和占有市场的主要条件之一。在知识经济社会，知识不仅仅是力量，而且是财富。进入20世纪90年代以来，企业资产收益中，来源于资本资产的比重逐渐下降，来源于知识资产的比重在不断提高。商业方法专利不仅可用于市场圈地，而且它本身就是一项资产，还是一项具有相当市场价值的资产，它对有形资产的形成和增值发挥着巨大的作用，运用专利手段保护自己的智力创造成果，可以强化自身的服务能力，加深客户忠诚度。而且，专利的垄断性意味着如果其他人要进入专利技术领域，必须向专利拥有人支付对价。这种对价的支付本身可以成为金融企业的一种盈利方式，或者说一项独立的业务。这将从另一个角度刺激金融创新。

3. 商业方法专利将提升金融业的竞争水平

商业方法专利有利于竞争的有序性。目前，金融业竞争主要聚集在金融产品的开发和金融风险的防范上。然而，金融新产品的开发常常由于欠缺经验和成熟的市场而伴随着高风险。在没有专利保护的情况下，为了首先抢占市场，金融产品的开发者无暇顾及市场风险的防范而贸然开展创新业务，力求在竞争对手尚未反应和尚未充分模拟的时间差中获利，而其他竞争者常常会不考虑后果地跟进，力求分一杯羹。这就会导致金融市场某种程度的混乱和无序。如果拥有专利的保护，新产品的拥有者会更稳健地开发自己的新市场，提高业务的质量。而其他竞争者在无法搭乘他人便车的情况下，要么自己创新，争夺市场份额，要么稳步推进，维持市场地位。金融业的竞争不再聚集于新产品的快速推广，而转向新产品的开发和稳健使用。如果说，金融风险的防范是金融业生存和竞争的基石的话，商业方法专利所带来的时间间隔将极大地降低由于新产品急切推广导致的风险，从而将金融竞争的机会成本降低，使其竞争获得更广阔的空间。

4. 商业方法专利将提升金融人才竞争

金融创新需要大量知识型人才，这将为知识生产者提供更大的施展才华的平台；反过来，商业方法专利的盈利有利于对知识创新者的进一步投入，这又给人才提供了一个宽松的环境。知识的财产化将有利于促进知识人才的竞争，使金融业人才的引进和使用形成良性循环，从而使金融业的服务由低层次向高层次递升。

当然，商业方法专利并非毫无瑕疵。由于商业方法专利持有和使用的高成本，它将使得资本较弱的竞争者更加难以进入市场参与竞争。和其他专利一样，对商业方法专利无论是获得还是保有都将付出较大的成本,这将提高初入者的门槛,减少市场竞争者的数目。另外,由于发展中国家一向不很重视金融产品的开发,商业方法专利的授予将极大地限制他们的金融业务开展,使他们在竞争初期易于受制于人。但这些弊端并非无法克服,其基本原理就是知识的开放性,由于知识是开放的,任何人都可以在现有的知识基础上继续创新,从而取得自己的知识产权,摆脱他人的束缚。

二、美国商业方法专利战略实施对我们的借鉴意义

美国自从对商业方法专利完全认可并扩大保护后,美国专利与商标局(USPTO)的步子迈得很快。1996年,USPTO颁布了《计算机软件和商业方法专利申请的审查指南》称:"发明没有必要显示技术贡献的实际存在,而只需要在技术领域内并产生一种'有用、具体而且确定的效果'。"新指南产生了深远的影响,使得成千上万的与商业方法有关的专利得到了USPTO的保护。1998年,USPTO公布了《电子商务商业方法》的白皮书,将商业方法专利归类于美国专利分类码705。705分类码包含各类处理、管理、计算、执行数据之机器或方法。该种机器或方法主要应用于企业管理与监督、财务信息处理、商品与服务的计价方法。705分类码中又有四小类与企业经营直接相关,例如市场分析技术、行销管理技术、资金流与物流的控制管理、各类企业资源的分配与稽核等。❶

(一)专利申请制度的不同导致专利申请和实施的效果不同

我国专利法采用的是申请在先原则,但美国却是使用在先原则,也即在美国对于早年诞生的技术,作为最先使用人(发明人)可能先不申请专利,以便观察这项技术的商业价值,甚至会坐视该技术的使用与普及,几年之后只要发明人愿意,就可以提出专利申请,一旦获得授权,作为专利权人,可以要求其他使用人停止使用或缴纳许可费等。这种"回马枪"式的做法令其他经营者十分头疼且无可奈何。故此有人称这种专利为"潜水艇"专利,也有人称其为埋在电子商务领域的"地雷"。

在"使用在先"申请制度下,发明人会很关心其技术的市场价值,并尽力使其发挥最大作用,使其尽快成熟以求其带来巨大的商业价值,然后申请专利,获取高额使用费等利益。在已知可获巨大收益的前提下再申请专利的制度下,新的理念和技术方案会及时发挥作用而不必等待专利的许可。而"申请在先"的制度使得创造人先要承受较高的申请成本和持有成本,而事先却不知道其技术方案能否为其带来收益,这也导致创造人对于是否申请专利犹豫不决,也使得新的经营理念和技术方案不能及时得到应用和市场检验。

(二)花旗银行的金融专利对我们的影响

长期以来,我国金融业保持着"蛋糕大家分"的格局,缺乏专利保护意识。随着外资金融机构加入我国网络金融的竞争,中资金融机构的软肋正在凸显,这个软肋不仅是技术问题,而且还有意识问题。自1992年起,美国花旗银行已经向中国国家专利局

---

❶ 张仪华:"我国金融产品专利保护的现状及对策研究",载《龙岩学院学报》2005年第5期,第19~21页。

申请了19项"商业方法类"发明专利,这些已经申请的专利多是配合新兴网络技术和系统的方法。目的是为了控制电子银行的核心技术,树立网上银行的领导地位。2003年花旗银行申请的专利中有两项已经被中国专利局批准,分别是1992年11月12日递交的"电子货币系统"和1996年9月10日递交的"数据管理的计算机系统和操作该系统的方法"❶。可以说这两把剑已经悬在中国国内金融业的上空,随时可能落下来。

花旗银行历来非常重视基础专利的研究,所谓"基础专利"就是可以被多种专利所引证的专利,这种专利的价值最高。原因很简单,一旦基础专利被其他专利引证就可以收取不菲的专利使用费。花旗银行的美国专利"电子货币系统"(5453601号)就是一种非常基础的专利,它被其他专利引证高达84次❷,几乎是所有金融相关专利中被引证次数最高的。花旗银行在全球所获得的专利中,与网上银行相关的商业方法专利占了2/3。除了重视基础专利的开发以外,花旗还很重视对基础专利进行升级,十分注意基础专利深度的发展。其惯用手法是,在几个专利的基础上不断地积累引用、推陈出新、循序渐进来创造新专利,而不是广而泛之地罗列各个不相关的专利,这也说明花旗银行内部有一种团结一致、共同协作的工作方式。如花旗银行"以风险为考量的采购系统与方法"的专利(5732400号)于1998年在美国专利商标局核准通过。因为花旗银行此项专利可以用于企业间的采购,曾经被其他19件专利引证过,引证的权利人有Chase Manhattan Bank、Visa International、AT&T Price-Line ccm、Veri Fone及日立软件公司等❸。这就意味着只要我国的金融业涉及了这些技术就要缴纳专利使用费,增大我国金融业的运营成本,无形中制约了我国金融业的发展。根据我国知识产权专利检索网站进行专利检索的结果表明,外资银行在我国申请金融产品专利数量逐年递增且全部是发明专利,涉及电子货币系统、销售处理支持系统和方法、集成全方位服务的客户银行服务系统及用于开启账户的系统和方法等与"网上银行"业务相关的方法和系统等。外国的商业方法在中国进行战略性圈地运动,对我国自主知识产权的形成构成了激烈的竞争,限制了我国金融业的创新领域,制约我国金融业的创新。网络金融的特点之一在于企业不论规模大小、起步先后、国别如何,在竞争中几乎处于平等地位,商业方法专利的出现很有可能会破坏这种竞争机制。Internet用户呈几何级数增长,网络环境"一切免费"是主要原因之一,可商业方法专利的出现与"一切免费"恰恰相反,很可能导致电子商务领域的关键方法被少数大公司掌控,未来的起步者必须花费大量的时间和金钱穿过重重法律障碍,而没有更多精力去创新。

(三) 花旗银行全球专利战略

美国花旗银行在中国申请商业方法专利的举动,是其"产品未到,专利先行"的

---

❶ 朝霞:"我国金融业创新产品专利保护战略浅析",载《电子知识产权》2006年第2期,第26~29页。

❷ 杨卓铭:"商业银行金融专利保护及策略分析",载《安徽科技》2006年第5期,第23~24页。

❸ 王干,胡水晶:"论商业方法专利对中国金融业的影响",载《特区经济》2005年第1期,第181~182页。

市场战略与经营管理理念的体现,花旗银行从20世纪80年代起,就开始在日本申请了相当广泛的金融商业方法专利,并很快占据了日本的金融市场。到了90年代日本商业银行想研发自己的电子商务和网络货币系统,发现花旗银行布下的专利"地雷阵"使他们寸步难行,这才如梦初醒地拿起法律武器。樱花银行、富士银行于1996年就此向日本法院提起诉讼,打响了与花旗银行的专利战。花旗银行在中国申请的19项金融产品"商业方法类"专利,大都涉及网上银行业务,其中就有电子货币系统,用于往来用户之间传递资金的面向用户的自动系统、执行信贷与负债申请的联机审批系统与方法等。这些基础性的银行网络结算系统,一旦被授予专利,国内银行在今后研发金融产品、开拓市场时,就会受制于人,陷于外资银行专利的"地雷阵"中,要么缴纳高额专利费,要么退出市场,甚至对簿公堂,向对方支付巨额的赔偿金,而这正是花旗银行专利战略目的之一。目前,我国网上银行的交易量在7万亿元左右,根据国外网络银行发展趋势的推断,五年后我国网上银行的交易量将超过20万亿元,交易笔数在4 000万笔以上。如果按照交易量的1‰缴纳专利费用,每年的费用将高达200亿元❶。

另一方面,花旗银行受到地域的限制,不可能运用"规模效益"来遍地开花,全面构建营业机构,它采用网上银行的营销策略,并予以专利保护,一方面可以降低营销成本,更为重要的是它利用先进的网上金融产品,掌握客户的支付、消费、信用等全面的信息,从而细分客户群,针对不同的客户开发出不同的金融产品,提供"量体裁衣"的个性化服务,以客户为中心,建立同客户的长期关系,最终成为客户的"关系银行"。这种网上银行经营策略,突破了空间和时间的束缚,对中资银行的优质客户群体有着很强的吸引力。花旗银行利用先进的金融产品来降低其进入中国金融市场的门槛,使其能够迅速占领市场,争夺中资银行的优质客户,这是其专利战略目的之二❷。纵观花旗的一系列动作,可以明显看出外资银行"技术专利化—专利标准化—标准全球化"的全球专利战略。

三、金融产品商业方法专利战略简析

专利战略在不同的场合有不同的内涵,一般认为它分为三个层次:一是国家级专利战略,这个层次的专利战略是为国家制定内外政策服务的;二是行业专利战略,这个层次的专利战略基本是围绕着本行业的整体发展规划的;三是企业专利战略的制定与实施,基本是围绕着本企业的新产品、新技术应如何去面对市场而进行的。而这里所谈的商业银行专利战略属于第三个层次,即银行为了本身的长远利益和发展,充分运用专利制度提供的法律保护,在技术竞争和市场竞争中谋求最大经济利益,并保持自己技术优势的一系列策略的总和。银行专利战略是商业银行总体发展战略的一部分,具有技术性、法律性、保密性、地域性等特点。银行专利战略主要是为了解决四个问题:研发金融产品、申请金融产品专利、科学地实施金融专利、防止别人侵犯金融专利。因此,它

---

❶ 陈丰其:"浅析我国金融机构自主创新中商业方法的专利保护",载《海南金融》2006年第9期,第63~65页。

❷ 肖祖平:"商业银行金融专利战略研究",载《电子知识产权》2004年第2期,第32~35页。

是由四个具体的专利策略所构成的。

(一) 银行专利的基础：专利检索与研发策略

一项技术方案或构思要获得专利的保护是以向世人公开为前提的。而这些方案或构思就反映在专利申请书、正式说明书、专利公告、专利文摘、专利索引等一系列的专利文献中。这些专利文献是个巨大的技术宝库，其中最近的专利文献反映着当今科技的前沿领域，是最新、最迅速、最详细、最可靠的技术信息。据世界知识产权组织（WIPO）统计：专利文献所记载的科技信息约占整个技术信息量的 90%，充分利用专利检索文献，可节省 40% 的研究时间和 60% 的研究费用。❶ 利用这些专利文献可以了解国内外该领域内各种技术发展现状和动向，获得竞争对手的技术发展水平、研发实力等方面的资料，从而制定、调整本企业的技术创新和市场开发方向。所以，银行在研发专利之前一定要对本技术领域内的专利文献进行详细的检索分析，做到"知己知彼"，这既有利于避免重复开发，又有利于从其他银行的金融专利中吸取经验，开拓思路，解决难题。

在通过检索专利文献明确银行的研发目标后，就应该着手制定相关的专利研发策略。鉴于我国商业银行目前的科技水平还不是很高，很多的技术设备和核心部件都是从外国引进的，所以应该对所引进的基础性关键专利（基础专利）中容易被忽略的小局部进行应用性的研究开发，筑起严密的外围专利网，对原来的基本性关键专利进行反限制，争得与对方交叉许可的筹码。这种外围专利开发投资少，实用性强，研发周期短，能够满足商业银行业务迅速发展的需要。而在商业银行技术比较成熟的领域，则可以进行核心技术或基础专利的开发。基础专利的科技含量高，应用范围广，可以给银行带来长期的收益。但是它的投资大，研发周期长，如果商业银行本身的实力不足是有很大风险的。所以，商业银行在研发基础专利时可以与其他科研机构或合作伙伴共同开发，由双方共同投资、共担风险、共享收益。如工商银行与微软（中国）有限公司已经在个人网上银行系统安全体系建设及其他 IT 系统建设等方面展开了合作。

(二) 银行专利战略的关键：专利申请策略

在金融产品研发出来以后，就要考虑是否全部都要申请专利、何时申请专利、何地申请专利以及申请何种专利，这就是专利申请策略所要解决的问题。

专利的申请和维持需要较高的费用，因此对于符合"新颖性、创造性和实用性"的发明和实用新型的专利申请，商业银行要以效益为原则严格进行筛选。对于技术成熟，实用性强，能够迅速打开占领市场的金融产品申请专利保护；对于技术暂时还不完善，市场前景尚不明朗的金融产品不予申请专利。对决定不申请专利的金融产品，银行也要采取一定的处理方式，如定期出版技术公报、定期公开未申请专利的技术成果等，其目的是在申请专利没有良好效益的前提下，破坏竞争对手申请专利的可能性。而对于不具备"三性"条件却有一定经济价值的发明或设计，银行可以对该发明或设计采取保密措施，使其成为银行的商业秘密。

专利权是依权利人在先的申请由国家授予的，所以商业银行在申请专利后应该尽快

---

❶ 谭明华、李良："金融产品创新的专利保护策略研究"，载《金融会计》2007 年第 3 期，第 43~47 页。

委托专利代理机构办理申请事宜。随着我国全面开放人民币业务，我国商业银行面临着外资银行的全面冲击，因此，应该抓紧时间对自己的金融产品进行全面的盘点，对技术含量高、市场占有率高、经济效益大的产品要申请专利保护，对今后外资银行人民币业务的开展形成限制。

专利具有很强的地域性，仅在授权国范围内受到法律保护，所以商业银行要根据自己的实力和业务发展方向选择合适的专利申请地域。四大国有商业银行在海外的分支机构较多，实力雄厚，应当考虑全球专利战略，在向中国国家专利局申请专利的同时以专利合作条约（PCT）的方式向外国申请专利，积极开拓海外市场。而一些区域性的股份制商业银行的业务基本上是以本地区为主，因此可以把专利地域定在国内，以在中国申请专利为主。

专利分为发明、实用新型和外观设计三类，不同的专利对于新颖性、创造性、实用性的要求也不同。所以商业银行应按照专利的科技含量不同选择申请专利的种类。对于基本专利应该申请发明专利，而对于外围专利则可以考虑实用新型和外观设计。而对于金融产品中的商业方法软件除了申请版权保护外，银行还可以同时提起专利申请。这种做法的目的：一是即便目前银行公开后的申请不能得到专利，也构成现有技术资料从而破坏竞争对手申请专利的新颖性，阻止其对这方面的研究和开发；二是虽然现阶段我国还未规定商业方法软件可以授予专利，但是随着电子商务和科技水平的发展，将来很有可能对此授予专利，届时银行就可以按照专利权的"在先申请"原则优先得到商业方法软件的专利权。

（三）专利战略的核心：专利实施策略

在金融产品获得专利保护后。金融专利就成为商业银行的无形资产。专利的利用一般有自己使用、专利许可、专利转让和交叉许可等方式。作为权利人，商业银行除了要把专利运用到业务中发挥经济效用外，还可以通过签订合同的方式许可别的银行实施专利，以进一步盘活无形资产。以工商银行的"一卡双账户银行卡处理装置"的牡丹国际卡为例，在工商银行没有业务网点的城市，可通过与当地的商业银行签订独占实施许可合同的方式授权其在该地域内独家实施此技术，这样既可以借对方的网点来占领当地的银行卡市场，又可以省却开办本行分支机构的成本，还可以得到丰厚的许可费用。除了自己实施与许可他人实施以外，商业银行还可以凭借自己的外围专利与拥有基础专利的权利人进行谈判，争取双方交叉许可的可能，以减少引进技术的成本，达到"以小换大"的目的。

（四）专利战略实施的保障：专利保护策略

专利权作为一项排他性的权利，在申请和实施过程中难免会受到他人的侵害。这就要求商业银行经常进行专利检索，主动跟踪和搜索竞争对手的专利申请信息，并着重收集对手专利侵权的证据，及时向对方提出侵权警告，迫使侵权人和自己达成和解，在适宜的时机也可以向侵权人表示允许其实施自己专利的意向，与对方达成专利实施许可合同，化干戈为玉帛。这样一则可以省却诉讼费、律师费，免去侵权举证的责任，二则可以与对方建立合作关系，收取专利使用费。当然，如果对方没有达成和解的诚意，对侵权警告置若罔闻,就应果断提起专利诉讼,以有效打击竞争对手,确保自己的市场优势❶。

四、结　语

综上所述,商业方法专利在降低交易成本、清晰界定产权以及为专利持有人带来丰厚的利润方面具有积极作用。网络的无国界特征以及知识的开放性都使得商业银行在推行网络银行业务方面越来越要求对其独创的各种"系统"和"方法"组合,即商业方法授予专利保护。与美国为代表的发达国家相比较,中资银行在商业方法专利方面还显落后,在我国专利法尚不允许授予商业方法专利但却允许授予技术方案专利的大环境下,中资银行应先行利用企业商业方法专利战略力求以小搏大,运用专利技术披露、专利检索、技术方案专利申请和专利保护等办法维护自己的利益和市场份额。同时,应运用警告、和解、互换乃至诉讼的法律手段实现国内利益最大化。最后,除了要引入发达国家先进商业方法外,中资银行应走出去,在世界范围内角逐,以达到失之东隅、收之桑榆的功效,实现世界范围内的利益最大化。

---

❶ 谭明华、李良:"金融产品创新的专利保护策略研究",载《金融会计》2007年第3期,第43~47页。

我国知识产权审判组织专门化问题研究*
——以德国联邦专利法院为视角

随着知识经济的兴起和全球化的加强，经贸自由化和科技发展成为影响经济结构调整的两大力量。知识产权，作为激励创新、推动科技进步的主要法律制度，越来越为各方所重视。知识产权在促进经济发展的同时，导致诉讼纠纷不断发生，不仅造成诉讼成本的增加，甚至演化为实行贸易保护的工具之一。虽然国际条约的签订使各方的知识产权法律规范逐步趋同，但法律的执行仍依赖于司法机关的完善。各国为增强本国在知识经济市场的竞争力，纷纷通过制定修订法律、设立专门机构、培训执法人员等措施不断加强对知识产权的保护，设立专门审理知识产权案件的法院或法庭，便是其中的一项重要变革。

有关知识产权司法保护机制的完善，国内学界的讨论已久，2005年该问题列入"国家知识产权战略研究"项目的一项子课题开展研究。本文试通过分析德国联邦专利法院制度的历史变迁，探究其立法取向及深层次的社会背景，提炼其制度设计本身的要旨与理念，以期对我国知识产权司法保护运作机制进行评估，为将来的改进方案提供借鉴，亦为有关知识产权审判机构专门化的讨论提供一些参考的资料。

一、德国联邦专利法院设立的背景及依据

德国于1877年成立帝国专利局（Reichspatentamt），当时仅负责专利案件，直至1884年才扩及商标案件。在专利局内设有无效委员会（Nicht-gkeitssenat）和上诉委员会（Beschwerdesenate），分别负责审查有关专利商标的无效决定及撤销等其他行政决定的再审查。该委员会在性质上属于行政机构，其成员皆为公务员。对于专利局无效委员会所作决定，在联邦专利法院成立之前，依据1881年专利法第10条的规定，可以向帝国高等商事法院（Reichsoberhandelsgericht）❶上诉，即专利局无效委员会的审查作为帝国高等商事法院的前置审查阶段。但是，对于专利局上诉委员会的决定，法律未规定当事人寻求法律救济的途径。直至20世纪50年代，一位专利申请人就其专利申请被专利

---

* 原载《法学家》2008年第3期。本文为郭寿康与李剑合著。李剑，法学博士，现为最高人民法院知识产权庭法官。

❶ 帝国高等商事法院后来改为帝国法院（Reichsgericht），"二战"后改为如今的联邦最高普通法院。

局驳回且被上诉委员会维持之事件向巴伐利亚州行政法院提起上诉,认为缺乏对此类案件的司法救济违反了宪法(德国基本法❶)。1957年巴州行政法院在判决中指出:当事人不服行政决定时,可向行政法院起诉。专利局不服该判决,遂向联邦最高行政法院❷上诉。上诉理由主要是:专利法赋予专利权私权的性质,专利权的授予只是对私权的明确和固定,在实体上不能视为公法事件,不应被认为是行政法院裁判的对象。从程序上看,专利局上诉委员会的裁判保障了合议组的独立性,具有司法的作用。1959年6月13日,德国联邦最高行政法院作出判决指出,从专利局的组织结构看,无法将其内设的申诉委员会视为法院,其所作决定属于行政机构的行为,行政法院可将其撤销。❸ 此项决定在确立行政、司法分立原则的同时,也产生了如下问题:专利无效诉讼属行政诉讼,其终审法院为联邦最高行政法院,而专利侵权诉讼的终审法院为联邦最高普通法院,两者分离❹难免导致法律见解的不一致。而且,行政诉讼采三级三审制,导致专利申请案件审查延迟,不利于产业界。加之,专利案件具有技术专业性,由行政法院审查,明显加重其工作负担。因此,上述情况促使立法者重新审视有关专利局行政行为的司法救济程序。

1961年3月16日,德国国会在第12次修订的德国基本法中增订了第96条第1项规定,德国联邦就有关工业财产领域法律保护事项设置联邦法院。在此基础上,德国专利法第65条增加规定,联邦专利法院必须设立在德国专利商标局❺所在地慕尼黑,便于专利法院充分利用专利局的图书资源、技术审查人员与设备。同年7月1日,联邦专利法院正式成立。

由于德国联邦专利法院是国际上第一个专门处理知识产权诉讼❻的法院,其设立基

---

❶ 1945年德国基本法第19条第4项第1款规定,任何人的权利受到行政行为侵害时,可以向法院提起诉讼。

❷ 1961年修正前的德国基本法第95条第1项规定,德国联邦应设立联邦民事法院、联邦行政法院、联邦财政法院、联邦劳工法院及联邦社会法院。

❸ BverwGE, 8, 350

❹ 德国专利侵权程序与专利无效程序的分离,可以追溯至1882年、1887年帝国法院(即后来的联邦最高普通法院)的两个判决,将侵权诉讼与无效诉讼分属不同法院管辖。德国学者Kohler曾认为,在1877年的专利法中,并不禁止审理侵权诉讼的法院对诉讼中提出的无效抗辩作出个别判断。后1892年专利法修正案规定,专利无效只能在授权日起5年内向专利局提出。据此,两程序的分离予以明确。然而,这种规定并不符合当时法国、瑞士、丹麦、奥地利、美国、英国等将两程序合一的国际主流。考察"分离论"的历史背景,可以发现,在德国引入专利制度的当时,德国政治体系采普鲁士官僚制度,行政传统力量比较强大,法院独立裁判体系不甚发达。将专利无效宣告权赋予专利局,可以理解为出于刘强大行政权的一种信赖,以及对普通法院是否胜任的担忧。反观英美法系赋予法院判断侵权及效力的权限,未曾产生"分离论"的类似争论。主要原因在于,美国专利制度源于英国专卖条例,而该条例的制定初衷是为了限制王族的权力,将专利效力的判断权限交给法院,即为制衡王权的一种措施。

❺ 1998年德国专利局改名为德国专利商标局。

❻ 仅受理关于专利(相对于我国发明专利)、实用新型、工业设计、商标、集成电路布图设计、植物新品种授权及效力方面的争议。侵权案件仍由普通民事法庭审理。

二、德国联邦专利法院的人员及架构

(一) 法官

依据德国《专利法》第 65 条规定，联邦专利法院设院长一人、庭长和其他法官多人，且均须符合法官法规定的任用资格。法官分类比较特殊，包括法律法官和具有技术专长的技术法官。技术法官是德国法院系统中独有的设置。他们的法律地位与法律法官一样，有着与之相同的权利和义务，这在法官法第 120 条和专利法第 65 条中都得到了明确。根据专利法的规定，被任用为技术法官的人必须是在德国或者欧盟境内的大学或相关科研机构毕业并通过了技术或自然科学相关方面的国家级或学院级考试，且至少在自然科学或技术领域有五年以上的工作经历。此外，技术法官还必须具备法定的法官资格，他们必须经历法律法官必须经历的法律专业学习及专业考核。由于对技术领域和法律领域都有较高的要求，技术法官一般从德国专利商标局的资深技术审查员中选任。需要指出的是，技术法官制度仅在联邦专利法院中设立，专利无效案件的终审法院——联邦最高普通法院——并无技术法官的设置，而全部由法律法官审理。专利法院之外的普通法院对于专利案件中的技术问题，通常委托鉴定人鉴定，鉴定费用一般为 2～3 万欧元，审理时间为 3～6 年。而专利法院审理专利无效案件的时间通常为 1 年或 1 年半。

据截至 2007 年 10 月的统计资料，联邦专利法院共有法官 118 名，其中法律法官 61 名、技术法官 57 名，包括 1 名法律法官的院长和 1 名技术法官的副院长。另有其他公职人员 144 名。

(二) 法庭配置

依照德国专利法第 66 条规定，专利法院内设上诉庭（Beschwerdesenate）与无效庭（Nichtigkeitssenate）两类，具体庭数由联邦司法部部长核定。目前，共设有 29 个审判庭，❶ 其中无效庭 4 个，上诉庭 25 个。25 个上诉庭中有 1 个实用新型上诉庭、13 个技术上诉庭、9 个商标上诉庭、1 个植物品种上诉庭和 1 个法律上诉庭。

1. （专利）无效庭（第 1～4 庭）

受理不服专利商标局对于专利所作无效、强制许可的授予或撤销的上诉，一般采 5 人合议庭，1 名法律法官担任审判长，1 名法律法官和 3 名技术法官参审。简单案件则由 1 名法律法官和 1 名技术法官组成合议庭审理。

2. 技术上诉庭（第 6～9、11、14、15、17、19～21、23、34 庭）

受理不服专利局对于专利申请、维持、撤销及限制等行政决定的上诉。13 个技术审判庭之间有明确的领域分工，例如：第 6 庭主要负责水利、建筑、基础设施建设等领域；第 7 庭主要负责机械制造领域；第 9 庭主要负责交通工具行业，如汽车、火车、航空器制造业等。由 1 名法律法官和 3 名技术法官组成合议庭，技术法官担任审判长。

3. 实用新型上诉庭（第 5 庭）

受理不服专利商标局对于实用新型及集成电路布图设计所作决定的上诉。一般采 3

---

❶ 在规模上类似于我国审判庭内的合议庭。

人合议庭,法律法官担任审判长,参审法官视案件类型不同而异:若系无效决定,参审法官为 2 名技术法官;若系撤销决定,参审法官为 1 名技术法官、1 名法律法官;若系授权决定,参审法官则为 2 名法律法官。

4. 商标上诉庭(第 24~30、32、33 庭)

受理不服专利商标局对于商标的决定的上诉,因所涉争议主要是法律问题,由 3 名法律法官组成合议庭审理。

5. 法律上诉庭(第 10 庭)

受理不服专利商标局对工业设计及其他行政决定的上诉,因所涉争议主要是法律问题,由 3 名法官组成合议庭审理。

6. 植物品种上诉庭(第 35 庭)

受理不服德国联邦植物品种保护局所作决定的上诉。合议庭由 2 名技术法官和 2 名法律法官组成,法律法官担任审判长,但若案件只涉及品种保护法第 30 条规定的品种名称变更时,则只需由 3 名法律法官组成。

(三) 行政人员

专利法院的行政机构包括,院长、副院长、法官事务室、预算室、(非法官人员)人事室、秘书室、新闻公开室、图书室、专利律师培训室、保密室。各部门主管均由法官兼任,兼任行政事务的法官的案件量减少,薪水并不增加。其中,新闻公开室负责:出版年报、接待外国来访、外国知识产权资料收集、网络维护与内部资料保护等;法官事务室负责:法官人事资料、法官职务事务、法院事务分配、主席团事务,咨询会议事务等。

三、德国联邦专利法院的案件审理

(一) 受案范围

(1) 当事人针对德国专利与商标局决定提起的有关专利、商标、外观设计、实用新型和集成电路布图设计的上诉。

(2) 当事人针对联邦植物品种局的决定提起的有关植物新品种的上诉。

(3) 2002 年 1 月 1 日至 2006 年 6 月 30 日期间针对专利授权提出的异议。

(4) 当事人针对德国专利及德国境内的欧洲专利权的无效宣告。

(5) 当事人针对专利或实用新型的强制许可之授予或撤销提起的诉讼,以及要求调整法院通过判决确定的强制许可使用费的案件。

(二) 审理原则

1. 申请原则

专利法院基于法院审理案件的"不告不理"原则,诉讼程序由当事人书面申请启动,不能依职权。根据处分原则,原告可以撤回申请,终结诉讼。

2. 调查原则

专利法院审理依职权调查为主导,不受限于当事人诉请的事实,且不受当事人提交的证据的限制,但当事人对案件事实有完全及真实陈述的义务。

3. 言辞辩论原则

通常情况下，专利法院采"书面审"。在当事人申请、法院认为必要等情形下，可进行开庭审理（口审）。事实上，技术上诉庭审理的绝大多数案件采言辞辩论程序，因为大多数当事人提出口审的申请，且法院认为口审有利于澄清争点。对于专利无效案件，依据《专利法》第82条规定，被告如果未按法院规定的1个月内提出答辩，专利法院可以不经口审程序，认为原告主张事实成立，径直裁判。若被告如期答辩，则应当进行口审。

4. 非强制专业代理原则

当事人可亲自或委托代理人出庭，任何具有诉讼能力的自然人均可成为代理人，不采取专业代理人强制代理的制度。但当事人是外国人的，则必须委托律师出庭。

（三）案件量分配及判决评议

据专利法院年报，2005年收案3 606件，结案3 631件，未结7 431件；2006年收案2 978件，结案3 318件，未结7 091件。2007年上半年收案1 199件。收案、未结案数量均呈逐年下降趋势。

德国法院组织法规定，法官选出主席团（Praesidium），法院人数在80人以上的，应选出10名法官组成主席团，院长为当然的主席团主席。主席团是法官的自治组织，负责讨论次年各审判庭的案件量分配，以及法官在各庭别之间的调任。为确保在各庭的工作量，各庭所有成员在年度开始前，必须讨论并书面确定谁负责法庭调查，谁负责草拟判决书。庭长不承办案件，不用写判决书，但必须主持庭务，督导法官，并担任案件审判长。

无论在上诉庭还是无效庭，只有被委任参与审判的法律法官与技术法官才能对审理结果进行建议和表决。表决必须依一定顺序进行。根据专利法第70条第3款，法官中工龄最短者最先表决，工龄相同时，年龄最小者最先表决。审判长最后表决。结论采用少数服从多数的原则，当票数相同时，审判长的意见为决定性意见。德国法院中仅联邦最高法院公开合议庭不同的意见，其他非终审法院均不公布不同意见。

四、我国专利无效诉讼程序的问题实质

从根本上说，我国民事诉讼、行政诉讼受公、私法分离审理的二元理念的影响，按案件性质分别由民事庭、行政庭按照各自的程序审理。在处理工业产权案件时，通常同时涉及权利有效性（行政诉讼❶）与侵权赔偿争议（民事诉讼），而侵权赔偿责任是否成立，又以权利的有效存在为前提。因此，在行政诉讼对权利有效性确定之前，民事诉讼通常会面临诉讼中止的问题。如果涉嫌刑事责任的追究，诉讼程序将更为复杂。由于民事、行政及刑事案件审判职能的分轨并行，因此，在同一专利或商标既涉及民事侵权又涉及权利无效的情况下，往往造成司法救济的延迟，不仅造成当事人时间、资金等资源的耗费，裁判的一致性、安定性及司法效能等也受到质疑。当事人长期陷于诉讼，司

---

❶ 针对行政机构在双方当事人程序中所做的居中裁决提起的诉讼是否属于行政诉讼，仍有争论。

法资源在不同诉讼程序间的重复耗损,既不利于及时定纷止争,也对我国产业的发展和国际竞争产生负面影响。

实质上,平行程序❶问题和技术问题是当前专利诉讼架构中的两大焦点问题,前者重在诉讼效率,后者重在实体正确。

平行程序的实质在于合议庭是否具备能力对专利无效涉及的复杂技术问题作出正确判断。如果可以,则考虑在单一程序中解决侵权和无效的问题,否则,只能交由专利复审机构做第一步的审查,然后由法院司法复审。

技术问题的解决不必依赖于德国式的技术法官。因为即使是技术法官,也不可能精通所有的主要技术领域。所以,通过特定的程序设计保障技术问题的解决可能是更好的途径。

五、我国专利无效诉讼程序的解决路径

知识产权诉讼中的上述问题,亦是围绕诉讼效率、裁判正确、判决的一致性而展开的。因此,解决问题的目标应明确为裁判的及时、正确、公信。为实现诸目标,可以考虑以下几个路径。

(一)审理层级的减少

导致目前诉讼延滞的主要原因有二:一是,平行程序的存在导致纠纷解决的程序复杂化;二是,因技术认知能力的欠缺而过多依赖技术鉴定。如前所述,如果合议庭无法具备与专利复审机构相当的技术审查能力,那么只能维持平行程序的现状。然而,鉴于专利复审程序本身具有"准司法"的性质,且法院对技术事实的认定并不必然因审级的增加而精进。为缓解诉讼程序的延滞,可以考虑减少无效程序的审理层级,即有两种选择:一是,参照德国模式,将专利复审机构纳入司法体系,设立专门的专利法院,其审查即为一审;二是,将目前无效诉讼的"二审终审"改为"一审终审",从程序结构上化繁为简。日本、德国的无效诉讼程序皆属在普通民事诉讼之外单独设立的特殊程序。

(二)技术审查官的引入

事关裁判品质的最基础因素,是审判人员对诉争事实的正确认定和法律的妥当适用。因此,要提升诉讼品质,就要提高合议庭人员本身的素养。知识产权案件大多涉及专业技术问题,如何组成适当的合议庭审理知识产权案件便成为一项重要的课题。这不但关系到当事人的权益能否得到及时有效的保护,还关系到法院运作机制的变动。

法官的本职在于指挥诉讼的进行,尽管知识产权案件涉及专业技术的领域,但是专业技术领域的类别各有不同,欲成为某一领域的专家,已属不易,要求知识产权法官皆能具备技术背景,更不现实。因此,可以考虑直接在知识产权案件审理程序中增加"技术审查官"的设置,或者将现行的人民陪审员制度加以适当改造,即将专利案件中陪审员的选任范围限定为技术专家,类似日本调查官和专门委员的"混合",既可以强化调查官的庭审功能,又可以最大可能地涵盖技术领域。

---

❶ 侵权程序与无效程序相互独立运行,但权力的效力状态通常是侵权判断的先决问题。

（三）法官的进修

法官的工作重心在于主导诉讼进行，一个知识产权法官所应具备的能力是在了解技术要点之后作出正确的法律结论，而欲同时成为技术领域的专家并非易事。加上知识产权案件与普通民事案件在处理程序上基本相同，似乎并无必要一定要求审理法官具有专业技术的背景。但是，法官具有一定的技术知识。有助于增强对案件中的技术问题的理解，一个适当的知识产权法官应当是在精通法律的同时能以积极的态度对科技有热情了解的兴趣。因此，有必要增加有关科技知识的培训内容，有助于法官对技术事实的司法认知，即使将来案件的审理有技术法官或审查官的参与。

（四）审判机构的专门化

为改善目前诉讼程序繁复、司法救济延迟的问题，将知识产权案件集中由一个专门法院或专门法庭审理，即不必强调不同诉讼程序的专业类型，而将重点置于纠纷解决的一次性，以提高诉讼效率及司法资源的运用效益，这正是审判机构专门化、集中化的出发点。

1. 优点

（1）法官素养的提升。由于知识产权案件通常涉及技术事实的争议，如果设立专门法院审理此类案件，则可以通过审判经验的快速积累，增加法官对技术领域的正确判断，亦可提高诉讼和解的可能性。另外，专门法院的设立可以增强知识产权审判原则适用的一致性，进而增强当事人对法院裁判的信赖度。事实上，知识产权法律并不难以学习，重要的是法官必须充分认识到知识产权判决对社会或产业经济可能产生的影响与冲击，加上知识产权新议题往往具有国际性，并不局限在某一特定地理区域，法官必须随时接触最新的知识产权法律资讯，进而审慎地作出适当的判断。

（2）诉讼效率的提高。由于知识产权的无形性和技术性，审理知识产权案件的法官对于较为复杂的技术事实，通常委托第三人进行技术鉴定，当事人亦有自行委托鉴定的权利，同一诉讼中可能出现多份结果不同、理由矛盾的鉴定报告，不仅造成诉讼程序的延滞，而且导致当事人对裁判结果信任度的降低。如果在专门法院的框架下引入技术法官或技术审查官的制度，则大大增强合议庭处理技术问题的能力，降低对外委托鉴定的概率，提高诉讼的效率，保障裁判结果的公正。

2. 缺点

（1）专门机构的法官因固定审理特定类型的案件，鲜有接触其他民事案件的机会，不利于法官综合能力的提升。

（2）专门机构的设立，可能会使知识产权法与其他法律相互割裂，各自朝不同的方向发展。

（3）在部分地区，知识产权案件量的不足，将影响专门机构的正常运转。

在知识产权专门机构中，不同程度地吸收技术法官或技术调查官参与法庭审理，协助合议庭处理复杂的技术问题，以减少诉讼时间，提高审判的正确性和可预见性。应以不同案件类型的专业诉讼程序为基础，强调当事人的利益保护，而不应仅以法律性质作为划分审判权限的唯一标准。只有设立专门的法院或法庭等审判组织，才能有效突破二元制的限制，提高裁判品质、裁判效率以及司法威信。

六、我国专利无效诉讼程序的建议方案

(一) 考量因素

在设计方案的过程中，需综合考虑以下因素。但实际上，并非所有的因素在设立知识产权法院的过程中被纳入了考量。

(1) 针对知识产权案件是否有设立专门法院的需求？普通法院审理知识产权案件是否有难以解决的困境？

(2) 是否有新的法律或社会形势已经或将来促使知识产权案件的大幅增加而有回应的必要？

(3) 普通法院审理知识产权案件是否有诉讼效率低下的现象？

(4) 是否有足够的案件量足以支撑专门法院的运行？

(5) 知识产权案件集中在专门法院审理对诉讼事务有何影响？

(6) 专门法院的设立对普通法院有何影响？

(二) 模式选择

强化审判组织机能的方法众多，成立专门法庭或专门法院是两大选择方向，孰优孰劣？以下试从两个角度作一比较。

1. 专业素养的提升

法官的专业素养与法官职位的相对固定是相辅相成的。

专门法院较专门法庭的优势在于，专门法院的法官会较为久任，而普通法庭的法官会面临职位轮调的问题。此外，专门法院的法官因为集中于同一法院，与分散于各法院的法庭法官相比，更容易形成共同的见解。

2. 立法的兼容性

将知识产权案件归属于专门法庭审理，必须考虑有关程序法或实体法的修改问题。而若能成立专门法院，制定专门法，将一并解决组织架构及诉讼程序等问题，成效自比个别修法明显且快速。

因此，从长远看，似应以设立知识产权专门法院为战略目标。在中短期阶段，则宜着手推动知识产权审判职能的适当集中，突破传统的二元限制，实现审判资源的优化配置，形成审判的合力，增强知识产权的司法保护功效。

(三) 步骤实施

以欧洲专利法院的设立为例，其实质在于当今专利大国（区域）试图通过司法救济强化保护其技术领先地位，从而刺激技术创新和推动经济的持续发展。虽然欧洲专利法院能否最终得以成功设立，很大程度上取决于多种政治力量的角力，但是，无论是欧洲专利法院条约草案，还是有关语言翻译的伦敦协定，都不难看出，专利法院的设立进程是有清晰步骤的。就像EPO的设立一样，之前也曾有各种纷争，但是毕竟先把框架搭建起来，并逐步发展壮大。没有最初的动议和实施，也不可能有现在的EPO。因此，不能排除这样的可能：一个集中化、专门化的欧洲专利法院出现在未来的某个时段。目前，我国知识产权局与美国、日本、欧洲专利局并称为"世界四大专利局"，专利格局反映出的经济发展态势更加需要相适应的诉讼架构。以欧洲为鉴，我们似应着眼在具体

步骤的科学规划和步步落实上。

七、结　语

在知识经济全球化的时代，提供健全的知识产权保护制度激励创新，攸关国家竞争力的强弱。各主要法域在其司法改革中均高度重视此问题。我国正在致力于创新型社会的建设和可持续发展，如何设计有效的知识产权司法保护机制，已不仅仅是司法资源的分配问题，更是国家整体利益的提升和保障问题。从某种意义上说，知识产权法院设立的价值在于其宣示意义以及对技术创新、经济发展的深层次推动作用。

提高诉讼效率、确保裁判的正确及一致，是成立法院的主要目的，当诉讼程序有所不同，且案件量达到一定标准时，基于立法精神或司法政策的考量，即有必要在现行的司法制度之内，设立知识产权的专门法院或专门法庭，以回应社会变迁所带动的法律修正，并针对诉讼特性设计相应的诉讼程序。鉴于知识产权保护的国际化趋势和专业化考量，我国有必要将建立知识产权法院纳入战略规划，更有必要着眼于程序架构上的化繁为简以及合议庭组成上技术力量的配置，逐步整合知识产权民事、行政及刑事的诉讼程序。借此有效改善日益凸显的诉讼效率降低、裁判不一等问题，最大限度发挥专门法庭或专门法院在整合司法资源方面的功能，进一步提升司法专业形象，促进国家的竞争实力。至于知识产权法院或法庭构建中的组织架构、人员编制、审判权限、程序事项等，仍需随着研究的不断深入而加以考量。

传统文化表现形式的保护问题[*]
——从 WIPO《保护 TCEs/Eof 政策目标与核心原则修订稿》谈起

2006年11月30日至12月8日世界知识产权组织（WIPO）的知识产权与遗传资源、传统知识和民间文学艺术政府间委员会（下文简称IGC）在日内瓦举行了第十次工作会议。在该次会议上，IGC继续就在其第八次和第九次工作会议上形成的《保护TCEs/Eof 政策目标与核心原则修订稿》（下文简称修订稿）进行了讨论，并就该修订稿通过了问题清单，从而将"传统文化表现形式"或称"民间文学艺术表现形式"（TCEs/EOF）（下文只使用"传统文化表现形式"这一概念，简称TCEs）在世界范围内的保护问题又推进了一步。

在本文中，我们将通过对修订稿的评介，就传统文化表现形式的保护与知识产权等相关问题展开讨论。

一、传统文化表现形式的概念

对于传统文化表现形式与传统知识这两个概念的内涵与外延，学界一直存在争议，但在实际生活中，土著和传统社区常常视其传统文化/民间文学艺术表现形式与传统知识制度不可分割（如医疗和环境知识，以及与生物资源有关的知识）。然而，在讨论知识产权保护时，传统文化、民间文学艺术表现形式常常与传统知识（TK）明显分开。它仅反映出一种广泛传播的经验，即不同的法律工具和各种政策问题明显上升，其上升时间是在一方面用知识产权保护维护传统文化表现形式，而另一方面又在维护技术的传统知识之时。广泛的经验表明，传统文化表现形式的知识产权保护提出了一些有关文化政策的具体问题，而且不同于技术的传统知识，它涉及最接近那些作为版权和相关权利系统基础的法律含义。[❶]

根据WIPO对传统文化表现形式的定义，传统文化表现形式包括有形的和无形的、能反映某一社区的文化和社会特征与文化遗产特性的表现形式，它们包括：

（1）言语表现形式，例如：故事、史诗、传说、诗歌、谜语和其他叙述，文字、标志、名称和符号；

---

[*] 原载《知识产权年刊》，北京大学出版社，2008年4月。本文为郭寿康与郭虹合著。郭虹，中国人民大学出版社编审，法学博士。

[❶] 参见 http://www.wipo.int/tk/cultural/index.html，2006年12月1日访问。

(2) 音乐表现形式，如歌曲和器乐；

(3) 行动表现形式，如舞蹈、游戏、典礼、仪式和其他表演，而无论其是否已浓缩为某种物质形式；以及

(4) 有形表现形式，如艺术品，尤其是素描、设计、油画（包括人体画）、雕刻、雕塑、陶艺、镶嵌、木工、金属器皿、珠宝、编织、刺绣、纺织、玻璃器皿、制毯、服饰、手工艺、乐器和建筑形式。

二、传统文化表现形式的法律特征

传统文化表现形式的性质决定了其具有如下法律特征：

第一，从权利主体来看，传统文化表现形式具有地域性、群体性和不确定性。传统文化表现形式多数是某地域内的传统社区和族群在其漫长的文明发展过程中逐渐形成的，或者由集体创作，或者由不知名的个人创作并经过了群体的传承和演化。传统文化表现形式有可能为群体中的所有成员所掌握，也可能只为群体中的某些或个别成员所掌握。但无论如何，它是在特定区域的特定族群在其传统生活方式中创造和发展起来的，世代流传。

第二，从权利客体来看，传统文化表现形式具有长期性、公开性和不确定性。

传统文化表现形式的形成经过了漫长的时间，同时它不是静态的，而是在传承中不断演化和创新，并进行着交流。同时，在传统社区中，传统文化表现形式一般是共同掌握、共同拥有的，且大多与群体的生活自然相伴，没有刻意的和专门的保密制度和措施。并且，有些传统文化表现形式是口头流传的或者模仿的，比如故事、史诗、传说、诗歌、歌曲、舞蹈、游戏。

第三，从权利客体的价值来看，传统文化表现形式的精神价值与物质价值相分离。许多传统文化表现形式，比如传统歌曲、器乐、舞蹈，祭祀仪式、典礼，传统标志、名称和符号，更多的是代表了传统社区的生活方式和精神、宗教追求，通常不具有物质价值，但对于传统社区和原住民来说却具有很高的精神价值。

三、对传统文化表现形式进行保护的正当性及其历史沿革

在飞速发展的现代社会和日益全球化的今天，传统文化与现代文化的交流、融合是不可避免的。传统文化表现形式也是诸如表演、服装、出版、工艺和设计业等文化产业灵感和创造性的来源。现今，发达国家和发展中国家的许多企业包括大、中、小企业都利用传统文化的形式和材料创造财富。然而，如何在这种交流与融合中保护传统社区、原住民的权利是一个值得深入探讨的课题。

传统音乐与现代表演者的舞蹈旋律相结合，成了畅销世界的音乐集；土著词汇和名称在未经当地社区知情同意的情况下被注册为商标，为外国公司牟利；为迎合游客而进行的变形的传统舞蹈和音乐的表演，有的甚至使用某些民族非常忌讳的内容或者再现已经淘汰的陋习；❶ 我国民间流传很广的木兰从军的民间传说被迪士尼公司搬上银幕成了

---

❶ [美] 达里尔·A. 波塞、[美] 格雷厄姆·杜特费尔德：《超越知识产权——为原住民和当地社区争取传统资源权利》，许建初等译，云南科技出版社 2003 年版，第 36 页。

热门电影《花木兰》……越来越多的传统文化表现形式被使用或滥用,而传统社区却未能获得应有的利益或加以制止。有鉴于此,国际社会很早就对传统文化表现形式的保护问题展开了研究和讨论。

1967年,《保护文学艺术作品伯尔尼公约》修正案提供了未发表和匿名作品的国际保护机制。根据该修正案制订者的意见,《公约》第15条第4款反映出对民间文学艺术表现形式/传统文化表现形式提供国际保护的目标。1982年,世界知识产权组织和联合国教科文组织(UNESCO)召开专家组会议,形成了对传统文化表现形式进行知识产权类型保护的专门示范法条:1982年《WIPO-UNESCO示范法条》。1996年12月,WIPO成员国通过了《世界知识产权组织表演和录音制品条约》(WPPT),它也对民间文学艺术表现形式的表演者给以保护。2000年年末,世界知识产权组织成立了IGC。IGC在探讨政策以及知识产权制度与传统文化从业者和管理者之间实际联系等方面,均取得实质性进展。[1]

四、对传统文化表现形式进行保护的价值追求

法的制定必有其价值追求和利益平衡。传统文化需要传承,同时也需要发展。传统社区和原住民在保护其传统生活方式的情况下,也需要对外交流和保障其经济权益。传统文化表现形式的性质和特征决定了在其保护问题上必须兼顾好以下几组关系,平衡以下价值追求:

(1) 尊重传统社区的传统生活方式和习惯做法,同时也要鼓励社区在文化上的发展与创新,有助于文化多样性;

(2) 促进思想与艺术自由,研究与文化公平交流,同时也要制止各种对传统文化表现形式的滥用行为;

(3) 鼓励社区发展合法贸易活动,满足各社区的实际需求,同时保障传统文化的存在和传承。

以上原则已在WIPO-IGC的修订稿第一部分(OBJECTIVES)和第二部分(GENERAL GUIDING PRINCIPLES)有所体现,并已获得了多数IGC成员的认可。

五、传统文化表现形式的保护与知识产权

保护传统文化表现形式与知识产权制度密不可分,同时又存在冲突。

归纳起来,传统社区、原住民在传统文化表现形式的保护问题上主要有以下几种诉求:一是保护传统文学艺术产品和手工艺品,制止未经授权复制、改编、散发、表演和其他类似行为的发生;二是防止侮辱性、减损性和精神上的冒犯性使用;三是防止对其来源和真实性的虚假、误导性声明或不承认其来源;四是防止未经当地社区、原住民的同意对传统标记和符号进行注册商标等使用。[2]

---

[1] 参见http://www.wipo.int/tk/cultural/index.html,2006年12月1日访问。

[2] WIPO Secretariat, "Intellectual Property Needs and Expectations of Traditional Knowledge。Holders: WIPO Report on Fact-Finding Missions on Intellectual Property and Traditional Knowledge (1998~1999)".

传统文化表现形式的性质和特征决定了现有知识产权制度在其保护问题上能够发挥较大的作用。比如，上文提到的第一个诉求可以综合运用版权和邻接权以及工业品外观设计等权利加以保护；再比如，上文提到的第三个诉求可以综合运用地理标志和反不正当竞争法进行保护。

当然，这并不意味着现有知识产权制度已经完全能够对传统文化表现形式进行保护，它们之间还存在着不少冲突之处，比如，传统文化表现形式权利主体的群体性和不确定性与现有知识产权制度所要求的权利主体的明确性之间的冲突；传统文化表现形式权利客体的公开性与现有知识产权制度所要求的权利客体的新颖性、创新性的冲突；部分传统文化表现形式的无形化与现有知识产权制度所要求的保护智力创造的有形表达之间的冲突；传统文化表现形式保护中的重要精神诉求以及传统文化表现形式的长期性与知识产权保护的时间性之间的冲突❶；等等。

六、IGC 修订稿的相关规定

现在我们来看一下，IGC 的修订稿第三部分的实质条款❷中有哪些相关规定，以及这些规定是否能够解决 TCEs 保护中存在的问题。

修订稿实质条款第 2 条对权利主体进行了规定："（i）根据本社区的习惯法和惯例保管、管理和保护 TCEs/EOF 的各社区；以及（ii）作为具有其文化和社会特征与文化遗产的特性来维持、使用或发展 TCEs/EOF 的各社区。"并且在其后的第 4 条对权利主体的代表机构及其具体的代表方式（负责宣传指导当地居民对 TCEs 的保护、负责对需要使用、利用 TCEs 的第三方具体授权、负责对基于 TCEs 产生的利益进行合理分配等）进行了规定。通过这些规定，IGC 解决了 TCEs 保护中的权利主体问题，并使其具有可操作性。

修订稿实质条款第 10 条对 IGC 设立的对 TCEs 的特定保护与现有知识产权制度和其他保护制度的关系进行了很好的说明："根据这些条款对 TCEs/EOF 的保护不应替代按照其他维护、保存和促进文化遗产的知识产权法、法律和纲要和其他已存的保护和保存 TCEs/EOF 的法律和非法律措施，而是一种补充。"这说明，在 IGC 的框架内，它完全接受现有知识产权制度中有利于维护、保存和促进 TCEs 保护的内容，而只是对现有知识产权制度中没有规定的或者不利于 TCEs 保护的内容进行了规定。

下面我们来看一下修订稿对 TCEs 的保护问题作出了哪些特别规定。实质条款第 3 条规定如下：

> （a）鉴于 TCEs/EOF 对于某一社区具有特殊文化和精神价值或重要性，并根据第 7 条的规定已经注册或通知，应采取适当的和有效的法律措施或习惯做法，以确保相关社区可以制止下列非免费的、未经事先知情同意的行为：

---

❶ 与版权保护的期限限制不同，商标和地理标志可以通过续展注册等手段获得长期保护。

❷ 以下所引的修订稿的具体内容请参见 http：//www wipo iht/meetings/en/details jsp? meeting_id=11222，2006 年 12 月 1 日访问。

（i）鉴于非文字、标志、名称和符号类的TCEs/EOF的复制、出版、改编、广播、公开表演、向公众传播、发行、出租、向公众提供和固定（包括照相）TCEs/EOF或其派生形式；对TCEs/EOF或其改编形式的任何使用，未以某种适当方式承认本社区是TCEs/EOF的来源地；任何与TCEs/EOF有关的歪曲、篡改或其他修改，或其他减损行为；以及获得或行使TCEs/EOF或其改编形式之上的知识产权的行为；（ii）鉴于文字、标志、名称和符号类的TCEs/EOF，对TCEs/EOF或其派生形式的任何使用，或获得或行使TCEs/EOF或其改编形式之上的知识产权的行为，制止与相关社区关联的贬低、冒犯或虚假建议，或侮辱和诋毁社区声誉的行为；其他TCEs/EOF。

（b）鉴于对根据第7条规定未经注册或通知的其他TCEs/EOF的使用和利用，应采取适当的和有效的法律措施和习惯做法，以确保：（i）相关社区被确认是源自TCEs/EOF的任何作品或其他改编作品的来源地；（ii）任何与TCEs/EOF有关的歪曲、篡改或其他修改，或其他减损行为，应可加以制止并/或给予民事或刑事制裁；（iii）参考、借鉴或再观与某一社区的TCEs/EOF有关的商品或服务的任何虚假、混淆或误导性表示或说法，任何经有关社区同意或与之联系的暗示，应可加以制止并/或给予民事或刑事制裁；以及（iv）以营利为目的的使用或利用，应根据第四条所指机构与相关社区磋商所确定的条件，公平分配或分享利益；以及秘密的TCEs/EOF。

（c）应采取适当的和有效的法律措施和习惯做法，以确保社区有办法制止未经授权公开、随后使用并获取和行使在秘密的TCEs/EOF之上的知识产权。

从该条的规定我们可以看出，IGC对TCEs分为三类加以保护；第一类是具有特殊文化和精神价值或重要性并根据第7条的规定已经注册或通知的TCEs；第二类是未经注册或通知的其他TCEs；第三类是秘密的TCEs。之所以进行这种分类，是因为IGC对这三类TCEs设定了不同的保护标准和手段。

其中，IGC对第一类TCEs设定了高于第二类TCEs的保护标准。IGC通过运用注册或通知这种技术手段避免了第一类TCEs直接进入公有领域。[1]

在第一类TCEs中，IGC又将其具体分为非文字、标志、名称和符号类TCEs和文字、标志、名称和符号类TCEs来加以保护。之所以作这样的区分，是因为文字、标志、名称和符号类TCEs通常具有比起其他种类的TCEs更高的文化和精神价值（常常是一个社区的文化和精神象征），即使第三人获得了权利人的知情同意并支付费用，在经过注册或通知的文字、标志、名称和符号类TCEs或其改编形式之上设立的知识产权也不能成立。而对于经过注册或通知的非文字、标志、名称和符号类的TCEs来说，如果经过了权利人的知情同意，改编和派生形式可能产生新的知识产权。因为一部根据原有材

---

[1] 对于传统文化表现形式是否应该进入公有领域，人们一直存在争议。参见WIPO Secretariat, "Consolidated Analysis of the Legal Protection of Traditional Cultural Expressions" (WIPO/GRTKF/IC/5/3), 载http://wwwwipoint/tk/en/tk/inde4xhtml, 2006年12月1日访问。

料进行的新的翻译、整理、改编或汇编作品也可产生一种新的具有原创性的不同表现形式。这有助于解释为何一部从传统文化派生的或对受其激励的现代文学和艺术产品，可被视为独特的原创性的作品并受到保护。当然这种保护只适用于派生作品中的新材料、新方面，而且以赢利为目的的使用或利用派生作品，应与原权利人公平分配或分享利益。

对于第二类TCEs/EOF的使用和利用，我们充分注意到了IGC用语的谨慎性：应采取适当的和有效的法律措施和习惯做法，并且，在此处，IGC没有提事先知情同意。即这部分TCEs属于公有领域，人们可以相对自由地使用和进行文化交流并可以获得基于这类TCEs的派生作品所产生的知识产权，但进行以赢利为目的的使用和利用时，必须分享利益。从IGC对第一类和第二类TCEs的不同保护标准中，我们可以看出IGC较好地平衡了传统社区与公有领域二者之间的不同利益，很好地体现了对TCEs进行保护的价值追求：既要满足各社区的实际需求，制止各种对传统文化表现形式的滥用行为，也要促进思想与艺术自由，研究与文化公平交流。

从实质条款第3条整体来看，IGC重点保护了我们在本文第五部分提到的传统社区在TCEs保护上的四类主要诉求，并列举了其详细保护内容。

另外，在修订稿实质条款第5条，IGC规定了TCEs保护上的例外与限制，从而保护了相关社区和公有领域的权利。在第6条，IGC为传统文化表现形式规定了长期的保护期限。受篇幅所限，本文对这些问题就不再展开讨论了。

七、总　结

综上，我们可以看出，在传统文化表现形式的保护问题上，国际社会已经达成了很多共识，并在实际操作层面取得了长足的进步，IGC修订稿的相关规定也比较充分地体现出了本文第四部分所列出来的对传统文化表现形式进行保护的价值追求。相信，通过各国政府机构、专家学者对于IGC第10次会议上形成的问题清单的继续研究和讨论，在传统文化表现形式的保护问题上，我们能够取得更多的成果。

中 文 部 分

改革开放与我国知识产权教育的创建与发展[*]
——教学追忆片断

党的改革开放政策实施以来,已经经历了30年。它为我国知识产权的法制建设奠定了坚实的基础,创造了必要的条件。历史证明,没有党的改革开放政策,也就没有我国知识产权法制的创建和发展,而没有知识产权法制的建设与发展完善,也就难以认真创建我国的知识产权教育事业。

知识产权教育体制的建立、完善与加强,对于贯彻执行科学发展观,把我国建设成为知识产权创造、运用、保护和管理水平较高的国家,大力促进经济发展、繁荣文化、建设和谐社会具有重要的作用。在学习研究知识产权方面,党中央给我们作出了表率。中央政治局在2006年5月26日专门进行了知识产权的集体学习。胡锦涛总书记亲自主持会议并作了重要讲话,讲话中指出:"要加强知识产权专门人才的培养,特别是要加大知识产权高层次人才培养的力度。要加强对党政领导干部、行政执法和司法人员、企业管理人员的知识产权工作培训,提高他们做好知识产权工作的能力和水平。"这为我国知识产权教育的改革、加强和不断完善指出了明确的方向。

一、改革开放前的历史追忆

我本人是新中国成立以前完成法学专业本科学习的。从1948年北京大学毕业留校参加教学工作迄今已经整整60年了。我从事法学的学习、教学工作可划分三个阶段:新中国成立以前、新中国成立后至改革开放以前与改革开放以后。这一段主要谈前两个阶段的历史追忆。

新中国成立以前,我在北京大学法律系的4年间系统学习了几十门专业课程:包括宪法、行政法、民法(总则、债编总则、债编分则、物权法、亲属法和继承法多门课程)、刑法(刑法总则和刑法分则)、公司法、票据法、保险法、海商法、民事诉讼法、刑事诉讼法、土地法、破产法、法理学、英美法、国际公法和国际私法等。然而,法律系却从没有开设过专利法、商标法、著作权法、反不正当竞争法这类课程。当时,也读过不少西方和日本的法学书刊,但是从课堂内外,却连知识产权(Intellectual Property)或工业产权(Industrial Property)这样的法律词汇或术语也没有接触过。这在一定程度上反映了旧中国知识产权这一法律部门及其教学处于极不发达、几近于空白的状态。在

---

[*] 原载田力普主编:《知识产权与改革开放30年》,知识产权出版社2008年版。

这里，可以附带提到，据我的一位美国老朋友、美国专利商标局长期负责外事工作的原局长 Michael Kirk 告诉我，20 世纪 50 年代他在美国著名的杜克大学法学院（美国前总统尼克松就是该法学院的毕业生）学习法律时也没听说过"知识产权"这个词汇。可见，在西方国家，以前知识产权这门学科和课程也不像后来以及当前这样受到重视。美国哥伦比亚大学法学院过去很长时期只有 Kernochan 教授一人讲授知识产权法。他退休后 Jane Ginsburg 一人也任教多年。最近获悉，哥伦比亚大学法学院增聘了 5 位知识产权法教授，比过去有了重大的发展变化。

新中国成立以来，我国陆续颁布了专利、商标、版权方面的一些单、行法规和规范性文件。新中国成立初期，强调学习苏联，在法学教育方面也是如此。记得，当时从中国人民大学法律系开始，讲授苏维埃民法课程都采用苏联的教材。一本是由布拉图西教授编写的，分量适中；另一本是由坚金教授编写的，篇幅较大。其中，都有少量专利、商标和著作权的内容。这样的编写安排也是和当时实施的苏俄民法典的体系一致的。稍后，在开设中国民法课程时，也是学习苏联这种安排，少量涉及专利、商标和著作权问题。这种情况延续到 1957 年就发生了变化。主管学校事务的副校长强调一切课程要结合反右斗争。民法课程的课时也逐渐减少，开始还讲一些合同法、国家所有权等方面的内容。后来就只讲一些婚姻法方面的内容以至于课程停开，更谈不上专利、商标和著作权了。

到了 1961 年，法律课程逐渐重新开设。在民法方面，主要讲若干专题。而且，依 1950 年颁布实行的《保障发明权与专利权暂行条例》，只授予了 4 项专利。1963 年国务院颁布《发明奖励条例》《保障发明权与专利权暂行条例》正式予以废止。在商标方面，1963 年国务院颁布了《商标管理条例》，实行商标的全面注册原则，不保护商标专用权。在版权方面，经过批判"白专道路""名利思想""资产阶级法权"，版权观念大大削弱。到了十年浩劫时期，法律院系停办，更谈不上什么知识产权法的教育了。

总之，从我本人经历来看，无论是新中国成立前四年法学专业学习，还是新中国成立以来直到改革开放前 30 年的教学历史，知识产权的教育基本上可以说是一片空白。党的十一届三中全会确定了改革开放的政策，我国历史进入了一个新时期，知识产权法制建设和教学研究也提到了重要议程，不断发展完善。

二、改革开放与知识产权教育的肇端和发展

30 年来在改革开放政策的指引下，我国的知识产权法制建设经过曲折艰难的发展过程之后，终于胜利诞生并不断茁壮成长。相应的，知识产权教育也同步地，经过不少磨难而得到肇始和发展。就个人亲身经历而言，有一些事件仍然历历在目、记忆犹新。在改革开放 30 周年之际，将一些片断追忆如下。

1. 首批专利高级人才的培养

在改革开放政策的指引下，知识产权法制建设提上了重要议程，人才培养和知识产权教育也引起了有关领导部门的注意。多年停顿的高考刚刚恢复。中国科学院科学情报研究所（由国家科委直接领导）通过"文革"后第一次全国范围内的招生考试，录取了一批"文革"前大学毕业或肄业的研究生，文化素质、外语水平以及许多人的理工

科专业基础都很扎实。国家筹办专利制度，起草专利法，决定将这批研究生转入专利领域，并分别派往欧、美、日本学习专利法。国家科委在他们出国学习前于1979年八九月在北京怀柔举办了我国历史上第一次专利法培训班。我因参加了专利法的起草工作，应邀在培训班上做了一整天的专利法律基础知识和专利法起草情况的讲授。这是我学习和从事法学教育工作以来第一次讲授专利法，可能也是我国专利法学的第一次教学实践。培训班结束后，这一批研究生即分赴国外学习专利法。学成归来后成为我国历史上第一代经过系统学习进修的高级专利人才，以后都成为专利法领域的领导和重要骨干力量。其中包括国家知识产权局田力普局长，原副局长马连元、条法司原司长乔德喜、原副司长文希凯（正司级）、联合国世界知识产权组织司级领导王正发、李家浩、上海专利商标代理公司董事长须一平等人。

这一批研究生国外学成归来后，还有一个学位论文答辩问题。他们结合国内外系统的专业学习，围绕正在起草中的中国专利法和实施细则，写出了有分量的学位论文，在情报所也进行了论文答辩。但是，当时情报所还没有取得学位授予权。国家科委的负责同志就委托我去向我所在的单位——中国人民大学商议，是否能由人大授予学位。可是，人民大学有关领导根据当时教育部的规定，提出要考四到五门政治、基础理论方面的课程，而且-时间安排很紧，不能超过期限。因而，这件事情拖了很长时间。后来，这些研究生被陆续分配到工作岗位，紧张地参与我国专利制度的筹建工作。经过一年多的时间，情报所取得了学位授予权，这个问题终于圆满解决。他们是我国教育史上第一批取得知识产权领域高级学位的专业人才。

2. 知识产权教学机构的设立

在改革开放初期，随着知识产权法制建设的发展，高等院校法学教育也开始增加知识产权的内容。不过早期还是放在民法学课程中。记得《民法原理》（1982年版，佟柔主编，获教育部和司法部教材一等奖）中由我执笔的知识产权部分，约占全书的六分之一。全国法学院校的知识产权教学，也大都采用这种安排。后来，我分别在中国人民大学、北京大学和中国政法大学给研究生首次开设过知识产权方面的独立课程。初期，这些课程都是为民法研究生（人大、北大）和国际经济法研究生（中国政法大学）开设的，并没有单独的知识产权教研机构和专业学生。

在设立知识产权专业教学机构方面，我们也走了一些弯路。早在1980年，随着知识产权立法的开展和政府机构的设立，国家科委副主任、负责领导专利法起草工作的武衡同志，就认真地考虑过培养专利法人才，设立专利教育机构的问题。他曾和主持中国人民大学校务的郭影秋副校长（他们是延安时代的老战友）商谈过在中国人民大学设立有关专利教育科系的问题，所需经费和理工科教师的配备，都由国家科委负责，郭影秋同志表示同意和支持。但是，当武衡同志委托我同学校具体联系时，负责教务的另一位副校长和教务长都有一些不同考虑。结果错失时机，设立知识产权教育机构的议题被搁置起来，延误了好多年。回忆起来，令人惋惜。

1985年暑假期间，我再次赴日内瓦WIPO总部开会拜会老朋友鲍格胥总干事时，自然又谈到了中国知识产权教育这个话题。鲍格胥博士说，中国知识产权方面的立法、司法以及代理方面都在迅速发展并建立了相应机构。在教育方面，只派很少数人赴国外培训,数量远远不够,而且内容也不能完全符合中国国情的需要,建议中国建立自己的知识产权教育机构。他曾向我国领导人姚依林、万里等同志当面提出这一建议,但后来没有落实。我的想法与他不谋而合,建议他在即将再次访华时访问当时刚刚成立的由李鹏副总理兼任主任的国家教委。国家教委可统筹涉及各部委的全国教育工作。并且建议,如李鹏副总理时间不好安排(刚刚到职不久),可要求会晤主持国家教委日常工作的何东昌常务副主任。鲍格胥博士接受了我的建议,立即派李家浩先生(我国在 WIPO 任职人员)持公函赴我国驻日内瓦联合国各专门机构代表团追加要求访华时增加拜访国家教委何东昌副主任。不久,在他再次访华时会晤了负责国家教委外事工作的黄辛白副主任,谈到设立中国知识产权教育机构时,大家的意见一致,相谈融洽。决定各派三人专家代表团详细讨论具体筹建事宜。1986 年 6 月经国家教委和中国人民大学紧急电召,我从美国赶回并立即主持会谈。中方由北京大学、清华大学和中国人民大学各派一名教授组团,并指定由我主谈。WIPO 三人代表团包括法律顾问 Gust Ledakis、PCT 司长(后来任副总干事)Francois Curchod,以及洛桑大学教授 Dessemontet。另外,还有上海交大、西安交大和华中工学院(现华中科技大学)的代表列席。我们初步设想在北京设立一个中心(设在中国人民大学,北京大学与清华大学参加),在上海、武汉和西安设立三个点。会谈中对设立知识产权教育机构、教学计划、组织建设、师资配置(包括请进来、派出去)以及经费等都进行了深入详细的讨论。第二年我再次赴日内瓦开会时,雷大济(Ledakis)博士交给我一个详细的书面计划,列入开办费 20 万美元。后因当时我国经费困难,国家教委乃决定首先在中国人民大学设立一个知识产权教学与研究中心。这就是国务院第一次知识产权白皮书中所认定的我国首建的知识产权教学机构。

WIPO 在 1995 年出版的《知识产权教材》(Intellectual Property Reading Material)中有如下记载:"几年前,北京方面就考虑在有关大学建立教授知识产权法的讲习班、中心或学院。校址设在北京的中国人民大学的郭寿康教授提出这一设想,经过他的努力,教育部认真考虑这个问题,后要求世界知识产权组织就建立知识产权教研机构的方案提供帮助。……为回应这一请求,世界知识产权组织成立一个专家组……赴北京同教育部官员和学术界领导(中国人民大学、清华大学和北京大学的校长、副校长和法律系主任)就怎样建立讲习班、中心或学院及其经费来源进行探索和讨论。当时,还考虑在中国其他地方特别是武汉、上海和西安建立与大学相联系的讲习班、中心或学院。这些大学的代表们也都来到北京参加讨论。郭寿康教授最后成功地在中国人民大学建立起一个教研机构。"(见该书英文版第 602 页)

后来,北京大学、清华大学、中国政法大学、华中科技大学、中南财经政法大学、上海大学、同济大学、华东政法大学、西南政法大学、西北政法大学等都陆续建立了规模不等的知识产权教学机构。高等学校之外,如社科院、知识产权培训中心等也建立了教研机构。知识产权教育发展迅速,取得了显著的成绩。

3. 建立国内外知识产权教研团体

20 世纪 70 年代末,应 WIPO 总干事鲍格胥博士的邀请,我很荣幸地参与了筹建"国际促进知识产权教研学会"(International Association for Advancement of Teaching and Research in Intellectual Property,缩写为 ATRIP)。1981 年 7 月 14 日,学会于日内瓦

WIPO总部正式成立。有30个国家的69位著名知识产权教授、专家参加成立大会、签署学会宪章,成为创始会员。其中包括德国马普知识产权研究所的老所长拜尔教授、英国剑桥大学(当时在伦敦大学任教)的科湟什教授、WIPO总干事鲍格胥博士等。现在大部分创始会员已经脱离一线甚至有些已经过世,一小部分还在超期服役,活跃在教研第一线。近年来,学会发展壮大,新会员也有成倍的增长。学会每年在不同国家召开年会,进行学术研讨与交流,一直延续至今。从1981年到现在(2008年),我一直是学会会员,并担任过三届(6年)执行委员,现享受免缴会费的优惠待遇。从1993年起,郑成思教授经我推荐(需经两位会员推荐)也成为另一位中国籍的会员。此后,我还应邀参加了国际版权学会,并担任执行委员。

在WIPO参与组织并赞助下,ATRIP的许多成员参加了1987年在北京举行的"国际知识产权教育交流研讨会",并与我国知识产权教育界人士进行研讨与交流,扩展了我国与国际知识产权教学领域的交往。经联系安排,我国刚刚成立不久的中国高等学校知识产权研究会与国外来华参加WIPO研讨会的著名专家也进行了会晤与交流。

中国高等学校知识产权研究会是由国家教委(科技司)倡导并决定于1985年成立的。成立时,有77所高等院校的100多位代表参加(主要是理工科院校教师)。首任理事长为北京航空航天大学校长沈士团教授。以后逐渐扩大包括法学院校的教师,有高等会员单位158家,其他单位会员17家,个人会员300多个,并在6个省市设立了分会,对高校(特别是理工院校)开展知识产权教研起了很好的促进作用。

国家教委科技司注意到我国知识产权法制建设的需要,曾组团出国考察。在日内瓦WIPO总部考察期间,鲍格胥博士进行了会见并作了有关介绍,回国后科技司即与我联系并聘我为高校知识产权研究会的顾问。此后,我介绍研究会领导与来京参加WIPO研讨会的国外著名专家、教授会晤交流,并推荐沈士团校长与我本人一起(均由WIPO赞助)参加1988年在美国华盛顿举行的ATRIP年会。

国家教委科技司为促成我国高校知识产权教育的发展,筹集到一笔资金派遣高校青年教师出国进修学习知识产权,但一时找不到接受单位。我记得,北大郑胜利教授持当时北大法律系主任信函找我帮忙。经与美国当时的专利商标局局长莫欣霍夫联系,美国方面同意接受郑教授去美进修。此后不久,在我访德期间,我国驻联邦德国使馆教育处从留学生处得知我在德国,便派两位官员专程前往慕尼黑谈推荐数名教师赴德进修知识产权事宜。经与联邦德国专利局局长豪依塞尔教授和法律部长(现局长)沙德博士商谈,他们均表示欢迎并安排专人负责接待我国的进修人员。

改革开放30年来,我国知识产权教育事业经历了从无到有、从小到大、茁壮发展的可喜过程,取得了很大的成绩。但是,根据我国现在的国际地位、国际环境,我们还面临艰巨的任务。一切有志于从事知识产权教育事业的人士,都要谨遵胡锦涛总书记的重要指示,按照《国家知识产权战略纲要》的要求,艰苦工作,改革创新,奋力推进我国知识产权教育事业又好又快地发展。

WTO 协定的新发展*

一、公共健康危机促成了 WTO（TRIPs）协定的修订

进入新世纪以来，艾滋病、肺结核、疟疾等流行病，对人类健康造成了严重的威胁，特别是在非洲和拉丁美洲，艾滋病、疟疾等致命性传染病肆意蔓延，已给当地居民健康和经济社会发展带来灾难性影响。造成这种现象的一个关键因素，就是当地患病者无法逾越专利治疗药品的高价壁垒，难以获得有效的廉价治疗药品。尽管 TRIPs 协定第 31 条允许成员国通过强制许可解决本国公共健康危机，但由于该项下的强制许可药品只能主要供应本国市场，且强制许可很容易招致专利权人及所属国家的抵制。此外，发达成员的药品专利权人一直都严格控制着有关药品的生产、推广及定价。所以，实践中强制许可很难得以顺利实施（如泰国、巴西与美国药品强制许可争议案），没有制药能力也无能力实施强制许可生产仿制药的发展中成员、最不发达成员也无法从其他实施强制许可的成员进口急需药品（价格低廉的专利药品或仿制药）。因此，TRIPs 协定第 31 条下的强制许可难以为发展中成员，特别是最不发达成员提供实质性帮助。

TRIPs 协定强调知识产权保护，一边倒向发达成员的利益，忽视公共健康等公共利益，引起了发展中成员与最不发达成员的强烈不满。社会公众、一些非政府组织强烈呼吁修订或终止 TRIPs 协定相关条款（的执行），以使发展中成员、最不发达成员面临的日益严重的公共健康危机得到有效遏制。

二、WTO（TRIPs）协定的修订历程

为解决日益严重的公共健康危机以及由此引发的社会问题，发展中成员特别是最不发达成员与发达成员进行了长达 4 年的艰苦曲折谈判，最终于 2005 年 12 月通过了《关于修正 TRIPs 协定的决定》，该决定附属的《修改 TRIPs 协定的议定书》就是本文所述的《议定书》。WTO 协定本次修订过程分三个阶段。

（一）基础奠定（阶段）：《公共健康宣言》的通过

TRIPs 协定通过不久，发展中成员就开始在 WTO 框架内寻求方法以解决知识产权保护与其切身利益相关的公共健康之间的矛盾。在多哈发展议程谈判启动之前，发展中成员再次呼吁将公共健康问题列入多哈部长宣言。经过发展中成员的努力，解决缺乏或

---

* 原载《福建政法管理干部学院学报》2009 年第 1 期。

没有制药能力成员的公共健康问题正式成为多哈回合的重要议题之一。2001年11月14日通过的《多哈部长级宣言》(《多哈宣言》)第17段指出:"我们强调通过促进对现有药品的准入与新药的研究开发,以支持公共健康的方式执行和解释 TRIPs 协定的重要性。就此,我们正通过一个单独的宣言。"17段中所指的宣言就是同日通过的《TRIPs 协定与公共健康宣言》(《公共健康宣言》)。[1]

《公共健康宣言》重申了成员可以自行确定授予强制许可的条件、"国家紧急事件"或"其他紧急情况"等,并将艾滋病、结核病、疟疾等流行传染病列为公众健康危机。宣言进一步为发展中成员实施药品专利强制许可明确了合法化基础,对 TRIPs 协定第31条规定的理解产生了实质性影响。为了落实宣言的各项内容,《公共健康宣言》第6段还规定:"我们认识到缺乏或没有制药能力的成员方在有效实施 TRIPs 协定规定的强制许可时可能面临困难,特指示 TRIPs 理事会在2002年年底前为这一问题找出便捷的解决办法并向总理事会汇报"。[2]

《公共健康宣言》目的在于确认,当面临艾滋病等公共健康危机时,TRIPs 协定应当有更多解决问题的弹性做法,尤其是在强制许可与权利用尽(平行进口)方面。

(二) 实质进展(阶段):《关于执行 TRIPs 协定与公共健康宣言第六段的决定》的通过

按照《公共健康宣言》确定的原则与指示精神,TRIPs 理事会应于2002年年底前向 WTO 总理事会提出用于解决缺乏或没有制药能力成员有效适用 TRIPs 协定强制授权的快捷方案,以解决其所面临的公共健康危机。2002年3月,TRIPs 理事会就此展开讨论,不同成员提出了不同的解决方案。如美国主张在一定条件下,不对出口方成员(即将强制许可生产的药品出口至面临公共健康危机国家的成员)提出争端解决的临时性方案;欧盟提出的修正 TRIPs 协定第31条或对第31条进行有限例外解决的方案等。虽然理事会曾于2002年3月、6月、9月以及11月召开四次会议讨论,但由于各成员之间立场与意见差异较大,在指定时间(2002年年底)届满之时,仍未达成一致的解决方案。

此后,经 TRIPs 理事会主席尽力协调沟通之后,WTO 成员最终于2003年8月30日达成临时性的《关于执行 TRIPs 协定与公共健康宣言第六段的决定》(《决定》)。同时,成员也接受了总理事会主席对《决定》进行的说明的声明。至此,历经一年半的艰苦协商,TRIPs 协定与公共健康问题的谈判终于取得了积极的成果,这是 WTO 多哈发展议程各项议题中第一个成功结束的谈判,也被称做"WTO 具有历史意义的一个协议"。[2]

(三) 正式诞生(阶段):《关于修改 TRIPs 协定的议定书》的通过

为了以正式国际规则的形式落实《公共健康宣言》与《决定》关于药品强制许可的内容与精神,2005年12月6日,WTO 各成员一致通过了修改 TRIPs 协定有关药品强制许可条款的决定,该决定附属的《议定书》与2003年《决定》在实质内容上完全一致,《议定书》在 TRIPs 协定中增加了两部分内容,一是增加了"31条之二",二是增加了说明"31条之二"的两个附件。按照增加后的内容,TRIPs 规定"在符合有关条件的前提下,允许不享有专利权但已获得强制许可的 WTO 成员可以较为低廉的价格把根据强制许可生产的药品出口到没有或缺乏生产能力的成员，特别是最不发达成员国内。WTO 成员授予其国内企业生产并出口特定专利药品的强制许可不再局限于供应国内市场；以及"在出口成员和进口成员对同一产品授予强制许可的情况下，专利许可费应由出口成员支付，进口成员无须再行支付"。[3] 即是说，《议定书》主要增加了 WTO 成员可为向"有资格进口的成员"出口药品的目的而授予专利强制许可的规定，实质性地突破了 TRIPs 协定关于强制许可只能为供应本国市场的限制。可以说，该项修订是发达成员向发展中成员特别是最不发达成员作出的妥协与让步，也是为发展中成员和最不发达成员提供的一项重要灵活性。2007 年 10 月 28 日，我国正式批准了《议定书》。

三、《议定书》——WTO 体制下药品专利强制许可的国际新规则

在实质内容上，《议定书》保持了与《决定》（2003）的一致性。此外，作为修改 TRIPs 协定的正式法律文件，其法律地位不同于作为临时性豁免安排的《决定》，形式更为正式。《议定书》的具体内容由两部分组成：第一部分是 TRIPs 协定第 31 条后增加一款作为第 31 条之二；第二部分是该增加条款的附件，列入第 73 条。

（一）对依据强制许可生产的药品出口限制的适度放开

TRIPs 协定第 31 条之二第 1 项规定，第 31 条（f）项项下出口成员的义务不适用以下情形："出口成员为生产并出口药品到有资格进口的成员之目的的必要范围内，授权强制许可并符合本协定附件第 2 项中所列的条件。"❶ [3] TRIPs 协定第 31 条（f）项规定专利强制许可生产的产品应主要为满足授权该许可的成员国内市场供应。修改后的第 31 条之二第 1 项允许为公共健康目的，授予该强制许可的出口成员将该许可生产药品出口到合格进口成员。这实质上豁免了（f）项所规定的主要供应实施国国内市场的义务，并将被许可人生产的特定药品出口到发生公共健康危机且缺乏或无药品生产能力的最不发达或发展中成员。

（二）对实施药品强制许可支付补偿金的有限豁免

TRIPs 协定第 31 条之二第 2 项规定："当一个出口成员根据本条款与本协定附件建立的体制授予了一项强制许可，应参考出口成员（专利）授权使用对进口成员的经济价值，由出口成员一方依第 31 条（h）项给予充分的补偿。当一个有资格进口的成员对同一产品授予强制许可，考虑到有关产品的补偿根据本项第一句内容在出口成员一方已

---

❶ "The obligations of an exporting Member under Article 31 (f) shall not apply with respect to the grant by it of a compulsory licence to the extent necessary for the purposes of production of a pharmaceutical product (s) and its export to an eligible importing Member (s) in accordance with the terms set out in paragraph 2 of the Annex to this Agreement". See Article 31bis (1) of Annex to the Protocol Amending the TRIPS Agreement.

支付，该进口成员不承担第 31 条（h）项下（对该有关产品）的义务。"❶ [3] 即出口成员方根据该修正案实施强制许可时，应按照 TRIPs 协定第 31 条（h）项的规定，给予专利权人充分合理的报酬，合格进口方……则免除其向专利权人再次支付报酬的义务。这属于豁免最不发达或发展中成员义务的特别规定。

（三）对强制许可药品当地化生产的鼓励

TRIPs 协定第 31 条之二第 3 项规定："为了利用规模经济以增强医药产品的购买力并促进医药产品的本地生产……有关成员在第 31 条（f）项下的义务将被适当豁免，从而使该成员能够在一项强制许可项下生产或进口一种医药产品以便出口到有关区域贸易协定下其他共同遭受有关公共健康问题的发展中或最不发达成员的市场。这不影响有关专利权的地域属性"。❷ [3] TRIPs 协定第 31 条之二第 3 项允许发展中或最不发达成员依照强制许可生产药品，再出口到共同遭受相关公共健康危机的区域贸易协定内其他发展中或最不发达成员境内。显然，该项的目的是促进强制许可药品本地生化产，而非是鼓励强制许可药品的出口。

（四）对药品强制许可新规则的限制——第 31 条之二的独立适用性

TRIPs 协定第 31 条之二第 5 项规定："本条款及本协定附件并不影响成员在本协定下除第 31 条（f）、（h）项外的，包括经《公共健康宣言》重申的其他权利、义务和灵活性，也不影响相关的解决。本条款及本协定附件也并不影响依照第 31 条（f）项通过强制许可所生产的药品可以出口的限度"。❸ [3] 修改后的 TRIPs 协定第 31 条之二旨在允许将某些为解决公共健康危机而授予专利强制许可生产的药品，出口至最不发达成员和部分缺乏足够药品生产能力的发展中成员境内，并由作为出口方的发达成员政府支付本地的权利人合理的报酬。它与该协定第 31 条（f）、（h）项以外的其他专利强制许可规定是相互独立的，各成员依据其他条款的权利、义务及享有的灵活性不受该修改的影响，根据协定第 31 条（f）项允许出口一强制许可生产的非应对公共健康危机的药品，

---

❶ "Where a compulsory licence is granted by an exporting Member under the system set out in this Article and the Annex to this Agreement, adequate remuneration pursuant to Article 31 (h) shall be paid.... Where a compulsory licence is granted for the same products in the eligible importing Member, the obligation of that Member under Article 31 (h) shall not apply in respect of those products for which remuneration in accordance with the first sentence of this paragraph is paid in the exporting Member." See Article 31bis (2) of Annex to the Protocol Amending the TRIPs Agreement.

❷ "With a view to harnessing economies of scale for the purposes of enhancing purchasing power for, and facilitating the local production of, pharmaceutical products: ……the obligation of that Member under Article 31 (f) shall not apply to the extent necessary to enable a pharmaceutical product produced or imported under a compulsory licence in that Member to be exported to the markets of those other developing or least developed country parties to the regional trade agreement that share the health pooblem in question. It is understood that this will not prejudice the territorial nature of the patent rights in question". See Article 31bis (3) of Annex to the Protocol Amending the TRIPs Agreement.

❸ "This Article and the Annex to this Agreement are without prejudice to the rights, obligations and flexibilities that Members have under the provisions of this Agreement other that paragraphs (f) and (h) of Article 31...". See Article 31bis (5) of Annex to the Protocol Amending the TRIPs Agreement.

并不受本修改影响。

为防止《议定书》的扩大适用,并配合 TRIPs 协定第 31 条之二的执行,新条款对"医药产品""有资格进口成员""出口成员"等进行了界定,并明确了新条款第 1 项中所提及的条件。为解除发达成员制药企业对此制度被滥用而破坏专利保护的疑虑,与 2003 年《决定》达成时总理事会的做法一样,总理事会在《议定书》通过时也发表了一份《主席声明》,并附有防止贸易转移的"最佳实践"指南。声明指出,生产或进口仿制药的做法应真诚地用于维护公共健康,特别强调防止贸易转移的发生。[4]

四、WTO 协定修订的重要意义与国际实践

（一）WTO 协定修订的重要意义

由于专利本身的复杂性,不是所有成员按照专利说明书、投入人力财力就一定能成功生产出产品,更何况专利说明书的要求只是能够生产出某产品,而未必是生产此产品的最佳方案,具体实施方案往往还需要和一些配套的技术秘密或专家指导。所以,强制许可规则建立这么多年来,世界上并没有多少国家对国外专利颁发过强制许可。既不怎么实际应用,为什么还要费劲争取呢?对这个问题一定要有清醒的认识,强制许可是一项非常重要的权利,也是非常重要的国际谈判筹码。比如,巴西政府因无法负担治艾药品的巨大支出,欲通过实施专利强制许可自行生产药品,但遭到了美国 Merck & Co. ❶ 与瑞士 Roche 两家国际制药公司的极力反对,美国政府于 2001 年 1 月向 WTO 提出争端控诉申请,指出巴西政府违反了 TRIPs 协定第 27.1 条与 28.1 条规定,对美国专利权人造成了损害。然而,在面临强制许可及国际舆论的压力下,美国于 2001 年 6 月 25 日,决定撤回对巴西的控诉,并与巴西发表联合声明,建立一套新的双边协商机制,以解决抗艾药品争议。此后,巴西卫生部分别与 Merck & Co. 和 Roche 达成最终协议,Merck & Co. 同意将两种药品 efavirenz 与 indinavir 降低 60%,Roche 公司同意将药品 Nelfinavir 降至美国销售价的 30%。[5] 2007 年 4 月 24 日,巴西卫生部长签署第 886 号命令,决定对药品 efavirenz 实施强制许可。[6]

经 WTO 总理事会通过后,《议定书》开放供各成员在 2007 年 12 月 1 日或部长级会议可能决定的更晚日期之前接受。《议定书》不允许提出保留,并将在 2/3 的成员接受后生效。截至 2008 年 6 月,《议定书》得到包括欧盟、美国在内的 43 个成员的批准。考虑到 2/3 的成员批准需要时日,WTO 总理事会于 2007 年 12 月 18 日通过新的决定,决定将《议定书》的批准时间延长至 2009 年 12 月 31 日或由理事会决定的更长期限。[7] 因此《议定书》与修改后的 TRIPs 协定何时生效还是个未知数,但这并不影响《议定书》实质内容在实践中的生产,因为《决定》（2003）与《议定书》实质内容并无区

---

❶ Marck & co. 是美国公司,Merck KGaA 是德国公司,两公司除共用"Merck"名字外,业务上并无联系。在美国与加拿大,Merck & co 对"Merck"享有独占权,而在欧洲及世界其他地区,Merck KGaA 对"Merck"享有独占权。Merck & co 在北美之外的其他地区经营,须以 Merck Sharp & Dohome 或 MSD Sharp & Dohome 的名义进行,Merck KGaA 在北美地区的业务则要以 EMD（Emanuel Marck, Darmstadt）的名义开展。

别，且《决定》效力自动延及《议定书》生效之时。[8] 所以，《议定书》为发展中成员和最不发达成员提供了一项重要灵活性，也是 WTO 体制下专利强制许可国际规则的一次重大突破。

一直以来，人们普遍认为修订 WTO 协定非常困难，要达到所有成员"协调一致"的要求几乎没有可能，《议定书》的通过恰恰证明了这是可能实现的。无论是强制许可本身的意义，还是对 TRIPs 相关规定做出重大突破，《议定书》的通过和批准，都在 WTO 历史上具有深远的意义，中国应当从中学到很多。[9]

（二） WTO 协定修订（《议定书》）后药品专利强制许可的国际实践

虽然在具体实施方面，仍将遇到发达成员、国际专利药药专利巨头在政治上与经济上的阻力与压力，发展中成员国内立法与行政成本等诸多问题，但《决定》与《议定书》的通过无疑会为发展中成员在药品国际专利强制许可方面提供更大的灵活性。目前，国际上已经有援引《决定》实施专利强制许可的成功案例。2007 年 7 月 17 日，卢旺达常驻 WTO 代表团向 TRIPs 理事会提交通报文件，通报称根据卢政府对目前国内公共健康状况的评估，按照《决定》（2003）第 2（a）段规定，其拟于 2007 年至 2009 年从加拿大 Apotex 公司进口 26 万剂治疗艾滋病的药物 TriAvir。此外，由于难以预计公共健康方面的实际需求，卢政府将保留进一步调整进口数量的权利。TriAvir 是 Apotex 公司研制生产的，但其中两种成分 Zidovudine 与 Lamivudine 专利属于英国 Glaxo Smith Klein（GSK）公司，第三种成分 Nevirapine 由德国 Boehringer Ingelehim（BI）公司享有专利。[10]

2003 年《决定》通过后，加拿大政府便根据《决定》的内容修改了《专利法》与《食品药品法》。根据修订后法律，加拿大政府可以颁发生产和出口专利药品的强制许可，以向"有资格的进口成员"出口该强制许可药品。2007 年 9 月 4 日，按照《专利法》的规定，Apotex 公司向加拿大政府提交了药品 TriAvir 强制许可申请，并于 9 月 19 日获得批准。2007 年 10 月 4 日，加拿大常驻 WTO 代表团向 TRIPs 理事会通报了已针对卢旺达需求授权生产并出口的强制许可药品，并通报了强制许可涉及的数量与条件。英国 GSK 公司于 2007 年 8 月发布新闻，称只要 Apotex 公司对卢旺达供货是基于非营利，即同意就其部分放弃专利权。德国 BI 公司则于 2007 年 10 月 1 日声明其将支持加拿大政府的对 Apotex 公司的授权决定。[11]

卢旺达是世界上首要援引《决定》进口仿制药的成员，该案是 WTO 体制下药品专利强制许可制度的一个有益尝试，为 TRIPs 协定第 31 条之二的执行树立了典范。

五、我国专利法修改与《议定书》内容的衔接

目前，挪威、加拿大、印度已经根据《议定书》的内容完成了国内相关法律的修改，朝鲜与欧盟也正在积极准备相关法律的修订。2007 年 10 月 28 日，我国批准了《议定书》，并于 11 月 28 日向 WTO 总干事拉米（Pascal Lamy）正式交存了批准书。笔者认为，既然我国已经批准了《议定书》，更应当充分利用 WTO 体制下新的药品专利强制许可国际规则，借鉴国际立法及实践经验，借助专利法修改的契机，最大限度地利用 WTO 规则中各项权利、优惠与例外，以便为包括我国在内的发展中成员提供帮助。

2008年12月27日通过的专利法和三次修正案增加了"为了公共健康目的，对取得专利权的药品，国际院专利行政部门可以给予制造并将其出口到符合中华人民共和国参加的有关国际条约规定的国家或者地区的强制许可"一条规定（作为第50条），这一规定体现了国内法与《议定书》之间的进一步衔接。根据该条规定，我国国务院专利行政部门可在必要时授予国内企业生产特定专利药品的强制许可，并允许生产企业向符合TRIPs协定规定条件要求的成员出口依据强制许可生产的专利药品。《议定书》的批准及我国专利法的及时修订为我国企业出口依据强制许可生产的药品（帮助其他成员解决公共健康危机）奠定了法律基础。但新修订的专利法并未规定我国在何种情况下（比如突发公共健康危机等）可以进口依照强制许可生产的急需药品。笔者认为，要保障我国在紧急情况解决突发公共健康问题时的药品供应，及时解决重大公共健康危机，我国有必要事先向TRIPs理事会通报成为"符合条件的进口成员"。同时我们也要认识到，解决公共健康问题是一个系统工程，不是某个孤立的制度所能解决的。在利用这一规则时，应全面考虑公共政策目标、专利制度、竞争政策、创新促进等方面的因素，调整完善相应的配套制度，才能最大限度地发挥这一规则的优势。能否将之应用到位，将是反映我国知识产权制度成熟度、法制水平以及WTO规则运用技巧的一个重要参数。[12]

【参考文献】

［1］DOHA WTO MINISTERIAL 2001：MINISTERIAL DECLARATION：Paagraph 17 of the main Doha Declaration，WT/MIN（01）/DEC/1，adopted on November 14，2001 by the Fourth WTO Ministerial Conference，Doha，Qatar.

［2］万怡挺："寻求公权与私权的平衡点——评多哈回合中的公共健康谈判"，载《WTO经济导刊》2007年第4期，第29~31页。

［3］WTO：Annex to the Protocol Amending the TRIPs Agreement，Decision on the Amendment of the TRIPs Agreement，WT/L/641，adopted by the General Council，on December 6，2005.

［4］Chairperson's statement，Press/426，December 6 2005. The General Council chairperson read out this statement when the council approved changes on 6 December 2005 to the WTO's intellectual property（TRIPs）agreement making permanent a decision on patents and public health originally adopted in 2003.［2008年7月10日引用］. 获取或访问路径：http：//www.wto.org/english/news_e/pres05_e/pr426_e.htm.

［5］林宜男，许佳惠："TRIPs协定第31条药品强制授权之回顾与展望"，见郑成思：《知识产权文丛》，北京：中国方正出版社2005年版，第67页。

［6］The Ministerial Ordinance No. 886/07（Brazil），April 24，2007［EB/OL］. http：//www.aids.gov.br/data/Pages/LUMISE77B47C8ITEMIDD3ED04F71D8D46819F52 E-948F99783B3ENIE.htm，2008-07-10.

［7］WTO：Decision on amendment of the TRIPs agreement – extension of the period for the acceptance by Members of the protocol amending the TRIPs agreement，WT/L/711，adopted on December 18，2007.

[8] WTO：Decision on the Implementation of Paragraph 6 of the Doha Declaration on the TRIPs Agreement and Public Health，WT/L/540 and Corr. 1，adopted by the General Council on August 30，2003.

[9] 郭寿康："知识产权强制许可国际规则面临重大突破"，载《法制日报》2007-12-09（10）.

[10] WTO：Canada is first to notify compulsory licence to export generic drug，[EB/OL]. http：//www.wto.org/english/news_e/news07_e/TRIPs_health_notif_oct07_e.htm，2008-07-17.

[11] 万怡挺，黄丽芬："积极运用权利，捍卫公共健康——卢旺达享受 WTO 中新权利的实践"，载《WTO 经济导刊》2008 年第 3 期，第 74~76 页.

[12] 钮京晖："TRIPs 强制许可下的进口制度：利器还是钝剑"，载《电子知识产权》2007 年第 11 期，第 32~35 页.

《版权法导论》序言*

版权是知识产权的一个重要组成部分。知识产权在我国现代社会中越来越具有重要的作用。胡锦涛主席指出："当今世界，国家的核心竞争越来越表现为对智力资源和智慧成果的培育、配置、调控能力，表现为对知识产权的拥有、运用能力""加强我国知识产权制度建设，大力提高知识产权创造管理、保护、运用能力""要充分发挥知识产权在增强国家经济科技实力和国际竞争力、维护国家利益和经济安全方面的重要作用，为我国进入创新型国家行列提供强有力的支撑"。

《版权法导论》的翻译和出版，是为了给广大公众提供一本学习、了解版权法的优秀读物。本书由联合国教科文组织编写，于 20 多年前初版发行，并曾译成中文出版。时至今日，随着科学技术的重大进步和社会经济的迅速发展，版权法也产生了重大变化，国际上缔结并实施了 TRIPs 协定、WIPO 版权条约以及 WIPO 表演和录音制品条约。本书新版全面反映了版权法的最新发展，具有崭新的内容。从而，中国人民大学联合国教科文组织版权与邻接权教席受联合国教科文组织的委托，将新版译成中文，并以中英文对照的方式出版。希望能够对愿意了解、学习版权法的广大公众和有志于攻读版权法外文原著的青年学子有所帮助。

本书的特点，一是浅显易懂，尽可能避免晦涩艰深的术语而使用较为平直的语言，使从未接触过版权的读者也能明了相关内容；二是篇幅虽然短小，但内容丰富，基本囊括了版权的历史和现在，除介绍传统的版权之外，还介绍了伴随着新技术发展而产生的新型权利。

限于译校者的水平，译文不妥之处，诚恳希望读者不吝指正。

---

* 原载《版权法导论》，知识产权出版社 2009 年版。

中 文 部 分

欧盟知识产权保护新发展[*]

知识产权保护对欧盟具有重要的战略意义。历史上,欧盟许多成员国都是老牌的资本主义国家,最早进入工业革命,科技基础雄厚。随着发展中国家在原料、人力成本上的优势不断显现,制造业不断地向亚洲转移,欧盟已经非常强烈地意识到了,只有大力发展高科技以及高技术含量、高附加值的产品,才能在未来的国际竞争占据优势地位。欧盟对知识产权极为重视。《里斯本战略》的目标就是在2010年使欧盟成为世界上最有竞争力和最具活力的以知识为基础的经济体。据统计,2006年欧盟27国在研发方面的投资占国民生产总值(GDP)的1.84%;其中,以瑞典最高,研发投入占本国GDP的3.8%;德、法、英三国在研发方面的投入,约占欧盟研发投资整体的60%。欧盟4.8%的劳动力为工程师和科学家,其中,比利时、爱尔兰和芬兰的比例最高。[1] 然而,从体制上,欧盟既不是主权国家,也不是纯粹意义上的国际组织,这也使欧盟在知识产权管辖权限、立法和执法方面独具特色。就管辖权限而言,过去,知识产权保护的立法、执法等职权一直属于欧盟成员国管辖权限范围,欧委会无管辖权。自2003年2月1日《尼斯条约》[2] 生效以后,与贸易有关的知识产权属于欧盟共同贸易政策;其余部分则由欧委会和成员国共同管辖;知识产权相关谈判方案,欧委会须事先经成员国充分授权才能以"一个声音"对外。鉴于欧盟知识产权立法和执法的发展,本文将就此展开探讨。

一、欧盟知识产权立法

欧盟知识产权保护方面的法律规定,包括欧盟加入的有关国际条约与欧盟内部指令、法规两大部分。欧盟内部的知识产权保护制度涉及专利、商标和版权等内容。

(一)专利方面

1. 欧盟专利立法

专利是欧盟知识产权统一进程最慢的领域。目前尚无统一的欧共体专利法,跨国专

---

[*] 原载《知识产权年刊》,北京大学出版社2009年版。本文为郭寿康与王洋合著。

[1] "EU27 R&D spending stable at 1.84% of GDP in 2006":EUROSTAT News Release,STAT/08/34,10 March 2008.

[2] The Treaty of Nice is a treaty adopted in Nice by the European Council to amend the two foun-ding treaties of the European Union.

利申请仍根据《欧洲专利公约》（European Patent Convention）在欧洲专利体系下运作。欧盟曾于 1975 年和 1989 年在卢森堡分别起草了《欧共体专利公约》（Community Patent Convention，CPC）和《欧共体专利相关协定》（Agreement relating to Community Patents），但均由于批准国家的数目不够而尚未生效。

欧洲各国目前是在《欧洲专利条约》体系之内协调、便利专利的申请与专利纠纷的解决。在该体系下，部分欧洲国家签署了《伦敦协定》（London Agreement）和《欧洲专利诉讼协定》（European Patent Litigation Agreement，EPLA）。

《伦敦协定》，又称《2000 年 10 月 17 日为实施〈授予欧洲专利公约第 65 条〉的公约》❶，是欧洲专利局（European Patent Organization，EPO）成员国之间的一种自愿协议，旨在降低根据《欧洲专利公约》授予的欧洲专利的翻译费用，并拟于 2008 年 5 月 1 日生效。该协定由 10 国签署❷，目前上述国家中的 9 国政府已经递交批准书❸，瑞典也将很快批准。斯洛文尼亚、冰岛、拉脱维亚和克罗地亚 4 国正申请在该协定生效后加入。德国总理默克尔称《伦敦协定》是"朝正确方向迈出的重要一步"❹。

为了改变欧洲专利侵权案的审理权仍掌握在各成员国手中的状况，欧洲专利局（EPO）自 1999 年开始就积极着手起草《欧洲专利诉讼协定》，试图建立"欧洲专利司法体系"，包括欧洲专利法庭与上诉庭以及行政委员会，推动欧洲专利的司法统一。然而，相关体系牵扯到管辖权划分（即应该由欧盟还是其成员国行使）以及欧盟各成员国司法独立等敏感问题。2006 年，欧委会就此事征求公众意见，结论是认为该协定"仍需重大改进"（needs substantial improvements）。

欧盟往往通过出台的相关指令❺来协调各国立法。专利方面，1998 年欧盟通过《关于生物技术发明的法律保护指令》❻，遭到了荷兰的强烈反对并被上诉到欧洲法院。后来虽以荷兰败诉告终，但足见其过程之艰辛。2005 年，《关于申请计算机发明专利的指令》❼的提案引起极大争议，最终遭欧洲议会否决。

---

❶ Agreement dated 17 October 2000 on the application of Article 65 of the Convention on the Grant of European Patents.

❷ 10 个签字国分别为丹麦、法国、德国、列支敦士登、卢森堡、摩纳哥、荷兰、瑞典、瑞士和英国。

❸ 根据该协定规定，只要 8 个国家提交批准书，该协定即可生效。

❹ "专利就是未来"（"Patentsa are the future"），载欧洲专利局网站，2007 年 2 月 20 日访问。

❺ 指令（Directive）是由欧洲委员会起草，经欧盟部长理事会（或与欧洲议会共同）审议批准，在成员国通过法定程序转换为各自的国内法后实施的法律。欧委会起草的指令提案在《欧盟官方公报》C 系列上发布，批准后在《欧盟官方公报》L 系列上发布。指令是欧盟为实现共同政策目标协调成员国法规的框架性规定，通常是确定在某一特定领域要达到的目标，但成员国政府可以采取不同的形式和手段来实现该目标。指令的实施需要"成员国转换"，即成员国根据法定程序将欧盟指令转换为国内法执行，通常是在指令通过后 2~3 年内完成。转换一旦完成，转换后的法规对该成员国所有公民都有约束力。指令的实施对象可以是一个、多个或所有的成员国。

❻ Directive 98/44/EC of the European Parliament and of the Council of 6 July 1998 on the legal protection of biotechnological inventions.

❼ EU Computer Software Directive.

欧盟专利相关的法规有《关于建立医药产品补充保护证明的条例》和《关于建立植物增补保护产品证明的条例》。

2. 欧盟专利保护制度

如上所述，欧盟统一的专利保护制度尚未建立。欧洲专利体系虽然不在欧盟的框架之下，而且存在着各种问题，但却为欧盟内部的专利的申请与保护起到了重要的支撑作用。

欧洲专利体系始于1973年在慕尼黑签订的《欧洲专利公约》（European Patent Convention），旨在加强欧洲国家之间在保护发明方面的合作。该组织已扩展到37个成员国。根据此公约，申请人只需通过欧洲专利局，便可在若干指定国内实现对其专利的保护。目前，该体系也面临着严峻的挑战和改革的压力，如要求翻译的语言种类过多、翻译费用过高、申请期限长、异议须到各成员国法院提出、裁决不一致、异议期短等问题，都增加了知识产权申请成本和案件当事人的诉讼成本，影响着欧洲各国之间在专利等方面的合作，大大妨碍了欧盟专利的申请和对发明人权利的保护，严重阻碍欧洲知识产权保护制度的发展，同时造成了相对于美国的竞争劣势。

欧共体专利（Community Patent）是欧盟内部现正在讨论的专利法措施和未来的努力方向，旨在克服欧洲专利诉讼成本高和异议权难以实现的弊病，允许个人和公司在欧盟内部获得统一的专利，以真正实现欧盟"单一市场"的目标。由于欧盟成员国不肯轻易放弃本国在专利批准和实施方面的主权，目前建立统一的欧盟专利保护体系的工作实际上处于停顿状态。

（二）商标方面

1. 欧盟商标立法

欧盟的商标立法包括欧盟层面的立法以及各成员国的国内立法。

欧盟层面的商标立法主要包括：《协调各成员国商标的指令》❶《商标条例》❷和《商标条例实施条例》❸等。这些规定用来协调各国商标立法。欧盟于2004年10月1日加入了《马德里协定》❹，为商标申请者获得国际商标提供了新的途径。由于欧盟各成员国都必须将欧盟相关指令转化为国内法，因此各国国内的商标立法基本相似。只有英国，由于法系的不同，而与大陆成文法国家在商标立法方面有所差异。

2. 欧盟商标制度

欧洲有双重的商标保护系统，一是各国的国内商标注册保护体系，一是欧盟商标注

---

❶ First Council Directive 89/104/EEC of 21 December 1988 to approximate the laws of the Member States relating to trade marks.

❷ 最初的 Council Regulation (EC) No. 40/94 of 20 December 1993 on the Community trade mark 已经修改为目前的 Council Regulation (EC) No. 422/2004 amending Regulation (EC) No. 40/94 on the Community trade mark。

❸ Commission Regulation (EC) 1041/2005 Amending Regulation (EC) No. 2868/95 implementing Council Regulation (EC) No. 40/94 on the Community trade mark.

❹ Commission Regulation (EC) No. 782/2004 Amending Regulation (EC) No. 2868/95 the accession of the European Community to the Madrid Protocol.

册保护体系。也就是说,在欧盟,商标可以在各成员国分别注册,也可以通过共同体商标(Community Trade Mark,CTM)而在整个欧盟注册。

共同体商标创立了欧洲统一的商标注册体系,由欧盟内部市场协调办公室(Office for Harmonization in the Internal Market,以下简称 OHIM)负责管理。共同体商标体系的优点是只要一次申请、获准注册后,商标即可在欧盟各个成员国受到保护,范围广,费用低;缺点是任何一个成员国对该商标申请提出异议,都会导致整个申请无效。

OHIM 成立于 1996 年,位于西班牙的阿尔坎特(Alicante),负责欧盟商标及设计的注册与管理,对欧盟成员国内部商标和设计实行统一的保护。自 2005 年,OHIM 大幅降低商标申请、注册与延展费,预计每年将为整个欧盟申请者节省近四千万欧元的商标费用。

共同体商标体系并未取代各成员国国内商标体系。企业仍然可以自由选择单独申请注册国内商标、共同体商标或者两者皆选。

此外,欧洲的商标申请人还可以通过马德里国际商标体系(Madrid Systemfor the International Registration of Marks,简称马德里体系)保护其商标。马德里体系是重要的国际商标保护体系。通过该体系,商标申请人可以通过一次"国际注册",使商标在其指定的全球很多国家或地区获得保护。目前,马德里体系的管理机构是位于瑞士日内瓦的世界知识产权组织(WIPO)。

(三) 版权方面

1. 欧盟版权立法

欧盟版权法旨在协调各成员国的版权立法。欧盟版权方面的法律规定,除国际公约、相关指令外,还包括欧洲法院(ECJ)[1]和欧洲初审法院(CFI)[2]的判决。

欧盟加入或缔结的版权条约有《与贸易有关的知识产权协定》(TRIPs)[3]、《世界知识产权保护组织版权条约》(WCT)[4]和《世界知识产权保护组织表演与演唱条约》(WPPT)[5]。欧盟要求成员国加入的条约有《保护文学艺术作品的伯尔尼公约》(Berne

---

[1] 又称"欧共体法院"(The Court of Justice of the European Communities, usually called the European Court of Justice,简称 ECJ)建于 1952 年,地处卢森堡,是欧盟最高法院。对欧盟法律相关事务具有最终发言权,并以此保证欧盟法在欧盟各成员国的统一实施。欧盟每个成员国均派一人担任欧共体法院法官。每个案件的大陪审团由 13 名法官组成。

[2] 初审法院(The Court of First Instance,简称 CFI)。由欧盟每个成员国各派一名法官组成,任期 5 年;再由各法官共同选举出初审法院院长(President)和 5 名厅长(Presidents of the Chambers,任期 3 年)。初审法院负责一审案件(如,欧盟商标与设计注册等)的审理。对其判决不服,可上诉至欧洲法院,但欧洲法院只负责与法律实施相关的争议,不审理事实部分。初审法院已于 2005 年设立了民事审判庭(European Union Civil Service Tribunal),目前正在考虑设立专利审判庭(European Union Patent Tribu-nal)。

[3] Agreement on Trade-Related Aspects of Intellectual Property Rights (TRIPs) of 15 April 1994.

[4] WIPO Copyright Treaty of 20 December 1996.

[5] WIPO Performances and Phonograms Treaty of 20 December 1996.

Convention)❶ 和《保护表演者、唱片生产和广播组织的罗马公约》（Rome Convention)❷。

《世界知识产权保护组织版权条约》（WCT）于1996年12月通过，通常称为"因特网条约"，对数字网络框架下的版权保护作出了新的规定，但在欧盟由于其保护范围过宽而且对经济发展与知识产业差异很大的签字国使用统一的标准，而遭到了很多批评。欧盟在数字网络的版权保护方面，主要通过《软件版权保护指令》（Directive 91/250/EC)、《数据库版权保护指令》（Directive 96/9/EC）和《禁止使用设备规避"技术保护措施"指令》（Directive 2001/29/EC）来实现。

目前，欧盟内部版权相关的指令共有9部，涉及版权及相邻权保护❸、计算机程序保护❹、数据库保护❺、租赁权❻、保护期限❼等方面。其中，《欧盟版权指令》（EU Copyright Directive，EUCD)❽引起的争议最多。该指令在议会通过时，规定仅允许极少的规避行为，因此被视为是版权所有者（出版、电影、音乐和大软件公司）的一次巨大胜利。在实施方面，该指令给予成员国很大的自由度，但2002年之前因实施该条例而引起的案件已达6起，均以成员国败诉结案，说明由于版权保护意识的加强，应如何将指令转化为国内法的不确定性也随之增加。

目前，欧盟将计算机程序作为文学作品加以保护；将作者创作的照片以著作权（author's right）加以保护（成员国可以通过相邻权保护其他照片）；将经筛选、排列的数据库作为文学作品加以保护。

2. 欧盟版权制度

国际上规范版权保护的工作，始于1886年《保护文学艺术作品的伯尔尼公约》，现欧盟各成员国均为该公约成员。欧盟协调各国版权立法的努力始于计算机程序的保护❾。此外，欧盟对版权保护期限为作者终生及死后70年。目前，欧委会内部市场委员麦克洛维（McCreevy）正努力推动延长欧盟音乐作品的版权保护期限至作者死后

---

❶ Paris Act of the Berne Convention for the Protection of Literary and Artistic Works (Berne Convention) of 24 July 1971.

❷ Rome Convention for the Protection of Performers, Producers of Phonograms and Broadcasting Organisations (Rome Convention) of 26 October 1961.

❸ Directive Harmonizing the Term of Protection of Copyright and Certain Related Rights (93/98/EEC).

❹ Directive on the Legal Protection of Computer Programs (91/250/EEC).

❺ Directive 96/9/EC of the European Parliament and of the Council of 11 March 1996 on the legal protection of databases.

❻ Council Directive 92/100/EEC of 19 November 1992 on rental right and lending right and on certain rights related to copyright in the field of intellectual property.

❼ Directive 2006/116/EC of the European Parliament and of the Council of 12 December 2006 on the term of protection of copyright and certain related rights.

❽ The Directive 2001/29/EC of the European Parliament and of the Council of 22 May 2001 on the harmonization of certain aspects of copyright and related rights in the information society, commonly known as the EU Copyright Directive (EUCD) or the Information Society Directive (Infosoc) (2001/29/EC).

❾ 1991年通过了《计算机程序法律保护指令》（91/250/EEC）。

95 年。

然而，传统上欧盟各成员国的版权法，尤其是普通法（英国、爱尔兰、塞浦路斯和马耳他）和大陆法两大法系之间差异很大。因此，《欧盟版权指令》的实施在各成员国引起了颇多争议。这与欧洲公众对 WTO 以及国际化的反对情绪也不无关系。

二、欧盟知识产权执法

（一）相关立法

欧盟近年对知识产权执法的重视程度不断提高。2004 年，欧盟通过了《欧盟知识产权执法指令》❶（2006 年实施）和《欧盟知识产权保护海关条例》；目前，欧盟第二部执法指令《保证知识产权执法的刑事措施指令》（IPRED2）❷ 正在讨论中。相关立法的具体内容如下：

1. 执法指令

《欧盟知识产权执法指令》（Directive 2004/48/EC）是欧盟为迎接第五次东扩而仓促通过的，性质为民事执法。草案原本包括了刑事禁令的内容，但为了平息争议，保证 2004 年 5 月 1 日的顺利东扩，所以删去了这部分非常有争议的内容。

目前，第二部执法指令，即《保证知识产权执法的刑事措施指令》正在讨论当中。如果该指令获得通过，许多侵犯欧盟知识产权行为的性质，将从民事侵权案件转变为刑事案件。该指令将适用于为侵犯欧盟和其成员国知识产权的商业行为以及帮助、教唆、煽动侵犯相关知识产权的行为。具体来说，刑事责任的追究范围将不仅包括商标与版权方面故意的商业侵权行为，以获取经济利益、优势为目的的消费者行为，而且还将扩展到专利侵权，而后者属于传统的民事侵权领域。这将对欧盟的经济和司法产生深远影响。

《保证知识产权执法的刑事措施指令》草案遭到了强烈反对。有关国际组织及成员国政府认为，除了应处罚行为与处罚措施不配套等立法技术尚不成熟外，还存在以下问题：（1）应用刑事处罚的范围过宽，几乎涵盖了各种形式的知识产权的侵权行为，远远超出了商业侵权范围，也远远超出了 TRIPs（1994）等现有国际知识产权刑事执法的标准；（2）对刑事处罚行为定义过宽，包括帮助、教唆、煽动侵犯相关知识产权的行为等，使商业界面临不必要的刑罚危险；（3）对于数据库与软件领域，完全符合相关规定几乎不可能，该指令将造成对软件业发展以及对产业界创新的威胁；（4）荷兰国会索性于 2006 年 7 月致函欧委会副主席弗拉帝尼（Frattini），指出该指令草案已经超越了欧共体的权限，因为刑事立法仍属于各成员国的主权。

2. 海关执法

2004 年，有关知识产权海关保护方面的法规《欧盟知识产权保护海关条例》（修改稿）获欧盟理事会通过，并于 2004 年 7 月 1 日正式生效，替代了原有的《海关执法条

---

❶ Directive 2004/48/EC of 29 April 2004 on the enforcement of intellectual property rights (Civil enforcement).

❷ Directive on criminal measures aimed at ensuring the enforcement of intellectual property rights.

例》(3295/94/EC)。

该项法规草案大致包括以下内容：在海关扩大知识产权的保护范围，增加对地理标识、原产地名称和植物多样性的保护（第2条）；免除了过去申请人请求海关对其享有的知识产权进行保护所必须交纳的保证金，对需要提交的表格和信息进行标准化处理，申请的有效期为1年，加大了海关执法的随意性（第5条和第8条）；加快对假冒货物，特别是对健康以及消费者安全造成威胁的货物和特定案件的处理速度（第11条）；即便没有权利人的申请，海关也可以根据自己的判断，对所谓的"可疑"产品进行扣押；增加了权利人与海关互通信息的规定；如果权利人与进口产品所有人意见达成一致，便可对"可疑"进口产品进行销毁；海关在接到申请人的申请后，30个工作日内将处理意见书面通知申请人。

欧委会通过该项法规草案，授权海关在特定情况下可以在欧盟边境对涉嫌侵犯知识产权的假冒或侵权产品采取措施，旨在加大对侵犯知识产权的进口产品的打击力度，保护欧盟知识产权所有者、消费者、中小企业以及内部地区的经济利益。这些规则的制定，在很大程度上是针对中国的。

（二）具体执法情况

欧盟及其成员国都积极支持知识产权保护。2006年6月，欧美峰会期间，欧盟承诺与美国共同加大在边境以及第三国的知识产权执法力度。2006年10月，欧委会颁布其《2005年欧盟以外知识产权情况调查报告》❶，并据此确定欧盟打击假冒的重点国家名单。中国被列为其首要打击对象，《报告》称欧盟截获的2/3的假冒商品都来自中国。俄罗斯、乌克兰、智利和土耳其被列为第二类重点国家。2007年10月，欧、美又联合推动与日、韩、墨和新西兰签订《反假冒贸易协定》❷（ACTA），旨在联合打击盗版的全球化，保护知识产权权利人以及消费者的利益。2008年3月，欧盟举办假货商品展示会，展出了包括泰国制造的假冒法拉利跑车等各种假货。欧委会主席巴罗佐亲自出席。参展观众直观地体验到了假货的无所不在和无穷危害。

然而，欧盟及其成员国的知识产权保护情况并不十分令人满意。譬如，2004年4月欧盟通过《关于工业产权执法指令》，要求所有成员国于2006年4月前实施该指令，采取有效和适当的救济及惩戒措施打击侵权，保护知识产权人的权利。但目前尚有一半的成员国未将该指令转化为本国法。美国已经通过特别301程序和WTO争端解决机制，表达了对欧盟TRIPs执行情况的关注。

欧盟执法尚有许多需要改进之处具体包括：（1）专利执法。欧盟及其成员国的专利申请费及延展费比其他国家，甚至比美国都高出很多。葡萄牙卫生部甚至允许市场上出售仿制药（尚处于专利保护期的药品的复制品）。（2）商标执法。由于欧洲历史悠久的国际品牌多，对欧盟商标的侵权假冒问题较为关注。欧盟已展开打击商标假冒盗版的大规模行动。法国海关可以扣留近似商标的侵权商品，即使权利人不主张权利，只要海

---

❶ The European Commission has today published the results of a survey of EU businesses on their experience with Intellectual Property Rights (IPR) enforcement outside the EU in 2005.

❷ Anti-Counterfeiting Trade Agreement (ACTA).

关能够认定侵权的就可以扣留（仅限于商标方面）。而且，2007年"Not-Made-In-China"这一具有强烈歧视性和明显政治色彩的商标竟然在德国获得注册。中方对此严重关注，并要求欧方对德国施加影响，尽快制止该商标的实施。（3）数据保护。欧盟，尤其是它的一些新成员国，对申请市场准入的药品和农用化学品的相关数据缺乏保护。而保护相关数据是TRIPs第39.3条的要求。

总之，欧盟由于其特殊的机制和各成员国之间的差异，统一知识产权立法、加强相关执法，尚待时日。然而，其选择高科技发展的战略、坚决打击知识产权侵权的决心、通过公众调查制定政策的方法、立法的主要原则与思想以及其在立法、执法过程中的得失，都值得思考与借鉴。

论国际广播组织条约谈判的新发展[*]

引 言

自从世界上第一家无线广播电台 KDKA 在美国匹兹堡成立以来,广播业就迅速地在世界范围内发展壮大起来。作为广播事业的承载者,广播组织在把丰富多彩的广播节目传递给观众的过程中起到了非常重要的作用。今天的广播组织不仅包括无线广播电台,还包括无线电视台和有线电视台。随着网络技术的发展,新的传播方式也不断涌现,网播已成为一种重要的传播方式。在世界知识产权组织(WIPO)主持的对《广播组织条约》的谈判中,美国一直试图把网播组织也纳入到广播组织的范围内,但是受到了很多国家的反对,不过对网播组织的讨论仍在进行中。从法律上看,广播组织是作为邻接权人而受到保护的。目前,包括对广播组织在内的邻接权人的国际保护主要是由 1961 年在罗马制定的《保护表演者、录音制品制作者与广播组织公约》(以下简称《罗马公约》)提供的。虽然世界知识产权组织在 1996 年通过了《世界知识产权组织表演和录音制品条约》(WPPT),即所谓的《邻接权条约》,但是该条约根本就没有提到对广播组织的保护。近年来,包括数字技术和通信技术在内的科学技术已经有了巨大的发展,然而对邻接权的保护却仍然以 40 多年前的规定为标准。新技术的发展对邻接权保护带来了诸多新的挑战,许多国家都承认确有必要发展《罗马公约》对邻接权的保护,尤其需要更新该条约对广播组织的保护,从而也可以弥补 WPPT 的不足之处。从 1998 年起,世界知识产权组织版权及相关权常设委员会(Standing Committee of Copyright and Related Rights,简称为 SCCR)就开始着手并召集举行了一系列国际会议,探讨并磋商制定一个国际性的广播组织条约的可能性,并希望在 2007 年召开的外交会议上通过该条约。本文拟结合 SCCR 对广播组织条约谈判的最新进展,对广播组织权利的发展加以论述,希望对未来我国关于邻接权保护的立法提供一定的参考。

一、广播及广播组织的定义

探讨广播组织的权利,首先就需要对广播和广播组织的概念有一个准确的理解。

1. 广播的定义

对于广播的定义,各个国家有不同的认识,并且在不同的历史阶段,由于传播技术

---

[*] 原载《京师法律评论(第三卷)》,北京师范大学出版社 2009 年版。本文为郭寿康与相靖合著。相靖,对外经济贸易大学副研究员,法学博士。

的发展，广播的概念也相应发生着变化。1961年签订的《罗马公约》第3条第6款对广播的定义是，"供公众接收的声音或图像和声音的无线电传播"。在这个定义中，把广播的方式明确限定于无线电传播，因为在当时，电台、电视台传播节目主要使用的是无线传播的方式。

  1948年在美国的宾夕法尼亚州第一次出现了有线电视系统，随后，在20世纪六七十年代，有线传播方式开始在世界范围内得到广泛的发展。有线传播技术的广泛应用，使得广播这个概念的内涵得以扩充。加拿大1991年《广播法》对广播的定义为，"利用无线或者其他通信手段为公众提供通过广播接收设备接收的加密或者不加密的节目，但不包括专门为演示而传输的节目"。❶ 美国对广播的定义规定在《美国联邦通信法》第3条第6款中，即"为了公众接收，直接或通过转播，进行广播电视传播"。❷ 印度对广播的定义是，"把信号传送给服务范围内的所有的用户终端，及其传送的过程"。❸ 这些关于广播的定义就没有像《罗马公约》那样，把广播仅限定于无线电传播。WIPO在1996年制定的《世界知识产权组织表演和录音制品条约》（WPPT）中，对广播的定义基本沿用了《罗马公约》对广播的定义，明确指出："广播，系指以无线方式的播送，使公众能接收声音，或图像和声音，或图像和声音表现物；通过卫星进行的此种播送亦为广播；播送密码信号，如果广播组织或经其同意向公众提供了解码的手段，则是广播。"❹ 这个定义把传统的无线播送方式扩大到卫星播送以及用无线的方式播送加密信号，但从根本上来讲，还是保持了广播仅指无线播送这个说法。WPPT中没有明确提到有线播送，而是把它归入到该条（g）项"向公众传播"的范围之中。❺ 这也足以说明，以有线方式进行的播送已经不容忽视。在SCCR对《广播组织条约》讨论的过程中，曾经有代表团提议，对广播这个概念作出更宽泛的定义，即不仅包括无线播送，而且还包括有线播送，但是为了与版权及相关权领域的现有条约保持一致，SCCR在《广播组织条约经修订的基础提案草案》（以下简称为《基础提案草案》）中还是决定把广播和有线广播分开来加以定义。对广播的定义沿用了版权及相关权条约中对广播的传统定义，即仅限于无线的方式，但排除了通过计算机网络进行的播送。❻ 此外，专门增加

---

 ❶ 陈晓宁主编：《广播电视新媒体政策法规研究——国外法规与评价研究》，中国法制出版社2001年版，第459页。

 ❷ 同上。

 ❸ 同上书，第60页。

 ❹ 参见《世界知识产权组织表演和录音制品条约》（WPPT）第2条（f）项。

 ❺ 该条（g）项规定：向公众传播，系指通过除广播以外的任何媒体向公众播送表演的声音或以录音制品录制的声音或声音的表现物。其中"通过除广播以外的任何媒体"应该理解为包括使用有线广播方式的媒体。

 ❻ 参见WIPO doc SCCR/15/2，第5条（a）项：广播，系指以无线方式的播送，使公众能接收声音，或图像，或图像和声音，或图像和声音表现物；通过卫星进行的此种播送亦为广播。以无线方式播送密码信号，只要广播组织或经其同意向公众提供解码的手段，即为广播。广播不得被理解为包括通过计算机网络进行的播送。

了对有线播送的定义，这相对于《罗马公约》来说，是一个进步。❶ 但就该条约的适用范围而言，对广播和有线广播分别作出定义的最终结果与使用宽泛的广播定义其实是完全一样的。❷ 在 SCCR 于 2007 年 3 月 8 日提出的一份最新文件，即《世界知识产权组织保护广播组织条约非正式草案》（以下简称为《非正式草案》）中仍然是把广播和有线广播分开来定义的。《非正式草案》第 5 条（a）项对广播的定义为，"广播（broadcast），系指为公众接收的目的而以无线方式播送的，载有经组合安排且固定时间的节目的，由电子方式生成的信号；❸ 经卫星传送的此种信号也是广播；如果广播组织或经其同意向公众提供了解码的手段，则经过解码此种信号也是广播"。第 5 条（d）项对有线广播的定义为，"有线广播（cablecast）与广播相同，但系以有线的方式播送，并且排除通过卫星进行的传送"。❹ 此外，在第 5 条（b）项专门对节目作出了定义，"节目（program），系指含有图像，或声音，或图像和声音的现场或经录制以后的内容"。较之《罗马公约》、WPPT 以及《基础提案草案》中对广播的定义，《非正式草案》中对广播的定义有了比较大的改变，主要体现在定义的角度发生了变化。以前对广播的定义更着重于传播方式，即广播是通过无线的方式播送节目，强调的是播送的过程，而《非正式草案》中对广播的定义侧重于内容，即广播是一种以无线方式播送的电子生成的信号。这样定义的原因是为了清楚地表明，对广播组织的保护只针对它们的信号，而不包括信号所承载的内容，因此在第 5 条的定义中，专门对节目这个概念作出了定义，这在以前的条约中是没有的。不过，笔者以为，《非正式草案》虽然把对广播组织的保护限于对其信号的保护，但是却没有专门就"信号"这个概念给出一个确切的定义，不能不说是一个疏漏。无论如何，《非正式草案》在试图通过广播的定义而明确界定广播组织权利的客体仅为信号这个方面的确是迈出了根本性的一步。此外，笔者认为，《非正式草案》一方面在保护范围中明确把通过计算机网络的传播排除在外；❺ 另一方面在关于广播组织专有转播权的表述中又使用了"以任何方式"这种表述，❻ 似乎有些自相矛盾。

无论如何，给广播作出一个明晰的定义对于制定《广播组织条约》无疑是基础性的，因为广播的定义将决定着广播组织的范围。

---

❶ 参见 WIPO doc SCCR/15/2，第 5 条（b）项：有线广播，系指以有线方式的播送，使公众能接收声音，或图像，或图像和声音，或图像和声音表现物。以有线方式播送密码信号，只要有线广播组织或经其同意向公众提供解码手段，即为有线广播。有线广播不得被理解为包括通过计算机网络进行的播送。

❷ 参见 WIPO doc SCCR/15/2 中关于第 5 条的解释性意见，503。

❸ 关于"信号"的定义，《罗马公约》和 TRIPs 协定都没有给出定义，《广播组织条约经修订的基础提案草案》和《世界知识产权组织保护广播组织条约非正式草案》中也都没有专门就"信号"作出定义。目前，只有《卫星公约》专门对信号作出了定义，即"信号"是指一种能传播节目的电子载波。

❹ 参见 WIPO doc SCCR/S1/WWW [75352]，第 8 页。

❺ 参见 SCCR/S1/WWW [75352] 第 3 条。

❻ 参见 SCCR/S1/WWW [75352] 第 8 条第 i 款之（i）。

2. 广播组织的定义

在现有的关于版权和邻接权的条约中，均没有对广播组织作出专门的定义。SCCR在其十五届会议上制定的《基础提案草案》中对广播组织和有线广播组织给出了一个共同的定义，即"提出动议并负有责任向公众播送声音，或图像和声音，或图像和声音表现物，以及对播送内容进行组合及安排时间的人"。❶ 这个定义对受条约保护的人进行了限制，并非所有传送载有节目信号者都是广播组织或有线广播组织。符合广播组织定义者，应该满足以下三个条件：①应该是法人；②对播送提出动议并负有责任；③对播送内容进行组合并安排时间。在 WIPO 于 2007 年 3 月 8 日公布的《非正式草案》中对广播组织的定义如下，系指"对于为公众接收的目的而传送的广播提出动议并负有责任的法人"。这两个定义基本是类似的。

关于广播和广播组织的定义，由于《广播组织条约》并没有最后通过，所以就目前来说，针对这两个概念的讨论仍在进行中，还没有形成最后的定论。

二、广播组织权利的发展

1. 《罗马公约》对广播组织权利的规定

《罗马公约》对广播组织权利的规定在第 13 条中，包括：①转播权；②录制权；③复制权；④向公众传播权。这些权利已经得到社会的广泛认可并且被固定下来，被视为广播组织的传统权利。较之《广播组织条约》拟给广播组织规定的一些新权利来说，这四项权利被称为广播组织的"旧"权利。从性质上讲，这些权利是以授权或禁止（to authorize or prohibit）的方式规定的，不同于版权法给作者规定的专有权（exclusive right）。

2. 《基础提案草案》对广播组织权利的发展

鉴于各代表团之间存在诸多分歧，《基础提案草案》❷ 对广播组织的权利是以备选方案的形式提出的。总的来说包括八种权利：①转播权；②向公众传播专有权；③录制权专有权；④复制权专有权；⑤发行权；⑥录制后播送的权利；⑦提供已录制的广播节目的权利；⑧对广播前信号的保护。由于这八种权利或者赋予了传统权利以新的性质，或者完全是新规定的权利，因此《基础提案草案》中的权利被称为广播组织的"新"权利。

其中，前四种权利基本上维持了《罗马公约》中传统的旧权利，但是对这些传统权利赋予了新的性质。《罗马公约》是以授权或禁止的方式规定这些权利的，而《基础提案草案》则把这些权利上升为专有权的性质。此外，对于转播权，《基础提案草案》在原有基础上扩大了广播组织对转播方式的控制权，使其可以控制一切方式的传播，包括以有线、电缆方式或者通过计算机网络进行的转播。而对于复制权，在把这个权利上升为专有权的同时，把对广播节目录制品的复制扩大为"以任何方式或形式的"以及"直接或间接的"复制。基本上，这是对《罗马公约》中规定的广播组织传统权利的提

---

❶ WIPO doc SCCR/15/2.

❷ 参见 SCCR/15/2。

升与发展。

至于后四种权利,则是《基础提案草案》给广播组织新规定的权利。其中,发行权是指广播组织通过销售或其他所有权转让形式向公众提供其广播节目录制品的原件和复制品的授权专有权或禁止权。录制后播送的权利,即广播组织享有授权在其广播节目被录制后(以任何方式)播送此种广播节目的专有权。如果加上"以任何方式"这个限定,则播送行为包括广播、有线广播和通过计算机网络进行的播送。❶ 提供已录制的广播节目的权利,即广播组织享有专有权以授权或者享有禁止通过有线或无线的方式向公众提供其已录制的广播节目,使该广播节目可为公众中的成员在其个人选定的地点和时间获得。最后,对广播前信号的保护,即广播组织对其广播前的信号,应享有制止《广播组织条约》第 9 条至第 15 条所述任何行为(转播、向公众传播、录制、复制、发行、录制后播送,以及提供已录制的节目)的适当和有效的法律保护。❷

显然,《基础提案草案》给了广播组织权利人更强的保护,很多地方完全超过了《罗马公约》和 TRIPs 协定规定的标准。显然,这样的规定更符合广播组织的利益,但是却引起了以版权人和使用者为代表的反对。在版权人看来,广播组织只是对其广播节目进行编排和安排播放时间,他们并不创作这些节目,因此对广播组织的保护应该明确规定仅限于信号而不延及信号所承载的内容,至于广播节目的内容,应该由版权法加以保护。可问题是,不管是《罗马公约》还是《基础提案草案》都没有对广播节目和信号分开来加以规定,以至于当人们提到广播节目的时候,一般都会把它理解为信号加内容。如果赋予了广播组织对节目内容的专有控制权,这就势必侵害到节目内容权利人的利益。因此,对广播组织权利的客体进行更为精确的界定十分重要,但是,《基础提案草案》显然没有很好地解决这个任务。对于一般公众而言,给予广播组织更多的权利相对就意味着公众自由获取信息的权利受到了更多的限制。因此,为了避免与信息利用自由权发生明显的冲突,授予广播组织的专有权就不应该延伸到播出进入公共领域作品的再利用,至少只要这种再利用涉及的只是特定播出的作品而不是实际的广播信号。❸ 这就再次提出,需要把广播组织用来传输节目的信号和信号所承载的内容分开,同时在更新广播组织权利保护水平的同时,也需要充分注意对这些权利的限制和例外的规定。

3. 《非正式草案》对广播组织权利的新规定

SCCR 于 2007 年 3 月 8 日颁布的《非正式草案》是在综合考虑了各代表团、版权人以及相关民间利益团体对《基础提案草案》的意见和建议之后对其的修订。这个《非正式草案》充分体现了"信号保护说"(signalbased approach),并且兼顾了希望赋予保

---

❶ 但是,《基础提案草案》在对"广播"和"有线"广播的定义中均排除了通过计算机网络进行的播送。参见 WIPO doc SCCR/15/2 第 5 条(a)项和(b)项。

❷ 《广播组织条约》,第 9 ~ 15 条分别规定了转播权、向公众传播的权利、录制权、复制权、发行权、录制后播送的权利和提供已录制的广播节目的权利。

❸ 托玛思蒂列尔:"对《世界知识产权组织保护广播组织条约》及其对言论自由影响的看法",载《版权公告》,载国家版权局网站:http: // www ncac gov cn/servlet/ervlet info InforServlet? action = gblist&id = 537。

护受益人以专有权和希望仅针对信号盗播而规定较为狭窄的、特定的保护这两种意见。❶

《非正式草案》中体现出来的显著特点主要包括：①通过对"广播"这个概念的界定而使整个条约体现出"信号保护说"的态度；②保护的客体"广播"虽然与TRIPs协定和《罗马公约》使用了同一个词，但是其意思却被明确界定为载有节目的信号，并且明确排除了广播组织对其播送的节目内容享有任何权利；③对定义的阐述力图精确并使其仅适用于较窄的范围；④保护的范围比较狭窄，明确排除纯粹的转播、按需传输，以及包括网播在内的任何通过计算机网络的传播。❷

该《非正式草案》显然是各利益团体之间彼此抗衡、妥协的结果。在其定义部分特别对广播、节目、广播组织、有线广播、转播、向公众传播和录制作出了定义，目的非常明显，就是要在保持与版权和邻接权领域中现有条约术语一致的情况下，明确把对广播组织的保护限定于它的信号，从而就避免了赋予广播组织对其传输的节目享有更多的控制权。这对于版权人和公众来说无疑是一个好消息。但是仅赋予广播组织对其信号的专有权，而不涉及信号承载的内容，对广播组织来讲究竟有多大的意义呢？因为广播组织的权利，不管是转播权、录制权、复制权，还是广播前的信号等，❸ 对它们的保护都是与信号的内容分不开的。因此笔者认为，这种规定虽然理论上满足了"信号保护说"的主张，但是在实际操作中，仍然不能解决广播组织在授权转播、录制和复制其节目信号的时候，如何避免侵害到节目内容权利人的版权和社会公众的信息获得权。

三、结 语

今天，广播组织已经成为一种越来越有效的传播作品和各类信息的媒体。广播组织提供给受众的最后产品是许多人努力的结果，运用了创造性、组织性和技术性技巧以及相当多的经济资源。广播组织的这些付出是它的权利享有保护的基础。对广播组织权利的更新和发展与广播组织在社会作用中日益增加的重要性是密不可分的。任何一种权利的扩大，必然相对缩小其他权利的范围，影响到其他权利人的利益，乃至对社会、对广大公众的利益也会带来各种影响。但是，我们必须正视权利发展的要求，用积极的态度面对、研究并解决问题。对广播组织的权利给予保护，并且根据时代的变化而予以发展是必然的，重要的是，在认真研究、衡量这种变化给其他权利人和社会公众所带来的利弊基础上，竭力寻找出能够尽可能平衡各方利益的方法。我们应该在不断发展的社会中，运用好法律这个杠杆，以使不断发展、此消彼长的各种权利尽可能达到平衡，从而始终保持社会的和谐与稳定。

---

❶ 参见 SCCR/S1/WWW [75352]，2页，关于该案的解释性意见。

❷ 参见 SCCR/S1/WWW [75352]，2页，关于该案的解释性意见。

❸ 《保护广播组织条约非正式草案》对广播组织仅规定了转播、录制和复制这三种专有权；对于广播前信号、未经授权对广播的加密和解密、未经授权提供对广播进行加密或解密的设置和系统，以及未经授权去除广播组织权利保护信息等则要求缔约方提供充分和有效的法律保护。

中 文 部 分

WTO 协定的首次修订[*]
——TRIPs 协定第 31 条之修改

　　1994 年 4 月 15 日，历经近八年的乌拉圭多边贸易谈判成功结束，包括欧洲共同体在内的 125 个成员方共同签署了《马拉喀什建立世界贸易组织协定》(《WTO 协定》)。1995 年 1 月 1 日，《WTO 协定》(包括 GATT 协定、GATS 协定、TRIPs 协定等) 正式生效。《WTO 协定》是发达国家、发展中国家以及最不发达国家相互妥协与让步的结果，为全球自由化多边贸易体制的建立和发展奠定了基础。尽管《WTO 协定》是多方磋商一致的结果，但一些利益冲突较大的议题并未得到解决。WTO 成立 13 年来，成员方就 WTO 框架下农产品关税、农业补贴、知识产权保护与公共健康，传统知识保护，生物多样性等多项议题展开了马拉松式的磋商与谈判。2005 年 12 月 6 日，WTO 总理事会在《关于 TRIPs 协定与公共健康问题多哈宣言》(2001 年 11 月) 与《关于实施多哈宣言第 6 段的决议》(2003 年 8 月) 的基础上，通过了《关于〈与贸易有关的知识产权协定〉修正案议定书》，这是 WTO 成立以来对包括《WTO 协定》在内诸多协定的首次修订。

一、公共健康与知识产权保护：现实困境与 TRIPs 协定专利强制许可规则的冲突

　　乌拉圭回合最重要的特点就是在美国与欧盟的极力推动下，将知识产权保护规则纳入了国际贸易一揽子协定，使之成为多边贸易体制的一部分。TRIPs 协定的生效，使得以美国为首的发达成员的知识产权保护标准最终成为知识产权保护的国际标准。在强制许可方面，TRIPs 协定继承与发展了《保护工业产权巴黎公约》的强制许可规则，并对强制许可的实施条件做了严格限制❶。

　　第一，TRIPs 协定规定的药品专利强制许可实施成本过高，发展中成员往往难以承受。强制许可是有偿许可，取得强制许可的受益方必须支付适当的使用费，且使用费的

---

　　[*]　原载《海南大学学报（人文社会科学版）》2009 年第 1 期。本文为郭寿康与史学清合著。史学清，北京金诚同达律师事务所律师、合伙人，法学博士。

　　❶　与《保护工业产权巴黎公约》不同的是，TRIPs 协定中的用语是"未经许可的其他使用"，而非"强制许可"，后者只是前者的一种使用形式。See Oblgations and ExceptionsFact Sheet TRIPs and pharn aceu tical patents available at http//www wto org/english/tratop_ e/TRIPs_ e/factsheet_ pharn02_ eht-mJHJcom pulsory licensing visited on July 10, 2008, and Article 31 of *Agreem ent on Trade_ Related Aspects of Intellectual Property Rights*.

数额应当满足第 31 条（h）项"应顾及授权使用的经济价值"[1]以及对使用费"适当"性的要求❶。并且一项专利的成功实施，除了专利本身，还需要相关非专利技术（know-how）的转让等。因此，强制许可的实施仍需支付高额的成本，发展中成员特别是最不发达成员很难自行实施强制许可生产价格低廉的必需药品。

第二，TRIPs 协定规定，根据强制许可生产的药品只能供成员国内市场需求，而对于缺乏或没有生产能力但又急需药品的成员，则没有任何实质意义。协定第 31 条（f）项规定，强制许可的目的应主要是为满足准许该使用行为的成员国内需求❷，而不能出口。现实情况下，艾滋病、肺结核等流行病严重的国家往往是最落后的国家，其本国的制药业缺乏专利药品的生产能力，即使授予专利强制许可，也无法在本国生产相关药品，只能依靠进口。如果购买专利药品，价格过高无法承受，进口其他成员依据强制许可生产的药品又受到 TRIPs 协定的限制。TRIPs 协定第 31 条无疑对发展中成员利用专利强制许可规则解决公共健康问题造成了严重障碍，限制了发展中成员获取急需的廉价药品的权利。

第三，TRIPs 协定规定的强制许可在具体实施过程中容易招致发达成员、制药业巨头的极力反对，并引发争端。如 2001 年巴西政府要求国际制药公司（Merck & Ca 与 Roche）降低治艾药品价格及强制许可案争端；2007 年泰国政府对美国 Merck & Ca 公司药品 Stocrin，美国 Abbott 公司的专利药品 Kaletra 以及法国 Sanofi-Aventis 制药集团治疗心脏病的抗凝血药品 Plavix 强制许可争端；等等，都会导致 TRIPs 协定中强制许可规则的实际意义大打折扣。

以上种种情形，在一定程度上彰显了现实情况下公共健康与知识产权保护的矛盾与冲突，TRIPs 协定中专利强制许可规则成了发展中成员特别是最不发达成员解决公共健康危机的严重障碍。

二、公共健康危机：TRIPs 协定修订的根本动因

进入新世纪以来，发展中成员、最不发达成员的公共健康问题，特别是艾滋病、肺结核、疟疾等流行病对整个人类健康造成了严重的威胁，受到了国际社会越来越深切的关注。在非洲和拉丁美洲，疟疾、结核病和艾滋病等致命性传染病正在蔓延，成为当地人们健康和经济发展的灾难性杀手。而造成这种现象的一个关键因素，就是当地患病者无法逾越专利治疗药品的高价壁垒，难以获得有效的廉价治疗药品。发达成员的药品专利权人严格控制着有关药品的生产、推广及定价，而符合强制许可规定的仿制药又不能进入市场，这就使得发展中成员、最不发达成员无法获得便宜的专利药品或仿制药。尽

---

❶ "the right holder shall be paid adequate rem un eration in the circum stances of each case, taking into account the econcm ic value of the authorization". See Article 31（h）of Agrean ent on Trade_ Related A spects of Intellectual Property Rights.

❷ "any such use shall be authorized predcm inantly for the supply of the dom esticm arket of the Member authorizaing suchuse". See Article 31（h）of Agruum ent on Trade-Relatd Aspects of Intellectual Property Rights.

管 TRIPs 协定第 31 条允许成员国通过强制许可解决本国公共健康危机，但由于该项下的强制许可药品只能主要供应本国市场，且实施成本、实施条件高，又极易招致专利权人及所属国家的抵制。所以，实践中强制许可并不能得以顺利实施（如泰国、巴西与美国药品强制许可争议案）。此外，没有制药能力也无能力实施强制许可生产仿制药的发展中成员、最不发达成员也无法从其他实施强制许可的成员进口急需药品。因此，TRIPs 协定第 31 条下的强制许可难以为发展中成员，特别是最不发达成员提供实质性帮助。

TRIPs 协定一边倒向发达成员的利益，过度强调知识产权保护，忽视公共健康等公共利益，引起了发展中成员与最不发达成员的强烈不满。社会公众与一些非政府组织强烈呼吁修订或临时终止 TRIPs 协定相关条款（的执行），以使发展中成员、最不发达成员面临的日益严重的公共健康危机得到及时有效遏制。联合国人权促进小组委员会 2000 年 8 月通过的《知识产权与人权》决议明确指出，"TRIPs 协定并没有反映所有人权基本性质和整体性，包括人人享有获得科学进步及其产生利益的权利、享受卫生保健的权利、享受食物的权利和自我决策的权利。所以，TRIPs 协定与国际人权法之间存在明显冲突"[2]。2008 年 5 月第 61 届世界卫生大会通过的《公共卫生、创新和知识产权全球战略和行动计划》也明确指出："知识产权不会，也不应当妨碍会员国采取措施保护公共卫生。"[3]

三、"南北博弈"：TRIPs 协定修订的艰难历程

作为由发达国家积极主导、发展中国家被动接受的制度安排，TRIPs 协定更多地顾及和参照了发达国家的要求和做法，忽视了发展中国家实施高标准知识产权保护在人力、财力和技术上存在的困难。一定程度上引发并恶化了发展中国家，特别是最不发达国家的严重公共健康危机等许多社会问题，TRIPs 协定与公共健康的冲突成为南北矛盾的焦点之一。为解决日益严重的公共健康危机，发展中成员，特别是最不发达成员与发达成员进行了长达 4 年的艰苦曲折谈判，最终于 2005 年 12 月通过了《关于修正 TRIPs 协定的决定》，这是 WTO 多哈回合迄今取得的唯一实质性成果。

（一）《TRIPs 协定与公众健康宣言》

TRIPs 协定通过不久，发展中成员就开始在 WTO 框架内寻求方法以解决知识产权保护与其切身利益相关的公共健康之间的矛盾。在多哈发展议程谈判启动之前，发展中成员再次呼吁将公共健康问题列入多哈部长宣言。经过发展中成员的努力，解决缺乏或没有制药能力成员的公共健康问题正式成为多哈回合的重要议题之一。2001 年 11 月 14 日通过的《多哈部长级宣言》（《多哈宣言》）第 17 段指出："我们强调通过促进对现有药品的准入与新药的研究开发，以支持公共健康的方式执行和解释 TRIPs 协定的重要性。就此我们正通过一个单独的宣言"，17 段中所指的宣言就是同日通过的《TRIPs 协定与公共健康宣言》（《公共健康宣言》）[4]。

《公共健康宣言》重申了成员可以自行确定授予强制许可的条件、"国家紧急事件"或"其他紧急情况"等，并将艾滋病、结核病、疟疾等流行传染病列为公众健康危机。宣言进一步为发展中成员实施药品专利强制许可明确了合法化基础、对 TRIPs 协定第 31

条规定的理解产生了实质性影响。为了落实宣言的各项内容,《公共健康宣言》第 6 段还规定:"我们认识到缺乏或没有制药能力的成员方在有效实施 TRIPs 协定规定的强制许可时可能面临困难,特指示 TRIPs 理事会在 2002 年年底前为这一问题找出便捷的解决办法并向总理事会汇报。"[4]

《公共健康宣言》目的在于确认,当面临艾滋病等公共健康危机时,TRIPs 协定应当有更多解决问题的弹性做法,尤其是在强制许可与权利用尽(平行进口)方面。

(二)《关于执行 TRIPs 协定与公共健康宣言第六段的决定》

根据《公共健康宣言》的指示,TRIPs 理事会应于 2002 年年底前向 WTO 总理事会提出用于解决缺乏或没有制药能力成员有效适用 TRIPs 协定强制授权的快捷方案,以解决其所面临的公共健康危机。2002 年 3 月,TRIPs 理事会就此展开讨论,不同成员提出了不同的解决方案。如美国主张在一定条件下,对出口药品至面临公共健康危机的成员不提出争端解决的临时性方案;欧盟提出的修正 TRIPs 协定第 31 条或对第 31 条进行有限例外解释的方案等。尽管理事会曾于 2002 年 3 月、6 月、9 月以及 11 月召开四次会议讨论,但由于成员之间立场与意见差异较大,在指定时间(2002 年年底)届满之时,仍未达成一致的解决方案。

此后,经 TRIPs 理事会主席尽力协调沟通之后,WTO 成员最终于 2003 年 8 月 30 日达成临时性的《关于执行 TRIPs 协定与公共健康宣言第六段的决定》(《决定》)。同时,成员也接受了总理事会主席对《决定》进行的说明的声明。至此,历经 1 年半的艰苦协商,TRIPs 协定与公共健康问题的谈判终于取得了积极的成果,这是 WTO 多哈发展议程各项议题中第一个成功结束的谈判,也被称作"WTO 具有历史意义的一个协议"[5]。

(三)《修改 TRIPs 协定的议定书》

为了落实《公共健康宣言》与《决定》中药品强制许可的指示,2005 年 12 月 6 日,WTO 各成员一致通过了修改 TRIPs 协定有关强制许可条款的决定。该决定附属的《修改 TRIPs 协定的议定书》(《议定书》)与 2003 年《决定》在实质内容上完全一致。按照《议定书》规定,在符合有关条件的前提下,WTO 成员可以授予其国内企业生产并出口特定专利药品的强制许可,不再局限于供应国内市场[6]。即是说,《议定书》允许 WTO 成员可为向"有资格进口的成员"出口药品的目的而授予专利强制许可,突破了 TRIPs 关于强制许可药品只能为供应本国市场的限制。此项修订是发达成员向发展中成员特别是最不发达成员作出的妥协与让步,也是为发展中成员和最不发达成员提供的一项重要灵活性。

四、《议定书》药品专利强制许可国际规则的重大突破

《议定书》尽可能保持了与《决定》(2003)内容的一致性,作为修改 TRIPs 协定的法律文件,其法律地位不同于作为临时性豁免安排的《决定》,更为正式。《议定书》的具体内容由两部分组成:第一部分是 TRIPs 协定第 31 条后增加一款作为第 31 条之二;第二部分是该增加条款的附件,列入第 73 条。

1. 对强制许可生产的药品出口限制的放开

TRIPs 协定第 31 条之二第 1 项规定,第 31 条(f)项下出口成员的义务不适用以下

情形:"出口成员为生产并出口药品到有资格进口的成员之目的的必要范围内,授权强制许可并符合本协定附件第2项中所列的条件。"❶ [6] TRIPs协定第31条(f)项规定专利强制许可生产的产品应主要为满足授权该许可的成员国内市场供应。修改后的第31条之二第1项允许为公共健康目的,授予该强制许可的出口成员将该许可生产药品出口到合格进口成员。这实质上豁免了(f)项所规定的主要供应实施国国内市场的义务,并将被许可人生产的特定药品出口到发生公共健康危机、且缺乏或无药品生产能力的最不发达或发展中成员。

2. 对药品强制许可补偿金的有限豁免

TRIPs协定第31条之二第2项规定:"当一个出口成员根据本条款与本协定附件建立的体制授予了一项强制许可,应参考出口成员(专利)授权使用对进口成员的经济价值,由出口成员一方依第31条(h)项给予充分的补偿。当一个有资格进口的成员对同一产品授予了强制许可,考虑到有关产品的补偿根据本项第一句内容在出口成员一方已支付,该进口成员不承担第31条(h)项下(对该有关产品)的义务。"❷ [6] 即出口成员方根据该修正案实施强制许可时,应按照TRIPs协定第31条(h)项的规定,给予专利权人充分合理的报酬,合格进口成员……则免除向专利权人再次支付报酬的义务。这属于豁免发展中与最不发达成员义务的特别规定。

3. 对强制许可药品当地化生产的鼓励

TRIPs协定第31条之二第3项规定:"为了利用规模经济以增强医药产品的购买力并促进医药产品的本地生产……有关成员在第31条(f)项下的义务将被适当豁免,从而使该成员能够在一项强制许可项下生产或进口一种医药产品以便出口到有关区域贸易协定下其他共同遭受有关公共健康问题的发展中或最不发达成员的市场。这不影响有关

---

❶ "The obligattions of an exporting Member under Article 31 (f) shall not apply with respect to the grant by it of a compulsory Licence to Ihe extent necessary for the purposes of production of a pharn aceutical product (s) and its export to an eligible in porting Member (s) in accordance with the terms set out in paragraph 2 of the Annex to this Agreement". See Article 31bis (1) of *Annex to the Protocol Amending the TRIPs Agreement*.

❷ "Where a compulsory licence is granted by an exporting Member under the system set out in this Article and the Annex to this Agreement ade quate rem uneration pursuant to Article 31 (h) shall be paid... Where a compulsory licence is granted for the same products in the eligible importing Member, the obligation of that Member under Article 31 (h) shall not apply in respect of those products for which remun eration in accordance with the first sentence of this paragraph is paid in the exporting Member". See Article 31bis (2) of *Annex to the Protocol Amending the TRIPs Agreement*.

专利权的地域属性。"❶ [6] 该第 3 项允许区域贸易协定（其中一半以上成员为最不发达成员）的发展中或最不发达成员依照强制许可生产药品，再出口到有相同公共健康危机的区域贸易协定内其他发展中或最不发达成员境内。显然，该项修订的目的是促进强制许可药品本地化生产，而不是鼓励强制许可药品的出口。

4. 对强制许可新规则的限制：第 31 条之二的独立适用性

TRIPs 协定第 31 条之二第 5 项规定："本条款及本协定附件并不影响成员在本协定下除第 31 条（f）、（h）项外的，包括经《公共健康宣言》重申的其他权利、义务和灵活性，也不影响相关的解释。本条款及本协定附件也并不影响依照第 31 条（f）项通过强制许可所生产的药品可以出口的限度。"❷ [6] 修改后的 TRIPs 协定第 31 条之二旨在允许将某些为解决公共健康危机而授予专利强制许可生产的药品，出口至最不发达成员和部分缺乏足够药品生产能力的发展中成员境内，并由作为出口方的发达成员政府支付本地的权利人合理的报酬。它与该协定第 31 条（f）、（h）项以外的其他专利强制许可规定是相互独立的，各成员依据其他条款的权利、义务及享有的灵活性不受该修改的影响，根据协定第 31 条（f）项允许出口一强制许可生产的非应对公共健康危机的药品，并不受本修改影响。

此外，为解除发达成员制药企业对此制度被滥用而破坏专利保护的疑虑，与 2003 年《决定》达成时总理事会的做法一样，总理事会在《议定书》通过时也发表了一份《主席声明》，并附有防止贸易转移的"最佳实践"指南。声明指出，生产或进口仿制药的做法应真诚地用于维护公共健康，特别强调防止贸易转移的发生[7]。

五、任重道远：强制许可规则的艰难实践

（一）《议定书》生效及强制许可规则的意义

按照 WTO 有关条约的规定，《议定书》经 WTO 总理事会通过后，开放供各成员在 2007 年 12 月 1 日或部长级会议可能决定的更晚日期之前接受。《议定书》不允许提出保留，并将在 2/3 的成员接受后生效。截至 2008 年 6 月，《议定书》得到包括欧盟、美国在内的 43 个成员的批准。考虑到 2/3 的成员批准需要时日，WTO 总理事会于 2007 年 12 月 18 日通过新的决定，决定将《议定书》的批准时间延长至 2009 年 12 月 31 日或由理事会决定的更长期限[8]。因此《议定书》与修改后的 TRIPs 协定何时生效尚不确定，

---

❶ "With a view to harnessing economies of scale for the purposes of enhancing purchasing power for, and facilitating the local production of, phatmaceutical products…the obligation of that Member under Article 31 (f) shall not apply to the extent necessary to enable a pharmaceutical prod-uct produced or inported under a compulsory licence in that Member to be exported to the markets of those other developing or lease developed country parties to the regional trade agreement that share the health problem in questionIt is understood that this will not prejudice the territorial nature of the patent rights in question". See Article 31bis (3) of *Annex to the Protocol Amending the TRIPs Agreement*.

❷ "This Article and the Annex to this Agreement are without prejudice to the rights, obligations and flexibilities that Members have under the provisions of this Agreement other than paragraphs (f) and (h) of Article 31…". See Article 31bis (5) of *Annex to the Protocol Amending the TRIPs Agrement*.

但这并不影响《议定书》实质内容在实践中的生效,因为《决定》(2003)与《议定书》实质内容并无区别;且《决定》效力自动延及《议定书》生效之时[9]。所以,《议定书》是 TRIPs 协定的一次重要修订,为发展中成员和最不发达成员提供了一项重要灵活性,也是专利强制许可国际规则的一次重大突破。

实际上,强制许可规则建立这么多年来,真正启动过的国家并不多。由于专利本身的复杂性,不是所有成员按照专利说明书、投入人力财力就一定能成功生产出产品的。更何况专利说明书的要求只是能够生产出某产品,而未必是生产此产品的最佳方案,最佳方案往往还和一些技术秘密或专家指导等因素相关。既然不怎么实际应用,为什么还要费劲争取呢?对这个问题一定要有清醒的认识,强制许可是一项非常重要的权利,也是非常重要的国际谈判筹码。比如,巴西政府因无法负担治艾药品的巨大支出,欲通过实施专利强制许可自行生产药品,但遭到了美国 Merck & Co❶ 与瑞士 Roche 两家国际制药公司的极力反对,美国政府于 2001 年 1 月向 WTO 提出争端控诉申请,指出巴西政府违反了 TRIPs 协定第 271 条与 281 条规定,对美国专利权人造成了损害。然而,在面临强制许可及国际舆论的压力下,美国于 2001 年 6 月 25 日,决定撤回对巴西的控诉,并与巴西发表联合声明,建立一套新的双边协商机制,以解决抗艾药品争议。此后,巴西卫生部分别与 Merck & Co 和 Roche 达成最终协议,Merck & Co 同意将两种药品 efavirenz 与 indinavir 降价 60%,Roche 公司同意将药品 Nelfinavir 降至美国销售价的 30%[10]。2007 年 4 月 24 日,巴西卫生部长签署第 886 号命令决定对药品 efavirenz 实施强制许可[11]。

一直以来,大家都认为修订 WTO 的协定非常困难,要达到所有成员"协调一致"的要求几乎没有可能,但《议定书》的通过证明了这是可能实现的。无论是强制许可本身的意义,还是对 TRIPs 相关规定做出重大突破,《议定书》的通过和批准,都在 WTO 历史上具有深远的意义,中国也应从中学会很多[12]。

(二)成功尝试:加拿大—卢旺达药品出口案

虽然在药品强制许可的具体实施方面,仍会遇到发达成员、国际专利医药专利巨头在政治上与经济上的阻力与压力,以及发展中成员国内立法与行政成本等诸多问题。但《决定》与《议定书》的通过还是为发展中成员提供了更大的灵活性,目前国际上已经有援引《决定》实施专利强制许可的成功案例。

根据联合国艾滋病规划署发布的《2008 全球艾滋病流行状况更新报告》显示,作为艾滋病肆虐的地区之一,卢旺达 800 多万人口中约有 94 万人感染了艾滋病毒,其中约有 14% 的感染者年龄在 15 岁以下,此外该国还有 16 万艾滋遗孤[13]。2007 年 7 月 17 日,卢旺达常驻 WTO 代表团向 TRIPs 理事会提交通报文件,通报称根据卢政府对目前

---

❶ Merck & co 是美国公司,Merck KGaA 是德国公司,两公司除共用"Merck"名字外,业务上并无联系。在美国与加拿大,Merck & co 对"Merck"享有独占权,而在欧洲及世界其他地区,Merck KGaA 对"Merck"享有独占权。Merck & co 在北美之外的其他地区经营,须以 Merck Sharp & Dohome 或 MSD Sharp & Dohome 的名义进行,Merck KGaA 在北美地区的业务则要以 EMD (Emanuel Merck, Darmstadt) 的名义开展。

国内公共健康状况的评估，按照《决定》（2003）第2（a）段规定，其拟于2007~2009年从加拿大Apotex公司进口26万剂治疗艾滋病的药物TriAvir。此外，由于难以预计公共健康方面的实际需求，卢政府将保留进一步调整进口数量的权利。TriAvir是Apotex公司研制生产的，但其中两种成分Zidovudine与Lanivudine专利属于英国Glaxo Smith Klein（GSK）公司，第三种成分Nevirapine由德国Boehringer Ingelehin（BI）公司享有专利[14]。

2003年《决定》通过后，加拿大政府根据《决定》的内容修改了《专利法》与《食品药品法》。根据修订后法律，加拿大政府可以颁发生产和出口专利药品的强制许可，以向"有资格的进口成员"出口该强制许可药品。2007年9月4日，按照《专利法》的规定，Apotex公司向加拿大政府提交了药品TriAvir强制许可申请，并于9月19日获得批准。2007年10月4日，加拿大常驻WTO代表团向TRIPs理事会通报了已针对卢旺达需求授权生产并出口的强制许可药品，并通报了强制许可涉及的数量与条件。英国GSK公司于2007年8月发布新闻，称只要Apotex公司对卢旺达供货是基于非营利，其同意就其部分放弃专利权。德国BI公司则于2007年10月1日声明其将支持加拿大政府的对Apotex公司的授权决定[15]。

卢旺达是世界上首个援引《决定》（实质内容与《议定书》相同）进口仿制药的成员，该案是《决定》现行体制下专利强制许可规则的一个有益尝试，为TRIPs协定第31条之二的执行树立了典范。

（三）任重道远：泰国—美国药品强制许可争议案与印度—尼泊尔药品强制许可案

当前，世界上尚无彻底有效的治愈艾滋病手段，发展中成员一般采用廉价的一线药品组合服用疗法，但这些廉价药品副作用大、治疗效果相对较差。而较好的药品，如Merck & Co公司的专利药品Stocrin与Efavirenz价格是前者的两倍以上，无法成为患者的首选。此外，患者在服用一线药品几年后会产生抗药性，必须服用价格更为高昂的二线药品才能维持生命。而相关制药企业希望通过二线药品赚取高额利润，导致其价格居高不下。Abbott公司的专利药品Kaletra就是这种二线药品。虽然该公司在泰国对药品Kaletra实施了价格优惠，但对于泰国政府而言，要及时解决高达61万的艾滋病感染者的药品供给，却仍是不小的负担。

基于此，泰国政府在通过多种途径与拥有相关药品专利权的制药企业就药价降低协商数年未果的情况下，决定颁发强制许可，从而获得低价药品。2006年11月29日，泰国政府以公共利益为理由，针对药品Stocrin向政府制药组织（the Government Pharmaceutical Organization, GPO）颁发强制许可，允许该组织（从印度）进口或在本地生产该药。2007年1月，泰国政府又以公共使用为理由，针对药品Abbott公司的Kaletra颁发了强制许可。此举立即招致了相关制药公司的强烈反对，Abbott公司撤回了Kaletra的新剂型Aluvia在内的六种新药在泰国药监部门的注册申请，公然表示以此作为对泰国政府颁发强制许可的回应[16]。2007年4月30日，美国贸易代表办公室发布了特别301报告，认为泰国由于对知识产权保护和实施的"全面恶化"而被列入重点观察名单，这也是2007年唯一一个被新列入该名单的国家。报告明确表示，部分原因就在于此前泰国颁发的强制许可缺乏透明度。目前，泰国颁发强制许可这一系列事件仍未完全结束，在国际社会已经产生了较大影响，引起有关方面对于强制许可的疑虑和担心，更引发了制药企业及其利益相关方的强烈不满。另据有关报道，美国可能对泰国有关药品的强制许可措施诉诸 WTO。

印度—尼泊尔药品强制许可案是最近的一个案例。2007 年 12 月，Natco 公司根据专利法规定❶[17]向印度专利局申请对瑞士 Roche 公司肺癌专利药物 Erlotinilo 实施强制许可，生产 3 万片该药并用于向尼泊尔出口，Natco 公司愿意支付销售额 5% 的专利费。2008 年 1 月，Natco 公司再次提出申请对美国 Pfizer 公司的肾癌专利药 Sunitinib 实施强制许可，生产 15 万片该药并用于向尼泊尔出口，Natco 公司愿意支付销售额 5% 的专利费。由于专利权人的阻挠，尚未通过印度专利局的审批。目前，尼泊尔政府也未向 TRIPs 理事会进行通报。

可以预见，尽管《决定》《议定书》已获通过，但在具体实施方面，发展中成员仍会面临发达成员、国际专利医药专利巨头在政治上与经济上的阻力与压力，国内立法与行政成本等诸多问题。《议定书》这一谈判最终成果在具体实施中是否能真正发挥既定的目的，尚有待实践的检验。

六、国内法与《议定书》的衔接：强制许可规则的国内制度完善

2007 年 10 月 28 日，十届全国人大常委会第 30 次会议批准了《议定书》，11 月 28 日，我国常驻 WTO 代表孙振宇大使向 WTO 总干事拉米（Pascal Lamy）正式交存了由国家主席胡锦涛和外交部部长杨洁篪签字的批准书。同时，我国常驻 WTO 代表团在一项声明中表示，TRIPs 协定的修订将有助于解决许多发展中成员，尤其最不发达成员面临的公共健康危机。

根据 WTO 官方消息，挪威、加拿大、印度已经根据《议定书》完成了国内相关法律的修改，朝鲜与欧盟也正在积极准备修改相关法律。我国也应当充分借鉴国际立法及实践经验，借助专利法修改的契机，最大限度地利用 WTO 规则中各项权利、优惠与例外，以便于为包括我国在内的发展中成员提供帮助。2008 年 12 月 27 日通过的专利法第三次修正案增加了 "为了公共健康目的，对取得专利权的药品，国务院专利行政部门可以给予制造并将其出口到符合中华人民共和国参加的有关国际条约规定的国家或者地区的强制许可" 一条规定（作为第 50 条），这一规定体现了国内法与《议定书》之间的进一步衔接。根据该条规定，我国国务院专利行政部门可在必要时授予国内企业生产特定专利药品的强制许可，并允许生产企业向符合 TRIPs 协定规定条件要求的成员出口依据强制许可生产的专利药品。《议定书》的批准及我国专利法的及时修订为我国企业出口依据强制许可生产药品（帮助其他成员解决公共健康危机）奠定了法律基础。但新

---

❶ "Compulsory licence shall be available formanufacture and export of patented pharmaceutical products to any country having insufficient or nomanufacturing capacity in the pharm aceutical sector for the concemed product to address poblichealth problems, provided compulsory licence has been granted by such country or such country has, by notification or other wise, allowed in portation of the patented pharm aceutical products from India" See. The patenst (Amendment) Act, 2005 of India, 92A (1).

修订的专利法并未规定我国在何种情况下（比如突发公共健康危机等）可以进口依照强制许可生产的急需药品。笔者认为，要保障我国在紧急情况下解决突发公共健康问题时的药品供应，及时解决重大公共健康危机，我国有必要事先向 TRIPs 理事会通报成为"符合条件的进口成员"。同时我们也要认识到，解决公共健康问题是一个系统工程，不是某个孤立的制度所能解决的。在利用这一规则时，应全面考虑公共政策目标、专利制度、竞争政策、创新促进等方面的因素，调整完善相应的配套制度，才能最大限度地发挥这一规则的优势。能否将之应用到位，将是反映我国知识产权制度成熟程度、法制水平以及 WTO 规则运用技巧的一个重要参数[18]。

《议定书》的正式通过是 WTO 全体成员方第一次行使《WTO 协定》第 10 条第 1 款下修订协定或附件协定一（如 GATT 协定，GATS 协定，TRIPs 协定等）的权力，以及履行《WTO 协定》第 4 条第 2 款赋予总理事会职能的重要结果。对于 TRIPs 协定以及 WTO 体制的发展，都具有突破意义。笔者相信，随着多哈回合（以及将来新议程）的进展，将会有更多协定的条款被修订。因为，这不仅是 WTO 体制自身发展的需要，也是逐步实现《马拉喀什宣言》及《WTO 协定》各项原则的必然要求——促成符合成员发展水平的更为开放的贸易体制的建立[19]，最终促使 WTO 成为"一个完整的、更可行的和持久的多边贸易体制"。

【参考文献】

［1］郑成思. WTO 知识产权协议逐条讲解［M］. 北京：中国方正出版社，2001：115.

［2］UN High Comm issioner for Hum an Right Intellectual Property and Human Rights［R］. Geneva：UN comm ission，2000.

［3］WHO. WHO Global Strategy and Plan of Action on Public Health，Innovation and Intellectual Property，WHA 61. 21，24/5/2008［EB/OL］.［2008-07-10］http：//www. who. int/gb/ebwha/pdf_ files/A61/A61_ R21_ enpdf.

［4］Doha WTO Ministerial 2001：Ministerial Decharation Paragraph 17 of the Main Doha Declaration，WT/MIN（01）/DEC/1［R］. Doha Qatar the Fourth WTO Ministerial Conference，2001.

［5］万怡挺. 寻求公权与私权的平衡点——评多哈回合中的公共健康谈判［J］. WTO 经济导刊，2007（4）：29～31.

［6］WTO：Annex to the Protocol Amending the TRIPs Agreement ent，Decision on the Amendment of the TRIPs Agreement，WT/L/641［R］. Geneva the General Council，2005.

［7］Chairperson's Statement The General Chairperson Read Out This Statememnt When the Council Approved Changes on 6 December 2005 to the WTO's Intellectual Property（TRIPs）Agreement Making Permament a Decision on Patents and Public Health Originally Adopted in 2003［EB/OL］.［2008-07-10］http//www. wto. org/english/new s_ e/pres05_ e/pr426_ ehtm.

［8］WTO：Decision on Amendment of the TRIPs Agreement—Extension of the Period for the Acceptance by Members of the Protocol Amending the TRIPs Agreement, WT/L/711 [R]. Geneva: the General Council, 2007.

[9] WTO: Decision on the Implementation of Paragraph 6 of the Doha Declaration on the TRIPs Agreement and Public Health, WT/L/540 and Corr 1 [R]. Geneva: the General Council, 2003.

[10] 林宜男, 许佳惠. TRIPs 协定第 31 条药品强制受权之回顾与展望 [G] //郑成思. 知识产权文丛: 12. 北京: 中国方正出版社, 2005: 106~137.

[11] The Ministerial Ordinance No. 886/07 (Brazil), April 24, 2007 [EB/OL]. [2008-07-10] http://www. aids. gov br/data/Pages/LU-MISE 77B47C8ITEMIDD3ED04F71D8D46819F52E948F99783B3ENIE. htm.

[12] 郭寿康. 知识产权强制许可国际规则面临重大突破 [N]. 法制日报, 2007-12-09 (10).

[13] UNAIDS. 2008 Report on the Global AIDS Epidemic [EB/OL]. [2008-08-10] http//www. unaids org/en/Knowledge Centre/HIV Data/Globa Report/2008/2008_ Global_ report asp.

[14] WTO: Canada is First to Notify Compulsory Licence to Export GenericDrug [EB/OL] [2008-07-17]. http//www. wto. org/english/news_ e/news07_ e/TRIPs_ health_ notif_ oct07_ ehtm.

[15] 万怡挺, 黄丽芬. 积极运用权利, 捍卫公共健康——卢旺达享受 WTO 中新权利的实践 [J]. WTO 经济导刊, 2008 (3): 74~76.

[16] 姚忻. 公共健康视野下的药品专利强制许可: 泰国的实践 [EB/OL]. [2008-07-17]. http://www. sipo. gov. cn/sipo/tfs/ggjkipcq/llsj/200806/t20080613_ 406703htm.

[17] The Patents (Amendment) Act, 2005 of India, 92A (1) [EB/OL]. [2008-07-17] http//ipindianic. in/ipr/patent/patent_ 2005pdf.

[18] 钮京晖. TRIPs 强制许可下的进口制度: 利器还是钝剑 [J]. 电子知识产权, 2007 (11): 32~35.

[19] LAMY Pascal Keynote Address to the WTO Public Forum on 24 September 2008Trading in to the Future [EB/OL]. [2008-10-01] http//www. wto. org/english/news_ e/sppl_ e/sppl101_ ehtm.

加快《著作权法》实质性修订的进程[*]

《著作权法》的修改，不应故步自封，更不应坚持一贯的"小修"原则。否则，每次修改都只能是不碰触实质的隔靴搔痒。总而言之，著作权法的实质性修改进程必须立即启动。

《专利法》《商标法》和《著作权法》构成了我国的知识产权法律体系的主要部分。由于历史的原因，相对于其他民事法律制度而言，知识产权制度和知识产权法律体系在世界其他国家真正的发展都比较晚，随着社会和科技的不断进步，知识产权制度才开始逐步确立和发展。而中国由于特殊的历史背景，错过了第一次、第二次工业革命，科学技术发展水平也远远落后于当时的西方国家，因此，知识产权制度建立的时间相对更晚。改革开放后，《专利法》和《商标法》冲破重重阻力，分别在1984年和1982年得以颁布实施，而《著作权法》在起草和颁布过程中的阻力远远大于前者，直到1990年才得以颁布，1991年开始实施。

《著作权法》制定之初，立法者的出发点主要在于中国的经济文化产业不发达，使用外国作品较多，当时的测算显示，如果建立著作权制度，我们每年要向国外缴纳9亿美元的使用费，因此反对的呼声比较高，但后来经过深入调查，发现数字没有这么多。为了保护版权，鼓励有益于社会主义精神文明、物质文明建设作品的创作和传播，促进社会主义文化和科学事业的发展与繁荣，最终在20世纪90年代通过了《著作权法》，但是仅满足国际公约要求的最低保护水平。

从理论上来说，经济基础决定上层建筑，20世纪90年代通过的《著作权法》正是那个时代产物，1990年，七届全国人大常委会第十五次会议通过了新中国的第一部著作权法——《中华人民共和国著作权法》，那时，计划经济正在艰难地向市场经济转型，因此《著作权法》不可避免地打上了计划经济时代的烙印。虽然《著作权法》自1991年6月1日施行以来，对保护著作权人的权益，激发其创作积极性，促进经济、科技的发展和文化、艺术的繁荣，发挥了积极作用，但不可否认的是，基于当时特殊的社会背景和经济基础，立法者无法预见未来著作权领域的发展趋势，因此，《著作权法》的修订实属必然。而在当前社会飞速发展的背景下，及时修订《著作权法》，以解决不同时代背景下的著作权难题，更应成为立法者关注的重点。

自第一次颁布实施后，《专利法》已完成三次修订，《商标法》第三次修订的送审

---

[*] 原载《中国知识产权》总第42期，2010年8月。

稿亦已完成。相对于这两者，《著作权法》的修订进程进展缓慢，分别于 2001 年和 2010 年完成两次《著作权法》的修订。2001 年修订《著作权法》时，更多的是为了满足加入 WTO 的要求，只对《著作权法》进行了必要的修订，采取"能不改就不改"的修订原则。而今年审议通过的著作权法修正案，也仅仅是为了履行 WTO 争端裁决而进行的"小修"，亦没有落实对著作权人权利加强保护的条款的修改。

综观亚洲其他国家和地区的著作权立法进程，日本自著作权法制定以后，已经修订过 35 次，韩国和我国台湾地区已经修订过 17 次，新加坡已经修订过 7 次，马来西亚已经修订过 6 次，印度也已经修订过 5 次，而我国的《著作权法》自制定之日起至今，只完成两次修订。修订次数最多的日本，目前也是亚洲地区著作权保护最为完善的国家之一，著作权法修订的频率，基本与著作权保护的完善程度成正比。一言以蔽之，中国的《著作权法》也应该及时修订，以适应目前新形势、新情况发展的要求。

根据现行的《著作权法》，录音制作者享有 4 项权利：复制权、发行权、出租权和信息网络传播权。在过去的 10 年中，全球的唱片销售经历了大幅度的滑坡，中国的唱片产业更是一片惨淡。音乐产业的发展需要唱片公司进行大量的人力、物力投入，但盗版的猖獗和互联网的迅猛发展致使唱片公司无法从传统的唱片销售中获益。这就意味着录音制作者通过行使复制权和发行权已经无法获取足够的收益甚至要赔本。而在盗版音乐泛滥的当下，出租权更无法为唱片公司谋得收益。我们通过唱片公司和百度等搜索引擎之间的诉讼也不难看出，由于相关立法的不完善，唱片公司在探寻如何行使及保护自身的信息网络传播权的道路上也步履维艰。很显然，目前《著作权法》赋予的 4 项权利已经不足以保护录音制作者和濒临消亡的唱片行业。因此，增加录音制作者的权利，以适应新形势的发展，是目前《著作权法》亟待解决的问题。在这个问题上，我们可以参考亚洲其他国家和地区的《著作权法》对录音制作者的保护思路。例如中国台湾地区的"著作权法"，就将录音制品当成"作品"加以保护，录音制作者享有完整的著作权。中国香港地区、新加坡、马来西亚和泰国也都将录音制作者的权利视为"著作权"而不是邻接权。

根据我国《著作权法》的规定，著作权人享有多达 7 项的权利，而录音制作者作为邻接权人仅有区区 4 项权利。录音制品的问世离不开三种人的贡献：作者、表演者和录制者。从理论上讲，作贡献就要取得报酬，因此录音制品制作者应该取得应有的报酬。世界上，大多数国家都因广播组织公开播放录音制品而赋予录音制作者专有权或者获得报酬权，这包括所有的欧盟国家以及澳大利亚、新西兰、加拿大等国和中国香港地区和中国台北，还有亚洲和拉丁美洲的大多数国家。在很多国家，机械表演权方面的收入对公司盈利与否举足轻重，也决定着本国的唱片业还能否继续创作新的唱片和推出新的艺人。实际上，只有极少数的几个国家还没有这两项权利，我国就在此列。由于现行的《著作权法》没有赋予录音制作者广播权和（机械）表演权，唱片公司无法从广播组织和公开播放音乐的营业场所获益，我国现在有 500 多家电台和电视台，它们每天都在使用由唱片公司录制的歌曲进行广播，赚取大量的广告费，唱片公司却因为《著作权法》没有赋予广播权而无法分享其应该得到的利益。大型购物商场、歌舞厅、餐厅、咖啡厅和酒吧等公共场所播放音乐，帮助商家吸引了大量顾客，提高了营业收益，唱片公司却无法从中分享任何报酬。从长远来看,必将影响我国音乐艺术的繁荣发展。

相关的国际公约亦确认了上述权利,包括1961年通过的《罗马公约》和1996年通过的《世界知识产权组织表演和录音制品条约》(WPPT)。很多国家都将广播权和(机械)表演权同样赋予了国外的录音制作者,但前提是这些权利在录音制作者本国必须存在。由于我国《著作权法》没有规定录音制作者的广播权和(机械)表演权,也没有加入《罗马公约》,这就意味着越来越受欢迎的中国音乐的制作者无法从其音乐在国外的使用中获得收入。如果我国《著作权法》增加这两项权利,我国的录音制作者就将能够得到新的收入来源,增强他们的创新能力,也有利于我国优秀音乐作品"走出去",广泛传播,同时也可以有效抵制网络"恶俗"歌曲的泛滥和境外不良文化的侵袭。

录音制作者的收入来源日渐枯竭,致使其无法专注于音乐制作,日渐增加的著作权诉讼也成为录音制作者无法承受之重。在此背景之下,修改《著作权法》,加强对录音制作者的保护,赋予录音制作者广播权和(机械)表演权,迫切需要提上议事日程。《著作权法》的修改应更进一步关注社会发展和科技进步给著作权领域带来的影响,专注于对权利人的保护和促进文化创意产业的发展,而不应故步自封,更不应坚持一贯的"小修"原则。否则,每次修改都只能是不碰触实质的隔靴搔痒。总而言之,著作权法的实质性修改进程必须立即启动。

《知识产权教学原则与方法》中译本序（二）[*]

联合国世界知识产权组织多年来定期赠送其出版的《世界知识产权组织杂志》给我，为我及时了解该组织的许多最新动态和重大事件提供了很大帮助。在 2009 年年初的一期杂志上我读到了一篇介绍刚刚出版不久的一本新书《知识产权教学原则与方法》的文章，我开始高度关注这本由世界知识产权组织进行编辑、英国剑桥大学出版社出版的知识产权著作。

自改革开放以来，由于较早地参与了知识产权领域的工作，我对于国内外的情况还是有所了解的。近年来，有关知识产权方面的教材、论文和专著出版了不少，但是专门论述知识产权教学、介绍这方面亲身经验与体会的著作，这还是第一本。此外，本书各章的大部分作者都是我的老朋友，许多是世界知名的知识产权法学专家。他们的经验和意见很有分量。

我把这一信息告诉了国家知识产权局的田力普局长。他很重视并答应与世界知识产权组织联系出版中译本事宜。很快就获得了该组织的慷慨授权，随即我立刻组织力量进行翻译。呈现在大家面前的这一中译本，就是翻译者集体努力的成果。

本书不仅包括专利、商标、版权、外观设计、反不正当竞争方面的教学论述和经验介绍，还包括全球背景下的知识产权经济法教学，对商学院、理工院系的学生、执业律师和专利代理人的知识产权培训以及远程网络教学、知识产权教学的发展趋势等广泛的课题；不仅对法学院校教授和学习知识产权的教师和同学，而且对理工院校、司法界、律师界、专利商标代理界等专业人员学习和讲授知识产权，都是一本很有价值、值得学习和参考的优秀教材与读物。

本书翻译者分工如下：

郭寿康，开头部分、缩略语、原书前言（WIPO 总干事）和第 1 章；

万勇，第 2~3 章、第 5~9 章；

马强等，第 4 章；

王春泳，第 9、12 章；

郑媛媛，第 10 章；

史学清，第 11 章。

---

[*] 原载《知识产权教学原则与方法》，知识产权出版社 2011 年版。

全书由郭寿康审校定稿。

本书的出版要感谢田力普局长的关心和大力支持，并为本书中译本序。感谢知识产权出版社和刘睿副编审的热情帮助。

感谢中欧知识产权保护项目二期（IPR2）的资助。

限于专业与语言水平，译文中的错误之处，敬请读者不吝指正。

中 文 部 分

入世十年与中国知识产权发展[*]

2011年12月11日,中国将迎来正式成为世界贸易组织(WTO)成员十周年的历史性时刻。中国入世是改革开放进程中具有历史意义的一件大事,也是"WTO和多边贸易体制历史上的最重要事件之一"。过去的十年,不仅是我国主动融入全球化的十年,也是我国知识产权规则与国际接轨的十年,更是我国知识产权法制从"拿来主义"到渐趋"本土化"的十年,其影响之深远,前所未有。

一、入世十年重塑了中国知识产权法规体系

世贸组织是一个以法律规则为基础的国际经济组织,具有一套系统完整的法律规范体系,其使命之一就是通过在全世界范围内推行一系列具有法律约束力、充分体现市场经济规则的多边贸易协定,来实现贸易活动的市场化、自由化。《建立世界贸易组织协定》第16条第4款规定:"每一成员应保证其法律、法规和行政程序与所附各协定对其规定的义务相一致。"这是一条涵盖范围广、约束力度强、统一程度高、影响深远的关键条款。根据这一规定,中国作为世贸组织的成员,必须以《建立世界贸易组织协定》主协定、四个附件中的协定及其他相关法律文件为标准,对现行的全部法律、法规和行政程序,进行全面的审查并采取相应的措施:完全符合世贸组织协定的,应继续实行,不完全符合的,应加以修订,完全不符合的,应彻底废除。

为此,我国政府在加入WTO的法律文件中明确承诺:"将通过修改现行国内法和制定完全符合WTO协定的新法的途径,以有效和统一的方式实施WTO协定。"所以,我国开展了大规模的法律清理活动,总共清理了3 000多部法律、法规和规章。在知识产权领域,我国高度重视知识产权保护工作,先后修正了《专利法》《商标法》和《著作权法》;重新颁布了《计算机软件保护条例》《知识产权海关保护条例》;制定了《集成电路布图设计保护条例》《信息网络传播权保护条例》;清理了与WTO协定不相符合的配套法规、行政规章和规范性文件,并在此基础上不断完善我国的知识产权法规体系,使之与WTO协定,特别是其中的《与贸易有关的知识产权协定》(Agreement On Trade-related Aspects of Intellectual Property Right,简称TRIPs协定)保持一致。

---

[*] 原载《中国知识产权》总第57期,2011年11月。基金项目:本文受教育部人文社会科学重点研究基地项目基金资助,项目名称:"欧洲一体化进程中'法治'原则的建构历程及其对中国的借鉴意义"(08JJDGJW254)。

此外，我国还积极融入知识产权国际规则，迄今已加入20个知识产权国际条约，已基本形成保护对象全面、法律规范完整、立法观念与时俱进的知识产权法规体系。可以说，"中国入世所引起的国内法制的直接变化和法治观念的间接变化，不亚于30多年前中国法制的重建"。这不仅使我国建立起了符合世贸组织要求，国际化程度较高的法规体系、贸易体制和市场环境，更重要的是为我国全面融入国际经贸体系奠定了坚实的法律基础，有助于推动我国与其他成员以市场规则和国际规范为支撑在经贸往来中实现理性、良性和健康发展。

二、入世十年激发了中国知识产权国际贸易

世贸组织是一个全球性的贸易平台，旨在建立完整、健全、持久的全球多边贸易体制，促进贸易自由化，实现全球各成员的共同经济繁荣。为此，它要求各成员"达成互惠互利安排，实质性削减关税和其他贸易壁垒，消除国际贸易关系中的歧视待遇"。我国在十年前加入世界贸易组织，标志着我国全面融入了以现代市场经济体制为前提和基础，以经济全球化为特征和内容，以多边贸易协定为核心和支撑的世界经济体系；意味着我国与其他成员的市场经济活动将在同一多边贸易体制的约束之下，进一步按照全球市场经济运行的普世规则加以运作；也意味着我国与其他成员经贸合作的方式从过去单边的、主动的、选择性的方式向着世贸组织框架下多边的、有规则的、全方位的方式转变。

在世贸组织框架内，知识产权贸易是世贸组织的三大对象之一，TRIPs协定与《货物贸易多边协定》《服务贸易总协定》共同构成世贸组织的三大支柱，它是迄今为止内容最广泛、保护最充分的知识产权多边协定，也是历史上第一个明确与国际贸易相联系的全球性多边条约。知识产权问题被纳入关贸总协定多边贸易谈判，并最终缔结TRIPs协定，是世界经济贸易发展到一定程度的必然反映，也是经济、技术全球化趋向的要求。TRIPs协定的宗旨即是促进对知识产权在国际贸易范围内更充分、更有效的保护，以使权利人能够从其技术发明和文学艺术创作中获取利益，受到激励，继续进行发明与创作，使公众尽可能广泛地享用技术与艺术带来的物质与精神文明成果；减少知识产权保护对国际贸易的扭曲与阻碍，确保实施知识产权的措施及程序本身不对合法贸易构成壁垒。

知识产权作为先进生产力所带来的财产关系，无论对人类的物质生活，还是对精神生活，都发挥日益重要甚至举足轻重的作用。毋庸置疑，继农业、制造业之后，知识业将成为占主导地位的产业。知识创造将成为最具影响力的人类生产、生活和思维方式。知识产权贸易也必将成为未来世界贸易的决定因素，除了单纯的知识产权贸易之外，货物贸易和服务贸易中的技术含量和品牌价值也日益成为这两类贸易的核心要素。知识，将成为人类的主宰；知识产权，将成为一切财富的主宰；知识产权贸易，将成为一切贸易的主宰。可见，知识产权贸易成为世界贸易组织的三大对象之一，绝非偶然。

我国自加入WTO后，知识产权国际贸易额逐年激增，全年货物进出口总额从2001年的5 098亿美元猛增至2010年的29 728亿美元，高技术产品进出口总额由2001年的1 106亿美元迅速增长到2009年的6 868亿美元，8年间增长了近6倍。高技术产品的贸

易余额也从逆差逐年扭转为顺差，2001年高技术产品存在177亿美元的贸易逆差，2004年首次逆转，出现40亿美元的贸易顺差额，2009年贸易顺差额又进一步达到671亿美元，充分表明知识产权国际贸易在我国对外贸易中的地位不断上升。

三、入世十年提升了中国知识产权公共意识

知识产权制度本非中国固有之制，作为法律移植继受国的中国在历史上并无知识产权的传统，因而国人对知识产权的认识与研究总不免有隔岸观花之感。加入WTO后，我国政府和社会逐渐认识到，随着知识经济和全球化深入发展，知识产权正日益成为国家发展的战略性资源和国际竞争力的核心要素，成为建设创新型国家的重要支撑和掌握发展主动权的关键。为此，整个国家对知识产权的认识开始发生根本性的转变。其中，最重要的变革表现在，我国及时地将知识产权制度上升为国家战略，并明确提出要建设创新型国家。

2004年1月13日的全国专利工作会议上，吴仪副总理第一次提出要制定和实施国家知识产权战略。2007年10月15日，胡锦涛同志在党的"十七大"报告中明确提出"实施知识产权战略"。2008年6月5日，国务院发布《国家知识产权战略纲要》，正式将知识产权制度上升为国家战略，以便通过国家知识产权战略的实施，增强我国的自主创新能力，建设创新型国家。2010年，温家宝总理撰文强调，"要坚定不移地实施国家知识产权战略，大力营造保护知识产权的法制、市场和文化氛围，大力提升知识产权的创造、运用、保护和管理能力，不断提高经济发展的质量和效益"。此外，《国家中长期人才发展规划纲要（2010～2020年）》《国务院关于加快培育和发展战略性新兴产业的决定》《国民经济和社会发展第十二个五年规划纲要》等国家政策性文件也都着重指出实施知识产权战略的重要性和必要性。

另外，"能够形成赶超的强烈的社会意识"是后发创新的动力和潜力所在。知识产权对创造的激励，已成为我国经济发展的动力之一。入世以来，我国专利、商标的申请量和自愿登记版权的数量逐年递增，专利申请量从2001年的203 573件猛增到2010年的1 222 286件，增长了5倍多。专利授权量从2001年的114 251提高到2010年的814 825件，增长6倍有余。专利授权国内所占比重从2001年的34.9%增长到2010年的90.9%。商标注册申请量从2001年的270 417件猛增到2009年的830 477件，增长了2倍多。核准注册商标量从2001年的202 839提高到2009年的837 643件，增长3倍有余。其中，核准注册商标国内所占比重从2001年的82.6%增长到2009年的88.2%。各级政府也通过各种教育和培训，增强社会尊重知识、尊重创造、保护知识产权的意识。每年都举行多种形式的宣传活动，例如为纪念"世界知识产权日"（World Intellectual Property Day）（4月26日）举办的"保护知识产权宣传周"。同时，全国还设立了40余所知识产权高等教育机构，已有400多所院校开展了知识产权教学工作，并将知识产权常识教育融入中小学课程。尤值一提的是，《十二五规划纲要》还首次写入了专利指标，即"十二五"期间，每万人口发明专利拥有量将提高到3.3件。

总之，入世十年，不仅使我国经济总量一跃成为世界第二大经济体，成为世界头号商品出口国，对我国知识产权的发展，也意义重大。它不仅促进完善了我国知识产权成

文法体系，更为重要的是激发了我国知识产权贸易的动力和潜力，也极大地深化了国人对知识产权的认知和理解，标志着我国已经基本融入了世界市场体系、贸易体系和竞争体系。另一方面，随着我国经济的快速发展，知识传播方式的变革，我国国际地位大幅度提升，中国作为一个负责任大国的形象正在逐步被国际社会肯定和认可，世界知识产权制度的设计需要也不能缺少来自中国的声音与研究成果，中国在宣传国家形象的同时，也需要扩大中国的国际话语权。我们不仅要加入世界市场体系更要进入世界话语体系，争取更多的话语权和文化认同，从而使知识产权更好地服务于中国现代化的建设和发展。

网络服务提供者侵权责任的思考[*]
——读"泛亚诉百度案"二审判决

2012年5月11日,最高人民法院对"浙江泛亚电子商务有限公司诉北京百度网讯科技有限公司、百度在线网络技术(北京)有限公司侵犯著作权案"(以下简称"泛亚诉百度案")做出了二审判决[❶],一方面维持了一审法院对百度 MP3 音频搜索和音乐盒服务合法性的认定,以及歌词搜索"快照"构成直接侵权的认定;另一方面认为百度未回应泛亚发出的不符合法定要件的投诉通知,应对侵权链接的继续存在承担一定的责任,从而将经济损失赔偿提高到40万元。至此,这起历经五年的漫长诉讼终于画上了句号。结合两审判决,本文对搜索与链接服务提供者的侵权认定标准、通知与删除规则等实践中颇具争议的问题做具体分析,以试图进一步厘清网络服务提供者侵权责任的认定。

一、原告指控侵权的行为

本案中,泛亚指控百度的以下行为侵犯了其信息网络传播权:

(1)百度以空白搜索框输入关键词的方式向网络用户提供 MP3 搜索服务(以下简称"基于空白搜索框的 MP3 搜索服务")。

(2)百度向用户提供音乐盒服务以及利用音乐盒服务向用户提供歌词(以下简称"百度音乐盒服务")。

(3)百度通过 MP3 搜索结果列表中的"歌词"按钮提供歌词(以下简称"歌词搜索快照服务")。

(4)对泛亚未列出具体侵权链接地址的投诉通知,百度未予处理具有过错(以下简称"通知—删除问题")。

上述四种行为成为本案的审理焦点,下面逐一进行分析。

---

[*] 原载《知识产权》总第141期,2012年11月。本文为郭寿康与马宁合著。马宁,百度公司法律顾问,法学博士。

[❶] 最高人民法院(2009)民三终字第2号判决书(以下简称"判决书")。

二、直接侵权，抑或共同侵权

（一）根据服务器标准，基于空白搜索框的 MP3 搜索服务不构成直接侵权

互联网上的信息搜索成为网民日常最基本的行为之一。综合搜索和垂直搜索❶都是为了方便网络用户搜寻其所想要的信息，搜索引擎服务提供商本身并不存储内容，也不会对所链接的内容进行改动。正如一审、二审法院所认定的，搜索引擎的作用仅仅是在用户和内容之间建立起一座桥梁，将用户指引到其所需要的内容，搜索引擎提供的搜索和链接服务，本质上属于一种信息定位工具，而非我国著作权法以及《信息网络传播权保护条例》（以下简称《条例》）所规定的通过信息网络提供他人作品内容的行为❷，即搜索和链接服务不是信息网络传播行为。根据法院查明的事实，百度提供的 MP3 搜索，在用户输入关键词后，以搜索结果列表的形式提供 MP3 文件的链接地址。点击该链接地址可以在不脱离百度网站页面的情况下播放（"试听"按钮）或下载相关 MP3 文件，同时显示该搜索结果的来源地址（第三方网站）。"试听"和"下载"都是将用户电脑端连接到第三方网站，在第三方网站获取歌曲，一旦被链接的第三方网站删除其中任何文件或关闭服务器，用户将无法通过点击"试听"和"下载"来获得涉案歌曲❸，因此，第三方网站才是内容的直接提供者，百度的搜索和链接服务不构成对泛亚相关信息网络传播权的直接侵犯。至此，以"服务器标准"来判定是否构成直接侵权在司法实践中得到了我国最高司法审判机关的确认。

（二）基于空白搜索框的 MP3 搜索服务不构成共同侵权

根据《条例》第 23 条，百度提供的 MP3 搜索和链接服务，只有在明知或应知所链接的某一 MP3 作品为侵权的情况下，才需要对链接网站上的侵权内容承担共同侵权责任。本案中是否存在可认定为"明知"或"应知"的因素呢？

1. 百度 MP3 搜索是基于用户关键词指令而自动完成的，没有人工干预

二审法院认为，从 MP3 搜索的技术原理上来看，百度 MP3 搜索针对的是 MP3 格式的音频文件，其在抓取、分析网络上指向 MP3 文件的链接、文字描述等周边信息的基础上建立索引库，在用户输入关键词后，从中找到相关的内容，以列表的形式返回用户。此过程是基于技术的安排，自动地提供服务，并未对搜索结果进行主动干预，百度无从知晓搜索结果是否侵犯他人著作权。

实际上，面对互联网上不断变化和更新的海量信息，要求搜索引擎逐条甄别搜索结果内容的合法性是不可能的。正因为如此，各国立法和司法实践普遍认为搜索、链接服务提供商一般不负有事先审查的义务，根据网络用户指令自动提供搜索结果链接的搜索

---

❶ 综合搜索指传统意义上的搜索引擎网站，如百度、搜狗、谷歌等。这些网站根据用户输入的关键词，提供任何类型、任何主体的搜索信息。垂直搜索指针对某一特定领域或某一特定需求提供的搜索信息的服务，如去哪儿、百度视频、百度图片等。随着网络用户搜索需求精准化的提高，垂直搜索网站因能更好地为用户提供细分领域的信息而成为搜索市场关注的重点。

❷ 见判决书第 22~23 页。

❸ 见判决书第 10 页。

引擎服务，一般认为不属于"应知"他人利用其网络服务侵害权利人的信息网络传播权。

2. 百度 MP3 搜索服务不具有实质性的侵权用途

从 MP3 搜索结果来看，其针对的不仅仅是歌曲文件，而是 MP3 格式的任何音频文件。此外，搜索结果中也不能排除会收录获得授权使用的歌曲文件，比如本案中泛亚在一审开庭审理过程中明确承认其曾将主张权利的 351 首歌曲许可给其他网站或机构在互联网上传播。因此，从 MP3 搜索的用途来看，不能当然推断出百度 MP3 搜索主要是供网民搜索侵权歌曲的❶，即无法证明百度 MP3 搜索具有实质性的侵权用途，也就无法得出百度 MP3 搜索服务本身能产生"明知"或"应知"的结论。

综上，基于"空白搜索框"的 MP3 搜索服务作为一种垂直搜索，本质上和综合搜索引擎一样，对搜索结果中某一链接是否为侵权的事实无法做出预先判断，不具有过错，因此不构成共同侵权。

（三）百度音乐盒*的本质仍是搜索和链接

根据法院查明的事实，百度音乐盒作为百度 MP3 搜索的延伸，能自动调用用户计算机终端中的播放软件，记录用户输入的搜索指令，并主动选择与播放软件支持文件类型相匹配的链接地址播放歌曲❷。如果某一链接地址无法播放会自动更换一条链接地址，如果音质不好，用户也可以点击"重选"按钮更换一条链接地址。对收藏的同一歌曲，用户每点击一次都完成一次新的搜索，并不对应固定的链接地址。百度音乐盒同时提供该歌曲的 LRC 歌词❸搜索结果，LRC 歌词文件的特点是歌词的每一句都固定了时间指示，配合音乐播放器使用即可实现播放歌曲时同步显示歌词❹。

二审法院认为，音乐盒本质上仍然是在进行搜索，即歌曲、歌词都来源于第三方网站，歌曲能否播放、歌词能否找到都取决于第三方网站是否有歌曲、是否可以正常访问。与基于空白搜索框的 MP3 搜索相比，音乐盒增加的设计并不针对具体作品，而且本案体现的音乐盒服务的启动者仍然是用户，如最初的搜索指令仍然是用户输入的，百度音乐盒只是记录了该指令，省略了用户再次输入的过程以及选择具体链接地址的过程，并非百度网站主动向用户提供或推荐了该歌曲。LRC 歌词也是基于用户所输入的关键词进行的搜索。故仍应认为百度提供的是搜索引擎服务，与前述基于空白搜索框的 MP3 搜索没有本质区别。在没有证据证明百度网站明知或应知音乐盒播放的歌曲系侵权

---

❶ 也有学者认为，虽然"空白搜索框"会被多数人用来搜索和下载侵权歌曲，也不能推定"空白搜索框"提供者具有主观故意。见王迁："三论'信息定位服务提供者'间接侵权的认定——兼评'泛亚诉百度案'一审判决"，载《知识产权》2009 年第 2 期，第 3~12 页。

* "百度音乐盒"的介绍参见 http：//baike.baidu.com/view/673486.htm，2012 年 7 月 30 日访问。

❷ 例如，用户电脑中未安装 Realplayer 播放软件，则音乐盒会自动选取非 rm 链接进行播放。

❸ "LRC 歌词"的介绍参见 http：//baike.baidu.com/view/239396.htm，2012 年 7 月 30 日访问。

❹ 见判决书第 24 页。

的情况下❶,百度不应承担连带责任❷。

(四) 歌词搜索"快照"服务

本案中,点击百度 MP3 搜索结果列表中的"歌词"按钮,可以直接显示有关涉案歌词,百度明确认可有关歌词储存于百度网站服务器上。一审法院认为,这种行为属于"复制"和"上载"作品,已构成在网络上传播作品。百度辩称其提供的是歌词"快照"服务,但一审法院认为,这种"快照"形式,客观上起到了让用户直接从百度网站服务器上获取歌词的作用,完全替代了第三方网站为用户提供歌词,足以影响第三方的市场利益,因此这种行为侵犯了涉案 26 首歌词的信息网络传播权❸。二审法院对此表示支持,且进一步提供了快照正当与否的判断标准❹,即网络服务提供者提供各种不同类型的快照服务,应考虑到其所提供的内容是否是他人受保护的作品,其提供行为对各相关方,包括对权利人以及原始提供内容的网站正常提供作品的影响,以及是否采取了合理的措施避免对权利人及第三方网站的合法利益产生不合理的损害。

综上,对基于空白搜索框的 MP3 搜索服务及其延伸服务——百度音乐盒不构成侵权的判决论述中,可看出一审、二审法院准确把握了技术中立的精神,由此也证明了避风港原则能应对千变万化的现实情况和互联网的技术更新迭代,体现了司法的高度能动性。

三、网络服务提供者对不适格通知的注意义务

本案中,泛亚向百度发出了两种内容不同的通知。第一种通知符合《条例》第 14 条的要求,列出了权利人查找到的具体链接地址。百度接到该通知后,将通知中列明的指向第三方网站中涉案歌曲的链接地址全部断开。但泛亚发出的第二种通知,仅仅列出了涉案歌曲名称、词曲内容及作者,但是未将每首歌曲的演唱者与歌曲名对应,也没有指明具体侵权链接地址,这种通知不符合《条例》第 14 条的规定。一审法院认为,泛亚已经许可其他网站或机构在互联网上传播涉案歌曲,如果将泛亚主张权利的歌曲按照歌曲名称进行屏蔽,可能会损害其他被许可人的合法权利,亦可能损害他人的合法权利,故泛亚对百度未能及时采取合理措施断开侵权链接所造成的后果应自行承担责任❺。二审法院也认为,泛亚提供的歌曲名与搜索结果之间的关联性存在多种情况,差别较大,很多同名歌曲与泛亚无关,而且泛亚在律师函中对 773 首歌曲主张权利,起诉时仅为 351 首,亦说明对权利人发送的通知需要有一定的限制和要求,以保证其审慎地主张权利。在律师函中,泛亚并未提供歌曲的演唱者,仅凭歌曲名称显然不能达到准确过滤的效果❻。故一审、二审法院均认为,本案中仅凭歌曲名称不能准确定位到侵权

---

❶ 本案中,泛亚主张的全部涉案歌曲均系通过键入关键词而搜索得到,并非通过榜单、分类或推荐栏找到。因此,与类似榜单有关的"明知"或"应知"不在本文讨论范围内。
❷ 见判决书第 25 页。
❸ 见判决书第 16 页。
❹ 见判决书第 28 页。
❺ 见判决书第 12 页。
❻ 见判决书第 26~27 页。

链接。

然而，二审法院进一步认为，百度在接到律师函后毫无行动亦不能认为是积极履行了法律赋予的义务。在泛亚已先后发送过9份公函要求删除大量侵权链接的情况下，百度对其 MP3 搜索服务能够搜索到侵犯原告权利的作品事实应有所了解。上述泛亚的第二种通知尽管没有具体的侵权链接地址，但明确表明了其希望百度断开侵权链接的意图，百度不能仅因为该通知不符合法定要件就对其视而不见、置之不理，其有义务与泛亚联系协商，以得到符合条件的通知，或其他信息使其能够采取合理的措施停止对侵权结果的链接。百度没有采取任何行动，对侵犯泛亚权利的作品继续传播所导致的损失应负有一定的责任❶。但二审判决对百度应承担的义务没有明确指出具体的法律依据。

本文认为，《条例》对通知的法定要件有明确规定，但不符合法定要件的通知是否产生法律效力、网络服务提供者应如何对待处理，现行法律和司法解释尚无明确规定。二审法院的上述认定立足于本案的实际情况，在法律对通知规则的内容不周详时，通过司法适用来廓清其边界，有一定创造性因素，不必一步到位。但网络服务提供者对不符合法定要件的通知到底应承担什么样的法律责任、侵权责任形态为何，都有必要进一步探讨和商榷，下面具体阐述。

(一) 不符合法定要件的"通知"是否产生法律效力

《条例》第 14 条规定："通知书应当包含下列内容：(1) 权利人的姓名（名称）、联系方式和地址；(2) 要求删除或者断开链接的侵权作品、表演、录音录像制品的名称和网络地址；(3) 构成侵权的初步证明材料。"其中的"应当"，是对权利人通知所包含内容的明确要求，对权利人而言则是一种作为义务。最高人民法院《关于审理涉及计算机网络著作权纠纷案件适用法律若干问题的解释》[法释（2006）11 号]（以下简称《司法解释》）第 7 条规定："著作权人发现侵权信息向网络服务提供者提出警告或者索要侵权行为人网络注册资料时，不能出示身份证明、著作权权属证明及侵权情况证明的，视为未提出警告或者未提出索要请求。"可见，《条例》和《司法解释》均要求投诉通知包含具体的侵权信息，后者还进一步明确了权利人如未尽到作为义务的法律后果——视为未提出警告。《北京市高级人民法院关于网络著作权纠纷案件若干问题的指导意见（一）（试行）》[京高法发（2010）166 号，以下简称《北高院指导意见》] 第 28 条规定，"权利人提交的通知未包含被诉侵权的作品、表演、录音录像制品的网络地址，但网络服务提供者根据该通知提供的信息对被诉侵权的作品、表演、录音录像制品能够足以准确定位的，可以认定权利人提交的通知属于《司法解释》第 4 条所称的'确有证据的警告'"。该 28 条突破了投诉通知中必须列明具体侵权链接的规定，确立了"足以准确定位"规则，即只要根据投诉通知能定位到具体的侵权信息，就产生通知的法律效力。但是，如果通知内容不能使网络服务提供者准确定位到侵权信息，这样的通知法律效力为何、网络服务提供者应如何对待处理，则无法做出简单推定。

我国《条例》中的避风港制度，是在充分吸收我国司法实践的成功经验和借鉴美国《数字千年版权法》（DMCA）基础上形成的。当上述"通知"问题存在立法缺位

---

❶ 见判决书第 27 页。

时,不妨让我们将目光再次投向 DMCA,审视其规定对我国立法研究是否具有参考意义。

(二) DMCA 的相关规定

DMCA 第 512 节 (c)(3) 款规定,版权人向网络服务商发出的通知应当包含以下内容:(1) 声称其专有权利受到侵犯的权利人或经其授权的人的普通签名或电子签名;(2) 被指称侵权的版权作品的名称。如果一项通知书涉及在一个网站中存储的多部版权作品时,可只列出具有代表性的目录;(3) 希望被移除或被屏蔽访问的被指称侵权的材料的名称,以及足以合理地使服务提供商确定侵权材料位置的信息;(4) 足以合理地使服务提供商与通知方进行联系的信息,如投诉方的地址、电话号码,以及在有电子邮件地址时,提供电子邮件地址;(5) 说明投诉方善意地相信他人对版权材料的使用是未经版权人或其代理人授权或未经法律许可;(6) 关于通知所述信息真实和愿意承担法律责任的保证。如果版权人的通知并未包含上述要件中的实质性条款,那么通知就不会使网络服务提供者"明知"或"应知"侵权行为的明显存在。但是,如果版权人的通知实质符合上述第 (2)(3)(4) 项,那么只有在网络服务提供商及时联系了投诉方或采取了其他合理措施来获得符合实质性要件的通知的情况下,网络服务提供商才能被免于认定"明知"或"应知"。

DMCA 中的实质性条款,即 (2)(3)(4) 项,对应的正是《条例》第 14 条规定的 3 个要件。可见,不论是根据我国法律还是美国的 DMCA,未能提供具体侵权内容或足以定位到具体侵权信息的通知,都会因实质性要件的缺失而不发生法律效力。不同的是,DMCA 还规定了对符合实质性要件的通知,网络服务提供者仍应及时联系投诉方,才能被免于认定"明知"或"应知",这体现了 DMCA 有意调动网络服务提供商与权利人合作的积极性的精神。然而,值得注意的是,即使参照 DMCA 的上述规定,本案中泛亚的第二种通知因无法准确定位侵权内容,也不属于符合实质性要件的通知。

(三) 网络服务提供者收到不符合实质性要件的通知后应如何处理

国内有学者认为,不符合法定要件的通知如果被视为未通知,权利人就不能及时获得救济,而且也不会得知自己将无法得到救济。这显然会对权利人造成进一步的损失。按照一般的理解,权利人理应为自己的错误通知承担不能实现通知效果的不利后果。然而,为了避免权利人的损失,网络服务提供者对此应当履行适当注意义务,在发现权利人提供的信息有明显错误或缺失时,应当及时回复权利人,省去因被视为未通知而再次通知的烦琐过程,既节省资源又提高效率❶。然而,网络服务提供者未尽到这种"义务"是否会构成"过错",会产生什么类型的法律责任,这种法律责任是否属于共同侵权等问题,该学者没有进一步论述。

本案中,泛亚的第二种通知并不符合实质性的通知要件,但二审法院仍认为百度应主动联系泛亚,以得到符合法定条件的通知。笔者认为,一方面这可能是参照了 DMCA 的上述规定,另一方面二审法院又结合本案的特殊情况做了突破,即泛亚已先后发送过

---

❶ 杨立新、李佳伦:"论网络侵权责任中的通知及效果",载《法律适用》2011 年第 6 期,第 40~44 页。

9份公函，列明了大量侵权链接，百度收到后也做了相应处理，那么百度在接到第二种通知后应意识到其MP3搜索结果中仍存在侵犯泛亚权利的链接地址。该通知本身虽然不具有让百度产生"明知"或"应知"的效果，但如果百度置之不理，权利人就无从知晓其投诉是否会得到及时妥善的处理，客观上也会造成侵权作品传播的进一步扩散，不符合公平原则。二审法院的这种认定看似缺乏法律依据，实际上是在充分考虑本案有多次在先投诉记录的背景下做出的旨在平衡各方利益的决定，也体现了当前加强版权保护的公共政策。

可能也正是由于本案的这种特殊情况，二审判决没有明确指出这种赔偿责任是建立在何种侵权责任形态之上的。根据《条例》《司法解释》及《北高院指导意见》的相关规定，网络服务提供商因未履行移除义务而承担连带责任的前提是收到符合法定条件的通知，而本案明显不属于这种情况。司法虽然具有一定的能动性，应允许尝试和积极探索，但不能在法律之外创设一种新类型的侵权责任形态。从这个层面来看，上述二审判决对百度负有相应赔偿责任的认定仅应具有个案的参考意义，不应随意扩大为是对不符合法定要件通知的一种司法认可，也不意味着设定了一种新的规则，更不可理解为任何不符合《条例》规定条件的通知，网络服务提供者都有义务与通知人联系以得到符合条件的通知。

（四）立法应对现行通知机制的不完善作出回应

著作权法是利益平衡之法，通知—删除规则作为避风港保护的重要组成部分，其基本价值在于维护网络服务提供者、著作权人及网民三者之间的利益平衡。著作权人享有通知的权利，有权要求网络服务提供者对侵权行为采取必要措施，同时也应当负有行使通知权利时所必须履行的相关义务。发出通知应该是审慎的、慎重的，不能轻易为之，应当负有责任，否则就容易滥用通知权而损害社会公众获取信息的权利。

实践中，造成通知不符合法定要件的原因有很多，比如权利人对法律要求不甚了解，或缺乏专业技能，甚至有的权利人有意而为之。一般来说，搜索引擎服务提供商每天会收到大量的著作权投诉，其中不乏形式上有各种瑕疵的通知。如果网络服务提供商需要对这些"不合格"的投诉一一联系投诉人，以获得符合实质性条件的通知，必然会给其造成巨大的经济成本和人力负担，影响到其业务的正常开展，同时也将投诉人发送通知时应遵循的审慎原则的义务转嫁给了网络服务提供者。对那些维权专业户来说，更有可能借此来随意发出"概括式停止侵权"❶的通知。如果没有获得网络服务提供商的联系，即可以此作为"出师有名"的维权依据，主张损害赔偿。这种现象有悖于通知—删除机制背后蕴含的利益平衡原则，也有违民事活动中的诚实信用原则，立法和司法对此应加以适当规制。知识产权规则和保护具有道德的成分，更具有功利的因素。法律的天平应该保持审慎的平衡，是恺撒的还给恺撒，权利人的权利和义务不应分离。如果权利人可以不必再审慎甄别可能侵权的内容，这恐怕也有违法律的原旨。

我国《著作权法》目前正在第三次修订的过程中，其中第69条对通知—删除规则

---

❶ 所谓"概括式停止侵权"，是指那些不提供具体侵权链接，也不提供能准确定位到具体侵权信息的线索，而只是泛泛地让网络服务提供商彻底清除侵权内容的要求。

作了原则性规定，但对通知的构成要件和不符合法定要件的通知应如何对待处理只字未提。本案暴露出的现行通知—删除规则的局限性和带来的司法困扰应趁修法之际尽量得到解决，以使权利人和网络服务提供者各自明确自己的权利和义务边界。笔者在此抛砖引玉，提出两点建议供修法者考虑：

（1）明确规定通知的法定构成要件。如前所述，《条例》第14条对通知内容规定了"三要素"，这与DMCA对通知的"实质性要件"规定相吻合。从实践角度，也只有在能准确定位具体侵权信息的情况下，网络服务提供者才可能尽到事后的监管义务。将《条例》的规定上升到《著作权法》层面，不仅在法律层级和效力上是个提升，也有利于权利人和代理机构在投诉时认真遵循应尽的"作为义务"。

（2）对不符合法定要件通知的效力做明确限制。如前所述，《司法解释》第7条规定，不能出示侵权情况证明的，视为未提出警告。为保持与《条例》第14条用语的一致，《著作权法》中宜同时规定，在通知不符合法定实质性要件时，不产生通知的效果。同时，从保护权利人合法权利的角度，善意投诉人也不应因通知不符合法定实质性要件而得不到网络服务提供者的回应，应该在总结我国实践、参考国外经验的基础上，审慎研究在何种情况下网络服务提供者应联系投诉人，以使通知内容符合法律规定的要求。但如果投诉人拒不提供，或在被告知补充材料后仍未提供符合法定实质性条件的通知，网络服务提供者不应负有再次联系投诉人的责任。这样做，既可使网络服务提供者不为瑕疵通知承担过高的人力和经济成本，影响其正常运营，也使善意投诉人有机会知晓其投诉瑕疵并作出合理的补救。

四、结论和展望

本案二审判决除了再次确认直接侵权的认定应遵循服务器标准外，还承认了MP3音乐盒这种服务形式是搜索服务的延伸，本质上仍是搜索和链接，应适用避风港原则，从而为在线音乐服务模式的创新和发展提供了坚实的法律保障。此外，本案也暴露出现行通知—删除机制对不符合法定要件的通知如何处理存在立法空白，极易造成各方在如何处理该问题上的认识分歧。建议著作权法的第三次修改能够对这一问题做出回应，填补通知规则的空白，以更有效地厘清权利人和网络服务提供者各自的义务界限，使网络中的法律状态清晰安定，促进网络社会的健康有序发展。

反不正当竞争法在互联网案件适用中的若干问题研究[*]

当前我国互联网行业不正当竞争行为比较严重，各种形式的暗战接连不断。互联网行业的不正当竞争不仅影响我国互联网行业的健康发展、损害相关互联网企业的利益，也给互联网消费者带来了极大不便，引起社会广泛关注。我国《反不正当竞争法》（简称《反法》）颁布于1993年，其规定的具体不正当竞争行为很难适用于当今的互联网领域。司法实践中，多适用《反法》的一般条款（第2条）对互联网行业的不正当竞争行为进行规制。本文对《反法》在互联网不正当竞争案件的适用中争论比较集中的几个问题进行分析，希望对学界提供有益的参考。

一、"竞争关系"是不是不正当竞争行为的构成要件

《反法》的宗旨是通过制止不正当竞争行为来保护经营者的合法权益，维护市场竞争秩序。《反法》第2条规定："经营者在市场交易中，应当遵循自愿、平等、公平、诚实信用的原则，遵守公认的商业道德。本法所称的不正当竞争，是指经营者违反本法规定，损害其他经营者的合法权益，扰乱社会经济秩序的行为。本法所称的经营者，是指从事商品经营或者营利性服务（以下所称商品包括服务）的法人、其他经济组织和个人。"可见，《反法》的适用主体是经营者，未明确不正当竞争行为人与其他经营者之间是否应存在竞争关系。

我国司法实践中，有观点认为《反法》调整的是有竞争关系的经营者之间的关系，因此是否具有竞争关系始终是案件的前置性基础问题，但审理互联网案件时倾向对"竞争关系"作广义理解。例如，北京第二中级人民法院冯刚法官在对"北京百度网讯科技有限公司等诉奇智软件（北京）有限公司等不正当竞争纠纷案"的评论中，认为"谋取竞争优势对竞争对手的损害既可以是直接的，也可以是间接的；经营者既可以是严格意义上的竞争对手，也可以是没有直接竞争关系的。随着互联网的迅猛发展，一些大型网络服务公司从网络特色经营转向网络混业经营甚至网络全业经营，在这一大背景下，如果将《反法》的竞争关系作严格或者狭义的解释，则无法达成制止不正当竞争

---

[*] 原载《2013年知识产权南湖论坛论文集》。本文为郭寿康与马宁合著。

的目标"。❶

最高人民法院新近的相关文件❷中也提到，要正确理解《反法》上的竞争关系，凡是参与市场经济活动，受到他人不正当竞争行为影响的竞争者，均可认定存在竞争关系，不以直接竞争关系为限。这种广义竞争理论的提出，解决了因狭义理解竞争关系对认定不正当竞争行为造成的瓶颈。

可见，我国司法实践把"竞争关系"作为认定不正当竞争的构成要件之一，同时对"竞争关系"进行广义界定。但是，互联网环境下的反不正当竞争案件，是否需要以经营者之间存在竞争关系为前提，仍有讨论的必要。

（一）国际条约和示范法对"竞争关系"的态度

《保护工业产权巴黎公约》（《巴黎公约》）第10条之二（2）规定，凡在工商业事务中违反诚实的习惯做法的竞争行为构成不正当竞争。《巴黎公约》第10条之二（3）进一步规定，下列各项特别应予以禁止：（i）具有不择手段地对竞争者的营业所、商品或工商业活动造成混乱性质的一切行为；（ii）在经营商业中，具有损害竞争者的营业所、商品或工商业活动商誉性质的虚伪说法；（iii）经营商业中使用会使公众对商品的性质、制造方法、特点、用途或数量易于产生误解的表示或说法。结合上下文理解，《巴黎公约》第10条之二关于不正当竞争的理解和认定，是建立在何为竞争行为之上的，即此处强调了"竞争行为"的必要。

1994年4月签署的《与贸易有关的知识产权协定》（以下简称TRIPs协定）第2条第1款强调，就本协定第2部分、第3部分及第4部分而言，全体成员均应符合《巴黎公约》1967年文本第1~12条及第19条之规定。同条第2款又指出，本协定第1~4部分之所有规定，均不得有损于成员之间依照巴黎公约……已经承担的现有义务。故此，世界贸易组织成员包括中国，有义务遵守《巴黎公约》第10条之二的规定，制止不正当竞争。

对《巴黎公约》第10条之二而言，世界知识产权组织（WIPO）国际局在1996年公布的《反不正当竞争示范条款》（以下简称《示范条款》）是用现代术语贯彻其精神主旨、巩固其保护基础、细化其原则依据、延拓其示例类型、便利其实施操作的现代化产物。《示范条款》共计6条，第1条为总则，旨在提供不正当竞争行为的一般判断标准；第2~6条分别界定了混同、损害他人商誉或声誉、误导公众、诋毁他人企业或其活动，以及关于秘密信息的不正当竞争等五种典型不正当竞争行为。

《示范条款》第1条（1）款第（a）项规定，在工商业活动中违反诚实行为的任何行为（act）或者做法（practice），均构成不正当竞争行为，此处则不再强调经营者之间具有竞争关系是不正当竞争行为的构成要件。例如，在驰名商标淡化的情况下，商标

---

❶ 朱江主编：《北京市第二中级人民法院经典案例分类精解：网络知识产权卷》法律出版社，2012年2月，第144页。

❷ 最高人民法院副院长奚晓明："充分发挥知识产权审判职能作用为推进社会主义文化大发展大繁荣和加快转变经济发展方式提供有力司法保障——在全国法院知识产权审判工作座谈会上的讲话"，2011年11月28日。

使用者与商标所有人一般不存在竞争关系（不同行业、不同商品/服务），但商标的使用却与竞争有关，因为使用者相对于没有使用驰名商标的经营者，获得了不正当的竞争优势，这种竞争优势可能有助于使用者的商品的销售。

可见，根据《示范条款》，即使当事人的行为不是指向竞争对手，但据此获取了竞争优势或增强了其自身的竞争能力，也是影响竞争的行为。这也从一定层面上反映出国际上对反不正当竞争法意义上的竞争关系的认识转变和发展趋势。

（二）笔者观点——"竞争关系"不应成为认定互联网不正当竞争行为的拦路虎

根据社会经济发展的实际情况，司法实践将"竞争关系"作广义理解，体现了司法对客观现实变化的回应。但是，笔者认为，根据《反法》一般条款，互联网案件审理的核心聚焦应在于不正当行为对经营者合法权益的损害之认定，"竞争关系"不是"权益受损"的前提条件。这是因为，互联网产业内跨领域的拓展已经很普遍，产品边界、市场边界、用户群的划分日益变得模糊，甚至一些传统行业（如传媒、内容产业）也不断涉足互联网信息服务市场。互联网运营的基本模式往往是网络服务提供商先通过免费服务锁定用户，然后将锁定的用户群体作为推介信息的对象，在广告市场或增值服务市场获取收入。从这个层面来看，不论是安全软件、搜索、电子商务、视频分享，还是微博、微信，都是围绕用户有限、稀缺的注意力进行争夺，一旦这种对用户的吸引力被不正当行为所破坏，其他经营者的合法权益便会受到损害。如果因一方的行为不正当地妨碍了另一方的正当经营活动并损害其合法权益，就肯定二者之间存在竞争关系，难免使得"竞争关系"在构成要件的三要素中变得多余，因为这样"竞争关系"就变成了其赖以存在的两个前提条件——一方的不正当行为、另一方因此而受到损害——的等同物，没有独立存在的价值。

此外，从逻辑上看，其他经营者因不正当行为而受到损害，多数情况下固然系因为"竞争关系"所致，但也不能排除竞争关系以外就不会导致经营者之间各自竞争优势的此消彼长。举个例子，用户通过某浏览器上网，在访问某网站时被该浏览器不正当地提示该网站有风险，而实际上该网站并无风险。如果用户信赖该浏览器而放弃了对该网站的访问，那么网站作为不正当行为的受害者应有权起诉该浏览器的服务提供者，但很难说网站与该浏览器之间存在"竞争关系"。

总之，广义的竞争关系理论可适应目前的需要，但随着互联网的蓬勃快速发展，互联网生态圈内的利益链条日益错综复杂，如果将"竞争关系"的理解扩大到极致，那这个所谓的构成要件也便成了多余。

二、《反法》在规范互联网行业竞争秩序中的适用

（一）《反法》一般条款在互联网行业的适用

《反法》第2条规定："经营者在市场交易中，应当遵循自愿、平等、公平、诚实信用的原则，遵守公认的商业道德。"最高人民法院在"山东省食品进出口公司、山东山孚集团有限公司、山东山孚日水有限公司与马达庆、青岛圣克达诚贸易有限公司不正当竞争纠纷案"（以下简称"海带配额"案）中对反不正当竞争意义上的诚实信用原则以及商业道德进行了具体的解释。最高法院认为，"在规范市场竞争秩序的反不正当竞

争法意义上，诚实信用原则更多的是以公认的商业道德的形式体现出来的。反不正当竞争法所要求的商业道德，是指特定商业领域普遍认知和接受的行为标准，具有公认性和一般性。具体到个案，应当结合案件具体情形来分析判定"。❶

国家工商行政管理总局制定的、2010年7月1日施行的《网络商品交易及有关服务行为管理暂行办法》（简称"《管理暂行办法》"）第7条规定："网络商品经营者和网络服务经营者在网络商品交易及有关服务行为中应当遵循诚实信用的原则，遵守公认的商业道德。"工业与信息化部制定的、2012年3月15日施行的《规范互联网信息服务市场秩序若干规定》（以下简称"第20号令"）第4条也规定："互联网信息服务提供者应当遵循平等、自愿、公平、诚信的原则提供服务。"第5条第6款规定了"其他违反国家法律规定，侵犯其他互联网信息服务提供者合法权益的行为"，属于兜底式的规定，相当于《反法》中的一般条款。可见，诚实信用原则和遵循公认商业道德的原则也适用于我国互联网行业。

虽然《反法》一般条款具有抽象性的特点，但我国法院通过多年的审判经验积累，已经为社会树立了一批典型案例，如安全软件将其他软件界定为恶意软件并通过不当评述误导用户的行为❷、同类软件之间阻碍安装和使用的行为❸、针对搜索结果页的搭便车和拦截行为❹；等等。然而，在逐利性的驱动下，不少商人以最大盈利为目标，他们往往通过花样翻新的手段，将技术变成打击竞争对手的工具，以无道德底线的不正当手段来谋取利益。这种现象损害了司法权威和公信力，如毒瘤一样在互联网行业蔓延，对此司法实践应引起高度重视。

（二）工信部第20号令对《反法》一般条款的补充作用

第20号令第5条，规定了恶意干扰、恶意修改或不兼容、诋毁、误导用户等诸多损害其他互联网信息服务提供者的行为，这些都是违反诚实信用原则和商业道德的具体表现形式。司法实践中遇到此类问题时，可以参照这些规定。因此第20号令对《反法》滞后于技术发展的困境起到了很好的补充作用。

同时，虽然第20号令的操作性较强，对相关的违法行为也规定了具体的行政处罚，理论上还具有比司法程序更快捷的优势，但实施以来鲜有被公开报道的有影响力的例

---

❶ 参见最高人民法院（2009）民申字第1065号民事裁定书。

❷ 如北京阿里巴巴信息技术有限公司诉360安全卫士著作权人北京三际无限网络科技有限公司侵犯著作权及不正当竞争案，北京市高级人民法院（2007）高民终字第469号；北京百度网讯科技有限公司等诉奇智软件（北京）有限公司等不正当纠纷案，北京第二中级人民法院（2010）二中民初字第16807号；腾讯科技（深圳）有限公司等诉北京奇虎科技有限公司等不正当竞争纠纷案，北京第二中级人民法院（2011）二中民初字第12237号。

❸ 如北京搜狗信息服务有限公司等诉深圳市腾讯计算机系统有限公司等不正当竞争纠纷案，北京第二中级人民法院（2009）二中民初字第12482号。

❹ 北京百度网讯科技有限公司诉青岛奥商网络技术有限公司、中国联合网络通信有限公司青岛市分公司、中国联合网络通信有限公司山东省分公司、青岛鹏飞国际航空旅游服务有限公司不正当竞争纠纷案，（2010）鲁民三终字第5-2号；北京百度网讯科技有限公司诉上海很棒信息技术有限公司等不正当竞争和侵犯著作权纠纷案，北京第一中级人民法院（2006）一中民初字第11337号。

子，这在某种程度上促使当事人不得已仍须通过繁琐的诉讼程序寻求救济，增加了维权成本，对此我们期待互联网行业主管部门能增强行政执法的力度，发挥行政保护的独特优势。

（三）工商行政管理部门对规范互联网行业竞争秩序的作用

《反法》不但适用于网下经营不正当竞争行为，同样适用于网上经营不正当竞争行为。《反法》第 3 条第 2 款明确规定："县级以上人民政府工商行政管理部门对不正当竞争行为进行监督检查；法律、行政法规规定由其他部门监督检查的，依照其规定。"《管理暂行办法》第 18 条规定，网络商品经营者和网络服务经营者提供商品或者服务，应当遵守《反不正当竞争法》等法律、法规、规章的规定；第 19 条规定，网络商品经营者和网络服务经营者不得利用网络技术手段或者载体等方式，实施不正当竞争行为。因此，工商行政管理部门对互联网领域的不正当竞争行为负有依法查处、维护市场竞争秩序的监管职责，这与互联网行业主管部门的职责并不存在重叠或矛盾。

实践中，一些工商行政管理部门积极探索、勇于实践，在规制互联网恶性竞争方面发挥了很好的表率作用。例如，2013 年 1 月 24 日，北京市工商局在其官方微博发布消息称，北京市工商局、北京市工商局西城分局共同约见了北京奇虎科技有限公司（以下简称奇虎公司）负责人，对其利用"360 安全卫士"在浏览器领域实施不正当竞争行为予以行政告诫❶。北京市工商局相关负责人表示，这是落实日前国家工商总局在全国工商系统网监工作会上提出的"规制部分知名网企不正当竞争行为"的具体举措。

当然，根治行业不正之风并非一朝一夕、一次行政训诫就可以解决的，但这毕竟是行政执法顺应行业呼声的一次有益尝试。工商行政主管部门应加速出台针对互联网不正当竞争行为的法律规范性文件，作为《反法》的配套措施，以更好地指导各级工商部门的执法活动。

三、自律规则对规范互联网行业竞争秩序的作用

近年来，为维护公平和谐的市场竞争环境，促进互联网行业的健康发展，在中国互联网协会的协调下，一系列行业自律公约相继出台。例如，2006 年 12 月 27 日中国互联网协会发布的《抵制恶意软件自律公约》，反对浏览器劫持、恶意捆绑、恶意卸载等行为；2011 年 7 月发布的《互联网终端软件服务行业自律公约》主要针对安全软件和其他用户终端软件的不规范行为进行了约束；2012 年 11 月 1 日发布的《互联网搜索引擎服务自律公约》中确立了网络机器人协议（俗称"爬虫协议"或 robots 协议）是国际通行的行业惯例与商业规则。众多大型互联网服务公司，如腾讯、百度、奇虎 360、搜狗等都签署了上述协议。这些自律公约紧跟行业形势发展，约束的一些具体行为在网络立法中尚并没有体现，因此弥补了"他律"无法面面俱到的缺点，也有利于成员通过"软约束"来自发地规范彼此的竞争行为。

中共中央总书记习近平在主持中共中央政治局 2 月 23 日就全面推进依法治国的第

---

❶ "360 安全卫士引火烧身 北京工商对奇虎公司不正当竞争行为发出行政告诫"，载 http：//www.saic.gov.cn/ywdt/gsyw/dfdt/xxb/201301/t20130130_133021.html，2013 年 3 月 3 日访问。

四次集体学习上也提到,要坚持依法治国和以德治国相结合,把法治建设和道德建设紧密结合起来,把他律和自律紧密结合起来,做到法治和德治相辅相成、相互促进。可见,自律公约在维护互联网领域的商业道德方面,也体现了其应有的价值。

当然,自律公约通常缺乏惩罚性条款,其履行有赖于成员的自发遵守,但这类公约毕竟反映出参与者认同并自愿遵守某些行为规范,法院在认定是否违反公认的商业道德时可作为重要的参考。

四、规制互联网行业不正当竞争的思考

目前,我国互联网领域不正当竞争案件呈现出一种怪现象,即输了官司赢了市场,败诉赔偿的金额微不足道,甚至有的知名互联网企业屡屡拒绝执行法院判决,凭借占据市场垄断地位的安全产品肆意弹窗、诋毁竞争对手、误导用户不使用或限制用户正常使用其他互联网服务提供者的产品和服务。司法、行政救济的局限性在某种程度上迫使受到损害的经营者在技术上采取反制措施,造成恶性循环,行业竞争秩序的维护遇到极大困难。

笔者认为,缺乏有关禁止不正当竞争行为、防止损害或者损害扩大,以及缺乏充分获取损害赔偿金的手段,保护将流于空谈。这里的"损害"应当在广义上理解,包括被告已经遭受的损害,或者可能遭受的损害,以及以原告的损失为代价所获取的利益。保护不但应针对已经发生的行为,而且也应针对即将发生的行为。笔者在此抛砖引玉,提供几点建议供大家共同探讨:

(一)在互联网不正当竞争案件中引入诉前禁令

2012年8月31日《民事诉讼法》修改前,诉前禁令(司法界称为"诉前停止侵权")在知识产权领域仅适用于商标权❶、专利权❷、著作权❸案件,在反不正当竞争领域适用诉前禁令没有法律依据。然而,随着《民事诉讼法》修订的生效❹,诉前禁令在反不正当竞争案件中不应该再成为"禁忌"。

---

❶ 现行《商标法》第57条第1款:"商标注册人或者利害关系人有证据证明他人正在实施或者即将实施侵犯其注册商标专用权的行为,如不及时制止,将会使其合法权益受到难以弥补的损害的,可以在起诉前向人民法院申请采取责令停止有关行为和财产保全的措施。"

❷ 现行《专利法》第66条第1款:"专利权人或者利害关系人有证据证明他人正在实施或者即将实施侵犯专利权的行为,如不及时制止将会使其合法权益受到难以弥补的损害的,可以在起诉前向人民法院申请采取责令停止有关行为的措施。"

❸ 现行《著作权法》第50条第1款:"著作权人或者与著作权有关的权利人有证据证明他人正在实施或者即将实施侵犯其权利的行为,如不及时制止将会使其合法权益受到难以弥补的损害的,可以在起诉前向人民法院申请采取责令停止有关行为和财产保全的措施。"

❹ 现行《民事诉讼法》第100条第1款规定:"人民法院对于可能因当事人一方的行为或者其他原因,使判决难以执行或者造成当事人其他损害的案件,根据对方当事人的申请,可以裁定对其财产进行保全、责令其作出一定行为或者禁止其作出一定行为;当事人没有提出申请的,人民法院在必要时也可以裁定采取保全措施"。这里的"禁止其做出一定行为",即某些学者所称的"行为保全",适用于诉讼前和诉讼中,可理解为反不正当竞争案件中引入诉前禁令提供了法律依据。

实践是法律的基础，法律要随着实践发展而发展❶。在我国互联网市场发展极度不规范、行业自律被广为诟病的时代背景下，有必要积极探索诉前禁令在互联网不正当竞争案件中的适用。从既往案件来看，安全软件恶意将其他互联网服务提供者的软件或服务提示为窃取用户隐私、有安全隐患、危险项目等做过分扩大和不适当的描述，以误导公众的宣传方式推广自身产品、阻碍用户使用其他软件产品的不正当竞争行为比较突出。在此类案件中，侵权人往往通过管辖权异议、上诉等方式拖延诉讼进程，以时间换取最大程度地破坏竞争对手的商业经营，大幅提高自己产品的市场占有率。即使输了判决，误导用户不使用受害经营者的产品的目的也已经达到，少量的赔偿金和赔礼道歉作为违法成本显得微不足道，这严重损害了司法机关和法律的权威，让许多互联网业内人士看不到法律的救济作用。因此，在互联网不正当竞争案件中审慎引入诉前禁令制度，一定程度上有望遏制违法行为人钻法律空子、以时间换发展空间的不良企图。

（二）大幅提高赔偿额

有报道统计过，某安全软件厂商近年输掉的 5 起官司中，平均每个案子才判赔 10 万余元❷，而其不正当竞争行为给对手造成的损害虽难以精确衡量，但违法成本与非法获益极端悬殊。互联网盈利模式与传统商业相比固然有其特殊性，比如免费向用户提供产品服务，但用户的吸引力是可以转化为广告收入的。实践中，流量、广告收入、商誉损害、市场份额等多种因素的评估和认定如何运用在赔偿额的考虑中很难达成共识，法院应充分考虑侵权行为的持续时间、侵权影响地域、侵权人产品的用户数、侵权的严重程度、侵权人以往侵权历史等因素，使得赔偿额与对原告造成的市场损害相适应，以切实发挥司法对制止不正当竞争的主导作用。

目前《专利法》已将法定赔偿额上限提高到 100 万元，《商标法》《著作权法》的修改，也有往这方面靠拢的趋势。互联网不正当竞争案件的审理，也应与时俱进，不应再局限于 50 万元的赔偿额上限，而应有大幅度的提高，例如上限提高到 100 万元。另外，从威慑恶意侵权、故意侵权的角度，也可参考《著作权法》（修订草案送审稿）中两到三倍的惩罚性赔偿精神，以真正发挥出法定赔偿的填平作用，增加违法行为的成本。

（三）加大民事制裁

2012 年 8 月 31 日修正的《民事诉讼法》第 111 条规定，对拒不履行人民法院已经发生法律效力的判决、裁定的单位，可以对其主要负责人或者直接责任人员予以罚款、拘留；构成犯罪的，依法追究刑事责任。在以往的互联网不正当竞争案件中，已出现个别大型互联网服务公司多次拒不执行法院生效判决的事件，引起了恶劣的社会反响。对此类肆意践踏法律权威的行为，法院应积极运用民事制裁手段，矫正视法律为儿戏的不良倾向。

---

❶ 习近平在主持中共中央政治局 2 月 23 日就全面推进依法治国的第四次集体学习上的讲话，见 http://news.youth.cn/gn/201302/t20130224_2903793.htm，中国青年网，2013 年 3 月 9 日访问。

❷ 有关诉讼统计见陈小康："互联网公司的乱战：另类输赢"，载《人民法院报》2012 年 9 月 24 日。http://www.admin5.com/article/20120924/461830.shtml 亦有全文转载。

总之,《反法》是互联网在我国兴起前的产物,是针对传统工商业的特点进行总结归纳的结果。随着互联网的迅猛发展,产品更新迭代的时间越来越短,随之带来的产业竞争也日益激烈,《反法》在新形势下的执行与适用暴露出诸多不足,在调整互联网不正当竞争行为时显得力不从心。法律的变化是实践的需要,有关部门应尽快推动《反法》的修订工作,增加适应互联网发展的调整规则,从立法层面进一步规范互联网行业的竞争秩序,维护产业的健康发展。

论互联网不正当竞争案件中诉前禁令的适用[*]

近年来，我国互联网行业的不正当竞争愈演愈烈，各种形式的暗战接连不断。2010年底腾讯与奇虎360之间的3Q大战，因腾讯让用户采取"二选一"的做法，引起业界一片争议，而且触发了即时通讯领域的首例反垄断案。虽然广东省高院在2013年3月20日对该反垄断案作出了一审判决，但引发3Q大战的根源——"360隐私保护器"软件在对QQ监测时，在无事实依据的基础上使用不恰当的语言，从而导致为用户对QQ软件产生不合理的怀疑，甚至是负面评价的不正当竞争行为，如果能获得法律上及时、有效的救济措施（如诉前禁令），腾讯很可能不会让用户"二选一"。笔者认为，诉前禁令对规制互联网不正当竞争行为有其独特的作用，应引起业界重视。

2012年8月31日《民事诉讼法》修改前，诉前禁令（司法界称为"诉前停止侵权"）在知识产权领域仅适用于商标权（《商标法》第57条第1款）、专利权（《专利法》第66条第1款）和著作权（《著作权法》第50条第1款）案件，在反不正当竞争领域适用诉前禁令没有法律依据。然而，修订后的《民事诉讼法》第100条第1款规定："人民法院对于可能因当事人一方的行为或者其他原因，使判决难以执行或者造成当事人其他损害的案件，根据对方当事人的申请，可以裁定对其财产进行保全、责令其作出一定行为或者禁止其作出一定行为；当事人没有提出申请的，人民法院在必要时也可以裁定采取保全措施。"这里的"禁止其做出一定行为"，即某些学者所称的"行为保全"，可适用于诉讼前和诉讼中。至此，反不正当竞争案件中引入诉前禁令有了法律依据，诉前禁令在不正当竞争案件不再是"禁忌"。

但诉前禁令在互联网不正当竞争案中的适用仍面临着挑战。原因之一在于《反不正当竞争法》（以下简称《反法》）列举的具体不正当竞争行为很难直接适用于互联网领域（"商业诋毁"除外），由此导致法院高度依赖《反法》的一般条款——诚实信用原则作为断案依据。诚实信用原则在语言表述上的高度概括性虽能包容花样翻新的侵权手段，但对具体行为在法律上的恰当与否无法做出预设性的判断，即无法防患于未然。在这种背景下，法院在审查诉前禁令时往往对涉诉行为是否侵权难以"一目了然"，由此造成互联网不竞争案件中诉前禁令申请鲜有成功的先例。

尽管如此，引入诉前禁令来规制互联网不正当竞争行为，又有着迫切的现实需求。

---

[*] 原载《中国知识产权报》2013年4月17日。本文为郭寿康与马宁合著。

从近几年的案件来看，安全软件误导甚至阻碍用户正常安装、使用其他互联网服务提供者软件/服务的不正当竞争行为十分突出，例如对竞争对手的产品进行虚假的风险提示（如窃取用户隐私、有安全隐患、是恶意程序），或者假借用户投票或评分的名义贬低竞争者的产品质量等。在此类案件中，侵权人往往通过管辖权异议、上诉等方式拖延诉讼进程，以时间来换取最大程度地破坏竞争对手的商业经营，大幅提高自己产品或服务的市场占有率。即使输了判决，少量的赔偿金和赔礼道歉作为违法成本来说也微不足道。对那些利欲熏心的侵权者来说，这种事后救济起不到法律的威慑作用，受害人只能眼睁睁地看着自己的合法权益被侵犯却无法及时制止侵权行为。互联网行业也因此而出现了一种怪现象，即受害人更愿意找工商、工信部处理纠纷，只有在投诉无果的情况下才去法院寻求司法救济，这其中关键的一点是法院在事前救济上的力度不够。因此，积极探索诉前禁令在互联网不正当竞争案件中的适用，是树立司法权威、引导互联网行业健康发展的重要一环。

为提高诉前禁令在互联网不正当竞争案件中的可操作性，笔者提两个思路。首先，在总结司法审判经验的基础上对常见的侵权行为进行类型化，有助于各级法院把握诉前禁令的适用前提——何谓侵权行为。因为违法行为的花样不论如何翻新，在类型上总是有规律可循的。例如，工业与信息化部2011年11月29日颁布的《规范互联网信息服务市场秩序若干规定》（又称"20号令"）第5条对侵犯其他互联网服务提供者合法权益的行为分成了6类，即恶意干扰、恶意不兼容、恶意修改他人产品或服务，商业诋毁、欺骗、误导或者强迫用户的行为，以及兜底规定；第7条对侵犯用户合法权益的行为分成了8类。此外，在中国互联网协会协调下出台的《互联网终端软件服务行业自律公约》，对终端软件滥用安全服务功能的行为进行了规范，如禁止软件排斥和恶意拦截、组织用户对其他终端软件进行评价应遵循公开、公平、公正、接受第三方审计的原则，不得替用户做出默认选择等。这些通过实践总结出来的经验规则，在评判诉前禁令涉及的行为是否侵权时是可以参考的。其次，在把握诉前禁令的尺度上可根据情况有张有弛。例如，恶意拦截他人软件，或以不实描述欺骗、误导用户使用或不使用他人软件的行为，是现实中比较突出的问题，对行业竞争秩序损害较大，对这类行为可适当提高诉前禁令的审查通过率。即使申请错误，也可通过没收申请人提供的担保金来作为承担责任的方式。

简言之，实践是法律的基础，法律要随着实践发展而发展。由于互联网行业的特殊性，通过网络实施的侵权行为具有蔓延速度快、范围广、后果难以挽回等特点，为使受害人的合法权益尽早脱离危险状态，有效遏制不当行为人的违法获利企图，在互联网不正当竞争案件中如何适用诉前禁令是司法实践亟待解决的问题。

关于民法调整的对象[*]
——财产关系的几个问题

一

《政法研究》1956年第2期发表了黄社骥和卓萍两位同志所写的《民法对象中的财产关系问题》一文，将这个问题提出来供讨论。在此以前，就有一些同志对于这个问题曾经发表了一些文章，并且引起了许多研究民法的同志们的注意与争论。我们认为《政法研究》编辑部组织这个问题的讨论是完全必要的。关于民法调整的对象——财产关系的正确认识，无论对于民事立法工作、民法科学研究工作和教学工作以及司法实践都具有重大的意义。

关于民法调整的对象——财产关系的问题，有两个问题需要我们加以研究：第一，就是作为民法调整的财产关系是物质关系还是思想关系呢？是属于社会经济基础的范畴还是属于社会上层建筑的范畴呢？在这个问题中尤其是要把财产关系、生产关系和民事法律关系的区别以及民法规范如何作用于社会经济基础的问题正确地加以阐明；第二，是民法所调整的财产关系的范围问题。我们知道财产关系不仅由民法调整，也由行政法、财政法、劳动法、家庭法、集体农庄法等法律部门所调整。民法只调整一定范围的财产关系。但是哪些财产关系是由民法来调整呢？这也是需要我们进一步来加以解决的。关于第二个问题，《苏维埃国家和法》杂志的编辑部在1955年第5期所发表的《关于苏维埃民法对象的讨论总结》（译文载《政法译丛》创刊号）一文中已经对于苏维埃民法所调整的财产关系的范围加以正确地解决。文中指出，苏维埃民法所调整的对象就是"社会主义社会中基于该社会中存在的所有制形式以及与价值规律及按劳分配规律之作用有关的财产关系"。[❶] 但是要把这个正确的理论运用到目前我国的情况，还需要我们结合中国实际情况进一步来进行研究。这里只要指出我国目前存在的所有制形式和苏联现在的所有制形式有所不同，我国资本主义经济成分未最终消灭以及土地私有仍然存在，就可以看出我国民法所调整的财产关系的范围和苏维埃民法所调整的财产关系的范围还不尽相同。这个问题在起草我国民法典的工作中具有十分重要的现实意义。我们希

---

[*] 原载《政法研究》1956年第3期，第35页。本文为郭寿康与佟柔合著。佟柔，中国人民大学教授，已故。

[❶] 《政法译丛》创刊号，第27页。

望结合我国民法典体系的问题能够专门对这个问题进行研究和讨论。然而目前大家集中争论的问题还是第一个问题。本文也只是提出我们对于第一个问题的看法和大家讨论。

二

关于民法所调整的对象——财产关系是物质关系还是思想关系？是属于社会经济基础的范畴还是属于社会上层建筑的范畴？我们在研究这个问题的时候先要弄清楚财产关系这个概念应该怎样理解。

大家知道，马克思曾经在两重意义上使用财产关系这个概念。有时，在谈到财产关系时，他指的是生产关系；有时他又把财产关系看做是生产关系的法律表现。❶ 这就是说，马克思有时把财产关系看做是作为社会经济基础范畴的生产关系，有时又把财产关系看做是作为社会上层建筑范畴的法律关系。但是，民法所调整的财产关系应该理解为是作为生产关系的财产关系呢，还是应该理解为是作为法律关系的财产关系呢？有的同志主张"民法所调整的对象，是财产法律关系"。黄社骥和卓萍两位同志不同意这种意见，他们认为"民法所调整的不是那些已上升为法律的财产法律关系（即法律关系），而只能是那些作为现实形态而存在的财产关系（生产关系），它是属于基础的范畴"。❷ 我们认为要正确解决这个问题，首先就要研究一下法律关系和法律规范之间的关系。

法律关系是表现统治阶级意志的法律规范调整社会关系的结果，是"……根据现行有效的法律规范而形成的社会关系"❸。《苏维埃国家和法》杂志在1955年第3期《进一步创造性地研究国家与法的一般理论问题》这篇社论中正确地指出，法律关系是特种的社会思想关系，"……在它形成为法律关系（不单纯是事实上的关系）以前，要通过在法律和法律规范中的政治上统治阶级的意志"❹。离开了表现统治阶级意志的法律规范，就不能谈到什么法律关系。❺ 法律关系——即权利义务关系的产生必须要事先经过法律规范的确认。在我们国家里买卖毒品（除依法为医疗疾病者外）不能够发生买卖的法律关系，买卖双方也不能发生出卖人和买受人的权利义务，因为这种关系是我们的法律规范所禁止的，并且也是不符合工农群众的意志的。所以"只有社会关系被法律规范所调整的时候和限度内，它们才采取法律关系的形式"。❻

主张"民法所调整的对象，是财产法律关系"的同志，正是忽略了这一点。他们认为财产关系在被民法调整以前就已经是法律关系。这就等于说，法律关系可以不依赖于法律规范，不依赖于政治上的统治阶级的意志。按照这种说法，我们就不能说明这种法律关系是怎样产生的。从这种说法引申下去，就有导向于"天赋人权"学说的危险。卡列娃、费其金教授在1955年新版《国家与法的理论》教科书中说："在资产阶级法

---

❶ 《政法译丛》创刊号，第21页。
❷ 《政法研究》1956年第2期，第32页。
❸ 卡列娃，费其金主编：《国家与法的理论》，1955年俄文版，第405页。
❹ 《政法译丛》1956年第2期，第13页。
❺ 卡列娃，费其金主编：《国家与法的理论》，1955年俄文版，第405页。
❻ 《政法译丛》1956年第2期，第12页。

律著作中（不久以前也在个别苏联作家的著作中）有人主张法律关系或者是某些法律关系在相当的法律规范规定以前就已经存在，法律规范只是巩固已经形成的法律关系。这种观点是大错特错的。它歪曲了法律规范和法律关系间的实际的相互关系，降低了国家的法律和其他规范性法令对于社会生活所实现的法律调整作用"。❶ 起码地说，这种认为法律关系不依赖于表现统治阶级意志的法律规范，而只是在法律关系产生以后才由法律规范调整的说法，"是和法制原则矛盾的"❷。

黄社骥和卓萍两位同志在《民法对象中的财产关系问题》一文中的某些论点和结论基本上是正确的，但是对于这个问题的论述却是不能令人同意的。黄、卓两位同志认为"……法律关系是首先表现统治阶级意志的法律规范所确认与调整的社会关系，另一方面，在所有的法律关系中，也都表现了法律关系参与者——权利主体与义务主体的意志。所以说，法律关系都是通过其参与者的意志形成的，而表现这种意志的行为就带有法的性质"❸（着重点是作者加的）。首先应该指出，认为法律规范是首先表现统治阶级的意志，这是不够确切的。法律规范并不是首先表现统治阶级的意志，而只能是表现统治阶级的意志。如果说法律规范是首先表现统治阶级的意志，那么其次是否也表现被统治阶级的利益呢？显然是不能这么说的。所以这种提法很容易使人发生混乱，因而是不确切的。

其次，法律关系更不是都通过参与者的意志而形成，而表现参与人意志的行为也并不就带有法的性质。过去苏联有些同志也有过这种看法，例如 C. A. 高梁斯基和 M. C. 斯特罗果维奇在1940年出版的《国家与法的理论》一书中就是持这样的观点❹。但是有许多同志早已经指出这种看法是不妥当的。尤其是 H. Г. 亚历山大洛夫教授在其《劳动法律关系》一书中已经全面深入地加以阐述。❺ 我们知道，作为法律关系发生根据的法律事实是多种多样的，绝不限于契约一种。在因单方法律行为所产生的法律关系就不是通过双方当事人的意志而形成的。由法律事件（如人的死亡）而发生的法律关系（如法定继承的法律关系），更是和双方当事人的意志完全无关。尤其是因致人于损害而发生的法律关系，如果加害人是因过失而致以损害时，这种法律关系的形成不但不是通过法律关系参与人的意志，相反的，却恰恰是和他们的意志相违背的。所以说，黄社骥和卓萍两位同志认为"……法律关系都是通过其参与者的意志而形成"的说法是绝不能同意的。❻ 即便是因契约（双方协议）而发生的法律关系，其产生虽然通过双方当事人的意志，但是只有双方的协议也还不能就产生法律关系，尤其不能产生法律关系所具有的受国家强制力保护的特性。例如，违反国家法律或其他规范性法令的契约，虽然

---

❶ 卡列娃，费其金主编：《国家与法的理论》，1955年俄文版，第405页。
❷ 《政法译丛》1956年第2期，第12页。
❸ 同上书，第30页。
❹ 高梁斯基，斯特罗果维奇：《国家与法的理论》，1940年俄文版，第273页。
❺ 亚历山大洛夫：《劳动法律关系》，1948年俄文版，第77～79页。
❻ 法律关系的形成并不是都要通过当事人的意志，但是"当事人在实现权能和法律义务时则要求每一个法律关系参与人的相当的意志行为"。参见卡列娃，费其金主编：《国家与法的理论》，1955年俄文版，第406页。

305

通过双方当事人的意志并且已经达成了协议，但是也仍然不能发生当事人所企图发生的法律关系。所以说，社会关系只有在被法律规范所调整的时候和限度内，才采取法律关系的形式。只是通过双方参与人的意志，还不能赋予社会关系以法的性质。因而黄社骥和卓萍两位同志认为表现参与人意志的行为就带有法的性质，这种说法也是不能令人同意的。

此外，按照黄社骥和卓萍两位同志的说法，如果认为表现参与人意志的行为就带有法的性质，则商品交换关系既然需要通过参与人的意志而产生，那么它就可以不依赖于法律规范而即带有着法的性质。这样，也就必然要认为民法调整的对象——财产关系如果是通过参与人的意志而发生的（例如，马克思所举的商品交换关系的例子），那么这种财产关系也就是财产法律关系。而且即使在国家和法已经消亡的共产主义时期，通过人们意志而发生的财产关系无疑仍然会存在的。是否能说在那个时候法律关系仍然存在呢？显然是不能这样说的。由此可见，黄社骥和卓萍两位同志的这种提法是不能令人同意的，他们虽然反对把民法调整的对象认为是财产法律关系，但是从他们的这种提法中却恰恰会得出和他们的基本论点自相矛盾的结论。

综上所述，我们就可以弄清楚法律规范和法律关系之间的关系。只有社会关系被法律规范调整的时候和限度内，他们才采取法律关系的形式。法律关系是法律规范调整社会关系的结果，而不是法律规范调整的对象。由此可见，属于社会上层建筑范畴的一定财产法律关系，也同样地是民事法律规范调整一定财产关系的结果，而不是并且也不可能是民法调整的对象。❶

三

从以上的叙述里，我们知道作为民法调整对象的财产关系不是也不能是财产法律关

---

❶ 有的同志认为 C. H. 布拉都西教授在1950年出版的《苏维埃民法》一书中"对于作为民法调整对象的财产关系的说法，也是不确切的，前后矛盾的"。他们所持的理由是认为布拉都西教授（应该说是布拉都西和已故的 M. B. 节米列娃，因为以下这些有关的部分都是布拉都西和节米列娃两个人一同合写的）"在'苏维埃社会主义民法的概念'一章中当他提到'财产关系却构成一定社会生产关系的基石或核心。财产关系包括在基础之内'时，他指的是在现实形态上作为生产关系总和的财产关系，即指的是社会的物质基础，而不是作为民法对象的财产关系。如果我们把作者后来在同一书中'民事法权关系'一章中所提出的：'社会主义企业间在经济上的相互关系，也正是同样表现为一种民事法权关系（财产关系）。供给设备，出售商品，银行结算——所有这些都是以法权关系的形式实现的。'论点来对照，则可以看出，当作者谈到作为民法调整具体对象的财产关系时，却又把它当做'民事法权关系'即物质基础的反映了"。看了这些同志的论点，我们不能不感到十分惊讶。在'苏维埃社会主义民法的概念'一章中作者明明是讲到苏维埃民法调整的对象是作为生产关系的基石和核心的财产关系，而在"民事法权关系"一章中，本书的作者一开始就谈到社会主义民法调整着财产关系和人身非财产关系，并赋予这些关系以一种人与人之间特殊联系的性质——即民事法律关系的性质。为什么这些同志竟然整个歪曲作者的意思呢？虽然在"社会主义企业间的经济上的相互关系，也正是同样表现为一种民事法权关系（财产关系）"。这一句中括号里的财产关系 4 字原文应该是财产法律关系（俄文原文是：имущественных правоотношений——见俄文版原书第43页）。翻译同志在这一点上是要负一定责任。但是如果稍加注意，也不至于这样整个地颠倒原意。因而，问题并不是布拉都西和节米列娃有什么不确切和前后矛盾之处。

系，而是"表现生产资料的分配与处分以及与此相联系的该社会中劳动成果的分配与处分过程的生产关系"❶。

但是，在过去的讨论里，有些同志不相信民法能够调整生产关系，他们认为"法权规范对生产关系的影响不是直接的""法权直接针对的是具有意识和意志的人们而出发的，并作用于人们的行为"。总之他们认为"法权直接调整的是由于人们的意识和行为而构成的那些意志的社会关系"，为了证明这种观点，曾引用了马克思在《资本论》第1卷第2章中关于商品交换过程的论述："商品不能自己走到市场上去自己交换。因此，我们必须找寻它的监护人，商品所有者。商品是物，是不能反抗人的。如果它们不顺从，他就可以行使强力，那就是可以将它占有。要使这种物能当作商品来相互发生关系，商品监护人必须当作是有自己意志存在这种物内的人，来相互发生关系，以致一方必须得他方同意，从而，依双方共同的意志行为，才在让渡自己的商品时，占有他方商品。他们必须互相承认是私有者。这种权利关系——不问是不是依法成立的，总归是在契约的形式上——是一种意志关系，在其中，在经济关系反映出来，这种权利关系或意志关系的内容，也就是这种经济关系规定。"❷ 根据这段引文他们就硬说人们间通过商品与货币所发生的交换关系——买卖，是属于上层建筑范畴的人们之间的"意志社会关系"。如果我们分析一下引文内容，我们就会知道当谈到"商品监护人必须当作是有自己意志存在这种物内的人，来相互发生关系……"时是说明商品关系是人与人的关系。当谈到"这种权利关系或意志关系的内容……"更明显地看到马克思是把法律关系看做"意志关系"的。那么我们从引文的什么地方能看出马克思把商品交换的买卖关系看成为属于上层建筑范畴的"意志关系"呢？

我们知道，买卖（包括租赁、借贷、运送等为民法所调整的财产关系）是不依人们意志而存在的一定社会中的经济关系，是属于因社会产品的交换、分配而发生的人们之间的生产关系。列宁在《什么是"人民之友"》一书中正是用交换关系来说明什么是物质社会关系的，他说："人们在交换产品时彼此发生生产关系，而同时他们甚至没有意识到这里有社会生产关系存在着。"❸ 显然这些同志当一发现人们之间的关系中有着人们的意志存在时，就武断地把这种关系肯定为意志关系。必须指出，这些同志把个别人的在产品交换中的"意志"与作为经济基础的生产关系来对比，从而把它看成为上层建筑范畴里的东西，也就是指它们看成为列宁所说的思想社会关系。但是列宁所说的经过人们意识而形成的思想社会关系，是把它们在形成以前通过人们的社会意识，并不是指通过个别人的主观意志而言❹，例如，法律关系所以属于思想社会关系，就是在于其形成必须经过表现统治阶级意志的法律规范所确认。如果依这些同志的看法甚至作为劳动法调整对象的，人们直接参加生产过程中所形成的社会劳动关系也成为"意志关

---

❶ 《政法译丛》创刊号，第22页。
❷ 马克思：《资本论（第1卷）》，人民出版社1953年版，第69页。
❸ 《列宁文选》（两卷集，第1卷），人民出版社1953年版，第98页。
❹ 杰尼索夫：《国家与法的理论》，1948年俄文版，第453页。

系"了，因为其中也有人们的意志存在着❶。

这些同志把民法所调整的对象——财产关系，看成为思想关系，是和他们不承认民法可以直接调整生产关系的观点分不开的。当他们谈到"法权规范对生产关系的影响不是直接的"的时候提出说："我们分析到经济和法权规范的相互关系时，必须注意到一切社会的生产关系是不依人们的意志而客观存在的。"根据这种观点，好像基础与上层建筑之间有什么不可逾越的鸿沟。因而就不能不设想出某些"中间的东西"（如人们的意志、行为）来，以便民法通过它们来间接的影响经济基础——生产关系。其实生产关系就是在一定社会中人们在生产过程中所形成的那些具体的关系，这中间既有人们的行为也有人们的意志，生产关系与人们的行为、意志是不能分开的，因为根本不存在没有人们思想和活动的生产关系。意志如果是个别人的内心意志，民法是不加干涉的，因为它还只是人们的思想活动（这当然不是说民法不能对公民起着一定的教育作用）。虽然法律规范也就是人们行为的规则，民法也调整着人们的行为。但是这里必须注意，当民法调整人们的行为时，正因为这种行为是具有一定经济内容的行为，是直接体现着生产关系的行为，形式上是调整着人们的行为，实质上却是调整着人们的生产关系。譬如，《修正北京市私有房屋租赁暂行条例》第10条规定："房屋出卖、出典时，在同等条件下房客有优先承买、承典权……"在这种情况下，从形式上看就是国家对两个公民所谓的相同行为（对该项房屋的购买）给以不同的对待。这究竟应该怎样理解呢？难道是国家对这两个公民有所偏爱吗？显然不能这样理解。因此，如果我们不考虑到某些客观存在的经济原因，我们将无法理解民法究竟根据什么客观标准来调整人们的行为。由此可知，如果把民法调整的对象看做是行为，是不能接触到问题的实质的，关于这个问题，《马克思列宁主义关于国家与法权理论教程》一书是这样叙述的："法权调整着人们相互关系中的行为，换句话说，调整着人们的社会关系。"❷ 因而从来没有任何一个民法学家把"意志"或"行为"看做是民法调整的对象，而却一致地把民法调整的对象看做是一定的社会关系。

不相信民法可以直接调整作为生产关系组成部分的财产关系的同志会这样问："如果民法调整的对象是经济关系，不依人们意志为转移的客观的物质社会关系，那么民法究竟能不能调整它，又怎样调整它呢？"如果这些同志把民法对其对象的调整看做是人们的意识（即使是社会意识）决定客观的物质关系，那么这确是不可理解的，如果把调整看做上层建筑对经济基础所起的反作用，那么问题就完全可以理解了。人们对客观的物质社会关系并不是无能为力的，如果我们认识了它的规律性，便能够估计它、依靠它、引导它和限制它。譬如我们已经认识到我国社会主义所有制必然发展和资本主义所有制必然消灭这一客观规律的全部过程，那么我们的民法也就相应地对某些事物加以确认、巩固和发展，而对另一些事物则加以限制和抑止，从而有效地促进我国生产关系的改变，加速了我国社会主义的建成。至于民法怎样具体的对财产关系进行调整，从上面的叙述里我们知道，民法调整人们行为的同时，也就是调整人们间的生产关系，因为生

---

❶ 亚历山大洛夫：《苏维埃劳动法》，中国人民大学1955年版，第3页。
❷ 《马克思列宁主义关于国家与法权理论教程》，中国人民大学1955年版，第532页。

产关系是不能和人们的行为割裂的。

四

综上所述,我们就可以知道民法所调整的财产关系既不是社会上层建筑范畴的财产法律关系,也不是什么其他的思想社会关系,而是属于社会经济基础范畴的财产关系。财产关系就是表现生产资料的分配与处分以及与此相联系的该社会中劳动成果的分配与处分过程的生产关系。财产关系包括生产关系核心的所有制形式以及依所有制形式为转移的产品分配形式。一定的财产关系经民事法律规范调整后就采取了民事法律关系的形式。[1] 民法直接地调整人们之间的财产关系,其中没有也不需要有什么中间的环节。

---

[1] A. A. 彼恩特科夫斯基教授说,作为经济范畴的财产关系是由法律规范所调整的,但是财产关系却"仍然属于基础之中,而并未变为上层建筑"。参见"国家与法的一般理论的几个问题",载《苏维埃国家和法》杂志 1956 年第 1 期。

第二次世界大战后的美国反劳工立法*

美国的历任总统，都擅长用连篇华丽的辞藻和骗人的鬼话，将美国描绘成一个"民主""自由"和"全民福利"的国家。但是，动听的谎言，毕竟掩盖不了美国劳动人民现实的悲惨处境。对于美国的广大劳动人民来说，自由和平等，只是意味着受压迫、剥削，穷困与屈辱。正如列宁所说："任何自由，如果它同劳动摆脱资本压迫的利益相抵触，那就是骗人的东西。"❶ 每当美国统治集团高唱"民主""自由"的神话时，美国工人阶级脖子上的枷锁却愈加沉重。仅就美国战后所制定的大量的反劳工立法，不难看穿美国统治阶级所兜售的"民主""自由"，究竟是些什么肮脏的货色。

反劳工立法，是美国垄断资产阶级实现其阶级专政、加强奴役与剥削工人阶级的重要工具。经过美国历届政府的精心策划和不断补充，反劳工立法日益成为统治集团手中迫害与钳制工人运动的凶恶武器。美国的全部立法史证明，劳工立法与其他的反动法律一样，一直是镇压工人阶级和进步人士的工具。正如恩格斯所说："敌视无产阶级却是法律的不可动摇的基础。"❷

战后，在资本主义总危机进一步加深的条件下，美国统治集团为了给其无法摆脱的国内外矛盾找寻出路，对外疯狂地推行战争政策和侵略政策，对内则加紧剥削和压迫工人阶级，对国内的工人运动进行恐怖的镇压和残暴的迫害。毛主席说过："美国反动派要掀动战争，首先必须进攻美国人民。"❸ 这表明美国的对内政策和对外政策的目的是一致的。因此，战后大量反劳工立法的出现，是美国统治集团国内外政策发展的必然结果，也是标志美国法西斯化的一个重要方面。各种反工人的法西斯立法的实施，说明美国统治集团抛弃了"自由""民主"的遮羞布，暴露了他们极端仇视和加强迫害广大工人群众的狰狞面目。

一

第二次世界大战期间，美国的经济出现了暂时的繁荣景象。垄断资产阶级在战争中

---

* 原载《新建设》，1964年第10期，第140页。本文为王益英与郭寿康合著。王益英，中国人民大学教授。

❶ 《列宁全集（第29卷）》，第316页。

❷ 恩格斯：《英国工人阶级状况》，人民出版社1956年版，第335页。

❸ 《毛泽东选集（第4卷）》，第1 191页。

发了横财。如1940年到1945年间，美国各股份公司所获得的纯利润高达529亿美元。战时的庞大利润和生产与资本的更加集中，加强了美国垄断资本集团的政治和经济地位，使他们认为有力量给正在蓬勃发展的美国工人运动以残酷的打击。战争结束后，经济衰退的阴影又出现在美国的上空。这时靠军火利润养肥了的垄断资产阶级拼命地想维持战时的高额利润标准，更加紧了对劳动人民的民主权利与生活水平的进攻。

战后，垄断组织制定大量反劳工立法的活动，早在战时就作了周密的策划与准备。1943年，美国各州都掀起了通过反劳工法案的浪潮。从1941年到1945年，在18个州内通过了各种各样的反劳工立法。仅1945年，至少有17个州提出过关于迫害工会组织和镇压罢工的法案。与此相呼应，垄断资本集团在全国范围内制造了一个所谓对"劳工强硬的运动"。当时反劳工法案如同洪水一样涌入了国会。1945年到1946年，向第79届国会提出的反劳工法案达90余种。这些反动的法案，是要把美国工人阶级在20世纪30年代所争得的某些支离破碎的民主权利一笔勾销，给工人阶级戴上更多的法律绞索。如1945年提出的《波尔—布尔顿—哈奇》法案，规定了进一步地迫害工会、剥夺工人的罢工权利和限制集体谈判的权利。当时工人用"铁球脚镣法"来比喻该法的凶恶。1945年12月提出的《凯斯法案》比上述法案更加反动。甚至当时的杜鲁门总统也供认，这个法案是把和平进行罢工和其他的合法的一致行动当成犯罪行为。杜鲁门为了博取华尔街老板们的欢心，在提出反劳工法案方面，比波尔、凯斯之流自然更为卖劲。1946年5月25日，杜鲁门在所谓敌对行动还没有正式结束的幌子下（实际上战争于9个月前已经停止），向国会提出了反罢工法案。该法案规定，如总统宣布某一项工业或某个企业的继续开工对维持国民经济有很大的必要性，而工会的负责人拒绝下复工令时，对工会负责人课以5 000美元的罚金和1年以下的徒刑。法案还规定，司法部长通过法院可取得发布罢工禁令的权力。在工人拒绝复工24小时以后，可将其征召入伍。这是在和平时期反对罢工的最激烈的法案之一。

"二战"后，垄断资本集团掀起的第一次大规模的反劳工运动，将劳资冲突推向了新的激烈的阶段。战后美国工人阶级的组织程度与觉悟水平已非战前30年代初期可比。例如，1930年，美国有组织的工人仅为340万人，到1945年则增加到1 400万人左右，占全部非农业工人的36%。工会组织力量的发展，使工人阶级能够以空前浩大的群众斗争来回击资产阶级的残酷进攻。例如，1945年发生了4 750次的罢工，有350万人参加，1946年罢工4 700次，有460万人参加。罢工的规模与罢工持续的时间在美国都是空前的。大罢工的风暴，迫使资产阶级将他们长期以来所谋划的严刑峻法暂时搁置起来。工人阶级在反奴役性措施战线上赢得了第一个回合的胜利。

二

美国的统治集团在劳资冲突进一步尖锐化的条件下，更加指望采取法西斯手段来扑灭工人阶级的反抗斗争。1947年春，美国的工业生产又呈现出严重的低落，周期性的经济危机紧紧逼近。因而加速制定反劳工立法，就成为垄断资本集团应付危机的一种手段。

秉承垄断资产阶级的意旨．美国第80届国会（1947～1948年）创造了提出250种反劳工法案的新纪录。难怪1948年6月21日的《华尔街日报》宣称，这届国会"被认为是从罗斯福时代开始以来对企业界的问题最表同情的"一届国会。正是在这种狂热地反劳工的政治气氛下，1947年6月23日国会最后通过了臭名昭彰的《塔夫脱—哈特莱法》（以下简称《塔哈法》）。这个反动的法律连资产阶级在立法上所惯于玩弄的"民主""平等"的虚伪的形式都抛弃殆尽，赤裸裸地暴露了它的反工人本质。《塔哈法》将以前未获通过的法案的最反动的条款网罗无遗，集过去一切反劳工法案之大成。它是美国战后时期，迫害工人运动的"根本法"。这个反动的法律是战后美国反劳工政策合乎逻辑的发展，也是美国政治制度日益法西斯化的必然产物。

《塔哈法》是在所谓使企业主和工人"平等化"的幌子下并作为1935年的《华格纳法》的修正案通过的。雇主们认为，《华格纳法》是不公正的。因为它赋予了工人"更多的权利"。塔夫脱说，《塔哈法》是"要在劳工关系中恢复公正与平等"❶。这只不过是为了根本废除《华格纳法》和达到打击工人运动的卑鄙目的所施放的烟幕。《华格纳法》是20世纪30年代美国工人罢工斗争的产物。在工人运动的压力下，资产阶级政府为了涣散工人的斗志和巩固自己的统治，对工人作出了某些形式上的让步。如承认工人有组织工会、签订集体合同和罢工的权利。可是资产阶级对工人的上述权利从来没有确实地兑现过。为了避免工人利用这些规定开展合法斗争，雇主们就一直在伺机废除它。《塔哈法》的公布，将《华格纳法》规定的形式上的民主权利全部化为乌有。

《塔哈法》与其他的反劳工立法一样，都是由全国制造商协会在幕后一手炮制的。为了该法能顺利通过，全国制造商协会进行了紧张的院外活动，为此曾花费了1亿美元。民主党员布莱特尼克于1947年4月17日在众议院的发言中就透露过："……哈特莱法案不过是全国制造商协会劳工立法纲领的法典编纂。……丝毫也不能怀疑全国制造商协会是这项凶恶的反劳工法的来源地和鼓舞者。"纽约州的议员奥·杜尔也供认："这个法案的每一句话、每一节和每一页，都是由全国制造商协会的头子们写下来的。"

《塔哈法》颁布后，美国的统治集团又掀起了一个蛊惑人心的宣传运动，叫嚷工人从该法中可以得到这样或那样的好处。哈特莱厚颜无耻地说："工人从该法中可以找到许多对自己有利的规定。"❷ 谎言终究是谎言，只要将这个法律的基本内容加以剖析，不难看出它的反工人本质。

（一）加强国家对工会组织的法西斯控制，打击和削弱工会的力量，破坏工人阶级的团结

《塔哈法》的锋芒首先是针对着战后美国蓬勃发展的工会运动。早在1945年11月杜鲁门召集的企业主和反动工会领袖的代表会议上，就商讨了打击工会的阴谋方案。1945年12月，美国的《钢铁》杂志写道："代表会议对究竟是由工会来管理国家还是由国家来管理工会这一问题不得不加以抉择的时刻临近了。"适应资产阶级的要求，《塔哈法》制定了一整套用国家来管理与控制工会的法西斯制度。

《塔哈法》规定，工会要取得"许可证"和国家劳工关系局的"保护"，须向劳工

---

❶ 《美国政治和社会科学院年刊》，1959年，第195页。
❷ 哈特莱：《我们国家新的劳工政策》，1948年版，第113页。

部提交关于工会负责人及工会内部情况的报告;工会负责人还须提交不是共产党人也不同情共产党的宣誓书。在美国历史上,这是第一个限制一个政党成员参加工会活动的立法。《塔哈法》的目的是要将一切进步力量从工会中清洗出去,将工会变为国家的御用组织,使工会的活动仰承政府的鼻息。

《塔哈法》力图限制和取消"工会工厂制"❶和"封锁工厂制"❷,以便为工贼破坏工会活动敞开大门。如果工会阻挠企业主雇用非会员,就会被宣布为"不正当的劳工行为"而受到法律的追究。依法雇主有组织"公司工会"的权利和在工人中"自由议论"工会内部事务的权利。雇主可充分利用这种规定,明目张胆地进行分裂工会运动,诬蔑和诽谤进步的工会,干涉工会的内部选举。

《塔哈法》规定,国家有权干涉工会财务开支,有权要求工会提交财务报告,并严禁利用工会基金从事政治活动。违反者课以 5 000 美元以下的罚金,对工会的负责人课以 1 000 美元以下的罚金和 1 年以下的徒刑。工会的福利基金也应由雇主和工人共同加以监督。更恶毒的规定是借口所谓工会的"不正当的劳工行为",给企业主以索取赔偿损失的权利。在该法生效后的 5 年中,仅 10 个工会被课处的罚金即达 2 000 万美元。这种专横制度是要使工会的财务陷于枯竭,摧毁工会活动的物质基础。

(二) 限制和剥夺工会签订集体合同的权利

订立集体合同是美国工人阶级在 20 世纪 30 年代所争得的一项重要权利,是工人进行经济斗争的一种手段。由于工人运动的发展,集体合同适用的范围日益扩大。1944 年年初,私营企业全部工人中有 45% 是按工会协议的条件来雇用的;在铁路、煤矿、码头等部门中有 95% 的工人包括在集体合同范围内。进步的工会利用集体合同为工人争得了一些好处。因而它就成了《塔哈法》所要打击的一个重要目标。

《塔哈法》首先是限制工会集体谈判的权利。以前的《华格纳法》规定,一个企业只有一个工会能代表工人进行集体谈判。《塔哈法》准许一个企业中有几个工会同时存在,并都有权进行集体谈判。代表权的分散必然削弱集体合同的作用。雇主还可不承认某些不合自己心意的工会的代表权。在该法生效两年半的时间内,国家劳工关系局在 306 件关于工会代表权的案件中,有 194 次工会被无理地剥夺了此项权利。

《塔哈法》规定集体合同的内容仅限于工资、工时和其他劳动条件等经济问题。禁止把"封锁工厂制"和"工会工厂制"列入合同内,以阻止工人加入工会和抵制集体合同的作用。

在集体合同的订立和修改程序方面,对雇主的利益更是倍加保护。法律纵容雇主拖延谈判时期,使雇主有可能破坏谈判或对工会施加压力。在提出修改集体合同建议的前 60 天,应书面通知雇主。同时在 30 天内应将劳资纠纷通知联邦的调解机构。这就为雇主对付工人因修订集体合同而举行的罢工提供了准备时间,并使工会失去了打击雇主的

---

❶ "工会工厂制"(unjon shop):是加强工会组织力量的一种手段,企业主可以雇用非工会会员,但有一个附加条件,即被雇用者参加企业工作后,在一定时间内必须加入工会。

❷ "封锁工厂制"(closed shop):是加强工会组织力量的斗争手段,即规定企业主只能雇用本工会的会员。

有利时机。

（三）镇压罢工运动，限制和剥夺工人的罢工权利

压制罢工是《塔哈法》最主要的内容之一。资产阶级政府"很清楚地知道，罢工会擦亮工人的眼睛，因此它非常害怕罢工，总是用尽办法尽快把罢工镇压下去"❶。《塔哈法》是"二战"后美国统治集团反对罢工武库中最恶毒的武器。

《塔哈法》禁止政治性罢工、同情罢工和管辖权罢工❷，并严格限制"支援性抵制"❸。这些规定，实际上剥夺了工人的罢工权利。至于国家公务人员的罢工更是严加禁止，违反《塔哈法》者即予解雇，并在三年内不得复任公职（第305条）。

《塔哈法》对法律范围内"许可"的罢工的实行程序，又增添了障碍与附加条件，使之有可能随时宣布一切罢工为非法。如工人因修订集体合同举行罢工必须在60天以前将罢工意图告诉雇主，在此期间禁止罢工。《塔哈法》赋予总统干涉罢工的权力。在所谓罢工危及"国家的健康和安全"的借口下，总统可通过法院发布罢工禁令，使罢工推迟80天。对任何大罢工，总统都可以危及"国家的健康和安全"为口实，而横加干涉。例如，1959年艾森豪威尔在上述借口下，粗暴地干涉钢铁工人大罢工。甚至最高法院的法官道格拉斯对此也直言不讳，承认罢工并未危及国家的"健康"，也不影响它的"安全"❹。

《塔哈法》还为雇主从工人内部瓦解罢工提供了新的武器。雇主有权雇用反工会分子破坏罢工。工会无权坚持要求会员严守罢工纪律。否则会被指控为对工人实行了"强迫"而受到法律制裁。在法院和国家劳工关系局的帮助下，雇主还可利用解雇来破坏罢工。为了进一步镇压罢工，国家劳工关系局又对《塔哈法》关于限制罢工的条款作了新的补充规定。如后来在它的一项裁决中指出："如果为了几项要求进行罢工而其中有一项是非法的，整个罢工便也是非法的。"❺ 1954年的又一次裁决指出："一旦罢工被认为是非法时，某一工会的全体会员，甚至那些生病、请假或者并没有参加罢工的人，都可以受到解雇。"❻《塔哈法》还规定了工会应对雇主在罢工期间所受损失负担物质的责任。正如列宁指出的："判决工会赔偿资本家老爷们因罢工所受到的损失，实际上等于取消罢工的自由。"❼

（四）为加强对工人运动的控制，《塔哈法》赋予新的国家劳工关系局以更广泛的迫害劳工的权力

如果说根据《华格纳法》的规定，国家劳工关系局只是在一定范围内从事工作，

---

❶《列宁全集（第4卷）》，第279页。

❷ "管辖权罢工"（jurisdictional strike）：即当两个工会组织在"管辖权"方面发生争执时，为要求企业主承认某一特定的工会组织的代表权所进行的罢工。

❸ "支援性抵制"（secondery boycott）：即工人强迫雇主不要同存在劳资冲突的另一个雇主发生业务往来，如不购买它的商品或停止对其原料的供应，以支持那个企业的工人斗争。

❹ 1959年"美国对联合钢铁工人工会案件"，载《现代法律评论》，1962年2月号，第13页。

❺《美国劳工实况》（1951～1952），世界知识出版社1955年版，第149页。

❻《美国劳工实况》（1953～1954），世界知识出版社1956年版，第158页。

❼《列宁全集》第9卷，第400页。

而且只对企业主行使控诉权,那么新的国家劳工关系局对劳资纠纷则拥有起诉与裁决的广泛权力,并且扩大控诉权的使用以迫害工会。国家劳工关系局迫害工会经常使用的武器之一是颁发禁令,以此来打击和限制工会的活动。

《塔哈法》还故意用了大量复杂和含混不清的语句,以留待国家劳工关系局予以"澄清"。因此国家劳工关系局可以随时根据劳资之间阶级斗争的形势和雇主的要求,对《塔哈法》作出更加反动的规定和解释。产联在1955年2月的《经济展望》中指出,当时美国工人受到的限制比1952年"还要严厉"。这些限制都是由国家劳工关系局一手制造的,"法律本身则只字未变"。就连《塔哈法》生效后辞职的该局前总法律顾问乔哈德—范阿克尔也承认新的国家劳工关系局是"雇主手中的破坏罢工的工具"。

《塔哈法》还准许州的立法为限制工会的活动采取更加严厉的措施。在1947年,美国有30个州相继通过了"小塔哈法",大大加强了《塔哈法》反工会和反罢工的条款。

《塔哈法》公布后,工人阶级将它称为"奴隶劳动法"是十分恰当的。当时美国共产党主席福斯特发表声明指出:"这是对工人运动和对美国自由的打击……这是我国走向法西斯主义方面跨了一大步。"在工人阶级强烈地反对下,杜鲁门总统在国会通过《塔哈法》时被迫地演出了一幕行使"否决权"的丑剧,其目的正如哈特莱所说:"是为了争取多数选民所做的政治姿态,也是企图逃避总统应负的责任。"❶ 后来杜鲁门总统援引《塔哈法》迫害劳工的事实彻底揭穿了他的伪善面目。到1962年10月止,美国总统援用《塔哈法》镇压罢工共计21次,杜鲁门就有10次之多。这就清楚地暴露了杜鲁门总统的丑恶嘴脸。

三

1950年美帝国主义发动了侵朝战争。当时垄断资本集团还期望美国工人阶级会像第二次世界大战时一样,考虑到"军事上的必要",而缓和国内的阶级斗争。可是这次战争的侵略性质是无论如何也蒙蔽不了广大工人群众的。工人阶级的罢工斗争不仅未削弱,反而日趋激烈。从发动侵朝战争起到1951年年底的18个月中,参加罢工的人数达350万;1952年罢工的浪潮更是席卷全国,据官方统计,这一年共发生了5 117次罢工,参加罢工人数高达350万人。美国统治集团为了对付国内日益高涨的工人运动和继续推行侵略朝鲜的可耻的战争,在国内又迫不及待地制造了新的反共反民主的高潮。制定反劳工立法的活动也随之更加猖獗起来。

1950年8月,国会通过的《马格纳森法》授权总统监督美国领海内船舶的行动,并有权采取措施来防止"怠工或其他颠覆活动",以保护港口的安全。同年10月,又公布了对海员和码头工人进行忠诚调查的10173号命令,规定在港口工作的人均须持有"忠诚证明书",那些被认为有参加某种"颠覆活动嫌疑"的人,领不到此种证明书,就丧失了在港口或船舶继续工作的权利。这个法律成了海岸警察署和雇主手中打击进步工会的领导人和工会积极分子的有力工具。

1950年9月23日,《麦卡伦—伍德法》生效,其锋芒是反对共产党人和一切进步

---

❶ 哈特莱:《我们国家新的劳工政策》,纽约1948年版,第90页。

力量。根据该法，进步的工会组织都可被列为"共产主义组织"遭到法西斯迫害。对大罢工的领导者，特别是与军火生产有关的企业的罢工，均可依法扣上要在美国"建立极权独裁制度"的罪名而受到恐怖镇压。法律授权总统在必要的情况下可宣布全国处于"紧急状态"，在此期间，总统可通过司法部将进行"间谍活动"的人或有怠工行为的人投入监狱或集中营。该法还规定了迫害外国人或在外国出生的美国公民的条款，进步工会活动家常因所谓政治原因而被驱逐出境。如1951年被驱逐出境的370人中，有3/4是因从事进步工会活动而被驱逐的。1952年臭名昭著的麦卡伦又提出了新的反劳工法案，企图根本剥夺工会订立集体合同的权利。以反劳工著称的参议员史密斯也提出了新的反动法案。当时美国共产党主席福斯特指出："史密斯法案所包含的条文的实质……在于使现存的工会变为……政府和公司按照希特勒和墨索里尼的办法加以操纵的组织……使工会法西斯化的趋势在史密斯法案中达到了新的高峰。"❶ 这些法案虽因总统的选举运动和工人阶级反抗而暂时终止了讨论，可是选举一告结束，在1952年12月《麦卡伦—华尔脱法》就经美国总统签署生效。这个种族主义的移民、国籍法，将几乎1/3的美国工人阶级、连同家属达4 400万人置于法西斯迫害的威胁下，他们随时有可能被加上与"破坏性组织"有联系而被无理地驱逐出境。1953年在麦卡锡主义浪潮的推动下，还曾提出过一系列新的以反对进步工会为目标的反动法案。

艾森豪威尔继承了杜鲁门总统反劳工的衣钵。他在竞选时为了骗取选票，曾允诺要修改《塔哈法》。但是当选后的实际行动，说明他在反劳工方面比杜鲁门更加阴险毒辣。艾森豪威尔上台后不久，美国商会借口反对"劳工独裁"，对《塔哈法》提出了23点修正案。紧接着，1954年1月，全国制造商协会也拿出了加强《塔哈法》的8点计划。在垄断资本集团的授意下，艾森豪威尔终于提出了《塔哈法》的16点修正案。例如，其中一点是赋予州以更大的权力来制止被认为造成"地方紧急状态"的罢工；另一点是给罢工增加新的限制，即罢工在举行以前或以后，必须在政府的监督之下进行关于罢工的秘密投票。只此两点足以说明艾森豪威尔修正案的凶恶的反工人本质，并彻底暴露了他的竞选诺言只不过是一个政治骗局。当时劳联主席米尼也承认，批准这种修正案将会成为"露骨的镇压罢工的手段"。1954年8月，艾森豪威尔又签署了《共产党活动管制法》。这个法西斯法律不仅是要消灭共产党，而且也为了取缔进步的工会和一切民主力量。该法显著地加强了《麦卡伦—伍德法》的反工会条款。法律公然禁止共产党员在工会中担任职务。同时根据该法可以将进步工会列为"共产党人渗入的组织"加以迫害。上述各种反动立法的实施，说明美国政治制度沿着法西斯化的道路继续发展，暴露了美国统治集团企图绞杀美国工人运动的罪恶阴谋。

四

美国垄断资本集团制定的这些反劳工立法，没有也不可能窒息美国工人阶级的斗争。在垄断资本对工人阶级加紧进攻下，1958年美国企业界纳税后的利润高达188亿美元，1959年的工人失业人数达400万，占全部工人人数的55%。在业工人由于通货膨

---

❶ 威廉·福斯特：《打倒反劳工的史密斯法案》，纽约1952年版，第16页。

胀，实际工资也有很大降低。因而，从《塔哈法》实行以后，美国工人阶级的斗争浪潮更加汹涌蓬勃地发展起来。1948～1958 年美国共发生 45 794 次罢工，参加罢工的人数达 2 509 万人❶。美国垄断集团虽然千方百计地利用各种反动法律打击工人运动，但是他们企图扑灭工人斗争的如意算盘终于落空了。一个美国的资产阶级法学家写道，美国垄断集团发现《塔哈法》"……并不是像他们当初所想的那样成为'管理的大宪章'，因而就运动修改和弥补某些规定的漏洞，进一步限制工会的活动"❷。在美国各种反动势力的勾结下，美国历史上空前迫害工人运动的新立法终于在 1959 年出笼了，这就是被广大美国工人群众唤做"刽子手法"的《肯尼迪—兰德勒姆—格里芬法》（全名是《1959 年劳工管理报告与揭露法》，也简称《兰德勒姆—格里芬法》）。

美国垄断资本集团费尽心机地为制定进一步迫害工人阶级的反动立法寻找借口。1957 年美国参议院成立了以阿肯色州民主党参议员约翰·麦克累兰为首，并以罗伯特·肯尼迪为首席法律顾问的委员会，借口国际兄弟海员工会的"内部腐化"进行所谓的"调查"。这个委员会前后共传讯了 1 500 名"证人"，记录了 46 000 页"证言"。垄断集团又开动了全部宣传机器，配合国会的"调查"，搅起了一阵反劳工的乌烟瘴气，以便为制定新的反劳工立法制造反动的"舆论气氛"。

在这一片鼓噪声中，反劳工的主将、当时任美国马萨诸塞州参议员的约翰·肯尼迪出场了。约翰·肯尼迪和罗伯特·肯尼迪这一对兄弟早就在幕后筹划妥当，一俟反动声浪渐趋高潮，约翰·肯尼迪就亲自出面先后提出了《肯尼迪—伊夫斯法案》和《肯尼迪—伊尔汶法案》。后一法案，正像肯尼迪自己所供认的那样，在反劳工方面比前一法案"更加强烈和清楚"❸，因而提出后不久就在参议院中通过。当《肯尼迪—伊尔汶法案》送到美国众议院审查时，众议院中也正提出了许多反劳工法案。众议院建议参众两院联合召开会议，以协调两院的"分歧"。参加这个联席会议的有肯尼迪、兰德勒姆、格里芬等人。经过了 12 天的讨论，就达成了协议。所谓"协调分歧"，实际上不过是集中了各种反劳工意见之大成。格里芬在底特律经济俱乐部的一次演说中也供认说："我们实际上是用剪刀和糨糊把各个不同法案的规定集合在一起，在这里和那里增加了我们自己的一些话。"❹《肯尼迪—兰德勒姆—格里芬法》既然是集中了美国参众两院中一切反劳工意见的大成，当然也就迅速获得了各种反动势力的一致赞同。在众议院 9 月 3 日提出两院对法案已经获得协议的报告后，当天参议院即以 95 票对 2 票通过了这一法案，第二天 9 月 4 日众议院也以 352 票对 52 票迅速加以通过。

《肯尼迪—兰德勒姆—格里芬法》的制定，也是美国民主党和共和党相互勾结下阴谋策划的产物。肯尼迪、兰德勒姆这样的民主党人与格里芬这样的共和党人本来就是一

---

❶ 1948～1957 年数字见《殖民时期至 1957 年美国历史统计》，第 99 页；1958 年数字见《1963 年美国统计摘要》，第 251 页。

❷ 贝卡加敏·艾伦："1959 年劳工管理报告与揭露法"，载《哈佛大学法律评论》1960 年第 5 期，第 852 页。

❸ 参见美国国会记录，1959 年 1 月 28 日。

❹ 参见罗伯特·格里芬 1959 年 10 月 12 日在底特律经济俱乐部的演说，载《当前最重要的演说》第 26 卷第 4 期，第 118 页。

317

丘之貉，都是美国垄断资本集团的忠实代理人和美国人民的凶恶敌人。当时的美国总统艾森豪威尔也不甘落后，对这个反劳工法案积极加以支持。艾森豪威尔在1959年8月6日发表的无线电和电视广播演说中，就对这个反劳工法案大加捧场，宣称这个法案是"导向包括我所主张的……真正劳工改革法案的一个良好的开端"，并且鼓吹两党议员"通力合作"来"充分响应整个国家的要求"❶。因而，《肯尼迪—兰德勒姆—格里芬法》经美国国会通过以后，就迅速得到艾森豪威尔的批准，成为现行有效的法律。

从麦克累兰委员会的所谓"调查"开始，一直到《肯尼迪—兰德勒姆—格里芬法》的最后通过，肯尼迪出谋划策、提出草案、积极奔走，终于制定了这个美国历史上空前反动的"刽子手法"。肯尼迪由于立下了这场"大功"而更加获得华尔街老板的"赏识"，第二年就被黄袍加身，拥上了总统的宝座。

《肯尼迪—兰德勒姆—格里芬法》在虚伪地维护"工会内部民主"的幌子下，对美国工人阶级所余无几的民主权利进一步展开了大规模的进攻。它不但在迫害工人运动和工会组织里面处心积虑、挖空心思地补充了《塔哈法》的一所谓"漏洞"，而且在许多方面把《塔哈法》的条款向前大大发展了一步。美国工人群众把它叫做绞杀工人斗争的"刽子手法"，确是名副其实。

在1959年以前，美国政府表面上还保持着不大直接干涉工会内部事务的虚伪姿态。1947年的《塔哈法》也只有少许几项涉及工会内部管理的规定。格里芬也承认："直至制订新的改革法（按：指《肯尼迪—兰德勒姆—格里芬法》）以前，几乎没有涉及工会内部事务的联邦规定。"❷《肯尼迪—兰德勒姆—格里芬法》打破了以往的一切纪录，赤裸裸地把反动的魔爪伸入工会的内部，以至连资产阶级的御用学者也不得不承认这个反动的立法"确实是表现出联邦政府今天对工会内部事务的最深入的渗透"❸。

《肯尼迪—兰德勒姆—格里芬法》在责令工会提交财务情况报告的问题上，比《塔哈法》的规定更加凶狠得多。《塔哈法》规定工会不提交财务情况的报告，只是得不到国家劳工关系局的所谓"保护"，而并没有直接规定罚则。《肯尼迪—兰德勒姆—格里芬法》则规定工会每年必须向劳工部长提交完整的财务情况报告（第201条），否则就要遭到法律上的严厉惩罚；而且工会提出的财务报告还是一种公开文件，任何人（当然包括雇主在内）都有权进行查阅（第205条甲项）。《肯尼迪—兰德勒姆—格里芬法》规定工会每年必须提交完整的财务情况报告，表面上的理由是为了防止工会的贪污受贿，实际上这都是一些骗人的鬼话。美国普通工人在垄断资本集团的压榨下，连最低限度的衣食需要都难以保证，而且一旦获得工资微薄的就业机会就已经算是十分幸运了，他们哪里能够有条件放弃工作、自筹旅费、跑到华盛顿的劳工部法、从堆积如山的卷宗里检查工会的财务开支呢？即便就是来到了劳工部，一个普通工人也难以从繁杂冗长的

---

❶ 参见艾森豪威尔1959年8月6日在华盛顿的无线电和电视广播演说，载《当前最重要的演说》第25卷第22期，第675页。

❷ 参见罗伯特·格里芬1959年10月12日在底特律经济俱乐部的演说。

❸ 卞加敏·艾伦："1959年劳工管理报告与揭露法"，载《哈佛大学法律评论》1960年第5期，第856页。

财务报告中发现什么问题和破绽。而且就算从工会的财务报告里发现了某些右翼工会头子的肮脏行径，普通工人也绝不能支出庞大的诉讼费用从资产阶级的法院讨得什么"公道"。一个美国律师拉比诺维奇在一篇文章中写道："财务报告在华盛顿整理汇存起来，……只有那些打算找麻烦的内行老手大概才具有必要的时间、金钱和经验，从这些存的浩如烟海的材料中挑出有意义的东西来。"❶ 实际上，《肯尼迪—兰德勒姆—格里芬法》这一规定的真正意义是通过提交的财务报告把工会的全部活动置于政府和雇主的监督之下。因为工会的一切活动，必然要在工会财务收支上反映出来，责令工会提交财务报告也就等于把工会的一切活动清清楚楚地都摆在美国政府和雇主的面前。工会一切不合乎政府和雇主口味的进步活动和罢工斗争，都会遭到破坏和"依法"追究。工会违反这项规定，不提出财务报告，或提出的报告"情况不确实"，负责人就要被处以 1 万美元以下的罚款，或 1 年以下的监禁，或两者并罚（第 209 条）。此外，由工会提出这种异常复杂的财务报告，本身就是一个很大的负担，需要花费大量的人力和财务。因而规定工会每年必须提交完整的财务报告，也是从经济上打击工会的一个手法。而且法律还规定工会必须允许会员对财务报告所根据的账目进行检查（第 201 条两项）。这不仅给工会带来了无穷无尽的麻烦，而且更主要的是为雇主派入工会内部的工贼、特务进行捣乱活动提供了便利的机会。上面提到的那个美国律师也说，《肯尼迪—兰德勒姆—格里芬法》"实际上赋予雇主所雇用的挑拨分子和少数心怀不满的工会会员以无穷的机会，来从事分裂活动和对工会领导人捣乱，使他们的时间花费在诉讼上，而不能更多地从事于有益工会的工作"❷。

《肯尼迪—兰德勒姆—格里芬法》还规定工会会员享有所谓"平等权利"（第 1010 条甲项 1 款）和"言论集会的自由"（第 101 条甲项 2 款）。是什么样的"平等权利"和"言论集会自由"呢？工人有不受剥削和奴役的权利和自由吗？有争取自身解放的权利和自由吗？广大黑人有不受种族歧视的权利和自由吗？绝对没有《麦卡伦法》《史密斯法》《塔哈法》等法西斯法律已经把工人群众的起码民主权利和自由剥夺净尽。联邦调查局、三 K 党、约翰·伯奇协会、美国安全委员会等法西斯机构和组织则肆无忌惮地到处行凶，任意迫害和屠杀无辜的人民。在法西斯猖獗的美国，还谈什么工人的"平等权利"和"言论集会自由"，这只能是对自由、平等这些崇高词汇的绝顶嘲弄和侮辱。实际上，这一规定的真正目的，是为雇主派入工会内部的工贼、特务进行捣乱破坏活动提供"法律上的根据"。这些破坏分子可以利用这种"权利"，召集反动会议、破坏工会选举、诽谤攻击工会组织，从内部瓦解工人阶级的斗争。而工会却无权根据自己的纪律加以制止，否则就被认为是侵犯工会会员的"平等权利"和"言论集会的自由"。1963 年美国一个联邦上诉法院在一个案件中就公然确定，依《肯尼迪—兰德勒姆—格里芬法》，"工会会员"有对工会领导人进行诽谤中伤的权利❸。而且即便是这些所谓"权利"和"自由"的规定，也只适用于工会会员。先进工人和广大黑人常常被

---

❶ 拉比诺维奇："美国工会法的最近发展"，载《现代法律评论》1962 年 6 月号，第 20 页。

❷ 同上，第 17 页。

❸ 《美国新闻与世界报道》1963 年 5 月 6 日。

种种借口排除在工会之外,当然也就根本没有享受"平等权利"和"言论集会自由"的资格。据资产阶级刊物的统计,1959年美国全部7 390万工人中,只有1 750万人参加了工会,未参加工会的则有5 640万人。这也就是说,美国有3/4以上的工人并没有参加工会,从而也就完全被排除于《肯尼迪—兰德勒姆—格里芬法》所规定的"平等权利"和"言论集会自由"之外。❶甚至当美国众议院中有人建议在这个法律中取消由于种族、宗教、肤色、性别和民族出身的原因而对要求参加工会的人所施加的歧视时,也遭到兰德勒姆、格里芬一伙人的激烈反对。格里芬竟扬言如果坚持取消种族歧视就会使任何法案都不能在国会中通过。这种公然维护种族歧视的无耻态度,连资产阶级学者也不得不承认是《肯尼迪—兰德勒姆—格里芬法》的一个"显著的缺点"。❷

《肯尼迪—兰德勒姆—格里芬法》还把美国共产党人同刑事罪犯相提并论,规定过去五年以内的共产党人和因纵火、盗窃、强奸等面被判徒刑的重罪犯人都不能担任工会的领导职务(第504条)。虽然麦克累兰委员会的所谓"调查"和"听取意见"丝毫也没有证明工会内部的"贪污腐化和压制会员权利"同美国共产党人有任何牵连,❸但是这个以反对工会"贪污腐化"、"保护"工会内部民主生活作标榜的法律,却公然对美国共产党人进行迫害。这只能更加清楚地暴露出这个反动法律是借反对贪污腐化之名,而行反共反劳工之实。

《肯尼迪—兰德勒姆—格里芬法》不但凶恶地干涉工会的内部事务,而且还规定了一系列进一步摧残工人阶级斗争的条款。

过去,美国国家劳工关系局对于地方企业的某些所谓"影响州际贸易不大"的劳资纠纷是不加干涉的。这就是所谓的"无人管辖案件"(No Man's land)。《肯尼迪—兰德勒姆—格里芬法》第701条甲项改变了过去的做法,规定上述的劳资纠纷完全划归各州法院管辖。美国各州法院处于垄断资本更直接的控制下,对于工会和工人运动也一贯抱着更加敌视的态度。把上述劳资纠纷划归各州法院管辖,显然是更便利雇主通过州法院来打击工会组织。

其次,《肯尼迪—兰德勒姆—格里芬法》进一步限制工会的"支援性抵制"。"支援性抵制"本来是工会在罢工中相互支援以争取斗争胜利的一项有力的方法。《塔哈法》第8条乙项4款即规定禁止工会劝诱"任何雇主的受雇人在受雇期间进行罢工或集体拒绝工作"。但是,美国垄断集团认为《塔哈法》的规定还留下了三个漏洞:(1)工会可以动员工人单个地、而不是集体地拒绝工作,以迫使其雇主停止同另一个与工会有争议的雇主的业务往来;(2)《塔哈法》对于"雇主"和"受雇人"都下了定义,因而如果工会通过罢工迫使不在《塔哈法》规定范围内的雇主(例如政府机构)停止与另一雇主的业务往来,即不算违反法律;(3)工会可以不动员工人罢工,而直接对雇主施

---

❶ 《美国新闻与世界报道》1959年9月14日。

❷ 卞加敏·艾伦:"1959年劳工管理报告与揭露法",载《哈佛大学法律评论》1960年第5期,第860页。

❸ 克莱德·休穆尔斯:"美国保护工会民主的立法":载《当代法律评论》1962年5月号,第295页,注83。

加压力，例如设立阻止顾客入内的纠察线以达到"支援性抵制"的目的。《肯尼迪—兰德勒姆—格里芬法》第 704 条甲项修改了《塔哈法》的规定，完全禁止"支援性抵制"。这样，也就把美国工人阶级罢工斗争经常采用的一项有力的措施完全宣布为非法。

《肯尼迪—兰德勒姆—格里芬法》还宣布禁止所谓的"支援抵制"协议〔或直译为"热货协议"（"hot cargo" agreement）〕。美国许多工会往往在与雇主签订的集体协议中规定工会和工会会员有权拒绝接受与工会发生争议的另一企业的货物〔这种货物就叫做"热货"（hot cargo）〕。这样做不算违反集体协议，也不能成为解雇工人的理由。这就是所谓的"支援抵制"协议。"支援抵制"协议，实际上是雇主事先被迫同意工会进行"支援性抵制"的协议。雇主本来是绝不会愿意签订这种协议的，但是在工人斗争的压力下又往往被迫签订。肯尼迪—兰德勒姆—格里芬法第 704 条甲项规定禁止签订这种协议，这就为剥夺工人这一斗争武器制定了"法律根据"。

这个打着"维护工会内部民主"幌子的反劳工立法，从颁布实行以来虽然为期不久，但是几年来的实践已经充分证明所谓"维护工会内部民主"纯粹是彻头彻尾的欺人之谈。然而就是在高唱"维护工会内部民主"的掩饰下，美国工人阶级的身上却确确实实又增添了一件沉重的镣铐。《肯尼迪—兰德勒姆—格里芬法》在美国反劳工法的历史上述到了一个新的高峰，其残暴迫害工人阶级的条款，甚至连资产阶级学者也承认是表示美国"民主的失败"。❶

五

在肯尼迪亲手策划下制定的这个"刽子手法"，以空前恶毒的手段企图扼杀和扑灭美国工人阶级的斗争浪潮。但是，美国统治集团的罪恶阴谋同样遭到了可耻的破产。肯尼迪就任美国总统以后，由于加紧扩军备战，进一步压榨美国人民群众，从而使美国工人阶级的处境益趋恶化。据美国官方发表的统计，美国失业人数从 1960 年 10 月的 358 万人激增到 1961 年 2 月的 570.5 万人，"严重失业地区"从 1958 年的 89 个增加到 1961 年 3 月的 101 个。而 1962 年美国企业界纳税后的利润却从 1958 年的 188 亿美元上升到 260 亿美元。在垄断资本日益加紧进攻下，美国工人阶级的反抗斗争也日趋高涨。据 1962 年统计，在肯尼迪上台以后的两年时间里，美国工人罢工次数达 6 900 多次，参加罢工人数达 270 万人。《塔哈法》《肯尼迪—兰德勒姆—格里芬法》以及其他一切反劳工立法，没有能够达到扑灭美国工人阶级斗争的罪恶目的。

因而，从 1961 年以来，美国统治集团又在阴谋策划制定更加凶狠恶毒的反劳工立法。美国国会中不断提出各种新的反劳工法案。参议员墨尔斯提出的法案，强迫工人在"国家紧急情况"下不得罢工，并须接受强制仲裁；麦克累兰提出的法案，禁止"战略国防企业"的工人举行罢工；其他如孟罗伯、格里芬等人也都提出了形形色色的反劳工法案。参加今年美国总统竞选的共和党候选人、参议员戈德华特除在 1963 年 1 月 14 日提出新的反劳工法案外，还到处叫嚣"工会权力过大"，来为制定的反劳工法律制造

---

❶ 卞加敏·艾伦："1959 年劳工管理报告与揭露法"，载《哈佛大学法律评论》1960 年第 5 期，第 1126 页。

"舆论"。肯尼迪政府设立的总统劳工管理政策咨询委员会在1962年5月4日也提出了反劳工立法的具体建议。❶ 其主要内容是:(1) 在罢工酝酿期间,依现行的《塔哈法》,总统可以指定一个调查委员会进行调查,但调查委员会无权提出解决方案;劳工管理政策咨询委员会则建议总统可以指定一个"紧急纠纷委员会",该委员会有权提出解决办法;(2) 罢工发生后,依《塔哈法》总统可以要求法院颁发禁令,在80天内不准罢工;劳工管理政策咨询委员会则建议总统不必要求法院颁发禁令,而自行发布命令禁止罢工;(3) 依《塔哈法》,在罢工期间必须举行投票,以表示是否接受雇主的最后建议;劳工管理政策咨询委员会则看到已往的投票结果往往都是拒绝接受雇主的最后建议,对雇主不利,因而建议取消投票。据美国刊物报道,在制定《肯尼迪—兰德勒姆—格里芬法》的过程中曾经大卖力气的麦克累兰,正在为准备制定新的反劳工立法开始进行另一次的所谓"调查"。❷ 劳工部长维尔茨也放出空气,威胁要取消罢工权。❸ 这一切都清楚表明美国统治集团正在紧锣密鼓地为制定进一步迫害工人阶级的反动立法加紧进行准备。

战后美国反劳工立法的发展,表明美国垄断资本集团在国内阶级斗争日益激烈的情况下,已经一天一天地抛弃了资产阶级的民主与自由,对工人阶级展开了赤裸裸的法西斯进攻。他们已经不能依靠战前的那套方法继续统治下去了。毛泽东同志早在1949年就指出:"美国政府现在还有一片民主布,但是已被美国反动派剪得很小了,又大大地褪了颜色,比起华盛顿、杰弗逊、林肯的时代来是差远了,这是阶级斗争迫紧了几步的缘故。再迫紧几步,美国的民主布必然要被抛到九霄云外去。"❹ 美国战后的反劳工立法,完全证明了毛泽东同志论断的英明和正确。美国反动派用反劳工立法把美国的民主遮羞布已经剪得七零八落,再也遮盖不住他们法西斯的狰狞面目。

美国垄断资本集团战后颁布的反劳工立法,虽然千方百计地迫害工人阶级的斗争和打击工人阶级的组织,而且美国工人阶级也确实因而遭受到一定的损害,但是工人阶级的斗争火焰并没有被扑灭,而是日益发展壮大起来。今后美国垄断集团不论炮制出什么样阴险毒辣、花样翻新的反劳工立法,只要奴役和剥削工人阶级的资本主义制度继续存在,工人阶级的贫困无权地位没有得到根本改变,工人阶级的反抗斗争也就绝不会停止。任何凶恶的反劳工立法的颁布,都不表示美国反动统治的强大,而恰恰是表示其虚弱,都不是预示阶级斗争的和缓,而恰恰是表示工人阶级斗争的高涨。无论什么样的法西斯立法,都绝不能扑灭和扼杀美国工人阶级争取切身利益和阶级解放的斗争,更不能挽救资本帝国主义的灭亡命运。

---

❶ 《美国劳工月刊》1962年第7期,第769~770页;《美国新闻与世界报道》,1962年5月4日,第102页。
❷ 《美国新闻与世界报道》,1963年1月21日。
❸ 《美国新闻与世界报道》,1963年3月4日。
❹ 《毛泽东选集(第4卷)》,第1507页。

中 文 部 分

种族主义的美国婚姻立法*

美国反动统治集团面对着黑人反对种族歧视和种族迫害的声势浩大的斗争，正加紧推行反革命的两手政策。约翰逊政府，秉承着美国垄断资本集团的意志，一方面纵容对黑人的歧视和迫害，并且对黑人的反抗不断进行残暴的镇压；另一方面又假装同情黑人的处境，搞出一套蛊惑人心的"民权法"，企图麻痹黑人的斗志，欺骗人民群众。但是，无论约翰逊之流使用了多少动听的谎言、华丽的辞藻，丝毫也没有改变美国种族歧视和种族迫害的罪恶现实。美国广大黑人的悲惨境遇，并没有由于制定廉价的"民权法"而得到任何改善。哪里有压迫，哪里就有反抗，哪里有剥削，哪里就有斗争。近年来，美国黑人规模空前、此伏彼起的反对种族歧视和种族迫害的斗争，最有力地表明美国反动统治集团欺骗手法的全盘破产。

美国统治集团千方百计地保持种族歧视和种族隔离，归根结蒂是因为这种罪恶制度给美国垄断资本集团带来了巨大的超额利润。美国的1 900万黑人，500万波多黎各人，100万墨西哥人，50万印第安人以及其他种族的人民，绝大多数都是无产者。他们为了生存不得不向美国垄断资本廉价出卖劳动力，遭受残酷的剥削。美国黑人平均工资只相当于白人工资的1/3~1/2，美国垄断资本集团每年从黑人身上掠夺四五十亿美元的超额利润。唯利是图、损人利己的美国垄断资产阶级，是绝不肯放弃这么一大笔利润的，因此他们要拼命保持种族歧视和种族迫害制度，以便这些少数民族永远处于他们的残酷剥削和压迫之下。正如毛泽东同志所指出的："民族斗争，说到底，是一个阶级斗争问题。"❶

美国的种族歧视和种族迫害，遍及美国的政治、经济和社会生活的各个领域。其中，在婚姻问题上推行种族歧视和种族隔离，对美国统治集团具有特别重要的意义。美国统治集团要想长期地从广大黑人身上榨取大量超额利润，就需要千方百计地把种族歧视和种族迫害制度长久保持下去。在法律上对婚姻关系实行严格的种族隔离和种族歧视，就是为了使黑人世世代代为美国统治集团提供廉价的劳动力，子子孙孙都供他们进行敲骨吸髓的剥削。如果美国法律在其他许多方面还往往搞一套"自由""平等"的虚伪手法以掩饰罪恶的种族歧视和种族迫害制度，那么在婚姻立法上的种族主义却十分露

---

* 原载《政法研究》1966年第1期，第54页。
❶ 毛泽东："呼吁世界人民联合起来反对美国帝国主义的种族歧视，支持美国黑人反对种族歧视的斗争的声明"，1963年8月8日。

骨。这种情况并不能仅归因于美国统治集团的笨拙和愚蠢，而是因为婚姻关系上的种族隔离，直接关系到整个种族歧视制度的存续，所以他们也顾不上掩盖了。

一

美国黑人领袖罗伯特·威廉在一次讲话中说："世界上许多为此震惊的自由爱好者说，美国变得越来越像希特勒的纳粹德国了。事实并不是这样，而是希特勒的德国曾经变得像美国。希特勒在1935年颁布的纽伦堡种族法就是模仿美国的种族主义法律制定的。"❶ 这是完全符合实际情况的，婚姻立法也是如此。希特勒政权在1938年颁布过一个种族主义的德奥统一结婚与离婚法，而美国却早在18世纪就已经有了野蛮的种族主义婚姻立法。

在美国蓄奴时期，黑人奴隶在美国法律上和土地、牲畜等一样，都是奴隶主的私有财产，属于美国《动产法》规定的范围。奴隶在美国法律上不算是"权利主体"，不能签订契约。婚姻在美国法律上是一种契约关系，奴隶既然不能签订契约，也就不能有法定的婚姻。不仅黑人奴隶和白人奴隶主之间绝不许缔结婚姻关系，就连男女奴隶之间也不能正式结婚。奴隶主为了给自己繁殖小奴隶，虽然也允许男女奴隶在一起同居，生儿养女，甚至强迫奴隶这样做，但是在法律上并不承认奴隶的婚姻关系。美国北卡罗来纳州的一个法官曾经这样写道："奴隶间的关系与合法婚姻中夫妻间的关系有本质上的不同，……因为对奴隶来说，任何一方都可以随意解除这种关系，或者依奴隶主的意愿或需要卖掉一方或双方而结束这种关系。"❷ 男女奴隶之间既然不能在法律上有婚姻关系，生下来的子女在法律上也不算是他们的子女，只是属于奴隶主的财产，可以随时被奴隶主卖掉。由于美国的这种极端野蛮的种族主义法律，不知拆散了多少黑人夫妻，毁灭了多少黑人家庭。在标榜"文明""进步"的美利坚合众国，报刊上曾公开登载过不少出售奴隶、拆散黑人家庭的大幅广告。下面是曾经在新奥尔良州一家报纸上刊登过的一幅❸：

奴隶待售

一名24岁的黑人妇女及其两个小孩，大孩8岁，小孩3岁。上述黑人可按购买人的意愿分别出售或一并出售。该妇女善于缝纫。现金购买者减价出售，也可用杂货交换。条件请与布立斯公司接洽。

美国种族主义者就是以这些令人发指的罪行，在广大黑人无穷灾难的基础上，建立起美国资本主义的"繁荣"。

1861年美国南北战争结束以后，黑人虽然在名义上摆脱了奴隶身份，但种族隔离与种族歧视却迅速发展起来。内战结束后不久，南方各州就颁布了《黑人法典》，严厉

---

❶ 《人民日报》，1963年10月11日。
❷ 查理斯·利贝尔曼："动产法与黑人"，载美国《幸福》杂志，1964年5月号。
❸ 同上。

禁止种族间通婚。对于违反禁止通婚规定的人，处以很重的刑罚。例如，1865年密西西比州的《黑人法典》就规定："黑人与白人通婚，应作为重罪处以终身监禁。"❶ 可见，美国统治集团所大吹大擂地宣传的黑人获得"解放"，只不过是法律上改头换面而已，黑人的地位并没有真正改善。

二

美国内战结束已经过去100多年，今天在美国却依然奉行着最野蛮、最丑恶的种族歧视的婚姻立法。了解一下美国当前种族主义婚姻立法的情况，有助于了解美国统治集团经常大肆喧嚷的美国式"民主""自由""法治""文明"和"进步"的真相。

据统计，美国现在有29个州在法律上禁止黑人与白人通婚。佛罗里达、亚拉巴马、密西西比、田纳西、北卡罗来纳和南卡罗来纳这6个州甚至把禁止黑人与白人通婚列入宪法条文。此外，有15个州的法律禁止白人与东方人或蒙古人通婚，有7个州的法律禁止白人与印第安人通婚❷。

凡是美国各州的法律规定算做黑人的，就要适用禁止种族通婚的法律。有一些州（如密西西比州等）规定凡身体里含有1/8黑人血统的就算是黑人。有一些州（如路易斯安那州等）规定身体里含有1/16黑人血统的就算是黑人。阿拉巴马州和亚利桑那州的法律甚至规定只要身体里含有"任何可以确定"的黑人血统都算是黑人❸。这就是说，在阿拉巴马州和亚利桑那州，只要确定一个人10代、20代以前的祖宗里面有一个黑人，这个人就要被适用禁止种族通婚法的规定，不准与白人通婚。在这一点上，美国的种族主义法律远远超过希特勒的种族法。按照希特勒的种族法，身体里含有1/4以上犹太人血统的才算是犹太人，不足1/4的，仍然可以同亚利安人通婚。连一个美国人也说："大多数确定种族含义的美国法律是比不上一度在纳粹德国所适用的法律的，纳粹德国的法律还比较更为自由一些。"❹

如果有人竟不顾法律的这些规定而通婚，那么就会受到残暴的制裁；这种婚姻由于违反法律被认为"无效"。如果生了孩子，在法律上就被视为私生子，不能享有继承权。还要被认为是触犯刑律，被处以监禁和罚款。例如，《得克萨斯州刑法典》第492条规定："如果白人和黑人在本州范围内结婚，或在州外结婚后在本州范围内继续像夫妻一样同居的，处以2年以上5年以下的监禁。"北卡罗来纳州的法律规定最长的监禁期限高达10年。有些州甚至规定主持结构仪式的牧师和颁发结婚证书的官员也要受严厉的处罚。如南卡罗来纳州的法律规定对主持黑人与白人结构仪式的牧师，处以500美元罚款和（或）1年监禁，北卡罗来纳州的法律规定对颁发结婚许可证的官员可处以500美元罚款和10年监禁❺。密西西比州的法律甚至规定："任何个人、社团、公司的

---

❶ 密尔顿·康维茨：《民权一百年》，1961年英文版，第13页。
❷ 弗兰西斯·库西勒尔：《结婚与离婚法律简介》，1963年英文版，第26页。
❸ 斯塔森·肯尼迪：《美国黑人指南》，1959年英文版，第48~50页。
❹ 同上书，第47页。
❺ 同上书，第58页，第68~70页。

公众发出载有提倡或主张社会平等、黑人白人通婚的意见、建议、消息的印刷品和打字书面文字，都将被认为是犯罪，判处500美元以下罚款或6个月以下监禁，或同时给两种处分。"

这一套肮脏龌龊的种族主义法律，就是约翰逊大肆吹嘘的"伟大社会"的一个真实写照。

美国的联邦最高法院一向号称具有所谓宣布法律违宪的权利。美国各州禁止种族通婚的法律，连美国的资产阶级法学家杰克·格林柏也承认"……无疑问是违反宪法的"❶。可是美国联邦最高法律的法官们却故意视而不见，听而不闻，遇到这类案件总是挖空心思找个借口推出了事。至今美国联邦最高法院还"……没有审理过一件涉及各州禁止种族通婚法的案件"❷。美国联邦最高法院的这种态度当然不是什么难解之谜。保持沉默是他们对各州种族主义法律所作出的最稳妥也最有效的支持。

实际适用种族主义婚姻立法的，是美国的州法院。美国的州法院不但全力执行各州的种族主义法律，而且还不断制造一些荒诞的谬论来为种族主义法律辩护，如把野蛮的种族主义法律说成是"公平""正义"，甚至是体现着上帝的意志等。美国南卡罗来纳州的一个名叫亨利·约翰逊的法官就在法庭上公开宣称："全能的上帝并没有把各个种族合为一体，正如同上帝并没有把鸟类和兽类合为一体。"❸ 真是人面兽心，标榜"人道主义"的法官，竟把他们的"理论"立足于"鸟道主义"和"兽道主义"，不是一个绝大的讽刺吗？

不仅如此，美国州法院在适用种族主义法律时比法律规定本身往往更为变本加厉，这可以举两件具体案例来说明。在密西西比州，同一个白人姑娘斯克莱特尼结婚的奈特（据说他的曾祖母是个黑人）曾向法院申辩说，按照密西西比州的法律，身体里含有1/8以上黑人血统的才算是黑人，他的曾祖母并不是"纯血统黑人"，因而他本人的身体里含有的黑人血统不足1/8，依法不应算是黑人，与白人结婚并不违法。可是种族主义的法官却竟然把法律加了码，宣布判处奈特5年监禁。又如俄克拉荷马州一个名叫费尔德的有两个女儿的妇女，丈夫是个酒鬼，遗弃家庭已有10年之久，而且被法院判处过伪证罪、伪造文书罪和乱伦罪。有一次费尔德夫人给女儿写信教育她们要反对种族偏见和反对美国发动的侵略战争。俄克拉荷马州的法院认为费尔德夫人的这封信毒害了女儿纯洁的心灵，不堪继续履行母亲的义务，判处费尔德夫人把两个女儿交给那个乌七八糟的酒鬼父亲去"教养"❹。反对种族偏见和反对侵略战争，在美国法官们看来是"大逆不道"；而遗弃家庭、犯过重罪的酒鬼，却是能够教养纯洁心灵的"善良公民"，这就是美国"民主法治"的实践！

---

❶ 杰克·格林柏：《种族关系与美国法律》，1959年英文版，第345页。

❷ 克·格林纳瓦尔特和维·格林纳瓦尔特：《美国民权的法律方面和1964年的民权法》，载《国际法学家协会杂志》1965年夏季号，第39页。

❸ 斯塔森·肯尼迪：《美国黑人指南》，1959年英文版，第170页。

❹ 同上书，第61~63页。

三

美国黑人与白人通婚，不仅受种族主义法律和司法的迫害，而且往往遭到三Ｋ党徒和其他种族主义分子的私刑和残暴屠杀。在今天的美国，黑人有时与白人妇女握握手、谈几句话，甚至只是偶尔靠近白人妇女的身边，就随时可能被种族主义分子强加以意图强奸白人妇女的罪名，施以毒刑或杀害。不少地方把黑人接近白人妇女一臂之长的距离叫做"危险的距离"。美国种族主义分子对美国黑人的法西斯暴行，真是司空见惯、罄竹难书。

毛泽东同志指出："美国帝国主义对黑人的法西斯暴行，揭穿了美国的所谓民主和自由的本质，暴露了美国政府在国内的反动政策和在国外的侵略政策之间的内在联系。"❶ 种族主义的法律，法西斯化的法院和警察，穷凶极恶的三Ｋ党徒的联邦调查局的特务，对黑人的监禁、罚款、私刑、屠杀，这些就是美国国内实行的"民主"和"自由"。美帝国主义在全世界横行霸道，在越南滥肆轰炸北方，在南方实行三光政策，这些就是他们在国外推行的"民主"和"自由"。美帝国主义在国内外所犯下的滔天罪行，充分表明美帝国主义是全世界人民、包括美国人民在内的不共戴天的死敌。

美国反动统治集团妄图用种族主义法律和法西斯暴行来保持罪恶的种族歧视制度，使之永世长存，这是枉费心机的。美国广大黑人已经觉醒起来，展开了前赴后继、波澜壮阔的反对种族歧视的斗争。法律、监狱、警棍、屠刀，都阻止不了黑人英勇的反抗斗争，不能挽救美帝国主义必然灭亡的命运。毛泽东同志指出："在全世界百分之九十以上的人民的支持下，美国黑人的正义斗争是一定要胜利的。万恶的殖民主义、帝国主义制度是随着奴役和贩卖黑人而兴盛起来的，它也必将随着黑色人种的彻底解放而告终。"❷ 美国罪恶的种族主义法律，必然要同美帝国主义一起，最终被革命的人民抛进历史的垃圾堆。

---

❶ 毛泽东："呼吁世界人民联合起来反对美国帝国主义的种族歧视，支持美国黑人反对种族歧视的斗争的声明"，1963年8月8日。

❷ 同上。

著作节选

《民法原理》第四编　智力成果权*

第三十章　智力成果权的概述

智力成果权，一般指法律规定人们对于自己脑力劳动创造的精神财富所享有的权利。在国际上，通称为知识产权。❶

智力成果权的范围是广泛的。主要包括著作权、发明权、发现权、专利权、商标权等。

智力成果权一般都具有以下几个特点。

一、智力成果权是无形财产权

智力成果是一种无形财产，它不像土地、房屋、机器、衣物、货币等有形财产那样，占有一定的空间，而是一种无形的东西或利益。例如，发明就是发明人解决技术领域里特定问题的一种新方法。由于智力成果权具有无形财产这一特点，因而也就产生了不同于有形财产的一系列法律后果。如知识产权的产生大多要经过批准和登记注册等手续，有形财产则不需要；再如，侵权行为对于有体财产表现为毁损或强占；而对于无形财产则表现为剽窃或仿冒；等等。

二、智力成果权须经立法直接确认

从马克思主义法律观点来看，无论是有形财产还是无形财产，其成为权利客体而受到保护，都是与法律分不开的。但是，法律对于财产权的保护的规定，开始都是从有形财产出发的，因而现存的有形物体，无须一一规定，大都予以承认和保护。但对智力成果权的承认和保护，则通常需要有法律上的直接而具体的规定。❷ 譬如，在没有实行专利和没有采用实用新型法律制度的国家，就不存在专利和实用新型这样的智力成果权。

---

* 节选自佟柔、郭寿康等：《民法原理》，法律出版社1983年版，第383~430页。

❶ 知识产权一词源于17世纪中叶的法国，主要倡导者是卡普佐夫（Carpzov）。1893年以后，保护工业产权巴黎联盟和保护文学艺术作品伯尔尼联盟的执行机构，联合组成了"保护知识产权联合国际局"。1967年在斯德哥尔摩签订了《建立世界知识产权组织公约》，1974年12月世界知识产权组织成为联合国组织系统的一个专门机构。至1982年5月，世界知识产权组织已有98个成员国。中国已在1980年3月3日通知参加了世界知识产权组织，于1980年6月3日成为该组织的正式成员国。

❷ 1981年7月《知识产权法教学与研究教授座谈会》文件，RT/TIP/11/14。

即便颁布了专利法，实行专利制度，法律上也可以规定某些方面的发明，如食品、医药品、计算机程序等，不能取得专利，从而在这方面也就不能产生智力成果权。我国目前法律上保护商标，但不保护音响商标，也不保护服务标记，因而我国目前也就没有音响商标和服务标记这样的智力成果权。

三、智力成果权的专有性

智力成果创造极难，而传播则极易，为了保护创造人的智力成果，法律有必要规定创造智力成果的荣誉权以及基于创造劳动所获得的物质奖励权专属于创造人。如果当事人申请专利权或者商标注册时，则只有他们才有权使用该项专利、商标。该项专利权、商标权也只有根据他们的意志才能转让。根据这一原则，专利和商标的专有权只能授予一次。

四、智力成果权的地域性

按照一国法律获得承认和保护的智力成果权，只能在该国领域内有效，在其他国家原则上不发生效力；要在其他国家受到法律保护，就需要按照该国法律规定经审查批准或登记注册。如果两国或多国之间有相互保护的双边或多边条约，或在实践中采用对等原则，智力成果权则可以在缔约和实行对等的国家范围内发生效力。有形财产权则不会因离开一国领域即不存在。一个人从一国移居另一国，其所携的衣物财产照样归其所有，其财产所有权不会产生问题。当然，如果国家间缔结有相应的条约，智力成果权也能够在缔结国家间发生效力。

五、智力成果权的时间性

时间性是智力成果权的另一个特点。专利权、商标权和版权，都有一定期限。期限届满，这些智力成果权即失去效力，任何人皆能使用其成果而不再发生侵权问题（商标权可经续展而延长其有效期）。有形财产权则概无时间限制。只要财产客体存在即受到法律上的保护。即使在消灭时效或取得时效制度下，超过一定年限也仅发生主体变更问题，财产本身组成权利客体的地位的存在则不会发生问题。

第三十一章　著作权

第一节　著作权的概念

著作权指著作人对其作品所享有的权利。著作权包括人身权与财产权两个部分。人身权部分不能转让，财产权部分可以转让给其他人。

著作权在一些国家中有不同的名称，在英语国家中称为版权，欧洲大陆国家称为作者权，日本称著作权。在我国，有一种意见主张将著作权与版权分开，著作权指著作人对其著作所享有的人身权和财产权，而把可以转让的财产权部分称为版权。实际上，由于科学技术日新月异的发展，著作权的内容十分复杂，无论著作权或版权都不能十分贴切地反映出其所包括的全部内容，而只是历史上形成的代表特定含义的专门术语。

在我国社会主义制度下，除极"左"路线干扰和破坏严重的一段时期外，著作权这一法律制度是受到国家重视的。保护著作权人的人身权利和财产权利，有利于鼓励作者创作的积极性,从而促进科学、文化、艺术的繁荣发展。在资本主义制度下,虽然有人宣扬著作权属于人权的范畴,也有人鼓吹在鼓励作者创作并广泛传播其作品的前提下对作者提供法律上的保护,实际上,作者权利能否实现,归根结底取决于资产阶级的利益。在垄断资本主义时期,垄断资本控制了出版发行事业,广大作者的权利得不到物质保证。出版事业成了垄断资产阶级攫取最大限度利润的工具。

第二节 著作权法的产生和发展

在印刷技术发明以前,作品不可能大量地复制出售,因而也就不感到迫切需要在法律上对作者的权利加以保护。活字印刷发明以后,出现了印刷业,大量地复制出售作品成为可能的事情,从而也就有了在法律上保护著作权的需要。

一般认为,1709 年英国制定的安娜女王法令,是第一部真正的版权法。该法开头即规定:"鉴于近来时常发生印刷商、书商和其他人不经作者或所有者的同意,随意印刷、翻印和出版图书,使图书作者或所有者受到极大的损害,而且常常使他们及其家庭破产;为防止今后发生此类事情,鼓励学者们编写有用的图书,特制定本法……"安娜法令规定,已出版图书的作者享有版权 21 年,未出版的图书版权为 14 年,期满后作者仍健在时得续展 14 年。

18 世纪和 19 世纪,许多国家都仿效安娜法令,对文学、艺术作品的版权给以法律上的保护。❶

大约在 19 世纪中叶,有些国家开始在互惠的基础上,或者通过双边条约对外国人给以版权保护。出版事业的进一步发展要求制定一个国际性的保护版权的公约,于是在 1886 年 9 月 9 日由 10 个国家签订了《保护文学艺术作品伯尔尼公约》。《伯尔尼公约》经过多次修订,现有成员国 73 个（1982 年 5 月统计）。第二次世界大战结束以后,为了克服美国版权制度和伯尔尼公约间的分歧,使美国参加国际性保护版权的公约,1952 年 9 月 6 日在日内瓦通过了《世界版权公约》,至 1980 年底共有 73 个成员国。

印刷术是我国古代的一项重大发明。由于印刷业的发展,也就产生了保护版权的需要。我国宋代年间即对民间出版的书籍采取了保护版权的措施。如果有人翻版,即"追板劈毁,断罪施刑"。有些书籍上刻有"牌记",书明"已申上司,不许复版"。这也可以说是后来书籍中"版权页"的起源。只是由于封建制度的阻碍和帝国主义的侵略,长时期文化科学发展迟缓,版权立法也就没有获得应有的重视。

中华人民共和国建立以后,国家开始对版权问题予以重视。1957 年文化部起草了《保障出版物著作权暂行规定》,在说明中提到"凡在中华人民共和国境内出版的出版物,不问著作人国籍如何,均承认其著作权。中国公民在国外的出版物,在中国境内,其著作权仍受保护"。这个《暂行规定》尚未正式公布施行,但表明国家对保护版权问

---

❶ 丹麦、挪威于 1741 年,西班牙于 1762 年都陆续颁布了保护版权的法令。美国 1790 年制定了第一部联邦版权法。法国 1791 年和 1793 年的法令规定了对版权的保护。德意志封建邦国和奥地利至 19 世纪中叶以后,才陆续制定了版权法律。在拉丁美洲,智利在 1834 年,秘鲁在 1849 年,阿根廷在 1869 年,墨西哥在 1871 年都先后制定了版权法。

题已经很重视，并着手采取措施，起草有关法令。后来，由于极"左"路线的干扰和破坏，制定著作权法的工作被置于一旁。党的十一届三中全会以后，为了贯彻执行四个现代化的路线，发展科学、文化，学习国外先进科学技术和进步的文学艺术，著作权问题尤其是著作权国际保护的问题日益成为需要尽快解决的问题。1979年7月7日签订的《中华人民共和国和美利坚合众国贸易关系协定》第6条第5款规定："缔约双方同意应采取适当措施，以保证根据各自的法律和规章并适当考虑国际做法，给予对方的法人或自然人的版权保护，应与对方给予自己的此类保护相适当。"我国有关主管部门现在正积极考虑、研究著作权问题，着手准备起草我国保护著作权、出版权的法律。

第三节 著作权的主体和客体

一、著作权的主体

著作权的主体可以是公民、法人和国家。公民和法人对自己创作的文学、艺术和科学作品，享有著作权。外国人创作的文学、艺术和科学作品在我国境内首次发表的，亦当承认其作者享有著作权。在我国境外发表或未发表的外国人创作的作品，除我国负担条约义务者外，不承担保护该项版权的义务。国家直接成为著作权主体的情况比较少见，只在国家接受已故作家遗赠作品著作权等情况下才产生国家成为著作权主体的情况。

著作权主体可分为原始著作权的主体和继受著作权的主体。作品的作者是原始著作权的主体，作者既享有著作权的人身权利，也享有财产权利。通过合同、继承等方式而取得著作权的，是继受著作权的主体。继受著作权人只享有财产方面的权益，不能取得著作权的人身方面的权益。在我国，著作权的财产权益是否可以依继承而转移，存在着不同的看法。宪法第13条已明确规定："国家依照法律规定保护公民的私有财产的继承权。"据此，著作权的财产权益部分应该是可以依继承而转移的。

创作在性质上应属于事实行为，而非法律行为。成年人固然可凭创作而取得著作权，无行为能力的未成年人也可以凭自己的创作而取得作品（如绘画、表演等）的著作权。

著作权的主体可能是一个人，也可能是两人或两人以上。作者以真名、笔名或不署名而发表的作品，由作者取得著作权。两人或两人以上合著的作品，如构成一个统一不可分的整体时，著作权应属于参与创作的全体合著人；如作品是一个整体，而各个组成部分又具有独立意义可以分别存在时，整个作品属于全体合著人，各个有独立意义的组成部分则分别属于创作各该部分的作者。

报纸、杂志和辞书等由编印出版的法人对著作物整体享有著作权，而作者对其写作的文章、词条等享有著作权。

二、著作权的客体

著作权的客体指经作者创作而受法律保护的文学、科学和艺术作品。著作权法所保护的只是作品的表现形式，而不是保护作品的思想内容。作品的内容可按其他法律（如专利法）来予以保护。作品的表现形式必须具有创造性，即在选择和安排文字、音符、颜色、形状等方面具有创造性。完全抄袭他人的作品，不但不能取得著作权，而且是侵犯了别人的著作权，要受到法律的制裁。

法律上保护的作品，范围十分广泛，而且随着科学技术的发展，作品的范围也日益扩大。大多数国家的版权法都对以下各类作品给予保护：

（1）文学作品：包括小说、故事、诗歌、戏剧作品等，不论是否已经出版；在许多国家的法律上，口头作品也受到保护；

（2）音乐作品：包括歌曲、合唱、歌剧、乐曲等；

（3）艺术作品：包括绘画、油画、版画、蚀刻画、雕塑、建筑作品等；

（4）地图和技术图纸；

（5）摄影作品；

（6）电影作品，包括电视片。

此外，许多国家的版权法也保护应用工艺美术作品和舞蹈艺术作品。有些国家的版权法还保护唱片、录音带、录像带、广播以至于电子计算机程序。

第四节 著作权的产生和期限

一、著作权的产生

关于著作权的产生，各国立法例上有两种作法。一种是自动保护，也叫无手续主义，即作品创作出来以后就自动受到保护，不需要注册登记、交纳样本或任何正式的标记。西欧所有国家和日本的版权法都采取自动保护的原则。伯尔尼公约也规定采取无手续主义。比利时、法国、德意志联邦共和国、爱尔兰、意大利和英国等国，虽然版权法上规定出版社有义务向中央图书馆或其他有资格接受样本的机构交纳一本或数本样本，但这只是为了行政管理和文献方面的目的，版权的产生并不问是否已经交纳样本。

另一种做法是在法律上规定版权的产生必须履行一定手续。如在美国，1978年1月1日以前，已出版的作品必须载有版权标记才能够享有版权。版权标记必须印在规定的位置并必须包括三项内容：（1）"版权"字样，简称"Copr."，或符号©；（2）版权所有者的姓名；（3）首次出版年份。如果作品出版时版权标记未置于规定的位置，作品即成为公有。1978年1月1日以后上述条件有所放宽。版权标记只需用"适当的"方式刊载于"适当的"位置。版权标记忘记刊载，事后也可补救。《世界版权公约》即迁就美国的要求，于第3条（一）规定，任何缔约国依其国内法要求履行手续——如缴送样本、注册登记、刊登启事、办理公证文件、偿付费用或在该国国内制作出版等——作为版权保护的条件者，对于根据本公约加以保护并在该国领土以外首次出版而又非本国国民的一切作品，应视为符合上述要求，只要经作者或版权所有者授权出版的作品的所有各册，自初版之日起，标有©的符号，并注明版权所有者之姓名、初版年份等，其标注的方式和位置应使人注意到版权的要求。

二、著作权的期限

历史上在葡萄牙和尼加拉瓜的立法上，曾经有过无限期的永久著作权的规定。现在世界上各国立法对著作权的保护，都是有一定期限的。伯尔尼公约规定版权的最低期限应该是作者有生之年加死后50年。所以如此规定，是把作者终身和作者子女的平均寿命都考虑在内。大部分西欧国家都把作者有生之年加死后50年作为版权保护的有效期限。有3个国家版权保护期限更长，奥地利、西德是作者终身加死后70年，西班牙是作者终身加死后80年。《世界版权公约》缩短了版权保护的最低期限，规定为作者终身加死后25年。许多发展中国家，如赞比亚、肯尼亚、利比里亚、马拉维、坦桑尼亚，以及苏联和东欧的一些国家，都规定版权保护期限是作者终身加死后25年。乌拉圭规定为作者终身加死后40年。玻利维亚、多米尼亚、墨西哥、苏格兰规定为作者终身加死后30年。《世界版权公约》第4条（二）还规定："任何缔约国在本公约对该国生效之日，已将某些种类作品的保护期限规定为自该作品初版以后的某一段时间，则该缔约国有权保持其规定，并可将这些规定扩大应用于其他种类的作品。对所有这些种类的作品，其版权保护期限自初版之日起，不得少于25年。"公约同条（三）规定，缔约国对摄影作品和实用美术作品的保护期限不得少于10年。以假名、笔名发表作品，立法例上规定保护期自作品发表之日起10~50年。

对于合著的作品，作者死后保护的开始时间一般从合著人最后一个作者死亡时算起；但是澳大利亚、缅甸、塞浦路斯、尼泊尔、新加坡和斯里兰卡等国则规定从合著作者中一个作者死亡时算起。

出版丛书，法国、意大利、葡萄牙、摩洛哥、哥伦比亚、多米尼加、泰国和匈牙利等国规定保护期从每一期出版之日起算；西德、日本、希腊、挪威、冰岛、乌拉圭、巴拉圭、丹麦、阿根廷、列支敦士登等国则规定从最后一期出版之日起算。

对于作者的人身权利，有些国家规定为无限期，有些国家规定为作者终身，有些国家规定与财产权利的期限一致。

第五节　著作权的内容和限制

一、著作权的内容

著作权的内容包括财产权利和人身权利。某些国家的法律，把人身权利称为精神权利。

著作权人对其作品享有专有使用权，其他人未经著作权人允许不得使用。经著作权人准许而使用其作品，应支付报酬。所谓使用，随着科学技术的发展而范围日益扩大，通常包括复制、表演、广播、翻译、拍摄电影、改编、录音、录像等。在资本主义制度下，科学技术与生产力的发展受到资本主义生产关系的束缚，矛盾日益激化。例如，近年来某些西方国家中家庭录像的迅速发展，就造成了版权制度的严重危机。虽然为了寻找出路，许多人用尽了心思，但至今仍没有找到一条解决危机的有效途径。

著作权中包括的人身权利，其内容是：作者以本名、笔名或不署名的方式发表、复制和传播自己的作品；保持作品的完整性，未经作者同意，出版单位、演出单位或其他使用单位都不得对作品的内容进行删改或增添；修改或收回已经发表的作品。作者著作权中的人身权利，不得转让或继承。

有些国家（如美国），版权法上并没有规定对作者精神权利的保护。这并不是说这些国家不保护作者的人身权利，而是将保护作者人身权利包括在民法、刑法、不正当竞争法、合同法以及保护名誉和隐私等法律之内。

二、对著作权的限制

许多国家的法律以及国际公约都对著作权规定了一些限制。

有些国家对不以某种物质形式固定下来的作品，不给予版权保护。有些国家，法律文件、法院判决和行政机关的决议不享有版权。许多国家在法律上规定了"合理使用"制度，如为了个人使用而复制作品不视为侵犯版权，引用他人作品而说明引文来源、作者姓名、并且引用的程度正当合法，也不视为侵犯版权。

国际公约中也有限制著作权的规定。1971年7月在巴黎召开的修订伯尔尼公约和世界版权公约的国际会议上，通过了伯尔尼公约的一附件，对发展中国家作出了特殊规定，发展中国家为了教学、学习或研究而翻译享有版权的作品，为了系统教学活动而复制享有版权的作品，在一定情况下主管当局可以颁发非独占的、不可转让的强制许可证，但同时也必须规定向版权所有者支付合理报酬。

第六节　对著作权的保护

我国司法实践认为，未经著作权人授权，又非法律许可，擅自使用享有著作权的作品，即为侵犯他人的著作权。侵犯著作权即产生民事上的后果，有时还产生刑事上的后果。所谓民事上的后果，即著作权遭到侵犯时，著作权人有权请求排除侵害，恢复名誉和赔偿损失。侵犯著作权而情节严重的，法律上还可以规定负担刑事责任。

依我国惯例，为了个人学习、系统教学、科学研究、新闻报道、图书馆借阅、档案馆存档和司法的目的，一般均可无偿使用已经发表的作品，而不算侵犯著作权。为了社会利益，在必要的情况下，国家还可以向著作权人征购作品的著作权，可以将财产权利期满的作品的著作权收归国有，并延长其有效期。

第七节　出版合同

一、出版合同的概念

通常，著作权人很少自己出版、演出创作的作品，在绝大多数情况下都是与出版、演出等单位订立合同。实践中，使用版权的最重要的法律形式就是出版合同。

依我国惯例，根据出版合同，著作权人或其权利继受人将作品交付出版单位出版，而由出版单位支付约定的报酬。实践中，除出版合同外，还有一种约稿合同。缔结约稿合同时，作品尚未创作出来。约稿合同的基本内容是约定作品的暂定名称、字数、一次或分批交稿日期以及交付作品后出版单位因故不能出版时的处理办法等。

出版合同与版权转让合同性质上并不同。依版权转让合同，版权转让给受让人，除人身权利外原版权人不再享有该项作品的版权。依出版合同，出版单位只取得出版的权利，版权本身仍为原版权人所有。出版合同可视为版权人授予出版单位出版其作品的许可证。

二、出版合同当事人的主要权利和义务

出版合同的双方当事人，一方是著作人，另一方是出版单位。双方当事人的主要权利和义务如下：

（一）著作人的主要义务

著作人的主要义务，一是将作品交付给出版单位，一是将作品的出版权转移给出版单位。在某些国家中，转移出版权可以就不同版本签订几个合同，如精装本出版合同，简装本出版合同，袖珍本出版合同等。

（二）出版单位的主要义务

（1）按合同规定的条款出版作品；

（2）出版单位对作者有关作品名称、作者用名、出版后作者提出的修改、停止重印等意见，应予以尊重；

（3）向著译者支付稿酬和作品样本。

关于著译稿酬，我国目前执行的是国家出版事业管理局制定的《关于书籍稿酬的暂行规定》（1980年5月26日）。初版书籍按照字数付给著译者基本稿酬，并且按照印数付给著译者印数稿酬；再版时，则不付基本稿酬，只付印数稿酬。基本稿酬按稿件质量、科学价值和艺术价值而分别规定。印数稿酬按基本稿酬总额的一定百分比支付，累进递减。再版时，出版单位仍须支付印数稿酬。

三、对外合作出版

近年来，随着我国实行开放政策，对外关系和文化交流迅速发展，外国和港澳地区的出版机构同我进行书刊合作出版的日益增多。对外合作出版已经取得一定效果，今后还会有进一步发展。

对外合作出版书刊，双方应在平等互利的基础上，给予著作权以有效保护。与我合作在国外发行我国作者创作的书刊，我方享有相应的版权。凡我国作品首次在外国出版，或在国内首次出版30天以内又在别国出版，可以取得版权保护。因为几乎所有国家都对本国国民的作品和在本国首次出版的作品给以版权保护。此外，伯尔尼公约和世界版权公约规定，每个缔约国都有义务保护其他缔约国国民的作品和在其他缔约国境内首次出版的作品，而且这种保护与法律给予本国国民作品的保护相同。如英国是伯尔尼公约成员国，我国作品与英商合作在英国首次出版，则不但在英国取得版权保护，而且在伯尔尼公约所有成员国内都取得相当于各该国法律给予其本国国民同样的版权保护。美国不是伯尔尼公约成员国，而是世界版权公约的成员国。我国作品与美商合作在美国首次出版，同样地不但可以在美国取得版权保护，而且在世界版权公约的全部成员国内也都可以取得版权保护。

对外合作出版书刊，我方收取报酬的方式主要有三种：

（1）净利分成，即从合作出版的总收入中扣除编辑费、制作费、宣传费、作者报酬、发行费、管理费等一切支出后，所得净利按约定的比例分配给双方。

（2）对方支付我方一次付清的一笔报酬。盈亏由我方自负。

（3）对方向我方支付版税，即对方按书刊的零售价格（定价）和实际销售量或每版印数支付我一定百分比的报酬，并在签订合同或我方交稿或书刊出版时，预付一笔版税。支付版税是国际上通用的一种方式，到目前为止，大多数中外合作出版都采取版税形式支付报酬。

目前，也有外国人提供原稿和插图而由我国出版社在国内首次出版的。在这种情况下，作品的版权归外国作者或其合法继受人所有，我方享有该作品版权有效期内或双方同意的期限内在我国境内出版和发行的独占权利。我方按现行稿酬标准、用人民币支付稿酬，或在法律规定的范围内按双方商定的标准和方式向外国作者支付报酬。

第三十二章 发明权和发现权

第一节 我国关于发明和发现创造活动的法律、条例

党和政府非常重视并鼓励科学发现和技术发明活动。《中国人民政治协商会议共同纲领》第43条明文规定:"奖励科学的发现和发明"。1950年政务院就发布了《关于奖励有关生产的发明、技术改进及合理化建议的决定》,并批准由财经委员会公布《保障发明权与专利权暂行条例》。进入国民经济建设时期以后,1954年政务院通过了《有关生产的发明、技术改进及合理化建议的奖励暂行条例》,1955年国务院公布了《中国科学院科学奖金暂行条例》。1963年为适应新的情况,国务院发布了《发明奖励条例》和《技术改进奖励条例》,同时废止了1950年和1954年的暂行条例。实践证明,这些条例、决定的颁布和贯彻执行,对我国科学技术的发展都起了积极作用。

"文革"期间,林彪、"四人帮"诬蔑对科学发现和技术发明的奖励是修正主义,大批什么"奖金挂帅""物质刺激",挫伤了广大科技人员的积极性,严重地阻碍了科学技术事业的发展。

粉碎"四人帮"以后,为了拨乱反正,促进科学技术的发展,加快实现四个现代化,1978年12月28日国务院修订公布了《发明奖励条例》,1979年12月8日中国科学院发布了《中华人民共和国自然科学奖励条例》。1978年并由国家经委、国家科委、农林部、卫生部重新印发了《技术改进奖励条例》。1982年3月16日国务院发布了《合理化建议和技术改进奖励条例》。这些都是我国曾经施行或现行有效的奖励发明、发现和技术改进的法律、条例。新公布的《中华人民共和国宪法》明确规定,国家奖励科学研究成果和技术发明创造。把对发明的保护和奖励载入宪法。

我国社会主义制度下的发明、发现等创造活动,和资本主义社会相比,有本质的不同,具有自己的特点。其主要特点是:首先,我国的发明、发现等创造活动是在生产资料公有制的全民所有制单位或者集体所有制单位进行。其中绝大多数是由国营厂矿和科研单位组织本单位的职工、科研人员实现的,是有计划的创造活动。国家的计划、集体的合作和个人的创新是紧密结合在一起的。其次,我国的发明、发现等创造活动是从我国生产水平的实际出发的,国家既鼓励具有世界水平的发明、发现创造活动,也积极支持变革现有生产结构和工具,提高生产力的合理化建议和技术改进活动,具有广泛的群众基础。从而使生产技术和科学水平的提高和普及结合起来,起着互相促进的作用。

第二节 发明权的概念和发明奖励的主要内容

一、发明权的概念

发明权即法律所保护的发明人对其发明所享有的权利。关于什么是发明,目前国际上还没有一种统一的说法。各国立法所作的规定也有明显的不同。例如,日本《专利法》规定:"发明是利用自然法则对技术思想的高度创造";苏联《发现、发明及合理化建议条例》规定:"发明是对国民经济、社会文化建设或国防建设的任何领域中的问

题的一种新的、具有本质区别、提供良好效果的技术解决方案"；世界知识产权组织于1979年出版的《发展中国家发明示范法》中规定："发明是发明人的一种思想，这种思想可以在实践中解决技术领域里所特有的技术问题"。

我国《发明奖励条例》第2条规定："本条例所说的发明是一种重大的科学技术新成就，它必须同时具备下列三个条件：（1）前人所没有的；（2）先进的；（3）经过实践证明可以应用的。"这三个条件，与许多国家立法上通常规定的取得发明专利的条件相近，只是表达的方式有所不同。该条例自1978年12月28日颁行以后至1982年3月的三年多期间内，经国家科委发明评选委员会批准奖励的发明项目有310项。

需要说明，所谓"重大"的科学技术成就是指对社会主义建设的意义较大而言。有些科学技术成就，性质上虽属发明，但其作用意义不大，比如说其年节约价值较小，则不包括在《发明奖励条例》所指发明的范围之内。

二、发明奖励的主要内容

（一）发明权的主体

《发明奖励条例》第4条规定，集体或个人都可以作为发明权的主体。第12条规定："旅居外国的华侨和外国人士都可向国家科委申报发明，经审查批准后，按本条例规定给予奖励。"

（二）发明的申报、推荐、评选和核准

发明者可以按隶属关系申报发明，逐级上报。全国和地方科学技术协会和各种学会都可以向有关主管部门推荐发明项目。各省、市、自治区科委和国务院各主管部门对收到申报的发明应及时组织审查，并对符合规定的发明评定奖励等级，报国家科委。国家科委设发明评选委员会，负责评选发明项目，评定奖励等级，然后由国家科委核准授奖。国防专用的发明由国防科委或国防工办审查、评定奖励等级，经批准后报国家科委核准授奖。

（三）发明人的权利与义务

发明人的权利包括人身权利和财产权利。在人身权利方面，发明人有权获得发明证书及奖章。发明证书中载明发明人的姓名及其创造的成果。发明证书和奖章体现着国家给予发明人的荣誉和以精神鼓励为主的奖励。在财产权利方面，发明人有权按规定领取奖金。发明项目按其意义大小划分为四等奖，奖金分别为1 000元、2 000元、5 000元和1万元。特别重大的发明，由国家科委报国务院批准后，列为特等奖，另行奖励，不受上述奖金数额限制。集体发明（包括协作单位）所得奖金按照发明者贡献大小，合理分配。个人发明，奖金发给个人。

发明人的义务，主要是在发明人获得奖励的同时，将该项发明的处分权交付给国家，全国各单位（包括集体所有制单位）都可以利用。发明人对于需要保密的发明，负有不得泄密的义务。

第三节　发现权的概念和发现奖励的主要内容

一、发现权的概念

发现权即法律所保护的发现人所享有的权利。世界各国在立法上规定科学发现问题的甚少。苏联《发现、发明及合理化建议条例》规定："凡给认识水平带来根本变化的、判明前所未知的物质世界客观存在的规律、特性与现象，根据本条例均认为是发现。"1978年3月3日签订的《科学发现国际登记日内瓦条约》规定：科学发现是"对至今没有认识的可以证明是正确的物质世界的现象、性质和法则的认识"。

当前我国对于科学发现的奖励，适用1979年12月8日颁布的《自然科学奖励条例》。《条例》第2条规定："凡集体和个人的阐明自然的现象、特性或规律的科学研究成果，在科学技术的发展中有重大意义的，可授予自然科学奖"。按这一条规定，科学发现是国家授予自然科学奖励的项目之一，同时也表明受奖的科学发现也必须符合"在科学技术的发展中有重大意义"这一条件。1982年7月由国家科委核准，对12项重要成果授予自然科学奖。

二、发现奖励的主要内容

（一）发现权的主体

科学发现人可以是个人，也可以是集体。《自然科学奖励条例》第9条规定："凡旅居国外的华侨和外国人士从事自然科学研究，获得优异成果，对中华人民共和国科学技术事业发展有重大贡献的，也可以按照本条例的规定，授予自然科学奖。"

（二）推荐、初审、评定和批准

请奖项目，须先经研究机构、高等院校、全国性学术团体和由副研究员或相当于副研究员以上水平的科技工作者十人以上联名推荐。经推荐的请奖项目，分别由中国科学院、教育部、中国科学技术协会、国家农业委员会、卫生部、国家经济委员会以及国防科学技术委员会、国务院国防工业办公室等单位按发现内容所属的管理系统组织初审，通过同行审议，进行评选，并对奖励等级提出建议。国家科委设立的自然科学奖励委员会，对经过初审的项目负责评定奖励项目和奖励等级，然后由国家科委核准、授奖。

（三）奖励的主要内容

自然科学奖的内容包括荣誉奖和物质奖。奖励分为四等。一等奖发荣誉证书和一等奖章，奖金1万元；二等奖发荣誉证书和二等奖章，奖金5 000元；三等奖发荣誉证书和三等奖章，奖金2 000元；四等奖发荣誉证书和四等奖章，奖金1 000元。有特别重大意义的科学研究成果，可颁发特等奖，由国家科委报国务院批准，另行奖励，不受以上奖金数额的限制。

凡个人获得的自然科学奖，荣誉证书、奖章和奖金都发给个人。集体获得的，荣誉证书授予集体，奖章授予集体和对该项科学研究工作贡献最大的人员，奖金根据参加该项科学研究工作人员的贡献大小合理分配。

第四节 合理化建议和技术改进的概念与奖励的主要内容

一、合理化建议和技术改进的概念

合理化建议，是指能更有效地利用现有机器设备、原料、材料或劳动力的生产技术性的建议，如显著提高现有机器设备、工具的效率或能延长其使用期限，节省原料、材料、燃料、电力或利用废料、改进操作方法与改善劳动组织，减低废品率的建议等。技术改进，是指对企业中现有机器设备结构或生产技术过程有重大改进的建议。

《合理化建议和技术改进奖励条例》第2条规定："凡是职工（集体或个人）提出

的有关改进生产的合理化建议或技术改进,经过实验研究和实际应用,使某一单位的生产或工作取得显著效益的,均按本条件给予奖励。"

合理化建议和技术改进的内容包括:

(1) 工业产品、建筑结构的改进和质量的提高,生物品种的改良和发展,以及发展新产品。

(2) 工艺方法,试验、检验方法,栽培技术、植物保护技术,养殖技术,安全技术,医疗、卫生、劳动保护技术及物资储藏、养护、运输技术等的改进。

(3) 工具、设备、仪器、装置的改进。

(4) 更有效地利用原料、材料、燃料、动力、设备及自然条件的技术措施。

(5) 设计、统计、计算技术及其他技术的改进。

自《合理化建议和技术改进奖励条例》于1982年3月16日发布并施行之日起,废止1963年发布的《技术改进奖励条例》。

二、合理化建议和技术改进的奖励

合理化建议和技术改进经采用后,对作出贡献者应依法给予奖励。奖励包括精神鼓励和物质鼓励,以精神鼓励为主。具体形式是给予表扬,发给奖状和奖金。

被采用的合理化建议或技术改进的奖励,按年经济效果分为四等。年经济效果在100万元以上的为一等,授予奖状,奖金1 000~2 000元。年经济效果在10万元以上的为二等,授予奖状,奖金500~1 000元。年经济效果在1万元以上的为三等,授予奖状,奖金200~500元。年经济效果不满1万元的为四等,给予表扬,奖金200元以下。对改善劳动条件、保证安全生产、消除公害污染等不能直接以经济效果计算的合理化建议或技术改进,按其意义和作用的大小评定奖励等级。集体完成项目的奖金,由参加人按贡献大小合理分配。

奖励由采用单位审查批准,报上级主管部门备案。奖金由采用单位支付。重大的和本单位无法处理的合理化建议或技术改进,应报请上级主管部门处理。采用后由采用单位给予奖励。

第三十三章 专利权

第一节 专利权的概念

专利权指专利权人对取得专利的发明享有专有利用的权利。取得专利的发明,可以是一种产品,也可以是一种工艺方法。专利权人享有的制造、使用和销售该项专利产品或专有使用该项专利方法的权利。专利权人以外的自然人和法人通常只有得到专利权人的许可,才能利用该项专利发明。这是专利权的原则性的特征。但是,在立法上对专利权人的专有权也可以规定一定的限制。例如,专利权人超过一定年限而仍未实施其专利发明时,许多国家的专利法上都规定有强制许可制度,即不需经过专利权人的同意而由主管机关批准其他人实施其专利发明。此外,一些采用英国法系的国家,还实行"当然许可"的制度,即凡专利权人自愿向专利局申请"当然许可"的,其他人皆有权实施其发明，对许可合同的条款达不成协议时由专利局加以确定。专利权人自愿申请"当然许可"，即可避免在自己不实施时产生强制许可或撤销专利的后果，而且有些国家的立法上还规定在这种情况下，专利权人可以减少其所应交纳的专利年费，甚至有的国家规定可以减少交纳一半年费。❶

我国是社会主义国家，社会主义公有制各单位之间不应独占专利发明不许其他单位应用，也不宜像过去"吃大锅饭"不付报酬无偿使用其他单位的发明创造。我国制定专利法时，可以考虑规定本国社会主义公有制单位不得拒绝本国其他单位使用其取得专利权的发明，但使用单位应与持有专利权的单位订立合同，并应交付使用费。这样既符合我国的实际情况，也与国际技术专利转让的实践不相抵触。

第二节 专利制度的起源和发展

专利制度的萌芽可以追溯到中世纪。1236 年英王亨利三世授予波尔多市的一个市民以制作各种色布的垄断权，1331 年英王爱德华三世授予弗莱明人织布染布等特许权。15 世纪时威尼斯共和国曾经授予著名科学家伽利略发明的一种扬水灌溉机械以 20 年的专利权。威尼斯共和国是世界上第一个建立专利制度的国家，其批准第一件专利的日期是 1416 年 2 月 20 日。1474 年颁布了第一部具有雏形状态的专利法。但是，以上这些都是封建时代所授予的垄断特权，与鼓励技术上的发明创造无关。

具有现代特征的专利法，是 17～18 世纪以来一些西方主要资本主义国家陆续颁布的。英国 1624 年颁布的《垄断法》，是世界上第一部近代意义的专利法。其中规定将专利权授予最早的发明人，专利权的对象是工业领域中最早的发明。这部专利法对以后世界各国的专利立法影响较大。随着资本主义经济的发展，许多国家陆续颁布了专利法。❷ 至 20 世纪初，建立专利制度的国家已经达到 45 个。"十月革命"胜利后，苏联于 1924 年 9 月 12 日颁布了《发明专利法》，建立了专利制度。特别是第二次世界大战结束以来，许多前殖民地国家纷纷获得独立，实行专利制度的国家迅速增加。据统计，到 20 世纪 60 年代，建立专利制度的国家增加到 95 个；1973 年增加到 120 个。据 1980 年出版的巴赫特（J. W. Baxter）所著《世界专利法律和实践》第二卷中的记载，❸ 并考虑到最近变化，目前未颁布专利法的主权国家有 20 个左右。另外一个值得注意的重要情况是，20 世纪 60 年代以来许多发达国家和发展中国家都在纷纷更新其专利法。❹

---

❶ S. P. 拉达斯著：《专利、商标及有关权利（第 1 卷）》1975 年英文版，第 429 页。
❷ 美国（1790 年）、法国（1791 年）、荷兰（1817 年）、印度（1859 年）、德国（1877 年）、日本（1885 年）等国都先后于 18～19 世纪颁布了专利法。
❸ World Patent law and Practice, Volume II, J. W. Baxter, 1980, p. XX—XXI.
❹ 1963 年荷兰通过了新专利法，斯堪底那维亚国家在 1967 年，西德在 1967 年和 1976 年，法国在 1968 年、1970 年和 1978 年，日本在 1970 年和 1975 年，英国在 1977 年都更新了专利法。意大利、美国和加拿大等国也对专利法进行了重大修改。在发展中国家中，阿尔及利亚在 1966 年通过了新专利法，巴西在 1969～1971 年、印度、秘鲁、尼日利亚和伊拉克在 1970 年，委内瑞拉、哥伦比亚在 1971 年，墨西哥在 1976 年，南斯拉夫在 1981 年都彻底更新或重新颁布了专利法。阿根廷、叙利亚等国也对专利法进行了重大修改。不少国家，如美国、加拿大等，目前仍在继续讨论修改专利法的草案。

在我国，早在 2 800 多年以前就出现了"专利"一词。《国语·周语》篇内有"匹夫专利，犹谓之盗；王而行之，其归鲜矣"。这里所谓的"专利"与现代意义的专利并不相同。至于从公元前 119 年汉武帝实行盐铁官营到清末朝廷对李鸿章的上海机器织布局和张謇的南通大生纱厂所授予的经营垄断权，相当于西方中世纪的情况，而不是对新发明的保护和鼓励。旧中国的专利立法，始于 1912 年 12 月工商部颁布的《奖励工艺品暂行章程》。1928 年国民党政府公布了《奖励工业品暂行条例》。1932 年又公布了《奖励工业技术暂行条例》，1939 年进行了一次修订。1944 年 5 月 29 日国民党政府公布了《中华民国专利法》，共四章 130 条。据不完全统计，1912～1944 年（内缺三年统计）共批准专利 692 件。在半封建半殖民地的旧中国，虽有人想用专利法来褒奖发明，促进经济，但是在当时的那种社会制度之下，想用专利制度来振兴实业，只能是一种幻想。

新中国成立后，彻底推翻了压在中国人民头上的三座大山，扫除了经济与科学技术发展的障碍。1950 年我国政府公布了《保障发明权与专利权暂行条例》，批准了侯氏制碱法等专利。后因情况变化，用奖励发明的办法来代替专利。粉碎"四人帮"以后，1980 年国务院决定成立中国专利局，批准在我国建立专利制度，并且在此以前已着手起草专利法。

第三节 专利制度的作用

在我国社会主义条件下，确立一项符合我国国内和国际实际情况的专利制度，很有必要。它在社会主义现代化建设中将会发挥以下的作用。

一、鼓励发明创造，促进经济发展

科学技术是生产力，专利权实际上就是保护科学技术上发明创造成果的产权。发明创造的成果在法律上作为产权而加以保护，同时给予一定的荣誉和精神奖励，他人使用时还需支付一定费用，这样就从物质上和精神上鼓励了发明创造活动，从而也就可以促进科学技术的发展。否则，任何人对新的发明成果都可以无偿使用，就会使发明者的创造性劳动以及为取得成果所进行的多方面投资得不到应有的鼓励和补偿。这样势必挫伤发明单位和个人的积极性，难以调动科技力量投入发明创造活动，从而不利于促进科学技术的发展。

二、公开发明的技术内容

专利制度的一个重要作用，就是用法律上保护发明的专有权以换取发明专利人公开其发明的技术内容。各国专利法大都明文规定申请专利时需提交清楚完整的发明说明书，经主管部门审查后即依法全文公布。发明说明书清楚完整的程度，是使该项技术领域中的普通专业人员按照发明说明书即可实施该项发明，即可以制造该项发明产品或利用该项发明方法。

专利制度要求公开发明的技术内容，这对于打破技术封锁、促进技术交流和进一步发展有很大作用。我国正在进行经济体制的改革，逐步推行经济责任制，其间也有一个反对技术封锁、鼓励技术交流的问题。除了加强思想教育外，也需要在经济上采取适当措施。实行专利制度，保护专利权，发明单位和个人就可以消除顾虑，按照法律规定公开其发明的技术内容，使发明创造能够为整个社会所了解和运用，对发展社会生产力作出有益的贡献。

三、有利科技成果的推广

国家用法律保护专利权,任何单位或个人使用专利发明,都必须支付一定数额的使用费,这就从经济上调动起发明专利权人推广应用其发明成果的积极性。

我国过去长期由国家投资来推广科技成果,企业和科研单位缺乏经济上推广应用科技成果的内在动力,甚至有的单位为推广应用其发明成果而需向使用单位付费。专利制度的实行可以从根本上改革这种情况。为了及时地推广科技成果,我国从社会主义原则出发,可以考虑采用下述办法,即本国社会主义公有制单位不得拒绝本国其他社会主义公有制单位使用其取得专利权的发明,但使用单位应与持有专利权的单位订立合同,持有专利权的单位有权获得使用费。

四、便利国际技术转让

当前,世界上科学技术日新月异,没有哪一个国家在一切技术领域内都能够自给自足。

在国际的技术贸易中,由于绝大多数的国家(包括发达国家和发展中国家)都实行专利制度,技术出让方对于向有专利保护的国家转让技术就感到有保障,从而也便于技术贸易的成交。

我国目前采取对外开放政策,引进适用的先进技术以增强自力更生的能力,促进经济建设的发展,是完全必要的。何况我们也可以出口技术,换取外汇。

五、迅速取得外国技术情报

实行专利制度的国家,按巴黎公约或按对等原则有一年期限的优先权,即必须在本国提出申请之日起一年内向另一实行专利制度国家提出申请,过期以后,就不能在该国取得专利。此外,许多国家的专利法都规定外国人申请专利必须使用接受申请国家的文字,翻译费用由申请人负担。这样,实行专利制度的国家比没有实行专利制度的国家,取得外国技术情报要迅速得多。

世界上建立专利制度的国家,按一般惯例相互间大都无偿交换各自出版公布的专利说明书。目前全世界每年出版公布的专利说明书约达一百万件。建立专利制度的国家,可以及时、免费获得这一批技术情报。

六、在国外保护我国发明成果的权益

我国在许多技术领域都有所发明创造,而且随着四化建设的发展,各种技术上的发明创造会越来越多。这些技术和产品的出口,不但可以为国家换取外汇,而且可以扩大我国的影响。但是,出口新的技术和产品而不申请专利保护,很容易被别人仿制、抄袭,甚至被别人申请专利而限制我国的出口,使我们遭到经济损失。过去曾发生过这样的事情。

以上都是实行专利制度的积极作用。因此,我们认为,在我国建立专利制度是可取的。只要我们加强调查研究,根据我国国情吸取各国有益经验,限制其不利影响,可以使我国的专利制度发挥促进四个现代化发展的积极作用。

第四节 专利权的取得和期限

一、专利权的取得

申请发明专利,须根据专利法规定经过审查批准后,由主管机关授予专利权。申请专利保护的发明，必须符合法律规定的条件。不符合法定条件的发明，不能取得专利权。法定条件一般包括两方面的内容。

一方面是申请专利的发明不得违反公共利益和道德风尚。各国专利法大都规定有违反公共秩序与道德风尚的发明，不得授予专利权。由于国家阶级本质的不同，公共秩序、公共利益和道德风尚的含义也不一样。

另一方面，各国专利法大都规定授予专利权的发明必须具备三个条件：新颖性、先进性（或叫独创性）和实用性。

（一）新颖性

指在提出申请之日（或称优先权日），在一定地域范围内（在本国或在全世界）申请专利的发明是现有技术中所没有的，也就是前所未有或是未被大家所知悉或公开使用的。

新颖性的标准是客观的。凡在提出申请之日（或优先权日）以前公开的技术都属于现有技术的一部分，这样的技术即不具有新颖性。所谓公开，包括以出版物方式公开、口头公开和使用公开三种情况。公开的程度必须清楚、完整和详细，使该技术领域的普通专业人员阅读后可以实施该项发明。出版物包括专利文献、期刊和书籍。这方面的出版物数量庞大，浩如烟海，各国都根据情况确定一定的范围。在专利文献方面，除本国公布的专利文献外，对外国的专利文献不可能也不必要全部收集，普遍查阅。按《专利合作条约实施细则》规定，国际检索单位必须至少收集法国、德国（第二次世界大战后指德意志联邦共和国）、日本、苏联、瑞士、英国和美国七个国家自 1920 年以来的全部专利文献。据估计，这七个国家从 1920 年至 1981 年的专利文献约计 1 500 万件。期刊由专利合作条约联盟大会确定，并不断修订，目前为 169 种。书籍范围则不限。

口头公开必须是向公众公开，私下谈话不算。一些国家（如日本）在法律上规定，在科学技术会议或学术团体所做的讲演或报告不算口头公开，但许多国家都没有这样的规定。使用公开是指公众都能够观察到，或者都能够利用该项技术解决方案。许多国家专利法上都规定，公开出售就等于公开使用。

关于确定新颖性的地域范围，大体有三种标准。一种是世界新颖性，要求在世界范围内都没有公知公用的发明，才算新发明（采用这种标准办法的有英国、西德、法国、荷兰、苏联、波兰等约 60 国），但实际上很难完全做到。第二种是国内新颖性，只要在本国范围内未被公知公用，就算具备新颖性。这种标准较低（采用的国家有希腊、巴拿马、尼加拉瓜、新西兰、澳大利亚等 34 个国家）。第三种是部分世界新颖性，即出版物要求世界范围的新颖性，口头和使用方面要求本国范围的新颖性。（采用这种标准的国家有美国、日本、加拿大、奥地利、瑞士、比利时、印度、泰国和菲律宾等 22 国。[1]）由于客观上的困难，许多国家都不把在外国的公开讲话和公开使用作为判断新颖性的标准，是有一定道理的。

（二）先进性

也叫独创性，指该项发明必须是显然前进了一步的创造构思的成果。授予专利的发

---

[1] 上引数字见 Baxter 一书，1980 年，第 2 卷，第 74 页 4·5。

明不仅必须具备新颖性，而且与现有技术之间的差别必须是创造性构思的结果。在很多国家的专利法以及专利合作条约中，先进性的概念被解释为申请专利的发明和现有技术之间的差别必须是"非显而易见的"。先进性或非显而易见性，并不像新颖性那样是一条客观标准，而需要人们作出判断。这个作出判断的人，既不应该是该项技术领域里最有造诣的专家，也不应该是低于一般技术水平的人，而应该是该技术领域的具有一般技术水平的普通专业人员。这样的人是抽象的，这样的标准也是抽象的。总之，这样的标准只能依靠审查人员或组织作出判断。

（三）实用性

也叫工业实用性，指该项发明，必须能运用于实际目的；也就是说，授予专利权的发明不能是纯理论的，而必须是能够在实践中实施的发明。1979年出版的《世界知识产权组织发展中国家发明示范法》（第一卷）第116条规定："一项发明如果能够在各种工业中制造或使用时，即应认为是具有工业实用性。'工业'应从最广泛的意义上理解，特别应包括手工业、农业、渔业和服务业。"如果发明是一种新产品，需要能够制造该项产品；如果发明是一种工艺方法，则需要能够有效使用该项工艺方法。

各国专利法多以明文规定专利发明必须具有实用性，如英国1977年《专利法》第4条、法国《专利法》第11条、罗马尼亚发明与革新法等。美国、加拿大等国的专利法上虽然没有明文规定，但实际上也以实用性为专利发明的必备条件。

发明的实用性要求发明具有再现性，不能在生产中反复再现其成果的发明，即不能取得专利权。

二、专利权的期限

专利权都是有一定期限的，但期限长短不同。短的可以是3年，而长的可以达20年。保护期限长，有利于鼓励和吸引长远技术和重大发明的投资，但另一方面在相应期限内也延长了限制公众自由使用的时间。相反，保护期限短，公众可以较早自由使用，但对鼓励耗资巨大的先进技术发明的作用则相应减弱。我国实行对外开放政策，鼓励引进外资和适用于我国的国外先进技术，专利期限似不宜太短，可在15年至17年之间考虑。

专利期限有的国家规定从申请日起算，有的国家规定从批准日起算。

第五节 专利权的主体和客体

一、专利权的主体

专利权的主体，指什么人能够申请并取得专利权。各国专利法皆规定，本国的自然人和法人都可以申请和取得专利权，而且可以依法继承和转让。

在我国，绝大部分的发明都是为执行所在单位分配的任务或者主要利用所在单位在组织上、物质上的支持和帮助而完成的。在这种情况下，应考虑由所在单位申请和取得专利权。我国如采取这种职务发明制度，由所在单位取得专利权，则应对发明人给予精神上和物质上的奖励。这与资本主义国家的雇员发明制度有本质上不同，虽然在法律形式上是类似的。

许多国家的法律规定，二人以上对发明都作出创造性贡献的，为共同发明人，专利权由共同发明人共有。由于我国绝大部分属于职务发明，这要看共同发明人是否都是职务发明以及是否属于不同单位而决定专利权的归属。同一单位的共同发明人所完成的职务发明，应由该单位取得专利权。分属两个以上单位的共同发明人所完成的职务发明，由各该单位共有专利权。共同发明人在职务上和职务外共同完成的发明，由职务发明人所属单位与非职务发明人共有。职务外的共同发明，应由共同发明人申请并取得专利权。

对于同一内容的发明，有两个以上申请人时，有两种立法条例。绝大多数国家采取先申请原则，即谁先申请就授予谁专利权。少数几个国家（如美国、加拿大和菲律宾）则采取先发明原则，即谁先完成发明，就授予谁专利权。从简便易行、促使尽快申请及早公开技术以促进科学技术发展考虑，采用先申请原则比较适宜。美国也在考虑改变先发明原则。

外国的自然人和法人能否申请并取得专利以及取得专利权后的地位如何，国际上也有不同做法。参加《保护工业产权巴黎公约》的成员国（截至 1982 年 5 月为 91 国）之间，依公约第 2 条规定采用国民待遇原则，即在保护专利以及其他工业产权方面，每一个缔约国必须把它给予本国公民的保护同等地给予其他缔约国国民。依上述公约第 3 条规定，非缔约国的国民，如果在缔约国内有住所或有真实、有效的工商业营业所，也应享有与上述公约成员国国民同样的待遇。在非巴黎公约缔约国内，或在缔约国内非缔约国国民没有住所或真实、有效的工商业营业所，实践上一般采用对等原则，也有一些国家仍照国民待遇办理。❶

二、专利权的客体

专利权的客体就是发明。在某些国家，还有实用新型专利和外观设计专利，其客体是实用新型和外观设计。

授予专利权的发明，除必须具备新颖性、先进性和实用性而外，还必须符合法律规定的其他条件，如任何发明都不得违反公共利益和道德风尚。许多国家的专利法还规定不能取得专利权的技术领域。属于这些技术领域内的发明，虽然具备新颖性、先进性和实用性，而且也不违反公共利益和道德风尚，仍然不能取得专利权。

少数西方工业发达国家，如美国、西德和日本等国家，现在几乎对一切技术领域的发明都授予专利权。大多数国家，特别是发展中国家，对于饮食品、药品、化学物质、动植物新品种、计算机程序、用原子核变换方法获得的物质等技术领域的发明全部或一部不授予专利权。对于不能取得专利权的技术领域的范围，各国立法例不同，赞成或反对的论据也不同。这种技术领域的限制性规定，主要是出于政策上的考虑，它与每个国家对具体情况的分析和估计是密切相关的。我国目前工业和科学技术水平还比较落后，专利工作正处于准备阶段，经验还很缺乏，对技术领域的发明似宜暂不授予专利。待经一段实践后，再根据情况逐步扩大授予专利权的技术领域。对于不授予专利权的技术领域，也可以只对产品不给专利权，而对一部分产品的生产方法授予专利权。

---

❶ 按照 1980 年的资料，采取这种办法的有 18 个国家。见 Baxter 前引书，第 139 页。

第六节　专利权人的主要权利和义务

一、专利权人的主要权利

专利权人享有以下的主要权利。

（一）专利权人享有专有制造、使用和销售专利产品或专有使用专利方法的权利。法律保护专利权人的这种专有权不受第三人的侵犯

如果包括进口权在内，专利权人的专有权可以有九项具体内容。就专利产品而言，包括制造、使用、销售和进口该项产品。就专利方法而言，包括使用该方法，制造、使用、销售以及进口用该方法直接得到的产品。

未经专利权人许可而制造、使用和销售（有些国家还包括进口）该项专利产品或使用该项专利方法，就是侵犯专利权。专利权受到侵犯，可依法请求制止，并要求赔偿。如前所述，在我国社会主义公有制单位之间，从立法上可以考虑不禁止其他单位使用专利发明，而只能要求支付合理的使用费。

大多数国家的专利法，对专利权人的专有权都规定有一些例外。譬如，根据强制许可或主管当局为了公共利益而许可制造专利产品，为科学研究和实验的目的而制造产品，在临时进入该国领水、领空或领土的运输工具中使用专利产品等，在许多国家的专利法上都不算侵犯专利权人的专有权。

（二）专利权人有权转让或许可他人使用其专利发明

在实践中，专利权人全部转让其专利发明的很少，而通过合同许可他人使用其专利发明的情况则是大量的。

专利许可合同可以对使用专利发明不加任何限制，也可以规定时间、地点或数量上的限制。规定有时间限制的，被许可人只能在规定的时间内使用专利发明，期限届满就要停止使用。专利许可合同的期限不得长于发明专利权的有效期限。地点和数量的限制也应依合同的规定履行。专利许可合同不应订有使被许可人受到与发明专利权无关的限制。如许可合同中规定被许可人必须购买许可人的某种产品，即属与专利权无关的限制。这种限制不发生法律效力。

二、专利权人的主要义务

（一）缴纳专利年费的义务

绝大多数国家的专利法都规定，专利权人必须在专利有效期限内每年缴纳专利年费，只有个别国家（如美国）法律上规定不需缴纳年费。

专利权人一般都应按期缴纳专利年费。逾期未缴纳的，许多国家规定有一定期限的宽限期，或规定需缴纳附加费或滞纳金。《保护工业产权巴黎公约》第5条之2即规定："缴纳规定的工业产权维持费，应允许至少6个月的宽限期，如本国法令有规定逾期附加费时，还应缴纳附加费。"逾宽限期仍未缴纳专利年费的，专利权即提前失效。

许多国家规定的专利年费数额是逐年累进的。这样可促进专利权人提前放弃专利权，使专利发明尽早为公众无偿使用。

考虑我国实际情况，可以在法律上规定专利权人缴纳年费确有困难的，经一定程序批准可以缓缴、减缴或免缴。

（二）实施专利发明的义务

大多数国家的专利法都规定，专利权人有义务实施其专利发明。实施专利发明包括自己实施和许可他人实施。设置专利制度的目的就是为了促进技术发展和工业进步，所以许多国家特别是发展中国家，一般都要求专利权人负有实施专利发明的义务，只有美国、苏联等少数国家没有规定专利权人有义务实施其专利发明。❶

《保护工业产权巴黎公约》（斯德哥尔摩版本）第5条A款规定，自申请专利之日起四年内或自批准专利之日起三年内（取其后到日期）不得以不实施或未充分实施专利权为理由而申请颁发强制许可，强制许可是非独占性的，自颁发第一个强制许可之日起两年内不得撤销专利权。近年来，发展中国家强烈要求修改《公约》第5条（A）款。经过发展中国家与西方国家间的激烈争论，政府间筹备委员会同意的《修订公约的基本建议》中对这一条作了重大修改。其中最重要的有：

（1）成员国的法律有权要求专利权人在其国内实施专利发明，进口产品不是实施；
（2）放宽发展中国家批准非自愿许可的条件；
（3）发展中国家在一定情况下可以批准独占性的非自愿许可；
（4）发展中国家剥夺专利权不一定必须首先经过非自愿许可。

第三十四章　商标权

第一节　商标的概述

一、商标的概念

商标通常指用来区别一个企业的产品和其他企业产品的一种标记。最常见的商标是由文字、图形或由文字与图形组合而成。从国内外实践看，商标有的由单词、字母、数字、图形、徽记、签名、颜色、交织字母以及以上各项的结合而组成。

商标依法律规定通过使用或注册，商标所有人即取得商标权。商标权也称为商标专用权，即只有商标所有人有权使用。其他单位和个人使用该项商标需得到商标所有人的同意，并支付一定费用，否则即属侵权。规定商标权的取得、使用和保护的法律，就是商标法。

二、商标制度的起源和发展

商标是与商品生产和交换一同开始的。至于在陶器等器物上打上制造者的标记，其历史则更为久远。随着商品经济的发展，商品标记也日趋完备。我国宋代山东济南有一家刘家针铺，门前有一石兔，即以"白兔"为商品标记，在针的包装纸上印有兔的图形和"兔儿为记"的字样。这已经是相当完整的商标了。欧洲13世纪行会都有特定印章作为商品标记，以后逐渐演变为图形商标。

现代意义上的商标，出现于19世纪，随之也出现了商标法。1803年法国的"关于

---

❶ 根据1980年资料，不要求专利权人实施其专利发明的有17个国家。见Baxter前引书，第118页。

工厂、制造场和作坊的法律"是最早的一部包括保护商标的法律。最早的全国性的商标法是 1857 年法国的《关于以使用原则和不审查原则为内容的制造标记和商标的法律》（至 1964 年作了大幅度的修改）。以后，英国（1875 年）、美国（1870 年）和德国（1874 年）等也陆续公布了商标法。据统计，颁布商标法的国家到 1884 年有 36 个国家，1900 年增加到 84 个国家，到 1976 年已达 127 个国家。❶ 当前，全世界 150 多个国家中，实际上没有不使用商标的国家，也没有不保护商标的国家。

随着商标制度的发展，产生了商标国际保护的需要。1883 年签订了《保护工业产权的巴黎公约》。这个公约现在有 91 个成员国，仍然是保护商标、专利等工业产权的最重要的国际公约。在巴黎公约的基础上，后来又签订了《商标国际注册的马德里协定》（1891 年 4 月 14 日）、《商标注册条约》（1973 年 6 月 12 日）等有关商标方面的国际条约。

清政府 1904 年颁布的《商标注册试办章程》，是旧中国的第一个商标法令。北洋政府和国民党政府颁布的商标管理法令，大多抄袭外国商标法。当时，受法律保护的注册商标，也是以外国商标占大多数。

中华人民共和国建立后，废除了国民党政府的旧商标法。1950 年 7 月中央人民政府政务院颁布了《商标注册暂行条例》。这个条例在建国初期多种经济并存的情况下，对于建立和健全商标法制，巩固和发展国有经济，促使私营企业接受社会主义改造，起到了应有的作用。在生产资料所有制的社会主义改造基本完成以后，情况发生了很大变化。1963 年经全国人民代表大会常务委员会批准，国务院公布了《商标管理条例》，嗣后一直沿用。自从实行对外开放、对内搞活经济的政策以来，该条例已经不能适应新的历史时期的要求，遂于 1982 年 8 月 23 日公布了《中华人民共和国商标法》。该法于 1983 年 3 月 1 日起施行。1963 年的《商标管理条例》同时废止。其他有关商标管理的规定，凡与本法抵触的，同时失效。

三、商标的作用

在我国社会主义制度下，商标不是可有可无的，而是具有重要作用。商标的作用主要有以下几个方面。

（一）区别不同企业的产品

商标的这一作用源于商标的本质。由于商标是区别商品的标记，消费者可以"认标购货"，使自己的需要得到满足。

（二）便于进行质量监督，保证产品质量

商标是产品质量的标记。使用同一商标的商品应当保证具有同样的质量。消费者就可以放心购买，而不至于买错。我国《商标法》第 6 条规定，商标使用人应当对其使用商标的商品质量负责。据此，主管部门通过商标管理，监督商品质量，制止降低质量、欺骗消费者的行为。

---

❶ 见《商标在发展中国家的作用》（"The role of Trade Marks in Developing Countries"），1979 年英文版，联合国贸易和发展会议文件 TD/B/C·6/AC·3/3 Rev.1，第 4 页。

（三）具有宣传商品的作用

商标是商品的标记，适销对路的商品，配上专用的商标，可以进一步扩大商品的销路，因为商标本身也具有广告宣传的作用。

第二节 商标权的取得与期限

一、商标权的取得

在立法例上，取得商标权有两种不同的方法。

（一）通过注册取得商标权

大多数国家的商标法都规定经过注册才能取得商标权。根据我国商标法的规定，商标经核准注册后才受法律保护。采用"注册原则"的国家，最先申请人经商标注册后即取得商标权。但是，许多国家的法律同时规定，商标注册后经过一定年限不使用就依法予以撤销。

我国《商标法》第5条规定，国家规定必须使用商标的商品，必须申请商标注册，未经核准注册的，不得在市场销售。这属于强制注册的办法，主要针对少数产品的商标（如药品等）的规定。对于大多数产品商标可由企业决定是否申请注册。经核准注册的商标为注册商标，注册人享有商标专用权，受法律保护。使用未注册商标不问其使用历史的长短，其商标均不得在一种商品或一类商品上与已经注册的商标相同或者近似。否则即属侵犯商标专用权的行为。

（二）通过使用取得商标权

在英国、美国以及一些效法英国商标法的国家，商标经过使用，即使未经注册，也能产生专用权。"使用"是指商标贴在商品上或用在广告上，在一定时间和范围内使用过；只是象征地使用则不足以取得专用权。

采用"使用原则"的国家也办理注册，这种注册只起推定权利存在的作用。在美国注册5年后，在英国注册7年后，并经举出使用证明，商标权即成为无可争议，其他人不能再以使用在先为理由而提出抗辩。

在美国，只有已经使用的商标才能注册；在英国，注册人注册时保证将要使用该商标即可，不需实际上已经使用。

二、商标权的期限

采取"注册原则"的国家，商标注册后都有一个有效的期限。采取使用原则的国家，商标必须继续使用才能得到法律保护；其中经过注册的，也都有一个有效期。商标权的有效期限不等，一般规定为10~20年。例如，法国、西德等许多欧洲国家，商标有效期为10年，美国注册商标的有效期为20年，但英国和效法英国的一些国家，注册商标的有效期为7年。

各国商标有效期开始计算的时间也不同，如法国、西德等国自提出申请之日起计算，美国则自核准注册之日起计算。

商标有效期届满后，可以不断续展。通过陆续的续展，商标权可以长时间有效，甚至有的商标持续有效已达百年之久。在这一点上，商标同专利权、版权有所不同。

在大多数国家，续展的有效期限和商标注册后的有效期限是相同的；但英国和效法英国的一些国家，注册后开始的有效期限为 7 年，而以后续展注册的有效期限则为 14 年。

商标有效期届满而未办理续展手续的，商标即失去效力，商标权也随之归于消灭。

我国商标法规定，注册商标的有效期限为 10 年，自核准之日起算。关于续展期的规定，每次也是 10 年。

第三节 商标权的主体和客体

一、商标权的主体

商标权的主体问题，是指哪些单位和个人可以申请商标注册和享有商标权。我国《商标法》第 4 条规定，企业、事业单位和个体工商业者对其生产、制造、加工、拣选或者经销的产品，需要取得商标专用权的，应当向商标局申请注册。可见，我国一切依法登记的企业、事业单位和个体工商业户，都可以申请商标注册。

在我国，商标权的主体还可能是外国企业。根据《商标法》第 9 条规定，外国人或者外国企业在中国申请商标注册的，应当按照其所属国和中华人民共和国签订的协议或者共同参加的国际条约办理，或者按照对等原则办理。

二、商标权的客体

作为商标权客体的商标，其文字和图形须受法律规定的限制。任何商标违反了法律规定的禁用条款，即使用了法律规定禁止使用的文字和图形，也不能获得核准。《商标法》第 8 条规定，商标不得使用下列文字、图形：

（1）同中华人民共和国的国家名称、国旗、国徽、军旗相同或者近似的；
（2）同外国的国家名称、国旗，国徽、军旗相同或者近似的；
（3）同政府间国际组织的旗帜、徽记、名称相同或者近似的；
（4）同"红十字""红新月"的标志、名称相同或者近似的；
（5）本商品的通用名称和图形的；
（6）直接表示商品的质量、主要原料、功能、用途、重量、数量及其特点的；
（7）带有民族歧视性的；
（8）夸大宣传带有欺骗性的；
（9）有害于社会主义道德风尚或者有其他不良影响的。

第四节 商标权人的主要权利和义务

一、商标权人的主要权利

（一）商标专用权

商标专用权即商标权人对商标的专有使用权，其他人未经许可无权使用，否则即构成侵权。商标专用权是商标权人的最重要的权利，因为只有确认并保护商标专有权，才能使商标同企业的经营管理和职工的物质利益联系起来，促使企业爱护商标信誉，提高产品质量，更好地发展商品生产。因此，在颁布新的商标法律中，应该把保护商标专用权置于首要的地位。为此，我国《商标法》第 3 条规定，经商标局核准注册的商标为注册商标，商标注册人享有商标专用权，受法律保护。

（二）转让商标的权利

转让商标的权利也就是在法律上处分商标的权利。商标权人作为商标所有人应当有权处分其注册商标。为了加强商标管理和保护公众利益，我国《商标法》第25条规定，转让商标除需转让人与受让人达成协议外，还应共同向商标局提出申请。经核准后，并刊登《商标公告》。

（三）许可其他人使用其商标的权利

商标注册人可以许可他人使用其注册的商标。这种关系是通过注册人与他人签订使用许可合同建立的。但许可人应当监督被许可人使用其注册商标的商品质量。被许可人应当保证使用该注册商标的商品质量。商标使用许可合同应当报商标局备案。

二、商标权人的主要义务

（一）对使用商标的商品质量负责

商标权人在享有各项权利的同时，也负有相应的义务。对使用商标的商品质量负责，是商标权人的一项重要义务。在资本主义国家，商品质量完全由市场竞争法则支配，商标权人对商品质量优劣不负法律上的责任。我国是社会主义国家，以计划经济为主，市场调节为辅，商标权人对使用商标的商品质量应负法律责任。各级工商管理部门通过商标管理监督商品质量，对粗制滥造、降低商品质量欺骗消费者的，有权依法撤销其商标注册。

（二）缴纳规定的各项费用

商标权人应按照规定缴纳各项费用。申请商标注册、移转注册、续展注册时，应按规定缴纳各项申请费。进行商标注册，移转注册和续展注册时，应按规定缴纳商标注册费、移转注册费和续展注册费。

第五节　对商标权的保护

商标专用权在法律上受到保护，他人不得侵害。侵犯商标专用权包括；未经许可，在自己生产、制造、加工、拣选或进口的商品上，使用与他人在同一种商品或类似商品上已注册商标相同或者近似的商标；未经许可，制造并销售他人已注册的商标以及给他人的商标专用权造成其他损害。商标权受到侵犯时，商标权人有权要求侵权人停止侵权活动、消除影响并赔偿损失。地方工商行政管理部门对侵犯商标权的行为，有权制止，责令赔偿经济损失，消除侵权影响，情节严重的由司法机关依法处理。凡违反商标管理法规，工商企业假冒其他企业已经注册的商标的，按照《刑法》第127条的规定，对直接责任人员处三年以下有期徒刑、拘役或者罚金。

《国际技术转让》第一章 绪论[*]

第一节 国际技术转让的概念

为了说明国际技术转让这个概念，我们可以分为两个层次，首先说明什么是技术转让，进而再说明什么是国际技术转让。

顾名思义，技术转让是指技术从转让方向受让方的转移。需要进一步说明的问题，是这里所说的技术是什么含义，具体包括哪些内容。国际上，对技术转让中的技术通常认为包括三项主要内容，即关于制造一项产品的系统知识、应用一项工艺的系统知识或提供一项服务的系统知识。但是，单纯涉及货物销售和货物出租的交易不属于技术转让的范畴。可以说技术转让是指关于制造一项产品、应用一项工艺或提供一项服务的系统知识从转让方向受让方的转移。

进一步分析，技术转让的交易安排包括以下的主要内容：

（1）工业产权的转让和使用许可。指涉及发明专利权、实用新型专利权、外观设计专利权以及商标权的转让或者许可合同，但不包括单纯的商标、服务标记和商号名称这三种工业产权的转让和使用许可。因为，这三种工业产权的单独转让和使用许可，并不具有转让技术的含义；

（2）以可行性研究、计划、图表、模型、说明、手册、公式、基本或详细工程设计、培训方案和设备、技术咨询服务和管理人员服务以及人员培训等方式，而提供专有技术（Know how）和技术知识；

（3）提供工厂和设备的安装、操作和运用以及交钥匙项目所需的技术知识；

（4）对于将要或已经购买、租赁或依其他方式获得的机器、设备、中间产品或原材料，提供取得、安装和使用所需的技术知识；

（5）提供工业和技术合作安排的技术内容。

以上说明了技术转让的含义。下面我们进一步说明什么是国际技术转让。

国际技术转让是指这种技术转让具有国际性，或者说带有国际因素。概括而言，国际技术转让是转让方将技术超越国境转让给受让方的技术转让。1985年5月24日国务院发布并于同日施行的《中华人民共和国技术引进合同管理条例》第2条也明确规定："本条例规定的技术引进是指中华人民共和国境内的公司、企业、团体或个人（以下简

---

[*] 节选自郭寿康：《国际技术转让》，法律出版社1989年版，1994年再版，第1~15页。

称受方），通过贸易或经济技术合作的途径，从中华人民共和国境外的公司、企业、团体或个人（以下简称供方）获得技术。"

将跨越国境的技术转让视为国际技术转让，这是国际上一致的看法。无论是发展中国家（联合国中的77国集团）、西方工业发达国家（联合国中的B组），还是苏联东欧社会主义国家（联合国中的D组），在这一点的看法上并没有分歧。

因此，国际技术转让之所以称为"国际"，是因为转让方将技术跨越国境转让给受让方。例如，美国境内的一家公司将一项技术转让给中国境内的一家公司，即是国际技术转让。至于转让方和受让方，可能是不同国籍的法人或自然人，也可能是同一国籍的法人或自然人，这并不影响国际技术转让的性质。❶ 其实，这一点也不是国际技术转让所独有的。例如，按照1980年《联合国国际货物销售合同公约》第1条（3）的规定，"在确定本公约的适用时，当事人的国籍……应不予考虑"。也就是说，按照该公约的明确规定，只要是营业地在不同国家的当事人之间所订立的货物销售合同，即是国际货物销售合同，从而也就可以适用这一项公约。至于双方当事人是具有不同国籍，还是具有相同国籍，则并不影响国际货物销售合同的性质。

然而，除上面所说到的一致看法以外，发展中国家（77国集团），苏联东欧国家（D组）和西方发达国家（B组）之间对国际技术转让的观点还存在着很大的分歧。

77国集团和D组国家在联合国贸易与发展会议讨论制定《联合国国际技术转让行动守则草案》时提出，国际技术转让还应该包括"当事人双方不定居于、或不设立于同一国家时彼此所进行的技术转让贸易"，以及"当事人双方定居于、或设立于同一国家，但其中至少一方为外国实体的分公司、子公司、附属公司、或在其他方式下直接地或间接地由外国实体控制，而供方又未在技术取方国家发展所转让的技术，或当它作为转让外国拥有的技术的中间人时，彼此之间的技术转让"。❷ 显然，77国集团和D组的提案，着重于技术转让的双方当事人定居于或设立于什么地方以及被什么人所控制。如果当事人定居于或设立于不同的国家、则相互间的技术转让即为国际技术转让。即便双方当事人都定居于或设立于同一个国家之内，如果有一方当事人是"被外国实体所控制时"，其相互间的技术转让也属于国际技术转让。❸ 从77国集团和D组的提案来看，外国公司在技术引进国内设立的分支附属公司是其母公司的代表，因而这些分支附属公司与技术引进国中的法人或自然人之间的技术转让，也属于国际技术转让。

B组在会上提出另外的提案。B组的提案除承认跨越国境的技术转让属于国际技术

---

❶ 《中华人民共和国技术引进合同管理条例施行细则》第2条规定：《条例》第2条规定的受方和供方签订的下列技术引进合同，《不论供方国别和地区》……均应按《条例》和本细则规定向审批机关申请办理审批手续。

❷ 本书以下引用《联合国国际技术转让行动守则草案》及有关文件时，均按照联合国贸易与发展组织已发布的中文译本。因而，译文的用语与风格往往同本书有不一致的地方。望读者阅读时注意。

❸ 见联合国贸易和发展会议与科威特阿拉伯计划学院联合举办的《技术转让与发展的法律问题讨论会》的报告（1981年9月19日至23日于科威特举行），联合国贸易与发展会议印刷文件UNCTAD/PSS/TCS/40，第8页。

转让外，不承认外国公司设在技术引进国内的分支附属公司与技术引进国中的法人或自然人之间的技术转让也属于国际技术转让。显然，B组提案的实质是不打算把上述分支附属公司与技术引进国中的法人或自然人之间的技术转让纳入将来国际技术转让行动守则的适用范围之内。在国际上，技术转让方主要是西方工业发达国家，而发展中国家则主要是引进技术。所以，即便将来经过长期努力，在行动守则中订入保护技术引进方的条款，这些对于技术引进方有利的条款对转让方设立在技术引进国中的分支附属公司转让技术的合同也是不适用的。因为按照B组提案的规定，这一类技术转让不属于国际技术转让，从而也就当然不能适用将来可能一旦生效的国际技术转让行动守则。分支附属公司既然不属于外国公司的代理机构，因而也就与技术引进国中的公司法人具有同样的法律地位，不能另眼看待。这样，尽管B组提案中承认"各国也可以通过本国法律，规定行动守则的原则也适用于当事人在他们国境内进行的交易"[1]。但是无论如何，发展中国家从这些分支附属公司转让的技术怎么也得排除于一旦行动守则生效之后可能具有的有利于技术引进国的条款之外。

以上从实质内容上阐述了国际技术转让的概念。在实际生活中，国际技术转让的表现形式则是多种多样的。国际技术服务、国际技术咨询、国际生产合作、国际工程承包、国际先进设备采购都在不同程度上包含有国际技术转让的因素，外国直接投资中的工业产权和专有技术部分、技术培训、派遣和接受留学生、聘请和派出专家讲学以及国际的技术合作与交流的各种方式也都包含有国际技术转让的因素。但是，国际技术转让中最重要，也是最普遍应用的形式则是国际许可合同或协议（internatioal licensing contract or agreement）。国际许可合同属于通常所说的国际技术贸易的范畴，它是在商业的基础上，技术转让人（即许可人 licensor）将技术转让给技术受让人（即被许可人 licensee）使用，而由技术受让人向技术转让人支付使用费（royalty）的合同。

技术许可合同所转让的是技术的使用权而不是技术所有权，这是由于技术是一种无形财产的特点所决定的。因而技术许可合同不是技术买卖合同，不是买技术，也不存在着技术的卖方和买方，它是一种产生较晚的特殊合同。有人讲，许可合同与财产租赁合同的性质很相近，都是转让使用权而不是转让所有权。但是，我们也应该看到其间也存在有很大的区别。租赁合同的客体是有形财产，所以只能在同一期间内将租赁物出租给一个承租人。在同一个租赁合同终止以后，出租人才能将收回的租赁物再出租给另一个承租人。出租人将租赁物出租以后，自己也就不能使用了。许可合同所转让的是技术的使用权，由于技术是无形财产，因而具有在同一期间内可以由许多人同时使用的特点。根据某些技术许可合同，在同一期间内可以允许多数被许可人使用该项目技术，而且许可人本身也可以使用该项技术，这是与租赁合同相比较所具有的不同的特点。

由于许可合同是国际技术转让的主要形式，所以许多国家论述国际技术转让的著作，大都集中于许可合同。本书在后面部分也将集中或侧重阐述国际许可合同所体现的国际技术转让问题。

---

[1] 见《国际技术转让行动守则草案》，1983年12月4日，载联合国贸发会议文件 TD/CODE TOT/41，英文版附录C。

第二节　国际技术转让的发展和现状

在人类发展上，具有实质意义的技术转让乃至国际技术转让，应该说从很早就已经存在了。随着一国之内或国际之间的货物交换和人员往来，必然也就伴随着技术在一国之内或国际之间的转移。我国古代的四大发明：指南针、火药、造纸和活字印刷术，很早就传播到西方。大量工农业生产中的技术，在唐朝以前就跨海传入日本；日本派遣的许多"遣唐使"，以及鉴真和尚的东渡扶桑，都对中日两国之间的文化技术交流作出了很大贡献。至于秦始皇时派徐福率领童男童女和工匠跨海东渡，寻求长生不老之药，从而将大量工农业生产技术带入日本，那就是历史传说上更早时期的国际技术转移了。古代的埃及、巴比伦、印度、希腊和罗马也有许多技术发明传播到世界各地。历史进入18世纪后期，英国发生了以蒸汽机为标志的第一次技术革命，引起了产业革命，大大提高了工农业生产力，技术的交流与转移有了进一步的发展。近现代的各种技术以更大的规模进行着移动和交流。

据文献记载，世界上最早的以许可合同为标志的技术贸易，出现在18世纪。到了19世纪下半叶，许可合同形式的技术贸易在一些国家内部日益广泛发展。但是，国际技术贸易到19世纪末和20世纪初才逐渐开始发展，在两次世界大战中曾遭到了严重的破坏，到了第二次世界大战结束以后，特别是从50年代中期以来，以许可合同为标志的国际技术贸易才得到了广泛而迅速的发展[1]。

根据马克思主义，"生产力里面也包括科学在内"[2]。科学通过转化为技术以后，就可以直接应用于生产过程，提高生产力。随着社会日益发展，现代科学技术突飞猛进，科学技术对社会经济发展所起的作用越来越大。在20世纪初，发达的资本主义国家促进国民经济增长的诸因素中，科学技术进步所占的比重约为5%，到了70年代末，在不少国家中科学技术促进国民经济增长所占的比重猛增到50%~70%。正由于科学技术对经济增长具有日益重要的作用，而且任何一个国家无论经济技术多么发达也不能在技术上万事不求人，因而技术转让在第二次世界大战以来获得了日益迅猛的发展。据统计，12个主要资本主义国家，1960年的技术使用许可的收入为11.83亿美元，1976年增加到68.7亿美元，16年内增长5倍以上。最大技术出口国美国，1970年技术贸易收入为22.03亿美元，1978年则增加到54.17亿美元，平均年增长率为11.9%[3]。最大技术进口国包括日本、西德、法国和意大利，其中日本从1950年到1975年共引进外国技术25 783项，金额57.86亿美元。发展中国家为了加速本国的工业化过程，摆脱贫困落后的经济状况，也十分重视引进技术。但是，由于历史上的原因，发展中国家几乎完全是技术的受让方，为引进技术需要支付大量的外汇。据文献记载，发展中国家为引进技术而支付的费用大约以每年15%~20%的速度增长，其数额相当于发展中国家出口总

---

[1] [苏] 伊·普·法明斯基著：《科学技术革命对资本主义世界经济的影响》，1979年中文版，第244页。

[2] 马克思：《政治经济学批判大纲（草稿）》（第三分册），1963年版，第350页。

[3] 联合国贸易与发展会议文件 TD/BC/6, 55, 英文版，第21页。

收入的5%❶。从而为发展中国家带来了沉重的经济负担。正如一份联合国大会的文件中所指出的,"技术进步带来的好处没有为国际大家庭的所有成员分享"❷。

近年来,世界技术贸易发展十分迅速。20世纪70年代初世界技术贸易总额仅为50亿美元,80年代初发展到160亿美元,至1985年则超过了400亿美元。国际市场上计算机软件贸易更是大幅度增长,销售额每年递增30%~40%。预计1987年美国的软件销售额将达到290亿美元。美国的技术输出与技术输入之间的比例曾经高达10∶1,现在已降至8∶1。美国的高技术贸易顺差1981年曾高达236亿美元,至1984年已经降低到50亿美元。日本的技术出口额从1971年到1981年增加了5倍,1984年的技术出口额比1983年的技术出口额增加311.1%。联邦德国1983年高技术产品出口获利为1982年的2倍。法国的技术贸易收入也每年平均增长18%。

在中华人民共和国成立以后,就开始了从国外引进技术。在20世纪50年代,我国从国外引进技术主要是通过进口"成套设备",进口来源主要是苏联和东欧社会主义国家。到了60年代初,情况发生了变化。技术进口不再主要是来自苏联和东欧国家,但是进口"成套设备"的方式却一直延续到70年代中期。应该说,在中华人民共和国成立后初期,在旧中国遗留下来的十分落后的经济技术基础上进行社会主义建设,"成套设备"的进口对奠定我国工业化基础,填补空白和增强生产能力是必要的,而且也确实发挥了重要作用。

我国第一个从国外引进技术软件的合同,是1975年签订的引进工业汽轮机制造技术的合同。从1973年到1978年,6年期间内共签订了26个以"软件"为主体的技术引进合同。到党的十一届三中全会以后,贯彻开放、改革、搞活的方针,国际经济技术交流日益扩大,从国外引进技术的步伐也大大加快。据统计,自1978年至1986年年底,我国引进国外先进技术签约成交项目总金额123.8亿美元。"六五"期间,我国共引进技术和设备100多项,金额100多亿美元。这批引进项目全部投产后,将形成年产值1 000多亿元的生产能力。其间,仅国家经委就从20个国家和地区引进了3 900多项技术和设备,价值约36亿美元。从已经投产的项目看,投入1元,每年可以实现产值2元,上缴利税0.4元。1986年,我国签订了744项技术引进合同,从30个国家和地区引进了技术和设备,总金额达44.5亿美元。随着情况的变化,我国目前已经不再以引进"全套设备"为引进技术的主要形式。而将技术引进的重点放在以引进软件为主进口一些关键设备,减少硬件进口。今后,随着我国社会主义建设事业的发展,从国外引进先进、适用的技术还会迈出更大的步伐,取得更大的进展。

在很长期间内,我国对外技术贸易方面形成了只进口技术而不出口技术的局面。在全国性的十几个对外进出口公司中,只有技术贸易方面的全国性公司长时期名为中国技术进口总公司,这也确实反映了我国很长期间技术贸易的历史情况。这种对外技术贸易方面的长期只进不出的局面,近年来已经开始打破,截至1976年9月的5年内,我国已有出口技术近50项,1976年全年出口技术20项,总金额突破2 000万美元。各地申

---

❶ 《世界发展中的跨国公司第三次调查》,英文版,第162页。
❷ 《建立国际经济新秩序宣言》,1974年联合国大会特别会议,第3201号决议。

报的出口技术项目有1 300余项。1987年我国技术出口创汇额达1.61亿美元，比1986年增长6.89%，超过了1979～1986年技术出口额的总和。在工业化技术方面，我国的小水电技术设备、纺织设备以及平板玻璃技术设备等，已经向美国、加拿大、秘鲁、哥伦比亚、菲律宾、泰国等20多个国家出口。在农业技术方面，杂交水稻技术已经在美国使用，联合国亚太地区技术转让中心已向外经贸部门提出转让淡水养鱼养虾、沼气、太阳能利用以及制砖等农业综合发展技术。"七五"期间，我国将有更大量的技术出口。今后，我国技术出口的主要方向是，出口能带动产品和成套设备的工业化技术和传统工业技术，国家也将加强制定有关技术出口的法规，对技术出口的方针、政策、审批原则等作出明确规定。

第三节 对外开放、自力更生与技术引进

人类历史发展到了今天，科技进步对于生产发展发挥着越来越重要的作用。在实现我国社会主义四个现代化的宏伟事业中，必须大力促进科学技术的迅猛发展。邓小平同志指出："我们要实现现代化，关键是科学技术要能上去"❶；"四个现代化，关键是科学技术的现代化。没有现代科学技术，就不可能建设现代农业、现代工业、现代国防。没有科学技术的高速度发展，也就不可能有国民经济的高速度发展"❷。这些精辟的论述，深刻地阐明了大力发展科学技术对于我国社会主义现代化事业的重要作用。

当然，发展我国的科学技术事业，主要要靠我们自己的努力，基点要放在自力更生的方针上。邓小平同志曾经说到，"提高我国的科学技术水平，当然必须依靠我们自己努力，必须发展我们自己的创造，必须坚持独立自主、自力更生的方针"❸。那种认为一切可以依靠引进技术，花钱可以买到四个现代化的观点，或者妄自菲薄，缺乏在科技事业发展上雄心壮志的思想，显然是不现实的，也是不正确的。

然而，"独立自主不是闭关自守，自力更生不是盲目排外。科学技术是人类共同创造的财产。任何一个民族，一个国家，都要学习别的民族、别的国家的长处，学习人家的先进科学技术。我们不仅因为今天科学技术落后，需要努力向外国学习，即使我们的科学技术赶上了世界先进水平，也还要学习人家的长处"❹。生产技术发展到现在的水平，世界上没有任何一个国家能够拥有和掌握世界上所有的先进技术，可以闭关自守，万事不求人。任何国家都必须通过技术交流，取人之长、补己之短，以促进本国经济的发展。第二次世界大战以后，日本、西德的经济在较短时期内获得了复兴和发展，当然有各方面的原因，但是成功地引进国外先进技术，消化吸收、转化为生产力，也是一个很重要的因素。例如，在20世纪40年代末，日本自己也承认在工业技术上比世界先进水平落后大约20年。据统计资料，日本从1950年至1978年，引进技术和进口设备共花费200亿美元，其中引进技术共3万项，支付技术引进费76亿美元。在引进技术的

---

❶ 《邓小平文选》，第37页。
❷ 同上书，第83页。
❸ 同上书，第88页。
❹ 同上书，第88页。

基础上消化吸收、发明创新,现在日本在技术领域已经基本赶上美国和欧洲,在某些方面甚至超过它们的水平。日本用引进技术的代价,换来了世界技术先进国家用半个多世纪的时间,花费2 000多亿美元所开发出来的绝大多数先进技术。这也就是说,结果是节约了2/3的时间和9/10的经费。

所以说,要实现社会主义的四个现代化,一方面要坚持自力更生的方针。另一方面也必须贯彻对外开放,发展国际技术合作与交流。

古今中外的历史都可以证明,闭关自守、故步自封必然造成落后与愚昧。实行对外开放,发展技术交流会促进经济技术的发展。因此,我国实行对外开放政策,具有其深刻的理论和历史实践根据。赵紫阳同志曾指出:"实行对外开放,扩大对外经济技术交流,是我国现代化建设的客观要求,是经济发展的必然趋势,也是我国在建设实践中总结出的一项重要经验。"❶ 在落后基础上建设社会主义,尤其要发展对外经济技术交流和合作,努力吸收世界文明成果,逐步缩小同发达国家的差距。闭关自守只能越来越落后。❷

我国对外开放绝不是一时之计,而是长期贯彻执行的一项方针,赵紫阳同志指出,"在对外开放上,我们的指导思想,不是'收',而是进一步'放',不是就此止步,而是继续前进。中国已经开放了的大门只会越来越大,永远不会再关上。随着中国现代化建设的展开,中国市场同国际市场的联系将更加密切,中国同外国的经济技术交流将越来越向深度和广度发展"。❸

党的十二届三中全会以来的路线,即实事求是,从中国实际出发,建设有中国特色的社会主义的路线,有两个基本点,一个是坚持四项基本原则,一个是坚持改革、开放、搞活。四个坚持是我们的基本原则,改革、开放,搞活是我们进行社会主义现代化建设的总方针、总政策。全面正确地贯彻执行三中全会以来的路线,就要正确理解这两个基本点,正确理解两者互相联系、缺一不可的关系。不坚持四项基本原则,改革、开放、搞活就不能顺利地进行下去,就会滑入资产阶级自由化;而不改革、开放、搞活,四项基本原则也坚持不好,也会助长资产阶级自由化。那种认为进行坚持四项基本原则的教育,就要影响改革、开放、搞活的看法,显然是一种误解。实际上,进行坚持四项基本原则、反对资产阶级自由化的斗争,不应该影响改革、开放。改革开放不仅要坚持,而且还要加快。从而,从国外引进先进技术的工作,不但要继续进行下去,而且要加快步伐,进行得更好。

第四节 国际技术转让的法律调整

国际技术转让的法律调整,主要包括两个部分。第一,是各国国内的法律和条例。

---

❶ "扩大经济交流,促进共同繁荣",赵紫阳1984年6月5日在比利时皇家国际关系学会发表的演讲。

❷ "沿着有中国特色的社会主义道路前进"。赵紫阳在中国共产党第十三次全国代表大会上的报告。第12页。

❸ "扩大经济交流,促进共同繁荣",赵紫阳1984年6月5日在比利时皇家国际关系学会发表的演讲。

到目前为止，国内的法律和条例还是调整国际技术转让的主要法律根据。当然，由于国际技术转让存在的历史不长，各国国内有关法律、条例尚不完备，互相也很不一致。第二，国际条约和协定。同样，由于国际技术转让开展较晚，有关国际条约、协定数量不多。有些正在研究、讨论的过程中。前者如欧洲共同体、安第斯集团的一些有关规定，后者如联合国贸发会议《国际技术转让行动守则草案》。下面，简单介绍一些我国和其他国家有关国际技术转让的法律，法规。

一、我国有关涉外技术转让的法律和条例

1978年党的十一届三中全会以来，由于贯彻开放、改革、搞活的方针，从国外引进先进技术有了很大的发展。为适应工作发展客观需要，近年来陆续制定并颁布了许多有关的法律和条例。其中，最主要的有以下几项：

（1）《中华人民共和国民法通则》。中华人民共和国第六届全国人民代表大会第四次会议于1986年4月12日通过并公布，自1987年1月1日施行。《民法通则》，尤其是第八章涉外民事关系的法律适用的有关部分，对调整我国涉外技术转让具有重要意义。

（2）《中华人民共和国中外合资经营企业法》及其《实施条例》。中外合资经营企业法是1979年7月1日第五届全国人民代表大会第二次会议通过，1979年7月8日全国人大常务委员会委员长令第七号公布，同日起施行。实施条例是1983年9月20日国务院发布，同日实施。其中规定，合营者可以用工业产权和专有技术作价出资，但必须能生产中国急需的新产品或出口适销产品，或能显著改进现有产品的性能、质量，提高生产效率，或能显著节约原材料、燃料和动力，并应经中国合营者的企业主管部门审查同意，报审批机关批准。

（3）《中华人民共和国专利法》。1984年3月12日第六届全国人民代表大会常务委员会第四次会议通过，同日中华人民共和国主席令第十一号公布，1985年4月1日起施行。其中规定，任何单位或者个人实施他人专利的，除第十四条规定的情况外，都必须与专利权人订立书面实施许可合同，向专利权人支付专利使用费。

（4）《中华人民共和国商标法》。1982年8月23日第五届全国人民代表大会常务委员会第24次会议通过，同日全国人大常务委员会委员长令第十号公布，1983年3月1日起施行。其中规定，商标注册人可以转让注册商标，也可以通过签订商标使用许可合同，许可他人使用其注册商标。商标往往与专利以及专有技术一起成为使用许可合同的内容，从而与国际技术转让具有不同程度的关系。

（5）《中华人民共和国涉外经济合同法》。1985年3月21日第六届全国人民代表大会常务委员会第十次会议通过，1985年7月1日起施行。本法适用范围是中华人民共和国的企业或者其他经济组织同外国的企业和其他经济组织或者个人之间订立的经济合同。我国与外国法人、自然人间订立的技术转让合同当然也包括在内。全国人大法律委员会在对《中华人民共和国技术合同法（草案）》审议结果的报告中说，涉外的技术合同（即当事人一方是外国企业、其他组织或者个人的合同）以适用涉外经济合同法为宜，不适用《中华人民共和国技术合同法》。

（6）《中华人民共和国技术引进合同管理条例》。1985年5月24日国务院发布，是当前技术引进的最重要而具体的法规。本条例对管辖范围、审批制度以及限制性条款等问题都有规定。在此前不久，1984年1月11日广东省第六届人民代表大会常务委员会第五次会议批准，1984年2月8日广东省人民政府公布并施行的《深圳经济特区技术引进暂行规定》，是一个地方性法规，只适用于深圳特区。

（7）《中华人民共和国技术引进合同管理条例施行细则》。1987年12月30日国务院批准，1988年1月20日对外经济贸易部发布。《施行细则》是根据《管理条例》第12条的规定而制定的。对分级审批、审批手续、不予批准的情况以及报送文件等都作了进一步的具体规定。从《施行细则》施行之日起，1985年9月18日经贸部发布的《技术引进合同审批办法》同时废止。

（8）《改进技术进步工作的若干暂行规定》。1984年12月31日国家经济委员会公布、施行。其中规定使用国家外汇和自有外汇的技术改造引进项目，投资限额在5百万美元以上的项目建议书和可行性研究报告，要报国家计委、国家经委，由国家计委会同国家经委审批，年度计划列入国家计划下达。

二、外国有关国际技术转让的法律

总的来说，发达的资本主义国家都把国际技术转让纳入民法、合同法等调整的范围。许多发展中国家则颁布有专门调整技术转让的法律。这是因为发展中国家在国际技术转让中处于经济实力较弱的引进方地位，从而需要制定特别的技术转让法律以保护其正当的权益。其中比较重要、影响较大的有如下一些国家的法律。

（1）阿根廷1981年3月12日关于技术转让的第22,426号法律，1981年3月25日关于技术转让第22,426号法律的施行法，1981年3月27日工业发展秘书处关于技术转让指南的第264号决议。

（2）巴西1975年9月11日确定包括技术转让和有关协议的合同登记的基本原则和规范的第015号法令，1978年1月19日关于特别技术服务的第30号法令。

（3）哥伦比亚1967年3月22日关于技术转让合同批准和登记的第444号法令，1972年7月18日关于技术转让合同内容和确定此类合同批准标准的第1,234号法令。

（4）多米尼加1978年7月19日关于外国投资和技术转让的第61号法律。

（5）墨西哥1981年12月16日技术转让与专利、商标使用和实施的控制与登记法律，1980年11月26日确定鼓励国家技术的研究、发展与市场交易的财务刺激法令。

（6）尼泊尔1981年第2,038号外国投资与技术法令。

（7）秘鲁1981年10月23日确定外国技术、标记或专利的许可人与被许可人的权利与义务规则。

（8）菲律宾1978年建立工业部技术转让署的规则。

（9）葡萄牙1977年8月24日调整技术转让规则的第53/77号命令。

（10）西班牙1973年9月21日调整技术转让的第2,343号命令。

（11）委内瑞拉1975年2月11日现有技术转让协议登记的第746号命令，1977年11月8日调整技术转让的第2,442号命令。

（12）南斯拉夫1978年联合劳动组织与外国人间长期合作企业、技术合作以及技术实体权利的取得与转让的法律。

除此之外,在一些发达国家的反托拉斯法(如美国 1890 年的谢尔曼法、1914 年的克莱顿法等)、反垄断法(如日本 1947 年、联邦德国 1957 年颁布的反垄断法)等法律中也包括有涉及国际技术转让的规范。

思考题

1. 什么是国际技术转让?
2. 国际技术转让的主要形式是什么?
3. 简述国际技术转让的历史发展与趋势。
4. 我国对技术引进和技术出口的政策是什么?
5. 试述我国技术引进合同的概念。

《国际贸易法》第一章　国际贸易法概论[*]

国际贸易法是一门古老的法学学科，并且不断发展。其调整范围由原来的商事交易规范扩大到贸易管理规范，从性质上已不再限于私法；由货物买卖扩大到技术贸易、服务贸易。与国内法相比，其渊源不仅包括国家立法、国际条约，还包括没有当然约束力的国际惯例。商人之间的国际贸易越来越受到国家乃至国际组织制定的规范的影响。自然人、法人、其他经济组织、国家、国际组织，都是国际贸易大舞台上的主角。

关键术语

国际商事交易法律规则　国际贸易管理法律规范　国际贸易法

第一节　国际贸易法的概念和体系

一、国际贸易法的概念

国际贸易法是调整跨越国境的贸易活动的法律制度和法律规范的总称，主要包括调整平等主体间的商业交易活动的私法规范和国家对贸易活动进行管理的公法规范。国际贸易法的渊源主要表现为国际公约、国际惯例和国家或国家集团的立法、规章。

二、国际贸易法的调整范围和体系

国际贸易法主要调整国际货物贸易、国际技术贸易和国际服务贸易。国际贸易法中的主要部分是调整国际货物贸易的规范。随着社会、科技的发展与进步，技术贸易和服务贸易的份额越来越大，调整国际技术贸易和国际服务贸易的相关规范逐渐丰富起来。

传统的国际贸易法主要是国际货物贸易法。它包括国际货物买卖、国际货物运输、国际货物运输保险和国际货款的支付等几个环节的相关制度和规范。在这中间，私法制度占主要部分。但随着国家对贸易管理的加强，贸易管理制度、规范的比重和增长速度都呈上升趋势。国际贸易法的发展和统一突出表现在国际贸易管理制度和规范的发展和统一方面。

从根本上讲，任何领域的国际贸易法律规范都应包括商事规范和管理规范两大部分。这在国际货物贸易法中表现得最为充分。但这一特点在国际技术贸易，尤其是在国际服务贸易的法律规范中表现得不突出。一方面，货物贸易中的合同制度可以同样适用于技术贸易和服务贸易，任何贸易的开展都需要交易双方在合同基础上享有权利、履行义务，而根据一般的论述方式和次序，相同的内容一般不在后面的内容中重复，除非存

---

[*] 节选自郭寿康、韩立余编著：《国际贸易法》，中国人民大学出版社2000年版，2005年再版。韩立余，中国人民大学国际法教研室主任，法学博士，教授，博士生导师。

在特殊的规范。另一方面，无论是技术贸易还是服务贸易，一般都与货物贸易相关。世界贸易组织中的技术贸易规范一部分规定在货物贸易规范当中，如技术性贸易壁垒协议，而关于知识产权的规定也限于与贸易有关的方面。在服务贸易中，由于服务贸易的范围广泛，原属于传统国际贸易法（货物贸易法）领域中的内容，按服务贸易的定义，应属于服务贸易领域，如货物运输、货物保险、货款支付，但从贸易程序和结构上看，以统一集中于货物贸易领域为好。这就造成国际贸易法体系中技术贸易、服务贸易法律规范中主要是管理规范的现状。随着国际贸易法的进一步发展和相关规范的进一步完善，国际贸易法的体系也经历不断演变的过程。

三、国际贸易法的作用

国际贸易法作为调整跨国贸易活动的规范，无疑具有广泛和重要的作用。概括起来，至少应包括下述几个方面：

第一，调整贸易活动当事人的权利和义务。国际贸易不同于国内贸易，不同当事人按其国内法的权利、义务是不同的，这就需要在国际贸易领域有统一的规范，便于当事人更好地享有权利、履行义务，以促进国际贸易的发展。统一的商法规范和国际贸易界普遍接受、遵守的国际贸易惯例，都是直接调整当事人的权利、义务的。

第二，调整国家间贸易关系。国际贸易是跨国贸易，是不同国家的当事人进行贸易。国家间贸易关系如何，直接影响到贸易当事人的贸易活动以及具体交易中的权利、义务。国家关系最早是从贸易关系开始的，而贸易关系是通过国家间的贸易协定（国际贸易法的渊源之一）确定的。现在普遍接受的最惠国待遇、国民待遇，即是国家间贸易关系的体现。

第三，促进全球共同发展和可持续发展。国际贸易是资源的流通和共享，国际贸易也必须从促进人类发展的目的出发，并以此为归宿。不同发展水平的国家都应从国际贸易中获益。各国都有保护资源的义务，对于危及人类共同发展的贸易行为，对于破坏人类生存环境的贸易做法、政策，应在国际范围内予以禁止。

第四，为解决国际贸易争议提供准则。在贸易过程中一般会产生三种类型的贸易争议：第一类是商事争议，交易双方对合同的履行、权利与义务产生争议；第二类是国家与贸易经营者间的贸易争议，主要因贸易管理而引起；第三类是国家间的贸易争议。国际贸易法在实体法和程序法方面，都为国际贸易争议解决提供了准则。

第二节　国际贸易法的历史发展与统一

一、国际贸易法的历史

国际贸易法作为调整国际贸易的法律，其历史与国际贸易一样悠久，其最早的表现形式是行业习惯。在罗马帝国之前，在地中海即开始有调整向外国人销售货物和海上运输的规则。

在中世纪，随着国际贸易的复兴，在商人自己的城市中出现了处理商人纠纷的专门法庭，执行调整商人的法律——商人法（lex mercatoria）。其中发展最快的是海商法。这一时期是商法与调整社会的主要法律相分离的一个时期。商人法是调整特殊地方的特殊人群的法律，与当时的当地法、封建法、皇家法和宗教法分离，其特征在于跨国性、商人习惯、由商人自己执行、程序简单随便、强调公平。中世纪以后，商法才逐渐成为一般法律的一部分。进入 19 世纪后，在民族国家得以加强的同时，其他法律制度越来越趋向国家化，而调整海上货物运输、保险、银行业，以致国际买卖的法律制度，依然按以前的方式发展。但同时，国家法官和立法机构将商法法典化，使之呈国家化趋势。英国 1893 年的《货物买卖法》几乎就是过去习惯的汇编。而法国和德国，分别制定了商法典，使之成为单独调整商事交易的法律，形成了大陆法系的民商分立制度。

进入 20 世纪后，调整国际贸易的法律有了新的发展。一些商业组织确立了标准合同条件。为避免各国法律的多样性，国际商业组织，如国际商会，积极促进各国立法的统一、简便和公平。与此同时，新技术与全球化也进而影响到了国际贸易法的发展，出现了明显的统一趋势。而出于公共目的对进出口管制的法律加强了。国际范围内的贸易管理规则的影响越来越大。

二、国际贸易法的统一趋势

由于其本身调整国际贸易的特点，国际贸易法自诞生起即存在统一的内在必然性。实践中，这一过程也从来没有停止过。上面提到的罗马法中的商法部分，是地中海沿岸最早的统一商法，其适用并不局限于某一单一的地方或商人。在 11 世纪，意大利产生了新的海商法汇编，称为 Amalphitan Table，其权威为意大利各城市共和国所承认。大约 1150 年，法国的 Oleron 法庭编辑的海商判决，其适用范围扩及大西洋和北海沿岸海港。而之后的 Wisby 法、Consolato del Mare 法，逐渐成为地中海商业中心的适用法，只不过仅涉及包括海上货物运输合同的海商法。

在美国，美国统一州法全国委员会和美国法学会主持制定了《美国统一商法典》，该法典成为 20 世纪英美法系中最著名的一部法律，其影响远远超出了英美法系的范围。国际商会制定的《国际贸易术语解释通则》经过不断修订，几乎已成为国际贸易界的通行规则；该商会制定的《统一托收规则》，尤其是《跟单信用证统一惯例》，成为世界银行界的行为规则；该商会还不断制定一系列的示范文本，促进国际贸易法的统一。

1926 年成立、1940 年重新设立的国际统一私法协会（Unidroit），是独立的政府间国际组织，致力于促进各国和各多国集团之间的私法规则的统一和协调，并制定可能会逐步被各个不同国家接受的私法的统一规则。除公约外，该协会还制定示范法、各种建议、行动守则和标准合同等。该协会制定的主要公约有：《关于国际货物销售合同成立的统一法公约》（1964）、《关于国际货物销售的统一法公约》（1964）、《国际货物销售代理公约》（1983 年，未生效）、《国际保付代理公约》（1988）、《融资租赁公约》（1988）。该协会于 1994 年制定、于 2004 年修订的《国际商事合同通则》在国际上产生了很大的影响。

联合国国际贸易法委员会（UNCITRAL）是联合国系统在国际贸易法领域的核心法律机构。联合国大会赋予贸易法委员会促进国际贸易法逐步协调和统一的总任务。贸易法委员会截至目前的工作领域涵盖了国际商事仲裁和调解、国际货物销售（销售公约）、担保权益、破产、国际支付、国际货物运输、电子商务、采购和基础设施发展等领域。其工作成果既包括国际公约，也包括示范法。贸易法委员会为国际贸易法的协调和统一作出了重大贡献。

标志国际贸易法统一的公约还有国际货物运输的多个公约、协定，如通常所说的

《海牙规则》《汉堡规则》《华沙公约》等。1999年通过了《蒙特利尔公约》，旨在统一取代《华沙公约》体系下的不统一状况。

20世纪是国际贸易管理规范大发展的时期。欧共体的《罗马条约》、《北美自由贸易协定》等都从不同方面促进了国际贸易管理规则的发展。最有代表性的多边贸易协定是1947年的关税与贸易总协定。该协定从1948年临时生效到1995年被世界贸易组织协定取代，为促进自由贸易和全球贸易作出了较大贡献。1995年成立的世界贸易组织，其调整范围不再局限于国际货物贸易，还扩大到与贸易有关的知识产权的保护，扩大到服务贸易，从而使世界贸易组织规则成为真正世界性的全面性的贸易规则。此外，关税同盟和自由贸易区的纷纷建立，也使得国际贸易管理规范向区域化的方向统一。国际贸易管理规范成为国际贸易法中与商事交易规范相对应的另一主要组成部分。全球化的贸易规则在逐步趋向协调或统一。

第三节　国际贸易法的渊源

国际贸易法的渊源指国际贸易法的外在表现形式，概括来说，主要包括三大类，即国际条约、国际惯例和国内法。

国际条约是国际贸易法的重要渊源。国际贸易法的统一很大程度上体现在国际条约上。国际条约可以是双边的或多边的，全球的或区域的。在性质上可以是商事规则，也可以是管理规则；可以是专门调整国际贸易的条约，也可以是部分内容调整国际贸易的条约。总之，表现形式多种多样。

国际惯例是指具有相对确定的内容、对当事人不具有当然约束力但在一定领域内为大家所普遍遵循的规范。国际惯例的最大特征是，在性质上它不是国际条约或国家立法，但一经当事人选用即对该当事人具有约束力，法院或仲裁机构可以据此裁定或强制执行。在表现形式上，国际惯例一般是国际组织或团体对有关规则的综述或拟定，也可以是行业组织制定的有关规则，因而其表现形式是多种多样的。示范法、统一惯例、统一规则、标准合同都可以是国际惯例的表现形式。在适用范围上，国际惯例多存在于国际商事交易的规范中，用于简化、补充、规范当事人的约定。

国内法是国际贸易法的主要渊源。一方面，国际条约、国际惯例的适用、效力皆来自国内立法的规定；另一方面，国内法直接调整国际贸易。当事人的能力、合同的效力基本上据国内法来确定，商事争端的解决多适用国内法规范。国内法也对交易的内容、当事人之间的权利与义务进行调整。国内法还是国际贸易管理规则的主要渊源，对国际贸易的管理主要是通过国内法进行的，国际条约的实施也多通过国内法进行。

关于国际条约、国际惯例和国家立法的关系，不同法律制度有不同的规定。在一些国家，国际条约有自动生效和非自动生效之分。对于自动生效的国际条约，一旦一国予以批准，即自动产生效力，当事人可直接援引，法院可直接据此审判。对于非自动生效的国际条约，一国即使批准该条约，也不对其国民产生直接约束力，只有经过该国立法机关制定通过了实施该条约的立法后，才对其国民具有约束力。关于上述分类，在普通法和大陆法法律制度中，甚至在同一法律制度中也不完全一致，须据国内法的具体规定确定。

国际惯例具有民间的非官方的性质，因而不需国家立法的批准。但有的国家在其立法中明确国际惯例的效力。如中国《民法通则》规定中国法律和中国缔结或者参加的国际条约没有规定的，可以适用国际惯例。《联合国国际货物销售合同公约》认可国际惯例的效力。

第四节　国际贸易法的主体

国际贸易关系包括平等主体间的商事交易关系和不平等主体间的贸易管理关系以及国家间关系，因此，用于调整国际贸易关系的国际贸易法的主体，即权利、义务的载体，应包括商事交易的当事人和交易的管理者，具体说来包括自然人、法人、国家和国际组织。自然人是国际贸易活动的重要参加者。自然人参加国际贸易活动的前提是自然人具备相应的权利能力和行为能力。这一般根据其所属国的法律来确定。由于无国籍自然人和双重国籍自然人的存在，以及自然人的流动性，国籍这一要素并不总是确定国际性的适当标准，故而自然人的住所成为与自然人关系比较密切的关联因素。

法人是国际贸易活动的主要参加者。法人是法律创设的人格化的法律实体，能够以其自己的名义、独立的资产进行贸易活动，享有权利、承担义务。法人据何地法律设立或在何处运营，对于国际贸易有重要意义，因为这涉及对有关交易活动的管辖以及适用法律问题。法人国籍的确定标准有几种，可以是成立地，可以是住所地，也可以是资本来源地或控制地。因此，同一个法人可能同时具有几个不同的国籍。实践中，一国常常并不采用单一的绝对的标准，往往主要采用某一标准，同时在某些时候也不排斥采用其他标准。

在商事交易中，交易的国际性确定多采用当事人的营业地标准。如《联合国国际货物销售合同公约》规定：该公约适用于营业地在不同国家的当事人之间所订立的货物销售合同。同时规定：如果当事人有一个以上的营业地，则以与合同及合同的履行关系最密切的营业地为其营业地，但要考虑到双方当事人在订立合同前任何时候或订立合同时所知道或设想的情况；如果当事人没有营业地，则以其惯常居住地为准。国际统一私法协会制定的《国际商事合同通则》在解释"国际合同"时指出，一份合同的国际性可以用很多不同的标准来确定。在国内和国际立法中有以当事人的营业地或惯常住所地在不同的国家为标准。该通则并未明确规定这些标准，只是设想要对"国际"合同这一概念给予尽可能广义的解释，以便最终排除根本不含国际因素的情况。

国家以两种身份作为国际贸易法的主体出现，一是国际贸易的当事人，一是国际贸易的管理者。当以平等主体身份出现、从事商业交易时，国家如同其他自然人、法人一样，一般不享有国家财产豁免权。当以管理者身份出现时，其与商事交易者之间的关系是管理与被管理的关系。

某些国际组织也参与国际贸易的交易或管理。除进行一般的国际交易外，国际组织多以管理者的身份出现，制定国际贸易规则，解决国际贸易纠纷，甚至还可以对某些国家、某些行为授权进行贸易制裁。离开了国际组织，国际贸易将会遇到很大困难。

【思考题】

1. 如何理解国际贸易法的概念和调整范围？
2. 国际贸易法的统一趋势对国际贸易有什么影响？

中 文 部 分

《知识产权法》节选*

第一编 导 言

第一章 知识产权的概念

本章将涉及两个问题。第一，谈谈知识产权这一法律术语；第二，知识产权的定义。

第一节 知识产权术语的分析

历史上，知识产权这一术语首先是在西欧国家产生和使用的，我国是在实行改革开放政策以后才将知识产权这一用语移植过来。

知识产权这一用语，具体由何国何人第一次提出来，说法不一。从作者掌握的资料来看，历史上第一次提出知识产权的，是瑞士人杜尔奈森（Johann Rudolf Thurneisen）。他在1738年于巴塞尔城提出的一篇博士学位论文中就探讨了知识产权，称为"智力创造的财产"。❶ 有人认为"知识产权"产生于18世纪的德国，虽然也间接地引用了François Dessemontet 的著作，但实际上是误解。

知识产权逐渐为人们所认可，特别是为国际上所承认，还是很久以后的事情。在西方国家，书刊冠以知识产权名的，直到现在也还不多。❷ 国内法中名为《知识产权法典》的，还只有法国一家。❸ 国际上，1893年管理《保护工业产权巴黎公约》的秘书

---

* 节选自郭寿康主编：《知识产权法》，中共中央党校出版社2002年版，第1～22页、第363～442页。

❶ Alois Troller 著：《无体财产权》（*Immaterial Gueterrcchf*）（第一卷），德文第3版（1983年），第21页；Francois Dessemontet 著：《国际版权法律与实务》（第二卷），2001年英文版，第10页。巴塞尔城早在1501年即加入瑞士联邦，现在属瑞士北部德语区。

❷ 西方国家书刊，多数以各个具体法律部门如专利、商标、版权等命名，冠以《知识产权》的为数不多。英国的 Cornish、美国的 Chisum 和 Dratler、《欧洲知识产权评论》（英国）、《世界知识产权报道》（美国）等都是以"知识产权"命名其书籍和刊物的。德国和法国则很少。AIPPI 原名"国标保护工业产权协会"，2001年墨尔本会议上将"工业产权"改为"知识产权"，缩写仍为 AIPPI。

❸ 法国1992年编纂的《知识产权法典》（Code de la propriété intellectuelle）是第一部以知识产权命名的国内法。

处与管理《保护文学艺术作品伯尔尼公约》的秘书处合并在一起，后来命名为"保护知识产权国际局"（Bureaux Internationaux Reunis Pour la Protection de la Propriété Intellectuelle，BIRPI）。1967年斯德哥尔摩会议上缔约了《建立世界知识产权组织公约》，1973年世界知识产权组织正式成立，后来成为联合国的专门机构，知识产权一词逐渐被广泛接受。乌拉圭回合谈判后，达成了建立世界贸易组织协定，包括《与贸易有关的知识产权协定》（Trade—Related Aspects of Intellectual Property Rights，TRIPs），知识产权一词日益为人们所关心和熟悉。

在我国，无论是在解放以前的旧中国，还是1949年以后的新中国，人们几乎没有遇到过知识产权这一术语。就作者所知，1973年我国一个代表团第一次应邀访问联合国世界知识产权组织，国家传播媒体首次将该国际组织的intellectual property译成"知识产权"，一直沿用到现在。

在中国使用知识产权这一用语后不久，就有一些专家，包括外语翻译方面的专家，提出将"intellectual property"译成"知识产权"并不确切，值得进一步推敲。在20世纪80年代初，联合国日内瓦办事处中文翻译科的一位精通英语翻译的负责人就曾经发表意见说，中文的"知识"相当于英语中的"knowledge"，英语中的"intellectual"不应译为"知识"，而应译为"智慧"或"智力"。"property"也非"产权"之意，而应译为"财产"。所以，他认为这一用语译为"智慧财产"意思更贴近原义。还有一些专家也提出过类似的意见。这不能不说是具有一定道理的。但是，一个法律用语得到公众承认和广泛使用，却往往是约定俗成，不单单决定于字义推敲和逻辑推理。

"产权"照理应属于主观权利范畴，"财产"则是指权利的客体。二者本不是一回事。然而，西方国家的一些知识产权权威人士往往将"intellectual property"和"intellectual property rights"交相使用，指的是同一意思。英国的William Cornish就是其中的一位。❶ 特别是构成世界贸易组织框架的主要组成部分之一的《与贸易有关的知识产权协定》，大多数地方都用intellectual property rights，如前言、第1条（3）、第5条、第6条、第7条、第8条等，甚至协定的标题也这样用。其缩写字TRIPs最后就有这么一个字母"S"，表示rights的字尾。有人往往丢掉这个"S"，严格地说是不正确的。但是，协定中有的地方也用intellectual property，如第1条（2）、第2条、第3条和第4条等。所以说，二者是指同一意思，并无实质区别。因而，中文译为"产权"看来也无不可。当然，"intellectual"译成智慧可能更好一些。但是，无论是用"知识"、"智慧"，还是也有人主张取而代之的"信息"，反正大家对其含义都有共同一致的认识，约定俗成，并不会遇到什么麻烦，而要变成为一个新的用语可能反而会发生混乱。❷

---

❶ WRCornish著：《知识产权：专利、版权、商标和性质上有密切联系的权利》，1989年英文第2版，第14页。请注意，1989年时TRIPs连草案也不存在。

❷ 这里需要指出，在欧洲大陆上较早的一种习惯法，知识产权是指对作者作品的保护。（In older Continental usage, intellectual property referred to the protection of works of authorship），见WRCornish著：《知识产权：专利、版权、商标及性质上有密切联系的权利》，1999年英文第4版，第3页。

第二节 知识产权的定义

一、概括式的定义

概括式的定义，即以概括式的语言来表达知识产权最本质的特征。在西方国家的一些著名的知识产权教科书中，如英国的 Cornish，美国的 Chisum、Dratler 的影响很大的著作中都没有给知识产权下一个概括式的定义。德国法学家很擅长于抽象思维、理论概括，但是在德国知识产权界恰恰都找不到以知识产权命名的教科书或专著。这或者是由于知识产权法基本上是一门实用学科，人们将主要力量用在研究急需解决的实实在在的问题上，或者也是由于知识产权法的历史毕竟较短，不像民法、刑法那样有千年以上的历史。

国内出版的教科书，都各自提出了自己对知识产权的定义的理解，各有特点，但基本差别不大。

近年来，作为国际机构的联合国世界知识产权组织在其出版物中提出了概括性的知识产权定义，值得我们予以重视。

曾经有人引用世界知识产权组织出版并已经译成中文的《知识产权教程》中的话，作为知识产权的概括性的定义应为：知识产权的对象是指人的脑力、智力的创造物（中译本原为"知识产权的对象是人的心智、人的智力的创造"）。❶ 这里明明讲的是知识产权的"对象"（objects），把它当作知识产权的定义显然不妥。当然，这里阐述的知识产权的对象，对人们理解知识产权的含义，还是颇有好处的。

概括性的知识产权定义，主要见于 20 世纪 90 年代中叶以来世界知识产权组织出版的印刷物和光盘中。在《知识产权阅读资料》这部影响甚为广泛的书中说："知识产权广言之，意味着智力活动在工业、科学、文学和艺术领域所产生的合法权利"（Intellectual property, very broadly, means the legal rights whichresult from intellectual activity in the industrial, scientific, literary and artistic fields）。❷ 从这个定义中，人们可以把握以下三点：首先，知识产权是由于智力活动的结果而产生的；其次，知识产权是由于智力活动所产生的法定权利；再次，知识产权是在工业、科学、文学与艺术领域智力劳动所产生的权利。应该说，这个定义概括了知识产权的最本质的因素，是比较准确而经历过反复推敲的。

世界知识产权组织于 2002 年提供给作者的一张名为《观光世界知识产权组织》的光盘中，开宗明义就讲"知识产权指发明、文学艺术作品以及商业中使用的符号、名称、图像这些人类脑力的产物"（Intellectual property refers to creations of the mind: inven-

---

❶ 《知识产权教程》，专利文献出版社 1990 年中文版，第 2 页。原文本为："The objects of intellectual property and the creations of the human mind, the human intellect"，见世界知识产权组织编写的 *Background Reading Material on Intellectual Property*，1988 年英文版，第 3 页。

❷ 见世界知识产权组织出版的 *Intellectual Property Reading Material*，1995 年英文版第 5 页，1998 年英文版第 3 页。两版相隔数年，被人们广泛使用，但是知识产权的这一定义却一字未变，足见其经得起推敲。

tion, literary and artistic works, and symbols, names, and images used in commerce)。这里，其主要含义与前述《知识产权阅读材料》中所述的定义是一致的。"人类脑力"（mind）与"智力活动"（intellectual creations）指的是同一事物。"产物"（creations）即指所产生的"合法权利"（legal rights）。而"发明、文学艺术作品以及商业中使用的符号、名称和图像"，也只是更具体地表述"在工业、科学、文学和艺术领域"的成果而已。

讲这个定义包括了知识产权最本质的因素，也就是说其他一些因素如"工商标记"等，都可以包括在这个最本质的因素中，不必要单独表述。将"智力劳动的创造人"与"工商标记的所有人"并列放在定义里，只不过是强调第二位的因素。再把这些第二位因素进一步扩展，又会与列举的方式一样了。可以认为世界知识产权组织提出的定义迄今为止比较简明准确地表述出其最本质的因素，得到国际上的广泛承认，并经受了时间的考验。

二、列举式的定义

《联合国世界知识产权公约》和世界贸易组织的《与贸易有关的知识产权协定》，都是用列举的方式来表述知识产权的。

按照1967年7月14日在瑞典首都斯德哥尔摩签订的《成立世界知识产权公约》第2条第8款的规定，"知识产权"包括以下有关项目的权利：

（1）文学艺术和科学作品；

（2）表演艺术家的演出、录音制品和广播节目；

（3）在人类一切活动领域内的发明；

（4）科学发现；

（5）工业品外观设计；

（6）商标、服务标记、商号名称和标记；

（7）禁止不正当竞争。

以及在工业、科学、文学或艺术领域内一切来自智力活动的权利（这里的智力活动，通常都译为"知识活动"，原文为intellectual activity。作者认为在这里intellectual译为智力较贴切，不必像"知识产权"随约定俗成的用法）。

上述定义中，特别指出了版权、专利、商标和禁止不正当竞争四个方面。人们通常将专利与商标纳入工业产权，再加上版权应成为知识产权。世界驰名的德国马普研究所，全称即是"国际和比较工业产权法、版权法和竞争法研究所"。"科学发现"一般不作为知识产权。1978年世界知识产权组织在当时东欧国家推动下，缔结了一个《科学发现的国际登记日内瓦公约》，但是迄今一直没有生效。至于美国专利法上所提到的"发现"（discovery），美国法学界都解释为"发明"（invention），并无不同的理解。

还有一点需要注意的是，这个定义中列举的事项并没有封口。"以及……其他一切来自智力活动的权利"，意味着随着科技、社会、经济的发展，还会出现新的知识产权。事实发展也证明了确是如此。如后来陆续出现的植物新品种的保护、集成电路布图设计的保护等。不封口的做法还是比较灵活，也适应了知识产权不断发展的情况。

从1967年签订《建立世界知识产权组织公约》到1994年，这27年里知识产权得到了很大发展，因而在世界贸易组织框架内的《与贸易有关的知识产权协定》上也就反映出这一变化。TRIPs 协定第 1 条第 2 款规定，就本协定而言，"知识产权"一词指作为第二部第 1~7 节主题的所有类别的知识产权。这七节所指的知识产权是：

（1）版权和相关权利；

（2）商标；

（3）地理标识；

（4）工业设计；

（5）专利；

（6）集成电路布图设计（拓扑图）；

（7）对未披露信息的保护。

有的《知识产权法》教科书，把第 8 节也包括在"知识产权"的范围内是不妥的。第 8 节是讲"对许可合同中限制竞争行为的控制"，纯属竞争法范围，硬拉进知识产权显然说不通。

【思考题】

（1）什么是知识产权？

第二章 知识产权的性质和特点

第一节 知识产权是私权

知识产权是私权。私权是基于私法而产生的权利。

罗马法曾把法律划分为公法和私法。长期以来，许多国家都接受这种分类，把民法、商法等都归属于私法范畴。按照西方国家有广泛影响的一种说法，私法是"指在公民和公民之间施行的那一部分法律。或者当享有权利和承担义务的双方当事人均是私人时有关权利定义，规定和实施的那一部分法律"。❶ 这也就是说，作为私权的知识产权与有形财产的所有权一样，都是市场经济社会中具有自由平等地位的个人所享有的财产权，国家公权力要加以保护，但是不能随便干预。国有企业、事业单位具有知识产权时，也与私人处于相同的地位，没有什么特殊的权利。

在中外历史上，现代知识产权制度出现以前，版权和专利权等开始都是由皇室或其地方官吏所授予的一种特权，后来逐渐出现了现代的版权法和专利法。只要合乎法律规定并履行了合法程序的，不管是什么人（开始时还不包括外国人）都可以取得相应的权利，而不再是什么权力机关的恩赐。在西方国家，知识产权作为私权已经有几百年的

---

❶ Private law... "means all that part of the law which is administered between citizen and citizen, or which is concerned with the definition, regulation, and enforcement of rights in cases where both the person in whom the right interes and teperson upon whom the obligation is incident are private individuals". 见 *Blake's law Dictionary*, 1983 年英文第 5 版，第 624 页。

历史了。我国改革开放以来，也逐渐明确了这一点。具有决定性意义的关键一步，是全国人民代表大会于 1986 年 4 月 12 日颁发的《中华人民共和国民法通则》。《民法通则》在我国历史上第一次将知识产权包括在第五章民事权利之内。民事权利也是私权。

世贸组织 TRIPs 协定签订并生效以后，知识产权是私权已经被世贸组织迄今为止的 145 个成员所接受。TRIPs 协定在前言的第四段就明确规定："知识产权是私权"。这已经成为具有法律约束力的条约义务，而不仅仅是一种论点和主张。除此之外，TRIPs 协定这一段的规定还包含有更进一层的意思。

曾参加过乌拉圭回合 TRIPs 协定谈判的加拿大代表团成员 Daniel Gervais 在书中称："TRIPs 协定前言第四段是乌拉圭谈判将近结束时加进去的，以重新确认各国没有义务依职权对违反知识产权而采取行动，这类事情原则上应在有关私人间予以解决。"❶ 也有的西方学者认为，承认"知识产权是私权"仅仅是对需要"知识产权保护制度的基本公共政策目标，包括发展目标和技术目标"的一种平衡。❷

既然知识产权是私权，知识产权法是不是也就属于私法范畴呢？这个问题尚有待进一步探讨。按《民法通则》的规定，知识产权属于民事权利，也就是私权。然而，无论是专利法、商标法在授权、注册以前阶段，规范国家权力机关和申请人之间的关系和程序，显然都属于行政法范围。复审、无效以及最后由法院终审，也都是由复审、评议等行政机构和法院行政庭依行政或行政诉讼程序进行。授权以后的保护也包括民事保护、刑事保护和行政保护，而且都规定在专利法、商标法和版权法中，并且由民庭、刑庭、行政庭等有关审判庭审理。❸ 外国的做法也不一样。原德国"欧洲专利之父" K. Haertel 博士认为把知识产权法包括在民法中是不合适的。当然，知识产权法也不应纳入行政法中。在 21 世纪知识经济条件下，知识产权法可视为独立的法律部门。各类知识产权案件可由统一的知识产权庭甚至专门的知识产权法院来审理。

第二节 知识产权的特点

知识产权是私权，在我国属民事权利。它与其他民事权利相比，主要有以下几方面特点。

一、无形性

与动产、不动产这类有形财产不同，知识产权属于无形财产。德国和日本等大陆法系国家均称为"无体财产权"。动产、不动产这类有形财产，人们看得见、摸得着。财产与所有权是紧密结合在一起的。财产灭失了，所有权也就不存在了。作为无形财产的知识产权则不同，它虽然与有形物体往往是有联系的，但却与有形物体是两回事，绝对

---

❶ Daniel Gervais 著：*The TRIPs Agreement: Drafting History and Analysis*，1998 年伦敦 Sweet & Maxwell 出版社英文版，第 37 页。

❷ *A Global Political Economy of Intellectual Property Rights: the new enclosures?*，Routleage，第 69 页，转引自《WTO 知识产权协定及其国内适用》，孔祥俊著，法律出版社 2002 年版，第 72 页。

❸ 上海市浦东区人民法院知识产权庭，是全国唯一受理知识产权民事、刑事和行政等各种案件的审判庭。

要划分清楚,不可混淆。譬如在版权领域,除即兴演说、民间口头流传音乐等口述作品外,绝大多数作品都是附在一定的载体上,如书刊、磁带、光盘等。但是,作品的版权与载体的所有权是完全不同的。一个人从市场上买了一幅刘海粟画的黄山风景画,取得了这幅画的所有权,可以挂在客厅里自己欣赏,也可以借给他人观摩,甚至可以转卖给他人,但是却不能复印成画册出售。因为,这幅画的版权(除展览权外)仍然属于刘海粟,刘海粟去世后,其版权仍在保护期内的,要复印成画册出售就必须取得版权人即刘海粟的继承人的同意,否则就会构成侵权。

在专利领域可能要更复杂一些。一个人买了一件专利产品微波炉,取得了微波炉的所有权,他可以自己用或者借给他人使用,甚至可以转卖给他人。但是专利权仍然属于专利权人。无论是用他人的专利说明书,还是用返向工程的办法,甚至是自己研究出来的相同的但却未获得专利的发明而制造、销售该专利产品的,一概都属于侵权。从这里也可以看出,产品专利与产品的所有权也是完全不同的两回事。

如前所述,产品的所有人可以将产品转卖给他人,因为专利权人所享有的销售权经其出售而用尽了。可是,取得产品所有权的买受人能否将产品出口到他国市场上出售呢?各国法律规定不同。有的国家规定,产品出售后其销售权只在本国已经用尽,专利人还保留有出口到其他国家销售的权利。在本国市场上买到专利产品而出口到其他国家销售,就侵犯了专利权人的出口权。也有的国家规定,产品销售后其销售权在一定地区(如欧盟)或在全世界范围都用尽了。由于各国处境不同,存在不同的利益冲突,在专利权用尽的问题上很难一致起来。TRIPs协定谈判过程中,虽然经过多次磋商,一直未能达成共识,故协定第6条规定知识产权权利用尽问题(不仅是专利)不适用本协定的规定,实际上,就是将权利用尽问题暂时挂起来,而由各国国内法来解决。

至于方法专利与产品的区别,则较为明确。总之,知识产权是无形财产,专利产品是有形产品,必须区别清楚。

也正是由于知识产权是无形财产,所以可以在同一时间许可多数人使用,这一点又不同于动产、不动产之类的有形财产。在开始准备起草专利法时,对"买专利"的说法曾经予以澄清。真正"买断专利"的情况极少见,也无此必要。绝大多数情况都是通过合同许可他人使用。有人认为,许可使用类似于财产租赁,都是支付一定金钱取得使用权。但是,这里一个重大区别就在于动产、不动产这些有形财产的租赁,在同一时间只能由一人使用,甚至仍保留所有权的产权人自己也不能使用。知识产权因为是无形财产,不但在同一时间可以许可多数人使用,知识产权人自己也可以使用。实际上多数情况如此。至于排他性许可和独占性许可,即只允许一个被许可人使用,或只允许一个被许可人和许可人自己使用,倒不是很普遍。

二、专有性

知识产权的专有性与知识产权的无形性是有内在联系的。由于知识产权是无形财产,如果不突出其专有性,权利关系混乱不清,本来应当促进科学技术和社会经济向前发展的专利制度,反而会阻碍社会经济的进步和发展。

因此,不论是采取先申请原则,还是采取先发明原则的国家,两个或两个以上的人都创造出同样的发明时,只能一个人(或是先申请人,或是先发明人)取得专利权。

另外的发明人如果发明在先还可以取得先用权，如果发明在后可能得不到任何权利。如果不顾他人已经取得的专利权，而迳行实施自己独立创造但是却未取得专利保护的同样发明，则可能会发生侵权行为。

我国《专利法》第9条规定，"两个以上的申请人分别就同样的发明创造申请专利的，专利权授予最先申请的人"。《专利法实施细则》第13条更进一步明确："同样的发明创造只能被授予一项专利。依照《专利法》第9条的规定，两个以上的申请人在同一日分别就同样的发明创造申请专利的，应当在收到国务院专利行政部门的通知后自行协商确定申请人"。专利法及其实施细则的上述规定与1984年最早颁布实施的条文完全一样，虽经两次修订而这项规定仍原样保留下来，也可以说是经得起历史与实践的考验了。记得制定专利法时，就专有性这个问题同一个国际知识产权组织的很有权威的领导人详细讨论过。他提出两个参考意见。一个意见是如果两个以上申请人同一天分别提出申请的，严格按申请时间的先后，哪怕是早一小时、一分钟都由在先申请者取得专利。另一个意见是，同一天有两人以上申请同样的专利，为数很少，可以作为例外使几个申请人都取得专利。经反复研究，这两个意见我们都没有采纳。第一种意见严格按时、分来区分前后，在我国许多情况下时间难以准确核定（如邮戳日期不清）而且也不尽合理。两人以上都取得专利，则会严重影响专有性，留下后患。最后，决定采取现在作法，仍然坚持其专有性。

商标的情况也显示其专有性。我国《商标法》第29条规定，"两个或两个以上的商标注册申请人，在同一种商品或者类似的商品上，以相同或者近似的商标申请注册的，初步审定并公告申请在先的商标；同一天申请的，初步审定并公告使用在先的商标，驳回其他人的申请，不予公告"。商标专有性还有一个特殊之处，就是不但相同的商标不能都注册，就是相似的商标也不行，以避免在消费者之间引起混淆。从这点来看，商标的专有性更为严格。

版权的专有性则没有专利、商标这类知识产权那么严格。这与版权自动产生，不需注册授权有密切关系。两件作品，只要是独立创造、有原创性，不是抄袭的，尽量两者相同，都会得到版权保护。理论上是这么讲。但是实际上两件分别独立创造出来的作品，完全一模一样，不说是绝无仅有，也是极少遇到的，在实践上不会发生麻烦。

技术秘密（Know-How）已经被TRIPs明确纳入知识产权的范畴。分别创造出来的两个相同的技术秘密，只要都保密良好，没有扩散，则都会受到保护。但是，如果无论哪个人一旦泄密，或者因其他人破解而扩散，也就不成为技术秘密了。

三、地域性

知识产权的地域性同国家主权是密切相关的。专利都是主权国家依法授予，其效力也仅限其主权所达到的领域之内。超出其主权领域之外，就没有法律上的效力了。商标、版权也大体相同。譬如，未参加TRIPs协定的国家可以不保护药品专利（我国1993年以前也不保护药品专利）。在美国取得的药品专利在这些国家就不能得到专利保护。在商标方面，为数不多国家的商标法允许气味商标和音响商标，这种气味商标和音响商标在我国就不能取得保护，因为我国商标法规定商标只能是可视性标记或标记的组合。版权也是如此，国家之间如无条约安排，在一个国家取得版权保护的作品，在另外一个国家并不受到保护。

我国《专利法》第5条规定:"对违反国家法律、社会公德或者妨害公共利益的发明创造,不授予专利权"。我国《商标法》第10条规定,标志带有民族歧视性,夸大宣传并带有欺骗以及有害于社会主义道德风尚或者有其他不良影响的,均不得作为商标使用。我国《著作权法》第4条规定:"依法禁止出版、传播的作品,不受本法保护。"上述这些体现我国国情和政策的知识产权法上的规定,都是依据地域性的特点而有效应用的。譬如,带有淫秽色情性质的商标标记、发明创造或作品,在有一些国家是允许合法存在,以致取得版权、商标或专利保护的。但是,在我国则不一样,依照上引法律条文不能取得版权、商标权和专利权。倒过来看,知识产权的地域性也会明显表现出来。根据我国宪法,实行宗教信仰自由政策,公民有信教的自由,也有不信教的自由,可以宣传有神论,也可以宣传无神论。在我国出版无神论的著作,是受著作权法的保护。但是,在一些笃信某种宗教的国家,宣传无神论的作品却可能无法受到版权法的保护。这都是知识产权具有地域性的缘故。

也正是由于知识产权具有严格的地域性,而且作为无形财产的知识产权很容易扩散甚至流出国境,因而随着国际经济文化交流和人员往来日益发展,迫切需要缔结知识产权保护的国际公约。从19世纪后半叶以来,缔约了为数不少的国际性和地区性知识产权保护公约,知识产权的国际化也取得了很大的发展。可是,从另一方面来看,国际上之所以缔约了数量众多的知识产权公约,正是表现出知识产权地域性这个特征还是继续存在,没有变化。

四、时间性

知识产权具有时间性,或称为法定时间性,这也是与有形财产不同的。有形财产无论是动产还是不动产,只要财产标的存在,所有权也就存在。即使财产已经多次转让,或由后人继承,财产所有人变了,但是总还是有新的所有权人。知识产权则不同,都有法定保护期限,超过期限就进入"公共领域"(Publicdomain),任何人都可以使用而不属侵权。我国《专利法》规定,"发明专利权的期限为20年"(第42条;TRIPs协定第33条规定:专利"可获得的保护期限不得在自申请之日起计算的20年期限前结束")。《商标法》第37条规定,注册商标的有效期为10年;TRIPs协定第18条规定"商标的首次注册及每次续展的期限不得少于7年"。《著作权法》第21条规定,公民的作品,其发表权和著作财产权的保护期为作者终身及其死亡后50年(TRIPs协定纳入伯尔尼公约的规定,原则上也是作者终身及其死亡后50年)。有些国家尽管具体期限长一些或短一些,但是都有期限这一点却是相同的。

过去也曾有人主张,一个人发明的专利和创造的作品、其专利应该永远属于这个人,不应该有时间限制。这种观点没有被任何国家所接受。

为什么知识产权要有时间性呢?起码国内书刊很少涉及这一问题,似乎是自明之理。个人利益与公共利益的适当平衡,应该是说明这个问题的理由。知识产权这种无形财产,只有经法律保护才免受侵犯,而如果无限期保护下去则不利于科技文化的进一步传播与发展。适当平衡两方面的利益,规定知识产权保护具有时间性,终为普遍接受而订入各国法律和国际公约。

为什么发明专利保护 20 年，商标 10 年，版权原则上为作者终生及死亡后 50 年，这倒是各有所依据的。如 20 年保护专利期限，是与重大发明回收投资及适当获利相联系的。期限过短会不能收回投资和适当获利，从而不利于鼓励发明创造的继续发展。版权原则订为作者终生及死亡后 50 年，是考虑到三代人之间的经济与自然联系。以前，四世同堂还是很少见的，而第四代人实际上也会从第三代人继续享有版权中获得好处。近年来，一些西方国家因社会经济发展卫生保健的改善，生命显著延长。欧美许多国家乃将版权保护期限延长到作品终身及死亡后 70 年。

【思考题】

（1）为什么说知识产权是私权？
（2）知识产权的性质和特点是什么？

第三章　知识产权、发明创造、市场经济

知识产权、发明创造与市场经济是密切相关的。知识产权的产生与存在，需要有一定的科技文化和社会经济环境。发明创造活动和市场经济的发展则需要知识产权的法律保护，呼唤着知识产权法的完善和加强。

可以说，保护是知识产权法中的重中之重，但是保护又不是最终目的。我国著作权法、专利法和商标法开宗明义规定的立法宗旨就清楚地表明了这层意思。它是笼罩全部法律的精神所在，不是可有可无的"虚话"，而是具有指导实践意义的"实话"。《著作权法》第 1 条规定，本法的制定是"为保护文学、艺术和科学作品作者的著作权，以及与著作权有关的权益，鼓励有益于社会主义精神文明、物质文明建设的作品的创作和传播，促进社会主义文化和科学事业的发展与繁荣。"专利法的制定，是"为了保护发明创造专利权，鼓励发明创造，有利于发明的推广应用，促进科学技术进步和创新，适应社会主义现代化建设的需要"。商标法的制定，则是"为了加强商标管理，保护商标专用权，促使生产、经营者保证商品和服务质量，维护商标信誉，以保障消费者和生产、经营者的利益，促进社会主义市场经济的发展"。

WTO 知识产权协定在前言中也强调缔结 TRIPs 协定，是 TRIPs 成员期望减少对国际贸易的扭曲和阻碍，并考虑到需要促进对知识产权的有效和充分保护，并保证实施知识产权的措施和程序本身不成为合法贸易的障碍；认识到各国各地区知识产权保护制度的公共政策目标，包括发展目标和技术目标；以及认识到最不发达国家在国内实施法律和法规方面特别需要最大的灵活性，以便他们能够创造一个良好和可行的技术基础。

以上都是我们研究本章所涉及的问题，需要时刻加以注意的根据和政策基础。

一、知识产权与发明创造

发明创造的发展呼唤着知识产权保护，知识产权法律保护也正是适应发明创造的客观需要而产生的。当人类处于将文字刻在甲骨或青铜器皿上或是由人工手写在羊毛和纸张上、不能大量复制的时代，不存在版权保护的客观需要。印刷术出现以后，版权保护

问题才提上了人类的历史日程。我国早在隋唐时期就出现了雕版印刷，宋代毕昇发明了活字印刷，版权保护的萌芽也就陆续出现了。1455 年德国人古登堡（Gutenberg）第一次采用活字印刷的方法印出《圣经》，为后来版权法的出现创立了必要的前提。

后来，照相、电影、录音、录像以及广播、电视等新技术的出现为版权保护范围的扩大和邻接权的问世创立了条件。❶ 没有计算机技术的发明，就没有软件和集成电路布图设计知识产权保护的出现；没有网络技术的出现和发展则不可能产生网络法或因特网法（Cyberspace Law or Internet Law）。

科学技术是第一生产力，属于经济基础范畴，知识产权和知识产权法是建立在经济基础上的上层建筑。知识产权法律保护制度的建立与完善，大大促进了发明创新与文化艺术事业的繁荣。欧美日本等发达国家，都较早地先后建立了专利、版权、商标等知识产权保护制度，长期坚持实施专利、版权等法律，激励了许多发明家、作家刻苦钻研创作，"给天才之火添加利益之油"，出现了像爱迪生、贝尔等为人类做出巨大贡献的杰出人物，推动了技术创新和文学艺术事业的发展。我国 20 多年来的历史发展，也是一个很好的例证。我国颁布专利法后开始实施的 1985 年，专利申请量只有 14 000 多件。虽然是当年 4 月 1 日才开始接受专利申请，不是全年的申请量，可是这个数字是以前多年积累的发明创新的体现，这不止是一年内的成果。到了 2001 年，根据国家知识产权局的统计资料，国内外专利申请量已达 203 573 件（国内 165 773 件，国外 37 800 件），比实施专利法的第一次增加了约 15 倍。从专利授权量看，国内 99 278 件，国外 14 973 件。从 1985 年至 2001 年累积的专利授权量，国内 680 249 件，国外 70 387 件。近 20 多年知识产权法律制度的建立和逐步完善，对文化艺术事业的蓬勃发展及社会经济发展发挥了重大的推动作用。

二、知识产权与市场经济

中国是世界文明古国，是四大发明——造纸、火药、印刷术与指南针的故乡，文化典籍浩如烟海，但为什么具有真正现代意义的知识产权法制观念，直到清末变法时期才开始引进中国呢？这说明，知识产权的出现除需要技术创新和文化繁荣外，还要求有适当的外部社会经济条件——市场经济。

从西方国家知识产权发展史上看也是清楚的。古希腊罗马时期，科学文化也是蓬勃发展，罗马法制相当完备，影响深远。然而，现代知识产权法制的出现却是在 18 世纪之后。在资本主义市场经济最早发展起来的英国于 1709 年制定颁布了世界上第一部版权法——《安娜法》，于 1923 年制定了世界上第一部现代意义的专利法——《垄断法令》。商标法的出现更晚些，是在 19 世纪中叶。人类历史表明，只有在市场经济高度发达的资本主义条件下，技术发明和创作成果才能成为商品，从而为知识产权的产生提供必要的社会经济条件和环境。

中国在清末引进了知识产权法制观点，但是在半封建半殖民地条件下却得不到真正

---

❶ 郭寿康："新技术与国际版权公约的发展"，见王兵主编：《高新技术知识产权保护新论》，中国法制出版社 2002 年版，第 48～52 页。本篇论文曾在 2001 年 11 月在清华大学法学院知识产权研究中心主办的"高新技术知识产权保护新进展国际研讨会"上宣读。

的发展。新中国早期在严格计划经济条件下，知识产权不被重视，制定的一些法律法规甚至出现反复。只有从实行改革开放政策以后，知识产权制度才真正建立起来并不断完善，也越来越为人们所重视。在改革开放初期，计划经济色彩还很浓，不少人反对建立专利制度和版权制度，就是那一时期的情况在某些人头脑中的反映。从改革开放不断深入，特别是明确建立社会主义市场经济以来，拥护赞成知识产权的人大批涌现，现在几乎听不见什么反对的声音了。

知识产权制度的建立和发展，反过来又大大促进了市场经济的建设和繁荣。例如，在长期实施版权法、重视版权法律保护的美国，其版权工业——包括出版、音像、电影、广播、软件以及网络等就业的劳动力比其他许多工业部门——如航空、纺织、金属加工、化学工业等部门各自就业的劳动力还要多。美国版权工业占全国生产总值（GDP）的比例，1977年已达3.7%，1993年更高达5.7%，迄今还要更高。❶ 在我国，据统计数据推算，1985年至1998年中国专利申请总数为861 506件，其中国内专利申请总数为722 458件，按25%的实施率估计，有180 614件专利和专利申请技术得到实施，每项实施新创产值约为230万元，合计新创产值为4 154亿元人民币。❷ 有些大型企业，依靠自主知识产权，取得很好的经济效益。鞍山钢铁公司截至1995年年底，实施专利技术为公司增效10.57亿元，❸ 中国石化总公司到1996年5月底，共实施专利技术694项，获经济效益50亿元。❹ 实施知识产权制度，对经济建设和社会主义市场经济发展，起到了十分显著的作用。

当然，社会在不断前进，技术也在不断发展，新的事物在不断出现。在国际领域，知识产权的合作与斗争有时是很复杂和激烈的。江泽民主席指出，"建立和完善高尚的科学理论，尊重并合理保护知识产权，对科学技术的研究和利用实行符合各国人民共同利益的政策引导，是21世纪人们应该注意解决的一个重大问题。"❺ 学习研究知识产权需要经常阅读、体会这一段重要论述。

【思考题】

1. 试述知识产权与市场经济的关系。

第六编　国际知识产权公约

地域性是知识产权的一个显著特征。在一国领域内经授权而取得的知识产权，只在该国领域内受法律保护。一旦跨出该国范围之外，该国的法律就不再发挥效力了。但

---

❶ Roi Bhala：《国际贸易法》，2001年英文第二版，第1175~1176页。
❷ 引自《专利法研究》，1999年，第59页。
❸ 中国专利局《专利工作动态》，1996年第33期，第8页。
❹ 中国专利局：《专利工作动态》，1996年第22期，第4页。
❺ 《专利法研究》2001，第5页。

是，知识产权作为无形财产却又很容易流出国境以外，边境、海关都难以阻挡。随着经济交往与人员交流的扩展，为了跨国保护知识产权，国际上开始多采用签订双边协定的方式。据记载，早在1859年英国与俄罗斯签订的双边通商条约中就包含有保护知识产权的条款。到了1883年，各国之间已经签订了不少于69项这样的协定。❶

随着经济往来与人员流动进一步发展，用双边协定方式保护跨国知识产权，费时费力，相互间又常有不协调之处，从而日益迫切需要用国际多边条约的方式来保护跨国知识产权。从1883年签订《保护工业产权巴黎公约》开始直到现在，签订实施了几十个国际知识产权条约，并且建立了"联合国世界知识产权组织"和"世界贸易组织"等管理知识产权条约的国际组织。一个多世纪以来，知识产权的国际保护取得了长足发展。以下将对知识产权领域的重要国际条约和负责管理知识产权条约的重要国际组织进行一些阐析。

第四十二章　世界知识产权组织

第一节　起源与发展

世界知识产权组织（英文全称 World Intellectual Property Organization，缩写成 WIPO；法文全称 Organization Mondide de la Propriété Intellectuelle，缩写 OMPI）的起源可以追溯到1883年签订的《巴黎公约》。《巴黎公约》生效后，成立了国际局来执行行政管理任务。1886年签订的《伯尔尼公约》生效后，也成立了执行其行政管理任务的国际局。1893年这两个国际局合并成立了保护知识产权联合国际局（法文全称 Bureaux Internationaux Réunis pour la Protection de la propriété Intellectuelle，缩写成 BIRPI），总部设在伯尔尼，仅有7名工作人员。1960年，为了与联合国和其他国际组织相邻近，BIR-PI总部迁到日内瓦。随着知识产权国际保护的发展，1962年即开始研究对联合国际局的改革。在1967年召开的斯德哥尔摩外交会议上，通过了《建立世界知识产权组织公约》。❷

世界知识产权组织从1974年成为联合国组织系统的一个专门机构，负责管理知识产权事务。1996年同世界贸易组织签订了合作协定，扩大了在全球化贸易管理中的作用。按照世界知识产权组织2002年1月15日发表的统计数字，其成员国已经有178

---

❶ 斯蒂芬·拉达斯著：《专利商标及有关权利》，哈佛大学出版社1975年英文版，第43页。

❷ 据斯德哥尔摩外交会议第五委员会报告人、瑞士代表团的 Joseph Voyame 的报告中指出，由于该组织具有普遍性（universal），所以冠以"世界"字样，而"国际"二字可能仅指"受到限制的地理区域"（restricted geographical area）。实际上，往往有些仅包括三四个国家的组织也冠以"国际"字样。近年来成立的"世界贸易组织"（WTO），原来草案中一直命名为"多边贸易组织"（MTO）。用"世界"而不用"多边"，明确是有普遍性的组织，而不是什么把"M"倒过来就成了"W"。以上关于 WIPO 命名的理由，见知识产权联合国际局：《1967年斯德哥尔摩知识产权会议上五个主要委员会的工作报告》，英文版，第128页，1967年。

个，几乎占全世界主权国家的90%；稍少于联合国185个成员国的数字，而大大多于世界贸易组织144个成员国家和地区的数字。中国于1980年6月3日成为联合国世界知识产权组织的正式成员国。

第二节 宗旨和职责

按照《建立世界知识产权组织公约》的规定，该组织的宗旨是：通过国家之间的合作并在适当情况下与其他国际组织配合促进在全世界保护知识产权，以及保证各联盟之间的行政合作。

该组织的职责可归纳为以下几个方面：协调各国知识产权的立法和程序；为工业产权国际申请提供服务；交流知识产权信息；向发展中国家和其他国家提供培训以及法律和技术援助；为解决私人知识产权争端提供便利；利用信息技术作为存储、查询和使用有价值的知识产权信息的工具。下面对其中几项重要内容稍作一些阐述。

一、制定国际知识产权条约

这是世界知识产权组织的一项极其重要的职责。到2001年年底为止，该组织负责管理23部条约（其中有四部与其他国际组织共管）。这些条约可分为以下三种不同的类型。

1. 制定知识产权国际准则和标准的条约

这类条约确定了各缔约国同意适用的保护知识产权的共同标准，共有11部。这其中六部涉及工业产权。以《巴黎公约》（1883）为基础，还有《制止商品来源虚假或欺骗性标记马德里协定》（1891）；《保护奥林匹克会徽内罗毕条约》（1981）；《关于集成电路的知识产权华盛顿条约》（1989）以及《商标法条约》（1994）。2000年5月又制定了一项《专利法条约》。涉及版权方面的有五部。以《伯尔尼公约》（1886）为基础，还包括《保护表演者、录音制品制作者和广播组织罗马公约》（1961）；《保护录音制品制作者禁止未经许可复制其录音制品日内瓦公约》（1971）；《发送卫星传输节目信号布鲁塞尔公约》（1974）；《世界知识产权组织版权条约》（1996）以及《世界知识产权组织表演和录音制品条约》（1996）。

2. 为工业产权在多国获得快速保护机制的公约

这类条约涉及发明（专利）、商标和外观设计，进行一次国际注册或申请即在其他缔约国提供了有效的保证。这样，既简化了手续，又节省了费用。属于这一类的条约共六部。它们是：《专利合作条约》（1970）；《国际承认用于专利程序的微生物保存布达佩斯条约》（1977）；《商标国际注册马德里协定》（以下简称《马德里协定》）（1891）；《商标国际注册马德里协定有关议定书》（以下简称《马德里协定议定书》）（1989）；《保护原产地名称及其国际注册里斯本协定》（1958）和《工业品外观设计国际保护海牙协定》（1925）。

3. 建立分类制度的公约

分类制度公约不仅将发明、商标和外观设计的信息按可操作的结构编成索引，以便查询，而且定期更新。这些分类系统因便于检索，以确定一项创造是否新颖，是否为他人所拥有或被他人提出过权利要求，所以也被许多非有关协定成员国的国家自愿使用。属于这类的公约有4部：《国际专利分类斯特拉斯堡协定》（1971）；《商标注册用商品和服务国际分类尼斯协定》(1957);《建立商标图形要素国际分类维也纳协定》(1973)和《建立工业品外观设计国际分类洛迦诺协定》(1968)。

二、对各国在知识产权方面提供援助

这方面的援助包括:

(1) 为修订国家立法提供咨询意见和专门知识。这一点对于既是 WIPO 成员国,又是 WTO 成员的发展中国家达到 TRIPs 协定的标准,尤为重要。

(2) 为国家一级和地区一级负责知识产权的官员提供全面的教育和培训计划,并对用户团体进行知识产权教育,帮助他们更好地运用知识产权制度来创造财富。WIPO 为此建立了"世界学院",从事这方面的工作。

(3) 提供广泛的计算机化援助,特别是帮助发展中国家获得信息技术资源(包括人力资源和物力资源),以简化管理其本国知识产权资源的行政程序,并且参加 WIPO 组织的全球信息网络。

(4) 为便利参加本组织举办的各种活动和会议,提供必要的财政资助。

三、仲裁与调解知识产权商务争端

为了对解决与知识产权有关的商务争端提供快速和费用较少的办法,WIPO 设立了仲裁与调解中心,以帮助世界上任何一个国家的个人或公司解决争端。该仲裁与调解中心共有 750 个调解员和仲裁员,分别来自 66 个国家。他们按照 WIPO 制定的规则开展争端解决活动,可以依照任何一个国家的法律、使用任何一种语言、在任何一个国家解决争端,十分灵活方便。

仲裁与调解中心还提供了一套联机争端解决系统,使各方当事人能够通过因特网进行联系而不需本人亲自到场,这样,就大大减少了解决争端所花费的时间和费用。

第三节　机构与管理

根据《建立世界知识产权组织公约》的规定,WIPO 设立了四个机构:大会、成员国会议、协调委员会和国际局(或秘书处)。

一、大会(General Assembly)

这是世界知识产权组织的最高机构,由既是 WIPO 成员国又是其管理的任何一个联盟的成员国的所有国家组成。大会享有广泛的权利,特别是根据协调委员会的提名,任命总干事;审议批准协调委员会的报告和活动以及总干事关于 WIPO 的报告;通过 WIPO 的财务规则和各联盟共同经费的两年预算;批准总干事为管理促进知识产权保护的国际协议所建议采取的措施;参考联合国的惯例而确定秘书处的工作语言;以及确定哪些国家和国际组织可以观察员的身份参加 WIPO 召开的会议。

二、成员国会议(Conference)

这是由 WIPO 所有成员国组成,他们可能是也可能不是 WIPO 所管理的任何一个联盟的成员国。成员国会议有五项主要职责:(1) WIPO 所有成员国之间就有关知识产权问题交换意见的论坛,可以提出建议;(2) 确定发展中国家两年发展合作计划;(3) 通过为实现上述目的所需要的预算;(4) 经任何一个成员国、协调委员会或总干事提出而通过修订《建立世界知识产权组织公约》的建议;(5) 与大会一样,可以确定哪些国家和国际组织可以观察员身份参加 WIPO 召开的会议。

三、协调委员会（Coordination Committee）

它既是一个咨询机构，又是大会和成员国会议的执行机构。协调委员会就两个或两个以上联盟或者就一个或一个以上联盟和 WIPO 本身共同感兴趣的问题，特别是关于联盟共同的经费预算，向各联盟和 WIPO 提出咨询。协调委员会还负责制定大会和成员国会议的议事日程以及成员国会议的计划和预算草案，向大会提名总干事人选。

四、国际局（或秘书处）

国际局或秘书处以总干事为首。2001 年共有约 823 名工作人员，来自 85 个国家。它的工作人员是按照联合国体系确立的公平地理分配原则招聘来的。现任总干事加米尔·依德利斯博士（Dr. Kamil Idris，加纳国籍）。副总干事 3 人，分别来自美国、拉丁美洲和日本。

【思考题】

1. 简述世界知识产权组织的宗旨和职责。

第四十三章　保护工业产权巴黎公约

第一节　公约的诞生与修订

《巴黎公约》的诞生应该从 1873 年谈起。1873 年，奥匈帝国皇帝法朗斯瓦·约瑟夫（Francois Joseph）为了庆祝登基 30 周年以扩大其政治影响，打算在维也纳举行盛大的国际展览会，邀请各国代表和社会知名人士参加。许多国家由于当时对参展的新发明缺乏可靠的国际保护而不愿参展，从而使得知识产权国际保护的问题突出起来。奥匈帝国通过一项法律，对于外国参展的发明、商标和外观设计给予临时的保护。当然，这还不能解决国际保护的问题。同年 8 月，召开了维也纳专利改革大会，讨论了一系列专利制度应该依据的原则，并敦促各国政府"尽快对专利保护达成国际谅解"。❶ 这次国际会议也就是酝酿缔结《巴黎公约》的开端。

维也纳会议闭幕五年后，另一次国际展览会在巴黎举行，其间召开了巴黎工业产权国际会议，对一些理论问题进行了讨论。决议建立一个常设委员会，其目标是召开一次正式国际会议以"确定统一立法的基础"。常设委员会中的法国部被指定负责起草一项包括有最低限度统一立法的草案。后来，采用了法国代表雅各施米特（Jagerschmidt）执笔起草的最初草案，提交给 1880 年 11 月在巴黎召开的另一次国际会议讨论。通过这一系列准备，于 1883 年 3 月 6 日在巴黎召开了缔结《巴黎公约》的正式外交会议，最后通过了该项公约。这一公约存续了近 120 年至今仍然继续发挥重要作用，不是偶然的。因为它是社会经济发展的产物，同时顺应了历史发展的需要，反映了人类社会的进步。

---

❶ 世界知识产权组织：《知识产权阅读材料》，1998 年英文版，第 233 页；布拉斯罗、萨维农著：《1883 年巴黎公约的诞生》，1983 年法文版，第 135 页。

《巴黎公约》签订后，120年来，曾经召开过8次修订会议，通过了6个修订本。8次修订会议是：1886年罗马修订会议；1890~1891年马德里修订会议；1897~1900年布鲁塞尔修订会议；1911年华盛顿修订会议；1925年海牙修订会议；1934年伦敦修订会议；1958年里斯本修订会议和1967年斯德哥尔摩修订会议。1980年开始的新一轮修订会议，由于西方国家抵制，已经停顿下来。大多数成员国都采用斯德哥尔摩文本，少数国家仍采用海牙文本、伦敦文本或里斯本文本。

截至2002年1月15日，《巴黎公约》共有162个成员国。中国从1985年3月19日起成为《巴黎公约》的正式成员。从1997年7月1日起，《巴黎公约》在中华人民共和国香港特别行政区开始生效。

第二节 公约结构、巴黎联盟和工业产权

一、公约结构

《巴黎公约》共30条。第1~12条为公约的实体条款，规定了成员国所享受的权利和负担的义务。第13~30条为行政条款。按照公约第20条规定，成员国可以在其批准书或加入书中声明其批准或加入不适用于第1~12条实体条款或不适用于第13~30条的行政条款。譬如，新西兰只适用斯德哥尔摩文本第13~30条的行政条款，实体权利义务仍适用伦敦文本。

二、巴黎联盟

公约第1条第（1）款规定："适用本公约的国家组成联盟，以保护工业产权。"

巴黎联盟是由适用《巴黎公约》的国家，也即巴黎联盟成员国组成。但是，一个公约的成员国不一定都组成联盟。《巴黎公约》成员国组成巴黎联盟，也就意味着建立了国际法上的一个法律实体。正因为巴黎联盟是一个法律实体，所以一个国家加入了斯德哥尔摩修订本后，即对所有巴黎联盟成员国（包括海牙文本、伦敦文本和里斯本文本的成员国）都负有遵守斯德哥尔摩文本的义务。同样，一个国家退出《巴黎公约》最近的一个文本的议定书也就被视为退出以前的议定书。❶ 总之，一个国家只能把巴黎联盟作为一个整体加入或退出，因为巴黎联盟是一个法律实体。❷

三、工业产权

《巴黎公约》第1条第（2）款规定："工业产权的保护对象有专利、实用新型、外观设计、商标、服务标记、厂商名称、货源标记或原产地名称以及制止不正当竞争。"工业产权这一范围是1925年海牙修订会议上确定的，只有其中的服务标记一项是1958年里斯本修订会议上决定订入公约的。

《巴黎公约》规定的工业产权范围，不仅具有理论上的意义，而且也具有重要的实际意义。属于工业产权列举范围内的事项，公约成员国就有义务把给予本国人的待遇也给予其他成员国的国民，并相应适用公约中的有关规则，而不能要求对方给予对等待

---

❶ 《巴黎公约》第26条第（2）款。
❷ 博登浩森：《保护工业产权巴黎公约解说》，1984年中译本，第13~14页；英文版，第19~20页，1968年。

遇。如果不属于列举的工业产权范围以内，则公约成员国就没有义务对其他成员国的国民给予国民待遇，也不能要求对方给予对等待遇。譬如，集成电路布图设计不属于公约列举的工业产权范围之内，因而美国法律上开始时对公约成员国的国民不给予国民待遇，而是要求对方的对等待遇或课以十分复杂的条件。对于集成电路布图设计给予国民待遇，那是 TRIPs 协定生效以后的事情了。

在《巴黎公约》中，对工业产权应作最广义的解释，不仅适用于工业，而且也适用于农业、采掘业、商业等；不仅适用于一切制成品，而且也适用于天然产品。❶

1. 专利

公约对专利未给予定义，学术界曾经提出过一些定义性的概括。譬如博登浩森教授就主张，专利是"应用一项工业上发明的专有权利"。❷ 在最近一轮现已陷于停顿的《巴黎公约》修订过程中，以总干事备忘录的形式发布的《基础性建议》（第 1 册）中载有经筹备委员会通过的专利定义："按照各国的本国法、专利（证书）或者是授予其所有人在一定期限内利用专利发明的专有权，或者是授予其在一定期限内禁止他人利用专利发明的权利的一种文件。"❸ 应该注意，《巴黎公约》中的专利只是指发明专利而言，而中国专利法则规定有三种专利。

2. 实用新型

目前只有中国、德国、日本等一些国家和地区采用实用新型制度。有的制定有专门的《实用新型法》（如德国和日本），有的包括在专利法内（如中国），内容也不尽相同。学术著作中曾提出，实用新型可以说是二等专利，它所包含的专有权利是用来保护工业革新的，其重要性比专利要小，种类可能有限制，专有权期限通常比专利短。❹

3. 外观设计

公约第 5 条之五规定：外观设计在本联盟所有国家均应受到保护。博登浩森教授书中指出，外观设计可以说是由有用物品的装饰性外表或因素所组成，包括组成物品外观的平面或立体的形状和表面；外观设计所有人通常享有制造、销售和使用含有该项外观设计的物品专有权利。❺ WIPO 前总干事鲍格胥博士提出，工业品外观设计是指有用的物品的装饰方面或美学方面，包括形状、图样和色彩。该物品必须是可以在工业方面再生产的。❻

---

❶ 《巴黎公约》第 1 条第（3）款。

❷ 博登浩森：《保护工业产权巴黎公约解说》，1984 年中译本，第 16 页；英文版，第 22 页，1968 年。

❸ 联合国世界知识产权组织修订《巴黎公约》外交会议文件 PR/DC/3，第 22 页。

❹ 博登浩森：《保护工业产权巴黎公约解说》，1984 年中译本，第 16 页；1968 年英文版，第 22 页。

❺ 同上。

❻ 鲍格胥："巴黎公约一百周年纪念（1883～1983）"，载《工业产权》，1983 年英文版，第 192 页。

4. 商标

通常可以定义为"区别企业和企业之间的商品的标记"。[1] TRIPs 协定第 15 条规定了商标的定义，这在国际公约上还是第一次。我们将在下面相应部分予以阐述。

5. 服务标记

一般而言，服务标记是用于区别企业与企业之间服务的标记。[2] 美国 1946 年《商标法》在历史上第一次将保护服务标记规定在法律上。《巴黎公约》1958 年里斯本修订会议上将服务标记订入公约。TRIPs 协定第 15 条也同时规定了服务标记的定义。随着服务贸易，包括金融、保险、运输、电信、旅游等的迅猛发展，保护服务标记在发展国际经贸事业中越来越占有重要的地位。

6. 厂商名称

一般而言，厂商名称是指识别自然人或法人的企业的名称。[3] 对厂商名称通常是给予保护的，以免第三人不法行为的侵犯。在许多国家，如果符合法律上的要求，厂商名称可经法定手续用做商标。

7. 货源标记（indications of source）和原产地名称（appellation of origin）

货源标记和原产地名称，有时称为地理标记（geographical indications）。货源标记通常指用来表明产品或服务来源于某一个国家、某一个地区或某一个特殊地方的表达或符号（如，"在……制造"、expression or sign）。原产地名称是指用来表明产品所来自的国家、地区或地方的地理名称，而该产品的特殊质量（Characteristic qualities）是完全或主要由包括自然和（或）人文因素在内的地理环境所造成的。[4] 这样，原产地名称与地理标记的含义应该说是基本一致的。

8. 制止不正当竞争

不正当竞争是指在工商业事务中违反诚实的习惯做法的竞争行为。公约规定，成员国有义务对联盟各国的国民保证给予制止不正当竞争的有效保护。与其他形式的工业产权不同，制止不正当竞争并不是一项专有权利。

第三节 巴黎公约的原则

国民待遇原则、优先权原则和专利、商标独立原则，是《巴黎公约》的三个原则。

一、国民待遇原则

这是指巴黎联盟成员国的国民，在保护工业产权方面，在联盟其他国家内应享有各该国法律现在授予或今后可能授予各该国国民的保护。公约第 2 条第（2）款规定，对巴黎联盟成员国国民不得规定在其要求保护的国家必须有住所或营业所才能享有工业

---

[1] 博登浩森：《保护工业产权巴黎公约解说》，1984 年中译本，第 16 页；1968 年英文版，第 22 页。
[2] 同上。
[3] 同上书，第 17 页，第 23 页。
[4] 世界知识产权组织：《知识产权阅读材料》，1998 年英文版，第 118 页；博登浩森：《保护工业产权巴黎公约解说》，1984 年中译本，第 17 页；1968 年英文版，第 23 页。

产权。

非巴黎联盟成员国的国民，在联盟一个国家领域内设有住所或真实、有效的工商业营业所的，也应享有国民待遇。这里的"住所"，并不是严格法律意义上的住所（domicile），只要是一种或多或少长久性的事实状态或居所（residence）就可以了。❶

二、优先权原则

这是指一个特定申请人在某一个成员国提出工业产权正规申请的基础上，可以在特定期限内向其他成员国提出申请，而后面的申请被视为是在第一个申请的同一日提出的。换言之，这种在后的申请对于第一个申请以后所有其他的申请都享有优先的地位。优先权对需要在几个国家都提出申请的人有很大好处。申请人不必同时在几个或更多的国家提出申请，否则困难很大。他们可以在优先权期限内办好各国要求的不同手续，充分考虑市场状况再决定在哪些国家申请，同时却不丧失发明的新颖性。❷

优先权只能以在巴黎联盟成员国，就同一发明创造所提出的第一次申请为基础。第一次申请必须是正式提出的，即正规的国家申请。这里正规的国家申请是指据以确定在有关国家中提出申请日期的任何申请，而不问该项申请以后的结果如何。按照公约第4条的规定，专利和实用新型的优先权期限为12个月，商标和外观设计的优先权期限为6个月，均从第一次申请的申请日起算。

三、专利、商标独立原则

公约第4条之二规定，巴黎联盟成员国的国民向另一成员国申请的专利，同在其他国家（不论是否巴黎联盟成员国）就同一发明所取得的专利，是互相独立的。公约第6条规定了商标独立的原则。

专利独立的理由，是各主权国家的专利法相互间有很大不同。在某一国家授予专利、商标的，在另一个国家按照其法律规定可能不授予专利、商标。在某一国家因专利、商标到期或未续交年费而失效，在另一国家按照其法律规定专利尚未到期或已继续缴纳年费而仍然有效。如果在后一国家的专利权、商标权受在前一国家专利权、商标权状态的影响，譬如前一国家专利权期限为15年，而后一国家规定为20年，从而15年

---

❶ 世界知识产权组织：《知识产权阅读材料》，1998年英文版，第235页；博登浩森：《保护工业产权巴黎公约解说》，1984年中译本，第28页。有学者主张这里的"住所"比《伯尔尼公约》中规定的"惯常居所"（habitual residence）要严，并提出理由："《巴黎公约》提供的工业产权国际保护，以各成员国自己的申请、审批程序为基础；在申请、审批等活动中常有主管部门与申请人之间的文件往来，因此成员国要求申请人在本国有一个更可靠的住所（或实际营业所），也就不足为怪了"。这一多次重复表达的意见，颇需推敲。现在《巴黎公约》162个成员国的国民，在其他成员国办理文件往来、与主管部门联系，按照公约第2条第（2）款的规定，不得要求申请人在要求保护的国家必须有住所。这是绝大多数的情况。与主管部门文件往来，不是需要在申请国有住所，而是指定代理人。《巴黎公约》第2条第（3）款的规定允许其成员国法律上可以要求其他成员国国民来办理工业产权事务的必须委派代理人，这是国民待遇原则的一个例外。我国《专利法》第19条即体现这种精神。至于162个成员国以外的人，因在一个成员国内有住所或真实、有效的营业所而享有国民待遇的，就为数不多了，他们同样也通过委派代表人解决文件往来问题，而不是靠设有住所。综上所述，这里的"住所"，也应理解为"惯常居所"之义。

❷ 世界知识产权组织：《知识产权阅读材料》1998年英文版，第235~236页。

后根据前一国家的规定而整体专利权失效,这样就同后一国家的规定不同而违反国民待遇的原则。❶

第四节　共同规则

《巴黎公约》规定了一些共同性规则,是成员国必须遵守的最低标准。以下分述专利和商标方面的一些重要规定。

一、专利方面

(一) 发明人的姓名记载权

按公约第4条之三规定,发明人有权要求在专利证书上记载自己是发明人。这是专利发明人的一项人身权利,或称"精神上的权利"。

各个国家的专利法以不同的方式体现公约的这一规定。一些国家赋予发明人向专利申请人或专利所有人提起民事诉讼的权利,以使其名字记载在专利证书中。另一些国家则在授予发明专利的程序中依职权将发明人的姓名记载在专利证书里。采用后一种方式的国家日益增多。在某些国家,如美国,法律规定专利申请人只能是发明人。❷

(二) 强制许可

公约第5条A款(2)规定,巴黎联盟成员国都有权采取立法措施规定授予强制许可,以防止由于行使专利所赋予的专有权可能产生的滥用,例如不实施。

公约还规定,自提出专利申请之日起4年期满以前,或自授予专利之日起3年期满以前(以后满期的期限为准),不得以不实施或不充分实施为理由申请强制许可。规定强制许可的主要理由是为了促进国家工业进步,不应允许专利权不合理地用于阻止专利实施或垄断进口,而应有利于引进新技术。❸

公约规定,强制许可不应该是独占性的。20世纪70年代后期至80年代初期进行的最近一次修订活动,发展中国家与发达国家围绕"独占性"问题展开激烈的争论。这也是导致修订活动被搁置起来的重要原因之一。❹

此外,为公众利益、军事安全和公共卫生方面的原因,成员国可以通过国内立法规定强制许可。

强制许可制度因不实施或不充分实施的情况,适用于专利和实用新型。

(三) 缴纳维持费的宽限期

绝大多数国家都要求专利权人和商标权人要按规定缴纳维持费。一般而言,维持费须每年缴纳,故也称年费。如果超过期限未缴维持费而立即导致专利权或商标权失效,就未免过于严格了。因而,《巴黎公约》第5条之二规定,对于缴纳工业产权维持费,

---

❶ 世界知识产权组织:《知识产权阅读材料》1998年英文版,第238页。
❷ 同上。
❸ 同上书,第239页。
❹ 77国集团发言人,加纳代表温德布依在1980年3月1日修订《巴黎公约》外交会议第一届会议上的发言,载WIPO文件PR/DC/INF/9,郭寿康:"《保护工业产权巴黎公约》发展的新阶段",载《中国国际法年刊》,1983年,第299~310页。

应给予不少于6个月的宽限期。在这种情况下,公约成员国的国内法律可以规定应缴纳附加费。公约成员国对于因未缴纳维持费而终止的专利,有权予以恢复。

(四)国际交通工具上的专利

当行使专利权会大大损害维持运输自由的公共利益时,《巴黎公约》对专利权规定了某些限制。在下列情况下,不认为是侵犯专利权人的权利:

联盟某一成员国的船舶暂时或偶然地进入联盟其他成员国的领水时,在该船的船身、机器、滑车装置、传动装置及其他附件上使用构成专利主题的装置设备,但以专为该船的需要而使用这些装置设备为限。

联盟某一成员国的飞机或车辆暂时或偶然地进入联盟其他国家时,在该飞机或车辆或其附件上的构造或操纵中使用构成专利主题的装置设备。

(五)国际展览会上展示的发明

前面已谈到过,《巴黎公约》的起因是由于1873年在维也纳举行的国际展览会。公约第11条规定,联盟成员国应按其本国法律,对在联盟其他成员国领土内举办的官方的或经官方承认的国际展览会展出的商品中可以取得专利的发明、实用新型、外观设计和商标,给予临时保护。临时保护可采取不同的方式,有些国家采取给以特别优先权的方式,另一些国家则采取在一定期限内不破坏发明新颖性的方式。❶

但是,临时保护不应延展优先权的期间。如以后要求优先权,则联盟成员国的主管机关可以规定其优先权期限应自该商品在展览会展出之日起算。

二、商标方面

(一)商标的使用

在商标使用方面,《巴黎公约》第5条规定了以下三种情况:

(1)如果公约成员国规定注册商标的使用是强制性的,则只有经过合理的期间,而且只有当有关人员不能证明其不使用商标是有正当理由时,才可以取消商标。所谓"合理期间"(reasonable period),或者由该国立法上规定,或者由解决案件的权力机构来确定。其目的是使商标所有人有足够时间来安排商标的使用。❷

(2)商标所有人使用的商标,如果在形式上同其在联盟其他成员国所注册的商标的形式只有细节上的不同,而并未改变其显著性,则不应导致注册无效,也不应减少对该商标所给予的保护。

(3)根据请求保护地国家的法律,允许商标共有人的几个工商企业,可以在相同或类似商品上共同使用同一商标,则这种共同使用不应妨碍在联盟任何成员国内注册,也不应以任何方式减少对商标给予的保护,但以这种使用并未导致公众产生误解,而且不违反公共利益为限。

(二)续展费的优惠期

公约第5条之二,对于缴纳工业产权维持费规定有优惠期。就商标方面而言,对缴纳商标续展费同样也有不少于6个月的优惠期,但也可以要求缴纳附加费。

---

❶ 世界知识产权组织:《知识产权阅读资料》,1998年英文版,第241页。
❷ 同上书,第242页。

（三）商标独立

公约第 6 条规定了商标独立的原则，特别是在原属国（country of origin）申请或注册的商标，同在其他成员国申请或注册的商标也是相互独立的。商标的申请和注册条件，在联盟各成员国由其本国法律规定。对联盟成员国的国民在其他成员国提出的商标注册申请，不得以未在原属国申请、注册或续展为理由而予以拒绝，也不得因而使注册无效。在联盟一个成员国正式注册的商标，同在联盟其他成员国注册的商标，包括在原属国注册的商标，应该认为是互相独立的。

（四）驰名商标

驰名商标规定在公约第 6 条之二。依该条规定，商标注册国或使用国主管机关认为一项商标在该国已成为驰名商标、已成为有权享有本公约利益之人所有，而另一商标构成对此一驰名商标的复制、仿造或翻译，且用于相同或类似商品上易于造成混乱时，联盟各成员国应依职权——如本国法律允许——或应有关当事人的请求拒绝或取消该另一商标的注册，并禁止使用。商标的主要部分抄袭驰名商标或是导致造成混乱的仿造者，也应适用上述规定。

如果发生上述侵害驰名商标的情况，从注册之日起至少 5 年内，应允许提出取消这种侵权商标。对于以不诚实手段取得注册或使用的商标提出取消注册或禁止使用的要求的，不应规定时限。

（五）国徽、官方检验印章和政府间组织徽记的禁用

公约第 6 条之三规定，联盟各成员国承诺，对于未经联盟其他成员国主管机关许可而将其国家纹章、国旗和其他国家徽记，用以表明管制和保证的官方标志和检验印章，以及从纹章学的观点来看的任何仿制品申请或注册为商标或构成商标要素的，应拒绝其注册或使注册无效，并采取适当措施禁止其使用。

上述规定也适用于联盟成员国参加的政府间国际组织的徽章、旗帜、其他徽记、缩写和名称。非政府间国际组织则不包括在内。联盟成员国如希望得到上述保护，应将国家纹章、上述官方标志和检验印章的清单，经由 WIPO 国际局通知联盟各成员国，并在适当的时候将通知的清单公之于众。各成员国如有异议，可在收到通知后 12 个月内经由国际局向有关国家或政府间国际组织提出。

（六）商标的转让

对商标转让，有些国家规定不需要与企业同时转让，而另一些国家则规定商标与企业同时转让才产生效力。公约第 6 条之四从而规定，根据联盟某成员国的法律，商标的转让只有在与其所属的企业或商誉同时转让方为有效，即只要该企业或商誉坐落在该国的部分，连同在该国制造或销售标有被转让商标的商品的专有权一同转让给受让人，则承认其转让有效。

受让人对受让商标的使用，如果事实上具有使公众对使用商标的商品的原产地、性质或重要品质产生误解，则联盟各成员国不承担承认该项商标转让为有效的义务。

（七）在联盟某一成员国注册的商标，在其他成员国所受的保护

公约第 6 条之五规定，在原属国正式注册的商标，在联盟其他成员国也应照样接受其申请，并给予保护，但本条指明保留条件者除外。其他成员国在最终予以注册前，可

以要求提供原属国主管机关颁发的注册证书。

原属国指申请人设有真实有效的工商营业所的联盟成员国。如在联盟成员国没有这类营业所，则指设有住所的联盟成员国。如在联盟成员国也没有住所，但是属于联盟成员国的国民的，则指具有其国籍的国家。

具有本条规定的下列情况，可拒绝注册和宣布注册失效：

（1）商标侵犯第三人在请求给予保护的国家所具有的既得权利；

（2）缺乏显著特征的商标，或完全是用在商业中表示商品种类、质量、数量、用途、价值或生产日期的符号、标记或被请求保护的国家的通用语言或正当商务实践中惯用的符号标记组成的商标；

（3）违反道德或公共秩序，尤其是具有欺骗公众性质的商标。

（八）服务商标

服务商标，指企业用来提供服务的标记，如饭店、餐厅、航线、旅游代理、洗衣、银行、保险公司、会计所、律师楼等，用以区别其他企业提供的服务的标记。其功能与商标相同，只是用以区别其他的服务，而商标是用以区别其他商品的。

第6条之六是1958年里斯本修订会议上订入公约的。按照该条规定，不应要求公约成员国对服务商标的注册作出规定。WIPO文件中的解释是成员国可以采取对服务商标进行特别立法，也可以用其他方式，如用反不正当竞争法给以保护。❶

（九）使用商标的商品的性质

公约第7条规定：使用商标的商品性质，在任何情况下不能妨碍商标的注册。

本条是指无论一种商品在请求注册商标的国家性质如何，都不应影响其注册，譬如，一种商品不具备某一国家法律规定的安全要求或质量要求，但因此对这种商品拒绝注册商标是"不妥当的"（unjust）。因为，随后有些安全和质量的要求可能会变化。即便将来法律上不会有什么变化，将这种情况作为申请或注册商标的条件，也会影响该商标及时在其他成员国申请保护，因为在其他国家可能没有这种要求。❷ 而各国商标的注册与保护，是相互独立的。

（十）集体商标

集体商标，是指用以区别不同企业的商品或服务的地理来源、物质、制造方式、质量和其他共同特点的标记。这种标记是在集体商标所有人控制下，由几个企业同时使用的。❸

公约第7条之二规定，成员国约定受理并保护集体商标。对于保护集体商标或因违反公众利益而拒绝保护该项集体商标的条件，应由各成员国自行确定。

（十一）国际展览会上展示的商标

公约第11条规定，商标也同发明、实用新型、工业品外观设计等其他工业产权一样，如果是在国际展览会上展出的，应受临时保护。临时保护有不同的方式。一种是给

---

❶ 世界知识产权组织：《知识产权阅读材料》，1998年英文版，第247~248页。
❷ 同上书，第248页。
❸ 同上书，第248~249页。

予优先权。某些国家在法律上采取的另一种临时保护的方式是对带有该项商标的商品的展出人给以优先使用权，以对抗第三人可能取得的权利。❶

【思考题】

（1）《巴黎公约》规定的工业产权的保护对象有哪些？
（2）简述《巴黎公约》的原则。

第四十四章 专利合作条约

第一节 专利合作条约的历史和宗旨

除某些地区性专利体系，如非洲知识产权组织（OAPI）、非洲地区工业产权组织（ARIPO）体系、欧亚专利体系以及欧洲专利体系，一项专利申请可产生跨越国境的地区效力外，传统的专利保护体系要求在几个国家取得专利保护的，都应分别在各个国家提出申请。这样，就需要按照每一个国家规定的程序和语言，支付翻译费、代理费等各种费用，逐一办理。接受申请的各个国家的专利局也要分别进行检索、审查、授予专利。申请人和专利局都要旷日持久，并花费大量人力物力。随着科技发明迅猛增加，专利申请大量积压，必须找出一个合理的解决办法。

为了解决这个问题，1966年保护工业产权巴黎联盟执行委员会邀请作为WIPO前身的保护知识产权联合国际局（BIRPI）研究一个可行办法来减少这样大量的重复工作。1967年BIRPI草拟了一个草案并提交给专家委员会。经多次会议修订，最终于1970年6月在华盛顿召开的外交会议上通过，名为《专利合作条约》，简称为PCT，1979年和1984年进行了修订。通常认为PCT是自《巴黎公约》生效以来在专利国际合作方面最有意义的进步标志。

PCT的主要目标或宗旨，就是简化对一项发明在多个国家要求专利保护所必须采取的重复手续，使其更经济有效，从而专利申请人和专利局都能够从中受益。PCT建立的国际体系，使得在一个专利局（"受理局"）以一种语言提交的一项申请（"国际申请"）在申请人指定的PCT成员国内都具有相同的效力。

20多年来，PCT取得了很好的效果。1978年PCT生效时只有18个成员国。截至2002年1月15日，PCT成员国已经增加到115个。中国于1994年1月1日起成为PCT的正式成员国。根据中国政府的声明，从1997年7月1日起，PCT适用于中华人民共和国香港特别行政区。

从1978年6月1日起，开始根据PCT提起国际申请。仅2001年，WIPO国际局就受理PCT国际申请104 000件。因为每一件申请都指定几个国家或更多，因而等效于近10 000 000件申请。❷

---

❶ 世界知识产权组织：《知识产权阅读材料》，1998年英文版，第249页。
❷ WIPO Magazine 2002年4月号，第6页。

第二节　专利合作条约的主要内容

PCT 规定的程序可分为国际阶段和国内阶段。

一、国际阶段

PCT 条约第 1 章中规定了国际申请、国际检索和国际公布；第 2 章中规定了国际初审。

1. 国际申请

PCT 缔约国的国民或居民都可以提交国际申请。大多数情况下，国际申请都是向国家局提出，这时该国家局就是 PCT 的受理局。如果是欧洲专利条约、欧亚专利条约等的成员国的国民或居民，也可以向欧洲专利局或欧亚专利局等提交。此外，PCT 一切缔约国的国民或居民，都可以向 WIPO 国际局提交国际申请。

从国际申请日开始，一项国际申请的效力，等于在申请人指定的 PCT 缔约国中都提出了申请。

PCT 对国际申请规定了一定的标准。申请人以一种货币向受理局支付传送费、检索费和国际费。申请用的语言主要是中文、英文、法文、德文、日文、俄文和西班牙文，丹麦文、荷兰文、挪威文和瑞典文也可接受。

2. 国际检索

对每项国际申请都要进行国际检索。国际检索的高质量是由 PCT 国际检查单位的文献管理、工作人员的素质以及检索方法所规定的标准来保证的。国际检索单位有澳大利亚专利局、奥地利专利局、中国知识产权局、欧洲专利局、日本特许厅、俄罗斯专利局、西班牙专利商标局、瑞典专利局和美国专利与商标局。国际检索单位必须具备 PCT 规定的最低文献量，即从 1920 年以来主要工业化国家的专利文献和规定的非专利文献。

3. 国际检索报告

申请人通常在提交国际申请后第 4 个月或第 5 个月即可得到国际检索报告。其中列出与国际申请的权利要求相关的已有技术的文件，并指出这些文件与申请中专利的新颖性和创造性的可能的关联。

国际检索单位将国际检索报告送交申请人和国际局。国际局将该检索报告列入国际公布文本，并将其副本转交指定局。申请人从检索报告中看到取得专利的可能性很小时，就可以撤回申请。

4. 国际公布

国际公布的目的，主要是向公众公开该项发明和确定可能最终获得的专利的保护范围。

国际申请优先权日后 18 个月，即进行国际公布。国际公布的内容包括申请人提供的著录项目、国际检索单位确定的国际专利分类号、摘要、说明书、权利要求书、附件和国际检索报告。国际申请时，用中文、英文、法文、德文、日文、俄文或西班牙文的，用所用的语言公布。但是，用中、法、德、日和西班牙文公开的，发明名称、摘要和国际检索报告还要用英文公布。以其他语言申请的，需翻译成英文公布。国际公布都在 PCT 公报上刊载。

5. 国际初步审查

申请人收到国际检索报告后,可以要求国际初步审查,以便得知该项发明是否具有新颖性、创造性和工业实用性。申请人可以自行决定是否进行国际初步审查。要求进行初步审查的,需交付相应费用。

国际初步审查单位由 PCT 联盟委员会确定。除西班牙专利与商标局外,其他与国际检索单位相同。希望进行初步审查的申请人,应在其请求书中写明在哪些指定国中使用初步审查的结果。这些国家被称为"选定国"。据统计,现在有 80% 的国际申请,选择利用国际初步审查程序。

国际初步审查单位提出的国际初步审查报告,是一种不具有拘束力的意见,仅供选定国参考。申请人可根据情况撤回申请、修改申请或让申请自动失效。如果申请人根据这些报告资料,认为可以获得专利,即可进行下一步程序,进入国家阶段。

二、国家阶段

申请人决定进入国家阶段,就必须向指定局(或选定局)缴纳规定的费用,并根据需要将国际申请翻译成官方语言译文及委托当地代理人。

进入国家阶段后,各该国即依据其国内法的规定,最终确定是否授予专利。而授予的专利也按各该国的法律进行保护。

总之,国际申请、国际检索和国际初步审查阶段,大大减少了重复工作,为申请人和有关专利局都节省了大量的人力、财力和时间。进入国家阶段后,由于主权国家法律并不相同,仍需各该国按照其法律分别办理。

世界知识产权组织前副总干事柯肖德博士在 1998 年 4 月于北京举行的《二十一世纪 PCT 制度国际研讨会》上的报告中,提出 PCT 专利大胆设想。如能实现,将在 21 世纪中将专利国际化大大向前推进一步。[❶]

【思考题】

1. 简述专利合作条约的主要内容。

第四十五章 商标国际注册马德里协定及议定书

在商标国际注册体系方面的两个主要条约,是《马德里协定》和《马德里协定议定书》。

第一节 商标国际注册马德里协定

早在 1878 年的巴黎国际会议上就提出了由国际规则来调整商标申请,在一国提出

[❶] 柯肖德:"PCT 制度的未来发展:WIPO 国际局的观点建议的'PCT 专利'议定书",载《二十一世纪 PCT 制度国际研究会文件》,中、英文本,1998 年。

申请即可在其他缔约国内取得保护的大胆计划。❶ 1886 年第一次修订《巴黎公约》时，国际局和瑞士政府提出了商标国际注册的草案。一直到 1890 年的马德里修订《巴黎公约》的会议上，瑞士政府根据著名的国际法学家 Louis Renault 的意见而提出的方案，经意大利代表团修改，又交各国讨论并提出意见，于 1891 年 4 月 14 日正式签订《马德里协定》，并于 1892 年 7 月 15 日生效。最初只有 9 个缔约国：比利时、法国、危地马拉、意大利、荷兰、葡萄牙、西班牙、瑞士和突尼斯。协定曾先后经 1900 年、1911 年、1925 年、1934 年、1957 年、1967 年和 1979 年多次修订。该协定只对《巴黎公约》成员国开放。截至 2002 年 1 月 15 日，共有 52 个成员国。中国于 1989 年 10 月 4 日加入该协定，适用 1967 年斯德哥尔摩文本。

仅 2001 年，经国际注册的商标即有 24 000 个，平均每件商标延伸的国家 12 个，等效于 288 000 个国家申请。

一、国际注册申请

在《马德里协定》成员国内，有真实有效的工商业营业所或住所或具有其国籍的自然人或法人，均可以提出商标国际注册的申请（"国际申请"）。

商标必须先在原属国注册以后，才能提出国际申请。按照《马德里协定》第 1 条第 3 款规定，原属国（country of origin）是指设有真实有效的工商业营业所的协定缔约国；如果没有这样的工商业营业所，则指申请人设有住所的缔约国；如果也没有住所，则指申请人具有该国国籍的那一个缔约国。

申请人只能通过原属国商标局向国际局提出商标国际注册申请。国际申请必须用法语，可以要求优先权。也就是说，国际申请只需用法语这一种语言，完成一套手续、缴纳一次费用就可以了。

二、国际注册的效力

按照《马德里协定》第 1 条第 2 款的规定，商标经国际注册后，其效力自动延伸于原属国以外的一切缔约国。这就是所谓的普遍性原则。但是，许多申请人并不想在所有缔约国使用该项商标，从而缴纳相应费用。1957 年尼斯修订会议上，经过讨论决定补充领域限制原则。《马德里协定》缔约国可随时通知世界知识产权组织总干事，只有在申请人明确请求时，经国际注册所取得的保护才延伸到该国。❷ 当然，申请人也可以请求在所有协定缔约国中取得国际注册的保护。但是，在原属国内商标只受该国国家注册的保护，不适用《马德里协定》的国际注册的保护。

三、缔约国的拒绝保护

国际注册一经批准，即由国际局在公报上公布，并通知申请人要求给予保护的那些成员国。对于比利时、卢森堡和荷兰，则通知比、荷、卢的商标局。各该国或比利时、荷兰、卢森堡的商标局都可以在一年期限内声明，在其领土上不保护该项商标，但需说明拒绝保护的理由。这里的"理由"，同前面已经谈到过的《巴黎公约》第 6 条之五 A（1）的规定，应该是一致的。

---

❶《1878 年会议报告》(Compte redu du congrés, 1878) 法文版，第 434 页。
❷《马德里协定》第 3 条之二。

四、对原属国注册的依存

《马德里协定》第 6 条第 2~4 款规定，自国际注册之日起满 5 年后，该项注册同原属国对同一商标的国家注册即相互独立。换言之，在从国际注册之日起 5 年以内，该项注册与原属国的国家注册还存在着依存关系。在此期间，如在原属国注册的商标不再受法律保护，如因撤回、放弃、驳回、撤销、宣告失效等而失效，则该商标在受国际注册保护的一切国家也丧失保护。

自国际注册之日起已满 5 年的，国际注册即不再依存于原属的注册，而取得了完全独立。

第二节 商标国际注册马德里协定议定书

《马德里协定》为申请人向几个国家注册商标提供了很大的便利，从而发挥了积极的作用。但是，其中的某些重要规定也给想利用国际注册的国家，特别是某些国家造成不便，因而，很长时期内美国、英国、日本等都没有加入《马德里协定》。正是为了吸引更多的国家，特别是美、英、日这些重要国家参加《马德里协定》体系，导致了 1989 年 6 月 27 日在马德里签订了一个《商标国际注册马德里协定的议定书》，简称《马德里协定议定书》。该议定书于 1995 年 12 月 1 日生效。截至 2002 年 1 月 15 日止，《马德里协定议定书》的缔约国共有 55 个国家。与《马德里协定》52 个成员国一起，马德里体系共有 70 个国家。有些国家只加入协定而未加入议定书，如埃及等国；也有些国家只加入了议定书而未加入协定，如英国、挪威等国。中国于 1989 年 10 月 4 日成为《马德里协定》成员国，于 1995 年 12 月 1 日成为《马德里协定议定书》的成员国。

《马德里协定议定书》同《马德里协定》的主要区别如下：

(1) 依《马德里协定》，只有在原属国获得国家注册后才能进行国际注册。但是，由于各国商标法规定不同，有些在原属国不能注册的商标却可能在其他国家进行注册。因而，《马德里协定议定书》在这方面作了改变，申请人在原属国获得注册的商标可进行国际注册，在原属国递交注册申请而尚未获得国家注册的也可进行国际注册。

(2) 依《马德里协定》，缔约国在接到国际局将一个商标国际注册延伸到该国的通知后，一年以内可通知国际局拒绝给予保护，但需说明理由。实践表明，一年时间往往太短，不足以进行必要的审查，并提出理由。因而，《马德里协定议定书》第 5 条第 2 款 (a)、(b) 和 (c) 规定将这一期限延长到 18 个月，而且可以声明在有异议的情况下，于 18 个月届满后的更长期间内通知国际局。

(3) 依《马德里协定》和国际局制定的收费表，缔约国所收的费用很低。而按《马德里协定议定书》第 8 条第 7 款 (a) 的规定，收费由各缔约国自行规定。这样，收费就比较高，申请人也就不会随便轻易指定许多延伸国，造成不必要的浪费。

(4) 国际注册因原属国基本注册被宣告无效而被国际局撤销时，该国际注册可转成各指定国的国家申请，以国际注册日为申请日。如国际注册享有优先权，则转成各指定国的国家注册也可以享有优先权。

(5) 依《马德里协定》，必须用法语撰写商标国际注册申请。这对许多国家，特别是以英语为母语的国家就非常不方便。按照《马德里协定议定书》，商标国际注册申请可以用法语，也可以用英语，这样也就方便多了。这是 1996 年 1 月 18 日的《商标国际注册马德里协定及有关该协定的议定书的共同实施细则》第 6 条第 1 款所规定的。

【思考题】

1. 《马德里协定议定书》同《马德里协定》的主要区别是什么？

第四十六章　保护文学艺术作品伯尔尼公约 *

第一节　伯尔尼公约的订立与发展

随着经济文化的发展、国际交往的频繁，版权跨国境保护需要也日益迫切。先是国家间订立一些双边保护版权的条约，逐渐地在版权领域订立多边国际条约在国家间成为必要。

据文献记载，早在 1839 年 Siméon 子爵就在法国上议院谈到超越国境的普遍版权法。❶ 1858 年 9 月在布鲁塞尔召开的文学艺术产权大会的决议中第一次正式表达了这种意见。1878 年法国政府在巴黎举行了世界博览会，同时召开了文学家协会（Société de gens de lettres）。大文豪雨果主持了会议，Turgenev、Bancroft 等著名文学家都出席了。会议通过了包含跨国境保护作品的决议。同年成立的"国际文学联合会"，后改名为"国际文学艺术联合会"（法文简称 ALAI），对于促成《伯尔尼公约》的签订，发挥了重要作用。

在 ALAI 于 1883 年 9 月 10 日召开的大会上，进行了深入的讨论，结果是以法国法学家 Eugene Pouillet 为主席的起草委员会草拟了 10 个条款。这就是《伯尔尼公约》最初的基础。❷

在瑞士联邦政府的主持和推动下，1884 年、1885 年和 1886 年召开了三次外交会议，讨论缔结国际版权公约问题。在 1886 年 9 月 6 日至 9 日于伯尔尼举行的外交会议

---

*　版权方面的国际公约有两个：一个是 1886 年签订的《伯尔尼公约》，另一个是 1952 年签订的《世界版权公约》。从法律角度看，美国版权法与欧洲大陆的版权法（作者权法）有很大不同。美国长期未参加《伯尔尼公约》。"二战"结束后，为了使美国能够加入国际版权体系，于 1952 年签订了《世界版权公约》，由联合国教科文组织管理。当时两个超级大国——美国和苏联——先后都加入了《世界版权公约》，一度影响很大。1986 年美国退出教科文组织，不久又加入了《伯尔尼公约》。后来苏联也解体了。TRIPs 也明确要求其成员，应遵守《伯尔尼公约》除精神权利外的实质性条款。《伯尔尼公约》的影响大大增加，而《世界版权公约》的作用则有所削弱。截至 1999 年 1 月 1 日止，《世界版权公约》已有 97 个成员国。中国也已于 1992 年 10 月 30 日加入了该公约，适用 1971 年巴黎文本。

鉴于上述情况，本章在阐述《伯尔尼公约》时将《世界版权公约》最重要的条款进行一些比较分析，而不单列专章。

❶　L Rivière：《文学艺术作品的国际保护》，1897 年法文版，第 141 页。
❷　Sam Ricketson：《保护文学艺术作品伯尔尼公约：1886～1986》，1987 年，英文版，第 51 页。

上，有 12 个国家——德国、比利时、西班牙、法国、海地、意大利、利比利亚、瑞士、英国、突尼斯、美国（观察员）和日本（观察员）——出席了会议。会议最后一天通过了《伯尔尼公约》。公约于 1887 年 12 月 5 日生效。

《伯尔尼公约》后来经过多次修订：1895 年于巴黎；1908 年于柏林（清朝政府派代表以观察员身份列席）；1914 年于伯尔尼；1928 年于罗马；1948 年于布鲁塞尔；1967 年于斯德哥尔摩；1971 年于巴黎，分别召开修订会议。截至 2002 年 1 月 15 日止，《伯尔尼公约》共有 148 个成员国。中国于 1992 年 10 月 15 日加入《伯尔尼公约》，适用巴黎文本。依照中国政府的声明，从 1997 年 7 月 1 日起，《伯尔尼公约》巴黎文本也适用于中华人民共和国香港特别行政区。

第二节　伯尔尼公约的基本原则

《伯尔尼公约》有三个基本原则：国民待遇原则、自动保护原则和独立保护原则。

一、国民待遇原则

这是公约第 5 条第 1 款规定的一条重要原则。按该款规定，"就享受本公约保护的作品而论，作者在作品起源国以外的本同盟成员国中享受各该国法律现在给予和今后可能给予其国民的权利"。

"起源国"（country of origin）是一个复杂的概念，主要包括以下各种情况：

（1）作者为本同盟任何成员国的国民者，其作品无论是否已经出版，都受到保护。❶ 对于未出版的作品或首次在非本同盟成员国出版而未同时在本同盟成员国出版的作品，而其作者又是本同盟成员国国民的，这个成员国就是该国国民作品的起源国。这也就是《伯尔尼公约》的作者国籍的标准，又叫人身标准。❷

（2）作者为非本同盟任何成员国的国民者，其作品首次在本同盟一个成员国出版，或在一个非本同盟成员国和一个同盟成员国同时出版的，❸ 这个本同盟的成员国就是该作品的起源国。这就是作品国籍原则。首次出版后 30 天内又在其他国家出版的，视为同时出版。

（3）对于在分别给予不同保护期的几个本同盟成员国出版的作品，以立法给予最短保护期的国家为起源国家。❹

（4）对于制片人总部或惯常住所在本同盟成员国内的电影作品，以该国为起源国。❺

（5）对于建造在本同盟成员国内的建筑作品或构成本同盟成员国建筑物一部分的平面和立体艺术作品，以该国为起源国。❻

---

❶ 《伯尔尼公约》第 3 条第 1 款（a）。
❷ 《伯尔尼公约》第 5 条第 4 款（c）。
❸ 《伯尔尼公约》第 5 条第 4 款（a）、(b)。
❹ 《伯尔尼公约》第 5 条第 4 款（a）。
❺ 《伯尔尼公约》第 5 条第 4 款（c）(1)。
❻ 《伯尔尼公约》第 5 条第 4 款（c）(2)。

如前所述，就享受《伯尔尼公约》保护的作品而言，作者在起源国以外的本同盟成员国中享受国民待遇。

二、自动保护原则

这是《伯尔尼公约》的又一条重要原则。这个原则的含义，是指享受和行使《伯尔尼公约》规定的权利，不需要履行任何手续。❶ 也就是说，只要作品创造出来，不需要履行注册、缴纳样本等任何手续，就受到《伯尔尼公约》的保护。换言之，《伯尔尼公约》成员国，不能在国内法上规定以履行某种手续为取得公约保护的条件。

《世界版权公约》中就没有自动保护原则，而允许其成员国可以在国内法上规定，以履行特定手续为取得该公约保护的条件，只是把履行手续加以简化。该公约规定任何缔约国依其国内法可以要求履行手续，如缴送样本、注册登记、刊登启事、办理公证文件、偿付费用或在该国内制作出版等。至于版权保护的条件，只要经作者或版权人所授权出版的所有作品，自首次出版之日起，标有ⓒ的符号，并注明版权所有者的姓名、首次出版年份等，就应视为符合上述履行手续的要求。❷

自动保护原则是《伯尔尼公约》不同于《世界版权公约》的一项重大区别。

三、版权独立原则

这是《伯尔尼公约》第5条第2款规定的。依该款规定："享受和行使这些权利……不论作品起源国是否存在保护。因此，除本公约条款外，只有被要求给以保护的国家的法律才能决定保护范围以及为保护作者的权利而向其提供的补救方法。"这也是与版权地域性密切相关的，给予怎样的保护，以主权国家的法律规定为准。

版权独立原则是可以允许有例外的。如公约第7条第8款规定："无论如何，期限将由被要求给予保护的国家的法律加以规定；但是，除该国的法律另有规定外，这种期限不得超过作品起源国规定的期限。"追续权也属于例外的情况。

第三节 伯尔尼公约的主要内容

《伯尔尼公约》1971年巴黎文本共44条，其中正文38条，附件6条。公约可划分为两部分：一是第1条到第21条及附件6条，共27条，是实质性条款；二是正文的后17条，即第22条到第38条，是行政管理条款。公约允许成员国只参加行政条款，而不参加实质性条款；或先参加行政行款，仍保留适用巴黎文本以前的文本，以后再参加巴黎文本的实质性条款。

除前述公约的基本原则外，其实质性条款的主要内容如下：

一、受保护的作品

公约第2条第1款规定受本公约保护的作品，也就是"文学艺术作品"；"文学艺术作品"一词包括文学、科学和艺术领域内的一切作品，不论其表现形式或方式如何。该款下面有一个例示而不是网罗一切的关于受本公约保护的作品的规定："诸如书籍、小册子和其他著作；讲课、演讲、讲道和其他同类性质的作品；戏剧或音乐戏剧作品；

---

❶ 《伯尔尼公约》第3条第2款。
❷ 《世界版权公约》第3条（一）。

舞蹈艺术作品和哑剧作品；配词或未配词的乐曲；电影作品以及使用电影摄影术类似的方法表现的作品；图画、油画、建筑、雕塑、雕刻和版画；摄影作品以及使用与摄影术类似的方法表现的作品；实用美术作品；与地理、地形、建筑或科学有关的示意图、地图、设计图、草图和立体作品。"

这一概括性的示例规定的优越性，是随着科学技术的发展而出现的新的表现形式，譬如计算机程序，就可以包括在公约适用的范围，而不必对公约进行重大修订。

公约成员国可以通过国内立法规定文学艺术作品或其中的一类或数类作品如果未以某种物质形式固定下来即不受保护。❶ 这也就是说，成员国可以不保护口头作品。

演绎作品，即翻译、改编、乐曲改编以及对某文学或艺术作品的其他变动，应得到与原作品同等的、但不损害原作品版权的保护。❷

本同盟成员国对立法、行政或司法性质的官方文件及其正式译本的保护，由其国内立法确定。❸

汇编作品，诸如百科全书和选集，凡由于对内容的选择和编排而成为智力创作的，应得到相应的，但不损害汇编内每一作品的版权的保护。❹

实用艺术作品和工业品平面及立体设计，以及此种作品和平面及立体设计受保护的条件，由成员国国内立法规定。在起源国仅作为平面和立体设计受到保护的作品，在其他成员国只享受各该国给予平面和立体设计的保护。如该国不给予上述保护，则这些作品将作为艺术作品得到保护。❺

日常新闻或纯属报刊消息性质的社会新闻，不适用本公约的保护。

政治演讲和诉讼过程中发表的言论是否全部或部分地排除于公约保护之外，由成员国国内法确定。❻

公开的发表演讲、讲话或其他同类性质的作品，在什么条件下可以为新闻报道目的而由报刊转载、进行无线或有线广播以及向公众传送，也由成员国国内法规定。❼

二、作者的专有权利

（一）精神权利

这是1928年罗马修订会议上订入公约的。依公约第6条之二规定，不受作者经济权利的影响，甚至在经济权利转让之后，作者仍保有要求其作品作者身份的权利，并享有反对对其作品进行歪曲、割裂或其他更改或有损于其声誉的一切损害的权利。作者的上述精神权利，在其死后应至少保留到作者经济权利期满为止，但在批准或加入本公约时其国内法不保护精神权利的，则有权规定对上述精神权利中的某些权利在作者死后不予保留。为保护精神权利而采取的补救方法，应依被要求给予保护的国家的国内法

---

❶ 《伯尔尼公约》第2条。

❷ 同上。

❸ 同上。

❹ 同上。

❺ 同上。

❻ 《伯尔尼公约》第2条之二。

❼ 同上。

规定。

(二) 复制权

复制权是版权的重要内容。公约第 9 条第 1 款规定，受本公约保护的文学艺术作品的作者，享有授权以任何方式和采取任何形式复制其作品的权利。同条第 3 款规定录音和录像均应视为复制。但是，同条第 2 款又规定成员国法律可以允许在某些特殊情况下复制作品，只要该项复制不损害作品的正常使用也不致无故损害作者的合法利益。这就是许多国家版权法上规定的"合理使用"。

(三) 翻译权

公约第 8 条规定："受本公约保护的文学艺术作品的作者，在对原作享有权利的整个保护期内，享有翻译和授权翻译其作品的专有权利。"翻译权是很重要的。发展中国家引进科技、信息和知识，往往要通过翻译，从而必然要涉及作者的翻译权。

公约第 30 条第 2 款（b）允许缔约国对上述翻译权可以声明保留，而代之以 1896 年修订本的"10 年保留"，即如果从作品首次出版之日起 10 年之内，作者没有把其作品用该声明保留的国家的通用文字翻译出版，也没有授权他人用这种文字翻译出版，则该作者就丧失将其作品译成或授权他人译成该国通用文字出版的权利。对于这种作出保留声明的国家的作品，其他缔约国也有权实行与该国提供的相同的保护。

(四) 公开演示权或称公开表演权

公开表演权是在 1948 年布鲁塞尔修订会议上订入公约的。公约巴黎文本第 11 条第 1 款（1）规定，戏剧作品、音乐戏剧作品或音乐作品的作者享有"授权公开表演和演奏其作品，包括用各种手段和方式公开表演和演奏的专有权利"。所谓"用各种手段和方式公开表演和演奏"，包括放唱片、放录音带等"二次演出"。

(五) 广播权

公约第 11 条之二第 1 款规定作者享有下列三项专有权利：（1）授权以无线电广播其作品或以任何其他无线传送符号、声音或图像的方法向公众传播其作品；（2）授权由原广播机构以外的另一机构通过有线广播或无线广播向公众传播其作品；（3）授权通过扩音器或其他任何传送符号、声音或图像的类似工具向公众传送广播作品。

但是，行使上述权利的条件，由缔约国的国内法规定。而这些条件不应有损于作者的精神权利，也不应有损于作者获得公正报酬的权利。❶

(六) 朗诵权

朗诵权也是在布鲁塞尔修订会议上由比利时代表团提出，经讨论而订入公约的。公约巴黎文本第 11 条之三第 1 款规定，文学作品的作者享有"授权公开朗诵其作品，包括用各种手段和方式公开朗诵"以及"授权用各种手段公开播送其作品的朗诵"的专有权利。

朗诵权限定于文学作品。有人说朗诵权实际上就是表演权，是文学作品表演的一种形式。但是，朗诵后所固定下来的唱片和录音带等的放送，也属于朗诵权保护的范围之内。

---

❶ 见《伯尔尼公约》第 11 条之二第 2 款。

公约第 11 条之三（2）规定，文学作品作者在对其原作享有朗诵权的整个期间，也应享有对其作品的译作的同等权利。

（七）改编权

公约第 12 条规定，文学艺术作品的作者享有授权对其作品进行改编、整理和其他改造的专有权利。将小说改编成戏剧、将戏剧改编成电影等，都属于改编。如果将小说改编成戏剧，戏剧又改编成电影、电影又改编小人书（即连环画），而某出版社要出版这一小人书时，是否原作者、戏剧改编者、电影改编者以及小人书改编者都要授权，并需对所有这些人都支付报酬呢？有人主张简化，认为得到一头一尾的授权并向其支付报酬就可以了。剑桥大学 Cornish 教授曾讲过，英国和西方其他国家的做法大都需要得到原作者和所有改编者的授权，并向他们支付报酬。

（八）录制权

公约第 13 条规定的录制，只包括录音，不包括录像。这反映了公约发展的历史情况。录制权也称为作曲家的"机械"权（mechanical rights），是 1908 年柏林修订会议上订入公约的。布鲁塞尔会议（1948）和斯德哥尔摩会议（1967）上又有所改动。

有关文件的解释是，乐曲的作者和歌词的作者对其作品的录制享有专有权，但公约允许成员国对录制权规定保留及其条件，也就是可以规定强制许可，但其效力仅限于作出此项规定的国家，且在任何情况下都不得损害获得公正报酬的权利。

（九）电影权

公约第 14 条第 1 款规定，文学艺术作品的作者享有"授权将这类作品改编或复制成电影以及发行经过如此改编或复制的作品"，以及"授权公开表演演奏以及向公众有线广播经过如此改编或复制的作品"的专有权利。

公约第 14 条第 3 款规定，关于音乐作品录制的强制许可，对电影不适用。

公约第 14 条第 2 款规定，根据文学或艺术作品制作的电影作品以任何其他形式改编，在不损害电影作品作者授权的情况下，仍需经原作者授权。

（十）追续权

公约第 14 条之三第 1 款规定，对于作者和作曲者的艺术原作和原稿，作者或作者死后由国内法所授权的人或机构，享有作者第一次转让作品后从作品的任何再次转售中分享利益的不可剥夺的权利。然而，公约第 14 条之三第 2 款规定只有在作者本国法律承认这种保护的情况下，才可在本同盟成员国内要求对上述权利的保护，而且保护的程度应限于被要求给予保护的国家的法律所允许的程度。这就是追续权（droit de suite）。只有部分国家，如法国、德国等国法律规定保护追续权；另一些国家，如英国法律不承认追续权。因而，按公约规定，英国的作者不能在法国和德国要求享有追续权。这是国民待遇原则的一项例外。

公约第 14 条之三第 3 款还规定，追续权分享利益的方式和比例，由各国法律确定。

三、经济权利的保护期限

经济权利的保护期限是 1908 年柏林修订会议上订入公约的。《伯尔尼公约》巴黎文本第 7 条根据作品的不同类别规定了经济权利的不同保护期限。

1. 一般文学艺术作品

作者对这类作品的经济权利的保护期限，是作者有生之年加死后 50 年。❶ 这是公约规定的最低保护期，各成员国的规定可以高于这一期限，但不能低于这一期限。据西方文献所载，之所以规定为作者终生加死后 50 年，是因为考虑到当时三代人的感情和经济上的联系。随着科技经济的发展，人们的寿命也在延长。现在欧盟各国和美国的国内法都对一般文学艺术作品的保护期限延长到作者终生加上死后 70 年。

2. 电影作品

公约规定电影作品的最低保护期限是在作者同意下自作品公之于众后 50 年期满；如果作品摄制完成后 50 年内未公映，则最低保护期为作品摄制完成后 50 年期满。❷ 这一条是 1967 年斯德哥尔摩修订会议上订入公约的。

3. 不具名作品或署笔名的作品

公约第 7 条第 3 款对于这类作品又分别规定了几种情况。对一般不具名或署笔名的作品，其保护期为自其合法向公众发表之日起 50 年内；如根据其笔名可毫无疑问地确定其作者身份时，仍适用作者终生加死后 50 年；如不具名或署笔名的作者在保护期内公开其身份，保护期也应为作者终生加死后 50 年。如有充分理由可以假定不具名或署笔名作品的作者已死去 50 年，则公约成员国即没有义务再予以保护。

4. 摄影作品和实用美术作品

公约第 7 条第 4 款规定，对摄影作品和实用美术作品的最低保护期限为作品完成之后满 25 年。这比一般文学艺术作品的最低保护期限要短。对这两种作品的最低保护期限之所以规定短，其理由是不太复杂。当然，摄影界对此有不同意见。经过乌拉圭回合谈判而达成的《与贸易有关的知识产权协定》中，这两类作品的最低保护期限都没有变动。而 WIPO 版权公约第 9 条则规定，对于摄影作品，缔约方不得适用《伯尔尼公约》第 7 条第 4 款。

5. 合作作品

公约第 7 条之二规定，合作作品的版权，从最后死亡的作者死亡时算起，也即按上述（1）～（4）的保护期限办理。

公约第 7 条第 8 款规定，上述各类作品的保护期限，从作者死亡或各该款规定的事件发生之时开始，但其保护期限应从第二年 1 月 1 日起开始计算。在符合公约规定的情况下，期限由被要求给予保护的国家的法律来确定。但是，除该国法律另有规定外，保护期限不得超过作品起源国规定的期限。

四、对公约的保留

《伯尔尼公约》规定了允许缔约国可以保留的重要条款有以下几个：

1. 国际法院解决争端的保留

公约第 33 条第 1 款规定，两个或两个以上的伯尔尼同盟的成员国，在解释和适用《伯尔尼公约》时发生争端，经过谈判不能解决，如果有关国家不能就其他解决办法达

---

❶ 见《伯尔尼公约》巴黎文本第 7 条第 1 款。

❷ 同上，第 7 条第 2 款。

成协议，任何一方均可按国际法院规约通过起诉将争端提交给国际法院解决。按该条第2款规定，缔约国对国际法院解决争端的管辖权，可以声明保留。中国加入时就声明保留了这个条款。

2. 对公约实质性条款的保留

公约第28条第1款（b）规定，本同盟成员国可以在其批准书或加入书中声明不适用第1~21条以及附件，只适用第22~38条的程序条款。实质性条款仍适用原来批准或加入的以前的文本。

3. 翻译权的10年保留

公约第30条第2款（b）规定，成员国可以在加入公约时，声明不按第8条对作品翻译权的保护期限，即作者终生加死后50年，而按1896年公约文本第5条选择10年保留的条款。

五、对发展中国家的优惠待遇

公约巴黎文本规定有对发展中国家的优惠待遇。《伯尔尼公约》规定在附件的补充议定书里。《世界版权公约》规定在第5条，而且增加了第5条之二、之三和之四。在对发展中国家优惠待遇方面，两个公约大体相同，都是集中在颁发翻译强制许可证和复制强制许可证上。按联合国大会惯例被认为是发展中国家的，可以在批准或加入两个公约时声明要求享受对发展中国家的优惠待遇，即可以从本国当局获得非独占性的翻译强制许可证或复制强制许可证。

1. 翻译强制许可证

对于在其他成员国已经出版3年但还没有译成本国文字出版的作品，可以经本国当局授权将该作品译成本国文字出版，而不需经原作者同意。如果是将该作品译成英文、法文、西班牙文三种文字以外的其他文字出版，则经过1年期限就可以了。除期限要求外，颁发翻译强制许可证还要严格遵守一系列复杂的手续和条件：

（1）只能为教学、学习和科学研究的目的而颁发。

（2）申请人必须证明曾要求原作者授权、但未获得。

（3）如找不到原作者，申请人还要将申请的抄件用航空挂号的方式寄交原出版者及所属成员国的版权情报中心。该国如果没有版权情报中心，则应将申请书抄件交联合国教科文组织的国际版权情报中心。

（4）经过3年期限才能取得翻译强制许可证的，还要经过6个月的补充期限才能取得；需经过1年期限的，还要经过9个月的补充期限才能取得。

（5）申请方必须保证译文准确，并支付原作者以合理的报酬。合理报酬指两国的个人间自由商谈许可证时通常支付的报酬；如补偿的外汇汇出有障碍，主管当局应尽力利用国际机构以保证用可以兑换的货币汇出。

（6）翻译强制许可证只在申请许可证的缔约国有效，不能向外销售。

（7）如果原作者在某缔约国内出版的译文，文字相同，内容也大体一样，价格相当，则原颁发的许可证即停止生效。但以前的译本可继续出售，直至销完为止。

2. 复制强制许可证

复制强制许可证分为三种情况：

（1）对受公约保护的有关数学、自然科学和技术的作品，在首次出版3年以后可取得复制强制许可证；

（2）小说、诗歌、戏剧和乐曲以及美术作品，须首次出版7年以后；

（3）其他作品，须首次出版5年以后。

六、公约的追溯力

公约第18条规定了追溯力问题。其主要内容是：

（1）公约适用于所有在本公约开始生效时尚未因保护期满而在其起源国失去版权的作品。

（2）如作品因原来规定的保护期已满而在被要求给予保护的国家已失去版权，则该作品不再重新受保护。

（3）本原则应按成员国之间现有的或将要缔结的有关特别公约规定的条款实行；在没有这种条款时，各国分别规定实行上述原则的方式。

（4）新入盟以及因实行第7条或放弃保留而扩大保护范围时，也适用以上的规定。

【思考题】

1. 简述《伯尔尼公约》的基本原则。
2. 受《伯尔尼公约》保护的作品和权利有哪些？
3. 《伯尔尼公约》对发展中国家的优惠待遇有哪些？

第四十七章　因特网条约[*]

第一节　因特网条约的签订

《伯尔尼公约》从1886年缔结以来，随着科学技术的发展，一般每20年左右修订一次。最近一个文本是1971年的巴黎修订文本。20世纪70年代到80年代，涌现出大量而且重要的新技术，如静电复制、录像技术、卫星广播、有线电视以及计算机软件与电子数据库等。从而，制定新规范的要求也日益迫切。其准备工作通过两个方面进行：一方面由世界知识产权组织成立的专家委员会着手准备；另一方面则由乌拉圭回合谈判签订TRIPs，其中也包括因新技术发展而出现的新问题。世界知识产权组织专家委员会为了避免干扰乌拉圭回合谈判的正常进行，有意识地放慢了工作步伐。TRIPs签订后，世界知识产权组织加快了进度。数字技术，特别是因特网方面的问题，并没有包括在TRIPs中，而WIPO却早在1993年、1994年就于美国哈佛和法国巴黎召开了研讨会着手准备。当工作重新启动后，进展顺利，于1996年12月20日的外交会议结束之日签订了《世界知识产权组织版权条约》和《世界知识产权组织表演和录音条约》。这是第

---

[*] 1996年12月20日通过《WIPO版权条约》（WCT）和《WIPO表演和录音条约》（WPPT）。知识产权界通常把这两个条约合称为《因特网条约》。

一个涉及数字技术，特别是因特网的条约，故通常被称为《因特网条约》。❶

截至2002年3月6日已有30个国家批准了《WIPO版权条约》，同年5月20日也已经有30个国家批准了《WIPO表演和录音条约》，两个条约都已经先后生效。至同年6月，两个条约成员已分别达到35国和34国。我国尚未批准加入。然而，这两个条约是信息时代的重要条约，很有价值和发展前途。

第二节 世界知识产权组织版权条约

《世界知识产权组织版权条约》（WCT）共25条，未分章节。第1~14条是实体条款，第15~25条是行政管理条款。另附有《议定声明》9条，进一步解释了条约中可能发生不同看法的一些问题。条约主要内容如下：

一、与《伯尔尼公约》的关系

本条约是《伯尔尼公约》第20条意义上的专门协定。按《伯尔尼条约》第20条的规定，本条约可以给予作者比《伯尔尼公约》所规定的更多的权利或包括不违反《伯尔尼公约》的条款。但本条约不得与其他条约有任何联系，也不得损害任何其他条约的权利与义务。❷

条约规定，本条约的任何内容均不得减损缔约方相互间按《伯尔尼公约》已承担的义务。缔约各方应遵守《伯尔尼公约》第1~21条及附件的规定。缔约各方对本条约规定的保护应比照适用《伯尔尼公约》第2~6条的规定。

二、版权保护的范围

条约第2条规定，版权保护延及表达，而不延及思想、过程、操作方法或数学概念本身。这一点是公认的版权原理。《与贸易有关的知识产权协定》第9条已经有同样的规定。

三、计算机程序

条约第4条规定，计算机程序作为《伯尔尼公约》第2条意义上的文学作品受到保护。这种保护适用于各种计算机程序，而不论其表达方式或表达形式如何。TRIPs协定第10条第1款也有同样规定。

四、数据汇编（数据库）

条约第5条规定，数据或其他资料的汇编，无论采用任何形式，只要其内容的选择或编排构成智力创作，其本身即受到保护。这种保护不延及数据或资料本身，也不损害汇编中的数据或资料已存在的任何版权。TRIPs协定第10条第2款有同样的规定。

五、发行权

条约第6条规定，文学和艺术作品的作者应享有授权通过销售或转让所有权的其他形式，向公众提供其作品原件或复制品的专有权。这是在国际条约中第一次给发行权下

---

❶ 见WIPO前助理总干事DrMitialy Mihály Ficsor撰写的《21世纪的版权和有关权利》（Copyright and Related Rights at the Footstep of the 21st Century），载WIPO文件：WIPO/CR/SHA/98//，英文版，2~3页，1998（10）。

❷ 见《世界知识产权组织版权条约》第1条。

一个定义。《伯尔尼公约》没有规定发行权。

六、出租权

出租权与发行权是相互独立的权利。

条约第 7 条规定,计算机程序、电影作品和按缔约方国内法规定的以录音复制的作品的作者,应享受授权将其作品的原件或复制品向公众进行商业性出租的专有权。但是,上述规定不适用于程序本身并非出租主要对象的计算机程序;对于电影作品,须这种商业性出租已导致对该种作品的广泛复制,从而严重地损害了复制专有权。

七、向公众传输的权利

WIPO 专家委员会在准备草案时,都同意因特网和类似网络上的作品的传输应属于作者的专有权,但有适当的例外。但是,这种权利是向公众传输的权利,还是属于发行权,并没有达成一致意见,特别是在数字传输的问题上。最后在第 8 条规定,在不损害《伯尔尼公约》第 11 条第(1)款(ii)、第 11 条之二第 1 款(i)(ii)、第 11 条之三第 1 款(ii)、第 14 条第(1)款(ii)和第 14 条之二第(1)款规定的情况下,文学和艺术作品的作者应享有专有权,以授权将其作品以有线或无线方式向公众传输,包括将其作品向公众提供,使公众中的成员在其个人选定的地点和时间可获得这些作品。

向公众传输,最早是由欧盟提出的。它将数字传输,包括数字相互传输(digital interactive transmissions),特别是网络传输中按被传输入要求的时间和地点(on demand)传输信息。当然,这项权利范围更广一些,也包括网络传输以外的其他传输形式。

八、摄影作品的保护期限

条约第 9 条规定,对于摄影作品,缔约各方不得适用《伯尔尼公约》第 7 条第(4)款的规定。前面已提到过,《伯尔尼公约》的该项条款将摄影作品的保护期限,缩短为从完成之日起 25 年。在 WCT 制定中,认为这种缩短保护期的规定是"不当歧视"(un-justified discrimination)。不适用该条规定,即与一般作品的保护期相同。❶

九、限制与例外

条约第 10 条规定,缔约各方在某些特殊的、不与作品的正常利用相抵触、也不无理地损害作者合法利益的情况下,可在其国内立法中对依本条授予文学和艺术作品作者的权利规定限制或例外。而且缔约各方在适用《伯尔尼公约》时,应将对该公约所规定权利的任何限制或例外限于某些特殊的、不与作品的正常利用相抵触、也不无理地损害作者合法利益的情况。这一条涉及作品"合理使用"(fairuse)的问题,称为"三步检验法"。

十、关于技术措施的义务

条约第 11 条规定,缔约各方应规定适当的法律保护和有效的法律补救办法,制止规避作者为行使本条约所规定的权利而使用的并对就其作品进行未经该有关作者许可或未由法律准许的行为加以约束的有效技术措施。

"加密"是权利人保护其版权所通常采取的技术措施。其他人未经作者同意或法律准许而"解密"的,依本条规定,缔约各方应规定适当的法律保护和有效的法律补救

---

❶ 世界知识产权组织:《知识产权阅读材料》,1998 年英文版,第 266 页。

办法，以维护作者正当的，如"加密"之类的技术措施。

十一、关于权利管理信息的义务

条约第 12 条规定，缔约各方应规定适当和有效的法律补救办法，制止任何人明知或就民事补救而言有合理根据知道其行为会诱使、促成、便利或包庇对本条约或《伯尔尼公约》所涵盖的任何权利侵犯而故意从事的以下行为：（1）未经许可去除或改变任何权利管理的电子信息；（2）未经许可发行，为发行目的进口、广播或向公众传输明知已被未经许可而去除或改变权利管理电子信息的作品或作品的复制品。

本条规定的"权利管理信息"，是指识别作品、作品的作者、对作品拥有任何权利的所有人的信息，或有关作品的条款和条件的信息以及代表这种信息的任何数字或代码；各该项信息均附于作品的每件复制品上或在作品向公众进行传输时出现。

十二、关于权利行使的条款和适用的时限

条约第 14 条规定，缔约各方承诺根据其法律制度采取必要措施，以确保本条约的适用。缔约各方还应确保依照其法律可以提供执法程序，以便能采取制止对本条约所涵盖权利的任何侵犯的有效行为，包括防止侵权的快速补救和为遏制进一步侵权的补救。

条约第 13 条规定，各缔约方应将《伯尔尼公约》第 18 条的规定适用于本条约规定的一切保护。

第三节 世界知识产权组织表演和录音条约

《世界知识产权组织表演和录音条约》（WPPT），是在 1996 年 12 月 20 日签订的。条约共分 5 章 33 条。第 1 条到第 23 条（第 21 条除外）是实体条款，第 24 条到第 33 条以及第 21 条是行政管理条款。此外，还附有"议定声明"10 条。

条约的主要内容如下：

一、总则

总则包括第 1~4 条，共 4 条。

1. 与其他公约的关系

条约第 1 条规定，本条约的任何内容均不得减损缔约方相互间依照《罗马公约》已承担的现有义务。依本条约授予的保护不得触动、影响或解释为损害对文学和艺术作品版权的保护。本条约不得与任何其他条约（包括《世界知识产权组织版权条约》）有任何关联，也不得损害依任何其他条约的任何权利和义务。

2. 定义

条约第 2 条为本条约的一些词条规定了定义。

（1）"表演者"，指演员、歌唱家、音乐家、舞蹈家等以表演、歌唱、演说、朗诵、演奏、表现或以其他方式表演文学和艺术作品或民间文学艺术作品的其他人员；

（2）"录音制品"，指除以电影作品或其他音像作品所含的录制形式之外，对表演的声音或其他声音或声音表现物所进行的录制；

（3）"录制"，指对声音或声音表现物的体现，从中通过某种装置可感受、复制或传播该声音；

(4)"录音制作者",指对首次将表演的声音或其他声音或声音表现物录制下来提出动议并负有责任的自然人或法人;

(5)"发行",指经权利持有人同意并在以合理的数量向公众提供复制品的条件下,将录制的表演或录音制品的复制品提供给公众的行为;

(6)"广播",指以无线方式的播送使公众能接受声音、图像和声音或图像和声音的表现物;通过卫星进行的这种播送亦为"广播";播送密码信号,如果广播组织或经其同意向公众提供了解码的手段,亦是"广播";

(7)"向公众传输"表演或录音制品,指通过除广播以外的任何媒体向公众播送表演的声音或从录音制品录制的声音或声音的表现物。

3. 依本条约受保护的受益人

条约第3条规定,受益人是指缔约各方依本条约规定给予保护的其他缔约方国民的表演者和录音制品制作者。其他缔约方的国民,应被理解为符合《罗马公约》的标准并有资格受到保护的表演者或录音制品制作者。

4. 国民待遇

条约第4条规定,本条约授予的专有权,对因广播向公众传播获得合理报酬的权利方面,各缔约方均应将其本国国民的待遇,给予上述第3条第(2)款所定义的其他缔约方的国民。

二、表演者的权利

第二章"表演者的权利"第5~10条,共6条。

1. 表演者的精神权利

条约第5条规定,表演者应对其现场口头表演或以录音制品录制的表演,有权要求承认其系该表演的表演者。上述授予表演者的权利在其死后应继续保留,至少到其经济权利期满为止。为保障表演者权利而采取的补救办法,应由被要求提供保护的缔约方的立法规定。

2. 表演者对其尚未录制的表演的经济权利

条约第6条规定,表演者应享有对其表演进行下列授权的专有权:(1)广播和向公众传播尚未录制的表演,除非该项表演本身已属广播表演;(2)录制其尚未录制的表演。

3. 复制权

条约第7条规定,表演者应享有授权以任何方式或形式对其以录音制品录制的表演直接或间接地进行复制的专有权。

4. 发行权

条约第8条规定,表演者应享有授权通过销售或所有权转让的其他形式向公众提供其以录音制品录制的表演的原件或复制品的专有权。对上述原件或复制品经表演者授权被首次销售或以其他形式转让所有权后,其专有权用尽所依据的条件,都由缔约各方自由确定。

5. 出租权

条约第9条规定,表演者应按各缔约方国内法的规定,享有将其以录音制品录制的原件和复制品向公众进行商业性出租的专有权,即使该原件或复制品已由表演者发行或根据表演者的授权而发行。

6. 提供已录制表演的权利

条约第 10 条规定,表演者应享有专有权,以授权通过有线或无线的方式向公众提供其以录音制品录制的表演,使该表演可为公众中的每一个人(包括法人)在其个人选定的地点和时间获得。对本条规定的情况,各缔约方也可采用发行权或向公众传输权的方式。❶ 本条也是第一次将网络传输包括在国际条约之内。

三、录音制品制作者的权利

条约第三章规定了录音制品制作者的权利,第 11~14 条,共 4 条。

1. 复制权

条约第 11 条规定,录音制品制作者应享有授权以任何方式或形式对其录音制品直接或间接地进行复制的专有权。

2. 发行权

条约第 12 条规定,录音制品作者应享有授权通过销售或所有权转让的其他形式向公众提供其唱片的原件或复制品的专有权。对上述原件或复制品经录音制品制作者授权被首次销售或以其他形式转让所有权后适用该专有权用尽所依据的条件,由各缔约方自由确定。

3. 出租权

条约第 13 条规定,录音制品制作者应按各缔约方国内法的规定享有授权对其录音制品的原件和复制品向公众进行商业性出租的专有权,即使该原件或复制品已由其制作者发行或授权发行。

4. 提供录音制品的权利

条约第 14 条规定,录音制品制作者应享有专有权,以授权通过有线或无线的方式向公众提供其录音制品,使该录音制品为公众中的每一个人(包括法人)在其个人选定的地点和时间获得。本条与条约第 10 条的规定相同,可互相参照。

四、共同条款

条约第四章规定了共同条款,第 15~23 条,共 9 条。本章规定适用于表演者和录音制品制作者。

1. 因广播和向公众传播获得报酬的权利

条约第 15 条规定,为商业目的发行的录音制品及复制品直接或间接地用于广播或对公众的传播,表演者和录音制品制作者应享有获得一次性合理报酬的权利。各缔约方国内法可规定,该一次性合理报酬应由表演者或录音制品制作者或由双方共同向用户索取。如对分配报酬在表演者和录音制品制作者之间达不成协议,依各缔约方国内法规定办理。各缔约方可向 WIPO 总干事交存通知书,声明对一次性报酬权利予以限制或根本不适用。

---

❶ 世界知识产权组织国际局:"WIPO 表演和录音制品条约"(WPPT)(1996),载《亚太知识产权》英文版,41 页,1997(10~12)。

2. 限制与例外

条约第 16 条规定，各缔约方的国内立法，可在对表演者和录音制品制作者的保护方面规定与其国内法中对文学和艺术作品的版权保护所规定的相同种类的限制或例外。但是，这类限制与例外应限于某些特殊的、不与录音制品正常利用相抵触、也不无理地损害表演者或录音制品制作者合法利益的情况。

3. 保护期

条约第 17 条规定，表演者权的保护期，应从表演以录音制品录制之年的年终算起，至少持续到 50 年期满为止。录音制品制作者权的保护期，应从该录音制品发行之年的年终算起，至少持续到 50 年期满为止；或者，如录音制品从录制完成时起 50 年未被发行，则应从录制完成之年的年终起至少持续 50 年。

4. 关于技术措施的义务和关于权利管理信息的义务

条约第 18 条规定了关于技术措施的义务，第 19 条规定了关于权利管理信息的义务，其内容与前面谈到过的《WIPO 版权条约》的相关规定一样，可进行参照。

5. 手续

条约第 20 条规定，享有和行使本条约规定的权利无须履行任何手续。

6. 保留

条约第 21 条规定，除第 15 条规定的向 WIPO 总干事交存的通知书可对一次性报酬进行保留外，不允许对本条约有任何其他的保留。

7. 适用的时限

条约第 22 条规定，各缔约方应将《伯尔尼公约》第 18 条的规定，比照适用于本条约规定的表演者和录音制品制作者的权利。但各缔约方可将对表演者精神权利的适用限制在本条约对该缔约方生效后进行的表演上。

8. 关于权利行使的条款

条约第 23 条规定，缔约方应承诺根据其法律制度采取必要法律措施，以确保本条约的适用，并应确保依其法律可提供执法程序，以便能采取制止侵权行为的有效行动，包括防止侵权的快速补救和为遏制进一步侵权的补救。

【思考题】

1. 《世界知识产权组织版权条约》的主要内容是什么？
2. 《世界知识产权组织表演和录音条约》的主要内容是什么？

第四十八章　与贸易有关的知识产权协定

《与贸易有关的知识产权协定》，英文简称为 TRIPs Agreement，是经过关税与贸易总协定乌拉圭回合谈判而形成的世界贸易组织框架内的一个有关知识产权的协定。其中包括知识产权国际保护方面的重要发展成果。

中 文 部 分

第一节　与贸易有关的知识产权协定的谈判与订立

第二次世界大战结束以来，随着经济的恢复和科学技术的迅猛发展，知识产权的地位日益重要。加强知识产权保护对掌握科技优势的西方发达国家有着切身利害关系，❶而引进先进技术、发展国民经济对于广大发展中国家也是关系重大。从而，在知识产权国际保护方面出现了激烈的冲突。

从 20 世纪 60 年代大量发展中国家取得政治上的独立后，强烈要求在国际知识产权领域进行有利于发展中国家的修订和采取新的措施。新一轮修订《巴黎公约》的建议就是 20 世纪 70 年代由发展中国家提出的。他们还在联合国贸发会议上倡议缔结一个国际技术转让的"行动守则"。这些活动遭到了以美国为首的强烈抵制，终于夭折。美国看到这个发展势头对自己不利，于是极力主张将阵地转到关贸总协定上来。

关贸总协定原来是货物贸易领域的一个重要的国际协定，由于美国等发达国家的坚持而将知识产权作为新议题列入乌拉圭回合谈判的议程。为准备这些谈判，巴西、印度等国提出、《10 国集团方案》，瑞士等国提出《20 国集团方案》（包括知识产权议题），阿根廷等国又提出折中方案与 10 国集团立场相近。因不能一致起来，乃将三个方案一并提交 1986 年在埃斯特角举行的部长会议。部长会议上争论十分激烈。美国贸易代表尤特扬言，新一轮贸易谈判如果不包括知识产权、投资和服务贸易，美国就拒绝参加。❷ 直到闭幕那一天，才在一揽子妥协的基础上，发展中国家各方勉强同意把知识产权谈判写进部长会议宣言，纳入新一轮乌拉圭回合谈判的范围。

从 1986 年到 1988 年 12 月的蒙特利尔中期评审部长会议期间，知识产权议题没有什么进展。后经 1989 年 4 月日内瓦高级会议上的艰苦谈判，才在逐步削减农业补贴取得进展的同时，达成知识产权框架协议。从 1989 年 5 月起开始实质性谈判。

美国、日本、欧共体、瑞士、斯堪的纳维亚各国、加拿大、澳大利亚、新西兰等国，都提出了内容基本相近的提案。据美方人士称，美国提案的主要内容是：（1）须是实用性的，且是为了取得具体成果；（2）要改进知识产权保护水平；（3）制订出执行方面的义务；（4）符合作品和发明人的利益。❸ 阿根廷、巴西、智利、中国、哥伦比亚、古巴、埃及、印度、尼日利亚、秘鲁、坦桑尼亚和乌拉圭 12 个发展中国家于 1990 年 5 月 14 日也提出建议案文，与西方国家案文分歧较大。美国还动用其 1988 年修订的《综合贸易与竞争法》中的所谓"特殊 301 条款"，进行威胁。一直到 1991 年 12 月才在

---

❶ 据美国国际贸易委员会估计，1986 年有 193 家公司因知识产权保护不充分而蒙受损失达 238 亿美元；同年全部工业所遭受的损失约在 430 亿 ~ 610 亿美元；丧失约 13 万个工作岗位。见《美国知识产权委员会、日本经团联和欧洲工业雇主联合会关于欧洲、日本和美国对关贸总协定知识产权条款基本框架的声明和意见》，1988 年英文版，第 12 ~ 13 页。1986 年正是乌拉圭回合开始谈判的那一年。

❷ 见美国贸易代表署（USTR）负责知识产权事务的高级官员 Emery Simon 在德国慕尼黑郊区林贝尔格宫举行的一次研讨会上的发言，载《GATT or WIPO? New Ways in the International Protection of Intellectual Property》，1989 年英文版，第 24 ~ 25 页。

❸ 见 Emery Simon：《GATT or WIPO? New Ways in the International Protection of Intellectual Property》，1989 年英文版，第 24 页。

美国、英国、日本、德国等 10 个发达国家和印度、巴西、中国等 10 个发展中国家的反复磋商下，达成 TRIPs 的草案。1994 年 4 月 15 日在马拉喀什签订，1995 年 1 月 1 日起生效。

TRIPs 协定属于世界贸易组织框架下的多边协定（multilateral Agreements）。凡世贸组织的成员必须加入。中国"入世"，也就加入了 TRIPs 协定。截至 2002 年 6 月，世贸组织成员共有 145 个，因而 TRIPs 协定的成员也是 145 个。TRIPs 协定共 73 条，分为 7 个部分。❶

第二节 前　言

协定前言中包括各成员就本协定的一些重大问题达成的共识。它对理解与运用协议中的条款有重要意义。

各成员表示，希望减少国际贸易中的扭曲和障碍，需要促进对知识产权的有效和充分的保护，并保证知识产权执法的措施和程序本身不致成为合法贸易的障碍。

为达到上述目的，需要制订新的规则和纪律。

各成员承认知识产权是私权。这也是国际知识产权条约中第一次作出这样的规定。各成员承认作为保护知识产权制度基础的公共政策目标，包括发展和技术的目标。承认最不发达成员在其境内实施法律和规章方面特别需要有最大限度的灵活性，以便使它们能创立良好和可行的技术基础。

各成员强调通过多边程序达成强有力的承诺，以解决与贸易有关的知识产权问题争端，从而减少紧张的重要性。

各成员希望在世界贸易组织和世界知识产权组织以及其他有关国际组织之间建立相互支持的关系。这两个组织在 1995 年 12 月 22 日已经签订了一项合作协定。

第三节 总则和基本原则

协定第一部分规定了总则和基本原则，第 1~8 条，共 8 条。

一、义务的性质和范围

各成员应实施本协定的规定。在不与本协定相抵触的情况下，还可以规定更广泛的保护。

为了达成本协定的目的，"知识产权"一词指第二部分第 1~7 节规定的各类知识产权：版权和有关权利、商标、地理标志、工业品外观设计、专利、集成电路布图设计（拓扑图）及未公开信息的保护。❷

协定第 1 条规定，各成员应将本协定规定的待遇给予其他成员的国民。❸ 就知识产

---

❶ 《与贸易（包括假冒商品贸易在内）有关的知识产权协议》有好几个中译文，各有特色。本编主要采用外经贸部译本，个别地方有所改动。

❷ 民间教材有将"对许可合同中限制竞争行为的控制"也列入知识产权范围，不妥。

❸ 本协定原注（1）：本协议提到"国民"时，当世界贸易组织成员是单独关税区时，是指在该关税区内有住所或有真实和有效的工商营业所的自然人或法人。

权而言，其他成员的国民应理解为符合《巴黎公约》（1967）、《伯尔尼公约》（1971）和《关于集成电路知识产权条约》等规定的有资格享受保护的标准的自然人或法人，犹如世贸组织的所有成员均为各该公约的成员一样。单独关税区成员不是主权国家，不能成为上述四公约的成员，其"国民"按本协定原注（1）办理。

二、知识产权公约

协定第2条规定，就本协议第二、第三和第四部分而言，各成员应遵守《巴黎公约》（1967年）第1条至第12条以及第19条的规定。协定第一至第四部分的任何规定，均不应有损各成员间现有的按照《巴黎公约》、《伯尔尼公约》、《罗马公约》和《集成电路知识产权条约》所相互承担的义务。

TRIPs协定属于多边贸易协定，凡加入WTO的成员都必须加入TRIPs协定，不能保留，否则就不能成为WTO成员。TRIPs协定纳入了《巴黎公约》和《伯尔尼公约》的实体条款，凡是WTO/TRIPs成员（现在是145个）而不是《巴黎公约》或《伯尔尼公约》的成员，也都要执行后两个公约的实体条款。甚至尚未生效的《集成电路布图设计华盛顿条约》的实体条款也纳入了TRIPs协定，从而也被145个成员所执行。《罗马公约》的部分条款则以相同的文字移入TRIPs协定，也被全体成员所执行。因而，四个国际知识产权公约的适用范围大大扩展，标志着知识产权国际保护进入了发展的新阶段。[1]

三、国民待遇

在知识产权保护方面，除《巴黎公约》（1967）、《伯尔尼公约》（1971）、《罗马公约》和《集成电路知识产权条约》允许的例外以外，每一成员给予其他成员国民的待遇不应比其给予本国国民的待遇较为不利。就表演者、录音制品制作者和广播组织而言，国民待遇只适用于本协议规定的权利。

但是，协定第3条规定，国民待遇原则可以允许司法和行政程序方面的例外，包括在成员管辖范围内指定送达文件的地址或者委派代理人，只要这些例外是为确保遵守与本协定不相抵触的法律和规章所必要的，而且其实施方式对贸易不会构成变相的限制。

四、最惠国待遇（或称最惠方待遇）

关于知识产权的保护，协定第4条规定，任何成员对任何其他国家（不限于本协定成员）的国民所给予的任何利益、优惠、特权或豁免，应立即无条件地给予所有其他成员的国民。最惠国待遇一直是关贸总协定的一个重要原则，但是，在国际知识产权条约中却是第一次规定的。这与本协议是"与贸易有关"分不开的。协定允许最惠国待遇有例外。

五、关于获得或维持保护的多边协定

协定第5条规定，世界知识产权组织主持下缔结的有关获得或维持知识产权多边协定中规定的程序，如PCT，则不适用国民待遇和最惠国待遇。

---

[1] 郭寿康："WTO与知识产权国际化的新发展"，载《中国版权》2002年第4期，第15～17页。

六、权利用尽

权利人首次出售包含知识产权的产品后,其权利已经用尽。但是,是在该国范围内用尽,还是在国际范围内用尽,各国做法不同。平行进口是国际上争论很多的一个问题,一直不能达成协议。因此,本协定第6条规定,为了依本协定解决争端的目的,在符合国民待遇和最惠国待遇的规定下本协定的任何规定不得用于处理知识产权的用尽问题。

七、目　标

协定第7条规定,知识产权的保护和执法应有助于促进技术革新以及技术转让和传播,有助于使技术知识的创造者和使用者互相受益,有助于社会和经济福利以及有助于权利和义务的平衡。

八、原　则

协定第8条规定,各成员在制订或修订其法律和规章时,可以采取必要措施,以保护公共健康和营养以及促进对其社会经济和技术发展至关重要的部门的公共利益,但以这些措施符合本协定的规定为限。

第四节　关于知识产权的可获得性、范围和使用的标准

这是协议的第二部分,内容很多,第9~40条,共32条。

一、版权和有关权利

有关规定第9~14条,共6条。

(一)与《伯尔尼公约》的关系

协定第9条规定,各成员应遵守《伯尔尼公约》(1971)第1~21条以及公约附录,但第6条之二规定的精神权利不在其内。

同条规定,版权的保护仅延伸至表达,而不延伸至思想、构思、程序、操作方法或者数学概念本身。

(二)计算机程序和数据汇编

协定第10条规定,计算机程序,不论是以源代码还是以目标代码表达,应按《伯尔尼公约》(1971)作为文字作品予以保护。数据汇编或其他资料汇编,不论是用机器可读形式或者其他形式,如果对其内容的选择或安排构成智力创作,即应予以保护。但这种保护不及于数据或资料本身,不应损害存在于数据或者资料本身的版权。

(三)出租权

协定第11条规定,至少就计算机程序和电影作品而言,各成员应授予作者及其权利继受人准许或者禁止将其享有版权作品的原件或复制品向公众商业性出租的权利。

(四)保护期间

协定第12条规定,除摄影作品和实用艺术作品外,如果作品的保护期间不是以自然人的终生为计算基础,则该期间自授权出版之年年终起不得少于50年;或者,如自作品完成起50年内没有授权出版。则该期间自作品完成之年年终起不少于50年。

(五)限制和例外

协定第13条规定,各成员应将各种专有权的限制和例外局限于某些特殊情形,而

且与作品的正常利用不相冲突，不会不合理地损害权利持有人的合法利益。

（六）表演者、录音制品制作者和广播组织的保护

协定第 14 条规定，表演者应有可能制止未经其许可对其未曾固定的表演加以固定和复制，也应有可能制止未经其许可而将其现场表演以无线方法广播和向公众传播。

录音制品制作者应享有许可或禁止直接或间接复制其录音制品的权利。

广播组织应有权禁止未经其许可而将广播予以录制、复制录制品、以无线广播方式传播以及将广播组织的电视广播向公众传播。

计算机程序出租权的规定应比照适用于录音制品制作者和各成员法律确定的其他权利持有人。

表演者和录音制品制作者享受的保护，至少应保护到 50 年期满，自固定制作和举行表演之年年终起计算。广播组织的上述权利，自广播播出之年年终起至少 20 年。

任何成员在《罗马公约》允许限度内，可以对表演者、录音制品制作者和广播组织的上述权利规定条件、限制、例外和保留。《伯尔尼公约》第 18 条关于追溯权的规定也应比照适用表演者和录音制品制作者就录音制品所享受的权利。

二、商标

有关规定从第 15 条至第 21 条，共 7 条。

（一）可保护客体

TRIPs 协定第一次在国际知识产权公约上对商标和服务商标下了定义，即任何标记或标记组合只要能够将一个企业的商品或服务从其他企业的商品或服务中区别开来的，均能构成商标。这些标记，尤其是单词（包括人名）、字母、数字、图案的成分和颜色的组合以及这些标记的组合，均可以注册为商标。如果标记缺乏区别商品或服务的固有能力，各成员可以将其可否注册取决于通过使用是否取得了显著性。各成员可以将视觉可感知的标记作为注册的条件。

各成员可将能否注册取决于使用。但商标的实际使用不应作为提交注册申请的条件，不应由于从申请之日起三年内未使用而拒绝其申请。

（二）授予的权利

协定第 16 条规定，注册商标所有人应享有专有权，以制止所有第三方未取得所有人同意而在贸易中将与注册商品相同或近似的标记使用于与该商标所注册的商品或服务相同或类似的商品或服务，而这种使用可能会造成混淆。上述权利不应损害任何现有的在先权利。

在确定是否驰名商标时，各成员应考虑有关部门及公众对该商标的知晓程度，包括该商标因宣传的作用而在有关成员领域内为公众所知晓的程度。

（三）例外

各成员对商标所授予的权利可以规定有限的例外，如描述性词语的合理使用，但以这些例外考虑了商标所有人和第三方的合法利益为限。

（四）保护期限

协定第 18 条规定，商标的首次注册和每一次续展的期限，不应少于 7 年。商标注册可以无限期地续展。

（五）使用要求

协定第 19 条规定，如果使用是维持注册所必要的，则只有至少连续三年不使用，而商标所有人又未说明存在有妨碍使用的正当理由，才可以取消其注册。

（六）其他要求

协定第 20 条规定，商标在贸易中使用不应受到不合理的特殊要求妨碍，如要求与其他商标一起使用，以特殊形式使用或者要求其以损害其将一个企业的商品或服务区别于另一企业的商品或服务能力的方式使用。

（七）授予许可和转让

协议第 21 条规定，各成员可以规定商标许可和转让的条件，但不允许商标的强制许可，注册商标所有人有权将商标连同或不连同商标所属的企业一起转让。

三、地理标志

（一）地理标志的保护

协定第 22 条规定，地理标志是指表明一种商品来源于某一成员的领土内或者该领土内的一个地区或地方的标志，而该商品特定的质量、声誉或其他特性主要是由于其地理来源所致。各成员应为有利害关系的各方提供法律手段，以制止在商品名称或外表上使用某种方法以明示或暗示有关商品来源于真实原产地以外的一个地理区域，从而在该商品的地理来源方面误导公众以及构成不正当竞争行为。遇到上述情况发生时，各成员应依职权或依利害关系方请求，拒绝该商标注册或使注册无效。各国通常采用三种方法保护地理标志：单独方法（如法国）、商标法用集体商标（如德国）、证明商标（如美国）以及反不正当竞争法（如瑞典）。

（二）对葡萄酒和烈酒地理标志的附加保护

协定第 23 条规定，各成员应制止将识别葡萄酒的地理标志用于标示不是来源于该地理标志所指明的地方的葡萄酒，或者将识别烈酒的地理标志用于不是来源于该地理标志所指明的地方的烈酒，即便是已经标示了商品的真实来源地，或者该地理标志使用的是翻译文字，或者伴有"类""式""仿"等类似的表述。

四、工业品外观设计

（一）保护的要求

协定第 25 条规定，各成员应对独立创作并具有新颖性或原创性的工业品外观给予保护。各成员可规定，外观设计如与已知的外观设计或其特征的组合没有显著的区别，即为无新颖性或无原创性；而且这种保护不应延及主要根据技术或功能考虑而创作的外观设计。

（二）保护

协定第 26 条规定，受保护的外观设计所有人，应有权制止第三人未经其同意而为商业目的制造、销售或进口载有或体现有受保护的外观设计的复制品或实质上是复制品的物品。各成员可以规定有限的例外，但须在考虑第三方合法利益的情况下，并不与该外观设计的正常利用不合理地相冲突，也并未不合理地损害外观设计所有人的合法利益。外观设计的保护期限至少为 10 年。

五、专利

（一）可获专利的主体

协定第 27 条规定，除下述情况外，所有技术领域的任何发明，不论是产品还是方法，只要具有新颖性、创造性并能在产业上应用，都可以获得专利。但各成员为了保护公共秩序和道德，包括保护人、动物或植物的生命或健康，或者为了避免严重损害环境，有必要在其领土上制止某些发明的商业利用的，对这些发明可以不授予专利。各成员也可以对医治人或动物的诊断、治疗和手术方法，以及植物、动物（微生物除外）和生产动植物的生物学方法，不授予专利。但对非生物学的方法和微生物方法可以授予专利。各成员应依专利或有效的专门制度或依二者的结合，保护植物品种。

（二）授予的权利

协定第 28 条规定，专利权人的权利包括：

对专利产品，专利权人有权制止第三方未经其同意而制造、使用、许诺销售、❶ 销售或为这些目的而进口该产品。

对专利方法，专利权人有权禁止第三方未经其同意而使用、许诺销售、销售或为这些目的而进口依该方法直接获得的产品。

专利所有人应有权转让或依继承而转让该专利权以及缔结许可合同。

（三）对专利申请人规定的条件

协定第 29 条规定各成员应要求专利申请人以足够清楚和完整的方式公开发明，使有关技术领域的技术人员能够实施该项发明；并可要求申请人说明在申请提交日或优先权日发明人所知道的实施该项发明的最佳方式。各成员也可要求申请人提供相应的外国申请和授予专利的信息。

（四）授予权利的例外

协定第 30 条规定，各成员国可以对专利权规定少数例外，但应在考虑第三方合法利益的情况下，不与专利的正常利用发生不合理的冲突，且并未不合理地损害专利所有人的合法利益。

（五）未经权利人许可的使用

协定第 31 条规定，未经专利权人许可而使用，包括政府使用或经政府授权的第三方使用，应遵守下列规定：

这种使用许可应个案考虑；需经努力按合理商业条款请求权利人许可，但在合理期限内并未获得许可时，才能启动。在国家处于紧急状态或有其他极端紧急情况或有公共的非商业使用的情况时，各成员可以放弃上述要求。该使用的范围和期限应受许可使用的目的限制。对半导体技术，只能限于为公共的非商业性使用或者用于经司法或行政程序确定为反不正当竞争做法的补救。须是非独占性的；除与享有这种使用的企业或商誉

---

❶ Offering for sale，有的译文为"出售的要约"，恐不妥当，也有译为"提供销售"，也颇费解。美国 Hennesey 教授告诉笔者，Offering for sale 比"出售要约"要广，还包括"要约的邀请"在内。《美国合同法重述》（第二版）有关部分，三次出现"建议"（proposal）的字样。我国专利法新修订本中，采用"许诺销售"。

一起转让外,不得单独转让。主要是为了授予该项许可的成员的本国市场;如果导致该项许可的情况已不存在,且不大可能再发生时,该项使用许可即应终止。应根据个案情况,考虑许可的经济价值,向权利持有人支付足够报酬。对于使用许可的决定,应受到司法审查或上一级机关的独立的复审。提供使用报酬的决定,也应受到司法审查或上一级机关的独立复审。

(六)撤销或丧失

协定第32条规定对撤销专利或使专利丧失的决定,均应提供司法复审的机会。

(七)保护期限

协定第33条规定,专利保护期限为自申请提交之日起不少于20年。

(八)方法专利及其举证责任

协定第34条规定,对侵犯方法专利,司法当局应有权责令被告证明其获得相同产品的方法与专利方法不同。在下列情况下,任何未经专利所有人同意而生产的同样产品,如无相反证明,即应视为是依该项专利方法而获得:

如果依专利方法所获得的产品是新产品。

如相同产品很可能是该专利方法所制造,而专利所有人经过相当的努力仍未能确定其实际使用的方法。

在引用相反证明时,应考虑被告保护其生产和商业秘密的合法利益。

六、集成电路布图设计(拓扑图)

(一)与《集成电路知识产权条约》的关系

各成员同意,按照《集成电路知识产权条约》第2~7条[第6条第(3)款除外]和第16条第(3)款的规定,对集成电路布图设计提供保护。值得注意的是,该项条约至今尚未生效。除上述保护外,本协议第36条还规定了对集成电路布图设计的其他各项保护。

(二)保护的范围

未得权利持有人许可不应为下列行为:为商业目的进口、销售或以其他方式发行受保护的布图设计、含有受保护的布图设计的集成电路或者含有这样的集成电路的物品。保护含有受保护的集成电路的物品,是在缔结《集成电路布图设计知识产权条约》的华盛顿外交会议上,因争议激烈而未订入该项条约,而在乌拉圭回合谈判中则增订入TRIPs。

(三)无须权利人许可的行为

协定第37条协定,如果进行或命令进行含有非法复制布图设计的集成电路或含有这样集成电路的物品的行为的行为人,不知也没有合理的根据应知它包含有非法复制的集成电路,则不应认为其行为为非法。集成电路的强制许可,比一般行为要多一个条件,即行为人不知或不应知。

(四)保护期限

协定第38条规定,在以登记为保护条件的成员中,布图设计的保护期限自登记申请之日起或自在世界上任何地方第一次商业利用之日起至少要满10年;在不以登记为保护条件的成员中,布图设计的保护期限自在世界上任何地方第一次商业利用之日起至少10年。各成员可以规定，布图设计创立后15年，即终止保护。

七、未公开信息的保护

协定第39条规定，自然人和法人应有可能制止他人未经其同意，以违反诚实的商业做法的方式，获得、使用或向他人公开在其合法控制下的信息。该信息受保护的条件是：

（1）信息是保密的，即该信息的整体或各部分的确切排列和组合，并不是通常从事有关这类信息的人所普遍了解或容易获得的；

（2）由于是保密信息因而具有商业价值；

（3）合法控制该项信息的人已经根据情况采取了合理措施予以保密。

八、协议许可中对反竞争行为的控制

协定第40条规定，各成员可以在其立法中规定在特定情况下会构成对知识产权的滥用、在有关市场上对竞争有不利影响的做法的条件，并可采取适当措施制止或控制这些做法，如排他性的回授条件、制止对知识产权有效性提出质疑的条件和强迫性一揽子授予许可。

第五节　知识产权的执法

这是协议的第三部分，第41~60条，共20条。

一、一般义务

协定第41条规定，各成员应保证其国内法中提供本部分规定的执法程序，以便能采取有效行动来反对任何侵犯本协定所规定的知识产权的行为，包括可迅速制止侵权的救济和构成阻止进一步侵权的威慑的救济。这些程序适用的方式应避免对合法贸易造成障碍，并应提供保障以防止其滥用。

知识产权的执法程序应当公平和公正，不应不必要地复杂或费用过高，也不应规定不合理的期限或导致不应有的拖延。

就案件是非作出的决定，最好写成书面，并说明理由。决定应提供给诉讼当事人，不得无故拖延，并且只应以证据为根据，且已向当事人提供陈述意见的机会。

当事人应有机会要求司法机关对终局行政决定进行复审，对初审司法决定的法律方面也可以要求复审，但对刑事案件中的无罪判决不必提供复审的机会。

二、民事和行政程序及救济

（一）公平和公正的程序

协定第42条规定，各成员应提供知识产权执法的民事司法程序。被告应有权得到及时及足够详细的书面通知，包括权利主张的根据，可由独立的法律顾问代表出庭。

（二）禁令

协定第43条规定，如果一方当事人已提供合理得到的并足以支持其主张的证据，但表明有关证实其主张的证据处于对方控制之下，则司法机关应在信息机密受到保护的条件下，责令对方提交证据。如果诉讼一方当事人无正当理由拒绝查阅必要的信息或在合理期限内不提供必要的信息或明显阻碍与执法诉讼有关的程序，则可由各成员授权司法机关作出肯定的或否定的、初步的或终局的决定。

（三）强制令

协定第 44 条规定，司法机关有权命令当事人停止侵权，在海关放行后制止侵犯知识产权的进口商品进入商业渠道。

（四）损害赔偿

协定第 45 条规定，如侵权人明知或有合理根据应知其进行了侵权活动，则司法机关有权责令侵权人向权利持有人支付足以补偿后者由于侵权人侵犯其知识产权所受损失的赔偿金。司法机关还有权责令侵权人向权利持有人支付所花费的费用，包括律师费。即使侵权人并非明知或有合理根据应知其进行了侵权活动，各成员仍可授权司法机关责令返还利润和（或）支付法律预先规定的损害赔偿金。

（五）其他救济

协定第 46 条规定，司法机关应有权责令将正处于侵权状态的商品清除出商业渠道或予以销毁，而不给予任何补偿。司法机关还有权责令将主要用于制作侵权产品的材料和工具，清除出商业渠道而不给予补偿。对假冒商标的商品，仅除去非法附在商品上的商标尚不足以允许将商品放行使其进入商业渠道。

（六）信息权

协定第 47 条规定，司法机关应有权责令侵权人将参与生产和销售侵权商品或服务的第三方的身份及其销售渠道告知权利持有人。

（七）对被告的赔偿

协定第 48 条规定，如果请求采取措施的一方滥用执法程序，司法机关应有权责令该当事人向由于这种滥用而遭受损害的另一方提供足够的补偿。司法机关还有权责令申请人向被告支付所花费的费用，包括律师费。只有在采取和拟采取的行动属于善意时，各成员才可免除政府机关和官员采取适当救济措施的责任。

（八）行政程序

协定第 49 条规定，如由于行政程序就案件是非曲直的裁决而导致责令进行任何民事救济，则这些程序也应符合与本节规定实质上相同的原则。

三、临时措施

协定第 50 条规定，司法机关有权采取迅速而有效的下列临时措施：

（1）制止侵犯知识产权行为的发生，尤其是制止有关商品、包括由海关放行的进口商品，进入商业渠道。

（2）保存被指控侵权的有关证据。

司法机关有权在迟延将对权利持有人造成不可弥补的损害或证据显然有被毁灭的可能时，不听取另一方的意见而立即采取临时措施。如果采取临时措施时未听取另一方的意见，则最迟应在执行该措施后立即通知受影响的各方。根据被告的请求，应对采取的临时措施进行复审，以决定是否应予以修正、撤销或确认。如果临时措施后来被撤销、失效或被发现并没有侵害或威胁侵害知识产权，则司法机关依被告请求有权命令申请人向因采取临时措施而受到损害的被告提供适当补偿。

四、边境措施

各成员应制定程序，以便权利人在有确凿理由怀疑有假冒商标货物或盗版货物可能进口时，可以向行政或司法主管机关提出书面申请，要求海关中止放行，以免进入自由流通。各成员也可制订相应程序，对由其境内出口的侵权货物由海关中止放行。

主管机关应有权要求申请人提供足够的保证金或同等的担保。中止对货物的放行，应迅速通知进口人和申请人。送达通知后10个工作日内，海关当局未接到已提起诉讼的通知，也未接到授权机关已采取临时措施延长对货物中止放行期限的通知，则货物应予放行。但在适当情况下，这一期限可以再延长10个工作日。有关当局有权命令申请人向被错误扣留货物的进口人、收货人和商品所有人支付适当补偿。

五、刑事程序

各成员至少应对故意的具有商业规模的假冒商标和盗版案件，规定刑事程序和处罚，包括监禁、罚金、扣押、没收、销毁侵权货物以及主要用于犯罪的材料和工具。

第六节 知识产权的获得、维持以及当事人之间的程序

协定第62条规定，各成员可以要求应符合获得和维持知识产权的条件，但必须履行合理的程序和合理的手续。如果通过授权或注册才能获得一项知识产权，则各成员应保证能在合理的期间内获得授权或注册，以免无端缩短保护期限。

《巴黎公约》优先权的规定应比照适用于服务商标。

获得或维持知识产权的程序以及成员国内法有规定的行政撤销和当事人之间的程序，如异议、撤销和注销，应遵守第41条第2款和第3款规定的一般原则。在上述每一项程序中作出的终局行政决定，应受司法机关或准司法机关的复审。但在异议或行政撤销不成立时，只要提出这些程序的根据可成为无效程序的理由内容，则对这些程序中作出的决定没有提供复审的义务。

第七节 争端的防止和解决

一、透明度

协定第63条规定，各成员已经生效的、与本协定内容有关的法律和规章以及普遍适用的终审司法判决和终局行政决定，均应以本国语言公布。如果公布实际上不可行，则应以本国语言使公众可以得到，以便各成员政府和权利持有人能够知悉。一个成员政府或政府机构同另一成员政府或政府机构之间有效的、有关本协议内容的协定，也应予以公布。各成员应将上述法律和规章通知与贸易有关的知识产权理事会，以便协助理事会审查本协定的实施情况。

一个成员应响应另一个成员的书面要求，提供上面所述的信息。任何成员如果有理由相信另一成员在知识产权领域存在一项特殊的司法判决、行政决定或双边协定影响其在本协定下的权利，也可以书面请求该另一成员提供查阅或告知该司法判决、行政决定或双边协定的足够详细的内容。

上述各项规定不要求各成员公开那些会妨碍法律执行或违反公共利益的机密信息，或损害特定的公有或私有企业的合法商业利益的机密信息。

透明度是防止争端的重要因素。

二、争端的解决

根据本协定，有关该协定的争端，除协定另有规定的以外，均应按照1994年《关税与贸易总协定》第22条和第23条的规定予以解决。总协定的这两条规定，在乌拉圭回合谈判中经解释和适用而达成了《关于争端解决规则和程序的谅解》。

第八节 过渡安排、机构安排与最后条款

协定第65条规定，发达国家成员应在世界贸易组织协定生效之日后1年开始适用本规定。发展中国家适用本协定的时间应再推迟4年，但国民待遇、最惠国待遇及本协定第5条的规定除外。从计划经济向市场经济转变中的成员，以及正在进行知识产权制度结构改革并在制订和实施知识产权法律和规章中面临特殊困难的成员，也可享受给予发展中国家的延迟期限的利益。享受延期实施的成员，应保证在此期间内对其法律、规章和做法上的改变不会降低其与本协定规定相符的程度。

协定第67条规定，鉴于最不发达国家成员的特殊需要和要求，其经济、财政和管理压力以及需要灵活性以创立有活力的技术基础等因素的考虑，不应要求这些成员在本协定生效11年内适用协定。但国民待遇、最惠国待遇和第5条的规定除外。

协定第71条规定，与贸易有关的知识产权理事会，应监督本协定的实施，尤其应监督各成员对本协定义务的履行，并向各成员提供机会，就与贸易有关的知识产权事项提供协商。该理事会应在本协定生效之日起经过5年的过渡期，即对本协定的实施情况进行审查。其后每两年，理事会应根据协定实施情况，对协定定期审查。

协定第72条规定，未得其他成员同意，不得对本协定的任何规定提出保留。

【思考题】

1. 试述与贸易有关的知识产权协定的基本原则。

中 文 部 分

《国际经济法(第二版)》导言[*]

应邀共同主持编写《国际经济法》这一本教材以后,20年前逐步酝酿、建立国际经济法这门课程的一幕幕情景,不断地再现于头脑中。趁本书即将再版之际,想改变一下通常教材仅以对象、概念等开头的写法,把我国建立国际经济法这门课程、学科的来龙去脉作为开头,再结合阐述一些本课程总的方面问题。这样的尝试,想来会对年青一代学子学习、钻研国际经济法这门课程会有所帮助。

一、国际经济法课程的孕育、诞生和发展

从清末变法以来,一直到党的十一届三中全会实行以经济建设为中心和改革开放政策,在这一段漫长的岁月中,法学领域里从未听说过有国际经济法这样的课程,也没有在文献中见到过"国际经济法"这个术语。

"四人帮"倒台,邓小平同志复出,形势逐渐出现变化。在北京开始,复校不久的中国人民大学法律系和着手恢复的社会科学院法学研究所的原来从事国际私法和外国民商法教学与研究工作的四位同志[❶]一起商量,想把国际、国内有关国际经济贸易方面的条约和法律,尽量纳入国际私法课程,还计划编一本把调整国际经济贸易的条约和法律的实体规定和冲突法都包括在内的《国际私法》教科书,并进行写作分工。后因情况变化很快,未能出版。我们这种想法,与在国内外享有盛誉的韩德培教授的想法不谋而合。原来从事国际私法的三位同志后来参加了韩老主编的法学教材《国际私法》,影响很大,这就是人们常说的"大国际私法"体系。

十一届三中全会以后贯彻实行改革开放方针,对外经贸合作逐步展开,涉外法律法规逐步颁布施行,学术界也开始参加这方面的国际活动和修订国际经贸方面的条约、公约的工作。尤其是1979年7月8日颁布《中外合资经营企业法》后,陆续制定了一些涉外法律法规,冲破了法学方面的许多"禁区"。形势发生了很大变化。本来,国际私法这门课程传统上就是讲冲突法,英国A. V. Dicey的名著就名为《冲突法》。美国相应课程既讲国际的私法冲突也包括各州之间的法律冲突,所以通常都名为《冲突法》。《国际私法》究竟是国际法还是国内法,是私法还是公法,国内外学者争论很大。记得

---

[*] 节选自郭寿康、赵秀文主编:《国际经济法(第二版)》,中国人民大学出版社2006年第二版,第1~16页。

[❶] 即中国人民大学法律系和社会科学院法学研究所长期从事国际私法和外国民商法教研工作的刘丁、郭寿康、姚壮和任继圣。

笔者在40年代听老前辈唐纪翔（嘉甫）先生的国际私法课程时，他第一句话就说："国际私法者，国内公法也。"将调整涉外和国际民商事的条约和实体法放在国际私法课程中是否妥当，还需要进一步研究探索。在80年代初，调整涉外和国际民商事的实体法不断增加，而真正属于冲突规范的法律法规却还很少。直到1985年颁布《涉外经济合同法》和1986年的《中华人民共和国民法通则》才打破了"适用外国法"这一"禁区"，正式有了我国的冲突规范。在这种情况下，把《中外合资经营企业法》等数量日益增多的调整涉外和国际民商事关系的实体规范纳入国际私法课程中，颇有喧宾夺主、名不副实之感。也就是在这个时候，中央一些领导人的文章和讲话中开始出现经济法，这给我们很大启发。我们中国人民大学法律系的几位老教师开始酝酿是否可以将大国际私法的课程分为国际经济法和国际私法两门课来讲，国际私法主要讲冲突法，而国际经济法则侧重于国际统一实体规范的教学。于是分工合作，1981年10月迅速完成了国际私法和国际经济法的教案编写工作，其中国际经济法油印出版，国际私法铅印出版，作为中国人民大学学生的校内用书。因此，中国人民大学自1978年复校以来，在全国率先将国际经济法和国际私法的教学区别开来。在南方，差不多同时，姚梅镇、周子亚、陈安等先生也开始提出和研究国际经济法，筹办了培训班。稍后，武汉大学以姚梅镇教授为首的教学集体，厦门大学以陈安教授为中心的教学集体，华东政法学院曹建明教授领导下的教学集体以及北京大学、中国政法大学、对外经贸大学等高等院校，陆续出版了一些国际经济法教材与专著，有些法学院校还设立了独立的国际经济法系或研究所。最近有些院校又将国际经济法与国际公法、国际私法合并为国际法学一门专业，但也有不同意见。❶ 将三门课程归并为国际法一门课程的，在法律高等院校中，还没看到。1987年在姚梅镇教授和其他一些专家学者的积极努力下，成立了中国历史上第一个全国性的国际经济法学术团体——中国国际经济法学会，还出版了《国际经济法论丛》（后改名为《国际经济法学刊》）。曹建明教授还两次登上中南海的讲堂，为中央领导同志讲授国际经济法方面的专题。中国加入世界贸易组织——国际经济法特别是其中的国际贸易法的一个重大课题，一直是法律工作者以及全国人民关心的问题。2005年，在中国法学会下设立了国际经济法研究会，由沈四宝教授主持。总之，20年来，国际经济法这门课程和学科，从无到有，取得了令人瞩目的发展。

不必讳言，中国近现代法学教育及课程设置，如宪法、行政法、民法、民事诉讼法、刑法、刑事诉讼法、公司法、票据法、保险法、海商法以及国际公法、国际私法等，绝大多数都是从国外引进或受到西方国家和日本的重大影响。有意思的是，国际经济法这门原本应该是"洋气十足"的课程，在中国倒是适应改革开放的需要而自己摸索建立起来的，不是简单从外国"引进"的。以后了解到，外国也有国际经济法的教材和专著，但国外的法律院校很少用这个名称开设课程，而且直到目前，也远不如像中国这样被广泛接受。

---

❶ 韩德培教授："论国际公法、国际私法与国际经济法的合并问题——兼评新版《授予学位和培养研究生的学科、专业目录》中有关法学部分的修订问题"，见陈安主编：《国际经济法论丛（第1卷）》，法律出版社1998年版，第1～8页。

二、国际经济法的概念、学说和调整范围

国际经济法,作为一个独立的法律部门、学科和课程,为时不久。学者们的看法并不一致,甚至相差甚远。各种独立的法律部门,一般都可以一开始就提出该学科的概念,如民法是调整平等主体之间的财产关系和人身关系的法律规范的总和。❶ 尽管在表述上可能会有所差异,但在基本认识上却是一致的。但是,对国际经济法的概念,不同的观点间存在着很大的不同。不先把这些不同的看法讲清楚,就难以提出一个国际经济法的总的概念。

前面,我们谈到了国际经济法在我国产生和建立的情况。实行改革开放政策以来,陆续颁布了许多涉外经济贸易的法律法规,签订和加入了不少的国际经贸方面的多边和双边条约。法学作为上层建筑部门,应该为经济建设这个中心服务,从而导致建立国际经济法这门学科和课程。应该说,我国对外开放比国外晚了很多年,许多国家在发展国际经贸关系方面早就起步了。

按照英国著名学者施米托夫的说法,"国际商法"在中世纪就出现了。"它是以商人习惯法的形式出现的,即事实上支配那些往返于商业交易所在的文明世界的各港口、集市之间的国际商业界普遍适用的国际习惯法规则。"❷ 也有人将国际经济法产生的萌芽推到更早,甚至一直到公元纪元以前。❸ 历史上进入了资本主义,特别是 19 世纪后期和 20 世纪前期,国际经济贸易交往发展很快,规模也越来越大。相应的,国际经贸方面的条约、国内立法和国际惯例也大量增加。有些影响较大,甚至到现在以至将来仍然将发挥着重要作用。其中包括有《保护工业产权巴黎公约》(1883,后经多次修订)、《保护文学艺术作品伯尔尼公约》(1886,后经多次修订)、《商标国际注册马德里协定》(1891,后经多次修订,还颁布了《商标国际注册马德里协定实施细则》并经多次修订,以及 1989 年签订的《商标国际注册马德里协定有关议定书》)。《关于船舶碰撞统一法律规定的国际公约》(1910)、《关于海上救助和捞救统一法律规定的国际公约》(1910)、《关于提单统一法律规定的国际公约》(1924,通常被称为《海牙规则》)、《关于国际航空运输统一法律规定的公约》(1929,通常被称为《华沙公约》)、《关于本票、汇票统一法规的公约》(1930)以及《关于支票统一法规的公约》(1931)等。国际贸易方面的重要惯例经国际商会整理于 1936 年首次颁布,名称为《国际贸易术语解释通则》(*International Rules for the Interpretation of Trade Terms*,INCOTERMS,最新的修订本已于 2000 年 1 月 1 日起生效)。国际法协会也于 1932 年制定了《1932 年华沙—牛津规则》,沿用至今。与此同时,国际统一私法协会制定了《国际商事合同通则》(1997,2004)。

第二次世界大战以来,国际经贸领域的双边和多边条约,国际组织的决议以及有关

---

❶ 参见《中华人民共和国民法通则》第 2 条。

❷ [英] 施米托夫著,赵秀文译,郭寿康审校:《国际贸易法文选》,中国大百科全书出版社 1993 年版,第 4 页。

❸ 曹建明、陈治东主编:《国际经济法专论(第 1 卷)》,法律出版社 2000 年版,第 55 页以下;陈安主编:《国际经济法学专论(上编、总论)》,高等教育出版社 2002 年版,第 25 页以下。

的国家立法大量涌现。有的西方学者认为这些规范构成国际经济法的组成部分❶，并将年代追溯到第二次世界大战后期也是有道理的。❷ 第二次世界大战结束前夕，在美国积极策动下，45 个国家于 1944 年 7 月在美国新罕布什尔州布雷顿森林签订了《国际货币基金组织协定》和《国际复兴开发银行协定》。第二年正式成立了国际货币基金组织和世界银行，形成了"布雷顿森林体制"（Bretton Woods System）。1947 年 10 月，23 个国家又在瑞士日内瓦签订了《关税与贸易总协定》。这三项协定成为战后世界经济，特别是资本主义各国经济的三大支柱。然后，随着大批前殖民地和附属国家取得主权独立，要求改变符合西方发达国家的世界经济旧秩序，建立合理的世界经济新秩序的呼声，逐渐响亮地震撼国际舞台。

20 世纪 60 年代这方面的重大事件，包括联合国大会于 1962 年 12 月通过了《关于天然资源的永久主权原则》和 1964 年 3 月在日内瓦召开了第一届联合国贸易与发展会议，后来还被确认为联合国的常设机构，全名为 United Nations Conference on Trade and Development，简称为 UNCTAD。前者承认一切国家对其境内的全部自然资源都享有不可剥夺的永久主权，引进开发自然资源的外国资产，必须遵守东道国的法律，服从东道国的司法管辖，在一定条件下东道国政府有权对外国投资实行国有化和征用。后者在发展中国家推动下，逐步制订了有利于发展中国家的调整国际经济关系的一些新的规范，打破了发达国家在形成调整国际经贸关系的条约和规范方面包揽一切的局面。

20 世纪 70 年代，发展中国家要求改变国际经济旧秩序，建立国家经济新秩序的呼声更加高涨。在以 77 国集团为代表的发展中国家的倡议和积极努力下，在中国和其他国家的支持下，联合国第六届特别会议于 1974 年 5 月通过了《建立新国际经济秩序宣言》和《建立新国际经济秩序行动纲领》。同年 12 月 12 日，联合国大会又通过了《各国经济权利和义务宪章》。这种种努力和活动，当然遭到了旧经济秩序的维护者和既得利益者，特别是霸权主义者的抵制和反对。

与此同时，联合国、有关国际组织以及许多国家间，陆续制订了大量的调整国际经济贸易关系的公约和规范性文件。其中重要的有《关于国际货物买卖统一法公约》（1964）、《关于国际货物买卖合同成立统一法公约》（1964）、《国际货物买卖时效期限公约》（1974）、《联合国国际货物买卖合同公约》（1980）、《联合国海上货物运输公约》（1978，简称《汉堡规则》）、《联合国国际货物多式联运公约》（1980）、《联合国国际汇票和本票公约》（1988）、《解决国家与他国国民间投资争议公约》（1965）、《建立多边投资担保机构公约》（1985，又称《汉城公约》）、《承认与执行外国仲裁裁决公约》（1958，简称《纽约公约》）等。

此外，还有属于国际惯例方面的《国际贸易术语解释通则》（INCOTERMS 1980，1990，2000）、《跟单信用证统一惯例 500 号》（1993）以及具有示范性质的《国际商事

---

❶ Philip Kunig, Nids Lau, Werner Meng 编：《国际经济法·基本文件》，1993 年英文第二版，第 XI 页；PVerloren Van Thermat：《国际经济法变化中的结构》，1981 年英文版。

❷ Philip Kunig, Niels Lau, Werner Meng 编：《国际经济法·基本文件》，1993 年英文第二版，第 XII 页。

合同通则》(1994)和《联合国贸易法委员会电子商务示范法》(1996)等。

正是在第二次世界大战结束以后,国际经济贸易方面的公约、惯例、国内立法、规范性文件以及法院案例大量涌现,学术界教学与研究工作为适应实践发展的需要也逐步发展起来。据资料记载,早在1948年英国伦敦大学就设置了国际经济法这门课程。❶后来,西方一些国家也陆续出版了国际经济法以及虽然不用国际经济法这一名称但实际上是讲这方面内容,如"跨国法""跨国经济法"以及"国际经济关系的法律问题"等的教材和专著。在国际经济法的研究过程中逐渐地形成了两种截然不同的学说——"狭义说"与"广义说"。

"狭义说",也可以叫做"国际法分支说"。主张狭义说的学者几乎都是从事国际公法教学与研究工作的。他们认为,国际经济法是国际公法的分支。虽然传统的国际公法主要调整国家之间的政治、外交、军事等非经济关系,不直接涉及国家之间的经济关系。像从荷兰的格劳秀斯到英国的奥本海的早期著作中,都基本上没涉及国际经济问题。西方主张"狭义说"的学者与中国主张"狭义说"的学者都认为,作为国际法分支的国际经济法是调整国家之间、国际组织之间以及国家与国际组织之间经济关系的法律规范。因而,国际经济法的主体是国家和国际组织,不包括个人。在市场经济条件下,国家和国际组织很少亲自参与国际贸易等方面的关系,从而狭义国际经济法调整的国际经济关系也相应的窄得多。主张"狭义说"的学者有英国的施瓦曾伯格、福克斯,法国的卡罗、朱伊亚尔和弗洛里,美国的沙赫特、亨金,德国的霍亨维尔登、艾尔勒,荷兰的范台玛。我国学者史久镛和汪渲也主张"狭义说"。譬如,施瓦曾伯格讲"国际经济法是国际公法的一个分支;它涉及自然资源的所有权与开发、货物的生产与销售、经济或金融性质的无形国际交易、通货与金融、有关服务和从事这些活动者的地位与组织。"❷ 福克斯认为,国际经济法可以定义为调整国家、国际组织和其他国际机构(international means)相互间经济的法律。❸ 美国的沙赫特认为,"国际经济法广义来说,是指国家间经济关系的法律规则与程序"。❹ 德国的霍亨维尔登认为,"国际经济法是指国际公法上那些直接关系到国际法主体之间的经济交往的规则",它"仅是整个国际公法学科的一部分,但这是重要的部分"❺。荷兰的范台玛(Verloren Van Themat)认为,国际经济法是"关于跨国经济关系的国际公法(直接或间接地基于条约)的全部规范"❻。史久镛先生所给的定义是,"国际经济法是国际公法的一个分支,它是国际经济

---

❶ 周忠海:《国际经济关系中的法律问题》,中国政法大学出版社1993年版,第7页;曾华群:《国际经济法导论》,法律出版社1997年版,第22页。

❷ [英] G. 施瓦曾伯格:《世界经济秩序》,1970年英文版,第4页。

❸ 参见"国际经济法与发展中国家",见[英]福克斯主编:《国际经济法系列丛书(第二卷)》,1992年英文版,第22页。

❹ [美]沙赫特:《国际法理论与实践》,1991年英文版,第300页。

❺ [德]霍亨维尔登(Seidl-Hohenveldern):"国际经济法",载《海牙国际法学院讲演集(第2册)》,1986年英文版,第1页。

❻ [荷] Verloren Van Themat:《国际经济法变化中的结构》,1981年英文版,第9页。这一定义为CParry和JGrant于1986年出版的《国际法百科辞典》(英文版)所引用。

秩序的法律方面，反映国际经济关系的法律秩序，其具体范围是与国际经济法活动的内容相符合的"❶。

"广义说"，也可以称为"独立法律部门说"。主张"广义说"的学者，不同意把国际经济法仅限于调整国家和/或国际组织相互之间的经济关系，从而也不同意将国际经济法只看做是国际公法的一个分支。战后国际经济关系与相应的法律规范迅速发展。在和平时期，发展经济已成为各个主权国家面临的极其重要的任务。而世界经济的一体化和各国之间的经济交往与合作，也以空前的规模不断发展。在市场经济的条件下，各个国家的私人和公司积极参与国际的经济贸易交往，占有非常重要的地位。而"狭义说"只将国家和国际组织作为国际经济法的主体，将个人和公司排除在外，那么大量存在且日益发展的国际调整私人和公司之间经济贸易的实体规范，从理论上讲，既不能纳入国内法，也不能包括在主要属于国际私法以及"狭义说"所主张仅调整国家和/或国际组织之间经济关系的国际经济法。则这一数量庞大且极其重要的国际经济关系及相应的法律规范岂不是无所归属了吗？这是人们不能不考虑的现实。"广义说"正是基于这种情况，把不同国家间的个人、法人以及国家和国际组织之间的经济关系都纳入国际经济法调整的范围，打破传统公法与私法的界限，把国际经济法看成是独立的新兴的法律部门。

国外主张"广义说"的代表人物，包括德国的哈姆斯（B. Harms），彼特斯曼（E. U. Petersmann）美国的杰塞普、斯泰纳、瓦茨、杰克逊、洛文费尔德以及日本的樱井雅夫和小原喜雄等。在这些主张广义说的学者之中，有些虽然没有使用国际经济法这一名称，而是使用像跨国法、跨国法律等术语，但其实质上的含义是相同的。譬如，德国的彼特斯曼提出"国际经济的法律"，以区别于"经济的国际法"（the international law of the economy）。他认为国际经济的法律（the law of the international economy）是"世界经济的民间、国家和国际规则的功能统一体"（a functional unity of the private, national and international regula-tions of the world economy）。❷ 美国哈佛大学的斯泰特和瓦茨在惠赠给我的1986年版《跨国法律问题》（Transnational Legal Problems）中，把调整不同国籍私人间的投资、贸易法律关系都包括在内。❸ 纽约大学洛文费尔德在其多卷的系列教材中，将"国际私人贸易"和"国际私人投资"都以单独一卷出版。❹ 美国的法学院大多设有"国际商务交往"（International Business Transaction, IBT），其内容与广义国际经济法大体相当。❺ 我国讲授与研究国际经济法的学者及其出版物大多数均主张广义

---

❶ 史久镛："论国际经济法的概念和范围"，载《中国国际法年刊》1983年，第372页。

❷ ［英］福克斯主编：《国际经济法与发展中国家——导论（第二卷）》，1992年英文版，第13页。

❸ ［美］斯泰特，瓦茨：《跨国法律问题》，1986年英文版，序言第19~20页。

❹ 洛文费尔德于1976~1979年主持编写了六卷本的《国际经济法》教材，影响颇大。1985年出第二版。1996年又开始出第三版。

❺ RHFolson, MWGordon, JASpanogle 合著的 International Business Transaction，为美国许多法学院用作教材。

说。❶ 本书作者也持这种观点。

国际经济法，作为一个独立的法律部门，可以理解为：调整不同国家的个人、法人、国家以及国际组织间经济关系的国际法和国内法的规范总和。

虽然"广义说"与"狭义说"之间的争论仍然在进行，一些从事国际公法研究的学者还反对将国际经济法作为一个独立的法律部门，包括这么广泛的领域。国际经济法是一门新兴学科，尚待逐步完善与充实。不同意见的交流、讨论，甚至激烈的争论，对这门新兴学科的建立大有裨益。在我国，将国际经济法作为一个独立的法律部门，一个重要理由就是适应改革开放的需要。我国日益广泛地参与国际经济贸易关系，在国际贸易方面居世界第三位，在引进外资方面好几年仅次于美国而居世界第二位。把调整如此大量而复杂的国际经济关系的规范，纳入国际公法不合适，纳入国际私法也不合适，纳入国内法更不合适。建立国际经济法这一门新兴学科，看来是一个可行的举措，已为日益众多的学者所接受。❷

随着国际经济法的发展和研究的深入，国际经济法也逐渐形成了许多分支。各个分支也陆续建立了单独的课程，主要有国际贸易法、国际投资法、国际金融法、国际税法、国际经济组织法、国际海商法、国际民事诉讼法和国际商事仲裁法等，包括调整国际经济关系的实体法规范和程序法规范。❸

三、国际经济法的基本原则

国际经济法的基本原则，是指对国际经济法全部规范都有普遍指导意义，适用于国际经济法所有领域并为国际社会所普遍接受的原则。应该说，这些基本原则对于国际经济法规范的制订、理解和运用都具有重要的意义。但是，由于各国经济状况的差异和所

---

❶ 刘丁、姚梅镇、陈安、曹建明、余劲松等教授编写的国际经济法教材，均采广义说。

❷ 争论总是会有的，也有利于学科的发展和进步。即便主张"广义说"的学者，也会在某些问题上有不同看法。譬如，有的著作将国际经济法定义为"调整自然人、法人、国家和国际组织在国际经济交往中所形成的各种法律关系的国内法规范和国际法规范的总称"。（参见曹建明主编：《国际经济法学》，北京：中国政法大学出版社 1999 年版，第 3 页。）在我看来，"调整在国际经济交往中所形成的各种法律关系"，似乎范围太宽。"法律关系"是法律调整社会社会关系而产生的权利义务关系，而不好说这种权利义务关系再一次被法律规范来调整。总之，这样的提法值得推敲。但是，这属于讨论、争鸣的范畴，总会有益于学科的建设，也不必强求一致。

❸ 国内外一些著作也有把属于冲突法的国际私法，部分地或全部地纳入国际经济法的范畴。譬如，美国杰克逊和戴维于 1986 年出版的《国际经济关系的法律问题》一书的第二版就把国际贸易交往法分为三个层次，而将法律冲突（国际私法）放在第一个层次里（见该书第 4 页）。我国学者曾华群教授在其《国际经济法导论》一书中明确表明：以冲突规范为主要内容的国际私法，可进一步划分为用于调整涉外经济关系和调整涉外人身关系的冲突规范。前者属于国际经济法的范围（见该书第 51 页）。本书作者认为这一观点值得商榷。国际私法中大部分内容是用于调整含有涉外因素的经济关系的规范。调整含有涉外因素的人身关系的规范，如行为能力、婚姻等方面的冲突规范，只占国际私法的很少部分。把调整涉外经济关系的冲突规范也纳入国际经济法，就等于把国际私法的大部分纳入国际经济法，国际私法也就不再单独存在了。这种由国际经济法"吞下"起码是大部分国际私法的做法，就如同"大国际私法""吞下""国际经济法"的做法一样，都有些过于膨胀了。此外，这也不符合国际上通常都承认国际私法的惯常做法。

处经济发展阶段的不同，对国际经济法基本原则的认识和理解也有很大区别。从联合国大会一致通过或压倒多数通过的文件中，人们可以看到这些基本原则已被全体成员国或绝大多数成员国所承认。属于这一类的联合国文件有：联合国大会第六届特别会议于 1974 年 5 月一致通过的《建立新国际经济秩序宣言》和《建立新国际经济秩序行动纲领》以及联合国大会于 1974 年 12 月 12 日以压倒多数通过的《各国经济权利与义务宪章》。❶ 此外，像国际法协会于 1986 年 8 月在汉城召开的第 62 届大会的报告中所提出的调整国际经济关系的 9 项原则等，也是值得人们注意的重要文件。从上述这些文件中，我们可以归纳出国际经济法的以下几项基本原则。

（一）国家主权原则

联合国宪章的宗旨与原则中就规定了各会员国主权平等原则。旧金山制宪会议上第一委员会所提交的报告中将这项原则解释为"国家都享有完全主权的固有权利"。

1962 年 12 月 14 日联合国大会通过的《关于自然资源永久主权宣言》（第 1803 号决议）中就宣告："各国必须根据主权平等原则，互相尊重，以促进各民族和各国自由有利行使其对自然资源之主权"；"侵犯各民族及各国对其自然与资源的主权，即系违反联合国宪章的精神与原则，且妨碍国际合作的发展与和平的维持。"

《建立新国际经济秩序宣言》中规定："各国对本国的自然资源以及一切经济活动拥有完整的、永久的主权……这种权利是国家享有完整的永久主权的一种体现。任何国家都不应遭受经济、政治或其他形式的胁迫，阻挠它自由充分地行使这一不可让渡的权利。"这里应该强调的是，"各国对一切经济活动拥有完整的、永久的主权"。《各国经济权利与义务宪章》中也规定："各国对本国的全部财富、自然资源以及全部经济活动，都享有并且可以自由行使完整的、永久的主权，其中包括占有、使用和处置的权利。"

正是基于国家经济主权的原理，《各国经济权利与义务宪章》规定：各国有权"将外国财产的所有权收归国有、征收或转移。在收归国有、征收或转移时，应由采取此种措施的国家给予适当的赔偿"。但是，霸权主义国家对于前殖民地、附属国以及一些发展中国家实行的国有化、征收等措施，极力反对。但他们也不得不承认这种措施是基于国家经济主权的合法行为。至于是"合理补偿"，还是"充分、及时、有效的补偿"，争论十分激烈。后面讲到国际投资法部分还要比较详细的进行剖析。

（二）公平、平等、互利原则

《建立新国际经济秩序宣言》序言指出，新国际经济秩序"应该建立在一切国家待遇公平（equity）……的基础上"。《各国经济权利与义务宪章》也宣告其基本宗旨（fundamental purpose）是"促进建立以一切国家待遇公平（equity）、主权平等、共同受益和协力合作为基础的国际经济新秩序"。

什么是公平？这是一个涉及意识形态的问题。不同的国家由于经济上的差异和所处

---

❶ 对《各国经济权利与义务宪章》投反对票的 6 个国家是：比利时、丹麦、联邦德国、卢森堡、英国和美国。投弃权票的 10 个国家是：奥地利、加拿大、法国、爱尔兰、以色列、意大利、日本、荷兰、挪威和西班牙。

经济发展的阶段不同，认识上会有很大区别。从广大发展中国家的切身利益出发，包括发达国家在内的许多有识之士都会认为逐步缩小以致消除发展中国家与发达国家之间的贫富悬殊状态，给予发展中国家以一定的优惠待遇和普惠制待遇，是公平的。而一些死抱住旧国际经济秩序不放的人，则片面强调贸易自由化，市场准入，只顾自己发财，不管别人死活的做法，显然是不公正的。

平等互利是中国倡导的和平共处五项原则之一。基于国家主权原则，国家不分大小、强弱和贫富，在国际经济法面前一律平等。大国、强国、富国不能以大压小，以强凌弱，以富欺贫。《各国经济权利与义务宪章》规定的"国际经济关系的基本准则"中，就包括有"一切国家主权平等"和"公平互利"。只有平等才能互利，不公平就谈不上什么互利。宗主国同殖民地、附属国之间没有平等而言，也就谈不上什么互利。同时，也只有互利才能达到真正的平等。形式上的平等，一方攫取大量利益而另一方却遭受严重经济损失，也就不是真正的平等。此外，互利也不能仅从眼前来看，还要从长远来看，对发展中国家给予一定的优惠待遇和普惠制待遇，绝不是什么恩赐。发展中国家逐步摆脱经济困难，生产有所发展，生活有所改善，发达国家才能够面对有购买力的市场，推销商品，取得利润。杀鸡取卵、上门逼债，从长远来看，对己也并非有利。明智人士将会认真考虑，以取得双赢，即互利。

(三) 国际合作发展原则

和平与发展是人类当前面临的两大基本问题。发展权是人权的一个重要组成部分。联合国大会于1986年通过了《发展权利宣言》，其中指出发展权是一项不容剥夺的人权。在通过这个宣言时，压倒多数的146个国家投赞成票，8个发达国家投弃权票，投反对票的只有美国一家。著名的国际法专家、曾经担任过国际法院院长的纳格德拉·辛格法官认为该宣言"不容置疑地确认发展权利是一项公认的国际法原则"[1]。

要发展经济，改善和提高人民生活，从外部条件来说，必须开展国际的经济合作。历史证明，一个国家闭关自守不与别国开展经济合作与交流，是很难发展经济的。《各国经济权利与义务宪章》中规定："国家合作以谋发展是所有国家的一致目标和共同义务，各个国家都应对发展中国家的努力给予合作，提供有利的外界条件，给予符合其发展需要和发展目标的积极协助，要严格尊重各国的主权平等，不附带任何有损他们主权的条件，以加速他们的经济和社会发展"。"所有国家有责任在经济、社会、文化、科学和技术领域进行合作，以促进全世界、特别是发展中国家的经济发展和社会进步。"《关于各国依联合国宪章建立友好关系与合作的国际法原则宣言》强调了各国间相互合作的义务，指出"各国不论在政治、经济及社会制度上有何差异，均有义务在国际关系各方面彼此合作。各国应在促进全世界尤其是发展中国家的经济增长方面彼此合作。"

实现发展权，谋求发展经济和改善人民生活，就需要开展国际合作与交流，互通有无，在合作与竞争的过程中实现优势互补。而开展国际合作则又需要以互相尊重国家主权、贯彻公正、平等、互利原则为基础，否则也就实现不了国际合作。即使勉强建立了合作关系，也是维持不下去的。从这个角度来看，国家经济主权原则，公正、平等、互

---

[1] 曾华群：《国际经济法导论》，法律出版社1997年版，第211页。

利原则和国际合作发展原则是相互紧密联系、不可分割的。如上所述，对于国际经济法的基本原则及其包含的内容，看法可能并不一致，但是应该说我们上面所谈到的几个基本原则是各国、在某些方面至少是大多数国家已经取得了共识。

四、国际经济法的渊源

如前所述，本导言作者认为国际经济法包括国际法规范，也包括国内法规范。因而，这里所谈到的国际经济法渊源，将涉及国际经济条约、国际组织决议和规范性文件、国际商务惯例、国内涉外经济立法以及法院判决和学说等问题。

（一）国际经济条约

国际经济条约是国家、国际组织间所缔结的调整其经济关系中权利与义务的国际协议。国际经济条约对缔约国有拘束力，适用"条约必须遵守"（pacta sunt servanda）这一国际法原则，从而是国际经济法的重要渊源。

重要的多边造法性的国际经济条约有：《国际货币基金协定》（1944）、《国际复兴开发银行协定》（1944）、《建立世界贸易组织协定》（1994）、《联合国国际货物销售合同公约》（1980）、《统一提单的若干法律规则的国际公约》（1924）、《联合国海上货物运输公约》（1978）、《联合国国际货物多式联运公约》（1980）、《统一汇票、本票法公约》（1936）、《统一支票法公约》（1931）、《保护工业产权巴黎公约》（1883）、《保护文学艺术作品伯尔尼公约》（1886）、《解决国家与他国国民间投资争议公约》（1965）、《多边投资担保机构公约》（1985）以及《承认和执行外国仲裁裁决公约》等。

此外，还有大量区域性的多边国际经济条约和双边国际经济条约。

国际经济条约在国内的法律效力，各国不同，大致可分为二种情况。一种是无须任何手续、批准或加入的国际经济条约自动在国内生效（self-executing），另一种是批准或加入的国际经济条约必须以国内法形式公布以后才生效。

我国《民法通则》第 142 条第 2 款规定："中华人民共和国缔结或者参加的国际条约同中华人民共和国的民事法律有不同规定的，适用国际条约的规定，但中华人民共和国声明保留的除外。"我国在加入世界贸易组织前后，学术界深入讨论了这个问题，意见也不一致；我国宪法中也没有明确规定。笔者认为，WTO 协议并不要求成员方直接适用 WTO 各项协议。《建立世界贸易组织协定》第 16 条第 4 款规定："每一成员应保证其法律、法规和行政程序与所附各协定对其规定的义务各相一致。"笔者认为，非直接适用，亦即"转化为国内法"适用是比较适当的。[1] 我国"入世"前，大量法律、法规的立、改、废就体现出这种精神。

（二）国际惯例

国际惯例指在国际交往中经过长期实践、使用而逐渐形成的习惯性的法律规范。《国际法院规约》第 38 条第 1 款第 2 项规定，国际法的渊源之一为："国际习惯，作为通例之证明而经接受为法律者"（international custom, as evidence of a general practice accepted as law）。学界通常都承认国际惯例是国际经济法的渊源。

一些重要的国际条约和国内立法都承认国际经贸惯例的规范性和拘束力。《联合国

---

[1] 曹建明主编：《WTO 与中国的司法审判》，法律出版社 2001 年版，第 250 页以下。

国际货物销售合同公约》第 9 条规定：（1）双方当事人已同意的任何惯例和他们之间确立的任何习惯做法，对双方当事人均有拘束力。（2）除非另有协议，双方当事人应视为已默示的同意对他们合同的订立适用双方当事人已知道或理应知道的惯例，而这种惯例，在国际经贸上已为有关特定贸易所涉同类合同的当事人广泛知道并为他们所经常遵守。我国《民法通则》第 142 条第 3 款规定："中华人民共和国法律和中华人民共和国缔结或者参加的国际条约没有规定的，可以适用国际惯例。"

这里需要指出，1985 年 7 月 1 日起施行的《涉外经济合同法》第 5 条第 3 款也规定了 "中华人民共和国法律未作规定的，可以适用国际惯例"；统一的《合同法》于 1999 年 10 月 1 日施行后，《涉外经济合同法》同时废止。而《合同法》中的相应条文（第 126 条）中却删去 "法律未作规定的，可以适用国际惯例" 的内容，这是否意味着国际惯例已不再是解决涉外合同的法律渊源呢？回答是否定的。这是因为原《涉外经济合同法》是 1985 年颁布的，而《民法通则》则是 1986 年通过的。因而，《涉外经济合同法》就有必要包括适用国际惯例的条款。而颁布施行统一《合同法》时，《民法通则》中已有了适用国际惯例的规定，涵盖了涉外经济合同事项，因此统一《合同法》中也就没有必要简单重复了。

某些非政府国际组织，如国际商会将一些国际经贸惯例编纂成文，形成《国际贸易术语解释通则》《跟单信用证统一惯例》《托收统一规则》以及《不可抗力与艰难情势规则》等，为国际经贸界所广泛接受，影响很大。

(三) 国际组织决议和规范性文件

国际组织决议和规范性文件，指国际组织尤其是世界性国际组织按照其宪章、章程规定的法定程序所制定的规范成员国之间权利义务关系的决议和法定文件。国际组织中由各成员国参加的最高权力机构，讨论其职权范围内的事项而通过的决议和制定的规范性文件，也是国际经济法的渊源。

对于联合国大会所通过的决议的效力，学术界存在着不同的意见。按联合国宪章的规定，联合国大会的职权只限于讨论和建议，除涉及联合国内部事务的决议外，联大决议都属于建议性质，因而不具有法律拘束力。也有学者认为，联大决议至多属于尚未成熟到法律程度、不拥有制裁手段、只拥有施加舆论压力的 "软法"（soft law）。但随着联合国实践的发展，国际法学界有越来越多的学者趋向于承认联大决议的法律意义。当然，这也要具体分析。只具有建议性质以及仅对具体事项作出的决议，不能说具有普遍性的法律意义。但是，其中含有宣告国际法原则与规范的，应认为具有法律效力。即使像英国著名的国际法学者劳特派特也承认，联大决议 "毕竟是联合国主要机构的法律行为，联合国成员有义务给予适当尊重"；他认为，各国对联合国大会决议负有自动地并要求给予充分效力的责任。[1]

为了建立国际经济新秩序，联合国大会于 20 世纪下半叶通过了一系列有深远历史意义的重要决议，如《关于自然资源永久主权宣言》(1962)、《建立新国际经济秩序宣

---

[1] See Remigiusz Bierzanek, Some Remarks on Soft International Law, *Polish Yearbook of International law*, Vol17, 1958, p. 33

言》（1974）、《建立新国际经济秩序行动纲领》（1974）和《各国经济权利与义务宪章》（1974）等。这些宣言、纲领和宪章，获得绝大多数会员国投票通过，反映或体现着正在形成中的国际经济法规范。尽管遭到少数发达国家反对，其普遍而深远的意义是不能否认的。

（四）国内涉外经济立法

按照广义国际经济法的观点，调整涉外经贸关系的国内立法，也是国际经济法的渊源。

实践中，各国调整涉外经贸关系的国内立法主要采取两种不同方式。一种是统一制，也可称为单轨制，指制定的国内经济立法，既适用于调整涉外经贸关系，也调整国内经贸关系，西方发达国家无论是属于大陆法系还是属于英美法系都是这种情况。许多受西方法制影响的发展中国家也属于这一类。大陆法系国家大都有统一调整财产商贸关系的民法典。英美法系国家则有大量判例法以及成文法规，如美国的《统一商法典》、《综合贸易与竞争法》，英国有《货物销售法》、《公司法》、《海上保险法》等。

另一种是分流制，即调整涉外经贸关系的国内立法与调整国内经贸关系的立法并存。一些社会主义国家和某些发展中国家采用这种办法。我国从1978年施行改革开放政策以来，初期在国内计划经济影响很深，而调整涉外经贸关系则更多考虑与国际通行做法接轨。从而形成了涉外经济立法与国内经济立法并存的局面。如《中外合资经营企业法》《中外合作经营企业法》《外资企业法》《对外合作开采海洋石油资源条例》以及《对外贸易法》和《反倾销条例》《反补贴条例》等，都是调整涉外经贸关系的国内立法。但是，随着改革开放的扩大和深入发展，也颁布了一些适用于国内外经贸关系的立法，如《民法通则》和《公司法》等。也有一些原来属分流制的逐渐并轨而形成统一制，如原《涉外经济合同法》《经济合同法》与《技术合同法》三法合一。修订形成统一的《合同法》，既调整涉外经济合同关系，也调整国内合同关系。

（五）判决

国际法院的判决、国际仲裁机构的裁决以及国内法院的判决和国内仲裁机构的裁决，有些在国际经济法上是很有价值的。

设在荷兰海牙的联合国国际法院从建立以来受理了几十件案件，其中就包括有国际经济法方面的案件，如涉及外国投资的"巴塞罗纳机车案"（Barcelona Traction Case）和涉及外国投资国有化的ELSI案。然而，按照《国际法院规约》第59条的规定，国际法院的判决只对本案和本案当事人有拘束力。尽管如此，国际法院在适用和解释国际法时要对国际法的原则和规则加以认证和确定，而这种认证和确定在国际实践中是受到尊重的。[1]

国际仲裁机构，特别是WTO争端解决机构和解决投资争端国际中心（ICSID）的裁决，对国际经济法很重要。英国学者R. Rayfuse和E. Lauterpacht认为中心的裁决对国际投资法的实体内容和国际仲裁程序具有重要意义。[2]

---

[1] 王铁崖主编：《国际法》，法律出版社1981年版，第32页。
[2] RRayfuse，ELauterpacht主编：《ICSID案件汇编》，Grotius出版有限公司1993年版，Ⅸ页。

国内法院判决，其法律效力则视其属于英美法系抑或属于大陆法系而不同。在采用英美普通法系的地区（包括香港），上级法院判决中的判决要旨（ratio decidendi），按照遵循先例（stare decisis）原则对下级法院具有拘束力，属于国际经济法的渊源。在采用大陆法系地区（包括澳门），则不是法律渊源，但对法院审理类似案件具有参考意义。

国内仲裁机构的裁决，则仅对本案享有拘束力，不是法律渊源。

（六）学说

《国际法院规约》第38条规定，"各国权威最高之公法家学说，作为确定法律原则之辅助资料者"，国际法院可以援引适用。少数国家，如英国，当事人辩论和法院判决中常常援引法学家的学说，作为次要的法律渊源。在绝大多数国家，学说不属于法律渊源，但对法律的解释和适用却具有重要意义。

关于《实施国际著作权条约的规定》的研究报告[*]

第一部分　引　言

1992年1月17日，我国政府与美国政府签订了《关于保护知识产权的谅解备忘录》（以下简称《备忘录》）。为实施这一双边协议和我国即将加入的《伯尔尼公约》，填补1991年著作权法律法规与《备忘录》及该公约之间的差距，国务院于1992年9月25日发布了《实施国际著作权条约的规定》（以下简称《规定》）。其中第19条指明，在《规定》与其他著作权法规不一致时，适用《规定》；在《规定》与国际著作权条约不一致时，适用国际著作权条约。2001年，我国为加入世贸组织而对包括著作权法律法规在内的若干法律法规进行了修订。在修订著作权法律法规的过程中，立法部门主要考虑的是《与贸易有关的知识产权协定》（以下简称"TRIPs协定"）和《伯尔尼公约》，而并未将《规定》内容全部纳入著作权法律法规（国务院也未明确修订后的著作

---

[*] 本课题组成员四人：郭寿康（组长）、刘波林、史学清、郑媛媛，2009年5月。郭寿康，早年毕业于北京大学法律系（1948）和法学研究所（1952）。曾赴美国哥伦比亚大学、乔治城大学、加州（洛杉矶）大学法学院及德国马普研究院工业产权、版权和竞争法研究所研究进修。现任中国人民大学法学院教授，博士生导师，兼任联合国教科文组织中国版权与邻接权教席主持人，中南财经政法大学知识产权研究中心高级顾问，北京大学国际知识产权学院顾问委员会顾问，（澳）迪肯大学客座教授，北京师范大学、北京外国语大学特聘教授，中国法学会世界贸易组织研究会副会长，中国版权协会、中国国际法学会、中国国际经济法学会顾问，原对外经济贸易部特邀顾问，AIPPI中国分会顾问，ATRIP创始会员及三届执委，世界知识产权组织仲裁中心仲裁员，国际版权学会执委等职；刘波林，中国知识产权研究会、中国版权协会常务理事。1981～2008年任职于国家版权局（前国家出版局），曾任国家版权局副处长、调研员、副巡视员等职。曾翻译出版《保护文学和艺术作品伯尔尼公约指南》《罗马公约和录音制品公约指南》（中国人民大学出版社）和《著作权与邻接权法律术语汇编》（北京大学出版社），参与世界知识产权组织的资料翻译工作，并发表过多篇版权法论文和译文；史学清，中国人民大学法学院知识产权法博士研究生，联合国教科文组织中国版权与邻接权教席助理研究员，北京市立方律师事务所执业律师；郑媛媛，中国人民大学法学院知识产权法博士研究生，英国卡迪夫大学法学硕士，1997～2003年任职于河南省高级人民法院研究室。

权法律法规开始实施时，《规定》是否废止）。这样，在法律适用上难免会产生冲突。例如，著作权法律法规修订之后，《规定》是否继续适用；当《规定》与修订后的著作权法律法规不一致时，何者优先适用等。如果这些问题不能得到妥善解决，将在很大程度上影响我国充分、有效地实施有关的著作权双边协议和国际公约。这一情况已引起有关部门和国内知识产权界的高度关注。

最近，国家版权局为执行国务院关于清理著作权法规的指示，委托本课题组对《规定》进行分析研究，并就《规定》的存废提出建议。课题组认为该项研究具有以下意义：第一，有助于主管部门清理著作权法规，改进和完善现行著作权法律体系，并有助于人民法院在审理涉外著作权案件时正确适用法律。第二，有助于推动国内知识产权界对国际条约义务的广泛、深入讨论，加深对国际版权规则的理解与把握，并有助于我国更加充分、有效地履行有关著作权的国际义务。第三，有助于立法部门再次修订著作权法律法规时，在履行国际义务方面作出适当的选择，正确应用国际版权规则。

本课题研究目的在于通过对《规定》各项条款的分析研究，就《规定》的存废提出建议。至于《规定》是否完全填补了1991年著作权法律法规与《备忘录》及《伯尔尼公约》之间的差距，并不在课题组的研究范围内。此外，研究范围也不涉及我国加入世贸组织、《世界知识产权组织版权条约》（以下简称"WCT"）、《世界知识产权组织表演和录音制品条约》（以下简称"WPPT"）之后承担的有关国际义务。研究报告的主体部分（第二部分）是对《规定》的逐条分析，采用的基本分析方法是：（1）阐明条款内容，初步判断条款是否属于课题研究所称的"实质规定"，即条款制定目的是否在于具体实施国际著作权条约（通常表现为提供"超国民待遇"，或扩大著作权法律法规的适用范围，或指明应适用的某国际条约、法律法规或其有关规定）；（2）阐明1991年著作权法律法规的有关规定；（3）阐明条款内容的制定依据（主要是《备忘录》或《伯尔尼公约》的有关规定），或分析制定该条款的目的；（4）阐明2001年著作权法律法规的有关规定；（5）得出初步结论（该条款的存废）。在对《规定》的逐条分析的基础上，研究报告（第三部分）将讨论《规定》存废的几种方案，并提出建议。

为便于对《规定》的分析研究，课题组首先对著作权法的制定、《备忘录》的签署和《规定》的出台等相关背景作一介绍，并对"超国民待遇"作一说明。

一、《规定》颁布的历史背景

与其他国家有所不同，《规定》是我国著作权制度发展的特殊情况下的产物。以下分三个方面来说明。

1. 难产的著作权法

国内层面，"文化大革命"结束后，社会上许多有影响的著名人士纷纷提出保护作者版权、制定著作权法的建议。1979年6月举行的全国人大五届二次会议上，著名作家陈登科提出："宪法规定的出版自由必须用法律形式予以保障，作者应该拥有对作品的著作权和版权。"在同期举行的全国政协五届二次会议上，著名文学家罗大纲提出："科学界剽窃盛行……这个风气对学术发展很不利。我写过关于巴黎公社和国际歌的书，后来发现有人整段整段抄我的。我提出质疑，有人还会说这是光荣的事情，知识不是个人的财产。这个问题，应该有法律的规定。"著名作家戴安邦明确提出："我们首先要在国内建立版权制度，制定版权法。"著名画家张乐平则强烈要求"保护作者合法权益"。

国际层面，在1979年1月邓小平同志率中国代表团访美期间，中美签订了《中美高能物理协议》，规定互相保护版权。同年3月，中美双方商谈贸易协定，美方再次提出保护版权问题（后来签订的贸易协定第六条规定了这一问题）。

鉴于上述国内外情况，国家出版局1979年4月向国务院呈送报告，要求"建立版权机构，制定版权法。"国务院耿飚副总理转请中共中央胡耀邦秘书长批示，耀邦同志批示："同意报告，请你们尽快着手，组织班子；草拟版权法。"随后，国家出版局立即组织班子，调查研究，从1979年5月开始起草版权法。❶ 由于我国长期缺乏版权立法经验，并且在严格的计划经济体制下刚刚开始改革开放，因而在版权立法（从法律名称到各项重要规定）问题上，甚至在要不要制定版权法和加入国际版权条约的问题上，都产生了激烈的争论。1987年国家科委、国家教委、中国科学院与中国科协甚至提出"建议推迟制定版权法"。经多次修改的草案提请全国人大常委会审议后，经七届人大常委会第十一次、第十二次、第十四次以及第十五次会议热烈讨论、修改，才于1990年9月7日最终获得通过。从头到尾始终参与版权立法的同志深有感慨地说："在我的记忆中，著作权法的每一条规定几乎都是经过争论才确定下来的。"❷ 王汉斌副委员长曾讲过："在全国人大常委会审议所有法律草案中，著作权法是最复杂的一个法，调整的关系最广，审议时间最长。"❸ 始终参加并负责具体审订版权法的宋汝棼同志讲："可以说，（我国著作权法）是一部难产的法律。"❹ 在一次争论激烈的会议上，宋汝棼同志曾在一张纸上写了两行字给国家版权局的宋木文同志："勿因小而失大，勿求全而拖延。"❺ 正是基于这种妥协的精神，原本主张推迟立法的人放弃了先前的意见，而主张按国际通行标准保护版权的人也降低了要求。这样，著作权法才得以最后通过。

此外，由于当时我国尚未参加国际版权公约，《著作权法》制定过程中也未全面考虑国际版权公约的各项要求。所以，我国1991年《著作权法》规定的保护水平与国际版权公约（主要是《伯尔尼公约》）相比还存有一定的差距。

2. 先立法，后入约

在参加国际版权公约的问题上，意见也颇为分歧。最具代表性而且最有分量的意见就是当时中央科教方面的四大部门——国家科委、国家教委、中国科学院和中国科协所

---

❶ 沈仁干、钟颖科：《著作权法概论（修订本）》，商务印书馆2003年版，第20~21页；沈仁干："有关中国著作权法制定的回顾"，见《中国知识产权二十年》，专利文献出版社1998年版，第29~30页。

❷ 沈仁干："从'铁路警察，各管一段'说起——忆《中华人民共和国著作权法》起草过程中争议较大的问题"，见《知识产权与改革开放三十年》，知识产权出版社2008年版，第457页。

❸ 宋木文：《亲历出版30年——新时期出版纪事与思考（上卷）》，商务印书馆2007年版，第431页。

❹ 宋汝棼：《参加立法工作琐记（下册）》，中国法制出版社1995年版，第72页。

❺ 宋木文：《亲历出版30年——新时期出版纪事与思考（上卷）》，商务印书馆2007年版，第500页。

提出的"建议……暂不参加国际版权公约"。❶ 虽然后来经过多次调研协商，争议逐步得到缓解。但由于前面讲过的情况以及实践发展，在1990年颁布《著作权法》时，我国仍未加入国际版权公约。

在改革开放政策的指引下，制定版权法，加入国际版权公约，实现对外版权关系的正常化，这一发展前景是明确的。早在1985年6月24日中共中央书记处的会议上就讨论了中央宣传部关于我国加入国际版权公约的请示报告。会议认为，为了提升我国的社会主义国家形象，加强对外宣传工作，促进中外文化交流和对外开放政策的执行，引进大量的文化教育和科学技术信息，应当加入国际版权公约。我国《著作权法》刚刚颁布，国家版权局负责人刘杲即在北京主持新闻发布会，指出"我们非常重视同外国的著作权关系的正常化。……中国坚持实行对外开放的基本国策，一贯主张在和平共处五项原则的基础上同世界各国广泛开展经济、技术和文化方面的交流。这是我们处理涉外著作权关系的基础。我们将依照我国同外国签订的协议或共同参加的国际条约，对外国人在中国境外发表的作品的著作权予以保护。这一点毫无疑问。""涉外著作权关系的正常，需要一个发展过程。"在《著作权法》实施前夕的1991年5月30日，刘杲同志又在中央电视台发表电视讲话，提出"我们要尽快实现涉外著作权关系的正常化。这符合我国对外开放的基本国策。我们即将同有关的国际组织联系，就中国加入国际著作权公约的有关问题进行正式磋商。"随后，经过认真仔细的磋商与谈判，并经第七届全国人大常委会第二十六次会议决定，1992年7月10日和7月30日，我国常驻日内瓦联合国机构代表和常驻巴黎教科文组织代表，分别向世界知识产权组织总干事和教科文组织总干事，递交了我国加入《伯尔尼公约》和《世界版权公约》的申请书。两个公约分布于1992年10月15日和1992年10月30日对中国生效。❷ 1992年11月7日，第七届全国人大常委会第二十八次会议通过了中国加入《录音制品公约》的议案（该公约在《备忘录》中被称为"日内瓦公约"），1993年4月30日《录音制品公约》对中国生效。

3.《实施国际著作权条约的规定》的发布与实施

就在我国颁布实施《著作权法》和加入国际版权公约的这段时期，国际知识产权领域发生了重大变化，对我国版权法体系产生了深刻的影响。

1986年我国政府提出恢复我国关贸总协定合法地位的正式申请。同年，关贸总协定乌拉圭回合谈判正式启动，我国也应邀参加。在美国等西方国家的倡议与影响下，乌拉圭回合第一次把知识产权列为主议题之一。经过长时间的激烈、复杂的谈判与斗争，在一揽子安排的基础上，发展中国家与发达国家逐步达成妥协。例如，发达国家同意逐步取消纺织品方面的多种纤维协定，取消定额。发展中国家也作出让步，同意西方国家提出的关于知识产权的协定。1991年年底在日内瓦召开的有10个发展中国家和10个发达国家参加的会议上（我国经贸部张月姣司长也出席了该次会议），经过再次磋商与较

---

❶ 刘杲："中国加入国际版权公约的前前后后"，见《知识产权与改革开放三十年》，知识产权出版社2008年版，第444页。

❷ 同上书，第452页。

量，最后对 Dunkel 草案的知识产权协定达成一致意见。后来通过的 TRIPs 协定与草案内容基本上一致，仅有很小的差异。Dunkel 草案中规定，全体成员均应遵守《伯尔尼公约》1971 年文本第 1~21 条及公约附录。也即是说，《伯尔尼公约》的实质条款被纳入了 Dunkel 草案中。这样，中国复关成功后要履行的条约义务也就包括了《伯尔尼公约》的实质条款。Dunkel 草案中还包括一些超出《伯尔尼公约》范围的内容，如规定计算机程序也是文字作品，以及计算机程序和电影作品的作者享有出租权等。我国要复关也需要作出妥协，即同意这些内容。经授权，我国代表在会上也表示同意。至此，我国加入《伯尔尼公约》的立场也就趋于明朗化。

就在同一时期，中美双边知识产权谈判开始。1991 年美国根据其《综合贸易与竞争法》中的"特别 301 条款"将中国确定为"重点国家"，并对中国发起"特别 301"调查。❶ 在随后的双边谈判中，双方曾一度剑拔弩张，几乎达到破裂的边缘。经过中方坚持原则和有理有利的斗争，中美政府终于在 1992 年 1 月 17 日签订了《关于保护知识产权的谅解备忘录》。我国代表团的整个谈判过程都是在党中央和国务院的直接领导下进行的。❷ 从我国改革开放国策的确立，以及国内著作权法的颁布和乌拉圭回合谈判的进展来看，《备忘录》的签署应该是历史曲折发展的结果。

需要指出，按照 1990 年 12 月 28 日颁布实施的《中华人民共和国缔结条约程序法》第 7 条规定：同中华人民共和国法律有不同规定的条约、协定应由全国人民代表大会常务委员会批准。《备忘录》尽管未使用了"协定"这一名称，但一些内容不同于当时我国《著作权法》的规定，也应属于上述《缔结条约程序法》第七条规定的"协定"范围。但据查《备忘录》当时并未经全国人民代表大会常务委员会批准，似乎在程序上尚有待完善。

依照《备忘录》，我国在著作权方面主要履行以下三项义务：第一，在一定期限内加入《伯尔尼公约》和《录音制品公约》，并保证两个公约对 1991 年著作权法律法规的优先效力（见《备忘录》第 3 条第 1~3 款）；第二，在一定期限内制定发布为实施两个公约及《备忘录》的新条例（即《规定》），以填补 1991 年著作权法律法规在保护外国人方面同两个公约及《备忘录》之间的差距，并保证新条例对其他著作权法规的优先效力（见《备忘录》第 3 条第 4 款第 1 分款）；第三，尽快（按两个公约及《备忘录》的要求）对 1991 年《著作权法》进行修订（见《备忘录》第 3 条第 4 款第 3 分款）。最后一项义务表明《规定》应仅具有过渡性，在《著作权法》修订后即应完成其"历史使命"。换言之，根据中美双方当时预期，实施国际著作权条约的问题最终将在修订著作权法时得到完全解决。

---

❶ 1988 年美国修订了《综合贸易与竞争法》，其中的"特别 301 条款"规定，对于美国知识产权没有给予"充分、有效保护"的国家，美国可以将之确定为"重点国家"。如经过再次磋商谈判，美国政府认为该国知识产权保护水平并未改进的，可以实施贸易制裁。美国所谓的"充分、有效保护"就是美国在乌拉圭回合谈判中所提出的标准。

❷ 刘杲："中国加入国际版权公约的前前后后"，见《知识产权与改革开放 30 年》，知识产权出版社 2008 年版，第 449 页。

《备忘录》签署当日,国家版权局发布了《关于执行中美知识产权谅解备忘录双边著作权保护条款的通知》(以下简称《通知》)。1992年9月25日,《实施国际著作权条约的规定》作为《备忘录》第3条第4款第1分款规定的"新条例",经国务院[1992]第105号令发布,并于1992年9月30日起实施。《通知》规定了从1992年3月17日(《备忘录》签订60日)起到我国加入《伯尔尼公约》和《录音制品公约》这一期间对美国国民的保护。《规定》则规定了在我国加入这两个公约后对包括美国国民在内的外国人的保护。与《通知》不同,《规定》除了为了实施《备忘录》外,还有实施有关国际公约的目的。《通知》与《规定》之所以分别制定,主要有以下三个原因:第一,《规定》涉及的问题较多也较复杂,起草制定所需的时间较长。但是依照《备忘录》的规定需要自1992年3月17日起扩大对美国国民的适用范围,在这一日期之前发布《规定》显然来不及。第二,《通知》仅涉及对美国国民的保护,《规定》则涉及对有关国际公约其他所有成员国(包括美国)国民的保护。第三,除美国录音制品作为美国作品予以保护外,《通知》未向美国国民提供其他"超国民待遇"(见《通知》第2~3条),《规定》则向有关公约其他成员国国民提供了诸多"超国民待遇"。因此,《通知》和《规定》分别制定发布是可以理解的。2002年5月8日,国家版权局公布废止了《通知》。但出于某些原因(主要是因《规定》未被完全纳入修订后的著作权法律法规),国务院迄今尚未明确表达《规定》应否废止。

二、《规定》实施后的发展与"超国民待遇"问题

《规定》的显著特点是向外国人提供"超国民待遇"。关于这一法规(连同《备忘录》),在国内知识产权界一直存在意见分歧。在我国,著作权意义上的"超国民待遇"是指外国人和无国籍人(以下简称"外国人")根据我国著作权法律法规或有关国际著作权条约享有的保护水平,高于我国公民、法人或其他组织根据我国著作权法律法规享有的保护水平。"超国民待遇"可以表现在著作权保护的各个方面(如保护的原则、作品的种类、权利的内容、保护的期限、权利的限制等)。

"超国民待遇"可以看做是《伯尔尼公约》(及其他有关国际公约)确立的国民待遇原则的一个例外。但必要的例外不仅是《伯尔尼公约》准许的,而且也是该公约所要求的。因为公约第5条第1款明确规定作者在其他成员国享有国民待遇和"本公约特别授予的权利"。这意味着,成员国在其国内法的保护水平符合(不论是否超过)公约最低要求的情况下,有义务向受保护的外国人提供国民待遇;但在其国内法的保护水平不符合公约最低要求的情况下,有义务按公约的相关规定向受保护的外国人提供"超国民待遇"。此外,由于公约各成员国对公约的理解不尽相同,即使是较早建立著作权制度的国家,也往往在其国内法中纳入优先适用公约的条款,以填补国内法与公约之间实际存在但未能预见的差距。我国《民法通则》第142条也包含类似规定。这种法律适用规范虽然不直接向外国人提供"超国民待遇",但仍为外国人享有"超国民待遇"提供了一种间接的可能性。

特别需要指出,《规定》中的"超国民待遇"是在我国著作权法律制度发展的特殊情况下产生的。一方面,作为新中国成立以来第一部著作权法,1991年《著作权法》的保护水平需要适应我国当时的国情;另一方面,我国加入有关国际公约后,必须按公

约的要求保护外国人。因此,出现"超国民待遇"在我国特定历史时期是不可避免的。就我国当时经济、文化、教育等方面的客观情况而言,如果《规定》中的"超国民待遇"是为填补1991年著作权法律法规与《伯尔尼公约》及《录音制品公约》之间的差距,是无可非议的。即使《规定》中的"超国民待遇"高于《伯尔尼公约》和《录音制品公约》的最低要求,但符合Dunkel草案的水平,也是可以理解和接受的,因为我国在乌拉圭谈判中已同意了Dunkel草案的内容(如将计算机程序作为文字作品来保护)。但另外也应承认,在签署《备忘录》之际,我国第一部《著作权法》刚刚颁行,国内知识产权界对国际版权保护的认识还比较有限,对《备忘录》条款的理解也不完全一致,因而未能预见到《备忘录》中一些不甚合理的规定(已超出一般国际公约和国际惯例的要求——如将外国录音制品作为外国作品来保护)对后来制定《规定》所产生的影响。《备忘录》中这种对我国不甚合理的规定来源于美国法律。实际上,当时这种过度的"超国民待遇"应至多纳入《通知》(在我国加入《伯尔尼公约》前仅提供给美国国民),而不应进一步纳入《规定》(在我国加入《伯尔尼公约》后广泛地适用于其他成员国国民)。

《规定》实施已有17个年头。其间,我国的著作权立法与对外版权关系均发生了重大的变化。我国先后加入了《伯尔尼公约》、《世界版权公约》、《录音制品公约》、TRIPs协定等国际著作权条约,以及WCT与WPPT两个"互联网条约",并在入世前夕(2001年)修订了1991年著作权法律法规。修订后的著作权法律法规对国内外著作权人的保护已趋于一致,《规定》中大部分"超国民待遇"条款已不再具有意义。2006年7月1日《信息网络传播权保护条例》实施之后,我国在某些方面的保护范围和保护水平已经超过了《规定》的要求。鉴于这些重要发展,本课题组认为,对《规定》的分析研究有必要在适当对照2001年著作权法律法规与有关国际条约的基础上进行。

第二部分 对《规定》内容的具体分析[*]

在《规定》的起草期间就存在不同意见,认为我国不久即将加入《伯尔尼公约》和《录音制品公约》,著作权法律法规与国际版权条约之间的差距可以通过优先适用这些公约的相应规定来解决,不需要制定发布《规定》。鉴于《规定》已发布实施,本课题组将不讨论制定《规定》的必要性,而仅着眼于《规定》的内容,即基于对具体条款的分析得出结论,并就其存废提出建议。

第1条
为实施国际著作权条约,保护外国作品著作权人的合法权益,制定本规定。

---

[*] 说明:本研究报告所引用的国际条约(《伯尔尼公约》《录音制品公约》、TRIPs协定等)引自报请国务院审核决定的国际条约正式中译文。

中文部分

【条文分析】

1990年9月7日,我国颁布了《著作权法》(1991年6月1日起实施),它是新中国成立以来制定颁行的第一部《著作权法》。本研究报告第一部分(引言)提到,该法与国际版权公约(主要是《伯尔尼公约》)在保护水平上还存在一定差距。当时美国根据其《综合贸易与竞争法》中"特别301条款"对我国施加压力(特别是将我国指定为"重点国家"),要求我国对美国国民给予更高水平的知识产权保护(不限于我国法律法规规定的范围和水平)。基于当时政治、经济、文化等各方面总体实际情况的考虑,经过与美国的长期磋商,我国最终于1992年1月17日与美国签订了《关于保护知识产权的谅解备忘录》。依照该《备忘录》的规定,我国应尽快(按两个公约及《备忘录》的要求)对《著作权法》进行相应修订(见《备忘录》第3条第4款第3分款[1])。这表明《规定》仅具有过渡性,在《著作权法》修订后即应完成其"历史使命"。换言之,实施国际著作权条约的问题应在修订《著作权法》时全部得到解决。

为实施《备忘录》以及我国即将加入的《伯尔尼公约》和《录音制品公约》,对美国人及其他外国人提供符合公约最低要求的保护水平,我国需要修订《著作权法》。但我国《著作权法》刚刚颁行,不可能立即进行修订,变通的办法只有通过制定行政法规来实施国际著作权条约,或依《民法通则》第142条的规定优先适用国际条约、协定的办法来解决。1992年9月25日,我国发布了《实施国际著作权条约的规定》。

本条指明《规定》的宗旨,即"实施国际著作权条约,保护外国作品著作权人的合法权益",不属于实质规定。当然,实施国际著作权条约除需要适用《规定》外,仍需要适用1991年著作权法律法规。在保护外国作品方面,《规定》并不完全取代1991年著作权法律法规,只是对1991年著作权法律法规作出补充或例外规定,以填补1991年著作权法律法规与《伯尔尼公约》及《备忘录》之间的差距,使外国作品和美国作品著作权人的权益在中国分别达到符合《伯尔尼公约》与《备忘录》的要求。本条未提到"外国录音制品",有关原因将在第3条的分析中讨论。

【初步结论】

在保留《规定》本身的情况下,本条可作为宗旨性规定存在。

【有关的条约及法律法规】

[1]《关于保护知识产权的谅解备忘录》第3条

(1) 中国政府将加入《保护文学、艺术作品的伯尔尼公约》(《伯尔尼公约》,1971年巴黎文本)。中国政府将于1992年4月1日前向立法机关提交加入该公约的议案和尽最大努力使该议案于1992年6月30日前获得通过。该议案通过后,中国政府将向世界知识产权组织提交加入书,于1992年10月15日前生效。

(2) 中国政府将加入《1992年6月30日保护唱片制作者防止其唱片被擅自复制的公约》(《日内瓦公约》),并于1992年6月30日前向立法机关提交加入该公约的议案。中国政府将尽最大努力使该议案于1993年2月1日前通过。中国政府将提交批准书,该公约将于1993年6月1日前生效。

（3）中国加入《伯尔尼公约》和《日内瓦公约》后，上述公约将是《中华人民共和国民法通则》第142条所指的国际条约。根据该条规定，如果《伯尔尼公约》和《日内瓦公约》与中国国内法律、法规有不同之处，将适用国际公约，但中国在公约允许的情况下声明保留的条款除外。

（4）就中国著作权法及其实施条例与《伯尔尼公约》《日内瓦公约》和本备忘录的不同之处，中国政府将于1992年10月1日前颁布新条例使之与公约和备忘录一致。

中国政府将向立法机关提交修订其著作权法的议案，并在合理的时间内尽最大努力使这一议案通过和实施。

第2条

对外国作品的保护，适用《中华人民共和国著作权法》（以下简称《著作权法》）、《中华人民共和国著作权法实施条例》（以下简称《实施条例》）《计算机软件保护条例》和本规定。

【条文分析】

本条指明保护外国作品所应适用的具体著作权法律法规，属于实质规定。按照本条，对外国作品的保护分两个层面：其一，1991年《著作权法》及其《实施条例》与《计算机软件保护条例》（以下简称《软件条例》）明确规定了对外国作品（包括外国软件）的保护，[1]这些法律法规当然适用于外国作品（国民待遇）；其二，在1991年《著作权法》及其《实施条例》与《软件条例》尚不符合《伯尔尼公约》与《备忘录》要求的部分，对外国作品的保护（"超国民待遇"）还需要借助专门的行政法规来实现。[2]这就是《规定》的立法目的所在。本条未提到"外国录音制品"，有关原因将在第3条的分析中阐述。

《规定》主要是作为对1991年著作权法律法规的补充或例外而制定的，在某些方面自然与1991年著作权法律法规不一致。本条提到的著作权法律法规本应特指1991年著作权法律法规，但由于国务院未明确《规定》在修订后的著作权法律法规实施时即废止，这就需要考虑本条是否也指2001年修订后的著作权法律法规。本研究报告第一部分（引言）中提到，2001年修订后的著作权法律法规在某些方面的保护水平已高于《规定》。在这种情况下，如果仍机械适用本条规定（即对外国作品优先适用《规定》的有关条款），就可能违反（低于）国民待遇原则。虽然2001年修订后的著作权法律法规在某些方面仍不完全符合《伯尔尼公约》的要求，但是可以通过适用《民法通则》第142条解决这一问题。有关法律适用冲突问题，将在对《规定》第19条的分析中具体讨论。

【初步结论】

在适用"国民待遇"原则及我国《民法通则》第142条情况下，本条已不再具有意义。

【有关的条约及法律法规】
[1]《中华人民共和国著作权法》(1991) 第 2 条。

外国人的作品首先在中国境内发表的,依照本法享有著作权。

外国人在中国境内发表的作品,根据其所属国同中国签订的协议或者共同参加的国际条约享有的著作权,受本法保护。

《计算机软件保护条例》(1991) 第 6 条

外国人的软件首先在中国境内发表的,依照本条例享有著作权。

外国人在中国境外发表的软件,依照其所属国同中国签订的协议或者共同参加的国际条约享有的著作权,受本条例保护。

[2]《关于保护知识产权的谅解备忘录》第 3 条第 4 款。

就中国著作权法及其实施条例与《伯尔尼公约》《日内瓦公约》和本备忘录的不同之处,中国政府将于 1992 年 10 月 1 日前颁布新条例使之与公约和备忘录一致。

第 3 条

本规定所称国际著作权条约,是指中华人民共和国(以下简称中国)参加的《伯尔尼保护文学和艺术作品公约》(以下简称《伯尔尼公约》)和与外国签订的有关著作权的双边协定。

【条文分析】

本条涉及"国际著作权条约"的定义,不属于实质规定。依照本条,这一表述是指《伯尔尼公约》以及我国"与外国签订的有关著作权的双边协定"。鉴于《规定》是依照《备忘录》第 3 条第 4 款第 1 分款要求制定的,而且在发布《规定》之时,我国与外国签订的有关著作权的重要双边协定只有《备忘录》,因而可以将本条中"与外国签订的有关著作权的双边协定"理解为仅指《备忘录》(尽管在《规定》的正式英译本中,"双边协定"被译为复数)。

需要指出,与前两条未提到"外国录音制品"的情形相关,本条也未提到《录音制品公约》,因而与《备忘录》第 3 条第 4 款第 1 分款[1]不完全一致(该分款要求在"新条例"中填补我国著作权法律法规与两个公约及《备忘录》之间的差距)。课题组认为,这可能是因《备忘录》第 3 条第 9 款第 1 分款[2]被理解为要求我国将美国录音制品作为美国作品保护所致。国家版权局的《通知》第 2 条[3]和《规定》第 18 条似乎印证了这一点。

【初步结论】

在保留《规定》本身的情况下,本条可作为辅助性规定存在。

【有关的条约及法律法规】
[1]《关于保护知识产权的谅解备忘录》

第 3 条第 4 款第 1 分款就中国著作权法及其实施条例与《伯尔尼公约》《日内瓦公约》和本备忘录的不同之处，中国政府将于 1992 年 10 月 1 日前颁布新条例使之与公约和备忘录一致。

[2]《关于保护知识产权的谅解备忘录》

第 3 条第 9 款第 1 分款中国政府将承认本谅解备忘录为中华人民共和国著作权法第 2 条所指的协议，在此基础上对美国国民在中国加入《伯尔尼公约》和《日内瓦公约》前在中国境外发表的作品，包括计算机程序和录音制品，给予保护。此种保护将于本谅解备忘录签字之后 60 天开始生效。

[3]《关于执行中美知识产权谅解备忘录双边著作权保护条款的通知》

第 2 条　受保护的美国作品包括计算机程序和录音制品。

第 4 条

本规定所称外国作品，包括：

（1）作者或者作者之一，其他著作权人或者著作权人之一是国际著作权条约成员国的国民或者在该条约的成员国有经常居所的居民的作品；

（2）作者不是国际著作权条约成员国的国民或者在该条约的成员国有经常居所的居民，但是在该条约的成员国首次或者同时发表的作品；

（3）中外合资经营企业、中外合作经营企业和外资企业按照合同约定是著作权人或者著作权人之一的，其委托他人创作的作品。

【条文分析】

本条规定了著作权法律法规对外国作品的适用范围，即哪些外国作品在我国根据国际著作权条约受到保护。扩大了著作权法律法规对外国人的适用范围，属于实质规定。

（1）1991 年著作权法的有关规定。根据 1991 年《著作权法》第 2 条，有两类外国作品在我国受到保护：一类是（首次）在我国境内发表的外国作品；另一类是外国人在我国境外发表并根据其所属国同我国签订的协议或者共同参加的国际条约享有著作权的作品。[1]可以看出，1991 年著作权法将作品（首次）发表地以及作者国籍加作品发表作为对外国作品保护的连结点。

（2）《伯尔尼公约》的有关规定。《伯尔尼公约》第 3 条、第 4 条规定了作品的保护条件与连结点：第一，作者属于联盟成员国国民（在某成员国有惯常居住地的作者视同国民），不论其作品是否发行（连接点为作者国籍或作者惯常居住地，这里的"发行"publish 在有的译本中被译为"出版"，下同）。第二，作者不属于联盟成员国国民，但其作品已在任一成员国境内首次发行，或已在非成员国与成员国境内同时发行（连结点为首次发行地或同时发行地）。第三，电影作品不符合上述任一条件，但其制片人（不考虑作者）在某成员国有总部或惯常居住地（连接点为制片人总部或惯常居住地所在地）。第四，建筑作品或美术作品不符合上述任一条件，但建筑作品（原件）建造于某成员国境内或美术作品构成此种建筑物的一部分（连结点为建造地）[1]。

（3）《规定》的有关内容。本条扩大了著作权法律法规对外国作品的适用范围：其中第（1）项补充了经常居住地这一连接点（其作者或其他著作权人在任一成员国有经常居所）。需要指出，第（1）项不仅提到"作者"，而且提到"著作权人"，这在理论上可能超出《伯尔尼公约》的要求（因为不受该公约保护的作者，其作品的本国著作权即使转让给某一成员国国民，公约也不要求其他成员国给予保护）。但由于现今不受《伯尔尼公约》保护的作者已很少，"著作权人"一语的影响并不大。第（1）项还使著作权法律法规的适用范围延及未发表的外国作品。第（2）项补充了同时发表的这一连接点，而且不论（首次）发表地还是同时发表地均不限于我国境内，也包括其他成员国境内。第（3）项依照《备忘录》第3条第4款第2分款[2]的要求，补充了在我国的三资企业委托创作并约定享有或共有著作权的作品。依照该项，不论三资企业委托他人创作的作品是否符合《伯尔尼公约》规定的条件，不论受委托的作者是中国人还是外国人，只要三资企业约定享有或共有著作权，该作品即作为外国作品受到保护。该项规定在理论上可能超出《伯尔尼公约》的要求，但同样影响范围不大。然而，本条并未纳入《伯尔尼公约》第4条规定的建筑作品和美术作品，因而仍未完全符合公约的要求。

（4）2001年著作权法的有关规定。2001年修订《著作权法》时，第2条也作了修改，其中第2~4款[3]已符合《伯尔尼公约》第3条的要求。与《规定》第4条不同，该法第2条并未沿用《规定》第4条中"著作权人"的表述，也未纳入《规定》第4条第（3）项，此外还将首先或同时"发表"改为首先或同时"出版"。这种区别于《规定》第4条的修改并不违反公约第3条的要求，并使该法第2条更加合理（同《规定》第4条一样，2001年《著作权法》第2条也未纳入《伯尔尼公约》第4条规定的建筑作品和美术作品，尚不完全符合公约的要求）。

综上分析，在《伯尔尼公约》规定的范围内，本条提及的"外国作品"已完全被2001年《著作权法》第2条所涵盖。

【初步结论】
本条已不再具有意义。

【有关的条约及法律法规】
[1]《中华人民共和国著作权法》（1991）
第2条第2款 外国人的作品首先在中国境内发表的，依照本法享有著作权。
第2条第3款 外国人在中国境内发表的作品，根据其所属国同中国签订的协议或者共同参加的国际条约享有的著作权，受本法保护。
《中华人民共和国著作权法实施条例》（1991）
第25条第2~4款
著作权法第2条第2款所称外国人的作品首先在中国境内发表，指外国人未发表的作品通过合法方式首先在中国境内出版。
外国人作品在中国境外首先出版后，30天内在中国境内出版的，视为该作品首先在中国境内发表。
外国人未发表的作品经授权改编、翻译后首先在中国境内出版的，视为该作品首先在中国境内发表。

[1]《保护文学和艺术作品伯尔尼公约》(1971)

第3条

（1）根据本公约，(a) 作者为本同盟任何成员国的国民者，其作品无论是否已经出版，都受到保护；(b) 作者为非本同盟任何成员国的国民者，其作品首次在本同盟一个成员国出版，或在一个非本同盟成员国和一个同盟成员国同时出版的都受到保护；

（2）非本同盟任何成员国的国民但其惯常住所在一个成员国国内的作者，为实施本公约享有该成员国国民的待遇。

（3）"已出版作品"一词指得到作者同意后出版的作品，而不论其复制件的制作方式如何，只要从这部作品的性质来看，复制件的发行方式能满足公众的合理需要。

（4）一个作品在首次出版后30天内在两个或两个以上国家内出版，则该作品应视为同时在几个国家内出版。

第4条　下列作者，即使不具备第3条规定的条件，仍然适用本公约的保护：

（a）制片人的总部或惯常住所在本同盟某一成员国内的电影作品的作者；

（b）建造在本同盟某一成员国内的建筑作品或构成本同盟某一成员国内建筑物一部分的平面和立体艺术作品的作者。

[2]《关于保护知识产权的谅解备忘录》

第3条第4款第2分款　这些新条例除适用于伯尔尼联盟成员国国民创作的作品外，还适用于合同关系、合资企业或外资企业、外国合资企业或合作企业委托情况下创作的作品，在这些情况中伯尔尼联盟成员国国民将是版权所有者或版权所有者之一。

[3]《中华人民共和国著作权法》(2001)

第2条第2~4款

外国人、无国籍人的作品根据其作者所属国或者经常居住地国同中国签订的协议或者共同参加的国际条约享有的著作权，受本法保护。

外国人、无国籍人的作品首先在中国境内出版的，依照本法享有著作权。

未与中国签订协议或者共同参加国际条约的国家的作者以及无国籍人的作品首次在中国参加的国际条约的成员国出版的，或者在成员国和非成员国同时出版的，受本法保护。

《中华人民共和国著作权法实施条例》(2002)

第8条　外国人、无国籍人的作品在中国境外首先出版后，30日内在中国境内出版的，视为该作品同时在中国境内出版。

第5条

对未发表的外国作品的保护期，适用《著作权法》第20条、第21条的规定。

【条文分析】

本条规定了未发表的外国作品的保护期，即这类外国作品著作权中的人身权和财产权分别适用《著作权法》中关于我国公民、法人或其他组织的作品保护期的规定。它指明了应适用的具体法律规定，属于实质条款。

《规定》第 4 条将 1991 年著作权法律法规的适用范围延及未发表的外国作品,但这并非是一种"超国民待遇",因为中国公民、法人或其他组织未发表的作品也受著作权法保护。1991 年《著作权法》第 20 条和第 21 条[1]已明确规定了作品的保护期,与《伯尔尼公约》第 7 条[2]的要求也相符合,这些规定也适用于外国作品(包括未发表的外国作品)。实际上,伯尔尼公约已经向缔约国国民提供了国民待遇和最低限度的待遇,而不必再规定外国人在权利内容、保护期或权利限制等任何方面享有的国民待遇。因而,本条规定没有存在的必要。(此外,2001 年修订后的《著作权法》第 2 条也涵盖了未发表的外国作品,虽然该法第 20 条与第 21 条[3]与《伯尔尼公约》第 7 条内容在文字上略有差异,但完全符合伯尔尼公约的有关规定。)

【初步结论】
本条规定没有存在的必要。

【有关的条约及法律法规】
[1]《中华人民共和国著作权法》(1991)
第 20 条 作者的署名权、修改权、保护作品完整权的保护期不受限制。
第 21 条 公民的作品,其发表权、使用权和获得报酬权的保护期为作者终生及其死亡后 50 年,截止于作者死亡后第 50 年的 12 月 31 日;如果是合作作品,截止于最后死亡的作者死亡后的第 50 年的 12 月 31 日。

法人或者非法人单位的作品、著作权(署名权除外)由法人或者非法人单位享有的职务作品,其发表权、使用权和获得报酬权的保护期为 50 年,截止于作品首次发表后第 50 年的 12 月 31 日,但作品自创作完成后 50 年内未发表的,本法不再保护。

电影、电视、录像和摄影作品的发表权、使用权和获得报酬权的保护期为 50 年,截止于作品首次发表后第 50 年的 12 月 31 日,但作品自创作完成后 50 年内未发表的,本法不再保护。

[2]《保护文学和艺术作品伯尔尼公约》(1971)
第 7 条
(1) 本公约给予保护的期限为作者有生之年及其死后 50 年内。
(2) 但就电影作品而言,本同盟成员国有权规定保护期在作者同意下自作品公之于众后 50 年期满,如自作品完成后 50 年内尚未公之于众,则自作品完成后 50 年期满。
(3) 至于不具名作品和假名作品,本公约给予的保护期自其合法公之于众之日起 50 年内有效。但根据作者采用的假名可以毫无疑问地确定作者身份时,该保护期则为第一款所规定的期限。如不具名作品或假名作品的作者在上述期间内公开其身份,所适用的保护期为第 1 款所规定的保护期限。本同盟成员国没有义务保护有充分理由推定其作者已死去 50 年的不具名作品或假名作品。
(4) 摄影作品和作为艺术作品保护的实用艺术作品的保护期限由本同盟各成员国的法律规定;但这一期限不应少于自该作品完成之后算起的 25 年。
(5) 作者死后的保护期和以上第 2~4 款所规定的期限从其死亡或上述各款提及事

件发生之时开始，但这种期限应从死亡或所述事件发生之后次年的 1 月 1 日开始计算。

[3]《中华人民共和国著作权法》（2001）

第 2 条第 2~4 款

外国人、无国籍人的作品根据其作者所属国或者经常居住地国同中国签订的协议或者共同参加的国际条约享有的著作权，受本法保护。

外国人、无国籍人的作品首先在中国境内出版的，依照本法享有著作权。

未与中国签订协议或者共同参加国际条约的国家的作者以及无国籍人的作品首次在中国参加的国际条约的成员国出版的，或者在成员国和非成员国同时出版的，受本法保护。

第 20 条　作者的署名权、修改权、保护作品完整权的保护期不受限制。

第 21 条　公民的作品，其发表权、本法第 10 条第 1 款第（5）~（17）项规定的权利的保护期为作者终生及其死亡后 50 年，截止于作者死亡后第 50 年的 12 月 31 日；如果是合作作品，截止于最后死亡的作者死亡后第 50 年的 12 月 31 日。

法人或者其他组织的作品、著作权（署名权除外）由法人或者其他组织享有的职务作品，其发表权、本法第 10 条第 1 款第（5）~（17）项规定的权利的保护期为 50 年，截止于作品首次发表后第 50 年的 12 月 31 日，但作品自创作完成后 50 年内未发表的，本法不再保护。

电影作品和以类似摄制电影的方法创作的作品、摄影作品，其发表权、本法第 10 条第 1 款第（5）~（17）项规定的权利的保护期为 50 年，截止于作品首次发表后第 50 年的 12 月 31 日，但作品自创作完成后 50 年内未发表的，本法不再保护。

第 6 条

对外国实用艺术作品的保护期，为自该作品完成起 25 年。

美术作品（包括动画形象设计）用于工业制品的，不适用前款规定。

【条文分析】

本条规定了对外国实用艺术作品的保护和这类作品的保护期。在条款内容上，它向外国人提供了"超国民待遇"，属于实质规定。本条涉及的实用艺术作品保护问题是《规定》中最复杂的问题。

（1）1991 年著作权法律法规的有关规定。1991 年著作权法律法规仅规定了对美术作品的保护，而未提及"实用艺术作品"[1]，在实用艺术作品是否受保护的问题上始终存在不同看法。

一般认为，美术作品包括绘画、书法、雕塑、工艺美术、建筑艺术等，其中工艺美术又包括陈设艺术和日用工艺；❶ 或者美术作品包括纯美术作品和实用美术作品。❷ 此

---

❶ 胡康生主编：《著作权法释义》，北京师范学院出版社 1990 年版，第 12~13 页。
❷ 参阅沈仁干、高凌瀚、许超等：《中华人民共和国著作权法讲话》，法律出版社 1991 年版，第 42 页；江平、沈仁干等：《中华人民共和国著作权法讲析》，中国国际广播出版社 1991 年版，第 158 页。

外，1991年《实施条例》第4条第（7）项在界定美术作品时采用了非穷尽的列举方式，为将实用艺术作品纳入美术作品范畴留有余地。这种观点也在某些司法审判中体现出来。例如，在胡三三诉裘海索、中国美术馆侵害著作权纠纷案中，两级法院（北京市第二中级人民法院和北京市高级人民法院）均认为实用艺术作品包含在美术作品中而受1991年《著作权法》保护。❶

但也有一种观点认为，1991年《著作权法》第7条和第52条第2款的适用排除了将实用艺术作品纳入美术作品范畴而给予保护的可能性。其中第7条虽然仅提到"科学技术作品"，但也适用于包括实用艺术作品在内的其他作品。依照该条，只要实用艺术作品可以作为工业品外观设计受到专利保护，即应适用专利法来保护。与此相关，依照第52条第2款，[1]按产品设计图纸及说明（也被理解为包括按实物）以工业规模生产工艺美术品的行为不构成复制（而构成实施专利）。

（2）《伯尔尼公约》的有关规定。在《伯尔尼公约》第2条第1款中，实用艺术作品是作为区别于美术作品的另一类作品列举的。公约第2条第7款要求成员国对实用艺术作品这类边缘成果或是给予著作权保护，或是作为工业品外观设计给予专利保护。依照公约第7条第4款，如果实用艺术作品受到著作权保护，其保护期不得短于自作品创作完成时起25年。[2]

（3）《规定》的有关内容。鉴于1991年著作权法律法规未明确规定对实用艺术作品的保护，以及实施《伯尔尼公约》的需要，《规定》的制定部门在本条中专门就外国实用艺术作品作了规定。其中第1款很明确：外国实用艺术作品受到保护，其保护期为25年。第2款则有些含混，但一般被理解为：用于工业制品的美术作品（包括动画形象设计）不适用25年的特殊保护期（仍适用50年的保护期）。❷ 本条似乎表明，1991年《著作权法》第7条和第52条第2款不适用于外国实用艺术作品和外国美术作品。外国实用艺术作品在我国不论是否作为工业品外观设计受到专利保护，均可以受著作权保护。外国美术作品用于工业制品时，不仅可以受著作权保护（不只是专利保护），而且保护期仍是50年（而不是25年）。对外国实用艺术作品的这种双重保护也在某些司法审判中得到确认。例如，在瑞士英特莱格公司诉中国天津可高公司、北京复兴商业城侵害著作权纠纷案中，北京高级人民法院在二审判决书特别指出："没有证据表明中国法律对于外国人的实用艺术作品排斥著作权和专利权的双重保护。英特莱格公司就实用艺术作品申请了中国外观设计专利，并不妨碍其同时或继续得到著作权法的保护"。❸本条虽然明确了对外国实用艺术作品的保护，但在国内实用艺术作品是否受保护的问题上却引起新的争论。一种看法认为，从该条规定可以逆向推出国内实用艺术作品不受著

---

❶ 参阅《北京市第二中级人民法院（1999）二中知初字第145号民事判决书》与《北京市高级人民法院（2001）高知终字第18号民事判决书》。

❷ 参阅《实用艺术作品法律保护研讨会综述》，上海市高级人民法院民事审判第三庭张晓都整理。

❸ 参阅《北京市第一中级人民法院（1999）一中知初字第132号民事判决书》与《北京市高级人民法院（2002）高民终字第279号民事判决书》。

作权保护的结论。因为如果国内实用艺术作品作为美术作品受著作权保护,其保护期即为 50 年,本条规定外国实用艺术作品的保护期为 25 年将违反国民待遇原则。❶

(4) 2001 年著作权法律法规的有关规定。2001 年,我国为"入世"需要而对 1991 年著作权法律法规进行了修订。修订后的《著作权法》尽管删除了原第 7 条和原 52 条第 2 款,但仍未提到"实用艺术作品",其《实施条例》[3]中有关美术作品的定义也仍未具体列举任何实用美术品或工艺美术品。关于这一原因,比较重要和可靠的解释是:实用艺术作品与纯美术作品、工业品外观设计及工艺美术品均不易区分。❷ 由于法律上仍不明确,因而在国内实用艺术作品是否受保护,以及外国实用艺术作品的保护期为 25 年还是 50 年的问题上,意见仍不能趋于统一。一种观点认为,我国《著作权法》于 2001 年修订后,不论外国人还是我国公民、法人或其他组织的实用艺术作品均直接根据该法受到保护。❸ 当然,在这种情况下,外国实用艺术作品的保护期应同样适用 50 年保护期的规定。另一种观点认为,尽管 2001 年《著作权法》删除了原第 7 条和原 52 条第 2 款,但国内实用艺术作品的保护仍没有明确的法律依据。在 2001 年著作权法律法规仍未作明确规定的情况下,国内各地有关实用艺术作品侵权的司法审判也不十分统一。在有的案例中,国内实用艺术作品往往可能因其他理由(如不构成美术作品或不构成侵权)仍得不到司法保护。此外,就外国实用艺术作品所适用的法律也可能存在差异,例如有的判决依据《规定》第 6 条作出。例如,北京市第一中级人民法院(1999)一中知初字第 132 号"英特莱格公司诉北京市复兴商业城"的判决书中,即引用《规定》第 1 条、第 2 条、第 3 条、第 6 条作为判决的法律依据。该案上诉后,北京市高级人民法院(2002)高民终字第 279 号终审判决中,也援用《规定》,驳回上诉,维持原判。❹ 但是,也有的判决依据 2001 年《著作权法》作出,也有的判决是依据国际条约作出。尽管一般认为,在国内实用艺术作品保护问题尚不明确的情况下,外国实用艺术作品仍可根据《规定》第 6 条受到保护,❺ 但只要未完全排除国内实用艺术作品作为美术作品受保护的可能性,25 年的保护期就可能引发国民待遇问题。

综上,彻底解决实用艺术作品保护问题的关键在于明确国内实用艺术作品是否受著作权保护。否则,就无法确定外国人在我国就其实用艺术作品享有国民待遇还是"超国民待遇",《规定》第 6 条的效力和适用也就成了问题。课题组建议:(1)由最高人民法院制定发布司法解释,以明确 2001 年《著作权法》第 3 条第(4)项中"美术作品"是否包含实用艺术作品;或(2)由国务院或由国务院授权国家版权局作出正式解释,以明确现行《实施条例》第 4 条第(8)项中"美术作品"是否包含实用艺术作品;或三,通过再次修订著作权法律法规,明确规定对实用艺术作品的保护,或将实用艺术作

---

❶ 周林等:"英特莱公司、乐高海外公司与东莞市乐趣玩具实业公司专利权、版权、不正当竞争纠纷案",见《知识产权办案参考(第 6 辑)》,中国方正出版社 2003 年版。

❷ 胡康生主编:《中华人民共和国著作权法释义》,法律出版社 2002 年版,第 18 页。

❸ 王自强:"实用艺术作品的著作权保护",载《中国版权》2004 年第 1 期。

❹ 参见《北京市第一中级人民法院(1999)一中知初字第 132 号民事判决书》与《北京市高级人民法院(2002)高民终字第 279 号民事判决书》。

❺ 胡康生主编:《中华人民共和国著作权法释义》,法律出版社 2002 年版,第 18 页。

品作为美术作品进行保护,将《规定》第 6 条纳入再次修订的著作权法律法规。

【初步结论】
本条规定在明确国内实用艺术作品保护的情况下即没有必要继续存在。

【有关的条约及法律法规】
[1]《中华人民共和国著作权法》(1991)

第 3 条　本法所称的作品,包括以下列形式创作的温馨、艺术和自然科学、社会科学、工程技术等作品:……(七)美术、摄影作品;……

第 7 条　科学技术作品中应当由专利法、技术合同法等法律保护的,适用专利法、技术合同法等法律的规定。

第 52 条第 2 款　按照工程设计、产品设计图纸及其说明进行施工、生产工业品,不属于本法所称的复制。

《中华人民共和国著作权法实施条例》(1991)

第 4 条　著作权法和本实施条例中下列作品的含义是:……(七)美术作品,指绘画、书法、雕塑、建筑等以线条、色彩或者其他方式构成的有审美意义的平面或者立体的造型艺术作品。……

[2]《保护文学和艺术作品伯尔尼公约》(1971)

第 2 条第 1 款　"文学和艺术作品"一词包括文学、科学和艺术领域内的一切成果,不论其表现形式或方式如何,诸如书籍、小册子和其他文字作品;讲课、演讲、讲道和其他同类性质作品;戏剧或音乐戏剧作品;舞蹈艺术作品和哑剧;配词或未配词的乐曲;电影作品和以类似摄制电影的方法表现的作品;图画、油画、建筑、雕塑、雕刻和版画作品;摄影作品和以类似摄影的方法表现的作品;实用艺术作品;与地理、地形、建筑或科学有关的插图、地图、设计图、草图和立体作品。

第 2 条第 7 款　在遵守本公约第 7 条第 4 款之规定的前提下,本同盟各成员国得通过国内立法规定其法律在何种程度上适用于实用艺术作品以及工业品平面和立体设计,以及此种作品和平面与立体设计受保护的条件。在起源国仅仅作为平面与立体设计受到保护的作品,在本同盟其他成员国只享受各该国给予平面和立体设计的那种专门保护;但如在该国并不给予这种专门保护,则这些作品将作为艺术作品得到保护。

第 7 条第 4 款　摄影作品和作为艺术作品保护的实用艺术作品的保护期限由本同盟各成员国的法律规定;但这一期限不应少于自该作品完成之后算起的 25 年。

[3]《中华人民共和国著作权法》(2001)

第 3 条　本法所称的作品,包括以下列形式创作的文学、艺术和自然科学、社会科学、工程技术等作品:……(四)美术、建筑作品;……

《中华人民共和国著作权法实施条例》(2002)

第 4 条　著作权法和本条例中下列作品的含义:……(八)美术作品,是指绘画、书法、雕塑等以线条、色彩或者其他方式构成的有审美意义的平面或者立体的造型艺术作品。……

第 7 条

外国计算机程序作为文学作品保护,可以不履行登记手续,保护期为自该程序首次发表之年年底起 50 年。

【条文分析】

本条规定外国计算机程序在我国作为文学作品(文字作品)受到保护,不需要履行任何登记手续,保护期延长至 50 年。在当时,本条规定就计算机程序的保护向外国人提供了"超国民待遇",属于实质规定。

(1) 1991 年著作权法律法规的有关规定。1991 年《著作权法》虽然明确规定了计算机软件的著作权保护,但授权国务院就计算机软件的著作权保护制定《计算机软件保护条例》。《软件条例》于 1991 年 10 月 1 日起实施,其中包含一些与其他类作品的一般规定有所不同的特别规定,对计算机软件具有优先效力。例如,《软件条例》第 15 条规定软件保护期为 25 年,且须经申请才能延长 25 年;第 24 条将软件登记规定为行政或司法保护的前提条件。[1]

(2) 《备忘录》的有关规定。依照《备忘录》第 3 条第 6 款,我国应在《伯尔尼公约》对我国生效之后,将外国计算机程序作为该公约规定的文学作品保护。这意味着:第一,1991 年著作权法律法规对外国计算机程序也应像对外国文学作品一样予以保护;第二,对这类作品的保护不得要求以履行手续为前置条件(即应遵循该公约规定的自动保护原则);第三,保护期延长至 50 年。《伯尔尼公约》未明确要求计算机程序作为文学作品保护,《备忘录》的这一规定来源于 TRIPs 协定[2]的 Dunkel 草案,我国当时为了复关总体考虑而接受了该草案中这一要求。《备忘录》第 3 条第 6 款随后被纳入《规定》,成为第 7 条。

(3) 2001 年著作权法律法规的有关规定。

2002 年 1 月 1 日实施的《软件条例》对计算机软件的保护规定作了较大调整,特别是规定软件登记证明文件仅具有登记事项属实的初步证明效力,以及将软件著作权保护期延长至 50 年。[3]目前,我国对计算机软件的保护与对其他类作品的保护已没有任何实质区别,对计算机程序的保护完全符合《伯尔尼公约》(在文学作品方面)和 TRIPs 协定的要求。《规定》本条内容已完全被修订后的著作权法和《软件条例》所涵盖。

【初步结论】

本条规定已不再具有意义。

【有关的条约及法律法规】
[1]《中华人民共和国著作权法》(1991)

第 3 条 本法所称的作品,包括以下列形式创作的文学、艺术和自然科学、社会科学、工程技术等作品:……(八)计算机软件;……

第 53 条 计算机软件的保护办法由国务院另行规定。

《计算机软件保护条例》（1991）

第 6 条第 2~3 款

外国人的软件首先在中国境内发表的，依照本条例享有著作权。

外国人在中国境外发表的软件，依照其所属国同中国签订的协议或者共同参加的国际条约享有的著作权，受本条例保护。

第 15 条 软件著作权的保护期为 25 年，截止于软件首次发表后第 25 年的 12 月 31 日。保护期满前，软件著作权人可以向软件登记管理机构申请续展 25 年，但保护期最长不超过 50 年。

第 24 条 向软件登记管理机构办理软件著作权的登记，是根据本条例提出软件权纠纷行政处理或者诉讼的前提。软件登记管理机构发放的登记证明文件，是软件著作权有效或者登记申请文件中所述事实确实的初步证明。

[2]《关于保护知识产权的谅解备忘录》

第 3 条第 6 款 中国政府同意，不迟于伯尔尼公约在中国生效之日，承认并将计算机程序按照伯尔尼公约的文学作品保护，按照公约规定的保护对计算机程序的保护不要求履行手续，并提供 50 年的保护期。

《保护文学和艺术作品伯尔尼公约》（1971）

第三条第 1、2、4 款

（1）根据本公约，

（a）作者为本同盟任何成员国的国民者，其作品无论是否已经出版，都受到保护；

（b）作者为非本同盟任何成员国的国民者，其作品首次在本同盟一个成员国出版，或在一个非本同盟成员国和一个同盟成员国同时出版的都受到保护；

（2）非本同盟任何成员国的国民但其惯常住所在一个成员国国内的作者，为实施本公约享有该成员国国民的待遇。

……

（4）一个作品在首次出版后 30 天内在两个或两个以上国家内出版，则该作品应视为同时在几个国家内出版。

第 5 条第 2 款 享有和行使这些权利不需要履行任何手续，也不论作品起源国是否存在保护。因此，除本公约条款外，保护的程度以及为保护作者权利而向其提供的补救方法完全由被要求给以保护的国家的法律规定。

第 7 条第 1 款

（1）本公约给予保护的期限为作者有生之年及其死后 50 年内。

《与贸易有关的知识产权协定》

第 10 条第 1 款 计算机程序，无论是源代码还是目标代码，应作为《伯尔尼公约》（1971）项下的文字作品加以保护。

[3]《计算机软件保护条例》（2002）

第 5 条第 2、3 款

外国人、无国籍人的软件首先在中国境内发行的，依照本条例享有著作权。

外国人、无国籍人的软件，依照其开发者所属国或者经常居住地国同中国签订的协议或者依照中国参加的国际条约享有的著作权,受本条例保护。

第7条 软件著作权人可以向国务院著作权行政管理部门认定的软件登记机构办理登记。软件登记机构发放的登记证明文件是登记事项的初步证明。

第14条 软件著作权自软件开发完成之日起产生。

自然人的软件著作权,保护期为自然人终生及其死亡后50年,截止于自然人死亡后第50年的12月31日;软件是合作开发的,截止于最后死亡的自然人死亡后第50年的12月31日。

法人或者其他组织的软件著作权,保护期为50年,截止于软件首次发表后第50年的12月31日,但软件自开发完成之日起50年内未发表的,本条例不再保护。

第8条
外国作品是由不受保护的材料编辑而成,但是在材料的选取或者编排上有独创性的,依照著作权法第14条的规定予以保护。此种保护不排斥他人利用同样的材料进行编辑。

【条文分析】

本条规定,外国人对不受保护的材料进行独创性的选择或编排而产生的成果,作为1991年《著作权法》所称的编辑作品受到保护。当然,对整体作品的保护不延及其中包含的不构成作品的材料,编辑人不能禁止他人利用相同的材料另行编辑。本条规定向外国人提供了"超国民待遇",属于实质规定。

(1) 1991年著作权法律法规的有关规定。依照1991年著作权法律法规,编辑作品仅指按特定要求对诸多原作品或其片断进行选择(汇集)、编排而产生的新作品。[1] 汇集、编排不受保护的材料不能产生1991年《著作权法》所称的编辑作品。但如果因此排除对这种编辑物的保护,并不符合《伯尔尼公约》的要求。因为尽管《伯尔尼公约》第2条第5款仅提到"文学或艺术作品的汇编",但其第2条第1款中提到的"文学和艺术作品"仍可以涵盖文学、科学和领域内的一切成果,不论其表现形式或方式如何。[2]

(2) 本条规定的来源。《备忘录》并未提及这种广义的编辑作品,这种编辑作品也无须从《伯尔尼公约》第2条第1款引申出来,因为只需对1991年《实施条例》第2条作出适当的解释,即可将上述编辑物纳入作品的范畴。实际上,本条规定同样来源于TRIPs协定[3]的Dunkel草案,其中有关数据编辑物的规定被纳入《规定》,成为第8条。

(3) 2001年著作权法律法规的有关规定。为"入世"需要,我国于2001年按《伯尔尼公约》和TRIPs协定修订了著作权法律法规。根据修订后的《著作权法》第14条,汇编作品(编辑作品)的概念包括了汇编不构成作品的数据或其他材料而产生的独创性汇编物。[4]《规定》本条内容已经被修订后的著作权法完全吸收,现行著作权法第14条同样适用于中国公民、法人或其他组织的汇编作品,外国汇编作品也不再享有"超国民待遇"。此外,现行著作权法中汇编作品的概念不仅符合TRIPs协定第10条第2款规定,也达到了《伯尔尼公约》第2条第1款的要求。

【初步结论】
本条规定已不再具有意义。

【有关的条约及法律法规】
[1]《中华人民共和国著作权法》(1991)
第14条 编辑作品由编辑人享有著作权，但行使著作权时，不得侵犯原作品的著作权。
《中华人民共和国著作权法实施条例》(1991)
第5条 著作权法和本实施条例中下列使用作品方式的含义是：……（十一）编辑，指根据特定要求选择若干作品或者作品的片断汇集编排成为一部作品；……
[2]《保护文学和艺术作品伯尔尼公约》(1971)
第2条第1款 "文学和艺术作品"一词包括文学、科学和艺术领域内的一切成果，不论其表现形式或方式如何，诸如……
第2条第5款 文学或艺术作品的汇编，诸如百科全书和选集，凡由于对材料的选择和编排而构成智力创作的，应得到相应的、但不损害汇编内每一作品的版权的保护。
[3]《与贸易有关的知识产权协定》
第10条第2款 数据或其他资料的汇编，无论机器可读还是其他形式，只要由于对其内容的选取或编排而构成智力创作，即应作为智力创作加以保护。该保护不得延伸至数据或资料本身，并不得损害存在于数据或资料本身的任何版权。
[4]《中华人民共和国著作权法》(2001)
第14条 汇编若干作品、作品的片段或者不构成作品的数据或者其他材料，对其内容的选择或者编排体现独创性的作品，为汇编作品，其著作权由汇编人享有，但行使著作权时，不得侵犯原作品的著作权。

第9条
外国录像制品根据国际著作权条约构成电影作品的，作为电影作品保护。

【条文分析】
依照本条规定，外国录像制品在根据国际著作权条约构成电影作品的情况下，作为电影作品保护。本条特别提到"国际著作权条约"，似乎暗示1991年著作权法律法规中的"电影、电视、录像作品"概念过窄，不符合国际著作权条约的要求。本条试图向外国人提供"超国民待遇"，属于实质规定。

（1）1991年著作权法律法规的有关规定。依照1991年著作权法律法规，"电影、电视、录像作品"和"录像制品"分别属于不同权利的客体，受到不同性质和不同水平的保护。1991年《著作权法》第1条分别提到"著作权"和"与著作权有关的权益"就很能说明问题。固然，1991年《实施条例》对"电影、电视、录像作品"和"录像制品"的界定有些模糊，似乎不便于作出区分，但根据其第二条有关"作品"的定义，这两类客体的区别应是很明显的，即后者不具有独创性。[1]

（2）国际著作权条约的有关规定。本条规定按"国际著作权条约"来判断外国录像制品是否构成电影作品。实际上，《伯尔尼公约》与《备忘录》均未规定"电影作品"以至"文学和艺术作品"的构成要件。但根据《伯尔尼公约》中有关"作品"和"作者"的上下文以及修订该公约的历次外交会议记录可以看出，只有文学、科学和艺术领域内的智力创作才能构成该公约所称的"作品"。这意味着录像制品只有在具有独创性的情况下才构成电影作品。《伯尔尼公约》中没有关于"独创性"的定义，被认为是默许各成员国通过各自的国内法来确定这一概念。我国1991年著作权法律法规也未对"独创性"加以界定。一般认为，"独创性"是指文学、艺术或科学领域内表现作者的思想或情感（或表现作者的个性）的智力产物，而不是对他人作品的模仿或抄袭。❶根据这种认识，例如在固定位置录制的录像制品（如银行监控录像），尽管是独立完成的，也不属于对他人作品的模仿或抄袭，但由于不能表现作者的思想或情感（或表现作者的个性），仍不具有独创性，因而不构成电影作品。

（3）本条规定的产生。本条的产生与录音制品有关。《备忘录》第3条第9款第1分款被理解为要求我国将美国录音制品作为美国作品来保护。国家版权局的《通知》第2条[2]印证了这一点。在《规定》第18条中，这种"超国民待遇"已被扩大适用于《伯尔尼公约》其他成员国国民。由于1991年著作权法律法规规定了录音制品与录像制品几乎完全相同的地位，从上述规定不难引申出一个结论：外国录像制品在我国也应作为外国作品受到保护。但这只是一个推论，《规定》的制定部门不能不考虑这一事实：《备忘录》与《伯尔尼公约》中毕竟均未明确提及"录像制品"。因此不难理解为什么制定部门没有套用《规定》第18条，而是慎重地增加了一个前提条件——外国录像制品只有"根据国际著作权条约构成电影作品"，才能作为外国（电影）作品受到保护。前面得出结论，外国录像制品在我国是否构成电影作品，只能依照1991年著作权法律法规的有关规定来判断，换言之，只能根据它们是否具有独创性来判断。在这种情况下，本条规定的前提条件将使本条不再可能向外国人提供"超国民待遇"。

（4）2001年著作权法律法规的有关规定。著作权法律法规于2001年修订时，相关规定只是作了少量文字修改。比如，为了对应《伯尔尼公约》中的表述，以涵盖所有与电影类似的作品，将"电影、电视、录像作品"修改为"电影作品和以类似摄制电影的方法创作的作品"（并没有明确区分录像作品和录像制品的意图）。[3]2001年著作权法律法规仍然延续了对录像制品仅给予一种与著作权有关的权利（类似于邻接权）保护的规定（并不违反国际惯例）。实际上，录音录像制品主要是在一些英美法系国家作为作品受到保护（表演、广播电视节目也是如此），并且它们与这些国家法律中严格意义上的作品有所区别。在法国、西班牙、葡萄牙等一些大陆法系国家，法律则明确将录

---

❶ Mihály Ficsor 将"独创性"定义为"指作者自己的智慧创造，而不是对他人作品的模仿（拷贝）"。相关资料请参阅：Mihály Ficsor：*Guide to the Copyright and Related Rights Treaties Administered by WIPO and Glossary of Copyright and Related Rights Terms*, World Intellectual Property Organization, 2004. p. 300.

像制品纳入邻接权客体的范畴。❶ 此外，从国际上分别缔结著作权公约和邻接权公约以及《伯尔尼公约》第9条第3款规定（制作录音或录像的复制品均属于公约所指的复制）来看，我国继续对电影作品与录像制品分别给予不同性质的保护并不存在任何问题。当然，为了明确区分电影作品与录像制品，在著作权法律法规中应对"独创性"进行适当的界定。

【初步结论】
本条规定没有存在的必要。

【有关的条约及法律法规】
[1]《中华人民共和国著作权法》(1991)
第1条 为保护文学、艺术和科学作品作者的著作权，以及与著作权有关的权益，鼓励有益于社会主义精神文明、物质文明建设的作品的创作和传播，促进社会主义文化和科学事业的发展与繁荣，根据宪法制定本法。

第3条 本法所称的作品，包括以下列形式创作的文学、艺术和自然科学、社会科学、工程技术等作品：……（五）电影、电视、录像作品；……

《中华人民共和国著作权法实施条例》(1991)
第4条 著作权法和本实施条例中下列作品的含义是：……（九）电影、电视、录像作品，指摄制在一定物质上，由一系列有伴音或者无伴音的画面组成，并且借助适当装置放映、播放的作品。……

第5条 著作权法和本实施条例中下列使用作品方式的含义是：……（七）摄制电影、电视、录像作品，指以拍摄电影或者类似的方式首次将作品固定在一定的载体上。将表演或者景物机械地录制下来，不视为摄制电影、电视、录像作品。

第6条 著作权法和本实施条例中下列用语的含义是：……（三）录像制品，指电影、电视、录像作品以外的任何有伴音或者无伴音的连续相关形象的原始录制品。

[2]《关于保护知识产权的谅解备忘录》
第3条第9款第1分款 中国政府将承认本谅解备忘录为中华人民共和国著作权法第2条所指的协议，在此基础上对美国国民在中国加入《伯尔尼公约》和《日内瓦公约》前在中国境外发表的作品，包括计算机程序和录音制品，给予保护。此种保护将于本谅解备忘录签字之后60天开始生效。

《关于执行中美知识产权谅解备忘录双边著作权保护条款的通知》
第2条 受保护的美国作品包括计算机程序和录音制品。

[3]《中华人民共和国著作权法》(2001)
第1条 为保护文学、艺术和科学作品作者的著作权，以及与著作权有关的权益，鼓励有益于社会主义精神文明、物质文明建设的作品的创作和传播，促进社会主义文化

---

❶ [法]克洛德·科隆贝著，高凌瀚译：《世界各国著作权和邻接权的基本原则——比较法研究》，上海外语教育出版社1995年版，第130页。

和科学事业的发展与繁荣,根据宪法制定本法。

第3条 本法所称的作品,包括以下列形式创作的文学、艺术和自然科学、社会科学、工程技术等作品:……(六)电影作品和以类似摄制电影的方法创作的作品。……

第10条第1款 著作权包括下列人身权和财产权:……(十三)摄制权,即以摄制电影或者以类似摄制电影的方法将作品固定在载体上的权利;……

《中华人民共和国著作权法实施条例》(2002)

第4条 著作权法和本条例中下列作品的含义:……(十一)电影作品和以类似摄制电影的方法创作的作品,是指摄制在一定介质上,由一系列有伴音或者无伴音的画面组成,并且借助适当装置放映或者以其他方式传播的作品;……

第5条 著作权法和本条例中下列用语的含义:……(三)录像制品,是指电影作品和以类似摄制电影的方法创作的作品以外的任何有伴音或者无伴音的连续相关形象、图像的录制品;……

第10条

将外国人已经发表的以汉族文字创作的作品,翻译成少数民族文字出版发行的,应当事先取得著作权人的授权。

【条文分析】

本条规定1991年《著作权法》第22条第1款第(11)项对翻译权的限制不适用于外国作品。它向外国人提供了"超国民待遇",属于实质规定。

(1)1991年著作权法律法规的有关规定。1991年《著作权法》第22条第1款规定了一类对著作权的限制,即对作品合理使用的12种情况。根据该条第1款第(11)项,将已发表的汉文作品翻译成少数民族文字在国内出版发行,可以不经著作权人许可和支付报酬。1991年《实施条例》第31条将上述汉文作品限制在原作品的范围内[1],将外文作品的汉文译作排除在这一合理使用范围之外,但其立法本意似乎只是为了减小可能受第(11)项间接影响的外国原作的范围(如在合理使用汉文译作的同时,也不经外文原作作者授权和支付报酬)。由于汉文原作品有可能属于外国作品,所以1991年《著作权法》第22条第1款第(11)项尚不完全符合《伯尔尼公约》的规定。

(2)《伯尔尼公约》的有关规定。《伯尔尼公约》规定了对翻译权的保护,但未准许以1991年《著作权法》第22条第1款第(11)项规定的方式对翻译权进行限制。[2]为实施该公约,《规定》第10条将外国人的汉文作品(不论是不是原作品以及是否发表)排除在1991年《著作权法》第22条第1款第(11)项规定的限制范围之外。这意味着,将外国人的汉文作品翻译成少数民族文字在国内出版发行,仍须取得著作权人许可并支付报酬。

(3)2001年著作权法律法规的有关规定。2001年我国著作权法修订后,在第22条第1款第(11)项中"汉语言文字作品"前面增加了限定语"中国公民、法人或者其他组织",即将"中国公民、法人或者其他组织已经发表的以汉语言文字创作的作品翻译成少数民族语言文字作品在国内出版发行"的,才属于合理使用,可以不经著作权人许可,也不支付报酬。从而也就排除了对外国人以汉语言文字创作的作品翻译权的限制。[3] 显然,《规定》本条内容已被现行著作权法完全涵盖。

【初步结论】
本条已不再具有意义。

【有关的条约及法律法规】
[1]《中华人民共和国著作权法》(1991)
第22条 在下列情况下使用作品,可以不经著作权人许可,不向其支付报酬,但应当指明作者姓名、作品名称,并且不得侵犯著作权人依照本法享有的其他权利:……(11)将已经发表的汉族文字作品翻译成少数民族文字在国内出版发行;……

《中华人民共和国著作权法实施条例》(1991)
第31条 著作权法第22条第(11)项的规定,仅适用于原作品为汉族文字的作品。

[2]《保护文学和艺术作品伯尔尼公约》(1971)
第8条 受本公约保护的文学艺术作品的作者,在对原作享有权利的整个保护期内,享有翻译和授权翻译其作品的专有权利。

[3]《中华人民共和国著作权法》(2001)
第22条 在下列情况下使用作品,可以不经著作权人许可,不向其支付报酬,但应当指明作者姓名、作品名称,并且不得侵犯著作权人依照本法享有的其他权利:……(十一)将中国公民、法人或者其他组织已经发表的以汉语言文字创作的作品翻译成少数民族语言文字作品在国内出版发行;……

第11条

外国作品著作权人,可以授权他人以任何方式、手段公开表演其作品或者公开传播对其作品的表演。

【条文分析】
本条扩大了外国作品表演权的内容,即在作品的公开表演和公开传播作品的表演方面向外国人提供了"超国民待遇",属于实质规定。

(1)1991年著作权法律法规的有关规定。1991年《著作权法》为著作权人规定了以表演方式使用作品并获得报酬的权利,《实施条例》对"表演"也作出了界定。虽然"直接或者借助技术设备"的表述[1]有助于对"表演"作出更加符合《伯尔尼公约》的解释,但汉语中"表演"一词通常含义限制了这一可能性。因而"表演"在很长时间内一直被理解为指自然人的现场表演("活生生的表演""活人表演""活表演"),而不包括所谓的机械表演（利用录制品进行的表演）。❶ 直到1999年年底，国家版权局才就1991年《实施条例》中"表演"的定义发布了一个解释，指明表演既包括公开现场表演，也包括公开机械表演。❷ 1991年《实施条例》在界定"表演"时也没有提到"放映"，作者似乎也没有控制向公众传播其作品的表演的权利。因而1991年著作权法律法规与《伯尔尼公约》是有差距的。

（2）《伯尔尼公约》的有关规定。《伯尔尼公约》就不同种类的作品分别规定了表演权。其中第11条规定了戏剧、音乐剧和音乐作品的表演权；第11条之三规定了文学作品的表演权（朗诵权）；第14条第1款第（2）项规定的权利包含原作者对电影作品的表演权（放映权）；第14条之二规定了电影作品与原作品相同的权利，包含电影作品的表演权（放映权）。[2] 以第11条为例，根据其第1款第（1）项，戏剧、音乐剧和音乐作者对其作品享有现场表演权和机械表演权；根据同款第（2）项，作者对其作品享有向公众传播其作品的表演的权利；根据同条第2款，作者在其作品的保护期内对其作品的译作享有第1款所述的相同权利。其中第1款第（1）项规定的权利（表演权）控制的是向现场观众传播作品的行为；第1款第（2）项规定的权利（向公众传播权）控制的是向不在现场的公众传播作品的行为。

《规定》第11条基本相当于《伯尔尼公约》第11条第1款和第11条之三第1款，外加《规定》第12条（放映外国电影作品）和第16条（表演外国作品），完全可以填补1991年著作权法律法规在表演权方面与《伯尔尼公约》之间的差距。

（3）2001年著作权法律法规的有关规定。2001年修订后的《著作权法》第10条第1款第（9）项（表演权）未沿用1991年《实施条例》中"表演"的定义，而改用了类似《伯尔尼公约》第11条第1款的行文。[3] 虽然内容不十分准确，但却包含了向公众传播权，而且被解释为可以涵盖机械表演权。❸ 此外，将该项规定的表演权适当地解释为包含朗诵权，即可达到《伯尔尼公约》第11条之三第1款的要求。公约第11条第2款和第11条之三第2款规定的原作者对其作品的译作的表演权，也可以通过对2001年《著作权法》第12条[4]的适当解释达到公约的要求。

综上，2001年修订后的著作权法律法规在表演权方面涵盖了《规定》本条内容，也符合《伯尔尼公约》有关表演权的规定。

【初步结论】
本条已不再具有意义。

---

❶ 沈仁干、高凌瀚、许超等编著：《中华人民共和国著作权法讲话》，法律出版社1991年版，第59页；江平、沈仁干等：《中华人民共和国著作权法讲析》，中国国际广播出版社1991年版，第188页；胡康生主编：《中华人民共和国著作权法释义》，法律出版社2002年版，第51页。

❷ 《国家版权局关于著作权法实施条例第五条中"表演"的具体应用问题的解释》（国权[1999]43号，1999年12月9日）。

❸ 胡康生主编：《中华人民共和国著作权法释义》，法律出版社2002年版，第51页。

中 文 部 分

【有关的条约及法律法规】

[1]《中华人民共和国著作权法》(1991)

第10条第1款 著作权包括下列人身权和财产权：……（五）使用权和获得报酬权，即以……表演……等方式使用作品的权利；以及许可他人以上述方式使用作品，并由此获得报酬的权利。

《中华人民共和国著作权法实施条例》(1991)

第5条 著作权法和本实施条例中下列使用作品方式的含义是：……（二）表演，指演奏乐曲、上演剧本、朗诵诗词等直接或者借助技术设备以声音、表情、动作公开再现作品；……

[2]《保护文学和艺术作品伯尔尼公约》(1971)

第11条

（1）戏剧作品、音乐戏剧作品和音乐作品的作者享有下列专有权利：①授权公开表演和演奏其作品，包括用各种手段和方式公开表演和演奏；②授权用各种手段公开播送其作品的表演和演奏。

（2）戏剧作品或音乐戏剧作品的作者，在享有对其原作的权利的整个期间应享有对其作品的译作的同等权利。

第11条之三

（1）文学作品的作者享有下列专有权利：①授权公开朗诵其作品，包括用各种手段或方式公开朗诵；②授权用各种手段公开播送其作品的朗诵。

（2）文学作品作者在对其原作享有权利的整个期间，应对其作品的译作享有同等的权利。

第14条第1款 文学艺术作品的作者享有下列专有权利：……（2）授权公开表演、演奏以及向公众有线传播经过如此改编或复制的作品。

第14条之二第1款 在不损害已被改编或复制的作品的版权的情况下，电影作品应作为原作受到保护。电影作品版权所有者享有与原作者同等的权利，包括前一条提到的权利。

[3]《中华人民共和国著作权法》(2001)

第10条第1款 著作权包括下列人身权和财产权：……（九）表演权，即公开表演作品，以及用各种手段公开播送作品的表演的权利；（十）放映权，即通过放映机、幻灯机等技术设备公开再现美术、摄影、电影和以类似摄制电影的方法创作的作品等的权利；……

[4]《中华人民共和国著作权法》(2001)

第12条 改编、翻译、注释、整理已有作品而产生的作品，其著作权由改编、翻译、注释、整理人享有，但行使著作权时不得侵犯原作品的著作权。

第12条

外国电影、电视和录像作品的著作权人可以授权他人公开表演其作品。

【条文分析】

本条规定了外国电影、电视、录像作品的表演权（放映权）。它向外国人提供了"超国民待遇"，属于实质规定。

（1）1991年著作权法律法规的有关规定。1991年《著作权法》第10条第（5）项未明确规定放映权，其《实施条例》第5条第（2）项有关"表演"的定义中也未提到"放映"或"电影"。[1] 由于对表演权能否涵盖机械表演存在不同看法，1991年著作权法律法规对是否保护放映权的问题也一度没有定论。

（2）《伯尔尼公约》的有关规定。《伯尔尼公约》第14条第1款第（2）项规定了原作者对电影作品享有的表演权和向公众有线传播权。第14条之二第1款规定了电影作品与原作品相同的权利，其中自然包括表演权和向公众有线传播权。[2] 《规定》第12条规定了电影、电视、录像制品的表演权（放映权），从而在一定程度上填补了1991年著作权法律法规与《伯尔尼公约》的差距。

（3）2001年著作权法律法规的有关规定。《著作权法》于2001年修订后，其第10条第1款明确规定了电影和类似作品以及美术、摄影等其他类作品的放映权。前面在《规定》第11条的分析中提到，通过对2001年《著作权法》第12条和第15条的适当解释，2001年著作权法律法规也可以达到该公约第14条第1款第（2）项有关原作者对电影作品的放映权和第14条之二第1款有关电影作品的放映权的要求。[3]

综上分析，可以认为，2001年著作权法律法规在电影和类似作品的表演权（放映权）方面不仅涵盖了本条内容，而且符合《伯尔尼公约》的相应规定。

【初步结论】

本条规定已不再具有意义。

【相关的条约及法律法规】

[1]《中华人民共和国著作权法》（1991）

第10条 著作权包括下列人身权和财产权：（五）使用权和获得报酬权，即以……表演……方式使用作品的权利；以及许可他人以上述方式使用作品，并由此获得报酬的权利。

《中华人民共和国著作权法实施条例》（1991）

第5条 著作权法和本实施条例中下列使用作品方式的含义是：……（二）表演，指演奏乐曲、上演剧本、朗诵诗词等直接或者借助技术设备以声音、表情、动作公开再现作品；……

[2]《保护文学和艺术作品伯尔尼公约》（1971）

第14条第1款 文学艺术作品的作者享有下列专有权利：……（2）授权公开表演、演奏以及向公众有线传播经过如此改编或复制的作品。

第14条之二第1款 在不损害已被改编或复制的作品的版权的情况下，电影作品应作为原作受到保护。电影作品版权所有者享有与原作者同等的权利，包括前一条提到的权利。

[3]《中华人民共和国著作权法》(2001)

第10条第1款 著作权包括下列人身权和财产权：……（十）放映权，即通过放映机、幻灯机等技术设备公开再现美术、摄影、电影和以类似摄制电影的方法创作的作品等的权利；……

第12条 改编、翻译、注释、整理已有作品而产生的作品，其著作权由改编、翻译、注释、整理人享有，但行使著作权时不得侵犯原作品的著作权。

第15条 电影作品和以类似摄制电影的方法创作的作品的著作权由制片者享有，但编剧、导演、摄影、作词、作曲等作者享有署名权，并有权按照与制片者签订的合同获得报酬。

电影作品和以类似摄制电影的方法创作的作品中的剧本、音乐等可以单独使用的作品的作者有权单独行使其著作权。

第13条

报刊转载外国作品，应当事先取得著作权人的授权；但是，转载有关政治、经济等社会问题的时事文章除外。

【条文分析】

本条规定，除有关政治、经济等社会问题的时事文章外，报刊转载外国作品仍应取得著作权人的许可。这意味着，除1991年《著作权法》第22条第1款第（4）项规定的文章外，1991年《著作权法》第32条第2款对复制权的限制不适用于外国作品[1]。本条向外国人提供了"超国民待遇"，属于实质规定。

（1）1991年《著作权法》的有关规定。1991年《著作权法》第22条第1款第（4）项规定了对已发表的社论、评论员文章以转载、播放方式的合理使用，而且未准许著作权人可以通过声明来保留权利。第32条第2款规定了对已发表的报刊作品以转载、摘编方式的法定许可，但准许著作权人可以通过适当的声明来保留权利。尽管如此，著作权人的复制权仍然受到限制，因为在著作权人未作出适当声明的情况下，他人转载、摘编其已发表的报刊作品仍然可以不经其许可。第22条第1款第（4）项应被理解为第32条第2款的例外，换言之，当已发表的报刊作品为社论、评论员文章时，应适用第22条第1款第（4）项的规定。

（2）《伯尔尼公约》的有关规定。《伯尔尼公约》第10条之二第1款准许报刊转载，但仅限于讨论政治、经济、宗教的时事性文章，而且以作者未明确声明保留权利为前提条件。此外，公约第9条第2款还就成员国是否可以对复制权进行限制规定了所谓的"三步检验法"：第一，复制限于某些特殊情况；第二，复制是否未损害作品的正常利用；第三，复制未不合理地损害作者的合法利益。[2] 显然，1991年《著作权法》第22条第1款第（4）项和第32条第2款不完全符合《伯尔尼公约》的相应规定。《规定》第13条排除了1991年《著作权法》第32条第2款对一般外国作品复制权的限制，填补了该法在这一方面与《伯尔尼公约》之间的差距，但社论、评论员文章（基本相当于有关政治、经济等社会问题的时事文章）的作者仍不能通过声明来保留权利。

（3）2001年《著作权法》的有关规定。2001年修订《著作权法》时，第32条第2款并未将《规定》第13条纳入其中，也未按《伯尔尼公约》的要求来修改。虽然修订后的《实施条例》第21条规定，使用者进行的合理使用和法定许可使用不得影响作品的正常利用，也不得不合理地损害著作权人的合法利益，但这并不能排除现行《著作权法》第32条第2款的继续适用。[3] 所以，2001年修订后的《著作权法》不能涵盖《规定》第13条的内容，也不符合《伯尔尼公约》的要求。

【初步结论】

就2001年《著作权法》第32条第2款而言，本条仍具有意义。可以考虑根据《民法通则》第142条的规定，优先适用《伯尔尼公约》。

【相关的条约及法律法规】
[1]《中华人民共和国著作权法》（1991）

第22条第1款　在下列情况下使用作品，可以不经著作权人许可，不向其支付报酬，但应当指明作者姓名、作品名称，并且不得侵犯著作权人依照本法享有的其他权利：……（四）报纸、期刊、广播电台、电视台刊登或者播放其他报纸、期刊、广播电台、电视台已经发表的社论、评论员文章；……

第32条第2款　作品刊登后，除著作权人声明不得转载、摘编的外，其他报刊可以转载或者作为文摘、资料刊登，但应当按照规定向著作权人支付报酬。

[2]《保护文学和艺术作品伯尔尼公约》（1971）

第9条第2款　本同盟成员国法律得允许在某些特殊情况下复制上述作品，只要这种复制不损害作品的正常使用也不致无故侵害作者的合法利益。

第10条之二第1款　本同盟各成员国的法律得允许通过报刊、广播或对公众有线传播，复制发表在报纸、期刊上的讨论经济、政治或宗教的时事性文章，或具有同样性质的已经广播的作品，但以对这种复制、广播或有线传播并未明确予以保留的为限。然而，均应明确说明出处；对违反这一义务的法律责任由被要求给予保护的国家的法律确定。

[3]《中华人民共和国著作权法》（2001）

第32条第2款　作品刊登后，除著作权人声明不得转载、摘编的外，其他报刊可以转载或者作为文摘、资料刊登，但应当按照规定向著作权人支付报酬。

《中华人民共和国著作权法实施条例》（2002）

第21条　依照著作权法有关规定，使用可以不经著作权人许可的已经发表的作品的，不得影响该作品的正常使用，也不得不合理地损害著作权人的合法利益。

第14条

外国作品的著作权人在授权他人发行其作品的复制品后，可以授权或者禁止出租其作品的复制品。

中 文 部 分

【条文分析】

本条规定，外国人在授权他人发行其作品后仍对其复制品享有出租权，即外国作品的出租权不受发行权可能"穷竭"的影响。1991年著作权法律法规并未明确排除出租权随发行权一并"穷竭"的可能性，因而可以认为，本条试图向外国人提供一种"超国民待遇"，属于实质规定。

（1）1991年著作权法律法规的有关规定。1991年《著作权法》第10条第（5）项规定了对发行权的保护。根据其《实施条例》第5条第（5）项的规定，出租权包含在发行权内，而非独立于发行权[1]。仅从这一点看，本条规定外国人享有出租权并非是向其提供"超国民待遇"。但在世界各国作为法律规定或行业惯例，作品的发行权（通常不包含出租权）往往在其合法复制品首次发行后即对这些复制品失去效力（即所谓发行权的"穷竭"）。如果发行权在我国有可能"穷竭"，出租权也要随之终止。

（2）《伯尔尼公约》和《备忘录》的有关规定。《伯尔尼公约》仅在第14条第1款第（1）项中规定了作者的发行权，而并未就出租权作出规定。[2]《备忘录》第3条第4款第1分款则要求我国在《规定》中澄清：出租权不受发行权可能"穷竭"的影响，尽管1991年《著作权法》及其《实施条例》未明确规定发行权是否在著作权人发行或授权他人发行其作品后"穷竭"。顺便指出，受《备忘录》第3条第4款第1分款的影响，本条并未限制这种出租权对外国作品的适用范围。TRIPs协定第11条和WCT第7条则仅就某些类作品（计算机程序、电影作品或录音制品中录制的作品）规定了必须保留作者的出租权。[3]

（3）2001年著作权法律法规的有关规定。2001年修订后的《著作权法》第10条第1款参照国际惯例，将发行权和出租权划分为两种独立的权利。[4]因而，不论发行权是否可能"穷竭"，出租权均不受影响。此外，立法部门在规定第10条第1款第（7）项的出租权时，参照TRIPs协定第11条和WCT第7条，将出租权的客体限制在电影和类似作品以及计算机软件（并非主要出租物的除外）的范围内。2001年著作权法律法规未明确规定作者对录制其作品的录音制品的出租权，但这是实施TRIPs协定和WCT的问题，与《规定》的存废无关。就实施《伯尔尼公约》和《备忘录》而言，2001年著作权法律法规的有关规定已涵盖了《规定》中的本条内容。

【初步结论】

本条规定已不再具有意义。但需依《规定》中的授权，由国家版权局解释，本条并非指一切外国作品，而应限于2001年《著作权法》和TRIPs协定中所规定的作品。

【相关的条约及法律法规】

[1]《中华人民共和国著作权法》(1991)

第10条 著作权包括下列人身权和财产权：……（五）使用权和获得报酬权，即以……发行……方式使用作品的权利；以及许可他人以上述方式使用作品，并由此获得报酬的权利。

《中华人民共和国著作权法实施条例》（1991）

第5条　著作权法和本实施条例中下列使用作品方式的含义是：……（五）发行，指为满足公众的合理需求，通过出售、出租等方式向公众提供一定数量的作品复制件；……

[2]《保护文学和艺术作品伯尔尼公约》（1971）

第14条第1款　文学艺术作品的作者享有下列专有权利：(1)授权将这类作品改编和复制成电影以及发行经过如此改编或复制的作品；……

[3]《关于保护知识产权的谅解备忘录》

第3条第4款第1分款　就中国著作权法及其实施条例与伯尔尼公约、日内瓦公约和本备忘录的不同之处，中国政府将于一九九二年十月一日前颁布新条例使之与公约和备忘录一致。这些新条例还将澄清现行条例，特别将解释：适用于所有作品和录音制品的独占性发行权包括通过出租提供复制品以及这一专有权利在复制品首次销售后仍然存在。如果两者之间有不同之处，执行公约和本备忘录的条例优先于适用本国作品的条例。

《与贸易有关的知识产权协定》

第11条　成员应至少就计算机程序和电影作品赋予作者及其权利继承人一种权利，以授权或禁止向公众商业出租其享有著作权的作品的原件或复制品。成员可以不承担就电影作品赋予出租权的义务，除非这种出租已经导致对上述作品的广泛复制，从而严重损害了成员赋予作者及其权利继受人的专有复制权。就计算机程序而言，如果该程序本身不是主要的出租标的，这一义务不适用于出租物。

《世界知识产权组织版权条约》第7条

（1）(i)计算机程序、(ii)电影作品和(iii)按缔约各方国内法的规定，以录音制品体现的作品的作者，应享有授权将其作品的原件或复制品向公众进行商业性出租的专有权。

（2）本条第（1）款不得适用于：(i)程序本身并非出租主要对象的计算机程序；和(ii)电影作品，除非此种商业性出租已导致对此种作品的广泛复制，从而严重地损害了复制专有权。

（3）尽管有本条第（1）款的规定，任何缔约方如在1994年4月15日已有且现仍实行作者出租其以录音制品体现的作品的复制品获得合理报酬的制度，只要以录音制品体现的作品的商业性出租没有引起对作者复制专有权的严重损害，即可保留这一制度。

[4]《中华人民共和国著作权法》（2001）

第10条第1款

（6）发行权，即以出售或者赠予方式向公众提供作品的原件或者复制件的权利；

（7）出租权，即有偿许可他人临时使用电影作品和以类似摄制电影的方法创作的作品、计算机软件的权利，计算机软件不是出租的主要标的的除外；

第15条

外国作品的著作权人有权禁止进口其作品的下列复制品；

（一）侵权复制品；
（二）来自对其作品不予保护的国家的复制品。

【条文分析】
本条就外国作品规定了一种进口权。它向外国人提供了"超国民待遇"，属于实质规定。

（1）1991年著作权法律法规的有关规定。1991年《著作权法》及其《实施条例》以及《计算机软件保护条例》均未规定类似的权利。1995年《知识产权海关保护条例》第15条虽然规定了对侵权复制品的扣押，但著作权人申请扣押以事先履行权利备案手续为前提条件，[1]因而不完全符合《伯尔尼公约》确立的自动保护原则。

（2）《伯尔尼公约》的有关规定。《伯尔尼公约》第16条[2]要求成员国扣押侵权复制品，表明它默认了一种由发行权派生出来的进口权。这意味着，未经著作权人授权，不准进口侵权复制品（通常为发行目的而制作）和来源于不保护其作品的国家的复制品，擅自进口的侵权复制品自然应予扣押。本条将《伯尔尼公约》第16条有关扣押侵权复制品的要求转化为外国人在我国享有进口权的规定。

（3）2001年著作权法律法规的有关规定。修订后的著作权法律法规未明确规定进口权和边境措施，有关侵权复制品的扣押仍适用《知识产权海关保护条例》。该条例经修订并于2004年3月1日实施后，权利备案已不再是申请扣押的前提。[3]鉴于《伯尔尼公约》和TRIPs协定的成员国几乎涵盖了世界上所有的国家，可以认为，现在几乎不存在《规定》第15条所指的对外国作品不予保护的国家。因而，2004年《知识产权海关保护条例》已涵盖本条规定，并符合《伯尔尼公约》和TRIPs协定有关自动保护和扣押侵权复制品的要求。

【初步结论】
本条已不再具有意义。

【相关的条约及法律法规】
［1］《知识产权海关保护条例》（1995）
第15条 知识产权权利人请求海关对其未在海关总署备案的知识产权采取保护措施的，应当在向海关总署提出申请的同时依照本条例第8条的规定向海关总署办理知识产权海关保护备案。

［2］《保护文学和艺术作品伯尔尼公约》（1971）
第16条
（1）作品的侵权复制品，在该作品受到法律保护的本联盟各成员国，可以进行扣押。
（2）前款规定也适用于来自不保护或不再保护该作品的国家的复制品。
（3）侵权复制品的扣押，依照各国的法律规定进行。

［3］《知识产权海关保护条例》（2004）

第 4 条　知识产权权利人请求海关实施知识产权保护的，应当向海关提出采取保护措施的申请。

第 7 条　知识产权权利人可以依照本条例的规定，将其知识产权向海关总署申请备案；……

第 16 条

表演、录音或者广播外国作品，适用《伯尔尼公约》的规定；有集体管理组织的，应当事先取得该组织的授权。

【条文分析】

本条规定在外国作品的表演、录音和广播方面，适用《伯尔尼公约》的有关条款，并要求外国作品的表演权、录制权或广播权由著作权集体管理组织管理的，应取得有关著作权集体管理组织的授权。由于《规定》第 11 条和第 12 条已规定了外国作品的表演权，应认为本条提到的"表演"主要涉及对表演权的限制。本条指明应适用的国际条约，属于实质规定。

（1）1991 年著作权法律法规的有关规定。在表演方面，1991 年《著作权法》第 22 条第 1 款第（9）项规定了以免费表演方式对已发表作品的合理使用。其《实施条例》第 30 条将"免费"限定为不向公众收取费用也不向表演者支付报酬的情况。该法第 35 条第 2 款还就已发表作品的营业性表演规定了法定许可制度。

在录音方面，由于 1991 年《著作权法》规定的复制权包含录制权，可以认为本条提到的"录音"主要涉及对录制权的限制。该法第 37 条第 1 款就已发表作品（不限于特定种类）的录音规定了法定许可。

在广播方面，1991 年《著作权法》第 10 条第（5）项列举了广播权，但未明确规定广播权的内容。该法第 22 条第 1 款第（3）～（5）项以及第 43 条就某些情况下对已发表作品的广播规定了合理使用制度。该法第 40 条第 2 款就已发表作品用于制作广播电视节目（并广播）规定了法定许可制度（对电影、电视、录像作品的广播除外）。

在著作权集体管理方面，《实施条例》第 54 条承认著作权人通过著作权集体管理组织行使著作权的有效性。[1]

（2）《备忘录》和《伯尔尼公约》的有关规定。本条是基于《备忘录》第 3 条第 4 款第 1 分款的要求作出的。[2]《备忘录》的这一规定要求我国通过制定发布新条例来填补 1991 年著作权法律法规与国际著作权条约之间的差距。但鉴于与国际著作权条约（主要是《伯尔尼公约》）相对照，1991 年著作权法律法规在表演、录音和播放方面存在诸多不足，《规定》的制定部门在本条中概括地规定了对《伯尔尼公约》的优先适用。不言而喻，这种优先适用应符合《民法通则》第 142 条的规定。

在表演方面，《伯尔尼公约》未规定对表演权的限制，但公约的历次修订会议记录似乎可以表明，公约默许成员国法律包含某些称为"较小保留"（minor reservations）的例外（如宗教仪式、军乐团或为儿童、成人教育目的进行的表演），其依据是法律不计较琐事（de minimis non curat lex）原则。

在录音方面，《伯尔尼公约》第 13 条第 1 款仅准许成员国就音乐作品或音乐剧作品的录音规定强制许可，而且这些作品必须是经作曲者和作词者此前已授权对词曲共同进行录音的。

在广播方面，《伯尔尼公约》第 11 条之二第 1 款具体规定了作者的广播权及公开传播作品的广播电视节目的权利。该条第 3 款指明授权广播不视为同时授权录制，但准许成员国就广播组织的临时录制品作出规定。关于合理使用，第 2 条之二第 2 款准许在特定条件下为提供信息目的而广播已发表的口述作品；第 10 条之二准许在特定条件下（包括作者未明确声明保留权利和指明出处等）广播已在报刊上或广播电视节目中发表的讨论经济、政治或宗教的时事性文章，以及为新闻报道目的而广播在事件发生过程中看到或听到的作品。关于强制许可，第 11 条之二第 2 款准许成员国法律就广播规定强制许可，但不得影响作者的精神权利和获得报酬的权利。这意味着，成员国必须制定付酬标准或设立报酬争议仲裁机构。[2]

对照《伯尔尼公约》的有关规定，可以认为 1991 年著作权法律法规中有关免费表演的规定基本符合该公约的要求，但有关广播权及相关的公开传播权的规定，以及有关对录制权和广播权的限制的规定不完全符合该公约的要求。

（3）2001 年著作权法律法规的有关规定。2001 年《著作权法》第 22 条保留了有关免费表演的规定。

在录音方面，该法第 39 条第 3 款已参照《伯尔尼公约》第 13 条第 1 款作了修改。其《实施条例》第 22 条规定由国家版权局会同有关主管部门制定发布有关音乐作品的法定录音许可的付酬标准。

在广播方面，该法第 10 条第 1 款第（11）项已参照该公约第 11 条之二第 1 款，规定了广播权及公开传播权的具体内容。第 22 条第 1 款第（3）、（4）项有关广播的合理使用的规定仅略作文字修改后，已基本符合该公约的要求。第 43 条已将原先的合理使用改为法定许可，并规定由国务院制定付酬办法。

在著作权集体管理方面，2001 年《著作权法》第 8 条作了原则性规定；国务院制定发布的《著作权集体管理条例》于 2005 年 3 月 1 日施行。[3]

尽管如此，2001 年著作权法律法规在广播方面仍存在一些不足，严格地说，仍未达到《伯尔尼公约》的有关要求。例如，2001 年著作权法律法规未明确规定有关广播的法定许可不得延伸至为广播目的进行的录制（制作广播电视节目）。最重要的是，2001 年著作权法律法规缺少法定许可付酬的保障机制，不能充分、有效地保护著作权人的著作权（特别是广播权）。广播电台、电视台一方面可以不经许可而进行广播，另一方面又可以因付酬办法迟迟未能出台而拒付报酬，且不承担法律责任。自从 1991 年著作权法律法规施行起，这种"免费的午餐"至今已延续近 20 年。

由于《伯尔尼公约》在广播权的限制方面未作具体规定，本条有关适用该公约的规定并不能解决实际问题。课题组建议再次修订著作权法律法规时，考虑以下几种解决方案：其一，设立报酬争议仲裁机构；其二，法定许可付酬办法适用于（另一方案为不追溯适用于）该办法生效之前进行的依法应支付报酬的广播；其三，将法定许可改为强制许可，主管部门有权在付酬办法未出台之前拒绝授予强制许可（以促使当事人尽快商定付酬标准）；其四，将法定许可改为著作权集体管理，并适当规定强制性或扩大性集体管理，使著作权集体管理组织在某些方面可以代表权利人与广播电台、电视台（或其行会组织）商谈授权条件。

据悉，有关广播音乐作品法定许可的付酬办法有望于近期颁布。

【初步结论】
本条已不再具有意义。

【有关的条约及法律法规】
[1]《中华人民共和国著作权法》(1991)

第10条 著作权包括下列人身权和财产权：……（五）使用权和获得报酬权，即以……播放……方式使用作品的权利；以及许可他人以上述方式使用作品，并由此获得报酬的权利。

第22条 在下列情况下使用作品，可以不经著作权人许可，不向其支付报酬，但应当指明作者姓名、作品名称，并且不得侵犯著作权人依本法享有的其他权利：……

（三）为报道时事新闻，在报纸、期刊、广播、电视节目或者新闻纪录影片中引用已经发表的作品；（四）报纸、期刊、广播电台、电视台刊登或者播放其他报纸、期刊、广播电台、电视台已经发表的社论、评论员文章；（五）报纸、期刊、广播电台、电视台刊登或者播放在公众集会上发表的讲话，但作者声明不许刊登、播放的除外；……

（九）免费表演已经发表的作品；……

第35条第2款 表演者使用他人已发表的作品进行营业性演出，可以不经著作权人许可，但应当按照规定支付报酬；著作权人声明不许使用的不得使用。

第37条第1款 录音制作者使用他人未发表的作品制作录音制品，应当取得著作权人的许可，并支付报酬。使用他人已发表的作品制作录音制品，可以不经著作权人许可，但应当按照规定支付报酬；著作权人声明不许使用的不得使用。

第40条第2款 广播电台、电视台使用他人已发表的作品制作广播、电视节目，可以不经著作权人许可，但著作权人声明不许使用的不得使用；并且除本法规定可以不支付报酬的以外，应当按照规定支付报酬。

第43条 广播电台、电视台非营业性播放已出版的录音制品，可以不经著作权人、表演者、录音制作者许可，不向其支付报酬。

《中华人民共和国著作权法实施条例》(1991)

第30条 依照著作权法第22条第（9）项的规定表演已经发表的作品，不得向听众、观众收取费用，也不得向表演者支付报酬。

第54条 著作权人可以通过集体管理的方式行使其著作权。

[2]《关于保护知识产权的谅解备忘录》

第3条第4款第1分款 就中国著作权法及其实施条例与伯尔尼公约、日内瓦公约和本备忘录的不同之处，中国政府将于1992年10月1日前颁布新条例使之与公约和备忘录一致。这些新条例还将澄清现行条例,特别将解释:适用于所有作品和录音制品的独占性发行权包括通过出租提供复制品以及这一专有权利在复制品首次销售后仍然存在。如果两者之间有不同之处,执行公约和本备忘录的条例优先于适用本国作品的条例。

《中华人民共和国民法通则》(1986)

第 142 条 涉外民事关系的法律适用,依照本章的规定确定。中华人民共和国缔结或者参加的国际条约同中华人民共和国的民事法律有不同规定的,适用国际条约的规定,但中华人民共和国声明保留的条款除外。中华人民共和国法律和中华人民共和国缔结或者参加的国际条约没有规定的,可以适用国际惯例。

《保护文学和艺术作品伯尔尼公约》(1971)

第 2 条之二第 2 款 公开发表的讲课、演说或其他同类性质的作品,如为新闻报道的目的有此需要,在什么条件下可由报刊登载,进行广播或向公众传播,以及以第 11 条之二第 1 款的方式公开传播,也属于本同盟各成员国国内立法的范围。

第 10 条之二 本同盟各成员国的法律得允许通过报刊、广播或对公众有线传播,复制发表在报纸、期刊上的讨论经济、政治或宗教的时事性文章,或具有同样性质的已经广播的作品,但以对这种复制、广播或有线传播并未明确予以保留的为限。然而,均应明确说明出处;对违反这一义务的法律责任由被要求给予保护的国家的法律确定。

在用摄影或电影手段,或通过广播或对公众有线传播报道时事新闻时,在事件过程中看到或听到的文学艺术作品在为报道目的正当需要范围内予以复制和公之于众的条件,也由本同盟各成员国的法律规定。

第 11 条之二 文学艺术作品的作者享有下列专有权利:(1)授权广播其作品或以任何其他无线传送符号、声音或图像的方法向公众传播其作品;(2)授权由原广播机构以外的另一机构通过有线传播或转播的方式向公众传播广播的作品;(3)授权通过扩音器或其他任何传送符号、声音或图像的类似工具向公众传播广播的作品。

行使以上第一款所指的权利的条件由本同盟成员国的法律规定,但这些条件的效力严格限于对此作出规定的国家。在任何情况下,这些条件均不应有损于作者的精神权利,也不应有损于作者获得合理报酬的权利,该报酬在没有协议情况下应由主管当局规定。

除另有规定外,根据本条第一款的授权,不意味着授权利用录音或录像设备录制广播的作品。但本同盟成员国法律得确定一个广播机构使用自己的设备并为自己播送之用而进行临时录制的规章。本同盟成员国法律也可以由于这些录制品具有特殊文献性质而批准由国家档案馆保存。

第 13 条第 1 款 对于赋予音乐作品的作者和已授权与该音乐作品共同录制的歌词的作者授权对音乐作品和其中可能包含的歌词进行录音的专有权,本联盟成员国可以规定保留和条件,但这些保留和条件仅在对此作出规定的国家适用。它们在任何情况下均不得影响作者获得合理报酬的权利。报酬数额在当事人未能约定的情况下,由主管当局确定。

[3]**《中华人民共和国著作权法》(2001)**

第 8 条 著作权人和与著作权有关的权利人可以授权著作权集体管理组织行使著作

权或者与著作权有关的权利。著作权集体管理组织被授权后，可以以自己的名义为著作权人和与著作权有关的权利人主张权利，并可以作为当事人进行涉及著作权或者与著作权有关的权利的诉讼、仲裁活动。

著作权集体管理组织是非营利性组织，其设立方式、权利义务、著作权许可使用费的收取和分配，以及对其监督和管理等由国务院另行规定。

第10条第1款 著作权包括下列人身权和财产权：……（十一）广播权，即以无线方式公开广播或者传播作品，以有线传播或者转播的方式向公众传播广播的作品，以及通过扩音器或者其他传送符号、声音、图像的类似工具向公众传播广播的作品的权利；……

第22条第1款 在下列情况下使用作品，可以不经著作权人许可，不向其支付报酬，但应当指明作者姓名、作品名称，并且不得侵犯著作权人依照本法享有的其他权利：……（三）为报道时事新闻，在报纸、期刊、广播电台、电视台等媒体中不可避免地再现或者引用已经发表的作品；（四）报纸、期刊、广播电台、电视台等媒体刊登或者播放其他报纸、期刊、广播电台、电视台等媒体已经发表的关于政治、经济、宗教问题的时事性文章，但作者声明不许刊登、播放的除外；（五）报纸、期刊、广播电台、电视台等媒体刊登或者播放在公众集会上发表的讲话；……（九）免费表演已经发表的作品，该表演未向公众收取费用，也未向表演者支付报酬；……

第39条第3款 录音制作者使用他人已经合法录制为录音制品的音乐作品制作录音制品，可以不经著作权人许可，但应当按照规定支付报酬；著作权人声明不许使用的不得使用。

第43条 广播电台、电视台播放已经出版的录音制品，可以不经著作权人许可，但应当支付报酬。当事人另有约定的除外。具体办法由国务院规定。

《中华人民共和国著作权法实施条例》（2002）

第22条 依照著作权法第23条、第32条第2款、第39条第3款的规定使用作品的付酬标准，由国务院著作权行政管理部门会同国务院价格主管部门制定、公布。

第17条

国际著作权条约在中国生效之日尚未在起源国进入公有领域的外国作品，按照著作权法和本规定规定的保护期受保护，到期满为止。

前款规定不适用于国际著作权条约在中国生效之日前发生的对外国作品的使用。

中国公民或者法人在国际著作权条约在中国生效之日前为特定目的而拥有和使用外国作品的特定复制本的，可以继续使用该作品的复制本而不承担责任；但是，该复制本不得以任何不合理地损害该作品著作权人合法权益的方式复制和使用。

前三款规定依照中国同有关国家签订的有关著作权的双边协议的规定实施。

【条文分析】

本条是为实施《备忘录》第3条第7款[1]和《伯尔尼公约》第18条[2]（关于公约在时间上的适用范围）作出的，属于实质规定。在1991年《著作权法》中相应的规定是第 55 条,它在 2001 年《著作权法》中成为第 59 条,但未作任何修改。

本条第 1 款与《伯尔尼公约》第 18 条第 1 款和第 2 款相对应,指明国际著作权条约对我国生效时外国作品在我国受保护的两个前提:一、在国际著作权条约对我国生效时在其起源国尚未进入公有领域(起源国法律规定的保护期尚未届满);二、国际著作权条约对我国生效时按我国著作权法律法规或《规定》规定的保护期尚未届满。与此相对照,《备忘录》第 3 条第 7 款仅规定了一个前提:"中国加入伯尔尼公约后,所有在伯尔尼联盟成员国起源并未在起源国进入公有领域的作品,将在中国受到保护……"因而对我国不甚合理。这一偏差在本条第 1 款中得到纠正。1991 年《著作权法》第 55 条第 1 款与本条第 1 款的区别在于判断保护期是否届满的时间。前者适用于我国公民、法人或其他组织的作品,判断时间是 1991 年《著作权法》施行之日;后者适用于根据国际著作权条约受保护的外国作品,判断时间是国际著作权条约在我国生效之日。

本条第 2 款并非《伯尔尼公约》第 18 条的例外规定。按照世界知识产权组织专家的观点,国际著作权和邻接权条约中的所谓"追溯效力"(retroactivity)是一种容易引起误解的表述。实际上,任何有关国际条约(如《伯尔尼公约》《罗马公约》《录音制品公约》《卫星公约》、TRIPs 协定、WCT 及 WPPT)均未规定各该条约的追溯适用。[1]在这方面,更为适当的表述是"时间上的适用范围"(application in time,在我国的正式译本中译为"适用的时限")。本条第 2 款对可能引起的误解可以起到澄清作用,它指明国际著作权条约并未要求我国提供下述意义的"追溯"保护:即我国使用者在国际著作权条约对我国生效前对外国作品的使用,在国际著作权条约对我国生效后将不被溯及既往地视为侵权。基于对国际著作权条约的"追溯效力"的正确理解,应认为《备忘录》第 3 条第 7 款规定"……对在中国和美国建立双边版权关系之前发生的对美国的原始作品或作品复制本的商业规模的使用,将不追究责任……"只是承认和沿用了一种国际惯例,而并非对我国使用者的一种"豁免"。1991 年《著作权法》第 55 条第 2 款也明确规定,该法施行前发生的侵权或违约行为按该行为发生时的有关规定或政策(而不按该法)处理。但对受国际著作权条约保护的外国人而言,国际著作权条约对我国生效前(而不是著作权法律法规施行前)发生的行为无须按著作权法追溯处理。

本条第 3 款和第 4 款均涉及《伯尔尼公约》第 18 条第 3 款,在某种意义上有所重复。《伯尔尼公约》第 18 条第 3 款准许成员国通过特别专约规定实施该条第 1 款和第 2 款的方式,本条第 4 款也相应规定前三款依照我国与有关国家签订的有关著作权的双边协定的规定实施。《备忘录》第 3 条第 7 款最后一句就是这样一种"特别专约"或"双边协定"。该句规定"……法人或自然人在中国和美国建立双边版权关系之前为特定目的而拥有和使用一作品的特定复制本,该法人或自然人可以继续使用该作品的复制本而不承担责任,条件是该复制本不以任何不合理地损害该作品版权所有者合法利益的方式复制和使用。"本条第 3 款基本沿用了《备忘录》第 3 条第 7 款最后一句的行文,只是

---

[1] Mihály Ficsor: *Guide to the Copyright and Related Rights Treaties Administered by WIPO and Glossary of Copyright and Related Rights Terms*, World Intellectual Property Organization, 2003. p. 308.

将中美关系之间的规定扩大适用于中国与《伯尔尼公约》其他任何成员国之间的关系。据国内一些专家认为,《备忘录》第3条第7款最后一句主要是针对国内计算机软件最终用户的责任规定的,是对《计算机软件保护条例》的过度保护的一种纠正。但从《备忘录》第3条第7款和《规定》第17条第3款的措辞来看,美国作品及其他外国作品似乎并不限于计算机软件。实际上,根据世界知识产权组织专家的解释❶,《伯尔尼公约》第18条第3款准许成员国在特别专约或国内法中纳入过渡性条款,以保护成员国国民在该公约对该国生效前取得的合法利益。因为如果没有适当的过渡性保护措施,该国已善意投资利用外国作品的国民在该公约对该国生效后,将因外国作品著作权的即时生效而陷入困境。《备忘录》第3条第7款最后一句和《规定》第17条第3款就属于这种过渡性条款。只是《备忘录》第3条第7款最后一句比较苛刻,规定了类似《伯尔尼公约》第9条第2款[3]中"三步检验法"的限制条件,因而这种过渡性措施对我国使用者并无太大意义。《伯尔尼公约》未明确规定适用这种过渡性措施的最后期限。据世界知识产权组织专家认为,这种适用期限可以依照《伯尔尼公约》第13条第2款[4]来确定,即不超过该公约对成员国生效后的两年。从实践来看,我国适用这种过渡性措施还是比较严格的。例如,1993年4月20日,国家版权局发布了《关于为特定目的使用外国作品特定复制本的通知》,要求自1993年10月15日(即《备忘录》生效后近1年零7个月,《伯尔尼公约》对我国生效后1年)起,停止适用过渡性措施,即销售外国作品特定复制本应取得外国著作权人的授权。1994年2月4日,国家版权局又发布了《关于立即停止销售未经授权而复制的外国作品复制本的紧急通知》,重申各地外文书店内设的经销未经授权而复制外国作品复制本的所谓的"内部门市部"必须即刻撤销,任何经销未经授权的外国作品复制本的书店等单位一律不得以任何方式继续销售,否则将承担有关法律责任。1995年5月18日,北京市第一中级人民法院依据《著作权法》第29条、第45条第(5)项、第46条第(2)、(3)[5]项以及《备忘录》第3条第7款,判决北京出版社和北京发行所在《备忘录》生效后至《伯尔尼公约》对我国生效前这一期间,因出版、发行《迪士尼的品德故事丛书》,构成对美国作品的"商业规模的使用",从而侵害了美国迪士尼公司的著作权。❷ 这也是我国首例适用《备忘录》处理的涉外著作权纠纷案。需要指出,本条第3款规定的过渡性措施只是《伯尔尼公约》准许采用的,而不是该公约要求采用的。不采用这种过渡性措施只是不利于保护我国公民、法人或其他组织在《伯尔尼公约》对我国生效前取得的合法利益,但不违反《伯尔尼公约》。1991年《著作权法》中没有类似本条第3款规定的过渡性措施。

著作权法律法规经2001年修订后,包括计算机软件在内的所有作品均享有50年的保护期,因而通过实施2001年《著作权法》第59条[6](原第55条)即可以充分、有效地履行《伯尔尼公约》第18条规定的义务。由于我国著作权法和《规定》规定了《伯尔尼公约》准许采用的最短保护期(除实用艺术作品为25年外,其他作品均为50

---

❶ 《保护文学和艺术作品伯尔尼公约》(1971)

❷ 参阅:北京市第一中级人民法院(1994)中经知初字第141号民事判决书,中华人民共和国北京市高级人民法院(1995)高知终字第23号民事判决书。

年），可以认为，外国作品只要在国际著作权条约对我国生效时仍处于我国著作权法或《规定》规定的保护期内，从而就可以按我国著作权法或《规定》规定的保护期继续给予保护。至于外国实用艺术作品，只要可以根据国民待遇在我国作为美术作品享有著作权（即我国公民、法人或其他组织的实用艺术作品在著作权法修订后可以明确作为美术作品受到保护），将按 50 年保护期给予保护。这意味着，2001 年《著作权法》第 59 条尽管没有提到外国作品未在起源国因保护期届满而进入公有领域这一条件，也完全符合《伯尔尼公约》第 18 条的规定。鉴于 2001 年《著作权法》第 59 条产生的效果，以及《规定》第 17 条第 3 款中的过渡性措施只是《伯尔尼公约》第 18 条准许采用的，而且已不再适用，可以认为 2001 年《著作权法》第 59 条符合《伯尔尼公约》第 18 条的要求。

【初步结论】
本条规定已不再具有意义。

【有关的条约及法律法规】
[1]《关于保护知识产权的谅解备忘录》
第 3 条第 7 款　中国加入伯尔尼公约后，所有在伯尔尼联盟成员国起源并未在起源国进入公有领域的作品，将在中国受到保护。对在中国和美国建立双边版权关系之前发生的对美国的原始作品或作品复制本的商业规模的使用，将不追究责任。对在建立双边版权关系之后发生的这种使用，法律和条例的条款将充分适用。法人或自然人在中国和美国建立双边版权关系之前为特定目的而拥有和使用一作品的特定复制本，该法人或自然人可以继续使用该作品的复制本而不承担责任，条件是该复制本不以任何不合理地损害该作品版权所有者合法利益的方式复制和使用。

[2]《保护文学和艺术作品伯尔尼公约》（1971）
第 18 条
（1）本公约适用于所有在本公约生效时尚未在来源国因保护期届满而进入公有领域的作品。
（2）在被请求保护国已因先前规定的保护期届满而进入公有领域的作品，不再重新受到保护。
（3）该原则的适用，应符合本联盟成员国之间已经缔结或将缔结的专门协定的所有规定。在没有这种规定的情况下，由本联盟各成员国就本国该原则的条件作出规定。
（4）前三款规定也适用于新加入本联盟以及因适用第 7 条或因放弃保留而扩大保护范围的情况。

[3]《保护文学和艺术作品伯尔尼公约》（1971）
第 9 条第 2 款　本联盟成员国的立法可以准许在某些特定情况下复制上述作品，只要这种复制不与该作品的正常利用相冲突，也不致不合理地损害作者的合法利益。

[4]《保护文学和艺术作品伯尔尼公约》（1971）
第 13 条第 2 款　对在本联盟成员国根据 1928 年 6 月 2 日在罗马以及 1948 年 6 月

26 日在布鲁塞尔签署的本公约第 13 条第（3）款制作的音乐作品的录制品，在该国受本文本约束之日起的两年期间，可以不经音乐作品的作者授权而在该国进行复制。

[5]《中华人民共和国著作权法》(1991)

第 29 条　图书出版者出版图书应当和著作权人订立出版合同，并支付报酬。

第 45 条第（5）项　有下列侵权行为的，应当根据情况，承担停止侵害、消除影响、公开赔礼道歉、赔偿损失等民事责任：……（五）未经著作权人许可，以表演、播放、展览、发行、摄制电影、电视、录像或者改编、翻译、注释、编辑等方式使用作品的，本法另有规定的除外；……

第 46 条第（2）项　有下列侵权行为的，应当根据情况，承担停止侵害、消除影响、公开赔礼道歉、赔偿损失等民事责任，并可以由著作权行政管理部门给予没收非法所得、罚款等行政处罚：……（二）未经著作权人许可，以营利为目的，复制发行其作品的；……

第 46 条第（3）项　有下列侵权行为的，应当根据情况，承担停止侵害、消除影响、公开赔礼道歉、赔偿损失等民事责任，并可以由著作权行政管理部门给予没收非法所得、罚款等行政处罚：……（三）出版他人享有专有出版权的图书的；……

[6]《中华人民共和国著作权法》(2001)

第 59 条　本法规定的著作权人和出版者、表演者、录音录像制作者、广播电台、电视台的权利，在本法施行之日尚未超过本法规定的保护期的，依照本法予以保护。本法施行前发生的侵权或者违约行为，依照侵权或者违约行为发生时的有关规定和政策处理。

第 18 条

本规定第 5 条、第 12 条、第 14 条、第 15 条、第 17 条适用于录音制品。

【条文分析】

本条规定，对外国录音制品的保护同样适用《规定》第 5 条（未发表作品的保护期）、第 12 条（电影、电视、录像作品的表演权）、第 14 条（出租权不随发行权"穷竭"）、第 15 条（进口权）、第 17 条（时间上的适用范围）。它就外国录音制品的保护指明了应适用的具体规定，属于实质规定。

（1）1991 年著作权法律法规的有关规定。根据 1991 年《著作权法》第 39 条第 1 款，录音制品的保护期为 50 年，截止于该制品首次出版后第 50 年的 12 月 31 日。该款仅规定了录音制品的复制权和发行权，而未规定录音制品的表演权。一般认为，1991 年《实施条例》有关作品"发行"的定义也适用于录音制品，因而录音制品的发行权也包含出租权。至于录音制品的发行权是否可能"穷竭"，同样没有结论。1995 年《知识产权海关保护条例》第 15 条规定了对侵权复制品的扣押，但权利人申请扣押以事先履行权利备案手续为前提条件。根据 1991 年《著作权法》第 55 条第 1 款，录音制品的权利如果在该法施行之日尚未超过该法规定的保护期，依照该法保护，但该法施行之前发生的行为依照行为发生时的有关规定或政策处理。[1]

(2)《备忘录》《录音制品公约》的有关规定。《备忘录》没有规定录音制品的保护期。根据《录音制品公约》第4条，录音制品的保护期不得短于自首次出版或首次制作完成后的20年。本条规定对录音制品适用有关未发表作品的保护期，可能与1991年著作权法律法规对外国录音制品的适用范围扩大有关。我国加入《录音制品公约》后，在我国受到保护的外国录音制品已不限于在我国境内制作并发行的外国录音制品，而且包括该公约其他所有成员国国民的录音制品（不论是否出版）。未出版的外国录音制品的保护期无法按首次出版之日计算，因而按首次制作完成之日计算。

《备忘录》和《录音制品公约》均未规定录音制品的表演权。此外，《罗马公约》、TRIPs协定、WPPT也均未规定录音制品的表演权。虽然《罗马公约》和WPPT就为商业目的发行的录音制品用于广播或任何方式的向公众传播规定了录音制作者的获得报酬权，但成员国可以声明不实施这种规定。本条规定录音制作者的表演权（通过适用《规定》第12条），可能是受《备忘录》第3条第9款第1分款和国家版权局的《通知》第2条的影响。在《备忘录》第3条第9款第1分款中，对"对美国国民在中国加入伯尔尼公约和日内瓦公约前在中国境外发表的作品，包括计算机程序和录音制品，给予保护"一句可能引发歧义，被理解为要求将录音制品作为作品来保护。国家版权局的《通知》第2条也似乎印证了这一点，该条规定"受保护的美国作品包括计算机程序和录音制品"。外国录音制品如果作为外国作品来保护，录音制作者享有表演权（机械表演权）似乎是"顺理成章"的。但这显然是一种不合理的"超国民待遇"。

《备忘录》第3条第4款第1分款要求《规定》就作品和录音制品的发行权作出澄清：出租权包含在发行权中，而且不随复制品的首次发行而"穷竭"。本条通过规定对录音制品适用《规定》第14条而实施了《备忘录》的这一规定。

《录音制品公约》第2条规定了录音制品的发行权和与发行目的有关的复制权和进口权。本条通过规定适用《规定》第15条而实施了该公约的这一规定。

依照《备忘录》第3条第8款，其第3条第7款规定的有关《伯尔尼公约》在时间上的适用范围的原则，也应适用于外国录音制品。本条通过适用《规定》第17条而实施了《备忘录》的这一规定。[2]

(3) 2001年著作权法律法规的有关规定。2001年著作权法律法规对作品和录音制品分别给予著作权和与著作权有关的权利保护。对外国录音制品主要是通过实施《录音制品公约》和TRIPs协定（近几年还增加了WPPT）来保护。2001年《实施条例》第34条规定了我国著作权法律法规对外国录音制品的适用范围，其中第2款中提到的"国际条约"一般被理解为《录音制品公约》和TRIPs协定等。[3]根据2001年《著作权法》第41条第1款，录音制品的保护期自该制品首次制作完成之日计算；录音制作者享有与发行权分离的出租权，但不享有表演权。[4]经修订并于2004年3月1日施行的《知识产权海关保护条例》符合《录音制品公约》和TRIPs协定的相应规定。《备忘录》第3条第7款和《规定》第17条规定的过渡性措施在我国也得到严格实施。2001年《著作权法》第59条[5]已符合《伯尔尼公约》第18条和《备忘录》第17条的要求。

应该认为，2001著作权法律法规没有也无须保护录音制品的表演权（不论录音制作者是外国人还是我国公民、法人或其他组织），因为这种保护超出了有关国际公约或国际惯例的要求。同样理由，2001年著作权法律法规也无须纳入《规定》中不合理的"超国民待遇"（如将录音录像制品作为作品来保护）。实际上，修订后的《著作权法》在某些方面也同样适当减小了对外国作品的适用范围。例如2001年《著作权法》第2条已将"发表"改为"出版"；第10条第1款第（7）项已将出租权的客体限为电影和类似作品、计算机软件；等等。对照本条来看，2001年著作权法律法规的有关规定对我国更为合理，同时也符合有关国际公约和国际惯例的规定。

【初步结论】
本条规定已不再具有意义。

【相关的条约及法律法规】
［1］《中华人民共和国著作权法》（1991）
第39条　录音录像制作者对其制作的录音录像制品，享有许可他人复制发行并获得报酬的权利。该权利的保护期为50年，截止于该制品首次出版后第50年的12月31日。

第55条　本法规定的著作权人和出版者、表演者、录音录像制作者、广播电台、电视台的权利，在本法施行之日尚未超过本法规定的保护期的，依照本法予以保护。

本法施行前发生的侵权或者违约行为，依照侵权或者违约行为发生时的有关规定和政策处理。

［2］《关于保护知识产权的谅解备忘录》
第3条第4款第1分款　就中国著作权法及其实施条例与伯尔尼公约、日内瓦公约和本备忘录的不同之处，中国政府将于1992年10月1日前颁布新条例使之与公约和备忘录一致。这些新条例还将澄清现行条例，特别将解释：适用于所有作品和录音制品的独占性发行权包括通过出租提供复制品以及这一专有权利在复制品首次销售后仍然存在。如果两者之间有不同之处，执行公约和本备忘录的条例优先于适用本国作品的条例。

第3条第7款　中国加入伯尔尼公约后，所有在伯尔尼联盟成员国起源并未在起源国进入公有领域的作品，将在中国受到保护。对在中国和美国建立双边版权关系之前发生的对美国的原始作品或作品复制本的商业规模的使用，将不追究责任。对在建立双边版权关系之后发生的这种使用，法律和条例的条款将充分适用。法人或自然人在中国和美国建立双边版权关系之前为特定目的而拥有和使用一作品的特定复制本，该法人或自然人可以继续使用该作品的复制本而不承担责任，条件是该复制本不以任何不合理地损害该作品版权所有者合法利益的方式复制和使用。

第3条第8款　上述第7款的原则，包括对责任的限制，应适用于录音制品。

第3条第9款　中国政府将承认本谅解备忘录为中华人民共和国著作权法第2条所指的协议，在此基础上对美国国民在中国加入伯尔尼公约和日内瓦公约前在中国境外发表的作品，包括计算机程序和录音制品，给予保护。此种保护将于本谅解备忘录签字之后60天开始生效。

[3]《中华人民共和国著作权法实施条例》(2002)

第 34 条 外国人、无国籍人在中国境内制作、发行的录音制品,受著作权法保护。外国人、无国籍人根据中国参加的国际条约对其制作、发行的录音制品享有的权利,受著作权法保护。

[4]《中华人民共和国著作权法》(2001)

第 41 条第 1 款 录音录像制作者对其制作的录音录像制品,享有许可他人复制、发行、出租、通过信息网络向公众传播并获得报酬的权利;权利的保护期为 50 年,截止于该制品首次制作完成后第 50 年的 12 月 31 日。

[5]《中华人民共和国著作权法》(2001)

第 59 条 本法规定的著作权人和出版者、表演者、录音录像制作者、广播电台、电视台的权利,在本法施行之日尚未超过本法规定的保护期的,依照本法予以保护。

本法施行前发生的侵权或者违约行为,依照侵权或者违约行为发生时的有关规定和政策处理。

第 19 条

本规定施行前,有关著作权的行政法规与本规定有不同规定的,适用本规定。本规定与国际著作权条约有不同规定的,适用国际著作权条约。

【条文分析】

本条作为法律适用规范,指明了国际著作权条约对《规定》的优先适用效力,以及《规定》对其他著作权行政法规的优先适用效力,属于实质规定。

本条是依照《备忘录》第 3 条第 3 款和第 4 款第 1 分款[1]作出的。实际上,从制定《规定》的依据(国际著作权条约)和目的(填补 1991 年著作权法律法规与国际著作权条约的差距)来看,在其他著作权行政法规与《规定》不一致时应优先适用《规定》是不言而喻的。至于在《规定》与国际著作权条约不一致的情况下应优先适用国际著作权条约,也完全可以从《民法通则》第 142 条[2]中引申出来。因而,本条规定没有存在的必要。

但 2001 年著作权法律法规实施后,《规定》并未同时废止,因而在《规定》与 2001 年著作权法律法规之间仍可能发生法律适用上的冲突。对于这一新的适用冲突,不宜继续通过本条来解决,而应重新确定适用规则。在这一方面,课题组的基本意见是:(1) 在《规定》规定了较高保护水平的情况下,可以区分不同情况对待:如果这种"超国民待遇"符合我国已加入的国际条约的最低要求,应优先适用《规定》(实际上也是优先适用我国加入的国际条约);但如果这种"超国民待遇"明显超出了我国已加入的国际条约的最低要求,我国不应再有义务将这种待遇继续提供给国际条约的其他成员国国民。这意味着,在这种情况下,可以适用 2001 年著作权法律法规的相应规定。(2) 在 2001 年著作权法律法规规定了较高保护水平的情况下,应遵循国民待遇原则,即依照 2001 年著作权法律法规给予外国人保护。鉴于《规定》与 2001 年著作权法律法规之间的适用冲突问题,只有在《规定》继续生效的情况下才具有研究意义,以及鉴于这一问题与《规定》的内容本身没有直接关系,课题组对这一问题不再作深入探讨。

【初步结论】
本条规定已没有存在的必要。

【相关的条约及法律法规】
[1]《关于保护知识产权的谅解备忘录》
第3条第3款　中国加入《伯尔尼公约》和《日内瓦公约》后,上述公约将是中华人民共和国民法通则第142条所指的国际条约。根据该条规定,如果《伯尔尼公约》和《日内瓦公约》与中国国内法律、法规有不同之处,将适用国际公约,但中国在公约允许的情况下声明保留的条款除外。

第3条第4款第1分款　就中国著作权法及其实施条例与《伯尔尼公约》《日内瓦公约》和本备忘录的不同之处,中国政府将于1992年10月1日前颁布新条例使之与公约和备忘录一致。

[2]《中华人民共和国民法通则》(1986)
第142条　涉外民事关系的法律适用,依照本章的规定确定。中华人民共和国缔结或者参加的国际条约同中华人民共和国的民事法律有不同规定的,适用国际条约的规定,但中华人民共和国声明保留的条款除外。中华人民共和国法律和中华人民共和国缔结或者参加的国际条约没有规定的,可以适用国际惯例。

第20条
国家版权局负责国际著作权条约在中国的实施。

【条文分析】
本条指定了负责实施国际著作权条约的主管部门,不属于实质规定。实际上,在我国实施国际著作权条约,属于1991年《著作权法》第8条中提到的"全国的著作权管理工作"的一部分,因而可以认为本条已包含在该法第8条中。[1]

【初步结论】
在保留《规定》本身的情况下,本条可作为辅助性规定存在。

【相关的条约及法律法规】
[1]《中华人民共和国著作权法》(1991)
第8条　国务院著作权行政管理部门主管全国的著作权管理工作;各省、自治区、直辖市人民政府的著作权行政管理部门主管本行政区域的著作权管理工作。

第21条
本规定由国家版权局负责解释。
本条指定了负责解释《规定》的主管部门,不属于实质规定。

【初步结论】

在保留《规定》本身的情况下，本条可作为辅助性规定存在。

第 22 条

本规定自 1992 年 9 月 30 日起施行。

本条指定了《规定》的施行日期，不属于实质规定。

【初步结论】

在保留《规定》本身的情况下，本条可作为辅助性规定存在。

第三部分　结论与建议

《规定》中包括 17 条实质条款和 4 条辅助条款（第 1 条、第 3 条、第 20 条、第 21 条）。其中辅助条款没有独立意义，可以随《规定》一并保留或废止，对《规定》的存废也没有影响。实质条款具有独立意义，其保留或废止不取决于《规定》的存废，而取决于该条款本身对实施国际著作权条约是否仍具有意义，对《规定》的存废有一定影响（例如在所有实质条款均不再具有意义的情况下，《规定》即可废止）。

在 17 条实质条款中，有 11 条（第 4 条、第 7 条、第 8 条、第 10 条、第 11 条、第 12 条、第 14 条、第 15 条、第 16 条、第 17 条、第 18 条）因 2001 年著作权法律法规已符合有关国际公约的要求而不再具有意义；有 3 条（第 5 条、第 9 条、第 19 条）没有存在的必要。此外，第 2 条在适用国民待遇和《民法通则》第 142 条规定的情况下，已不再具有意义；第 6 条仅在明确国内实用艺术作品不受保护的情况下仍具有意义；就 2001 年《著作权法》第 32 条第 2 款而言，第 13 条仍具有意义。

课题组认为，继续保留（包括修改后保留）《规定》已没有太大必要。理由有两点：第一，《规定》中仅有 2 条在一定条件仍具有意义，其中第 6 条因国内实用艺术作品是否受保护没有定论而难于适用（涉及国民待遇原则），第 13 条也可通过适当方式解决；第二，与《著作权法》相比，《规定》属于低层级法律规范，与《著作权法》不一致时不应具有优先适用效力。例如，《规定》第 13 条与 2001 年《著作权法》第 32 条第 2 款不一致，一般认为除非经著作权法或其他高层级法律规范授权该法规作出这种不同规定，否则前者不能优先适用。

课题组建议废止《规定》，而根据《民法通则》第 142 条，通过直接适用有关国际公约的相应条款（大多属于国际法上的"自动执行条款"）来填补 2001 年著作权法律法规与有关国际公约（除《伯尔尼公约》《录音制品公约》外，还有 TRIPs 协定、WCT 和 WPPT）之间可能存在的差距（不限于《规定》提供的"超国民待遇"）。《规定》废止后，不会再发生通过适用《规定》（低层级法律规范）来填补 2001 年《著作权法》（高层级法律规范）与有关国际公约之间的差距这种尴尬局面。2001 年著作权法律法规中某些规定不符合有关国际公约要求的问题（如有关法律适用、实用艺术作品的保护、报刊转载的问题），均可以根据《民法通则》第 142 条，通过直接适用有关国际公约的相应条款来解决。此外，废止《规定》还可以在某种程度上起到"拨乱反正"的作用。例如，外国录音制品将依照 2001 年著作权法律法规和有关国际公约（《录音制品公约》、TRIPs 协定、WPPT）受到相应的邻接权保护（而不是作为作品受到著作权保护）。

废止《规定》后，除根据《民法通则》第 142 条直接适用有关国际公约的相应条款外，还可以由最高人民法院制定发布有关的司法解释来解决有关问题（例如在决定保护国内实用艺术作品的情况下，由司法解释阐明美术作品包含实用艺术作品在内）。当然，对现行著作权法律法规再次进行修订，无疑是充分实施有关国际公约并同时进一步消除"超国民待遇"（通过提高国民待遇的方式）的最佳解决方案。

【附　录】

（1）《中华人民共和国著作权法》（1991 年 6 月 1 日）（略）；

（2）《中华人民共和国著作权法》（2001 年 10 月 27 日）（略）；

（3）《伯尔尼公约》（1971 年巴黎文本）（略）；

（4）《中国政府与美国政府关于保护知识产权的谅解备忘录》（1992 年 1 月 17 日）；

（5）《实施国际著作权条约的规定》（1992 年 9 月 25 日）；

（6）《关于执行中美知识产权谅解备忘录双边著作权保护条款的通知》（1992 年 1 月 17 日）。

附录（4）中国政府与美国政府关于保护知识产权的谅解备忘录

本着双边贸易关系协定的合作精神，并根据有关国际协定的原则，中华人民共和国政府（中国政府）和美利坚合众国政府（美国政府）就以下条款达成相互谅解。

……

第1条

一、中国政府将加入《保护文学、艺术作品的伯尔尼公约》（《伯尔尼公约》）（1971年巴黎文本）。中国政府将于1992年4月1日前向立法机关提交加入该公约的议案和尽最大努力使该议案于1992年6月30日前获得通过。该议案通过后，中国政府将向世界知识产权组织提交加入书，于1992年10月15日前生效。

二、中国政府将加入《保护唱片制作者防止其唱片被擅自复制的公约》（《日内瓦公约》），并于1992年6月30日前向立法机关提交加入该公约的议案。中国政府将尽最大努力使该议案于1993年2月1日前通过。中国政府将提交批准书，该公约将于1993年6月1日前生效。

三、中国加入《伯尔尼公约》和《日内瓦公约》后，上述公约将是《中华人民共和国民法通则》第142条所指的国际条约。根据该条规定，如果《伯尔尼公约》和《日内瓦公约》与中国国内法律、法规有不同之处，将适用国际公约，但中国在公约允许的情况下声明保留的条款除外。

四、就中国著作权法及其实施条例与《伯尔尼公约》《日内瓦公约》和本备忘录的不同之处，中国政府将于1992年10月1日前颁布新条例使之与公约和备忘录一致。这些新条例还将澄清现行条例，特别将解释：适用于所有作品和录音制品的独占性发行权包括通过出租提供复制品以及这一专有权利在复制品首次销售后仍然存在。如果两者之间有不同之处，执行公约和本备忘录的条例优先于适用本国作品的条例。

这些新条例除适用于伯尔尼联盟成员国国民创作的作品外，还适用于合同关系、合资企业或外资企业、外国合资企业或合作企业委托情况下创作的作品，在这些情况中伯尔尼联盟成员国国民将是版权所有者或版权所有者之一。

中国政府将向立法机关提交修订其著作权法的议案，并在合理的时间内尽最大努力使这一议案通过和实施。

五、两国政府将表明《伯尔尼公约》和《日内瓦公约》在各自法律中的地位，并在本备忘录签字后30天内或在加入每个公约后30天内（以较晚时间为准）将公约的规定通知主管实施著作权法和条例的司法及行政机关。两国政府将颁布和相互提交与执行公约或本备忘录有关任务法律、法规的管理和解释向行政或司法机关发出的指示的文本，时间不迟于该指示发出后30天。

六、中国政府同意，不迟于《伯尔尼公约》在中国生效之日，承认并将计算机程序按照《伯尔尼公约》的文学作品保护，按照公约规定的保护对计算机程序的保护不要求履行手续，并提供 50 年的保护期。

七、中国加入《伯尔尼公约》后，所有在伯尔尼联盟成员国起源并未在起源国进入公有领域的作品，将在中国受到保护。对在中国和美国建立双边版权关系之前发生的对美国的原始作品或作品复制本的商业规模的使用，将不追究责任。对在建立双边版权关系之后发生的这种使用，法律和条例的条款将充分适用。法人或自然人在中国和美国建立双边版权关系之前为特定目的而拥有和使用一作品的特定复制本，该法人或自然人可以继续使用该作品的复制本而不承担责任，条件是该复制本不以任何不合理地损害该作品版权所有者合法利益的方式复制和使用。

八、上述第 7 款的原则，包括对责任的限制，应适用于录音制品。

九、中国政府将承认本谅解备忘录为《中华人民共和国著作权法》第 2 条所指的协议，在此基础上对美国国民在中国加入伯尔尼公约和日内瓦公约前在中国境外发表的作品，包括计算机程序和录音制品，给予保护。此种保护将于本谅解备忘录签字之后 60 天开始生效。

在本谅解备忘录规定承诺的基础上，美国政府将采取必要措施使中国国民及其作品依据美国著作权法获得受保护的资格，此种受保护的资格将于本谅解备忘录签字之后 60 天开始生效。

……

第 5 条

两国政府将在各自境内及边境采取有效的办法和救济，以避免或制止对知识产权的侵犯，并遏制进一步的侵犯。在采取这些办法和救济时，两国政府应提供禁止滥用的保障，并应避免为合法贸易制造障碍。

第 6 条

两国政府同意，应一方要求，可就知识产权的保护和实施问题，尤其就本谅解备忘录的义务问题及时磋商。两国政府同意，根据本备忘录进行的首次磋商将包括讨论执行伯尔尼公约和本备忘录的新条例。这些讨论将在起草条例时予以考虑。

第 7 条

美国政府承认中国政府在改进知识产权保护方面取得的进展和中国政府已同意采取的步骤将会进一步改善对知识产权的保护，预期这些承诺将得到充分履行，因此将于本谅解备忘录签字之日终止。根据美国贸易法特殊 301 条款发起的调查并取消把中国指定为重点国家。

本谅解备忘录于 1992 年 1 月 17 日在华盛顿签订，共两份，分别以中文和英文写成，两种文本具有同等效力。

中华人民共和国政府　美利坚合众国政府

吴　仪　　卡拉·希尔斯

中 文 部 分

附录（5）实施国际著作权条约的规定

(1992年9月25日国务院令第105号发布)

第1条　为实施国际著作条约，保护外国作品著作权人的合法权益，制定本规定。

第2条　对外国作品的保护，适用《中华人民共和国著作权法》（以下称著作权法）、《中华人民共和国著作权法实施条例》《计算机软件保护条例》和本规定。

第3条　本规定所称国际著作权条约，是指中华人民共和国（以下称中国）参加的《伯尔尼保护文学和艺术作品公约》（以下称《伯尔尼公约》）和与外国签订的有关著作权的双边协定。

第4条　本规定所称外国作品，包括：

（1）作者或者作者之一，其他著作权人或者著作权人之一是国际著作权条约成员国的国民或者在该条约的成员国有经常居所的居民的作品；

（2）作者不是国际著作权条约成员国的国民或者在该条约的成员国有经常居所的居民，但是在该条约的成员国首次或者同时发表的作品；

（3）中外合资经营企业、中外合作经营企业和外资企业按照合同约定是著作权人或者著作权人之一的，其委托他人创作的作品。

第5条　对未发表的外国作品的保护期，适用《著作权法》第20条、第21条的规定。

第6条　对外国实用艺术作品的保护期，为自该作品完成起25年。

美术作品（包括动画形象设计）用于工业制品的，不适用前款规定。

第7条　外国计算机程序作为文学作品保护，可以不履行登记手续，保护期为自该程序首次发表之年年底起50年。

第8条　外国作品是由不受保护的材料编辑而成，但是在材料的选取或者编排上有独创性的，依照著作权法第14条的规定予以保护。此种保护不排斥他人利用同样的材料进行编辑。

第9条　外国录像制品根据国际著作权条约构成电影作品的，作为电影作品保护。

第10条　将外国人已经发表的以汉族文字创作的作品，翻译成少数民族文字出版发行的，应当事先取得著作权人的授权。

第11条　外国作品著作权人，可以授权他人以任何方式、手段公开表演其作品或者公开传播对其作品的表演。

第12条　外国电影、电视和录像作品的著作权人可以授权他人公开表演其作品。

第13条　报刊转载外国作品，应当事先取得著作权人的授权；但是，转载有关政治、经济等社会问题的时事文章除外。

第14条　外国作品的著作权人在授权他人发行其作品的复制品后，可以授权或者禁止出租其作品的复制品。

第 15 条 外国作品的著作权人有权禁止进口其作品的下列复制品：

（1）侵权复制品；

（2）来自对其作品不予保护的国家的复制品。

第 16 条 表演、录音或者广播外国作品，适用伯尔尼公约的规定；有集体管理组织的，应当事先取得该组织的授权。

第 17 条 国际著作权条约在中国生效之日尚未在起源国进入公有领域的外国作品，按照著作权法和本规定规定的保护期受保护，到期满为止。

前款规定不适用于国际著作权条约在中国生效之日前发生的对外国作品的使用。

中国公民或者法人在国际著作权条约在中国生效之日前为特定目的而拥有和使用外国作品的特定复制本的，可以继续使用该作品的复制本而不承担责任；但是，该复制本不得以任何不合理地损害该作品著作权人合法权益的方式复制和使用。

前三款规定依照中国同有关国家签订的有关著作权的双边协定的规定实施。

第 18 条 本规定第 5 条、第 12 条、第 14 条、第 15 条、第 17 条适用于录音制品。

第 19 条 本规定施行前，有关著作权的行政法规与本规定有不同规定的，适用本规定。本规定与国际著作权条约有不同规定的，适用国际著作权条约。

第 20 条 国家版权局负责国际著作权条约在中国的实施。

第 21 条 本规定由国家版权局负责解释。

第 22 条 本规定自 1992 年 9 月 30 日起施行。

附录（6）关于执行中美知识产权谅解备忘录双边著作权保护条款的通知

【权〔1992〕7号】

各省、自治区、直辖市和计划单列市版权局（处）、新闻出版局：

1992年1月17日，中美两国政府代表签署了《中华人民共和国政府与美利坚合众国政府关于保护知识产权的谅解备忘录》（以下称备忘录）。

备忘录第3条第9款规定，中美两国政府将于备忘录签字之后60天开始通过各自的法律保护对方国民的作品。

根据《中华人民共和国民法通则》第142条第2款和《中华人民共和国著作权法》第2条第3款，同时根据备忘录第3条第3、6、7、9款，兹通知如下：

（1）自1992年3月17日或3月17日之后美国政府作出同样宣布之日起，美国国民的作品受中国著作权法及有关规定的保护。

（2）受保护的美国作品包括计算机程序和录音制品。

（3）美国国民在中国所享著作权的内容及其受到的法律限制，与中国国民相同。

（4）美国国民的作品，凡未超过中国著作权法规定的保护期限的，给予保护。

（5）保护不适用于1992年3月17日或双边保护开始的另外日期之前发生的对美国作品的使用。

（6）1992年3月17日或双边保护开始的另外日期之前开始的对美国作品的特定复制本为特定目的的使用，在前述日期之后可以继续进行而不承担责任，条件是此种使用不无故损害著作权所有者的合法利益。

（7）中国根据备忘录对美国作品的保护，至中国加入国际著作权公约后公约开始在中国生效时自行停止。

以上，请遵照执行。有关解释，由国家版权局负责。

发布部门：国家版权局
发布日期：1992年1月17日
实施日期：1992年3月17日

中国商标立法与实践*

——中国商标制度概况和商标及不正当竞争案例评析

目 录

编写说明

编者简介

中国商标制度概况

一、中国商标法立法沿革

二、中国商标法的基本原则、商标注册的主体、指定对象和组成标志

三、商标注册的条件

四、商标确权程序

五、商标权利的维持与运用：注册商标的续展、转让、转移和许可

六、注册商标的保护

商标及不正当竞争判例评析

第一部分　权利的取得

（一）拒绝保护的绝对理由

不良影响【商标法 10.1.8】

---

* 节选自郭寿康、黄晖主编的手册。黄晖，万慧达高级合伙人，法学博士。起草于 2010 年 12 月。本手册由中国的商标制度评论和大量中国的商标和不正当竞争案例及判决汇编而成。手册在中国—欧盟知识产权保护（二期）项目下编制，作为支持中国商标发展和商标保护执法的一部分工作，并为中国商标体系方面的信息获取提供便利。

本手册在欧盟的协助下完成。中国—欧盟知识产权保护项目（二期）实施小组对此手册内容负完全责任，文中观点并不代表欧盟以及其他欧洲与中国相关机构的立场。

此手册之内容可以复制并转载，但务请注明出处。

中国—欧盟知识产权项目（二期）是欧盟同中国在保护知识产权方面的合作项目（2007~2011年）。该项目希望在中国管理和执行知识产权方面、在改善用户和官员获得信息方面以及在对权利人进行更好地保护方面提供技术援助，并帮助中国的立法、司法和管理机构进行能力建设。中国—欧盟知识产权项目（二期）旨在加强知识产权保护体系的可靠性、有效性和可获取性，以及营造一个有助于在中国有效实施知识产权保护的可持续环境。

更多信息请登陆 www.iprz.org 或电邮至 info@ ipr2org。

县级以上行政区划【商标法 10.2】
公众知晓的外国地名【商标法 10.2】
通用名称、图形及型号【商标法 11.1.1；反法解释 2.1.1】
直接表示商品特点【商标法 11.1.2；反法解释 2.1.2】
缺乏显著特征【商标法 11.1.3；反法解释 2.1.4】
使用取得显著性【商标法 11.2；反法解释 2.2】
欺骗或其他不正当手段注册【商标法 41.1】
商标注册人恶意给他人造成损失【商标法实施条例 36】
（二）拒绝保护的相对理由
判断在先权利的时间点【商标法 31】
在先商标【商标法 28、29】
近似商标判定
类似商品认定
已经使用并有一定影响的商标【商标法 31 后段】
未注册驰名商标【商标法 13.1；商标司法解释 2】
注册驰名商标跨类保护【商标法 13.2；商标司法解释 1.2】
驰名商标认定标准【商标法 14】
代理人或代表人抢注【商标法 15】
其他在先权利【商标法 31 前段；权利冲突司法解释 1】
知名商品特有名称、包装和装潢【反不正当竞争法 5（2）；反法司法解释 1~5】
在先权利中企业字号权【商标法 31】
在先权利中的著作权【商标法 31；权利冲突司法解释 1】
三年不使用【商标法 44.4；商标法实施条例 3】
商标转让【商标法 39】
商标许可【商标司法解释 19~20】
第二部分　权利的行使
（一）商标侵权
商标使用【商标法 52.1】
相同商标认定【商标法 52.1；商标法司法解释 9.1】
近似商标认定【商标法 52.1；商标法司法解释 9.2】
类似商品认定【商标法 52.1；商标法司法解释 11~12】
混淆的可能
销售者的责任认定【商标法 52.2】
反向假冒【商标法 52.4】
商标对企业名称【商标法司法解释 1.1；商标法实施条例 53】
商标对域名【域名司法解释 4；商标法司法解释 1.3】
商标对抗商品名称或装潢【商标法实施条例 50.1】
协助侵权【商标法实施条例 50.2】

（二）不正当竞争

诚实信用一般原则【反不正当竞争法2.1】

企业名称对企业名称【反不正当竞争法5.3；反法司法解释6.1；权利冲突司法解释2】

姓名对姓名【反不正当竞争法5.3；反法司法解释6.2】

虚假宣传【反不正当竞争法9】

诋毁商业信誉【反不正当竞争法14】

（三）救济

停止使用

赔偿【商标法L.56】

诉讼费分担

（四）商标侵权抗辩

正当使用【商标法实施条例49】

在先商标抗辩【商标法9】

商标注册抗辩【冲突司法解释1.2】

第三部分 程序问题

（一）主管

（二）一事不再理

（三）在先权利争议期限【商标法41.2~3】

（四）举证期限

（五）诉前禁令【商标法57】

（六）财产保全【商标法57】

（七）证据保全【商标法58】

（八）无效与驳回诉讼请求

（九）不侵权之诉

（十）重复诉讼

（十一）既判力与重新起诉

（十二）再审程序

（十三）执行

附件一：主要法律法规

附件二：判决书全文

中 文 部 分

编写说明

《中国商标立法与实践》旨在向读者介绍中国有关商标的立法状况,以及在此法律框架下的商标法律实践。整个读物共分为两大部分:第一部分:《中国商标制度概况》(中、英文)及其附件《基本商标立法》(中文),第二部分:《商标及不正当竞争判例评析》(中、英文)及其附件《判决书全文》(中文)。

第一部分的《中国商标制度概况》一文主要从制度构建及发展的角度出发,展现了新中国成立后中国商标制度的立法沿革,以及一些重要的商标法律原则和具体规定的发展脉络,并着重介绍了现行商标法对于商标注册,商标确权,商标权利的维持与运用,以及注册商标的保护等问题。为了方便查阅对照,我们专门制作了《基本商标立法》供读者参考,其中收录了现行有效的最主要的商标法律、法规、司法解释、国际公约,以及其他重要的法律文件。同时,为了使读者对于商标立法修改的脉络有个清晰的认识,我们还附上了历次商标法修改的立法说明等背景文件。

第二部分的《商标及不正当竞争判例评析》一文重在从法律实践的层面,揭示中国商标制度的具体运行机制。作者搜集了 1993～2009 年 17 年间,法院或商标管理机关对于在商标权利获得和行使中常见的、典型的纠纷的处理结论,并进行了分类、摘要和评析。作者对这些材料的归纳总结,将大大方便读者对中国的商标行政和司法实践的理解。通过阅读,读者可以很容易地看到,对于同一类问题,主管机关如何运用商标法律或其他相关的法律规定进行分析和判决。本文选取了 200 多个具体案件,涉及的判决或裁定文书近 300 个。绝大部分文书,都可以在作者特别制作附件《判决书全文》中查阅检索。个别没有文书的,作者也提供了相应的网页报道供您参考。

编者简介

郭寿康,中国人民大学法学院教授,博士生导师,兼任联合国教科文组织版权教席主持人,(澳)迪肯大学兼任教授,中国国际跨国公司研究会中国国际法律事务专家,中国知识产权培训中心名誉教授,中国法学会世界贸易组织研究会副会长,中国人民大学知识产权学院学术委员会主席,教育部人文社会科学重点研究基地中南财经政法大学知识产权研究中心学术委员会顾问,北京大学国际知识产权学院顾问委员会顾问,北京师范大学法学院、北京外国语大学法学院特聘教授,中国法学会知识产权研究会、中国版权协会、中国国际法学会、中国国际经济法学会、AIPPI 中国分会顾问,中华人民共和国(原)对外经济贸易部特聘顾问,中国国际经济贸易仲裁委员会域名争议解决中心专家,亚洲域名争议解决中心专家,世界知识产权组织(WIPO)仲裁员,ATRIP (International Association for the Advancement of Teaching and Research in Intellectual Property) 创始会员,连续三届执委,国际版权学会执委,英国皇家仲裁协会会员,世界知识产权报道(英文版)编辑顾问。

郭寿康先生早年毕业于北京大学法律系(1948)和法学研究所(1952),并曾赴美国哥伦比亚大学、乔治城大学、加州(洛杉矶)大学法学院及德国马普研究院工业产权、版权和竞争法研究所研究进修。

郭教授曾全面参加我国《专利法》《商标法》《著作权法》《反不正当竞争法》与《计算机软件保护条例》等法律法规的起草工作(我国唯一一位参加几部重要知识产权法律起草的专家),并曾参与我国《对外贸易法》《涉外经济合同法》(原)、三资企业法(三部)等法律法规的起草。

1980 年 2 月与 1981 年 10 月,以中国政府代表团正式成员的身份参加在日内瓦、内罗毕举行的《保护知识产权巴黎公约》的修订会议。

1985~1986 年,在 WIPO(World Intellectual Property Organization)时任总干事鲍格胥博士(Arpad Bogsch)、国家教委以及中国人民大学的支持下,组建中国人民大学知识产权教学与研究中心,并任第一任主任。该中心是我国最早的专门从事知识产权教学与研究的机构,被称为我国知识产权领域的"工作母机"。

1989~1992 年,参加中美知识产权第一轮谈判;1986 年开始,参加中国的复关谈判(乌拉圭回合)。

2000 年,受联合国教科文组织的主动约请,就有关版权与邻接权教席的设立事宜进行了会谈。2001 年,亲自主持创办联合国教科文组织版权与邻接权教席。该教席联合国教科文组织在我国设立的首个也是至今唯一一个法学类教席,现任教席主持人,教席设在中国人民大学法学院。

2000 年 10 月,为九届全国人大常委会讲授《加入世界贸易组织与我国立法的有关问题》。

郭教授的研究领域主要是国际经济法、WTO 制度、知识产权法。其主要著作包括:

中 文 部 分

民法原理（撰写知识产权法部分，该书荣获教育部、司法部优秀教材一等奖）、知识产权法（主编）、国际经济法（21世纪法学系列教材）（主编，该书荣获教育部全国普通高等院校优秀教材一等奖）、国际贸易法（合著）、国际经贸仲裁法（主编）、中国知识产权法（英文版）、国际版权法律与实务（与 PGeller 等合著，英文版）、国际版权与邻接权（英文版，S. Stewart 主编）、知识产权边境保护（英文版，Michael Blakeney 主编）、WIPO 因特网条约评注（译著）、版权法与因特网（译著）、版权导论（译著）等。此外，郭教授先后在 International Review of Industrial Property and Copyright Law、the Journal of World Intellectual Property、Columbia-VLA Journal of Law & the Arts、《法学家》等中外权威核心期刊上以中、英、德、日文发表数篇论文。

黄晖，中国首位商标法博士，中国社会科学院知识产权中心兼职研究员，中企商标鉴定中心专家成员，域名争议解决中心仲裁员，中国法学会知识产权法研究会理事，法国斯特拉斯堡第三大学国际工业产权研究中心客座教授，烟台大学兼职教授，西南政法大学知识产权研究中心兼职研究员，深圳大学知识产权研究所特约研究员，并入选北京市高层次知识产权人才库，国家知识产权战略专家库。

黄晖先生1990年毕业于外交学院，继而在国家工商行政管理总局工作12年。其间，留学法国斯特拉斯堡第三大学国际工业产权研究中心（CEIPI），获国际工业产权研究文凭。后师从中国社会科学院郑成思教授，从事商标法等知识产权的专业研究，并取得法学博士学位。2002年，黄晖加盟万慧达公司，成为公司的高级合伙人，凭借雄厚的专业实力，办理或指导办理了千余件知识产权案件，其经办的诸多诉讼案件，已成为知识产权界的经典案例，在国内外均产生深远的影响。

黄晖先生的主要著作包括：《驰名商标和著名商标的法律保护》（法律出版社2001年版），该书被列为中国社会科学院重大课题；21世纪法学系列教材《商标法》（法律出版社2004年版），该教材被中国大多数高校选定为商标法的专业教材；《欧盟知识产权法》（法律出版社2010年版，与李明德、闫文军、郐中林联合撰写），该书是中国内地第一步系统介绍欧盟知识产权法律规定的著作。此外，黄晖还参与编写了《WTO知识产权协定常识问答》（知识产权出版社2003年版），并担任《中国商标报告》执行主编（中信出版社，已经出版9卷），以及《中华商标》杂志编委会委员。黄晖与他人共同编写的《商标诉讼法律手册》（法律出版社2006年版）已成为商标从业人员的必备书目。此外，黄晖的翻译作品有《法国知识产权法典（法律部分）》（商务印书馆1999年版），另著有多篇专业论文。

中国商标制度概况

一、中国商标法立法沿革

1949年新中国成立后，1950年颁布了《商标注册暂行条例》及《商标注册暂行条例施行细则》，实行全国商标统一注册制度。在商标注册上采用"自愿原则"，凡是经过注册的商标，其专用权均受到保护，凡是未经注册的商标则不受保护。

1956年，我国生产资料所有制的社会主义改造基本完成。经济管理体制在工业品上实行计划安排、物质分配实行计划调拨、商品流通实行统购统销、对外贸易采取统进统出的政策。1950年颁布的《商标注册暂行条例》也不再适用。1957年，国务院批转中央工商行政管理局《关于实行商标全面注册的意见》，决定实行商标全面注册，要求凡能够使用商标的商品，都要使用商标，商标必须注册，未经注册的商标不得使用。1963年国务院颁布《商标管理条例》仍实行全面注册的原则，简化了商标申请注册的审定程序。

"文化大革命"中，商标注册工作停顿，1978年工商行政管理总局成立后，着手恢复全国商标统一注册工作。1979年11月1日开始办理全国商标的注册工作，同年5月开始起草商标法。

1979年颁布的《中华人民共和国刑法》中，第一次对假冒注册商标行为以及保护商标专用权作了明确规定。

1982年8月23日，五届全国人大常委会通过了《中华人民共和国商标法》，自1983年3月1日正式实施，开创了中国知识产权立法的先河。自20世纪80年代以来，我国相继加入了《成立世界知识产权组织公约》和《保护工业产权巴黎公约》，1988年开始采用商品国际分类，1989年和1995年我国又先后加入了《商标国际注册马德里协定》及其议定书，1994年正式加入了《商标注册用商品和服务国际分类尼斯协定书》。为了适应商标国际保护的要求，《商标法》施行以来，先后历经1993年2月和2001年10月两次修改。另外，《中华人民共和国商标法实施条例》作为《商标法》的配套法规于2002年9月15日起施行。

近年来，国家工商总局又接连制定并出台了《驰名商标认定和保护规定》《集体商标、证明商标注册和管理办法》《马德里商标国际注册实施办法》《商标印制管理办法》《商标评审规则》。最高人民法院制定了《关于审理商标民事纠纷案件适用法律若干问题的解释》《关于审理商标案件有关管辖和法律适用范围问题的解释》《关于审理涉及驰名商标保护的民事纠纷案件应用法律若干问题的解释》《关于审理注册商标、企业名称与在先权利冲突的民事纠纷案件若干问题的规定》《关于审理商标授权确权行政案件若干问题的意见》，从而建立起较为完备的商标法律体系。

从国家的层面看，2008年6月5日，《国家知识产权战略纲要》颁布实施，为了从制度上确保《纲要》实施，国家工商总局对 2009 年至 2020 年的商标战略提出了具体目标任务。根据其中要求，国家工商总局与有关部门研究确定了商标法第三次修改的原则和主要方向，推动了《商标代理条例》的立法进程，加快了《反不正当竞争法》的修订，进一步强化了对商业秘密的保护力度。同时，以提高认定质量、防止监管风险和廉政风险为重点，草拟了《驰名商标认定工作细则》，制定并实施了《商标审查及审理标准》《商标实质审查工作规程》等一系列规章制度。

二、中国商标法的基本原则、商标注册的主体、指定对象和组成标志

（一）基本原则

1. 商标专用权通过注册取得原则

我国 1982 年制定并经 1993 年、2001 年修订的商标法规定，商标专用权通过注册登记取得，不论商标是否经过申请人使用，只要经过商标主管机关依法注册，申请人便取得商标专用权，并受法律保护。

2. 自愿注册原则

在现行商标法实施前的相当长的一段时间施行商标强制注册原则，即要求凡是使用的商标必须申请注册，否则不得使用。为适应商品经济的要求，现行商标法在商标是否必须注册问题上，除少数涉及人体健康的商品外，均实行自愿注册的原则，商品生产者、经营者可以自己决定是否进行商标注册，国家也允许使用未注册商标。

3. 以使用在先为补充的申请在先原则

根据我国《商标法》第 29 条，两个或者两个以上的申请人，在同一种商品或者类似商品上，以相同或者近似的商标申请注册的，初步审定并公告申请在先的商标；同一天申请的，初步审定并公告使用在先的商标，驳回其他人的申请，不予公告。这一规定明确了我国实行的是以申请在先原则为主，以使用在先为补充的审核制度。申请日为同一天的，采用使用在先的办法，优先考虑首先使用该商标人的申请。申请人应当提供最早使用该商标的日期的证据。同日使用或者均未使用的，申请人可以自行协商解决。协商不成的，申请人以抽签方式确定一个申请人或者由商标局裁定确定一个申请人。

4. 统一注册、分级管理

我国自 1982 年商标法颁布时起，即由国家工商行政管理局商标局负责统一办理商标注册，而由地方工商行政管理机关依法对本地区的商标使用、商标印制、侵犯商标权等行为进行管理。

5. 注册申请代理制

1993 年修改商标法之前，我国商标申请曾实行核转制，国内申请人申请商标注册和办理其他商标事宜，实行二级核转制度，即先由申请人向所在地县级工商行政管理局提出申请，经初核后报送省级工商行政管理局复核，然后在报送国家工商管理局商标局进行审查，办理注册等事宜。1993 年商标法修改的一个重大变化就是将原来的注册申请核转制改为代理制，国内的企业、事业单位及个体工商业者申请商标注册或办理其他商标事务，可由申请人直接向商标局提出申请办理，也可委托国家工商行政管理局认可的商标代理组织代理。

依现行《商标法》第 18 条规定，外国人或外国企业在中国申请商标注册和办理其他商标事宜的，应当委托国家认可的具有商标代理资格的组织代理。这一规定符合国际惯例。对外国申请人办理商标注册等事项实行指定代理制，便于商标局与申请人之间的联系和外国申请人及时办理有关事项。

（二）商标注册的主体

1. 关于自然人申请商标注册

按照 2001 年修改前的《商标法》，商标注册申请人必须具备相应的主体资格，即须为依法成立的企业、事业单位、社会团体、个体工商业者、个人合伙以及与中国签订双边协议或与中国共同参加国际条约或按对等原则办理的国家的外国人或外国企业。2001 年商标法的修改，规定自然人可以申请商标注册，商标专用权人包括自然人、法人或者其他组织。

但是，由于我国不要求申请注册的商标已经被实际使用或有真实的使用意图，这就在客观上为商标抢注提供了可能。为了减少现实中出现的商标恶意注册等行为，商标局于 2007 年年初发布的《自然人办理商标注册申请注意事项》，对自然人申请商标注册的权利，进行了一定的限制，及申请注册商标的自然人必须是个体工商户的负责人、合伙企业的合伙人、农村承包经营户的签约人，及其他依法获准从事生产经营活动的自然人；而且，自然人提出商标注册申请的商品和服务范围，应以其在营业执照或有关登记文件核准的经营范围为限，或者以其自营的农副产品为限。

2. 商标的共同所有

2001 年《商标法》修改之前，并没有对商标的共有作出明确的规定，《民法通则》和《保护工业产权巴黎公约》中有关共有的规定成为解决商标共有的唯一依据。中国 1989 年加入《商标国际注册马德里协定》以及 1995 年加入《商标国际注册马德里协定有关议定书》之后，事实上已依据国际公约保护以共有形式制定中国的商标领土延伸申请。

2001 年商标法建立了商标共有制度，明确规定"两个以上的自然人、法人或者其他组织可以共同向商标局申请注册同一商标，共同享有和行使该商标专用权"。

3. 集体商标、证明商标

集体商标，是指以团体、协会或者其他组织名义注册，供该组织成员在商事活动中使用，以表明使用者在该组织中的成员资格的标志。

证明商标，是指由对某种商品或者服务具有监督能力的组织所控制，而由该组织以外的单位或者个人使用于其商品或者服务，用以证明该商品或者服务的原产地、原料、制造方法、质量或者其他特定品质的标志。

国家工商行政管理局于 1994 年 12 月 30 日颁布了《集体商标、证明商标注册和管理办法》，开始以行政法规的形式保护集体商标和证明商标，2001 年商标法的修改明确了其对集体商标和证明商标的保护。依照《商标法实施条例》第 6 条的规定，地理标志既可以作为集体商标申请注册，也可以作为证明商标申请注册。

（三）商标指定的商品和服务

1993 年商标法进行第一次修改时，《商标法》的保护范围从仅保护商品商标扩大到了保护服务商标，由于1993年7月1《商标法》第一次修改决定生效前已有大量的服务标志实际投入使用，而用于相同或类似服务商的同一服务标志只能有一家获得注册保护，为使未获得注册的善意的服务商标使用人继续合法使用其商标，1995年4月实施的《商标法实施细则》第48条规定"连续使用至1993年7月1日的服务商标，与他人在相同或者类似的服务上已注册的服务商标（公众熟知的服务商标除外）相同或者近似的，可以依照国家工商行政管理局有关规定继续使用"。2002年9月15日起施行的《商标法实施条例》第54条进一步规定："连续使用至1993年7月1日的服务商标，与他人在相同或者类似的服务上已注册的服务商标相同或者近似的，可以继续使用；但是，1993年7月1日后中断使用3年以上的，不得继续使用。"进而取消了原来《商标法实施细则》关于他人在相同或者类似的服务上已注册的为公众熟知的服务商标相同或近似的不得继续使用的限制。

（四）作为商标的标志

2001年商标法修改之前，我国只有文字、图形或者其组合可以申请商标注册，2001年修改后的《商标法》第8条规定，任何能够将自然人、法人或者其他组织的商品与他人的商品区别开的可视性标志，包括文字、图形、字母、数字、三维标志和颜色组合，以及上述要素的组合，均可以作为商标申请注册，从而将立体商标（三维标志）和颜色组合商标纳入到商标法的保护范围。

三、商标注册的条件

（一）绝对条件

1. 合法性

在我国，不具有合法性的商标不仅不能注册，也不能作为未注册商标使用。《商标法》第10条第1款列举了不得作为商标使用的标志。同时，1993年商标法第一次修改，规定不得将县级以上行政区划的名称及公众知晓的外国地名作为商标，但是，地名具有其他含义或者作为集体商标、证明商标组成部分的除外；已经注册的使用地名的商标继续有效。另外，不得以欺骗手段或者其他不正当手段取得商标注册。申请商标注册应当遵守诚实信用原则，不得以弄虚作假的手段欺骗商标行政主管机关取得注册，也不得基于进行不正当竞争、牟取非法利益的目的，恶意进行注册。

2. 显著性

显著性是指商标应当具有的足以使相关公众识别商品或服务来源的特征。对于显著性，1982年《商标法》仅在第7条中规定："商标使用的文字、图形或其结合，应当具有显著特征，便于识别。"2001年修改后的《商标法》禁止将仅有本商品的通用名称、图形、型号；仅仅直接表示商品的质量、主要原料、功能、用途、重量、数量及其他特点的标志申请商标注册。

同时规定，对于本身不具有显著性的标记通过使用实际获得了显著性，即"第二含义"，则允许其进行注册，这样就具有灵活性。同时，为防止允许含有"第二含义"的词汇注册可能带来的权利滥用，《商标法实施条例》第49条特别规定，注册商标中含有的本商品的通用名称、图形、型号，或者直接表示商品的质量、主要原料、功能、用途、重量、数量及其他特点，或者含有地名，注册商标专用权人无权禁止他人正当使用。即必须允许其他竞争企业或个人在词汇本身所具有的叙述性含义上合理使用该词汇。

3. 非功能性

非功能性主要是针对立体商标和颜色商标而言的，是指申请注册的商标不能仅仅由商品的性质、用途或目的决定而成。对于申请注册商标的非功能性条件，是在2001年商标法第二次修改时增加的规定，我跟商标法对三维标志申请注册商标规定了三项限制条件：仅由商品自身的性质产生的形状、为获得技术效果而需有的商品形状以及使商品具有实质性价值的形状的标志，不得注册为商标。禁止上述三维标志注册为商标。

（二）相对禁止条件

1. 不与他人在同一种或类似商品上在先注册或初步审定或在先申请的商标相同或近似

我国《商标法》规定了注册原则与申请在先原则作为商标确权的基本原则，申请注册的商标，同他人在同一种或类似商品上已经注册的初步审定的商标相同或者近似的，由商标局驳回申请，不予公告。同时，两个或者两个以上的商标注册申请人，在同一种商品或者类似商品上，以相同或者近似的商标申请注册的，初步审定并公告申请在先的商标；同一天申请的，初步审定并公告使用在先的商标，驳回其他人的申请，不予公告。

类似商品是指功能、用途、所用原料、销售渠道、消费对象等方面具有一定的共同性，如果使用相同近似的商标，易使相关公众认为存在特定联系、使消费者误认为是同一企业生产的商品。类似服务是指服务的目的、内容、方式、对象等方面具有一定的共同性，如果使用相同、近似的商标，易使相关公众认为存在特定的联系、使消费者误认为是同一企业提供的服务。

认定商品或服务是否类似，应以相关公众对商品或服务的一般认识综合判断。实践中，判定类似商品和服务一般首先参考《类似商品和服务区分表》。

2. 不与他人在先驰名商标相冲突

2001年商标法的第二次修改，增加了对驰名商标的保护的规定，即"就相同或者类似商品申请注册的商标是复制、摹仿或者翻译他人未在中国注册的驰名商标，容易导致混淆的，不予注册并禁止使用。就不相同或者不相类似商品申请注册的商标是复制、摹仿或者翻译他人已经在中国注册的驰名商标，误导公众，致使该驰名商标注册人的利益可能受到损害的，不予注册并禁止使用"。

为了便于对驰名商标进行认定，修改后的《商标法》第14条还特别规定了认定驰名商标应当考虑下列因素，即相关公众对该商标的知晓程度；该商标使用的持续时间；该商标的任何宣传工作的持续时间、程度和地理范围；该商标作为驰名商标受保护的记录；该商标驰名的其他因素。

同时，《商标法实施条例》进一步细化驰名商标的保护程序，分别在第5条、第45条、第53条涉及了驰名商标在注册阶段、查处阶段的保护以及驰名商标与企业名称的冲突的处理。

3. 不构成代理人或代表人抢注的情形

随着市场经济的发展，商标作为无形资产在经济活动中的地位越来越重要，因此，恶意抢注他人商标的现象不断发生，甚至愈演愈烈。这种现象在商标代理人或代表人中时有发生。为落实《保护工业产权巴黎公约》的规定，2001年商标法修改时增加了对被代理人或被代表人商标权益的保护的规定，作为修改后的第15条，即未经授权，代理人或者代表人以自己的名义将被代理人或者被代表人的商标进行注册，被代理人或者被代表人提出异议的，不予注册并禁止使用。该条所述的代理人不仅包括《中华人民共和国民法通则》《中华人民共和国合同法》中规定的代理人，也包括基于商事业务往来而可以知悉被代理人商标的经销商。

对于已经注册的商标，被代理人或者被代表人还可以根据本法第41条的规定，自该商标注册之日起五年内，要求商标评审委员会裁定撤销该注册商标。对恶意注册的，驰名商标所有人可以不受五年的时间限制。

4. 不得含有误导公众的商品的地理标志

2001年修改后的《商标法》第16条规定："商标中有商品的地理标志，而该商品并非来源于该标志所标示的地区，误导公众的，不予注册并禁止使用；但是，已经善意取得注册的继续有效。前款所称地理标志，是指标示某商品来源于某地区，该商品的特定质量、信誉或者其他特征，主要由该地区的自然因素或者人文因素所决定的标志。"《商标法实施条例》第6条特别规定，《商标法》第16条规定的地理标志，可以依照商标法和该条例的规定，作为证明商标或者集体商标申请注册。

5. 不侵犯他人在先权利或是以不正当手段抢注他人在先使用有一定影响的商标

我国1982年制订的《商标法》规定了注册原则与申请在先原则作为商标确权的基本原则，1993年的修订保留了上述原则。但是，受当时的历史局限，立法中缺乏对商标权之外的其他权利以及未注册商标进行保护的条款。1993年商标法实施细则开始明确禁止侵犯他人在先权利的注册行为，但美中不足的是，细则是在解释"以欺骗手段或其他不正当手段取得注册的行为"时加入该项禁止性规定的，但恶意与否并不应该是认定是否侵犯在先权利的先决条件。现实中出现了经常有人试图以此反证商标权利一旦取得即是合法，其他人只能忍受权利共存，一些企业将他人已使用并具有一定影响的商标，在相同或类似商品、服务上抢先申请注册，由于当时的法律法规未对这些问题作明确规定，给执法机构造成了执法上的困难。

为了落实TRIPs协定第16条（1）的规定，2001年修订的《商标法》第9条规定："申请注册的商标，应当具有显著特征，便于识别，并不得与他人在先取得的合法权利相冲突。"并进一步在第31条中予以细化，即"申请商标注册不得损害他人现有的在先权利，也不得以不正当手段抢先注册他人已经使用并有一定影响的商标"。这使得绝对奉行注册原则与申请在先原则可能导致的利益失衡得到了有效的弥补。

"他人现有的在先权利"是指在商标注册申请人提出商标注册申请之前，他人已经取得的权利，比如姓名权、肖像权、企业名称权、外观设计专利权、著作权以及知名商品特有的名称、包装、装潢等。

同时，新修改的商标法从不得违反诚实信用原则的角度出发，增加规定"不得以不正当手段抢先注册他人已经使用并有一定影响的商标"。

四、商标确权程序

(一) 商标申请注册的程序

商标申请注册的程序由申请、审查、初步审定并公告、核准注册四个环节组成。

商标注册人向商标局提交商标注册申请，由商标局依法进行审查。对于商标注册申请，商标局首先对申请材料进行形式审查，符合条件的予以受理；被受理的注册申请进入实质审查程序后，审查员从申请注册的标识是否具有注册商标应有的显著性、是否违反《商标法》禁止使用规定、是否与他人在先权利相冲突这三个方面予以审查。凡是认为符合《商标法》规定的，商标局予以初步审定并在《商标公告》上刊登初步审定公告，3个月内公开征求社会公众意见，凡是认为不符合法律规定的，商标局驳回其注册申请。

商标局对在法定异议期内没有被提异议的初步审定公告商标予以核准注册，大多数注册商标只需经过上述程序，即可获得《商标法》所保护的商标专用权。

(二) 注册商标的终止

商标权的终止，是指由于法定事由的发生，注册商标所有人丧失其商标权，法律不再对该注册商标给予保护。根据我国《商标法》的规定，注册商标因注销和撤销而导致商标专用权终止。

注销是指商标局对注册商标所有人自愿放弃或因故不能使用注册商标的事实的确认行为。注销注册商标须由商标局备案，并予以公告。

撤销是指商标主管机关对违反商标法有关规定的行为予以处罚，使原注册商标专用权归于消灭的程序。根据我国《商标法》第44条、第45条的规定，违法撤销的事由有：(1) 自行改变注册商标的；(2) 自行改变注册商标的注册人名义、地址或者其他注册事项的；(3) 自行转让注册商标的；(4) 连续三年停止使用的；(5) 使用注册商标，其商品粗制滥造，以次充好，欺骗消费者的。

(三) 注册商标的无效

商标注册无效，是指商标注册完成取得商标权之后，由于商标注册时或者注册后不具备商标注册条件，由专门机关经过法定程序宣告该商标无效，从而使该商标归于消亡的制度。我国1982年《商标法》最初并未规定商标无效制度，1993年第一次修订《商标法》时增加了注册商标撤销程序，2001年第二次修订时再次完善了注册商标撤销程序。这是在我国加入WTO之后根据TRIPs协定以及相关的国际条约对商标法所作的修正，顺应了最新的国际立法趋势。

根据《商标法》第41条的规定，已经注册的商标，违反本法第10条、第11条、第12条规定的，或者是以欺骗手段或者其他不正当手段取得注册的，由商标局撤销该注册商标；其他单位或者个人可以请求商标评审委员会裁定撤销该注册商标。已经注册的商标，违反本法第13条、第15条、第16条、第31条规定的，自商标注册之日起五年内，商标所有人或者利害关系人可以请求商标评审委员会裁定撤销该注册商标。对恶意注册的，驰名商标所有人不受五年的时间限制。

第41条第1款规定的原因是从商标的构成要素、公共利益以及商标取得过程是否合法着眼的，而第2款规定的原因是从商标是否同相关利益人存在利益冲突着眼的。

另外，根据《商标法》第41条第3款，对已经注册的商标有争议的，可以自该商标经核准注册之日起五年内，向商标评审委员会申请裁定。

(四) 商标复审程序与司法审查

商标复审程序是当事人对商标局的裁定不服，或者对已经注册商标依据商标法对其提起争议，由商标评审委员会依法进行审理的程序。具体来讲，现行商标法中，商标复审的类型包括当事人对商标局驳回商标注册申请不服的复审、对商标局异议裁定不服的复审、对商标局撤销注册商标不服的复审、对商标局撤销注册不当商标不服的复审以及当事人对已经注册的商标，依据《商标法》第41条规定请求裁定撤销的案件。

2001年修改后的商标法及其实施条例取消了修改前《商标法实施细则》规定的由商标评审委员会受理的当事人对商标局驳回注册商标转让申请不服的复审、对商标局驳回注册商标续展申请不服的复审，仅在《商标法实施条例》第25条第3款规定："对可能产生误认、混淆或者其他不良影响的转让注册商标申请，商标局不予核准，书面通知申请人并说明理由"，对未被核准的注册商标续展申请是否通知申请人则未作任何规定。

2001年修改商标法之前，商标评审委员会就商标评审事宜作出的裁决是终局裁决，裁决自签发之日起发生法律效力。为了适应TRIPs协定第41条第4款和第62条第5款的要求，2001年商标法第二次修改时，顺应法治进程的要求对原来的商标确权制度做了必要的修正，改变了商标评审委员会的决定是终局决定的规定，而赋予了当事人寻求司法救济的权利，即向人民法院提起诉讼的权利，并由人民法院通知对方当事人作为第三人参加诉讼。根据行政诉讼法关于案件管辖的原告就被告的管辖原则，分别由北京市第一中级人民法院、北京市高级人民法院的知识产权审判庭作为此类案件的审判机构。

五、商标权利的维持与运用：注册商标的续展、转让、转移和许可

商标注册10年有效，注册期满前6个月可以申请续展，期满后半年仍可申请续展但需缴纳额外的宽展费。新的有效期仍为10年，可以无限期续展。

依据《商标法实施条例》第17条规定，申请人变更其名义、地址、代理人，或者删减指定的商品的，可以向商标局办理变更手续。申请人转让其商标注册申请的，应当向商标局办理转让手续。因此，商标所有人可以更加灵活地管理和保护其商标专用权。

此外，在《商标法》规定商标转让制度的基础上，《商标法实施条例》第26条增加了对商标权转移的规定，注册商标专用权因转让以外的其他事由发生移转的，接受该注册商标专用权移转的当事人应当凭有关证明文件或者法律文书到商标局办理注册商标专用权移转手续。

我国商标使用许可制度建立较晚。1983年3月1日施行的《商标法》第一次将商标使用许可制度纳入法律中，该法第26条规定："商标注册人可以通过签订商标使用许可合同，许可他人使用其注册商标。许可人应当监督被许可人使用其注册商标的商品质量。被许可人应当保证使用该注册商标的商品质量。""商标使用许可合同应当报商标

局备案。"《商标法实施细则》第 35 条规定:"商标注册人许可他人使用其注册商标,必须签订商标使用许可合同。许可人应当在规定的期限内,将许可合同副本交送其所在地县级工商行政管理机关存查,由许可人所在地县级工商行政管理机关报送商标局备案","违反前款规定的,由工商行政管理机关责令限期改正;拒不改正的,由许可人所在地工商行政管理机关报请商标局撤消该注册商标,并收缴被许可人的商标标识"。从 1982 年《商标法》以及有关行政规定可以看出,在计划经济体制下,商标使用许可管理在"商标是代表商品一定质量的标志"精神下,同当时商标法律核心一样,还十分重视监督管理被许可使用商标的商品质量,维护消费者的利益。

但当时在商标使用管理上采取的是严格主义,将定牌生产中商标的使用也划为商标使用许可范围,要求双方签订商标使用许可合同。

管理中发现,有些被许可人不仅使用许可人的商标,而且使用许可人的厂名和地名,从而容易使消费者产生误解,也给商标管理造成了混乱。所以,1993 年修改《商标法》时增加了一款:"经许可使用他人注册商标的,必须在使用该注册商标的商品上标明被许可人的名称和商品产地。"可以看出,从商标使用许可监管的角度维护消费者利益不仅从质量上提出要求,而且开始重视消费者的知情权。根据 1993 年《商标法实施细则》的规定,对许可人和被许可人未在 3 个月内将合同副本交送其所在地县级工商行政管理机关存查,报商标局备案的,由许可人或被许可人所在地工商行政管理机关责令限期改正,拒不改正的,处以 1 万元以下的罚款;被许可人未标明其名称和商品产地的,责令限期改正,收缴其商标标识,并可根据情节处以 5 万元以下的罚款。

2002 年国务院经修订从新发布实施了《商标法实施条例》,该条例第 43 条规定,许可他人使用其注册商标的,许可人应当自商标使用许可合同签订之日起 3 个月内将合同副本报商标局备案。对未报商标局备案的,取消了旧《细则》关于予以罚款 1 万元的规定,没有规定具体罚则。显然,对未备案的处理,已由惩罚性目的向引导教育目的过渡。

六、注册商标的保护

根据我国的具体国情和现实情况,在保护商标专用权方面,《商标法》规定了颇具中国特色的"双轨制",就是司法保护和行政保护"两条途径、协调运作"的"双轨制",即对于商标侵权案件,当事人可以向人民法院起诉,也可以向工商行政管理机关请求处理。对于商标侵权案件,县级以上工商行政管理机关均有管辖权,不仅可以应当事人的投诉查处商标侵权案件,而且可以依照职权主动查处商标侵权案件。

(一) 注册商标的行政保护

实际上,在我国,绝大部分的商标侵权案件都是由工商行政管理机关处理的,而且其中大部分案件是工商行政管理机关依职权主动查处的。我国独具特色的商标行政保护,不但能够实现对商标专用权最充分的保护,同时也维护了消费者的利益。

工商行政管理机关行政执法具有积极主动、简便高效、手段有力的优势,但过去赋予行政机关的职权不够充足,导致查处的力度不足以遏制商标侵权案件的蔓延。针对上述问题,2001 年修改后的商标法赋予了行政机关必要的查封和扣押的权利,如果侵权行为成立，行政机关可以根据修改后的《商标法》第53条责令立即停止侵权行为，没收、销毁侵权商品和专门用于制造侵权商品、伪造注册商标标识的工具，并可处以罚款。与旧法相比，手段得到大大加强。同时，《商标法实施条例》第52条加强了对侵权行为的处罚力度，过去只能处以非法经营额50%或者非法获利5倍以下的罚款，后者难以计算，前者处罚太轻，因此新的《商标法实施条例》第52条不再以非法获利作为计算基准，同时将罚款数额提高到罚款非法经营额3倍以下，并且在非法经营额无法计算的情况下，规定了10万元以下的法定罚款数额。

（二）民事保护（商标侵权的种类、财产保全、商标侵权的禁令和赔偿）

1982年颁布的商标法规定了侵犯注册商标专用权的行为，规定："有下列行为之一的，均属侵犯注册商标专用权：（1）未经注册商标所有人的许可，在同一种商品或者类似商品上使用与其注册商标相同或者近似的商标的；（2）擅自制造或者销售他人注册商标标识的；（3）给他人的注册商标专用权造成其他损害的。"2001年修改后的商标法扩大了商标侵权行为的范围，在所列举的侵权行为中，修改一项即：销售侵犯注册商标专用权的商品的，同时增加即：未经商标注册人同意，更换其注册商标并将该更换商标的商品又投入市场的。

此外，商标法实施条例和司法解释又规定了给他人注册商标专用权造成其他损害的行为，即：

（1）在同一种或者类似商品上，将与他人注册商标相同或者近似的标志作为商品名称或者商品装潢使用，误导公众的；（2）故意为侵犯他人注册商标专用权行为提供仓储、运输、邮寄、隐匿等便利条件的。（3）将与他人注册商标相同或者相近似的文字作为企业的字号在相同或者类似商品上突出使用，容易使相关公众产生误认的；（4）复制、摹仿、翻译他人注册的驰名商标或其主要部分在不相同或者不相类似商品上作为商标使用，误导公众，致使该驰名商标注册人的利益可能受到损害的；（5）将与他人注册商标相同或者相近似的文字注册为域名，并且通过该域名进行相关商品交易的电子商务，容易使相关公众产生误认的。

为了落实TRIPs协定的要求，《商标法》还分别在第57条、第58条规定了诉前证据保全、责令停止有关行为及财产保全的措施。诉前证据保全是TRIPs协定第20条要求的一种单方临时措施，原告可以借此发动对被告的突然袭击，有效打击假冒侵权行为，但使用不当也可能妨碍被告的正常生产经营秩序，因此一般不能轻易使用。新商标法要求申请人必须提供担保，否则驳回申请。责令停止有关行为则是TRIPs协定第50条所要求的一种临时禁令，允许诉前临时禁令的目的是为了及时有效地制止侵权，防止任何迟延可能造成的难以弥补的损害。

根据2001年修改后的《商标法》第52条（2）和第56条第3款的规定，销售商即使不知道所售商品属于侵权商品，也应当承担停止侵权的责任，但如果能够证明该商品是自己合法取得并说明提供者的，则可以免除赔偿的责任。这一调整可以有效地避免销售商以不知情为借口继续销售侵权商品或服务，并隐瞒进货渠道。

在以被侵权人因被侵权所受损失计算赔偿额时，包括被侵权人为制止侵权行为所支付的合理开支。如果侵权人因侵权所得利益，或者被侵权人因被侵权所受损失难以确定的，人民法院可以根据侵权行为的情节，判决给予 50 万元以下的赔偿。此规定虽不是 TRIPs 协定的硬性要求，但该协议建议各成员在考虑救济手段时，吸收法定赔偿或返还不当利益的规定。

此外，依据新商标法，侵权商品和专门用于制造侵权商品、伪造注册商标标识的工具也应予以没收、销毁。这样做的目的是为了更加有力地打击侵权假冒行为，避免去除商标标识的侵权商品重新回到市场流通领域。

(三) 刑事保护

我国 1979 年《刑法》在第 127 条首次规定了假冒注册商标罪，现行《商标法》第 59 条对侵犯商标权的刑事责任作了相应规定，假冒他人注册商标，包括伪造，擅自制造他人注册商标标识或者销售伪造，擅自制造的注册商标标识，销售明知是注册商标的商品，构成犯罪的，除赔偿被侵权人的损失外，依法追究其刑事责任。

1997 年修改后的《刑法》第 213 条、第 214 条、第 215 条集中规定了侵犯注册商标罪，改变了过去商标权刑事立法较为分散、零乱、不全面、不系统的状态，基本确立了商标权的刑事保护体系。

中 文 部 分

中国商标及不正当竞争案例评析

第一部分 权利的取得

(一) 拒绝保护的绝对理由

不良影响【商标法 10.1.8】

(1) 在"海关关徽"商标驳回注册案中【(2003) 一中行初字第 167 号】(2 CTMR 194),北京一中院认为,申请商标中的图形与中国海关关徽在图形造型和视觉效果方面近似,以此作为商标注册,易产生不良社会影响,故驳回商标注册申请。

(2) 在"哈里波特"商标异议案中【商评字 (2009) 第 20664 号】,商评委认为,明知或应知知名图书名称及人物名称,申请商标注册具有不良影响。

(3) 在"克林顿"商标驳回注册案中【(2009) 一中行初字第 294 号】(10 CTMR),北京一中院认为,注册"克林顿"属于不良影响。

(4) 在"明仁"商标驳回注册案中【(2009) 高行终字第 467 号】(10 CTMR),北京高院认为,注册"明仁"不会有不良影响。

县级以上行政区划【商标法 10.2】

(5) 在"红河"商标驳回注册案中【(2003) 高行终字第 65 号】(2 CTMR 211),北京高院认为,"红河"为县级以上地名,但因越南境内有一条名为"红河"的河流,使"红河"又具有县级以上地名以外的其他含义,同意注册。

公众知晓的外国地名【商标法 10.2】

(6) 在"Oxford"商标驳回注册案中【商评字 (2007) 第 1795 号】,商评委认为,与图形的组合商标为公众知晓的外国地名,不能作为商标使用,避免消费者误认此商品来自于地域,影响其他商品使用该地域标志。

通用名称、图形及型号【商标法 11.1.1;反法解释 2.1.1】

(7) 在"ALMIT"商标驳回注册案中【(2003) 一中行初字第 429 号】(3 CTMR 175),北京一中院认为,"ALMIT"译为"铝焊料",为本商品通用名称,不得作商标注册。

(8) 在"优盘"商标撤销注册案中【(2004) 一中行初字第 1014 号】,北京一中院认为,"优盘"在使用和宣传中,使普通消费者形成"优盘是一种新型计算机移动存储设备"的概念,已被公知公用,是通用名称,撤销商标注册。

(9) 在"午夜"商标注册驳回案中【(2007) 高行终字第193号】(8 CTMR 135),北京高院认为,"午夜"曾在美国申请植物新品种保护,已被国内外业内人士所认识并熟知,构成通用名称。

(10) 在"84消毒液"知名商品特有名称案中【(2002) 民三终字第1号】,最高法院认为,商品名称已成为该商品的通用名称,不能享有独占使用权。

(11) 在"子弹头及图"组合商标驳回注册案中【(2006) 一中行初字第675号 (7 CTMR 127); (2006) 高行终字第188号 (7 CTMR 136)】,北京一中院认为,"子弹头及图"中的文字不是通用名称,北京高院认为,"子弹头"不是通用名称。

(12) 在"散利痛"商标注册撤销案中【(2007) 行监字第111—1号】(9 CTMR 115),最高法院认为,通用名称包括法定的通用名称和约定俗成的通用名称,被列入地方药品标准的名称原则上应认定为通用名称,但如该国家药品标准修改后则不宜仍将其认定为法定的通用名称;判定其是否是通用名称的标准应当是其是否是已为同行业经营者约定俗成、普遍使用的表示某类商品的名词;关于通用名称的判断时间点,应当以评审时的事实状态予以判断。

(13) 在"王守义十三香"商标异议案中【(2004) 商行终字第78号】(4 CTMR 103),北京高院认为,"十三香"并非固有的调味品通用名称,被异议人首先使用在调味品上,已具有一定的知名度,可以注册。

(14) 在"大光明"商标驳回注册案中【2007) 高行终字第582号】(8 CTMR 143),北京高院认为,"大光明"未直接表示眼镜商品或服务的特点,具备商标显著性特征。

(15) 在"阿胶钙"知名商品特有名称纠纷案中【(2004) 新民三终字第18号】,新疆高院认为,"阿胶钙"不是通用名称,可以保护。

(16) 在"妇炎洁"知名商品特有名称纠纷案中【(2005) 赣民三终字第33号】,江西高院认为,"妇炎洁"不是通用名称,可以保护。

(17) 在"宁夏红·枸杞酒"知名商品特有名称纠纷案中【(2006) 宁民终字第4号】,宁夏高院认为,"宁夏红·枸杞酒"不是通用名称,可以保护。

直接表示商品特点【商标法11.1.2;反法解释2.1.2】

(18) 在"蓝牙"商标驳回注册案中【(2004) 高行终字第416号】(5 CTMR 161),北京高院认为,"蓝牙"指定使用在计算机等商品上,直接表示了商品特点,不予注册。

(19) 在"SUPERSHOT"商标驳回注册案中【(2003) 一中行初字第191号】(3 CTMR 167),北京一中院认为,"SUPERSHOT"译为"超强喷射",使用于喷射铸模机商品上,直接表示了本商品功能等特点,不能注册。

缺乏显著特征【商标法11.1.3;反法解释2.1.4】

(20) 在"LOGO!"商标驳回注册案中【(2006) 高行终字第446号】(7 CTMR

152），北京高院认为，"LOGO!"可译为"标识"等，缺乏显著性，虽有感叹号但整体未产生新含义，不予注册。

（21）在"黄蓝锯条"颜色组合商标驳回注册案中【（2005）一中行初字第1084号】（6 CTMR 123），北京一中院认为，黄蓝锯条为两种不同颜色构成的颜色组合商标，表现形式过于简单，缺乏显著性。

（22）在"芬达"立体瓶形商标驳回注册案中【（2004）一中行初字第1081号】（6 CTMR 130），北京一中院认为，整体缺乏显著特征，不予注册。

（23）在"散热隔栅"立体商标驳回注册案中【（2004）高行终字第170号】，北京高院认为，申请商标与汽车散热格栅的常用造型基本相同，难以起到区别来源的作用，不具有商标的显著性。

（24）在"ZIPPO"立体商标驳回注册案中【（2007）一中行初字第1299号】（9 CTMR 98），北京一中院认为，打火机外形具有独创性，已成为打火机的标志性设计，能区分商品来源，具有显著性，可以注册。

（25）在"费列罗"立体商标驳回注册案中【（2007）一中行初字第815号】（9 CTMR 105），商评委认为是常用的包装形式，缺乏显著特征；北京一中院认为，申请商标的独特创意已经使之成为一种标志性设计，具备商标的显著性，应予以注册保护。

（26）在"费列罗"知名商品特有装潢纠纷案中【（2006）民三提字第3号】（9 CTMR 204），最高法院认为，虽然组成要素并不独特，但整体具有显著性，可以保护。

使用取得显著性【商标法11.2；反法解释2.2】

（27）在"金霸王"颜色组合商标驳回注册案中【（2005）商评字第3087号】，商评委认为，由黄铜色与黑色按照一定比例组成，申请人使用多年，已经成为申请人电池商品的显著标志，经使用获得了显著性，可作为商标予以注册。

（28）在阿迪达斯"三条杠"图形商标注册案中【（2008）商标异字第02320号】，商评委认为，"三条杠"图形经过使用已经取得显著性，可以注册。

（29）在"小肥羊及图"商标异议案中【（2006）高行终字第94号】（6 CTMR 193），北京高院认为，经内蒙古小肥羊公司首先使用在企业字号及服务上，并经长期使用和宣传，使相关公众能普遍认知，起到了区分商品来源的作用，具有作为商标应有的显著性。

（30）在"妇炎洁"知名商品特有名称案中【（2005）赣民三终字第33号】，江西高院认为，"妇炎洁"经过使用已经取得显著性，可以保护。

（31）在"21金维他"商标行政案【（2009）知行字第12号】中，最高法院认为，在特定历史条件下，有些药品名称曾被列入国家药品标准，在药品标准被修订而不再作为药品法定通用名称后，如果该名称事实上尚未构成通用名称，仍应当认定该名称具有识别商品来源的作用。据此，考虑该注册商标的知名度时，可以参考其被列入国家药品标准期间注册商标权利人对该商标的使用、宣传等因素。

欺骗或其他不正当手段注册【商标法 41.1】

（32）在"恰实"商标撤销案中【商评字（2006）第1459号】，商评委认为，注册商标"恰实"在实际使用时为繁体"恰實"，与"怡寶"商标近似，属于恶意注册，应予撤销。

（33）在"创联及图形"商标撤销注册案中【（2006）行监字第118—1号】（9 CTMR 142），最高法院认为，《商标法》第41条第1款中"以欺骗手段或者其他不正当手段取得注册"的情形并列，涉及的是撤销商标注册的绝对事由，在涉及在先权利的注册商标争议中，不应将该条款中的"其他不正当手段"适用于涉及私权利的撤销商标争议案件，而应当适用商标法第41条第2款、第3款的规定。

商标注册人恶意给他人造成损失【商标法实施条例 36】

（34）在"杞酒"商标侵权纠纷案中【（1997）知终字第2号】，最高法院认为，虽然宜宾杞酒厂在注册时，有意隐瞒了该厂将"杞"字商标主要使用在滋补酒上，"枸杞"是该滋补酒的主要原料的事实，但这一行为不是恶意针对特定的其他经营者采取的损害其利益的措施，不宜适用商标法实施细则的有关规定认定其有"恶意"。

（二）拒绝保护的相对理由

判断在先权利的时间点【商标法 31】

（35）在"散列通"商标行政案【（2009）行提字第1号】（9 CTMR 126）中，最高人民法院认为，人民法院依据《商标法》第31条审查判断诉争商标是否侵害他人在先权利，一般应当以诉争商标申请日前是否存在在先权利为时间界限。

在先商标【商标法 28、29】

近似商标判定

（36）在"秋林"商标行政案【（2009）知行字第15号】中，最高人民法院指出，判断商标近似时，还可以结合特定历史关系及处在同一地域等因素，考虑两商标共存是否易使相关公众对商品的来源产生误认或者认为两者之间存在特定的联系。

（37）在"苹果"商标行政案【（2009）行提字第3号】中，最高人民法院指出，当在先商标权人同时拥有非类似商品上注册的驰名商标和类似商品上的在先注册商标的情况下，不仅应该将争议商标与类似商品上的在先注册商标进行比对，还应该考虑驰名商标保护这一因素。

（38）在"BOSS"商标驳回注册案中【（2003）一中行初字第502号】（3 CTMR 224），北京一中院认为，虽然申请商标"BOSS"与引证商标"老板"在外形、读音上不同，但在英文中"BOSS"是常用词，该词被译为"老板"已被中国消费者普遍知晓，故应认定两者近似。

（39）在"SUNMIGHT"商标驳回注册案中【（2003）高行终字第147号】（3 CTMR 234），北京高院认为，近似性判断应结合形、音、义及各因素结合后的整体效果来进行。SUNLIGHT与SUNMIGHT从外观、发音及无含义等因素上均无明显差异，属于类似商品上近似商标。

（40）在"苹果图形"商标注册驳回案中【（2004）高行终字第370号】（5 CTMR 166），北京高院认为，对已在中国注册的驰名商标的跨类保护并不当然扩大到所有商品或服务类别。有缺口"苹果"商标申请在第25类注册，与第25类已注册引证商标"苹果"只存在缺口的细微区别，整体上仍然属于近似商标。

（41）在"P"图形商标驳回注册案中【（2005）高行终字第51号】（6 CTMR 209），北京高院认为，"P"图形与引证商标"R"外部轮廓几乎相同，消费者不易区分，属于近似商标。

（42）在"望旺及图"商标异议案中【（2008）一中行初字第1266号】，北京一中院认为，被异议商标"望旺及图"与引证商标"旺旺"两商标的文字部分为显著识别部分，"望旺"与"旺旺"相比，其中"旺"字相同，二者发音相同，含义相似，属于类似商品的近似商标。

（43）在BABBLOON EXPLOSION商标驳回注册案中【（2002）一中行初字第470号】（3 CTMR 252），北京一中院认为，申请商标中后一部分在商标整体中起主要识别作用，与异议人BUBBALOO商标未构成相同商品或类似商品的近似商标。

（44）在"Careful"商标异议案中【（2003）一中行初字第635号】（3 CTMR 263），北京一中院认为，被异议商标Careful与引证商标CAREFEE虽然前五字相同，但发音、含义及外形均区别明显，两商标不构成近似。

（45）在"BENEFIQUE"商标驳回注册案中【（2003）一中行初字第664号】（3 CTMR 216），北京一中院认为，判断两商标是否构成近似，应当从一般消费者的角度进行，并应考虑地域因素。BENEFIQUE在法语中的"吉祥"含义，并不为中国的一般消费者所知晓，与"吉祥"在先注册商标不构成近似。

（46）在"东北虎"商标异议案中【（2004）一中行初字第180号】（4 CTMR 130），北京一中院认为，异议人商标为汉语拼音DONGBEIHU的发音所对应的汉字不止是"东北虎"，与被异议商标"东北虎"从整体外观上区别显著，两商标不构成近似。

（47）在"CYTS"商标异议案中【（2003）一中行初字第182号】（3 CTMR 240），北京一中院认为，CYTS（中青旅）与CITS（国旅）因缩写有必然的合理性，相关公众对两商标的关注程度和认知程度，不会导致公众的混淆或误认。

（48）在"徽莊"商标驳回注册案中【（2009）一中行初字第183号】，北京一中院认为，"徽莊"与"徽及图形"两商标的是否近似，应对其显著部分进行对比。因两商标的"徽"字为非显著部分，显著部分的"莊"字与"图形"二者不会使消费者产生混淆误认，不属于近似商标。

类似商品认定

（49）在"2000"商标异议案中【（2005）高行终字第350号】，北京高院认为，服装、鞋、帽与腰带、围巾、领带、袜子等不属类似商品，维持商评委的结论。

（50）在"世达"商标争议案中【（2009）一中行初字第1423号】，北京一中院认为，电动工具与手动工具构成类似商品。

已经使用并有一定影响的商标【商标法31后段】

（51）在"无印良品"商标撤销案中【（2007）高行终字第16号】（8 CTMR 157），北京高院认为，现行《商标法》第31条"已经使用并有一定影响"一般理解为在中国内地的在先使用，在香港的使用不属于该情形。申请人商标"无印良品MUJI"在世界各地包括香港地区使用、注册，加之该商标具有一定独创性，被申请人实际使用争议商标时采取与申请人商标一同使用和相同方法使用，并声称自己为日本品牌等手段，足以证明被申请人注册和使用争议商标的主观恶意。

（52）在"安得利"商标争议案中【（2007）高行终字第592号】（8 CTMR 203），北京高院认为，申请人在争议商标"安得利"申请日之前已经使用"安得利"，申请人与被申请人处于同地区、同行业并有合作的历史，被申请人应当知晓申请人及关联企业在先使用"安得利"商标的事实，而申请争议商标属于以不正当手段抢先注册的行为。

（53）在"鸭王"商标异议案中【（2008）高行终字第19号】（9 CTMR 166），北京高院认为，被异议商标"鸭王"申请日前，北京鸭王早已用作商号、商标使用，并在相关公众中具有一定知名度，对此被异议人应当知道，属于以不正当手段抢先注册他人已经使用并有一定影响的商标。

（54）在"创联"商标争议案中【（2006）行监字第118—1号】（9 CTMR 142），最高法院认为，《商标法》第31条对未注册商标保护设定了三个条件，即在先使用、有一定影响、以不正当手段抢注，其中"有一定影响"和"不正当手段"本身是有弹性的；对商标有一定影响的要求标准不宜过高，并可以结合注册人的明知或恶意进行考虑。

（55）在"七匹狼"商标异议案中【（2005）高行终字第00201号】，北京高院认为，其中"与狼共舞"是龙岩卷烟厂自1997年起在电视广告和非广告宣传中使用的宣传用语，虽然非广告宣传中能够帮助消费者认识"七匹狼"香烟产品，但因该宣传用语并未使用于"七匹狼"香烟的外包装，故"与狼共舞"不能视为"七匹狼"香烟商品实际使用的商标。

（56）在"七匹狼"商标争议案中【（2004）高行终字第463号】，北京高院认为，由于在香烟上使用未经注册的商标，违反了《中华人民共和国烟草专卖法》第20条第1款规定，属于法律禁止性行为，因此，第三人龙岩卷烟厂在香烟上的在先使用行为不能产生受法律保护的在先权利。

（57）在"散列通"商标撤销案中【（2009）行提字第1号】（9 CTMR 126），最高法院认为，申请人"散利通片"在列入国家药品标准时的使用只能是药品通用名称，根据"药品必须使用注册商标"的法律规定，对药品通用名称的标注，不能认定其为对未注册商标的使用。自2001年10月31日起上述药品标准停止使用，但在争议商标"散列通"申请日之前申请人不具有未注册商标的在先权利。

(58) 在"索爱"商标争议案中【(2008) 一中行初字第 196 号（9 CTMR 156）；(2008) 高行终字第 717 号（10 CTMR）】，北京一中院认为，索尼爱立信（中国）公司在争议商标申请日前成立，并有相关媒体对其"索爱"手机和其他电子产品进行宣传、报道。被申请人是从事"电子行业"多年，索尼爱立信（中国）公司以及其"索爱"产品的影响已经及于被申请人，被申请人的行为属于对未注册且有一定影响的"索爱"商标的抢注。但北京高院认为，原告自己未将"索爱"作为商标进行商业性使用，故不能适用商标法第 31 条进行保护，故改判。

未注册驰名商标【商标法 13.1；商标司法解释 2】

(59) 在"酸酸乳"驰名商标保护案中【(2006) 内民三终字第 7 号】（7 CTMR 297），内蒙古高院认为，"酸酸乳"商标虽然尚未注册，但已广泛使用，被相关公众广为知晓，应该享受商标法对驰名商标的保护。

(60) 在"伟哥"未注册驰名商标侵权案中【(2009) 民申字第 312 号】（10 CTMR），最高法院认为，原告明确认可其从未在中国境内使用某标识的情况下，他人对该标识所作的宣传等行为，未反映原告将该标识作为商标的真实意思，不能认定该标识构成未注册商标，更不能认定构成其未注册驰名商标提起侵权诉讼。

(61) 在"谷歌"商标保护案中【(2009) 一中民终字第 4477 号（10 CTMR）】，北京一中院认为，谷歌是 GOOGLE 的翻译，GOOGLE 是已注册的驰名商标，谷歌虽未核准注册，但是享有先注册的商号权。

注册驰名商标跨类保护【商标法 13.2；商标司法解释 1.2】

(62) 在"荣宝斋"商标争议案中【(2007) 高行终字第 296 号】（8 CTMR 210），北京高院认为，"荣宝斋"是第 16 类笔盒、毛笔、便笺等商品上注册的驰名商标，争议商标在第 16 类铜版纸等商品上注册，属于在非类似商品上摹仿荣宝斋驰名商标文字，容易使相关公众误认为两者之间存在特定联系，可能损害荣宝斋利益的行为，不予注册。

(63) 在"KODAK"商标保护案中【(2005) 苏中民三初字第 0213 号】（7 CTMR 316），苏州中院认为，KODAK 商标属于在市场上享有较高声誉并为相关公众所熟知的驰名商标，应获得法律所确定的跨商品或服务领域的高水平保护。

(64) 在"好太太"商标保护案中【(2008) 民申字第 1465 号】（10 CTMR），最高法院认为，"好太太"驰名商标可以给予跨类保护。

(65) 在"中化"商标保护案中【(2004) 高民终字第 214 号】北京高院认为，"中化"属注册驰名商标，被告擅自使用并作为企业名称中字号，其行为具有明显的"搭便车"故意，造成了"中化"驰名商标的淡化，构成侵权。

(66) 在"康王"商标保护案中【(2008) 民申字第 613 号】，最高法院认为，驰名商标应该予以保护，被告合理延伸的抗辩理由不成立。

驰名商标认定标准【商标法 14】

(67) 在"中信"商标保护案中【(2007) 高民终字第 1809 号】(4 CTMR 158), 北京高院认为, 商标驰名的事实状态是一个持续的过程, 不能仅因"中信"商标在被认定驰名裁定之日前就不构成驰名商标。顺德中信家具公司注册成立在"中信"商标被认定驰名前约半年时间, 中信集团的"中信"商标也应处于驰名状态。

(68) 在"中铁"商标行政案【(2009) 知行字第 1 号】中, 最高人民法院认为, 认定商标是否驰名, 不仅应考虑商标注册后的使用情况, 还应考虑该商标注册前持续使用的情况。

(69) 在"伟哥"未注册驰名商标侵权案【(2009) 民申字第 312 号】(10 CTMR) 中, 最高人民法院认为, 在原告明确认可其从未在中国境内使用某一标识的情况下, 他人对该标识所做的相关宣传等行为, 由于未反映原告将该标识作为商标的真实意思, 不能认定该标识构成其未注册商标, 更不能认定构成其未注册驰名商标。

代理人或代表人抢注【商标法 15】

(70) 在"乾池"商标权属纠纷案中【(2005) 宿中民二初字第 0058 号】(8 CTMR 218), 江苏宿迁中院认为, 被告受原告的委托处理原告公司经营以及商标注册等相关事宜, 可以认定被告注册"乾池"商标系执行职务行为, 即受原告委托代理的行为。

(71) 在"头孢西林"商标撤销案中【(2007) 行提字第 2 号】(10 CTMR), 最高法院认为,《商标法》第 15 条所指代理人不能仅理解为商标代理人。正通公司与华蜀公司在市场交易关系是由双方订立的"专销协议书"确立, 华蜀公司据此获得了独家销售资格, 可以认定属于《商标法》第 15 条规定意义上的代理人。

其他在先权利【商标法 31 前段；权利冲突司法解释 1】

知名商品特有名称、包装和装潢【反不正当竞争法 5 (2)；反法司法解释 1~5】

(72) 在"泰山牌仙草蜜、八宝粥"知名商品特有名称纠纷案中【(1998) 知终字第 1 号】, 最高法院认为, 在台湾知名度高, 在厦门免税商场销售可以产生特有包装装潢。

(73) 在"岷山牌"药品装潢案中【(1998) 知终字第 3 号】, 最高法院认为, 出口产品也可成为知名商品特有装潢。

(74) 在"胡同游"知名服务特有装潢纠纷案中【(2002) 高民终字第 84 号】, 北京高院认为, 三轮车外观和车工的服饰可以作为知名服务特有装潢给予保护。

(75) 在"东北菜"知名服务特有装潢纠纷案中【(2001) 粤高法知终字第 63 号】(1 CTMR 288), 广东高院均认为, 当事人择风俗特色之一二固定下来并进行整体设计, 其特有搭配所形成的风格就是其特色, 他人的模仿行为就是不正当竞争侵权。

(76) 在"老干妈"知名商品特有名称纠纷案中【(2000) 高知终字第 85 号】, 北京高院认为, "老干妈"构成知名商品特有名称, 应予保护。

(77) 在"潘瑞克"知名商品特有装潢案中【(2003)高民终字第602号】(3 CT-MR 366),北京高院认为,认定知名商品时,应以该商品在相关的市场领域中有较高的知名度为条件,如果不能证明其为知名商品,他人使用相近似包装、装潢不构成不正当竞争。

(78) 在"小肥羊"知名服务特有名称案中【(2004)冀民三终字第42号】,河北高院认为,"小肥羊"经过长期使用已成为知名服务特有名称,应该予以保护。

(79) 在"小肥羊"知名服务特有名称案中【(2004)高民终字第138号】(3 CT-MR 382),北京高院均认为,"小肥羊"已经形成特定的市场含义并与餐饮服务紧密联系,并构成了知名餐饮服务的特有名称。被告在调味品的使用不属于对习惯叫法的正常使用,构成不正当竞争。

(80) 在"乔丹"知名商品特有装潢案中【(2002)民三终字第9号】,最高法院认为,在经营者知道或者应当知道他人在先使用的商品装潢的情况下,而对该商品本体的装潢或者其包装物的装潢擅自作相同或近似使用,足以造成购买者混淆或误认的,法院即可认定该在先商品为知名商品。

(81) 在"晨光"知名商品特有装潢案中【(2008)沪高民三(知)终字第100号】,上海高院认为,反不正当竞争法的知名商品特有装潢包括商品本身的形状。

在先权利中企业字号权【商标法31】

(82) 在"龙贸"商标争议案中【(2004)高行终字第181号】(5 CTMR 182),北京高院认为,"龙贸"商标与他人企业字号"龙茂"完全相同,又属于同行业,消费者易将二者商品相混淆,争议商标予以撤销。

(83) 在"苏富比"擅自使用他人企业名称案中【(2008)高民终字第324号】(9 CTMR 275),北京高院认为,虽然内地法律有对拍卖行业的限制性规定,但通过义卖、慈善性拍卖、预展、广告宣传等活动视为商业性拍卖活动的一部分,足以认定苏富比拍卖行的企业名称或其字号"苏富比"在我国拍卖服务的相关公众中具有一定的知名度。

在先权利中的著作权【商标法31;权利冲突司法解释1】

(84) 在《武松打虎》著作权纠纷案中【(1997)一中知终字第14号】,北京一中院认为,作品继承人起诉"武松打虎"商标注册人侵权,法院没有因被诉商标图案已被注册而拒绝受理,商标公告也不具有应知的法律效力,判决停止侵权,赔偿损失。

(85) 在"三毛"在先权利侵权诉讼案中【(1997)沪高民终(知)字48号】,上海高院认为,被告以被控侵权图像为注册商标抗辩不能成立。

(86) 在"蜡笔小新"著作权与商标权冲突案中【(2007)民三监字第14—1号】(9 CTMR 185),最高法院认为,原告起诉不仅涉及商标注册非法使用其作品,还主张被告在产品销售、宣传时非法使用其作品,属于民事权益的争议,法院应当予以受理。原审法院以由行政机关处理,不属于法院受案范围为由驳回原告起诉,属适用法律错误。

(87) 在"欧尚"【(2009)高行终字第317号】,北京高院认为,仅有商标注册证,不能认为是著作权权属证明。

（88）在"灌篮高手"商标争议案中【商评字（2008）第05727号】，商评委认为，争议商标"灌篮高手"与《灌篮高手》连环画的书名标题完全相同。"灌篮高手"只是对善于扣篮的篮球运动员的一种称呼，属于公众均可以使用的语言文字的范畴，不是著作权法所指的文字作品。

（89）在"祥狮及图形"商标争议案中【（2006）一中行初字第90号】（7 CTMR 184），北京一中院认为，足协总联盟的"狮子图形"已在中国电视台节目中出现，争议商标"祥狮"与"狮子图形"完全相同，不能排除争议商标注册时已经知晓"狮子图形"，争议商标应予撤销。

（90）在"道"字书法作品著作权纠纷案中【（2003）一中民初字第2944号】，北京一中院认为，受赠美术书法作品并不等于取得该作品的著作权。将他人作品用作商业标识，应承担侵权责任。

（91）在"PNY及图"著作权纠纷案中【（2008）一中民初字第580号】（9 CTMR 193），北京二中院认为，擅自将他人享有著作权的标志作为网站上的标识，属侵权行为。在网站上擅自使用他人企业名称的英文名称中核心部分，足以使消费者产生误认，属不正当竞争行为。

（92）在"宝贝猪"著作权侵权纠纷案中【（2008）厦民初字第186号】，厦门中院认为，被告未经原著作权人许可，在其注册的商标上使用"宝贝猪"图案，并将其使用于"小猪方形有底纸巾架"产品上进行生产销售而未支付报酬，被告的行为构成对原著作权人著作权的侵犯。

三年不使用【商标法44.4；商标法实施条例3】

（93）在"河套鑫业"商标撤销案中【（2009）一中行初字第936号】，北京一中院认为，商标权人有义务对注册商标在指定使用的商品和服务类别上公开、真实、合法的商业使用，积极、连续地使用注册商标是维持商标权效力的必要条件。注册人不能证明其在商标局指定的时间内进行了真实的使用，属于三年不使用情形。

（94）在"康王"商标撤销再审案中【（2007）行监字第184—1号】（10 CTMR），最高人民法院认为，商标法第44条第（4）项规定的"使用"应该是在商业活动中对商标进行公开、真实、合法的使用，经营者违反法律法规强制性、禁止性规定使用商标的行为，不能认定为商标法规定的使用行为。

（95）在"GNC"商标撤销案中【（2006）高行终字第78号】（4 CTMR 103），北京高院认为，注册商标在商标转让合同中使用不属于商标的使用；在非指定商品蜂蜜上使用也不是商标法意义上对指定商品非医用鱼油的使用。

（96）在"七匹狼"商标撤销案中【（2004）高行终字第463号】，北京高院认为，构成注册商标的使用，根本标准在于能否使注册商标发挥标识商品或者服务来源的作用。"七匹狼"注册人的使用证明均未指向核准的"印刷业"服务类别。"七匹狼"在第25类上的驰名以及注册人在企业名称中使用均不能视为复审商标的使用。

商标转让【商标法 39】

（97）在"老糟坊"商标侵权纠纷案中【（2001）民三终字第 9 号】，最高法院认为，受让商标主张权利并无不当。

（98）在"龙大哥"商标申请权纠纷案中【（2006）黔高民二终字第 39 号】（7 CT-MR 196），贵州高院认为，商标权包括商标申请权为企业财产之一。合伙企业股东出让自己的股份中未对商标等相关事宜作特别约定，视为商标申请权也与股份一并出让，原企业"龙大哥"商标申请权由受让人享有。

（99）在"傻子瓜子"商标转让纠纷案中【（2002）皖民二终字第 12 号（2 CTMR 221）】，安徽高院认为，原、被告协议约定"傻子"双方共同所有应包括商标使用权，依协议被告有义务办理备案手续而未办理，原告主张该商标的使用权成立。

（100）在"喜康"商标转让纠纷案中【（2003）一中民初字第 9002 号】（3 CTMR 317），北京一中院认为，"喜康"经使用和宣传已成为公司重要的无形财产，未经董事会同意的而转让商标的行为视为无效转让行为。

商标许可【商标司法解释 19～20】

（101）在"妻之友"商标许可使用合同无效案中【（2004）高民终字 128 号】（4 CTMR 169），北京高院认为，非商标合法持有人与他人订立的商标使用许可合同应为无效合同，该合同不因被许可人不具有恶意而使该行为归于合法。

（102）在"便宜坊"商标许可使用合同纠纷案中【（2004）高民终字第 34 号】（4 CTMR 174），北京高院认为，未按合同向商标权人支付商标使用费，商标权人有权单方请示解除合同并要求赔偿损失，合同解除后原合同违约方不得再使用"便宜坊"商标。

（103）在"醉流霞"商标许可使用合同纠纷案中【（2005）高民终字第 208 号】（5 CTMR 218），北京高院认为，当事人之间签订的商标许可合同未经备案的，不影响许可合同的效力，另有约定的除外。商标权人与他人签订了注册商标转让合同的，不影响转让前已生效的商标许可合同的效力。

（104）在"奥妮"商标使用许可合同纠纷案中【（2007）穗中法民三初字第 9 号】（10 CTMR），广州中院认为，合同当事人倒签商标许可合同，损害第三人利益，合同无效。商标许可合同未备案不能对抗善意第三人。

第二部分 权利的行使

（一）商标侵权

商标使用【商标法 52.1】

（105）在"伟哥"立体商标侵权纠纷案中【（2009）民申字第 268 号】（10 CT-MR），最高人民法院认为，对于不能起到标识来源和生产者作用的使用，不能认定为商标意义上的使用，他人此种方式的使用不构成使用相同或者近似商标，不属于侵犯注册商标专用权的行为。

（106）在"米其林"商标侵权纠纷案中【（2009）长中民三初字第72号】（10 CTMR），长沙中院认为，擅自改变商品的速度等级，构成商标侵权。

（107）在"海尔"商标侵权纠纷案中【（2008）青民三初字第37号】，青岛中院认为，被告虽然只是在冷柜端档上使用了原告商标，仍然可能造成混淆，构成侵权。

（108）在"路易威登"商标与外观专利冲突案中【（2009）高民终字第2575号】，北京高院认为，将与他人商标相同或相似的标志申请外观设计专利的行为不属于面向市场消费者的非法使用商标的行为，该申请行为本身不属于侵犯注册商标专用权的行为，但被诉外观设计专利已与路易威登公司注册商标专用权构成冲突。

相同商标认定【商标法52.1；商标法司法解释9.1】

（109）在"鳄鱼图形"商标侵权纠纷案中【（2004）长中民三初字第307号】（4 CTMR 186），长沙中院认为，虽然两个鳄鱼的朝向不同，但这一点容易被公众忽视，属于商标法上的商标相同。将相同商标用于相同商品或者服务应推定已有混淆的可能，属于商标侵权。

近似商标认定【商标法52.1；商标法司法解释9.2】

（110）在"老糟坊"商标侵权纠纷案中【（2001）民三终字第9号】，最高法院认为，使用在相同或者类似商品上的两个商标，如果普通消费者施以一般注意力，难以区分其差别，就可以推定这两个商标具有造成误认的可能性，构成近似。"老糟坊"与"老糟房"对比，均有相同的"老"字，"槽"与"糟"、"房"与"坊"字形、发音近似，三个文字的组合顺序又基本相同，普通消费者施以一般注意力，可能产生混淆误认，构成近似商标。

（111）在"红河红"商标侵权案【（2008）民提字第52号】（10 CTMR）中，最高人民法院进一步细化了判断商标近似时需要考虑的因素。主要体现在，判断侵权意义上的商标近似，除要比较相关商标在字形、读音、含义等构成要素上的近似性外，还应关注是否足以造成市场混淆，因此应考虑相关商标的实际使用情况、显著性、是否有不正当意图等因素进行综合判断。

（112）在"诸葛酿"商标侵权案【（2007）民三监字第37—1号】中，最高人民法院认为，在认定商标是否近似时，应考虑商标实际使用情况尤其是在先使用、具体使用方式等因素。

（113）在"蜥鳄"商标侵权纠纷案中【（2008）苏中知民初字第0180号】（10 CTMR），苏州中院认为，整体上构成近似。

（114）在"千禧龙"商标侵权纠纷案中【（2000）高知初字第37号】（1 CTMR 232），北京高院认为，奥林巴斯株式会社在其生产的奥林巴斯照相机上使用与汉都公司注册商标"千禧龙 QIANXILONG"相同的文字作为装潢使用，尽管"龙"字改为繁体，但仍是同一字，足以造成消费者误认。

(115) 在"兴元良子"商标侵权纠纷案中【(2002) 高民终字第936号】(1 CTMR 212),北京高院认为,"兴元良子"中的"兴元"设计成脚掌图形,突出了"良子"二字,与被控侵权商标相比,两者都有脚掌图形和文字"良子",可能造成消费者的混淆与误认,构成商标近似。

(116) 在"梦特娇"商标侵权纠纷案中【(2004) 沪高民三(知)终字第24号】(5 CTMR 258),上海高院认为,注册商标与被控侵权商标"梦特娇·梅蒸"相比较,消费者或经营者只会对花瓣图形产生较强的感觉而忽视"梅蒸"拼音字母。直接使用"梦特娇"为商品名称误导消费者。

(117) 在"罗斯蒙特"不正当竞争纠纷案中【(2007) 沪一中民五(知)初字第359号】(9 CTMR 222),上海一中院认为,在被告成立前,"罗斯蒙特"就是原告的字号和其品牌的中文音译,因此被告在明知的情况下,仍注册、经营与原告相同或近似的商标,属于不正当竞争。

(118) 在"培罗蒙"商标侵权纠纷案中【(2002) 锡知初字第37号】(2 CTMR 307),无锡中院认为,被告在同类商品上使用相同的商标构成商标侵权。被告使用"红罗蒙之缘"属于擅自使用与知名商品近似包装的不正当竞争行为。

(119) 在"三斜条一勾"商标侵权纠纷案中【(2006) 高民终字第781号】(7 CTMR 275),北京高院认为,"三斜条"与"三斜条一勾"比较,因"一勾"形状不能改变两者整体的近似性,足以造成混淆或误认,构成商标近似。

(120) 在"LG"商标侵权纠纷案中【(2001) 高知初字第67号】(1 CTMR 216),北京高院法院认为,""与"LG"两商标图形不同,虽写法一样,但因前者为汉语拼音,后者为英文,所以读音不同,不构成近似。核定商品电梯,消费者注意力大于普通日用品,消费者施以注意力的情况下,不会造成误认。

(121) 在"周大福"商标侵权纠纷案中【(2002) 沪高民三(知)终字第125号】(2 CTMR 270),上海高院认为,"周大福"与"周大金"两个商标仅由三个字构成,改变其中任何一个字都会引起整体的较大变化,最终认定两商标不近似。

(122) 在"酷孩"商标侵权纠纷案中【(2005) 沪高民三(知)终字第43号】,上海高院认为,"酷儿"与"酷孩"在读音、字形、含义具有一定区别,"酷孩"注册人未实际投入使用,引起混淆或借用其知名度的可能性较低。酷儿未注册,但大量投入使用商品已有一定的市场影响,不构成侵权。

(123) 在"红河红"商标侵权纠纷案中【(2008) 民提字第52号】(10 CTMR),最高法院认为,"红河"注册商标中的"红河"是县级以上行政区划名称和知名度较高的河流名称,显著性不强,且注册人始终未使用"红河"商标使该商标产生显著性。"红河红"商标经过云南红河公司较大规模的持续性使用,已经具有一定的市场知名度,已形成识别商品的显著含义,应当认为已与"红河"商标产生整体性区别。

(124) 在"美日图形"商标侵权纠纷案中【(2003) 二中民初字第06286号】(4 CTMR 201),北京二中院认为相关公众对高价位商品要施以较大注意力。"丰田图形"商标与"美日图形"商标在整体上视觉上存在较大差异,不会混淆或误认。

类似商品认定【商标法 52.1；商标法司法解释 11~12】

（125）在"诚品"商标侵权案中【（2004）高民终字第1152号】，北京高院认为，被告在经营楼盘中使用"诚品建筑"的行为，不属于商标性使用。第37类建造永久性建筑与第36类出售商品房不构成类似服务。在楼盘对外宣传中使用了"诚品书坊""诚品咖啡图书馆"字样，是叙述性地合理使用"诚品"字样，而非商标意义上的使用。

（126）在"RITZ"商标侵权案中【（2008）沪二中民五（知）初字第74号】，上海二中院认为，在一般公众看来，被告在公共浴室、足底保健的经营活动中提供了桑拿、指压、按摩、美容、美发、足疗等服务，与原告商标核准服务项目美容院、疗养室的服务内容、服务方式基本相同，属于相同或类似服务。被告提供了餐饮、住宿服务是否为其主营业务，不影响对服务相同或类似性的判断。

混淆的可能

（127）在"大磨坊"商标侵权纠纷案中【（1993）中经知初字第623号】，北京一中院认为，使用专为原告设立的柜台经销侵权商品，足以产生混淆。

（128）在"千禧龙"商标侵权纠纷案中【（2003）苏民三终字025号】（4 CTMR 272），江苏高院认为，TCL公司在龙年即将到来的特定时间段，开展促销电视机活动，使用"千禧龙"字样，只是将"千禧龙"作为叙述性词汇，属合理使用。而"千禧龙"商标所有人从未生产过电视机，不会造成误认。

（129）在"老坛子"商标侵权纠纷案中【（2005）渝高法民终字第193号】，重庆高院认为，在方便面的调味包上使用不会造成混淆。

（130）在"菱形及蓝色"立体商标侵权纠纷案中【（2009）民申字第268号】（10 CTMR），最高法院认为，虽然"伟哥"药片形状与颜色与立体商标相同或相近似，但药片的包装为不透明材料，消费者在购买该药品时并不能识别该药片的外部形态，并且在药品的包装上明显标注被告商标及名称，起到了表明商品来源和生产者的作用，不会与立体商标相混淆，不构成侵权。

（131）在"蓝色风暴"商标侵权纠纷案中【（2007）浙民三终字第74号】，浙江高院认为，百事可乐公司开展"蓝色风暴"促销活动，已经使他人注册的"蓝色风暴"商标具有很强的显著性，当该商标注册人使用商标时，消费者会与百事可乐公司联系起来，使商标注册人与其注册的"蓝色风暴"商标的联系被割裂，将商标权人的产品误认为是百事可乐的产品，造成相反的市场混淆。

（132）在"AN'GE"商标侵权纠纷案中【（2002）二中终字第02487号】，北京二中院认为，被诉侵权服装确系原告生产销售的正宗产品，故不会误认，不构成不正当竞争。

（133）在"米其林"商标侵权纠纷案中【（2009）长中民三初字第73号】（10 CTMR），长沙中院认为，未经商标所有人同意投放市场的商品，给商标权人造成损害的，构成商标侵权。

（134）在"耐克"商标侵权案中【（2001）深中法知产初字第55号】（2 CTMR 325），深圳中院认为，耐克商标权具有一定的地域性，在中国法院拥有司法权的范围内，应看权利人是否在中国获得商标的专有使用权。

（135）在"RBI"商标侵权纠纷案中【（2005）浙民三终字第284号】，浙江高院认为，未经许可使用，出口仍然构成侵权。

（136）在"Henkel"商标侵权纠纷案中【（2006）粤高法行终字第22号】（8 CTMR 267），广东高院认为，商标权具有一定的地域性，在中国注册即在中国境内受到法律的保护，即使申报出口的产品为贴牌加工产品，消费者不在中国，仍然构成商标侵权。

（137）在"JOLIDA"商标侵权案中【（2008）沪一中民五（知）初字第317号；（2009）沪高民三（知）终字第65号】，上海二中院和上海高院认为，出口不算侵权。

（138）在"NEW BOSS COLLECTION"商标侵权案中【（2007）闽民终字第459号】，福建高院认为，定牌加工并全部出口的行为不算侵权。

销售者的责任认定【商标法52.2】

（139）在"鳄鱼图形"商标侵权纠纷案中【（2004）长中民三初字第307号】（4 CTMR 186），长沙中院认为，被告作为大型商业零售企业，应当知道原告商标的知名度，同时应当具有完备的供销货渠道及相关凭证和记录而不能提供，不具备销售者的免责条件。

（140）在"JING TANG"商标侵权纠纷案中【（2001）高知终字第43号】，北京高院认为，搭赠行为也是一种销售行为。

反向假冒【商标法52.4】

（141）在"枫叶"商标侵权纠纷案中【（1994）中经知初字第566号】，北京一中院认为，"枫叶"商标权人诉"卡帝乐鳄鱼"权利人，将枫叶牌裤子上的商标撤除换上鳄鱼商标销售侵权构成。

（142）在"银雉"商标侵权纠纷案中【（2003）通中民三初字第15号】，南通中院认为，将权利人的旧机器除掉固定在上面的"银雉"铭牌，进行修理、喷漆后销售，对注册商标与其核准使用的商品之间的离断行为，是侵犯商标专用权的行为，属隐性反向假冒行为。

商标对企业名称【商标法司法解释1.1；商标法实施条例53】

（143）在"蜜雪儿"商标侵权纠纷案中【（1998）高知终字第71号】，北京高院认为，双方各自拥有的民事权利都受法律保护，对这类权利冲突异议应先到行政部门申请解决。

（144）在"中信"商标侵权纠纷案中【（1999）成知初字第59号】，成都中院认为，旅行社使用中信商标构成侵权。

（145）在"登喜路"商标侵权纠纷案中【（2002）成知初字第1号】，成都中院认为，不能把他人商标作为店招使用。

（146）在"立邦"商标侵权及不正当竞争纠纷案中【（2002）鄂民三终字第18号】（1 CTMR 264），武汉中院认为，立邦商标注册在先，已成为驰名商标，企业名称注册在后且为同业，应知立邦漆品牌，被告有明显的"搭便车"的故意，即使被告企业名称注册合法，但与他人商标权构成冲突，应该根据保护在先权利的原则，保护商标权。

（147）在"苏泊尔"商标侵权及不正当竞争纠纷案中【（2003）高民终字第376号】（3 CTMR 356），北京高院认为，被告虽然得到了苏泊尔集团（香港）有限公司的商标授权使用许可，但其在产品上多处注明许可人名称。而许可人虽然有此商标，但从未在内地实际生产或进口过压力锅，相反"苏泊尔"牌压力锅享有很高的市场声誉，这会让消费者误认为被告的产品与"苏泊尔"牌压力锅有某种联系，构成不正当竞争。

（148）在"皇城老妈"商标侵权及不正当竞争纠纷案中【（2003）高民终字第115号】（2 CTMR 249），北京高院认为，企业名称登记行为并非商标法所规定的使用商标的行为，不构成商标侵权，但在宣传上单独使用"皇蓉老妈"与注册商标"皇城老妈"相近似的字号，则构成了商标侵权。

（149）在"报喜鸟"不正当竞争纠纷案中【（2002）浙经二终字第112号】（2 CTMR 345），浙江高院认为，被告在其产品上标印"香港报喜鸟股份有限公司"或"香港报喜鸟"字样，误导消费者，属于搭便车的行为，造成了"报喜鸟"驰名商标的淡化，造成商誉的损害结果，构成不正当竞争。

（150）在"豪雅"商标侵权及不正当竞争纠纷案中【（2003）沪高民三（知）终字第41号】（2 CTMR 368），上海高院认为，被告上海毫雅公司在其商品上使用"上海豪雅光学"字样的行为，属于不规范使用企业名称权，构成对原告"豪雅"注册商标权与使用权的侵害。

（151）在"阿迪达斯"商标侵权及不正当竞争纠纷案中【（2006）长中民三初字第0110号】，长沙中院认为，被告在其经营场所、经营活动及其产品的包装、标牌、吊牌等多处注明了"美国阿迪达斯国际集团有限公司""商标由美国阿迪达斯国际集团有限公司授权"等字样，容易为相关公众混淆误认，属于不正当竞争行为。

（152）在"雪中彩影"商标侵权及不正当竞争纠纷案中【（2004）宁民三初字第312号】（6 CTMR 279），南京中院认为，"雪中彩影"既是原告注册商标，又是原告企业字号。被告仍将"雪中彩影"注册为字号，导致消费者对服务来源的误认，有傍名牌的故意，违反诚实信用和商业道德，构成不正当竞争。但被告并未将"雪中彩影"文字在企业名称中突出使用，不构成商标侵权。

（153）在"星巴克、STARBUCKS"商标侵权及不正当竞争纠纷案中【（2006）沪高民三（知）终字第32号】（7 CTMR 367），上海高院认为，被告明知原告商标的知名度，仍将作为企业名称登记和使用，足以造成相关公众的混淆，构成不正当竞争。被告在经营服务中擅自使用含有"星巴克"文字的标识，侵犯了原告商标权。

（154）在"天上人间"商标侵权及不正当竞争纠纷案中【（2003）沪高民三（知）终字第47号】（4 CTMR 287），上海高院认为，被告将与原告注册商标相同文字"天上人间"注册为企业字号，并在广告宣传中突出使用，原、被告经营服务范围相同，被告虽与原告地处两地，但不足以消除所造成的混淆结果。根据保护在先权利和禁止混淆原则，被告行为构成不正当竞争。

（155）在"蒙牛"商标侵权及不正当竞争纠纷案中【（2006）一中民初字第1896号】，北京一中院认为，"蒙牛"为驰名商标，蒙牛酒业公司在其生产的奶酒商品上突出使用"蒙牛酒业"，并对外发布"蒙牛乳业"与"蒙牛酒业"是一家的虚假宣传，构成商标侵权及不正当竞争。

（156）在"正野"不正当竞争纠纷案中【（2005）民三监字第15—1号】，最高法院认为，受反不正当竞争法保护的企业名称，特别是字号，不同于一般意义上的人身权，是区别不同市场主体的商业标识，可以承继。该裁定还明确，登记使用与他人注册商标相同的文字作为企业名称中的字号，生产经营相类似的产品，倘若足以使相关公众对商品的来源产生混淆，即使他人的商标未被认定为驰名商标或者著名商标，仍可构成不正当竞争行为。

（157）在"张小泉"案中【（2006）浙民三终字第78号】（7 CTMR 358），浙江高院认为，上海刀剪总店不规范使用企业名称，故意在产品和包装上突出使用"上海张小泉"字样，易导致公众误认，承担侵权责任。

（158）在"欧莱雅"商标侵权及不正当竞争纠纷行政诉讼案中【（2008）金行初字第17号】，上海金山区法院认为，使用他人企业名称构成不正当竞争。

商标对域名【域名司法解释4；商标法司法解释1.3】

（159）在"DU PONT"商标侵权及不正当竞争纠纷案中【（2001）高知终字第47号】（1 CTMR 247），北京高院认为，驰名商标的保护范围应该延伸到计算机网络上，被告应当知道域名的作用和价值，明显具有恶意，构成商标侵权。

（160）在"IKEA"商标侵权及不正当竞争纠纷案中【（2000）高知终字第76号】，北京高院认为，构成不正当竞争。

（161）在"Safeguard"商标侵权及不正当竞争纠纷案中【（2001）沪高知终字第4号】，上海高院认为，"舒肤佳及图形"商标系驰名商标。被告对"Safeguard"并不享有正当、合法权益，明知该商标的知名度，仍然注册为域名，具有主观恶意。其注册域名行为不正当地利用了原告的商业信誉，构成不正当竞争。

（162）在"PHILIPS"域名纠纷案中【（2002）沪二中民五（知）初字第214号】（3 CTMR 389），被授权经销相关产品并不意味同时取得了在经营活动中使用他人商标等标识的权利，明知"PHILIPS"商标知名度，仍注册与该商标近似域名，损害权利人利益。

（163）在"沃尔玛"域名纠纷案中【（2004）深中法民三初字第143号】（6 CTMR 313），深圳中院认为，在驰名商标未注册的类别中若有他人已注册相同商标，驰名商标在该类中就会受到限制，他人使用注册商标不构成侵权。被告在工厂字号中使用"沃尔马"驰名商标，并注册与驰名商标拼音读音相同的域名，属于不正当竞争行为。

（164）在"中化"商标侵权及不正当竞争纠纷案中【（2004）高民终字第214号】（4 CTMR 158），北京高院认为，当事人在申请企业字号时应当遵循诚实信用和公认的商业道德，将他人的驰名商标申请为自己的字号，构成不正当竞争。

（165）在"snowcomcn"域名纠纷案中【（2004）二中民初字第05480号】（5 CTMR 340），北京二中院认为，snowcomcn域名注册在前，"雪花"和"snowflake"商标注册在后，三者虽含义近似，但在文字、字形等方面并不构成近似，不会造成误认，不构成不正当竞争。

（166）在"石头记"通用网址侵权案件中【（2004）粤高法民三终字第323号】，广东高院认为，将他人的注册商标注册为通用网址，并在网站经营与商标权人相同或相近似的商品，有可能导致消费者认为通用网址"石头记"与注册商标"石頭記"有某种联系，足以引起相关公众对商品来源的混淆和误认。

商标对抗商品名称或装潢【商标法实施条例50.1】

（167）在"维纳斯"商标侵权纠纷案中【（2004）民三终字第2号】，最高法院认为，福祥公司使用的"维纳斯"与上诉人的注册商标相同，且都用在瓷砖上，但其商品销售的渠道不同。福祥公司包装箱上印有"维纳斯"文字的商品，仅在沈阳陶瓷城的"亚细亚"店进行销售。普通消费者施以一般注意力，就不会对"亚细亚"专卖店里出售的"维纳斯"系列商品与"维纳斯"注册商标的商品产生误认。

（168）在"AB"商标侵权纠纷案中【（2003）沪一中民五（知）初字第89号】（4 CTMR 262），上海一中院认为，"AB"商标已经成为驰名商标，被告将"AB"字样作为其商品名称的一部分予以使用，会导致公众对商品来源发生误认。

协助侵权【商标法实施条例502】

（169）在"秀水街"商标侵权案中【（2006）朝民初字第21991号】，北京朝阳区法院认为，秀水市场客观上为其商户侵犯他人商标权的行为提供了便利条件，主观上也有故意，法院以该条判秀水街与4家商户承担连带赔偿责任。

（170）在"LOUIS VUITTON"商标侵权纠纷案【（2006）沪二中民五（知）初字第100号】中，上海一中院认为，被告家乐福应该负有注意义务。

（171）在"大众搬场"案中【（2007）沪二中民五（知）初字第147号】（9 CTMR 304），上海二中院认为，百度网站对于明显存在侵犯他人权益可能的注册用户未尽合理的注意义务，主观上存在共同过错，客观上给他人造成了损失，属于帮助侵权行为。

（172）在"绿岛风"商标侵权纠纷案中【（2008）穗中法民三终字119号】（10 CTMR），广州中院认为，google搜索引擎使用"绿岛风"关键词，链接到侵权广告未尽注意义务，应承担共同侵权赔偿责任。

（二）不正当竞争

诚实信用一般原则【反不正当竞争法2.1】

（173）在"LV"商标侵权纠纷案中【（2004）沪二中民五（知）初字第242号】，上海二中院认为，上海楼盘户外广告中一半蹲模特图像，模特手中拎一"LV"提包的图案，虽然并非广告商品的商标、名称或装潢，但仍然违反平等公平诚实信用原则，构成不正当竞争行为。

（174）在"携程"案中【（2007）民三终字第2号】，最高人民法院认为，不论经营者是否属于违反有关行政许可法律、法规而从事非法经营行为，只有因该经营者的行为同时违反反不正当竞争法的规定，并给其他经营者的合法权益造成损害时，才涉及该经营者应否承担不正当竞争的民事责任问题。

企业名称对企业名称【反不正当竞争法5.3；反法司法解释6.1；权利冲突司法解释2】

（175）在"振泰"商标侵权纠纷案中【（2004）苏民三终字第059号】（6 CTMR 243），江苏高院认为，振泰公司诉同心公司商标侵权，因双方均为注册商标，应通过行政程序解决，不是民事诉讼审理范围。同心公司与振泰公司属同一地区、同行业，注册与振泰公司相同企业字号的行为，侵犯了振泰公司在先注册的企业名称权，构成不正当竞争。

（176）在"大众"商标侵权及不正当竞争纠纷案中【（2007）长中民三初字第0074号】（8 CTMR 242），长沙中院认为，被告将原告商标"大众"突出使用在其生产的发动机油商品及宣传资料和网页上，构成商标侵权，误导相关公众，攀附原告市场地位，属于不正当竞争。

（177）在"山起"企业名称案【（2008）民申字第758号】中，最高人民法院认为，对于具有一定市场知名度、为相关公众所熟知并已实际具有商号作用的企业或者企业名称的简称，可以视为企业名称，并可根据反不正当竞争法第五条第（三）项的规定获得保护。

（178）在"条形码"不正当竞争纠纷案中【（2004）闽民终字第283号】，福建高院认为，天龙冒用华能条形码视为侵犯企业名称权。

姓名对姓名【反不正当竞争法5.3；反法司法解释6.2】

（179）在"王跃文"不正当竞争纠纷案中【（2004）长中民三初字221号】（5 CTMR 192），长沙中院认为，王跃文因其先前的创作行为而享有声誉，其姓名具有商业标识的作用，被告后在其作品上使用"王跃文"作为作者，是对其作品做引入误解的宣传，使消费者产生混淆，属于不正当竞争行为。

（180）在"吴良材"企业字号纠纷案中【（2002）沪高民三（知）终字第74号】（2 CTMR 240），上海高院认为，自"吴良材"被用作企业字号后，她具有双重属性。被告在长期使用中，"吴良材"已脱离吴良材个人而成为企业名称乃至企业整体的一部分。一般情况下，企业名称权随着企业整体的转让而转让，除非转让双方对此有特别的约定。四原告个人不享有企业字号权。

虚假宣传【反不正当竞争法9】

（181）在"8分钟"不正当竞争纠纷案中【（1999）知终字第13号】，最高法院认为，118构成虚假宣传。

（182）在"蓝月亮"不正当竞争纠纷案中【（2001）粤高法终字第57号】，广东高院认为，广告中使用的瓶型是蓝月亮牌衣领净独特外观，容易贬低竞争对手。

（183）在"南海岸鳗钙"不正当竞争纠纷案中【（2002）民三终字第1号】，最高法院认为，构成商业诋毁、虚假宣传。

（184）在"杰士邦"不正当竞争纠纷案中【（2002）一中民初字第4266号】，北京一中院认为，杰士邦虚假标注其产品由英国杰士邦（国际）有限公司生产，客观上会误导消费者错误地认为杰士邦拥有很长的历史和很高的市场地位，这种误导性的虚假宣传使杰士邦获得了不应该获得的市场份额。

（185）在"携程"不正当竞争纠纷案中【（2007）民三终字第4号】，最高法院认为，在前述黄金假日公司与携程公司不正当竞争判决上诉案中，最高人民法院还认为，应承担民事责任的虚假宣传行为需具备经营者之间具有竞争关系、有关宣传内容足以造成相关公众误解、对经营者造成了直接损害这三个基本条件；其中对于引入误解和直接损害的后果问题，不能简单地以相关公众可能产生的与原告无关的误导性后果来代替原告对自身受到损害的证明责任。

诋毁商业信誉【反不正当竞争法 14】

（186）在"南海岸鳗钙"不正当竞争纠纷案中【（2002）民三终字第1号】，最高法院认为，构成诋毁商业信誉。

（187）在"蘭王"鸡蛋商业诋毁案【（2009）民申字第508号】中，最高人民法院认为，反不正当竞争法调整的商业诋毁行为并不要求行为人必须直接指明诋毁的具体对象的名称，但商业诋毁指向的对象应当是可辨别的；反不正当竞争法没有对商业诋毁的语言作出限制，诋毁语言并不一定要求有感情色彩。

（三）救济

停止使用

（188）在"星群"不正当竞争案【（2008）民申字第982号】中，最高人民法院认为，恶意使用他人具有一定市场知名度、为相关公众所知悉的企业名称中的字号，因处于同一地域而极易导致相关公众误认，不停止使用则不足以防止市场混淆后果的，人民法院可以直接判决该经营者承担停止使用其企业名称的民事责任。

赔偿【商标法 L.56】

（189）在"敌杀死"商标侵权纠纷案中【（1999）知终字第11号】，最高法院认为，回函确认立即通知后还继续使用具有明显故意，应该加重赔偿责任。

（190）在"嘉裕长城"商标侵权纠纷案中【（2005）民三终字第5号】（7 CTMR 247），最高法院认为，因被控侵权商品单位利润无法查明，法院根据原告提供的注册商标商品单位利润与被控侵权商品销售数量的乘积计算，认定被告侵权获利10 614 090元。

（191）在"雅马哈"商标侵权纠纷案中【（2006）民三终字第1号】（2 CTMR 412），最高法院认为，原告选择被告侵权获利为计算赔偿标准具有法律依据。计算方法是以双方所认可的审计报告中的成本、销售量等相关数据,参照当地同类产品市场平均价计算侵权产品的销售价格,扣减现有证据能够计算的经营成本,非法获利为8 300 440.43元。

(192) 在"蓝色风暴"商标侵权纠纷案中【(2007)浙民三终字第74号】,浙江高院认为,判赔300万元。

(193) 在"G2000"商标侵权纠纷案中【(2006)杭民三初字第131号】,杭州中院认为,法院根据案件中的证据以及赵华的主张,分别使用3种方法对被告的销售获利进行推算,上述3种计算方式得出的侵权获利数额都远远超过了原告赵华要求的人民币2 000万元赔偿数额,因此,确定被告纵横公司赔偿原告赵华人民币2 000万元。

(194) 在"傲时"商标侵权案中【(1999)知终字第6号】,最高法院认为,赔偿应该细分。

(195) 在"红河红"商标侵权纠纷案中【(2008)民提字第52号】(10 CTMR),最高法院认为,侵犯未实际投入商业使用的注册商标,侵权人应该承担停止侵权的民事责任并赔偿权利人制止侵权的合理支出,但可以不判决承担赔偿损失的民事责任。

(196) 在华纪平与斯博汀公司等"手提箱"专利侵权案【(2007)民三终字第3号】中,最高法院认为,在侵权产品销售数量可以确定的情况下,根据专利产品或者侵权产品的利润率,即可以计算出被侵权人的损失或者侵权人获得的利益,并以此来确定赔偿额;在有关产品的利润率难以准确计算时,人民法院可以酌定一个合理的利润率来计算:在确定知识产权侵权损害赔偿额时,可以考虑当事人的主观过错程度确定相应的赔偿责任,尤其是在需要酌定具体计算标准的情况下,应当考虑当事人的主观过错程度。

(197) 在"手提箱"专利侵权案中【(2007)民三终字第3号】,最高法院认为,权利人为调查、制止侵权行为所支付的各种开支,只要是合理的,都可以纳入赔偿范围;这种合理开支并非必须要有票据一一予以证实,人民法院可以根据案件具体情况,在有票据证明的合理开支数额的基础上,考虑其他确实可能发生的支出因素,在原告主张的合理开支赔偿数额内,综合确定合理开支赔偿额。

诉讼费分担

(198) 在"手提箱"专利侵权案中【(2007)民三终字第3号】,最高法院认为,在侵权案件中,案件受理费的分担不仅要考虑原告的诉讼请求额得到支持的比例,更要考虑原告主张的侵权行为本身是否成立,同时还可以考虑原告的其他诉讼请求得到支持的程度以及当事人各自行使诉权的具体情况如有无明显过错等因素,不能仅按照原告请求额与判决支持额之间的比例确定。

(四) 商标侵权抗辩

正当使用【商标法实施条例49】

(199) 在"片仔癀"商标侵权案【(2009)民申字第1310号】中,最高人民法院认为,当注册商标具有描述性时,其他生产者出于说明或客观描述商品特点的目的,以善意方式在必要的范围内予以标注，不会导致相关公众将其视为商标而发生来源混淆的，构成正当使用；判断是否属于善意和必要，可以参考商业惯例等因素。

（200）在"敌杀死"商标侵权纠纷案中【（1999）知终字第11号】，最高法院认为，未采取措施存在疏于管理的情况，但在没有撤销前仍然受商标法保护。

（201）在"雪花"商标行政诉讼案中【（2004）高行终字第303号】（5 CTMR 336），北京高院认为，原告系"雪花"商标注册人，被诉行政行为并未直接确认"雪花"文字为面粉的通用名，其答复并无不当。

（202）在"挖坑、保皇"系列商标案中【（2008）民三他字第12号】，最高法院认为，"挖坑、保皇"系扑克游戏通用名称，商标专用权人无权禁止他人正当使用，被告使用该名称不易引起相关公众的误认混淆。对于在一定地域内的相关公众中约定俗成的扑克游戏名称，如果当事人不是将其作为区分商品或者服务来源的商标使用，只是将其用作反映该类游戏内容、特点等的游戏名称，可以认定为正当使用。

（203）在"金华火腿"商标行政诉讼案中【（2005）高行终字第162号】（5 CTMR 321），北京高院认为，"金华"是县级以上行政区划的地名，"金华火腿"属于地理标志，而该商品并非来源于"金华"地区，原告在现行商标法修正之前已经取得注册因此继续有效。但符合"金华"地理标志使用条件者有权对该字样合理使用。

（204）在"金州"商标侵权纠纷案中【（2004）辽民四知终字第176号】，辽宁高院认为，"金州牌"商标中含有金州地名，权利人未能经商标使用金州二字产生特定含义，不能禁止他人正当使用。

（205）在"百家湖"商标侵权纠纷案中【（2004）苏民三再终字第001号】（5 CTMR 305），江苏高院认为，原告"百家湖"与地名"百家湖"相同，其权利应受到一定的限制。

（206）在"汤沟"商标侵权纠纷案中【（2006）苏民三终字第0094号】（7 CTMR 347），江苏高院认为，商标权人将地名汤沟作为商标注册，无权禁止他人在相同或近似商品上正当使用，商标权人未使用商标，"汤沟"地名知名度高于"汤沟"商标。被告在产品包装上使用"珍汤"商标，与原告商标区别显著。被告对"汤沟"的使用属于对固有权利的正当使用，不会造成混淆或误认。

（207）在"茅山"商标侵权纠纷案中【（2004）苏民三终字第3号】，江苏高院认为，"茅山"为地名，被告在自制卤菜中使用"茅山"二字，以表示产品产地的来源，该卤菜在当地有一定名气，享有在先权利。"茅山"后被注册为商标，在后注册的商标权人无权禁止他人正当使用在先权利，侵权不构成。

（208）在"BIOFRESH"商标侵权纠纷案中【（2008）沪高民三（知）终字第61号】（9 CTMR 329），上海高院认为，被告博西华公司为描述被控侵权商品的功能使用"Biofresh"字样，与他人注册商标"BIOFRESH"相似，被告使用的方式、部位、目的、后果等均不会引起相关公众对商品的来源产生混淆或误认，不构成侵权。

（209）在"DP"商标不侵权诉讼案中【（2008）甬鄞民一初字第2691号】（9 CTMR 336），宁波鄞州区法院认为，"DP"是一种服装面料抗皱整理技术的通用缩写，注册商标专用权人无权禁止他人正当使用。

（210）在"宅急送"商标侵权纠纷案中【（2003）朝民初字第22372号】（3 CTMR 350），北京朝阳区法院认为，原告注册的"绿色猴子图形加文字"组合商标中放弃了"宅急送"文字的专用权，被告注册了"必胜宅急送"文字商标同样放弃了"宅急送"专用权。"宅急送"三字在快运行业已经丧失显著性而成为通用名，不会使相关公众产生误认。

（211）在"金华火腿"商标侵权案中【（2003）沪二中民五（知）初字第239号】（6 CTMR 323），上海二中院认为，原告注册商标专用权保护范围的核心是"金华火腿"。被告永康火腿厂标注"金华火腿"的目的是表明原产地域产品，不构成对原告商标专用权的侵害。

（212）在"法律人"商标侵权纠纷案中【（2005）海民初字第17769号】，北京海淀区法院认为，被告对于"法律人"三字本意的使用，并不是商标意义上的使用，属于正当合理的使用。同时，由于原告及其合作伙伴尚未出版过相关的书籍，在图书市场上没有形成相应的影响力和读者群，被告对于"法律人"三字的使用不是出于误导公众的考虑，也没有使得读者产生误认的结果。

（213）在"甑流"商标侵权纠纷案中【（2007）高民终字第39号】（8 CTMR 306），北京高院认为，"甑流"为注册商标，"甑流"还是特定白酒的通用名称。商标权人无权禁止他人正当使用。事实说明产品的性质及特点而使用"北京甑流酒"字样，属正当使用。

（214）在"薰衣草"商标侵权纠纷案中【（2007）高民终字第968号】（8 CTMR 299），北京高院认为，被控侵权商品包装上的显著位置标示有醒目的"心相印"商标，而"薰衣草"三字明显小于该商标，因薰衣草可作为香料用于纸巾的制造，该使用属于正当使用，不会产生混淆或误认。

（215）在"避风塘"商标侵权纠纷案中【（2003）沪高民三（知）终字第49号】（2 CTMR 386）根据"避风塘"的来历，是在长时期、不断发展的经营活动中，逐步成为一类特色风味菜肴和饮食经营方式的名称。"避风塘"一词并非由原告首先使用在餐饮业的经营中，原告不能排斥其他经营者使用该文字。但最高法院认为可以对抗。

（216）在"For Volvo"商标侵权纠纷案中【（2005）浦民三（知）初字第40号】，上海浦东区法院认为，被告突出使用"For Volvo"，文字含义不清，容易让人误解，不属合理使用。

（217）在"TOFEL"商标侵权纠纷案中【（2003）高民终字第1393号】（5 CTMR 278），北京高院认为，"ETS"对"TOFEL"文字享有商标专用权。新东方在由其发行的TOFEL考试试题出版物封面上及听力磁带上在醒目的位置使用与注册商标相同的"TOFEL"字样，属于为说明和叙述有关资料而作的使用，不构成侵权。

（218）在"狗不理"商标侵权纠纷案中【（2008）民三监字第10—1号裁定】，最高法院认为，判断使用他人注册商标行为是否构成正当使用时，应当充分考虑和尊重相关历史因素，对使用行为作出必要和适当的限制。被告在菜谱上使用不侵权。

（219）在"白市驿及图"商标侵权纠纷案中【（2005）渝高法民终字第90号】，被告在其商品上"驿"字去掉，使用"白市风味板鸭"只是将"白市驿风味板鸭"进行

（220）在"彼得兔"商标侵权纠纷案中【（2004）一中行初字第231号，（2005）高行终字第85号，（2004）高民终字第675号，（2003）一中民初字第6356号（6 CT-MR）】（6 CTMR 336），北京高院认为，"彼得兔"作品的著作权已经进入公有领域，任何人可自由使用。商标权人将"兔子小跑图"注册为商标，不能限制他人对公有作品的合理正当使用。被告在出版的《彼得兔的故事》上使用与注册商标相近似的图形，属于合理正当使用，但在其他童话书上重复、多次使用，已起到商标标识作用，有产生混淆或误认的可能。

在先商标抗辩【商标法9】

（221）在"康乐磁"商标侵权纠纷案中【（1994）高经知终字第17号】，北京高院认为，被告并未注明在先使用，且在先使用不能抗辩。

（222）在"扭扭"商标侵权纠纷案中【（2000）知终字第1号】，最高法院认为，在先使用不能抗辩。

（223）在"老槽坊"商标侵权纠纷案中【（2001）民三终字第9号】，最高法院认为，在先使用不能抗辩。

（224）在"万达"商标侵权纠纷案中【（1999）知终字第8号】，最高法院认为，两家共同创造了特有名称，可以共同使用。

（225）在"张小泉"商标侵权纠纷案中【（2004）沪高民三（知）终字第27号】（6 CTMR 267），上海高院认为，原告的张小泉注册商标与被告的张小泉企业名称权均依法取得，均受法律保护。权利冲突有历史原因，应根据公平、诚实信用原则处理。被告的字号早于原告注册商标，不构成商标侵权和不正当竞争，属于合理使用，但被告不得再扩展使用。

（226）在"诸葛亮"商标侵权纠纷案中【（2007）民三监字第37－号】，最高法院认为，"诸葛酿"是知名商品特有名称使用在先，"诸葛亮"注册前已有一定的知名，虽然读音、文字近似，但不会造成混淆。

（227）在"荣华月饼"商标侵权纠纷案中【（2007）粤高法民三终字第412号】，由于"荣华月饼"的优良品质和香港荣华公司对该产品长期、持续、大量的宣传和销售，使得市场一般公众已将"荣华月饼"与香港荣华公司联系在一起，故应当认定为知名商品的特有名称。尽管余国华在澳门注册了与香港荣华公司"花好月圆"图形商标相似的商标，但仅限在澳门地区使用，无权授权他人在中国内地使用。

（228）在"好帮手"商标侵权纠纷案中【（2003）沪二中民五（知）终字第9号】，上海二中院认为，爱特福公司在蓝迪公司注册"好帮手"商标之前就已经开始使用"84好帮手"名称。"好帮手"注册商标还没有达到驰名的程度，因而不能禁止爱特福公司在他们生产的知名商品上继续使用"84好帮手"的名称。

商标注册抗辩【冲突司法解释1.2】

（229）在"玉兔"商标侵权案中【（2003）苏民三终字第008号】（4 CTMR 232），江苏高院认为，商标权人在使用商标时，明显突出强化某些字形的排列，淡化其他字形的标识作用，使相关公众产生混淆，对产品来源产生误认，商标权人将构成权利滥用，侵犯他人商标权。

（230）在"金鳄"商标侵权及行政诉讼案中【（2007）高民终字第1243号】，北京高院认为，"金鳄"商标所有人在使用商标时，明显突出强化某一部分，淡化其他部分的标识作用，与他人的注册商标构成近似，构成商标侵权。

（231）在"中农"商标侵权案中【（2004）海民初字第8212号】（5 CTMR 286），北京海淀区法院认为，原、被告注册商标近似，但核准商品类别不属于同一类。被告不规范使用注册商标，超出核准商品的合理使用范围，其商品类别与原告注册商标核准范围构成类似商品，是侵权行为。

（232）在"浪登"商标侵权纠纷案中【（2007）穗中法民三初字第309号】，广州中院认为，在拉链上使用注册在皮具制品的商标是对其注册商标的合理使用，不属于法院受理范围。

第三部分 程序问题

（一）主管

（233）在"鳄鱼图形"商标申请著作权侵权纠纷案【（2005）民三监字第2号】，最高法院认为，单纯申请行为不宜受理。

（234）在携程公司不正当竞争裁定上诉案中【（2007）民三终字第4号】，最高人民法院认为，携程计算机公司是否构成非法经营增值电信业务，属于是否违反相关行政管理法律、法规并应当承担相关行政责任的问题，应当依法由行政主管部门查处认定，不属于人民法院民事诉讼审查范畴。

（235）在"爱多收"商标撤销纠纷案中【（2004）高行终字第450号】（5 CTMR 189），北京高院认为，三年不使用撤销案涉及对第49条的理解问题，商标局裁定后，不能直接向法院诉讼的问题。

（二）一事不再理

（236）在"采乐"商标行政案【（2008）行提字第2号】中，明确了"一事不再理"原则的判断和适用标准。最高人民法院认为，强生公司在前两次提出评审申请时，已经穷尽了当时可以主张的相关法律事由和法律依据；商标评审委员会已经就相关事实和理由进行了实质审理，并两次裁定维持争议商标注册；强生公司援引修改后的商标法，仍以商标驰名为主要理由，申请撤销争议商标，商标评审委员会再行受理并作出撤销争议商标的裁定，违反了"一事不再理"原则。最高人民法院基于信赖保护原则认为，2001年修改后的商标法对于该法修改前已受终局裁定拘束的商标争议不具有追溯力。

（三）在先权利争议期限【商标法 41.2~3】

（237）在"蜡笔小新"系列案件中【（2007）民三监字第 25—1、26—1、27—1、28—1、29—1、30—1、31—1、32—1、33—1 号】，最高法院认为，依据商标法第 31 条等规定，以争议商标的注册侵犯在先著作权等为由提起申请撤销该注册商标，应当自该注册商标注册之日起五年内提出；关于商标法规定的五年期限应自 2001 年 12 月 1 日商标法生效之日起计算的认定没有法律依据。

（238）在"鳄鱼"商标争议案件中【（2005）高行终字第 341 号】（6 CTMR 160），北京高院认为，争议商标 1990 年 6 月 19 日依协定延伸至中国，期满 12 个月争议商标申请人未收到中国商标局就争议商标的任何驳回通知，争议商标进入不得拒绝的保护状态。1991 年 6 月 19 日是计算争议期的起点，1991 年 6 月 19 日至 1992 年 6 月 19 日，无任何人提争议，商标进入不可争议状态。申请人 1993 年 1 月 3 日提出撤销申请时，已超出法定期限。

（239）在"2000"商标争议案中【（2005）高行终字第 350 号】，北京高院认为，一年的争议期已过，不能根据修改后的商标法规定的五年计算争议时限。

（四）举证期限

（240）在"喜力"商标异议案中【（2004）高行终字第 67 号】（4 CTMR 114），北京高院认为，如果法院接受申请人即行政诉讼原告在行政诉讼中提出，商标异议复审程序中没有提出的证据或理由，则有可能导致商标评审委员会的裁定被撤销，不符合诉讼当事人权利对等的原则。因此，海尼根公司一审期间提供的，而在商标异议复审期间没有提供的证据在本案中不应当被采纳。

（五）诉前禁令【商标法 57】

（241）在"抗妇炎"不正当竞争纠纷案中【（2006）营民三知初字第 9-2 号】（8 CTMR 318），原告请求营口中院裁定被告停止使用"抗妇炎"商业标识，提供侵权的初步证据并提供了相应的担保，符合有关法律规定，裁定被告停止使用、宣传"抗妇炎"商业标识。

（六）财产保全【商标法 57】

（242）在"抗妇炎"不正当竞争纠纷案中【（2006）营民三知初字第 9 号】（8 CTMR 316），原告申请财产保全并提供相应的担保，裁定冻结被告银行存款 52 万元或查封其相应价值的财产。

（七）证据保全【商标法 58】

（243）在"抗妇炎"不正当竞争纠纷案中【（2006）营民三知初字第 9-1 号】（8 CTMR 320）原告提出查封、复制被告生产、销售"抗妇炎"药品的数量，金额及销售合同、财务账册、电脑记录等并提供了担保。法院认为申请符合有关法律规定，予以裁定。

（八）无效与驳回诉讼请求

（244）在万虹公司与平治公司等专利侵权案【（2009）民申字第 1573 号】中，最高人民法院认为，《专利法》第 47 条第 1 款中"宣告无效的专利权"是指专利复审委员会作出的效力最终确定的无效宣告请求审查决定所宣告无效的专利权;在该无效决定效力最终确定之前,在民事侵权案件中不宜一律以之为依据直接裁判驳回权利人的诉讼请求。

(九) 不侵权之诉

(245) 在"彼得兔"确认不侵权案中【(2004) 一中行初字第 231 号 (6 CTMR 336),(2005) 高行终字第 85 号 (6 CTMR 349),(2004) 高民终字第 675 号 (6 CTMR 359),(2003) 一中民初字第 6356 号 (6 CTMR 361)】,北京高院认为,被告就"彼得兔"多个注册商标申请工商查处,已查处的商标并已经行政诉讼,不在本案审理的范围。但原告是否侵犯了被告请求工商处理商标以外的商标,其专用权仍处于未定的状态,如果不对此问题进行处理,将会影响原告对涉案图书的正常经营,因此,针对上述商标已具备提起确认不侵权之诉的要件。

(246) 在"DP"商标不侵权案中【(2008) 甬鄞民一初字第 2691 号】(9 CTMR 336),宁波鄞州区法院认为,被告以律师函警告原告,又向媒体披露其已起诉原告,使原告是否继续使用"DP"标识处于不确定状态,因被告并未继续启动司法程序,故原告主动提起确认不侵权诉讼具有诉的利益,符合起诉条件。

(十) 重复诉讼

(247) 在黄金假日公司与携程公司不正当竞争裁定上诉案【(2007) 民三终字第 4 号】中,最高法院认为,判断是否属于重复诉讼,关键要看是否是同一当事人基于同一法律关系、同一法律事实提出的同一诉讼请求;对于已为在先生效裁判确认其合法性的行为,在生效裁判之后的继续实施,仍属于生效裁判的既判力范围,应当受到法律的保护而不能够再次被诉。

(十一) 既判力与重新起诉

(248) 在四川高院关于隆盛公司与杰明研究所确认不侵犯专利权纠纷请示案【(2009) 民三他字第 6 号】中,最高法院认为,人民法院生效裁判确认特定产品或者方法构成侵犯他人专利权后,行为人实质性变更了该产品或者方法中涉及侵权的相应技术或者设计内容的,有关实施变更后的技术或者设计的行为,不属于原生效裁判的执行标的;行为人实施变更后的技术或者设计的行为是否仍构成对该专利权的侵犯,应当通过另行提起诉讼的方式予以认定;行为人拒不履行人民法院生效裁判确定的停止侵害的义务,继续其原侵权行为的,权利人除可以依法请求有关机关追究其拒不执行判决、裁定的法律责任外,也可以另行起诉追究其继续侵权行为的民事责任。

(十二) 再审程序

(249) 在避风塘公司与东涌码头公司不正当竞争案【(2007) 民三监字第 21—1 号】中,最高法院尝试创新对申请再审案件的审查处理方式,对于原判确有错误,但当事人达成和解协议的,在准予撤回再审申请裁定中一并对原判错误之处作出明确的审查认定,既避免了为改正原判错误认定而提起再审产生的程序不经济,也体现了鼓励和便于当事人和解解决民事争议的司法政策取向。

(十三) 执行

(250) 在天津高院请示案【(2009) 民三他字第 13 号】中,最高法院认为,在认定专利侵权成立的裁判文书虽未被撤销,但该文书所认定的受侵害的专利权已被依法宣告无效的情况下,可以对民事诉讼法规定的终结执行作出适当解释,以便执行法院在当事人以专利权已经全部无效为由申请终结执行时,直接裁定终结执行,不需等待原执行依据的撤销;同时,终结执行不影响原侵权判决的被告另行通过审判监督程序申请撤销原侵权判决。

英文部分

Patent Law of China and Import Technology*

The Patent Law of the People's Republic of China was adopted at the Fourth Session of the Standing Committee of the Sixth National People's Congress on March 12, 1984, and was proclaimed to enter into force on April 1, 1985 by the order of President Li Xiannian on the same day. The publication of the first Patent Law of China is a great event in the history of Chinese legal system construction. Its application will play an important role in protecting and encouraging invention-creation, in facilitating the import of new technology from abroad and in accelerating socialist modernization.

The main role of the Patent Law is to encourage invention-creation and to promote the development of science and technology in our country, and to facilitate technology transfer between China and foreign countries and import of advanced technology from abroad. For this reason, its publication has not only aroused considerable attention at home, but also kindled universal interest in the world. Just on the day after its publication, Mr. Mossinghoff, Director of the American Patent and Trade Mark Office, said in his conversation with some correspondents in Geneva that the establishment of the patent system in China was the most important and satisfactory event appearing in the universal new-technology protection net, and that this law would extend greatly the possibility of the high-level technology transfer between China and America. ❶The officials of the National Committee of Sino-American Trade said that the Patent Law of China would be very important to the companies and corporations attempting to trade with China. ❷In his recent visit to Europe, the author had the chance to see personally the scenes of animated discussions about the Chinese Patent Law among friends in legal and economic circles of West Germany, Britain, the United States and many other countries, and among officials of the European Patent Office and the WIPO. Many friends came from far away to listen to the report introducing the Patent Law of China and took active part in discussions.

---

* *Orginally published in symposium by Chinese-American-Canadian Experts and Scholar on Legal Problems of International Trade and Investment*, 1985.

❶ *United States Information Service*, 1984. 3. 14.

❷ Britain (*Financial Times*) June 4. 1984, Colina Mac Dougall on Another Sign of China's Internationalism: "Peking's New Patent Law Will Be Important to Companies Just Getting Their Feet Wet in China Trade".

All this clearly shows that many foreigners attach great importance to the relations between the Patent Law of China and the development of technology transfer between China and foreign countries.

This article will analyze and probe into several questions closely related to the Patent Law of China and the technology transfer between China and foreign countries.

I. Patent Law of China provides effective legal protection for the patent technology of foreigners, foreign enterprises or other foreign organizations

Beginning April 1, 1985, the Patent Office of the People's Republic of China will be open for accepting patent applications from Chinese and foreigners in accordance with the provisions of the Patent Law.

Foreigners, foreign enterprises or foreign organizations, even without habitual residences or business offices in China, can file applications for patent with the Patent Office of the People's Republic of China, so long as the applicant, in accordance with an agreement concluded between China and the country to which he belongs, or in accordance with an international treaty to which both countries are parties, or on the basis of the principle of reciprocity if the country to which he belongs provides patent protection to Chinese citizens and organizations, is allowed to file applications and receive patent protection in China. The Patent Office of China will make a decision of granting a patent right in accordance with the provisions of the Patent Law after examining and publishing the application and after making sure that there is no opposition to the application or that the objection is found unjustified. No sooner is the patent right granted than it is effectively protected by the Patent Law. Article 11 of the Patent Law says: "After the grant of the patent right for an invention or utility model, except as provided for in Article 14 of this Law, no entity or individual may, without the authorization of the patentee, exploit the patent, that is, make, use or sell the patented product, or use the patented process, for production or business purposes. After the grant of the patent right for a design, no entity or individual may, without the authorization of the patentee, exploit the patent, that is, make or sell the product, incorporating the patented design, for production or business purposes." That is to say that the patentee owns exclusive exploiting right to his authorized patent.

There are some questions here worthy of further expounding.

First of all, the stipulation of Article 14 of the Law does not involve foreigners, foreign enterprises or other foreign organizations. The first paragraph of Article 14 says: "The competent departments concerned of the State Council and the people's governments of provinces, autonomous regions or municipalities directly under the Central Government have the power to decide, in accordance with the State plan, that any entity under ownership by the whole people that is within their system or directly under their administration and that holds the patent right to an important invention-creation is to allow designated entities to exploit that invention-creation..." This paragraph only deals with the patent owned by Chinese entities under ownership by the whole people. The second paragraph of this Article stipulates: "Any patent of a Chinese individual or entity under collective ownership, which is of great significance to the interests of the State or to the public interest and is in need of spreading and application, may, after approval by the State Council at the solicitation of the competent department concerned, be treated alike by making reference to the provisions of the preceding paragraph." The stipulation of this paragraph also clearly shows that it only applies to "any patent of a Chinese individual or entity under collective ownership". Of course, the planned exploitation stipulated in Article 14 of the Law is a rule of great importance which has the characteristic of conforming to the Chinese condition. But it only applies to Chinese individuals and entities, and has nothing to do with foreigners, foreign enterprises or other foreign organizations. The patents held by the latter are not regulated by Article 14, therefore their exclusive exploiting right will not be derogated by this provision.

Second, in some other countries', patent laws, there are the provisions that without the authorization of the patentee his patent can be used for public interests or security sake. For instance, the first paragraph of Article 13 of the Patent Law of the Federal Republic of Germany stipulates that "for the public welfare" the patent held by a patentee can be exploited in accordance with the order of the government, that for the security of the Federal Republic of Germany the supreme competent departments of the Federal Government or their subordinate offices authorized by them may issue orders to exploit the patent held by the patentee.

There are no similar stipulations in the Patent Law of China. So the patent held by any foreigner or foreign entity will be free from the exploitation of others.

According to the Patent Law of China, only when the Patent Office of the People's Republic of China grants a compulsory license to exploit the patent in accordance with the provisions from Article 51 to Article 58 of Chapter IV, can the patent of a foreigner be exploited without his permission. The American Patent Law does not stipulate the general compulsory license rules, but there are some special provisions in the Atomic Law, the Clear Air Law and so on. Paragraph (A) of Article 5 of the Paris Convention for the protection of industrial property, to which more than ninety countries are parties, stipulates: "Every country of the Alliance has the right to take legislative measures to grant a compulsory license for preventing possible misuse of exclusive rights granted by patents, e. g. non-exploitation." As a member of the Paris Appliance since May 30, 1887, the United States is quite familiar with the compulsory license system. In the Patent Law of China there are some concrete stipulations relating to the compulsory license, namely, compulsory licenses cannot be granted until three years after the granting of the patent right of an invention or utility model; an entity or individual holding a compulsory license for exploitation shall have no exclusive exploiting right, nor the right to authorize others to exploit. These stipulations are all in keeping with the related provisions of the Paris Convention. At the meetings in recent years for revising the Paris Convention, many developing countries submitted a number of vehement amendments to the provisions relating to the compulsory license in the Paris Convention, especially paragraph (A) of Article 5. Their reasonable requests are worthy of our full attention and serious consideration. This question has been dealt with in another article by the author. It should be emphasized here that the provisions on the compulsory license in the Patent Law of China, which are formulated in accordance with the condition of China, are not in conflict with the universally prevailing practice in the world today and the stipulation of the Paris Convention. Paragraph (A) of Article 5 of the Convention also says that if the grant of a compulsory license is not enough to prevent the misuse of a patent in two years after the grant, the members of the Convention may by appropriate legislation authorize proceedings for the deprivation or repeal of the patent. But in the Patent Law of China there are no similar stipulations to this effect.

From above we could see that the Patent Law of the People's Republic of China provides full and effective legal protection for the patent right that any foreigner, foreign enterprise or foreign organization holds in accordance with a law. At a meeting discussing the question of technology transfer, Mr. John Chadwick, ex-ambassador of Britain to the OECD, said in his speech that the existence of a proper patent protection was an important factor of approaching an agreement on technology transfer. ❶

From the point of view of the patent technology transferor, effective patent protection is indeed an important question. From a historical point of view we can see that patent appeared originally as a means of technology transfer. ❷ Today, it still plays an important part in technology transfer. The legal protection of the Patent Law of China for the lawful rights and interests of the foreign patentee should be considered as having created favorable and important legal conditions for the technology transfer between China and foreign countries and the import of advanced technology from abroad.

II. Exploitation of the patent technology of foreign patentees is subject to permission of the patentees and payment for the exploitation

Besides the above mentioned compulsory license to exploit the patent, any entity or individual wishing to exploit the patent of any foreigner, foreign enterprise or other foreign organization must conclude with the patentee a written license contract for exploitation and pay the patentee a fee for the exploitation (See Article 12 of the Patent Law of the People's Republic of China). Any exploitation of a patent without the patentee's authorization constitutes tortious act. According to Article 60 of the Law, in case of a tortious act, a patentee or an interested party may request the patent administration authority to handle the matter or may directly institute legal proceedings in a people's court. The patent administration authority handling the matter shall

---

❶ *Technology Transfer Practice of International Firms*, 1978, p. 74.

❷ *The Role and Function of Patents as Tools of Technology Transfer. D. Vincent, Industrial Property, July/August 1984*, p. 257.

have the power to order the tortfeasor to stop the tortious act and to compensate for the damage. Any party who refuses to accept the order may, within three months from the receipt of the notification, institute legal proceedings in a people's court. If within the time limit no proceedings are instituted, nor is the order complied with, the patent administration authority may approach the people's court for compulsory execution.

China is a socialist country where the property of any entity under ownership by the whole people belongs to the country, and is owned by the whole people. Some foreign friends once had the worry that, with the conclusion of a contract of technology transfer with a Chinese entity under ownership by the whole people, the technology "imported by one entity would be shared by many others", the result being that the rights and interests of the transferor would not be effectively guaranteed. Confusion also existed in some articles and reports in our newspapers and magazines on this question. Some clarification is therefore necessary to dispel the misgivings of foreign patentees. When examining the Draft Patent Law of the People's Republic of China, the Legal Committee of the National People's Congress suggested the insertion into the Draft of the additional provisions that "the licensee has no right to authorize any entity or individual, other than that referred to in the contract for exploitation, to exploit the patent". This important suggestion was adopted when the National People's Congress examined and approved the Patent Law of the People's Republic of China. Thus, "share by others of technology imported by one entity" without the written authorization of the patentee is not permitted by the Law. The foreign patentee may request the patent administration authority or the people's court to order the tortfeasor to stop the tortious act and to compensate for the damage.

Of course, the licensee may authorize any entity or individual referred to in the contract for exploitation to exploit the patent. If the contract stipulates that certain entities or individuals may exploit the patent, they may without doubt to do so. If the contract provides that the licensee may or may to a certain extent (e.g. in a certain region) authorize other entities or individuals to exploit the patent, he should be allowed to do so in accordance with the contract. This is the same as the sub-license system in international technology transfer. In a word, the basic principle is to respect the legal rights of the patentee. As to what kind of person may exploit the patent or whether the licensee may authorize other entities or individuals to exploit the patent, these are subject to the patentee's consent, and must be provided for in the license contract for the exploitation of the patent. If the licensee permits without authorization or in excess of his authorization any other entity or individual to exploit the patent regardless of the contract, he is considered to have committed a breach of his contract obligation, and the other entity or individual who exploits the patent is considered a tortfeasor, both of them must bear responsibility in law.

If the other entity or individual who exploits the patent with the authorization of the licensee, really has no knowledge of the contract between the patentee and the licensee, will it or he be free from tort liability on the ground of innocence (or "good faith" in legal term)? In the civil law of some countries (e. g. the Federal Republic of Germany, Japan etc.), there is a "good faith assignee" rule in movable property sale. According to the rule, except for some specific cases (e. g. lost property or stolen property), though the seller in the sale has no full right to sell the movable property, the good faith assignee may still obtain the ownership of the movable property, and be entitled to the protection of the law. This kind of legal system has some significance in securing transactions and accelerating circulation for market-economy countries. It is, however, only applicable to movables. For immovables, there is always a register system. In a transaction the buyer is bound to examine the register so that he can and should know whether the seller has the right to sell the goods. It would not be good faith if he should have examined and should have known but failed to do so. As a kind of intellectual property, patent differs from movable property in character. And a patent license contract is also different in nature from a contract for the sale of movables. According to Article 44 of the Patent Law of China, the grant of the patent right comes after registration and publication. When signing a license or sub-license contract, the first thing to do is to examine the register and publication of the patent right. If it is known that the other party is a licensee instead of a patentee, the action that should be taken is to ask that party for the contract and acquaint oneself with its content. This is the thing that can and should be done. It will not be good faith if one fails to find out about the content of the contract. To sum up, no matter what provisions on good faith assignee there will be in the future civil law of our country, the author holds that the legal protection of good faith assignee cannot be applied to the question we have discussed above.

III. The question of technology transfer after the publication of the invention patent application but before the grant of the patent right

Unlike the American system, the Patent Law of the People's Republic of China adopts an early publication system. Article 34 of the Law says "Where, after receiving an application for a patent for invention, the Patent Office, upon preliminary examination, finds the application to be in conformity with the requirements of this Law, it shall publish the application within 18 months from the date of filing. Upon the request of the applicant, the Patent Office may publish the application earlier." Article 35 says: "Upon the request of the applicant for a patent for invention, made at any time within three years from the date of filing, the Patent Office will proceed to examine the application as to its substance." Where it is found after examination as to substance that there is no cause for rejection of the application, the Patent Office shall make a decision, publish it and notify the applicant (Art. 39). Where no opposition to the application published for a patent for invention is field or where, after its examination, the opposition is found unjustified, the Patent Office shall make a decision to grant the patent right and issue the patent certificate (Art. 44).

There often is a period of time between the publication of the application for a patent for invention and the grant of the patent right. What is the legal status of the patent applicant during this period of time? May other entities or individuals exploit the patent waiting for approval? If they may, what kind of obligations will they incur and what consequence will follow in regard to technology transfer? All these are actual legal questions that should not be neglected.

Of course after the granting of the patent right to sign a license contract for the exploitation of a patent will place the contract on a basis of a valid patent right with the rights and obligations of both parties clearly defined thus avoiding a lot of troubles. However, if an entity in need of a new invention cannot use it soon after application and publication, if the applicant cannot gain profit in good time, and if the new invention-technology cannot be quickly spread and made use of, that would be unfavorable to the applicant, to the entity or individual in need of the invention, and to the development of the economy and technology in the whole country. ❶ Therefore, it is improper to set a limitation that only after the grant of the patent can newly invented technology begins to be made use of.

There is only one provision dealing with this question in the Patent Law of China, namely, Article 13: "After the publication for a patent for invention, the applicant may require the entity or individual exploiting the invention to pay an appropriate fee."

From this provision we may say that during the period between the publication of the application for the patent for invention and the grant of the patent right, the Law permits the use by other entities or individuals of this technology, which is favorable to the quick spread of new technology. But here several legal problems are worthy of exploring: First, may the applicant, besides the right to require the entity or individual who has exploited his invention to pay an appropriate fee, have the right to require the prohibition or stopping of the exploitation of the patent waiting for approval? Second, if the applicant's request for the payment of an appropriate fee is refused by the exploiter, how shall the case be dealt with? Third, if, after the exploiter has paid the fee, the application for patent is not approved in the procedure of examination as to substance or opposition, then what will the result be? The final solutions of the problems depend on the further completion of the Law and the development of judicial practice of our country. Here the author only attempts some analyses and explorations in theory, and, by referring to the legislative and practical experience of other countries, give my personal opinion for discussion with the Chinese and American colleagues.

It is reasonable for the Patent Law of China to stipulate only that the applicant may require any entity or individual who exploits his invention to pay an appropriate fee, but not to stipulate that the applicant may require the stopping of the exploitation. For in this period of time the patent right has not yet been granted and the applicant has not obtained the legal status of the patentee, thus it is impossible to require the exploiter to stop the exploitation on the basis of a non-existent patent right. And it is impossible either for the entities or individuals who have exploited the invention to violate the right because there is "no right to be violated" before the

---

❶ *Licensing Guide for Developing Countries*, 1977, p. 58.

grant of the patent right. It is for this reason that the Patent Law of the Federal Republic of Germany, after stipulating in paragraph 1 of Article 33 that the applicant may require an appropriate fee, stipulates also that "Weitergehende Anspruche sind Qusgeschossen" (further-reaching claims are excluded), namely it cannot be required that the exploiter stop the exploitation. Therefore, the applicant may require any entity or individual exploiting his invention to pay an appropriate fee, but may not require them to stop the exploitation.

What will happen when the applicant's request for the payment of an appropriate fee is refused by the entities or individuals who have exploited his invention? The applicant may possibly sue in a court, but he has not yet been granted the patent right, consequently, the court cannot order that the exploiter pay the fee in accordance with an un-granted patent right. Later, if the application is approved and the patent right is granted, the court may order the exploiter to pay an overdue fee in accordance with Article 13 of the Law; if the application is rejected, then nothing remains to be settled. Article 140 of the Patent Law of the Federal Republic of Germany stipulates that a court may order the exploiter to pay "reasonable compensation" after it decides to ask the applicant to show examination as to substance, or may put off its decision till the final result of the application. This might be of referential value to us. The stipulations of the Patent Law of Britain are in very concrete terms in regard to the problem, such a view was held by friends in legal circles of the Federal Republic of Germany in their discussion with the author. Paragraph 2 of Article 69 of the Patent Law of Britain stipulates that only after the patent right has been granted may the applicant have the right to sue others for their tortious act. Paragraph 2 of Article 111 and paragraph 3 of Article 73 of the Patent Law of Switzerland have the similar provisions. The law of France differs from the above in that the applicant may sue before the grant of the patent right, but the court has to temporarily suspend the trial only to resume the case after the grant of the patent right. All these foreign legislations and practice are worth using for reference by us. ❶

If the application is not approved, after the applicant has filed a claim and the exploiter has paid a fee, a new legal problem will arise. According to the experience of some countries in Western Europe (e.g. the Federal Republic of Germany, the Netherlands), few exploiters pay the "reasonable compensation" stipulated in their patent laws before the grant of the patent right, for on one hand, it is not late to pay an overdue fee when the patent right is granted; on the other hand, if the application is denied, the exploiter has to ask for the return of the fee if he has paid. Supposing it should happen in China that the exploiter has paid fee before the grant of the patent right but the application is then rejected, the question whether the payer may ask for the return of the fee warrants careful consideration. At first chance, the applicant seems to have a legal basis to require any entity or individual exploiting his invention to pay an appropriate fee in accordance with Article 13 of the Patent Law of China. So it seems that the fee paid by the ex-

---

❶ *National Law Relating to the EPC, 3rd edition, May 1983, pp. 26~27.*

ploiter ought not to be returned when the application is not approved later. But on further analysis, Article 13 that provides for the payment of fees is based on the hypothesis that the application will be approved. It is natural to protect by law the interests of the applicant whose application has been published and who, though not yet having been granted the patent right, is likely to obtain it later. But once the application is rejected, the hypothesis is no longer tenable, and it is only natural that the fee received by the applicant should be returned. ❶

It should be mentioned in passing that the fee paid by the exploiter before the grant of the patent right differs from that paid by the licensee after the patent right is declared invalid. Article 48 of the Patent Law of China says: "Where, after the grant of the patent right, any entity or individual considers that the grant of the said patent right is not in conformity with the provisions of this Law, it or he may request the Patent Re-examination Board to declare the patent right invalid." Article 50 says: "Any patent right which has been declared invalid shall be deemed to be non-existent from the beginning." Since the patent right is considered non-existent from the beginning after it is declared invalid, the charge of payments from the licensee loses its legal basis and it seems that the paid fee ought to be returned to the licensee. However, in the practice of foreign countries it is not so simple to resolve this question. There exist mainly two kinds of practice in their legislation in regard to the legal consequences of declaring a patent right invalid. One kind of practice (e.g. the Netherlands) is that the patent right is deemed invalid from the date of the declarations and the declaration is regarded as non-retroactive. Thus the fee already paid by the licensee need not be returned. The other kind (e.g. the Federal Republic of Germany) is that if a patent right is declared invalid, it is considered invalid from the very beginning. On January 25, 1983, however, they decided in a judgment that the fee paid could not be reclaimed on the ground that the licensee had already reaped some benefit before the patent right was declared invalid. ❷In a case like this, the licensee receives some benefit and the patentee receives a fee on the basis of the granted patent right, this state of affairs may last for years, and if the right is later considered invalid from the very beginning, it would be a too heavy and unreasonable burden for the patentee to return the entire sum of money. This question should be further studied in the light of the practice in our country. Here it only needs to be pointed out that declaring a patent right invalid differs in essence from rejecting an application. The fee paid before the rejection of an application by entities or individuals exploiting the patent should be returned.

I hope that the Chinese and American specialists here will oblige me with your valuable comments.

---

❶ *Patentgesetz, Gebrauchmustergesetz, Benkard, 1981, s.675.*
❷ *Gewerblicher Rechtsschutz and Urheherrecht, 1983. s. 237~238.*

Drafting and Promulgation of the Chinese Patent Law*

The Patent Law of the People's Republic of China❶ was adopted at the closing meeting of the fourth session of the Sixth National People's Congress Standing Committee on March 12, 1984. It will enter into force on April 1, 1985. The birth of the first Patent Law of the People's Republic of China is a significant event in the history of building the socialist legality of China❷. The promulgation of the Patent Law will provide legal protection for patent rights and for technological and economic interflow and cooperation between China and various other countries of the world. Therefore, the first Patent Law of China has aroused common interest and concern not only within China, but also all over the world.

The drafting of the Chinese Patent Law began on March 19, 1979, when Mr. Wu Heng, the former Deputy Minister of the State Commission of Science and Technology, convened a

---

* *Originally published in International Review of Industrial Property and Copyright Law (IIC), Vol. 16 No. 4/1985, pp. 367~378.*

❶ *See Zhonghua renmin gongheguo quanguo renmin daibiao dahui changwu weiyuanhui gongbao (Official Bulletin of the Standing Committee of the National People's Congress of the People's Republic of China) 1984, No. 1, p. 4 et seq.; Zhonghua renmin gongheguo guowuyuan gongbao (Official Bulletin of the State Council of the People's Republic of China) 1984, No. 6, p. 163 et seq.; Zhongguo zhuanli (Patent Review of China) 1984, No. 4, p. 4 et seq.; an English version may be found in 1984 Ind. Prop. No. 4 (Laws and Treaties) and in 1984 China's Foreign Trade No. 9, p. 46 et seq.; the text in German may be found in 1984 Beijing Rundschau No. 18 (supplement) and 1984 Bl. f. PMZ 186 et seq. (with an introduction by HAUSSER) as well as Chinas Recht (Hamburg) of March 12, 1984. See also the legislative history provided by the legal committee of the National People's Congress concerning the results of the consultations on the draft of China's patent law, and the remarks on the Chinese draft patent law by Huang Kunyi, both to be found in the Chinese official bulletins. See further Huang Kunyi, "Zhonghua renmin gongheguo diyi bu zhuanlifa de dansheng" (The Birth of the First Patent Law of the People's Republic of China) in Zhongguo zhuanli 1984, No. 4, p. 42 et seq., English version in 1984 Ind. Prop. 152 et seq.*

❷ *See also my article "Zhonghua renmin gongheguo zhuanlifa de yunyu yu dansheng" (The Preparation and Birth of the Patent Law of the People's Republic of China) in Zhongguo zhuanli 1984, No. 4, p. 48 et seq. In this and subsequent editions of Zhongguo zhuanli see also the contributions of numerous individuals from China's public life, who welcome passage of the new patent law and praise its significance in various respects.*

Working Group of Experts on Drafting the Chinese Patent Law, which included law professors and experts from foreign trade and technology. The Chinese authority concerned carried out widespread investigations and studies in China and abroad. Within China, various departments and local authorities were contacted six times for their suggestions and comments. At the same time, the Working Group studied the patent law of more than 30 countries, summaries of the patent laws of 85 countries, visited more than 10 countries and received valuable advice and help from many foreign patent offices, patent organizations and other international industrial property organizations. Before its promulgation, the draft was repeatedly revised, important passages sometimes more than 20 times. Chinese leaders gave great attention and support to the enactment of the Chinese Patent Law. At the final legislative stage, the Standing Committee of the National People's Congress examined and discussed the Draft Patent Law twice, made very important revisions and finally adopted it on March 12, 1984. The Patent Law of the People's Republic of China comprises eight chapters and sixty-nine articles, Chapter Ⅰ: General Provisions; Chapter Ⅱ: Requirements for Grant of Patent Rights; Chapter Ⅲ: Application for Patent; Chapter Ⅳ: Examination and Approval of Application for Patent; Chapter Ⅴ: Duration, Cessation and Invalidation of Patent Rights; Chapter Ⅵ: Compulsory License for Exploitation of Patents; Chapter Ⅶ: Protection of Patent Rights; Chapter Ⅷ: Supplementary Provisions.

Ⅰ. The Objective of the Chinese Patent Law

The objective of the Chinese Patent Law is "to protect patent rights for inventions-creations,❶ to encourage invention-creation, to foster the spreading and application of inventions-creations, and to promote the development of science and technology, for meeting the needs of the construction of socialist modernization" (Art. 1).

Article 1 seems to be an abstract, declaratory article, which could be approved of by everybody in China. But, in fact, there are different opinions on this question. Some people doubt whether China should have a patent law at all and whether a patent law is suitable to encourage inventions-creations, foster the dissemination and application of inventions-creations, and promote the development of science and technology, to meet the needs of socialist modernization. Their opinion, essentially, may be summarized in two points. On one hand, most enterprises, companies, scientific institutes and other organizations belong to the state, to the whole people, and the exclusive right of a patent does not suit or conform with the socialist nature of China. On the other hand, China is a developing country and a technological gap exists between it and developed countries. In consequence, a patent law will essentially protect the patent rights of foreigners, and foreign patents will occupy, even dominate the technological market of China.

---

❶ *Pursuant to Art. 2, the expression "invention-creation" includes inventions, industrial models and designs.*

After careful discussion and thorough study of Chinese conditions and international practice, most people agree on the following points. Firstly, under the Chinese socialist system, commodity production and commodity exchange still exist, and the new technological inventions-creations also have commodity characteristics. The production and exchange of technological inventions-creations should have legal protection. Conforming with the reform of Chinese economy,❶ we must change the habit of "eating from the communal pot". A patent system and a patent law will be helpful and necessary to stimulate initiative in socialist enterprises and other entities owned by the whole people. Secondly, in accordance with its policy of openness to the outside world, China welcomes, and does not fear, the import of foreign technology. Patent law protection will facilitate and promote the technological and economic interflow and cooperation between China and foreign countries. Thus, in the fall of 1982, Premier Zhao Ziyang announced that China would "exact and implement a patent law".❷

As Prof. F. K. Beier has written: "In most countries, patent protection was introduced only after verly intensive debate about its advantages and drawbacks, and a careful balancing of arguments for and against the protection, as, for example, in England, the United States, France, Germany, Switzerland and the Netherlands. The patent statutes have always had a difficult birth."❸ China has undergone a similar historical process during the drafting of its patent law.

II. Only Patents, or Also an Inventor's Certificate?

At the beginning of drafting, one question which had to be considered carefully was whether China should adopt only patents or also inventor's certificates. To answer this question, we must start from the existing conditions and needs of China's socialist construction and, at the same time, take note of international practice and experience. As I have just said, in order to reform the Chinese economy, we must encourage the initiative of the entities under the ownership of the whole people. Most inventions-creations will come from the technical working staff of these entities. There will be disadvantages and difficulties for the technical working staff and their technical activities in furtherance of inventions-creations, if these entities show no interest in, and obtain no benefit from the inventions-creations activities of their working staff. The inventor's certificate, which may suit the needs of some other countries, would not be in con-

---

❶ Cf. recently the important Decision of the Central Committee of the Communist Party of China on Reform of the Economic Structure, adopted by the third plenary meeting of the Central Committee of the Communist Party of China on October 20, 1984, 1984 Beijing Review No. 44 (supplement).

❷ See Report on the sixth five year plan, delivered at the fifth meeting of the Fifth National People's Congress on Novemeber 30, 1982, 1982 Beijing Review No. 51, pp. 10 et seq., at 32.

❸ See Beier, "Die Bedeutung des Patentsystems fur den technischen, wirtsdhaftlichen und sozialen Fortschritt," 1969 GRUR Int. 227 et seq., at 230; for the English version see "The Significance of the Patent System for Technical, Economic and Social Progress," 11 IIC 563 et seq, at 571 (1980).

formance with the reform of the Chinese economy. The inventors are rewarded but the enterprises obtain no benefit. It will be not helpful to change the habit of "eating from the communal pot."

Experience of other countries was carefully studied. It was found that in recent years, some of the socialist countries abandoned the system of inventor's certificates or modified it substantially,❶ Hungary abolished the inventor's certificate on June 23, 1957; Yugoslavia confirmed the abandonment of the inventor's certificate system in its patent law of 1960. In Rumania, there are only patents but no inventor's certificates. ❷In summary, some socialist countries have a system of inventor's certificates which suits their needs, and at the same time, some socialist countries have no inventor's certificate. This must be decided according to the conditions and needs of each country.

III. Only Patents of Inventions, or Also for Utility Models and Industrial Designs?

The Chinese Patent Law provides three kinds of patents, namely patents of inventions, patents for utility models and patents for designs.

As regards the protection of utility models, here are different opinions within China and abroad. In China some people have certain hesitations. As the utility model is not examined as to substance, it will be difficult to manage the great amount of utility models which come from abroad, especially perhaps from Japan. Foreign friends from the international intellectual property field also have different opinions on the utility model patent. We were told that there was no scientific definition of a utility model, and it is not very clear how to differentiate a utility model from a patent of invention. Other measures may be adopted to encourage small inventions, such as technical innovation or technovation.

After long discussion, lasting until the eve of its promulgation, the Chinese Patent Law now provides for the protection of utility models. This is due to various considerations: Firstly, China is a socialist developing country. Many small inventions from the broad masses and medium and small enterprises, which are generally of a lower technical level and can play a big role in raising the level of economic effectiveness and technical reform in China. Secondly, the experience of other countries, especially of the Federal Republic of Germany and Japan, shows

---

❶ See, e.g., DIETZ, "Ubergang zum ausschlieblichen Patentrecht in den sozialiatischen landern?" 1971 GRUR Int. 311 et seq., at 312 et seq., particularly footnote 25 et seq.

❷ For a more precise interpretation of the consequence of the Romanian system see, however, DIETZ, Vier Länder, vier Patentrechtssysteme – eine fechtsvergleichende Betrachtung, in DIETZ (ed.), Das Patentrecht der südosteuropäischen Staaten, GRUR – Ahhandlungen (as well as Südosteuropa Sludien, No. 32) 71 et. seq., at 77 et seq. (Weinheim, etc., 1984).

that utility models have made a big positive contribution on the development of their economy. ❶
Thirdly, we try to differentiate utility models from patents of inventions as clearly as possible. Article 22 stipulates that "inventiveness means that, as compared with the technology existing before the date of filing, the invention has prominent substantive features and represents a notable progress and that the utility model has substantive features and represents progress." "Prominent" and "notable" must be further defined and explained on the basis of practical experience in the future.

As to the industrial design, there were no divergent opinions regarding its legal protection. But until the eve of the Patent Law's promulgation, there were those who insisted that the main role of a Patent Law is to protect and encourage invention. The industrial design, though very important to the national economy and the people's standard of living, is not an invention and should be contained in another law or regulation. Finally, however, the protection of industrial designs was included in the Chinese Patent Law, because legal protection for designs was necessary, and according to international practice (Art. 5 quinquies of Paris Convention) foreign designs have to be protected. To enact another special law or regulation for industrial design would have meant a delay of several years.

Apart from these general considerations, there are a number of particular features. For patents of invention, an earlier disclosure and deferred examination system has been adopted. "Where, after receiving an application for a patent of invention, the Patent Office, upon preliminary examination, finds the application to be in conformity with the requirements of this Law, it shall publish the application within 18 months from the date of filing. Upon request of the applicant, the Patent Office publishes the application earlier" (Art. 34) "Upon the request of the applicant for a patent of invention, made at any time within three years from the date of filing, the Patent Office will proceed to examine the application as to its substance... The Patent office may, on its own initiative, proceed to examine any application for a patent for invention as to its substance when it deems it necessary" (Art. 35).

On the other hand, with respect to an application for a patent for utility model or design, a formal examination with opposition has been adopted, since their patentability requirements are lower than the requirements for a patent for invention. That is to say, "where, after receiving the application for a patent for utility model or design, the Patent Office finds upon preliminary examination that the application is in conformity with the requirements of this Law, it shall not proceed to examine it as to substance but will immediately make an announcement and notify the applicant" (Art. 40). "Within three months from the date of the announcement of the

---

❶ See also Chen Ruifang, *Das Gebrauchsmustersystem und sein Nutzen für China. Einige Überlegungen anhand des deutschen und des japanischen Rechts*, 1982 GRUR Int. 660 et seq. For the English version see *The United Model System and its benefit for China—Some Deliberations Based on German and Japanese Legislation*, 14 IIC 493 et seq.

application for a patent [for an invention, utility model or design], any person may, in accordance with the provisions of this Law, file with the Patent Office an opposition to the application" (Art. 41). If, within three months from the date of the announcement, there is no opposition or the opposition is not justified, the Patent Office will grant a patent right to the applicant.

"... the patent right for inventions shall be for 15 years from the date of filing... patent right for utility models or designs shall be five years counted from the date of filing. Before the expiration of the said term, the patentee may apply for a renewal of three years" (Art. 45).

IV. The Technological Fields Protected by Patent

According to Art. 25 of the Chinese Patent Law, "For any of the following, no patent right shall be granted:

(1) scientific discoveries;

(2) rules and methods for mental activities;

(3) methods for the diagnosis or for the treatment of diseases;

(4) food, beverages and flavorings;

(5) pharmaceutical products and substances obtained by means of a chemical process;

(6) animal and plant varieties;

(7) substances obtained by means of nuclear transformation.

For processes used in producing products referred to in items (4) to (6) of the preceding paragraph, patent rights may be granted in accordance with the provisions of this Law."

There were also some differing opinions from abroad regarding this Article. Some foreign friends explained to us that there were no reasonable grounds theoretically for any limitations on patent protection. Some friends (especially from Japan and the United States) disagreed with the exclusion of chemical substances from patent protection. Japanese friends informed us that the exclusion of chemical substance in Japanese patent history had a harmful effect on the development of Japan's chemical industry.

Article 25 is the result of the historical experiences of the majority of developing countries and some developed countries. The substances listed above, such as pharmaceutical products, food and substances obtained by means of chemical processes, as well as new animal and plant varieties, are closely connected with people's lives, people's health and with the processing industry. As their influence is very widespread, more investigation and research are needed. But the new processes for producing those new substances, including new chemical formulas, will be protected in accordance with the provisions of the Chinese Patent Law. After a certain period of time and some experience, the extent of patent protection will be gradually broadened on the basis of our needs and conditions.

According to generally accepted international practices, scientific discoveries, methods for mental activities and methods for the diagnosis or treatment of diseases do not belong to technological invention. They cannot be used directly in industrial and agricultural production, and are not included within the scope of patent protection. Prof. Beier has made a thorough study and valuable suggestions for the protection of scientific discovery. ❶We must pay great attention to this development.

Ⅴ. The Ownership of Patent Rights Within China

There are two questions to be mentioned:

First, service inventions-creations and non-service inventions-creations, must be distinguished.

Article 6 stipulates: "For a service invention-creation, made by a person in execution of the tasks of the entity to which he belongs or made by him mainly by using the material means of the entity, the right to apply for a patent belongs to the entity. For any non-service invention-creation, the right to apply for a patent belongs to the inventor or creator."

The "entity" referred to in paragraph 1 includes entities under ownership by the whole people, collective ownership, foreign enterprises and Chinese foreign joint venture enterprises.

Thus, inventions-creations of an entity under ownership by the whole people and inventions-creations of an entity under collective ownership, of an individual, of a foreign enterprise or of a Chinese-foreign joint venture enterprise are possible.

In the latter four cases, the right to apply for and obtain a patent belong to that entity or individual. If an application is filed by an entity under ownership by the whole people, the patent right will be "held" by the entity (Art. 6). Like any other right in respect of personal and real property, the entity holds only the managing and administrative right in the patent; fundamentally speaking, the right belongs to the state. "Held" is different from "own". The distinction is based on the Chinese Constitution (Art. 6). ❷Article 5 of the Constitution stipulates that no law or administrative or local rules and regulations shall contravene the Constitution. In the Patent Law, the difference is expressed in an important article, Article 14: "The competent departments concerned of the State Council and the people's governments of provinces, autonomous regions or municipalities directly under the central government have the power to decide, in accordance with the State plan, that any entity under ownership by the whole people that is within their system or directly under their administration and that holds the patent right to an important invention-creation is to allow designated entities to exploit that invention-creation,

---

❶ See BEIER, "Staatliche Innovationsförderung und Patentsystem", 1982 GRUR Int. 77 et seq., at 84; English version "Governmental Promotion of Innovation and the Patent System," 13 IIC 545 et seq., at 562 et seq., as well as particularly BEIER & STRAUS, "Der Schutz wissenschaftlicher Forschungsergebnisse" (weinheim, 1982).

❷ Constitution of the People's Republic of China adopted in the 5th meeting of the Fifth National People's Congress of the People's Republic of China on December 4, 1982. English translation in 1982 Beijing Review No. 48, p. 7 et seq.

and the exploiting entity shall, according to the prescriptions of the State, pay a fee for exploitation to the entity holding the patent right."

In the draft, there was an article which allowed any entity under ownership by the whole people (some people also included collective ownership) to use the patent of another entity under ownership by the whole people (some people also included collective ownership, with which I did not agree), but a fee was exacted for such exploitation. Shortly before promulgation, there was a change in this article, as finally expressed in Art. 14. I do agree with this change. On the other hand, this article conforms to Art. 15 of the Chinese Constitution, which provides the State practice economic planning on the basis of socialist public ownership. It ensures the proportionate and coordinated growth of the national economy through overall balancing by economic planning and the supplementary role by regulation by the market.

On the other hand, it provides more effective protection to the holder of a patent.

Foreigners, foreign enterprises or joint ventures are not obliged by Art. 14. As Premier Zhao Ziyang said in January 1984 to the National Council for U. S. -China Trade, "China never discriminates against enterprises with foreign investments." On the contrary, "we even offer these enterprises preferential treatment not available to Chinese enterprises in order that the former may get reasonable profits at minimal risks."

VI. The Protection, Dissemination and Application of Inventions-Creations

Article 11 provides that "After the grant of the patent right for an invention or utility model, except as provided for in Art. 14 of this Law, no entity or individual may, without the authorization by the patentee, exploit the patent, that is, make, use or sell the patented product, or use the patented process, for production or business purposes."

Effective protection for foreigners is also guaranteed. The patented inventions-creations of a third party may only be exploited on the basis of a licensing contract or a compulsory license. As regards the licensing contract, Art. 12 provides: "Any entity or individual exploiting the patent of another must, except as provided for in Art. 14 of this Law, conclude with the patentee a written license contract for exploitation and pay the patentee a fee for the exploitation of the patent. The licensee has no right to authorize any entity or individual, other than that referred to in the contract for exploitation, to exploit the patent."

The last sentence was added by the Standing Committee. It stressed that it is prohibited that one enterprise import, while hundred enterprises exploit.

As regards the compulsory license, there is a primary obligation to exploit. Article 51 provides: "The patentee himself or itself has the obligation to make the patented product, or to use the patented process, in China, or otherwise to authorize other persons to make the patented product, or to use the patented process, in China."

At the Diplomatic Conference for the Revision of the Paris Convention, the spokesman of Group B insisted that the obligation to exploit a patent will lead the patentee to economic bankruptcy in many developing countries (especially in small and medium countries). But China is so big a market and the patentees can also implement their obligation through a license agreement.

"Where the patentee of an invention or utility model fails, without any justified reason, by the expiration of three years from the date of the grant of the patent right, to fulfill the obligation set forth in Art. 51, the Patent Office may, upon the request of an entity which is qualified to exploit the invention or utility model, grant a compulsory license to exploit the patent". (Art. 52)

Article 56 further provides: "Any entity or individual that is granted a compulsory license for exploitation shall not have an exclusive right to exploit and shall not have a right to authorize exploitation by any others."

These two articles are in conformity with the Paris Convention and Chinese conditions. At the same time, we must pay heed to the suggestions from the Group of 77 at the Diplomatic Conference for the Revision of the Paris Convention.

Within China, Chinese patentees who are under ownership by the whole people or collective ownership, or Chinese individuals have the obligations provided in Art. 14. Article 14 is a very important article. It may be called a planning license, but does not apply to any foreign enterprises, individuals and Chinese-foreign joint ventures.

Ⅶ. Patent Applications of Foreigners

1. The Principle of National Treatment

One of the most important articles concerning the legal protection for foreigners is Art. 18: "Where any foreigner, foreign enterprise or other foreign organization having no habitual residence or business office in China files an application for a patent in China, the application shall be treated under this Law in accordance with any agreement concluded between the country to which the applicant belongs and China, or in accordance with any international treaty to which both countries are party, or on the basis of the principle of reciprocity."

The meaning of this Article is very clear in Chinese. It means that the foreign application shall be treated in accordance with bilateral agreement, if any, concluded between the country to which the applicant belongs and China, or in accordance with an international treaty to which both enterprises are parties. Only if there is no such agreement or treaty, will it be treated on the basis of the principle of reciprocity.

There has been a certain understanding or interpretation of "reciprocity" in western countries. For example, Dr. A. Bogsch,[1] wrote: "Reciprocity is, of course, an exception to the principle of equal treatment... Reciprocity would mean, for example, that country A, which

---

[1] "The First Hundred Years of the Paris Convention for the Protection of Industrial Property," 1983 Ind. Prop. 187 et seq., at 196 et seq.

has a patent protection for its nationals of 20 years' duration, would give protection to nationals of country B for seven years only if country B has a patent law which provides that the duration of patent protection is seven years." In order to avoid any misunderstanding, the Chinese Patent Law stipulates that an application "... shall be treated under this Law." This means that if the other country grants the same patent protection to Chinese nationals as to their own nationals, even if only seven years, China will accord the same patent protection to the foreign nationals as it accords to its own citizens, for example, 15 years in the case of patents for invention.

2. The Right of Priority

"Where any foreign applicant files an application in China within 12 months from the date on which he or it first filed in a foreign country an application for a patent for the identical invention or utility model, or within six months from the date on which he or it first filed in a foreign country an application for a patent for the identical design, he or it may, in accordance with any agreement concluded between the country to which he or it belongs and China, or in accordance with any international treaty to which both countries are party, or on the basis of the principle of mutual recognition of the right of priority, enjoy a right of priority, that is, the date on which the application was first filed in the foreign country shall be regarded as the date of filing." (Art. 29)

This article is completely in conformity with Art. 4 (C) of the Paris Convention for the Protection of Industrial Property. When the Chinese Patent Law first enters into force, Chinese nationals will not be able to enjoy priority in foreign countries, for no patent application can be filed in China before April 1, 1985. For a transitional arrangement, the State Council (Chinese Government) has approved a decision which stipulates that foreign nationals who have filed patent application in foreign countries as of October 1, 1984 will enjoy priority in China according to the Chinese Patent Law.

3. Domestic Representation

"Where any foreigner, foreign enterprises or other foreign organization having no habitual residence or business office in China applies for a patent, or has other patent matters to attend to, in China, he or it shall appoint a patent agency designated by the State Council of the People's Republic of China to act as his or its agent." (Art. 19)

This article is in conformity with Art. 2 of the Paris Convention. The State Council of the People's Republic of China has designated the China Council for the Promotion of International Trade (CCPIT) as the patent agency for foreigners in China. Foreigners may also contact the newly established China Patent Agent (Hong Kong) Ltd. and the Shanghai Patent Agency. [1] (The People's Republic of China has recently ratified the Paris Convention.) [2]

---

[1] *China Patent Agent (Hong Kong) Ltd. And Shanghai Patent Agency.*

[2] *See 16 IIC 131 (1985).*

China and the Berne Convention*

It is a great pleasure and honor for me to be invited to attend and give a speech to the London Conference for the Centenary of the Berne Convention for the Protection of Literary and Artistic Works. I must apologize for not being able to come to London, for I have been designated as the head of a Chinese delegation to meet with a delegation from the World Intellectual Property Organization concerning the establishment of a center for the teaching and research of intellectual property in Beijing this same week. I am very pleased that Mr. Sam Ricketson has promised to read my paper to the conference on my behalf.

The Berne Convention for The Protection of Literary and Artistic Works, which was concluded on September 9, 1886 and entered into force on December 5, 1887, has endured as the oldest and most effective international copyright convention for an entire century. During this period, human society has had rapid development and significant progress in various aspects. At the time for celebrating the centenary of the Berne Convention, it may be helpful to summarize the Convention's historical experience, analyze contemporary needs, and work to improve international copyright protection in conformity with the development of new technologies.

Since 1886 the Berne Convention for the Protection of Literary and Artistic Works has had five Revisions and two Additions: the Additional Act of Paris of May 4, 1896; the Berlin Revision of November 13, 1908; the Additional Protocol by Berne on March 20, 1914; the Rome Revision of June 2, 1928; the Brussels Revisions of June 26, 1948; the Stockholm Revision of July 14, 1967; as well as the Paris Revision of July 24, 1971. China first participated in a conference of the Berne Convention in 1908. At that time, in response to an invitation from member states of the Convention, the last Chinese imperial Government (the Qing Dynasty) appointed its chargé d'affaires and commercial counsellor to Berlin to serve as observers at the Berlin Conference, but did not promise to accede to the Convention. Two years later, however, China promulgated its first modern copyright law, "The Law of the Author's Right of the Great Qing" in 1910 (Xuantong year 2).

It should be emphasized that during its 100 years' existence the Berne Convention has

---

* *Orginally published in Columbia-VLA Journal of Law & The Arts, Vol 11: 121 (1986), pp. 121 ~ 127.*

made contributions to the international cooperation and development of the protection of copyright. For the emergence and activity of many developing countries in tile 1960s, the Berne Convention entered into a new stage of development and expressed certain flexibility to tile reasonable needs of developing countries, It survived through many difficulties and challenges.

China, which invented paper and printing techniques, is now preparing a new copyright law and considering the international copyright society. According to my personal point of view, the drafting of Chinese copyright law and its participation in the international copyright community should follow the following three principles. First, the principle of self-reliance. We should have a copyright system with Chinese characteristics which conform to the situation of our country. Second, the principle of equality and mutual benefit. In international copyright relations, China is an independent sovereign state, and any Sino-foreign copyright connections must benefit both China and foreigners. Third, tile principle of respect for internationally recognized practices. Among these, the Berne Convention for the Protection of Literary and Artistic Works is an important one. During the drafting of Chinese copyright law, we must pay attention and study the stipulations and history of the Berne Convention carefully.

The following are questions, far from extensive, concerned with the Berne Convention which must be studied thoroughly and carefully during the drafting of the Chinese copyright law.

I. The Exclusive Right of the Copyright Owner

The protection of the exclusive right of the copyright owner is the most important feature of the Berne Convention and of any modern copyright law. Article 8 of the Convention stipulates that "Authors of literary and artistic works protected by this Convention shall enjoy the exclusive right to making and of authorizing the translation of their works through the term of protection of their rights in the original works."❶ Article 9 stipulates "Authors of literary and artistic works protected by this Convention shall have the exclusive right of authorizing the reproduction of these works, in any manner or form." The Berne Convention also protects the exclusive rights to perform in public dramatic, dramaticomusical and musical works (Art. 11), to broadcast (Art. 11 bis) and to make motion pictures of the work, or use the work in motion pictures, and the right to use the resulting motion pictures (Art. 14).

But the Berne Convention permits certain reservations, limitations or exceptions, such as certain free use of works (Art. 10 and 10 bis) and the limitation of the right of recording of musical works and words pertaining there to (Art. 3). According to the Appendix of the Paris Act, countries regarded as developing countries in conformity with the established practice of the General Assembly of the United Nations may, under certain conditions, depart from the minimum standards of protection with regard to the right of translation and the right of reproduction.

In principle, the coming Chinese copyright law should protect the exclusive right of the

---

❶ *All references to the Berne Convention here are to the text of the Paris Revision of 1971.*

copyright owner. As to the free use of works, it is possible to have a stipulation which permits translation from the Han language to a minority nationality's language without royalty. Such a stipulation would not affect any foreign publications.

Because, however, China is a socialist developing country, we may, under certain conditions, apply the Appendix of the Paris Act regarding the right of translation and reproduction if we accede to the Convention sometime in the future. But it is necessary to study carefully, article by article, the provisions of the Convention in order to decide whether the coming Chinese copyright law can provide the same level of protection as the Berne Convention requires.

II. Protected Works

Article 2 of the Berne Convention stipulates, the expression "literary and artistic works" shall include every production in the literary, scientific and artistic domain, whatever may be the mode or form of its expression, such as books, pamphlets and other writings; lectures, addresses, sermons and other works of the same nature; dramatic or dramaticmusical works; choreographic works and entertainments in dumb show; musical compositions with or without words; cinematographic works to which are assimilated works expressed by a process analogous to cinematography; works of drawing, painting, architecture, sculpture, engraving and lithography; photographic works to which are assimilated works expressed by a process analogous to photography; works of applied art; illustrations, maps, plans, sketches and three-dimensional works relative to geography, topography, architecture or science.

Will all these works be protected in the coming Chinese copyright law? As far as I know, there are two different opinions regarding the protected works. Some people in China favor a two-stage arrangement. At the first stage, they say, the coming copyright law should protect only books and periodicals, for that is the key problem of copyright protection and there are many experiences upon which to draw both in national and international practice. As to the works concerning new technology, it is necessary to study more deeply and thoroughly and include them in copyright protection at a later stage. Others say that to implement the policy of our modernization, China needs a modern copyright law that from the outset would protect not only books and periodicals but also the works concerning new technology, such as movies, audiovisual works, satellite transmissions and so on.

The list given by Article 2 is not exhaustive. It is clear from the words "the expression 'literary and artistic works' shall include every production... such as..." that one of the important questions which has been studied and discussed for many years is whether computer software belongs to works under copyright protection. In recent years, many countries, including the United States, Australia, the United Kingdom, West Germany, France and Japan, have revised their copyright laws to include computer software as works under copyright protection. But at the same time, other countries such as Italy, Brazil, the Soviet Union and so on, do not favor copyright protection for computer software. China has just begun to, consider the legal protection of computer software. After studying carefully the international experience and in conformity with the conditions and needs of China, we will decide whether China should protect computer software by copyright law or by *sui generis* legislation.

The Berne Convention permits the legislation of the Union countries "to prescribe that works in general or any specified categories of works shall not be protected unless they have been fixed in some material form. Such a requirement of fixation does not rank as a 'formality' forbidden under Article 5 (2)". ❶According to Chinese tradition and practice, I hope that we will include such a requirement of fixation in the coming copyright law.

III. National Treatment

National treatment is one of the core principles of the Berne Convention. It means that works originating in one of the contracting countries (that is, works authored by a national of such state or works which were first published in such state) must be given the same protection in the other contracting state as the latter grants to the works of its own nationals.

Throughout the Berne Convention's first century, the principle of national treatment has proven to be the only viable one. Instead of national treatment, the other choice would be reciprocal treatment. But reciprocal treatment would be too complex and inconvenient for effective international copyright protection. As a general rule, the Berne Convention is opposed to material (or "substantial") reciprocity though there are some exceptions. ❷For the advancement of international collaboration between China and foreign countries, China must follow the principle of national treatment after acceding to any of the existing international copyright conventions. But I am afraid some of the exceptions to that principle are not beneficial to developing countries.

With the rapid development of technology and communications, there are challenges to the principle of national treatment. Governments may grant new rights to copyright owners in a separate law outside the copyright law. So foreigners will not be entitled to national treatment and to participate in any remuneration for the use of the new right. The United Kingdom has granted a public lending right by separate legislation, and France has introduced a tax on the sale and importation of all reprographic machines. In the United Kingdom the public lending right need not be granted to foreigners. In France, the revenue of the new tax is paid only to French copyright owners. Madam Steup pointed out, if that devise were to be widely used, the fundamental principle of national treatment could be seriously eroded in the near future, ❸ China should pay more attention to this new tendency.

---

❶ *Berne Convention, Art. II, para. 2.*

❷ *These exceptions include the droit de suite (Art. 14 bis) and the "comparision of terms" (Art. 7, Para. 8), Report of the General Rapporteur of the Paris Convention, Declaration against Material Reciprocity, § 50, 59, (1971).*

❸ *E. Steup, Geringer Lecture, 25 Bull. Of the Copyright Soc. of the U. S. A. 279 (1978).*

IV. Automatic Protection and Absence of Formalities

Automatic protection and the absence of formalities is another principle of the Berne Convention. It means the enjoyment and the exercise of the copyright shall not be subject to any formality, and such enjoyment and such exercise shall be independent of the existence of protection in the country of origin of the work.[1] A formality is any condition which the existence or the exercise of the copyright depends on. National copyright legislation may demand registration, payment of fees on registration or deposit of copies. But if the existence or the exercise of the copyright does not depend on such conditions, these conditions do not amount to a "formality" in the sense of the Berne Convention.

China has had a long tradition of registration and the deposit of copies of books and periodicals. From our experience, registration and deposit of copies are very helpful to the administration for cultural affairs, and may also be for the administration of copyright protection. It may be possible to preserve the system of registration and deposit in the coming copyright law without making them conditions for the existence and the exercise of the copyright.

Now in China, all books and periodicals are usually required to have a notice of the name of the author (in a translated work, this would also include the name of the translator) and the date of publication, but no symbol or similar symbol for copyright. To expand the notion of copyright protection, it may be necessary to have a notice of copyright symbol after the promulgation of Chinese copyright law. If this notice can be arranged not as a condition for copyright protection, it will not be in conflict with the Berne Convention as a "formality". In practice, printed publications first published in Berne countries now usually carry a copyright notice.

On the eve of the centenary of the Berne Convention, we must affirm the role of the Convention in international collaboration for copyright protection. The Berne Convention has made its historical contribution to the international copyright system and had an important impact on national legislation. One of the reasons for its vitality is that the Convention has not stagnated, but changed from time to time in conformity with development of political, economic and technological advancement—as demonstrated especially by the Paris Act of 1971.

It is also necessary to point out that there are serious challenges to the Berne Convention. In recent years, new technologies have arisen. Developing countries have raised many reasonable demands to further reform the international copyright system. If the Berne Convention can be more flexible and meet the reasonable needs of developing countries as well as the challenges from new technology, I believe the Convention will make an ever greater contribution in the next hundred years. I do hope that the Berne Convention can keep pace with the development of human history. I also hope that China will be a member of the Berne Union in the not-too-distant future.

Thank you very much.

---

[1] *Berne Convention*, Art. 5 (2).

Some Opinions on Copyright in the People's Republic of China*

This comment will provide my personal observations on the likely content of the law on copyrights that China intends to promulgate. My observations represent only my own opinions and should not be taken as Chinese government policy. The Chinese government established a State Copyright Bureau (*Guojia Banquan Ju*) in 1985. One of its senior officials formally declared at that time that it would be "not long" before the copyright law was promulgated. After the copyright law is promulgated, China will join one or more of the international copyright organizations as soon as the conditions are ripe.

I. The Terminolgy of Copyright: *Banquan* or *Zhuzuoquan*?

Certain aspects of the copyright law drafting work may be of special interest to American observers. The first issue, which has been raised in several articles about Chinese copyright law published outside China, relates to the translation and use of copyright terminology in China. Several commentators abroad have noted the use of two different Chinese terms, *banquan* and *zhuzuoquan*, to express the term "copyright", and have raised the question of which term will be employed in future Chinese copyright law and practice. In my opinion, it seems possible that the term employed may be *zhuzuoquan* ("rights in the work") and that the copyright law may be termed the *zhuzuoquanfa*. It may be of interest to note that the Chinese Inheritance Law, promulgated in late March 1985, provides in Article 2 that patents and copyrights may be inherited. During the final stages of consideration of the Inheritance Law, the eminent Chinese jurist Zhang Youyu suggested that the Chinese term for "copyright" in Article 2 be changed from *banquan* to *zhuzuoquan*.

There remains, however, an apparent problem with using the term *zhuzuoquan* and naming the copyright law *zhuzuoquanfa*—the State Copyright Bureau itself utilizes the term *ban-*

---

* Originally published in Journal of Chinese Law, Vol. 1 No 1: 63 (1987). pp. 63~68. This commentary is a revised and expanded version of a lecture delivered recently by Professor Guo at the Center for Chinese Legal Studies, Columbia University School of Law. Mark Sidel, Baker & Mckenzie (New York), assisted in the preparation of this commentary.

quan rather than the term *zhuzuoquan*. However, according to Article 94 of the Civil Code General Rules of the People's Republic of China, which was promulgated on April 12, 1986, and entered into force on January 1, 1987, the terms *zhuzuoquan* and *banquan* have the same meaning. Therefore, in the long run, the issue of which Chinese term will be used to express the notion of copyright may not be as important as some commentators outside China have contended, it is, I think, fundamentally a question of terminology rather than of substance.

II. Authors' Rights in the Future Chinese Copyright Law

The second issue I would like to discuss is the content of the forthcoming Chinese copyright law. All Chinese citizens will enjoy protection of their works regardless of whether or not the works are published, or where they are published. The protected works will include literary, oral, musical, dramatic and choreographic works; fine art, photography, cinema and illustrations; and maps, plans and models relating to geography, topography, architecture and science.

One question which has arisen is what types of authors' rights should be provided for in the copyright law. In my own personal opinion, at least the following authors' rights should be included in the copyright law. First is the right to publish a work in the author's own name, under a pseudonym, or anonymously. Second is the right to the integrity of a work, or, as one scholar has translated the Chinese term, the "completeness" of a work. The problem with this issue is in defining the meaning of the "integrity" of a work. In my view, there are two aspects to the right to integrity in the Chinese context: the first is that the content of a work may not be changed by others; the second is that the point of view expressed in a work may not be changed by the publisher. The third of the authors' rights which in my view will possibly be included in the Chinese copyright law is the right of the author to revise the contents of and opinions expressed in his or her work. No one but the author should have such a right to revise a work. Fourth is the fight to "retrieve" (*shouhui*) a work because it is out of date or because the author's opinions have changed. In certain situations, an author who exercises such a right to retrieve might have to pay reasonable compensation to the publisher of the work. Each of the first four authors' rights is similar to aspects of French *droit moral*, or moral rights. In some European countries these moral rights are not specifically incorporated into a copyright law *per se*, but in my view, they should be so incorporated into our copyright law. Fifth is the right of the author to use a work in other publications, to reproduce a work, or to exhibit or translate a work. Finally, the sixth authors' right which should be incorporated into the Chinese copyright law is the generally recognized economic right of the author to receive royalties for the publication of his or her work.

III. Fair Use Provisions and Limitations on Copyrightability

A third major concern in the drafting of the copyright law is the problem of fair use and limitations on copyrightability. At issue is the balancing of the need to protect authors' rights against the need to ensure the widest dissemination of published works. An author's rights in this regard are generally defined by the principles of "fair use" of an author's work by others and limitations on copyrightability. My comments thus focus on the scope of fair use and limitations on copyrightability in the forthcoming Chinese copyright law.

Firstly, there are certain internationally recognized components of fair use which should be incorporated into the Chinese copyright law. One of these is the use of an author's work for personal and private use such as study and research. Another is the use of quotations from an author's work in reviews and reports. The quotations used must be of reasonable length. The third such component of fair use is use of a work or excerpts therefrom in newspapers or on television or the radio. Any such use, however, must be informational rather than commercial. The question still remains as to whether private use of an author's work by a work unit rather than by an individual should be included as fair use in the Chinese copyright law. The law may include such a provision, but it must be considered very carefully.

There are, however, certain conditions which differentiate China from other countries and suggest further fair use provisions that should be included in the copyright law. Some insist that one of these is a fair use provision for translations from the Han language into China's minority languages. The rationale for this fair use stipulation is that it would be consistent with China's policy of developing minority language, economy and culture. To this end, we must provide information cheaply and conveniently to China's many minorities, thus the fair use right of translation from the Han language to minority languages. I would note, however, that this fair use provision would not work in the opposite direction: royalties would have to be paid to authors for translation of their works from minority languages into the Han language. There are someone, however, who believe that as more and more works are published in the Han language by overseas Chinese, or co-published with foreign publishing houses, it would infringe the copyrights of foreigners or overseas Chinese if the forthcoming law had a fair use provision for translation from the Han language into Chinese minority languages. Thus, they contend it would be desirable to strike this fair use provision from the draft of the Chinese copyright law.

Another fair use provision to be incorporated into the Chinese copyright law may be more familiar to American observers. This is the fair use exception for translation and conversion of an author's work into Braille so that it can be read by the blind. Such a fair use provision is in no way harmful to an author's rights.

Fair use is a complicated problem in China, as it is in other countries. The specific provisions and scope of fair use limitations on copyright have not yet been fully defined in the drafting of the Chinese copyright law, and it may be that instead of including some of the above mentioned uses of an author's work in the fair use provisions of the copyright law, some may be included as limitations on the scope of copyrightability itself rather than as fair use exceptions to materials already defined as, or assumed to be, copyrightable.

Ⅳ. Protection of Foreign Copyrights

It is possible that foreign works that are published initially in China will have copyright protection in China. Those foreign works published initially outside of China and those that have not yet been published will enjoy copyright protection in accordance with such agreements or treaties as have been concluded or accepted by China and the foreign author's country of citizenship. In my opinion, the Chinese copyright law may include a special article similar to Article 6 of the Foreign Economic Contract Law of the People's Republic of China. Article 6 of the Foreign Economic Contract Law stipulates that the provisions of international treaties apply in China if a conflict exists between a treaty and Chinese law, unless China has issued a reservation to that provision of the treaty which conflicts with Chinese law.

Ⅴ. Duration of Copyright

The duration of copyright is the core of copyright protection and is still under discussion among the drafters of the Chinese copyright law. The Berne Convention fixes the duration of a copyright at life plus fifty years and the Universal Copyright Convention fixes duration at life plus twenty-five years or not less than life plus twenty-five years. Life plus fifty years would originally have meant that the copyright would span three generations. Today, however, fixing copyright at life plus fifty years would mean protection for fewer than three generations. The duration of a Chinese copyright is a matter that must be fully discussed in China, but my own personal view is that a Chinese copyright should last for more than twenty-five years after the death of the author. Fifty years after the death of the author might be a reasonable duration, but I stress that these are my personal views and that this duration may not be the one adopted in the forthcoming Chinese copyright law. The Chinese copyright law may also provide for special, shorter durations for such works as photography and applied art, but such specific shorter durations have not yet been determined.

Ⅵ. The Problem of Legal Protection of Computer Software

The legal protection of computer software is now under vigorous discussion in China. Late in August 1985, a meeting was held in Beijing to discuss the legal protection of computer software. At that meeting, almost everyone in attendance agreed that China must protect software by law or regulation. But there was vigorous discussion on whether computer software should be protected by the copyright law or through *sui generis* legislation. At a conference on computer software convened by the World Intellectual Property Organization in Geneva in March 1985, most countries expressed a preference for copyright protection, but some did not. There are certainly problems in providing copyright protection for computer software. Copyright is an ancient system and may not be suitable in the context of computer software. It is clear that new forms of protection are needed in the area of computer software.

In China, we have not yet decided what form should be utilized to protect computer software, but many participants at the August 1985 meeting on computer software were in favor of utilizing *sui generis* legislation. The August 1985 meeting also named an expert group to participate in the preparation of a law or regulation for the legal protection of computer programs. I can say, however, that a decision as to the use of *sui generis* legislation to protect computer software will not delay promulgation of the copyright law.

Application and Development of the Foreign Economic Contract Law of the P. R. C*

China has established broad cooperations and exchanges in the fields of economy, trade and technology with more and more foreign countries since the implementation of the open door policy in 1979. The majority of the cooperations and exchanges is realized through various forms of foreign economic contracts. Therefore, one of the urgent objectives for the Chinese legislature is to establish the legal system to deal with foreign economic contracts.

Under the guidance and leadership of the relevant departments of the State Council, a group of experts for drafting Foreign Economic Contract Law (FECL) was established in 1980.

At the same time, "Economic Contract Law (ECL)", which applies only to domestic economic contracts, was being drafted. In many countries, either in civil law or common law countries, there is only one set of contract law applied to both domestic and foreign contracts. However, there are some socialist countries, such as Democratic Germany and Czechoslovakia, where law dealing with foreign economic contracts was specially issued apart from civil law. Which suit is China to follow? Since China is a socialist country, many provisions in the ECL can not be applied to foreign economic contracts. At the same time, some provisions in the FECL which adopts international customs and usages can not be applied to domestic contracts either. For instance, once the state plan on which the domestic contract was based is cancelled, modification and cancellation of the economic contracts are permitted. Obviously, this kind of provisions can not be applied to foreign economic contracts. Therefore, an independent FECL is necessary for China. Art. 55 of ECL, which was issued on Dec. 31, 1981 and was implemented on July 1, 1982 provides "Regulation on foreign economic trade contracts would be drafted seperately according to the principles of this law and international customs".

During the period of drafting FECL we had summed up our experience and taken into consideration of foreign legislation, relevant international conventions and practices as well. After a thorough investigation and study and collecting various recommendations both at home and abroad, substantial changes had been made. FECL was finally adopted by the 10th Session of the Standing Committee of the 6th National People's Congress on March 1, 1985 and came into

---

* *Originally published in Wege zum japanischen Recht, 1992, Duneker & Humblot GmbH, Berlin, 41.*

force on July 1, 1985.

The promulgation of the FECL of the P. R. C. received a warm respons. Professor *Jerome Alan Cohen*, former Vice-Dean of the Harvard University School of Law, now lawyer in the Paul, Weiss Law Firm, reviewed the following comments: "This law reflected the spirit of flexibility, fairness and reasonableness. It is favorable to the conclusion and administration of the contract. It has cleared and improved the former law." And "the western businessmen and lawyers who had been waiting for this law with patience would not be disappointed with it."[1]

Today we are going to talk about some important provisions of the FECL and its application.

Ⅰ. The Scope of Application of FECL

Art. 2 of the FECL provides: "This law applies to contracts between enterprises, or other economic entities, of the PRC and their foreign counterparts or individuals except international transportation contracts." Further explanation is to be mentioned in the following compared with other laws concerned.

First of all, FECL applies to the economic contracts made by the Chinese subjects and foreign ones. But actually, not all the Chinese enterprises or economic entities are entitled to make those contracts and become subjects of the contracts. At present, only the following three types of Chinese enterprises and economic entities are entitled to make foreign economic contracts:

(1) Corporations specialized in foreign trade, export-import corporations specialized in various fields, certain engineering corporations doing business with foreign companies.

(2) Corporations and enterprises established by law with rights to do business in particular areas with foreign companies, such as Chinese-foreign joint ventures, Chinese-foreign cooperative ventures and wholly-foreign-owned enterprises established in China.

(3) Companies and enterprises specially approved by the Ministry of Foreign Economic Relations and Trade (MOFERT) and agencies authorized by the MOFERT to do business with foreign companies in particular fields.

As a foreign company, how to know whether a particular Chinese enterprise is entitled to do business with foreign companies? One key is to ask the Chinese party to show its constitution and business license to see whether it is entitled to do business with foreign companies or not. Another method is to ask the Chinese party to show the approving document for the special program. If the Chinese party has no above-mentioned documents, it is not entitled to make foreign economic contracts.

Secondly, Art. 2 of the FECL excluded the Chinese individuals as a party for a contract. Obviously, individuals mentioned here refers to residents in China with Chinese nationality. But is it true that no Chinese individuals can be subjects for foreign economic contracts? The answer

---

[1] *The New Foreign Contract Law. A welcome addition to the growing body of economic legislations. Jerome Alan Cohen. The China Business Review, July – August, 1985, p. 52.*

is "no". For example, according to the provision of Art. 10 of the Chinese Patent Law, Chinese individuals may assign the right to apply for a patent or patent right to a foreign party after the approval by the competent department concerned of the State Council. In practice, Chinese individuals may become a party of the foreign economic contract only with the approval of the competent department concerned.

Thirdly, the Chinese FECL does not apply to international transportation contracts. Why? The most important remark for international transportation contracts is that the place of shipment and the place of destination are in the territories of different countries. Because of the particulars of international transportation contracts, those contracts are to be governed by special laws and relavant international conventions, not by the FECL. For example, the Chinese international transportation contracts are to be governed by the Chinese maritime law which is being drafted. International transportation contract by air are governed by the Warsaw Convention on Uniform Rules of International. Transportation by Air in 1929 and its Hague Protocol in 1955, to which China is a Party. Contracts for international carriage of goods by rail are governed by the International Agreement on the Combined Carriage of Goods by Rail, to which China is a member.

II. Applicable Law of the Foreign Economic Contracts

Referring to the international customs and legislations of many countries, Art. 5 of the FECL provides: "The contracting parties may choose the applicable law to solve their disputes." It is the first time in the Chinese legislation to provide that the contracting parties may choose applicable law to their contract. This could be either the law of the country to which one of the contracting parties belongs, or the law of a third country. Art. 5 also provides that if the parties did not choose the applicable law by themselves, the law of the country to which the contract has the closest contact is to be applied.

Comparing with the concret provision of the proper law named in various contracts, this kind of provision, on one hand, is flexible and applies to the complicated situation. On the other hand, it adds some degree of difficulties to the application of proper law for the courts.

By summing up and studying the experience on the implimentation and the application of the FECL and with reference to foreign judicial cases, on Oct. 19, 1987, the Suppreme Court issued the document named "Some Questions on the Application of the FECL". It notes that if the parties could not reach an agreement on the applicable law for their contract, the People's Court would determine the applicable law based on the principle of the closest relationship. The usual situations are the following:

(1) Contracts for the international sale of goods are governed by the law of the country where the place of business of the seller is located. But the law of the country where the place of business of the buyer is located might have been applied if the contract was negotiated and concluded in the place of business of the buyer, or the contract was made of clauses set up by the

buyer, or the conditions of the tender distributed by the buyer or the contract provided definitely that the seller would deliver his goods in the place of business of the buyer.

(2) Bank loan or warranty contracts are governed by the law of the country where the credit bank or warranty bank is located.

(3) Insurance contracts are governed by the law of the country where the place of business of the insurer is located.

(4) Processing contracts are governed by the law of the country where the place of business of the processor is located.

(5) Contracts for technology transfer are governed by the law of the country where the place of business of the transferee is located.

(6) Engineering contracts are governed by the law of the country where the project is situated.

(7) Contracts for scientific advice or technology are governed by the law of the country where the place of business of the principal is located.

(8) Service contracts are governed by the law of the country where the service is provided.

(9) Contracts for supply of complete sets of equipment are governed by the law of the country where the equipment is fixed and operated.

(10) Contracts for agency are governed by the law of the country where the place of business of the agent is located.

(11) Contracts for lease, sale and mortgage of immovables are governed by the law of the country where the immovables are situated.

(12) Contracts for lease of movables are governed by the law of the country where the place of business of the leassor is located.

(13) Contracts for warehousing are governed by the law of the country where the place of business of the warehousemen is located.

The above-mentioned practices should be understood as the concret application to the principle of closest relationship by the people's courts in their jurisdiction, but not the limitation of this principle. During the procedure of trying a particular case, if the court found out that the contract had obvious closer contact with another country or region, as the result, the law of that country or region should be acted as the governing law for resolving the dispute. There are some other types of contracts besides the above-mentioned 13 types of contracts. The proper law for those contracts should be determined according to the principle of the closest relationship.

Art. 5 of the FECL also provides: "Contracts for Chinese-foreign joint ventures, Chinese-foreign cooperative ventures and wholly-foreign-owned enterprises established in China are governed by the Chinese law. If certain provisions could not be found in the Chinese law, international customs may be applied. Art. 6 stipulates, if certain provisions of the Chinese law are contradicting those of the international conventions of which China is a member, the provisions of international conventions should be applied except those reserved by China."

If a foreign law which is to be applied in a contract is in conflict with the principles of the Chinese legal system or social public interests of China, this law should not be applied according to the internationally recognized principle of reservation of public policy. Instead, the relevent Chinese law is to be applied.

III. Damages for Breach of Foreign Economic Contracts

The majority of foreign economic contracts is performed smoothly. China has laid stress on the principle of emphasizing contract and keeping promise. But there might be some cases in which contracts would be violated. Art. 18 of the FECL provides, if one party fails to fulfil or fails to meet the conditions agreed on for fulfilling the contract, it will have violated the contract, and the other party will have the right to ask the former for damages for the loss suffered or to take other remedial measures. If the remedial mesures are not sufficient to compensate for the loss suffered by the other party, the other party may ask for further damages for its loss. Art. 19 provides: "Damages for breach of contract by one party consist of a sum equal to the loss suffered by the other party as a consequence of the breach. Such damages may not exceed the loss which the party in breach foresaw or ought to have foreseen at the time of the conclusion of the contract." Here the key question is how to determine the loss.

Based on the experience on the implementation of the FECL and the international usages for reference, the Supreme Court of the PRC in its interpretation of the FECL made it clear that damages for the loss compensated by the party in breach of the contract consist of the sum of the damaged, reduced value or the value of total loss, the expenses on taking measures for reduction and elimination of further damage and the sum of expected profits in case of performance of the contract, such as profits of contracts for the international sale of goods. Here it is clear that damages consist of the sum of both direct and indirect loss, as well as the sum of expected profits. This provision is similar to that of Art. 74 of the "United Nations Convention on Contracts for the International Sale of Goods".

FECL also provides, parties in their contract may agree either on the method of calculating the sum of loss or on the sum of liquidated damages paid by one party to another because of the violation of the contract. The agreed sum of the liquidated damages in the contract should be regarded as damages compensated for violation of the contract. However, if the agreed sum is too high or too low for the loss caused by the violator of the contract, either party may appeal to an arbitration agency or a court for an appropriate reduction or increase of the sum (Art. 20).

FECL stipulates, if both parties violate the contract, each should be liable for the relavant damages (Art. 21). When one party suffers a loss because of the other party's breach of contract, the former should promptly take proper measures to prevent the loss from increasing. When the former fails to do so, it has no right to ask for damages for the increased portion of the loss (Art. 22). When one party fails to pay the price of the contract or other sum related to the contract, the other party is entitled for the interest of the delayed payment. The parties may in their contract stipulate the method of calculating the interest (Art. 23).

As to the applicable law and the liabilities for the breach of the contract, provisions in the FECL are the same as "General Principle of the Civil Law of the P. R. C". Practice and time have proved that FECL had stood up to all tests and is therefore solid.

Technology Transfer[*]

Before 1949, China was essentially an agricultural country with a low level of industrialization. After the founding of the People's Republic of China, the Chinese people and government worked hard to rehabilitate and develop China's economy. In the 1950s, China acquired technology mainly from the Soviet Union and Eastern European countries. Hundreds of large plants and factories were constructed by importing complete plants and equipment, now termed "turnkey" projects. Various industrial sectors-aircraft manufacturing, automobile manufacturing, machine building, electrical machinery and appliance manufacturing, metallurgical, chemical, power, coal mining industries, and others were planned and implemented using technology and equipment from the Soviet Union, Czechoslovakia, the German Democratic Republic, and other countries.

Following the unilateral cancellation of agreements by the Soviet Union in the early 1960s, China began to acquire foreign technology from Japan and Western European countries. These were mainly in the fields then new to China, such as chemical fiber, plastics, and oxygen steel making. Large-scale acquisition of foreign technology from western countries began, however, only in 1973. From 1973 through 1978, the Chinese government committed more than US＄10 billion for further purchases of complete, fully equipped "turnkey" plants from Japan, France, the Federal Republic of Germany, the United Kingdom, and other Western European countries, as well as from the United States. Such plants were mainly in the fields of chemical fertilizer, chemical fiber, petrochemicals, continuous steel casting and continuous steel strip rolling, coal mining, and power industries.

During the thirty years leading up to 1978, China acquired foreign technology mainly by purchasing whole-plant equipment. It was only in 1975 that the first technology licensing agreement (in this case, relating to manufacturing techniques for industrial steam turbines) was signed. From 1973 through 1978, only 26 technology importation contracts were concluded. [1] From the beginning of 1979, however, technology importation began to grow rapidly as China

---

[*] *Originally published in Chinese Foreign Economic Law Analysis and Commentary*, *International Law Institute*, *1992 supplement.*

[1] Liu Hu, *On Technology Importation of China*, People's Daily, Oct. 17, 1985, at 2.

began to adopt a policy of opening to the outside world. In 1979 alone, the number of technology licensing contracts between Chinese and foreign parties increased to more than that of the previous four years combined. In recent years, licensing contracts concluded each year have averaged an annual payment of royalties amounting to about US $200 million. *At present, licensing contracts have become China's dominant method of acquiring foreign technology.* A total of 533 licensing contracts were concluded from 1979 through 1984. The total cost of technology importation projects between 1979 and June 30, 1985 amounted to US $9.01 billion. ❶The software portion of technology importation increased from 1.3 percent in 1978 to 34.4 percent in 1984.

As of 1986 China had imported technology from more than 40 countries, with 70 percent of such imports coming from the United States of America, Japan, the Federal Republic of Germany, the United Kingdom, and France. Moreover, 90 percent of China's imported software comes from these 40 countries, with the United States in first place. ❷Technology imports were worth more than $3 billion in 1988. ❸

Ⅰ. Achievements

Owing to the policy of opening to the outside world, technology importation has developed rapidly and become more efficient in recent years. According to statistics provided by the State Economic Commission of the People's Republic of China, China imported 3,900 items of technology from 1983 to 1985 at a cost of US $3.6 billion, mostly to improve the consumer goods industry. About one-third of these items are already being used in production. Two-thirds of the imported technology is of the 1980s level and is expected to yield a return of two yuan for every yuan of investment. ❹It is predicted that all of the investment in foreign technology could be recovered within two or three years. It is also expected that the imported technology will accelerate technical transformation in Shanghai, Tianjin, Chongqing and the entire coastal region, and shorten the gaps between China and developed countries in the fields of light and heavy industries, electronics, and raw materials.

According to statistics, Shanghai (China's largest industrial city) signed contracts for a total of 894 technological import items from foreign firms between March 1983 and June 1986. At least 90 percent of these items are up to the international standards of the 1980s. About

---

❶ *Ge Hong, Technologieimport, in China Handbuch fur die Wirtschaft 110 (M. Harnischfeger-ks011& Wu Jikum eds. 1986) (pub. in Munchen by I. Schweitzer Vertag and in Beijing by China Foreign Economic Relations and Trade Publicity House) [hereinafter Handbuch].*

❷ *Id. at 110 – 11.*

❸ *Technology Exports Earn China More in 1988, China Daily, Jan. 14, 1989, at 2.*

❹ *The Yuan is the unit of China's currency, also known as Renminbi (RMB). One hundred US dollars was worth 371.21 yuan RMB on June 27, 1988 according to the official foreign exchange quotations rate established by the Bank of China.*

330 of these items are now being used in production, upgrading a dozen trade areas including metallurgy, foodstuffs, home-use electrical appliances, ball-bearing production, and printing. By importing 168 advanced technology items to revamp 21 production lines, the annual output of color television sets increased a hundred-fold from 1980 to 1985. The quality is now equal to advanced international standards. ❶

Owing to technology imports, China's textile industry has improved spinning, weaving, dyeing, and finishing, making the end products more competitive on the world market. The food, household electrical appliance, and packaging industries have also developed by leaps and bounds. At current production rates, China is now able each year to produce 9 million washing machines, 4.1 million color television sets and 1.39 million refrigerators a year. Some of these products are comparable to those in industrially developed countries. In 1985 alone, the improvement in the packaging industry helped save one billion yuan RMB. In the field of heavy industry, with the aid of imported technology, the machine-tool industry has developed 50 new numerically controlled machine tools and upgraded 5,000 machinery processes. ❷

In recent years, China has begun to export technology to other countries. During the five years up to the beginning of September 1986, there were about 50 "pieces" of technology exported to other countries. From the middle of 1985 to the middle of 1986, 14 of these pieces exported were worth about US $9 million. In 1987, the technology export items doubled, compared with the previous year. The whole amount of technology of export up to US $155 million, which was distributed among more than 20 countries and regions. In 1988, China earned $286 million from exports of technology, an increase of 80 percent over 1987. ❸

Not with standing these very positive advances, China occupies only a small proportion of the field of international technological trade. The total amount of world technological trade was US $5 billion at the beginning of the 1970s, US $16 billion at the beginning of the 1980s and more than US $40 billion in 1986. Analysts predict, however, that technology exports of China will continue to expand and will reach $700 million to $1 billion by the year of 2000. ❹To speed up the achievement of the Four Modernizations, China must encourage and develop technology import and export in the coming years. Better planning is needed and more flexible methods should be used in order to import advanced technology adapted to China's conditions. In the future, technological processes, manufacturing technology and management know-how must be designated as priorities in China's importation of technology. ❺

---

❶ *Technology Imports Aid Shanghai*, *China Daily*, Sept. 23, 1986, at 2.
❷ *Imported Technology Closes Gaps*, *China Daily*, May. 26, 1986, at 2.
❸ *People's Daily*, Sep. 2, 1986, at 1; *People's Daily*, Mar. 22, 1988.
❹ *Technology Exports Earn China More in 1988*, *China Daily*, Jan. 14, 1989, at 2.
❺ *Technical Import*, *China Daily*, Sep. 16, 1986, at 2.

II. Laws And Regulations Concerning Technology Importation And Exportation

Several laws and regulations have been promulgated with respect to equity joint ventures, foreign enterprises, technology transfer, and tax aspects related to these various activities:

- Law on Joint Ventures Using Chinese and Foreign Investment (July 1979)
- Regulations for the Implementation of the Law on Joint Ventures Using Chinese and Foreign Investment (September 1983)
- Law Concerning Foreign Enterprises (1986)
- Law on Chinese-Foreign Contractual Joint Ventures (April 1988)
- Income Tax Law Concerning Joint Ventures with Chinese and Foreign Investment (September 1980)
- Individual Income Tax Law (September 1980)
- Foreign Enterprise Income Tax Law (September 1981)

In the field of industrial property, one important law and one regulation have been published in the 1980s:

- Patent Law of the People's Republic of China (March 1984)
- Regulations on Implementing the Patent Law of the People's Republic of China (January 1985)

Both the Law and the Implementing Regulations went into effect on April 1, 1985.

In the area of trademark:

- Trademark Law of the People's Republic of China (August 1982, effective on March 1, 1983)
- Implementing Regulations for the Trademark Law of the People's Republic of China (January 1988, effective immediately)

In the field of technology import, the most important law is the Regulations on Administration of Technology Acquisition Contracts (here in after referred to as the "Administration Regulations"). These regulations were promulgated by the State Council in May 1985 and went into effect immediately. Several other laws and regulations followed.

- Regulations for Approving Technology Acquisition Contracts (October 1985, effective immediately; annulled in January 1988)
- Detailed Rules and Regulations for the Implementation of the Regulations on Administration of Technology Import Contracts of the People's Republic of China (January 1988)
- The Foreign Economic Contract Law of the People's Republic of China (March 1985; important for technology acquisition from abroad)

With respect to the Special Economic Zones, there have been several important enactments by the Guangdong People's Government in February 1984:

- Regulations Involving Foreign Economic Contracts for the Shenzhen Special

Economic Zone

• Provisional Regulations for Importing Technology into the Shenzhen Special Economic Zone

III. Formation and Approval of Contracts for Technology Acquisition

According to the Administration Regulations, technology acquisition contracts are formulated to expand economic and technical cooperation with other countries, to upgrade the scientific and technological standards of the country, and to promote the nation's economic growth. Technology acquisition as referred to in the Administration Regulations means acquisition of technology through trade or through economic and technological cooperation by corporations, enterprises, other organizations, or individuals within the territory of the People's Republic of China (the "recipient") from corporations, enterprises, or other organizations or individuals outside the territory of the People's Republic of China (the "supplier"). ❶

Technology acquisition contracts are contracts between Chinese and foreign parties. As a result, the Regulations stipulate that the conclusion of such contracts must conform to the relevant provisions of the Foreign Economic Contract Law and other laws of the People's Republic of China. ❷Contracts that violate the laws or the public interest of the People's Republic of China are invalid. However, where provisions of a contract are found to be inconsistent with the law or the public interest of the People's Republic of China, the validity of the contract may be restored after the offending provisions are nullified or revised through consultations by the parties of the contract. ❸Contracts concluded by means of fraud or under duress are invalid *abinitio*. If one party is responsible for the invalidity of the contract, it is obligated to pay the other party a sum equal to the loss arising from the invalidation of the contract. ❹

The recipient and the supplier are required to execute a written technology-transfer contract, and the foreign party may be an individual as well as an enterprise. The Foreign Economic Contract Law, however, requires that the Chinese parties to an economic contract must be enterprises or other economic organizations.

Within 30 days of the date on which the contract is signed, the recipient or the companies or enterprises that sign the technology import contracts as its agents shall submit the following documents to the competent authority: application for approval, a copy of the contract, documents showing the legal status of the contractual parties, an approved feasibility study, and description of arrangements for obtaining the funds needed. The competent authorities for examining and approving technology import contracts are at different levels:

---

❶ *Administration Regulations Arts. 1 and 2 (People's Republic of China).*
❷ *Id. at Art. 5.*
❸ *Foreign Economic Contract Law Art. 9 (People's Republic of China).*
❹ *Id. at Arts. 10 and 11.*

(1) Technology-import contracts with feasibility study reports approved by the ministries or commissions of and departments under the State Council are to be examined and approved by the Ministry of Foreign Economic Relations and Trade ("MOFERT").

(2) Technology-import contracts with feasibility studies approved by people's governments or their authorized responsible organs in provinces, autonomous regions, municipalities, coastal open cities, Special Economic Zones, and cities under provinces with separate national economic plans are to be examined and approved by the authorized examining and approving authorities of the relevant levels.

(3) Technology-import contracts signed by foreign investment enterprises to acquire technology from a supplier are to be examined and approved by MOFERT if the foreign investment enterprises were established with the approval of ministries or commissions of and departments under the State Council. They are to be examined and approved by MOFERT-authorized organs if the enterprises were not so established.

Contracts shall not be approved if any of the following conditions apply:

(1) the contract is contrary to the current laws and legislation of China and harmful to the public interests of society;

(2) the contract is harmful to national sovereignty;

(3) contents of the contract are inconsistent with the approved feasibility study for the project;

(4) basic clauses and contents of the contract are imperfect;

(5) no definite and rational stipulations exist in the contract for responsibility for and solutions to disputes over property rights or other matters which may arise in implementation of the transferred or licensed technology;

(6) no rational stipulations exist in the contract for the technical level and economic efficiency, including quality warranty, of products manufactured with the transferred or licensed technology;

(7) price of and/or means of payment for the imported technology is unreasonable;

(8) stipulations about rights, responsibilities, and obligations of the contractual parties are not definite, equal, and rational;

(9) a preferential taxation commitment has been made in the contract without the consent of the Chinese tax authority.

The competent authority shall determine whether or not to approve the contract within 60 days from the date on which the application is received or the amended contract or text is received. If the competent authority makes no response within this specified time, the contract will be considered to have been approved. [1]

---

[1] See *Detailed Rules and Regulations for the Implementation of the Regulations on Administration of Technology Acquisition Contracts* (*People's Republic of China*).

IV. Legal Protection of Technology

The technology acquisition referred to in the Regulations of the People's Republic of China on Administration of Technology Acquisition Contracts includes: (1) acquisition or licensing of patents and other industrial property rights; (2) supply of technical know-how in the form of drawings, technical documents, and specifications, such as process specifications, formulae, product design, quality control; and (3) management skill and supply of technical skill. ❶

Some foreign commentators have questioned the adequacy of current legal protection of technology in China. There appears to be widespread misunderstanding, both in China and abroad, as to whether the Chinese recipient will disseminate the technology acquired freely to other Chinese entities. Actually, this is not permitted now and was not permitted even before 1984. Most contracts concluded before 1984 included confidentiality and non-disclosure clauses, which prohibited any disclosure or leakage of technical secrets to those other than the licensee without authorization from the licensor. Technology-acquisition contracts, once concluded in conformity with the law, will be protected strictly by Chinese courts. The statement to "let hundreds of entities enjoy benefits of technology which was acquired by one entity", which even appeared in Chinese newspapers once or twice several years ago, has never been an official policy of the Chinese government.

Of course, a contract has binding force only upon the parties and not on any person or entity outside the contract. Since the promulgation of Chinese Patent Law and Regulations of the People's Republic of China on Administration of Technology Acquisition Contracts, the legal protection of technology in China has developed to a new stage.

The Chinese Patent Law requires that, after the grant of the patent right for an invention or utility model (except the so-called planned license as provided for in Article 14 of the law, which does not apply to any foreigner), no entity or individual may, without the authorization of the patent holder, exploit the patent—that is, make, use, or sell the patented product, or use the patented process, for production or business purposes. Any entity or individual exploiting the patent of another must (except as provided for in Article 14 of the law, which, as noted above, does not concern foreign parties) conclude with the patent holder a written licensing contract for exploitation and pay the holder a fee for the exploitation of the patent. The licensee has no right to authorize any entity or individual, other than that referred to in the contract for exploitation, to exploit the patent. ❷ The last sentence of these provisions states that "the licensee has no right to authorize any entity or individual, other than that referred to in the contract for exploitation, to exploit the patent". That sentence was added to the draft during the final stage of revision in the Standing Committee of the National People's Congress, in order to stress

---

❶ *Regulations on Administration of Technology Acquisition Contracts art. 2 (People's Republic of China).*
❷ *Arts. 11 and 12 (People's Republic of China).*

the importance and necessity of correcting any misunderstanding on the so-called right to "let hundreds of entities enjoy benefits of technology which was acquired by one entity." For any exploitation of the patent without the authorization of the patent holder (except as provided for in Article 62 of the Patent Law, which is discussed below) constituting an infringing act, the patent holder or any interested party may request the administrative authority for patent, affairs to handle the matter or may directly institute legal proceedings in the People's Courts. The administrative authority for patent affairs handling the matter has the power to order the infringer to stop the infringing act and to compensate the patent holder for the damage. Any dissatisfied party may, within three months from the receipt of notification of the determination by the administration authority, institute legal proceedings in the People's Court. If such proceedings are not instituted within that time limit, and if the order is not complied with, the administrative authority for patent affairs may approach the People's Court for compulsory execution. ❶

Article 62 of the Patent Law stipulates that none of the following shall be deemed an infringement of the patent right:

(1) where, after the sale of a patented product that was made by the patentee or with the authorization of the patentee, any other person uses or sells that product;

(2) where any person uses or sells a patented product not knowing that it was made and sold without the authorization of the patentee;

(3) where, before the date of filing of the application for patent, any person who has already made the same product, used the same process, or made necessary preparations for its making or using, continued to make or use it within the original scope only;

(4) where any foreign means of transport that temporarily passes through the territory, territorial waters, or territorial airspace of China (in accordance with any agreement concluded between the country to which the foreign means of transport belongs and China, in accordance with any international treaty to which both countries are party, or on the basis of the principle of reciprocity for its own needs in its devices and installations) uses the patented product;

(5) where any person uses the patent concerned solely for the purposes of scientific research and experimentation.

Of course, much technology has no patent protection, either because the owner of the technology would like to keep the specifications secret even from the patent application process or the technologies concerned may not qualify for patent protection as provided in Article 25 of the Patent Law of the People's Republic of China. In those situations, unpatented technical know-how and confidential information will remain the subject of contractual protective clauses. Even so, with the implementation of the Regulations of the People's Republic of China on Administration of Technology Acquisition Contracts the legal protection of know-how and confidential information also has taken a further significant step. Article 7 of the Regulations stipulates:

---

❶ *Id. at Art. 60.*

> The recipient shall undertake the obligation to keep confidential, in accordance with the scope and duration agreed upon by both parties, the technical secrets contained in the technology provided by the supplier, which has not been public.

Although it seems only a simple reiteration of the long existing practice in China, it must be stressed that Article 7 mentioned above has great significance for the legal protection of unpatented technology. It is the first time that China has formalized an unambiguous policy and long-existing practice on protection of technical know-how and other confidential informations in legal form. Therefore, it gives strong legal binding force to the protection by contract of technical know-how and confidential information.

Article 13 of the Detailed Rules & Regulations for the Implementation of the Regulations on Administration of Technology Acquisition Contracts of the PRC stipulates:

> The recipient shall undertake obligations of secrecy for technical know-how and relevant information provided or imported by the supplier in accordance with the mutually agreed range and time limits of the contract. The duration of secrecy shall not generally exceed the validity of the contract. If it needs to exceed that duration due to special conditions, specific terms must be stipulated in the contract and made clear when applying for examination and approval.
>
> Within the time limits for secrecy, if the technology is publicized not owing to the recipient, all obligations of secrecy borne by the recipient shall be terminated. If it is specified in the contract that the supplier shall provide developed and improved technology to the recipient within the period of its validity, the recipient may continue to assume obligations of secrecy after the expiration of the contract. The duration may begin on the date when the supplier provides the technology but may not exceed that specified in the original contract.

In practice, there is a long-existing tradition in China to protect technical know-how. Even several years ago, it was strictly followed when China National Technical Import Corporation ("Techimport") signed a contract on behalf of a Beijing factory with BBC, a company from the Federal Republic of Germany, for the transfer of technology for making various models of low-voltage electric switches. Thereafter, a Shanghai factory hoped to acquire the same technology for producing the same models of switches. Both of the factories from Beijing and Shanghai, their superior administrative organizations, and the Ministry of Machine Building agreed unanimously that the Beijing factory could not provide the technologies concerned to the Shanghai factory. The only way for the Shanghai factory to acquire the technology was to entrust Techimport to negotiate and sign a separate contract, on behalf of the former, with BBC for the technology.

The legal protection of technology must be strictly followed even in the transfer of secondary technology. The transfer of secondary technology is involved in almost all technology acquisition contracts concluded between large Chinese enterprises or companies and those of foreign countries. The China-Schindler Elevator Co. cooperates with more than 100 factories in producing Schindler Holding A. G.'s series of products; scores of the factories receive the secondary technology. Shanghai Volkswagen Automotive Company Ltd. cooperates with 500 factories in producing Santana sedans; there are also scores of the factories receiving the secondary technology. The Fujian-Hitachi Television Co. cooperates with more than 60 factories in producing Hitachi's series of products. The largest and most modern joint Chinese-foreign industrial effort in China, Baoshan Iron and Steel Company, also cooperates with many factories that receive secondary technology. The scope of transfer of secondary technology should be written clearly into the contract. For instance, according to the contract concluded between Schindler Holding A. G. and China-Schindler Elevator Co. , the scope of transfer of secondary technology of China-Schindler is limited to the factories belonging to the latter and their cooperating factories. Those factories not designated in the contract and therefore not approved by the licensor are not permitted to use the secondary technology. Such use, without further approval by the licensor, would be an infringement of the patent and a violation of contractual obligations.

V. Payment for Technology

It is a fundamental principle of the Foreign Economic Contract Law of the People's Republic of China that contracts should be made in conformity with the principles of equality and mutual benefit, and of achieving consensus through consultations. ❶

Technology results from the creative mental labor of inventors and creators. In many cases materialized labor, that is, the labor that materializes in experimental instruments, equipment, experimental materials and fuel, and some subsidiary physical labor, are also embodied in technology. According to the Chinese understanding, technology (both patented and unpatented) has both intrinsic value and use value; it is a commodity and can be exchanged for payment. China has laid down a theoretical foundation for the protection of and payment for technology. ❷Based on the information available, it is estimated that the royalty payments for technology acquired from abroad in recent years amounts to about US $200 million per year. Although that amount is less than one percent of the value of total imports to China, ❸ in some categories of contracts the amount of royalty payments represents a considerable higher percentage of the total contractual amount. The following table is an analysis of 382 contracts containing a certain amount of royalty:

---

❶ *Foreign Economic Contract Law Art. 3 (People's Republic of China).*

❷ *Huang Kunyi, The Birth of the First Patent Law of the People's Republic of China, Industrial Property* 153 (1948).

❸ *Total imports of the first half of 1986 are US $14.04 billion. China Daily, July 17, 1986.*

Categories of contracts	Number of contracts analyzed	Ratio of royalty amount to total contractual amount (percent)
Licensing	154	90.0
Technical consulting and servicing	53	94.7
Coproduction	45	88.1
Turnkey projects	130	15.4

In Chinese practice, there are usually three different kinds of payments for technology transferred from abroad: lump-sum payment, royalties, and initial payments plus royalties.

A lump-sum payment is a precalculated amount paid once or in specified installments. ❶ According to data available, most payments for technology are arranged to be paid in a lump sum. An analysis of 727 contracts of technology transfer concluded between 1973 and 1982 reveals:

Lump-sum   629 contracts
Running royalties   88 contracts
Unspecified   10 contracts

It is important to stress that the above statistics do not necessarily mean that Chinese parties have special interest in lump-sum payments for technology. In fact, lump-sum payments are more beneficial to the foreign parties, for they are not connected to the result of the exploitation of their technology. Royalties are a post-calculated, recurring payment, the amount of which is determined as a function of economic use or result (production unit, service units, sales of the product, or profits). ❷

Some technology-transfer contracts require an initial payment plus royalty payments for the technology acquired. For instance, "Snow-flower", a trademark of the Beijing Refrigerator Factory, acquired technology from Italy on the basis of royalty payment.

VI. Guarantee and Penalty

A purchaser of technology does so on the presumption that the technology meets a specified standard of performance. It is, therefore, a reasonable principle that suppliers have an obligation to guarantee the technology they transfer to recipients. American businessmen and lawyers who have experience doing business in China have been familiar with this question for many years. One writes:

    ... the guarantee clause begins by requiring the seller (i.e. the supplier) to guarantee that the docu-

---

❶ *World Intellectual Property Organization, Licensing Guide for Developing Countries* 96 (1977).
❷ *Id.* at 96.

mentation "shall be the latest technical achievement possessed by the seller" at the effective date or "within the validity period of the contract and identified with the documentation used by the licensor"; the documentation must also be "complete, correct, reliable, legible and dispatched in time". ❶

Developments in China are moving rapidly. Three points are worth mentioning, especially in the light of the promulgation of the Regulations of People's Republic of China on Administration of Technology Acquisition Contracts. First, Article 3 stipulates that the technology to be acquired must be advanced and appropriate and should apply at least to one of the following requirements:

(1) development and production of new products;

(2) improvement of quality and performance of products or reduction of cost and consumption of energy and raw materials;

(3) maximum utilization of local resources;

(4) expansion of export of products and increase of the earnings of foreign currency;

(5) improvement of environmental protection;

(6) safety of production;

(7) improvement of management; or

(8) advancement of the scientific and technological standard.

For the achievement of the Four Modernizations of China, it is necessary to construct a great many new factories equipped with the most advanced technology available. At the same time, it is also necessary to renovate and modernize existing plants with advanced technology. China is still a developing country. From our experience, we should not encourage the tendency to seek only "advanced" technology. In many cases, the most advanced technology may not be appropriate for the existing plants under the existing conditions. For instance, in a program for renovating an existing steel rolling plant, some suggested that the continuous hot-strip rolling mill to be equipped should have a rolling speed of 25 meters per second, which was the international advanced level at that time. After careful study and consideration, this proposal was rejected because (according to computer analysis of the production system) production with high efficiency and low cost of high-quality steel sTRIPs could be achieved by installing a rolling mill of lower rolling speed. That step would require a lower level of investment. So, in many cases, it is necessary to focus on the appropriateness of a technology rather than the question of whether the technology acquired is "the latest technical achievement possessed by the seller". It is very difficult to give a definition of what constitutes "advanced" and "appropriate" technology. It must be decided case by case.

Second, the supplier must guarantee that he or it is the legitimate owner of the technology

---

❶ *Stanley B. Lubman, Trade Contracts and Technology Licensing, in Legal Aspects of Doing Business in China 51 (J. A. Cohen ed. 1983).*

to be transferred. ❶When transferring technology, the supplier has the right to transfer his or its technology to the recipient only when he or it is the legitimate owner of the technology to be transferred. If the supplier is not the legitimate owner of the technology, the transfer will infringe on the right of an actual patent holder or the owner of teohnical know-how. According to Chinese practice, if the technology transfer causes any infringement on another's rights, both parties—the supplier and recipient of technology—must notify each other and discuss the problem immediately. In addition, they must concurrently take any necessary measures to solve the dispute with the true owner of the technology.

Third, the supplier must guarantee that the technology provided is correct, complete, effective, and capable of accomplishing the technical ends specified in the contract. ❷Before the promulgation of the Regulations, Chinese practice required the documentation provided by the supplier to be "complete, correct, reliable, legible and dispatched in time". Under the Regulations, "complete" and "correct" are still maintained as required standards, but the other requirements have been modified and are now expressed as "effective and capable of accomplishing the technical ends specified in the contract".

Technology transfers usually involve more complicated issues than commodity transactions. A supplier usually does not participate in production and management activities of the recipient's enterprise. should any problems in management or production arise, the technology provided by the supplier may not be as effective as the contract requires, or the recipient may not be skilled enough to utilize the technology fully. It is often very difficult to determine who should be responsible for such problems.

It must be emphasized, however, that it is impossible for technology recipients to know all the details of the technology before they actually implement it. The recipient has paid money to the supplier as a consideration for the technology, so it is reasonable to ask the supplier to guarantee the effectiveness of the technology transferred. At the same time, the technology recipient should use the technology acquired correctly and properly. The common practice in China is to arrange an investigation of the quality of the products that the recipient's factory produced as the first batch.

There are no stipulations as to penalty for breach of supplier's gurantee in the Regulation. In many cases, a penalty for breach of gurantee is provided in the contracts, usually with 5 percent of the contract as a ceiling.

Ⅶ. Restrictive Provisions

The presence of restrictive contractual provisions, or restrictive trade practices, is an important issue in international technology transfer. This issue has been studied for many years by

---

❶ *Regulations on Administration of Technology Acquisition Contracts art. 6 (People's Republic of China).*
❷ *Ibid.*

UNCTAD in drafting the Code of Conduct for Transfer of Technology. Article 18 of the Shenzhen Provisional Technology Acquisition Regulations, which were promulgated by the Guangdong Provincial People's Congress in February 1984, stipulates that technology acquisition contracts should not include unreasonable restrictive clauses for either party. In practice, the implementation of this article is similar to the UNCTAD Draft Code of Conduct for Transfer of Technology, though the Shenzhen Regulations do not contain any details about restrictive clauses.

The Regulations of the People's Republic of China on Administration of Technology Acquisition Contracts are more flexible than either the UNCTAD Draft or the Shenzhen Regulations. The Regulations of the People's Republic of China on Administration of Technology Acquisition Contracts stipulate, in Article 9, that the supplier shall not oblige the recipient to accept requirements that are unfairly restrictive. Without special permission by the approving authority, a contract for technology acquisition shall not include any of the following restrictive provisions:

(1) requiring the recipient to accept additional conditions that are not related to the technology acquired such as requiring the recipient to pay for other technology, technical service, raw materials, equipment, and products not needed by the recipient;

(2) restricting the freedom of choice of the recipient to obtain raw materials, intermediate products, or equipment from different sources;

(3) restricting the recipient from developing and improving the technology acquired;

(4) restricting the recipient from acquiring similar or competing technology from different sources;

(5) nonreciprocal exchange of improvements upon acquired technology;

(6) restricting the volume, variety, and sales price of products manufactured with the acquired technology;

(7) unduly restricting the sales channels and export markets of the recipient;

(8) restricting the use of the acquired technology after the expiration of the contract;

(9) requiring the recipient to pay for or take on obligations for patents that will not be used or which have been invalidated.

In principle, most or all of the nine items mentioned above belong to the field of anti-competitive practices and have to be rejected in technology transfer transactions. In reality, however, many complicated situations must be differentiated and may be negotiated with flexibility if the arrangement is in conformity with the principles of equality and mutual benefit. If, after careful analysis, the restrictive provisions to be considered are not unfair or unreasonable, the parties may get special permission from the approving authority and include these provisions in the technology-acquisition contract.

In many cases, the foreign licensors or suppliers of technology usually do not want to compete with the Chinese licensee or recipient in international markets. So, restrictions on the export of the licensed products is always a problem to be bargained between the negotiating parties. Where the licensor or supplier holds a valid patent or has granted an exclusive license to a licensee in another country or region, it is reasonable and acceptable that the licensor or supplier of technology insist on a restrictive provision against exporting the licensed products to those countries or regions. Nevertheless, if the licensed products are mainly for Chinese internal demand or for import substitution, it is not necessary to have such a restrictive clause in the license contract. It may not be necessary to restrict the licensee's right to export to countries or regions where the foreign licensor or supplier of technology does not had a valid patent or has not granted an exclusive license. If there is a restrictive clause prohibiting export to all other countries or regions, it will be considered an unfairly restrictive provision and will not receive special permission from the approving authority.

Ⅷ. Technology Transfer and Choice of Law

Before March 1985, there were no laws or regulations to be followed on the subject of applicable law in the field of technology transfer. Foreign parties often insisted on applying foreign laws on the grounds that Chinese law was not complete, while China preferred Chinese law to be applied because there were few Chinese familiar with foreign laws. So both parties had to come to a compromise allowing the arbitrator to choose the laws to be applied, a solution that injects uncertainty into their relationship.

The Foreign Economic Contract Law allows the parties to a foreign trade contract—including technology-transfer contracts—to choose the law applicable to the settlement of disputes arising over the contracts. ❶The law makes no restrictive stipulations regarding this choice by the parties concerned. Some countries stipulate that the law selected by the parties must have the closest connection with the contract. According to the Foreign Economic Contract Law of the PRC, in the absence of such a choice by the parties concerned, the law of the country which has the closest connection with the contract applies. ❷In the General Principles of the Civil Law of the People's Republic of China, which took effect on January 1, 1987, the same stipulation is repeated in Article 145: "Except where the law provides otherwise, the parties to a foreign-related contract may choose the law applicable to the settlement of disputes. In the absence of such a choice by the parties concerned, the law of the state which has the closest connection with the contract applies." In judicial practice, the law of the state which has the closest connection with the contract of technology transfer means, generally speaking, the law of the state where the licensee has its establishment. If the licensee has several establishments, the establishment which has the closest connection with the contract applies. If the licensee has no establishment, his or her domicile or residence applies.

When a provision in an international treaty (which the People's Republic of China has concluded or participated in) concerning contract is different from those stipulated in the law of the

---

❶ *Foreign Economic Contract Law art. 5 (People's Republic of China).*
❷ *Ibid.*

People's Republic of China, the provision of the international treaty applies, with the exception of clauses to which the People's Republic of China has publicly stated its reservation. ❶ In case no relevant provision is stipulated in either the law of the People's Republic of China or in the international treaty which the People's Republic of China has concluded or acceded, international practice applies. ❷

* * *

From 1979 to the beginning of 1988, the value of China's technological imports had totalled $20 billion, which included more than 10,000 pieces of technology and equipment. The value of China's technological exports is much smaller than its technological imports. In 1987, China only exported $155 million worth of technology—a figure, however, that was up 689 percent over the previous year and exceeded the total in the 1979 – 1986 period. As mentioned above, China earned $286 million from exports of technology in 1988, an increase of 80 percent over 1987. For many years, the China National Technical Import Corporation ("CNTIC"), a national corporation engaged in technology transaction under the Ministry of Foreign Economic Relations and Trade, handled only technology imports, as its name designated. Only recently its name has been changed to China National Technical Import & Export Corporation.

Both technology import and export must take a "great leap forward" in the coming years along with the advancement of the Four Modernizations. To do so, China will continue to improve the legal environment for both technology imports and exports.

---

❶ *Foreign Economic Contract Law Art. 6* (*People's Republic of China*); *General Principles of the Civil Law Art. 142* (*People's Republic of China*).

❷ *Foreign Economic Contract Law Art. 5* (*People's Republic of China*); *General Principles of the Civil Law Art. 142* (*People's Republic of China*).

TRIPs and Intellectual Property Protection in the People's Republic of China*

Introduction

Legal protection of modern intellectual property in the People's Republic of China has started in 1978, when China adopted the policy of reform of the economic structure and opening up to the outside world. The drafting of various intellectual property codes in the PRC gave full attention to conforming with internationally accepted practices. I still remember very vividly that when the Chinese delegation, of which most were also members of the Drafting Group of the Chinese Patent Act, was invited to attend the First Session of the Diplomatic Conference for the Revision of the Paris Convention in Geneva in February 1980, we discussed the draft of the Chinese Patent Act not less than 13 times with Dr. *Arpad Bogsch*, Director General of the World Intellectual Property Organization, and Dr. *K. Pfanner*, then Deputy Director General of WIPO. One of our main purposes of those discussions was the attempt to comply with the Paris Convention. I personally also discussed the Draft code with Prof. Dr. *F. K. Beier*, then Director of the Max-Planck-Institute für ausländisches und international Patent, Urheber-und Wettbewerbsrecht, Munich. in Geneva, Munich and Beijing with the same purpose in mind. When China became a Member to the Paris Convention on March 19, 1985 and the Chinese Patent Act came into force on April 1, 1985. Nobody could find any contradictions between these two.

The Trademark Act of the People's Republic of China, which was promulgated on August 23, 1982 and came into force on March 1, 1983 was the first modern law for the protection of trademarks in China. Although the Chinese Trademark Act was implemented before China acceded to the Paris Convention, no disconformity existed between these two, either. From my own experience, I would like to say that China has paid full attention to Professor of Law and Director of the Center for Teaching and Research of Intellectual Property. The People's University of China, Beijing, keeping up the legal protection of intellectual property, in China in conformity with the relevant international conventions from the very beginning. This was the logical result of the policy of reform and opening up to the outside world.

---

* *Originally published in GRUR Int. 1996 Heft 4.*

I. International Conventions and the Establishment of Intellectual Property Laws in China

As mentioned above, the drafting of the Chinese Patent Act that began on March 19, 1979, took fully into account the Paris Convention (Stockholm Revision as of 1967).

National Treatment, a cornerstone of the Paris Convention, had already been included in the first Patent Act of China. Art. 18 of the Act explicitly stipulates that a patent application by a foreigner, foreign enterprise or other foreign organization having no residence or business office in China shall be treated under this law in accordance with bilateral or multilateral agreements that China is a party to, or else on the basis of reciprocity. It stands to reason that the Paris Convention is one of those international treaties mentioned above.

It is necessary and very important to point out, that according to Art. 142 of the General Principles of the Civil Code, promulgated on April 12, 1986 and effective as of January 1, 1987, "in case a provision of any international treaty signed by the People's Republic of China or to which it is a party differs from the corresponding provisions of national civil laws of the People's Republic of China, the provision of the international treaty shall prevail, unless the People's Republic of China has explicitly stated a reservation". Since China acceded to the Paris Convention before the Patent Act came into force, national treatment has been effective in China from the very enactment of the Chinese Patent Act.

Art. 19 of the Patent Act stipulates that "where any foreigner, foreign enterprise or other foreign organization without a permanent residence or business location in China applies for a patent, or has other matters concerning patents to attend to, he shall appoint a patent agency designated by the State Council of the People's Republic of China as his agent". Where any Chinese entity or individual applies for a patent or has other patent matters to attend to in China, he may appoint a patent agency to act as his representative. Up to July 1, 1995, eight patent agencies have been designated to take care of patent matters for foreigners, foreign enterprises or other foreign organizations.

This exception in the treatment of foreigners was permitted by the Paris Convention, Art. 2 (3), which stipulates that the provisions of the law of each of the Union's Member States relating to judicial and administrative procedure, to their jurisdiction, and to the designation of an address for service or the appointment of an agent, which may be required by national laws on industrial property fights, are expressly reserved.

The right of priority, another cornerstone of the Paris Convention, has also been adopted by the Chinese Patent Act. Art. 29 of the Act even before the recent revisions stipulates that foreign applicants filing an application in China within 12 months from the date on which the application for an identical patent or utility model was first filed in a foreign country, such application may enjoy the right of priority, that is, the date on which the application was first filed in the foreign country is to be regarded as the date of filing. This applies in so far as stipulated by bilateral or multilateral agreements to which China is a party, or on the basis of mutual recognition of the priority right. While the rule of priority is laid down in Art. 29 of the Patent Act. Art. 24 further specifies special regulations concerning the grace period. According to Art. 24, an invention for which a patent is filed, does not lose its novelty where, in six months before the date of filing, one of the following events have occurred:

(1) where the invention was first exhibited at a international exhibition sponsored or recognized by the Chinese government;

(2) where the invention was first made public at a designated academic or technological meeting;

(3) where the application was disclosed by a third person without the consent of the applicant.

The rules of the Paris Convention whereby all member States have to abide, were also adopted by the Chinese Industrial Property Act. For example, patents granted in China for the same invention already patented in another Member State, are independent from each other, and the inventor has the right to be named as such in the patent. Compulsory licenses may be granted in conformity with the provisions of the Paris Convention.

The conditions for filing and registration of trademarks are governed by the Trademark Act of the PRC. According to the Trademark Act, the Trademark Office shall cancel registered trademarks that have not been used for a continuous period of three years. It shall also cancel works or devices identical with or similar to the state name, national flag, national emblem or military flag of the PRC or foreign countries, international intergovernmental organization or the Red Cross or the Red Crescent. The same applies to industrial designs.

In drafting the Chinese Copyright Act, a task that took almost eleven years starting in 1979, much attention was given to the Berne Convention. Initially some persons involved in the drafting favored an accession to the Universal Copyright Convention rather than the Berne Convention. Eventually, most persons came out in favor of the Berne Convention. The three important principles of the Berne Convention, namely national treatment, automatic protection and independence of protection, have been adopted by the Chinese Copyright Act. Most minimum standards of protection in the Berne Convention such as the protection of moral rights, duration of protection (50 years beyond the author's death), the right of the author to control reproductions, translations, broadcast, adaptations and arrangements of the work were also included in the Copyright Act of the PRC. However, instead of acceding to the Berne Convention before the Copyright Act came into force on September 7, 1990, the State Council published the "International Copyright Treaties Implementing Rules" on September 25, 1992 for bridging the gap between the Copyright Act and the Berne Convention.

II. TRIPs, MOU and Improvement of IP Protection in China

Several years after the implementation of intellectual property laws, China has adopted a series of measures for the improvement of legal protection of intellectual property rights. A revision of the Patent Act of the People's Republic of China, adopted at the 27th Session of the

Standing Committee of the 7th National People's Congress on September 4, 1992 came into force on July 1, 1993. Its Implementing Regulations, approved by the State Council on December 12, 1992, came into force on the same day as the Patent Act. Revisions of the Trademark Act, adopted at the 30th Session of the Standing Committee of the 7th National People's Congress on February 22, 1993, came into force on July 1. 1993. The Second Revision of its Implementing Regulations was approved by the State Council on July 15, 1993, and came into force on the day of its promulgation. After acceding to the Berne Convention, the State Council promulgated the "International Copyright Treaties Implementing Rules" on September 25, 1992, as mentioned above. The Unfair Competition Prevention Act was adopted by the 3rd Session of the 8th National People's Congress on September 2, 1993 and entered into force on December 1, 1993.

There seems to be a general impression that the latest revisions of the implementing rules and other laws were merely adopted in order to implement the Memorandum of Understanding between the Government of the People's Republic of China and the Government of the United States of America on the Protection of Intellectual Property Rights, concluded on January 7, 1992. However, most new stipulations mentioned above were either based on the "Dunkel Draft" of the TRIPs Agreement, set out at the end of 1991 between ten developing countries (including China) and ten developed countries, or else on China's own initiative. In preparing the draft revision of the Patent Act, China decided to prolong the duration of patent protection for inventions from hitherto 15 years to 20 years from the application date, to protect food, beverages and flavors, to protect the product directly obtained by a patented process, and to add an importation right of the patentee plus other amendments. The most serious problem that had to be decided upon at that time was the question of patent protection for pharmaceutical products and substances obtained by means of a chemical process. Frankly speaking, many experts and officials were not in favor of such protection, but rather preferred to defer such protection to some time later. However, the "Dunkel Draft" of the TRIPs Agreement had been approved by the Ten Plus Ten Meeting, at the end of 1991, and China applied to resume her GATT membership status from 1986, acceding to the TRIPs Agreement after resuming her membership in GATT. According to the "Dunkel Draft", subject to certain exceptions, patents shall be available to all kinds of inventions, whether products or processes, in all fields of technology, provided that they are new, involve an inventive step and are capable of industrial application. Therefore, the MOU now provides in Art. 1 that patents shall be available to all chemical inventions, including pharmaceuticals and agricultural chemicals, whether products or processes. The revision of the Patent Act now omits the exception clause for patent protection for pharmaceutical products and substances obtained by means of a chemical process in Art. 25. In any event, the administrative protection for U. S. pharmaceuticals and agricultural product inventions, provided in Art. 2 of the MOU, is not based on the TRIPs draft. Many IP experts in China, including me, have the impression that it is rather not sensible to include such administrative protection in the MOU.

Further, the MOU does not include any provision in connection with trademark protection. It is clear that the revision of the Trademark Act, that provides for the protection of service marks, inter alia, is not fit for implementation in the MOU, but was initiated by China in reference to both the TRIPs Agreement and internationally accepted practice.

In the copyright field, China acceded to the Berne Convention, which both TRIPs and the MOU require. Only that accession came earlier than required by these agreements. As mentioned above, the State Council promulgated the "International Copyright Treaties Implementing Rules" on September 25, 1992 in order to end the inconsistency between the Chinese Copyright Act on one hand and the Berne Convention as well as the MOU on the other. For example, the Implementing Rules provide that unpublished foreign works are protected according to the Copyright Act, the term for protection of foreign works by applied art being 25 years from the date of creation of the work. Prior permission of the copyright owner shall be required in order to translate a published foreign work, if created in Chinese into the language of a minority nationality. Further, prior permission of the copyright owner shall be required for newspapers and periodicals to reprint foreign works, except the reprinting of articles on current political, economic, and social events. Copyright owners of foreign works in addition shall have the right to prohibit the importation of infringing copies and copies coming from a country where their works are not protected, etc. All these provisions mentioned above differ from the provisions in the Copyright Act, but are consistent with the Berne Convention.

As to protection of computer programs, there was a big debate on the means of protection by either Copyright Law or by a *sui generis* legislation. At the beginning of 1985, an international, non-governmental Meeting of Experts was convened by the WIPO and UNESCO in Geneva in order to discuss the best way of protecting computer programs. Many countries sent governmental delegations to the meeting. I had the honor to be invited to attend the meeting as a non-governmental expert. Most experts, both governmental and non-governmental, were in favor of the protection under copyright. Soon after the meeting, many countries, including France (July 1985), West Germany (June 24, 1985), the United Kingdom (November 15, 1988), Japan (June 14, 1985), Brazil (December 18, 1987), Indonesia (September 9, 1987), Spain (November 17, 1987), Malaysia (April 1987), South Korea (July 1, 1987) and others amended their copyright laws in order to include computer programs as copyrightable works, as the U.S. had done in 1980. The Copyright Act of the PRC protects computer software as a special form of copyright, but not as a literary work. China even promulgated the "Regulations on Computer Software Protection" on June 4, 1991, which provide a 25 years protection after software is first made public. However, the "Dunkel Draft" provides that "computer programs, whether in source or object code, shall be protected as literary works under the Berne Convention" (1971). Thus, the Chinese Government agrees in the MOU to recognize and protect computer programs as literary works under the Berne Convention, to impose no formalities on the protection of computer programs and to provide a protection period of 50 years. Such alterations were included in the Implementing Rules as mentioned above.

The TRIPs Agreement provides that in respect of at least computer programs and cinematographic works, Member States shall provide authors and their successors in title with the right to authorize or prohibit commercial rental of originals or copies of the copyrighted works. In reference to this provision, the Chinese Government promised in the MOU to issue new regulations that will explain that the exclusive right of distribution applying to all works and sound recordings also includes making copies available by rental. Art. 14 of the Implementing Rules mentioned above further provides that copyright owners of foreign works shall retain the right to authorize or prohibit the rental of copies of their works after the authorized sale by copies.

The Unfair Competition Prevention Act of the People's Republic of China was adopted at the 3rd Session of the Standing Committee of the 8th National People's Congress on September 2, 1993 and came into force on December 1, 1993. Trade Secrets, protected only by contract hitherto, are now protected by Art. 10 of the Act. This conforms both with the MOU and TRIPs. In the MOU, the Chinese Government agreed to enact a law before January 1, 1994 that should prevent trade secrets from being disclosed to acquired by or used by others without the consent of the trade secrets" owner in a manner contrary to honest commercial practices including the acquisition, use or disclosure of trade secrets by third parties who know or had reasonable grounds to know that such practices were used in the acquisition of such information. This provision in the MOU is also consistent with the protection of undisclosed information in the TRIPs Agreement.

From the above illustration, it should be crystal clear that the improvements in the protection of intellectual property rights and the enforcement of the MOU is rather based on the consideration that China will resume the GATT membership in the near future and that intellectual property legislation must be improved in accordance with the TRIPs Agreement.

III. TRIPs and the Outlook on Intellectual Property in China

Measures have been taken and will be taken to further enhance IP protection in China eventually conforming with internationally accepted practices, in particular the TRIPs Agreement.

Some main points worth mentioning are as follows: Criminal punishment for copyright infringers is not provided by the Copyright Act. However, the TRIPs Agreement requires that Member States shall provide for criminal procedures and penalties to be applied incases of copyright piracy on a commercial scale. Remedies available shall include imprisonment and/or monetary fines sufficient to provide a deterrent and consistent with the level of penalties applied for crimes of a corresponding scale. The enforcement of copyright protection in China is still unsatisfactory and piracy of copyrighted works is rather rampant, although Chinese authorities pay much attention to this situation. Recently, even U. S. Trade Representative Michael Kantor had to acknowledge that "China has improved laws and regulations concerning intellectual property rights in accordance with the January 1992 Memorandum of Understanding on Intellectual Property Rights".

Infringement of copyrights bothers both Chinese and foreign authors. The book "*Deng Xiaoping, My Father*", written by Ms. Xiao Rong (daughter of Deng Xiaoping) has also been pirated. Many famous Chinese authors and scientists, such as Prof. Qian Zhongshu and Prof. Wang Yongmin, complain of piracy all the time. Many foreign works, such as "*The Fugitive*", "*Gone with the Wind*", characters such as Mickey Mouse, CDs, LDs, computer programs and so on, have also been pirated. Measures of civil law and administrative law alone are insufficient to deter such rampant piracy.

On July 5, 1994 the "Resolution of the Standing Committee of the National People's Congress on the Punishment of Crimes of Copyright Infringement" was adopted on the 8th Session of the Standing Committee of the 8th National People's Congress. Under the Resolution, if the amount of the illegal income of copyright infringers is comparatively large or there are other aggravating circumstances, the offender shall be sentenced to a fixed term imprisonment of not more than three years. Where the amount of illegal income is large or there are other particularly aggravating circumstances, the offender shall be sentenced to a fixed-term imprisonment of not less than three years and not more than seven years.

Anyone who sells an infringing reproduction for profit, shall, if the amount of the illegal income is comparatively large, be sentenced to a fixed-term imprisonment of not more than two years. Where the amount of illegal income is large, he shall be sentenced to a fixed-term imprisonment of not less than two years and not more than five years. For interpreting the meaning of "large", "comparatively large", "other aggravating circumstances" and "other particularly aggravating circumstances", a "Circular on Interpretation of Some Issues for Applying the Resolution of the Standing Committee of the National People's Congress on the Punishment of Crimes of Copyright Infringement" was published by the Supreme People's Court at the beginning of 1995. According to the Circular, for the copyright infringements mentioned in Art. 1 of the above Resolution, the amount of the illegal income is comparatively large if the illegal income of individuals is over 20,000 RMB *yuan* and that of entities if over 100,000 RMB *yuan*. "Other aggravating circumstances" include those in which the infringer has been sued for administrative or civil liability at least twice before, the individual illegal business transaction is over 100,000 RMB *yuan* and that of entities is over 500,000 RMB *yuan* and the results or the circumstances are aggravating. The amount of illegal income is "large" if the illegal income of individuals is over 100,000 RMB *yuan* and that of entities is over 500,000 RMB *yuan*. "Other particularly aggravating circumstances" are assumed when the infringer has been sued for criminal liability before, the illegal business transaction of individuals is over 1 million RMB *yuan* and that of entities is over 5 million RMB *yuan* and the results of circumstances are very aggravating. For anyone who sells an infringing reproduction for profit, the amount of illegal income is "comparatively large", if the illegal income is over 20,000 RMB *yuan* and that of entities is over 100,000 RMB *yuan*. The amount of illegal income is "large", if the illegal income of individuals is over 100,000 RMB *yuan* and that of entities is over 500,000 RMB *yuan*.

According to Art. 25 of the revised Patent Act, plant varieties are still not included in the patent protection. However, the TRIPs Agreement provides in Art. 27 that Members shall provide for the protection of plant varieties either by patents, by an effective sui generis system or by a combination thereof. This provision shall be reviewed four years after the Agreement Establishing the WTO has come into force. Presently, a draft law is being prepared by the China Patent Office in cooperation with the Ministry of Agriculture and the Ministry of Forestry. China is also considering acceding to the International Convention for the Protection of New Varieties of Plants and to become a member of UPOV presently. Layout designs (topographies) of integrated circuits are not protected in China, although China has already signed the Washington Treaty on Intellectual Property in Respect of Integrated Circuits. The Treaty, however, has not yet come into force. This fact notwithstanding, the TRIPs Agreement requires Member States to provide protection for layout designs of integrated circuits. Therefore, the Ministry for Electronic Industry in cooperation with the China Patent Office is presently preparing a draft law in consistency with the TRIPs Agreement. On some issues of this law, there are serious discussions at the moment. One example is the scope of protection for the protected layout design and the integrated circuit. Should protection only extend to the design itself or should it also include the goods incorporating such a protected integrated circuit. Also in this case, compliance with the TRIPs Agreement is desirable. Although it may seem burdensome, it will certainly encourage competition and growth of the Chinese industry.

In addition, the State Commission of Economy and Trade is presently responsible for preparing a draft legislation to protect trade secrets in more detail than the present Art. 10 Unfair Competition Prevention Act. Also here, I believe that the outcome will be consistent with the provisions of the GATT Agreement.

Since intellectual property protection in China falls increasingly in line with the provisions of the TRIPs Agreement and internationally accepted practice, the outlook for an actual improvement of protection is bright.

Utility Models[*]

SUMMARY: 1. Advantages and disadvantages of the current system of utility models; 2. Proposals for revision of utility model legislation: A. Adopting a registration system, B. Adopting a substantive examination system, C. Adopting a documentation seaching system, D. Adopting a "registration plus substantive examination system", E. Adopting a system of "preliminary examination plus domestic novelty examination by patent agency", F. The scope will not be limited to the model, G. Final judicial review.

Under the Patent Law of the People's Republic of China, three different categories of patents shall be protected: patent for inventions, patent for utility models and patent for industrial designs. Legal protection of utility models in China is obviously learned from the successful experiences of some western countries, especially Germany and Japan.

According to Article 2, Paragraph 2 of the Rules for the Implementation of the Patent Law of PRC, "Utility model" means any new technical solution relating to the shape, the structure, or their combination, of a product, which is fit for practical use.

Utility models have three main characteristics, which are clearly different from the patent for inventions. Firstly, utility models are concerned only with product, not with process, as in the patent for inventions. Secondly, the patentability, especially the inventive step of the utility models, needs substantive features and represents progress compared with the state of the art, and for patent for inventions, it is necessary to have prominent substantive features and notable progress. [1]In other words, the inventive step in respect of a utility model is lower than that of an patent of invention. Whether a substantive feature is "prominent" or "not prominent" and a progress is "notable" or "not notable", depends on the subjective analysis of the examiner, with the helps of the "Guide to the Examination" published by the former China Patent Office (CPO, now its name changed to State Intellectual Property Offics, SIPO, on April 1998). [2]Thirdly, where it is found after preliminary examination (without substantive examination) that there is no cause for rejection of the application for a patent for utility model, the

---

[*] Originally published in ARS IURIS, Universidad Panamericana, 1998.

[1] Article 22, paragraph 2, Patent Law of the People's Republic of China.

[2] See chapter 2, paragraph 165, "Intellectual Property Law of the People's Republic of China", Guo Shoukang, Kluwer Law International, 1998.

Patent Office shall make a decision to grant the patent right for utility model, issue the relevant patent certificate, and register and announce it. ❶

There are other differences, which are clear and easy to understand, such as the duration of protection for a patent for utility model shall be ten years and that for a patent for invention shall be 20 years, counted from the date of filing.

During the drafting of the Patent Law from March 19, 1979 to March 12, 1984, a strong opposition was insisted by many influential persons and organizations against the preparation of a Patent Law. In order to lessen the opposition and simplify the draft, some experts, such as Mr. Hu Minzheng, a member of the Patent Law Drafting Group and an expert from the China Council for the promotion of International Trade, suggests that a Patent Law, only includes the protection of the patent for invention, should be promulgated and a separate law for utility model may be postponed to sometime later. However, afterwards the opposition opinion have been diminished and utility model was included again in the final Draft. Many experts are afraid that a separate legislation of utility model will be difficult to insert into the crowded legislative plan of the National People's Congress and its Standing Committee.

Ⅰ. Advantages and disadvantages of the current system of utility models

During the drafting of the Patent Law, a great majority of experts are in favor of establishment of a utility model system. Fundamentally speaking, there are two main reasons for adopting the protection of utility model. Firstly, China has a vast population and the protection of utility model can stimulate the creativeness of the vast masses. Secondly, owing to the historical conditions, the level of science and technology in China are still lagged behind those of developed countries. The utility model system shall meet the urgent needs of China, as a developing country.

Practice shows that the implementation of utility model system have a positive result since the entering into effect of the Patent Law of the People's Republic of China. According to the statistics published by the China Patent Office, from April 1, 1985 to May 31, 1998, the total amount of patent applications are 786,662, among which 217,056 are patents for inventions, 436,545 are patents for utility models and 133,061 are patents for industrial designs. During the same period, the total patents granted by CPO are 382,463, among which 37,797 are patents for inventions, 266,004 are patents for utility models and 78,662 are patents for industrial designs. Only in 1997, the total amount of patent applications are 114,208, among which 33,666 (29.5%) are patents for inventions, 50,129 (43.9%) are patents for utility models and 30,413 (26.6%) are patents for industrial designs. The total amount of three different kinds of patents granted in 1997 are 50,992, among which 3,494 (6.9%) are patents for inventions, 27,338 (53.6%) are patents for utility models and 20.160 (39.5%) are pa-

---

❶ Article 40, *Patent Law of the People's Republic of China*.

tents for industrial designs. ❶

For comparison, let us look at the statistics of utility models (Gebrauchsmuster) in Germany, the first country adopting utility models in history. In the year of 1997, applications for patents for inventions directly with GPO and PCT-GPO international phase, as well as directly with GPO and PCT-GPO national phase, are, respectively, 75,576 and 55,729. The patents granted in 1997 are 16,333 and the patents stock, including patents granted by the European Patents Office with effect in the Federal Republic of Germany, are 337,198. The applications for utility models are 23,062, the egistrations of utility models in that year are 19,500 and the stock of registrations are 97,600. For industrial designs (Geschmacksmuster), the applications are 74,092, the registrations are 70,066 and the stock of registrations are 266,991. ❷ In China, the number of applications and grant of utility models in 1997 are respectively 50,129 (43.9% of the whole three kinds of patents) and 27,338 (53.6% of the whole three kinds of patents), which are much numerous, both in quantity and in percentage, than in FRG. Anyhow, the large amount of applications and grantings of utility models reflects the main objective of the utility model system has been realizing-to encourage creations, to foster the spreading and applications, and to promote the development of science and technology, as well as for meeting the needs of the construction of socialist modernization.

On the other hand, the experiences obtained from the implementation of utility model system express clearly that there are also disadvantages or shortcomings in the current system of utility models. In one word, the fundamental cause for the over-generous granting of patents for utility models is "high-standard requirements and low-level examination". ❸ Article 22 of the Patent Law stipulates that any utility model, for which patent right may be granted, must possess novelty, inventive step and practical applicability. Under the China Patent Law, novelty means absolute novelty, i.e., the invention is new in the worldwide scope. Inventive step of a utility model, as mentioned above, is lower than that for a patent for invention. However, it is, indeed, very difficult for a examiner to define whether a substantive feature is "prominent" or "not prominent" and a progress is "notable" or "not notable". Under the China Patent Law, the examination for a utility model shall only be "preliminary" or "formal", and not "substantive". This is, actually, an important advantage of utility model-save money and save time. However, practice indicates that among the over 200,000 patents for utility models granted, a large number of such patents are repetitively granted or with rather low quality. So, there are a lot of complaint on the current utility model system. According to statistics published by China

---

❶ *Annual Report 1997, Patent Office of the People's Republic of China*, p. 22, p. 24 and p. 26, *Statistics of SIPO*, May 1998 (in chinese), table 1, table 2 and table 6.

❷ *Annual Report 1997, German Patent Office*, p. 8.

❸ *The Legislation for Utility Model and Their Examination and Approval – On Improving the System of Patent for Utility Model*, Zhang Rongyan, *China Patents & Trademarks*, 2, 1997, p. 74~75.

Patent Office, since 1985, 2913 requests for invalidation have been received by the Patent Reexamination Board, of which 550 were received in the year 1997. Among the total request for invalidation in 1997, 36 related to patents for invention, representing 6.5% of the total, 320 related to patents for utility models, representing 58.2%, 194 related to industrial designd, representing 35.5%. ❶ During January 1, 1998 to May 31, 1998, 242 requests for invalidations are filed, among which 20 are related to invention, 140 to utility model and 82 to design. The number of final decisions for invalidation are 129, among which 12 related to invention, 79 to utility model and 38 to industrial design. Obviously, the filing number and precentage of final decision for the invalidation of utility models are much numerous and higher than the other two categories of patents-patents for invention and patents for industrial design. ❷

From time to time, many complaints about the low quality of patented products in the field of utility model are heard from the consumers. The case of Human Height Stimulator (HHS) patent for utility model are a notable one. Jin Tai-bao, a young peasant from the rural area of Shijiazhuang, capital of Hebei province, invented in 1985 a body-building apparatus, Human Height Stimulator (HHS). The invention, according to the patent claims, could make a short youth grow between 5 to 7 centimeters higher by means of electronic stimulator. Later, Mr. Jin filed a patent for utility model and, on March 24, 1987, a utility model patent was granted, which patent number was 85204439. Then, Mr. Jin licensed three enterprises to manufacture such stimulators. The broad masses believe that a patented product, approved by CPO, are certainly going to be high quality and up to standard. In consequence, the HHS, each costs no more than 20 yuan RMB❸ and its selling price ran as high as 78 yuan RMB. The HHS became a best-selling product. Jin made a great profits, but many manufactures of HHS even started production without the consent of the patent owner. However, it was soon found that the HHS could produce no desired effects, except to torment its users mersilessly. An amateur actor in Beijing was already 173 centimeters high, but he thought he was still too short. He bought an HHS and, under the guidance of the HHS instruction, he used the apparatus for a week. His eyes became so swollen that he could hardly open them. Hard swellings grew all over his face, his complexion became black-grey and he suffered itching all over his body. He went to see doctors of several hospitals for medical treatment and recovered completely only after more than ten months. The actor's stature finally measured one centimeter less than he started to use his HHS. Many victims are stimulated into so great a wrath and wrote to the press and to the consumers' societies. The Consumer's Press of China then filed with the CPO a request for a declaration of nullity of the HHS patent. On November 30, 1988, the HHS patent was declared null. Howev-

---

❶ *Annual Report 1997, Patent Office of the People's Republic of China.*

❷ *Statistics of SIPO, May 1998 (in chinese), table 15.*

❸ *At that time, US $ 100 was worth 371.28 buying rate yuan RMB on June 13, 1989, according to the official foreign exchange rate established by the Bank of China.*

er, the HHS case is only a notable one, which express that there are problems in the current utility models system and its legislation must be carefully studied and amended in the coming revision of China Patent Law. ❶ Dr Gao Lulin, the former president of CPO, pointed out that "Some sort of improvement should be made on the system of patent for utility model. The present system of examination for utility models, which is lax at both ends, cannot go on." ❷

II. Proposals for revision of utility model legislation

For improving the current shortcomings of utility model, many proposals have been suggested in newspapers and journals, and became a "hot topic" for the coming revision of Patent Law. Some main proposals will be analysed in the followings.

1. Adopting a registration system

Under such system, the repetitive granting of patents for utility models will be more serious. The fame of patent system will be heavily damaged.

2. Adopting a substantive examination system

Under a substantive examination system, the repetitive granting of patents for utility models shall be diminished a lot and the quality of which will also be quaranteed. But, the basic advantages of the utility model system—save money and save time, will be lost. Only in the year of 1997, there are already 50,129 applications for patents for utility model. At the moment, it is impossible to adopt a substantive examination system for utility model in China. Even in Japan, the substantive examination system of utility model, implemented for many years, was replaced by a registration system a few years ago.

3. Adopting a documentation seaching system

A documentation seaching system means that, when carrying out preliminary examination of a utility model, the Patent Office will make a search in order to determine whether the application fulfils the requirements of novelty, inventive step and industrial applicability, and established a search report. The merit of such a searching system is that the searching results of the Patent Office and the claims of the application are directly provided to the public for them to judge. However, such a searching system is also difficult to implement when a large number of applications is existed, and its advantages will be lost or diminished a lot.

4. Adopting a "registration plus substantive examination system"

The "registration plus substantive examination system" is, in certain degree, learned from the revised Dutch Patent Law, entered into force on April 1, 1995. According to the revised Dutch Patent Law, a "grande patent" shall be registered only after a searching was com-

---

❶ *The Height of Opportunism? The Sad Story of Jin Tai-bao'Patent Human Height Stimulator*, Guo Shoukang and Niu Shaoxing, Patent World, November 1989, p. 11 and p. 12.

❷ *Problems in the Carrying Out of the Patent Law and Legislation Strategy Concerned*, Ma Lianyuan, Journal "Intelletual Property" (*in chinese*), 1997, 1, p. 11.

pleted by the Patent Office. However, a "petit patent" shall be registered without searching. But, if a petit patent is involved in a court procedure, then it is necessary to applied substantive examination with the Patent Office. Some Chinese patent experts take reference from the Dutch experience and suggest that a utility model shall be registered after formal examination, but if the utility model is involved in a court procedure or the patent or any interested party request the administrative authority for patent affairs to handle the matter, then the utility model must be substantially examined by the Patent Office. ❶

5. Adopting a system of "preliminary examination plus domestic novelty examination by patent agency"

The dilemma is: the advantages or characteristics of utility models will be lost or weakened if substantive examination, whether only novelty or also inventive step and industrial applicability, is to be strengthened; the repetition of patent granting as well as the low quality of patent for utility models will not be improved if a substantive examination is not to be implemented. Thus, some experts suggest a new proposal, by which the Patent Office instruct the patent agency to make the domestic novelty examination, then a patent for utility model will be granted only with a preliminary examination of the Patent Office. ❷The problem of such a proposal is: the responsibility of the patent agency will be too heavy, and the money and time spent by patent agency shall, finally, be compensated by the patent applicant.

6. The scope will not be limited to the model

As mentioned above, utility model in China means any new technical solution relating to the shape, the structure, or their combination, of a product, which is fit for practical use, and process shall not be included in the scope of utility model. Such definition is in conforming with earlier western legislation. But, later on, German law began to protect eletrical circuits as a utility model. As Prof. F. K. Beier pointed out, many authors request that "the historical requirement of a definite three dimensional form be dropped and the utility model system fully developed into a petty patent system open to any invention". ❸ China, indeed, shall pay attention to, and take reference from, the recent trend of international utility model system.

7. Final judicial review

According to TRIPs Agreement, final administrative decisions in any of the procedures concerning the acquisition or maintenance of intellectual property rights and, where a Member's law provides for such procedures, administrative revocation and inter partes procedures such as

---

❶ *Problems in the Carrying Out of the Patent Law and Legislation Strategy Concerned*, Ma Lianyuan, Journal "Intelletual Property" (in chinese), 1997, 1, p.11.

❷ *A Proposal of Preliminary Examination plus Domestic Novelty Examination by Patent Agency*, Zhu Chengshi, Patent News, July 1, 1998, p.2.

❸ *German Industrial Property, Copyright and Antitrust Laws, Legal Texts with Introduction, Introduction to Industrial Property Law*, by F. K. Beier, p.1/A17.

opposition, revocation and cancellation, shall be subject to review by a judicial or quasi-judicial authority. ❶However, under the China Patent Law, any party, unsatisfied with the decision of the Patent Office rejecting the application, or revoking or upholding the party right, may, within three months from the date of receipt of the notification, request the Patent Reexamination Board to make a reexamination; ❷ any entity or individual, which consider the granting of a patent is not in conformity with the relevant provisions of the Patent Law, may, after the expiration of six months from the date of patent grantion, request the Patent Reexamination Board to declare the patent right invalid. ❸The decision of the Patent Reexamination Board I respect of reexamination and invalidation of a patent for utility model, is final. ❹The historical background of such a provision is that, at the middle of 1880s, chinese courts cannot yet be in full charge on so heavy burden at that moment. Now, the circumstances are changed completely. As a part of the preparation for accession in WTO, China shall revise the above-mentioned provision and introduce a final judicial rewiew to the decisions of the Patent Reexamination Board.

For my personal opinion, I believe that a final judicial review should be added, the preliminary examination should be improved by reasonable novelty searching or additional reasonable examination, which could be found out in a best way after careful study and debate. It would be a good idea to enact a separate law for utility models, parallel with the Patent Law. However, I am afraid the legislative authority would not like to go so far.

---

❶ Article 62, *TRIPs Agreement*.
❷ Article 43, *Patent Law of the People's Republic of China*.
❸ Article 48, *Patent Law of the People's Republic of China*.
❹ Article 43 and 49, *Patent Law of the People's Republic of china*.

Current Issues and Perspectives of Utility Models in the People's Republic of China*

Introduction

Under the Patent Law of the People's Republic of China (PRC), three different categories of patents are protected: patents for inventions; patents for utility models; and patents for industrial designs. Legal protection of utility models in China is obviously learned from the successful experiences of some western countries, especially Germany and Japan.

According to Article 2, paragraph 2, of the Rules for the Implementation of the Patent Law of the PRC, utility model means "any new technical solution relating to the shape, the structure, or their combination, of a product, which is fit for practical use".

Utility models have three main characteristics, which are clearly different from the patent for inventions. Firstly, utility models are concerned only with product, not with process, as in the patent for inventions. Secondly, the patentability, especially the inventive step of the utility models, needs substantive features and represents progress compared with the state-of-the-art, and for patent for inventions, it is necessary to have prominent substantive features and notable progress. ❶In other words, the inventive step in respect of a utility model is lower than that of a patent of invention. Whether a substantive feature is "prominent" or "not prominent" and a progress is "notable" or "not notable", depends on the subjective analysis of the examiner, with the help of the Guide to the Examination, published by the former China Patent Office (CPO), which changed its name to State Intellectual Property Office (SIPO) in April 1998. ❷Thirdly, where it is found after preliminary examination (without substantive examination) that there is no cause for rejection of the application for a patent for a utility model, the Patent Office shall make a decision to grant the patent right for the utility model, issue the

---

* Originally published in the Journal of World Intellectual Property Vol. 1 No. 6 (1998), pp. 942~948.

❶ Article 22, paragraph 2, Patent Law of the People's Republic of China.

❷ See Guo Shuokang, Intellectul Property Law of the People's Republic of China, Kluwer Law International, 1998, Chapter 2, para. 165.

relevant patent certificate, and register and announce it. ❶

There are other differences, which are clear and easy to understand, such as the duration of protection for a patent for a utility model shall be ten years, and that for a patent for invention shall be twenty years, counted from the date of filing.

During the drafting of the Patent Law, from March 1979 to March 1984, strong opposition was expressed against the preparation of a Patent Law by many influential persons and organizations. In order to lessen the opposition and simplify the Draft, some experts, such as Mr Minzheng Hu, a member of the Patent Law Drafting Group and an expert from the China Council for the Promotion of International Trade, suggested that a Patent Law which only includes the protection of the patent for invention should be promulgated, and a separate law for utility models could be postponed to sometime later. However, the opposition opinion later diminished and the utility model was again included in the final Draft. Many experts are afraid that a separate legislation of utility models will be difficult to insert into the crowded legislative plan of the National People's Congress and its Standing Committee.

Ⅰ. Advantages and Disadvantages of the Current System of Utility Models

During the drafting of the Patent Law, a great majority of experts were in favor of the establishment of a utility model system. Fundamentally speaking, there were two main reasons for adopting the protection of utility models. Firstly, China has a huge population and the protection of utility models can stimulate the creativeness of the vast masses. Secondly, owing to the historical conditions, the level of science and technology in China is still lagging behind those of developed countries. The utility model system would meet the urgent needs of China, as a developing country.

Practice shows that the implementation of the utility model system has had a positive result since the entering into effect of the Patent Law of the PRC. According to the statistics published by the CPO, from 1 April 1985 to 31 May 1998, the total number of patent applications was 786,662, of which 217,056 were patents for inventions, 436,545 were patents for utility models and 133,061 were patents for industrial designs. During the same period, the total number of patents granted by the CPO was 382,463, of which 37,797 were patents for inventions, 266,004 were patents for utility models and 78,662 were patents for industrial designs. In 1997 alone, the total number of patent applications was 114,218, among which 33,666 (29.5 percent) were patents for inventions, 50,129 (43.9 percent) were patents for utility models and 30,413 (26.6 percent) were patents for industrial designs. The total amount of the three different kinds of patents granted in 1997 was 50,992, among which 3,494 (6.9 percent) were patents for inventions, 27,338 (53.6 percent) were patents for utility models and

---

❶ Article 40, *Patent Law of the People's Republic of China*.

20,160 (39.5 percent) were patents for industrial designs. ❶

For comparison, let us look at the statistics of utility models (Gebrauchsmuster) in Germany, the first country in history to adopt models. In 1997, applications for patents for inventions directly with the German Patent Office (GPO) and Patent Co-operation Treaty (PCT-GPO) international phase, as well as directly with the GPO and PCT-GPO national phase, were, respectively, 75,576 and 55,729. The number of patents granted in 1997 was 16,333 and the patents stock, including patents granted by the European Patent Office with effect in the Federal Republic of Germany (FRG), was 337,198. The number of applications for utility models was 23,062, the number of registrations of utility models in that year was 19,500 and the stock of registrations was 97,600. For industrial designs (Geschmacksmuster), the number of applications was 74,092, the number of registrations was 70,066 and the stock of registrations was 266,991. ❷In China, the number of applications and grant of utility models in 1997 were, respectively, 50,129 (43.9 percent of all three kinds of patents) and 27,338 (53.6 percent of all three kinds of patents), which are more numerous, both in quantity and in percentage, than in the FRG. However, the large number of applications and grantings of utility models reflects the main objective of the utility model system—to encourage creations, to foster their spread and application, and to promote the development of science and technology, as well as to meet the needs of the construction of socialist modernization.

On the other hand, the experiences obtained from the implementation of the utility model system express clearly that there are also disadvantages or shortcomings in the current system of utility models. Briefly, the fundamental cause for the over-generous granting of patents for utility models is "high-standard requirements and low-level examination". ❸Article 22 of the Patent Law stipulates that any utility model, for which patent right may be granted, must possess novelty, inventive step and practical applicability. Under the China Patent Law, novelty means absolute novelty, i.e. the invention is new in the world-wide scope. The inventive step of a utility model, as mentioned above, is lower than that for a patent for invention. However, it is, indeed, very difficult for an examiner to define whether a substantive feature is "prominent" or "not prominent" and a progress is "notable" or "not notable". Under the China Patent Law, the examination for a utility model shall only be "preliminary" or "formal", and not "substantive". This is, actually, an important advantage of the utility model—save money and save time. However, practice indicates that among the over 200,000 patents for utility models granted, a large number are repetitively granted or with rather low quality; so there are a lot of

---

❶ *Annual Report 1997, Patent Office of the People's Republic of China*, pp. 22, 24 and 26, *Statistics of Sipo*, May 1998 (in Chinese), Tables 1, 2 and 6.

❷ *Annual Report 1997, German Patent Office*, p. 8.

❸ Zhang Rongyan, *The Legislation for Utility Models and their Examination and Approval—On Improving the System of Patent for Utility Models*, China Patents & Trademarks, 2, 1997, pp. 74~75.

complaints about the current utility model system. According to statistics published by the CPO, since 1985, 2913 requests for invalidation have been received by the Patent Reexamination Board, of which 550 were received in 1997. Among the total requests for invalidation in 1997, 36 related to patents for invention, representing 6.5 percent of the total, 320 related to patents for utility models, representing 58.2 percent, 194 related to industrial designs, representing 35.5 percent. ❶Between 1 January 1998 and 31 May 1998, 242 requests for invalidations were filed, among which 20 were related to invention, 140 to utility models and 82 to industrial designs. The number of final decisions for invalidativn was 129, among which 12 related to invention, 79 to utility models and 38 to industrial designs. ❷Obviously, the filing number and percentage of final decisions for the invalidation of utility models were more numerous and higher than the other two categories of patenis — patents for invention and patents for industrial designs.

From time to time, many complaints about the low quality of patented products in the field of utility models are heard from consumers. The case of the Human Height Stimulator (HHS) utility model patent is a notable one. Jin Tai-bao, a young peasant from the rural area of Shijiazhuang, capital of Hebei province, invented a bodybuilding apparatus, the HHS, in 1985. The invention, according to the patent claims, could make a short youth grow between five to seven centimeters higher by means of an electronic stimulator. Later, Mr Jin filed a patent for a utility model and, on 24 March 1987, a utility model patent was granted; its patent number was 85,204,439. Then Mr Jin licensed three enterprises to manufacture such stimulators. The broad masses believe that a patented product approved by the CPO would certainly be of high quality and up to standard. In consequence, the HHS, which cost no more than 20 RMB *yuan*❸sold at a price as high as 78 RMB *yuan*. The HHS became a best selling product. Jin made a great profit, but many manufacturers of HHS even started production without the consent of the patent owner. However, it was soon found that the HHS could not produce the desired effect, only to torment its users mercilessly. An amateur actor in Beijing was already 173 centimeters tall, but he thought he was still too short. He bought an HHS and, under the guidance of the instructions, he used the apparatus for a week. His eyes become so swollen that he could hardly open them. Hard swellings grew over his face, his complexion became black-grey and he suffered itching all over his body. He went to see doctors at several hospitals for medical treatment and only completely recovered after more than ten months. The actor's stature finally measured one centimeter less than when he started use his HHS. Many victims were overcome with great wrath and wrote to the press and to the consumers' societies. The Consumer's

---

❶ *Annual Report 1997, Patent Office of the People's Republic of China.*

❷ *Statictics of SIPO, May 1998 (in Chinese), Table 15.*

❸ *At the time, 13 June 1989, US＄100 was worth 371.28 (buying rate) RMB yuan, according to the offical foreign exchange rate established by the Bank of China.*

Press of China then filed a request with the CPO for a declaration of nullity of the HHS patent. On 30 November 1988, the HHS patent was declared null and void. However, the HHS case is a notable one, in that it expresses that there are problems in the current utility model system and that its legislation must be carefully studied and amended in the coming revision of the China Patent Law. ❶Dr Gao Lulin, the former President of the CPO, pointed out that "some sort of improvement should be made in the system of patents for utility models. The present system of examination for utility models, which is lax at both ends, cannot go on". ❷

Ⅱ. Proposals for Revision of Utility Model Legislation

Many proposals have been suggested in newspapers and journals for improving the current shortcomings of the utility model and it became a "hot topic" for the coming revision of the Patent Law. Some main proposals will now be analyzed.

1. Adopting a Registration System

Under a registration system, the repetitive granting of patents for utility models will be very serious, otherwise the reputation of the patent system will be heavily damaged.

2. Adopting a Substantive Examination System

Under a substantive examination system, the repetitive granting of patents for utility models would be diminished and the quality would also be guaranteed. But the basic advantages of the utility model system — save money and save time would be lost. In 1997 alone, there were already 50,129 applications for patents for utility models. At the moment, it is impossible to adopt a substantive examination system for utility models in China. Even in Japan, this type of examination system, which had been implemented for many years, was replaced by a registration system a few years ago.

3. Adopting a Documentation Search System

A documentation search system means that, when carrying out a preliminary examination of a utility model, the Patent Office will make a search in order to determine whether the application fulfils the requirements of novelty, inventive step and Industrial applicability, and establish a search report. The merit of such a search system is that the search results of the Patent Office and the claims of the application are provided directly to the public for them to judge. However, such a search system is also difficult to implement when there is a large number of applications, and its advantages will be lost or diminished.

4. Adopting a Registration plus Substantive Examination System

The registration plus substantive examination system has, to a certain degree, been learn-

---

❶ Guo Shoukang and Niu Shaoxing, The Height of Opportunism? "The Sad Story of Jin Tai-bao" Patent Human Height Stimulator, Patent World, November 1989, pp. 11~12.

❷ Ma Lianyuan, Problems in the carrying out of the Patent Law and Legislation Strategy Concerned, Intellectual Property (in Chinese), 1997, 1, p. 11.

ed from the revised Dutch Patent Law which entered into force on 1 April 1995. According to this Law, a "grande patentee" shall be registered only after a search has been completed by the Patent Office. However, a "petite patentee" shall be registered without a search. But, if a "petite patentee" is involved in a court procedure, then it is necessary to apply for a substantive examination with the Patent Office. Some Chinese patent experts, having studied the Dutch experience, suggest that a utility model shall be registered after formal examination, but if the utility model is involved in a court procedure or the patent holder or any interested party requests the administrative authority for patent affairs to handle the matter, then the utility model must be substantially examined by the Patent Office. ❶

5. Adopting a System of Preliminary Examination plus Domestic Novelty Examination by Patent Agency

The dilemma, if adopting a system of preliminary examination plus domestic novelty examination, is that the advantages or characteristics of utility models will be lost or weakened if the substantive examination—whether there is only novelty or also inventive step and industrial applicability—is to be strengthened. The situation of repetition of patent granting as well as the low quality of patents for utility models will not be improved if a substantive examination is not implemented. Thus, some experts suggest a new proposal by which the Patent Office instructs the patent agency to make the domestic novelty examination, then a patent for a utility model will be granted with a preliminary examination by the Patent Office. ❷The problem with such a proposal is that the responsibility of the patent agency will be too heavy, and the money and time spent by the patent agency will, in the end, have to be compensated by the patent applicant.

6. The Scope will not be Limited to the Model

As mentioned above, a utility model in China means any new technical solution relating to the shape, the structure, or a combination of both, of a product, which is fit for practical use, and the process shall not be included in the scope of a utility model. Such a definition conforms with earlier Western legislation. But, later on, German law began to protect electrical circuits as utility models. As Professor EK. Beier pointed out, many authors request that the "historical requirement of a definite three-dimensional form be dropped and the utility model system fully developed into a petty patent system open to any invention". ❸Indeed, China should pay attention to, and take reference from the recent trend of the international utility model system.

---

❶ *Ma Lianyuan, Problems in the carrying out of the Patent Law and Legislation Strategy Concerned, Intellectual Property (in Chinese), 1997, 1, p. 11.*

❷ *Zhu Chengshi, A proposal of Preliminary Examination plus Dometic Novelty Examination by Patent Agency, Patent News, 1 July 1998, p. 2.*

❸ *EK. Beier, German Industrial Property, Copyright and Antitrust Laws, Legal Texts with Introduction, Introduction to Industrial Property Law, p. 1/A/7.*

7. Final Judicial Review

According to the Trade-Related Aspects of Intellectual Property Rights Agreement (TRIPs), final administrative decisions in any of the procedures concerning the acquisition or maintenance of intellectual property rights and, where a Member's law provides for such procedures, administrative revocation and inter parties procedures such as opposition, revocation and cancellation, shall be subject to review by a judicial or quasi-judicial authority. ❶However, under the China Patent Law, any party, unsatisfied with the decision of the Patent Office rejecting the application, or revoking or upholding the party right, may, within three months from the date of receipt of the notification, request the Patent Re-examination Board to make a re-examination, ❷ any entity or individual, which considers the granting of a patent is not in conformity with the relevant provisions of the Patent Law, may, after the expiration of six months from the date of patentgranting, request the Patent Re-examination Board to declare the patent right invalid. ❸ The decision of the Patent Re-examination Board in respect of reexamination and invalidation of a patent for a utility model, is final. ❹The historical background of such a provision is that, in the mid 1880's, Chinese courts could not undertake so heavy a burden at that moment. Now, the circumstances have changed completely. As a part of the preparation for accession to the World Trade Organization, China is to revise the above-mentioned provision and introduce a final judicial review to the decisions of the Patent Re-examination Board.

Conclusion

It is clear that a final judicial review should be added to the system, and the preliminary examination should be improved by reasonable novelty searching or additional reasonable examination, which could be undertaken after careful study and debate. It would be a good idea to enact a separate law for utility models, parallel with the Patent Law. However, the legislative authority may not like to go so far.

---

❶ *Article 62, Trips Agreement.*
❷ *Article 43, Patent Law of the People's Republic of China.*
❸ *Anticle 48, Patent Law of the People's Republic of China.*
❹ *Article 43 and 49, Patent Law of the People's Republic of China.*

New Chinese Copyright Act*

The current Copyright Act of the People's Republic of China was promulgated in 1990 and came into effect in 1991. Since then some important changes have taken place in China. The planned economy is being replaced, step by step, by a socialist market economy, which was fixed in the amendment of the Constitution at the Second Session of the Ninth National People's Congress in March 1999. China started to accede to the international copyright conventions, including the Berne Convention for the Protection of Literary and Artistic Works and the Universal Copyright Convention, in 1992. In addition, new technologies have raised many new issues in the field of copyright protection. It is generally recognized by both state authorities and academic experts that the need to revise the current Copyright Act has become urgent. Early in 1993, the National Copyright Administration already submitted a report to the State Council proposing the revision of the Copyright Act. In 1996, the State Copyright Administration began preparatory work for such a revision. A preliminary draft was submitted to the Legal Affairs Bureau (now the Legal Affairs Office) of the State Council for consideration in the latter part of 1997. A formal draft was submitted to the State Council on January 8, 1998. The draft was preliminarily approved by the State Council on November 18, 1998 and then submitted to the Standing Committee of the National People's Congress for review and approval. On December 23, 1998, the revised draft was reviewed at the Sixth Session of the Standing Committee of the Ninth National People's Congress. There are different opinions and hot debate on some issues of the draft. The latest review was held by the Standing Committee in the middle of 1999. It is generally predicted that the revised Copyright Act will be finally approved by the Standing Committee of the National People's Congress.

Three cardinal principles shall guide the current revision of the Copyright Act, as pointed out by Yu Youxian, Director General of the National Copyright Administration, in his explanatory report to the Standing Committee of the National People's Congress, commissioned by Premier Zhu Rongji. Firstly, it is necessary to handle relations correctly between copyright owners and copyright users. The initiative of creation should be encouraged, the dissemination of

---

* *Originally published in International Review of Industrial Property and Copyright Law, Vol. 31 No. 5/ 2000, pp. 526~530.*

literary, artistic and scientific works should be promoted, and punishment for copyright infringement should be strengthened. Secondly, it is necessary to handle relations correctly between internal and external copyright protection. Foreign works must be protected in conformity with the international conventions that China has concluded or joined. Starting from the fundamental situation in China and taking into account the new developments in international copyright protection, the level of copyright protection of works created by Chinese citizens should be appropriately raised. Thirdly, copyright protection of those aspects of new technologies upon which consensus exists shall be added in the revised Act. Other issues may be put aside temporarily if they are still to be studied by international copyright circles and if there are also different opinions in the domestic circles concerned. The main revisions in the draft include:

1. Use of the term "publish" in its narrow sense (chuban) in the second paragraph of Art. 2

In the current Copyright Act, "publish" is, in many cases, used in its broad meaning, i.e. to make a work public in any form (*fabiao*). In the draft, *fabiao* is replaced by *chuban*, which means publication of hard copies and conforms with the term "publish" used in the Berne Convention, in the second paragraph of Art. 2. In the third paragraph of the same Article, the current Act provides that "Any works of a foreigner published outside the territory of the People's Republic of China... shall be protected in accordance with this law". In the revised draft, this paragraph is amended and "published outside the territory of the People's Republic of China" is omitted. This is because China is now a member of the Berne Convention and Art. 3 of the Convention provides that the protection of this Convention shall apply to authors, who are nationals of one of the countries of the Union, for their works, "whether published or not".

2. Works of applied art shall be protected under the revised Act

Under the current Copyright Act, works of applied art by Chinese citizens are not protected. However, foreign works of applied art are protected under the International Copyright Treaties Implementing Rules. In the revised draft, works of applied art are provided as a category of work to be protected under Art. 3. Incidentally, in the same Article, "computer software" will be replaced by "computer program" in the draft, which I insisted on for many years.

3. Clarification that the Copyright Act only protects expression

It is generally recognized in copyright theory that copyright law only protects expression, but not ideas. A separate paragraph was added to Art. 5 of the revised draft, as "this Law only protects expression and not ideas, conception, discoveries, principles, methods, systems and processes". Such a provision is based upon Art. 3 of the WIPO Copyright Treaty, Art. 9 of TRIPs and the copyright laws of many other countries, such as Art. 102 of the U.S. Copyright Act.

4. Improvement of the provisions on property rights of copyright owners

The new draft provides that copyright includes ten categories of property rights: those of reproduction, distribution, rental, exhibition, public performance, broadcasting, adaptation, translation, compilation and the right to make cinematographic, television and video works. A rental right for cinematographic works and computer programs will be added as a property right of the copyright owner to be protected under the revised draft. This is also based upon recent developments in internationally recognized practices. The public performance right will include not only live performance, but also secondary performance, i. e., performance by means of mechanical equipment, which is not protected under the current Act.

5. Databases will be protected as compilations

Under the Implementing Regulations of the Copyright Act, a compilation is a work assembling a number of selected pre-existing works, in whole or in part, according to an arrangement designed for a specific purpose. In the revised draft, a compilation is defined as a work with originality assembling a number of pre-existing works, in whole or in part, as well as materials and data which are not protected by the Copyright Act. Thus, databases may be included in the compilations protected by the Copyright Act.

6. Typographical designs will be protected

Rights for typographical designs shall be included in neighboring rights. The current Copyright Act has no stipulations on such issues. The revised draft provides protection for typographical designs in the Copyright Act, instead of in the Implementing Regulations. A separate Article is added in the Act, which stipulates that "A publisher has the right to license or prohibit other persons from exploiting the typographical design of the books, newspapers and periodicals which he or she has published".

7. Exploitation of works in textbooks by legal license

Promoting education is one of the basic policies of the State. However, there are still many difficulties, including economic difficulties, confronting the development of education. The revised draft thus added a separate Article which provides that the compilation, edition and publication of textbooks for implementing the nine-year obligatory education and national education plan may use published fragments of works, short literary works, music works, single works of fine art and photographic works in textbooks, without permission of the copyright owners, but shall pay remuneration according to the regulations, indicate the author's name and the title of a work, and shall not infringe other rights of the copyright owners.

8. Transfer of copyright shall be permitted

Chapter 3 of the current Copyright Act only protects the license contract of copyright. However, under the socialist market economy, transfer of copyright should be permitted. The revised draft provides separate Articles for the transfer of copyright. To transfer property rights in copyright, written contracts should be concluded and registered. Unregistered copyright transfer contracts can not be used against a *bona fide* third person. The ten-year limitation of the copyright licensing contracts was cancelled under the new draft.

9. Collective management system is provided

Up to now, the Copyright Act has not systematically addressed the collective management of copyright, such as has proved necessary to protect copyright-holders in many countries. The new draft provides a whole chapter on copyright management organizations.

10. Copyright owners may apply for an injunction before taking legal proceedings

To protect the rights of owners of copyrights and other related rights, the new draft provides that, where infringement of copyrights and other related rights has happened and the circumstances are urgent owing to irrecoverable losses, the right owners may apply for an injunction from the People's Court and ask to seal up, detain and freeze the relevant property and money. The applicants should, however, submit guarantees.

11. Amount of compensation prescribed by law

In copyright infringement cases, where the actual damages of the right owner and the illegal enrichment of the infringer are difficult to be ascertained, the People's Courts may decide upon a compensation amount of not more than 500,000 RMB yuan according to the social impact of the infringement, the method, situation, time and scope of the infringement, and the level of subjective intention or negligence of the infringer.

12. Strengthening of punishment by administrative authorities

Beside the administrative punishment provided in the existing Copyright Act, the Draft stipulates that the copyright administrative authorities or publication administrative authorities have the right to confiscate infringing products as well as the materials, tools and equipments that are mainly use to produce infringing products.

In addition, there are a few issues which are still in hot debate. The most important Articles concerned are Articles 43, 32, 35, 37 and 40.

Article 43 of the existing Copyright Act provides "A radio station or television station that broadcasts, for non-commercial purposes, a published sound recording need not obtain permission from, or pay remuneration to, the copyright owner, performer or producer of the sound recording".

According to the International Copyright Treaties Implementing Rules, this Article does not apply to foreigners. So, only Chinese are governed by this Article. Many people strongly insist that such a provision should be cancelled or amended. However, others are in favor of maintaining this provision.

Articles 32, 35, 37 and 40 are also concerned with the exploitation of works without permission of the right owners. Some people suggest canceling or amending them, for they are not in conformity with international conventions. Yet others are in favor of keeping them as before, because they think such provisions are in conformity with the concrete Chinese situation and do not apply to foreigners.

Many people and governmental organizations concerned also suggest that more aspects of new technologies, especially digital technology and networks, should be provided for in the revised Copyright Act.

Finally, it must be pointed out that all the issues mentioned above shall ultimately be decided by the Standing Committee of the National People's Congress.

The above-mentioned Copyright Draft has been withdrawn from schedule of the Standing Committee of the National People's Congress temporarily.

This author hopes that the revising schedule will be taken up again in the not-too-distant future.

Copyright Protection in Cyberspace-Recent Developments in the People's Republic of China*

Introduction

After more than a decade of preparation and heated debate, the Copyright Act of the People's Republic of China was promulgated on 7 September 1990 and entered into force on 1 June 1991. The Implementing Regulations of the Copyright Act of the People's Republic of China were enacted shortly afterwards by the State Council on 24 May 1991, entering into force on the same day as the Copyright Act. The Regulations on Computer Software Protection, approved by the State Council of 4 June 1991, entered into force on 1 October 1991. In order to comply with international copyright treaties, i. e., the Berne Convention for the Protection of Literary and Artistic Works and certain bilateral agreements on copyright with foreign countries, the State Council promulgated the International Copyright Treaties Implementing Rules on 25 September 1992, which entered into force on 30 September 1992. The above-mentioned provisions are the basis for today's copyright protection in the People's Republic of China.

However, due to the rapid development of the Internet and electronic commerce in the 1990s, none of the provisions cited above apply to protection in cyberspace. China was first connected to the Internet in 1994. In 1997, the number of Internet users in China was 300,000. By the end of 2000, this figure had increased to 22.5 million, bringing with it a steady rise in the number of copyright infringement cases in connection with use of the Internet.

I. Copyright Infringement Cases on the Internet

In the last few years, a number of copyright infringement cases were adjudicated and decided by the courts, three of which will be illustrated and analysed here.

1. The first case

The first case was Wang Mong and Other Five Writers v. Century Internet Communications

---

* *Originally published in Urheberrecht, Verlag C. H. Beck, 2001.*

Technology Co. Ltd (hereinafter referred to as the CICT). The plaintiffs were six famous novelists in the People's Republic of China (Wang Mong, a former minister of culture affairs, Zhang Jie, Bi Shumin, Zhang Kangkang, Zhang Chengzhi and Liu Zhenyu), who authored seven novels (i.e., "Hard Porridge", "White Poppies", "Long Road", "Appointment with Death", "An Area Scattered with Chicken Feathers", "Northern River", and "Black Stallion"). In April 1998, the Lingbo Group, established by the defendant CICT, uploaded the above mentioned stories taken from other websites or emailed to the CICT website by others, stored them in the computer system of CICT and made them accessible on their homepage. The CICT posted the novels through aWWW server. Although the CICT credited the authors of the respective works, it did not obtain permission from nor pay remuneration to these persons, who were the legitimate copyright owners. On 31 May 1999, the six writers filed lawsuits separately against the CICT with the Beijing Haidian District People's Court.

The case became infamous throughout China and the subject of heated debate, especially in copyright and Internet circles, due to the fact the current Copyright Act of the People's Republic of China does not provide specific provisions concerning the protection of copyright on the Internet. ❶

The plaintiff's lawyer, Tang Zhaozhi, and other experts argued that copyright on the Internet was protected by the Copyright Act, though there was no right of communication to the public. According to Sec. 10 (5) Copyright Act, copyright shall include, among others, "the right of exploitation and the right to remuneration, that is, the right of exploiting one's work by reproduction, live performance, broadcasting, exhibition, distribution, making cinematographic, television or video production, adaptation, translation, annotation, compilation and the like (or etc.), as well as the right anthorising others to exploit one's work by the abovementioned means and of receiving remuneration therefor". It is obvious that the rights mentioned in this provision are non-exhaustive and that the right of communication to the public should be included "and the like (or etc.)". ❷

However, the defendant's lawyers, Pang Zhengzhong and Song Hong, insisted that the Internet was a completely different medium with no provisions in the Copyright Act applicable thereto. They further contended that the term "and the like (or etc.)" could only be interpreted by the National People's Congress (its Standing Committee) or by the Supreme People's Court. ❸

---

❶ Guo Shoukang, *First Copyright Infringement Case on Internet in China*, World Intellectual Property Report, January 2000, 7.

❷ *Copyright Protection Relating to Network Transmission*: Six Writers v. Beijing – on – Line Tang Zhaozhi, Copyright (Bimonthly, in Chinese), February 2000, 8~11. Some experts in the National Copyright Administration of China and in the academic field favoured of this point of view.

❸ See *Reflections after Representing the Network Copyright Case*, Copyright February 2000, 12~14.

On 15 July 1999, Beijing Haidian District People's Court handed down decisions in favour of the plaintiffs: "The use of a work in digital form means a change in the medium…Yet, no new work has been produced during the process. The copyright owners of the works still have copyright thereto". The defendants were ordered to publish an apology on BOL's website and to pay compensation ranging from 720 RMB *yuan* (USD $87) to 13,080 RMB *yuan* (USD $1,576) to the plaintiffs. The defendant, (CICT), appealed the decision to Beijing No. 1 Intermediate People's Court. On 14 December 1999, this court conducted an open hearing to jointly adjudicate the cases, and rejected the appeals.

2. The second case

The second case to be mentioned is ChengWeihuo v. Chengdu Computer Market News. In the aforementioned Wang Mong case, the infringer uploaded the novels which existed in hard copy onto the Internet and made them available to the public. However, in this case, the author Cheng's work, "Talk on Maya", was originally presented in digital form on the net. It was then downloaded and distributed by the defendant.

According to Sec. 3 Copyright Act, "the term 'works', includes works of literature, art, natural science, social science, engineering technology and the like which are expressed in the following forms: (1) written works; (2) oral works; (3) musical, dramatic, *quyi* (traditional art forms such as ballad singing, story telling, comic dialogues, clapper talks and cross talks) and choreographic works; (4) works of fine art and photographic works; (5) cinematographic, television and videographic works; (6) drawings of engineering designs and product designs, and descriptions thereof; (7) maps, sketches and other graphic works; (8) computer software and (9) other works as provided for in laws and administrative regulations." However, protection of works on the Internet in digital form is not provided in the Copyright Act.

On 28 April 1999, the Beijing Haidian District People's Court decided that works on the Internet, in line with the main objectives of the People's Republic of China's Copyright Act, are also protected as works.

3. The third case

The third case to be mentioned differs from the two cases above. Four members of the International Federation of Phonogram Industry (IFPI), Warner Music, Universal Record Ltd., EMI (Hong Kong) Ltd., Sony Music Entainment (H. K.) Ltd. and China Record Quangzhou Corporation filed lawsuits respectively in Beijing and Quangzhou against the Myweb Network System (Beijing) Inc. and the Quangdong Tekson Co., Ltd. on grounds of "on-line infringement". The plaintiffs claimed that the defendants, the Myweb Network System (Beijing) Inc. (http://mywebinc.com.cn) and the Quangdong Tekson Co., Ltd. (http://www.gdtekson.com) made eight songs sung by Mainland singers and six songs by Hong Kong singers accessible for download by website surfers without authorisation by the plaintiffs. ❶

The Beijing No. 2 Intermediate People's Court heard the case on 21 February 2000. The facts were as follows: On the hompage of the defendant's website there were 20,000 MP3 songs accessible to surfers; upon entering the program "Love for Music", hosted by the defendant, the user could listen to and download gratis from the MP3 websites the program plus some addresses collected and classified by the defendant. The plaintiffs enjoyed the rights of phonogram producers for most of the MP3 songs collected and classified by the defendant, who never sought authorisation from the plaintiffs for their use. The chief judge summarised the case as follows: The plaintiffs discovered that the defendant enabled surfers to listen to or download MP3 phonograms on its website, without being licensed by the plaintiffs. The latter enjoyed the rights of phonogram producers. While the defendant did not store MP3 phonograms on the server of its own website, he had collected and compiled the list of websites using phonograms in MP3 format and the addresses for downloading them, and made these addresses available to Internet users. Surfers used the service provided by the defendant to listen to or download the MP3 phonograms from the Internet.

Mediated by the court, the defendant and the plaintiffs reached agreements, in which the defendant admitted infringement of the neighbouring rights of the plaintiffs, agreed to desist from providing a link service, apologised to the plaintiffs and promised that this would not happen again. The costs of litigation, and the expenses for notaries, lawyers and witnesses, plus an amount of compensation were paid by the defendant.

The above-mentioned cases clearly demonstrate that while copyright disputes in cyberspace are becoming more frequent in China, legislation and judicial action have not kept up with such reality. This situation should be remedied as soon as possible.

II. Judicial Interpretation on Copyright Dispute on the Computer Network

The urgently needed Interpretation of Several Issues Relating to Adjudication of and Application of Law to Cases of Copyright Disputes on Computer Network was adopted at the 114th Meeting of the Adjudication Commission of the Supreme People's Court on 22 November 2000 and came into force on 21 December 2000. ❷According to Sec. 33 of the Act on the Organization of the People's Courts, the Supreme People's Court is responsible for interpreting issues on how to apply the laws and regulations in court proceedings.

The Interpretation provides that works protected by the Copyright Act shall include the digital form of all the categories of works specified in Sec. 3. The People's Court shall also protect other achievements of intellectual creation in the fields of literature, art and science, that can

---

❶ *See 2000 China Patents & Trademarks, Issue 2, 73, 74.*
❷ *See 2000 China Patents & Trademarks, Issue 1, 89, 90.*

be reproduced in tangible form. Sec. 10 of the Copyright Act shall also be applied to digitised works. ❶ A digital communication of a work to the public is but one way of using works under the Copyright Act, and the copyright owner shall enjoy the right to use or allow others to use the works in a variety of ways and to be remunerated accordingly.

Except when expressly forbidden by the copyright owner or by an Internet service provider (ISP) acting on his behalf, a work published in the press or on the Internet may be reprinted and adapted without constituting an infringement, as long as remuneration is paid according to the relevant provisions and the source is indicated. However, any reprint or adaptation going beyond the prescribed scope of reprinting of works in the press shall be considered infringing. This equals a form of legal licensing, i. e., payment of a remuneration without having to obtain permission from the copyright owner. Further development should be completely in line with internationally accepted practice.

The Interpretation also provides that where an Internet service provider is party to another's copyright infringement, or through the network aids and abets others to carry out such an act, the People's Court shall hold them jointly liable.

The same applies where any Internet service provider is aware that a user is infringing another person's copyright, or has been warned of such act by the copyright owner on the basis of solid evidence, but has failed to take appropriate measures to remove the infringing material. ❷ This is consistent with the joint tort feasor liability under Sec. 130 of the General Principles of Civil Law.

In cases where any Internet service provider unjustifiably refuses to identify a user committing infringing acts on its network as requested for by the copyright owner, the People's Court shall impose punishment according to Sec. 106 of the General Principles of Civil Law. ❸

A service provider is not liable, however, if a copyright owner, without proving his iden-

---

❶ *Sec. 10 Copyright Act provides that the term "copyright" shall include the following personality rights and property rights: (1) the right of publication, that is, the right to decide whether to make a work available to the public; (2) the right of authorship, that is, the right to claim authorship and to have the author's name mentioned in connection with the work; (3) the right of alteration, that is, the right to alter or authorise others to alter one's work; (4) the right of integrity, that is, the right to protect one's work against distortion and mutilation; (5) the right of exploitation and the right to remuneration, that is, the right of exploiting one's work by reproduction, live performance, broadcasting, exhibition, distribution, making cinematographic, television or video production, adaptation, translation, annotation, compilation and the like, and the right of authorising others to exploit one's work by the above-mentioned means and of receiving remuneration therefor.*

❷ *"If two or more persons jointly infringe upon another person's rights and causes him damages, they shall bear joint liability."*

❸ *"Citizens and legal persons who breach a contract or fail to fulfil other obligations shall bear civil liabilityCitizens and legal persons who through their fault encroach up on state or collective property, or the property or person of other people shall bear civil liability. Civil liability shall still be borne even in the absence of fault, if the law so stipulates."*

tity, ownership of copyright or the act of infringement as such, warns the Internet service provider of an infringement committed on his network or requests that the infringer be identified. Should the copyright owner later produce said proof without the Internet service provider taking appropriate measures, the right owner may request the People's Court, as a preliminary measure, to order cessation and removal of infringing material.

The People's Court shall not honour a request from an alleged infringer requesting that an Internet service provider be deemed liable for breach of contract, in the case where the latter has taken measures to eliminate an infringement based on solid evidence from the copyright owner. However, should the copyright owner's accusation prove to be unjustified and result in damages suffered by alleged infringer due to measures taken by the Internet service provider, the People's Court shall hold the pursuer liable.

The Interpretation further provides that in cases involving copyright disputes on the Internet, the People's Court shall apply the following provisions for determining infringement:

(1) Sec. 45 (1~4) Copyright Act, governing personal rights, such as the right of publication;

(2) Sec. 45 (5) Copyright Act, governing the right of use in the communication of a work to the public;

(3) Sec. 45 (6) Copyright Act, governing the right of remuneration;

(4) Sec. 45 (8) Copyright Act, governing neighbouring rights of phonogram producers, performers, broadcasting and television organisations, or acts caused by deliberate removal or alteration of the copyright management information;❶ and

---

❶ "*Anyone who commits any of the following acts of infringement shall bear civil liability for such remedies as cessation of the the infringing act, eliminating the effects of the act, making a public apology or paying compensation for damages, depending on the circumstances: (1) publishing a work without the consent of the copyright owners; (2) publishing a work of joint authorship as a work created solely by oneself, without the consent of the other co-authors; (3) having one's name mentioned in connection with a work created by another, in order to seek personal fame and gain, where one has not taken part in the creation of the work; (4) distorting or mutilating a work created by another; (5) employing a work by performance, broadcasting, exhibition, distribution, making cinematographic, television or video productions, adaptation, translation, annotation, compilation, or by other means, without the consent of the copyright owner, unless otherwise provided in this Act; (6) exploiting a work created by another without paying remuneration as prescribed by regulations; ... (8) committing other acts of infringement of copyright and of other rights related to copyright.*"

(5) Sec. 46 (1) Copyright Act, governing plagiarising and copying another person's work. ❶

When determining the amount of damages resulting from an infringement, the Peopie's Court may be requested by the right owner to calculate damages according to the direct economic damages and lost profits. It may also calculate the damages on the basis of the infringer's profits. If the infringer cannot prove costs, his income made from the infringing act shall be deemed his profits. Where the right owner's damages cannot be established, the latter may request the People's Court to determine an amount of damages ranging from 500 RMB *yuan* to 500,000 RMB *yuan*.

As indicated above, I believe that the Juridical Interpretaton of the Supreme People's Court will be applicable even after approval of the pending draft in the near future. It is possible, however, that the order or number of provisions will be changed to conform with the new revised Copyright Act.

III. Perspectives of Copyright Protection on the Internet

(1) The legal protection of copyright on the Internet was a matter of concern to Chinese authorities and the subject of much research in academic circles. The original revised draft of the Copyright Act prepared by the National Copyright Administration contained several provisions governing protection on the Internet. However, these provisions met with strong opposition and were omitted in a subsequent draft submitted by the Standing Committee of the National People's Congress in November 1998. The main reason was the belief that the legal issues involving the new field of information technology should not be dealt with in haste. Provisions governing copyright in this area are contained in the WIPO Copyright Treaty (WCT) and WIPO Performances and Phonograms Treaty (WPPT). However, these have not been ratified by the required number of contracting states, i. e., 30, and as a consequence have not yet entered into force. Should they become effective in the future, they have no binding force on China unless it ratifies them.

One may thus ask for the basic reason for the protection of copyright on the Internet - actual demand or the international treaties? I believe it should be the former. Unless necessary for China to protect copyright on the net, China would be ill—advised to ratify the two treaties even once they become effective. Practical necessity requires China to provide legal protection of

---

❶ *Anyone who commits any of the following acts of infringement shall bear civil liability for such remedies as cessation of the infringing act, eliminating the effects of the act, making a public apology or paying compensation for damages, depending on the circumstances, and may, in addition, be subjected by a copyright administration department to such administrative penalties as confiscation of unlawful income from the act or imposition of a fine:*

(1) plagiarising a work created by another;

...

copyright on the net, no matter if and when the two WIPO treaties become effective.

(2) The absence of copyright protection on the Internet was one of the reasons for withdrawing the draft from the agenda of the Standing Committee of the National People's Congress in June 1999. After serious study, those concerned agreed that copyright protection on the Internet should be included in the revised Copyright Act. A new draft was consequently prepared jointly by the Legal Affairs Office under the State Council and the National Copyright Administration, and submitted again by the State Council to the Standing Committee of the National People's Congress in December 2000.

(3) For the legal protection of copyright on the Internet, the following should be considered:

a) A separate right of communication should be inserted in the revised Copyright Act. In addition to authorship, alteration, integrity and others mentioned in Sec. 10 Copyright Act, the right of communication may be added. The right of communication should be defined as "making works available to the public in such a way that they may be accessed from an individually chosen place and time".

b) The right of reproduction, defined in the current Implementing Regulations of the Copyright Act, shall be amended and included in Sec. 10 Copyright Act. The right of reproduction may be defined as "the right to produce one or more copies of a work, IN DIGITAL OR NONDIGITAL FORM, by means of printing, photocopying, copying, lithographing, making a sound recording or video recording, duplicating a recording, or duplicating a photographic work, or by other means". Such definition would be in line with the Agreed Statement concerning Art. 1 (4) WIPO Copyright Treaty, which provides that the reproduction right as set out in Art. 9 Berne Convention, and the exceptions permitted thereunder, fully apply to the digital environment, in particular to the use of works in digital form. It is understood that the storage of a protected work in digital form in an electronic medium constitutes a reproduction within the meaning of Art. 9 Berne Convention. Performers" rights, governed in Sec. 36 of the current Copyright Act, shall be supplemented by the rights "to authorize the public communication of his live performance" and "to authorize the communication of his performance to the public through the Internet".

Sec. 39 of the current Copyright Act will be amended to read, "A producer of sound recordings or video recordings shall have the right to authorize others to reproduce, distribute, or... communicate to the public through internet such sound recordings and video recordings and the right to obtain a remuneration therefor."

Acts of infringement shall include the communication of works, performances or sound and video recordings to the public, through the Internet, without the permission of the author, performer or producer, except where otherwise provided. It is understood that the requirements of "without permission of the author, performer or producer" are in line with those provided in the WCT and WPPT, and different from the above-mentioned legal licence as construed by Judicial Interpretation of the Supreme People's Court.

It should be noted that intentional circumvention or destruction of technological measures used by right owners to protect copyright or related rights of works, sound recordings, video recordings, etc., should also be considered acts of infringement when carried out without permission of the right owner, except where otherwise stated in the future revised Copyright Act.

The same applies for acts to remove or intentionally alter any electronic rights management information on the works, sound recordings, video recordings, etc., without permission from the copyright owner or the right owner of related right.

Generally speaking, all the considerations mentioned above, conform with the relevant provisions in the WIPO Copyright Treaty (WPT) and WIPO Performances and Phonograms Treaty (WPPT).

WTO and Border Control of Intellectual Property Rights in China*

I. UNESCO Chair holder in Copyright and Neighboring Rights

A modern intellectual property system was established in the People's Republic of China only after the adoption of a new policy of reform and opening up to the outside world since the end of 1978. A Trademark Act was approved on August 23, 1982 and a Patent Act was approved on March 12, 1984. After a few years, a Copyright Act was enacted on September 7, 1990. However, no border control provisions were included in all these above-mentioned Acts. During the drafting of the Patent Act, even the right of importation was not provided as a right of patentee because of strong opposition opinions against such a provision in the Draft.

Border control of intellectual property rights in the People's Republic of China started to be considered after the Chinese authorities concerned summed up their practical experiences and took reference from the discussions in the progress of the Uruguay Round Negotiation on the General Agreement on Tariff and Trade (GATT).

II. History of Border Control of IPR in China

The People's Republic of China, though not yet a contracting party of GATT at the beginning of the 1990s, has participated in the Uruguay Round Negotiation from its beginning, i. e., from 1986. At the end of 1991, 10 developing countries (including China) and 10 developed countries negotiated the intellectual property issues in Geneva and reached a common understanding. Border control of intellectual property rights was one of the important issues among them. The Chinese delegation was in favor of the understanding. The practical experiences for enforcement of intellectual property laws in China indicates that no border control has a negative influence on the protection of intellectual property.

Then, at the beginning of 1992, a Memorandum of Understanding (MOU) between the Government of the People's Republic of China and the Government of United States of America

---

* *Originally published in Border Control of Intellectual Property Rights*, (co-author), Sweet & Maxwell, 2005.

on the Protection of Intellectual Property was concluded on January 17, 1992. In the MOU, it is provided that: "both Governments will provide effective procedures and remedies to prevent or stop, internally and at their border, infringement of intellectual property rights and to deter further infringement. In applying these procedures and remedies, both Governments will provide safeguards against abuse and shall avoid creating obstacles to legitimate trade."

A Decision on Further Strengthening of the Protection of Intellectual Property was promulgated by the State Council (the Central Government) on July 5, 1994. In the Decision, it is provided that "the State Council shall study and enact administrative regulations for border protection measures of intellectual property". It is necessary to strengthen the functions of customs protection of intellectual property to prohibit the importation and exportation of infringing products. Necessary border measures shall be taken to prohibit the importation and exportation of infringing products effectively. The customs administration shall strengthen the connection and coordination with the authorities concerned, and strictly implement the border protection measures of intellectual property according to the existing laws.

About two months later in 1994, an Announcement of the General Administration of Customs of the People's Republic of China was promulgated on September 1, 1994. In the Announcement, it is provided that "no goods that infringe upon intellectual property (including the fight to exclusive use of trademarks, copyrights and patents) shall be allowed to be imported or exported". More or less detailed measures were provided also in the Announcement.

Exchange of letters between Ms Wu Yi, the Minister of the Ministry of Foreign Trade and Economic Co-operation (MOFTEC) of the People's Republic of China, and Mr. Michael Kanter, the United States Trade Representative (USTR), took place at the beginning of 1995. A State Council Intellectual Property Enforcement Action Plan of the State Council's Intellectual Property Working Conference was sent as an Annex of Wu Yi's letter to Michael Kanter on March 11, 1995. The Intellectual Property Enforcement Action Plan provides more detailed border control measures for the protection of intellectual property.

On July 5, 1995, the regulations on the Customs Protection of Intellectual Property Rights, a main legal instrument on border control for protection of intellectual property, was promulgated by the State Council and entered into effect on October 1, 1995. The Regulation includes 36 Articles, divided into six Chapters: Chapter I, General Principle; Chapter II, Record; Chapter III, Application; Chapter IV, Procedure for Investigation and Punishment; Chapter V, Legal Responsibility; and Chapter VI, Attachment.

Since the enforcement of the Regulations on October 1, 1995, the Regulations had played a significant role in the customs protection of intellectual property rights. However, some issues should be reconsidered after China has had a few years experience and, in particular, after China's accession to the World Trade Organization. Some provisions of the Regulations were inconsistent with the TRIPs; the customs had assumed some responsibilities improper for the administrative authorities in implementing the customs protection of intellectual property rights;

some procedures of the Regulations were unreasonable and lengthy, affecting his interests of the parties. Hence, the State Council put the revision of the Regulations on its Legislative Plan of 2003.

On November 26, 2003, the 30th Plenary Meeting of the State Council adopted, after carefully consideration, the revised Regulations. On December 2, 2003, Premier Wen Jiabao signed the State Council Decree No. 395 and the revised Regulations entered into effective as of March 1, 2004. The revised Regulations contains 33 articles, divided into 5 Chapters: Chapter 1, General Provisions; Chapter 2, Recordation of the Intellectual Property Rights; Chapter 3, Application for Detention of Suspected Infringing Goods and Relative Treatment; Chapter 4, Legal Respnsibility; Chapter 5, Supplementary Provisions.

III. Main Revisions in The New IPR Border Control Regulation

1. Revising provisions inconsistent with TRIPs

(1) Increasing the manners of assurance when a right holder applies to the customs for detention of suspected infringing goods.

Article 14 of the original Regulations provides that: "An applicant who applies to the customs for detention of suspected infringing goods shall provide the customs with a security equivalent to the CIF price of imports or FOB price of exports." However, paragraph 1 of Article 53 of the TRIPs provides that: "The competent authorities shall have the authority to require an applicant to provide a security or equivalent assurance sufficient to protect the defendant and the competent authorities and to prevent abuse." Therefore, in line with the TRIPs and to reduce the burden on IPR holders, Article 14 of the revised Regulations adds more manners of assurance not limited to a security by providing that: "... shall provide the customs with an assurance not more than the equivalent value of goods."

(2) Reducing the scope of release of goods with assurance.

Article 19 of the former Regulations provides that: "A consignee or consignor, considering that the imports or exports do not infringe the IPR of an applicant, may request the customs to release the relevant goods, after providing the customs with a security equivalent to two times the CIF price of imports or FOB price of exports." However, Paragraph 2 of Article 53 of the TRIPs expressly provides that detained "goods involving industrial designs, patents, layout-designs or undisclosed information" may be released into free circulation with the posting of a security. Therefore, Article 19 of the revised Regulations provides that only the release of suspected goods infringing patents, but not include trademark and copyright, are allowed.

(3) Further clarifying the conditions for a fight holder to apply for suspension of imported or exported goods to prevent abuse.

Article 52 of the TRIPs provides that a right holder applying to the customs should provide adequate evidence to satisfy the customs that, "under the laws of the country of importation, there is prima facie an infringement of the right holder's IPR". However, the former Regulations was not clear on this point. Therefore, Article 13 of the revised Regulations provides: "Where the holder of IPRs applies for detention of the suspected infringing goods by the Customs, he shall lodge a written application and relevant documents as well as any evidence that sufficiently prove the obvious existence of the fact of infringement."

(4) Adding a provision on the inspection of suspended goods by a fight holder and consignee or consignor.

Article 57 of the TRIPs provides that, without prejudice to the protection of confidential information, the competent authorities should give the right holder sufficient opportunity to have detained goods inspected in order to substantiate the right holder's claims. The former Regulations had no such provisions. Therefore, Article 17 of the revised Regulations provides that, subject to the consent of the customs, a holder of IPR, consignee or consignor may inspect the relevant goods.

2. Adjusting functions of customs in customs protection of Intellectual Property Rights

(1) Reducing the scope of cases where the customs determine whether the suspected goods infringe the intellectual property rights.

Under the former Regulations, to detain the suspected infringing goods, whether upon an application of a right holder or in the customs' own capacity, the customs should investigate and determine whether the detained goods infringed the intellectual property rights. However, it is difficult for the customs to determine whether the imported or exported goods infringe the intellectual property. Therefore, Article 20 of the revised Regulations provides that the customs should actively check whether the imported or exported goods infringe recorded intellectual property rights. In case the determination could not be made, the Customs shall immediately notify the holder of the intellectual property rights in writing. The right holder should request a People's Court to decide whether the suspected goods detained by the customs upon an application of the right holder infringe its intellectual property.

(2) Clarifying the term of detention of suspected infringing goods.

The former Regulations provided that there was no time limit for the investigation of suspected infringing goods detained by the customs. Article 24 of the revised Regulations puts clear time limits on the investigation and determination by customs.

(3) Improving the transparency of procedures for protection to further promote the fair enforcement of law by administrative authorities.

As to applications for customs recordation of IPRS and detention of suspected infringing goods, the revised Regulations have further clarified the various documents that a right holder or applicant should submit and specific requirements, and cancelled the provision of "other information that should be stated as the General Administration of Customs required." The General Administration of Customs should notify in writing the right holder of whether a registration is allowed or not within 30 days. Article 19 of the revised Regulations provides that "Where a right holder fails to bring an action to a People's Court within a reasonable time, the customs shall return the security." Article 27 of the revised Regulation clarifies the detailed disposition of the confiscated infringing goods. Article 28 of the revised Regulations provides that the customs should confiscate those goods, which are beyond reasonable quantity to personal use and infringe intellectual property rights, and no longer treated as the suspected infringing goods in the customs protection of intellectual property rights.

3. Providing more convenience for parties concerned

(1) Replacing the compulsory recordation with the voluntary recordation.

According to the former Regulations, prior recordation is a precondition for a right holder to apply for the customs protection of its intellectual property rights, and the right holder must conduct urgent recordation while applying for the customs protection of its unrecorded intellectual property rights. However, the revised Regulations provide that whether a right holder has recorded its intellectual property right with the General Administration of Customs or not does not affect the customs protection of the intellectual property right.

(2) Detailing the recordation procedures and prescribing reasonable time limits.

The revised Regulations has a special chapter of recordation, with 4 amendments: ① to be consistent with the term of protection for intellectual property rights such as trademark, Article 9 of the revised Regulations changes the validity period of a customs recordation from seven years to ten years; ② Article 11 of the revised Regulations changes the time limits from 10 days to 30 working days for an application by a right holder for the recordation with the General Administration of Customs as a result of change of situation of the unrecorded right; ③ Article 8 of the revised Regulations provides three circumstances under which the General Administration of Customs refuses to record a right: the application documents are incomplete or invalid; the applicant is not the holder of the intellectual property right; and the intellectual property right is no longer protected by laws and administrative regulations; ④ Article 9 of the revised Regulations adds a circumstances under which the General Administration of Customs revokes a recordation.

(3) Lowering the amount of security and reducing the burden on the parties.

Under the former Regulations, the amount of security and the burden on the parties are too heavy. Article 14 of the revised Regulation provides that the amount of security is "not more than the equivalent value of goods".

4. Further clarifying the relevant fees assumed by a right holder

Article 25 of the former Regulations provides that the relevant fees of warehousing, safekeeping and disposal of the suspected infringing goods should be deducted from the security provided by a right holder. For protecting the interests of the fight holder and customs, Article 25 of the revised Regulations provides that the right holder should pay the warehousing, safekeeping and disposal fees of the detained goods, but after the goods are determined to infringe the intellectual property right, the right holder may include such fees in the reasonable costs for the prevention of such infringement to be compensated by the infringer.

Some Remarks On the Third Revision Draft of the Chinese Patent Law*

Ⅰ. Foreword

Sixty four years ago, when I began to study law at university, there was no Patent Law in China and, of course, also no special course on Patent Law in the University curriculum. Even the legal terms of intellectual property or industrial property were quite unfamiliar to lawyers and in the legal academic circle.

Zhuanli (monopoly of interest), though appeared in ancient Chinese classics, was actually translated from the term "patent" in western countries in the mid-1850s. Hong Rengan, the premier of the Tai Ping Heavenly Kingdom (1851~1864) and a cousin of the Kingdom's leader Hong Xiuchuan, was the first person who recommended that China should adopt a patent system like that in the western countries. However, due to the underdevelopment of the market economy and technology as well as war and political turmoil before 1949, it lacked the necessary conditions and there was no urgent need for the establishment of patent system in China. After the founding of the People's Republic of China, under a rigid plan economy system, patent law was not necessarily to be promulgated. The Central People's Government enacted Provisional Regulations for the Protection of Rights of Invention and Patent Rights in 1950 and four patent rights were granted according to those Regulations, but even before the 1963 Regulations on Awards for Invention were promulgated, under which inventors could only obtain awards, the Provisional Regulations of 1950 actually stopped to be applied.

Only on the eve of the adoption of the new policy of reform and opening up to the outside world, the central authority indicated that "China should establish a patent system". However, as soon as the preliminary draft of the Chinese Patent Law was prepared and distributed for comment and review, a strong debate emerged especially among many important governmental organizations. Two main points were provided for opposing the enactment of patent law in China: firstly, patent law emerged in capitalist countries and, in China, most enterprises, compa-

---

* *Originally published in Patents and Technological Progress in a Globalized World, Springer – Verlag Berlin Heidelberg, 2009.*

nies, scientific institutions and other organizations belong to the State, to the people, and the exclusive right of a patent does not suit or conform with the socialist nature of China; secondly, as China is a developing country and a big technological gap exists between it and developed countries, a patent law will essentially protect the patent rights of foreigners, and foreign patents will occupy, even dominate, the technological market of China.

During the debate, through serious study of international and foreign experiences for drafting of Chinese Patent Law, we learned a lot and got a lot of assistance from international organizations, especially the World Intellectual Property Organization and its Director General, Dr. Arpad Bogsch, the European Patent Office, the German Patent Office and its President Prof. Dr. Eric Heusser, and Patent Offices from many other countries, as well as from academic institutions, especially the Max-Planck Institute for Industrial Property, Copyright and Competition (now, the Max-Planck Institute for Intellectual Property, Competition and Tax Law) and its Managing Director, Prof. Dr. F. K. Beier and Prof. Dr. Joseph Straus. Finally, the debate had a positive conclusion and the Chinese Authority decided that China should have a modern Patent Law, for patent law shall not be monopolized by capitalist countries and could be beneficial to socialist China. Also, fundamentally speaking, from a long run view, patent law is very helpful to encourage invention-creation, to foster the spread and application of invention-creation, and to promote the development and innovation of science and technology.

After a long time and careful preparation, the Patent Law of the People's Republic of China was adopted at the 4th Meeting of the Standing Committee of the Sixth National People's Congress on March 12, 1984. In conforming with the new international and domestic developments, experiences and requirements in the patent field, the first revision of the Chinese Patent Law was approved by the Decision of the Standing Committee of the Seventh National People's Congress on Amending the Patent Law of the People's Republic of China at its 27th Meeting on September 4, 1992. In order to provide the necessary requirements for China's accession to the World Trade Organization, a second revision of the Chinese Patent Law was approved by the Decision of the Standing Committee of the Nine National People's Congress on Amending the Patent Law of the People's Republic of China on its 17th Meeting on August 25, 2000. The purpose of the last Revision on 2000 is wholly to conform with the TRIPs requirements.

However, along with the more than 20 years implementation, the Chinese Patent System developed rapidly and the domestic and international economic and technological circumstances changed a lot.

Before the implementing of the Chinese Patent Law in 1985, no patents and patent applications existed in the People's Republic of China. According to the latest statistics published at the beginning of 2008, the State Intellectual Property Office received 694,153 patent applications of the three types of patents (patent for invention, patent for utility model and patent for industrial design) in 2007, among which 586,734 or 84.5% were filed by domestic applicants and 107,419 or 15.5% were from foreign applicants. In 2007, 351,782 patents were granted by the State Intellectual Property Office, among which, 301,632 were granted to domestic applicants and 50,150 were granted to foreign applicants. Since April 1, 1985 up to the end of 2007, the total number of patent applications filed with the State Intellectual Property Office was 4,028,520 and the total number of patents that were granted was 3,089,286. ❶

From domestic and international perspectives, a lot of changes and rapid developments emerged in economic and technological fields, many issues still remain to be resolved in the current Patent Law.

A Compendium of the National Intellectual Property Strategy was released by the State Council on June 5, 2008. The release of the Compendium also marks the formal launch of the implementation of the national intellectual property Strategy. The Compendium is to set the basis for the proposed revision of China's intellectual Laws, including the Patent Law. Mr. Hu Jintao, the President of the People's Republic of China, indicated that "pursuant to the principles of performing commitment, adapting to the national situations, consummating systems and providing active protections, to perfect the intellectual property laws and regulations matrix with the adaptation with China's economic and social development and the adaptation with the international trend of the protection for intellectual property rights".

Since April 2005, the State intellectual Property Office started the preparation for the third revision of Chinese Patent Law. The State Intellectual Property Office released ten research projects to the society. Up to February 2006, the project teams composed of experts and scholars with universities and colleges, scientific research institutions, governmental authorities, judicial authorities and social agencies finished 40 special topic research reports amounting to 2.6 million Chinese characters. Since March 2006, the State Intellectual Property Office convened a number of expert symposia and meetings for soliciting opinions with reference to various problems identified during the inspections of the Standing Committee of the National People's Congress on the implementations of the Patent Law, and seriously discussed and analyzed various proposals. In August 2006, the State Intellectual Property Office put forward a draft for soliciting opinions of the third revision of the Patent Law (Draft for Soliciting Opinions). Two-hundred notifications for soliciting opinions had been sent to relevant competent governmental and judicial authorities, local intellectual property administrative departments, enterprises, universities and colleges, scientific research institutions, patent agencies, experts and scholars. At the same time, the Draft was provided on the website of the State Intellectual Property Office in order to solicit opinions inside and outside of China. From August to October 2006, the State Intellectual Property Office presided over a number of symposia for listening to the opinions and suggestions about the Draft.

Under the "open-door legislation" policy, the State Intellectual Property Office sent a special delegation to Japan and the United States of America for research and investigation in Sep-

---

❶ *China Intellectual Property News*, in Chinese, *January 11*, 2008, 1.

tember 2006. The delegation conducted broad contacts and deep discussions with relevant governmental and non-governmental organizations and some enterprises of these two countries, in order to learn about the useful experiences of foreign countries.

Later, the State Intellectual Property Office summed up and generalized the feedback opinions from respective circles, modified and perfected the Draft and provided the Draft for Comments to the State Council on December 27, 2006. A State Council executive meeting, presided by Premier Wen Jiabao, on July 30, 2008 deliberated and approved the Draft for Comments of the Chinese Patent Law. Under the Legislation Law, the State Council will submit the Draft (hereafter will be mentioned as the Draft) to the Standing Committee of the National People's Congress for three reads. The final approval is expected in the first half of 2009.

The Draft for Comments consists of 82 Articles, divided into 8 Chapters: Chapter 1, General Provisions (Article 1 to Article 22); Chapter 2, Requirements for Grant of Patent Right (Article 23 to Article 26); Chapter 3, Application for Patent (Article 27 to Article 34); Chapter 4, Examination and Approval of Application for Patent (Article 35 to Article 42); Chapter 5, Duration, Cessation and Invalidation of Patent Right (Article 43 to Article 48); Chapter 6, Compulsory License for Exploitation of Patent (Article 49 to Article 58); Chapter 7, Protection of Patent Right (Article 59 to Article 80) and Chapter 8, Supplementary Provisions (Article 81 and Article 82).

The following are some remarks and analyses of the Draft for Comments, which may be of interest to foreigners.

II. Absolute Novelty

According to the current Patent Law of the People's Republic of China as well as those of most countries in the contemporary world, any invention or utility model for which patent fight may be granted must posses novelty, inventive step and practical applicability.

Under Article 22 (2) of the Patent Law of the People's Republic of China, novelty means that, before the date of filing, no identical invention or utility model has been publicly disclosed in publications in the country or abroad or has been publicly used or made known to the public by any other means in the country, nor has any other person filed previously with the Patent Administrative Department under the State Council and application which described the identical invention or utility model and was published after the said date of filing. Under Article 23 of the Patent Law of the People's Republic of China, any design for which patent right may be granted must not be identical with and similar to any design which, before the date of filing, has been publicly disclosed in publications in the country or abroad or has been publicly used in the country, and must not be to conflict with any prior right of any other person. In other words, according to the current Patent Law, different territorial scopes of the prior art and the prior design of different categories have been provided: the prior art and the prior design that are published in the form of publication is world wide while the prior art and the prior design that are published via public use or any other means is merely domestic. This is usually to denote the novelty in worldwide as absolute novelty and the domestic novelty as relative novelty.

During the initial drafting of the Chinese Patent Law in the 1970s—1980s, it seemed impossible to check or prove whether the identical inventions or utility models were publicly used or made known to the public by any other means abroad, or whether an identical or a similar design was used abroad. That is the basic reason why the current Patent Law of the People's Republic of China adopted relative novelty for the requirement of patentability for invention, utility model and design, which are publicly used or made known to the public by any other means abroad. However, along with the trend of the increasing economic globalization and the dramatic development of science and technologies, especially the rapid spread of internet, the border between publication disclosure and non-publication disclosure is more and more vague; it therefore has less and less practical significance and maneuverability to restrict the prior art and prior design disclosed via non-publication means within the territory of China. In addition, I believe that, even at the initial drafting of the Patent Law, although it is impractical for the examiners to search and prove the identical invention and utility model or identical or similar design publicly used or made known to the public by any other means abroad, the foreign patentee or anyone else may provide evidence to prove that there are exactly identical prior art or identical or similar designs disclosed via non-publication means anywhere outside China. In the above-mentioned situation, it shall be unreasonable to grant a patent that someone else has proved a identical invention or utility model, or identical or similar design has been publicly used or made known to the public by any other means somewhere outside China. Otherwise, more importantly, to allow the technologies publicly known in a foreign country via public use, public sale or other means to be granted the patent right in China does not help encourage real and advanced invention-creation. That is why, within the international harmonization of the patent system, nowadays patent laws in the majority of the countries in the contemporary world are of no territorial restriction to the prior art and prior design.

Therefore, the Draft proposes to abolish the territorial restriction on the prior art and the prior design, and adopts the general absolute novelty requirement like most countries, especially western industrialized countries, in the contemporary world. The Draft stipulates: "Novelty means that, the invention or utility model shall neither belong to the prior art..." and "The prior art referred to in this Law means any technology known to the public before the date of filing by way of public disclosure in publications, public use or any other means in this country or abroad". It also provides: "Any design for which patent right may be granted shall neither belong to the prior design..."; and "The prior design referred to in this Law refers to any design known to the public before the date of filing by way of public disclosure in publicattions, public use or any other means in this country or abroad". ❶

III. Parallel Importation

Parallel importation is closely connected with the exhaustion of patent rights, which varies quite differently in the Patent Laws of many countries. Mainly speaking, there are three different kinds of attitudes: national exhaustion, adopted by the United States of America; regional exhaustion, adopted by the European Union; and international exhaustion, adopted by most developing countries. Under national exhaustion, parallel importation is absolutely prohibited. Under regional exhaustion, parallel importation is permitted among the different countries within European Union, but prohibited between European Union and any other countries outside EU. Under international exhaustion, parallel importation is permitted.

During the Uruguay negotiation, there were strong debates on the issue of exhaustion of patent right and parallel importation. As Gervais indicated: "Exhaustion was one of the difficult issues during the TRIPs negotiation". In addition, "WTO that supported national exhaustion during the TRIPs negotiation (including Switzerland and the United States) tries to enshrine the principle in the Agreement, while others (including Australia, Brazil, Hong Kong, India and New Zealand) defended so-called 'international exhaustion' or, at least, the freedom for each WTO member to decide". ❷ Finally, a temporary compromise was reached in Article 6 of the TRIPs Agreement, which provides that: "For the purposes of dispute settlement under this Agreement, subject to the provision of Articles 3 and 4 nothing in this Agreement shall be used to address the issue of the exhaustion of intellectual property rights".

Therefore, each Member of the TRIPs Agreement is allowed to adopt a flexible position towards the exhaustion of a patent right. The Declaration concerning the TRIPs Agreement and Public Health that was approved by the WTO at Doha in 2001 also reiterated that each Member had the right to decide at its discretion its position in terms of the issue of exhaustion of intellectual property right. Up to now, there is still big gap between China's capacity in scientific research and those of the developed countries, patent rights in the hi-tech field are mostly owned by foreign patentees and the industrial development in China still depends on the import of foreign technologies to a great extent. Thus, it is proposed in the Draft for Comments to use the flexibility given by the TRIPs Agreement to each Member and allow the parallel import in the patent field. On the other hand, parallel importation will enable China to import from foreign countries the patented medicines which China is unable or insufficient to manufacture so as to resolve the public health in China.

Thus, the Draft for Comments provides in Article 74 the following: "Where, after the

---

❶ Article 23 and 24 of the Draft for the Third Revision of the Patent Law of the People's Republic of China.

❷ Gervais, The TRIPs Agreement: Drafting History and Analysis, 112, (2nd ed. 003).

sale of a patented product that was made by the patentee or with the authorization of the patentee, or of a product that was directly obtained by using the patented process, any other person uses, offers to sale, sells or imports that product", this shall not be deemed as infringement of the patent right. Article 75 provides: "Where any person manufactures, uses, or imports a patented medicine or a patented medical apparatus solely for the purposes of obtaining and providing the information needed for the administrative approval of the medicine or medical equipment, and any person manufactures, imports or sells a patented medicine or a patented medical apparatus to the said person", this shall not be deemed as infringement of the patent right.

Ⅳ. Foreign-Related Patent Agency

Since the latter part of the 19th century, it is internationally accepted that the laws of its member states may require that an agent be appointed for a foreigner, as an exception to the principle of national treatment. As *Ladas* indicated,

> the granting of a patent was conditional upon compliance with certain formalities and the satisfaction of certain conditions calculated to define accurately the monopoly granted to the inventor, and to protect the interests of the public. There was extreme diversity between the laws of the various countries as to what documents should be submitted with an application for a patent, and how these documents should be drawn and prepared. The formalities were determined by the peculiarities of language, habits, and administrative or judicial practice in each country. The conditions called for an appointment of resident agents by the non-resident applicant, for submission of the various documents and taking the different steps of procedure within fixed period and so forth. ❶

Thus, Article 2 (3) of the Paris Convention for the Protection of Industrial Property provides:

> The provisions of the laws of each of the countries of the Union relating to judicial and administrative procedure and to jurisdiction, and to the designation of an address for service or the appointment of an agent, which may be required by the laws on industrial property are expressly reserved.

According, the current Patent Law provides:

> Where any foreigner, foreign enterprise or other foreign organization having no habitual residence or business office in China applies for a patent, or has other patent matters to attend to, in China, it or he shall appoint a patent agency designated by the Patent Department under the State Council to act as his or its agent.

In the original version of the Chinese Patent Law, which was promulgated in 1984, it is provided that the foreign-related patent agencies have to be appointed by the State Council. The Implementing Regulations of the Patent Law (original version) even listed the names of three foreign-related patent agencies in Beijing, Shanghai and Hong Kong. At that moment, very few

---

❶ *LADAS, Patents, Trademarks, and Related Rights,* 22 (*1975*).

patent agencies have the necessary conditions, including equipment, technique, personnel, expertise and foreign language, to do foreign-related patent application and protection. It is necessary to strictly limit the number of foreign-related patent agencies, which should be designated only by the State Council. But, the situation changed rapidly. During the revision of the Patent Law in 2000, the foreign-related patent agencies designated by the State Council were amended as to be designated by the State Intellectual Property Office. More and more agencies were designated to deal with foreign-related patent affairs by the State Intellectual Property Office.

Within 20 years, the patent system of the People's Republic of China developed very rapidly. According to statistics up to July 31, 2007, the All-China Patent Agents Association had more than 630 patent agencies as its group members and more than 4,700 agents as its individual members. Many of them had capacities to deal with foreign-related patent matters. An urgent need to revise the current provisions was widely recognized, in order to further promote the development of patent agency system and establish a fair competition environment. Thus, the Draft for Comments proposed to invalidate the designation of foreign-related patent agencies and to allow all patent agencies to undertake the relevant business of patent applications and other matters in China entrusted by a foreign entity or individual.

In line with the increasing enhancement of China's strength in the economy and technologies, more and more Chinese enterprises have started to invest abroad and to participate in international competitions, and more and more patent applications to foreign countries will be imperative. However, Article 20 (1) provides that where any Chinese entity or individual intends to file a patent application in a foreign country, it or he shall appoint a patent agency, designated by the Patent Administrative Department under the State Council i. e. , a foreign-related patent agency, to act as its or his agent. However, many foreign countries also require that a non-resident company or individual shall entrust a domestic agency or agent in those countries for application for a patent. Therefore, it would be quite cumbersome for this double designation, i. e. , to designate a foreign-related patent agency in China and a patent agency or agent in that foreign country. So, the State Intellectual Property Office is of the opinion that the decision whether or not to entrust a Chinese patent agency for filing an application for a patent in a foreign country shall be left to the Chinese applicants. The Draft suggests revoking the provisions in Article 20 (1) in order to facilitate the application of Chinese applicant for patent outside China.

V. Compulsory License

A compulsory license is a very important mechanism in the patent system of each country, especially for the developing countries. A compulsory license has significant and realistic meaning in preventing the patentee from exercising its exclusive right unreasonably, and in maintaining the interests of the country and the public as well as in promoting public benefits.

The original text of the Paris Convention for the Protection of Industrial Property of 1883 already contained a provision stating that, in the case of importation of patented Articles, the patentee remained under the obligation to exploit his patent in accordance with the laws of those importation countries. The Revision Conference of Brussels in 1900 added a more general provision concerning the non-working of a patent: Article 2 of the Additional Act adopted in Brussels. This regulation was elaborated further by the following Revision Conferences of Washington (1911), The Hague (1925), London (1934) and Lisbon (1958). At the Conference of the Hague, the provision was enlarged to include the regulation of legislative measures intended to prevent the abuses which might result from the exclusive rights conferred by the patent, abuses of which failure to work was cited as an example. ❶The Stockholm version of the Paris Convention in 1967 provided in its Article 5 (2) that "Each country of the union shall have the right to take legislative measures providing for the grant of compulsory licenses to prevent the abuses which might result from the exercise of the exclusive rights conferred by the patent, for example, failure to work". Paragraph (4) of that same Article provided that " [a] compulsory license may not be applied for on the ground of failure to work or insufficient working before the expiration of a period of four years from the date of filing of the patent application or three years from the date of the grant of the patent, whichever period expires last." As Prof. Bodenhausen indicated:

> The period prescribed take into account the different patent laws of the member States, which may provide for the grant of patents with or without previous examination of the patent application as to substance. In countries without such examination it is quite likely that a patent will be granted within the first year after filing the application. In order to give the applicant more time to organize the exploitation of his patent, a compulsory license can then only be applied for after four years of having expired from the filing of the application. However, if, for example, because of the time involved in examining the application as to its substance, the patent is granted more than one year after the filing of the application, a compulsory license cannot be applied for until three years have expired from the grant of the patent. ❷

The Patent Law of China adopted the substantial examination for a patent for invention. In its original text of 1984, it is provided that the compulsory license can only be granted after the expiration of three years from the grant of the patent right.

However, the TRIPs Agreement provides in its Article 31 (b) that compulsory license (use of patent without authorization of the right holder) "may only be permitted if, prior to such use, the proposed user has made efforts to obtain authorization from the right holder on reasonable commercial terms and conditions and that such efforts have not been successful with-

---

❶ BODENHAUSEN, *Guide to the Application of the Paris Convention for the Protection of Industrial Property*, 68 (1968).

❷ *Id.*, at 72.

in a reasonable period of time." In conforming with this requirement, China added Article 51 in its version of 2000, because of preparing to accede the World Trade Organization Article 51 provides that "The entity or individual requesting, in accordance with the provisions of this Law, a compulsory license for exploitation shall furnish proof that it or he has not been able to conclude with the patentee a license contract for exploitation on reasonable terms and conditions."

On the issue of a compulsory license, Article 31 (b) of the TRIPs Agreement is an additional requirement added to, but not substituted for the relevant provision in Paris Convention. Experts usually indicate the above-mentioned interrelation as "Paris-plus". Unfortunately, the provision of expiration of three years after the grant of the patent right was cancelled in the 2000 version. Now, the Draft for Comments restore and improve the original provision as the Patent Administrative Department under the State Council may, upon the request of the entity which is qualified for exploitation, grant a compulsory license to exploit the patent, where the patentee of an invention or utility model, after the expiration of three years from the grant of the patent right, has not exploited the patent or has not sufficiently exploited the patent without a justified reason.

The World Trade Organization approved a Declaration regarding the TRIPs Agreement and Public Health, which provides that public health crisis, including the crisis of AIDS, tuberculosis, malaria or any other epidemic, shall constitute a national emergency or an extraordinary state of affair. Later, a Resolution regarding the Implementation of the TRIPs and Paragraph 6 of the Public Health Declaration was approved by WTO on August 30, 2003, which permits the Members to grant a compulsory license for other Members who have no or insufficient capability to manufacture the relevant medicines when facing public health issues and to manufacture and export those medicines to these Members, which therefore breaks through the restrictive provisions of Article 31 of the current TRIPs Agreement that the compulsory license should predominantly be used to supply the domestic market demands. On December 6, 2005, the general council of the World Trade Organization approved the Protocol on the Amendment to the TRIPs Agreement, which proposed to include the substantial contents of the above-mentioned Resolution into the TRIPs Agreement. Thus, the Protocol had been accepted and ratified by the Standing Committee of the National People's Congress at the end of 2007.

Therefore, the Draft suggests a few additional provisions have to be added in the Patent Law. In order to prevent, treat and control an epidemic disease, the Patent Administrative Department under the State Council may grant a compulsory license to exploit the patent. Where a medicine for treating an epidemic disease has been granted a patent in China, and a developing country or a least developed country which has no capability or insufficient capability to manufacture the said medicine, hopes to import the medicine from China, the Patent Administrative Department under the State Council may grant a compulsory license to manufacture the said medicine and to export it to the said country to an entity which is qualified for exploitation.

A particular provision was included in the TRIPs Agreement, which stipulates that

> where the law of a Member allows for other use of the subject matter of a patent without the authorization of the right holder, including use by the government or third parties authorized by the government, the following provisions shall be respected:
>
> (...)
>
> (c) the scope and duration of such use shall be limited to the purpose for which it was authorized, and in the case of semi-conductor technology shall only be for public noncommercial use or to remedy a practice determined after judicial or administrative process to be anti-competitive. ❶

In conforming with this requirement, the Draft suggests that an additional provision to be adopted:

> Where the invention-creation covered by the compulsory license relates to a semiconductor technology, the exploitation under the compulsory license is limited to the public interest or to the use in remedy of an action of eliminating and restricting competition as determined by the judicial or administrative procedure.

Ⅵ. Defense of Prior Art

When a court starts for hearing or disposing a patent infringement dispute, the patentee claims that the accused infringer infringes the patent and the accused infringer usually provides evidence to illustrate that the technologies or designs implemented by the accused infringer are the prior art or prior design known by the public before the application date and therefore claims that its activities should not be held as an infringement of patent. In such a situation, the accused infringer has to launch the patent invalidation process to invalidate the patent for the purpose to eliminate its liabilities in an infringement of patent. However, in China, the proceeding for a hearing and disposing of patent infringement dispute is to be held by the court and the proceeding for invalidation of patent is in charge of the Patent Reexamination Board. The accused infringer has to apply for the suspension of the patent infringement proceeding and launch an invalidation proceeding. Only a decision of invalidation needs to be approved by the Patent Reexamination Board, and then the patent infringement case will be restored in the court.

Thus, the whole process in the Patent Reexamination Board and in the court might need a long time, usually several years. Even if the accused infringer finally wins the case, it has to suffer a lot of losses in terms of time, money, market and reputation, which is unfair to the accused infringer that implements the prior art or prior design. If a mechanism on defense of prior art is introduced in the Patent Law, it will simplify the whole matter. The accused infringer that implements prior art or prior design may put forward the defense of prior art during the hearing and disposing of patent infringement dispute, and the People's Court or the administra-

---

❶ *Article 31 (c) of the TRIPs Agreement.*

tion may decide whether the implements of the accused infringer is prior art or prior design and the infringement dispute can be decided without consideration of the validities of the patent, which will not only simplify the procedures of the infringement dispute but also shorten the litigation term and effectively protect the legal rights and interest of the public.

Now, in many western countries, including Germany, the United States, Japan and others, the mechanism of defense of prior has been generally adopted in patent judicial practice. In China, there are also certain practices of some People's Courts and administrative authorities allowing the defense of prior art in hearing and disposing of patent infringement disputes, but there is no such provision in the Patent Law. Therefore, the Draft suggests that an additional Article be provided as the following: where the People's Court or the patent administrative department tries or handles the patent infringement dispute decides that the technology or design exploited by the accused infringer belongs to the prior art or prior design based on the evidences provided by the parties, the said exploiting act shall not be considered as constituting an infringing act.

VII. Accusation in Bad Faith

The normal operations of the patent system needs the respect of the whole society for other people's patents and the intensification of the effective protection for the patent right. At the same time, it is also necessary to prevent the patentee from maliciously interfering the normal business and operation of another person by using its or his right to safeguard the regular market and economic order. Now, some applicants for patents, who clearly know that its or his technology or design belongs to prior art or prior design, still apply for the grant of patent. These applicants maliciously and intentionally violate the provisions of the Patent Law.

Under the Patent Law of the Republic of China, only preliminary examination, but no substantive examination is required for a utility model and industrial design. Thus, such abovementioned applicants maliciously apply and obtain the patent right, and then charge the accused "infringer" for infringing of their patent, which severely interfere with the normal business activities of the so-called "infringer" and of the society. It should be pointed out that such a phenomenon might exist even in the patent right for invention, which has been granted but with some mistakes during the substantive examination in searching of the novelty. So, it is also necessary to strengthen the law-abiding consciousness of the patentee, which is most important for safeguarding the legitimate interest of the accused "infringer" and the public.

A special Article on indemnification of the Defendant is provided in the TRIPs Agreement as following: The judicial authorities shall have the authority to order a party at whose request measures were taken and who has abused enforcement procedures to provide to a party wrongfully enjoined or restrained adequate compensation for injury suffered because of such abuse; the judicial authorities shall also have the authority to order the applicant to pay the defendant expenses, which may include appropriate attorney's fees. ❶

Therefore, the Draft suggests to provide an additional Article as following: where the patentee, knowing that the technology or design for which a patent right has been granted belongs to prior art or prior design, accuses other persons for infringing its or his patent right and institutes legal proceedings in the People's Court or request the patent administrative department to handle the matter, the accused infringer may request the People's Court to order the patentee to compensate for the damage thus caused to the accused infringer.

Ⅷ. Pre-Litigation Preservation of Evidence

For interim remedy measures for patent infringement, Article 61 of the current Patent Law provides measures for ceasing an infringing act and preservation of property before litigation, but does not touch upon measures for pre-litigation preservation of evidence. The Civil Procedural Law of the People's Republic of China, in its Article 74, only provides the measures for preservation of evidence after the initiation of a lawsuit, but without any provisions on the measures for preservation of evidence prior to the litigation. However, what often happens in the judicial practice of patent infringement dispute, is that if the evidence is not preserved before the initiation of the litigation, such evidence will possibly be lost or be very difficult to be collected.

TRIPs Agreement, in its Article 50, provides:

1. The judicial authorities shall have the authority to order prompt and effective provisional measures;
...
(b) to preserve relevant evidence in regard to the alleged infringement.

2. The judicial authorities shall have the authority to adopt provisional measures *inaudita atera parte* where appropriate, in particular where any delay is likely to cause irreparable harm to the right holder, or where there is a demonstrable risk of evidence being destroyed.

As *Gervais* indicated,

Article 50 (2) deals with measures taken without informing the alleged infringer/ defendant. This may be necessary where there is a risk that otherwise the measure would be ineffective (infringing products and other material could be removed). It applies in particular to professional infringers. Such measures are also justified when the delay that would normally be accorded to the defendant to present his case (even on a preliminary basis) might lead to the ineffectiveness of the measure or other irreparable harm to the right holder (loss of evidence). This is true even where measures are taken against a third party (other than the infringer) who may be acting in good faith (e. g. a carrier). ❷

Just after the completion of the second revision to the Patent Law, both the amendments to the Trademark Law and Copyright Law added a provision on preservation of evidence before litiga-

---

❶ *Article 48 (1) of the TRIPs Agreement.*
❷ *Gervais, The TRIPs Agreement: Drafting History and Analysis, 308 (2nd. ed. 2003).*

tion. Article 58 of the Trademark Law provides that "In order to put a stop to an infringement, the owner of a registered trademark or the interested party may, where evidence may be missing or become unobtainable in future and prior to filing a lawsuit, apply to the People's Court for preserving the evidence. The People's Court shall make a ruling within 48 hours from the time it accepts the application. Once a ruling to have the evidence preserved is made, it shall be enforced immediately. The People's Court may order the applicant to provide a surety. Where no surety is provided, the People's Court may reject the application. Where the applicant fails to bring a lawsuit within 16 days after the People's Court adopts the preservation measure, the People's Court shall rescind the measure". Article 50 of the Copyright Law also provides that

> In order to prevent infringement, a copyright owner or an owner of right related to copyright may, before instituting proceedings, apply to a people's court for evidence preservation where the evidence is likely to be missing, or to be difficult to obtain later. The People's Court, having accepted the application, shall make a rung within 48 hours. Where the People's Court rules to adopt a preservation measure, it shall be enforced immediately. The People's Court may order the applicant to provide assurance, and shall reject the application where the applicant fails to do so. The People's Court shall release the preservation measure in the case where the applicant fails to institute proceedings within 16 days after the People's Court adopted the said measure.

In responding to the situation and the needs mentioned above, the Several Provisions concerning the Application of Law in terms of Pre-litigation Cease of Infringement were issued by the People's Supreme Court in 2001. It provides that the People's Court may, at the request of the party, preserve the evidence with reference to the provisions of Article 74 of the Civil Procedural Law when implementing the measure to cease patent infringement before the litigation.

In the current revision, the Draft for Comments suggests an additional Article to be adopted as following: In order to stop a patent infringement act, under the circumstance that an evidence might become extinct or hard to obtain hereafter, the patentee or the interested party may request the People's Court for preservation of the evidence before instituting legal proceedings. After acceptance of the request, the People's Court shall make a ruling within 48 hours; if the court rules to grant preservation measures, the execution thereof shall be started immediately. The People's Court may order the requester to provide a guarantee; if the requester fails to do so, the request shall be rejected. If the requester does not institute legal proceedings within 15 days after the People's Court has adopted the preservation measures, the People's Court shall lift the preservation measures.

IX. Statutory Compensation or Fixed-amount Compensation

Article 60 of the current Patent Law provides that

> [t]he amount of compensation for the damage caused by the infringement of the patent right shall be assessed on the basis of the losses suffered by the patentee or the profits which the infringer has earned through the infringement. If it is difficult to determine the losses which the patentee has suffered or the

profits which the infringer has earned, the amount may be assessed by reference to the appropriate multiple of the amount of the exploitation fee of that patent under contractual license.

In the judicial practice of the People's Courts, what often takes place is that the court cannot decide either the losses of the owner or the illegal earnings of the infringer, and there are even no loyalties for reference or the loyalties for reference are obviously unreasonable. In such circumstances, it is very difficult for the People's Court to decide the amount of compensation in the patent infringement dispute.

However, the TRIPs Agreement provides in Article 45:

> 1. The judicial authorities shall have the authority to order the infringer to pay the right holder damages adequate to compensate for the injury the right holder has suffered because of an infringement of that person's intellectual property right by an infringer who knowingly, or with reasonable grounds to known, engaged in infringing activity.
>
> 2. The judicial authorities shall also have the authority to order the infringer to pay the right holder expenses, which may include appropriate attorney's fees. In appropriate cases, Members may authorize the judicial authorities to order recovery of profits under payment of pre-established damages even where the infringer did not knowingly, or with reasonable grounds to know, engage in infringing activity.

In conformity with the requirement of the TRIPs Agreement, Several Provisions concerning the application of Laws in the Hearing of Patent Dispute were issued by the Supreme People's Court in June, 2001. Article 21 of the above-mentioned Provisions stipulates that

> where there is no patent exploitation fee under contractual license for reference or the patent exploitation fee under contractual license is obviously unreasonable, the People's Court may, set an amount of compensation of not less than RMB 5,000 yuan and not more than RMB 300,000 yuan, and not exceeding RMB 500,000 yuan in light of factors such as the type of the patent right, the nature of the infringing act and the circumstances.

This is so-called "statutory compensation" or "fixed-amount compensation" in practice, but not based on Patent Law.

After the completion of the second revision of Patent Law in 2001, both the Trademark Law and Copyright Law were revised and the Statutory Compensation was added in the new texts. Article 56 of the Trademark Law provides that

> the infringement during the period of the infringement, or the amount of the losses that the infringed has suffered as a result of the infringement during the period of infringement, including any reasonable expenses the infringed has paid in its effort to put an end to the infringement. Where the profits earned by the infringer or the losses suffered by the infringed as a result of the infringement, as mentioned in the preceding paragraph, are hard to determine, the People's Court shall, on the basis of the circumstances of the infringement, decide to make it not more than 500,000 yuan.

Article 48 of the current Copyright Law also provides:

> Anyone who infringes copyright or a right related to copyright shall pay compensation for damages ac-

cording to the actual loss of the right owner, or according to the unlawful income of the infringer where the actual loss is difficult to calculate. The compensation shall include the reasonable expenses that the right owner has paid for preventing the infringement. Where the actual loss of the right owner or the unlawful income of the infringer can not determined, the People's Court shall decide a compensation not more than 500,000 yuan in RMB, depending on the infringement circumstances.

In responding to the above-mentioned requirements, the Draft for Comments added a special Paragraph in Article 68, which provides:

> Where it is difficult to determine the losses suffered by the patentee, the profits which the infringer has earned through the infringement and the patent exploitation fee under contractual license, the People's Court may set an amount of compensation of not less than RMB 5,000 yuan and not more than RMB 1,000,000 yuan in light of factors such as the type of the patent right, the nature of the infringing act and the circumstances.

However, in the Draft submitted to the National People's Congress, the above-mentioned Paragraph in Article 68 was cancelled, which reflects that there are still strong oppositions for a statutory compensation or fixed amount compensation in the patent field. It is up to the Standing Committee of the National People's Congress to decide this issue finally.

The remarks mentioned above are concerned only with some but not all important issues in the discussion of the Third Revision of the Patent Law. My paper can not include all the issues concerned in the Draft for Comments, for example, ownership of patent completed under a research project with government investment, protection of genetic resource and its disclosure, restrict the scope and enhance the substantive requirements of patent for design, supplementary provisions for instituting legal proceedings and so on. Some other issues, though discussed seriously, but not included in the Draft for Comments for strong confrontation of different opinion, such as principle of equivalence, extension of medicine patent term, indirect infringement and so on. However, all the remarks and issues mentioned above are not yet finally decided until approved by the Standing Committee of the National People's Congress. As far as I know, the Draft for Comments, after amendment once more, will be provided to the Standing Committee of the National People's Congress perhaps in August 2008, which will discuss, amend and finally approve the Draft possibly at the end of 2008 or at the first part of 2009, probably with some minor changes.

People's Republic of China Chapter 1[*]

Summary

1. Introduction   1.01
2. Subject matter   1.09
3. Protection of foreign copyright owners   1.13
4. Scope of rights   1.17
5. Limitation of rights   1.24
6. Ownership and transfer of rights   1.27
7. Duration of rights (term)   1.37
8. Remedies for infringement   1.45
9. Copyright licensing   1.49
10. Plans for revision   1.50

Ⅰ. Introduction

1. Historical development

1.01   China has had a long history of culture stretching over five thousand years. It is generally recognised that the Chinese created "Four Big Inventions" in human history, i.e. paper making, printing, the compass and gunpowder. The manufacturing of paper was invented by the Chinese about two thousand years ago. [1] A Chinese version of a Buddhist Sutra, discovered in the Republic of Korea, pushed back the date of the emergence of printing technologies using movable types at least to the Tang Dynasty, i.e., between 704 and 751 AD. [2]

Copyright protection in China can be traced back to before 1068 AD. In the Northern Song Dynasty, it was declared that the "unauthorised engraving and making plates is forbidden". In the Southern Song Dynasty, a book entitled Donghu Shilue (The Summary of Events in the

---

[*] *Originally published International Copyright and Neighbouring Rights, Butterworth & Co (Publishers) Ltd. 1993.*

[1] *L'apparition du livre Febvre et H J Martin, 102 – 109 (Paris, 1971).*

[2] *Guangming Daily, 12 November 1986, p. 3.*

Eastern Capital) even contained a copyright notice which reads: "Registered with the superior authorities - no reprints allowed."❶

However, there was no modern copyright statute until the first decade of the twentieth century. Before the founding of the People's Republic of China, three copyright laws had been promulgated in China, namely, the Copyright Law of the Great Qing adopted by the Government of the Qing Dynasty in 1910, the Copyright Law adopted by the Northern Warlord Government in 1915, and the Copyright Law of the Republic of China adopted by the Guomindang Government in 1928.

1.02 Generally speaking, the Copyright Law of the Great Qing of 1910 was a good law in its time. It has 55 articles in five chapters: General Provisions, Registration, Term of Protection, Limitation on Rights and Supplementary Provisions. Article 1 stipulated that the works protected under this law included works of literature and art, pamphlets, calligraphy, photographs, sculptures and models. Works not protected included laws, orders, official documents, speeches delivered at various religious ceremonies, news on politics and current events published in newspapers, as well as public speeches.

The copyright owner had the following rights:

(a) protection of registered copyrighted works against unauthorised reprinting or counterfeiting by any other means;

(b) protection of a work by the author, when accepted for publication or production by any other means, against mutilation and distortion-when a work is distributed, the name of the author shall be mentioned and that title of the work shall not be altered;

(c) protection of a work in the public domain against mutilation and distortion - when a work in the public domain is published and distributed, the name of the author shall be mentioned and the title of the work shall not be altered;

(d) prohibition of the publication and distribution of a work created by an author but under another name;

(e) prohibition of any unauthorised compilation of exercise books for textbooks published by another; and

(f) prohibition of the enforcement of a debt for an unpublished work without the permission of the copyright owner.

According to the Copyright Law of the Great Qing, copyright in a work could not be obtained automatically. Three preconditions were necessary for obtaining copyright in a work, namely, registration at the Ministry of Civil Affairs, deposit of sample copies and payment of registration fees. Copyright owners were also required to file the documents of the transfer or inheritance of their copyright at the Ministry of Civil Affairs.

---

❶ *Shulin Qinhua* (*Quiet Talts Among Bookstack*), 36–38, Ancient Books Publishing House, Beijing, 1957.

The Copyright Law of the Great Qing stipulated the term of protection as follows:

(a) the term of protection of a work of a citizen is the lifetime of the author and 30 years after his death;

(b) the term of protection of a posthumous work is 30 years;

(c) the term of protection of a work published in the name of a school, company, office or other institution is 30 years;

(d) the term of protection of a photographic work is 30 years.

All the terms mentioned above were to be calculated from the date of issue of the registration certificate by the Ministry of Civil Affairs.

The law provided that the following categories of works were deemed public property and did not fall under copyright protection: works of which the term of protection had expired; works created by authors who had no heirs, after the death of the author; works that had been distributed for a very long time already and works for which the authors had given up their copyright voluntarily.

The law also provided that a copyright work could be used freely for the following purposes:

(a) use in a textbook or use in its reference material;

(b) quotations from a work created by another for one's own research;

(c) imitating a painting created by another in the form of a sculpture or model, or vice versa.

The law stipulated that legal proceedings could be instituted if the copyright in a work was infringed. Article 33 provided that anyone who reproduced or counterfeited a registered work created by another was guilty of such infringement. Furthermore, anyone who distorted or mutilated a work created by another, or distributed a work without mentioning the name of the author or the title of the work would be fined. The law also included provisions concerning the ownership of copyright, the inheritance of copyright, works of joint authorship, commissioned works, oral works and translations.

The law was not actually implemented, because the Qing Government was overthrown in 1911, i.e., a year after the adoption of the Copyright Law. However, the Copyright Law of the Great Qing had a significant influence on the succeeding copyright laws before 1949. It was re-enacted with slight amendments, by the Copyright Law of the Northern Warlord in 1915 and that of the Guomindang Government in 1928.

1.03 After the founding of the People's Republic of China (PRC), all the laws passed by the Guomindang Government, including the Statute of 1928 mentioned above, were repealed in mainland China.

Starting in the 1950s, a number of laws and regulations concerning the protection of copyright were adopted by the Chinese Government. A Resolution on the Development and Improvement of Publishing, adopted at the First National Conference on Publishing in 1950, was the first decree dealing with copyright protection in the new China. The Resolution stipulated that the publishing industry should respect the right of publication and other copyrights. Unauthorised reprinting, plagiarism and mutilation were prohibited; the date of publication or republication, the numbers of printed copies, the name of the author or translator, and the title of the original work must be accurately stated on the copyright page; before a new edition of a work was published, the publisher should ask the author for any necessary revision; the legitimate rights and interests of authors should be protected; the copyright should not, as a rule, be transferred "in toto".

In 1953, a resolution forbidding the unauthorised reprinting of books was issued by the National Publishing Administration Organisation. It stipulated that all bodies or institutions should be prohibited from reprinting books and pictures without authorisation; publishers were required to sign contracts with authors. In order to provide copyright protection for the economic rights of authors, the government departments concerned issued provisional regulations governing remuneration for books on literature and the social sciences, as well as standards of remuneration for performance, broadcasting, audio visual recording and cinematographic production.

It is necessary to mention here, that it was a characteristic of that period that Chinese writers and artists were offered appropriate jobs and salaries by the Government. Thus, they had basic guarantees of a living and some remuneration for their works as a kind of reward and extra income. But, the regulations and remuneration standards mentioned above were, unfortunately, suspended for ten years from 1966 to 1976 during the so-called "cultural revolution".

1.04 China began to adopt a new policy of reform and opening up to the outside world in the latter part of 1978. A new page in the history of the country was turned and the necessity of establishing a modern legal system of copyright protection became more and more obvious.

In January 1979, an Agreement on High-Energy Physics was concluded between the Government of the PRC and the Government of the United States, in which a provision concerned with copyright protection was included. In March 1979, China and the United States concluded an Agreement on Trade Relations. Article 6 of that Trade Treaty provides:

> Both contracting parties, in their relations, recognise the importance of the effective protection of patents, trademarks and copyrights. Both contracting parties agree that each party shall take appropriate measures, under their respective laws and regulations and with due regard to international practice, to guarantee to legal or natural persons of the other party protection of copyright equivalent to the copyright protection correspondingly accorded by the other party.

On 8 July 1979, the PRC and the Philippines concluded an Agreement concerning cultural affairs. Article 14 of the Agreement provides that each of the contracting parties agreed to take all necessary measures, on the basis of reciprocity and their respective laws and regulations, to protect the literary and artistic property of nationals of the other party in their respective territories. At the same time, many famous writers and artists in China stressed the necessity of copyright protection in conformity with the policy of reform and opening up to the outside world.

In order to comply with the treaties mentioned above, the National Publishing Administration provided a report to the State Council, which approved it with the following instructions "... agree with your report; please begin to organise an office for enacting copyright law". A Copyright Study Group was set up within the Publisher's Association of China and drafting work began in May 1979. The Group began with a serious study and a comparative analysis of the major international copyright conventions and a number of copyright laws of various countries. An initial draft was provided and later amended many times.

In order to speed up the drafting of copyright legislation and to strengthen the administration of copyright throughout the country, the State Council approved the establishment of the National Copyright Administration of China (NCAC) in July 1985. In the next year, the draft was submitted to the Bureau of Legal Affairs of the State Council for review. The Council solicited comments and suggestions from authors, publishers and responsible persons from the film-making industry, television and radio broadcasting, educational and scientific research institutions, applied art, light industry and architecture as well as legal experts. The Bureau, taking note of the comments, reviews and suggestions solicited, revised and readjusted some provisions of the draft law prepared by the National Copyright Administration. On 1 December1989, Mr Song Muwen, the Director General of the NCAC gave an explanation of the draft law at a meeting of the State Council. The draft law was approved at that meeting and two weeks later, on 14 December 1989, the approved draft signed by the Premier was submitted to the 11th Session of the Standing Committee of the Seventh National People's Congress for review and approval. After a long discussion in four sessions of the Standing Committee, the Copyright Act was finally adopted at the 15th Session of the Standing Committee of the Seventh National People's Congress on 7 September 1990 and entered into force on 1 June 1991.

This Copyright Act, the first one since the founding of the People's Republic, was enacted in accordance with the policy of reform and opening to the outside world as well as having Chinese characteristics and also taking into account the experience of foreign and international copyright legislations and practices.

2. Sources of copyright law

1.05 The Constitution, adopted in 1982, provided a solid basis for Chinese copyright law. It provides that Chinese citizens have the freedom to engage in creative cultural pursuits and scientific research and that the state shall encourage and assist citizens in such endeavours. ❶

The term "copyright" first appeared in Chinese law in 1985. Article 3 of the Inheritance Law of the PRC, promulgated on 10 April 1985 and entered into force on 11 October 1985, provides that the economic rights forming part of the copyright may be inherited after the death

---

❶ *See Constitution, arts 19~24 and 46.*

of the copyright owner. This was the first time that the term "copyright" had appeared in a statute of the People's Republic, rather than in treaties, regulations or so-called internal documents. Besides bilateral treaties concluded with the United States and the Philippines mentioned above, the Ministry of Culture issued an internal regulation on the copyright protection of books and periodicals in June 1984, effective until 1 June 1991. The Ministry of Culture and National Copyright Administration have issued four regulations dealing with the remuneration for copyright in books from 1977. The Ministry of Radio, Film and Television promulgated interim regulations concerning copyright protection of audiovisual publications in September 1986. However, the regulations and documents mentioned above are not statutes promulgated by the legislature, i. e. the National People's Congress or its Standing Committee.

1.06 The first important statute dealing with copyright is the General Principles of Civil Law of the PRC, which was adopted on 12 April 1986 and entered into force on 1 January 1987. Article 94 of the General Principles of Civil Law provides that citizens and legal entities enjoy copyright, which includes the right to make works public, to have authorship attributed for creating works, and to obtain remuneration for the use of works. Article 118 provides sanctions against the infringement of copyrights, of trademarks, and of patents as well as of other rights in inventions and other scientific or technological developments. Such sanctions include orders to cease the infringement, to eliminate its effects, and compensation for any resulting losses. In order to clarify many of the provisions of the General Principles and help the judges to apply them in their decisions, a commentary was issued by the Supreme Court on 2 April 1988.

1.07 The most important source of copyright law, the Copyright Act 1990, states the purpose of the Act in article 1:

> This law is enacted, in accordance with the constitution, for the purposes of protecting the copyright of authors in their literary, artistic and scientific work as well as rights related to copyright, of encouraging the creation of dissemination of works which would contribute to the construction of a socialist spiritual and material civilisation, and of promoting the development and flourishing of socialist culture and sciences.

The Copyright Act contains 56 articles divided into six chapters: General Provisions, Copyright, Copyright Licensing Contracts, Publication, Performance, Sound and Video Recording, and Broadcasting, Legal Liability, and Supplementary Provisions.

In accordance with article 54 of the Copyright Act, Implementing Regulations prepared by the National Copyright Administration and approved by the State Council entered into force on 1 June 1991. These Implementing Regulations contain 56 articles arranged in seven chapters: General Provisions, Copyright Administrative Authorities, Ownership and Exercise of Copyright, Copyright Contracts, Exercise of, and Limitations of, Rights Related to Copyright, Administrative Sanctions, and Supplementary Provisions.

According to Article 53 of the Copyright Act, the Regulations for the Protection of Computer Software were adopted by the State Council on 24 May 1991, and entered into force on 1

October 1991. Procedures for the registration of copyright in computer software were prepared and promulgated by the Ministry of Machinery Building and Electronics on 6 April 1992 and entered into force on 1 May 1992.

3. Protection of foreign works

1.08 Article 2 of the Copyright Act provides the most important principle for the protection of foreign works. Works of foreigners first published in the territory of the PRC enjoy copyright in accordance with this Act. Any work of a foreigner published outside the territory of the PRC which is entitled to copyright under an agreement concluded between the country to which the foreigner belongs and the PRC, or under an international treaty to which both countries are party, shall be protected in accordance with this Act.

On 1 July 1992 China acceded to both the Berne Convention and the Universa Copyright Convention. The accession to the Berne Convention became effective on 15 October 1992 and the accession to the Universal Copyright Convention on 30 October. On November 1992, China acceded to the Geneva Convention for the Protection of Producers of Phonograms Against Unauthorised Duplication of their Phonograms. The accession became effective in China on 30 April 1993. The Implementation Rules of International Copyright Treaties passed on 25 September 1992 became effective from 30 September 1992.

It is very important for a foreign copyright owner to know that article 142 (2) on the General Principles of Civil Law provides that, in the event of any difference in the provisions between the civil law of the PRC and international treaties signed by the PRC or to which it is a party, the provision of the international treaty shall prevailsubject only to any reservations made by the PRC.

II. Subject matter

1. Categories of protected works

1.09 "Works" in the Copyright Act, as defined in article 2 of the Implementing Regulations, are the results of intellectual creation in the fields of literature, art and science which possess originality and which may be reproduced in a material form.

The "works" protected, as defined in article 3 of the Copyright Act, include "works of literature, art, natural science, social science, engineering technology and the like which are expressed in the following forms". The same article then enumerates nine categories of works. Definitions of these works are provided in article 4 of the Implementing Regulations.

(1) "Written works" are those expressed in writing, such as novels, poems, essays and theses.

(2) "Oral works" are those expressed orally which have not been fixed in any material form, such as speeches, lectures or arguments in court.

(3) "Musical, dramatic, *quyi* and choreographic works" are those which may be expressed through performance; musical works, with or without accompanying words, such as

songs or symphonies, sung or played by instruments; dramatic works, such as plays, operas, and local art forms, which are created for live performance, notably on stage.

"Quyi" works are those which refer to traditional art forms created mainly for performance through recitation, music or both, such as story telling, ballad singing, comic dialogues, "slap stick" and "routines". Choreographic works are those expressed in successive body or facial movements, gestures, or mime.

(4) "Works of fine art" are those which are two-or three-dimensional objects created in lines, or colours, or other media with aesthetic effect, such as works of painting, calligraphy, sculpture and architecture. In the Copyright Act and its Implementing Regulations, works of applied art are not a category of protected works different from works of fine art. However, the implementation rules of international copyright treaties, which will be referred to later, provide a special category of foreign works of applied art, whose term of protection is different from that of works of fine art.

(5) "Photographic works" are those created by recording images on light-sensitive materials with the aid ofsnitable devices.

(6) "Cinematographic, television and videographic works" are those which are recorded on some material support, made up of a series of images, with or without accompanying sound, and able to be projected or broadcast with the aid of suitable devices.

(7) "Drawings and descriptions of engineering and project designs" are those made for the purpose of actually constructing or manufacturing what they portray or describe.

(8) "Maps, sketches, and other graphic works" are those which include two-or three-dimensional works showing geographic phenomena or displaying the structures of things or objects, such as geographical maps, plans of electrical circuits, or anatomical drawings.

(9) "Computer Software", according to article 2 of the Software Regulations, is defined as computer programs and related documentation. "Computer programs" shall refer to a coded instruction sequence, or a symbolic instruction sequence or symbolic statement sequence automatically convertible to a coded instruction sequence that can be executed by a device capable of processing information, such as a computer and other such devices, where the purpose of such sequence is to achieve a certain result. Documentation means written information and diagrams written in natural or formal language used to describe the contents, composition, design, function specification, development details, test results and method of use of a program, such as program design explanations, flow charts and user manuals.

The last category, expressed as "other works provided for in laws and administrative regulations" means that the categories mentioned above are not exhaustive and new categories of works will be protected if such works are provided for in further legislation or administrative regulations.

2. Neighbouring rights

1.10 The Copyright Act and its Implementing Regulations also provide for the "rights related to copyright". This expression has the same meaning as "neighbouring rights". They include the rights enjoyed by performers in their performances, by producers in their audio and video recordings, by radio and television organisations in their broadcast programmes, and by publishers in the typographical formats of their publications. ❶

Definitions

1.11 According to the Implementing Regulations, performance refers to the reproducing of a work in public by sound, voice, expression or movement with the direct or indirect help of technical equipment, such as singing or playing a musical composition, putting on a play or reciting poetry. "Phonogram" refers to all original recordings of sound; "videogram" refers to all original recordings of continuous related images with or without sound accompaniment other than cinematographic, television or video works. "Radio and television programme" refers to programmes transmitted by radio stations and television stations using sound and picture-carrying signals. Production of television programmes and video tapes refer to the fixing of a work on a certain carrier for the first time in the medium of film-making or a similar medium. However, recording a performance or scenery mechanically shall not be deemed to be the production of a cinematic, television or video work. "Broadcasting" refers to the disseminating of a work by radio waves or cable television systems. "Publication" refers to the distribution of a work to the public after having edited and reproduced it. ❷

Publishers have the exclusive right of publication of the books they publish during the term of the contract.

Performers have the right: (a) to claim performership; (b) to protect the image inherent in their performance from distortion; (c) to authorise others to make sound recordings or video recordings for commercial purposes, and to receive remuneration therefor; (d) to authorise others to make live broadcasts.

Producers of sound recordings and video recordings have the right to authorise others to reproduce and distribute their recordings and to receive remuneration therefor.

Broadcasting organisations have the right in respect of a programme produced by them (a) to broadcast the programme; (b) to authorise others to broadcast the programme and to receive remuneration therefor; (c) to authorise others to reproduce and distribute the radio and television programme and to receive remuneration therefrom.

A broadcasting organisation which broadcasts for non-commercial purposes published sound recording does not need to obtain permission from, or pay remuneration to the copyright owner, performer or producer of the sound recordings. ❸

---

❶ Ch 4, *Copyright Act and ch 5 of its Implementing Regulations.*

❷ Art 5 and 6, *Implementing Regulations.*

❸ Art 43, *Copyright Act.*

3. Exceptions

1.12 Article 4 of the Copyright Act provides that works the publication or distribution of which is prohibited by law shall not be protected, and copyright owners, in exercising their copyright, shall not violate the Constitution or any laws or prejudice the public interest.

Article 5 of the Copyright Act provides that this Act shall not be applicable to: (a) laws, regulations, resolutions, decisions and orders of state bodies, other documents of legislative, administrative and judicial nature, and their official translation; (b) news on current affairs; (c) calendars, numerical tables, forms of general use and formulas. News on current affairs, under Article 6 (1) of the Implementing Regulations, refers to purely factual news reproduced by such media as newspapers, periodicals, radio and television stations.

III. Protection of foreign copyright owners

1.13 Works of foreigners first published in the territory of the PRC enjoy copyright in accordance with the Copyright Act.❶ "First published" means unpublished works of foreigners first published in China in a legal manner. Where a work by a foreigner is published in China within 30 days after it is first published outside China, the work shall be deemed to have been first published in China.❷

Where an unpublished work by a foreigner is first published in China after it has been authorised to be adapted or translated, the work shall also be deemed to be first published in China. Performances given in China by foreign performers, as well as audio and video recordings produced and distributed in China by foreign producers are protected under the Implementing Regulations.❸

According to Article 2, para 3 of the Copyright Act, any work of a foreigner published outside the territory of the PRC which is eligible to enjoy copyright under an agreement concluded between the country to which the foreigner belongs and China, or under an international treaty to which both countries are party, shall be protected in accordance with the Copyright Act.

1.14 Besides the bilateral agreements with provisions concerning copyright, concluded between China and the United States as well as the Philippines in the late 1970s, the most important document is *the Memorandum of Understanding* (MOU) between the Government of the PRC and the Government of the United States on the Protection of Intellectual Property, which was concluded on 17 January 1992 and became effective on 17 March 1992. Since then, the works of Chinese nationals are protected in the United States and the works of United States nationals are protected in the PRC.

---

❶ *Art 2, Copyright Act.*
❷ *Art 25, Implementing Regulations.*
❸ *Arts 46 and 47, Implementing Regulations.*

On 1 July 1992, the Standing Committee of the People's Congress of the PRC decided that China should accede to the Berne Convention for the Protection of Literary and Artistic Works and the Universal Copyright Convention (UCC). The Berne Convention and the UCC became effective in China respectively on 15 October and 30 October 1992. The same Standing Committee also decided that China shall accede to the Phonogram Convention 1971 on 7 November 1992 and the Convention became effective in China on 30 April 1993.

To implement the Berne Convention and bilateral agreements concerning copyright that China has signed with foreign countries, such as the MOU, the Chinese Government promulgated the Implementation Rules of International Copyright Treaties❶ in September 1992. These became effective from 30 September 1992.

1.15 According to the above rules, protected foreign works referred to in these provisions include:

(1) works of which the author or one of the co-authors, or other copyright owner or one of the co-owners is a national or a permanent resident of a country party to international copyright treaties;

(2) works that have been first published or published simultaneously in a country party to the international copyright treaties;

(3) works created on commission, or a joint venture or co-operative enterprise or an enterprise wholly supported by foreign investment of which the owner or one of the owners under a contract is a protected foreigner. ❷

Protection of foreign works mentioned above shall be carried out through application of the Copyright Act, its Implementing Regulations, the Regulations on the Protection of Computer Software and these Rules. ❸

1.16 In conformity with the Berne Convention and the MOU with the United States, these rules stipulate a number of provisions which are different from the domestic copyright law and regulations:

(a) Copyright owners of a foreign work shall have the right to authorise the public performance by any means or process of their works and any communication to the public of the performance of their works. ❹

(b) Copyright owners of foreign cinematographic works, television works and works of video recordings shall have the right to authorise the public performance of their works. ❺

(c) Prior permission of the copyright owner shall be required for newspapers and periodicals to reprint foreign works, except the reprinting of articles on current political, economic and social topics. ❻

---

❶ *State Council Decree No 105.*
❷ *Art. 4.*
❸ *Art. 2.*
❹ *Art. 11.*
❺ *Art. 12.*
❻ *Art. 13.*

(d) Copyright owners of foreign works shall retain the right to authorise or prohibit rental of copies of their works after the authorised sale of such copies. ❶

(e) Copyright owners of foreign works shall have the right to prohibit the importation of infringing copies or copies coming from a country where the works are not protected. ❷ This new provision is concerned with parallel importation.

(f) The provisions of the Berne Convention are applicable to the performing, recording, or broadcasting of foreign works. Where collective administration organisations exist, prior permission of such organisations shall be required. ❸

(g) Foreign works created by compiling non-protectable materials shall be protected in accordance with article 14 of the Copyright Act, provided that originally is shown in the selection and arrangement of materials. Such protection, however, shall not prevent another person from using the same materials to create other works of compilation. ❹

(h) Foreign video recordings shall be protected as cinematographic works if treated as such under international copyright treaties. ❺

(i) Prior permission of foreign owners shall be required to translate a published work, created in Chinese, into the language of a minority nationality. ❻ This provision is different from article 22 (11) of the Copyright Act, which provided for translations of a published work from the Han language into minority nationality languages for publication and distribution within China to be made without permission from, and without payment of remuneration to, the copyright owner.

(j) In the case of foreign works of applied art, the term of protection shall be 25 years commencing from the making of the work. However, the above provision shall not apply to the use of works of fine art, including drawings of cartoon characters, on industrial goods. ❼

(k) Foreign computer programs shall be protected as literary works, being subject to no registration and enjoying a term of protection of 50 years commencing from the end of the year of first publication. ❽

Articles 5, 12, 14, 15 and 17 of these rules shall also apply to sound recordings. ❾

Foreign works which, at the date on which international copyright treaties enter into force in China, have not fallen into the public domain in their countries of origin shall be protected until expiry of the term of copyright as prescribed in the Copyright Act and these rules. However, the above provision shall not apply to uses of foreign works that have taken place before international treaties entered into force in China. A Chinese person or legal person who owned and used a particular copy of a foreign work for a particular purpose before international copyright

---

❶ *Art. 14.*
❷ *Art. 15.*
❸ *Art. 16.*
❹ *Art. 8.*
❺ *Art. 9.*
❻ *Art. 10.*
❼ *Art. 6.*
❽ *Art. 7.*
❾ *Art 18.*

treaties entered into force in China may continue to make use of that copy of the work without liability, provided that such copy is neither reproduced nor used in any manner that unreasonably prejudices the legitimate rights and interests of the copyright owner. This provision is in conformity with a relevant article of the MOU with the United States and is mainly concerned with computer programs.

However, all the provisions mentioned above shall be subject to provisions of bilateral agreements relating to copyright which China has concluded with other countries. ❶If pre-existing administrative regulations relating to copyright conflict with these rules, these rules shall apply. If these rules conflict with international copyright treaties, these treaties shall apply. ❷

IV. Scope of rights

1.17 Under the Chinese Copyright Act, copyright includes both economic (or property) rights and personality (or moral) rights. The economic rights are the rights of economic exploitation, as well as the rights to authorise economic exploitation and to derive remuneration from it. Exploitation of works, as provided in article 10 (5) of the Copyright Act, includes "reproduction, performance, broadcasting, exhibition, distribution, making cinematographic, television, or video productions, adaptation, translation, annotation, compilation and the like". As the last three words indicate, the above enumeration of means of exploitation is not exhaustive.

1. Reproduction

1.18 Under Article 52 of the Copyright Act and Article 5 (1) of its Implementing Regulations, "reproduction" means the act of producing one or more copies of a work by printing, photocopying, copying by hand, lithography or rubbing, making a sound or video recording, duplicating a recording, duplicating a photographic work, or copying by any other means. But, as provided in Article 52, paragraph 2 of the Copyright Act, reproduction does not include the construction or manufacture of industrial products on the basis of drawings or descriptions of engineering or product designs.

2. Performance, broadcasting and exhibition

1.19 Performance, or live performance, is the presentation of a work to a live public through voice, sound, facial or body movements directly or with the aid of technical devices. The performance right applies only to stage performances, and does not include, as in some western countries, secondary uses, such as the playing of a phonogram. Broadcasting involves the presentation or communication of a work to a distant public, by means of telecommunications equipment. Exhibition is the public display of works of fine art or photographs, whether they are the originals or reproductions. But, an artistic work located or on display in an outdoor

---

❶ Art 17.

❷ Art 19.

public place, may be copied, drawn, photographed or video recorded without permission from, and without payment of remuneration to, the copyright owner. ❶

3. Distribution

1.20 Under Article 5 (5) of the Regulations, distribution means providing the public, by such means as sale or rental, with sufficient numbers of copies to satisfy reasonable needs. Article 5 (6) of the Regulations provides that reproduction plus distribution is equivalent to "publication" (in the narrow sense), meaning public distribution of the reproduced copies of a work released to the public.

4. Adaptation, translation, etc

1.21 Article 10 (5) of the Copyright Act provides rights of adaptation, translation, annotation, compilation, making cinematographic, television, or video productions and the like.

According to Article 5 of the Regulations, adaptation refers to the creating of a new work possessing originality on the basis of an existing work by changing the mode of expression of the work or its use. Translation refers to the converting of a work from one language to another; annotation refers to an explanation of the words, phrases and sentences in a written work; compilation refers to selecting, collecting and arranging of a number of works or fragments of works into a single work according to specific requirements; making cinematographic, television or video productions refers to the fixing of a work on a certain carrier for the first time in the mode of film-making or a similar mode.

5. Moral rights

1.22 Besides the economic rights mentioned above, the Copyright Act provides moral rights to protect the reputation of the author. Such rights, according to Article 10 of the Act, include the right of divulgation, credit for authorship, alteration and integrity.

(a) *The right of divulgation.* In some English translations of the Chinese Copyright Act, the right of divulgation has been translated as the "right of publication". It must be kept in mind that "publish" and "publication" used in Chinese copyright law have a broad meaning and a narrow meaning; the former means to make available to the public in any form and the latter means to publish a work in hard copy. In respect to moral rights, the broad meaning prevails, so I prefer to translate it into "right of divulgation". Such a right protects the author's interests by allowing him to decide whether, and how, to make a work available to the public.

(b) *The right of credit for authorship (paternity).* This right is often abbreviated as the "right of authorship". It is the right belonging to the actual creator to have his authorship, notably the author's name, mentioned on, or in connection with, the work.

(c) *The rights of "alteration" and "integrity"*. These rights are related. The former is the right to alter, or to authorise others, to alter one's work. The latter is the right to protect one's work against distor-

---

❶ *Art. 22 (10), Copyright Act.*

tion and mutilation.

6. Infringements

1.23   According to the Copyright Act,❶ any of the following acts are infringements of copyright:

(a) publishing (divulging) a work without the consent of the copyright owner;

(b) publishing (divulging) a work of joint authorship as a work created solely by oneself, without the consent of the other co-authors;

(c) having one's name mentioned in connection with a work created by another in order to seek personal fame and gain, where one has not taken part in the creation of the work;

(d) distorting or mutilating a work created by another;

(e) exploiting a work by performance, broadcasting, exhibition, distribution, making cinematographic, television, or video productions;

(f) adaptation, translation, annotation, compilation, or by other means, without the consent of the copyright owner, unless otherwise provided in the Copyright Act;

(g) exploiting a work created by another without paying remuneration as prescribed by regulations;

(h) broadcasting a live performance without the consent of the performer;

(i) plagiarising a work created by another;

(j) reproducing and distributing a work for commercial purposes without the consent of the copyright owner;

(k) publishing a book where the exclusive right of publication belongs to another;

(l) reproducing and publishing a sound recording or video recording of a performance without the consent of the performer;

(m) reproducing and distributing a sound or video recording produced by another, without the consent of the producer;

(n) reproducing and distributing a radio or television programme produced by a radio or television station without the consent of the radio or television station;

(o) producing or selling a work of fine art where the signature of an artist is counterfeited;

(p) committing other acts of infringement of copyright and of rights related to copyright.

The so-called secondary infringements are also prohibited. The rules implementing International Copyright Treaties provide that copyright owners of foreign works shall have the right to prohibit the importation of copies of their works which are infringing copies or copies coming from a country where the work is not protected. ❷The rules also provide that copyright owners of foreign works shall retain the right to authorise or prohibit rental of copies of their works after the authorised sale of such copies. ❸Both the right of paternity and the right of integrity are perpetual. ❹

---

❶ *Arts. 445 and 46, Copyright Act.*
❷ *Art 15, Implementation Rules.*
❸ *Art 14, Implementation Rules.*
❹ *Art 20, Copyright Act. See para 1.37.*

Ⅴ. Limitation of rights

1. Exceptions

1. 24 Article 5 of the Copyright Act provides that laws, regulations, resolutions and orders of state organs, other documents and their official translation of a legislative, administrative and judicial nature, news on current affairs, calendars, numerical tables, as well as forms of general use, and mathematical formulae are not protected by copyright law.

Article 22 of the Copyright Act stipulates that in the following cases a work may be used without permission from, and without payment of remuneration to, the copyright owner, provided that the name of the author and the title of the work shall be mentioned and that other rights enjoyed by the copyright owner by virtue of this Act shall not be prejudiced:

(a) use of a published work for the purpose of the user's own private study, research or entertainment;

(b) appropriate quotation from a published work in one's own work for the purpose of introduction to, or comment on, a work, or demonstration of a point-the quoting of an appropriate portion of another person's work already made public must meet the following conditions: the purpose of the quotation shall be confined only to presenting a work or elucidating a point; the quoted portion shall not constitute the principal or substantive portion of the work of the person quoting; the interests of the copyright owners of the work shall not be damaged;❶

(c) use of a published work in newspapers, periodicals, radio programmes, television programmes or newsreels for the purpose of reporting current events-this provision refers to the unavoidable reproduction of another person's work already made public within the scope and the purpose of news reporting;❷

(d) reprinting by newspapers or periodicals, or rebroadcasting by radio or television stations, of editorials or commentators' articles published by other newspapers, periodicals, radio or television stations;

(e) publication in newspapers or periodicals, or broadcasts by radio or television stations, of a speech delivered at a public meeting, except where the author has stipulated that publication or broadcasting is not permitted;

(f) translation, or reproduction in a small quantity of copies, of a published work for use by teachers or scientific researchers, in classroom teaching or scientific research, provided that the translation or reproduction shall not be published or distributed;

(g) use of a published work by a state body for the purpose of fulfilling its official duties;

(Both (f) and (g) are subject to the provision that they shall not affect the normal utilisation of the work or gratuitously damage the lawful rights and interests of the copyright owner.❸)

---

❶ *Art 27, Implementing Regulations.*
❷ *Art 28, Implementing Regulations.*
❸ *Art 29, Implementing Regulations.*

(h) reproduction of works in collections by a library, archive, memorial hall, museum, art gallery or similar institution, for the purpose of the display, or preservation of a copy of the work;

(i) free (of charge) performance of a published work; in such a situation, no fee shall be charged to the audience and no remuneration shall be paid to the performer; ❶

(j) copying, drawing, photographing, or video recording of an artistic work located or on display in an outdoor public place;

(k) translation of a published work from the Han language into minority nationality languages for publication and distribution within the country-this provision applies only to works of which the original is in the Han language; ❷

(l) transliteration of a published work in Braille and publication of the work so transliterated.

The above-mentioned limitations on rights shall be applicable also to the rights of publishers, performers, producers of sound and video recordings, radio and television stations.

2. Compulsory and legal licences

1.25 In order to disseminate works throughout society, the Copyright Act provides that certain kinds of works may be subject to specified uses without the consent of the author, but subject to an obligation to pay remuneration.

Except where the copyright owner has declared that reprinting or the making of excerpts is not permitted, other newspaper or periodical publishers may, after the publication of the work by a newspaper or periodical, reprint the work or print an abstract of it or print it as reference material, but they must pay remuneration to the copyright owner as prescribed in the regulations. ❸However, prior permission of the copyright owner shall be required for newspapers and periodicals to reprint foreign works, except the reprinting of articles on current political, economic and other social topics. ❹

Similar provisions apply to the cases of public performance, the production of sound recordings, and the making and broadcasting of radio or television programmes. A performer who, for a commercial performance, exploits a published work created by another, or a producer of a sound recording who, for the production of a sound recording, exploits a published work created by another, does not need permission from, but shall pay remuneration to, the copyright owner. Such works shall not be exploited where the copyright owner has declared that such exploitation is not permitted. ❺ A similar clause is provided for radio and television stations in article 40, paragraph 2 of the Copyright Act.

In all of the above-mentioned cases, where the copyright owner or his address is unknown, the remuneration shall be sent, within a month of the exploitation, to an organisation

---

❶ *Art 30, Implementing Regulations.*
❷ *Art 31, Implementing Regulations.*
❸ *Art 32, para 2, Copyright Act.*
❹ *Art 13, Implementation Rules.*
❺ *Art 35, parea 2 and art 37, para 1, Copyright Act.*

designated by the National Copyright Administration, to be forwarded by them to the copyright owner. ❶

However, in the case of public performance, sound recording and broadcasting of foreign works, the provisions of the Berne Convention shall apply, instead of the above-mentioned provisions in the Copyright Act.

The law does not contain a compulsory licence for translations or reprints.

3. Special provisions for computer software

1.26 The Software Regulations provide for similar limitations or exemptions comparable to those for private use, teaching, scientific, and governmental uses. Besides, those who lawfully hold copies of computer software have the right, without the consent of the copyright owner, to load the software into a computer as necessary for purposes of use and to make back-up copies for archival purposes. Such back-up copies may not be provided to others under any circumstances. As soon as the right to use the software is terminated, all copies made for archival purposes must be completely destroyed. In order to adapt software as required for use in a computer or to improve its functionality, the lawful owner of a copy may make necessary amendments to the software. However, any amended version may not be provided to any third party without the consent of the copyright owner or his licensee. ❷

After the free use of a few copies of software, which are made for non-commercial purposes such as classroom teaching, scientific research, or the execution of duties of a state body, etc, the copies must be appropriately handled, ultimately returned or destroyed, and must not be used for any other purpose or provided to others. ❸

Ⅵ. Ownership and transfer of rights

1. Ownership of copyright

1.27 The term "copyright owner", according to Article 9 of the Copyright Act, includes (a) authors and (b) other citizens, legal entities, and entities without legal personality, enjoying copyright in accordance with the Act. An entity without legal personality may own copyright, such as a social institution or an economic organisation, which is a relatively independent part forming a legal entity.

The state may own copyright. Copyright owned by the state is, under Article 21 of the Regulations to be enforced by the National Copyright Administration on behalf of the state.

General rule of initial ownership

1.28 As a general rule, the copyright in a work, according to Article 11 of the Copyright Act, initially belongs to the author who created the work, subject to specific provisions to

---

❶ *Art 49, Implementing Regulations.*
❷ *Art 21, Software Regulations.*
❸ *Art 22, Software Regulations.*

the contrary. Here, "create" or "creation" refers to intellectual activities capable of directly producing literary, artistic and scientific works. To engage in organisational work, offer advice and provide material facilities, or carry on other auxiliary activities, shall not be deemed to be creation. ❶

As soon as a work is created, the copyright of the author attaches automatically.

2. Joint works

1.29 Article 13 of the Copyright Act provides that, as a general rule, when two or more co-authors create a work jointly, they will enjoy copyright in the work jointly. Anyone who has not participated in the creation of the work, but only, for example, provided a financial, administrative, or technical contribution, may not be treated as a co-author. The same article also provides that, if a work of joint authorship can be separated into independent parts which can be exploited separately, each co-author has an independent copyright in each part created by him. However, to exercise such copyright shall not prejudice the copyright in the joint work as a whole. If the parts of a work of joint authorship cannot be exploited independently, and if the co-authors fail to reach an agreement on the exploitation of copyright in the entire work, no party may unreasonably prohibit the exploitation of that copyright in the whole work. ❷

3. Cinematographic, television or videographic works

1.30 Special rules are provided for cinematographic, television or videographic works in Article 15 of the Copyright Act. The director, screenwriter, lyricist, composer, cameraman, and other creators of such audiovisual works mentioned above, enjoy the moral right to credit for authorship of the work. Other rights, both moral and economic, included in the copyright shall belong to the producer of the work. However, the authors of screenplays, musical works, and other works which, though included in a cinematographic, television or videographic work, can be exploited separately, are entitled to exercise their respective copyrights independently. In a case where a copyright owner licenses another person to produce from his work a cinematographic, television or video work, he shall be deemed to have consented to necessary changes being made to his work, but such changes shall not distort or mutilate the original work. ❸

Paintings

1.31 The transfer of ownership of the original copy of a work of fine art is not deemed to include the transfer of copyright in such work. The owner of the original copy of a work of fine art does however, enjoy the right to exhibit work.

Works of legal entities

1.32 Where such an entity, whether a legal person or not, requests, supervises, and

---

❶ *Art 3, Implementing Regulations.*
❷ *Art 1, Regulations.*
❸ *Art 13, Regulations.*

is responsible for the creation of a work, the legal entity shall be deemed to be the author of the work. ❶ For example, a legal entity which for purposes of compiling a dictionary, an encyclopaedia, a large photobook or textbook, forms a team of contributors, charges them with undertaking the work, provides them with supervision, financial backing or other material support, and takes responsibility for the end result, shall be deemed to be the author of the resulting work.

Works created in employment

1.33 An "occupational work" or, in other words, a work created in the course of employment, is a work created by a citizen in the fulfilment of tasks assigned to him by an employer who may be a legal entity or an entity without legal personality. ❷ The copyright in such a work created in the course of employment shall be enjoyed by the author, subject to the provisions of the second paragraph of Article 16, to the effect that the employer shall have a priority right to exploit the work within the scope of its professional activities.

However, during the two years after the completion of the work, the author shall not, without the consent of the employer, authorise a third party to exploit the work in the same way as the employer does.

In the following cases the author of a work created in the course of employment shall enjoy the right of authorship and the employer shall enjoy other rights included in the copyright and may have to reward the author: Drawings of engineering designs and product designs and descriptions thereof, computer software, maps and other works created in the course of employment mainly with the material and technical resources of the legal entity and under its responsibility are works created in the course of employment where the copyright is (in accordance with law, administrative regulations or contracts) enjoyed by the employer.

Where the copyright in a work created in the course of employment is owned by the author, and the employer does not exploit the work within two years from its completion, the author may request consent to its exploitation by a third party in the same way as it would be exploited by the employer. The employer shall not refuse the request without justified reason. Where the author, with the consent of the employer, licenses a third party to exploit his work within two years from its completion in the same way as the employer would exploit it the remuneration obtained shall be shared between the author and the employer at the ratio to be agreed upon. After two years from the completion of the work, which time limit shall be calculated from the date on which the author delivers the work to the employer, the latter may continue to exploit the work within the scope of the business of the employer. ❸

Article 16 thus ensures the author's status as copyright owner whilst also enabling the em-

---

❶ *Art 11, Copyright Act.*
❷ *Art 16, Copyrighi Act.*
❸ *Art 14, Regulations.*

ployer to exploit the work within the ambit of its business activities.

Commissioned works

1.34 The ownership of copyright in commissioned works shall be agreed upon in a contract between the commissioning and the commissioned parties. In the absence of a contract or of an explicit agreement in the contract, the copyright of such a work shall belong to the commissioned party, i.e., the individual author or authors. ❶

4. Transfer of copyright

Transfer by contract

1.35 The economic rights of the copyright owner may be transferred by contract or succession, but the moral rights of the author are inalienable.

Chinese copyright law, strictly speaking, only provides the contractual transfer of copyright as a licensing contract, which authorises others to use the works concerned, and does not recognise the outright contractual assignment of the copyright as a whole. Subject to exceptional provisions in the Act according to which no permission is needed, anyone who exploits a work created by others shall conclude a contract with, or otherwise obtain permission from, the copyright owner. ❷

A contract licensing works or software must be made in writing, except in the case of licensing a newspaper or periodical to publish a work. ❸Where a Chinese software copyright owner licenses or transfers rights to software developed within China to foreigners, he must first request approval of the relevant responsible organs of the State Council and then register the transfer with the Software Registration Organisation. ❹

A contract authorising the use of a work must contain the following:

(a) the manner of exploitation of the work covered by the licence;
(b) the exclusive or non-exclusive nature of the right to exploit the work covered by the licence;
(c) the scope and term of the licence;
(d) the amount of remuneration and the method of payment;
(e) the liability in the case of breach of the contract as well as any other matter that the contracting parties consider necessary. ❺

Without the permission of the copyright owner, the licensee may not exercise any right not expressly licensed in the contract. ❻Except if otherwise provided in the Copyright Act, the exploiter (licensee) obtains only a non-exclusive right to exploit the work if the grant of the exclu-

---

❶ *Art 17, Copyright Act.*
❷ *Art 23, Copyright Act.*
❸ *Art 32, Regulations, and art 19, Software Regulations.*
❹ *Art 28, Software Regulations.*
❺ *Art 24, Copyright Act.*
❻ *Art 25, Copyright Act.*

sive right to exploit a work is not explicitly stipulated in the contract. ❶The term of a licensing contract shall not exceed ten years, but may be renewed on expiration of that term. ❷

Remuneration for the transfer of copyright may be paid in accordance with the terms stipulated by the parties. Such freedom to decide the remuneration by contract, which applies both to domestic and Sino-foreign licences, represents an important change from practice before the Copyright Act entered into force. In the absence of any remuneration provided for in the contract, the payment of remuneration for the exploitation of works shall be decided by the tariffs established by the copyright administration department under the State Council in collaboration with other departments concerned. ❸

It must be pointed out that a distinction is to be made between the transfer of ownership of the original of a work and the transfer of copyright in the work. The transfer of ownership of the original of a work (or a copy of it) shall not be deemed to include the transfer of copyright in such a work. ❹However, if the original is a work of fine art, the owner of the original remains free to exhibit it.

Transfer by succession

1.36 The economic right in a copyright work may be transferred by legal succession. Where the copyright in a work belongs to a citizen, the right of exploitation and the right of remuneration in respect of the work shall, after his death be transferred in accordance with the provisions of the Inheritance Law. ❺Where the copyright in a work belongs to a legal entity or entity without legal personality, the right of exploitation and the right of remuneration shall, after the change or the termination of the status of the entity, be enjoyed by the succeeding entity which has taken over the former's rights and obligations or, in the absence of such successor entity, by the state.

Where one of the co-authors of a work of joint authorship dies without an heir or other beneficiary, the rights of exploitation and of remuneration enjoyed with regard to that co-author's contribution to the work may be exercised by the other co-authors.

After the death of an author, the right of authorship, the right of alteration and the right of integrity in his copyright shall be protected by his successor or beneficiary. ❻If no successor or beneficiary to the right exists, the right of authorship, the right of alteration and the right of integrity shall be protected by the administrative authorities for copyright affairs.

If a work is unpublished during the lifetime of the author and the author never explicitly in-

---

❶ *Art 33, Regulations.*
❷ *Art 26, Copyright Act.*
❸ *Art 27, Copyright Act.*
❹ *Art 18, Copyright Act, and art 17, Regulations.*
❺ *Art 19, Copyright Law, also art 18, Regulations.*
❻ *Art 20, Regulations.*

dicated that it is not to be published, the right of publication may be exercised by the successor or beneficiary within 50 years after the death of the author. If there is no successor or beneficiary, the right of publication shall be exercised by the lawful owner of the original of the work. ❶

VII. Duration of rights (term)

1. General rule

1.37 The term of protection of the right of publication, the right of exploitation and the right to remuneration in respect of a work, shall be the lifetime of the author and 50 years after his death, expiring on 31 December of the fiftieth year after his death. ❷The right of authorship, alteration and integrity of an author shall be unlimited in time. [160]

Works of joint authorship

1.38 In the case of a work of joint authorship, copyright shall expire 50 years after the death of the last surviving author. ❸

Anonymous and pseudonymous works

1.39 Works of unknown authors shall have protection of economic rights for 50 years running from the first publication of the work. ❹If the author of the work is identified before this period lapses, the general term of the lifetime of the author plus 50 years will apply.

Works belonging to a legal entity

1.40 For works belonging to such entity, the economic rights last for a term of 50 years from the first publication of the work. However, any such work that has not been published since 50 years after the completion of its creation, shall no longer be protected.

Audiovisual and photographic works

1.41 The term of protection of a cinematographic, television, videographic, or photographic work shall be 50 years, expiring on 31 December of the fiftieth year after the first publication of such work. However, any such work will no longer be protected 50 years after the completion of its creation if it has not been made public within that period of time. ❺

Computer software

1.42 The term of protection of computer software shall be 25 years, running from the first publication of the software. Prior to the expiration of this initial 25-years term of protection,❻ the software copyright owner may apply to the Software Registration Organisation for an

---

❶ *Art 22, Regulations.*
❷ *Art 21, Copyright Act.*
❸ *Ar t 21, Copyright Act.*
❹ *Art 24, Regulations.*
❺ *Art 21. Copyright Act (last para).*
❻ *Art 15, Software Regulations.*

extension of copyright protection by another 25 years. However, the total period of protection shall not exceed 50 years.

Foreign computer software shall be protected as a literary work, being subject to a term of copyright protection of 50 years, running from the end of the year of first publication. ❶No extension of protection is necessary for such a foreign computer software.

Works of applied art

1.43 Foreign works of applied art shall be protected for 25 years running from the completion of the work. ❷However, the above-mentioned provision shall not apply to the use of works of fine art, including drawings of cartoon characters on industrial goods.

2. Neighbouring rights

1.44 A producer of sound recordings or video recordings shall have the right to authorise the reproduction and distribution of sound recordings or video recording and the right to receive remuneration therefor. ❸The term of protection of such right shall be 50 years expiring on 31 December of the fiftieth year after the first publication of the recording. The term of protection of the rights, which are enjoyed by a radio or television station in respect of a programme produced by it, shall be 50 years after the first broadcast of the programme. The performer's neighbouring right to remuneration for a performance used in a recording or in a broadcast programme shall last as long as the corresponding right of the record producer or broadcaster. ❹

A publisher enjoys the exclusive right of exploitation in respect of the format, layout and design of the books, newspapers and magazines he publishes. However, no term of protection of such exclusive right is provided. This should be supplemented in future revision.

Ⅷ. Remedies for infringement

1. Civil remedies

1.45 Civil remedies for infringement include the order of cessation of the infringement, the elimination of the effects of infringement, the making of an apology and the payment of compensation.

The following infringing acts, including acts violating moral rights or economic rights as well as neighbouring rights, shall give rise to civil liability. ❺

(1) publishing a work without the consent of the copyright owner;
(2) publishing a work of joint ownership as a work created solely by oneself, without the consent of other co-authors;

---

❶ *Art 7, Rules for Implementation of Copyright Treaties.*
❷ *Art 6, Rules for Impiementation of Copyright Treaties.*
❸ *Art 39, Copyright Act.*
❹ *Art 44, para 2, Regulations.*
❺ *Arc 45, Copyright Act.*

(3) having one's name mentioned in connection with a work created by another, in order to seek personal fame and gain, where one has not participated in the creation of the work;
(4) distorting or mutilating a work created by another;
(5) exploiting a work by performance, broadcasting, exhibition, distribution, makin a cinematographic, television, or video production, by adaptation, translatior annotation, compilation, or by other means, without the consent of the copyright owner, unless otherwise provided in the Copyright Act;
(6) exploiting a work created by another without paying remuneration as prescribe by regulations;
(7) broadcasting a live performance without the consent of the performer;
(8) committing other acts of infringement of copyright and of other rights related to copyright.

2. Administrative remedies

1. 46 Anyone who commits any of the following acts of infringement shall be liableunder civil law as well as to administrative penalties such as confiscation of unlawful income from the act or imposition of a fine: ❶

(1) plagiarising a work created by another;
(2) reproducing and distributing a work for commercial purposes without the consent of the copyright owner;
(3) publishing a book where the exclusive right of publication belongs to another;
(4) reproducing and publishing a sound recording or video recording of a performance without the consent of the performer;
(5) reproducing and distributing a sound recording or video recording produced by another, without the consent of the producer;
(6) reproducing and distributing a radio or television programme produced by a radio or television station without the consent of that station;
(7) producing or selling a work of fine art where the signature of an artist is counterfeited.

Under the Regulations, administrative authorities for copyright affairs may impose the administrative sanctions of issuing a warning, ordering a prohibition of making and distributing the infringing reproductions, confiscating any unlawful income, confiscating the infringing reproductions and the production equipment, and imposing a fine. ❷

Fines, as an administrative sanction, shall be imposed by the Administrative Authorities for Copyright Affairs in accordance with the seriousness of the circumstances. Infringing acts under Article 46 (1) of the Copyright Act are liable to fines from 100 to 5,000 yuan RMB. ❸Infringing acts under Article 46 (2), (3), (4), (5) and (6) of the Act shall be fined from 10,000 to 100,000 yuan RMB or an amount of two to five times the value of the infringing copies. Infringing acts under Article 46 (7) of the Copyright Act shall be liable to be fined from 1,000 to 50,000 yuan RMB.

---

❶ *Art 46, Copyright Act.*
❷ *Art 50, Regulations.*
❸ *Official foreign exchange rate for 25 January 1993: US $100 = 578.94 yuan RMB (selling).*

No criminal remedies are provided in Chinese copyright law. However, in special cases, copyright infringement may constitute the crime of "speculation" violating the Criminal Code.

3. Proceedings for infringement of copyright

1.47 Three proceedings are provided for infringement of copyright: mediation, administrative proceedings and litigation in the courts.

A dispute over copyright infringement may be settled by mediation. China has had successful experience of copyright infringements settled by mediation, but mediation is not a mandatory proceeding, and must be agreed upon by both parties.

If mediation is unsuccessful or if one of the parties fails to carry out an agreement reached by mediation, litigation may be instituted in a people's court. If the parties, or even one of the parties, do not wish to settle the dispute concerning copyright infringement by mediation, litigation may be instituted directly in the people's court. ❶

Copyright infringement may be investigated and dealt with by the administrative authorities for copyright affairs under local government. ❷However, the infringements mentioned below will be investigated and dealt with by the National Copyright Administration: acts of infringement which have a major impact on the whole country; foreign-related acts of infringement; and acts of infringement that the National Copyright Administration holds should be investigated and dealt with by itself. In exercising its right to impose administrative sanctions, the administrative authorities may order the infringer to compensate the injured party for damages suffered. ❸

Where the administrative sanctions have been imposed, any party objecting to such action may, within three months after receiving the written decision, institute litigation in the people's court. If a party neither institutes litigation nor implements the decision within the above time limit, the copyright administration department concerned my apply to a people's court for enforcement. ❹

4. Proceedings for breach of contract

1.48 Any party which fails to fulfil its contractual obligations, or executes them a manner which is not in conformity with the agreed conditions of the contract, shall be civilly liable in accordance with the relevant provisions of the General Principl of the Civil Law. ❺

A dispute over a copyright contract may be settled by mediation. As an alternativ, it may also be submitted for arbitration to a copyright arbitration body under a arbitration clause in the contract, or under a written arbitration agreement conclude after the contract has been signed. Separate regulations concerned with the arbitration of copyright contract disputes are under prep-

---

❶ *Art 48, Copyright Act.*
❷ *Art 58, Regulations.*
❸ *Art 53, Regulations.*
❹ *Art 50, Copyright Act.*
❺ *Art 47, Copyright Act.*

aration and will be promulgated in the not too distant future.

The arbitration award, decided by the copyright arbitration body, shall be implemented by the parties. If one of the parties fails to implement the award, the other party may apply to the people's court for enforcement. If the people's court has been requested to enforce an arbitration award finds the award unlawful, the court shall have the right to refuse enforcement. If a people's court refuses to enforce arbitration award, the parties may institute litigation over the copyright contract dispute in a people's court. In the absence of an arbitration clause in the contract or in the absence of a written agreement concluded after the contract has been signed, any party may institute proceedings directly in a people's court. ❶

IX. Copyright licensing

1.49 As mentioned above, a copyright owner is entitled to license his work to other persons and legal entities. A copyright licensing contract, besides those provisions mentioned earlier, must be in conformity with the following stipulations: except otherwise provided in the Copyright Act, where the grant of the exclusive right exploit a work is not explicitly stipulated in the contract, the exploiter obtains only non-exclusive right to exploit the work. ❷An exploiter, who has obtained the exclusive right to exploit a work is entitled to exclude all others, including the copyright owner from exploiting the work in the same manner. Where he intends to authorise a this party to exploit the same right, he must obtain the authorisation of the copyright owner except if otherwise provided in the contract. ❸

However, in fact, it would be very difficult for a copyright owner to enter into an administer a large number of licensing contracts. Experience of foreign at international licensing of copyright prove that the most efficient way to exercise the tights of a copyright owner is through collective administration. The owners copyrights and neighbouring rights may exercise their rights by collective administration. ❹However, collecting societies will only be established step by step. One of the main functions of the National Copyright Administration, as providedin Article 7 (3) of the Implementing Regulations, is to approve the establishment collective copyright management organisations and to supervise and guide their own activities. The National Copyright Administration has designated the Copyright Society of China (CSC), a non-governmental organisation, to carry out certain functions of collecting societies on a temporary basis. In the latter part of 1992, the Musicians Society of China has been designated as a collecting society, the first special collecting agency in China.

---

❶ *Art 49, Copyright Act.*
❷ *Art 33, Regulations.*
❸ *Art 35, Regulations.*
❹ *Art 54, Regulations.*

X. Plans for revision

1.50 The Copyright Act and its Implementing Regulations entered into force on 1 June 1992. The Software Regulations became effective from 1 October 1992. However, both further implementation and, perhaps, revision may occur in the not too distant future.

During the drafting of the Copyright Act and its Implementing Regulations, the Chinese authorities concerned referred a great deal to international practice, and especially to the Berne Convention. Several concepts such as the term of protection, simultaneous publication and others have their origin there.

However, some differences or gaps between the Copyright Act, its Implementing Regulations and the Software Regulations on the one hand, and international practices, and the Berne Convention and the Universal Copyright Convention on the other hand, remained. This is the reason why the Implementation Rules of International Copyright Treaties were enacted and entered into force on 30 September 1992, the day when the Berne Convention became effective in the People's Republic of China.

If some provisions of the existing copyright law, including the Implementing Regulations and the Software Regulations, conflict with the Berne Convention or the MOU, the latter will prevail. Even so, there will still be unresolved situations between foreigners and nationals of the PRC. For example, foreigners have inter alia the privileges of software protection, rental rights for their work, rights of importation, and rights in sound recording which the nationals of the PRC cannot yet enjoy. The Chinese Government has promised that a bill amending the Copyright Act will be submitted to the Standing Committee of the People's Congress and that the Chinese Government will use its best endeavours to have it enacted and implemented within a reasonable period of time. Furthermore, regulations for the protection of copyright in the expression of folklore are now in preparation by the Ministry of Culture and will be promulgated by the State Council.

Regulations for arbitration in contractual copyright disputes, regulations on the tariffs for remuneration for the exploitation of works, as well as regulations for the collective administration of copyright and neighbouring rights, are also in preparation either by the National Copyright Administration or in collaboration with other government departments concerned, and will be promulgated in the near future.

China*

SYNOPSIS

Ⅰ. Introduction
   1. History Before the People's Republic
   2. Copyright Protection from 1949 until 1991
      (1) From 1949 until 1978
      (2) From 1978 until 1991
   3. General Laws; the Copyright Act and Regulations
      (1) General Laws
      (2) The Copyright Act
      (3) Copyright Regulations
   4. The Retroactive Force of the Copyright Act

Ⅱ. Subject Matter
   1. Standards for Protection
      (1) Formal Requirements
      (2) Substantive Criteria
   2. Categories or Types of Works
   3. Derivative Works, New Versions, and Compilations
   4. Special Problem Areas
      (1) Titles
      (2) Characters
      (3) Works of Applied Art; Design Protection.
      (4) Computer Software
      (5) Government Works
      (6) Confidential Writings

Ⅲ. Duration
   1. General Rules

---

* *Originally published in International Copyright Law and Practice, (Co-author) Melville B Nimmer Paul/Edward Geller, Matthew Bender 1996/1992 – 2002.*

(1) Works of Joint Authorship

(2) Anonymous or Pseudonymous Works

(3) Works Belonging to an Entity

2. Special Terms

(1) Audiovisual and Photographic Works

(2) Computer Software

(3) Neighboring Rights

3. Foreign Works

(1) Works First Published in China

(2) Works of Applied Art; Computer Programs

(3) Works Protected by Treaties or Conventions

Ⅳ. Ownership and Transfer

1. Initial Ownership

(1) Joint Works

(a) General Rules

(b) Audiovisual Works

(2) Works Made for Hire

(a) Works of Entities

(b) Occupational Works

(c) Commissioned Works

2. Transfer

(1) Interests Subject to Transfer

(a) Transfer by Contract

(b) Transfer by Succession

(2) Formal Requisites for Transfer

(3) Contractual and Related Presumptions

(4) Recordation; Priority of Transfers

3. Limitations of Transfer

(1) Scope of Freedom of Contract

(2) Specific Types of Transactions

(a) Publication Contracts

(b) Performances, Recording, and Broadcasting

(3) Termination of Transfers

(4) Attachment of Copyright

(5) Droit de Suite

Ⅴ. Formal Procedures

1. Special Copyright Jurisdiction

2. Functions of Special Agencies

(1) Working Conference on Intellectual Property

   (2) National Copyright Administration

   (3) Software Registration Organization

   (4) Local Copyright Departments

   (5) Arbitration Commissions

   (6) Music Copyright Society of China

   (7) Copyright Agency of China

  3. Registration of Copyright

  4. Notices, Legends, or Markings on Copies

  5. Recordation of Transfers

  6. Other Formalities

  7. First Publication

  8. Waiver Pursuant to Treaty

Ⅵ. Protection of Foreign Works

  1. Requirements for Eligibility

  2. Multilateral Conventions

  3. Bilateral Agreements

  4. Special Problems

   (1) Taiwan, Hong Kong, and Macao

   (2) The International Rules

      (a) Which Foreign Works Protected

      (b) Special Rights in Foreign Works

      (c) Term of Rights and Retroactivity

Ⅶ. Moral Rights

  1. Particular Rights

  2. Limitations

  3. Duration

  4. Waiver and Transfer

   (1) Exercise After Death

   (2) Impact of Contract

Ⅷ. Infringement and Remedies

  1. General Content of Rights

   (1) Reproduction

   (2) Distribution

   (3) Adaptation and Translation

   (4) Performance, Broadcasting, and Display

   (5) Other Rights: Software

  2. Limitations or Exemptions

     (1) Fair and Private Use
     (2) Educational, Research, State, and Nonprofit Uses
     (3) Media and Related Uses
     (4) Compulsory and Legal Licenses
         (a) Reprinting or Abstracting Works from the Press
         (b) Public Performances, Recording, and Broadcasting
         (c) Applicable Rates of Remuneration
         (d) Uses of Computer Software
  3. Other Defenses
  4. Enforcement Proceedings
     (1) Infringement Suits
     (2) Mediation or Arbitration
  5. Civil and Criminal Remedies
     (1) Civil Remedies
     (2) Criminal Remedies
     (3) Other Remedies
         (a) Administrative Sanctions
         (b) Customs Seizures and Fines
Ⅸ. Miscellaneous
  1. Overlapping and Neighboring Rights
     (1) Neighboring Rights
         (a) Rights of Performers in Performances
         (b) Rights of Producers in Sound and Video Recordings
         (c) Rights of Broadcasting Organizations in Programs
         (d) Rights of Publishers in Typographic Formats
     (2) Designs of Integrated Circuits
  2. Collecting Societies; Other Organizations

Ⅰ. Introduction

More than 40 years after it was founded, the People's Republic of China promulgated its first copyright statute. This was the Copyright Act of September 7, 1990, which went into effect on June 1, 1991. ❶Its significance may be appreciated by putting it in the context of Chinese history.

1. History Before the People's Republic

The Chinese are generally believed to have developed modern paper and printing technologies first in human history. They invented the manufacturing of paper about two thousand years ago and printed works using movable type over 900 years ago. ❷A Chinese version of a Buddhist sutra, discovered in the pagoda of Sakyamuni of the Buddha's City Temple in Chungju, South Korea, allows us to date the emergence of such printing technologies at least as far back as the Tang Dynasty, that is, between 704 and 751 AD. ❸

Copyright protection in China, that is, legal prohibitions against the unauthorized printing of books, can be traced back to before 1068 AD. In the Northern Song Dynasty, to protect the edition which the Imperial College had made of the Nine Classics, a court ordered that the "unauthorized engraving and making of plates is forbidden". In the Southern Song Dynasty, there was even "the mark of copyright", for example, in the ancient book named Dongdu Shilue, the mark of copyright "Master Cheng of Meishan" gave notice of rights in the work as follows: "Registered with the superior authorities—no reprints allowed." ❹

Due to historical conditions, however, China had no written copyright statute until the first decade of the 20th century. Before the founding of the People's Republic of China, there were three copyright statutes, promulgated separately in 1910, 1915, and 1928. Generally speaking, the copyright statute of 1910 was emulated, with slight revisions, by those of 1915 and of 1928. It will therefore be discussed in greater detail than the others.

The first copyright statute was the Da Qing Copyright Law, which the Government of the Qing Dynasty adopted in 1910. From a historical point of view, the Da Qing Copyright Law was rather advanced for the period It was arranged under 55 articles in five chapters: General Provisions; Registration; Term of Protection; Limitations on Rights; and Supplementary Provisions.

According to its Article 1, the Da Qing Copyright Law protected works of literature and art, pamphlets, calligraphy, photographs, sculptures, and models. It did not protect laws,

---

❶ This text will refer to the "Copyright Act" or the "Act", while the notes below will cite "Copr. Act". The Copyright Act, along with all related laws, regulations, and decisions, will be generically called Chinese "copyright law". The law discussed here is current, as published, to January 1, 1996.

❷ See L. Febver and H. J. Martin, L'appartition du livre, 102~109 (Paris, 1971).

❸ See Guangming Daily, November 12, 1986, p. 3.

❹ Shulin Qinhua (Quiet Talks among Book-stacks), 36~38 (Ancient Books Publishing House, Beijing, 1957).

orders, official documents, speeches delivered at various religious ceremonies, news on politics and current events published in newspapers, and public speeches. The Da Qing Copyright Law also included provisions concerning the ownership of copyright, the inheritance of copyright, works of joint authorship, commissioned works, oral works, and translations.

In its Article 5, the Da Qing Law generally provided for a copyright term of life plus 30 years for works authored by citizens Succeeding articles provided for a term of 30 years for works published posthumously—as well as for works published in the name of a school, company, office, or other institutions—and a ten—year term for photographic works. Under Article 11, these special terms ran from the date the Ministry of Civil Affairs issued a registration certificate. Certain categories of works, enumerated in Article 32 of the Da Qing Copyright Law, fell into the public domain These included works in which the term of protection had expired, works by authors who died without heirs, works distributed on a mass scale for a very long time, and works in which the authors had given up copyright voluntarily.

Conditionally on registration, Article 33 of the Da Qing Copyright Law accorded rights against unauthorized reprinting as well as infringement by any other means. In succeeding provisions, the Da Qing Law recognized moral rights both in protected works and those in the public domain. These were rights to preserve the integrity of works, to prevent changes in titles, to have the authors' names mentioned upon distribution, and to prevent the misattribution of authorship. There were provisions precluding the attachment of an unpublished work to pay an author's debt and prohibiting the publication of any unauthorized compilation of exercise books within textbooks. However, a protected work could be used freely where it was evoked as an original source, where extracts were made from it for use in a textbook or reference material, where it was quoted for research and annotation, and where a painting was used as a model for sculpture, or vice versa.

Legal proceedings could be instituted whenever the copyright in a work was infringed. Anyone who committed acts of unlicensed copying, or sold unlicensed works willfully, was liable to pay fines, as well as compensation for damages, and the plate and other equipment used for copying was subject to confiscation. Anyone who distorted or mutilated a work, or did not mention the name of the author or the title of the work, could be punished with a fine.

The Da Qing Copyright Law almost did not enter into force, because, the next year after it was promulgated, the Da Qing Imperial Government was overthrown by the 1911 revolution. However, this law had a very important and deep influence on the two succeeding copyright laws, both promulgated before the founding of the People's Republic of China. The Northern Warlord Government promulgated a copyright statute in 1915. Then the Guomindang Government promulgated another copyright statute in 1928.

The Guomindang copyright statute was arranged in five chapters: General Provisions; Ownership and Limitations of Copyright; Infringement of Copyright; Punishment; and Supplementary Provisions. It was supplemented by implementing regulations on May 14, 1928.

2. Copyright Protection from 1949 until 1991

The People's Republic of China was founded in 1949. The development of a modern copyright system began at that time but was suspended after 1957, only to pick up again starting in 1978.

(1) From 1949 until 1978.

After 1949, the People's Republic of China repealed all the laws adopted by the Guomindang Government in mainland China, including its copyright statute of 1928.

In 1950, at the First National Conference on Publishing, the new Chinese government adopted a Resolution on the Development and Improvement of Publishing. The Resolution contained important provisions intended to assure respect for copyright: these provisions contemplated prohibitions, in particular, of plagiarism, the mutilation of a work, and unauthorized reprinting. The "copyright page" of a book was to state the name of the author or translator, as well as the number of printed copies, exactly. In fixing remuneration for the uses of works, the interests of the authors, publishers, and the readership in general were to be taken into account. To protect the author's interests, copyright was not, in principle, to be transferred in its entirety. Before publishing a new edition of a work, publishers were to give the author an opportunity to make necessary revisions.

In 1953, The National Publishing Administration issued a Resolution on the Correction of Unauthorized Reprinting of Books. To assure respect for copyright, the Resolution prohibited all bodies or institutions from reprinting books or pictures without due authorization Rules Concerning Editors and the Structure and Working Systems of the State—Owned Publishing House, published by that organization in 1952, established the contract system for authors and publishers. Many publishing houses began to utilize standard publishing contracts in accordance with these rules The People's Publishing House drafted the most important and detailed standard publishing contracts, which concerned, among other things, the submission of manuscripts, publication, and remuneration. Further, the government, to assure necessary living conditions for writers and other artists, offered them appropriate jobs with fixed salaries. Thus remuneration for works became a kind of reward of extra income. In fact, such measures continue to apply up to the present time.

A committee, established under the National Publishing Administration in April of 1951, drafted "Provisional Regulations for Protecting Publication Copyright". The Publishing Bureau, under the Ministry of Culture, later revised these draft regulations. The Legal Bureau, under the State Council, in turn received this draft for consideration in November of 1957.

All these efforts to establish a modern copyright system in China unfortunately came to a standstill after 1957, especially during the cultural revolution from 1966 to 1976.

(2) From 1978 until 1991.

More than twenty years later, however, circumstances began to change completely. In 1978, the People's Republic of China adopted a new policy of reform and opening to the outside world. At this time, it became increasingly clear how important it was to establish a modern copyright system that took Chinese conditions and needs into account.

Diplomatic relations were established between the People's Republic of China and the United States of America. After that, at the beginning of 1979, the two countries concluded a Sino—American High Energy Physics Agreement, which included provisions concerning the protection of copyright. Some time later, in March of 1979, China and the United States began to negotiate, and ultimately concluded, the Agreement on Trade Relations between the People's Republic of China and the United States of America. Article 6 of the Trade Treaty contains the following language:

> Both contracting parties, in their trade relations, recognize the importance of the effective protection of patents, trademarks, and copyrights.
>
> Both contracting parties agree that each party shall take appropriate measures, under their respective laws and regulations and with due regard to international practice, to guarantee to legal or natural persons of the other party protection of copyrights equivalent to the copyright protection correspondingly accorded by the other party.

On July 8, 1979, the People's Republic of China and the Philippines concluded an agreement concerning cultural affairs According to Article 14 of the Agreement, each of the contracting parties agreed to take necessary measures, on the basis of reciprocity and their respective laws and regulations, to protect the literary and artistic property of nationals of the other party in their respective territories.

During this period, various bodies within China stressed the need for copyright protection that would follow the new policy of reform. The National Publishing Administration provided a report to the State Council, asking it "to establish a copyright office as well as to enact copyright law". The State Council approved the report with the instruction: "agree with your report; please begin to organize an office for enacting copyright law". The drafting work began in May of 1979; the first draft, including both copyright and publishing laws together and entitled "The Publishing Law of the People's Republic of China", was completed in December of the same year. After a thorough discussion of the draft at a National Publishing Conference, there was a unanimous opinion in favor of enacting a separate copyright statute distinct from any publishing law. In July of 1980, the National Publishing Administration completed the first draft of "The Copyright Act of the People's Republic of China". In 1982, the National Publishing Administration was merged into the Ministry of Culture.

In order to speed up the drafting of copyright legislation and to strengthen the administration of copyright throughout the country, the State Council approved the establishment of the National Copyright Administration of China in July of 1985. The State Council established the following main responsibilities of the National Copyright Administration: the drafting of a copyright statute, the overall administration of copyright, the collection and dissemination of copyright knowledge, and the handling of external copyright relations on behalf of the government. ❶The National Copyright Administration completed a new draft of the Copyright Act, which it submitted to the Legal Bureau of the State Council for review by mid—1986.

Pending the finalization of the copyright statute, several important regulations and rules were adopted in the field of copyright. For example, in June of 1984, the Ministry of Culture implemented, on a trial basis, a Regulation on the Copyright Protection of Books and Periodicals, which it circulated as an internal document. The Regulation was effective until June 1, 1991.

From 1977 onwards, the Ministry of Culture and National Copyright Administration issued four Regulations providing for the remuneration for books: the latest, the 1990 Regulation, merits attention. Article 1 of the 1990 Regulation expressly provided that the Regulation was enacted for the purposes of "protecting the legitimate rights of authors and translators, fostering intellectual creation and academic research, encouraging authors and translators, and improving the quality of publication". Article 2 laid down the principle that remuneration is due for the use of works, and it set out standards for establishing rates of remuneration. Other provisions dealt with the right of publication, the right of translation, the right of adaptation, the right of compilation, the term of protection, and even the protection of the economic rights of foreigners.

Other governmental departments enacted a series of standards of remuneration for authors in the fields of dramatic performance, cinematographic creation, audiovisual production, and radio and television broadcasting. For example, in September of 1986, the Ministry of Radio, Film, and Television promulgated the Interim Regulations Concerning Copyright Protection of Audiovisual Publications, which entered into force in January of 1987. According to these regulations, copyright in an audiovisual product vested in the unit which published the product and lasted for a term of 25 years, counted from the end of the year of publication. A symbol "All Copyright Reserved", the name of the publishing unit, and the year of publication was to be marked on the relevant audiovisual product. Without permission from the publishing unit, no entity or individual was allowed to reproduce the product for commercial purposes. It was further stipulated that, once the Chinese copyright statute came into effect, its provisions would prevail.

New regulations concerning the remuneration of authors are expected to supplant those few regulations which remain in effect from this period. ❷

3. General Laws; the Copyright Act and Regulations

The Constitution of the People's Republic of China, as well as certain other general laws, paved the way, and provide a context, for a new and comprehensive copyright statute.

---

❶ *On the present functions of the National Copyright Administration, see § V. 2. (2) infra.*

❷ *See IV. 3. (1) infra.*

(1) General Laws.

The Constitution promulgated in 1982, established a solid basis for Chinese copyright law. It assures Chinese citizens the freedom to engage in scientific research, as well as creative and other cultural pursuits, while it mandates the State to encourage and assist citizens in such endeavors conducive to the interests of the entire people. ❶

In China, the year 1985 began an historically significant period for copyright protection. To start, the Inheritance Law of the People's Republic of China was promulgated on April 10, 1985, and entered into force on October 11, 1985. Article 3 of the Act provides that copyright, insofar as it includes property or economic rights, may be inherited after the death of the copyright owner. This is the first time that the term "copyright" appears in a statute of the People's Republic, rather than in treaties, regulations, or like documents.

The General Principles of Civil Law of the People's Republic of China, adopted on April 12, 1986, entered into force on January 1, 1987. Article 94 of the General Principles provides that citizens and legal entities, enjoying copyright, are entitled to make works public, to have authorship attributed for creating works, and to obtain remuneration for the use of works. Article 118 assures citizens or legal entities of relief for the infringement of copyrights, of trademarks, and of patents as well as of other rights in inventions and other scientific or technological developments. This provision further specifies that such relief should include orders to cease infringement, to eliminate its effects, and to compensate any resulting losses.

The Supreme Court of the People's Republic, on April 2, 1988, issued a document to clarify many of the provisions of the General Principles and, thus, to help the courts use them as a basis of their decisions.

(2) The Copyright Act.

Of course, the Copyright Act is the most important legislation in the field. It took eleven years to draft, going through more than twenty versions.

During this process, there was a long debate over the term to designate copyright: *banquan* or *zhuzuoquan*? On the one hand, some experts were in favor of *banquan*, which has a meaning closer to the Anglo—American notion of copyright On the other hand, some experts were in favor of *zhuzuoquan*, which has a sense closer to the European conception of author's rights. The debate finally resulted in Article 51 of the Copyright Act, which stipulates that, for the purposes of this law, the terms *banquan* and *zhuzuoquan* are to be treated as synonymous. In Article 10, the Act recognizes both property or economic rights, associated with copyright, and personality or moral rights, traditionally included among author's rights. ❷ The National Copyright Administration still utilizes the term *banquan* or "copyright", while the official name of the Copyright Act in Chinese is *zhuzuoquanfa*, that is, literally translated, the "Author's

---

❶ *See Corstitution, Arts. 19~24 and 46.*

❷ *See IV.2. (1) and VII.1. infra.*

Rights Act". Nonetheless, since it is a question of terminology rather than substance, the Chinese name of the Act may be translated as the "Copyright Act". ❶

The Copyright Act of the People's Republic of China was finally adopted at the Fifteenth Session of the Standing Committee of the Seventh National People's Congress on September 7, 1990, and entered into force on June 1, 1991. As the first copyright statute since the founding of the People's Republic, it was enacted in accordance with both the Constitution and the policy of reform and opening to the outside world. Not only did it sum up China's experience in the field, but it had been drafted with an eye to foreign and international copyright legislation and practices.

It is important to keep the purposes of the Copyright Act in mind in trying to understand Chinese copyright law in detail. Article 1 of the Act states these purposes as follows:

> This Law is enacted, in accordance with the Constitution, for the purposes of protecting the copyright of authors in their literary, artistic, and scientific works as well as rights related to copyright, of encouraging the creation and dissemination of works which would contribute to the construction of socialist spiritual and material civilization, and of promoting the development and flourishing of socialist culture and sciences.

The Copyright Act contains 56 articles arranged in six chapters: General Provisions; Copyright; Copyright Licensing Contracts; Publication, Performance, Sound and Video Recording, and Broadcasting; Legal Liability; and Supplementary Provisions.

(3) Copyright Regulations.

Article 54 of the Copyright Act contemplates regulations to implement its provisions, and the State Council has begun to enact such regulations.

The National Copyright Administration drafted Implementing Regulations for the Copyright Act specifically. These Implementing Regulations, upon the approval of the State Council, entered into force on June 1, 1991. ❷They contain 56 articles arranged in seven chapters: General Provisions; Copyright Administrative Authorities; Ownership and Exercise of Copyright; Copyright Licensing Contracts; Exercise of, and Limitations on, Rights Related to Copyright; Administrative Sanctions; and Supplementary Provisions.

The Implementation Rules of the International Copyright Treaties became effective on September 30, 1992. ❸These International Rules establish rights which claimants under copyright treaties or conventions may assert in China to supplement rights provided under domestic Chi-

---

❶ *For further analysis of overlapping notions of copyright and author's rights, see Geller, International Copyright: An Introduction, herein, at* II. 2. (*hereinafter "Introduction"*).

❷ *They will be cited in the notes below as "International Rules".*

❸ *They will be cited in the notes below as "Implementing Regs".*

nese law or the treaties or conventions themselves. ❶Article 19 of the International Rules provides that they apply when they conflict with prior regulations, but that international treaties apply in case the International Rules conflict with them. China acceded to the Berne Convention on October 15,1992, to the Universal Copyright Convention on October 30, 1992, and to the Geneva Phonograms Convention on April 30,1993.

The Ministry of Machinery and Electronics drew up Regulations for the Protection of Computer Software. ❷The State Council approved these Software Regulations on May 24,1991, and they entered into effect on October 1,1991. Article 1 of these Regulations states that their general objective is to protect the rights and interests of owners of copyright in computer software, to adjust economic relationships during the development and circulation of computer software, and to promote the development of computer applications. A Measure for Registration of Computer Software Copyright was promulgated by the Ministry of Machinery and Electronics on April 6, 1992, and entered into force on May 1,1992. However, pursuant to Article 7 of the Implementation Rules of the International Copyright Treaties, foreign computer programs protected by these Rules are not subject to registration.

The National Copyright Administration issued three Interim Regulations on the Statutory Scheme of Permissible Remuneration for the Exploitation of Works in Performances, of Works in Phonograms, as well as the Exploitation of Works by Newspapers and Magazines through Reprinting or Abstracting, on August 1,1993.

A Resolution on the Punishment of Crimes of Copyright Infringement was adopted by the Standing Committee of the National People's Congress, and came into effect, on July 5, 1994. Regulations on the Administration of Audiovisual Products, promulgated by the State Council on August 25, 1994, came into force on October 1,1994.

The Chinese State Council promulgated the Regulations of the People's Republic of China Regarding the Customs Protection of Intellectual Property on July 5, 1995. The Regulations, which include 36 articles divided into six chapters, entered into effect on October 1,1995, at the same time as the implementing Rules issued by the General Customs Administration. ❸As explained below, the Customs Administration is now empowered to seize infringing goods. ❹

It should be kept in mind that some regulations remain in effect from the period stretching between 1978 and 1991. ❺

---

❶ *See VI.4. (2) infra.*

❷ *They will be cited in the notes below as "Software Regs". The Ministry of Machinery and Electronics has since been divided into the Ministry of Machinery and the Ministry of Electronics.*

❸ *I. e. , the Customs Rules of the People's Republic of China Concerning the Implementation of Customs Protection of Intellectual Property Rights.*

❹ *See VIII.5. (3) (b) supra.*

❺ *See I.2. (2) supra.*

4. The Retroactive Force of the Copyright Act

According to Article 55, the Copyright Act protects any work for which the term of rights specified in the Act had not expired on the date the Act went into effect, namely June 1, 1991. ❶The same article provides, however, that any infringement of copyright or neighboring rights or breaches of contract committed prior to the entry into force of the Copyright Act are to be dealt with under the relevant regulations or policies in force at the time when the infringing act was committed.

II. Subject Matter

1. Standards for Protection

(1) FormalRequirements.

The Copyright Act automatically protects a work as soon as an author creates it.

Fixation in a tangible or durable form is generally not required. Of course, many types of works, such as maps, sketches, cinematographic works, and drawings of engineering and product designs, are "by nature" fixed in a tangible form upon creation, but this is not a "legal" requirement. Chinese copyright law also protects oral works, choreographic works, and like works that may be created without fixation and that, in many cases, are not embodied in a tangible means of expression. ❷

Nonetheless, according to Article 2 of the Implementing Regulation, works are only protected by copyright if they are capable of reproduction in tangible form. ❸An idea in an author's mind is not protected because, until it is perceptibly expressed, it is not capable of being reproduced in such a form.

Special rules concerning software are discussed below. ❹

(2) Substantive Criteria.

The term "works", as used in Chinese copyright law, refers to "creations" in the literarary, artistic, and scientific domains. ❺The key to the meaning of the term "creations" in turn lies in the requirement of originality.

It is required that authors originate works by virtue of their own intellectual activities. A mere copyist cannot become the author of a work; nor does plagiarization of works created by others result in copyright protection. Further, under Chinese copyright law, neither arranging forothers to create works, nor providing them with consultation, material resources, and sup-

---

❶ On foreign works predating treaty ad‑herences, see VI. 4. (2) (c).

❷ See also II. 2. in fine infra (the list of forms in which protected types of works may be expressed may be expanded by legislation or administrative regulation).

❸ For a definition of "reproduction", see VIII. 1. (1) infra.

❹ See II. 4. (4) and V. 3. infra.

❺ Implementing Regs., Art. 2.

porting services for their creative activities, may be deemed creative acts. ❶A coauthor's original input to a joint work, qualifying it for protection, must be distinguished from an employer's merely supervising employees" creative activities. ❷

To be protected, a work need not display marked "creativity" or "novelty". Nonetheless, Article 5 of the Copyright Act precludes protecting "news on current affairs", as well as "calendars, numerical tables, forms of general use and formulas", independently of any original work in which such raw information or common forms are expressed. ❸More generally, there is no requirement that the work must have some merit, above and beyond originating in an author's intellectual activities. ❹The Copyright Act, however, does not protect works which may not be legally disseminated, and right—holders may not exercise copyright in violation of the Constitution or laws of People's Republic of China or against the public interest. ❺

2. Categories or Types of Works

The Copyright Act protects works with copyright and, as discussed in greater detail below, grants neighboring rights in performances, sound and video recordings, radio and television broadcasts, and typographical formats. ❻

Article 3 of the Copyright Act starts out by defining the "works" it protects as including "works of literature, art, natural science, social science, engineering technology, and the like which are expressed in the following forms..." Article 3 then goes on to enumerate nine categories of such "forms" in a list, which was based on the specific needs and capabilities of China at the time of enactment, although formulated with reference to international practice. The Regulations give short definitions of these nine categories. They may be resumed as follows:

"Written works" are those expressed in writing, such as novels, poems, essays, and thesis.

"Oral works" are those which are orally expressed and have not been fixed in any material form, for example, unprepared speeches, lectures, and debates.

"Musical, dramatic, *quyi*, and choreographic works" may all be expressed through performance. Musical works, with or without accompanying words, for example, songs or symphonies, respectively, can be sung or played with instruments. Dramatic works, such as plays, operas, and local art forms, are created for live performance, notably, on stage. *Quyi* works are based on traditional forms created mainly for performance through recitation, music,

---

❶ *Id.*, at Art. 3. IV. 1. (1)

❷ Compare IV. 1. (1) infra (joint works) with IV. 1. (2) (a) – (b) infra (works of entities and occupational works).

❸ See also II. 4. (5) infra (Article 5 also precludes protection for specified classes of original works, namely, certain government works).

❹ But see II2 infra ("works of fine art" must "impart aesthetic effect").

❺ Copr. Act, Art. 4.

❻ See IV. 1. (1) infra.

or both, such as story telling, ballad singing, comic dialogues, clapper talks, and cross talks. Choreographic works are expressed in successive body or facial movements, gestures, or mime.

"Works of fine art and photographic works" constitute another category. Works of fine art are two— or three—dimensional objects created in lines, colors, or other media. When being viewed, such works, for example, works of painting, calligraphy, sculpture, and architecture, impart aesthetic effect. This writer believes that works of applied art may also be protected by copyright as works of fine art in appropriate cases, although there are as yet no judicial decisions on point. ❶Photographic works are created by recording images on light—sensitive materials with the aid of devices.

"Cinematographic, television, and videographic works" will be generi—cally treated below as audiovisual works. They may be recorded on some material support, are made up of a series of images, with or without accompanying sound, and are able to be projected or broadcast with the aid of suitable devices. If a cinematographic work is merely recorded onto a video tape, the resulting audiovisual recording is only a copy rather than an independent work, due to the lack of originality.

"Drawings and descriptions of engineering and product designs" are made for the purpose of actually constructing or manufacturing what they portray or describe. ❷

"Maps, sketches, and other graphic works" include two— or three—dimensional works showing geographical phenomena or displaying the structures of things or objects, such as geographical maps, plans of electrical circuits, or anatomical drawings.

"Computer software", under Article 2 of the Software Regulations, is defined as computer programs and related documentation. This terminology is discussed in greater detail below. ❸

At the end of the list of works in Article 3 of the Act, there is the phrase: "other works as provided for in laws and administrative regulations". This phrase indicates that the statutory list is not exhaustive, but that a type of work it does not include will be protected if further legislation or some further administrative regulation identifies it.

3. Derivative Works, New Versions, and Compilations

Derivative works are works based on a prior work or works, such as the adaptation of a no-

---

❶ *Design rights may also be available. See* II. 4. (3) *infra. In the case of foreign works of applied art, the term of protection is 25 years commencing from the creation of the works, without affecting the protection of works of the fine arts, which here include drawings of cartoon characters, used in industrial goods. See* III. 3. (2) *infra. This writer believes that, in the coming revisionof the Copyright Act, this system and term will also be applied to domestic works.*

❷ *But see VIII. 1. (1) infra (reproduction right does not preclude the construction or manufacture of industrial products on the basis of drawings of engineering or product designs).*

❸ *See II. 4. (4) infra.*

vel into a film or a translation from English to Chinese. ❶Although the Chinese Copyright Act does not speak of "derivative works" as such, it does set out several provisions which concern them.

Article 5 of the Implementing Regulations defines processes by which derivative works are created. "Adaptation" is the creation of new works on the basis of preexisting ones by changing their original form of expression or the purpose that they were originally designed to serve. "Translation" is the process of converting the language of a work into another language, while an "annotation" is an explanation of terms used in works, such as symbols, Chinese or other writing characters, words or sentences, etc. "Arrangement" is the process of changing the fragmented or otherwise poorly ordered materials of a prior work or prior works or materials into a more systematic and orderly form.

Under Article 12 of the Copyright Act, where a work is created by adaptation, translation, annotation, or arrangement, the author creating that derivative work enjoys a separate copyright in it, but may not exercise that copyright to prejudice the copyright in any prior, underlying work. ❷For example, an annotator or arranger will thus enjoy copyright, but only to the extent of his annotation or arrangement, not in materials annotated or arranged, and he will not be entitled to prohibit third parties from annotating or arranging these underlying materials. ❸It remains unsettled whether the owner of copyright in a derivative work could sue a third party for infringement of that separate copyright if the author of that derivative work had created it without authorization on the basis of a prior protected work.

Compilation, according to Article 5 (11) of the Implementing Regulations, is the creation of a work by selecting a number of prior works, and possibly other components, and assembling them on the basis of an arrangement designed for a specific purpose. Under Article 14 of the Copyright Act, the copyright in a work created by compilation is enjoyed by the compiler who, in cases of large—scale compilations, is often an entity. ❹This provision also precludes the exercise of such copyright from prejudicing copyright in the prior works included in the compilation Thus, if a work included in a compilation is capable of separate exploitation, its author may exercise copyright in it independently. ❺

4. Special Problem Areas

(1) Titles.

Chinese copyright law includes no provisions directly concerned with the protection of titles of works. However, Qian Zhongshu, the famous Chinese author of the novel Besieged City,

---

❶ See W. I. P. O. , *Glossary of Terms of the Law of Copyright and Neighboring Rights*, 71 (1980).

❷ But, for an exemption relative to domestic translations, see VIII. 2. (2) infra.

❸ *Implementing Regs. , Art. 10.*

❹ See IV. 1 (2) (a) infra.

❺ *Implementing Regs. , Art. 12.*

successfully sued another writer for publishing a novel entitled After Besieged City. ❶Titles of newspapers, magazines, and periodicals may be registered and protected as trademarks.

(2) Characters.

Chinese copyright law also includes no provision directly addressing the protection of characters. A graphically portrayed character may be protected as a work of fine art. In one case, the court prohibited infringement of copyright in a character called "black cat police". ❷

(3) Works of Applied Art; Design Protection.

Different Chinese laws provide for copyrights in works and for patents in designs. The relationship between these laws remains unsettled.

As mentioned above, in appropriate cases, Chinese copyright law may be argued to protect a work of applied art, including an ornamental creation, as a work of fine art. ❸However, outside such a case, where it is a matter of a mere drawing or description of an engineering or product design without aesthetic impact, copyright in that drawing will not be infringed by making the three—dimensional object it portrays. ❹

Article 6 of the Implementation Rules of the International Copyright Treaties provides for a special 25 ~ year term for foreign works of applied art. ❺The second paragraph of this provision explains that it does not apply to works of fine art, which here include drawings of cartoon characters, used on industrial goods. It nonetheless remains unclear whether any conclusion should be drawn from the fact that this term coincides in length with the minimum term assured by the Berne Convention in certain cases subject to its special provisions on works of applied art. ❻This writer believes that, in the coming revision of the Copyright Act, works of applied art, both domestic and foreign, will be classified as an independent category and have a 25 ~ year term of protection.

In China, patents are also available to protect ornamental and other designs. Such a patent will protect a design against making a product based upon it, but it will not have as long a term as copyright and will not automatically arise upon creation. ❼Rather, the Chinese Patent Office must grant the patent upon the filing of an application and may only do so after determining the novelty of the design. That is, the design to be patented must not resemble, nor be similar to, any design which, before the filing date of the application, has been publicly disclosed in publications, whether in China or abroad; nor may it have been publicly used in China. ❽

---

❶ *Unreported decision of local court.*
❷ *Unreported decision of local court.*
❸ *But see II. 2. supra ("works of fine art" must "impart aesthetic effect").*
❹ *See VIII. 1. (1) infra.*
❺ *See III. 3. (2) infra.*
❻ *On these provisions, see "Introduction," herein, atIV. 1. (3) (a) [A].*
❼ *Patent Act, Chapter 4.*
❽ *Id., at Art. 23.*

Article 7 of the Copyright Act provides: "Where any scientific or technological work is protected under the Patent Law, the Law on Technology Contracts, or similar laws, the Provisions of those laws shall apply". There are different opinions on the effect of this provision, and it has not yet been determined whether or how it is to apply to cases in which a work is eligible for protection both as a work of fine art by copyright and as a design by a patent. Nor is it clear how it is to apply to cases subject to special provisions concerning foreign works of applied art. ❶

(4) Computer Software.

The Copyright Act enumerates software among the types of works it protects, ❷ while the Software Regulations, effective October 1, 1991, implement such protection.

This approach was controversial. The Chinese Patent Act, which went into effect in April of 1985, has no provision for the protection of computer software. In China, as in many other countries, there was a long debate on how to protect computer software, whether by sui generis rights or by copyright. At the beginning, some Chinese experts preferred *sui generis* rights; however, after long discussion, it was decided that computer software would be deemed to be a work protected by copyright. ❸

The term "computer program" includes both source and object codes, referring to a series of coded instructions which can be executed on information—processing equipment such as computers in order to obtain a certain result, or to a series of symbolically expressed instructions or sentences which can be automatically converted into a series of such coded instructions. ❹Software includes related "documentation", a term which refers to written materials and diagrams, using natural or formalized language to describe the contents, composition, design, functions, specifications, development, testing results, and methods of use of the program, for example, flow charts, user manuals, etc. This writer, along with other Chinese copyright experts, would prefer to consider such documentation as more appropriately falling into the category of written or literary works, separate from the category of computer programs❺.

The Software Regulations further specify the Chinese regime for protecting computer programs. To be protected, software must be developed independently and must be fixed in a tangible medium of expression. Registration is not a necessary condition for the protection of computer software but does serve certain purposes explained below. ❻These include the renewal of the 25-year term of protection in Chinese software, a formality not required for foreign software. ❼

---

❶ *On such provisions generally*, see VI. 4. (2) *infra*.
❷ *On the list of works protected by copy-right*, see II. 2. *supra*.
❸ *On pending legislation to protect designs of integrated circuits*, see IX. 1. (2) *infra*.
❹ *Software Regs. , Art. 3.*
❺ *On these categories*, see II. 2. *supra*.
❻ *See V. 3. and V. 5. infra*.
❼ *See III. 2. (2) and III. 3. (2) infra*.

The rights included in copyright are specially enumerated for software. ❶

(5) Government Works.

Article 5 of the Copyright Act provides that copyright does not protect the following: laws; regulations; resolutions, decisions, or orders of State organs; other documents of legislative, administrative and judicial nature; and official translations of such works. ❷

(6) Confidential Writings.

Letters, diaries, and other confidential writings will be protected by copyright law if they satisfy the requirement of originality. Article 2 of the Copyright Act states that works, "whether published or not", are protected by copyright in accordance with the Copyright Act. In this context, in the Chinese language, the expression "whether published or not" means "whether available to the public or not". ❸Thus, even if a work is kept confidential and is not available to the public, it is still protected by copyright.

III. Duration

Article 21 of the Copyright Act sets out terms for the economic rights, that is, the rights of exploitation and remuneration, included in copyright. It also sets terms for the moral right to control the initial divulgation of a work, while Article 20 declares that the other moral rights, that is, the rights of authorship, alteration and integrity of an author, are "unlimited in time". ❹

1. General Rules

In all cases, the applicable term will end on December 31 of the last year of the term. For all copyright terms which start running upon first "publication", the transaction starting the term will be that first making the work available to the public in any form. ❺

Economic rights last for the lifetime of the author plus 50 years except in the cases discussed below Cinematographic, television, videographic, and photographic works, as well as computer software, are exceptions to this general rule, with special terms treated below. ❻Cases to which the general rule of life plus 50 years would normally apply, but where there is more than one author or no known author or copyright initially vests in an entity, are subject to

---

❶ See VIII.1 (5) and VIII.2. (5) infra.

❷ See also II..2 supra and VIII.2. infra (further exclusions by Article 5 of protection).

❸ See also V.7. infra (distinguishes this broad sense of publication from the narrow sense of public distribution of hard copies) and VII.1. infra (moral right of divulgation gives control over the disclosure of works).

❹ On these rights, see VII.7. infra; on their terms, VII.3. infra.

❺ The broad meaning of "publication" applies here. On the distinct Chinese notions of "publication", see V.7. infra. Note that the narrow meaning applies when terms of neighboring rights start running from "publication." See III.2. (3) infra.

❻ For the terms of copyright in such works, as well as the terms of neighboring rights in performances, recordings, broadcasts, and typographical formats, see III.2. infra.

the following alternative terms:

(1) Works of Joint Authorship.

In the case of a work of joint authorship, economic rights will expire 50 years after the death of the last surviving author. ❶

(2) Anonymous or Pseudonymous Works.

Works of unknown authors receive protection of economic rights for 50 years running from the first making public of the work. If the author of the work is identified before this period lapses, the general term of the lifetime of the author plus 50 years will apply. ❷

(3) Works Belonging to an Entity.

There are two possible cases in which economic rights may vest initially in an entity: where an entity requests, supervises, and is responsible for the creation of a work; or where its employee creates the work in the course of employment. ❸In either case, the rights last for a term of 50 years, expiring 50 years after the first making public of the work. Such a work, however, will no longer be protected 50 years after the completion of its creation if it has not been made public within that period of time. ❹

2. Special Terms

Here, too, the applicable term will end on December 31 of the last year of the term.

(1) Audiovisual and Photographic Works.

Under the last paragraph of Article 21 of the Copyright Act, the term of protection of a cinematographic, television, videographic, or photographic work is 50 years, counted from the first making public of such work. Any such work, however, will no longer be protected 50 years after the completion of its creation if it has not been made public within that period of time.

(2) Computer Software.

According to Article 15 of the Software Regulations, the term of protection of computer software is 25 years, running from the first making public of the software. Prior to the expiration of this initial 25-year term of protection, the software copyright owner may apply to the Software Registration Organization for an extension of protection by another 25 years, although the period of protection may not exceed 50 years in all. ❺As explained below, special rules govern foreign computer programs. [546]This writer believes that a 50 ~ year term of protection will be applied to

---

❶ *On joint works generally, see* Ⅳ. *1.* (*1*) *infra.*

❷ *Implementing Regs.*, *Art. 24.*

❸ *For definitions of these cases, see Ⅳ.1* (*2*) (*a*) - (*b*) *infra.*

❹ *Copr. Act, Art. 21.*

❺ *On software registration and renewals, see V. 3. infra. No express provision governs the term of copyright in software held secret until the end of the period of protection that would have run after making the software public. But see Ⅲ.1.* (*3*) *and Ⅲ.2.* (*1*) *in fine supra* (*in comparable cases, term counted from completion of work*).

all computer programs, both Chinese and foreign, in the coming revision of the Chinese Copyright Act.

(3) NeighboringRights.

The neighboring right of a producer in its sound or video recordings lasts 50 years, running from first publication. ❶The neighboring right of a broadcasting organization in its programs lasts 50 years, running from the first broadcast of the program to be protected. The performer's neighboring right to remuneration for a performance used in a recording, or one used in a broadcast program, lasts as long as the corresponding recording producer's or broadcaster's right. ❷However, the neighboring right of a publisher in the typographical format of an edition lasts ten years, running from first publication.

3. Foreign Works

(1) Works First Published in China.

The People's Republic of China unilaterally grants copyright protection to foreign works for the same terms as domestic works if these foreign works are first published, that is, first made public with the copyright owner's consent, inside the territory of the People's Republic. ❸In this case, the term of protection is calculated from the date when the work is thus first made public,❹ but in any event the term expires on December 31 of the fiftieth year following the author's death. ❺The Chinese definitions of "first publication" applicable in this context, as well as others, are discussed in greater detail below. ❻

(2) Works of Applied Art; Computer Programs. The Implementation Rules of the International Copyright Treaties, effective September 30, 1992, establish special terms for two specific classes of foreign works which they cover. ❼Under Article 6 of these International Rules, the special term for a foreign work of applied art is 25 years running from the end of the year the work is completed, but it does not apply to foreign works of fine art, including drawings of cartoon characters, used on industrial goods. ❽Under Article 7, the special term for a foreign computer program, which the International Rules deem to be protected "as a literary work", is 50 years commencing from the end of the year of first publication, without being subject to any formalities such as registration. In any event, a treaty provision binding China, such as those of

---

❶ *On neighboring rights generally, see IX. 1. (1) infra. Note that the narrow meaning of "publication" applies in calculating the term of neighboring rights in recordings and typographical formats. On this meaning, see V. 7. infra.*

❷ *Implementing Regs., Art. 44.*

❸ *See VI. 1. infra.*

❹ *Implementing Regs., Art. 25.*

❺ *Copr. Act., Art. 21.*

❻ *See V. 7. infra.*

❼ *For all the classes of foreign works which the International Rules cover, see VI. 4. (2) (a) infra.*

❽ *For questions concerning the scope of protection for works of applied art, see II. 4. (3) supra.*

the Berne Convention, would apply in cases where the Rules conflict with the provision. ❶

(3) Works Protected by Treaties or Conventions.

A distinction must be drawn here between unpublished foreign works and those first published outside China. ❷

Under the Implementation Rules of the International Copyright Treaties, Articles 20 and 21 of the Copyright Act apply Chinese terms of protection to unpublished foreign works protected by virtue of treaties or conventions to which China adheres. ❸

The bilateral treaties of China concerning copyright do not effectuate special terms. China acceded to the Berne Convention on October 15, 1992, and to the Universal Copyright Convention on October 30, 1992. The rules governing terms of protection provided by the Berne Convention or the UCC will respectively apply in China to any published foreign work protected under one or the other Convention. ❹ Special attention should also be paid to the provisions which the Implementation Rules of the International Copyright Treaties apply to works predating China's adherences to the Conventions. ❺

Ⅳ. Ownership and Transfer

1. Initial Ownership

According to Article 9 of the Copyright Act, the term "copyright owner" includes ① "authors" and ② "other citizens, legal entities, and entities without legal personality, enjoying copyright in accordance with" the Act.

The General Principles of Civil Law must be consulted for the conditions defining the notion of a "legal entity", that is, an entity with "legal personality." ❻ An entity without legal personality may own copyright if it is a social institution and an economic organization which is one of a number of relatively independent parts forming a legal entity. In either case, whether the entity possesses legal personality or otherwise qualifies to own copyright by being part of such a legal entity, this discussion will speak of an "entity" generically Copyright enjoyed by the State is to be enforced by the National Copyright Administration on behalf of the State. ❼

Articles 11 to 17 of the Copyright Act, as well as Articles 9 to 22 of the Implementing

---

❶ *International Rules, Art. 19. On the priorities between provisions of treaties, the International Rules, and domestic law, see VI. 4. (2) infra.*

❷ *On unilateral protection for works first published in China, see III. 3 (1) supra.*

❸ *International Rules, Art. 5. On the priorities between provisions of treaties, the International Rules, and domestic law, see VI. 4. (②) infra.*

❹ *On Convention rules and terms, see "Introduction", herein, at V. 2. and. 4. (1).*

❺ *On these provisions, see VI. 4. (2) (C) infra.*

❻ *On the General Principles, see I. 3. (1) supra.*

❼ *Implementing Regs., Art. 21. On the National Copyright Administration, see V. 2. (2) infra.*

Regulations, then set out general and specific rules concerning the ownership of copyright. ❶In its initial paragraph, Article 11 of the Act confirms that, except in cases subject to specific provisions of law to the contrary, the copyright in a work initially belongs to the author who created the work. In its final paragraph, it provides that, until proof to the contrary, the citizen or entity whose name is mentioned in connection with a work will be deemed to be the author of the work. There are special cases, to be discussed below, in which an entity rather than a natural person may be deemed to be an author or, without being deemed an author, may nonetheless initially own economic copyright. ❷

(1) Joint Works.

While joint works often in fact include audiovisual works, Chinese copyright law applies distinct sets of rules to joint works generally and to audiovisual works in particular.

(a) General Rules.

Under Article 13 of the Copyright Act, when two or more coauthors create a work jointly, they will enjoy copyright in the work jointly.

Article 13 further makes clear that anyone who has not participated in the creation of the work, for example, who only provided a financial, administrative, or technical contribution, may not be treated as a coauthor.

Article 13 concludes in providing that, if a work of joint authorship can be separated into independent parts and these can be exploited separately, each coauthor is entitled to an independent copyright in each part he has created but may not exercise such copyright to prejudice the copyright in the joint work as a whole. Under Article 11 of the Implementing Regulations, if the parts of a work of joint authorship cannot be used piecemeal, and if the joint authors fail to reach an agreement on the exercise of copyright in the entire work, no party may unreasonably prohibit the exercise of that copyright in the whole work.

(b) Audiovisual Works.

Article 15 of the Act deals with copyright in cinematographic, television, or videographic works. The director, screenwriter, lyricist, composer, cameraman, and other creators of such a work enjoy the moral right to credit for authorship of the work. However, the producer of the work enjoys the other rights, both moral and economic, included in the copyright. ❸

Nonetheless, the authors of screenplays, musical works, and other works which, though included in a cinematographic, television, or videographic work, can be exploited separately, are entitled to exercise their respective copyrights in such component works independently. However, where the owner of copyright in a prior work has authorized the making of a cinemato-

---

❶ See also V. 3 supra (registration may serve as prima facie evidence of copyright ownership).

❷ See IV. 1. (2) (b) and IV. 2. (a) – (b) infra.

❸ See also IV. ①. (2) (b) infra (like allocation of rights in some, but not all, works made on the job) and VII. 1. infra (moral rights, including right to credit for author ship).

graphic, television, or videographic work based on his work, permission to make any necessary alterations is automatically implied insofar as such alteration does not distort or mutilate the original work. ❶

(2) Works Made for Hire. There are a number of special cases under the Copyright Act in which all or many of the component rights in copyright may initially vest in principals for whom creators make works as agents.

(a) Works of Entities.

Where an entity requests, supervises, and is responsible for the creation of a work, it will be deemed to be the author of the work Article 11 of the Act sets out this definitional rule and confirms the principle of Article 9 which, as discussed above, allows an entity to own copyright whether or not it has a legal personality. ❷ For example, in cases such as dictionaries, encyclopedias, large photobooks, or textbooks, an entity will often form and charge a team of contributors to undertake tasks of compilation, provide them with supervision, financial backing, or other material support, and take responsibility for the end—result. In such a case, the entity will be deemed to be author of the resulting work. ❸

(b) Occupational Works.

Chinese law uses the term "occupational work", or "work created in the course of employment", in a number of distinct cases which Article 16 of the Copyright Act subjects, respectively, to different sets of rules.

Article 16, in its final paragraphs, sets out one set of rules for the following two types of cases: ① works including, but not limited to, drawings and descriptions of engineering and product designs, computer software, and maps, that are created in the course of employment under the responsibility of the employing entity and with material resources, notably equipment or materials, which that entity expressly provided for such creation; and ② works that are created in the course of employment where the copyright is, in accordance with laws, administrative regulations, or contracts, enjoyed by the employing entity. In both types of these cases, the author of the occupational work enjoys the moral right to credit for authorship, while the employing entity enjoys all other rights, both moral and economic, and may reward the author for creating the work. ❹

Article 16, in its initial paragraph, sets out distinct rules for cases not falling within either of the categories treated in the foregoing paragraph. In these other cases, when a citizen creates a work in the fulfillment of tasks assigned to him by the employing entity, he enjoys the

---

❶ *Implementing Regs., Art. 13.*
❷ *For the definition of entities, with or without legal personality, see IV. 1. supra.*
❸ *See also Lucas, "France," herein, at IV. 1. (2) (a) (collective works).*
❹ *See also IV. 1. (1) (b) supra (like allocation of rights in audiovisual works) and VII. 1. infra (moral rights, including right to credit for authorship).*

copyright in this occupational work, but the entity may exploit the work within the scope of its professional or business activities Further, for two years after the completion of the work, the author may not, without the consent of the employing entity, authorize a third party to exploit the work in the same way as the entity may exploit it. Thus the employing entity has a license to use the work in its professional or business activities, and this license is exclusive for two years subject to the conditions indicated in the following paragraph.

This two—year term starts running on the date on which the author delivers the work to the employing entity. Where, however, the entity does not use the work in the course of its business within these two years, the author may request it to permit a third party to use the work in the same manner as it would have been entitled to, and it may not refuse such a request without proper cause. In such a situation, during these two years, the author and the employing entity are to share, according to proportions on which they agree, any resulting remuneration from the third—party use of the work. ❶

(c) Commissioned Works.

Under Article 17 of the Copyright Act, where one party commissions another to create a work, the contract between them determines who owns the economic rights in the resulting work. In the absence of any explicit agreement on point, the commissioned party, that is, the author, will own the entire copyright in the work.

2. Transfer

The Copyright Act sets out numerous provisions concerning the transfer of copyright Article 47 of the Copyright Act confirms that copyright contracts are subject to the "relevant provisions of the General Principles of the Civil Law". Chapter VIII of the General Principles governs the choice of law that Chinese courts will impose in contractual matters, and Article 145 of the General Principles provides:❷

> The parties to a foreign—related contract may choose the law applicable to contractual disputes, unless the law specifies otherwise. If such discretion is not exercised, the law of the country most closely connected with the contract shall apply.

(1) Interests Subject to Transfer.

Chinese copyright law allows for the transfer of rights of economic exploitation by contract or succession, but the author's moral rights, like French droit moral, are inalienable. ❸

(a) Transfer by Contract.

Strictly speaking, Chinese copyright law does not recognize the outright contractual assign-

---

❶ *Implementing Regs., Art. 14.*

❷ *See also IV. 3. (1) infra (standard contracts and remuneration rates not imposed on foreign transactions). See generally "Introduction," herein, at VI. 2. (framework for choice-of-law analysis applicable to copyright contracts).*

❸ *See VII. 4. infra.*

ment of copyright as a whole, but only the contractual authorization to use works. This conception of contractual transfer, basically as a kind of licensing, follows from the nature of the economic right to authorize exploitation. ❶

Subject to exceptional provisions in the Copyright Act, anyone who exploits the work of another must, in accordance with Article 23 of the Copyright Act, have concluded a licensing contract with, or otherwise obtain permission from, the copyright owner. In any event, remuneration must be provided for exploiting a work, and Chinese copyright law sets out rulesgoverning the form and substance of copyright licenses, as well as regulations concerning rates of remuneration. ❷

A distinction must be made between the transfer of ownership of the original embodiment of a work and the transfer of copyright in the work. Thus, under Article 18 of the Copyright Act and Article 17 of the Implementing Regulations, the transfer of ownership of the original embodiment of a work will not be deemed to include the transfer of copyright in such work, but the owner of the original embodiment of a work of fine art remains free to exhibit it. Nonetheless, where an author is unknown and unidentifiable, the owner of the original embodiment of a work may exercise all copyright in the work itself, except the right to credit for authorship. However, the author, after being identified, or his successors will exercise copyright. ❸

(b) Transfer by Succession.

Economic copyright will be transferred by legal succession either upon the death of its owner or, in the case of an entity, upon its dissolution. Standing to exercise moral rights devolves on legal successors according to rules discussed below. ❹

Article 19 of the Copyright Act confirms that, in the event of death, the economic rights of exploitation and remuneration belonging to a Chinese citizen will be transferred in accordance with the Inheritance Law of the People's Republic of China. ❺Copyright law applies a special rule to cases where one of the coauthors of a work of joint authorship dies without an heir or other donnee: the rights of exploitation and of remuneration enjoyed with regard to that coauthor's contribution to the work may then be exercised by the other co-authors. ❻

Where the copyright in a work belongs to an entity, and where the status of that entity is changed or terminated, the rights of exploitation and remuneration are, during the term of protection provided for in the Copyright Act, to be enjoyed by the succeeding entity which assumes

---

❶ See also Dietz, "Germany", herein, at iv. 2. (1) (not copyright as a whole, but only rights of use, subject to contractual transfer).

❷ See IV. 2. (2) – (3) and IV. 3. (1) – (2) infra.

❸ Implementing Regs., Art. 16.

❹ See VII. 4. (1) infra.

❺ On the Inheritance Law and copyright generally, see I. 3. (1) supra.

❻ Implementing Regs., Art. 19.

the former's rights and obligations or, in the absence of such a successor entity, by the State. ❶

(2) Formal Requisites for Transfer.

Chinese law contains a number of rules concerning the form and overall contents of copyright contracts.

Under Article 32 of the Implementing Regulations, a contract concluded with a copyright owner to license any use of a work must be made in writing, except in the case of licensing a newspaper or periodical to publish a work. ❷According to Article 19 of the Regulations for the Protection of Computer Software, a contract licensing software must also be made in writing. The signatures of both parties are required to conclude a written contract.

A contract authorizing the use of a work must contain the following: the manner of exploitation of the work covered by the license; the exclusive or nonexclusive nature of the right to exploit the work covered by the license; the scope and term of the license; the amount of remuneration and the method of payment; liability in case of breach of contract; as well as any other terms and conditions that the contracting parties consider necessary. ❸

Article 25 of the Copyright Act provides that, without the permission of the copyright owner, the licensee may not exercise any right not expressly licensed in the contract. Under Article 33 of the Implementing Regulations, when a contract does not clearly indicate a grant of an exclusive right of use, it will be read to imply only a nonexclusive right of use, save in those cases where the copyright law provides otherwise.

(3) Contractual and Related Presumptions.

Chinese copyright law contains several presumptions affecting the allocation of rights. To start, the person named as author in connection with a work is deemed to be its author until proof to the contrary. ❹

Other presumptions favor the owner of copyright. Thus, absent explicit agreement to the contrary, the author will own the entire copyright in a commissioned work. ❺More generally, absent clear provision for an exclusive license in a contractual license or in the law, only a non. exclusive license will be implied. ❻Further, absent agreement on rates of remuneration, administratively determined rates of remuneration will apply. ❼Other special presumptions apply to special copyright contracts. ❽

---

❶ *Copr. Act, Art. 19.*
❷ *On this case, see IV. 3. (2) (a) in fine infra.*
❸ *See also VIII. 4. (2) infra (arbitration clauses).*
❹ *See IV. 1. supra.*
❺ *See IV. 1. (2) (c) supra.*
❻ *See IV. 2. (2) in fine supra.*
❼ *See IV. 3. (1) infra.*
❽ *See IV. 3. (2) infra.*

However, where the owner of copyright in a prior work has authorized the making of a cinematographic, television, or videographic work based on that work, permission to make any necessary alterations is automatically implied if it does not distort or mutilate the prior work. ❶ Finally, rather complex provisions control the allocation of rights in works created by employees on the job. ❷

(4) Recordation; Priority of Transfers.

Neither the Copyright Act nor the Implementing Regulations contain any provision for recording copyright contracts in order to preserve the priority of contractually acquired rights relative to third parties, although Chinese law does require the registration of certain contracts for other purposes, as explained below.[588]

Supplementing general contract law on the priority of transfers, Article 35 of the Implementing Regulations provides that a person who has obtained the exclusive license to make a certain use of a work has the right to prevent any other person, including the copyright owner, from using the work in the same way. Such priority would seem to operate prospectively relative to other licensees, so that the first party exclusively licensed for a given use would be able to preclude all subsequent licensees from making the same use. Also, an entity employing the author of a work made on the job, in cases where it does not obtain all economic rights, obtains an exclusive right, and thus priority, to use the work within its field of activity for two years. ❸

3. Limitations of Transfer

While Chinese copyright law allows for considerable freedom of contract, it does impose a number of rules that limit the contractual exploitation of works. It should also be noted that, in the People's Republic of China, disputes concerning copyright contracts are subject to arbitration. ❹

(1) Scope of Freedom of Contract.

Neither the General Principles of Civil Law nor the Copyright Act contain provisions specifically regulating the detailed content of all copyright contracts. A few copyright standard contracts, however, have been in preparation, and the National Copyright Administration of China has issued a standard contract for publishing. Use of such standard copyright contracts will not be mandatory. In fact, they will only be proposed for domestic licensing.

The National Copyright Administration, in collaboration with other departments, has been

---

❶ See IV.1. (1) (b) in fine supra.
❷ See IV.1. (2) (a) – (b) supra.
❸ For conditions on this priority right, see IV.1. (2) (b) in fine supra.
❹ See V.2. (5) and VIII.4. (2) infra.

preparing schedules of rates of remuneration for the exploitation of works. ❶It should be noted, however, that these regulations concerning rates of remuneration will apply only to domestic contracts in the absence of specific agreement to the contrary. Remuneration paid pursuant to contract will thus be paid in accordance with the terms of any domestic copyright license in which the parties specifically agree on rates.

Such freedom of contract applies both to domestic and Sino—foreign licenses and represents an important change from practice before the Copyright Act went into effect. ❷Administratively determined rates of remuneration do apply to cases in which Chinese copyright law effectively grants rights equivalent to non-consensual licenses.[593]

(2) Specific Types of Transactions.

Chinese copyright law provides for different types of rules to regulate specific forms of exploitation typically subject to contractual transactions. Article 28 of the Copyright Act provides one key to understanding the interplay of such rules in that it reserves authors' moral rights, as well as their rights to remuneration, whenever works are exploited.

(a) Publication Contracts.

The Copyright Act sets out rules governing the contracts for publishing books and like works. These rules, however, do not apply in cases where the author bears the cost of publication of his own work. ❸

A publication contract subject to these rules is one granting the publisher the exclusive right to publish the work delivered by the copyright owner for publication. Such a contract will be effective for the geographical territory it defines, for the original language of the work as delivered, and for the original edition, a revised version, or a condensed version. ❹

Under Article 31 of the Copyright Act, the copyright owner must deliver the work within the schedule specified in the contract. The book publisher must publish the book in accordance with the quality requirements, and within the schedule, specified in the contract. If the book publisher fails to publish the work within the schedule specified in the contract, he bears civil liability according to the General Principles of Civil Law. ❺When the work is to be reprinted or republished, the book publisher must notify and pay remuneration to the copyright owner.

Special rules govern the case where a manuscript has been submitted to a book publisher on the author's own initiative. The publisher must, within six months of that submission, give notice whether he has decided to publish the work or not. If the work is accepted, a contract

---

❶ See also I.2. (2) supra (existing Regulation on Remuneration for Books, published in June of 1990) and V.2. infra (functions of the National Copyright Administration and related departments).

❷ Copr. Act., Art. 27 (2). See also IV.2. supra (Chinese conflicts law allows parties to choose contract law governing foreign-related contracts).

❸ Implementing Regs., Art. 41.

❹ Copr. Act, Arts. 29 and 30; Implementing Regs., Art. 39.

❺ On the General Principles, see I.3. (1) supra.

must be made; however, if the work is refused, a notice of rejection must be sent within the specified six—month time limit. Where no notice is served and no contract is made within that time limit, the manuscript must be returned on demand and economic compensation may be due. The six—month period is calculated from the date of receipt by the publisher of the manuscript. ❶

If a publisher refuses to reprint or republish a work when stocks of a book are exhausted, the copyright owner has the right to terminate the contract. ❷Stocks of a book will be considered to be exhausted six months after two subscription forms are mailed to the publisher and the subscription request remains unsatisfied. ❸The overall term of a publication contract, like all Chinese copyright contracts, may not exceed ten years, but the contract may be renewed at the end of that period. ❹

According to Article 32 of the Copyright Act, where a copyright owner has submitted the manuscript of his work to a newspaper or a periodical publisher for publication, he should receive a notice of acceptance within fifteen days from the newspaper publisher or within thirty days from the periodical publisher, counted from the date of submission of the manuscript. ❺ Absent such notification, and absent agreement between the parties to the contrary, the copyright owner may submit the manuscript of the same work to another newspaper or periodical publisher for publication. ❻

(b) Performances, Recording, and Broadcasting.

A number of rules, some of them contractual in nature, apply to performances of protected works, as well as to recording or broadcasting such performances. The Chinese Copyright Act sets out rules concerning such transactions in the same Chapter IV which accords the neighboring rights of performers, recording producers, and broadcasters. ❼

To exploit the work of another by way of publicly performing it, recording it, or broadcasting it, in any case where that work has not yet been made public, ❽ one must obtain per-

---

❶ *Implementing Regs., Art. 40.*

❷ *Copr. Act., Art. 31.*

❸ *Implementing Regs., Art. 42.*

❹ *Copr. Act, Art. 30. See also IV. 3. (3) infra (general ten-year limit on contractual grants).*

❺ *On the liberal requirement of form for a publication license granted to a newspaper or periodical, see IV. 2. (2) supra. On the limitation of moral rights in works published in newspapers or periodicals, see VII. 2. infra.*

❻ *For the exemptions and legal license allowing publication of previously published material by newspapers or periodicals, see VIII. 2. (3) - (4) (b) infra.*

❼ *On neighboring rights, see IX. 1. (1) infra.*

❽ *On the distinction between "publication" as making a work public in any form and "publication" as publicly distributing hard copies, see V. 7. infra.*

mission from, and pay remuneration to, the owner of copyright. ❶ Nor may any such use be made of a work already made public where the copyright owner has precluded it either by providing a notice to that effect in publishing the work or by having a statement to that effect carried in the copyright bulletin that the National Copyright Administration issues. ❷

Payment for the commercial performance of such works must be made by the organizer of the performance to the copyright owners. ❸ Where a performer performs such a work and that performance is recorded or broadcast, then the rules specifically concerning the exploitation of recordings or broadcasts of works will apply. Further, when making a sound or video recording or a radio or television program, the producer must also conclude a contract with, and pay remuneration to, the performers. ❹

Beyond these cases, Chinese copyright law grants rights, effectively nonconsensual licenses, allowing a work already made public to be publicly performed, recorded and exploited as a sound recording, or broadcast, subject only to the obligation to pay the copyright owner remuneration at rates set by regulation, as explained in greater detail below. ❺

(3) Termination of Transfers.

In order to protect the weaker party to the contract, usually the author, Article 26 of the Copyright Act provides that the term of validity of a licensing contract may not exceed ten years. However, the contract may be renewed at the end of this ten—year term.

(4) Attachment of Copyright.

The Copyright Act, the General Principles of Civil Law, and bankruptcy law contain no specific provisions allowing a general creditor to attach, garnish, or otherwise obtain a copyright interest by operation of law. In considering the question of whether, and how, such transfer as a matter of law might be possible, it should be recalled that Chinese copyright law does not allow copyright as a whole to be alienated. ❻

(5) Droit de Suite.

Chinese copyright law does not recognize any *droit de suite*. Nonetheless, a number of experts in the field of fine art and copyright remain in favor of establishing the *droit de suite*. ❼

---

❶ *Copr. Act.*, Arts. 35 (1), 37 (1), and 40 (1).
❷ *Implementing Regs.*, Art. 48. On the National Copyright Administration, see V. 2. (2) *infra*.
❸ *Implementing Regs.*, Art. 45.
❹ *Copr. Act*, Arts. 38 and 41.
❺ See VIII. 2. (4) (b) *infra*.
❻ See IV. 2. (1) *supra*.
❼ See Guo Shoukang, "An Introduction to the Resale Right of Art Works", Art, March 1991, pp. 41 – 42.

V. Formal Procedures

1. Special Copyright Jurisdiction

In the People's Republic of China, civil and criminal cases of copyright infringement are litigated in people's courts of ordinary jurisdiction.

Separate intellectual property tribunals have been established under the Beijing People's Court and several other people's courts in other localities. The National Copyright Administration and local copyright departments may also impose sanctions for the violation of copyright or neighboring rights, while the Customs Administration may seize infringing goods and fine the importers or exporters of such goods. Under the Arbitration Law, disputes concerning copyright contracts—and, arguably, other copyright matters, subject to a prior arbitration agreement—may be arbitrated. ❶

2. Functions of Special Agencies

In addition to these enforcement functions, state or related agencies also have the following administrative roles:

(1) Working Conference on Intellectual Property.

The General Administration Office of the State Council issued a Notification on July 1, 1994, which established a Working Conference on Intellectual Property Rights. The Working Conference, through forceful and centralized measures, organizes and coordinates the protection and enforcement of all intellectual property rights through the country. It will ensure that effective protection is provided and that the infringement of intellectual property rights is substantially reduced. Its members include representatives from State Council and departments in the fields and industries concerned with its activities.

(2) National Copyright Administration.

The National Copyright Administration is an administrative department which, under the State Council, is responsible for the national administration of copyright. ❷

Article 27 of the Copyright Act mandates the National Copyright Administration, subject to control by the State Council and in collaboration with other copyright departments, to establish the rates of remuneration for the exploitation of works. These rates apply in two types of cases: where permission must be obtained for a copyright use, but the parties have not agreed on rates of remuneration; ❸ or where a statutory scheme allows a use without the consent of the copyright owner but, instead, requires that remuneration be paid. The National Copyright Authority has established Interim Regulations on the Statutory Schemes of Permissible Remuneration for the Exploitation of Works in Performances and in Phonograms, as well as the Exploitation of Works

---

❶ *For further details on enforcement, see VIII. 4. –5. Infra.*

❷ *On its origin, see I. 2. (2) supra.*

❸ *For further details, see IV. 3. (1) supra.*

by Newspapers and Magazines through Reprinting or Abstracting. ❶

The other main functions of the National Copyright Agency are: ❷

- Implementing copyright and related laws and regulations;
- romulgating rules in relation to copyright administration;
- Investigating and redressing cases of national importance in which a copyright or neighboring right is violated; ❸
- Providing guidance to local copyright authorities with regard to the performance of their various functions; ❹
- Registering works on a voluntary basis and certain Chinese copyright contracts on a mandatory basis; ❺
- Supervising the imprinting of SID codes on digital recordings and copies produced in China and verifying authorization to reproduce and publish specified foreign products; ❻
- Spproving the formation, and supervising the operation, of organizations to collect and administer remuneration for copyright and neighboring rights; ❼
- Supervising the business of the Copyright Agency for foreign—related transactions; ❽
- Undertaking administration with regard to external copyright relations;
- Interpreting the Implementation Rules of the International Copyright Treaties and implementing such treaties; ❾
- Administering copyrights which are the property of the State; and
- Carrying out other duties assigned by the State Council in relation to copyright.

(3) Software Registration Organization.

This administrative organization, originally subject to supervision by the Ministry of Electronics, was transferred to the National Copyright Administration of China effective June 1, 1995 It is responsible for registering claims in computer software, renewing the initial 25-year term of copyright in domestic software, and registering licenses of Chinese software to parties abroad. ❿

(4) Local Copyright Departments.

The copyright departments under local governments are responsible for copyright adminis-

---

❶ For these rates, see VIII. 2. (4) (c) infra.
❷ Copr. Act, Art. 8; Implementing Regs., Art. 7.
❸ See VIII. 5. (3) (a) infra.
❹ See V. 2. (4) infra.
❺ See V. 3. and V. 5. infra.
❻ See V. 4., V. 5., and VIII. 5. (3) (a) infra.
❼ See IX. 2. infra.
❽ See V. 2. (6) infra.
❾ International Rules, Arts. 20~21. See VI. 4. (2) infra.
❿ See V. 3. and V. 5. infra.

tration within specific territories Under the purview of the central government, their duties are to be determined by the governments of the provinces, autonomous regions, or municipalities to which they are subject. ❶They are, *inter alia*, responsible for investigating and redressing cases of infringement of copyright or neighboring rights within their respective jurisdictions. ❷

(5) Arbitration Commissions.

Article 49 of the Copyright Act allows a dispute over a copyright contract to be settled by arbitration. ❸Such arbitration must comply with the Arbitration Law which, effective September 1, 1995, provides for arbitration commissions to be established in municipalities to handle cases subject to prior, valid arbitration agreements. Foreign—related copyright disputes are to be handled through the China International Economic and Trade Arbitration Commission under the China Chamber of International Commerce.

(6) Music Copyright Society of China.

The Music Copyright Society of China (MCSC), sponsored by the National Copyright Administration of China and the Chinese Musicians Association, operates from its office in Beijing. It is the only officially recognized, non—profit society collectively administering copyrights in musical compositions within the territory of the People's Republic of China. ❹It is to be distinguished from the Copyright Society of China, a nationwide organization devoted to research on copyright.

(7) Copyright Agency of China.

The Copyright Agency in Beijing is responsible, inter alia, for foreign—related transactions. It oversees transactions with Taiwan, Hong Kong, and Macao, which have to be registered with the National Copyright Administration. ❺

3. Registration of Copyright

The Copyright Act contains no registration requirements Furthermore, Article 7 of the Implementation Rules of the International Copyright Treaties, effective September 30, 1992, makes clear that foreign computer programs protected by these International Rules are not subject to registration requirements to assure copyright terms or protection. ❻That said, registration is possible for works generally or software specifically.

A set of Tentative Measures for the Voluntary Registration of Works was issued by National Copyright Administration of China on December 31, 1994, and entered into effect on January 1, 1995. Under the Tentative Measures, works may be voluntarily registered with the National

---

❶ *Implementing Regs., Art. 8.*
❷ *See VIII. 5. (3) (a) infra.*
❸ *See VIII. 4. (2) infra.*
❹ *See IX. 2. infra.*
❺ *See V. 5. and VI. 4. (1) infra.*
❻ *See III. 3. (2) supra and VI. 4. (2) infra.*

Copyright Administration of China or local copyright departments. ❶The registration shall become prima facie evidence in any dispute regarding copyright ownership.

The Software Regulations do provide for the registration of computer software Application may be made to the Software Registration Organization to register any software made public after October 1, 1991. A Measure for Registration of Computer Software Copyright was promulgated by the Ministry of Machinery and Electronics on April 6, 1992, and entered into force on May 1, 1992. A registration form has to be filled out and prescribed material attached to identify the software; after registration, the Software Registration Organization will issue a certificate of registration and make a public announcement of the registration.

The registration of computer software is not a necessary condition for the initial 25-year term of copyright protection of software. Application must be made to the Software Registration Organization to renew copyright after this initial 25-year term of copyright protection of domestic software for another 25-year term. ❷Under the Software Regulations, the certificate of registration serves as *prima facie* evidence of the validity of such copyright and of other facts described in the application for registration. ❸The Supreme People's Court, however, issued a circular on December 24, 1993, which declared to be invalid the further provision of these regulations that registration is a prerequisite for administrative proceedings or for filing suit concerning copyright in software. ❹

Registration of computer software may be canceled under either of the following situations: where a final judicial judgment has been made to this effect or where the primary information provided in the regulations has been proven to be false.

4. Notices, Legends, or Markings on Copies

No notices, legends or markings on copies are required to enjoy copyright.

However, as explained below, to preclude the operation of certain exemptions or legal licenses which allow specified uses of works without their consent, copyright owners need to make public statements of objection to such uses, notably by way of notices upon publication. ❺

To facilitate policing piracy, each Chinese manufacturer of recordings or copies on specified digital media, notably laser disks, compact disks, and CD—ROMs, is to be issued a unique identifier, a so—called source—identification code (SID), that must be imprinted, in an obvious place, on all reproductions that it makes Failure to do so subjects the manufacturer

---

❶ See V.2. (2) and V.2. (4) supra.
❷ See III.2. (2) supra.
❸ Software Regs., Art. 24.
❹ Id., at Art. 23.
❺ See VIII.2. (3) – (4) infra.

to judicial or administrative sanctions. ❶

5. Recordation of Transfers

There is no provision in the Copyright Act for recording copyright transfers, for example, to preserve the rights of the transferee first recording its contract. ❷Chinese law does require the registration of the following types of contracts:

• Pursuant to Notifications issued in 1987 and 1988, copyright transactions with Taiwan, Hong Kong, and Macao have to be registered with the National Copyright Administration. ❸

• Article 28 of the Software Regulations provides that, where a software copyright owner of Chinese nationality licenses or transfers rights to software developed within China to foreigners, he must first request approval by the relevant responsible organs of the State Council and also register the transfer with the Software Registration Organization. ❹

• A Circular Concerning the Registration of Contracts on Publishing Foreign Books, issued by the National Copyright Administration of China, became effective on February 1, 1995. All Chinese publishers are required to register their publishing contracts with overseas authors with the local copyright administrations within seven days, to retain the contract in the publishing house, and to mail a copy with its registration number to National Copyright Administration of China. Anyone who violates the Circular and does not register its contract shall be punished by the administrative authorities. Chinese citizens who wish to publish in foreign countries need not, but may voluntarily, apply to the National Copyright Administration of China to register any contract made with foreign publishers.

• A Circular Concerning the Registration of Contracts on Publishing Overseas Audiovisual Products, also issued by National Copyright Administration of China, became effective on February 1, 1995. All Chinese audiovisual publishing units are required to register, with the National Copyright Administration of China, their publishing contracts together with authorization from any overseas copyright owner. For specified types of works, the audiovisual publishing unit shall ask the party supplying the copy of a given work to provide verification of the rights in question by the designated industry organization, such as the International Federation of the Phonographic Industry (IFPI), the Motion Picture Association of America (MPA), the American Film Marketing Association (AFMA), and the Hong Kong Motion Picture Association. The National Copyright Administration of China shall complete the necessary registration within seven working days after receiving the contract and then publish its main terms to the public. Anyone who does not register the contract shall be punished. ❺Parallel measures apply to soft-

---

❶ *See VIII. 5. (3) (a) infra.*
❷ *See IV. 2. (4) supra.*
❸ *See V. 2. (2) and V. 2. (7) supra and VI. 4. (1) infra.*
❹ *See V. 2. (3) supra.*
❺ *See V. 4. supra.*

ware. ❶

6. Other Formalities

Chinese copyright law imposes no requirements for deposit, domestic manufacture, or other such formalities.

7. First Publication

The English word "publication" has been used to render the distinct meanings of two different Chinese words, which are defined by Article 10 (1) of the Copyright Act and Article 5 (6) of the Implementing Regulations, respectively.

When the first paragraph of Article 2 of the Copyright Act states that copyright protects works, "whether published or not", the Chinese word for "published" here has the broad meaning of "available to the public" in any form. ❷Further, the moral right of "publication", as it is sometimes translated, is more properly called a right of divulgation, since it grants control over all means of making a work public, including live performance, display of a single embodiment, and broadcasting. ❸Thus this broad meaning of "publication" also applies in cases of copyright exemptions and legal licenses, in which moral rights must continue to be respected. ❹

The second paragraph of Article 2 provides that works of foreigners first "published" in the People's Republic of China enjoy copyright directly under the Copyright Act. In this context, the word for "publication" also has the same broad meaning explained in the foregoing paragraph, namely that of making a work available to the public in any form.

However, the narrower definition of Article 5 (6) of the Implementing Regulations, that is, the reproduction of a work in hard copies coupled with the public distribution of such copies, is incorporated into the last two paragraphs of Article 25 of these Regulations, with the following consequences: ❺

First, works of foreigners will ben efit from a grace period applicable to "first publication", in that such a work will be deemed to be first published in China if it is published in China in this narrow sense no later than thirty days after such first publication outside China. ❻

Second, an unpublished work of a foreigner will be deemed to be first published in China

---

❶ *On enforcement, see. VIII. 5. (3) (a) infra.*

❷ *See also II. 4. (6) supra (application of broad notion to confidential writings).*

❸ *See VII. 1. infra.*

❹ *See VIII. 2. infra.*

❺ *See VIII. 1. (2) infra. This narrow sense accords with the definition of "publication" found in the international copyright conventions. See "Introduction", herein, atIV. 2. (2) (b).*

❻ *See also III. 2. (3) supra (term of neigh - boring rights and typographical formats counted from first "publication" in the same narrow sense) and IX. 1. (1) (b) infra (unilat - eral protection of foreign recordings pro - duced and distributed in China).*

if an authorized adaptation or translation is "first published" in China in this narrow sense, for example, where a book in translation is first publicly marketed in China.

8. Waiver Pursuant to Treaty

No treaty presently binding the People's Republic of China provides for such waiver.

Ⅵ. Protection of Foreign Works

1. Requirements for Eligibility

A foreign work or media production is one that is not authored by a Chinese citizen or produced by a Chinese entity.❶ Foreign works and other media productions are protected in the People's Republic of China either unilaterally or pursuant to treaty.

The Copyright Act unilaterally extends the protection of copyright or neighboring rights to foreigners under certain conditions. Under the second paragraph of Article 2, Chinese copyright thus protects works first published within the territory of the People's Republic of China. ❷Chinese neighboring rights thus protect performances given in China by foreign performers, as well as audio and video recordings produced and distributed in China by foreign producers. ❸

The Copyright Act, according to Article 2 (3), protects any work of a foreigner published outside the People's Republic of China if it is eligible to enjoy copyright under a treaty or other agreement to which the country of the foreigner and the People's Republic are both parties. Article 142 (2) of the General Principles of Civil Law recognizes the principle that, in the event of "any difference in the provisions between the Civil Law of the People's Republic of China and [its] international treaties..., the latter shall prevail", subject to the "declared reservations" of the People's Republic; this principle assumes, of course, that the treaty terms to be applied are self—executing.❹ Furthermore, the Implementation Rules of the International Copyright Treaties provide for special rights in those foreign works which they cover. Thus foreign works may be protected pursuant to convention or treaty terms or to these International Rules, as explained in the following subsections.

2. Multilateral Conventions

The Berne Convention, in its Paris Act, became effective in China on October 15, 1992. The Universal Copyright Convention, also in its Paris Act, became effective in China on October 30, 1992. Works qualifying for protection under the terms of the Berne Convention or

---

❶ *For the definition of Chinese nationality, see the Nationality Law, adopted at the third session of the Fifth National People's Con-gress on September 10, 1980. For the definition of Chinese legal entities, see IV. 1. supra.*

❷ *For the definition of "first publication" in this context, see V. 7. supra.*

❸ *Implementing Regs. , Arts 46 and 47. On neighboring rights, see IX. 1. (1) infra.*

❹ *See generally "Introduction", herein, at III. 4. (2) (how treaty terms might not be self-executing). See, e. g. , VI. 3. infra (bilateral copyright treaties of People's Republic, by their own terms, might not be self-executing).*

the UCC will thus be protected pursuant to the applicable Convention. ❶The People's Republic of China adhered to these Conventions subsequent to the decision which the Standing Committee of the People's Congress made on July 1, 1992.

China's adherence to the Geneva Convention for the Protection of Producers of Phonograms Against Unauthorized Duplication became effective on April 30, 1993.

3. Bilateral Agreements

After a long negotiation, the People's Republic of China and the United States of America concluded a Memorandum of Understanding on the Protection of Intellectual Property on January 17, 1992. The effective date of this Memorandum is March 17, 1992. From that date forward, the works of the nationals of each country are protected in the other country, to the extent they had not already been protected there. In the Memorandum, China undertook to enact rules implementing the Memorandum and the Berne and Geneva Conventions to the extent its domestic law was not consistent with them. These Rules are described in further detail below. ❷

Before this Memorandum, the People's Republic of China had already concluded bilateral agreements with the United States and the Philippines, which had language concerning copyright. However, these agreements did not by their own terms protect works of US or Philippine origin, but spoke only of measures to be implemented to protect such works. Some of such works may arguably have then been protected by virtue of various administrative measures, sometimes coupled with contractual relationships. ❸

4. Special Problems❹

(1) Taiwan, Hong Kong, and Macao.

Special administrative treatment is given to copyright transactions with Taiwan, Hong Kong, and Macao. ❺

(2) The International Rules.

Pursuant to the Memorandum of Understanding just discussed, the Chinese Government promulgated the Implementation Rules of International Copyright Treaties. ❻These International Rules, which are important because they establish special rights for foreign works, became effective starting on September 30, 1992.

Article 19 of the International Rules clarifies priorities. To the extent these Rules conflict with—that is, contain provisions different from— existing administrative regulations relating to

---

❶ *On such protection, see "Introduction," herein, at III. 3. (2) through V. 4.*

❷ *infra. A further agreement concerning intellectual property was con cluded on February 26, 1995, by way of an exchange of letters between the United States Trade Representative and the Chinese Foreign Trade and Economic Cooperation, who set out an Action Plan with regard to enforcement as an Annexx of his letter.*

❸ *For further details, see I. 2. (2) supra.*

❹ *On customs procedures relative to in fringing imports, see VIII. 5. (3) (b) infra.*

❺ *See V. 2. (4) and V. 5. supra.*

❻ *State Council Decree No. 105 (Sept. 25, 1992).*

copyright, the Rules apply. However, to the extent a copyright treaty conflicts with the Rules, the treaty applies. ❶

Under Article 21, the National Copyright Administration is responsible for interpreting the Rules and, under Article 20, for implementing copyright treaties.

(a) Which Foreign Works Protected.

The International Rules have two types of provisions determining to which works they apply: general provisions that specify factors connecting a work to a country which has treaty relations concerning copyright with the People's Republic of China; special provisions that specify types of works or other media productions both possessing such connecting factors and protected by specific provisions in the Rules.

Article 3 defines the term "international copyright treaties", within the meaning of the Rules, as the Berne Convention or any of China's bilateral agreements relating to copyright Article 4 then defines the "foreign works" to which the Rules generally apply as those falling into any of the following categories:

- Works of which the author or one of the coauthors, or of which another copyright owner or one of the co—owners, is a national or a permanent resident of a country party to international copyright treaties;

- Works that, although not authored by a national or a permanent resident of a country party to international copyright treaties, have been first published or published simultaneously in a country party to international copyright treaties;[658] or

- Works created by others on commission, in connection to the copyright of which a joint venture enterprise, a cooperative enterprise, or an enterprise with sole foreign investment is supposed to be the owner or one of the owners under a contract.

The International Rules provide special coverage of certain types of works or media productions, as follows:

- Under Articles 6 and 7, respectively, foreign works of applied art and computer programs are protected—computer programs as literary works—during special terms set out above. ❷

- Under Article 8, foreign works created by compiling non—protectable materials are protected in accordance with Article 14 of the Copyright Act, provided originality is shown in the selection and arrangement of materials, but such protection does not prevent another person from using the same materials to create works of compilation.

- Under Article 9, foreign video recordings are protected as cinematographic works if they would be treated as such works under the Berne Convention or other copyright treaties.

- Under Article 18, foreign sound recordings, ostensibly with any connecting factor set

---

❶ *For the overriding principle concerning the priority of treaties, see VI. 1. supra.*

❷ *See III. 3. (2) supra.*

out in Article 4, are protected during the terms applicable under Article 5, that is, national Chinese copyright terms, by the rights provided in Articles 12, 14, and 15, indicated in the following subsection.

(b) Special Rights in Foreign Works.

According to Article 2 of the International Rules, the foreign works they generally cover are to be protected by applying the Copyright Act, the Implementing Regulations of the Copyright Act of the People's Republic of China, the Regulations on the Protection of Computer Software, and the Rules themselves which provide for the following special rights:

Concerning works subject to publication, the following rights are provided. Under Article 13, prior permission of the copyright owner is required for newspapers and periodicals to reprint foreign works, except in cases of the reprinting of articles on current political, economic, or social topics. Under Article 10, prior permission of the copyright owner is required to translate a published work, if created in Chinese, into the language of a minority nationality. This stipulation is quite different from Article 22 (10) of the Chinese Copyright Act, which exempts from both permission and remuneration any translation of a published work from the Han Chinese language into the language of a minority nationality for publication and distribution within China. ❶

Generally, Article 11 assures the right to authorize both the public performance of foreign works by any means or process and the communication to the public of the performance of such works. Specifically, under Article 12, copyright owners of foreign cinematographic works, television works, and works of video recordings have the right to authorize the public performance of their works, a right which Article 18 extends to foreign sound recordings. Article 16 makes the provisions of the Berne Convention applicable to performing, recording, or broadcasting foreign works, subject to the prior permission of a collective administrative organization for copyright if such an organization exists. ❷

Special distribution rights are not only made available in foreign works generally but, by way of Article 18, in foreign sound recordings as well. Under Article 14, copyright owners have the right to authorize or prohibit the rental of copies of their works or recordings after the authorized sale of such copies. Under Article 15, copyright owners have the right to prohibit the importation of both infringing copies and copies coming from a country where their works or recordings are not protected. This new provision is concerned with parallel importation.

(c) Term of Rights and Retroactivity.

The International Rules deal with the duration of rights, as well as with works or sound recordings predating the point in time—for the sake of convenience, here called the "effective

---

❶ *See VIII. 2. (2) in fine infra.*

❷ *On certain exemptions and licenses that as a result may not apply to foreign works, see VIII. 2. (3) − (4) infra. On societies collectively administering rights, see IX. 2. infra.*

treaty date"—on which international copyright treaties enter into force in China.

Generally, under Articles 17 and 18 of the International Rules, any foreign work or sound recording which, before the effective treaty date, has not fallen into the public domain in its country of origin is to be protected until the appropriate copyright term under the Copyright Act or these Rules has lapsed. Further, under Articles 5 and 18 of these Rules, respectively, unpublished foreign works and foreign sound recordings are also protected during the same terms as Chinese works, that is, pursuant to Articles 20 and 21 of the Copyright Act. ❶More specifically, Articles 6 and 7 establish special terms for foreign works of applied art and computer programs, respectively, and these terms are explained in some detail above. ❷

Nonetheless, under Articles 17 and 18, there is no protection against uses that have taken place before the effective treaty date. Further, under the third paragraph, a Chinese person or legal person who owned and used a particular copy of a foreign work or sound recording for a particular purpose before the effective treaty date may continue to make use of that copy of the work without liability, provided that such copy is neither reproduced nor used in any manner that unreasonably prejudices the legitimate rights and interests of the copyright owner. This provision is in conformity with a relevant article of the Memorandum of Understanding with the United States and especially concerns computer programs.

Under the last paragraph of Article 17, the provisions of the prior three paragraphs are made subject to bilateral agreements relating to copyright which China has concluded with other countries. ❸

Ⅶ. Moral Rights

1. Particular Rights

Chinese copyright law includes rights to protect the personality of the author, that is, moral rights. According to Article 10 of the Copyright Act, such rights include the rights of divulgation, credit for authorship, alteration, and integrity.

The right of divulgation has been translated as the "right of publication". Nonetheless, as explained above, Chinese law understands the notion of "publication" broadly in many cases. ❹In reference to moral rights, the broad meaning prevails: this right thus protects the author's interests, such as privacy and creative control, by allowing him to decide whether, and how, to make a work available to the public. It grants control over any form of making public, for example, through live performance, exhibition, or broadcasting. Of course, these forms include publication in the strict sense of the distribution of hard copies.

---

❶ See Ⅲ.1. supra.
❷ See Ⅲ.3. (2) supra.
❸ On bilateral treaties, see Ⅰ.2. (2) and Ⅵ.3. supra.
❹ See Ⅱ.4. (6) and Ⅴ.7. supra.

The right of credit for authorship is often abbreviated as the "right of authorship". It is the right to have authorship correctly and consistently attributed to the actual creator, notably, to have the author's name mentioned on, or in connection with, the work. Articles 45 and 46 of the Copyright Act, in specific subparagraphs, further specify that misattributing the authorship of a work is subject to sanctions. ❶

The rights of "alteration" and "integrity" are related. One is the right to alter, or authorize others, to alter one's work. The other is the right to protect one's work against distortion and mutilation. Article 45 (d) of the Act allows for sanctions for "distorting or mutilating a work created by another". ❷

2. Limitations

The Copyright Act and its Implementing Regulations provide for certain specific limitations of moral rights. As explained above, where a copyright owner has authorized adapting his work in audiovisual form, it is presumed that the authorization extends to making necessary alterations in the work if they do not distort or mutilate it. ❸Under Article 33 of the Copyright Act, a newspaper or periodical publisher may, without the author's consent, make editorial modifications and abridgments in a work, but no changes in its content.

3. Duration

Under Article 21 of the Copyright Act, the moral right of divulgation has the same term as the economic rights included within copyright. It generally lasts for the lifetime of the author plus 50 years, subject to the same rules for economic rights in special cases treated in greater detail above. ❹Under Article 20 of the Copyright Act, the rights of credit for authorship, as well as the rights of alteration and integrity, are in principle unlimited in time. Of course, the effectiveness of these rights will in the long run depend on the parties to whom the law gives standing to exercise them after death. ❺

4. Waiver and Transfer

It should be recalled that Chinese copyright law does not necessarily vest all moral rights in every natural person who authors a work, but vests only some of these rights in such authors in cases of audiovisual, entity—produced, and occupational works. ❻

(1) Exercise After Death.

Chinese copyright law allows for the exercise of moral rights after death The author's heir or other donnee will then exercise the right of divulgation, unless the author made a statement ex-

---

❶ See VIII. 4. infra.
❷ See id.
❸ See IV.1. (1) (b) in fine supra.
❹ See III.1. -2. supra.
❺ See VII.4. (1) infra.
❻ See IV.1. (1) (b) - (2) supra.

pressly forbidding posthumous divulgation. ❶The author's heir or other donnee will exercise the perpetual rights to credit for authorship and integrity. In the absence of such an heir or other donnee, the copyright administrative departments will exercise these rights. ❷

(2) Impact of Contract.

In Chinese copyright law, copyright contracts are only concerned with licensing economic rights. Though the Copyright Act contains no overall provisions in this regard, it is generally believed that moral rights cannot be contractually alienated, but may be waived in exceptional cases. ❸Judicial rulings may clarify this issue over time.

Ⅷ. Infringement and Remedies

1. General Content of Rights

In Chinese copyright law, the terms "copyright" and "author's rights" are used interchangeably. ❹Chinese copyright thus includes property or economic rights, as well as the personality or moral rights which have just been explained in the foregoing section.

Copyright includes both rights to authorize economic exploitation and to draw remuneration from it. Article 10 (5) of the Copyright Act enumerates the following cases of exploitation as subject to both of these types of rights: "reproduction; live performance; broadcasting; exhibition; distribution; making cinematographic, television, or video productions; adaptation, translation, annotation, compilation, and the like". Furthermore, as explained above, the Implementation Rules of International Copyright Treaties supplement international conventions and treaties as sources of rights in foreign works. ❺

Articles 45 and 46 of the Copyright Act, as well as Article 30 of the Software Regulations, set forth the acts constituting copyright infringement. ❻It should be kept in mind that neighboring rights protect performances, sound and video recordings, radio and television broadcasts, and typographical formats against specified unauthorized or unremunerated uses. ❼

Both Articles 10 (5) and 45 (5) of the Copyright Act are open—ended in enumerating the acts of exploitation that the copyright owner has the right to authorize and draw remuneration from. Thus, in defining the following acts as subject to copyright, it must be kept in mind that they do not exhaust all economic rights:

---

❶ *In the absence of an heir or other donnee, the lawful holder of the original copy or embodiment of a posthumous work will exercise the right of divulgation of that work. Implementing Regs., Art. 22.*

❷ *Implementing Regs., Art. 20.*

❸ *See also VII. 2. supra (specific cases where contractual authorization to exploit may allow for alterations but not distortion).*

❹ *See I. 3. (2) supra.*

❺ *See VI. 4. (2) supra.*

❻ *See VIII. 5. (1) infra.*

❼ *See IX. 1. (1) infra.*

(1) Reproduction.

Under Article 52 of the Copyright Act and Article 5 (1) of the Implementing Regulations, the term "reproduction" means the act of producing one or more copies of a work by printing, photocopying, copying by hand, lithography or rubbing, making a sound or video recording, duplicating a recording, duplicating a photographic work, or copying by other means. However, the term "reproduction", as used in Chinese copyright law, does not include the construction or manufacture of industrial products on the basis of drawings or descriptions of engineering or product designs. ❶

(2) Distribution.

Under Article 5 (5) of the Implementing Regulations, "distribution" means providing the public, by such means as sale or rental, with sufficient numbers of copies to satisfy its reasonable needs. According to Article 5 (6) of the Implementing Regulations, reproduction plus distribution is equivalent to "publication", that is, the public distribution of the reproduced copies of a work released to the public. ❷The law has yet to deal expressly with secondary uses of already distributed copies, such as the playing of videos in semi—public settings such as hotels.

(3) Adaptation and Translation.

Article 10 (5) of the Act mentions such rights as adaptation, translation, annotation, and compilation. ❸It also mentions the right of making cinematographic, television, or video productions, which amounts to a right to adapt into audiovisual forms a work originally expressed in another form. ❹Thus derivative works may only be made with the authorization of the owners of rights in the prior, still—protected works on which they are based. There are limitations on the right of translation in this regard, as discussed below. ❺

(4) Performance, Broadcasting, and Display.

Article 10 (5) of the Act refers to separate rights of performance, broadcasting, and exhibition. ❻Performance is the presentation of a work to a live public through voice, sound, facial movements, or body movements, directly or with the aid of technical devices. The performance right is typically exercised with regard to stage performances, but it does not include

---

❶ *See also II. 4. (3) supra (interplay with design patents).*

❷ *See also V. 7. and VII. 1. supra (this strict sense of "publication" distinguished from broader sense also current in Chinese copyright law).*

❸ *On the definitions of adaptation, translation, annotation, arrangement, and compilation, see II. 3. supra.*

❹ *But see IV. 1. (1) (b) in fine supra (presumption that authorization to make an audiovisual adaptation includes consent to make all necessary alterations for that purpose).*

❺ *See VIII. 2. (2) infra.*

❻ *See also Implementing Regs., Art 5 (2), (3), and (4) (definitions of performance, broadcasting, and exhibition, respectively).*

secondary uses such as the playing of a sound recording. Performance may be contrasted with broadcasting, which involves the communication of a work to a distant public by means of telecommunication devices. Exhibition is the public display of works of fine art and photography, whether as original embodiments or reproductions. ❶

(5) Other Rights.

Software Copyright in software includes the following: the right of publication, that is, the right to make the software available to the public; the right of credit for development, that is, the right of the developer to have its identity known in connection with the software; the right of exploitation, that is, the right of exploiting the software by reproduction, demonstration, distribution, alteration, translation, annotation, etc., subject to the requirement of not harming public interest; the right of authorizing exploitation and of receiving remuneration, that is, the right of licensing others to exploit the software in part or all of the ways mentioned above, and the right of receiving remuneration for such uses; and the right of transfer, that is, the right to grant exploitation rights. ❷

2. Limitations or Exemptions

It should be recalled that, according to Article 5, the Copyright Act is not applicable to the following: (1) laws, regulations, resolutions, decisions and orders of State organs; other documents of legislative, administrative, and judicial nature; and official translations of all such works; (2) news on current affairs; or (3) calendars, numerical tables, forms of general use, and formulas. ❸

Further, Article 22 of the Copyright Act sets out a dozen different exemptions, which the following subsections explain. Under these exemptions, published works may be used without permission from, and without paying remuneration to, copyright owners. They also apply to the neighboring rights of performers, producers of sound and video recordings, broadcasting organizations, and publishers. ❹

Pursuant to statutorily specified licenses, though, these same parties may use published works without the permission of copyright owners, subject to the payment of remuneration. ❺ Any "published" work subject to any of these exemptions or legal licenses means any work made available to the public in any form, and in all cases moral rights must continue to be respected. ❻ It should also be kept in mind that some of these exemptions are limited in certain ca-

---

❶ *But see IV. 2. (1) (a) in fine supra (owner of embodiment of a work may display it) and VIII. 2. (3) in fine infra (exemption allowing reproduction of works on public display).*

❷ *Software Regs., Art. 9. See also VIII. 2. (5) infra (exemptions relative to rights in software).*

❸ *See II. 1. (2) and II. 4. (5) supra.*

❹ *On neighboring rights, see IX. 1. (1) infra.*

❺ *See VIII. 2. (4) infra.*

❻ *On this broad sense of "publication" in Chinese copyright law, see II. 4. (6) and V. 7. supra. On moral rights, see VII. 1. supra.*

ses of foreign works❶

(1) Fair and Private Use.

Chinese copyright law does not recognize any open—ended concept of fair use, but Article 22 of the Copyright Act does specifically exempt certain uses usually understood as falling within this concept.

Clause 1 of Article 22 allows for the use of a published work for the purpose of the user's own private study, research, or personal entertainment. The Software Regulations articulate special cases of permitted private uses of software to be treated below. ❷

Clause 2 of Article 22 allows for the use of an "appropriate" quotation from a published work in one's own work. For a quotation to be "appropriate", the following three conditions must be satisfied: (1) the quotation must be made solely for the purpose of introducing or reviewing the quoted work in question or for clarifying a point; (2) the quotation must not form a major or substantial part of the work in which it is being quoted; and (3) the interests of the copyright owner of the quoted work must not be prejudiced. ❸

(2) Educational, Research, State, and Nonprofit Uses.

Article 22 of the Copyright Act sets out the following uses as exempt from the copyright owner's authorization and right to remuneration:

Clause 6 of Article 22 allows for the translation or the limited reproduction of a published work for use by teachers or scientific researchers, for classroom teaching or scientific research, provided that the translation or reproduction is not published or distributed. Clause 7 allows for the use of a published work by a State organ for the purposes of fulfilling its official duties. Uses under either of these clauses may neither interfere with the normal exploitation of the work nor unreasonably prejudice the legitimate interests of the copyright owners. The Software Regulations, as explained below, allow for comparable uses of software. ❹

Clause 8 allows a library, archive, memorial hall, museum, art gallery, or similar institution to reproduce a work in its collection for the purpose of display or preservation.

Clause 9 allows for the gratuitous public performance of a published work. Article 30 of the Implementing Regulations specifies that a performance is gratuitous when no fees are charged to the audience and no remuneration is paid to the performers.

Clause 11 allows for the translation of a published work from the Han Chinese language into languages of minority nationalities for publication and distribution within the country. This provision applies only to works originally created in a Chinese language. ❺According to Article

---

❶ See IV.4. (2) supra.
❷ See VIII.2. (5) infra.
❸ Implementing Regs., Art. 27.
❹ See VIII.2. (5) infra.
❺ Implementing Regs., Art. 31.

10 of the International Rules discussed above, prior permission of the copyright owner shall be required to translate a foreign work that these Rules cover, if it is created in Chinese, into the language of a minority nationality. ❶

Clause 12 allows for the transliteration of a published work into Braille and for the publication of works so transliterated.

(3) Media and Related Uses.

The media uses which Articles 22 and 43 of the Copyright Act exempt fully must be distinguished from those which, as explained in the following subsection, other provisions allow without authorization but subject to the payment of remuneration.

Clause 3 of Article 22 allows for the use of a published work in newspapers, periodicals, radio programs, television programs, or newsreels for the purposes of reporting current events. This exemption, however, only covers the unavoidable inclusion of published works as justified by the purpose of reporting current events. ❷

Clause 4 of Article 22 allows newspapers or periodicals to reprint, or radio or television stations to rebroadcast, editorials or commentators' articles published by other newspapers, periodicals, radio stations, or television stations. Clause 5 allows newspapers or periodicals to publish, or radio or television stations to broadcast, speeches delivered at public gatherings, save where the author has given notice that publication or broadcasting is not permitted.

Article 43 of the Act allows a broadcasting organization to broadcast a published sound recording for non—commercial purposes without permission from, and without paying remuneration to, the owner of copyright in the work recorded, nor to the performer or producer of the sound recording. The Berne Convention, however, governs the broadcasting of foreign works that the Implementation Rules of the International Copyright Treaties cover. ❸

Clause 10 of Article 22 allows for the copying, drawing, photographing, or video recording of an artistic work located or on display in an outdoor public place.

(4) Compulsory and Legal Licenses.

In the interest of disseminating works within society, certain kinds of works may be subject to specified uses without the consent of the authors, but subject to the obligation to pay remuneration. ❹

(a) Reprinting or Abstracting Works from the Press.

Article 32 (2) of the Copyright Act applies to works published in newspapers or periodicals. Other newspaper or periodical publishers may reprint the work, print an abstract of it, or print it as reference material, but such publishers must pay remuneration to the copyright own-

---

❶ *On these Rules, see VI. 4. (2) supra.*
❷ *Implementing Regs., Art. 28.*
❸ *On the these Rules, see VI. 4. (2) supra.*
❹ *On setting rates of remuneration, see IV. 3. (1) and V. 2. (2) supra.*

ers as prescribed in relevant regulations. If the copyright owner wishes to object to the reprinting of his work in whole or in part as provided above, he is required to provide a notice to that effect at the time when the work is first published in a newspaper or a periodical. [1]

(b) Public Performances, Recording, and Broadcasting.

Other provisions, formulated in terms of rights rather than licenses,[2] allow already published works to be exploited in public performances, as sound recordings, and in radio or television broadcasts, if copyright owners are remunerated as required by regulation.[3] If any owner cannot be identified or located, remuneration is to be remitted to the body designated by the National Copyright Administration for further transfer to the owner. [4]

These statutory provisions do not apply when the owner of copyright in a work has, in publishing the work, used a notice declaring them to be inapplicable or, in the alternative, had a statement to that effect carried in the copyright bulletin that the National Copyright Administration issues. [5] Further, these provisions do not apply to a producer's making a video recording of the work of another,[6] nor to an organization's broadcasting an audiovisual work it did not produce. [7] Under the Implementation Rules of the International Conventions, the Berne Convention governs the public performance, recording, or broadcasting of foreign works that these rule cover. [8]

(c) Applicable Rates of Remuneration.

On August 1, 1993, the National Copyright Administration published the following Interim Regulations on the Statutory Schemes of Permissible Remuneration:[9]

- Standards were set for remunerating copyright owners where newspapers and magazines take advantage of the statutory license to reprint a work or to publish an abstract of a work (25 RMB yuan[10] per 1,000 characters) and where specialized newspapers and magazines in the social or natural sciences engage in the same uses (not less than 10 RMB yuan per 1,000 charac-

---

[1] *Implementing Regs., Art. 43.*

[2] *They are formulated as rights of performers, producers of sound recordings, and broadcasters. See IV. 3. (2) (b) supra. On the exclusive neighboring rights of performers, producers of sound recordings, and broadcasters, see IX. 1. (1) infra.*

[3] *Copr. Act., Arts. 35 (2), 37 (1), and 40 (2). Where a published derivative work is thusused, remuneration must be shared by the owners of copyright both in that derivative work and in any prior work on which it is based. Copr. Act., Arts. 35 (3), 37 (4), and 40 (3).*

[4] *Implementing Regs., Art. 49. On the National Copyright Administration, see V. 2. (2) supra.*

[5] *Implementing Regs., Art. 48.*

[6] *Copr. Ac. t, Art. 37 (2).*

[7] *Id., at Art. 44.*

[8] *See VI. 4. (2) supra.*

[9] *On these schemes, see VIII. 2. (4) (a) – (b) supra.*

[10] *N. b. 8.33 RMB yuan = US $ 1.00, per the market-exchange sales rate set by the People's Bank of China, as reported in supra. China Daily, February 28, 1996, p. 7.*

ters). Minimums are imposed in cases of less than 1,000 and 500 characters.

- A system is to be adopted to remunerate copyright owners for the public performances of their works. They are to receive proportions of the income accruing from paid admissions to these performances (7% of such income, less the costs of the venue, but not less than 25% of the total tickets which should have been sold) Where a derivative work is performed, the copyright owner of the derivative work shall be paid 70% of the amount and that of the underlying work shall be paid 30%.

- Remuneration for recording a work and distributing the phonogram is calculated by multiplying the price of one phonogram, times the number distributed, times the royalty rate (3.5%, with 60% for music and 40% for words; 3% for a work consisting purely of words; and 1.5% for phonograms distributed by a state agency, for example, as educational materials). In the case of a derivative work, remuneration is split 70% for that work and 30% for the underlying one.

(5) Uses of Computer Software.

The Software Regulations provide for exemptions comparable to those for private use, on the one hand, and for teaching, scientific, and governmental uses, on the other.

Those who legally hold copies of computer software have the right, without obtaining consent of the copyright owner, to load the software into a computer according to the requirements of use and to make the back—up copies for archival purposes. Such back—up copies may not under any circumstances be provided to others, and once the right to use the software is terminated, all archival copies must be completely destroyed. Further, the legal owner of a copy may make necessary amendments to the software in order to adapt it as required for application in a computer or to improve the function of the software. Any amended version may not, however, be supplied to any third party without the consent of the copyright owner or his licensee. ❶

Where a few copies of a piece of software are to be made for non-commercial purposes such as classroom teaching, scientific research, or the execution of duties of a State organ, etc., the permission of the software copyright owner or his exclusive licensee is not required, nor need remuneration be paid. After such uses, the copies must be appropriately handled, ultimately taken back and destroyed. They must not be used for any other purpose or supplied to others. ❷

3. Other Defenses

Other defenses may be derived from the definitions of rights or infringing acts.

Thus there is no copyright liability for using a two—dimensional drawing or a description of an engineering or product design to fabricate the design object in three dimensions because such

---

❶ *Software Regs., Art. 21.*
❷ *Software Regs., Art. 22.*

use does not fall within the definition of actionable reproduction. [1]

Chinese copyright law provides for administrative sanctions, but the range of infringing acts that call for such sanctions is somewhat narrower than the range of infringing acts upon which civil liability may be based. [2]Since, as explained below, Chinese copyright law only recently provided for criminal sanctions, the defenses against criminal charges, such as lack of criminal intent and knowledge, remain to be clarified. [3]

4. Enforcement Proceedings[4]

(1) Infringement Suits.

There are four possible types of proceedings in cases of infringement: mediation or, possibly, arbitration; a civil suit in a people's court; a criminal suit in a people's court; or administrative proceedings.

- The Copyright Act itself does not provide for special mediation procedures, but it does contemplate subjecting contract disputes to arbitration, which may now arguably be used in infringement disputes. [5]

- Civil suit may be filed in a people's court under Article 48 of the Copyright Act. [6]Separate intellectual property tribunals have been established in the People's courts in Beijing and several other cities and provinces. An intellectual property tribunal will soon be established under the Supreme People's Court.

- A criminal suit may be instituted in a people's court pursuant to the Resolution on the Punishment of Crimes of Copyright Infringement. [7]

- There are distinct types of administrative proceedings. [8]On the one hand, the copyright administrative authorities of local governments and the National Copyright Administration are empowered to redress specified acts of infringement and handle related matters. On the other hand, subject to specific procedures, the Customs Administration may be petitioned to seize infringing imports or exports and may fine offending importers or exporters.

(2) Mediation or Arbitration.

Article 49 of the Copyright Act allows a dispute over a copyright contract to be settled by mediation or to be arbitrated under an arbitration clause in the contract or under a written arbitration agreement signed after the contract. This writer believes that, according to Article 2 of

---

[1] *See VIII. 1. (1) supra.*
[2] *See VIII. 5. (3) (a) infra.*
[3] *See VIII. 5. (2) infra.*
[4] *See also V. 3. supra (registration may serve as prima facie evidence of copyright ownership).*
[5] *See VIII. 4. (2) infra.*
[6] *See VIII. 5. (1) infra.*
[7] *See VIII. 5. (2) infra.*
[8] *See VIII. 5. (3) infra.*

the Arbitration Law, effective September 1, 1995,❶ other copyright disputes, even those involving infringement, may also be resolved through arbitration under an agreement concluded after the dispute arises.

Although contemplated under the Copyright Act, no special copyright arbitration body has been established. Instead, Article 10 of the Arbitration Law allows copyright—contract disputes to be submitted to the arbitration commissions set up in certain municipalities. Foreign—related copyright disputes are now handled by the China International Economic and Trade Arbitration Commission under the China Chamber of International Commerce. China belongs to the United Nations Convention on the Recognition and Enforcement of Foreign Arbitral Awards of 1958.

If a party fails to implement an arbitration award, the other party may apply to a people's court for enforcement. The Arbitration Law empowers the intermediate people's court, in the place where the arbitration commission is located, to set aside the arbitration award for any one of specified reasons, for example, lack of basis in any underlying arbitration agreement, certain procedural and jurisdictional errors, improper or inadequate evidence, graft or related behavior by the arbitrators, erroneous or perverse. application of the law, and overriding public interest. Upon such a refusal to enforce an award, the parties may submit to a new arbitration proceeding or institute an action in a people's court.

In any event, unless bound by an arbitration clause or agreement, a party may sue on a copyright contract directly in a people's court.

5. Civil and Criminal Remedies

(1) Civil Remedies Articles.

45 and 46 of the Copyright Act specify the acts for which remedies are available in a civil suit, while Article 46 also specifies the acts for which sanctions are available in administrative proceedings. ❷

Article 45 defines a large range of acts, for which relief may only be had in a civil suit before a people's court. ❸These include acts violating moral rights, acts violating economic copyright, and acts violating neighboring rights. ❹These definitions read as follows:

"①publishing a work without the consent of the copyright owner;

"② publishing a work of joint authorship as a work created solely by oneself, without the consent of the other coauthors;

"③ having one's name mentioned in connection with a work created by another, in order

---

❶ Adopted at the Ninth Session of the Standing Committee of the Eighth National People's Congress on August 31, 1994.

❷ See VIII. 5. (3) (a) infra.

❸ Article 135 of the General Principles of Civil Law provides that, "unless otherwise stipulated, the prescribed period for [bringing] litigation in a people's court arising from civil cases... shall be two years." See also I. 4. supra (cause of action arising before effective date of Copyright Act is subject to prior law).

❹ On such rights, respectively, see VII. 1. and VIII. 1. (1) supra and IX. I. (1) infra.

to seek personal fame and gain, where one has not participated in the creation of the work;

"④distorting or mutilating a work created by another;

"⑤exploiting a work through performance, broadcasting, exhibition, distribution, making cinematographic, television, or video productions, adaptation, translation, annotation, compilation, or other means, without consent of the copyright owner, unless otherwise provided [in the Copyright Act];

"⑥exploiting a work created by another without payment of remuneration as described by regulations;

"⑦broadcasting a live performance without the consent of the performer;

"⑧ committing other acts of infringement of copyright and of other rights related to copyright [i. e., neighboring rights]"

Article 46 of the Act defines an overlapping set of acts for which, not only civil remedies, but administrative sanctions may be imposed as well These definitions read as follows:

"① plagiarizing a work created by another;

"②reproducing and distributing a work for commercial purposes without consent of the copyright owner;

"③publishing a book where the exclusive right of publication belongs to another;

"④reproducing and publishing a sound recording or video recording of a performance without the consent of the performer;

"⑤ reproducing and distributing a sound recording or video recording produced by another, without the consent of the producer;

"⑥reproducing and distributing a radio or television program produced by a radio station or television station without the consent of the radio station or television station;

"⑦producing or selling a work of fine art where the signature of an artist is counterfeited".

In a civil suit on copyright or neighboring rights, a court may, depending on the circumstances, enjoin infringement, make orders to eliminate the effects of infringement, compel a public apology, and award damages. For example, in a suit brought by the Walt Disney Company for the unauthorized publication of its works, the Intellectual Property Tribunal of the Intermediate People's Court in Beijing ordered defendants to cease publication, to issue an apology through the news media, and to pay plaintiff damages. ❶

(2) Criminal Remedies.

The Resolution on the Punishment of Crimes of Copyright Infringement[725] defines the following acts as constituting criminal copyright infringement if done with the purpose of making profits and with the knowledge that the acts were criminal:

"①to reproduce and distribute, without the authorization of the copyright owner, his writ-

---

❶ *For further details, see Deacons, Asia Intellectual Property Bulletin, October 1994, and I. P. Asia, October 1994, p. 34.*

ten work, musical work, cinematographic work, television work, video-graphic work, computer software, [or] other works;

"②to publish a book to which the exclusive publishing right is enjoyed by another person;

"③ to reproduce and distribute, without the authorization of the phonogram or videogram producer, the phonogram or video-gram produced by him;

"④to produce and sell a work of art bearing the forged signature of another person."

According to this Resolution on Copyright Crimes, where an entity has committed a specified criminal act, the entity shall be sentenced to the payment of a fine, and the directly responsible persons in charge of the entity, as well as other directly responsible persons, are to be subject to these criminal sanctions. Infringing reproductions, illegal income and materials, tools and equipment, or other property belonging to the offending entity or individual and used mainly in the crime of copyright infringement are, without exception, to be confiscated.

The Resolution on Copyright Crimes distinguishes the following levels of offenses, further defined in the Circular on Interpretation of Some Issues for Applying the Resolution on Copyright Crimes, issued by the Supreme People's Court, effective February 1, 1995:

• If the amount of illegal income deriving from infringement is comparatively large or there are other aggravated circumstances, offenders shall be sentenced to a fixed—term imprisonment of not more than three years. According to the Circular, illegal income reaches this level if it is over 20,000 RMB yuan[1] for an individual or over 100,000 RMB yuan for an entity, while "other aggravated circumstances" at this level include the following: the infringer has been sued for administrative or civil liability twice before; any individual's illegal business transactions involve more than 100,000 RMB yuan, or those of an entity surpass 500,000 RMB yuan; the results of the circumstances are serious.

• Anyone who sells infringing reproductions for profit—making purposes, and whose amount of illegal income is comparatively large, shall be sentenced to a fixed—term imprisonment of not more than two years. Where the amount of illegal income is large, the infringer shall be sentenced to a fixed—term imprisonment of not less than two years and not more than five years. According to the Circular, an amount of illegal income is "comparatively large" if the illegal income of an individual is over 20,000 RMB yuan or that of an entity is over 100,000 RMB yuan, while the amount of illegal income is "large" for an individual if over 100,000 RMB yuan and for an entity if over 500,000 RMB yuan.

• Where the amount of illegal income is large, in the sense just explained, or there are other particularly aggravated circumstances, the offender shall be sentenced to a fixed—term imprisonment of not less than three years and not more than seven years. At this level "other particularly aggravated circumstances" include: the infringer has been sued for criminal liability

---

[1] *N. b. 8.33 RMB yuan = US $1.00, per the market-exchange sales rate set by the People's Bank of China, as reported in China Daily, February 28, 1996, p. 7.*

before; any individual's illegal business transactions involve more than 1 million RMB yuan, or those of an entity surpass 5 million RMB yuan; the results of the circumstances are serious.

(3) Other Remedies

(a) Administrative Sanctions.

Chinese law empowers administrative organizations to impose sanctions for such acts as the Copyright Act enumerates in Article 46, quoted in relevant part above. ❶The copyright administrative authorities of local governments are responsible for investigating and redressing such acts in purely local matters, while the National Copyright Administration❷takes jurisdiction in ① cases of national importance, ②cases involving a foreign party, and③cases it chooses to handle. ❸

Administrative sanctions may include confiscation of unlawful income arising from the acts in question, injunctions prohibiting the production and distribution of infringing copies and equipment used for making infringing copies, public warnings, and fines. ❹Article 51 of the Implementing Regulations provides the following fines in such cases: for acts within Article 46 (1), fines from 100 to 5,000 RMB yuan; for acts within paragraphs 2 through 6 of Article 46, fines from 10,000 to 100,000 RMB yuan or an amount of two to five times the value of the infringing copies; for acts within Article 46 (7), fines from 1,000 to 50,000 RMB yuan. Where a decision has been made to impose an administrative sanction, any party who objects to it may, within three months of receipt of the written decision, institute proceedings in a people's court. The copyright administrative authority seeking the sanction may, in the event a party neither institutes proceedings nor implements the decision within the specified time limit, apply to the people's court for enforcement. ❺

There is administrative authority to supervise specific procedures instituted to combat piracy. To start, Chinese manufacturers of laser disks, compact disks, and CD-ROMs will be issued unique identifiers, so-called SID codes, that must be imprinted on manufactured reproductions in an obvious place. ❻Any such manufacturer that fails to comply with this requirement shall be punished by administrative and judicial means commensurate with the violation. Further, as also explained above, all individuals or entities engaged in the reproduction, production, or publishing of foreign audiovisual products or computer software in CD-ROM format must register their contracts with the National Copyright Authority or local copyright authorities. ❼Any such enterprise may reproduce or publish, including for export, foreign audiovisual

---

❶ *See VIII. 5. (1) supra.*
❷ *On the National Copyright Administration generally, see V. 2. (2) supra.*
❸ *Implementing Regs., Art. 52.*
❹ *Implementing Regs., Art. 50.*
❺ *Copr. Act., Art. 50.*
❻ *See V. 4. supra.*
❼ *See V. 5. supra.*

products or computer software in CD-ROM format only with a permit from the National Copyright Administration, absent which it may be punished by administrative and judicial means commensurate with the violation. ❶The National Copyright Administration refers documents purporting to authorize such acts to the relevant associations of right owners and shall not issue the requisite permits except upon receipt of verification from such association. ❷

(b) Customs Seizures and Fines.

Pursuant to action by the State Council, the Regulations Regarding Customs Protection of Intellectual Property Rights, coupled with implementing Customs Rules, became effective on October 1, 1995. Article 3 of the Regulations provides that goods which infringe copyrights, trademarks, or patents protected under Chinese law are prohibited from import or export. The Regulations, in Articles 6 *et seq.*, then set out the procedures by which the Customs Administration is to control such imports and exports.

Owners of the relevant right, as well as their agents, may file applications indicating the right to be protected with the General Customs Administration which, upon approval of the application, is to issue a certificate of customs protection valid for seven years and renewal for another consecutive seven years. Consignees of import goods or consignors of export goods, or their agents, must declare the copyright, trademark, and patent status of goods being imported or exported to the Customs Administration and support such declarations with relevant documentation that the Administration is to examine. Where the owner of such a right on record at the General Customs Administration discovers that suspected infringing goods are about to be imported or exported, he may petition that Administration to detain the suspected goods, submitting a surety equivalent to the CIF price of the import goods or the FOB price of the export goods. Where, in response, the Customs Administration decides to detain the suspected infringing goods, it has to notify the petitioner in writing and to serve a warrant for customs detention on the consignee or consignor The petitioner has the right to submit the infringement dispute to the department responsible for the category of intellectual property being asserted or institute proceedings in a people's court. ❸

Where the Customs Administration finds that a consignment of imported or exported goods is suspected of infringing rights on record at the Customs Administration, it has the power to detain the goods on its own initiative. Where the Customs Administration detains suspected in-

---

❶ *Starting in 1996, China has banned the commercial showing of feature films from compact or laser disks in an effort to bring an end to infringement in this field. Furthermore, supervisors are being sent to factories recording on such disks to monitor whether they have the requisite permits. See China Daily, January 10, 1996, p. 2, and January U, 1996, p. 3.*

❷ *At the start of 1996, such associations included the International Federation of the Phonographic Industry (IFPI), the Motion Picture Association of America (MPA), the American Film Marketing Association (AFMA), and the Hong Kong Motion Picture Association.*

❸ *See VIII.5. (1) supra.*

fringing goods, it shall begin to investigate the goods detained and the related circumstances, unless one of the parties has submitted the dispute to the responsible authorities or has instituted proceedings in a people's court. If the suspected infringing goods detained are found to be infringing goods by the Customs Administration or by the competent department of the people's court, the Customs Administration shall confiscate the goods, and goods infringing copyright shall be destroyed. The Customs Administration may impose a fine less than the equivalent of the CIF price of the import goods or the FOB price of the export goods in two cases: where the consignee or consignor clearly knows or should know that the goods at issue infringe another's intellectual property right, and where the consignee or the consignor fails to declare the status of intellectual property right relevant to the goods and submit supporting documentation for examination. Anyone who imports or exports infringing goods, constituting a crime, shall be prosecuted for that crime. ❶

IX. Miscellaneous

1. Overlapping and Neighboring Rights

(1) Neighboring Rights.

The Copyright Act and its Implementing Regulations refer to "rights related to copyright". These are neighboring rights enjoyed by performers in their performances, by producers in their audio and video recordings, by radio and television stations in their broadcast programs, and by publishers in the typographical format of their publications.

Performers, producers of audio and video recordings, radio and television stations, and publishers must not prejudice copyright in the course of exercising their neighboring rights. ❷ Nonetheless, under Chinese copyright law, there are certain legal licenses to perform, record, or broadcast works, subject notably to the obligation to pay remuneration to the copyright owners, in cases explained in some detail above. ❸Neighboring rights share many provisions with copyright, most notably those for administrative agencies, limitations and exemptions, and conditions of enforcement. ❹The following neighboring rights are recognized:

(a) Rights of Performers in Performances.

Under Article 36 (1) and (2) of the Copyright Act, a performer enjoys the moral rights to credit for executing his performance and to protect the image inherent in the performance from distortion. ❺Under Article 35 (3) and (4), performers further enjoy the right to authorize oth-

---

❶ *See VIII. 5. (2) supra.*

❷ *Implementing Regs., Art. 37.*

❸ *See VIII. 2. (4) (b) supra.*

❹ *On administrative agencies, see V. 2. supra. On limitations and exemptions, see VIII. 2. supra. On enforcement, see VIII. 4. –5. supra.*

❺ *For general rules concerning moral rights, see Ⅶ. supra.*

ers to use their performances in making broadcast programs or sound or video recordings for commercial purposes, as well as the right to receive remuneration for such programs and recordings. These rights last as long as the corresponding neighboring rights in the program or recording in question, as explained in the following subsections. According to Article 46 of the Implementing Regulations, foreign performers enjoy Chinese neighboring rights for their performances taking place in China. ❶

(b) Rights of Producers in Sound and Video Recordings.

Under Article 39 of the Copyright Act, a producer of sound or video recordings has the right to authorize others to reproduce and distribute such recordings and the right to receive remuneration for such exploitation. The term of protection of such rights is 50 years, expiring on December 31 of the fiftieth year after the first publication of the recording. ❷Under the Copyright Act, audio and video recordings produced and distributed in China by foreign producers are protected by Chinese neighboring rights. ❸Audio and video recordings produced and distributed outside China by foreign producers are protected according to multilateral or bilateral treaties to which China is a party. The Geneva Convention for the Protection of Producers of Phonograms Against Unauthorized Duplication of Their Phonograms became effective in China on April 30, 1993. Further, the Implementation Rules of International Copyright Treaties also provide for rights in qualifying foreign recordings. ❹

(c) Rights of Broadcasting Organizations in Programs.

According to Article 42 of the Copyright Act, a radio or television station, enjoys the rights to broadcast a program it produces, to authorize othersto broadcast the program, and to authorize others to reproduce and distribute the radio or television program in the form of a recording, as well as the right to receive remuneration for these forms of exploitation. The term of protection is 50 years expiring on December 31 of the fiftieth year after the first broadcasting of the program. ❺

(d) Rights of Publishers in Typographic Formats.

Under Article 38 of the Implementing Regulations, publishers enjoy an exclusive right of exploitation in the typographical design of the books, newspapers, or periodicals they publish. This right arises independently of copyright: for example, the publisher of a new edition of a work, even an old work in the public domain, could assert this right against another party for publishing a copy of its edition.

---

❶ *On the unilateral protection of foreigners generally, see VI. 1. supra.*
❷ *For the general operation of the terms of neighboring rights, see III. 2. (3) supra.*
❸ *On the unilateral protection of foreigners generally, see VI. 1. supra.*
❹ *VI. 4. (2) supra.*
❺ *For the general opearation of the neighboring right, see III. 2. (3) supra.*

(2) Designs of Integrated Circuits.

Relevant governmental authorities, including the Chinese Patent Office, the Ministry of Electronics, and the Legal Bureau of the State Council, have begun to prepare draft regulations on the protection of layout designs of integrated circuits. This writer believes that the regulations will comply with internationally accepted standards, in particular with the TRIPs Agreement.

2. Collecting Societies; Other Organizations

According to Article 54 of the Implementing Regulations, the owners of copyrights and of neighboring rights may collectively exercise their rights through royalty—collecting societies.

In the territory of the People's Republic of China, the Music Copyright Society of China (MCSC), sponsored by the National Copyright Administration of China and the Chinese Musicians Association, whose main office is in Beijing, is the only officially recognized, non—profit society collectively administering rights. Its main functions include maintaining a repertoire of Chinese musical works, administering a pool of rights in these works, granting licenses for the use of these works, collecting fees for such use, and distributing such fees among the owners of rights.

Other societies or organizations are being established to collect and otherwise administer the remuneration arising from the exploitation of copyright and neighboring rights.

Intellectual Property Law of People's Republic of China*

Table of Contents

The Author

List of Abbreviations

Preface

General Introduction

  § 1. General Background

    Ⅰ. Geography

    Ⅱ. Cultural Composition

    Ⅲ. Political System

    Ⅳ. Population Statistics

  § 2. Historical Background

Selected Bibliography

Chapter 1. Copyright and Neighboring Rights

  § 1. Historical Evolution of the Copyright System

    Ⅰ. Legal Protection of Copyright before 1949

    Ⅱ. Copyright Protection after the Founding of the PRC1

  § 2. Sources of Legislation

    Ⅰ. Constitution

    Ⅱ. The Inheritance Law

    Ⅲ. The General Principles of Civil Law

    Ⅳ. The Copyright Act

    Ⅴ. Copyright Regulations

    Ⅵ. The Implementing Rules of the International Copyright Treaties

    Ⅶ. Interim Regulations

    Ⅷ. Regulations for the Protection of Computer Software

    Ⅸ. Resolution on the Punishment of Crimes of Copyright, New Criminal Code

---

* *Originally published in Intellectual Encyclopaedia of Law, Kluwer Law International 1997.*

Ⅹ. Regulations on the Administration of Audiovisual Products

Ⅺ. Regulations of the People's Republic of China Regarding Customs Protection of Intellectual Property

Ⅻ. Bilateral and Multilateral Treaties and Conventions

§ 3. Subject Matter of Protection

　Ⅰ. Categories of Protected Works

　Ⅱ. Works Excluded from Protection

§ 4. Conditions of Protection

　Ⅰ. Formal Requirements

　Ⅱ. Substantive Requirements

§ 5. Ownership of Copyright

　Ⅰ. Copyright Owner

　Ⅱ. Joint Works

　Ⅲ. Works Created for Service (Hire)

　Ⅳ. Commissioned Works

　Ⅴ. Compilation Works

　Ⅵ. Cinematographic, Television or Videographic Works

§ 6. Transfer of Copyright

　Ⅰ. Transfer by Contract

　Ⅱ. Transfer by Succession

§ 7. Scope of Exclusive Rights

　Ⅰ. Moral (Personality) Rights

　　A. The Right of Divulgation

　　B. The Right of Credit for Authorship (Paternity)

　　C. The Right of "Alteration" and "Integrity"

　Ⅱ. Economic Rights

　　A. Reproduction

　　B. Performance, Broadcasting and Exhibition

　　C. Distribution

　　D. Adaptation, Translation, etc.

§ 8. Limitations to The Scope of Copyright Protection

　Ⅰ. Exceptions

　Ⅱ. Compulsory and Legal Licenses

　Ⅲ. Special Provisions for Computer Software

§ 9. Duration of Protection

§ 10. Related Rights

§ 11. Infringements and Remedies

　Ⅰ. Infringements

Ⅱ. Remedies
  A. Mediation or Arbitration
  B. Civil Remedies
  C. Administrative Sanctions
  D. Criminal Sanctions

Chapter 2. Patents

§ 1. Historical Evolution of Patent System

§ 2. Sources Legislation
  Ⅰ. Constitution
  Ⅱ. The Law of the People's Republic of China on Chinese Foreign Joint Ventures
  Ⅲ. The Income Tax Law of the People's Republic of China Concerning Chinese Foreign Joint Ventures and its Rules for Implementation
  Ⅳ. General Principles of Civil Law
  Ⅴ. Patent Law of the People's Republic of China
  Ⅵ. Implementing Regulations of the Patent Law of the People's Republic of China

§ 3. Patentable Subject Matter

§ 4. Conditions of Patentability
  Ⅰ. Novelty
  Ⅱ. Inventive Step
  Ⅲ. Industrial Applicability
  Ⅳ. Subject Matter Excluded from Patent Protection

§ 5. Formalities
  Ⅰ. Application for Patent
    A. Request
    B. Description
    C. Claims
  Ⅱ. Examination and Approval of the Application for Patent

§ 6. Ownership and Transfer of Patent
  Ⅰ. Ownership of Patent
  Ⅱ. Transfer of Patent

§ 7. Scope of Exclusive Rights
  Ⅰ. Exclusive Rights of the Patentee
  Ⅱ. Obligation of the Patent Owner

§ 8. Limitations and Exceptions to The Scope of Patent Protection
  Ⅰ. Compulsory License
    A. Compulsory License for failing to obtain Authorization from the Patentee
    B. Compulsory License for Public Interest
    C. Compulsory License based on the Interdepence of Patents

Ⅱ. Exploitation According to State Plan

§ 9. Duration, Cessation and Invalidation of Patent Rights

　Ⅰ. Duration of Patent Right

　Ⅱ. Cessation of Patent Right

　Ⅲ. Invalidation of Patent Right

§ 10. Infringement and Remedies

　Ⅰ. Infringement of Patent Right

　Ⅱ. Remedies for Infringement of Patent Rights

　　A. Obtaining Remedies through the Administrative Authorities

　　B. Remedies through Legal Proceedings

Chapter 3. Trademarks

§ 1. Historical Evolution of Trademark Law

§ 2. Sources of Legislation

　Ⅰ. Constitution

　Ⅱ. General Principles of Civil Law

　Ⅲ. Trademark Law

　Ⅳ. Implementing Regulations under the Trade Law

　Ⅴ. Supplementary Provisions Concerning the Punishment of Crimes of Counterfeiting Registered Trademarks, New Criminal Code

§ 3. Subject Matter of Protection

　Ⅰ. Signs which May Serve as a Trademark

　Ⅱ. Different Categories of Marks

　　A. Service Mark

　　B. Collective Marks

　　C. Certification Marks

　　D. Well-known Trademark

§ 4. Conditions of Protection

§ 5. Formalities

　Ⅰ. Application for Registration

　Ⅱ. Examination

　Ⅲ. Preliminary Approval and Opposition

　Ⅳ. Refusal of Application

　Ⅴ. Review of Trademark Office Decisions

　Ⅵ. Registration and Publication

§ 6. Ownership and Transfer

　Ⅰ. Ownership of a Trademark

　Ⅱ. Assignment of Trademark

　Ⅲ. Licensing of Trademark

§ 7. Scope of Exclusive Rights

　Ⅰ. Exclusive Right to Use Registered Trademark

　　Ⅱ. Protected Acts

　　　A. Use of Trademark on the Same Products

　　　B. Use of the Trademark on Similar Products

　　　C. Use of Similar Trademarks

　　　D. Sale of Goods bearing Counterfeited Trademarks

　　　E. Counterfeiting or Unauthorized Making of Representations of the Registered Trademark or Sale of such Representations1

　　　F. Other Forms of Prejudice to the Exclusive Right

§ 8. The Requirement of Use

§ 9. Duration of Protection

　　Ⅰ. Period of Validity and Renewal

　　Ⅱ. Termination

§ 10. Infringement and Remedies

Chapter 4. Tradenames

§ 1. Sources of Legislation

§ 2. The Protection of Tradenames

　　Ⅰ. What is a Tradename

　　Ⅱ. Preceding Words of a Tradename

　　Ⅲ. Contents and Words Prohibited

　　Ⅳ. One Enterprise, One Tradename

　　Ⅴ. Tradenames of Enterprises, their Branches and Jointly Operated Enterprises

　　Ⅵ. Exclusive Right and Regulations

　　Ⅶ. First-to-File and First-to-Accept

　　Ⅷ. Correct and Change of Tradenames

　　Ⅸ. Assignment of Tradenames

　　Ⅹ. Disputes over Tradenames

　　Ⅺ. Provisions for Foreign Enterprises

　　Ⅻ. Infringement, other Unlawful Acts and Remedies and Penalties

Chapter 5. Trade Secrets/Confidential Information

§ 1. Sources of Legislation

§ 2. The Protection of Trade Secrets/Confidential Information

　　Ⅰ. Definition of Trade Secrets

　　Ⅱ. Protection of Trade Secrets

　　　A. Civil Law Remedies

　　　B. Control and Inspection

　　　C. Administrative and Criminal Sanctions

Chapter 6. Customs Protection of Intellectual Property Rights
　§ 1. Sources of Legislation
　§ 2. Intellectual Property Protection by Customs
　　Ⅰ. Scope of Intellectual Property Protection
　　Ⅱ. Organs of the Customs' Authorities
　　Ⅲ. Declaration on Intellectual Property
　　Ⅳ. Recording of Intellectual Property
　　Ⅴ. Application for Customs Protection Measures
　　Ⅵ. Investigating and Dealing with Infringement
　　Ⅶ. Legal Responsibility
　　Ⅷ. Criminal Sanctions
Chapter 7. Concluding Words: Perspective of Intellectual Property Protection in China
　§ 1. Development of Intellectual Property Protection in China
　§ 2. Onlook on Intellectual Property Protection in China

The Author

Prof. Guo Shoukang was born in 1926 in the city of Tianjin, China. He received a B. A. in 1948 and an M. A. in 1952 both at the law school of Peking University. He has studied and conducted research at the Max-Planck-Institut for Patent Law in Munich, Germany. Prof. Guo has also studied in the United States of America at the law schools of Columbia University, the University of California, Los Angeles and the International Law Institute in Washington D. C.. He has been a guest lecturer at Columbia University, George Washington University, UCLA, UC Berkeley, London University (SOAS), Frankfurt University, Bologna University, among others, and has spoken at many international conferences.

Prof. Guo is a Chinese jurist of International Economic Law and Intellectual Property Law, and Professor of Law at the People's University, and Professor Emeritus of the China Intellectual Property Training Centre. He is actively involved in many Chinese and international societies, including Vice Chairman-China International Economic, Science, Technology, Law and Talent Society; Vice President-Chinese Society of International Economic Law (until 1993); Vice Chairman China Copyright Association; Board Member INTERGU, China Group of AIPPI and ATRIP (before 1993); legal counselor to the Ministry of Trade and Economic Cooperation; (MOFTEC); Arbitrator for the WIPO Arbitration Centre, among many others.

Prof. Guo has participated in the study and drafting of the following laws in the People's Republic of China: Trademark Law, Patent Law, Copyright Law, Regulations for the Protection of Computer Software, Foreign Trade Law and Foreign Economic Contract Law. He has published extensively in the areas of Chinese and international industrial property law in Chinese and international reviews and books.

List of Abbreviations

CCPIT	China Council for the Promotion of International Trade
CPC	Communist Party of China
CPO	China Patent Office
GRUR	Gewerblicher Rechtsschutz und Urheberrrecht
IPR	Intellectual Property Rights
MOU	Memorandum of Understanding
MPI	Max-Planck-Institut
NCA (C)	National Copyright Administration (of China)
NPC	National People's Congress
PRC	People's Republic of China
SAIC	State Administration for Industry and Commerce
TRIPs	Agreement on Trade-Related Aspects of Intellectual Property Rights
WIPO	World Intellectual Property Organization
WTO	World Trade Organization

Preface

When I was a student at the law school of Peking University in the 1940s, I studied all the compulsory courses and many optional courses in four years, such as constitutional law, administrative law, civil law, criminal law, civil procedure law, criminal procedure law, company law, insurance law, maritime law, public international law, private international law, and even a little on copyright law, trademark law and patent law. However, I never heard the term "intellectual property" from my professors in the classroom, and neither did I come across it in textbooks or in other publications. After the founding of the People's Republic of China, such a situation lasted until the beginning of the 1970s.

In 1973, a delegation from the Chinese Council for the Promotion of International Trade (CCPIT) led by Mr. Ren Jianxin, the then Director General of the Legal Department of CCPIT and now the President of the Supreme People's Court of the People's Republic of China, was invited to visit the Headquarters of the World Intellectual Property Organization (WIPO or OMPI in French) in Geneva. Chinese newspapers reported the visit and for the first time introduced the term "intellectual property" into the Chinese language. From that time on, "intellectual property" was translated into Chinese as *Zhishi Chanquan*. Actually, *Zhishi Chanquan* was introduced into China from Western countries.

In Western languages, it is called *intellectual property* in English, *propriété intellectuelle* in French and *geistiges Eigentum* in German. *Intellectual*, *intellectuel* or *geistiges* means "of the intellect", and "property", "propriete" or "Eigentum" means "possession" or "ownership". However, in the Chinese language, *Zhishi* means "knowledge" and *chanquan* means "property rights". Some foreign language experts in China do not think that *Zhishi Chanquan* is a perfect translation from Western languages. Anyhow, people are more and more accustomed to the concept of *Zhishi Chanquan* without leading to any misunderstanding.

While a Chinese delegation, of which I was designated as a full member, was invited to attend the First Session of the Diplomatic Conference for the Revision of the Paris Convention for the Protection of Industrial Property at the beginning of 1980 in Geneva, the Chinese Ambassador in Geneva, Mr. Yu Peiwen, on behalf of the Chinese government, applied to accede to the Convention Establishing the World Intellectual Property Organization and later China became a member of WIPO on 3 June 1980. According to the provisions of Article 2 (V111) of the Convention Establishing the World Intellectual Property Organization, concluded in Stockholm on 14 July 1967, intellectual property includes the rights relating to:

(1) literary, artistic and scientific works,

(2) performances of performing artists, phonograms, and broadcast,

(3) inventions in all fields of human endeavor,

(4) scientific discoveries,

(5) industrial designs,

(6) trademarks, service marks, and commercial names and designations,

(7) protection against unfair competition,

and all other rights resulting from intellectual activity in the industrial, scientific, literary or artistic fields.

As a Member of the Convention, China shall implement all the obligations stipulated in the Convention.

The concept "intellectual property" has developed rapidly, especially during the last decade. Through the Uruguay Round negotiation under the General Agreement on Tariffs and Trade which commenced in 1986, an Agreement on Trade-Related Aspects of Intellectual Property Rights (TRIPs Agreement) was concluded and signed at Marrakesh, Morocco on 15 April 1994. China was invited to participate in the whole round of negotiations and signed the Documents at Marrakesh, though China is not yet a Member of the World Trade Organization (WTO). I believe that China will become a Member of WTO and accede to the TRIPs Agreement sooner or later in the not too distant future.

The TRIPs Agreement covers the following 7 categories of intellectual property rights:

(1) Copyright and Related Rights,

(2) Trademarks,

(3) Geographical Indications,

(4) Industrial Designs,

(5) Patents,

(6) Layout Designs (Topographies) of Integrated Circuits, and

(7) Protection of Undisclosed Information.

It is clear that, at least, layout designs of Integrated Circuits and Protection of Undisclosed Information (trade secrets) are covered by the TRIPs Agreement as intellectual property.

It is also necessary to point out the implementation of bilateral and multilateral treaties in China. According to Article 142 (2) of the General Principles of Civil Law, a basic law in the PRC legal system,

"if a provision of any international treaty signed by the People's Republic of China or to which it is a party differs from the corresponding provision of a civil law of the People's Republic of China, the provision of the international treaty shall be applied, with the exception of any clause about which the People's Republic of China has stated that it has reservations".

This above-mentioned principle assumes that the treaty terms to be applied are self-executing.

Since implementing the policy of reform and opening up to the outside world, China has drafted its intellectual property law in conformity with international treaties and internationally accepted practices.

This is broadly so. On the other hand, however, Chinese intellectual property law has its own peculiarities, which suit China's conditions and are determined by his torical and actual circumstances. For example, the scope of patents in China is different from that under the Paris Convention as well as from the national patent laws of many other countries. Under the Paris Convention and many national patent laws, patents only cover technical inventions. But, in China, there are three different kinds of patent: patents for invention, patents for utility models and patents for industrial designs. During the drafting of the patent law, different opinions existed on whether patents shall cover only inventions or also cover utility models and industrial designs. Particularly, an industrial design relates to the ornamental or aesthetic aspect of a product, and is not concerned with technical issues. The object of the Patent Law is to protect patent rights for inventions-creations, to encourage inventions-creations, to foster the spreading and application of inventions-creations, and to promote the development of science and technology, for meeting the needs of the construction of socialist modernization.

How can an industrial design promote the development of science and technology? Perhaps, the United States is the only main country, which patent law includes the protection of industrial design. In order to diminish the strong opposition against approving a patent law, some experts have suggested that the Chinese Patent Law shall only cover patents for inventions and that the drafting of separate laws for utility models and industrial designs should be postponed to a later date. However, other experts oppose this suggestion as they are afraid of enacting separate laws for utility models and industrial designs, because of the heavy legislation schedule.

Finally, the Standing Committee of the National People's Congress decided that the Patent Law shall include patents for invention, patents for utility models and patents for industrial designs.

Copyright (author's right) is another example. China had no tradition of *droit d'auteur* or *Urheberrrecht* in the continental legal system, nor of copyright in the Anglo-American legal system. A strong debate of the terms *Zhuzuoquan* (*droit d'auteur*) and *Banquan* (copyright) emerged during the drafting process. Chinese copyright borrowed references from the useful experiences of both continental law as well as Anglo-American law. Moral rights (personal rights) were protected and the legal person could be the initial owner of a copyright. Finally, Article 51 of the Copyright Act provided that, for the purpose of this Law, the terms *Zhuzuoquan* and *Banquan* are synonymous.

Fortunately, I was involved in preparing the establishment of the intellectual property system in China since the 1970s and became the only expert participating in the drafting of the laws on patents, trademarks and copyright. Here, I would like to express my thanks to Prof. Roger Blanpain and Prof. Hendrik Vanhees, who invited me to write this monograph so as to introduce the intellectual property law of China to foreign readers. I should also thank many Chinese and foreign friends and experts who gave me a lot of help for my study and research work in the field of intellectual property. The list of names is very long and includes Mr. Ren Jianxin, Mr. Wu Heng, Mr. Gu Ming and many others from the Patent Office, Trademark Office and Copyright Office in China, Dr. Arpad Bogsch, Dr. Francois Curchod, Dr. Gust Ledakis and others in WIPO, Prof. F. K. Beier, Prof. G. Schricker, Prof. N. Haugg, Prof. E. Hüsser, Prof. R. Kreile, Prof. A. Dietz, Prof. J. Straus, Dr. P. Katzenberger, Dr. M. Schutze and others from MPI für Patentrecht, German Patent Office and INTERGU in Germany, Prof. Paul Geller, Prof. Glen Weston, Prof. D. Nimmer, Prof. D. Chisum, Prof. P. Goldstein and others in the USA, Prof. W. R. Cornish, Prof. Aracama Zorraquin, Prof. A. Francon, Prof. R. Bercovitz, Prof. G. Karnell, Prof. Sam Ricketson, Prof. Rangel Ortiz, Prof. Vito Mangini, Prof. F. Dessemontet, Prof. J. Phillips as well as many others.

I have not attempted to formulate a table of cases because the PRC does not adopt a case law system and cases are not published systematically in an official bulletin. The bibliography consists only of some main publications and some foreign literature published recently.

Guo shoukang
Beijing

General Introduction

§ 1. General Background
I. Geography

(1) The People's Republic of China is situated in Eastern Asia on the western coast of the Pacific. It covers an area of 9.6 million square kilometers, being only smaller than Russia and Canada. It has about 16,500 kilometers of coastline and about 20,000 kilometers of land border. It has a land boundary with 15 neighboring countries: the State of Mongolia to the north, Korea to the north-east, Russia, Kazakhstan, Tadzhikstan, Kirghizstan to the north-east and north-west, Afghanistan and Pakistan to the west and India, Nepal, Sikkim, Bhutan, Myanmar, Laos and Vietnam to the south. China is flanked by the Bohai Sea, Huanghai Sea (Yellow Sea), the East China Sea and the South China Sea. The country had, on 14 February 1995, a population of 1.2 billion and 127.79 inhabitants per square kilometer.

II. Cultural Composition

(2) China has 56 nationalities, of which the Han nationality makes up approximately 92 per cent. Other nationalities are: Mongol, Hui, Tibetan, Uygur, Miao, Yi, Zhuang, Bouyei, Korean, Manchu, Dong, Yao, Bai, Tujia, Hani, Dai, Kazak, Li, Lisu, Va, She, Gaoshan, Lahu, Shui, Dongxiang, Naxi, Jingpo, Lhoba, Kirgiz, Tu, Daur, Mulam, Qiang, Blang, Salar, Maonan, Gelo, Xibe, Achang, Pumi, Tajik, Nu, Ozbek, Moinba Jino Ewenki, Benglong, Bonan, Yugur, Jing, Tatar, Russian, Drung, Oroqen and Hezhen.

Han language, based on the Beijing dialect, is the principal language. The Hui, Manchu and She nationalities use the Han language, while others use their own spoken and written languages or Han. The main religions include Buddhism, Taoism, Islam, Protestant and Roman Catholicism.

III. Political System

(3) After the founding of the People's Republic of China, four constitutions were promulgated in 1954, 1975, 1978 and 1982. The existing (1982) Constitution includes a preamble and 138 articles, divided into four chapters.

The People's Republic of China is a unitary multinational socialist state under the People's Democratic Dictatorship led by the working class, through the Communist Party of China. All power in the People's Republic of China belongs to the people and the people exercise state power through the National People's Congress and the local people's congresses at different levels. Thus, the People's Congress system is the fundamental political system in China.

The National People's Congress of the People's Republic of China, China's parliament, is the highest organ of state power. Its permanent body is the Standing Committee of the National

People's Congress. The National People's Congress and its Standing Committee exercise the legislative power of the state. The National People's Congress is elected for a term of five years and meets in session once a year. There are altogether 2,978 deputies in the Eighth National People's Congress (1993~1998), among which are 626 women deputies, making up 21.02 per cent of the total; deputies from national minorities number 439, accounting for 14.74 per cent. The National People's Congress has established a Nationalities Committee, a Law Committee, a Financial and Economic Committee, an Education, Science, Culture and Public Health Committee, a Foreign Affairs Committee, an Overseas Chinese Committee and such other special committees as are necessary. The special committees examine, discuss and draw up relevant bills and draft resolutions under the direction of the National People's Congress and its Standing Committee.

(4) The President and Vice-President of the People's Republic of China are elected by the National People's Congress. Their term of office is the same as that of the National People's Congress, and they may not hold office for more than two consecutive terms. The President, in pursuance of decisions of the National People's Congress and its Standing Committee, promulgates statutes; appoints and removes the Premier, Vice Premiers, State Councillors, Ministers in charge of ministries or commissions, the Auditor-General and the Secretary-General of the State Council; confers state decorations and titles of honor; issues orders of special pardons; may proclaim martial law or a state of war; issues mobilization orders; receives foreign diplomatic representatives on behalf of the People's Republic of China, in pursuance of decisions of the Standing Committee of the National People's Congress; appoints and recalls plenipotentiary representatives abroad and ratifies and abrogates treaties and important agreements concluded with foreign states.

The Vice-President assists in the work of the President and may exercise such parts of the functions and powers of the President as may be delegated by the President. In case the office of the President falls vacant, the Vice-President shall succeed to office. The State Council, i.e., the Central People's Government of the People's Republic of China, is the executive body of the highest organ of state power. It is the highest organ of state administration. The Premier has overall responsibility for the State Council. Vice-premiers and State Councillors assist in the work of the Premier. The Ministers have overall responsibility for the ministries or commissions under their charge. The term of office of the State Council is the same as that of the National People's Congress. The Premier, Vice-Premiers and State Councillors shall not hold office for more than two consecutive terms. Executive meetings of the State Council are composed of the Premier, Vice-Premiers, State Councillors and the Secretary General. The State Council may adopt administrative measures, enact administrative rules and regulations, and issue decisions and orders in accordance with the Constitution and the statutes.

(5) The National People's Congress decides on the choice of the Premier upon nomination by the President of the People's Republic of China, as well as the choice of Vice-Premiers,

State Councillors, Ministers in charge of ministries or commissions, the Auditor-General and the Secretary General of the State Council upon nomination by the Premier. The State Council is responsible, and reports on its work, to the National People's Congress or, when the National People's Congress is not in session, to its Standing Committee.

(6) The Central Military Commission of the People's Republic of China directs the armed forces of the country. The National People's Congress elects the Chairman of the Central Military Commission and, upon nomination by the Chairman, decides on the choice of Vice-Chairmen and Members of the Commission. The Chairman has overall responsibility for the Commission and is responsible to the National People's Congress and its Standing Committee. The term of the Central Military Commission is the same as that of the National People's Congress.

(7) Local people's congresses and local people's governments are established in provinces, municipalities directly under the Central Government, counties, cities, municipal districts, townships, nationality townships and towns. Organs of self-government are established in autonomous regions, autonomous prefectures and autonomous counties. Local people's congresses (at different levels) are local organs of state power. Deputies of the people's congresses from provinces, municipalities directly under the Central Government and cities divided into districts are elected by the people's congresses at the next lower level for a term of five years; deputies of the people's congresses of counties, cities not divided into districts, municipal districts, townships, nationality townships or towns are elected directly by their constituencies for a term of three years. The people's congresses from provinces and municipalities directly under the Central Government and their Standing Committees, may adopt local regulations, which must not contravene the Constitution, statutes and administrative rules and regulations, and shall report such local regulations to the Standing Committee of the National People's Congress.

(8) Local people's governments (at different levels) are the executive bodies of local organs of state power as well as local organs of state administration at the corresponding level. Their overall responsibility rests with governors, mayors, county heads, district heads, township heads and town heads, who are elected, and may be recalled, by local people's congresses at the corresponding level with the same term of office as that of the corresponding people's congresses. The organs of self-government of national autonomous areas are the people's congresses and the people's governments of autonomous regions, autonomous prefectures and autonomous counties.

(9) For administrative purposes, the People's Republic of China is divided into 23 provinces, 5 autonomous regions and 4 municipalities directly under the Central Government. The 23 provinces are:

Hebei (Shijiazhuang), Shanxi (Taiyuan), Liaoning (Shenyang), Jilin (Chanchun), Heilongjiang (Harbin), Shaanxi (Xi'an), Gansu (Lanzhou), Qinghai (Xining), Shandong (Jinan), Jiangsu (Nanjing), Zhejiang (Hangzhou), Anhui (Hefei), Jiangxi (Nanchang), Fujian (Fuzhou), Taiwan, Henan (Zhengzhou), Hubei (Wuhan), Hunan

(Changsha), Guangdong (Guangzhou), Sichuan (Chengdu), Guizhou (Guiyang), Yunnan (Kunming) and Hainan (Haikou). The 5 autonomous regions are: the Inner Mongolia Autonomous Region (Hohhot), the Ningxia Hui Autonomous Region (Yinchuan), the Xinjiang Uygur Autonomous Region (Urumqi), the Guangxi Zhuang Autonomous Region (Nanning) and the Tibet Autonomous Region (Lhasa). Beijing, Shanghai, Tianjin and Chongqing are the four municipalities directly under the Central Government. Beijing, the capital of the PRC, is an ancient city dating back more than 800 years and is the country's political, economic, scientific and cultural center.

(10) The people's court in the PRC is the judicial organ of the state. It comprises the Supreme People's Court, the local people's courts at different levels, military courts and other special people's courts. The term of office of the President of the Supreme People's Court is the same as that of the National People's Congress. The President may not hold office for more than two consecutive terms. As organs of the state exercising judicial authority in the PRC, the people's courts are comprised of four levels: the Supreme People's Court, which is the highest judicial organ, supervises the administration of justice by local and special courts and is responsible and accountable to the National People's Congress and its Standing Committee; the local courts include the higher people's courts of provinces, autonomous regions and municipalities directly under the Central Government; the intermediate people's courts of prefectures, autonomous prefectures, municipalities directly under the Central Government, cities directly under provinces and autonomous prefectures; and the basic (first instance) people's courts of counties, autonomous counties, cities and municipal districts. The people's courts shall, in accordance with the law, exercise judicial power independently and are not subject to interference by administrative organs, public organizations or individuals. All cases handled by the people's courts, except for those involving special circumstances as specified by law, shall be heard in public. The accused has the right of defense.

(11) The people's procurates of the PRC are state organs for legal supervision. They comprise the Supreme People's Procurate and the local people's procurates at different levels, military procurates and other special people's procurates. The Supreme People's Procurate is the highest procuratorial organ, which directs the work of local people's procurates at different levels and of the special people's procurates. The term of office of the Procurator-General of the Supreme People's Procurate is the same as that of the National People's Congress. The Procurator-General shall not hold office for more than two consecutive terms. The Supreme People's Procurate is responsible to the National People's Congress and its Standing Committee. Local people's procurates at different levels are responsible to the organs of state power at the corresponding levels which created them and to the people's procuratorates at the higher level. People's procuratorates shall, in accordance with the law, exercise procuratorial power independently and are not subject to interference by administrative organs, public organizations or individuals.

IV. Population Statistics

(12) China is the world's most populous country. According to the 1990 census, 1,134 billion people lived on the mainland. On 14 February 1995 the figure for mainland people had already increased to 1.2 billion. They account for more than one-fifth of the world's total population, only 70 million fewer than the total sum of 1,207 billion inhabitants in the developed countries. The annual natural population increase on the mainland is 11 million, a rate which is greater than the developed countries. It is estimated that by 1997 China's population will be on a par with the total of the 30-odd developed countries, and will exceed it in the following years. In addition, Taiwan province has a population of 20,944,006 (March, 1994), Hong Kong has 5,919,000 (mid-1993) and Macao has a population of 395,000 (1994).

(13) The population density of mainland China is 127.79 inhabitants per square kilometer (1994); the urban population amounting to 26.2 percent; the estimated birth rate (1993) 18.09 percent; the estimated death rate (1993) 6.64 percent; the rate of natural increase (1993) 11.45 percent, and with an average life expectancy of 70.9 years (1995).

(14) The huge population and rapid growth rate brings a series of problems to China. A total of 23.543 million babies were born in 1990 alone and the net population increase was 16.5 million, accounting for one-sixth of the world's net increase that year. During the 1990s, the population of child-bearing age stood at around 320 million, including 11~12 million women in the 20~29 age group. Even if family planning is practiced persistently and effectively over a long period of time, the increase trend will not stop before half a century has passed.

(15) The low per capita level of economic development and the low per capita amount of natural resources are the direct results brought about by China's huge population. Since the policies of reform and opening the country to the outside world were started, China's output of grain, cotton, edible oil, meat, poultry, cotton yarn, coal, cement, glass and TV sets has reached the highest international figures, and the output of iron and steel, petroleum, electricity and chemical fibers is nearing the world's forefront. However, in per capita terms, all these levels are rather low, especially the per capita value of the gross national product, which is estimated to be about US $700. Due to the huge population, the per capita amount of natural resources, including the living space, arable land, grassland and fresh water per capita in China are all lower than the world's averages. For instance, the arable land, grassland and forests per capita amount to only one-third, one-ninth and one-fourth, respectively, of the world's averages. All this places China in an inferior position as regards economic competition.

Other problems include the employment of the large working-age population, insufficient education and medical care, as well as finding ways to eliminate poverty and backwardness.

Thus, in carrying out the central task of economic construction, China has to tackle its population problem through family planning. Family planning is necessary for implementing the Chinese people's right to exist and to develop and is one of the basic policies of the state.

(16) Since the founding of the People's Republic of China, the economy has outpaced

the population increase, especially after the reform and opening up policies were adopted. The future is bright if China persistently and effectively implements the reform and opening up policies, develops the economy as a central task and strictly enforces family planning measures.

§ 2. Historical Background

(17) The Chinese civilization is one of the world's earliest. China has discovered rich underground remains of ancient cultures and has a recorded history of nearly 4,000 years. According to existing archaeological data, primitive man lived on the land about one million years ago. Fossils of the ape-man were discovered in Yuanmou, Yunnan province (Yuanmou man) and in Lantian, Shaanxi province (Lantian man), which were the earliest primitive humans known in China. About 400,000 to 500,000 years ago, Peking Man, the ape-man who lived and worked around Zhoukoudian near Beijing, already possessed the basic characteristics of man: he could walk erect, make and use simple tools and knew how to use and control fire.

(18) The Yangshao culture of 6,000 - 7,000 years ago was representative of the matriarchal clan commune while the Longshan culture of 5,000 years ago was representative of the patriarchal clan commune. The Xia Dynasty emerged in the 21st century B. C. and lasted until the 16th century B. C., to be followed by the Shah (c. 16th - 11th centuries B. C.). At that time, China was composed of numerous tribal communities, but was not a unified country. The Xia tribe and the Shan tribe were two of the most influential tribes, which dominated large numbers of weaker tribes and whose leaders were to be considered the overall chiefs. The Xia Dynasty was the first in Chinese history to introduce slavery.

(19) The Western Zhou (c. 11th century - 777 B. C.) and Eastern Zhou (770 - 221 B. C.) followed. The Zhou tribe (in Shaanxi province) emerged and ultimately took over power from the Shan. In 770 B. C., the rulers of Zhou moved their capital to Luoyi (now Luoyang, Henan province), which was situated to the east of their original capital in Shaanxi province. Since that time it was called Eastern Zhou in Chinese history. The reign of the Eastern Zhou is generally divided into two periods: the Spring and Autumn Period (770 - 476 B. C.) and the Warring States Period (475 - 221 B. C.), which was a transitional phase from a slave to a feudal society.

(20) The Qin Dynasty was next (221 - 207 B. C.). In 221 B. C., Qin Shi Huang (the first Emperor of the Qin Dynasty) ended the separatism of the Warring States and established the first centralized, unified, multinational feudal state in Chinese history—the Qin Dynasty. He fostered feudal land ownership, developed communication and unified the written language, currency and weights and measures. He was the first emperor of a unified China, but did not consolidate his empire.

(21) The Han (Western Han, 206 B. C. - A. D. 24; Eastern Han, A. D. 25 - 220), Three Kingdoms of Wei, Shu and Wu (A. D. 220 - 280), Jin (A. D. 265 - 420), Southern and Northern Dynasties (A. D. 420 - 589), Sui (A. D. 581 - 618), Tang (A. D. 618 -

907), Five Dynasties (A. D. 907 – 960), Song (A. D. 960 – 1279), Yuan (1271 – 1368), Ming (136 – 1644) and Qing Dynasties followed before the Opium War (1644 – 1840) and were a long succession of feudal societies. The economy, culture, science and technology developed step by step, sometimes rather quickly and sometimes quite slowly.

(22) In 1840, British invaders launched the Opium War against China. Emperor Dao Quang of the Qing Dynasty was forced to sign the non-equality Nanjing Treaty and Hong Kong was occupied by the British army. In its wake came further foreign invasions and China was turned into a semi-feudal and semi-colonial country.

(23) The 1911 revolution, led by Dr. Sun Yet-sen, overturned more than 2,000 years of feudal monarchy. The Republic of China, as the fruit of the 1911 revolution, was usurped by the warlord Yuan Shikai, thereby plunging the county into feudal separation and tangled fighting among warlords.

(24) In 1919, the May 4th Movement, directed against imperialism and feudalism, marked the beginning of the New Democratic Revolution. The Communist Party of China was founded in 1921. After the difficult struggle of North Expedition (1926 – 1927), the Agrarian Revolutionary War (1927 – 1937), the War of Resistance Against Japan (1937 – 1945) and China's Liberation War (1945 – 1949), the Chinese people, led by the Communist Party of China, overthrew the rule of imperialism, feudalism and bureaucrat capitalism and won the final victory of the New Democratic Revolution. The People's Republic of China was proclaimed as having been established on 1 October 1949.

(25) After the founding of the People's Republic of China, Chinese people gained a series of achievements in socialist construction and socialist transformation, though there were serious mistakes and setbacks, especially during the 10-year cultural revolution. In 1976, the cultural revolution was ended by the successful crackdown of the Gang of Four. After the 3rd session of the Eleventh Central Committee of the Communist Party, China began to adopt new reforms and an opening of the country to the outside world policy, with economic construction as the cornerstone. A new road of socialist modern construction with Chinese characteristics was initiated and established by Deng Xiaoping, and this was implemented and developed by the Central Committee of the CPC with Jiang Zemin at center stage.

英 文 部 分

Selected Bibliography

Books

CHISUM DONALD S., and JACOBS MICHAEL A., United States in: *World Intellectual Property Guidebook*, 1992.

CORNISH W. R., *Intellectual Property*, 1989.

DRATLER Jr. Jay, *Intellectual Property Law: Commercial, Creative, Industrial Property*, 1992~1996 editions.

GUANSHENG SHEN, *Theory and Practice of Trademark Legal System in China* (in Chinese), 1993.

LULIN GAO, (Editor in Chief), *Textbook Series of China Patent*, 1993.

RENGAN SHEN, *Introduction of Copyright Law* (in Chinese), 1988.

SCHRICKER GERHARD, *Urheberrecht*, Kommentar, 1987.

SHOUKANG GUO, China (in English) in: *International Copyright Law and Practice*, GELLER PAUL, (ed.), 1992~1996 editions.

SHOUKANG GUO, PRC (in English) in: *International Copyright and Neighbouring Rights*, Stewart Stephen, (ed.), Vol.2, 1993.

ZHONGSHUN TANG, *Commentary on Patent Law* (in Chinese), 1994.

GRUR Internationaler Teil.

Journals

China Patents and Trademarks (in Chinese), Quarterly Journal.

Copyright (in Chinese), Quarterly Journal.

Electronic Intellectual Property (in Chinese), Monthly Journal.

European Intellectual Property Review.

Intellectual Property (in Chinese), Bimonthly Journal.

International Review of Industrial Property and Copyright Law.

World Intellectual Property Report.

Other

Background Reading Material on Intellectual Property, WIPO, 1988.

Intellectual Property Reading Material, WIPO, 1995.

Chapter 1. Copyright and Neighboring Rights

§ 1. Historical Evolution of the Copyright System
I. Legal Protection of Copyright before 1949

(26) The Chinese are generally recognized as having made "Four Big Inventions" in human history, i.e., paper making, printing, the compass and gunpowder. The manufacturing of paper was invented in China about two thousand years ago and printed work using movable type was invented over 900 years ago. ❶ A Chinese version of a Buddhist sutra, discovered in the pagoda of Sakyamuni of the Buddha's City Temple in Chungju, South Korea, provides evidence that the emergence of such printing technologies goes at least as far back as the Tang Dynasty, that is, between 704 and 751 A. D. ❷

(27) Copyright protection against the unauthorized printing of books, can be traced back in China to before 1068. In the Northern Song Dynasty, in order to protect the edition which the Imperial college had made of the Nine Classics, a court decided that "unauthorized engraving and making of plates is forbidden". In the Southern Song Dynasty, even "the mark of copyright" was discovered. For example, in an ancient book named Dongdu Shilue (The Summary of Events in the Eastern Capital), "Master Cheng of Meishan", as a mark of copyright, gave notice of rights in the work as follows: "Registered with the superior authorities-no reprint allowed". ❸

(28) Due to the under-development of civil law in its long feudal society, China had no written copyright statute until the first decade of the 20th century. Before the founding of the People's Republic of China, three copyright statutes were promulgated separately in 1910, 1915 and 1928. Generally speaking, the copyright statute of the Qing Dynasty published in 1910 was emulated, with slight revisions, by those of the Northern Warlord Government published in 1915 and of the Guomindang Government published in 1928. ❹

(29) From a historical point of view, the Da Qing Copyright Law, the first copyright statute in Chinese history, was rather advanced for the period. It contained 55 articles, arranged in five chapters: General Provisions; Registration; Term of Protection; Limitations on Rights; and Supplementary Provisions.

(30) According to its Article 1, the Da Qing Copyright Law protected works of literature

---

❶ See Febvre L, and Martin H. J., *L'apparition du livre* (Paris, 1971), pp. 102~109.
❷ See *Guangming Daily*, 12 November 1986, p. 3.
❸ *Shulin Qinhua* (Quiet Talks among Bookstacks), Ancient Books Publishing House, Beijing, 1957, pp. 36~38.
❹ *Zhongguo Zhuzuoquan Shiyong Quanshu*, 1996, pp. 464~480.

and art, pamphlets, calligraphy, photographs, sculptures and models. It did not protect laws, orders, official documents, speeches delivered at various religious ceremonies, news on politics and current events published in newspapers, and public speeches.

(31) Under the Da Qing Copyright Law, copyright in a work cannot be obtained automatically. Three preconditions were necessary for obtaining copyright in a work, namely, registration at the Ministry of Civil Affairs, deposit of sample copies and payment of registration fees. For the transfer or inheritance of copyright, copyright owners were also required to file the relevant documents at the Ministry.

(32) The Da Qing Copyright Law stipulated that the copyright owner had the following rights:

a) protection of registered copyright works against unauthorized reprinting or counterfeiting by any other means;

b) protection of a work by the author against mutilation and distortion when accepted for publication or production by any other means; the name of the author shall be mentioned and the title of the work shall not be altered, when a work is distributed;

c) protection of a work in the public domain against mutilation and distortion; the name of the author shall be mentioned and the title of the work shall not be altered, when a work in the public domain is published and distributed;

d) prohibition of the publication and distribution of a work created by an author but under another name;

e) prohibition of any unauthorized compilation of exercise books for textbooks published by another; and

f) prohibition of the enforcement of a debt for an unpublished work without the permission of the copyright owner.

The terms of copyright are stipulated as follows:

a) the term of protection of a work of a citizen is the lifetime of the author and 30 years after his death;

b) the term of protection of a posthumous work is 30 years;

c) the term of protection of a work published in the name of a school, company, office or other institutions is 30 years;

d) the term of protection of a photographic work is 30 years.

All the terms mentioned above are to be calculated from the date of issue of the registration certificate by the Ministry of Civil Affairs.

(33) The Law provided that the following categories of works were deemed public property and did not fall under copyright protection: works of which the term of protection had expired; works created by authors who had no heirs, after the death of the author in question; works that had been already distributed for a very long period of time already and works for which the authors had given up their copyright voluntarily.

(34) The free use of a copyright work, stipulated in the Law, includes:

a) use in a textbook or use in its reference material;

b) quotations from a work created by another for one's own research;

c) imitating a painting created by another in a form of a sculpture or model, or vice versa.

35. The Law provided that legal proceedings could be instituted when the copyright in a work was infringed. Under Article 33, anyone who reproduced or counterfeited a registered work created by another was guilty of such infringement. In addition, anyone who distorted or mutilated a work created by another, or distributed a work without mentioning the name of the author or the title of the work would be fined. Under the Law, there were also provisions concerning the ownership of copyright, the inheritance of copyright, works of joint authorship, commis-sioned works, oral works and translation. However, the Da Qing Copyright Law almost did not enter into force, because, the year after it was promulgated, the Qing Dynasty was overthrown by the 1911 Revolution. Anyhow, this Law had a very important and deep influence on the 1915 and 1928 Copyright Law.

(36) The Guomindang Copyright Law of 1928 was arranged in five chapters: General Provisions; Ownership and Limitations of Copyright; Infringement of Copyright; Punishment; and Supplementary Provisions. It was supplemented by implementing regulations on 14 May 1928.

II. Copyright Protection after the Founding of the PRC

(37) After the founding of the PRC, all the laws adopted by the Guomindang Government, including the copyright statute of 1928, were repealed in mainland China.

(38) At the First National Conference on Publishing, held in 1950, the new Chinese government adopted a Resolution on the Development and Improvement of Publishing. The Resolution included important provisions for assuring respect for copyright and for prohibiting, in particular, plagiarism, mutilation of a work and unauthorized reprinting. The "copyright page" of a book must state the name of the author or translator, the date of publication and republication, the title of the original work, as well as the number of printed copies. In order to protect the authors' interest, copyright shall not be transferred *in toto*. Before publishing a new edition of a work, publishers shall give the author an opportunity to make necessary amendments.

(39) In 1953, the National Publishing Administration issued a Resolution on the Correction of Unauthorized Reprinting of Books. The Resolution, for assuring respect for copyright, prohibited all bodies and institutions from reprinting books or pictures without due authorization. In 1952, the above-mentioned Administration already published the Rules Concerning Edition and the Structure and Working Systems of the State-Owned Publishing House, under which a contract system for authors and publishers was established. Many publishing houses began to use standard publishing contracts. The People's Publishing House, the most prestigious publishing house in China, drafted a very important and detailed standard publishing contract, which provided, among other things, for the submission of manuscripts, publication and remuneration.

As a peculiarity of new China, the people's government, in order to assure appropriate living standards for writers and artists, offered them appropriate jobs with fixed salaries. Thus, remuneration for works amounts only to a kind of reward in the form of extra income.

(40) In April 1951, "Provisional Regulations for Protecting Publication Copyright" were drafted by a committee under the National Publishing Administration. The Publishing Bureau, under the Ministry of Culture, was responsible for revising these draft regulations. Later, the Legal Bureau under the State Council, in turn, received the draft for consideration in November 1957. However, all these efforts to establish a modern copyright system in China unfortunately came to a standstill after 1957, especially during the cultural revolution from 1966 to 1976.

(41) More than twenty years later, China adopted a new policy of reform and opening up to the outside world in 1978. A new historical period began and the necessity of establishing a modern legal system of copyright protection became more and more obvious.

(42) In the new period, diplomatic relations were established between the People's Republic of China and the United States of America. At the beginning of 1979, the two countries concluded a Sino-American High Energy Physics Agreement, which included provisions for the protection of copyright. Soon after-wards, in March 1979, China and the United States began to negotiate, and ultimately concluded, the Agreement on Trade Relations between the People's Republic of China and the United States of America.

(43) Article 6 of the Trade Treaty provides that "Both contracting parties, in their trade relations, recognize the importance of the effective protection of patents, trademarks, and copyrights" and "Both contracting parties agree that each party shall take appropriate measures, under their respective laws and regulations and with due regard to international practice, to guarantee to legal or natural persons of the other party protection of copyright equivalent to the copyright protection correspondingly accorded by the other party".

(44) On 8 July 1979, the People's Republic of China and the Philippines concluded an agreement concerning cultural affairs. Under Article 14 of the Agreement, each of the contracting parties agreed to take necessary measures, on the basis of reciprocity and their respective laws and regulations, to protect the literary and artistic property of nationals of the other party in their respective territories.

(45) Within China, many individuals and organizations with great influence stressed the urgent need for copyright protection, which would conform with the new policy of reform and opening up to the outside world. The National Publishing Administration provided a report to the State Council, recommending it "to establish a copyright office as well as to enact copyright law". The State Council approved the report with the instruction: "... agree with your report, please begin to organize an office for enacting copyright law". Actually, the drafting work had begun in May 1979 and was speeded up upon the instruction of the State Council. The first draft, including both copyright law and publishing law together under the title "The Publishing

Law of the People's Republic of China", was completed in December of the same year. The draft was discussed at a National Publishing Conference, which unanimously favored enacting a separate copyright statute distinct from publishing law. The first draft of "The Copyright Law of the People's Republic of China" was prepared by the National Publishing Administration in July 1980. In 1982, the National Publishing Administration was merged into the Ministry of Culture. The main participants in the group drafting the Copyright Law in the earlier stage included Wang Heng, Shen Rengan, Guo Shoukang, Hu Mingzhen, Li Qi, Zhai Yiwo, Xu Chao, and a little later, also Liu Gao, Jia Mingru, Xiao Xun, He Shan and others.

(46) In order to speed up the drafting of copyright legislation and to strengthen the administration of copyright throughout the country, the National Copyright Administration of China (NCAC) was established in July 1985 according to a decision of the State Council. The main responsibilities of the National Administration of Copyright included: the drafting of a copyright statute, the overall administration of copyright, the collection and dissemination of copyright knowledge, and the handling of external copyright relations on behalf of the Chinese government. A new draft for a Copyright Act, prepared by the National Copyright Administration, was submitted to the Legal. Bureau of the State Council for review by mid-1986.

(47) During the long period of time it took to draft the Copyright Law, the Ministry of Culture approved, on a trial basis, a Regulation for the Copyright Protection of Books and Periodicals, which has been circulated as an internal document and implemented since June 1984.

(48) From 1977 onwards, four regulations relating to remuneration for books were issued by the Ministry of Culture and National Copyright Administration. The 1990 Regulation, the latest one, merits some attention. It is expressly provided that the Regulation was enacted for the purpose of "protecting the legitimate rights of authors and translators, fostering intellectual creation and academic research, encouraging authors and translators, and improving the quality of publication". The Regulation laid down the principle that remuneration is due for the use of works, and it also set out standards for establishing rates of remuneration. Other provisions in the Regulation are concerned with the right of publication, the right of translation, the right of adaptation, the right of compilation, the term of protection, and even the protection of the economic rights of foreigners.

(49) A series of standards of remuneration for authors and artists in the fields of dramatic performance, cinematographic creation, audiovisual production, and radio and television broadcasting have been enacted by other governmental departments.

Examples of such are, in September 1986, the Ministry of Radio, Film, and Television promulgated the Interim Regulations Concerning Copyright Protection of Audiovisual Publications, which entered into effect in January 1987. Under these regulations, copyright in an audiovisual product belong to the unit which published the product. Its term of protection lasts for 25 years, counting from the end of the year of publication. A symbol " All Copyright Reserved", the name of the publishing unit, and the year of publication have to be marked on the relevant audiovisual product. Without permission from the publishing unit, any entity or individual shall not be allowed to reproduce the product for commercial purposes. However, it was provided that, once the Chinese copyright statute came into force, its provisions should prevail.

(50) The State Council, mainly through its Legal Bureau, distributed the copy right draft and solicited comments and suggestions from authors, publishers, responsible persons from the film-making industry, television and radio broadcasting, educational and scientific research institutions, applied art, light industry, architecture and legal experts. The Bureau of Legal Affairs, taking note of the comments, reviews and suggestions solicited, revised and readjusted some provisions of the draft prepared by the National Copyright Administration. On 1 December 1989, a meeting of the State Council was held and, after hearing and discussing an explana tion by the Director General of NCAC, the draft bill was approved. Two weeks later, on 14 December 1989, the approved draft signed by the Premier was submitted to the 11th Session of the Standing Committee of the Seventh National People's Congress for review and final approval. After a very long discussion and debate in four sessions of the Standing Committee, the Copyright Law of the People's Republic of China was finally adopted at the 15th Session of the Standing Committee of the Seventh National People's Congress on 7 September 1990 and entered into force on 1 June 1991.

§ 2. SOURCES OF LEGISLATION

I. Constitution

(51) The Constitution, promulgated in 1982, established a solid basis for copy right protection. It provides that Chinese citizens have the freedom to engage in scientific research, as well as in creative and other cultural pursuits, while the State shall encourage and assist citizens in such endeavors conducive to the interest of the entire people. ❶

II. The Inheritance Law

(52) Copyright, as a term in Chinese law, first appeared in 1985, a historically significant time for copyright protection. The Inheritance Law of the People's Republic of China was promulgated on 10 April 1985, and entered into force on 11 October 1985. Article 3 of the Act provides that copyright, in so far as it includes property or economic rights, may be inherited after the death of the copyright owner. This is the first time that "copyright", as a legal term, appears in a statute of the People's Republic, rather than in treaties, regulations, or like documents.

III. The General Principles of Civil Law

(53) The first important statute dealing with copyright in more detail is the General Prin-

---

❶ *See Constitution, Arts. 19 ~ 24 and 46.*

ciples of Civil Law of the People's Republic of China, which was adopted on 12 April 1986 and entered into force on 1 January 1987. Article 94 of the General Principles provides that citizens and legal entities enjoying copyright, are entitled to make works public, to have authorship attributed for creating works, and to obtain remuneration for the use of works. Article 118 provides sanctions against the infringement of copyrights, of trademarks, and of patents as well as of other rights in inventions and other scientific or technological developments. Such sanctions include orders to cease infringement, to eliminate its effects, and to compensate any resulting losses.

On 2 April 1988, the Supreme People's Court issued a judicial interpretation, which further clarified the above-mentioned provisions concerning copyright and is very helpful for the judges in applying them in their judicial decisions.

IV. The Copyright Act

(54) The Copyright Act of 1990 is the most important legislation in the field of copyright protection. The drafting work took over eleven years, going through more than twenty versions.

During the drafting process, a long and fierce debate emerged over the legal term "to designate copyright": *banquan* or *zhuzuoquan*? Some experts were in favor of *banquan*, which has a meaning closer to the Anglo-American notion of copyright. Other experts insisted on the term *zhuzuoquan*, which has a sense closer to the European concept of *droit d'auteur* or *Urheberrecht*. The final result of the debate, a compromise, was stipulated in Article 51 of the Copyright Act: for the purposes of this Act, the terms *banquan* and *zhuzuoquan* are to be treated as synonymous. The Act recognizes both property or economic rights, associated with copyright, and personality or moral rights, traditionally included among author's rights. The National Copyright Administration still retains the term *banquan* or "copyright", while the official name of the Copyright Act in Chinese is *zhuzuoquanfa*, that is, literally translated as the "Author's Rights Act". Nonetheless, since it is a question of terminology rather than substance, the Chinese name of the Act may be translated into English as "Copyright Act", but in French as droit *d'auteur* and in German as *Urheberrecht*. ❶

(55) The Copyright Act of the People's Republic of China was finally approved at the 15th Session of the Standing Committee of the Seventh National People's Congress on 7 September 1990, and entered into effect on 1 June 1991. The Act, as the first copyright statute since the founding of the People's Republic, was enacted in accordance with both the Constitution and the policy of reform and opening up to the outside world. It does sum up China's own experience in the copyright field, and, at the same time, makes many references to foreign and international copyright legislation and practices.

(56) It is very important that the purposes or objectives of the Copyright Act, stipulated

---

❶ For further analysis of overlapping notions of copyright and author's rights, see Geller, *International Copyright: An Introduction*, 1996.

in Article 1 of the Act, be kept in mind while trying to understand or implement the Act in detail. It provides:

> This Law is enacted, in accordance with the Constitution, for the purposes of protecting the copyright of authors in their literary, artistic, and scientific works as well as rights related to copyright, of encouraging the creation and dissemination of works which would contribute to the construction of socialist spiritual and material civilization, and of promoting the development and flourishing of socialist culture and sciences.

The Copyright Act contains 56 articles arranged in six chapters: General Provisions; Copyright; Copyright Licensing Contracts; Publication, Performance, Sound and Video Recording, and Broadcasting; Legal Liability; and Supplementary Provisions.

VI. Copyright Regulations

(57) In accordance with Article 54 of the Copyright Act, Implementing Regulations, prepared by the NCAC, were approved by the State Council and entered into force on 1 June 1991. This legislation contains 56 rules or articles arranged in seven chapters: General Provisions; Copyright Administrative Authorities; Ownership and Exercise of Copyright; Copyright Licensing Contracts; Exercise of, and Limitations on, Rights Related to Copyright; Administrative Sanctions; and Supplementary Provisions.

VI. The Implementing Rules of the International Copyright Treaties

(58) The Rules were promulgated by the State Council and became effective on 30 September 1992. These Rules are formulated to implement international copyright treaties and to protect the legitimate rights and interests of owners of copyright in foreign works. According to my personal opinion, the main purpose of these Rules is to eliminate the gap in copyright protection between the Copyright Act and the Berne Convention for the Protection of Literary and Artistic Works as well as the bilateral agreements relating to copyright which China has concluded with foreign countries, especially the MOU concluded between the Government of the People's Republic of China and the Government of the United States of America. These Rules contain 22 articles.

VII. Interim Regulations

(59) Three Interim Regulations on the Statutory Scheme of Permissible Remuneration for the Exploitation of Works in Performances, of Works in Phonograms, as well as the Exploitation of Works by Newspapers and Magazines through Reprinting or Abstracting. These three Interim Regulations were issued by the National Copyright Administration on 1 August 1993.

(60) The National Copyright Administration also issued a Circular Concerning the Registration of Contracts on Publishing Foreign Books, which entered into force on 1 February 1995, a Circular Concerning the Registration of Contracts on Publishing Overseas Audiovisual Products, which entered into force on the same date, as well as Tentative Measures for the Voluntary Registration of Works on 31 December 1994.

VIII. Regulations for the Protection of Computer Software

(61) These Regulations were prepared by the Ministry of Machinery and Electronics Industry,[①] approved by the State Council on 24 May 1991 and entered into force on 1 October 1991. The general objective of these Regulations is to protect the rights and interests of owners of copyright in computer software, and to promote the development of computer applications. Measures for Registration of Computer Software Copyright were promulgated by the Ministry of Machinery and Electronics Industry on 6 April 1992, and entered into force on 1 May 1992. However, pursuant to Article 7 of the Implementing Rules of International Copyright Treaties, foreign computer programs to be protected are not necessarily subject to registration.

IX. Resolution on the Punishment of Crimes of Copyright, New Criminal Code

(62) The Resolution was adopted by the Standing Committee of the National People's Congress and came into force on 5 July 1994. This is the first time that China has adopted criminal punishment for copyright infringement. The New (Revised) Criminal Code was approved by the Standing Committee of National People's Congress on 14 March 1997 and entered into force on 1 October 1997. Resolution on Punishment of Crimes of Copyright Infringement shall cease to be effected from 1 October 1997.

X. Regulations on the Administration of Audiovisual Products.

(63) The Regulations were promulgated by the State Council on 25 August 1994 and came into effect on 1 October 1994.

XI. Regulations of the People's Republic of China Regarding Customs Protection of Intellectual Property

(64) These Regulations were promulgated by the State Council on 5 July 1995 and came into force on 1 October 1995. In accordance with the Regulations, the General Administration of Customs issued the Customs Rules of the People's Republic of China Concerning the Implementing of Customs Protection of Intellectual Property Rights on 1 October 1995.

XII. Bilateral and Multilateral Treaties and Conventions

(65) Bilateral and multilateral treaties, conventions and agreements which were concluded or acceded to by China, also belong to the sources of copyright protection. The main treaties, conventions and agreements in this respect include, up to now, the Berne Convention for the Protection of Literary and Artistic Works, effective in China on 15 October 1992, the Universal Copyright Convention, effective in China on 30 October 1992, the Geneva Convention for the Protection of Phonograms Against Unauthorized Duplication of their Phonograms, effective in China on 30 April 1993 and the Memorandum of Understanding Between the Government of the People's Republic of China and the Government of the United States of America on the Protection of Intellectual Property, concluded on 17 January 1992.

[①] *The Ministry of Machinery and Electronics Industry has since been divided into the Ministry of Machinery Industry and the Ministry of Electronics Industry.*

§ 3. The Subject – Matter Enjoying Copyright Protection
I. Categories of Protected Works

(66) "Works" in the Copyright Act, as defined in Rule 2 of the Implementing Regulations, are the results of intellectual creation in the fields of literature, art and science which possess originality and may be reproduced in a material form.

(67) The "works" protected, as provided in Article 3 of the Copyright Act, include "works of literature, art, natural science, social science, engineering technology and the like which are expressed in the following form". Then, the same article enumerates nine categories of works, whose definitions are provided in Rule 4 of the Implementing Regulations:

a) "written works" are those expressed in writing, such as novels, poems, essays and theses.

b) "Oral works" are those expressed orally which have not been fixed in any material form, such as speeches, lectures or arguments in court.

c) "Musical, dramatic, *quyi* and choreographic works" are those which may be expressed through performance; musical works, with or without accompanying words, such as songs or symphonies, sung or played by instruments; dramatic works, such as plays, operas, and local art forms, which are created for live performance, notably on stage.

Quyi works are those which refer to traditional art forms created mainly for performance through recitation, music or both, such as story telling, ballad singing, comic dialogues, "slapstick" and other "routines". Choreographic works are those expressed in successive body or facial movements, gestures, or mime.

d) "Works of fine art" are those which are two or three dimensional objects created in lines, or colors, or other media with aesthetic effect, such as works of painting, calligraphy, sculpture and architecture. In the Copyright Act and its Implementing Regulations, works of applied art are not a special category of protected works different from works of fine art. However, the Implementing Rules of International Copyright Treaties provide a special category of applied art, whose term of protection is different from that of works of fine art.

e) "Photographic works" are those created by recording images on light-sensitive materials with the aid of suitable devices.

f) "Cinematographic, television and videographic works" are those which are recorded on some material support, made up of a series of images, with or without accompanying sound, and able to be projected or broadcast with the aid of suitable devices.

g) "Drawings and descriptions of engineering and project designs" are those made for the purpose of actually constructing or manufacturing what they portray or describe.

h) "Maps, sketches, and other graphic works" are those which include two- or three-dimensional works showing geographic phenomena or displaying the structures of things or objects, such as geographical maps, plans of electrical circuits, or anatomical drawings.

i) "Computer Software", under Rule 2 of the Software Regulations, computer programs and related documentation are defined. "Computer program" refers to a coded instruction sequence, or a symbolic instruction sequence or symbolic statement sequence automatically convertible to a coded instruction sequence that can be executed by a device capable of processing information, such as a computer and other such devices, where the purpose of such sequence is to achieve a certain result. Documentation means written information and diagrams written in natural or formal language used to describe the contents, composition, design, function specification, development details, test results and method of use of a program, such as program design explanation, flowcharts and user manuals. According to Rule 7 of the Implementing Rules of International Copyright Treaties, foreign computer programs shall be protected as literary works and do not belong to a special category of works.

j) "Other works provided for in laws and administrative regulations" means that the categories mentioned above are not exhaustive and new categories of works will be protected if such works are provided for in future legislation or administrative regulations.

II. Works excluded from Protection

(68) Article 4 of the Copyright Act provides that works, the publication or distribution of which is prohibited by law, shall not be protected. Copyright owners, in exercising their copyright, shall not violate the Constitution or laws or prejudice the public interest.

(69) Article 5 of the Copyright Act provides that this Act shall not be applicable to:

a) laws, regulations, decisions and orders of state bodies, other documents of legislative, administrative and judicial nature, and their official translation;

b) news on current affairs;

c) calendars, numerical tables, forms of general use and formulas. News on current affairs, under Rule 6 of the Implementing Regulations, refers to purely factual news reproduced by such media as newspapers, periodicals, radio and television stations.

§ 4. Conditions of Protection

I. Formal Requirements

(70) In China, as soon as a work is completed, the copyright is granted automatically. No formalities, such as registration, are required for obtaining copyright. This is completely in conformity with the principle of automatic protection under the Berne Convention.

Fixation in tangible or durable support is not a "legal" requirement, though many types of works, such as maps, sketches, cinematographic works, and drawings of engineering and product designs, are "by nature fixed in a tangible form upon creation". Oral works, choreographic works, and like works that may be created without fixation and are not embodied in a tangible means of expression, are also protected by Chinese copyright law. Nonetheless, according to Rule 2 of the Implementing Regulations, works are only protected by copyright if they are capable of reproduction in tangible form. An idea in an author's mind is not protected because, until it is perceptibly expressed, it is not capable of being reproduced in tangible form.

Special rules concerning the formal requirements of software will be discussed below.

II. Substantive Requirements

(71) The term "works" as used in Chinese copyright law, refers to "original intellectual creations" in the literary, artistic, and scientific domains. ❶The key meaning of the term "creations" is the requirement of originality.

(72) Originality means that authors create works by virtue of their own intellectual activities. A mere copy cannot become a work. Plagiarization of works created by others, is an infringement and cannot become a work to be protected. Under Chinese copyright law, any arrangement for others to create works or provide consultation, material resources, and supporting services for their creative activities, shall not be deemed as acts of creation. ❷A co-author's original input to a joint work means that both of them provide creative acts, which must be distinguished from an employer's supervision over their employees' creative activities.

(73) According to Article 5 of the Copyright Act, "news on current affairs" as well as calendars, numerical tables, forms of general use and formulae, are precluded from copyright protection. ❸Further, a work shall not be required to have some merit, above and beyond originating in an author's intellectual activities. ❹Works which may not be legally disseminated, are not to be protected by the Copyright Act. Copyright-holders shall not exercise copyright in violation of the Constitution or law of the People's Republic of China or against the public interest. ❺

§ 5. Ownership of Copyright

I. Copyright Owner

(74) According to Article 9 of the Copyright Act, "copyright owner" includes (a) authors and (b) other citizens, legal entities, and entities without personality, enjoying copyright in accordance with the Act. An entity without legal personality may be the owner of a copyright, such as a social institution or an economic organization, which is a relatively independent part forming a legal entity.

(75) Where such an entity, whether a legal person or not, requests, supervises, and is responsible for the creation of a work, that entity shall be deemed to be the author of the work.

---

❶ *Implementing Regulations*, Rule 2.

❷ *Implementing Regulations*, at Rule 3.

❸ Article 5 also precludes protection for specified classes of original works, namely certain government works.

❹ Works of fine art must "impart aesthetic effect".

❺ *Copyright Act*, Art. 4.

For example, a legal entity which for the purposes of compiling a dictionary, an encyclopaedia, a large photobook or textbook, for a team or group of contributors, charges them with undertaking the work, provides them with guidance, supervision, financial or other material support, and, most importantly, takes responsibility for the end result, shall be deemed to be the author of the resulting work. ❶

(76) The State itself may own copyright. Under Rule 21 of the Regulations, copyright owned by the State is to be enforced by the National Copyright Administration on behalf of the State. However, as a general rule, the copyright in a work initially belongs to the author who created the work, subject to specific provisions to the contrary. ❷Here, "create" or "creation" refers to intellectual activities capable of directly producing literary, artistic and scientific works. As mentioned above, only to engage in organizational work, offer advice and provide financial and/or material support, or carry on other auxiliary activities, shall not be deemed to be creation.

(77) According to Article 11 of the Act, in the absence of proof to the contrary, the citizens, legal entity or entity without legal personality whose name is mentioned in connection with a work, shall be deemed to be the author of the work.

II. Joint Works

(78) According to Article 13 of the Copyright Act, when two or more co-authors jointly create a work, the co-authors will enjoy copyright in the work jointly. If a work of joint authorship can be separated into independent parts which can be exploited separately, each co-author has an independent copyright in each part created by him. However, such exploitation of copyright shall not prejudice the copyright in the joint work as a whole. If the parts of a joint work cannot be exploited independently, and if the co-authors fail to reach an agreement on the exploitation of copyright in the whole work, no party may unreasonably prevent the exploitation of that copyright in the whole work. ❸

III. Works created for Service (Hire)

(79) An "occupational work" or, in other words, a work created in the course of employment, is a work created by a citizen in the fulfilment of tasks assigned to him by an employer who may be a legal entity or an entity without legal personality. The copyright in such an "occupational work" shall be enjoyed by the author, subject to the provisions of Article 16 of the Copyright Act, i.e., the employer shall have a priority right to exploit the work within the scope of its professional activities. However, during the two years after the completion of the work, the author shall not, without the consent of his employer, authorize a third party to exploit the work in the same way as his employer does.

---

❶ *Copyright Act, Art. 11.*
❷ *Ibid., Art. 11.*
❸ *Implementing Regulations, Rule 1.*

(80) In the following cases, the author of an "occupational work" shall enjoy the right of authorship, while his employer shall enjoy the other rights included in the copyright and provide reward to the author:

a) drawing of engineering designs and product designs and descriptions thereof, computer software, maps and other works created in the course of employment mainly with the material and technical resources of the employer and under its responsibility;

b) works created in the course of employment where the copyright is, in accor dance with laws, administrative regulations or contracts, enjoyed by the employer.

IV. Commissioned Works

(81) According to Article 17 of the Copyright Act, the ownership of the copyright in a commissioned work shall be agreed upon in a contract between the commissioning and the commissioned parties. In the absence of a contract or of an explicit agreement in the contract, the copyright in such a work shall belong to the commissioned party.

V. Compilation Works

(82) According to Article 14 of the Copyright Act, the copyright in a work created by compilation shall be enjoyed by the compiler, provided that the exercise of such copyright shall not prejudice the copyright in the pre-existing works included in the compilation. The authors of such works included in a compilation as can be exploited separately shall be entitled to exercise their copyright in their works independently.

VI. Cinematographic, Television or Videographic Works

(83) According to Article 15 of the Copyright Act, the director, scriptwriter, lyricist, composer, cameraman and other authors of a cinematographic, television or videographic work shall enjoy the right of authorship in the work, while the other rights included in the copyright shall be enjoyed by the producer of tile work. The authors of screenplay, musical works and other works that are included in a cinematographic, television or videographic work and can be exploited separately, shall be entitled to exercise their copyright independently.

§ 6. Transfer of Copyright

I. Transfer by Contract

(84) The economic rights of the copyright owner may be transferred by contract, but the moral rights of the author are inalienable. The Copyright Act, strictly speaking, only provides for the contractual transfer of copyright in the form of a licensing contract, which authorizes others to use the works concerned. No provisions in the Copyright Act are concerned with the outright contractual assignment of the copyright as a whole. Subject to exceptional provisions in the Act, anyone who exploits a work created by others shall conclude a contract with, or obtain permission from, the copyright owner. ❶

---

❶ *Copyright Act*, Art. 23.

(85) A contract licensing works or software must be made in writing, except in cases where works are to be published by newspapers and periodicals. ❶Where a Chinese software copyright owner transfers or licenses his or its software copyright to foreigners, he or it must first request approval from the relevant authorities under the State Council and then register the transfer with the Software Registration Organization. ❷

(86) A contract authorizing the use of a work must include the following:

a) the manner of exploitation of the work covered by the license;

b) the exclusive or non-exclusive nature of the right to exploit the work covered by the license;

c) the scope and term of the license;

d) the amount of the remuneration and the method of its payment;

e) the liability in the case of breach of the contract; and

f) any other matter that the contracting parties consider necessary. ❸

Without the permission of the copyright owner, the licensee may not exercise any right not expressly licensed in the contract. ❹Except as otherwise provided in the Copyright Act, the licensee obtains only a non-exclusive right to use the work if the grant of the exclusive right to exploit a work is not explicitly stipulated in the con-tract. ❺The term of a licensing contract shall not exceed ten years, but may be renewed upon the expiration of that term. ❻

(87) Remuneration for the transfer of copyright may be decided by the parties. Such freedom to decide the remuneration by the parties applies to both domestic and Sino-foreign licenses and represents important progress, which is in conformity with the needs of a socialist market economy. If remuneration has not been decided upon by the parties, the payment of remuneration for the exploitation of works shall be decided by the tariffs established by the copyright administrative departments concerned. ❼

A distinction must be made between the transfer of ownership of the original of a work and the transfer of copyright in the work. The transfer of ownership of the original of a work does not mean the transfer of copyright in such a work. ❽However, if an original of a work of fine art is transferred, but the copyright in such work is still retained by the copyright owner, then the owner of the original obtains the right to exhibit it.

---

❶ *Implementing Regulations, Rule 32, and Software Regulations, Rule 19.*
❷ *Software Regulations, Rule 28.*
❸ *Copyright Act, Art. 24.*
❹ *Copyright Act, Art. 25.*
❺ *implementing Regulations Rule 33.*
❻ *Copyright Act, Art. 26.*
❼ *Copyright Act, Art. 27.*
❽ *Copyright Act, Art. 18, and Implementing Regulations, Rule 17.*

II. Transfer by Succession

(88) The economic right in a copyright work may be transferred by legal succession. Where the copyright in a work belongs to a citizen, the right of exploitation and the right of remuneration in respect of the work shall, after his or her death, be transferred in accordance with the provisions of the Inheritance Law. ❶ Where the copyright in a work belongs to an entity or an entity without personality, the right of exploitation and the right of remuneration shall, after the termination or the merger of the entity, be enjoyed by the succeeding entity, which has taken over the former's rights and obligations or, in the absence of such successor, by the State. According to Rule 21 of the Implementing Regulations, copyright enjoyed by the State shall be enforced by the copyright administration departments on behalf of the State.

(89) According to Rule 19 of the Implementing Regulations, in the case where one of the co-authors of a work of joint authorship dies without an heir in title or other behested beneficiary, the right of exploitation and the economic rights he or she enjoyed in the work shall be exercised by the other co-authors.

(90) Under Rule 20 of the Implementing Regulations, the right of authorship, right of revision and right of integrity shall, after the death of the author, be protected by the heir in title or other behested beneficiary. In the absence of an heir in title or other behested beneficiary, such rights shall be protected by copyright administration departments. ❷

(91) In the case of posthumous works, the right of publication may be exercised by the author's heir in title or other behested beneficiary within a period of fifty years, unless the author had expressly stated that the works should not be published after his or her death. If the author has no successor or beneficiary, the right of publication shall be exercised by the lawful owner of the original of the work. ❸

§7. Scope of Exclusive Rights

I. Moral (Personality) Rights

(92) Moral rights are provided to protect the reputation of the author. According to Article 10 of the Copyright Act, Moral rights include the rights of divulgation, credit for authorship, alteration and integrity.

A. The Right of Divulgation (93) Some linguistic experts translate the English term "right of divulgation" into the Chinese language as "right of publication". It should be kept in mind that "publish" and "publication" used in Chinese copyright law have both a broad and a narrow meaning. The former means to make available to the public in any form and the latter means to publish a work in hard copy. In respect to moral rights, the broad meaning prevails, so I

---

❶ *Copyright Act, Art. 19, and Implementing Regulations, Rule 18.*
❷ *Implementing Regulations, Rule 20.*
❸ *Implementing Regulations, Rule 22.*

prefer to translate the Chinese legal term into "right of divulgation". The right of divulgation protects the author's interest by granting him the right to decide whether, and how, to make a work available to the public. Once a work is made available to the public, the right of divulgation is exhausted as regards that work.

B. The Right of Credit for Authorship (Paternity) (94) This right is often abbreviated as the "right of authorship". It is the right belonging to the actual creator to have his or her authorship, notably the author's name, mentioned on, or in connection with, the work.

C. The Right of "Alteration" and "Integrity" (95) The right of "alteration" and the right of "integrity" are related. The former is the right to alter, or to authorize others to alter one's work. The latter is the right to protect one's own work against distortion and mutilation.

II. Economic Rights

(96) Economic rights are the rights of economic exploitation, as well as the rights to authorize others to exploit and to derive remuneration from it. Exploitation of works, as provided in Article 10 (5) of the Copyright Act, includes "reproduction, performance, broadcasting, exhibition, distribution, making cinematographic, television, or video production; adaptation, translation, annotation, compilation and the like". As the last three words "and the like" indicate, the above-mentioned categories of exploitation are not exhaustive.

A. Reproduction (97) Under Article 52 of the Copyright Act and Rule 5 (1) of its Implementing Regulations, "reproduction" means the act of producing one or more copies of a work by printing, photocopying, copying by hand, lithography or rubbing, making a sound or video recording, duplicating a recording, duplicating a photographic work, or copying by any other means. However, as provided in Article 52 paragraph 2 of the Copyright Act, reproduction does not include the construction or manufacture of industrial products on the basis of drawings or descriptions of engineering or product designs.

B. Performance, Broadcasting and Exhibition

(98) Performance, or live performance, means the presentation of a work to a live public through voice, sound, facial or body movements directly or with the aid of technical devices. The performance right applies only to stage performances, and does not include, as in some western countries, secondary uses, such as the playing of a phonogram. Broadcasting involves the presentation or communication of a work to a distant public, by means of telecommunication equipment. Exhibition is the public display of works of fine art or photographs, whether they be original or reproduction. However, an artistic work located or on display in an outdoor public place, may be copied, drawn, photographed or video-recorded without permission from, and without payment of remuneration to, the copyright owner. ❶

C. Distribution (99) Under Rule 5 (5) of the Regulations, distribution means providing the public, by sale, rental or other means, with a certain number of copies to satisfy reasona-

---

❶ *Copyright Act, Art. 22 (10).*

ble needs. Rule 5 (6) of the Regulations provides that reproduction plus distribution is equivalent to "publication" (in the narrow sense).

D. Adaptation, Translation, etc. (100) According to Rule 5 (8) of the Implementing Regulations, adaptation means the creation of new original works on the basis of pre-existing ones by changing their original forms of expression or their purposes for use. Translation, provided in Rule 5 (9) of the Regulations, means the conversion of a work from one language to another. Annotation, provided in Rule 5 (10) of the Regulations, means the explanation of the characters, words and sentences used in a written work. Compilation, provided in Rule 5 (11) of the Regulations, means the creation of a work by assembling a number of selected pre-existing works, in whole or in part, according to an arrangement designed for a specific purpose. Arrangement, provided in Rule 5 (12) of the Regulations, means the re-editing of pre-existing works or materials by changing their state of being fragmented and poorly ordered into one of being systematic and orderly, such as the glossing and repairing of ancient classics. Making cinematographic, television or video productions refers to the fixing of a work on a certain carrier for the first time in the mode of film-making or a similar mode.

§ 8. Limitations to The Scope of Copyright Protection

I. Exceptions

(101) Article 5 of the Copyright Act provides that laws, regulations, resolutions and orders of state organs, other documents and their official translation of a legislative, administrative and judicial nature, news on current affairs, calendars, numerical tables, as well as forms of general use, and mathematical formulae are not protected by copyright law.

(102) Fair use of works is provided for in the Copyright Act. Article 22 of the Act provides that in the following cases a work may be used without permission from, and without payment of remuneration to, the copyright owner, provided that the name of the author and the title of the work shall be mentioned and that other rights enjoyed by the copyright owner by virtue of this Act shall not be prejudiced:

a) use of a published work for the purposes of the user's own private study, research or self-entertainment;

b) appropriate quotation from a published work in one's own work for the purposes of introduction to, or comments on, a work, or demonstration of a point. The quoting of an appropriate portion of another person's work already made public must meet the following conditions: the quotation is made solely for the purpose of introduction to, or comment on, a work or elucidation of a point; the quotation shall not form a major or substantial part of the work of the person quoting; the interests of the copyright owner of the work shall not be prejudiced;❶

c) use of a published work in newspapers, periodicals, radio programs, television programs or newsreels for the purpose of reporting current events. This provision refers to the una-

---

❶ *Implementing Regulations*, Rule 27.

voidable reproduction of another person's work already made public within the scope and the purpose of news reporting;❶

d) reprinting by newspapers or periodicals, or rebroadcasting by radio stations or television stations, of editorials or commentators' articles published by other newspapers, periodicals, radio stations or television stations;

e) publication in newspapers or periodicals, or broadcasting by radio stations or television stations, of a speech delivered at a public gathering, except where the author has declared that publication or broadcasting is not permitted;

f) translation, or reproduction in a small quantity of copies, of a published work for use by teachers or scientific researchers, in classroom teaching or scientific research, provided that the translation or reproduction shall not be published or distributed;

g) use of a published work by a state organ for the purpose of fulfilling its official duties; (both (f) and (g) are subject to the provision that they shall not affect the normal exploitation of the works concerned and shall not unreasonably prejudice the legitimate interests of the copyright owners);❷

h) reproduction of a work in its collections by a library, archive, memorial hall, museum, art gallery or similar institution, for the purposes of the display, or preservation of a copy of the work;

i) free (of charge) live performance of a published work; in such a situation, no fee shall be charged to the audience and no remuneration shall be paid to the performer;❸

j) copying, drawing, photographing, or video recording of an artistic work located or on display in an outdoor public place;

k) translation of a published work from the Han language into minority nationality languages for publication and distribution within the country — but, the prior permission of the copyright owner shall be required to translate a published foreign work, if created in Chinese, into the language of a minority nationality;

l) transliteration of a published work into braille and publication of the work so transliterated.

The above-mentioned limitations on rights shall be applicable also to the rights of publishers, performers, producers of sound and video recordings, radio and television stations.

II. Compulsory and Legal Licenses

(103) In order to disseminate works throughout society, the Copyright Act provides that certain kinds of works may be subject to specified uses without the consent of the author, but subject to an obligation to pay remuneration.

---

❶ *Implementing Regulations., Rule 28.*
❷ *Ibid., Rule 29.*
❸ *Ibid., Rule 30.*

(104) Except where the copyright owner has declared that reprinting or the making of excerpts is not permitted, other newspaper or periodical publishers may, after the publication of the work by a newspaper or periodical, reprint the work or print the abstract of it or print it as reference material, but they must pay remuneration to the copyright owner as prescribed in the Regulations. ❶However, prior permission of the copyright owner shall be required for newspapers and periodicals to reprint foreign works, except the reprinting of articles on current political, economic and other social topics. ❷

(105) Similar provisions apply to the cases of public performance, the production of sound recording, and the making and broadcasting of radio or television programmes. A performer who, for a commercial performance, exploits a published work created by another, or a producer of a sound recording who, for the production of a sound recording, exploits a published work created by another, does not need permission from, but shall pay remuneration to, the copyright owner. Such works shall not be exploited where the copyright owner has declared that such exploitation is not permitted. ❸A similar clause is provided for radio and television stations in Article 40, paragraph 2 of the Copyright Act.

(106) In all of the above-mentioned cases, where the copyright owner or his address is unknown, the remuneration shall be sent, within a month of the exploitation, to an organization designated by the National Copyright Administration, to be forwarded by them to the copyright owner. ❹However, in the case of public performance, sound recording and broadcasting of foreign works the provisions of the Berne Convention shall apply, instead of the above-mentioned provisions in the Copyright Act.

The Act does not contain a compulsory licence for translation or reprints.

III. Special Provisions for Computer Software

(107) Similar limitations or exemptions, as private use, teaching, scientific, and governmental uses, are also provided in the Software Regulations. Besides, those who lawfully hold copies of computer software have the right, without the consent of the copyright owner, to load the software into a computer as necessary for purposes of use and to make back-up copies for archival purposes. Such back-up copies may not be provided to others under any circumstances. As soon as the right to use the software is terminated, all copies made for archival purposes must be completely destroyed. For adapting software as required for use in a computer or for improving its functionality, the lawful owner of a copy may make necessary amendments to the software. However, any amended version may not be provided to any third party without the

---

❶ *Copyright Act, Art. 32, para. 2.*
❷ *Implementing Regulations, Rule 13.*
❸ *Copyright Act, Art. 35, para. 2 and Art. 37, para. 1.*
❹ *Implementing Regulations, Rule 49.*

consent of the copyright owner or his licensee. ❶

After the free use of the copies, such as classroom teaching, scientific research, or the execution of duties of a state body, the copies must be appropriately handled, ultimately returned or destroyed, and must not be used for any other purpose or provided to others. ❷

§ 9. Duration of Protection

(108) As a general rule, the term of protection of the right of publication, the right of exploitation and the right to remuneration in respect of a work, shall be the lifetime of the author and 50 years after his or her death, expiring on 31 December of the fiftieth year after his or her death. ❸The right of authorship, alteration and integrity of an author shall be unlimited in time. ❹

In the case of a work of joint authorship, copyright shall expire 50 years after the death of the last surviving author. ❺

Works of unknown authors, or anonymous and pseudonymous works, shall have the protection of economic rights for 50 years running from the first publication of the work. ❻If the author of the work is identified before this period lapses, the general rule of the lifetime of the author plus 50 years will apply.

For works belonging to a legal entity, the economic rights last for a term of 50 years from the first publication of the work. However, any such work that has not been published during 50 years after the completion of its creation, shall no longer be protected.

The term of protection of a cinematographic, television, videographic, or photo-graphic work shall be 50 years, expiring on December 31 of the fiftieth year after the first publication of such work. However, any such work will no longer be protected 50 years after the completion of its creation if it has not been made public within that period of time. ❼

(109) The term of protection for computer software shall be 25 years, running from the first publication of the software. Prior to the expiration of this initial 25-year term of protection, the software copyright owner may apply to the Software Registration Organization for an extension of copyright protection by another 25 years. ❽However, the total period of protection shall not exceed 50 years.

Foreign computer software shall be protected as a literary work, being subject to a term of

---

❶ *Software Regulations*, Rule 21.
❷ *Ibid.*, Rule 22.
❸ *Copyright Act*, Art. 21.
❹ *Ibid.*, Art. 20.
❺ *Ibid.*, Art. 21.
❻ *Implementing Regulations*, Rule 24.
❼ *Copyright Act*, (last para.), Art. 21.
❽ *Software Regulations*, Rule 15.

copyright protection of 50 years, running from the end of the year of first publication. ❶No extension of protection is necessary for such foreign computer software. I believe that the computer software of a Chinese citizen or entity shall also be protected as literary work in conformity with the TRIPs' Agreement in the not too distant future.

(110) Foreign works of applied art shall be protected for 25 years running from the completion of the work. ❷However, the above-mentioned provision shall not apply to the use of works of fine art, including drawings of cartoon characters on industrial goods. I believe that the Chinese works of applied art shall be protected for the same period of time as the foreign works after the next amendment of the Copyright Act.

§ 10. RELATED RIGHTS

(111) The Copyright Act and its Implementing Regulations also provide for the rights related to copyright. A related right has the same meaning as "associated rights" or *droit voisin* in French, or *verwandte Recht* in German. Rights related to copyright include rights enjoyed by performers in their performances, by producers in their audio and video recordings, by radio and television organizations in their broadcasting programmes, and by publishers in the typographical formats of their publications. ❸

(112) According to the Implementing Regulations, performance refers to the reproducing of a work in public by sound, voice, expression or movement with the direct or indirect help of technical equipment, such as singing or playing a musical composition, putting on a play or reciting poetry. "Phonogram" refers to all original recordings of sound; "videogram" refers to all original recordings of continuous related images with or without sound accompaniment other than cinematographic, television or video works. "Radio and television programme" refers to programmes transmitted by radio stations and television stations using sound and picture-carrying signals. Production of television programmes and video tapes refer to the fixing of a work on a certain carrier for the first time in the medium of filmmaking or a similar medium. However, recording a performance or scenery mechanically shall not be deemed to be the production of a cinematographic, television or video work. "Broadcasting" refers to the disseminating of a work by radio waves or cable television systems. "Publication" refers to the distribution of a work to the public after having edited and reproduced it. ❹

(113) Publishers have the exclusive right of publication of the books they publish during the term of the contract. But, the term of the exclusive right to publish, enjoyed by the publisher as specified in the contract, shall not exceed ten years. A newspaper or periodical pub-

---

❶ *Implementing Rules of International Copyright Treaties*, Rule 7.
❷ *Ibid.*, Rule 6.
❸ *Copyright Act*, Ch. 4 and *Implementing Regulations* Ch. 5.
❹ *Implementing Regulations*, Rules 5 and 6.

lisher may make editorial modifications and abridgements in a work, but shall not make modification in the content of the work unless permission has been obtained from the author.

(114) A performer shall, in relation to his or her performance, enjoy the right

a) to claim performership;

b) to protect the image inherent in his or her performance from distortion;

c) to authorize others to make live broadcasts;

d) to authorize others to make sound recordings and video recordings for commercial purposes, and to receive remuneration therefor.

(115) Producers of sound recordings, who exploit an unpublished work created by another, shall obtain permission from, and pay remuneration to, the copyright owner. If he exploits a published work created by another, he does not need permission but shall pay remuneration to the copyright owner; however, such work shall not be exploited if the copyright owner has declared that such exploitation is not permitted. Producers of video recordings, who exploit a published or an unpublished work created by another, shall obtain permission from, and pay remuneration to, the copyright owner. Besides, producers of sound recordings and video recordings have the right to authorize others to reproduce and distribute their recordings and to receive remuneration therefor.

(116) Broadcasting organizations have the right in respect of a programme produced by them

a) to broadcast the programme;

b) to authorize others to broadcast the programme and to receive remuneration therefor;

c) to authorize others to reproduce and distribute the radio and television programme and to receive remuneration therefrom.

(117) A broadcasting organization which broadcasts for non-commercial purposes a published sound recording, does not need permission from, nor has to pay remuneration to the copyright owner, performer or producer of the sound recording. ❶However, I would predict that this provision shall be amended in the coming revision of the Copyright Act.

§ 11. Infringements and Remedies

I. Infringements

(118) Under Article 45 of the Copyright Act any of the following acts are infringements of copyright:

a) publishing a work without the consent of the copyright owner;

b) publishing a work of joint authorship as a work created solely by oneself, without the consent of the other co-anthors;

c) having one's name mentioned in connection with a work created by another, in order to

---

❶ *Copyright Act, Art. 43.*

seek personal fame and gain, where one has not taken part in the creation of the work;

d) distorting or mutilating a work created by another;

e) exploiting a work by performance, broadcasting, exhibition, distribution, making cinematographic, television or video productions, adaptation, translation, anno-tation, compilation, or by other means, without the consent of the copyright owner, unless otherwise provided in the Act;

f) exploiting a work created by another without paying remuneration as prescribed by regulations;

g) broadcasting a live performance without the consent of the performer;

h) committing other acts of infringement of copyright and of other rights related to copyright.

II. Remedies

(119) In cases of infringement of copyright, there are four possible types of proceedings: mediation or, possibly, arbitration; a civil suit in a people's court; administrative proceedings; or a criminal suit in a people's court.

A. Mediation or Arbitration.

(120) Under Article 49 of the Copyright Act, a dispute over a copyright contract may be settled by mediation. In order to settle disputes relating to international economics, trade and transportation, the Beijing Conciliation Center was established under the China Council for the Promotion of International Trade (China Chamber of International Commerce). The Center accepts cases in accordance with a conciliation agreement reached between the parties, or, in the absence of such agreement, an application for conciliation from one party with the consent of the other party. Conciliation must observe the principle of the parties' free will and shall be conducted on the basis of ascertaining the facts, distinguishing right from wrong and determining the liabilities while respecting the terms of the contract, abiding by the law, observing international practice and adhering to the principle of fairness and reasonableness so as to help bring about mutual understanding and mutual concession between the parties and an amicable settlement of their dispute.

(121) Under the same Article, a dispute over a copyright contract may be arbitrated under an arbitration clause in the contract or under a written arbitration agreement signed after the conclusion of the contract. This writer believes that, according to Article 2 of the Arbitration Law, effective on 1 September 1995, other copyright disputes, even those involving infringement, may also be resolved through arbitration under an agreement concluded after the dispute arises. ❶

(122) Although contemplated under the Copyright Act, no special copyright arbitration body has been established. Instead, Article 10 of the Arbitration Law provides that copyright-

---

❶ *Adopted at the 9th Session of the Standing Committee of the Eighth National People's Congress on 31 August 1994.*

contract disputes may be submitted to the arbitration commissions set up in certain municipalities. Foreign-related copyright disputes are now mainly handled by the China International Economic and Trade Arbitration Commission under the China Chamber of International Commerce. China is a member of the United Nations Convention on the Recognition and Enforcement of Foreign Arbitral Awards of 1958.

(123) In China, if a party fails to implement an arbitration award, the other party may apply to a people's court for enforcement. The Arbitration Law empowers the intermediate people's court, in the place where the arbitration commission is located, to set aside the arbitration award for any one specified reason, for example, lack of basis in any underlying arbitration agreement, specified procedural and jurisdictional errors, improper or inadequate evidence, graft or related behavior by the arbitrators, erroneous or perverse application of the law and overriding public interest. Upon such a refusal to enforce an award, the parties may submit to a new arbitration proceeding or institute an action in a people's court.

In any event, unless bound by an arbitration clause or agreement, a party may sue on a copyright dispute directly in a people's court. ❶

B. Civil Remedies

(124) Anyone who commits an infringement, provided in Article 45 of the Copyright Act, shall bear civil liability for such remedies as ceasing the infringing act, eliminating the effects of the act, making a public apology or paying compensation for damages, depending on the circumstances. In a recent suit brought by the Walt Disney Company for the unauthorized publication of its works, the Intellectual Property Tribunal of the Intermediate People's Court in Beijing ordered the defendants to cease publication, to issue an apology through the news media, and to pay damages to the plaintiff.

C. Administrative Sanctions

(125) Anyone who commits the following infringements, shall be subjected by a copyright administrative department to such administrative penalties as confiscation of unlawful income from the infringement or imposition of a fine, in addition to the civil liabilities mentioned above:

a) plagiarizing a work created by another;

b) reproducing and distributing a work for commercial purposes without the consent of the copyright owner;

c) publishing a book where the exclusive right of publication belongs to another;

d) reproducing and publishing a sound recording or video recording of a perfor- mance without the consent of the performer;

e) reproducing and distributing a sound recording or video recording produced by another, without the consent of the producer;

---

❶ *Article 135 of the General Principles of Civil Law provides that, "unless otherwise stipulated, the prescribed period for bringing litigation in a people's court arising from civil cases..., shall be two years".*

f) reproducing and distributing a radio or television programme produced by a radio station or television station without the consent of the radio station or television station;

g) producing or selling a work of fine art where the signature of an artist is counter-feited.

(126) The copyright administrative authorities under the local governments are responsible for investigating and handling the infringements, while the National Copyright Administration assumes jurisdiction in

a) infringements that are of national influence;

b) infringements where a foreign party is involved;

c) infringements that should be investigated and handled by the NCAC. ❶

(127) Infringements against copyright enumerated in Article 46 of the Act shall be liable to administrative sanctions in the form of warning, injunction in relation to the production and distribution of infringing copies, confiscation of unlawful gains and seizure of infringing copies and equipment used for making infringing copies, as well as a fine. ❷The amount of the fine to be imposed for infringements in such situations, shall be the following:

a) an infringing act plagiarizing a work created by another, shall be liable to a fine of 100 to 5,000 yuan in RMB;

b) infringing acts of reproducing and distributing a work for commercial purposes without the consent of the copyright owner, of publishing a book where the exclusive right of publication belongs to another, of reproducing and publishing a sound recording or video recording of a performance without the consent of the performer, of reproducing and distributing a sound recording or video recording produced by another, without the consent of the producer, and of reproducing and distributing a radio or television programme produced by a radio station or television station without the consent of the radio station or television station in question, shall be liable to a fine of 10,000 to 100,000 yuan in RMB, or an amount of two to five times as much as the total value of the infringing copies;

c) an infringing act of producing or selling a work of fine art where the signature of an artist is counterfeited, shall be liable to a fine of 1,000 to 50,000 yuan in RMB. ❸

(128) Any party who objects to an administrative penalty may institute proceedings in a people's court within three months of having received the written decision communicating the penalty, If a party neither institutes proceedings nor implements the decision within the above time limit, the copyright administration department concerned may apply to a people's court for enforcement. ❹

---

❶ *For further details, see Deacons, Asia Intellectual Property Bulletin, October 1994, and I. P. Asia, October 1994, p. 34.*

❷ *Implementing Regulations, Rule 52.*

❸ *Ibid., Rule 50.*

❹ *Ibid., Rule 51.*

(129) The administrative authorities concerned have the power to supervise specific procedures instituted to combat piracy. Chinese manufacturers of laser disks, compact disks and CD-ROMs have to issue unique source identifiers, so-called SID codes, which must be imprinted on manufactured copies in an obvious place. Any manufacturer that violates such provision shall be punished by administrative and judicial sanctions. Further, all individuals or entities engaged in the reproduction, production, or publishing of foreign audiovisual products or computer software in CD-ROM format shall register their contracts with the National Copyright Administration or local copyright authorities. Any enterprise, which reproduces or publishes, including for export, foreign audiovisual products or computer software in CD-ROM format, shall obtain permission from the National Copyright Administration. If no permission is obtained, it may be punished by administrative and judicial means commensurate with the violation. ❶The National Copyright Administration may authorize such acts to the relevant association of rights owners and shall not issue the requisite permits except upon receipt of verification from such association. ❷❸

D. Criminal Sanctions

(130) No criminal liability was provided in the Copyright Act. Only on 5 July 1994, was the Resolution on the Punishment of Crimes of Copyright Infringement promulgated. ❹The Resolution defines the following acts as constituting criminal copyright infringement.

(131) Where, in any of the following events of copyright infringement, for profit-making purposes, the amount of illegal income is comparatively large or there are other aggravated circumstances, the offender shall be sentenced to fixed-term imprisonment of not more than three years, to detention and/or to the payment of a fine. Where the amount of illegal income is large or there are other particularly aggravating circumstances, the offender shall be sentenced to fixed-term imprison-ment of not less than three years and not more than seven years, and to the payment of a fine:

a) to reproduce and distribute, without the authorization of the copyright owner, his written work, musical work, cinematographic work, television work, video-graphic work, computer software and other works;

---

❶ *Copyright Act*, Art. 50.

❷ *Starting in 1996, China has banned the commercial showing of feature films from compact or laser disks in an effort to bring an end to infringement in this field. Furthermore, supervisors are being sent to factories recording on such disks to monitor whether they have the requisite permits. See China Daily, 10 January 1996, p. 2, and 11 January 1996, p. 3.*

❸ *At the start of 1996, such associations included the International Federation of Phonographic Industry (IFPI), the Motion Picture Association of America (MPA), the American Film Marketing Association (AF-MA), and the Hong Kong Motion Picture Association.*

❹ *Adopted at the 8th Session of the Standing Committee of the Eighth National People's Congress of the People's Republic of China on 5 July 1994.*

b) to publish a book to which the exclusive publishing right is enjoyed by another person;

c) to reproduce and distribute, without the authorization of the phonogram or videogrant producer, the phonogram or videogram produced by him;

d) to produce and sell a work of art bearing the forged signature of another person.

(132) Anyone who sells, for profit-making purposes, an infringing reproduction, fully knowing the above-mentioned circumstances, and the amount of his illegal income is comparatively large, shall be sentenced to fixed-term imprisonment of not more than two years, to detention, and/or to the payment of a fine. Where the amount of his illegal income is large, he shall be sentenced to fixed-term imprison-ment of not less than two years and not more than five years, and to the payment of a fine.

For interpreting the meaning of "large", "comparatively large", "other aggravating circumstances" and "other particularly aggravating circumstances", a "Circular on Interpretation of Some Issues for Applying the Resolution of the Standing Committee of the National People's Congress on the Punishment of Crimes of Copyright Infringement" was published by the Supreme People's Court at the beginning of 1995. According to the Circular, for the copyright infringement from (a) to (d), the amount of the illegal income is comparatively large if the illegal income of individuals is over 20,000 RMB yuan and that of entities is over 100,000 RMB yuan. "Other aggravating circumstances" include those in which the infringer has been sued for administrative or civil liability at least twice before, the individual illegal business transaction is over 100,000 RMB yuan and that of entities is over 500,000 RMB yuan and the results or the circumstances are aggravating. The amount of illegal income is "large" if the illegal income of individuals is over 100,000 RMB yuan and that of entities is over 500,000 RMB yuan. "Other particu-larly aggravating circumstances" are assumed when the infringer has been sued for criminal liability before, the illegal business transaction of individuals is over 1 million RMB yuan and that of entities is over 5 million RMB yuan, and the results of circumstances are very aggravating. For anyone who sells an infringing reproduction for profit, the amount of illegal income is "comparatively large" if the illegal income of individuals is over 20,000 RMB yuan and that of entities is over 100,000 RMB yuan. The amount of illegal income is "large" if the illegal income of individuals is over 100,000 RMB yuan and that of entities is over 500,000 RMB yuan. ❶

(133) The Resolution provides that the infringing reproduction, illegal income and materials, tools, equipment or other property belonging to the offending entity or individual and used mainly in the crime of copyright infringement shall, without exception, be confiscated.

The New (Revised) Criminal Code was approved by the Standing Committee of the National People's Congress on 14 March 1997. Resolution on Punishment of Crimes of Copyright In-

---

❶ *83,098 RMB yuan = US $1.00, per the market – exchange rate set by the People's Bank of China, as reported in China Daily, 8 August 1996, p. 7.*

fringement shall cease to be effected from 1 October 1997. When the amount of illegal income is large or in circumstances of particular seriousness, the offender shall be sentenced to a fixed term imprisonment of not less than three years and not more than seven years, as well as to a payment of a fine (Article 217).

Chapter 2. Patents

§ 1. Historical Evolution of Patent System

(134) On 19 March 1474, Venice adopted a patent law, which may be deemed the first patent law in human history. In England, the famous Statute of Monopolies, enacted in 1623, constituted the foundation of modern patent law and the first real legislative act for protecting industrial property rights. J. Kohler, a world-renowned jurist from Germany, calls the Statute the Magna Charta of the rights of the inventor as well as of the freedom of trade. ❶From the end of the 18th century, more and more patent laws were adopted in western countries: in the United States in 1790, France in 1791, Prussia in 1815, Bavaria in 1825, Spain in 1826, Brazil in 1830, Chile in 1840, Germany in 1877, Japan in 1885, and many other countries.

(135) Zhuanli (monopoly of interest), though written about in ancient Chinese classics, was actually translated from the term "patent" in the mid—1850s. Hong Rengan, the premier of the Tai Ping Heavenly Kingdom (1851 ~ 1864) and a cousin of the Kingdom's leader Hong Xiuchuan, was the first person who recommended that China should adopt a patent system like in western countries. In his famous book "New Writings on the Administration of the State", he wrote if a person, as in other countries, manufactures locomotives, which can run 7,000 to 8,000 Li❷in 24 hours, he should be permitted to have a patent (monopolize its benefit). It should also be applied to steamships, machines and other techniques. For the duration of patent, he wrote that "the simple one should be granted for 5 years, the complex one 10 years, more advantageous to the people, the longer the time to be protected... After the time limit, anybody may imitate". ❸

(136) In 1881, the reformist Zheng Guanying established a machine-weaving mill in Shanghai. He wrote a letter to Li Hongzhang asking for a ten-year patent. In the next year, Li Hongzhang, the minister in charge of the government, wrote in his petition to the Emperor Guangxu of the Qing dynasty, "According to precedents in western countries, any new established industry hitherto non existent in the country should, as a rule, be granted a *Zhuanli* (monopolize its benefit) for a term of a certain number of years. The mill in question uses machines for the purpose of weaving. This is a pioneering undertaking. It must be remembered that, for the next ten years, only joining the mill as a partner will be allowed and no new es-

---

❶ J. Kohler, *Handbuch des Deutschen Patentrechts* (*1900*), p. 19.

❷ One Li equals half a kilometer.

❸ *Historical Materials of the Taiping Heavenly Kingdom*, Zhonghua Publishing House, Chinese edition, 1955, p. 29, p. 40.

tablishments of this kind shall be permitted". ❶The petition was approved by Emperor Guangxu in the same year. This was the first patent in modern China. Later, more and more patents were granted. For example, a 10-year patent was granted to a paper mill, established by a merchant, Zhong Xiliang, in Guangzhou in 1889, and another to a spinning mill in Tongzhou, Jiangsu province. In 1895, a 15-year patent was granted to a winery in Jantai, Shantong province and another to a technique for innovating an old weaving machine.

(137) Regulations for Rewards for the Promotion of Technology, the first patent legislation in China were enacted by Emperor Guangxu in 1898. ❷According to these Regulations, any invention of new processes for manufacturing ships, guns, cannons, etc., or any invention of new methods for constructing huge projects, like the Suez canal, could be granted a 50-year patent. In addition, a 30-year patent or a 10-year patent could be granted respectively for any other new method for manufacturing new products or imitations of western products. After two months from the promulgation of these Regulations, the Reform Movement of Emperor Guangxu was destroyed by Empress Dowager and the above mentioned Regulations were canceled immediately.

(138) After the Revolution of 1911, led by Dr. Sun Yet-sen, the Ministry of Industry and Trade enacted, in 1912, the Provisional Articles for Rewards for Manufactured Products, which stipulated that, except for food and pharmaceuticals, a patent may be granted to any invented or improved product for a period up to 5 years. In 1923, the Ministry of Agriculture and Commerce under the Northern Warlords Government in Peking enacted the Provisional Regulations for Rewards for Manufactured Products, which protected also inventions of processes or their improvement. After the establishment of the Guomindang Government in Nanjing, similar Regulations, the Provisional Regulations for Rewards for Handicraft and the Provisional Regulations for Rewards for Industrial Technique, were promulgated respectively in June 1928 and September 1932. According to the 1928 Regulations, industrial products and their manufacturing process could be granted a patent for 15 years, 10 years or 3 years respectively. Under the 1932 Regulations, the terms of patent were provided for 10 years and 5 years. The above mentioned Regulations of 1932 were amended in April 1939, in which patents of new models (utility models) and patents of new designs (industrial designs) were added.

(139) In Chinese history, the first patent law was promulgated in 1944, during the War of Resistance Against Japan, by the Guomindang Government in Chongqing. This Law provided three categories of patents: patent for invention, with 15 years' duration; patent for utility models, with 10 years' duration; and patent for industrial designs, with 5 years' duration. All the durations mentioned above commenced from their filing date. However, this Law did not enter into force in mainland China under the rule of the Guomindang Government, but, from 1 Janu-

---

❶ *Complete Works of Li Wen Zhong Gong*, vol. 43.
❷ *Patent Work Developments*, No. 26, 1983, p. 7.

ary 1949, it entered into force in Taiwan province and is now still used there after many amendments.

(140) Before the promulgation of the 1944 patent law, only 692 patents and 175 rewards were granted during 32 years, i. e., from the establishment of the patent system in 1912 to 1944. ❶The statistics illustrate that the patent system in China before 1949 did not play any important role for the advancement of industry and technology.

(141) Soon after the founding of the People's Republic of China, the Central People's Government promulgated the Provisional Regulations for the Protection of Rights of Invention and Patent Rights. ❷Under the Regulations, two categories of certificate may be applied: invention certificates and patent certificates. Invention certificates were granted for service inventions accomplished by the working staff of the state organization, for inventions for national defense, for those affecting the welfare of the great majority of the people (such as pharmaceuticals as well as agri-cultural and stock species) as well as for inventions made in the execution of a commission. Invention certificates or patent certificates could be applied for non-service inventions made by the working staff of the state organization, inventions made in private enterprises and inventions made by foreign residents in China on a voluntary basis. New methods for manufacturing chemical substances could be granted invention certificates or patent certificates. However, no certificates could be granted to substances obtained by chemical methods. While an invention right was applied and an invention certificate was granted, but the government did not need to make use of it, the authorities concerned could then grant a patent certificate. On the other hand, if a patent certificate had been granted but the government needed to make use of it, an invention certificate could be granted in place of the patent certificate. The duration of an invention right and a patent right is from 3 to 15 years, to be decided by the authorities concerned.

(142) In November 1963, the Provisional Regulations for the Protection of Rights of Invention and Patent Rights were abrogated by the State Council. During the 13 years from 1950 to 1963, four patent rights and six invention rights were granted. In 1963, the Regulations on Awards for Inventions were promulgated, in which inventions obtained prizes belonging to the state and any state or collectively owned entities could use it free of charge. Thus, inventions were not protected as property in the legal sense. As a consequence, no patent existed in China until 1985.

(143) Just before adopting the new reform and opening-up policy, China began to consider the necessity to establish a patent system. In approving a report in July 1978, the Central Committee of the Communist Party of China indicated that "China should establish a patent sys-

---

❶ *"Patent Fundamentals" in: China Patent Textbook, Patent Documentation Publishing House, 1993, p. 17.*

❷ *Collection of Laws and Decrees of the People's Republic of China1949~1950, People's Publistdng House, 1952, p. 539.*

National People's Congress, and it entered into force on 1 April 1985, to be subsequently amended at the 27th Session of the Standing Committee of the Seventh National People's Congress on 4 September 1992, having effect from 1 January 1993. The Patent Law is the most important statute in the field of patent protection, and it contains 69 articles, divided into 8 chapters: General provisions; Requirements for the grant of patent rights; Application for patents; Examination and approval of the application for patents; Duration, cessation and invalidation of patent fights; Compulsory license for exploitation of the patent; Protection of patent rights, and Supplementary provisions.

VI. Implementing Regulations of the Patent Law of the People's Republic of China

(152) The Regulations were approved by the State Council on 19 January 1985, amended on 12 December 1992 and entered into force on 1 January 1993. They contain 96 articles, divided into 10 chapters: General provisions; Application for patents; Examination and approval of the application for patents; Invalidation of a patent right; Compulsory license for the exploitation of patents; Rewards to the inventor or creator of a service invention/creation; Administrative authority for patent affairs; Patent register and patent gazette; Fees; and Supplementary provisions. ❶

(153) The important international conventions in respect of patents, acceded to by China, include the Paris Convention for the Protection of Industrial Property and the Patent Cooperation Treaty. The MOU between China and the US is an important bilateral agreement in the field of patents.

Regulations for the Protection of New Varieties of Plants of the People's Republic of China were enacted by the State Council and entered into effect on 1 October 1997. Under the above-mentioned Regulations, any entity or individual who has accomplished the breeding of a new variety shall enjoy the exclusive right in respect of his or its granted variety. Variety fight shall be protected as a sui generis right under the Regulations.

§ 3. Patentable Matfer

154. AS mentioned above, the Chinese patent law protects not only inventions, but also utility models and industrial designs. Therefore, patents in China are divided into three different kinds: patent for inventions, patent for utility models and patent for industrial designs. ❷

---

❶ Besides, the "Guideline for Examination", prepared by the Chinese Patent Office and which entered into effect on 1 April 1993, though not on a level of law and regulations, is still very important for applying and understanding of the Patent Law and its Regulations.

❷ I believe that, at least, an industrial design is not concerned with technical issues, so it is logical to have a separate law regulating design in addition to patents. Dr. Kurt Haertel, a former President of the German Patent Office and the "father of the European Patent", made a similar suggestion when I was invited to lecture on the Drafting and Promulgation of Chinese Patent Law at the World-renowned Max Planck Institute for Foreign and International Patent, Copyright and Competition Law in 1984.

In essence, both invention and utility model refer to any solution to a specific problem in the field of technology. The difference lies in the fact that invention refers to any new technical solution relating to a product, a process or improvement thereof, and utility model refers to any new technical solution relating to the shape, the structure, or a combination thereof, of a product, which is suitable for practical use. ❶ Design means any new design relating to the shape, pattern, color, or a combination thereof, of a product which creates an aesthetic feeling and is suitable for industrial application. ❷

(155) Except for methods for the diagnosis or for the treatment of diseases, animal and plant varieties as well as substances obtained by means of nuclear transformation, any new technical solution may be granted a patent. ❸ However, patents may be granted for processes used in producing products referring to animal and plant varieties.

(156) The technological fields protected in the revised 1993 Patent Law are much wider than that in the 1984 Patent Law. In the Patent Law of 1984, no patent right could be granted for foods, beverages, flavorings, pharmaceuticals and substances obtained by means of chemical processes. The reason was that China, as a developing country, was still backward in terms of technology, and by adopting a patent system for the first time, it lacked the necessary experience therein. Many countries at that time also had similar exception provisions in these technological fields. According to statistics by the World Intellectual Property Organization, 35 countries did not grant patents for food products, ❹ countries did not do so for food processes, ❺ 49

---

❶ Art. 2, Implementing Regulations.

❷ Ibid.

❸ Art. 25, Patent Act. Patents shall not be granted to scientific discoveries as well as rules and methods for mental activities, because they do not fall within the technical field.

❹ Countries which did not grant patents for food products (35): Australia (where the Commissioner could refuse to grant a patent therefor where the product was a mere mixture of known ingredients), Bolivia, Brazil, Bulgaria, Canada (unless produced by processes also claimed or their equivalents), China, Czechoslovakia, Colombia, Cuba, Denmark, Ecuador, Egypt (as regards chemical inventions), Finland, Greman Democratic Republic, Hungary, Iceland, India, Libya (as regards chemical inventions), Malawi, Mexico, Mongolia, New Zealand (where the Commissioner can refuse a patent therefor), Norway, Peru, Poland, Portugal, Republic of Korea, Romania, Thailand, Tunisia, Venezuela, Viet-Nam, Yugoslavia, Zambia (where the Registrar could refuse a patent therefor where the product was a mere mixture of known ingredients), Zimbabwe (where the Registrar could refuse a patent therefor where the product was a mere mixture of known ingredients).

❺ Countries which did not grant patents for food processes (9): Australia (where the Commissioner could refuse a patent therefor where the process produced a mere mixture of known ingredients by mere admixture), Brazil, Colombia (unless exploited in Colombia), Denmark, Malawi, Mexico, New Zealand (where the Commissioner could refuse a patent therefor where the process produced a mere mixture of known ingredients by mere admixture), Zambia (where the Registrar could refuse a patent therefor where the process produced a mere mixture of known ingredients by mere admixture), Zimbabwe (where the Registrar could refuse a patent therefor where the process produced a mere mixture of known ingredients by mere admixture).

countries did not do so for pharmaceutical products, ❶ 10 countries did not do so for pharmaceutical processes❷ and 22 countries did not do so for chemical products. ❸

(157) During the late revision of the Patent Law in 1992, most experts were in favor of enlarging the scope of patent protection and to grant patent for food, beverages and flavorings. However, different opinions existed for the protection of pharmaceuticals and substances obtained by means of chemical processes. After strong debates and in conformity with the demands of a socialist market economy as well as the compromise on the TRIPs negotiation between the ten in December 1991, the Chinese authorities concerned decided to grant patents for pharmaceuticals and substances obtained by means of chemical processes. This decision first saw light of day in the MOU between China and the US, and then in the 1993 revised Patent Law.

§ 4. Conditions of Patentability

(158) A patent shall be granted if an invention, utility model or industrial design fulfills the conditions of patentability provided in the Patent Law. The conditions or requirements of patentability include:

a) it should be an invention, utility model or industrial design within the meaning provid-

---

❶ *Countries which did not grant patents for pharmaceutical products (49): Argentina, Australia (where the Commissioner could refuse to grant a patent therefor where the product was a mere mixture of known ingredients), Bolivia, Brazil, Bulgaria, Canada (unless produced by processes also claimed or their equivalents), Chad, China (if obtained by chemical processes), Colombia, Cuba, Czechoslovakia, Ecuador, Egypt (as regards chemical inventions), Finland, German Democratic Republic, Ghana, Greece, Hungary, Iceland, India, Iran (Islamic Republic of), Iraq, Lebanon, Libya (as regards chemical inventions), Malawi, Mexico, Monaco, Mongolia, Morocco, New Zealand (where the Commissioner could refuse a patent therefor where the product was a mere mixture of known ingredients), Norway, Pakistan, Peru, Poland, Portugal, Republic of Korea, Romania, Soviet Union, Spain (until 1992), Syria, Thailand, Tunisia, Turkey, Uruguay, Venezuela, Viet-Nam, Yugoslavia, Zambia (where the Registrar could refuse a patent therefor where the product was a mere mixture of known ingredients), Zimbabwe (where the Registrar could refuse a patent therefor where the product was a mere mixture of known ingredients).*

❷ *Countries which did not grant patents for pharmaceutical processes (10): Australia (where the Commissioner could refuse a patent therefor where the process produced a mere mixture of known ingredients by mere admixture), Brazil, Colombia (unless exploited in Colombia), Malawi, Mexico, New Zealand (where the Commissioner could refuse a patent therefor where the process produced a mere mixture of known ingredients by mere admixture), Republic of Korea, Turkey, Zambia (where the Registrar could refuse a patent therefor where the process produced a mere mixture of known ingredients by mere admixture), Zimbabwe (where the Registrar could refuse a patent therefor where the process produced a mere mixture of known ingredients by mere admixture).*

❸ *Countries which did not grant patent for chemical products (22): Bolivia, Brazil, Bulgaria, China, Cuba, Czechoslovakia, German Democratic Republic, Hungary, India, Mexico, Mongolia, Morocco (but only in the former zone of Tangier), Poland, Portugal, Republic of Korea, Romania, Soviet Union, Spain (until 1992), Uruguay, Venezuela, Vier-Nam, Yugoslavia.*

ed in the Patent Act and its Implementing Regulations; ❶

b) it should not fall within the exclusion clauses under which no patent shall be granted; ❷

c) it should not be contrary to the laws of the State or social morality or detrimental to the public interest; ❸

d) invention and utility model should possess novelty, inventive step and industrial applicability; industrial design should not be identical with or similar to any design which, before the date of filing, has been publicly disclosed in publications in the country or abroad or has been publicly used in the country. ❹

A patent application should be rejected and a patent right should be invalidated if it does not fulfill the substantive requirements of (a), (b) or (c). A patent should be revoked if it does not fulfill the requirement of (d).

I. Novelty

(159) The Patent Act provides that any invention or utility model, for which a patent right may be granted, must possess novelty. So, novelty is a fundamental requirement of a patent. According to Article 22, para. 2 of the Patent Act, novelty means that, before the date of filing, no identical invention or utility model has been publicly disclosed in publications within the country or abroad or has been publicly used or made known to the public by any other means within the country, nor has any other person previously filed with the Patent Office an application which described the identical invention or utility model and was published after the said date of filing.

(160) Novelty is an objective criteria and is not dependent on any person's sub-jective judgement. For determining novelty, the decisive moment is the filing date or priority date, if priority is claimed, of a patent application. To be granted a patent, an invention or utility model must be new and does not constitute a part of the state of the art before the filing or priority date of a patent application. According to the Patent Act, novelty contains the following requirements:

a) Publication requirement

Novelty requires that no identical invention or utility model has been publicly disclosed in publications within the country or abroad. Publications include writings, pictures and recordings. The criteria for judging a publication is whether it is available to the public at large. If it is available to the public, even as only one copy in a public library, it still constitutes publication for the purposes of the state of the art.

---

❶ *Patent Act*, Art. 2, and *Implementing Regulation*, Rule 2.
❷ *Ibid.*, Art. 25.
❸ *Ibid.*, Art. 5.
❹ *Ibid.*, Art. 22, and Art. 23.

b) Public use requirement

Novelty requires that no identical invention or utility model has been publicly used within the country. Public use means, as one would expect, the use of an invention or utility model in public. The Patent Act only provides that there should be no public use within the country. In other words, public use abroad does not destroy the novelty of a patent application.

c) Not made known to the public by other means

If an identical invention or utility model has been made known to the public by means other than public use, such as in the form of a public lecture, by speaking on a radio or television programme, or by displaying a product at an exhibition, within the country, the novelty in a patent application will be destroyed. However, such public disclosure in a foreign country shall have no effect on the novelty of a patent application.

d) No "conflict between applications of patents"

This requirement means that nobody should have previously filed with the Patent Office an application which described the identical invention or utility model and was published after the date of filing. Generally speaking, only the publications published before the filing or priority date will determine the novelty in a patent application. However, the whole content of an earlier application shall be considered as a prior state of the art although the contents have not been disclosed to the public, provided that the earlier application is published after the filing or priority date. The reason for this is obvious, to avoid the same invention or utility model being protected by two patents. Article 24 of the Patent Act provides that an invention-creation for which a patent has been applied for does not lose its novelty when, within six months before the date of filing, one of the following events have occurred:

i) it was first exhibited at an international exhibition sponsored or recognized by the Chinese Government;

ii) it was first made public at a prescribed academic or technological meeting;

iii) where it was disclosed by any person without the consent of the applicant.

II. Inventive Step

(161) An inventive step, or inventiveness or non-obviousness, is another funda-mental requirement which an invention or utility model must fulfill in order to obtain a patent. It is a subjective criteria, which depends on the examiner's subjective judgement. But, the prior state of the art as a whole must be taken into account in order to assess the inventive step of an invention.

(162) According to Article 22, para. 3 of the Patent Act, an inventive step means that, as compared with the technology existing before the date of filing, the invention has prominent substantive features and represents notable progress and that the utility model has substantive features and represents progress.

(163) Prominent substantive features of an invention means that the technical fea-tures of an invention, as compared with the state of the art, are not minor innovations. They have es-

sential differences from the existing technology, which are not obvious to a person having ordinary skill in that field. For judging the inventive step of an invention, the Patent Act uses "a person having ordinary skill in the art", which means a notional expert with knowledge and skill in the relevant field. He is not an ordinary non-professional person, nor a leading expert in this technical field. However, he is presumed to be familiar with everything contained in the state of the art.

(164) Notable progress is to be evaluated by the objective results of the invention. An invention, which, compared with the prior state of the art, produces better technological, economic and social results, shall represent notable progress.

(165) The inventive step in respect of a utility model is lower than that of an invention. It shall have substantive features and represent progress. But, for judging the inventive step of an invention, the "prominent" substantive features and "notable" progress is necessary. Whether a substantive feature is "prominent" or "not prominent" and a progress is "notable" or "not notable", depends on the subjective analysis of the examiner. The guidelines for examination in the Patent Office are very important and helpful to the examiner for his analysis.

III. Industrial Applicability

(166) According to Article 22, para. 4, industrial applicability means that the invention or utility model can be made or used and can produce effective results. In other words, a product invention or utility model must be capable of being made, and a process utility model must be capable of being used in practice. "Industrial" shall be understood in its broadest sense, including industry, agriculture, mining, handicraft, fishery, service and so on. Effective results include those in the technical, economic or social fields.

IV. Subject Matter Excluded from Patent Protection

(167) In accordance with the provisions of the Patent Act, the following inventions or utility models are excluded from patent protection:

a) any technical invention which is contrary to the law of the state or social moral-ity or detrimental to public interest, such as gambling devices. ❶

b) scientific discoveries. ❷It is generally recognized that a scientific discovery is not patentable. This is because a scientific discovery uncovers the existence of something which is unknown but does not create something which is non-existent.

c) rules and methods for mental activities. ❸Rules and methods for mental activities are generally recognized as not being patentable. This is because they are creations purely of the human mind, not made by utilizing physical laws, are non-technical and cannot be industrially applied. In the practice of the China Patent Office, computer programs per se are excluded from

---

❶ *Patent Act*, Art. 2, and *Implementing Regulation*, Art. 5.
❷ *Ibid.*, Art. 25.
❸ *Ibid.*, Art. 25.

patent protection for this reason. However, if a program-controlled machine or a program-controlled process makes a technical contribution to the known state of the art, it is nor-mally regarded as patentable by the China Patent Office.

d) methods for the diagnosis or the treatment of disease. ❶These are not patentable as they are not susceptible to industrial applicability.

e) animal and plant varieties. Plant varieties, however, have to be protected under the Regulations for the Protection of New Varieties of Plants of the People's Republic of China, which came into effect on 1 October 1997. Under the existing Law, for processes used in producing products referred to in this item, a patent right may be granted in accordance with the provisions of the Patent Act.

f) substances obtained by means of nuclear transformation. ❷

For the conditions for the patentability of an industrial design, the Patent Act pro-vides that any design for which patent rights may be granted must not be identical with or similar to any design which, before the date of filing, has been publicly disclosed in publications within the country or abroad or has been publicly used within the country. ❸

So, the novelty of an industrial design is decided by comparing it with the designs which, before the date of filing or of priority, have been publicly disclosed in publi-cations within the country or abroad or have been used within the country. If a design is not identical or similar to prior designs, it shall be regarded as a novel design. To decide whether a design is identical or similar to any prior design, it is necessary to study the design as a whole. If the essential constituent elements of a design are not identical with or similar to any prior design, the former design shall be regarded as a novel design. At the same time, in judging whether a design contains novelty or not, it is also necessary to consider the class to which the product belongs. If a design is identical with or similar to any prior design incorporated in a product belonging to a different class, the novelty of the former design shall not be affected.

§ 5. Formalities

I. Application for Patent

(168) The Chinese Patent Act provides that, where an application for a patent for invention or utility model is filed, a request therefor, a description thereof and its abstract, and claims shall be submitted.

A. Request

(169) The request shall state the title of the invention or utility model, the name of the inventor or creator, the name and the address of the applicant and other related matters. "Oth-

---

❶ *Patent Act*, Art. 2, and *Implementing Regulation*, Art. 25.
❷ *Ibid.*, Art. 25.
❸ *Ibid.*, Art. 23.

er related matters" refer to:

a) the nationality of the applicant;

b) where the applicant is an enterprise or other organization, the name of the country in which the applicant has its head office;

c) where the applicant has appointed a patent agency, the relevant matters which should be indicated;

d) where the priority of an earlier application is claimed, the relevant matters which should be indicated;

e) the signature or seal of the applicant or the patent agency;

f) a list of the documents constituting the application;

g) a list of the documents appended to the application;

h) any other related matters which need to be indicated. Any applicant who appoints a patent agency to file an application for a patent or for dealing with other patent matters at the Patent Office, shall submit a power of attorney indicating the scope of the power entrusted. Where there are two or more applicants and where they have not appointed a patent agency, they should designate a representative.

B. Description

(170) The description shall set out the invention or utility model in a manner sufficiently clear and complete so as to enable a person skilled in the relevant field of technology to carry it out; where necessary, drawings are required. The abstract shall state briefly the main technical points of the invention or utility model.

(171) The description of an application for a patent of invention or utility model shall be presented in the following manner and order:

a) state the title of the invention or utility model as it appears in the request;

b) specify the technical field to which the invention or utility model relates;

c) indicate tile background information which, as far as is known to the applicant, can be regarded as useful for the understanding, searching and examination of the invention or utility model, and cite the documents reflecting such back-ground information;

d) specify the purpose which the invention or utility model is designed to fulfill;

e) disclose the technical solution of the invention or utility model, as claimed, in such terms that a person having ordinary skill in the field can understand it and the task of the invention or utility model may be fulfilled;

f) state the advantageous effects of the invention or utility model, with reference to the background information;

g) briefly describe the figures in the drawings, if any;

h) describe in detail the best mode contemplated by the applicant for carrying out the invention or utility model; this shall be done in terms of examples, where appropriate, and with reference to the drawings, if any.

The same sheet of drawing paper may contain several drawings of the invention and utility model. Reference signs as regards the drawings which do not appear in the text of the description of the invention or utility model, shall not appear on the drawings. Reference signs not appearing on the drawings shall not appear in the text of the description. Drawing reference signs for the same composite part used in an application document shall be consistent throughout. The drawings shall not contain any other explanatory notes, except words which are indispensable thereto.

The abstract shall indicate the technical field to which the invention or utility model pertains, the technical problems to be solved, the essential technical features and the use or uses of the invention or utility model.

C. Claims

(172) The claim is to define the scope of protection of the patent right and forms the basis by which to decide whether or not any third party has infringed a patent right. A claim should be drafted with much attention, thought and skill. It shall be supported by the description and shall state the extent of the requested patent protection.

(173) The claims shall define clearly and concisely the matter for which protection is sought in terms of the technical features of the invention or utility model. If there are several claims, they shall be numbered consecutively in Arabic numerals. The technical terminology used in the claims shall be consistent with that used in the description. The claims may contain chemical or mathematic formulae but no drawings. The technical features mentioned in the claims may, in order to facilitate quicker understanding of the claim, make reference to the corresponding reference signs in the drawings. Such reference signs shall follow the corresponding technical features and be placed between parentheses. They shall not be construed as limiting the claims.

(174) The claims may include both dependent and independent claims. An inde-pendent claim shall outline the technical solution of an invention or utility model and describe the indispensable technical features necessary for fulfilling the purpose of the invention or utility model. A dependent claim shall further define the claim which it refers to by additional features which it is desired to protect. Each invention or utility model shall have only one independent claim, which shall precede all the dependent claims relating to the same invention or utility model. A dependent claim referring to one or more other claims shall refer only to the preceding claim or claims. A multiple dependent claim which referred to more than one other claim shall not serve as a basis for any other multiple dependent claim.

(175) Where an application for a patent for design is filed, a request, drawing or photographs of the design shall be submitted, and the product incorporating the design and the class to which that product belongs shall be indicated.

(176) The date on which the Patent Office receives the application shall be the date of filing. If the application is sent by mail, the date of mailing indicated by the postmark shall be the

date of filing. ❶

(177) Where, within twelve months from the date on which any applicant first filed in a foreign country an application for a patent for invention or utility model, or within six months from the date on which any applicant first filed in a foreign country an application for a patent for design, be or it may file in China an application for a patent for the same subject matter, and he or it may, in accordance with any agreement concluded between the said foreign country and China, or in accordance with any international treaty to which both countries are party, or on the basis of the principle of mutual recognition of the right of priority, enjoy a right of priority. Where, within twelve months from the date on which any applicant first filed an application for a patent for invention or utility model in China, he or it files with file Patent Office an application for a patent for the same subject matter, he or it may enjoy a right of priority. ❷Any applicant who claims the right of priority shall make a written declaration when the application is filed, and shall submit, within three months, a copy of the patent application document which was first filed; if the applicant fails to make the written declaration or to meet the time-limit for submitting the patent application document, the claim to the right of priority shall be deemed not to have been made. ❸

(178) An application for a patent of invention or utility model shall be limited to one invention or utility model. Two or more inventions or utility models belonging to a single general inventive concept may be filed as one application. An application for a patent for design shall be limited to one design incorporated in one product. Two or more designs which are incorporated in products belonging to the same class and are sold or used in sets may be filed as one application. ❹

An applicant may withdraw his or its application for a patent at any time before the patent right is granted. ❺

(179) An applicant may amend his or its application for a patent, but the amend-ment to the application for a patent for invention or utility model may not go beyond the scope of the disclosure contained in the initial description and claims, and the amendment to the application for a patent for a design may not go beyond the scope of the disclosure as shown in the initial drawings or photographs. ❻

II. Examination and Approval of the Application for Patent

(180) After receiving an application for a patent for invention, the Patent Office, upon

---

❶ *Patent Act, Art. 2, and Implementing Regulation, Art. 28.*
❷ *Ibid., Art. 29.*
❸ *Ibid., Art. 30.*
❹ *Ibid., Art. 31.*
❺ *Ibid., Art. 32.*
❻ *Ibid., Art. 33.*

preliminary examination,[1] and upon finding the application to be in conformity with the requirements of this Act, will publish the application promptly after the expiration of eighteen months from the date of filing. Upon the request of the applicant, the Patent Office may publish the application earlier.[2]

(181) Upon the request of the applicant for a patent for invention, made at any time within three years from the date of filing, the Patent Office will proceed to examine the application as to its substance. If, without any justified reason, the applicant fails to meet the time-limit for requesting examination as to substance, the application shall be deemed to have been withdrawn. The Patent Office may, on its own initiative, proceed to examine any application for a patent for invention as to its substance when it deems this to be necessary.[3]

(182) When the applicant for a patent for invention requests examination as to substance, he or it shall furnish pre-filing date reference materials concerning the invention. The applicant for a patent for invention who has filed an application for a patent in a foreign country for the same invention shall, at the time of requesting examination as to substance, furnish documents concerning any search made for the purpose of examining that application, or concerning the results of any examination made, in that country. If, without any justified reason, the said documents are not furnished, the application shall be deemed to have been withdrawn.[4]

(183) Where the Patent Office, after it has made the examination as to substance of the application for a patent for invention, finds that the application is not in conformity with the provisions of this Act and Implementing Regulations,[5] it shall notify the applicant thereof and shall request him or it to submit, within a specified time-limit, his or its observations or to amend the application where necessary. If, without any justified reason, the time-limit for making a response is not met, the application shall be deemed to have been withdrawn.[6]

(184) Where, after the applicant has made the observations or amendments, the Patent Office finds that the application for a patent for invention is still not in con-formity with the provisions of this Act, the application shall be duly rejected.[7] Where it is found after examination as to substance that there is no cause for rejection of the application for a patent for invention, the Patent Office shall decide to grant the patent right for invention, issue the certificate of patent for invention, and register and announce it.[8]

(185) Where it is found after preliminary examination that there is no cause for rejection

---

[1] *Implementing Regulations*, Rule 44.
[2] *Patent Act*, Art. 34.
[3] *Ibid.*, Art. 35.
[4] *Ibid.*, Art. 36.
[5] *Implementing Regulations*, Rule 53.
[6] *Patent Act*, Art. 37.
[7] *Ibid.*, Art. 38.
[8] *Patent Act*, Art. 39.

of the application for a patent for an utility model or design, the Patent Office shall decide to grant the patent fight for an utility model or the patent right for a design, issue the relevant patent certificate, and register and announce it. ❶

(186) Where, within six months from the date of the announcement of the grant of the patent right by the Patent Office, any entity or individual considers that the grant of the said patent fight is not in conformity with the relevant provisions of the Patent Act, it or he may request the Patent Office to revoke the patent right. ❷Then, the Patent Office shall examine the request for revocation of the patent right, making a decision revoking or upholding the patent fight, and notify the person who made the request and the patentee. The decision revoking the patent right shall be registered and announced by the Patent Office. ❸

(187) The Patent Office has set up a Patent Re-examination Board, which consists of experienced technical and legal experts and the Director General of the CPO as the Chairman of the Board. Where any party is not satisfied with the decision of the Patent Office to reject the application, or the decision of the Patent Office to revoke or uphold the patent fight, such party may, within three months from the date of receipt of the notification, request the Patent Re-examination Board to undertake a re-examination. The Patent Re-examination Board shall, after re-examination, make a decision and notify the applicant, the patentee or the person who made the request for revocation of the patent fight. Where the applicant for a patent for invention, the patentee of an invention or the person who made the request for revocation of the patent right for invention is not satisfied with the decision of the Patent Re-examination Board, he or it may, within three months from the date of receipt of the notification, institute legal proceedings in the people's court. However, the decision of the Patent Re-examination Board in respect of any request (made by the applicant, the patentee or the person who made the request for revocation of the patent fight) for re-examination concerning a utility model or design is final. ❹Any patent fight which has been revoked shall be deemed to be null and void. ❺

§ 6. Ownership and Transfer of Patent

I. Ownership of Patent

(188) A natural person or a legal person may be the applicant for a patent or the patent owner, i.e., the patentee. An infant, who has made an invenfion/creaton, may also enjoy the exclusive right of a patent. However, the infant can become the owner of a patent only by means of an application by his parent(s) or his guardian(s).

---

❶ *Patent Act*, Art. 40.
❷ *Ibid.*, Art. 41.
❸ *Ibid.*, Art. 42.
❹ *Ibid.*, Art. 43.
❺ *Ibid.*, Art. 44.

(189) Where any foreigner, foreign enterprise or other foreign organization having no habitual residence or business office in China files an application for patent in China, the application shall be treated under the Patent Act in accordance with any agreement concluded between the country to which the applicant belongs and China, or in accordance with any international treaty to which both countries are party, or on the basis of the principle of reciprocity. ❶Where any foreigner, foreign enterprise or other foreign organization having no habitual residence or business office in China applies for a patent, or has other patent matters to attend to in China, he or it shall appoint a patent agency designated by the State Council of the People's Republic of China to act as its or his agent. ❷Where any Chinese entity or individual intends to file an application in a foreign country for a patent for invention/creation made in the country, it or he shall file first an application for patent with the Patent Office and, with the sanction of the concerned competent department of the State Council, shall appoint a patent agency designated by the State Council to act as its or his agent. ❸Now, the patent agencies attending to foreign-related patent matters, are designated by the CPO and authorized by the State Council. ❹

(190) For a service invention/creation, made by a person in the execution of the tasks of the entity to which he belongs or which is made by him mainly by using the material means of the entity, the right to apply for a patent belongs to the entity. Here, "a service invention/creation made by a person in the execution of the tasks of the entity to which he belongs" refers to any invention/creation made:

a) in the course of performing his own duty;

b) in execution of any task, other than his own duty, which was entrusted to him by the entity to which he belongs;

c) within one year from his resignation, retirement or change of work, where the invention/creation relates to his own duty or the other task entrusted to him by the entity to which he previously belonged.

"Material means of the entity" referred to the entity's money, equipment, spare parts, raw materials, or technical data which are not to be disclosed to the public. ❺

(191) For any non-service invention/creation, the right to apply for a patent belongs to the inventor or creator. "Inventor" or "creator" mentioned here refers to any person who has made creative contributions to the substantive features of the invention/creation. Any person who, during the course of accomplishing the invention/creation, is responsible only for organizational work, or who offers facilities for making use of material means, or who takes part in

---

❶ *Patent Act*, Art. 18.
❷ *Ibid.*, Art. 19.
❸ *Ibid.*, Art. 20.
❹ *Implementing Regulations*, Rule 14.
❺ *Ibid.*, Rule 10.

other auxiliary functions, shall not be considered as the inventor or creator. ❶

(192) After the application is approved, if it was filed by an entity under owner-ship by the whole people, the patent fight shall be held by the entity; if it was filed by an entity under collective ownership or by an individual, the patent right shall be owned by the entity or individual. For a service invention/creation made by any staff member or worker of a foreign enterprise, or of a Chinese-foreign joint venture enterprise, located in China, the right to apply for a patent belongs to the enterprise. For any non-service invention/creation, the right to apply for a patent belongs to the inventor or creator. After the application is approved, the patent right shall be owned by the enterprise or the individual that applied for it. The owner of the patent fight and the holder of the patent right are referred to as the "patentee". ❷

(193) Where two or more applicants file applications for patent for the identical invention/creation, the patent right shall be granted to the applicant whose application was filed first. ❸For identical inventions/creations, only one patent shall be granted. Two or more applicants who file, on the same day, applications for patent for the identical invention/creation, shall, rafter receipt of a notification from the Patent Office, hold consultations among themselves to decide on the person or persons who shall be entitled to file the application. ❹

(194) For an invention/creation made in cooperation by two or more entities, or made by an entity in the execution of a commission for research or design given to it by another entity, the right to apply for a patent belongs, unless otherwise agreed upon, to the entity which made, or to the entities which jointly made, the invention/creation. After the application is approved, the patent fight shall be owned or held by the entity or entities that applied for it. ❺

II. Transfer of Patent

(195) The right to apply for a patent and the patent right may be assigned. Any assignment, by an entity under ownership by the whole people, of the right to apply for a patent, or of the patent right, must be approved by the competent authority at the higher level. Any assignment, by a Chinese entity or individual, of the right to apply for a patent, or of the patent right, to a foreigner must be approved by the concerned competent department of the State Council.

(196) Where the fight to apply for a patent or the patent right is assigned, theparties must conclude a written contract, which will come into force after it is regis-tered with and

---

❶ *Implementing Regulations, Rule 11.*
❷ *Patent Act, Art. 6.*
❸ *Ibid., Art. 9.*
❹ *Implementing Regulations, Rule 12.*
❺ *Patent Act, Art. 8.*

announced by the Patent Office. ❶

(197) Any license contract for exploitation of the patent which has been con-cluded by the patentee with an entity or individual shall, within three months from the date of entry into force of the contract, be submitted to the Patent Office for record. ❷

§7. Scope of Exclusive Rights
I. Exclusive Rights of the Patentee

(198) The Chinese Patent Act provides the scope of exclusive rights of the patentee as follows: ❸

—after the grant of the patent fight for an invention or utility model, except as otherwise provided for in the law, no entity or individual may, without the authorization of the patentee, make, use, or sell the patented product, or use the patented process and use or sell the product directly obtained by the patented process, for production or business purposes;

—after the grant of the patent fight for a design, no entity or individual may, without the authorization of the patentee, make or sell the product, incorporating its or his patented design, for production or business purposes;

—after the grant of the patent right, except as otherwise provided for in the law, the patentee has the right to prevent any other person from importing, without its or his authorization, the patented product, or the product directly obtained byits or his patented process, for the uses mentioned in the preceding two para-graphs.

According to the provisions mentioned above, the acts of making, using, selling or importing are protected acts. To perform the protected acts means exploitation. Only the patentee has the exclusive fight to perform or to authorize other persons to perform the protected acts, the acts of making, using, selling or importing.

(199) With regard to protected acts, the scope varies according to whether the subject matter is a product or a process, and whether it concerns an invention, utility model, or design.

(200) As far as inventions included in products and utility models are concerned, four acts are protected according to the Patent Act: to make the product; to use the product; to sell the product; and to import the product.

(201) As far as the design of a product is concerned, three acts are protected: to make the product, to sell the product; and to import the product.

(202) As far as inventions included in a process are concerned, four acts are pro-tected: to use the process; to use the product directly obtained by the process; to sell the product di-

---

❶ *Implementing Regulations*, Art. 10.
❷ *Ibid*, Rule 13.
❸ *Patent Act*, Art. 11.

rectly obtained by the process; and to import the product directly obtained by the process.

(203) Importation was not protected under the 1984 Patent Act. In the 1992 revi-sion, importation is protected as an exclusive fight of the patentee, which is in con-fortuity with the TRIPs agreement and MOU between China and the United States.

(204) The above-mentioned acts are protected only if they are carded out for pro-duction or business purposes. "Production or business purposes" means for the pur-poses of industrial and agricultural production or commercial business. The aim of such protected acts is primarily or mainly for making profit. If a patented product is made solely for the use of an individual or his family, or is made for the sole purpose of scientific research and experimentation, but not for profit-making, such act is not considered as having been carried out for production or business purposes.

(205) Besides the exclusive rights mentioned above, the patentee has the right to affix a patent marking and to indicate the number of the patent on the patented product or on the packing of that product. ❶

(206) When an inventor or a creator is the patentee, he or she has the night to be named as such in the patent document.

II. Obligation of the Patent Owner

(207) After the granting of a patent, the patentee shall pay an annual fee beginning with the year in which the patent right was granted. ❷The purpose of the annual fee is to maintain the validity of the patent right. So, it is also called a maintenance fee. As soon as an applicant suc-cessfully goes through the formalities of patent registration, and the patent certificate is issued, the annual fee shall be paid. The subsequent annual fees shall be paid in advance within the month before the expiration of the preceding year. Where the annual fee is not paid in due time by the patentee, or the fee is not paid in full, the Patent Office shall notify the patentee to pay the fee or to make up the deficiency within six months from the expiration of the time when the maintenance fee or the annual fee was to be paid, and at the same time pay a surcharge which amounts to 25 percent of the maintenance fee or the annual fee. Where the fees are not paid within the period of grace, the patent fight shall be deemed to have lapsed from the expiration of the time-limit within which the annual fee was to be paid. ❸

§ 8. Limitations and Exceptions to The Scope of Patent Protection
I. Compulsory License

(208) Three different kinds of compulsory licenses for the exploitation of the patent have been provided in the Chinese Patent Act, which is completely in con-formity with the TRIPs

---

❶ *Patent Act, Art. 15.*

❷ *Ibid., Art. 46.*

❸ *Implementing Regulations, Rules 87, 88.*

agreement and MOU between China and the United States.

A. Compulsory License for failing to obtain Authorization from the Patentee

(209) Where any entity which is qualified to exploit the invention or utility model has made requests for authorization from the patentee of an invention or utility model to exploit its or his patent on reasonable terms and such efforts have not been successful within a reasonable period of time, the Patent Office may, upon the application of that entity, grant a compulsory license to exploit the patent for invention or utility model. ❶Actually, this provision is more strict than that contained in 1984 Patent Act, which is in conformity with the Paris Convention for the Protection of Industrial Property. I found it curious that, in the final draft of the late revision in 1992, the above-mentioned provision had been dropped, and it was again restored only at my insistence.

B. Compulsory License for Public Interest

(210) Where a national emergency or any extraordinary state of affairs occurs, or where the public interest so requires, the Patent Office may grant a compulsory license to exploit the patent for invention or utility model. ❷

C. Compulsory License based on the Interdependence of Patents

(211) Where the invention or utility model for which the patent right was granted is technically more advanced than another invention or utility model for which a patent right has been granted earlier and the exploitation of the later invention or utility model depends on the exploitation of the earlier invention or utility model, the Patent Office may, upon the request of the later patentee, grant a compulsory license to exploit the earlier invention or utility model. Where a compulsory license is granted in such circumstances, the Patent Office may, upon the request of the earlier patentee, also grant a compulsory license to exploit the later invention or utility model. ❸

(212) The entity or individual requesting a compulsory license shall furnish proof that it or he has not been able to conclude with the patentee a license contract for exploitation on reasonable terms. ❹The decision made by the Patent Office granting a compulsory license for exploitation shall be registered and duly announced. ❺Any entity or individual that is granted a compulsory license for exploitation shall not have an exclusive right to exploit and shall not have the fight to authorize exploitation by any others. ❻The entity or individual that is granted a compulsory license for exploitation shall pay to the patentee a reasonable exploitation fee, the amount of which shall be fixed by both parties in consultation. Where the parties fail to reach an

---

❶ *Patent Act*, *Art. 51.*
❷ *Ibid.*, *Art. 52.*
❸ *Ibid.*, *Art. 53.*
❹ *Ibid.*, *Art. 54.*
❺ *Ibid.*, *Art. 55.*
❻ *Ibid.*, *Art. 56.*

agreement, the Patent Office shall adjudicate. ❶The Patent Office shall adjudicate on the matter within three months from the date of receipt of the request and notify the parties accordingly. ❷ If and when the circumstances which led to such compulsory license cease to exist or are unlikely to recur, the Patent Office, upon the request of the patentee, shall have the authority to review the situation and terminate the compulsory license. ❸Where the patentee is not satisfied with the decision of the Patent Office granting a compulsory license for exploitation or with the adjudication regarding the exploitation fee payable for exploitation, he or it may, within three months from the receipt of the notification, institute legal proceedings in the People's Court. ❹

II. Exploitation According to State Plan

(213) Under the policy of reform and in conformity with the needs of a socialist market economy, the Patent Act provides that entities under the ownership of the whole people, under collective ownership as well as individuals, have exclusive fights over their patent. They have the exclusive fight to exploit it or to authorize others to exploit it. However, China is a socialist country and its patent law should have some Chinese characteristics, which is different from other countries.

(214) The Chinese Patent Act provides that the concerned competent departments of the State Council and the people's governments of provinces, autonomous regions or municipalities directly under the Central Government have the power to decide, in accordance with the State Plan, that any entity under the ownership of the whole people that is within their system or directly under their administration and that holds the patent right to an important invention/creation, can allow designated entities to exploit that invention/creation; and the exploiting entity shall, according to the prescriptions of the State, pay a fee for exploitation to the entity holding the patent fight. Any patent of a Chinese individual or entity under collective ownership which is of great significance to the interests of the State or to the public interest and is in need of being made known and applied, may, after approval by the State Council at the solicitation of its concerned competent department, be treated equally by making reference to the preceding provisions. ❺It is important to mention here, that foreigners are not concerned with this provision.

§ 9. Duration, Cessation and Invalidation of Patent Rights

(215) The patent right, as an intellectual property fight, is a kind of property right. However, it is different from a tangible property right, which terminates when the tangible object ceases to exist. The patent right is an intangible right, whose object is an invention, an u-

---

❶ *Patent Act*, Art. 57.
❷ *Implementing Regulations*, Rule 69.
❸ *Ibid.*, Rule 68.
❹ *Patent Act*, Art. 58.
❺ *Ibid.*, Art. 14.

tility model or an industrial design, i. e., an intellectual creation of the human mind. As mentioned above, a patent right is exclusive in its nature and other persons cannot use it without the authorization of the patentee. It would be unreasonable and contrary to natural justice if patent rights had no duration and would last forever.

I. Duration of Patent Right

(216) According to the Patent Act, the duration of a patent right for invention shall be twenty years and the duration of a patent fight for an utility model and a patent right for an industrial design shall be ten years, counting from the date of filing. ❶

(217) The filing date is taken as the starting point of the term of a patent. However, it does not mean that the patent fight is effective from the filing date. A patent right is not effective until the day a patent is issued. The date of issuance of a patent is indicated in the patent certificate.

(218) The Chinese Patent Act provides, in respect of the application for a patent for invention, a system of early publication of the application and its deferred examination as to substance. A patent application shall be published before a patent right is granted. Thus, after the publication of the application, anyone, including the applicant's competitors, may have access to and make use of the invention which is the subject-matter of the application. A provisional protection system is provided in the Patent Act, according to which the applicant may require the entity or individual exploiting the invention to pay an appropriate fee. This system is reasonable for protecting the legitimate interests of the applicant. However, if an user refuses to pay an appropriate fee, the applicant can only apply for legal protection to the court after the patent fight is granted.

II. Cessation of Patent Right

(219) In any of the following cases, the patent fight shall cease before the expiration of its duration:

a) where an annual fee is not paid as prescribed;

b) where the patentee abandons his or its patent right by a written declaration.

Any cessation of the patent right shall be registered and announced by the Patent Office.

III. Invalidation of Patent Right

(220) As mentioned above, within six months from the date of the announcement of the grant of the patent right, any entity or individual may request the Patent Office to revoke the patent right. Where, after the expiration of six months from the date of the announcement of the grant of the patent fight by the Patent Office, any entity or individual considers that the grant of the patent fight is not in conformity with the relevant provisions of the Patent Act, it or he may request the Patent Re-examination Board to declare the patent right invalid. ❷

(221) The Patent Re-examination Board shall examine the request for invalidation of the

---

❶ *Patent Act, Alt. 45.*

❷ *Ibid., Art. 48.*

patent right, make a decision and notify the person who made the request and the patentee. The decision declaring the patent right invalid shall be registered and announced by the Patent Office. Where any party is not satisfied with the decision of the Patent Re-examination Board declaring the patent right for invention invalid or upholding the patent fight for invention, such party may, within three months from receipt of the notification of the decision, institute legal proceedings in the People's Court. However, the decision of the Patent Re-examination Board in respect of a request to declare invalid the patent right for an utility model or design is final. ❶

(222) Any patent right which has been declared invalid shall be deemed to be null and void. However, the decision to invalidate shall have no retroactive effect on any judgement or order on patent infringement which has been pronounced and enforced by the People's Court, on any decision concerning the handling of patent infringement which has been made and enforced by the administrative authority for patent affairs, and on any contract licensing a patent and of any assignment of patent right which has been performed, prior to the decision to invalidate; but, the damage caused to other persons in bad faith on the part of the patentee shall be compensated. If there is no repayment, by the patentee or the assignor of the patent right to the licensee or the assignee of the patent right, of the fee for the exploitation of the patent or the price for the assignment of the patent fight; this is obviously contrary to the principle of equity and the patentee or the assignor of the patent right shall repay the whole or part of the fee for the exploitation of the patent or the price for the assignment of the patent right to the licensee or the assignee of the patent right. Here it must be kept in mind that the above-mentioned provisions shall also apply to the patent right which has been revoked. ❷

§ 10. Infringement and Remedies

I. Infringement of Patent Right

(223) Any exploitation of the patent, without the authorization of the patentee, constitutes an infringing act. ❸Where any person passes off the patent of another person, such passing off shall be treated as an infringement. ❹

(224) For determining whether or not there is an infringement, the most impor-tant aspect is to demarcate the extent or scope of protection of the patent right. In accordance with the Chinese Patent Act, the extent of protection of the patent right for an invention or utility model shall be determined by the terms of the claims. The description and the appended drawings may be used to interpret the claims. ❺The last sentence mentioned above has taken as its reference

---

❶ *Patent Act, Art. 49.*
❷ *Ibid., Art. 50.*
❸ *Ibid., Art. 60.*
❹ *Ibid., Art. 63.*
❺ *Patent Act, Art. 59*

the European Patent Convention. According to my personal opinion, here "may be" should be substituted by "shall be", as is the case in the European Patent Convention. In the same article, the Patent Act provides that the extent of protection of the patent right for a design shall be determined by the product incorporating the patented design as shown in the drawings or photographs. ❶

(225) To interpret accurately the scope of the claims is a very important and difficult task for a judge. The judge shall, in accordance with the description, interpret and limit the technical features to the extent that they are supported by the description, and shall then determine the scope of the patent protection in accordance with the restricted claims. However, at the same time, the judge shall interpret the claims according to the doctrine of equivalents. Under this doctrine, claims are to be interpreted as conferring protection not only with respect to those elements that are expressed in a claim, but also with respect to the equivalents of such elements.

(226) The Protocol on the Interpretation of Article 69 of the European Patent Convention is worthy of reference. The Protocol provides that "Article 69 should not be interpreted in the sense that the extent of the protection conferred by a European patent is to be understood as that defined by the strict, literal meaning of the wording used in the claims, the description and drawings being employed only for the purpose of resolving an ambiguity found in the claims. Neither should it be interpreted in the sense that the claims serve only as a guideline and that the actual protection conferred may extend to what, from a consideration of the description and drawings by a person skilled in the art, the patentee has contemplated. On the contrary, it is to be interpreted as defining a position between these extremes which combines a fair protection for the patentee with a reasonable degree of certainty for third parties". ❷

(227) However, none of the following shall be deemed to be an infringement of the patent right:❸

a) where, after the sale of a patented product that was made by the patentee or with the authorization of the patentee, any other person uses or sells that product;

b) where any person uses or sells a patented product not knowing that it was made and sold without the authorization of the patentee;

c) where, before the date of filing of the application for patent, any person who has already made the identical product, used the identical process, or made necessary preparations for its making or using, continues to make or use it within the original scope only;

d) where any foreign means of transport which temporarily passes through the territory, territorial waters or territorial airspace of China uses the patent concerned, in accordance with any agreement concluded between the country to which the foreign means of transport belongs

---

❶ *Patent Act*, Art. 59.
❷ *European Patent Convention*, Art. 69, p. 78.
❸ *Patent Act*, Art. 62.

and China, or in accordance with any international treaty to which both countries are party; or on the basis of the principle of reciprocity, for its own needs, in its devices and installations;

e) where any person uses the patent concerned solely for the purposes of scientific research and experimentation.

II. Remedies for Infringement of Patent Rights

228. If a patent right is infringed and the patentee fails to solve the infringement dispute through negotiation with the infringer or his agent, two possibilities are available for him to remedy the situation.

A. Obtaining Remedies through the Administrative Authorities

(229) The administrative authorities for patent affairs have been set up by the concerned competent departments of the State Council and the people's governments in the localities. One of their main functions is to handle patent disputes. The patentee may submit a request to the administrative authority for patent affairs where his patent was infringed. The administrative authority for patent affairs shall have the power to order the infringer to cease the infringing act and to compensate for any damage caused. Any party dissatisfied may, within three months from the receipt of the notification, institute legal proceedings in the People's Court. If legal proceedings are not instituted within the time-limit or if the order has not been complied with, the adminis trative authority for patent affairs may approach the People's Court for compulsory execution. ❶

B. Remedies through Legal Proceedings

(230) An infringed patentee may, without requesting the administrative authority for patent affairs to handle the matter, directly institute legal proceedings in the People's Court. In accordance with the relevant provisions of the Civil Procedure Law and the general principle of the law of evidence, the patentee should provide evidence to identify the infringing act done by the infringer, i. e., without the authorization of the patentee or the law, the infringer has made, used, sold or imported the patented. products. However, if a process patent is infringed, it is unreasonable to request the patentee to provide evidence because it is impossible for him to enter the infringer's premises and collect evidence of infringement by himself. Therefore, it is stipulated in the Patent Act that, when any infringement dispute arises, if the patent for invention is a process for the manufacture of a new product, any entity or individual manufacturing the identical product shall furnish proof of the process used in the manufacture of its or his product. ❷

(231) The period of limitation for instituting legal proceedings concerning the infringement of a patent right is two years from the date on which the patentee or any interested party obtains or should have obtained knowledge of the infringing act. ❸

---

❶ *Patent Act, Art. 60.*
❷ *Ibid., Art. 60.*
❸ *Ibid., Art. 61.*

(232) In cases of passing off the patent of another person, if the circumstances are serious, any person directly responsible shall be prosecuted, for criminal liability, by applying mutatis mutandis Article 127 of the Criminal Law.

According to the New Criminal Code, which came into effect on 1 October 1997, in cases of passing off the patent of another person, if the circumstances are serious, the offender shall be sentenced to fixed-term imprisonment of not more than three years, detention and/or to the payment of a fine (Article 216).

Chapter 3. Trademarks

1. Historical Evolution of Trademark Law

(233) It is believed that China was, at least, one of the countries which used trademarks at the early stage of human history. As connected with commodity exchange, markings on goods existed more than two thousand years ago. From the unearthed artifacts, such marks as "Gong" and "yesih" were carved on copper plate in the warring states period (475 ~ 221 B. C.). At that time, marks were often used on tools and utensils to indicate their makers. In the Northern Zhou dynasty (557 ~ 581 A. D.), pottery carved with the name of its maker Guoyen was produced and has now been unearthed by archaeologists. In the Tang dynasty (618 ~ 907 A. D.), handmade paper was usually produced and sold with a watermark on it. By the period of the Northern Song dynasty (960 ~ 1127 A. D.), there were already trademarks with both designs and chinese characters; a copper plate engraved with a white rabbit and the Chinese words taking the rabbit as the mark, and produced by Liu's Needle Workshop of Jinan, is still kept in the museum of Chinese history, located in the east side of Tiananmen Square, Beijing.

(234) Many cases of trademark dispute litigation may be found in some county annals in the Ming dynasty (1368 ~ 1644 A. D.) and Qing dynasty (1644 ~ 1911 A. D.). There was a well-known case of trademark infringement, described in the Changzhou county annals, which occurred in 1736. The infringer, Huang Yiolong, a cloth merchant, was ordered to be banished for ever for his counterfeiting. In 1825, i. e., in the reign of Daoguang Emperor, Qizaotang Draper's Society of Shanghai established a mark list, which determined that, in order to avoid confusion between two or more Chinese character trademarks, the first and second characters or the second and third characters should not be the same; any two consecutive characters should not be different characters with the same or similar pronunciation or with the same or similar pronunciation and form.

(235) After the Opium War in 1840, a series of unequal treaties were concluded between the Qing Government and many governments of western countries. Usually, articles were provided for the protection of trademarks, such as Article 7 of the Sino-British Commercial Treaty (revised, 1902), Article 9 of the Sino-US Commercial Treaty (1902) and Article 3 of the Sino-Japan Commercial Treaty. In 1903, the Qing Government established a Ministry of Commerce, and a Trademarks Registration Office under the Ministry was responsible for the registration of trade marks.

(236) In 1904, the Regulations on Trademarks Registration for Trial Implementation prepared by an Englishman, then the Director-General of Chinese Customs, were promulgated but not put into effect because of strong opposition from other power states. ❶The Regulations con-

---

❶ *Selected Materials of Trademark Laws and Regulations*, Compiled by the Trademark Office and the State Administration of Industry and Commerce, 1985. p. 87 ~ 91.

tained 28 articles, providing a registration system for trademarks. However, Article 20 of the Regulations stipulated a notorious system of consular jurisdiction, typical in an unequal treaty.

(237) After the 1911 revolution, the Northern Warlord Government promulgateda Trademark Law on 3 May 1923, which contained 44 articles. Its Implementing Regulations, containing 36 articles were published on 8 May 1923. ❶The Trademark Office under the Ministry of Industry and Commerce was responsible for dealing with the application for trademark registration. The term of trademark was for 20 years, and each renewal was also for 20 years.

(238) A Trademark Law was promulgated by the Guomindang Government on 6 May 1930, and entered into force on 1 January 1931. The law was revised on 23 November 1935. Its Implementing Regulations were published by the Ministry of Industry on 30 December 1930 and entered into force on 1 January 1931. ❷The 1935 revised trademark law contained 39 articles. The term of a trademark was for 20 years and each renewal was also for 20 years. The law provided the principle of first use, i.e., the trademark which is first used in Chinese territory shall be registered.

(239) Before the founding of the PRC, many liberated areas under the leadership of the Communist Party of China promulgated their respective Regulations for Trademarks Protection, such as the Trademarks Regulations of Jiangsu and Anhui liberated Areas (1946), the Shanxi, Hebei, Shandong, and Henan liberated Areas (23 August 1946), the North China Government (11 June 1949), the Shaanxi, Gangsu and Ningxia liberated Area (10 July 1949) and so on.

(240) After the founding of the PRC, three laws and regulations for trademarks were promulgated from 1950 up to now: the Provisional Regulations on Trademark Registration in 1950, the Regulations on the Administration of Trademarks in 1963 and the Trademark Law adopted in 1982 and amended in 1993. All laws adopted by the Guomindang Government, were abolished after the founding of the PRC. On 28 July 1950, the Provisional Regulations on Trademark Registration were approved by the Administrative Council, i.e. the then Central Government, of the PRC. Its Implementing Rules, containing 23 articles, were published by the Financial and Economic Commission under the Administrative Council. These Regulations contained 34 articles, divided into 6 chapters: General Rules, Application, Examination, Registration, Opposition and Supplementary Provisions. A system of trademarks registration was adopted and the registrant obtained the exclusive right to use the trademarks for a term of 20 years. The exclusive right was renewable, and whether a trademark was to be registered or not, was to be decided by its owner (Article 2). Besides, the principle of first application was adopted when more than two applications with the same or similar trademarks were filed for the same category of commodity (Article 10). However, after the completion of the socialist trans-

---

❶ *Selected Materials of Trademark Laws and Regulations, Compiled by the Trademark Office and the State Administration of Industry and Commerce, p. 93. 109.*

❷ *Ibid., p. 121~139, p. 146~165.*

formation, a rule was adopted for all-round or compulsory registration of trademark. Since then, the exclusive right shall not be protected.

(241) Later on, the Regulations on the Administration of Trademarks were promulgated by the State Council on 10 April 1963. The above-mentioned Provisional Regulations were abolished under the new Regulations, which contained 14 articles. Every trademark used by enterprises must be filed for registration. Registration provided no exclusive rights and the trademark became a means of administrative control.

(242) During the Cultural Revolution, almost all trademarks were canceled for containing certain meaning of "feudalism", "capitalism" or "revisionism", except very few trademarks with revolutionary meaning, such as "Red Flag", "Workers, Peasants and Soldiers" and so on. Even the Trademark Office was abolished and its seal was transferred to the China Council for the Promotion of International Trade (CCPIT) for managing those trademarks owned by foreigners.

(243) After the end of the Cultural Revolution, the Trademark Office was reestablished. Following the new policy of reform and opening up to the outside world, the Trademark Office was entrusted to prepare a new law on Trademark, in which, I was, fortunately, involved from the beginning. The drafting started later than that of the Patent Law. However, it was approved at the 24th Session of the Standing Committee of the Seventh National People's Congress on 23 August 1982, i. e., earlier than the adoption of the Patent Law on 12 March 1984, because there was no strong opposition against the adoption of a new Trademark Law.

§ 2. Sources of Legislation
I. Constitution

(244) The existing constitution provides that China shall construct a socialist market economy. The principles of a socialist market economy determine the content and development of Chinese trademark law. A socialist market economy needs the trademark and its legal protection, while the trademark and its legal protection serves the construction of a socialist market economy. The constitution provides a solid basis for the stipulations and perspectives of trademark law in China.

II. General Principles of Civil Law

(245) Article 96 of the General Principles of Civil Law provides that the exclusive rights to use trademarks obtained by legal persons, individual industrialists and business persons, and individual partnerships, are protected by the law. Article 118 provides that, when trademark rights have been infringed, their owner shall have the right to demand that the infringement should cease, its effects be eliminated and that losses be compensated.

III. Trademark Law

(246) A new Trademark Law was approved at the 24th Session of the Standing Committee of the Fifth National People's Congress on 23 August 1982 and entered into force on 1 March 1983. The Trademark Law contains 43 articles, divided into 8 chapters: General Provisions; Application for Trademark Registration; Examination for and Approval of Trademark Registra-

tion; Renewal, Assignment and Licensing of Registered Trademarks; Adjudication of Disputes Concerning Registered Trademarks; Administration of the Use of Trademarks; Protection of the Exclusive Rights to Use Registered Trademarks and Supplementary Provisions. The most important stipulations in the new law are the voluntary application for trademark registration and the exclusive right granted to the registered trademark owner. The Trademark Law was revised at the 30th Session of the Standing Committee of the Seventh National People's Congress on 22 February 1993 and entered into effect on 1 July 1993. The revised law expands its protection to service mark, which is in conformity with the TRIPs Agreement.

IV. Implementing Regulations under the Trade Law

(247) The Implementing Regulations of the Trademark Law were approved by the State Council and entered into effect on 10 March 1983. Later the first revision was approved on 3 January 1988 and the second revision was approved on 15 July 1993. In the 1993 Revised Implementing Regulations, Rule 6 provides that collective marks and certification marks approved by the Trademark Office for registration shall be protected by law.

V. Supplementary Provisions Concerning the Punishment of Crimes of Counterfeiting Registered Trademarks, New Criminal Code

(248) The Supplementary Provisions were adopted at the 30th Session of the Standing Committee of the Seventh National People's Congress on 22 February 1993 and entered into effect on 1 July 1993. According to the Provisions, the maximum term of imprisonment for an infringer and a seller who knows his goods bear a counterfeited registered trademark, shall be for not more than seven years, while their illegal incomes are enormous.

The above-mentioned Supplementary Provisions were abolished after the New (Revised) Criminal Code entered into force from 1 October 1997. Articles 213, 214 and 215 provide the criminal punishments for the infringer of trademark. When the circumstances are particularly serious, the offenders shall be sentenced to fixed term imprisonment of not less than three years and not more than seven years, as well as to the payment of a fine.

(249) In the field of Trademarks, China acceded to the Paris Convention for the Protection of Industrial Property on 19 March 1985, the Madrid Agreement Concerning the International Registration of Marks on 4 October 1989, the Nice Agreement Concerning the International Classification of Goods and Services for the Purposes of the Registration of Marks on 9 August 1994, and the Protocol Relating to the Madrid Agreement Concerning the International Registration of Marks, which entered into operation on 1 April 1996. There are also bilateral agreements concluded between China and foreign countries, such as the MOU on Intellectual Property Rights between China and US.

§ 3. Subject Matter of Protection

I. Signs which May Serve as a Trademark

(250) Under the Chinese Trademark Law, any word, device (figure) or their combination,

which is so distinctive as to be distinguishable, belong to the signs which may serve as a trademark. ❶ So, the signs used as a trademark are limited to words, devices (figures) or their combination. Other signs which may serve as a trademark in some foreign countries, such as smell, sound or three dimensional figures like the Coca Cola bottle, could not be used as a trademark in China.

(251) In order to be distinguishable, the word, device (figure) or their combination must be easily recognizable as a mark which is different from the product as well as from the name of the goods. Under the Chinese Trademark Law, a word or device relating to the generic name or figure of the goods, or having direct reference to the quality, main raw materials, function, use, weight, quantity or other features of the goods in respect of which the trademark is used shall not be used as a trademark. ❷

(252) In the 1993 amended Trademark Law, a new clause was stipulated that the geographical names of the administrative divisions at or above the county level and foreign geographical names well-known to the public shall not be used as trade-marks. The reason for this new stipulation is also because of a lack of distinctiveness. However, such geographical names which have other meanings, may be used as a trademark. Where a trademark using any of the abovementioned geographical names has been approved and registered, the trademark shall continue to be valid. ❸

II. Different Categories of Marks

(253) Under Chinese trademark law, several categories of marks are important as regards practical meaning.

Trademarks are used on goods. A trademark is used to indicate the connection between the goods and the owner of the trademark. It is a sign which serves to distinguish the goods of one enterprise from those of another. No definition of a trademark is provided in Chinese law. However, in the TRIPs Agreement, a definition of a trademark is firstly provided: any sign, or any combination of signs, capable of distinguishing the goods or services of one undertaking from those of other undertakings, shall be capable of constituting a trademark.

A. Service Mark

(254) A service mark is a mark used for service. In the 1993 amended trademark law, it is provided that any enterprise, institution, or individual producer or trader, intending to acquire the exclusive right to use a service mark for the services provided by it or him, shall file an application for the registration of the service mark with the Trademark Office. The provisions made in the Trademark Law concerning Trademarks shall apply to service marks.

B. Collective Marks

(255) Under the Implementing Regulations of the Trademark Law, collective marks ap-

---

❶ *Selected Materials of Trademark Laws and Regulations*, Compiled by the Trademark Office and the State Administration of Industry and Commerce, Article 8, First paragraph, item (5) and (6).

❷ *Ibid.*, Article 8, Second paragraph.

❸ Rule 6, *Implementing Regulations under the Trademark Law*.

proved by the Trademark Office for registration shall be protected by law. ❶ A collective mark refers to a goods mark or service mark used by the members of an industrial or commercial group, association or other collective organization for the purpose of indicating that the dealers in the goods or the providers of the services belong to the same organization. The procedures for the registration and administration of collective marks are drawn up by the State Administration for Industry and Commerce, in cooperation with the departments concerned of the State Council. A collective mark may be owned but is not used by an association; only the members of the association may use it. Typically, the association has been founded in order to ensure compliance with certain quality standards by its members; the members may use the collective mark if they comply with the requirements fixed in the regulations concerning the use of the collective mark. Thus, the function of the collective mark is to inform the public about certain particular features of the product for which the collective mark is used. An enterprise entitled to use the collective mark may also use its own Trademark. ❷

C. Certification Marks

(256) Under the Implementing Regulations of the Trademark Law, certification marks approved by the Trademark Office for Registration shall be protected by law. ❸ A certification mark refers to a goods mark or service mark controlled by an organization capable of testing and monitoring certain goods or services but used by others on their goods or services for the purpose of certifying the place of origin, material, manufacturing process, quality, accuracy or other specified characteristics of the goods or services. (Procedures for Registration and Administration of Collective Marks and Certification Marks, Article 2). The Procedures for Registration and Administration of Certification Marks are drawn up by the State Administration for Industry and Commerce, in cooperation with the departments concerned at the State Council. The certification mark may only be used in accordance with the defined standards. It may be used by anybody who complies with the defined standards, while collective marks may be used only by particular enterprises, that is the members of the association. An important requirement for the registration of a certification mark is that the entity which applies for registration is competent to certify the products concerned. Thus, the owner of a certification mark must be the representative of the products to which the certification mark applies. This is an important safeguard for the protection of the public against misleading practices. ❹

D. Well-known Trademark

(257) In accordance with Article 6 *bis* of the Paris Convention, well-known trademarks shall be protected if they have been confirmed by the Trademark Office of China. Up to the be-

---

❶ *Background Reading Material on Intellectual Property. WIPO. 1988*, p. 146 ~ 147.
❷ Rule 6, *Implementing Regulations under the Trademark Law.*
❸ *Background Reading Material on Intellectual Property. WIPO. 1988*, p. 147.
❹ *China Law No. 3. 1995.* p. 101.

ginning of 1996, the Trademark Office of China confirmed and extended protection to 19 well-known trademarks, such as Coca Cola beverages, Toshiba and Philips electrical appliances, IBM computers, Adidas and Levi sport and leisure wear, Mars chocolate bars, French Champagne, Mobil oil, Nike footwear, etc. In June 1994, the Trademark Office of China discovered that a hotel in the city of Donguan in Guangdong Province had completed its business registration with the name Shangli-la. The Trademark Office confirmed that Shangli-la is a well-known trademark and the hotel was instructed to change its name. ❶

(258) The State Council Working Conference on Intellectual Rights approved an Action Plan for the Effective Protection and Enforcement of Intellectual Property Rights, which included detailed provisions for the protection of well-known marks. The Trademark Office, when verifying whether a mark is well-known, will make its examination on a case-by-case basis. Well-known marks are those known to the public in the relevant sector, including knowledge in China resulting from the international renown of the trademark. If an owner of the trademark requests a determination concerning whether a mark is well-known, either directly or through the Customs Office, for the purpose of preventing the import or export of goods, or in connection with an administrative or judicial proceeding to determine infringement, the Trademark Office shall issue a determination concern-ing whether the trademark is well-known within 30 days after the receipt of the request. Protection of a well-known mark will extend to products or services other than those on which the mark is registered or used, to the extent that such use would indicate a connection between those goods and services and the owner of the mark or adversely affect the commercial reputation of the trademark owner. Well-known trademarks, determined to be so by the Trademark Office but not registered in China, shall be protected against infringement, including providing the right to oppose or cancel the registration of a duplicate or confusing similar mark. The Trademark Office shall not register a mark which it has determined to be well-known to a person other than the internationally recognized owner of the well-known mark. Registration of well-known marks to persons other than the internationally recognized owner of such marks will be canceled upon petition of the internationally recognized owner of the well-known mark within five years from the date of registration. But, no timelimit shall apply for requesting the cancellation of well-known marks registered in bad faith. A Provisional Stipulation on Verification and Management of Well-known Marks, prepared by the SAIC and containing 15 articles, was published on 14 August 1996. Another 42 well-known trademarks have been identified by the Trademark Office recently.

§ 4. Conditions of Protection

(259) In addition to well-known marks, only registered trademarks or service marks shall

---

❶ *Trademark Law of 1982 (as amended in 1993), Article 8. The Geographical names... such as the Tsingtao beer.*

be protected by law, i.e., only the registered mark owner or its licensee shall enjoy the exclusive right to use the trademarks or service marks.

(260) In the Trademark Law it is expressly provided that the following words or devices shall not be in a trademark:

a) those identical with or similar to the State name, national flag, national emblem, military flags, or decorations, of the People's Republic of China;

b) those identical with or similar to the State names, national flags, national emblems, or military flags, of foreign countries;

c) those identical with or similar to the flags, emblems or names, of international intergovernmental organizations;

d) those identical with or similar to the symbols, or names, of the Red Cross or the Red Crescent;

e) those relating to generic names or designs of the goods in respect of which the trademark is used;

f) those having direct reference to the quality, main raw materials, function, use, weight, and quantity in which the trademark is used;

g) those discriminating against any nationality;

h) those detrimental to socialist morals or customs, or having other unhealthy influences;

i) those having the nature of-exaggeration and fraud in advertising goods.

The geographical names of the administrative divisions at or above the county level and the foreign geographical names well-known to the public shall not be used as trademarks, but such geographical names which have a certain meaning shall be exclusive. Where a trademark using any of the above-mentioned geographical names has been approved and registered, it shall continue to be valid, such as Tsingdao beer.

§ 5. Formalities

(261) In China, the exclusive right to use a trademark can only be obtained by registration. The Trademark Law says that anyone who intends to acquire the exclusive right to use a trademark shall file an application for the registration of the trademark and the relevant documents and pay the fee as prescribed. ❶Filing an application for registration is the first requirement for obtaining the exclusive fight to use a trademark. Once the application has been received, the date of filing is accorded. This date is important for obtaining the exclusive right and gives rise to the fight of priority.

I. Application for Registration

(262) An applicant for trademark registration shall be: ❷

---

❶ *Trademark Law of 1982 (as amended in 1993), Section 4.*
❷ *Trademark Implementing Regulations of 1988, Rule 2.*

a) any legally registered enterprise or an individual industrial or commercial undertaking which can independently undertake civil responsibility, or an institution qualified as a legal person;

b) any foreigner or foreign enterprise that is a national of a country with which China has treaty obligations (either bilateral or multilateral) or on the basis of reciprocity in the field of trademarks. ❶

Any application for the registration of a trademark in respect of pharmaceutical products for human use must be filed by a licensed drag manufacturer or supplier and any application for the registration of a trademark in respect of cigarettes, cigars or packaged cut tobacco must be filed by an enterprise licensed to manufacture tobacco products.

(263) Any application for the registration of a trademark shall indicate, on a form, in accordance with the prescribed classification of goods, the class and the designation of the goods in respect of which the trademark is intended to be used. If any applicant intends to use the same trademark for goods in different classes, applications shall be filed according to the classification of goods.

(264) Where a registered trademark is intended to be used in respect of other goods of the same class, or where any word or figure of a registered trademark is to be altered, a new application for registration shall be filed.

(265) Any application for the registration of a trademark in respect of pharmaceutical products for human use or in respect of tobacco products shall be accompanied by a Drug Manufacturer's License or a Drug Supplier's License issued by the health administrative department or a certificate of authorization of manufacture issued by the competent authority of the State in charge of tobacco products, respectively. ❷

(266) The date of filing an application for trademark registration is the date on which the application is received by the Trademark Office. ❸This means that the formal requirements of the application have been fulfilled.

(267) Any domestic application for the registration of a trademark has to be directly submitted to the administrative authority for industry and commerce at or above the county level of the location (domicile or establishment) of the applicant and, after being checked, transmitted to the Trademark Office, or the application shall be filed through an agency designated by the State Administration for Industry and Commerce. ❹Most domestic applications are filed through the local administrative authorities.

(268) Any foreigner or foreign enterprise intending to apply for the registration of a trade-

---

❶ *Trademark Law of 1982 (as amended in 1993)*, Section 9.
❷ *Ibid.*, Rule 11.
❸ *Ibid.*, Rule 12.
❹ *Ibid.*, Rule 3.

mark in China shall for this purpose, entrust an organization designated by the SAIC to act on his or its behalf. ❶An application for international registration shall be done in accordance with the Madrid Agreement Concerning the International Registration of Marks.

II. Examination

(269) Applications for trademark registration shall be examined before approval. The examination, carried out by examiners according to the classification of goods and in the order of the date of application, is divided into two steps: examination as to form and examination as to substance.

Examination as to form is to decide whether the application complies with all the formal requirements prescribed in the law and Regulations. The formal requirements include the identification of the applicant, a reproduction of the trademark, a list of products for which the trademark is to be used, the required fee and the required certificates, if any.

Examination as to substance is to determine whether the trademark is a sign which fulfills all the conditions for registration and whether the trademark is in conflict with prior rights.

(270) The Trademark Office shall examine whether the trademark is distinctive and whether or not it is misleading or contrary to public order or morality. The Trademark Law provides a series of prohibited clauses in article 8. If a trademark for which registration has been applied falls under any of these prohibited clauses, the application shall be refused.

(271) Section 17 of the Trademark Law provides that where the trademark, for which registration has been applied for, is identical with or similar to the trademark of another person, which, in respect of the same or similar goods, has been registered or, after examination, preliminarily approved, the Trademark Office shall refuse the application.

(272) In this connection, the Trademark Office shall firstly examine whether the two trademarks are identical in respect of the same goods and, secondly, whether the two trademarks are similar in respect of the same goods, whether the two trademarks are identical in respect of the similar goods, and whether the two trademarks are similar in respect of the similar goods. The determination of trademark similarity and the similarity of goods are interrelated in the examination of trademarks.

III. Preliminary Approval and Opposition

(273) Where a trademark for which registration has been applied for is found to be in conformity with the relevant provisions of the Trademark Law, the Trademark Office shall preliminarily approve the trademark and publish it in the Trademark Gazette. Where two or more applicants apply for the registration of identical or similar trademarks for the same or similar goods, preliminary approval shall be given after examination and publication shall be made for the trademark which was first filed. Where applications are filed on the same day, preliminary approval shall be given after examination and publication shall have been made for the trade-

---

❶ *Trademark Law of 1982 (as amended in 1993), Section 10.*

mark which was used the earliest, and the other applications shall be refused. ❶

(274) After publication, any person may, within three months from the date of publication, file an opposition to the trademark. ❷If any opposition is filed, the Trademark Office shall send a copy to the opposed party for his or its response within a specified time-limit, and adjudicate accordingly on the basis of the facts and grounds stated by both parties. If no response has been made by the expiration of the time limit, the Trademark Office shall adjudicate, which shall be notified to the parties concerned.

IV. Refusal of Application

(275) Where the trademark for which registration has been applied for is not in conformity with the relevant provisions of the Trademark Law, or where it is identical with or similar to the trademark of another person which, in respect of the same or similar goods, bas been registered or, after examination, preliminarily approved, the Trademark Office shall then refuse the application. ❸

(276) Where any opposition to the preliminary and published application is filed and, after examination, the opposition is found to be justified, the Trademark Office shall refuse that application.

V. Review of Trademark Office Decisions

(277) Where the applicant is not satisfied with the decision of the Trademark Office in refusing the application for the registration of a trademark, or where the applicant or the opponent is not satisfied with the decision of the Trademark Office in respect of an opposition, the applicant or the opponent may, within 15 days from the receipt of the notification, apply to the Trademark Review and Adjudication Board for review. ❹

(278) In the case of refusal, the Trademark Review and Adjudication Board shall make a final decision and notify the applicant in writing. Where the final decision requires a trademark to be preliminarily approved, it shall be transferred to the Trademark Office for processing. ❺In the case of opposition, the Trademark Review and Adjudication Board shall make a final decision, notify the parties concerned thereof and transfer the case to the Trademark Office for processing. ❻

VI. Registration and Publication

(279) Where no opposition to the preliminarily approved and published application for a trademark registration has been filed or where, after its examination, the opposition is found to

---

❶ *Trademark Law of 1982 (as amended in 1993), Section 18.*
❷ *Ibid., Section 19.*
❸ *Ibid., Section 17.*
❹ *Ibid., Sections 21 and 22.*
❺ *Trademark Implementing Regulations of 1988, Rule 17.*
❻ *Ibid., Rule 19.*

be unjustified, the Trademark Office shall make a decision to approve registration. This means that the information contained in the application is recorded in the Trademark Register kept by the Office. Each registration obtains a number and is dated. Any interested party may consult the Trademark Register in order to obtain information on registered trademarks. After registration, the Trademark Office shall issue the registrant with a Certificate of Trademark Registration and announce the relevant matters in the Trademark Gazette.

§ 6. Ownership and Transfer
I. Ownership of a Trademark

(280) An applicant, whether a natural person or a legal person, shall be the first owner of the trademark which has been granted by the Trademark Office. Article 3 of the Trademark Law provides that, after a registered trademark is granted, the registrant shall enjoy the exclusive right to use the trademark. However, I prefer to confirm that a trademark owner shall have all the rights of ownership, in particular, the exclusive right to use and the right of transfer. A trademark owner can transfer his or its trademark by succession, merger, assignment or licensing. Under an exclusive license agreement only the licensee has the exclusive right to use a trademark. But, the trademark owner shall retain his or its ownership, though he or it cannot use the trademark temporarily.

II. Assignment of a Trademark

(281) A trademark may be transferred by operation of law or by assignment. In the former case, a trademark is transferred to his heirs after the death of the registrant or to the enterprise when a registrant's enterprise was sold to it or merged with it. In the latter case, a registered trademark may be assigned by contract.

The contractual assignment includes two different situations: the assignment of a trademark with the enterprise to which it relates and the assignment of a trademark without the enterprise to which it relates. According to the Implementing Regulations, when a registered trademark is applied to be assigned, the registrant shall, at the same time, carry out the same assignment in respect of all his other registered trademarks that are identical with or similar to the said registered trademark in respect of the same or similar goods. ❶If two enterprises use identical or similar trademarks on the same or similar goods the public may be misled because a trademark is understood as a reference to a particular enterprise from which products originate.

(282) If the registered trademark to be assigned is used on pharmaceutical products for human use or on tobacco products, the assignee must be an enterprise which manufactures and markets pharmaceutical products for human use or an enterprise which manufactures tobacco products with the authorization of the competent authority concerned, and shall, according to the provisions of the Implementing Regulations, furnish the Trademark Office with the

---

❶ *Trademark Implementing Regulations of 1988, Rule 21.*

documents of proof issued by the competent authority concerned. ❶

(283) Where a registered trademark is assigned, the assignor and assignee shall jointly file an application with the Trademark Office. The assignee shall guarantee the quality of the goods in respect of which the registered trademark is used. ❷

III. Licensing of Trademark

(284) A trademark is to indicate the origin of the goods bearing the trademark. However, trademark licensing is permitted and of great practical importance, especially in developing countries, in facilitating the transfer of technology and commercial know-how. So a trademark may be licensed under conditions which are designed to preserve their origin, guarantee functions and to prevent the public from being deceived.

(285) The Trademark Law provides❸that any trademark registrant may authorize other parties to use his registered trademark. The licensee must be one of the entities or persons that are entitled to file applications for trademark registrations in China. Where the registrant authorizes another party to use his registered trademark in respect of pharmaceutical products for human use or tobacco products, the licensee must be an enterprise which manufactures pharmaceutical products for human use or an enterprise which manufactures tobacco products and, when submitting copies of the contract to the authority for reference, the licensee must furnish a document of proof issued by the competent authority concerned to the Trademark Office. It is necessary to conclude a written license contract which shall be submitted to the local authority for industry and commerce for transmission to the Trademark Office for the record. The licensor (the registrant) shall supervise the quality of the goods in respect of which the licensee uses his registered trademark, and the licensee shall guarantee the quality of the goods in respect of which the registered trademark is used.

§ 7. Scope of Exclusive Rights

I. Exclusive Right to Use Registered Trademark

(286) Where the trademark is approved and registered by the Trademark Office, the registrant is granted an exclusive right to use the trademark. ❹

The exclusive right to use a registered trademark is limited to the trademark which has been approved for registration and to the goods in respect of which the use of the trademark has been approved. ❺A trademark which has been approved for registration refers to the trademark which was submitted to the Trademark Office when applying for registration and published in the

---

❶ *Trademark Implementing Regulations of 1988, Rule 21.*
❷ *Trademark Law of 1982 (as amended in 1993), Section 25.*
❸ *Ibid., Section 26, and Trademark Implementing Regulations of 1988, Rules 35 and 36.*
❹ *Trademark Law of 1982 (as amended in 1993), Section 3.*
❺ *Ibid., Section 37.*

Trademark Gazette. Goods in respect of which the use of the trademark has been approved refers to the goods which are listed in the registration application and published in the Trademark Gazette. The registrant may not alter any word, figure, or their combination, of the registered trademark, nor change his name, address or other registered matters, nor assign the registered trademark without registration or approval. If he commits any of these acts and the circumstances are serious, the registration of the trademark may be removed from the Register and his exclusive right to use the trademark is forfeited.

Anyone other than the registrant is prohibited from using the registered trademark for commercial purposes without the authorization of the registrant. It is generally accepted that use for commercial purposes means the reproduction of the trademark on products or in advertising, the sale and offering for sale and importa-tion of products bearing the infringing trademark.

II. **Protected Acts** *

A. *Use of the Trademark on the Same Products*

(287) Where a protected trademark is used by another enterprise without authorization for the same products, it is a trademark infringement. The registrant is protected against such infringement.

B. *Use of the Trademark on Similar Products*

(288) The use of the registered trademark for similar products will cause confusion in the consumer's mind. The consumer will believe that the products for which the trademark is used by someone other than the registrant originate from the enterprise of the registrant. The use of a trademark which is identical with the registered trademark in respect of similar goods by anyone without the authorization of the registrant constitutes an infringement.

C. *Use of Similar Trademarks*

(289) The use of a trademark similar to the registered trademark in respect of the same or similar products may also create confusion. So such use also constitutes an infringement.

D. *Sale of Goods bearing Counterfeited Trademarks*

(290) Any person who sells goods knowing that the registered trademark used on them is counterfeited is considered as having committed an infringement.

E. *Counterfeiting or Unauthorized Making of Representations of the Registered Trademark or Sale of such Representations*

(291) Any person who counterfeits or makes representations of the registered trademark without authorization, or sells such representations, is considered as having committed an infringement of the registered trademark. Representations of a trademark refers to copies of the reproductions of the trademark, including such items as woven ribbon labels for use on clothing, trademark plates for use on bicycles and trademark labels for use on bottles of wine.

F. *Other Forms of Prejudice to the Exclusive Right*

---

* *Trademark Law of 1982 (as amended in 1993), Section 38.*

(292) Anyone who causes prejudice in other respects to the exclusive right to use a registered trademark will also be considered as committing an infringement. This includes any of the following:

a) dealing in the goods that infringe the exclusive right to use a registered trademark of another;

b) using, in respect of the same or similar goods, any word or figure that is identical with or similar to the registered trademark of another person, such as the designation or decoration of the goods in such a way as to sufficiently mislead the public;

c) intentionally providing any person with facilities, such as storage, transportation, mailing, and concealment, in order to make it easy for that person to infringe another person's exclusive right to use a registered trademark.

§ 8. The Requirement of use

(293) Under the Chinese Trademark Law, no requirement of use is needed for trademark registration. According to the Trademark Law, any enterprise, institution or individual producer or trader, intending to acquire the exclusive right to use a trademark for the goods produced, manufactured, processed, selected or marketed by it or him, may file an application for the registration of the goods trademark with the Trademark Office; any enterprise, institution, or individual producer or trader, intending to acquire the exclusive right to use a service mark for the services provided by it or him, may also file an application for the registration of the service mark. ❶Use is not a necessary precondition for trademark and service mark registration. In some foreign countries, especially countries from the Anglo-American legal system, prior use is necessary for trademark or service mark registration.

(294) According to the Trademark Law,❷ where two or more applicants apply for the registration of identical or similar trademarks for the same or similar goods, the preliminary approval, after examination, and the publication shall be made for the trademark which was first filed. Where applications have been filed on the same day, the preliminary approval, after examination, and the publication shall be made for the trademark which was the earliest used.

(295) Where a registered trademark has ceased to be used for three consecutive years, the Trademark Office shall order the owner to rectify the situation within a specified period or cancel his or its registered trademark. ❸In such a situation, any person may apply to the Trademark Office for the cancellation of the registered trademark in question and state the facts related thereto. The Trademark Office shall notify the trademark registrant and require the latter to furnish, within three months from the receipt of the said notification, proof of use of the said

---

❶ *Trademark Law*, Art. 4.
❷ *Ibid.*, Art. 18.
❸ *Ibid.*, Art. 30.

trademark or otherwise fair reasons for non-use thereof. If no proof of use has been furnished at the expiration of the specified period or the proof is invalid, the Trademark Office shall cancel the registered trademark. ❶The "use" of a trademark mentioned above shall include the use of the trademark on goods, packages or containers of the goods or in trading documents and the use of the trademark in advertising, exhibition or any other business activities. ❷

§ 9. Duration of Protection
I. Period of Validity and Renewal

(296) The period of validity of a registered trademark shall be 10 years from the date of approval of the registration. ❸

Where the registrant intends to continue to use the registered trademark beyond the expiration of the period of validity, an application for renewal of the registration shall be made within six months before the said expiration. Where no such application could be filed within the said period, an extension of six months may be allowed. If no application is filed by the expiration of the extension, the registered trademark shall be removed from the Register. ❹The period of validity of each renewal of registration shall be 10 years. There is no limit to the number of renewals permitted. Any renewal of registration will be published by the Trademark Office after approval.

II. Termination

(297) In addition to the situation where a registration expires due to non-renewal, there exist situations where the registration is terminated before the expiration of the term of the registration:

a) where the registrant abandons his or its registration by a declaration to the Trademark Office. In such a case, the Trademark Office shall remove the trademark from the Register and publish this fact. A typical case of abandonment mayoccur where parties enter into an agreement concerning conflicting trademarks;

b) where the registration of a trademark has been canceled by the Trademark Office or the Trademark and Adjudication Board.

In any of the following situations the Trademark Office shall, on its own initiative, cancel the registration of a trademark, or otherwise any entity or individual may request the Trademark Review and Adjudication Board to make a decision to cancel the registered trademark: ❺

a) where the registered trademark violates any of the provisions of Section 8 of the Trade-

---

❶ *Implementing Regulations, Rule 29.*
❷ *Ibid., Rule 29.*
❸ *Ibid., Section 23.*
❹ *Ibid., Section 24.*
❺ *Ibid., Section 27, first paragraph.*

mark Law;

b) where the registration of the trademark has been obtained by fraudulent means;

c) where the registered trademark is disputed within one year from its registration because it is in conflict with a prior trademark.

Where any registrant who uses the registered trademark commits any of the following acts, the Trademark Office shall order him or it to make rectification within a specified time limit or cancel the registered trademark:

a) where the registrant altered any word, figure or their combination, of the registered trademark without the required registration;

b) where the registrant of a registered trademark has changed his or its name, address or other registered matters without the required registration;

c) where the registered trademark is assigned without the required approval;

d) where the registered trademark has not been used for three consecutive years;

e) where the registered trademark is used in respect of goods which have been roughly or poorly manufactured or whose superior quality has been replaced by inferior quality, so that consumers are deceived.

(298) Any party dissatisfied with the decision of the Trademark Office to cancel a registered trademark may apply for review within 15 days from the receipt of the notification.

A registered trademark which is canceled is terminated before the expiration of the term of registration.

§ 10. Infringement and Remedies

(299) The protection of the exclusive right to use a trademark is the core of the Trademark Law and the administrative management of trademarks. The exclusive right to use a registered trademark is limited to the trademark which has been approved for registration and to the goods in respect of which the use of the trade-mark has been approved (Article 37).

According to Article 38 of the Trademark Law, any of the following acts shall be an infringement of the exclusive right to use a registered trademark:

a) to use a trademark that is identical with or similar to a registered trademark in respect of the same or similar goods without the authorization of the proprietor of the registered trademark;

b) to sell goods that he knows bear a counterfeited registered trademark;

c) to counterfeit, or to make, without authorization, representations of a registered trademark of another person, or to sell such representations of a registered trademark as were counterfeited, or made without authorization;

d) to cause, in other respects, prejudice to the exclusive right of another person to use a registered trademark.

(300) The hnplementing Regulations of the Trademark Law provide that the following acts

shall constitute an infringement of the exclusive right to use a registered trademark as referred to in Article 38 (4) of the Trademark Law:

a) to deal in goods that he knows or should know have been involved in an infringement of the exclusive right of another person to use a registered trademark;

b) to use any word or device that is identical with or similar to the registered trade-mark of another person, in respect of the same or similar goods, as the designation or decoration of the goods, which is sufficient as to mislead the public; and

c) intentionally to provide any person with such facilities as storage, transportation, post service and concealment in his infringing the exclusive right of another person to use a registered trademark.

(301) If any party has committed any such acts to infringe the exclusive right to use a registered trademark as provided for in Article 38 of the Trademark Law, an infringement comes into existence, no matter what the intention of the infringer and any damage caused to the trademark owner. Infringement is also established irrespective of whether the goods used with a trademark are good or bad in quality.

(302) In the case of infringement, the person infringed may request the administrative authority for industry and commerce at or above the county level to take action. The administrative authority for industry and commerce shall have the power to order the infringer to immediately stop the infringing act, to seize and destroy the representations of the trademark in question, to remove the infringing trademark from the remaining goods, to seize such molds, plates and any other tools of offense as directly and exclusively used in the trademark infringement, to order and supervise the destruction of the infringing articles if it cannot sufficiently stop the infringer from taking such measures as mentioned above or if the infringing trademark and the goods involved therein could hardly be separated from each other, and to compensate the person infringed for the damages suffered. The amount of compensation shall be the profit that the infringer has earned through the infringement during the period of the infringement, or the damages that the party whose right was infringed has suffered through the infringement during the period of the infringement (Article 39, Rule 44).

(303) Where an infringement of the exclusive right to use a registered trademark is not serious enough to constitute a crime, the administrative authority for industry and commerce may, according to the circumstances of the case, impose a fine not exceeding 50 percent of the amount of his illegal business or five times his profit earned in the infringement. As for the person who is directly responsible therefor from an organization that was involved in an infringement of the exclusive right to use a registered trademark, the administrative authority for industry and commence may, according to the circumstances of the case, impose a fine not exceeding 10,000 RMB yuan (Rule 43).

(304) Where any interested party is dissatisfied with the decision made by the administrative authority for industry and commerce in the above-mentioned situation, he may, within fif-

teen days from the receipt of notification of the decision, apply to the administrative authority for industry and commerce at the higher level for reconsideration of the decision. The authority at the higher level shall, within two months from the receipt of the application for reconsideration, make an appropriate decision on it (Rule 44).

(305) Where the exclusive right to use a registered trademark has been infringed, the party whose right was infringed may institute legal proceedings directly with the People's Court (Article 39). If the party whose right was infringed or any interested party is dissatisfied with the decision made by the administrative authority for industry and commerce or with the decision on reconsideration made by the higher level authority, he or it may institute legal proceedings in the People's Court. However, if no application for reconsideration has been filed, no legal proceedings have been instituted, and no performance of the decision have been made, the administrative authority for industry and commerce shall request the People's Court for compulsory execution thereof (Rule 44).

(306) If any party passes off a registered trademark of another person, counterfeits, or makes, without authorization, representations of a registered trademark of another person, or sells such representations of a registered trademark as were counterfeited, or made without authorization, or sells goods that he knows bear a counterfeited registered trademark, and the case is so serious as to constitute a crime, the infringer shall be prosecuted, according to law, by the judicial organ, for his criminal liabilities in addition to paying compensation for the damages suffered by the person infringed (Article 40).

(307) As mentioned above, the Supplementary Provisions Concerning the Punishment of Crimes of Counterfeiting Registered Trademarks was adopted at the 30th Session of the Standing Committee of the Seventh National Peoples Congress on 22 February 1993 and entered into force on 1 July 1993.

(308) Where any person uses, without the authorization of the proprietor of a registered trademark, a trademark that is identical with the registered trademark in question in respect of the same goods, and the amount of his illegal income is considerable or he has committed other serious acts, he shall be sentenced to a fixed term of imprisonment of not more than three years of criminal detention, or sentenced concurrently or exclusively to a fine. Where the amount of his illegal income is exceedingly large, he shall be sentenced to a fixed term of imprisonment of not less than three years but not more than seven years and concurrently to a fine.

(309) Where any person sells goods that he knows bear a counterfeited registered trademark, and the amount of his illegal income is considerable, he shall be sentenced to a fixed term of imprisonment of not more than three years of criminal detention, or sentenced concurrently or exclusively to a fine; where the amount of his illegal income is exceedingly large, he shall be sentenced to a fixed term of imprisonment of not less than three years but not more than seven years and concurrently to a fine.

(310) Where any person counterfeits, or makes, without authorization, representations

of a registered trademark of another person, or sells such representations of a registered trademark as were counterfeited, or made without authorization, and the amount of his illegal income is considerable or he has committed other serious acts, he shall be sentenced to a fixed term of imprisonment of not more than three years of criminal, detention, or sentenced concurrently or exclusively to a fine.

(311) Where any enterprise or institution has committed any such crimes as enumerated above, it shall be sentenced to a fine, and the person in charge who is directly responsible and any other persons who are directly responsible shall be prosecuted, according to the provisions mentioned above, for their criminal liabilities.

(312) Where any functionary of the State exploits his office to intentionally harbor any enterprise, institution or individual that he knows to be guilty of any such criminal acts as enumerated above and allows him to escape being prosecuted, he shall be prosecuted, mutatis mutandis under the provisions of Article 188 of the criminal law, for his criminal liability.

As mentioned above, the Supplementary Provisions Concerning the Punishment of Crimes of Counterfeiting Registered Trademarks ceased to be effected after the New Criminal Code entered into force on 1 October 1997. However, the main provisions in this respect are the same as before.

英 文 部 分

Chapter 4. Tradenames

(313) Tradenames, a category of industrial property, are provided in Article (2) of the Paris Convention for the Protection of Industrial Property. As mentioned above, China acceded to the Convention and has been a member of the Paris Union since 9 March 1985. Prof. G. H. C. Bodenhausen indicates that tradenames "can generally be defined as being the name or designation identifying the enterprise of a natural or legal person". ❶In other words, tradenames are generally names, terms or designations which serve to identify and distinguish an enterprise and its business activities from those of other enterprises. A trade name identifies the entire enterprise and symbolizes the reputation and goodwill of the business as a whole, while a trademark distinguishes the goods of an enterprise from those of others. So, a tradename belongs to industrial property and is a valuable intangible asset for the enterprise it identifies. The protection of tradenames is necessary for business enterprises and consumers. ❷Consumers may be confused or misled if tradenames are infringed by those of other enterprises. Such confusion may also make it possible for an infringing enterprise to attract sales from the initial owner of the enterprise name and illegitimately enjoy the benefit of the reputation which ought to belong to the initialowner of the enterprise name.

(314) An individual, a firm, a partnership or a corporation may use a personal name or its founder's name for the identification of his or its business and also as the title of, or sign on, his establishment. In China, many tradenames are personal names, such as Zhang Xioquan, Wang Zhihe and Wang Mazhi, and are well-known all over China and have a high reputation.

(315) Tradenames may also constitute, and be protected as, trademarks if they have been registered and protected as such. In recent years, the theory of corporate identity has become more and more widespread in many countries. According to this theory, all the work on image design of an enterprise for competition in society should adopt a unified visual image and disseminate that image through advertisements and all visual media, consciously creating a unified corporate image with its own individual characteristics. A tradename giving expression to the corporate image is designed according to the nature and business scope of the enterprise as well as the meaning of the enterprise name, so as to constitute an image for visual identification that is unified from form to content and from image to color. Thus, many big enterprises with a high reputation have unified their well-known marks with their tradenames in order to obtain the dual effect of indicating the origins of the goods and representing the enterprises. ❸Many tradenames

---

❶ *Guide to the Application of the Paris Convention for the Protection of Industrial Proper*, G. H. C. Bodenhausen. 1968, p. 23.

❷ *Background Reading Material on Intellectual property* WIPO, 1988, p. 13.

❸ On China's Legal Protection of the Right of Enterprise Name. Li Xiaowei, (China Patents & Trademarks), March 1993, pp. 77~78.

of manufacturers are often the same as their trademarks, such as Maotai (liquor), Tsingtao (beer), Chunghong (televisions), Chunlan (air conditioners), and so on.

(316) After all, many differences still exist between tradenames and trademarks:

a) as mentioned above, a trademark is used to distinguish the goods of one enterprise from those of others, while a tradename is used to identify an enterprise and distinguish it from another enterprise;

b) a trademark expresses the credibility of the goods, while a tradename is a symbol of goodwill and reputation attached to the enterprise;

c) an enterprise should have only one tradename, but may have many trademarks; it must fulfill the conditions provided by the Trademark Law. Thus, many tradenames, such as the name of an administrative division at or above the county level, cannot be registered as a trademark in China;

d) a trademark shall be protected in the countries where it has been registered as a trademark. However, the enterprise, after its tradename has been approved and registered, shall have the exclusive right to use the tradename within the specified scope. ❶

§ 1. Sources of Legislation

(317) Shortly after the founding of the PRC, the administrative Council promulgated administrative regulations which explicitly stipulate the registration of enterprises' names for the purpose of administration, in the early 1950s. But, it was not clear that an enterprise name shall be protected as industrial property with exclusive rights. Since the policy of reform and opening up to the outside world was adopted in 1978, various types of enterprises have rapidly been developed. Many cases of confusion as regards enterprise names and their infringement have been occurring. It is necessary to establish legal rules to protect the names of enterprises (tradenames).

(318) The Provisional Regulations for the Administration of Registration of the Name of Industrial and Commercial Enterprises was approved by the State Council on 23 May 1985, promulgated by the State Administration for Industry and Commerce on 15 June 1985 and was then repealed on 1 September 1991.

(319) The General Principles of Civil Law, adopted on 12 April 1986 and which entered into effect on 1 January 1987 is the basic law which firstly provides legal protection for tradenames in the PRC. Article 99 paragraph 2 provides that legal persons, individual industrialists and business persons, and individual partnerships, enjoy the right of name; legal persons or enterprises, individual industrialists and business persons, and individual parmerships, are entitled to the use and transfer of possession of their own names in accordance with the law. Thus, tradenames became a right to be used and transferred by enterprises.

---

❶ Article 3, Regulations for the Administration of the Registration for Enterprise Names.

英 文 部 分

(320) The Regulations for the Administration of the Registration of Enterprise Names were approved by the State Council on 6 May 1991 and entered into effect on 1 September 1991. These Regulations concretized the provisions for protecting tradenames in the General Principles of Civil Law, contained 34 Articles. The objective of these Regulations is to strengthen the administration of enterprise names, to protect the lawful rights and interests of enterprises and to safeguard the socio-economic order. ❶These Regulations shall be applicable to enterprises in the People's Republic of China which qualify for the status of a legal person and other enterprises which need to register their names in accordance with the law. ❷The registration with the Registration Authorities of the names of institutions, of business units established by institutions and of private industrial and commercial businesses shall be administered by reference to these Regulations. ❸Enterprise names already approved and registered prior to the implementation of these Regulations may continue to be used, except those which seriously deviate from these Regulations in which case they shall be rectified. ❹The State Administration for Industry and Commerce shall be responsible for interpreting these Regulations. ❺

(321) As a member of the Paris Union since 19 March 1985, China has the obligation to implement relevant provisions for protecting tradenames in the Paris Convention for the Protection of Industrial Property. Tradenames, as mentioned above, are protected as a species or category of industrial property in Article 1 of the Paris Convention. In addition, the Paris Convention also provides that tradenames shall also be protected in conformity with the general principle of national treatment in Article2. Under the principle of national treatment, persons entitled to the benefits of the Convention enjoy the same protection as granted by the law of each country to its own nationals with respect to tradenames. At the same time, they have to comply with all of the conditions and formalities imposed on nationals and the extent of protection will be determined exclusively by the law of the country where protection is claimed. ❻

Another important provision for protecting tradenames in the Paris Convention is included in Article 8: a tradename shall be protected in all the countries of the Union without the obligation of filing or registration, whether or not it forms part of a trademark.

All goods unlawfully bearing a tradename (or trademark) shall be seized on importation into those countries of the Union where such tradename (or mark) is entitled to legal protection, as provided in Article 9.

(322) In addition to these stipulations, Article 10 *bis*, added to the Paris Convention in

---

❶ Article 1, Regulations for the Administration of the Registration for Enterprise Names.
❷ *Ibid.*, Article 2.
❸ *Ibid.*, Article 30.
❹ *Ibid.*, Article 31.
❺ *Ibid.*, Article 33.
❻ *Patents, Trademarks and Related Rights.* Vol. 3. Stephen P. Ladas, p. 1545.

1900, provides for protection against acts of unfair competition, which relate to all acts of such a nature as to create confusion within the establishment or with the industrial or commercial activities of a competitor. Such confusion can be created by the use of identical or similar tradenames. Thus, to that extent, Article 10 *bis* includes the protection of tradenames. ❶

§ 2. The Protection of Tradenames
I. What is a Tradename

(323) According to the Regulations for the Administration of the Registration of Enterprise Names, an enterprise name shall comprise the following components: the trade name (or the business name), the industry and business features, and the form of organization in that order. ❷ An enterprise may choose a tradename, which shall consist of at least two Chinese characters. ❸

(324) An enterprise may use the names of the place where it is located or the name of another place as its tradename if it has a justified reason to do so, provided that such name is not the name of an administrative division at or above the county level. A private enterprise may use the name of the investor as its tradename. ❹

(325) A tradename shall contain an indication of the industry in which the enterprise is engaged or of its business features, as determined pursuant to the State standards for industry classification on the basis of the enterprise's main line of business. ❺

(326) A tradename shall contain an indication of the enterprise's form of organization on the basis of its organizational structure or form of liability. The form of organization must be indicated expressly and in an easily understandable manner; such as a company with limited liability. ❻

II. Preceding Words of a Tradename

(327) The following enterprises may apply for permission to use the Chinese word "China" as part of their enterprise names or to use the Chinese word "International" in front of their tradenames:

a) companies with nationwide operations;

b) large import-export enterprises which have obtained approval from the State Council or from an agency thereby authorized;

c) large groups of enterprises, if such groups have obtained approval from the State Coun-

---

❶ *Patents, Trademarks and Related Rights.* Vol. 3. Stephen P. Ladas, p. 1546.
❷ Article 7, Regulation for the Administration of the Registration of Enterprise Names.
❸ *Ibid.*, Article 10.
❹ *Ibid.*, Article 10.
❺ *Ibid.*, Article 11.
❻ *Ibid.*, Article 12.

cil or from an agency thereby authorized; and

d) other enterprises as specified by the State Administration for Industry and Commerce. ❶

(328) As a principle, a tradename shall be preceded by the name of the administrative division of the province, the autonomous region of the municipality directly under the central government, the municipality or the prefecture, or the county, the district under a municipality, in which the enterprise is located. Subject to approval by the SAIC, the following enterprises shall not be required to place the names of the administrative divisions in which they are located in front of their tradenames:

a) an enterprise entitled to use the Chinese word "China" or "International" in its tradename;

b) an enterprise which has a long history and a famous tradename; and

c) foreign investment tradenames. ❷

III. Contents and Words Prohibited

(329) A tradename may not contain any of the contents and words set forth below:

a) contents and words that are harmful to the interests of the State or the common interest of the public;

b) contents and words that may deceive or mislead the public;

c) names of foreign countries (regions) or international organizations;

d) names of political parties, names of party, government or military authorities, names of mass organizations, names of social organizations and designation of military units;

e) letters of the Chinese phonetic alphabet (pinyin) (except where used in foreign names) or numerals; and

f) other contents or words which are prohibited by laws and administrative regulations. ❸

IV. One Enterprise, One Tradename

(330) An enterprise may use only one name. A tradename may not be identical or similar to any tradename already registered within the jurisdiction of the same Registration Authority by an enterprise engaged in the same line of business. If genuinely required because of special circumstances, an enterprise may use a secondary name within the specified scope, subject to the approval of the Registration Authorities at or above the provincial level. ❹

V. Tradenames of Enterprises, their Branches and Jointly Operated Enterprises

(331) Where an enterprise has established a branch, the tradenames of the enterprise and its branch shall comply with the following requirements:

---

❶ Article 13, Regulation for the Administration of the Registration of Enterprise Names.
❷ Ibid., Article 7.
❸ Ibid., Article 9.
❹ Ibid., Article 6.

a) an enterprise whose tradename contains the Chinese character for "head" must have at least three branches;

b) the tradename of a branch which cannot assume civil liability independently shall be preceded by the name of the enterprise of which it is a branch and shall be followed by Chinese words such as "branch company", "branch factory" or "branch store". In addition, the tradename of such a branch shall contain an indication of the industry to which it belongs and the name of the administrative division of the place in which it is located, unless it is engaged in the same industry as the enterprise of which it is a branch;

c) a branch which can assume civil liability independently shall use an independent tradename;

d) if a branch which can assume civil liability independently establishes another branch, the tradename of that branch, so established, may not contain the name of the head office. ❶

The tradename of a jointly operated enterprise shall contain, the words "jointly" operated or "joint". ❷

VI. Exclusive Right and Regulations

(332) The enterprise, whose tradename has been approved by and registered with the authorities in charge of tradename registration, shall have the exclusive right to use the name within the specified scope. ❸The exclusive right is protected under these Regulations, and any infringement is prohibited. Hence, the tradename is a category of industrial property.

(333) The authorities in charge of tradename registration (the "Registration Authorities") are the State Administration for Industry and Commerce and the local Industry and Commerce Administration Bureaus at all levels. The Registration Authorities shall approve or reject applications for the registration of tradenames, supervise and administer the use of tradenames and protect the exclusive rights of enterprises to use their tradenames. The Registration Authorities shall administer the registration of tradenames at various levels pursuant to the Regulations of the People's Republic of China Concerning the Administration of the Registration of Enterprises with the Status of Legal Persons. The names of foreign investment enterprises (as Chinese legal persons) shall be approved by the SAIC. ❹Any enterprise may use its tradename only after the tradename has been approved and registered, except the tradenames of foreign enterprises.

(334) In special circumstances, an enterprise may file in advance an independent application for the registration of its tradename prior to its registration for the commencement of business. In order to file an independent application for registration of a tradename in advance, an enterprise shall submit a written application signed by the person in charge of the establishment

---

❶ Article 14, Regulation for the Administration of the Registration of Enterprise Names.
❷ Ibid., Article 15.
❸ Ibid., Article 3.
❹ Ibid., Article 4.

of the enterprise, the draft articles of association and the approval document from the department in charge of the examination and approval authorities. ❶ A foreign investment enterprise shall file in advance an independent application for the registration of its tradename after its project proposal and feasibility study have been approved but prior to the approval of its contract and articles of association. In order to file an independent application for the registration of its tradename in advance, a foreign investment enterprise shall submit a written application signed by the person in charge of the establishment of the enterprise, the approval documents for the project proposal and feasibility study, and a certificate issued by the competent authorities of the country (region) in which the investor is located attesting to its lawful commencement of business. ❷

(335) The Registration Authorities shall decide whether to approve or reject an enterprise's independent application for the registration of its tradenames filed in advance within 10 days after the date of receipt of all the information pertaining to the application. After approving an independent application for the registration of a tradename filed in advance, the Registration Authorities shall issue the enterprise with a Trade Name Registration Certificate. ❸

(336) After an independent application for the registration of a tradename filed in advance has been approved, the name shall be reserved for one year. If the enterprise in question has an approved preparation and construction period, the tradename shall be reserved until the expiry of such period. During the period of reservation, a reserved tradename may not be used in protection and business activities. If an enterprise fails to register its commencement of business upon the expiry of the period of reservation, its tradename shall become void and it shall return the Trade Name Registration Certificate to the Registration Authorities within 10 days after the expiry date of the period of reservation. ❹

(337) The names used by enterprises in their seals, bank accounts, name-plates/signboards and letterheads shall be the same as their registration tradenames. Enterprises engaged in industries such as commerce, public food and beverage services and other services may appropriately simplify the tradenames on their nameplates/sign-boards provided that they report the simplified names to the Registration Authorities for the record. ❺

(338) The Registration Authorities shall not approve applications for the registration of tradenames which are identical or similar to the tradenames of any of the following enterprises:

a) enterprises which were terminated less than three years;

b) enterprises whose business licenses were revoked less than three years; and

---

❶ Article 16, Regulation for the Administration of the Registration of Enterprise Names.
❷ *Ibid.*, Article 17.
❸ *Ibid.*, Article 18.
❹ *Ibid.*, Article 19.
❺ *Ibid.*, Article 20.

c) enterprises which canceled their registration for reasons other than those mentioned above in (1) and (2) hereof less than one year previously. ❶

VII. First-to-File and First-to-Accept

(339) If two or more enterprises apply to the same Registration Authorities for the registration of the same tradename which complies with the regulations, the Registration Authorities shall follow the principle of first-to-file in granting approval. If such applications are filed on the same date, the issue shall be resolved by means of consultation between the enterprises; if such consultation is unsuccessful the Registration Authorities shall take the final decision. If two or more enterprises apply to different Registration Authorities for the registration of the same tradenames, the Registration Authorities shall follow the principle of first-to-accept in granting approval. If such applications are accepted on the same date, the issue shall be resolved through consultation between the enterprises; if such consultation is unsuccessful, each of the Registration Authorities shall submit the issue to the Registration Authorities which are their common superior for final decision. ❷

VIII. Correct and Change of Tradenames

(340) The Registration Authorities shall have the power to correct improper tradenames already registered. The Registration Authorities at a higher level shall have the power to correct improper tradenames already registered by the Registration Authorities at a lower level. Any unit or individual may request the Registration Authorities to correct improper tradenames already registered. ❸

(341) An enterprise may not apply to change its tradename within one year after approval and registration thereof, except in the case of special circumstances. ❹In other words, tradenames may be changed, upon application and approval, after one year of its approval and registration. However, when, for example, one of the investors is registered as a tradename and that investor has committed an indictable offence within one year of the registration being approved, then the tradename may be changed, upon approval, regardless of the oneyear limitation period.

IX. Assignment of Tradenames

(342) A tradename may be assigned along with the enterprise or a part of that enterprise. ❺That is to say, a tradename may not be assigned without the assignment of the enterprise or a part thereof. The meaning of "part of the enterprise" will be decided by the courts. I would tend to believe that too small a part of the enterprise, say 5 percent of the total stock,

---

❶ Article 21, Regulation for the Administration of the Registration of Enterprise Names.
❷ *Ibid.*, Article 24.
❸ *Ibid.*, Article 5.
❹ *Ibid.*, Article 22.
❺ *Ibid.*, Article 23.

would not be sufficient to satisfy this particular requirement.

(343) A tradename may only be assigned to other enterprises. The assignor and assignee of tradenames shall conclude a written contract or agreement, which shall be submitted to the original Registration Authorities for approval. After the Authorities have so approved, the assignor may not continue to use such name. ❶

X. Disputes over Tradenames

(344) If a dispute arises between two or more enterprises because their registered tradenames are identical or similar, the dispute shall be disposed of by the Registration Authorities in accordance with the first-to-register principle. Even when an application for registration of a tradename has first been filed, and first accepted by the Registration Authorities, but approved and registered later than another application, the first-to be-registered application shall prevail.

(345) If a dispute arises in the PRC over the tradename of a Chinese enterprise and that of a foreign enterprise, the dispute shall be disposed of by the SAIC in accordance with the principle of observing international treaties concluded or acceded to by China or in accordance with these regulations. ❷The first-to-register shall apply in such a case if the foreign enterprise belongs to a country which is a member of the Paris Union, because a tradename shall be protected in all the countries of the Paris Union without the need to file or register.

XI. Provisions for Foreign Enterprises

(346) As mentioned above, a tradename shall be protected in all the countries of the Paris Union without the need to file or register, whether or not it merely forms part of a tradename. "Without any obligation to file or register" means that, in the country where its protection is claimed, filing or registration of the tradenames may be not required either in that country or in any other country, particularly in the country of origin of the tradenames, even if registration is mandatory in any other country, particularly in the country of origin of the tradenames. ❸In other words, this provision "purports to exempt foreign names from any requirement of filing or registration of tradenames which may be provided for by the national law of any Contracting State". ❹

(347) However, many foreign enterprises are often anxious to obtain protection by registering their tradenames in particular countries, including a foreign country. They wish to ensure that their tradenames may not be misappropriated or imitated in the meantime. ❺

(348) So, in China foreign enterprises may apply for the registration of their tradenames, It is clear that "may apply for" means to apply on a voluntary basis and is not an obligation. The

---

❶ Article 23, Regulation for the Administration of the Registration of Enterprise Names.

❷ *Ibid.*, Article 25.

❸ *Guide to the Application of the Paris Convention for the Protection of Industrial Property* G. H. C. Bodenhausen, 1988, p. 134.

❹ *Patent, Trademarks, and Related Rights.* Vol. 3. Stephen P. Ladas, 1975, p. 1549.

❺ *Ibid.*, p. 1550.

registration of a tradename of a foreign enterprise helps to assure its protection. Tradenames of foreign enterprises shall be protected in China, even without filing or registration, if the foreign enterprise belongs to the scope of protection under the Paris Convention.

(349) To apply for the registration of its tradename, a foreign enterprise shall submit to the SAIC a written application signed by its legal representative, a copy of its articles of association and a certificate issued by the competent authorities of the country (region) in which the foreign enterprise is located attesting to its lawful commencement of business. The Registration Authorities shall, on a preliminary basis, examine a foreign enterprise's application for the registration of its name within 30 days after the date of receipt of all the information pertaining to the application, and shall publicly announce the name it has provisionally approved. The period with which a foreign enterprise's name shall be publicly announced is six months; the name shall be approved and registered if no objection is raised, or any objection raised is ruled invalid, within such a period. The tradename of a foreign enterprise shall be reserved for a period of five years. The Registration Authorities shall issue a Tradename Registration Certificate after they have approved and registered the tradenames of a foreign enterprise. A foreign enterprise shall submit a new application for registration if it needs to change its registered tradename or if it requests an extension of the period of reservation upon the expiry thereof. ❶

XII. Infringement, other Unlawful Acts and Remedies and Penalties

(350) The Paris Convention for the Protection of Industrial Property has no detailed provisions for the protection of tradenames. The Member States of the Paris Convention, including China, are free to regulate such protection either by special legislation or by legislation against unfair competition or by other appropriate means. ❷As mentioned above, the protection of tradenames in China is mainly based on the General Principles of Civil Law and the Regulations for the Administration of the Registration of Tradenames.

(351) If a tradename is infringed by, the (legal) person infringed is entitled to choose the administrative or the judicial channel for protecting his or its rights. In other words, two methods of protection, administrative and judicial, are available for the infringement of tradenames. If a party, whose registered tradename has been infringed, chooses administrative protection, he or it may request a remedy from the Industry and Commerce Administration Bureau (i.e., the Registration Authorities) of the place where the infringer is located. The Registration Authorities shall have the power to order the infringer to cease the infringement and compensate the person infringed for the losses suffered as a result of the infringement, to confiscate illegal income and to impose a fine of not less than RMB 5,000 *yuan* and not more than 50,000 *yuan*. The person the infringed may also directly institute proceedings in the People's Court a-

---

❶ Regulations for the Administration of the Registration of Enterprise Names, Article 29.

❷ *Guide to the Application of the Paris Convention for the Protection of Industrial Property*. G. H. C. Bodenhausen, 1988, p. 133.

gainst the infringer. ❶ However, it is necessary to stress here that, although the person infringed may choose the administrative or the judicial protection, the former is not a prerequisite interlocutory procedure for the latter.

(352) Besides, in any of the following ways, the Registration Authorities shall impose punishment on the basis of the specific circumstances:

a) if an enterprise uses an unregistered tradename in protection and business activities, it shall be ordered to cease its business activities and its illegal income shall be confiscated, or a fine of not less then RMB 2,000 *yuan* and not more than 20,000 *yuan* shall be imposed; in serious cases, such penalties may be imposed simultaneously;

b) if an enterprise assigns or leases its tradename without authority, it shall be warned or fined not less than RMB 1,000 *yuan* and not more than 10,000 *yuan*; in addition, it shall be ordered to amend the registration within a specified time-limit;

c) if an enterprise assigns or leases its tradename without authority, its illegal income shall be confiscated and it shall be fined not less than RMB 1,000 *yuan* and not more than 10,000 *yuan*;

d) if an enterprise uses tradenames in protection or business activities during the period of reservation, or if it fails to return its Tradename Registration Certificate to the Registration Authorities within the prescribed time-limit after the expiry of the period of reservation, it shall be warned and be fined not less than RMB 500 *yuan* and not more than 5,000 *yuan*;

e) as indicated above, the names used by enterprises on their seals, bank accounts, name-plates/sign-boards and letter-heads shall be the same as their registered tradenames. If an enterprise violates such provision, it shall be warned and be fined not less than RMB 500 *yuan* and not more than 5,000 *yuan*. ❷

A party which is dissatisfied with a specific administrative act performed by the Registration Authorities may, within 15 days after the date of receipt of the relevant notice, apply to the Registration Authorities at the next higher level for reconsideration. The Registration Authorities at the next higher level shall render a decision on reconsideration within 30 days after the date of receipt of the application for reconsideration. If a party is dissatisfied with the decision rendered on reconsideration, it may institute proceedings in the People's Court in accordance with the law. If a party does not apply for reconsideration within the time-limit thereof, or if it fails to perform the decision rendered on reconsideration and does not institute legal proceedings, the Registration Authorities may compulsorily change its tradename, suspend its enterprise's business licence and, according to prescribed procedure, notify its bank to transfer the amount of the fine and/or confiscated income. ❸

---

❶ Regulations for the Administration of the Registration of Enterprise Names, Article 29.
❷ *Ibid.*, Article 26.
❸ *Ibid.*, Article 28.

Chapter 5. Trade Secrets/Confidential Information

(353) Trade secrets, confidential information and undisclosed information are generally used in the same meaning in this monograph. Trade secrets are concerned with information and may be differentiated into technical information and business information. Technical information is a component part of trade secrets, usually referred to as know-how. Know-how means technical information, data or knowledge resulting from experience or skills which are applicable in practice, particularly in industry. ❶

(354) As we know, patent is a very useful and important legal instrument for the protection of an invention. But, at the same time, patent law does not always ensure appropriate protection. Obtaining a patent is expensive and time-consuming. It may be declared invalid by the court, sometimes after many years of litigation. The commercial life of new technology may be much less than the term of the patent, which, in China, is 20 years after the filing of a patent for invention and 10 years for the invention of a utility model. Some technologies, such as those in Article 25 of the Chinese Patent Law, shall not be granted a patent. Financial return, through licensing, needs a long time after the granting of a patent. Of course, commercial information does not qualify for the application of a patent. All those aspects mentioned above illustrate that a patent or copyright is often either inappropriate or insufficient for the protection of trade secrets. ❷

(355) It is believed that, originating in the early 19th century, English courts began to develop trade secrets law. In 1817, the case of *Newbury v. James* considered a request to grant specific performance of a manufacturer-supplier's agreement to refrain from disclosing medical recipes and manufacturing techniques learned in confidence from an inventor-distributor. The Court stated that if an agreement of confidentiality were proven, a plaintiff's entitlement to a court order for specific performance would be "a question which would require great consideration". ❸

(356) Trade secrets are protected against unfair use and disclosure by various statutory means. Some countries, notably Germany, Japan, Spain and Switzerland, protect trade secrets under specific legislation on unfair competition, while some countries, such as certain states of the USA, Mexico and Peru, protect trade secrets as part of another related law, and other countries, such as France and the Netherlands, treat trade secrets as an aspect of tort

---

❶ *WIPO Model law for Developing Countries on Inventions*. Vol. 11, p. 13.
❷ *The Trade Secrets Handbook*, Dennis Unkovic, 1985, pp. 24~27.
❸ *World Intellectual Property Guidebook: United States*. Donald S Chisum and Michael A. Jacobs, 1992, p. 3~7, p. 3~8.

law. Bolivia, Mexico and Peru have criminal, administrative, commercial or civil provisions prohibiting the illegitimate use or disclosure of business secrets. It is also not unusual to have combinations of the above means available. ❶

(357) In the international field, trade secrets were not provided for both in the Convention Establishing the World Intellectual Property Organization and in the Paris Convention for the Protection of Industrial Property. However, both conventions protect a special category of intellectual property, the acts against unfair competition. The use of valuable secret information by persons other than the owner is regarded as a misappropriation of business values that have been researched and developed by the holder of the secret. If the secret information is used or disclosed by another, the holder of the secret will lose his competitive and economic advantage over competitors. In a WIPO document, "Commentary to the Model Law for Developing Countries on Marks, Trade Names, and Acts of Unfair Competition", unfair competition includes obtaining the business secrets or trade secrets of a competitor by espionage, or by bribing his employees, as well as using or disclosing, without authorization, the secret technical "know-how" of a competitor.

§ 1. Sources of Legislation

(358) As far as I know, China had no detailed provisions for the legal protection of trade secrets before the founding of the People's Republic of China in 1949. However, many traditional technical secrets or prescriptions transferred from generation to generation, especially in a family, became a valuable contribution to the civilization of China. Even after the founding of the People's Republic, no special attention was paid to the protection of technical and commercial secrets, particularly after the completion of the socialist transformation in 1957. Since the adoption of the new policy of reform and opening up to the outside world, trade secrets and their legal protection became more and more important for the transfer of technology from abroad, as well as for technological and economic development in China.

(359) Soon after the adoption of the new policy of reform and opening up, the law of the People's Republic of China on Joint Ventures Using Chinese and Foreign Investment was promulgated and entered into force on 8 July 1978. Article 5 of the law provides that each party to a joint venture may contribute cash, capital goods, industrial property rights, etc., as its investment in the venture. The technology, whether it belongs to industrial property rights or not, contributed by any foreign participant as investment shall be truly advanced and appropriate to China's needs. In cases of losses caused by deception through intentional provision of outdated technology, compensation shall be paid for the losses. Actually, the technology mentioned here should include technology as industrial property and unpatented technology, and only the term

---

❶ *Protection Against Unfair Competition. Analysis of the Present World Situation.* Document of WIPO. 2218S/IPD, May 12, 1992. p. 72.

"know-how" did not yet appear in the law. Soon after, the Income Tax Law of the People's Republic of China concerning Joint Ventures with Chinese and Foreign Investment was promulgated and entered into force on 10 September 1980. Article 1 provides that income tax shall be levied in accordance with this law on the income derived from production, business and "other sources" by any joint venture in the PRC. The Detailed Rules and Regulations of the Implementation of the above-mentioned Income Tax Law, promulgated by the Ministry of Finance on 14 December 1980 and approved by the State Council on 10 December 1980, stipulates that "income from other sources" mentioned in the Tax Law includes dividends, bonuses, interest, and income from the lease or transfer of property, patent, technical know-how, trademark interest, copyright and other items. I believe that technology know-how has for the first time been included in Regulations approved by the State Council.

(360) On 10 January 1985, the Interim Regulations on Technology Transfer were promulgated by the State Council. In these Regulations, it was clearly pointed out that "under the conditions of the socialist commodity economy, an item of technology is a commodity. Any entity or individual may assign its or his technology without being restricted by the region, department or mode of economy... All technology that is conducive to enhancing product quality, lowering product cost, improving operation and management and increasing economic benefits, may be assigned by the assignors to the assignees on the principles of voluntariness, mutual benefit and reaching agreement through consultation". These Interim Regulations were among the earliest enactments in China expressly recognizing technical know-how to be a kind of commodity, which might be freely assigned.

(361) A few months later, the Regulations of the People's Republic of China on the Administration of Technology Import Contracts were promulgated by the State Council on 24 May 1985. After more than two years, the Detailed Rules for the Implementation of the Regulations on the Administration of Technology Import Contracts were approved by the State Council on 30 December 1987 and promulgated by the then Ministry of Foreign Economic Relations and Trade on 20 January 1988. In these Regulations and Rules, "Sole Proprietary Technology" (the Chinese expression for technical know-how) was presented with a clear-cut definition. According to Article 2 (2) of the Regulations, technical know-how was provided in the form of drawings, technical data, technical specifications etc., such as production processes, formulae, product designs, quality control and management skills. The Rules further provide that technical know-how is neither publicized nor under the legal protection of industrial property.

(362) Technical know-how was not provided for in the General Principles of Civil Law, which was implemented on 1 January 1987. However, in Article 97, it provides that citizens who have made "inventions or other scientific and technological achievements have the fight to apply for and receive honor certificates, bonuses or other awards". Article 118 provides that when invention fights or other fights for scientific and technological achievements of citizens or legal persons have been infringed, they have the fight to demand remedies. Technical know-how

shall be included here in inventions or other scientific and technological achievements.

(363) On 23 June 1987, the Technological Contract Law of the People's Republic of China was adopted at the 21st Session of the Standing Committee of the Sixth National People's Congress. The Implementing Regulations of the Technological Contract Law, approved by the State Council, were published by the State Scientific and Technological Commission and entered into force on 15 March 1989. Non-patented technology, or technical know-how includes a technological achievement, which has not been applied for patent or not been granted a patent, or is prohibited from being granted a patent according Article 25 of the Patent Law. ❶An owner of non-patented technology might obtain protection by means of the relevant provisions of the technology transfer contract. ❷Contracts have been and still are an important means for the legal protection of technical know-how. However, in conforming with the overall economic situation of the time, the protection of technical know-how by the Technological Contract Law was strongly influenced by the non-market economy and "public ownership". In the Regulations, it is provided that "the relevant State Council department in charge and the People's Governments of the provinces, autonomous regions and municipalities directly under the Central Government shall have the right, as required by the national and common social interest, to decide upon the dissemination to and utilization by designated entities of non-patented technical results of major significance achieved by entities under the ownership of the whole people which fall within their particular system or scope of jurisdiction". ❸Anyhow, up to now, the Technological Contract Law and its Implementing Regulations is still the solid basis for the contractual protection of non-patented technology (technical secrets).

(364) The law of the People's Republic of China on Scientific and Technological Progress was adopted by the Standing Committee of the National People's Congress on 2 July 1993 and entered into effect on 1 October 1993. It is necessary to point out here that, in this law, "technical secrets" is for the first time provided as a legal term. As mentioned above, "non-patented technology" or "sole proprietary technology", or translated as technical know-how, have been used as the same meaning for many years. It is provided, in this law, that "anyone who plagiarizes, alters, passes off or infringes in any other way other people's copyright, patent fight, right of discovery, fight of invention and thefight to other scientific and technological results, or illegally steals other people's technical secrets, shall be dealt with in accordance with the provisions of relevant laws".

(365) After China decided to adopt the orientation of a socialist market economy, it has become more and more of a necessity to enact a law for countering unfair competition. I was involved in the drafting from its beginning, when a draft was prepared by the Legal Bureau Under

---

❶ Article 6, Implementing Regulations of the Technological Contract Law.
❷ Article 34- Article 43, Technological Contract Law.
❸ Article 7. Implementing Regulations of the Technological Contract Law.

the State Council. Later, the drafting work was transferred to the SAIC and all the provisions concerning anti-monopoly were removed. The Law of the People's Republic of China for Countering Unfair Competition was approved at the 3rd Session of the Standing Committee of the Eighth National People's Congress on 2 September 1993 and entered into force on 1 December 1993. The Law for Countering Unfair Competition contains 33 articles, divided into 5 chapters. Eleven categories of unfair competition were provided in the law: trade secrets, for the first time has been provided as a legal term in the Law for Countering Unfair Competition.

Provisions Concerning the Prohibition of Acts of Infringing Business Secrets were published by the State Administration for Industry and Commerce of China on 23 November 1995 and entered into force on the same day. The Provisions are formulated on the basis of the relevant provisions of the Law of the People's Republic of China for Countering Unfair Competition.

§ 2. The Protection of Trade Secrets/Confidential Information

(366) For studying the legal protection of trade secrets, two main issues must be mentioned and analyzed carefully. The first issue is the definition of trade secrets, which answers the question of what is a trade secret or what is the subject matter to be protected. The second issue is how to protect trade secrets, which answers the question of what legal means shall be used for their protection.

I. Definition of Trade Secrets

(367) Article 10 of the Law for Countering Unfair Competition provides a definition of unfair competition. Under this Article, it provides that an operator may not adopt the following means to infringe the trade secrets of others:

a) obtaining trade secrets from the owner of rights by stealing, promising gain, resorting to coercion or other illegitimate means;

b) disclosing, using or allowing others to use trade secrets of the owners of rights obtained by the means mentioned in the preceding section;

c) disclosing, using or allowing others to use trade secrets that he obtained by breaking an engagement or disregarding the requirement of the owners of the rights to preserve the trade secrets.

Where a third party obtains, uses or discloses the trade secrets of others when it or he has or should have full knowledge of the illegal acts mentioned in the preceding section, it or he shall be deemed to have infringed the trade secrets of others.

(368) The definition of trade secrets is provided in the last paragraph of Article 10, i. e., trade secrets in this Article refer to technical information and operational information which is not known to the public, which is capable of bringing economic benefits to the owners of the rights, which has practical applicability and which the owners of the rights have taken measures to keep secret.

As usual, we made reference to many foreign and international legislations and experiences before the above-mentioned definition of trade secrets was drafted.

英　文　部　分

According to Article 2 of the Provisions Concerning the Prohibition of Acts of Infringing Business Secrets, "Not known to the public" means that the information cannot be obtained directly through public channels. "Capable of bringing economic benefits to the owners of the rights and has practical applicability" means that the information has definite applicability and is capable of bringing to the owners of the rights real or potential economic benefits or advantage in competition. "Adoption of secret-keeping measures by the owners of rights" includes concluding secret-keeping agreements, and establishing secret-keeping measures. "Technical information and operational information" includes such information as designs, programs, formulae for products, manufacturing technology, manufacturing process, secrets of management, list of clients, information about sources of goods, production and sales strategies, bottom prices in inviting and submitting tenders and the contents of such tenders, etc.

(369) According to the Japanese Unfair Competition Prevention Act, a trade secret is defined as any information relating to a production method, a sales method or any other information on technology or business that is unknown to the public. In the United States, a definition of trade secrets was contained in the First Restatement of Torts of 1939, which was prepared by a private organization-the American Law Institute and it summarized the common law. Under this definition, a trade secret may be "any formula, pattern, device or compilation of information which is used in one's business, and which gives him an opportunity to obtain an advantage over competitors who do not know or use it". ❶❷As the US Courts have interpreted it, this definition imposes three limitations on the subject matter of trade secrets protection. First, the subject matter must have limited availability. Second, its restricted availability must give it economic value. Finally, its owner must take reasonable precautions to keep it secret. ❸

(370) The US Uniform Trade Secrets Act (UTSA), first promulgated by the Commissioners of Uniform State Law in 1979 and amended in 1985, was adopted as statutory law by over twenty states. Differing from the first Restatement of Torts, the UTSA defines trade secrets as "information, including a formula, pattern, compilation, program, device, method, technique, or process, that:

i) derives independent economic value, actual or potential, from not being generally known to, and not being readily ascertainable by proper means by, other persons who can obtain economic value from its disclosure or use, and

ii) is the subject of efforts that are reasonable under the circumstances to maintain its secrecy". ❹

---

❶　Article 60, Law on Scientific and Technological Progress.

❷　Restatement of Torts §757, Comment b (1939).

❸　*Intellectual Property Law, Commercial, Creative and Industrial Property*, 1991, Jay Drafter, Jr. pp. 4~11 to pp. 4~12.

❹　Uniform Trade Secrets Act, §1 (4), 14 Uniform laws Annot. 438 (1990).

It has been adopted by more than half of the states in the US, and used by the legislators of many other countries for reference purposes. The extensional mode of enumeration was relegated to a secondary position in the UTSA.

(371) In the Agreement on Trade-Related Aspects of Intellectual Property Rights (TRIPs), it is provided that members shall protect undisclosed information so long as such information:

a) is secret in the sense that it is not, as a body or in the precise configuration and assembly of its components, generally known among or readily accessible to persons within the circles that normally deal with the kind of information in question;

b) has commercial value because it is secret; and

c) has been subject to reasonable steps under the circumstances, by the person lawfully in control of the information, to keep it secret. ❶

TRIPs also contains provisions on undisclosed and other test data whose submission is required by governments as a condition of approving the marketing of pharmaceutical or agricultural chemical products which use new chemical entities. In such a situation, the data must be protected against unfair commercial use by the Member Government. TRIPs for the first time in international law, explicitly requires that the undisclosed information-trade secrets or know-how must be protected. TRIPs also provides that, for the purpose of this Agreement, the term "Intellectual Property" refers to all categories of intellectual property, including trade secrets. It is pointed out by a senior expert on TRIPs that though the Agreement does not require undisclosed information to be treated as a form of property, it does require that a person lawfully in control of such information must have the possibility of preventing it from being disclosed to, acquired by, or used by others without his consent in a manner contrary to honest commercial practices. ❷During the preparation of the Law for Countering Unfair Competition, the legislators made reference to the Draft of TRIPs. It is necessary to point out that TRIPs was signed by China at Marrakesh on 15 April 1994. Now, China is preparing detailed Regulations for the protection of trade secrets. I believe that as soon as China becomes a member of the WTO and TRIPs, the definition and protection of trade secrets in China must be fully in conformity with the TRIPs provisions.

II. Protection of Trade Secrets

(372) The Law for Countering Unfair Competition provides a series of remedies for protecting trade secrets. Up to now, it is the main source for legal protection and remedies against infringements of trade secrets.

A. Civil Law Remedies

(373) It is provided in Article 20 that, where an operator, in contravention of the provi-

---

❶ TRIPs, Article 39.

❷ An Overview of the Agreement on Trade-Related Aspects of Intellectual Property Rights (TRIPs), by Andrian Otten, *Intellectual Property in Asia and the Pacific*, January-March, 1996. p.28.

sions of this Law, including Article 10 mentioned above, causes damage to another operator, i. e., the injured party, it or he shall bear the responsibility for compensating for the damages. Where the losses suffered by the injured operator are difficult to calculate, the amount of damages shall be the profit gained by the infringer during the period of infringement through the infringing act. The infringer shall also bear all the reasonable costs paid by the injured operator in investigating the acts of unfair competition committed by the operator suspected of infringing its or his lawful rights and interests.

When the lawful rights and interests of the injured operator are damaged by the acts of unfair competition, it or he may institute proceedings in the People's Court.

B. Control and Inspection

(374) The control and inspection authorities above the county level may exercise control over and carry out inspection of acts of unfair competition, including the infringement of trade secrets. ❶These authorities are the administrative authorities for industry and commerce in the People's Governments above the county level, as well as other departments provided in various laws and administrative regulations. ❷

(375) In monitoring and investigating acts of unfair competition, including the infringement of trade secrets, the control and inspection authorities are entitled to exercise the following functions and powers:

a) questioning operators under scrutiny, interested parties and witnesses, and requiring them to provide evidential material or other information related to acts of unfair competition, including infringement of trade secrets;

b) consulting and copying written agreements, account books, receipts, bills, vouchers, invoices, documents, records, business correspondence and other material;

c) inspecting property related to acts of unfair competition as stipulated in Article 5 of the Law for Countering Unfair Competition and where necessary, order operators under investigation to explain the source and quantity of the goods, temporarily stop selling them pending inspection, and not to remove, conceal or destroy them. ❸

When monitoring and investigating acts of unfair competition, including infringement of trade secrets, members of the control and inspection authorities shall produce warrants of inspection. ❹

When the control and inspection authorities are monitoring and investigating acts of unfair competition, including infringement of trade secrets, the operators under investigation, interested parties and witnesses shall truthfully provide them with relevant data or information. ❺

---

❶ Article 16, Law for Countering Unfair Competition.
❷ *Ibid.*, Article 3.
❸ *Ibid.*, Article 17.
❹ *Ibid.*, Article 18
❺ *Ibid.*, Article 19.

C. Administrative and Criminal Sanctions

(376) If any party infringes the trade secrets of another person in contravention of the provisions of Article 10 of this Law, the relevant control and inspection authority shall order it or him to desist from the illegal act and may, according to circumstances, impose on it or him a fine of more than RMB 10,000 *yuan* and less than RMB 100,000 *yuan*. ❶

(377) If a party is not satisfied with the decision as regards the punishment imposed by the relevant control and inspection authority, it or he may, within fifteen days from the date of receipt of the decision regarding punishment, apply to the competent authority at the next higher level for reconsideration; if the party is not satisfied with the decision made after reconsideration, it or he may, within fifteen days from the date of receipt of the written decision made after reconsideration, institute proceedings in the People's Court; the party may also directly institute proceedings in the People's Court upon receipt of the decision regarding punishment. ❷

(378) Where a staff member of the State organ monitoring and investigating acts of unfair competition, including infringement of trade secrets, abuses his powers and neglects his duty, constituting a crime, he shall be prosecuted for his criminal liability according to the law; where the act does not constitute a crime, he shall be disciplined administratively. ❸

(379) Where a staff member of the State organ monitoring and investigating acts of unfair competition, including infringement of trade secrets, irregularly out of personal consideration and intentionally screens an operator from prosecution, fully knowing that he has contravened the provisions of this Law, constituting a crime, the said staff member shall be prosecuted for his criminal liability according to the law. ❹

The New (Revised) Criminal Code, which will enter into force on 1 October 1997, stipulates the criminal punishment for infringements of trade secrets. According to Article 219 of the Criminal Code, infringers of trade secrets, who bring big damages to the owner of rights, shall be sentenced to a fixed-term imprisonment of not more than three years, detention and/or to payment of a fine. Infringers, who bring particularly serious results, shall be sentenced to a fixed-term imprisonment of not less than three years and not more than seven years, as well as to a payment of a fine.

---

❶ Article 25, Law for Countering Unfair Competition.
❷ *Ibid.*, Article 29.
❸ *Ibid.*, Article 31.
❹ *Ibid.*, Article 32.

Chapter 6. Customs Protection of Intellectual Property Rights

(380) After the promulgation and entering into force of the Chinese Trademark Law, Patent Law and Copyright Law, the protection of patent, trademark and copyright, as intangibles, belongs to the function and responsibility of Chinese administrative and judicial organs. The Chinese Customs, as a State organ responsible for the supervision and administration of entry and exit across the border of China, are charged with the tasks of supervising and administering means of transport, goods and articles across the boundary, collecting customs duties and other taxes and fees, uncovering and suppressing smuggling, and compiling customs statistics. For a long time, the Chinese customs had no obligations to protect intellectual property.

(381) However, with increasing widening and strengthening of the intellectual property system in China, and in conformity with the needs of international trade and the developments of the intellectual property system in the international field, the Chinese customs have also begun to undertake responsibility for protecting intellectual property.

§ 1. Sources of Legislation

(382) A Proclamation was published by the General Administration of Customs on 1 September 1994 and entered into effect on 15 September of the same year. The Proclamation was promulgated in accordance with the Decision of the State Council on Further Strengthening the Work of Intellectual Property Protection, published on 5 July 1994. In this Article, it is provided that goods infringing other people's intellectual property rights, including the exclusive right to use a trademark, copyright and patent right, were not allowed to be imported or exported. Once importation or exportation was discovered to infringe intellectual property rights, it should be dealt with and punished by the Customs in accordance with the provisions of the Implementing Regulations for the Administration Penalties under the Customs Law of the People's Republic of China. The Proclamation marked the beginning of the Chinese Customs participation in protecting intellectual property rights. According to statistics, Chinese Customs discovered and dealt with 1,072 infringement cases from September 1994 to June 1995.

(383) The Regulations of the People's Republic of China Regarding Customs Protection of Intellectual Property were promulgated by the State Council on 5 July 1995 and came into effect on 1 October 1995.

The Regulations contain 36 articles, divided into six chapters: General Provisions; Putting on Record; Application; Investigating and Dealing with Infringement; Legal Responsibility; and Supplementary Provisions. These Regulations are formulated for effecting the protection of intellectual property by the Customs authorities, promoting the economic, trade, scientific, technical and cultural exchanges with foreign countries, and safeguarding the public interest of society. ❶

In drafting the Regulations, the State Council have started from the actual situation in China, and made references to the legislation concerning the border protection of intellectual property in such countries and regions as the European Union, the United States and Hong Kong.

(384) Customs Procedures of the People's Republic of China for Enforcing Intellectual Property Right Protection were issued by the General Administration of Customs on 1 October 1995, and entered into force on the same day. ❷Actually, the Regulations mentioned above and the Procedures were implemented on the same day.

The Procedures contain 32 articles, divided into five chapters: General Provisions; Putting on Record; Applying for Customs Protection Measures; Investigation and Dealing with Infringement; and Supplementary Provisions. They are formulated in accordance with the Regulations mentioned above, with a view to effectively enforcing Customs protection of intellectual property fights. In implementing the intellectual property rights, the Customs shall preserve the trade secrets of the relevant parties. The relevant parties shall submit written documents to Customs. In the documents, the contents of the trade secrets that the Customs are requested to preserve, shall be indicated. ❸The General Administration of Customs shall be responsible for the interpretation of the procedures. ❹

(385) An Action Plan for the Effective Enforcement of Intellectual Property Rights, issued by the State Council Working Conference on Intellectual Property Rights was carried out in February, 1995.

In the Customs Enforcement Section of the Action Plan, it is provided that all Customs offices will further intensify the protection of intellectual property fights of all imports and exports and they will be subject to Customs enforcement. The main measures adopted in the Action Plan were, later, stipulated in the Regulations Regarding Customs Protection of Intellectual Property Rights approved by the State Council on 5 July 1995.

§ 2. Intellectual Property Protection by Customs
I. Scope of Intellectual Property Protection

(386) At the moment, this includes the exclusive right to use a trademark, copyright and patent right. ❺According to the current provisions of the laws and regulations in China, intellectual property fights should also include the fight to be protected against unfair competition.

---

❶ Regulations of the People's Republic of China Regarding Customs Protection of Intellectual Property Rights, Article 1.

❷ Procedures of the Customs of the People's Republic of China for Enforcing Intellectual Property Protection, Article 1.

❸ Ibid., Article 4.

❹ Ibid., Article 31.

❺ Regulations, Article 2.

However, the Regulations did not include protection of the fight against unfair competition on the part of Customs. The reason for this is because the right against unfair competition involves a wide range of issues and the composition of the right is very complex, thus it is inconvenient for the implementation of protective measures by the Customs at the border. The majority of countries in the contemporary world have not yet put the right to be protected against unfair competition within the scope of Customs protection.

II. Organs of the Customs Authorities

(387) Because of the fact that infringing goods across the Chinese border will seriously affect the domestic market and the international order in finance and trade, it is therefore provided in the Regulations that goods infringing intellectual property rights under the Chinese laws and Administrative Regulations are prohibited from being imported and exported. [1]The Chinese Customs Authorities implement the protection of intellectual property rights related to import and export goods and exercise the relevant powers provided by the Customs Law of the People's Republic of China, which includes the fight to check, the right to examine, the right to detain, the right to investigate, the right to punish and the right to dispose of the infringing goods.

Customs' organs charged with protecting intellectual property rights have been established and amplified. In June 1995, an Office for the Border Protection for Intellectual Property was set up under the Department of Supervision and Control of the General Administration of Customs. The basic duties of the Office are the acceptance of applications for putting the protection of intellectual property rights on record as well as coordinating and lending guidance to the work of Customs establishments in intellectual property protection nationwide. Every Customs establishment in China has also designated, under the instruction of the General Administration of Customs, the department and personnel responsible for the Customs' protection of intellectual property in its particular Customs region and strengthened the force of on-the-spot investigation and control.

III. Declaration on Intellectual Property

(388) Consignees of import goods or consigners of export goods and their agents shall, in accordance with the requirements of the Customs Authorities, declare the documents to the said Authorities for examination. [2]If it is deemed necessary, the Customs may require the consigners and consignees to make a supplementary declaration of the status of the intellectual property rights of the goods when going through the Customs formalities regarding the import and export of goods. Consigners and consignees shall, as requested, make an actual declaration on the IPR status related to the import or export of goods in accordance with the requirements of Customs and submit certifying documents concerning the ownership or lawful use of the relevant intellectual property. If it is deemed necessary, Customs may inspect the import and export of

---

[1] *Regulations*, Article 3.
[2] *Ibid.*, Article 5.

goods and take samples in accordance with the relevant provisions of the Customs Law of the People's Republic of China. ❶

IV. Recording of Intellectual Property

(389) Owners of intellectual property fights and their agents who request Customs to protect their intellectual property fights relating to import or export goods shall report their intellectual property rights to the Customs for the record and, where they deem it necessary, file applications with Customs to adopt protection measures. ❷

(390) An intellectual property rights owner applying to put on record the protection of his intellectual property fights by Customs shall file a written application with the General Administration of Customs: The application shall include:

a) the trade name or personal name of the intellectual property owner, the place of registration or nationality, residence, legal representative, and the main business office;

b) the Registration number, content and period of validity of the registered trademark, the number, content and duration of the patent granted, or the content of the copyright;

c) the designation and origin of the goods related to the intellectual property rights;

d) the person who is granted the intellectual property rights or who is licensed to use the intellectual property;

e) relevant information about the goods related to the intellectual property rights, such as their main customs point of entry or exit, their importer or exporter, their principal features and their normal price;

f) the manufacturer, importer or exporter, the main customs point of entry or exit, the principal features and price of the known infringing goods;

g) other circumstances which the General Administration deems to be in need of explanation. ❸

(391) The following documents shall be attached when the written application is filed:

a) a copy of the certificate of identity of the intellectual property rights owner, or a duplicate of the Certificate of Registration, or a copy authenticated by the registering body;

b) a copy of the registration certificate of the registration trademark, a copy of the announcement by the Trademark Office approving the assignment of the registered trademark or of the trademark licence contract on file at the Trademark Office; or a copy of the patent certificate, a duplicate of the patent assignment contract registered and announced by the Patent Office; a copy of the licence contract for the exploitation of the patent; a certifying document or proof of the fights pertaining to the copyright;

---

❶ Procedures, Article 3.
❷ Regulations, Article 6.
❸ *Ibid.*, Article 8.

c) other documents which the General Administration of Customs orders to be attached. ❶

(392) An application for the recording of the customs protection of intellectual property rights to be recorded shall be filed with the General Administration of Customs by the IPR owner or his agent. If the owner of the fight has not set up a business office or working body in China, he shall entrust his agent in the country with the filing of the application for the matter on record. ❷After any one of the coowners of intellectual property rights has filed with the General Administration of Customs an application for putting on record the customs protection of the relevant intellectual property fights, it is not necessary for the other owners to file further applications. ❸

(393) An owner of a right or his agent applying for putting on record the customs protection of his IPR shall, according to the nature of the IP and the classification of the goods, file with the General Administration of Customs a corresponding application and append to it the documents that shall be submitted for examination. Except for the items prescribed, the owner of a fight or his agent shall complete, in Chinese, an application form for putting the customs protection on record and shall guarantee that the application documents submitted for examination are authentic and valid. Documents in foreign languages submitted for examination shall be accompanied by Chinese translations. The owner of a right or his agent shall also provide, in accordance with the requirements of the General Administration of Customs, photographs or samples of the goods embodying the intellectual property rights. If an agent is entrusted with filing the application for recording IPR protection, a power of attorney issued by the owner of the right shall also be submitted for examination. ❹

(394) In applying for the customs protection to be put on record, the owner of the right shall pay a recording fee in accordance with the classification of intellectual property and the goods. ❺The General Administration of Customs shall, within 30 days from the date of receipt of all the application documents, inform the applicant whether his application has been approved. If the General Administration of Customs approves an application for recording IPR Customs protection, a Certificate recording IPR Customs protection shall be issued to the owner of the right. Copies of the Certificate may be issued, on request, to the other co-owners of the IPR who have not filed an application. If an application to record is not accepted, the General Administration of Customs shall notify the owner of the fight in writing and state the

---

❶ *Regulations*, Article 8.
❷ Procedures, Article 5.
❸ Ibid., Article 6.
❹ Ibid., Article 7.
❺ Ibid., Article 8.

reason denial. ❶

(395) The recording shall apply from the date on which the Certificate is issued by the General Administration of Customs. The period of validity of the record is seven years. Where the term of legal protection for the IPR is less than seven years from the date on which the recording comes into effect, the term of validity shall accord with the term of legal protection of the IPR. ❷

(396) Within six months before the expiration of the record, the owner of the right or his agent may, with written application, request renewal. ❸The General Administration of Customs shall, within fifteen days from the date of receiving the application for an extension, make a decision on whether to approve the extension of the record. The period of validity of each renewal of the record is seven years. ❹

(397) If no renewal is applied for on expiration of record, or the period of legal protection for the exclusive right to use a trademark, a patent or a copyright expires, the record of customs protection for the IPR will lose its effect immediately. ❺

(398) If the state of the IPR on record changes, the owner of the IPR shall, within 10 days from the date of approval of the change by the department responsible for that category of intellectual property, go through the formalities for the change or cancellation of the record at the General Administration of Customs. ❻

V. Application for Customs Protection Measures

(399) If the owner of the IPR put on record at the General Administration of Customs discovers that suspected infringing goods are about to be imported or exported, he may file an application with the Customs at the place of import or export of the goods to adopt measures to protect the intellectual property rights. ❼

(400) In requesting the Customs to adopt measures to protect the IPR, a written application, including the following contents, shall be filed:

a) the designation of the IPR and its record number at the Customs;

b) the name, residence, legal representative and main business office of the suspected infringer;

c) relevant information on the suspected infringing goods, such as their designation and specification;

d) relevant information on the suspected infringing goods, such as the port where they

---

❶ *Procedures*, Article 9. Regulations, Article 9.
❷ *Ibid.*, Article 10. Regulations, Article 10.
❸ *Ibid.*, Article 11.
❹ *Ibid.*, Article 12. Regulations, Article 10.
❺ Regulations, Article 10.
❻ *Ibid.*, Article 11.
❼ *Ibid.*, Article 12.

may be imported or exported, the time, the means of transport, and the consignee or consigner;

   e) proof of infringement;

   f) the measures that the Customs are requested to adopt; and

   g) other details which the Customs determine need to be supplied. ❶

The owner of the right or his agent shall file an application with the Customs at the place of import or export of the goods and submit additionally, in accordance with the requirements of the Customs, samples or photographs of the suspected infringing goods or other evidence. Among the measures that the Customs are requested to adopt, the owner of the right or his agent shall explicitly make a request for Customs to detain the suspected infringing goods. When filing an application, the owner of right or his agent shall produce the certificate and identification. ❷

(401) If the applicant requests Customs to detain the suspected infringing goods, he shall submit to the General Administration of Customs a surety equivalent to the CIF price of the import goods or the FOB price of the export goods. ❸Where the CIF or FOB price cannot be determined, a surety shall be submitted to the amount estimated by the Customs. ❹Where an IPR owner requests Customs to adopt protective measures for his IPR which has not been put on record at the General Administration of Customs, he shall file an application as well as go through the formalities for putting on record the protection of his IPR. ❺

VI. Investigating and Dealing with Infringement

(402) If Customs decide to detain the suspected infringing goods in response to the application of the IPR owner, it should draw up a warrant for Customs detention, serve it on the consignee or consigner, and notify the applicant in writing. If the consignee or consigner does not consider that his import or export goods infringe the IPR of the applicant, he should, within 7 days from the day of service of the warrant for Customs detention, submit a written explanation to the Customs. If no objection is raised by the consignee or consigner, Customs have the power, after investigation, to dispose of the suspected infringing goods as infringing goods; if an objection is raised, the Customs shall immediately notify the applicant in writing. Furthermore the applicant has the right, within 15 days from the date of service of the written notice, to submit the infringement dispute to the department responsible for that category of intellectual property to be dealt with, or institute proceedings in the People's Court. ❻

---

   ❶ *Regulations*, Article 13.
   ❷ Procedures, Article 15.
   ❸ Regulations, Article 14.
   ❹ Procedures. Article 16.
   ❺ Regulations, Article 15.
   ❻ *Ibid.*, Article 17.

(403) If Customs find that a consignment of import or export goods is suspected of infringing an item of IPR on record at the Customs, they have the power to detain the goods. If Customs detain a consignment of suspected infringing goods, they shall draw up a warrant of Customs detention, serve it on the consignee of consigner, and immediately notify the IPR owner in writing. If the IPR owner files a written application for intellectual property rights protection within 3 days from the date of service of the notice, the matter shall be handled according to the provisions of Article 17 of the Regulations, which was mentioned earlier. ❶

(404) Where Customs detain suspected infringing goods, they shall, with 15 days from the date of detention, begin to investigate the suspected infringing goods detained and the related circumstances except, however, where one of the relevant parties to the infringing dispute has submitted the dispute to the department responsible for that category of intellectual property to be dealt with, or has instituted proceedings in the People's Court. If Customs suspect that a criminal act has been committed, the matter shall be turned over to relevant organs for investigation. ❷When Customs investigate the suspected infringing goods detained and the related circumstances, the IPR owner shall render assistance if necessary. ❸

(405) If the consignee or consigner hold that the goods detained by Customs do not infringe the IPR of the applicant, he shall, within seven days from the date of receiving the warrant of detention issued by the Customs, file a written opposition with the Customs which have issued the warrant of detention. On receiving the written opposition of the consignee or consigner, the Customs shall inform the owner of the right or his agent in writing of the infringement under dispute. ❹

(406) If the consignee or consigner holds that his import or export goods do not infringe the IPR of the applicant, he may, after submitting to the Customs a surety mounting to twice the CIF price of the import goods or the FOB price of the export goods, request Customs to release the relevant goods. ❺

(407) Customs may release the suspected infringing goods detained in the following circumstances:

a) if suspicion of infringement is eliminated after investigation by the Customs or the department responsible for that category of intellectual property;

b) if the decision or ruling of the People's Court eliminates the suspicion of infringement;

c) if none of the relevant parties institutes proceedings in the People's court within the prescribed period of time, if the People's Court rules that the case shall not be accepted and

---

❶ *Regulations*, Article 18.
❷ *Ibid.*, Article 20.
❸ *Ibid.*, Article 21.
❹ Procedures, Article 22.
❺ Regulations, Article 19.

heard, or if the People's Court does not make a ruling which orders preventive measures to be taken; and if the IPR owners make no response within the prescribed period of time or abandon the protection. ❶

(408) If the suspected infringing goods detained are found to be infringing goods by the Customs, the department responsible for that category of intellectual property, or the People's Court, then those goods shall be confiscated by Customs. ❷The confiscated goods shall be disposed of in accordance with the following provisions:

a) goods infringing copyright shall be destroyed;

b) in respect of goods infringing the exclusive right to use a trademark, the goods shall be destroyed if the infringing mark cannot be removed; if the infringing mark can be removed and the relevant goods can be used, the mark shall be removed and the goods may only be used in public welfare undertakings in society or sold by auction according to law to a non-infringer for his own use;

c) infringing goods other than those provided above shall be disposed of according to the relevant provisions of the State Council. ❸

(409) After the decision of the Customs, the decision of the department responsible for that category of intellectual property or the decision or ruling of the People's Court comes into effect, the Customs shall return the surety submitted by the relevant party after deducting the following expenses:

a) expenses related to the storage, custody and disposal of the goods;

b) compensation for losses caused to a relevant party by the application which is found to be improper. ❹

Any civil dispute between the IPR owner and the consignee or consigner shall be settled by the parties by choosing from the judicial, arbitrational or other modes of dispute settlement according to law, and the decision reached shall be accepted by Customs for handling. ❺

(410) If after accepting applications for recording customs protection of IPR rights and for adopting IPR protective measures, the Customs Authorities are still unable to discover the infringing goods, unable to adopt protective measures in time, or they adopt improper protective measures because the IPR owners fail to provide exact information, then the responsibility shall not be borne by the Customs Authorities but by the IPR owners themselves. ❻

VII. Legal Responsibility

(411) Administrative sanctions. If the consignee or consigner clearly knows or should

---

❶ *Regulation*, Article 22.
❷ *Ibid.*, Article 23.
❸ *Ibid.*, Article 24.
❹ *Ibid.*, Article 25.
❺ *Ibid.*, Article 26.
❻ *Ibid.*, Article 27.

know that his import or export goods infringe the IPR of another person, Customs may impose on him a fine which is less than the equivalent of the CIF price of the import goods or the FOB price of the export goods. ❶If the consignee or the consigner fails to declare the state of IPR relevant to the import or export goods and does not submit the relevant documents for examination, the Customs Authorities may impose on him a fine which is less than the equivalent of the CIF price of the import goods or the FOB price of export goods. ❷

(412) If a party is not satisfied with the decision of the Customs Authorities as regards punishment, he may apply to the Customs Authorities which made the decision or to the Customs Authorities of the next higher level for reconsideration of the decision within 30 days from the date of receipt of the notice of punishment or, if Customs are unable to notify him, within 30 days from the date of announcement of the decision regarding punishment. The relevant Customs Authorities shall, within 90 days from the receipt of the application for reconsideration, make a decision on reconsideration. If the party is not satisfied with the reconsideration decision, he may institute proceedings in the People's Court within 30 days from the date of receipt of the reconsideration decision. However, the party may also directly institute proceedings in the People's Court within 30 days from the date of receipt of the notice of punishment. ❸

VIII. Criminal Sanctions

(413) Anyone who imports or exports infringing goods, constituting a crime, shall be prosecuted for his criminal responsibility according to law. ❹Any Customs official who, in carrying out IPR protection, abuses his powers, deliberately makes things difficult for others, neglects his duty, engages in favoritism and acts irregularly, constituting a crime, shall be prosecuted for his criminal liability according to law. If his acts have not yet constituted a crime, he shall be disciplined administratively. ❺

---

❶ *Regulations*, Article 28.
❷ *Ibid.*, Article 29.
❸ *Ibid.*, Article 30.
❹ *Ibid.*, Article 31.
❺ *Ibid.*, Article 32.

Chapter 7. Concluding Words: Perspective of Intellectual Property Protection in China

§ 1. Development of Intellectual Property Protection in China

(414) At the end of 1978, the People's Republic of China adopted the policy of reforming the economic structure and opening up to the outside world. Legal protection of intellectual property in China has started under the guidance of new policy. Up to now, after only about 19 years, China has, fundamentally speaking, established a modem intellectual property system, including the legal protection of patents, trademarks, copyright, unfair competition and so on. The Chinese intellectual property system is in conformity with the needs of a socialist market economy and intellectual property standards.

(415) However, intellectual property is developing rapidly in the national and intellectual property field. Following the intensifying of economic reform, the expansion of the opening-up policy, the acceleration of foreign trade as well as the rapid growth of new technology, the intellectual property in China must develop constantly, as in other countries.

(416) Several years after the implementation of intellectual property laws, China has adopted a series of measures for the improvement of legal protection of IPR. Most new stipulations were provided either upon China's own experiences and initiatives, or mainly on the "Dunkel Draft" of the TRIPs Agreement, set out at the end of 1991 between ten developing countries (including China) and ten developed countries. A revision of the Patent Act of the People's Republic of China, adopted at the 27th session of the Standing Committee of the Seventh National People's Congress on 4 September 1990, came into force on 1 January 1993. Its implementing Regulations, approved by the State Council on 12 December 1992, came into force on the same day as the Patent Act. In preparing the draft revision of the Patent Act, China decided, upon its own initiative, to prolong the duration of patent protection for inventions from 15 years to 20 years from the application date, to protect food, beverages and flavours, to protect the product directly obtained by a patented process, and to add the importation right of the patentee plus other amendments. The most serious problem that had to be decided upon at that time was the question of patent protection for pharmaceutical products and substances obtained by means of a chemical process. Frankly speaking, many experts and officials were not in favour of such protection, but preferred rather to defer such protection to some later date. However, the "Dunkel Draft" of the TRIPs Agreement had been approved by the Ten plus Ten meeting at the end of 1991, and China had applied to resume its GATT membership status from 1986 and will accede to the TRIPs Agreement after resuming GATT membership. According to the "Dunkel Draft", subject to certain exceptions, patents shall be available for ail kinds of inventions, whether products or processes, in all fields of technology, provided that they are new, involve

an inventive step and are capable of industrial application. That is the reason why China promised in the Memorandum of Understanding on intellectual property with the USA that patents shall be available to all chemical inventions, including pharmaceuticals and agricultural chemicals, whether products or processes. However, it must be pointed out that, in any event, the administrative protection for US pharmaceutical and agricultural product inventions, provided in Article 2 of the MOU is not based on the "Dunkel Draft". Many IP experts in China, including myself, have the impression that it is not sensible to include such administrative protection in the MOU.

(417) Revisions of the Trademark Act, adopted at the 30th Session of the Standing Committee of the Seventh National People's Congress on 22 February 1993, came into force on 1 July 1993. The Second Revision of its Implementing Regulations was approved by the State Council on 15 July 1993, and came into force on the day of its promulgation. The protection of service marks is a new important development in Chinese trademark law. In the draft law, collective marks and certification marks were protected. But, there are different opinions on this issue and, finally, collective and certification marks were provided in the Implementing Regulations. The MOU does not include any provision on a connection with trademark protection. So, it is clear that the revision of trademark law, such as the new provision for protecting service marks, will not take place in the MOU, but it was initiated by China with reference to both the TRIPs Agreement and internationally accepted practice.

(418) In the field of copyright, China acceded, on 15 October 1992, to the Berne Convention, which both TRIPs and the MOU require. Only the date of accession came earlier than that required by these agreements. As mentioned before, the "International Copyright Treaties Implementing Rules" were promulgated by the State Council on 25 September 1992 in order to end the inconsistency between the Chinese Copyright Act on the one hand, and the Berne Convention on the other. The protection of foreign computer programs as literary work as well as the protection of rental rights in foreign works are even more advanced than the Berne standard and in conformity with the trend of copyright protection in the international arena. ❶

(419) Criminal sanctions against the copyright infringer were provided by the "Resolution of the Standing Committee of the National People's Congress on the Punishment of Crimes of Copyright Infringement" on 5 July 1994, which is also consistent with the requirements of the TRIPs Agreement and, later, by the New Criminal Code.

(420) The Law for Countering Unfair Competition of the PRC was adopted at the 3rd Session of the Standing Committee of the Eighth National People's Congress on 2 September 1993 and came into force on 1 December 1993. Trade secrets, hitherto only protected by contract, are now protected by law. The protection of trade secrets by law is also in conformity with the

---

❶ *TRIPs and Intellectual Property Protection in the People's Republic of China*. Guo Shoukang. GRUR international. April, 1996. p. 294.

need to protect undisclosed information in the TRIPs.

(421) Besides, there were also other developments for the protection of intellectual property in China, such as, as mentioned previously, the protection of trade names.

§ 2. Onlook on Intellectual Property Protection in China

(422) Measures have been taken and will be consistently taken to further enhance IP protection in China, eventually conforming to the needs of a socialist market economy and internationally accepted practices, in particular the TRIPs Agreement.

(423) For historical reasons, many provisions in the Copyright Law have to be revised in the not too distant future. The Chinese government has also promised that a bill amending the Copyright Act will be submitted to the Standing Committee of the National People's Congress and that the Chinese government will use its best endeavors to have it enacted and implemented within a reasonable period of time[1]. The legal protection of foreign works provided in the International Copyright Treaties Implementing Rules, has to be expanded to protect the works of Chinese citizens and entities and, in principle, by the same standards. For example, the protection of computer software as literary work, the protection of rental rights and so on, have to be applied also to Chinese citizens and entities. In order to conform with the present situation, some provisions have to be revised or even cancelled. For example, scientific or technological work may be protected by copyright law, patent law or other laws simultaneously, and, under such circumstances, copyright protection should not be excluded as provided in Article 7 of the Copyright Act. Article 43 should be repealed for being in conformity with internationally accepted practices and even the Berne Convention. These examples are not exhaustive.

(424) In the field of patent law, some improvements have to be considered although a recent revision was approved and implemented on 1 January 1993. For example, according to Article 25 of the revised Patent Act, plant varieties are still not included in the patent system. However, based on China's own experience, certain research in hybrid rice planting has made a great contribution to China as well as the whole world. But, the scientists and their research work met grave difficulties because of a lack of financial resources. It is necessary to provide legal protection and put the technological invention of plant varieties in a socialist-made economy. On the other hand, the TRIPs Agreement provides that members shall provide for the protection of plant varieties either by patents, by an effective sui generis system or by a combination thereof. This provision shall be reviewed four years after the Agreement establishing the WTO has come into force.[2] Regulations for the Protection of New Varieties of Plants of the People's Republic of China, prepared by the China Patent Office in cooperation with the Ministry of Agriculture and the Ministry of Forestry, were approved and entered into force on 1 October

---

[1] MOU between the Government of PRC and the Government of USA. Article 4.

[2] Agreement, Article 27.3 (b).

1997. Here, I would prefer to suggest that China should consider acceding to the International Convention for the Protection of New Varieties of Plants and to become a member of UPOV in due course. Of course, other amendments shall also be carefully considered.

(425) In the field of trademark law, some amendments are being considered although a recent revision was approved less than three years ago. Certification marks and collective marks shall be provided in the law, instead of in the Regulations. A provision for protecting well-known marks is being prepared and will be published in the near future. The new provisions shall decide what a wellknown mark is, i. e., the legal definition of a well-known mark and its protection. Some experts suggest that defence marks shall also be protected and included in the coming revised text, because it is a necessity and precondition for the protection of wellknown marks. However, I would prefer to suggest that the inclusion of well-known marks in the Trademark Act should be deferred until some results have been obtained from the discussions of the Experts Committee on Well-known Marks, organized by the World Intellectual Property Organization. In addition, other amendments will be studied and discussed carefully.

(426) Trade secrets are more and more important for the protection of the economy and technology. Article 10 of the Law Countering Unfair Competition is insufficient for this protection. Now the State Commission of Economy and Trade under the State Council is responsible for draft legislation to protect trade secrets in more details. I believe that the outcome will be consistent with the provisions of the TRIPs Agreement. ❶

(427) Presently, layout designs (topographies) of integrated circuits are not protected in China, although China has already signed the Washington Treaty on Intellectual Property in Respect of Integrated Circuits. The Treaty, however, has not yet come into effect, though the TRIPs Agreement provides that nothing in part I to IV of this Agreement shall derogate from exisling obligations that members may have to each other under the Washington Treaty on Intellectual Property in Respect of Integrated Circuits. ❷Further, the TRIPs Agreement requires Member States to provide protection for layout designs of integrated circuits. ❸The developing countries are entitled to delay implementation for a further transitional period. ❹Thus, the Ministry for Electronic Industry in cooperation with the China Patent Office is preparing a draft, which, I believe, will be consistent with the TRIPs Agreement.

(428) The legal protection of intellectual property in China will develop constantly in connection with the further reform of the economy, opening up to the outside world, the needs of a socialist market economy as well as the demands of new technology and international trade.

---

❶ Agreement, Article 39.
❷ Agreement, Article 2.
❸ Agreement, Article 35 ~ 38.
❹ Agreement, Article 65. 2.

Index*

The numbers given refer to paragraphs

Abandonment, typical case of ~ 297
Achievements, technological ~ 362
Adjudication Board 277,278,297
Administrative
    Council 240
    regulations 67,80,329,374
Agrarian Revolutionary War 25
Agreement 42,44,371,423,426
    arbitration ~ 121,123
American Law Institute 369
Application
    documents 171,393,394
    domestic ~ 267
    independent ~ 334 ~ 336
    published ~ 276,279
Applied art 50,67,110
    foreign works of ~ 110
    special category of ~ 67
Arbitration 119,121,123
Artistic Works 58,65,98,102
Attorney, powers of ~ 169,393
Audiovisual Products 49
Auditor-General 4,5
Authorities 85,141,212,285,304,332,333,343,352,374,388
    administrative ~ 126,129,152,222,228 ~ 230,267,302 ~ 305,374
    competent ~ 195,265,282,285,334,349,377
    inspection ~ 374 ~ 377
Author's Rights Act 54
Autonomous regions 7 ~ 10,214,328,363
Average life expectancy 13
Beijing Conciliation Center 120

---

* 本索引中所涉及的页码均为原书页码，未作改动。

Berne Convention 58,65,70,106,417,422

Bilateral agreements 58,153,249

Body movements 98

Books 39,47,48,113,375
    unauthorized printing of ~ 27

British
    army 22
    invaders 22

Broadcast 67,116,117

Broadcasting organizations 116,117

Bureau of Legal Affairs 50

Capitalism 242

CCPIT 242

CD-ROM format 129

CD-ROMs 129

Central
    Military Commission 6
    People's Government 4,141

Certification Marks 255,256

Chemical processes 156,157,415

China
    Chamber of International Commerce 120,122
    Patent Office (CPO) 144,167,187,189,423,426
    technological market of ~ 145
    territorial airspace of ~ 227

Chinese
    Copyright Act 417
    Customs Authorities 387
    government 38,46,422
    history 18 ~ 20,29,139
    Law 52,148,253,387
    Patent Act 168,198,208,214,218,224
    Patent Law 144,145,146,154,354
    Trademark Law 244,250,251,253,293,380,416
    works of applied art 110

Choreographic works 67,70

CIF
    price 401,406,410

Price 401
Citizens
    patent right of ~ 150
    technological achievements of ~ 362
Civil Law Remedies 372
Collective Marks, administration of ~ 255, 256
Commencement, lawful ~ 334, 349
Commerce 138, 235, 237, 255, 256, 267, 285, 302 ~ 305, 318, 320, 327, 333, 337, 365, 374
    Administration Bureaus 333, 351
Commissioned works 36, 80, 81
Committees, special ~ 3
Computer
    Software Copyright 61
    software, protection of ~ 60, 422
Contract 80, 81, 83 ~ 86, 113, 120, 121, 129, 196, 197, 222, 281, 285, 334, 343, 363, 419
    license ~ 197, 212, 285
    licensing ~ 84, 86
    registration of ~ 60
    standard publishing ~ 39
Copyright
    Act 54 ~ 58, 66 ~ 69, 73, 74, 78, 79, 81 ~ 84, 86, 92, 96, 97, 101 ~ 103, 105, 106, 110, 111, 117, 118, 120, 122, 124, 130, 422
    administration of ~ 46
    Administrative Authorities 57
    contractual transfer of ~ 84
    exploitation of ~ 78
Copyright infringement 62, 118, 131, 132
    punishment of Crimes of ~ 62, 130, 133, 418
Copyright
    inheritance of ~ 31, 35
    law 35, 45, 47, 50, 101, 380, 422
    legal protection of ~ 25
    obtaining ~ 31, 70
    protection 27, 33, 41, 45, 51, 52, 54, 58, 65, 73, 109, 417, 422
    statute 28, 29, 37, 45, 46, 55
    transfer of ~ 83, 87
Correction of unauthorized reprinting of books 39
Counterfeiting 32, 234, 290

Registered Trademarks 247,307,312

Counterfeits 291,299,306

Countering Unfair Competition 365,367,371,372,375,419

Countries, developing ~ 145,156,284,357,415,426

CPC 25

Creation

 intellectual ~ 48,66,215

 original intellectual ~ 71

Criminal

 Code 62,133,248,379

 liability 130,132,232,306,311,312,378,379,412

 punishments 248,379

 Sanctions 129,375,411,418

Customs

 Authorities 383,386,388,409 ~ 411

 Law 382,387,388

 Office 258,385

 protection 64,379,387,392 ~ 394,397

Da Qing Copyright Law 29,31,35

Department

 administrative ~ 87,125,265

 copyright administration ~ 88,90,128

Design 67,138,154,158,167,175,177 ~ 179,185,187,194,198,199,201,221,224,233,260,368

 layout ~ 426

 patented ~ 198,224

Detention 131,132,232,379,404

 criminal ~ 308 ~ 310

 warrant of ~ 405

Developed countries 12,145,415

Discoveries, scientific ~ 167

Districts 7,328

 municipal ~ 7,10

Divisions, administrative ~ 252,260,316,324,328,331

Documents, certifying ~ 388,391

Droit d'auteur 54

Droit voisin 111

Dunkel Draft 415

Economic
    benefits 368
    development, capita level of ~ 15
    rights 48,52,54,84,88,89,95,96,108
    value 369,370
Effective Enforcement of intellectual property rights 385
Eighth National People's Congress 3,365,419
Eleven categories of unfair competition 365
Emblems, national ~ 260
Empress Dowager 137
Enforcing Intellectual Property Right Protection 384
Enterprise names 313,315,317,320,323,327
    registration of ~ 320,323
Enterprises
    large groups of ~ 327
    private ~ 141,324
Enumeration, extensional mode of ~ 370
European
    Patent Convention 224,226
    Union 383
Exercise books, unauthorized compilation of ~ 32
Exploitation according to state plan 213
Fee
    annual ~ 207,219
    maintenance ~ 207
Feudal societies, long succession of ~ 21
Feudalism 24,242
Fifth National People's Congress 145,148,246
Film-making industry 50
Flags
    military ~ 260
    national ~ 260
FOB price of export goods 401,406,410
Foreign
    Affairs Committee 4
    computer programs 61,67,417
    enterprise 189,192,262,268,345,347 ~ 349
    enterprise, tradenames of ~ 333,348

investment enterprises 334
works, legal protection of ~ 422
Foreigners 85,189,195,214,242,262,268
economic fights of ~ 48
patent right of ~ 145
Formal requirements 69,70,266,269
GATT membership status 415
General
Administration of Customs 64,382,384,387,390,392 ~ 396,398,399,401
Provisions 29,37,56,57,246,383,384
Geneva Convention 65
Goods
export of ~ 258,388
prescribed classification of ~ 263
Goodwill 313,316
Growth, rapid ~ 14,414
Handicraft 138,166
Historical Evolution of
patent system 133
Trademark Law 232
Human
history 26,134,233
mind 167,215
Illegal income 131 ~ 133,248,308 ~ 310,351,352
Imperialism 25
Implementing Rules 57,61,67,240
Imprisonment, fixed-term ~ 131,132,232,308 ~ 310,379
Income
tax 149,359
Tax Law 148,359
Individuals, illegal income of ~ 132
Industrial
applicability 158,165 ~ 167
designs 138,139,154,158,167,215,216
property 148,313,317,321,332,359
property, legal protection of ~ 361
property rights 148,359
Infringement

dispute 228,230,402

    suspicion of ~406

Inheritance 31,36

    Law 51,52,88

Integrated circuits 426

    layout designs of ~426

Intellectual property 63,65,371,380,383,387,388,390,394,398,402,404,406~408,414,415,420,426

    border protection of ~383

    legal protection of ~413,427

    special category of ~357

    system 381

Intellectual Property Protection 65,382,385,387,412,420

Intellectual property rights 64,215,249,371,382,384~390,392,393,399

    customs protection of ~379,392

    enforcing Customs protection of ~384

    protecting ~382,387

Interests, legitimate ~102,218

Interim Regulations Concerning Copyright Protection of Audiovisual Publications 49

International

    Classification of goods 249

    Copyright Treaties Implementing Rules 61,67,417,422

    Registration 249,268

    trade 120,242,381,427

Invalidation of patent 151,152,214,219,221

Invention

    certificates 141

    patentof ~171,178

    rights 141,142,362

Invention/creation, non-service ~191,192

IP

    experts 415

    protection 421

IPR 393~395,397~403,405,406,410,415

    protection 412

    protective measures 409

    rights, recording customs protection of ~409

    status 388

Joint
 Ventures 148,359
 Works 72,77,78
Judicial organs 11,306,380
Jurisdiction 126,330,363
Justified reason 181~183,324
Know-how 353,357,359,371
Law Countering Unfair Competition 425
Law
 criminal ~232,312
 publishing ~45
 respective ~43,44
Legal
 entities 53,74,75,77,79,108
 persons 75,150,188,245,262,280,313,319,320,333,362
 protection 26,218,244,319,321,358,361,363,366,372,395,397,413,422,423,427
 representative 349,390,400
 requirement 70
 term 52,54,364,365
Liabilities 86,120,326
 civil ~124,125,132,331
License 85,86
Licensee 86,107,222,259,280,285
Literary
 protection of ~58,65
 work 67,109,417,422
Local organs of state power 7,8
Mainland China 37,139
 population density of ~13
Manufacture, certificate of authorization of ~265
Manufacturing process 138,256,368
Member States 350,426
Merger 88,280
Military Courts 11
Ministry of
 Agriculture 138,423
 Culture 40,45,47,48
 Foreign Economic Relations 361

  Forestry 423

  Industry 138,237,238

  Machinery 61

Model Law 357

Moral rights 54,84,92,93

Morality, social ~ 158,167

MOU 58,153,157,203,208,249,415~417

Musical works 67,83,131

National autonomous areas, organs of self-government of ~ 8

National Copyright Administration (NCA) 46,48,50,54,57,59,60,76,106,126,129

  of China (NCAC) 46,50,57,126

National

  People's Congress 3~7,10,11,62,132,133,146,149,364,418,422

  Publishing Administration 39,40,45

Nationals, artistic property of ~ 44

Natural

  persons 43,188,280

  resources 15

New Criminal Code 61,232,247,312,418

Non-patented technology 363,364

Occupational work 79,80

Opening-up policy 143,144,149,414

Opium War 22,23,235

Organs

  administrative ~ 10,11

  local ~ 7,8

Outdated technology, intentional provision of ~ 359

Owners

  initial ~ 313

  lawful ~ 91,107

  recognized ~ 258

Ownership

  collective ~ 192,213,214

  transfer of ~ 87

Paris

  Convention 146,153,209,249,257,313,321,322,348,350,357

  Union 313,321,345,346

Parties

contracting ~ 43,44,86

interested ~ 231,279,304,305,375

Partnerships 245,314,319

Patent Act 158 ~ 160,162,163,167,186,189,200,203,209,213,216,218,220,224,230,415

revised ~ 423

Patent

agency 169,189

application 158,160,218

certificates 141,184,185,207,217,391

Cooperation Treaty 153

Issue 145

law 134,139,140,144 ~ 146,150,151,156 ~ 158,213,243,354,363,380,422,423

legal protection of ~ 413

Office 159,160,165,169,176,177,180,181,183 ~ 187,189,193,196,197,207,209 ~ 212,219 ~ 221,391

owner 188

protection 151,166,167,225,380,415

protection, scope of ~ 157,207

system 133,135,140,143 ~ 145,148,156,423

transfer of ~ 187,194

Patent Re-examination Board 187,220,221

Patent right

infringement of ~ 222,227

invalidation of ~ 151,214,219

Patentability 158,167

conditions of ~ 157,158

Patented

process 198,415

product 198,204,205,227,230

Patentee 186 ~ 188,192,197,198,203,205 ~ 209,211,212,215,221 ~ 223,226 ~ 231,415

Penalties 128,349,352

administrative ~ 125,128

People's Court 212,221,222,229,230,305,351,352,373,377,402,404,406 ~ 408,411

People's Governments of

autonomous regions 8

provinces 214

People's Publishing House 39

Permission 32,49,84,86,98,102,113,115,129,327
 prior ~ 102,104
Pharmaceuticals 138,141,156,157,371,415
Plant varieties 155,167,423
 technological invention of ~ 423
Plants, protection of New Varieties of ~ 153,167,423
Population 1,12,14,16
 huge ~ 14,15
Prefectures, autonomous ~ 7,8,10
Proclamation 382
Profit 132,204,302,303,373
Prohibited clauses 270
Proof
 documents of ~ 282,285
 furnish ~ 212,230
Protecting Publication Copyright 40
Protection
 administrative ~ 351,415
 border ~ 383,387
 initial 25-year term of ~ 109
 scope of ~ 172,224,348
 subject matter of ~ 249
Protective measures 401,409
Protocol 226
Public 10,93,99,102,108,112,159,160,190,252,255,256,258,260,281,284,292,300,329,368,369
 Interest of society 209
Radio 49,69,102,105,111,112,116,125,127,160
 broadcasting 50,105
 stations 102,112,125,127
Reform 15,16,25,41,45,55,143,144,149,213,243,317,358,359,427
 Movement of Emperor Guangxu 137
Registered trademark 259,264,279~283,285,286,288~292,295~301,303,305,306,308,310,390,391
 counterfeited ~ 248,299,306,309
 punishment of Crimes of Counterfeiting 247,307,312
Registration
 Authorities 320,330,333,335~340,34,344,349,351,352

certificate 32,391
　　　service mark ~293
Regulations Regarding Customs Protection of intellectual property rights 385
Remuneration 39,48,53,86~88,96,102,106,108
　　　payment of ~87,98,102
　　　therefor 114~116
Rental rights, protection of ~417,422
Resolution 38,39,61,62,101,130,132,133,418
Revision, late ~157,209
Revolution 23,36,138,237
　　　cultural ~25,40,242,243
Rewards 39,80,137,138,140,152
Rights, associated ~111
RMB 127,351,352,376
Rule, administrative ~4,7
SAIC 258,268,328,333,345,349,365
Sanctions 53,189
　　　administrative ~57,124,127,410
Science 3,21,56,66,143,144
　　　social ~67,147
Sequence, coded instruction ~67
Service
　　　invention/creation 152,190,192
　　　mark 246,253~256,293
Seventh National People's Congress 50,5,151,243,246,248,415,416
SID codes 129
Sixth National People's Congress 146,15,363
Skills 163,172,353
　　　ordinary ~163,171
Smuggling, suppressing ~380
Socialist
　　　market economy 87,157,213,244,365,413,421,427
　　　transformation 25,240,358
Software 67,70,85,107,109
　　　copyright 85
Solution, technical ~154,155,171,174
Standards, defined ~256
State Administration 255,256,267,318,320,327,333,365

highest organ of ~ 4
local organs of ~ 8
State Commission 143,144,425
State Commission of
of economy 425
of science 143,144
State
Councillors 4,5
organs 11,101,102,380
power, executive bodies of local organs of ~ 8
Statutory Scheme of Permissible Remuneration 59
Substantive features, prominent ~ 165
Supplementary Provisions 29,36,56,57,240,246,248,383,384
Supreme People's
Court 10,53,132
Procurate 11
Technical know-how 359 ~ 364
legal protection of ~ 363
Technical secrets 363,364
Technological Contract Law 363
Technology 137,140,143,144,154,156,162,163,170,354,359,360,369,414,415,425,427
Import Contracts, administration of ~ 361
transfer of ~ 284,358
Television 49,50,67,82,83,96,100,108,112,118,315
programmes 105,112,116,125,127,160
stations 69,102,105,112,125,127
Tobacco products 265,282,285
manufactures ~ 282,285
Trade names 313,323,357,390
Trade secrets 353,354,356 ~ 358,365 ~ 371,376,384,419,425
component part of ~ 353
infringement of ~ 372,374,375,378,379
legal protection of ~ 358,366
Trademark
Gazette 273,279,286
infringement 234,287,302
Law 237,238,240,243,245 ~ 247,254 ~ 256,260,261,270,271,273,275,280,285,
293,294,297,299 ~ 301,316,424

　　　　Law, amended ~ 252,254
　　　　owner 258,280,301
　　　　registration 237,240,246,262,266,269,279,285,293
Trademarks
　　　　adminigtration of ~ 240,241
　　　　administrative management of ~ 299
　　　　compulsory registration of ~ 240
　　　　registration 235,236,240
Tradename registration, charge of ~ 332,333
Tradenames 312 ~ 317,319,321 ~ 339,341 ~ 349,351,352
　　　　correct improper ~ 340
　　　　protection of ~ 313,320 ~ 322,350
　　　　registered ~ 344,349,351,352
　　　　regtistration of 333,338,346,350
Trade-Related Aspects of intellectual property rights 371
Translation, official ~ 69,101
Treaties 52,65
　　　　multilateral ~ 64,65
　　　　unequal ~ 235,236
Treaty, international ~ 177,189,227
TRIPs 371,417,419
　　　　Agreement 109,246,253,415,416,418,421,423,425,426
　　　　draft of ~ 371
　　　　negotiation 157
　　　　provisions 371
Unauthorized
　　　　Making of representations 290
　　　　reprinting 33,38,39
Unfair competition 322,350,356,357,365,367,373 ~ 375,378,379,386,413
UPOV, members of ~ 423
Urheberrecht 54
Utility model 138,139,154,158 ~ 162,165 ~ 171,173,174,177 ~ 179,185,187,198 ~ 200, 209 ~ 211,215,216,221,224,354
UTSA 370
Video
　　　　productions 96,100,118
　　　　recordings 56,97,102,111,114,115,125,127
Violation 73,129

英 文 部 分

War 4, 24, 139
Warrant 402, 403, 405
Washington Treaty 426
Well-known Marks 258, 424
    protection of ~ 258, 424
Western countries 98, 134 ~ 136
WIPO document 357
World Intellectual Property Organization 156, 357, 424
WTO 371, 423
Zhuanli 135, 136

Border Control of Intellectual Property Rights in China*

A modern intellectual property system was established in the People's Republic of China only after the adoption of a new policy of reform and opening up to the outside world since the end of 1978. A Trademark Act was approved on August 23, 1982 and a Patent Act was approved on March 12, 1984. After a few years, a Copyright Act was enacted on September 7, 1990. However, no border control provisions were included in all these above-mentioned Acts. During the drafting of the Patent Act, even the right of importation was not provided as a right of patentee because of strong opposition opinions against such a provision in the Draft.

Border control of intellectual property rights in the People's Republic of China started to be considered after the Chinese authorities concerned summed up their practical experiences and took reference from the discussions in the progress of the Uruguay Round Negotiation on the General Agreement on Tariff and Trade (GATT).

Introduction

The People's Republic of China, though not yet a contracting party of GATT at the beginning of the 1990s, has participated in the Uruguay Round Negotiation from its beginning of 1986. At the end of 1991, 10 developing countries (including China) and 10 developed countries negotiated the intellectual property issues in Geneva and reached a common understanding. Border control of intellectual property rights was one of the important issues among them. The Chinese delegation was in favour of the understanding. The practical experiences for enforcement of intellectual property laws in China indicates that no border control has a negative influence on the protection of intellectual property.

Then, at the beginning of 1992, a Memorandum of Understanding (MOU) between the Government of the People's Republic of China and the Government of United States of America on the Protection of Intellectual Property was concluded on January 17, 1992. In the MOU, it is provided that:

"both Governments will provide effective procedures and remedies to prevent or stop, in-

---

* *General Editor: Michael Blakeney, 2007.*

ternally and at their border, infringement of intellectual property rights and to deter further infringement. In applying these procedures and remedies, both Governments will provide safeguards against abuse and shall avoid creating obstacles to legitimate trade."

A Decision on Further Strengthening of the Protection of Intellectual Property was promulgated by the State Council (the Central Government) on July 5, 1994. In the Decision, it is provided that "the State Council shall study and enact administrative regulations for border protection measures of intellectual property". It is necessary to strengthen the functions of customs protection of intellectual property to prohibit the importation and exportation of infringing products. Necessary border measures shall be taken to prohibit the importation and exportation of infringing products effectively. The customs administration shall strengthen the connection and coordination with the authorities concerned, and strictly implement the border protection measures of intellectual property according to the existing laws.

About two months later in 1994, an Announcement of the General Administration of Customs of the People's Republic of China was promulgated on September 1, 1994. In the Announcement, it is provided that "no goods that infringe upon intellectual property (including the right to exclusive use of trademarks, copyrights and patents) shall be allowed to be imported or exported". More or less detailed measures were provided also in the Announcement.

Exchange of letters between Ms Wu Yi, the Minister of the Ministry of Foreign Trade and Economic Cooperation (MOFTEC) of the People's Republic of China, and Mr Michael Kanter, the United States Trade Representative (USTR), took place at the beginning of 1995. A State Council Intellectual Property Enforcement Action Plan of the State Council's Intellectual Property Working Conference was sent as an Annex of Wu Yi's letter to Michael Kanter on March 11, 1995. The Intellectual Property Enforcement Action Plan provides more detailed border control measures for the protection of intellectual property.

On July 5, 1995, the regulations on the Customs Protection of Intellectual Property Rights, a main legal instrument on border control for protection of intellectual property, was promulgated by the State Council and entered into effect on October 1, 1995. The Regulation includes 36 Articles, divided into six Chapters: Chapter I, General Principle; Chapter II, Record; Chapter III, Application; Chapter IV, Procedure for Investigation and Punishment; Chapter V, Legal Responsibility; and Chapter VI, Attachment. After China's accession to the World Trade Organisation, The Regulation on the Customs Protection of Intellectual Property Rights is now under urgent consideration for revision and the draft will be approved by the State Council in the not-distant future.

Appendix

Customs Law of the People's Republic of China

(Adopted at the 19th Meeting of the Standing Committee of the Sixth National People's Congress on January 22, 1987, promulgated by Order No. 51 of the President of the People's Republic of China on January 22, 1987, and effective as of July 1, 1987)

Chapter I General Provisions

Article 1. This Law is formulated for the purpose of safeguarding state sovereignty and interests, strengthening supervision and control by the Customs, promoting exchanges with foreign countries in economic affairs, trade, science, technology and culture, and ensuring socialist modernization.

Article 2. The Customs of the People's Republic of China shall be the state organ responsible for supervision and control over everything entering and leaving the customs territory (hereinafter referred to as inward and outward persons and objects). The Customs shall, in accordance with this Law and other related laws and regulations, exercise supervision and control over the means of transport, goods, travellers' luggage, postal items and other articles entering or leaving the territory (hereinafter referred to as inward and outward means of transport, goods and articles), collect customs duties and other taxes and fees, uncover and suppress smuggling, work out customs statistics and handle other customs operations.

Article 3. The State Council shall set up the General Customs Administration which shall exercise unified administration of the customs establishments throughout the country.

The state shall set up customs establishments at ports open to foreign countries and regions and at places which call for concentrated customs operations of supervision and control. The subordination of one customs establishment to another shall not be restricted by administrative divisions.

The customs establishments shall exercise their functions and powers independently in accordance with the law, and shall be responsible to the General Customs Administration.

Article 4. A customs establishment shall exercise the following powers:

(1) to check inward and outward means of transport and examine inward and outward goods and articles; to detain those entering or leaving the territory in violation of this Law or other relevant laws and regulations;

(2) to examine the papers and identifications of persons entering or leaving the territory; to interrogate those suspected of violating this Law or other relevant laws and regulations, and investigate their illegal activities;

(3) to examine and make copies of contracts, invoices, book accounts, bills, records,

documents, business letters and cables, audio and video products and other materials related to the inward and outward means of transport, goods and articles; to detain those related to the means of transport, goods and articles entering or leaving the territory in violation of this Law or other relevant laws and regulations;

(4) to search, within a customs surveillance zone and the specified coastal or border area in the vicinity of a customs establishment, means of transport suspected of involvement in smuggling, and storage places suspected of concealing smuggled goods and articles, and to search persons suspected of smuggling. Upon the approval of the director of a customs establishment, a suspected criminal smuggler may be detained and handed over to a judicial organ. Such detention shall not exceed 24 hours and, under special circumstances, may be extended to 48 hours.

The scope of the specified coastal or border area in the vicinity of a customs establishment shall be defined by the General Customs Administration and the public security department under the State Council in conjunction with the relevant provincial people's governments;

(5) Customs officers may chase means of transport or persons defying and escaping from customs supervision and control to places beyond a customs surveillance zone or the specified coastal or border area in the vicinity of a customs establishment and bring them back to be properly dealt with; and

(6) A customs establishment may be provided with arms for the performance of its duties. Rules governing the carrying and use of arms by customs officers shall be drawn up by the General Customs Administration jointly with the public security department under the State Council and reported to the State Council for approval.

Article 5. All inward and outward means of transport, goods and articles shall enter or leave the territory at a place where there is a customs establishment. If, under special circumstances, they have to enter or leave the territory at a place without a customs establishment as a matter of contingency, permission shall be obtained from the State Council or an organ authorized by the State Council, and customs formalities shall be duly completed in accordance with this Law.

Article 6. Unless otherwise provided for, all import and export goods shall be declared and duties on them paid by declaration enterprises registered with the Customs, or by enterprises entitled to engage in import and export business. The persons of these enterprises in charge of the declaration shall be evaluated and approved by the Customs. The customs formalities concerning declaration of inward and outward articles and payment of duties on them may be completed either by the owner or by a person the owner has entrusted to act as his agent. The agent entrusted to complete the declaration formalities shall abide by all provisions of this Law applicable to the owner.

Article 7. Customs personnel shall abide by the laws and regulations, enforce the law impartially, be devoted to their duties and render services in a civilised manner.

No unit or individual may obstruct the Customs from performing its duties according to law.

Where a customs officer meets with resistance while carrying out his duties, the public security organ and the People's Armed Police units performing related tasks shall provide assistance.

Chapter II Inward and Outward Means of Transport

Article 8. When a means of transport arrives at or departs from a place where there is a customs establishment, the person in charge of the means of transport shall make a truthful declaration to the Customs, submit the relevant papers for examination and accept customs control and examination.

The inward and outward means of transport staying at a place with a customs establishment shall not depart from it without prior permission by the Customs.

Before an inward or outward means of transport moves from one place with a customs establishment to another place with a customs establishment, it shall comply with the control requirements of the Customs and complete customs formalities; no means of transport shall be allowed to change its course and leave the territory unless it has cleared the Customs.

Article 9. An inward means of transport which has entered the territory but has not made its declaration to the Customs or an outward means of transport which has cleared the Customs but has not left the territory shall move along routes specified by competent communications authorities; in the absence of such specification, the routes shall be designated by the Customs.

Article 10. The Customs shall be notified in advance, either by the person in charge of a means of transport or by the relevant transport and communications department, of such details as when an inward or outward vessel, train or aircraft will arrive and depart, where it will stay, what places it will move to during its stay, and when the loading or unloading of the goods and articles will take place.

Article 11. The inward or outward goods and articles being loaded on or unloaded from a means of transport and the inward and outward passengers boarding or getting off a means of transport shall be subject to customs control.

Upon the completion of such loading or unloading, the person in charge of the means of transport shall submit to the Customs documents and records which reflect the actual situation of the loading and unloading.

Those boarding or getting off an inward or outward means of transport who carry articles with them shall truthfully declare to the Customs and shall be subject to customs examination.

Article 12. When an inward or outward means of transport is being checked by the Customs, the person in charge of the means of transport shall be present and open the holds, cabins, rooms or doors of the vehicles at the request of the Customs; where smuggling is suspected, such person shall also open or dismantle the part of the means of transport which may conceal smuggled goods and articles or remove the goods and materials.

In accordance with work requirements, the Customs may dispatch officers to perform duties on board the means of transport. The person in charge of the means of transport shall provide them with conveniences.

Article 13. An inward means of transport of countries or regions outside the territory or an outward means of transport of units or enterprises inside the territory shall not be transferred or devoted to other uses prior to the completion of customs formalities and payment of customs duties.

Article 14. Where inward or outward vessels and aircraft are concurrently engaged in transportation of goods and passengers within the territory, customs approval shall be obtained and requirements for customs control shall be fulfilled.

Customs formalities shall be completed with the Customs for an inward or outward means of transport to change to transport business within the territory.

Article 15. Coastal transport vessels, fishing boats and ships engaged in special operations at sea may not carry, obtain on an exchange basis, purchase or transfer inward and outward goods and articles without customs approval.

Article 16. When, owing to force majeure, an inward or outward vessel or aircraft is forced to berth, land or jettison and discharge goods and articles at a place without a customs establishment, the person in charge of the means of transport shall report immediately to the customs establishment nearby.

Chapter III Inward and Outward Goods

Article 17. All import goods, throughout the period from the time of arrival in the territory to the time of customs clearance: all export goods, throughout the period from the time of declaration to the time of departure from the territory; and all transit, transshipment and through goods, throughout the period from the time of arrival in the territory to the time of departure from the territory, shall be subject to customs control.

Article 18. The consignee for import goods and the consignor for export goods shall make an accurate declaration and submit the import or export license and relevant papers to the Customs for examination. In the absence of an import or export license, goods whose importation or exportation is restricted by the state shall not be released. Specific measures for handling such matters shall be enacted by the State Council.

Declaration of import goods shall be made to the Customs by the consignee within 14 days of the declaration of the arrival of the means of transport; declaration of export goods shall be made by the consignor 24 hours prior to loading unless otherwise specially approved by the Customs.

Where the consignee fails to declare the import goods within the time limit prescribed in the preceding paragraph, a fee for delayed declaration shall be imposed by the Customs.

Article 19. All import and export goods shall be subject to customs examination. While the examination is being carried out, the consignee for the import goods or the consignor for the export goods shall be present and be responsible for moving the goods and opening and restoring the package. The Customs shall be entitled to examine or reexamine the goods or take samples from them without the presence of the consignee or the consignor whenever it considers this necessary. Import and export goods may be exempted from examination if an application has been made by the consignee or consignor and approved by the General Customs Administration.

Article 20. Unless specially approved by the Customs, import and export goods shall be released upon customs endorsement only after the payment of duties or the provision of a guarantee.

Article 21. Where the consignee fails to declare the import goods to the Customs within three months of the declaration of the arrival of the means of transport, the goods shall be taken over and sold off by the Customs. After the costs of transport, loading and unloading and storage and the duties and taxes are deducted from the money obtained from the sale, the remaining sum, if any, shall be returned to the consignee provided he submits an application to the Customs within one year of the sale of the goods; if nobody applies within the time limit, the money shall be turned over to the State Treasury.

Inward goods confirmed by the Customs to be misdischarged or over-discharged may be returned to the place of consignment or imported upon completion of necessary formalities by the person in charge of the means of transport carrying the goods or the consignee or the consignor for the goods within three months of the discharging. When necessary, an extension of three months may be granted through customs approval. If the formalities are not completed within the time limit, the goods shall be disposed of by the Customs in accordance with the provisions laid down in the preceding paragraph.

Where goods listed in the preceding two paragraphs are not suitable for storage over a long period, the Customs may, according to actual circumstances, dispose of them before the time limit is reached.

Import goods declared to be abandoned by the consignee or the owner shall be taken over and sold off by the Customs. The money thus obtained shall be turned over to the State Treasury after the costs of transport, loading, unloading and storage are deducted.

Article 22. Goods that are temporarily imported or exported with the approval of the Customs shall be reshipped out of or into the territory within six months. An extension may be granted in special circumstances through customs approval.

Article 23. The operation of the storage, processing and assembling and consignment sales of bonded goods shall be approved by and registered with the Customs.

Article 24. Customs formalities for import goods shall be completed by the consignee at the customs establishment at the place where the goods enter the territory; those for export goods shall be completed by the consignor at the customs establishment where the goods depart from the territory.

If applied for by the consignee or the consignor and approved by the Customs, customs formalities for import goods may be completed at the place of destination where there is a customs establishment, and those for export goods at the place of consignment where there is a customs establishment. The transport of such goods from one place with a customs establishment to another shall comply with the control requirements of the Customs. When necessary, customs officers may escort the goods in transportation.

Where goods enter or leave the territory by electric cables, pipelines or other special means of conveyance, the management units concerned shall report at regular intervals to the designated customs establishment and complete customs formalities as required.

Article 25. All transit, transshipment and through goods shall be truthfully declared by the person in charge of the means of transport to the customs establishment at the place where the goods enter the territory, and shall be shipped out of the territory within the designated time limit.

The Customs may examine such goods whenever it considers this necessary.

Article 26. Without customs approval, no unit or individual may open, pick up, deliver, forward, change, repack, mortgage or transfer goods under customs control or change the identification marks on such goods.

Seals affixed by the Customs may not be opened or broken by any person without customs authorization.

The managers of warehouses and places where goods under customs control are kept shall complete procedures for the receipt and delivery of goods in accordance with customs regulations. The storage of goods under customs control at a place outside a customs surveillance zone shall be approved by the Customs and subject to customs control.

Article 27. The General Customs Administration shall draw up, independently or jointly with the relevant departments under the State Council, rules for control over inward and outward containers; rules for control over the salvage of inward and outward goods and sunken ships; rules for control over inward and outward goods involved in small volumes of border transactions and other inward and outward goods not specified in this Law.

Chapter IV Inward and Outward Articles

Article 28. Inward and outward luggage carried by individuals and inward and outward articles sent by post shall be limited to reasonable quantities for personal use and shall be subject to customs control.

Article 29. All inward and outward articles shall be accurately declared to the Customs by the owner and shall be subject to customs examination.

Seals affixed by the Customs may not be opened or broken by any person without authorization.

Article 30. The loading, unloading, transshipment and transit of inward and outward mail bags shall be subject to customs control, and a covering waybill shall be submitted to the Customs by the postal enterprise concerned.

The postal enterprise shall inform the Customs in advance of the schedule for the opening and sealing of international mail bags. The Customs shall promptly dispatch officers to supervise checking and examination on the spot.

Article 31. Inward and outward articles sent by post shall be posted or delivered by managing units only after they have been examined and released by the Customs.

Article 32. Articles registered with and approved by the Customs for temporarily entering or leaving the territory duty-free, shall be taken out or brought into the territory again by the owner.

Persons passing through the territory may not leave in the territory, without customs approval, the articles they carry with them.

Article 33. In accordance with Article 21 of this Law, the Customs shall dispose of inward and outward articles declared to be abandoned by the owner; articles to which no one makes a claim or for which customs formalities are not completed within the time limit set by the Customs; and inward postal items which can neither be delivered nor be returned.

Article 34. Inward and outward articles intended for official or personal use by foreign missions or personnel enjoying diplomatic privileges and immunities shall be dealt with in accordance with the Regulations of the People's Republic of China on Diplomatic Privileges and Immunities.

Chapter V Customs Duties

Article 35. Unless otherwise provided for in this Law, customs duties shall be levied according to the import and export tariff on goods permitted to be imported or exported and articles permitted to enter or leave the territory. The tariff shall be made known to the public.

Article 36. The consignee of import goods, the consignor of export goods and the owner of inward and outward articles shall be the obligatory customs duty payer.

Article 37. The customs duty payer of import or export goods shall pay the amount levied within seven days following the date of issuance of the duty memorandum. In case of failure to meet this time limit, a fee for delayed payment shall be imposed by the Customs. Where the delay exceeds three months, the Customs may instruct the guarantor to pay the duties or sell off the goods to offset the duties. The Customs may inform the bank to deduct the amount of duties due from the deposits of the guarantor or the obligatory customs duty payer when it considers this necessary.

The payment of duties on inward or outward articles shall be made, prior to their release, by the obligatory customs duty payer.

Article 38. The duty-paying value of an import item shall be its normal CIF price, which shall be approved by the Customs; the duty-paying value of an export item shall be its normal

FOB price, which shall be approved by the Customs, minus the export duty. Where it is impossible to ascertain the CIF or FOB price, the duty-paying value of an import or export item shall be fixed by the Customs.

The duty-paying value of an inward or outward article shall be fixed by the Customs.

Article 39. Duty reduction or exemption shall be granted for import or export goods and inward or outward articles listed below:

(1) advertising items and trade samples of no commercial value;

(2) materials presented free of charge by foreign governments or international organizations;

(3) goods to which damage or loss has occurred prior to customs release;

(4) articles of a quantity or value within the fixed limit;

(5) other goods and articles specified by law as items for duty reduction or exemption; and

(6) goods and articles specified as items for duty reduction or exemption by international treaties to which the People's Republic of China is either a contracting or an acceding party.

Article 40. Duty reduction or exemption may be granted for import and export goods of the Special Economic Zones and other specially designated areas; for import and export goods of specific enterprises such as Chinese-foreign equity joint ventures, Chinese-foreign contractual joint ventures and enterprises with exclusive foreign investment; for import and export goods devoted to specific purposes; and for materials donated for use by public welfare undertakings.

The State Council shall define the scope and formulate the rules for such reduction and exemption. The State Council or departments empowered by the State Council shall define the scope and formulate the rules for duty reduction or exemption involved in small volumes of border transactions.

Article 41. All import goods and articles for which duty reduction or exemption is granted in accordance with the preceding Article shall be used only in specific areas and enterprises or for specific purposes. They shall not be utilized otherwise unless customs approval is obtained and duties duly paid.

Article 42. Temporary duty reduction or exemption not specified in Article 39 and 40 of this law shall be examined and approved by the General Customs Administration independently or jointly with the financial department under the State Council in accordance with the regulations of the State Council.

Article 43. Temporary duty exemption shall be granted for goods approved by the Customs as temporarily imported or exported items and for bonded goods imported by special permission after the consignee or the consignor of the goods submits to the Customs a guarantee or a deposit of an amount equal to the duties.

Article 44. Where the Customs finds that the duties are short-levied or not levied on a consignment of import or export goods or on an inward or outward article after its release, the Customs shall collect the money payable from the obligatory customs duty payer within one year of the previous duty payment or the release of the item. If the short-levied or non-levied duties are attributable to the duty payer's violation of the customs regulations, the Customs may collect the unpaid amount from him within three years.

Article 45. Where the duties are over-levied, the Customs, upon discovery, shall refund the money without delay. The duty payer may ask the Customs for refunding within one year of the date of duty payment.

Article 46. Where the obligatory customs duty payer is involved in a dispute over duty payment with the Customs, he shall first pay the duties and may, within 30 days of the issuance of the duty memorandum, apply to the Customs in writing for a reconsideration of the case. The Customs shall reach a decision within 15 days of the receipt of the application. If the obligatory customs duty payer refuses to accept the decision, he may apply to the General Customs Administration for a reconsideration of the case within 15 days of the receipt of the decision. If the decision of the General Customs Administration is still considered unacceptable by the obligatory customs duty payer, he may file a suit in a people's court within 15 days of the receipt of the decision.

Chapter VI Legal Responsibility

Article 47. Evasion of customs control in one of the forms listed below shall constitute a crime of smuggling:

(1) to transport, carry or send by post into or out of the territory narcotic drugs, weapons or counterfeit currencies which are prohibited by the state from being imported or exported; to transport, carry or send by post into or out of the territory obscene objects for the purpose of profit-making or dissemination; or to transport, carry or send by post out of the territory cultural relics which are prohibited by the state from being exported;

(2) to transport, carry or send by post into or out of the territory, for the purpose of making a profit, articles in relatively large quantities or of a relatively high value which are prohibited by the state from being imported or exported, but which are not included in item (1) of this Article; and goods or articles in relatively large quantities or of a relatively high value whose importation or exportation is restricted by the state or which are subject to the collection of customs duties according to law; or

(3) to sell, without customs approval and payment of duties, bonded goods imported by special permission or goods listed for special duty reduction or exemption which are in relatively large quantities or of a relatively high value.

Any armed smuggling or resistance by violence to customs examination of smuggled goods or articles shall constitute a crime of smuggling, whatever the quantity or value of the goods or articles involved.

The criminal punishments imposed by the people's court to persons guilty of smuggling include imposing a fine and the confiscation of the smuggled goods or articles, of the means of transport used for smuggling and of the illegal proceeds obtained therefrom.

Where an enterprise, an institution or a state organ or a public organization is guilty of smuggling, the judicial organ shall investigate and determine the criminal responsibility of the person or persons in charge and the person or persons directly answerable for the offence, and issue an order to impose a fine on the unit and confiscate the smuggled goods or articles, the means of transport used for smuggling and the illegal proceeds obtained therefrom.

Article 48. If the smuggled goods and articles involved in one of the acts listed under item (2) and (3) of Article 47 of this Law are not large in quantity nor of high value, or where the carrying or sending by post of obscene objects into or out of the territory does not yet constitute a crime of smuggling, the Customs may, while confiscating the goods, articles or illegal proceeds obtained therefrom, concurrently impose a fine on the person or persons concerned.

Article 49. Any of the following acts shall be dealt with as a crime of smuggling and shall be punishable in accordance with the provisions of Article 47 of this Law:

(1) to purchase directly and illegally from a smuggler articles which are prohibited by the state from being imported; or to purchase directly and illegally from a smuggler other smuggled goods or articles in relatively large quantities or of a relatively high value; or

(2) to transport, purchase or sell on inland or territorial waters articles which are prohibited by the state from being imported or exported; or to transport, purchase or sell without legal certification goods or articles whose importation or exportation is restricted by the state and which are in relatively large quantities or of a relatively high value.

Where an act listed in the preceding paragraphs does not yet constitute a crime of smuggling, punishment shall be applied in accordance with the provisions of Article 48 of this Law.

Article 50. Any individual who carries or sends by post articles for personal use into or out of the territory in a quantity exceeding the reasonable limit and fails to declare them to the Customs shall be made to pay the duties and may be fined.

Article 51. A fine may be imposed for any of the following acts which violate the regulations on customs control prescribed in this Law:

(1) for a means of transport to enter or leave the territory at a place without a customs establishment;

(2) to fail to inform the Customs of the arrival and departure time of a means of transport and the place where it will stay or any change of such a place;

(3) to fail to declare truthfully to the Customs the import or export goods or the transit, transshipment and through goods;

(4) to fail to accept, in accordance with relevant regulations, the checking and examination by the Customs of the means of transport, goods or articles entering or leaving the territory;

(5) for an inward or outward means of transport to load or unload inward or outward goods

or articles or let passengers get on or off without customs approval;

(6) for an inward or outward means of transport staying at a place with a customs establishment to leave without customs approval;

(7) for an inward or outward means of transport en route from one place with a customs establishment to another with a customs establishment to move out of the territory or to a point in the territory where there is no customs establishment without completing the clearance formalities and obtaining customs approval;

(8) for an inward or outward means of transport to engage concurrently in or change to service within the territory without customs approval;

(9) for an inward or outward vessel or aircraft which, by force majeure, stops or lands at a place without a customs establishment, or jettisons or discharges goods or articles in the territory to fail unjustifiably to report to the customs authorities nearby;

(10) to open, pick up, deliver, forward, change, repack, mortgage or transfer goods under customs control without customs approval;

(11) to open or break seals affixed by the Customs without authorization; or

(12) to violate other provisions specified in this Law concerning customs control so that the Customs cannot exercise or has to suspend control over inward and outward means of transport, goods or articles.

Article 52. The smuggled goods and articles, illegal incomes and means of transport used for smuggling which are confiscated and the fines which are imposed by order of the people's court shall all be turned over to the State Treasury, and so shall be the smuggled goods and articles and illegal incomes which are confiscated and the fines which are imposed by decision of the Customs. It is the responsibility of the Customs to handle all smuggled goods and articles and the means of transport used for smuggling which are confiscated by order of the people's court or by decision of the Customs and to turn them over to the State Treasury in accordance with the regulations of the State Council.

Article 53. If the party concerned objects to the customs decision of punishment, he may hand in an application for a reconsideration of the case, either to the customs establishment making the decision or to one at the next higher level, within 30 days of the receipt of the notification on punishment or, in case notification is impossible, within 30 days of the public announcement of the punishment. If the party concerned finds the decision reached after reconsideration still unacceptable, he may file a suit in a people's court within 30 days of the receipt of the decision. The party concerned may also file a suit directly in a people's court within 30 days of the receipt of the notification on punishment or within 30 days of the public announcement of the punishment.

If the party concerned refuses to carry out the Customs decision and fails to apply for a reconsideration of the case or file a suit in a people's court within the prescribed time limit, the customs establishment making the decision of punishment may confiscate the deposit of the party concerned or sell off the goods, articles or means of transport it has detained to substitute for the penalty, or ask the people's court for mandatory execution of the decision.

Article 54. If the Customs causes damage to any inward and outward goods or articles while examining them, it shall make up for the actual loss from such damage.

Article 55. The criminal responsibility of any customs personnel who divide up confiscated smuggled goods or articles among themselves shall be investigated and determined in accordance with Article 155 of the Criminal Law of the People's Republic of China.

No customs personnel shall be allowed to purchase confiscated smuggled goods or articles. Those who have done so shall be made to return the goods or articles, and may be given a disciplinary sanction.

Article 56. Any customs personnel who abuse their powers and intentionally create difficulties in or procrastinate the control and examination process shall be given a disciplinary sanction. Those who act illegally for personal gains, neglect their duties or connive at smuggling shall be given a disciplinary sanction or investigated for criminal responsibility in accordance with the law, depending on the seriousness of the case.

Chapter VII Supplementary Provisions

Article 57. Terms used in this Law are defined as follows:

The term "inward and outward means of transport" means various types of vessels, vehicles, aircraft and pack-animals which enter or leave the territory carrying persons, goods or articles.

The term "transit, transshipment and through goods" means goods which come from a place outside the territory and pass through the territory enroute to a place outside the territory. Among them, "transit goods" are those which pass through the territory by land, "transshipment goods" are those which do not pass through the territory by land but are loaded on a different means of transport at a place with a customs establishment, and "through goods" are those which are carried into and out of the territory by the same vessel or aircraft.

The term "goods under customs control" means import and export goods and transit goods, transshipment goods and through goods listed under Article 17 of this Law, temporarily imported and exported goods, bonded goods and other inward and outward goods for which customs formalities have not been completed.

The term "bonded goods" means goods which have entered the territory by approval of the Customs as items for which no formalities have been performed in the way of duty payment and which will be reshipped out of the territory after being stored, processed or assembled in the territory.

The term "customs surveillance zone" means any seaport, railway or highway station, airport, border pass or international postal matter exchange station where there is a customs establishment, any other place where customs control is exercised, and any place without a customs establishment which has been approved by the State Council as a point of entry into and exit from the territory.

Article 58. The Customs shall reward units or individuals for meritorious service in providing information or assistance which leads to the discovery and seizure of offenders against this Law. It shall keep the identities of such units or individuals strictly confidential.

Article 59. The State Council shall draw up rules governing control over the means of transport, goods and articles going between the Special Economic Zones and other specially designated areas and other parts of the territory.

Article 60. The General Customs Administration shall, pursuant to this Law, formulate rules of implementation to be reported to the State Council for approval before they come into force.

Article 61. This Law shall go into effect as of July 1, 1987. The Provisional Customs Law of the People's Republic of China promulgated by the Central People's Government on April 18, 1951, shall be annulled therefrom.

The Customs Law of the People's Republic of China (Amendments)

Executive Order Given by President Jiang Zemin of the People's Republic of China No. 35

On July 8, 2000, the sixteenth meeting of the Standing Committee of the Ninth National People's Congress adopted the revised "Customs Law of the People's Republic of China." The revised law will be implemented January 1, 2001.

The revised portions of China's Customs Law are as follows:

1. Article 2:

China's State Department is responsible for supervising and controlling all aspects of the Customs law. In accordance with this law and other government regulations, the State Department shall control the inward and outward movement of both people and objects. This includes the transportation of goods, luggage, and postal items. The State Department shall also collect custom duties, prosecute and prevent smuggling, and record statistics.

2. Article 4 is added:

The State shall create a Public Security Department within the General Customs. The department will have its own police officers who will be responsible for the investigation, detention, arrest, and preliminary examination of smuggling. Officers are required to act in accordance with the....

The public security department of a Customs office responsible for the investigation of the crime of smuggling shall conduct the investigation, detention, arrest and preliminary examination in accordance with the Criminal Procedure Law of the People's Republic of China.

The public security department of the Customs may establish branch offices in accordance with relevant State regulations. Each branch office shall transfer the case under its investigation for prosecution to the relevant People's Procuratorate in accordance with law.

The local public security departments shall cooperate with the public security departments of the Customs during smuggling investigations.

3. One article is added as Article 5:

The State adopts a unified, joint, and comprehensive system for the suppression of the crime of smuggling. The Customs shall be responsible for the organization, coordination, and control of smuggling investigations. The State Council shall formulate relevant regulations.

Cases of smuggling detected by the various administrative law—enforcement departments shall be transferred to the Customs for administrative sanctions. If the case constitutes a crime, it shall be transferred either to the public security department of the Customs or to the local public security department, which will handle the case in accordance with its respective competence and legal procedures.

4. Article 4 becomes Article 6, and the clauses are respectively revised as:

(1) to check incoming and outgoing transport and examine incoming and outgoing goods and articles; to detain those entering or leaving the territory in violation of this Law or other relevant laws and administrative regulations.

(2) to examine the papers and identifications of persons entering or leaving the territory; to interrogate those suspected of violating this Law or other relevant laws and administrative regulations and investigate their illegal activities.

(3) to examine and make copies of contracts, invoices, book accounts, bills, records, documents, business letters and cables, audio and video products and other materials related to incoming and outgoing transport, goods and articles; to detain those items, goods, and articles entering or leaving the territory in violation of this Law or other relevant laws and administrative regulations.

(4) to search, within a Customs surveillance zone and the specified coastal or border area in the vicinity of a Customs establishment, relevant means of transport suspected of involvement in smuggling, storage places suspected of concealing smuggled goods and articles, and to search the relevant means of transport and goods and articles of persons suspected of smuggling. Upon the approval of the director of the Customs office with direct jurisdiction, or of the authorized director of the Customs department under it, the means of transport, goods and articles, and suspected smuggle (s) may be detained. Such detention of the suspected smuggler (s) shall not exceed 24 hours and, under special circumstances, may be extended to 48 hours.

In the area outside of the Customs surveillance zone or not in the specified coastal or border area in the vicinity of a Customs establishment, when investigating smuggling, upon the approval of the director of the Customs office with direct jurisdiction, or of the director of the Customs department under it with the proper authorization, the Customs officials may search the means of transport suspected to be smuggling and places suspected to be hiding smuggled goods and articles. The parties involved shall be present at the search site. In case the parities are not present, the search can also be conducted in the presence of witnesses, and the means of transport, goods, and articles, which can be proved as evidence for smuggling, may be detained.

The scope of the specified coastal or border area in the vicinity of a Customs office shall be defined by the General Customs Administration and the public security department under the State Council in conjunction with the relevant provincial people's governments.

One clause is added as Clause 5:

(5) When investigating smuggling, with the approval of the director of the Customs office with direct jurisdiction, or of the director of the Customs department under it with the proper authorization, investigations may be conducted over the deposits or transfers of units or personnel under investigation in the financial institutions or post offices.

One clause is added as Clause 8:

(8) Other powers of the Customs Office are stipulated by laws and regulations.

5. One article is added as Article 7:

Each locality and department shall support the execution of power of the Customs office, and shall not obstruct the law enforcement of the Customs office in violation of law.

6. Clauses 1 and 2 of Article 6 become Article 9 and Clause 1 is revised as:

Unless otherwise provided for, all import and export goods must be declared and duties on them paid by their sender or receiver or by representatives entrusted by the sender or receiver and approved by and registered with the Customs.

7. Clause 3 of Article 6 becomes Article 10 and is revised as:

If entrusted by the sender or receiver of the import or export goods, the representative handling the declaration procedure shall present to the Customs office a document certifying power of attorney and signed by the entrusting party, and shall abide by all provisions of this Law applicable to the entrusting party.

If entrusted by the sender of the exports or the receiver of the imports, but handling the declaration procedure in its own name, the representative shall bear the same legal responsibility as that of the sender or the receiver.

When entrusting the representative to handle the declaration procedure, the entrusting party shall provide the representative with truthful information about the entrusted declaration. When entrusted to handle the declaration procedure, the representative shall make reasonable verification of the facts provided by the entrusting party.

8. One article is added as Article 11:

The senders or receivers of the goods exported or imported as well as the representative shall register themselves for declaration activities at the Customs office in accordance with law. In addition, those persons declaring shall present proof of qualifications. No enterprises or persons can conduct declaration activities at the Customs office without registration or qualification.

Representation enterprises or persons shall not act as illegal agents of others or conduct declaration activities outside of their business scope.

9. Clauses 2 and 3 of Article 7 become Article 12 and are revised as:

No unit or individual may obstruct the Customs office from performing its duties according to law, and the unit or individual concerned shall cooperate with the Customs office by giving truthful answers to questions asked by the Customs office. Where a Customs officer meets with forceful resistance while carrying out his duties, the public security department and the relevant People's Armed Police units shall provide assistance.

10. Article 58 becomes Article 13 and is revised as:

The Customs office shall establish a reporting regime to encourage the exchange of information and report acts in violation of this Law committed in order to escape Customs surveillance and control.

Any unit or individual has the right to inform and report to the Customs office any act in violation of this Law committed in order to escape Customs surveillance and control.

The Customs office shall provide spiritual or material rewards to units or individuals for meritorious service in providing information or assistance which leads to the discovery and seizure of violators of this Law.

The Customs office shall keep the identities of such units or individuals strictly confidential.

11. Article 18 becomes Article 24 and is revised as:

The receiver of import goods and the sender of export goods shall make an accurate declaration and submit the import or export license and relevant papers to the Customs office for examination. In the absence of an import or export license, goods whose importation or exportation is restricted by the State shall not be released. Specific measures for handling such matters shall be enacted by the State Council.

Declaration of import goods shall be made to the Customs office by the receiver within 14 days of the arrival of the means of transport; declaration of export goods shall be made by the sender after the goods arrive at the Customs surveillance zone and 24 hours prior to loading unless otherwise specially approved by the Customs.

Where the receiver fails to declare the import goods within the time limit described in the preceding paragraph, a fee for the delayed declaration shall be imposed by the Customs.

12. One article is added as Article 25:

Goods imported or exported at the Customs office shall be declared in writing on paper or electronic declaration forms.

13. One article is added as Article 26:

The declaration forms and documents as well as their contents shall not be revised or revoked after acceptance by the Customs office. If there is justifiable reason for the revision or revocation, it can be done only with the approval of the Customs.

14. One article is added as Article 27:

The receiver of the imported goods may check the goods or obtain samples before declaration with the approval of the Customs office. In case a quarantine is needed in accordance with law, samples can be obtained only after quarantine.

15. Article 21 becomes Article 30 and the first clause is revised as:

Where the receiver fails to declare the import goods to the Customs office within three months of the arrival of the means of transport, the goods shall be confiscated and sold off according to law by the Customs office. After the costs of transport, loading and unloading, storage, and duties and taxes are deducted from the money obtained from the sale, the remaining sum, if any, shall be returned to the receiver provideds/he submits an application to the Customs office within one year of the sale of the goods according to law. If the importation of such goods is under state restriction, the receiver shall provide the appropriate import license; otherwise the money shall not be returned. If no one applies within the time limit, the money shall be turned over to the State Treasury.

16. Article 23 becomes Article 32 and is revised as:

The storage, processing, assembling, exhibition, transportation and consignment sales of bonded goods and the operation of duty-free shops shall meet the requirements of Customs surveillance and be approved by and registered with the Customs office.

The assignment, transfer, and entry into and exit from the storage locations of bonded goods shall go through requisite procedures at the Customs office and receive the proper surveillance and examination.

17. One article is added as Article 33:

Enterprises engaged in the processing trade shall file an approval document and a processing contract at the Customs office. The amount of raw materials consumed during the production of the finished products shall be decided by the Customs office.

The finished products of a processing trade shall be re-exported within the stipulated time limit. If the imported raw materials or parts are bonded goods specified by the State, the enterprise shall verify cancellation of the bond at the Customs office. If the Customs duties of the goods are pre-paid, the enterprise may ask for refunds from the Customs office in accordance with the law.

If the imported materials, parts, or finished products are eventually sold domestically, the Customs office shall ensure that the goods have been approved for domestic sale and shall levy Customs duties on the bonded imported materials and parts. If the importation of such goods is restricted, the enterprise shall also provide an importation license to the Customs office.

18. One article is added as Article 34:

The bonded zones and other zones, which are established in the territory of the People's Republic of China with the approval of the State Council under the special control of Customs, shall be controlled by Customs in accordance with law.

19. Clauses 1 and 2 of Article 26 become Article 37 and are revised as:

Without Customs approval, no unit or individual may open, pick up, deliver, forward, change, repack, mortgage, pledge, or transfer goods under Customs control. Nor may anyone change identification marks on, use for other purposes, or permanently dispose of such goods.

Seals affixed by the Customs may not be opened or broken by any person without Customs authorization.

Upon disposal of goods under Customs control by the judgment or decision of the People's Court and decisions of other administrative enforcement authorities, the parties concerned are required to go through the Customs clearance procedure.

20. Clauses 3 and 4 of Article 26 become Article 38 and are revised as:

Enterprises operating warehouses and places where goods under Customs control are kept shall be registered at Customs and shall complete procedures for the receipt and delivery of goods in accordance with Customs regulations.

The storage of goods under Customs control at a place outside a Customs surveillance zone must be approved by the Customs and shall be subject to Customs control.

Should there be any violation of the above two clauses or any damages or misplacement of the goods under Customs control while they are in the care of another enterprise, the person or legal entity responsible for keeping the goods shall pay the applicable Customs duties and bear legal responsibility except in the case of force majeure.

21. One article is added as Article 40:

If there are state regulations on the restriction or prohibition of imported or exported goods and articles, Customs shall carry out control measures in accordance with laws, administrative regulations, stipulations of the State Council, or authorization by other departments of the State Council. The specific control measures shall be formulated by the General Customs Authority.

22. One article is added as Article 41:

The place of origin of imported or exported goods shall be decided in accordance with State rules on place of origin.

23. One article is added as Article 42:

The classification of imported or exported goods shall be decided in accordance with State rules on merchandise classification.

Customs may require the sender or receiver of the exported or imported goods to provide necessary documents for deciding their classification. If necessary, the Customs may organize a laboratory test or examine lab results which shall be used as the basis for deciding the classification.

24. One article is added as Article 43:

At the written request of a unit conducting foreign trade, Customs may provide an administrative decision in advance concerning the classification of certain imported or exported goods.

The imported or exported goods shall be classified according to the administrative decision over the same goods.

The Customs shall publish all administrative decisions about the classification of goods.

25. One article is added as Article 44:

The Customs shall protect the intellectual property rights related to imported or exported goods in accordance with law and administrative regulations.

If requested, the sender or the receiver of exported or imported goods shall make truthful declarations about the intellectual property rights of the goods to Customs and shall provide the necessary legal documents as stipulated by the law.

26. One article is added as Article 45:

The Customs may examine accounting books, accounting certificates, declaration documents and other documents of the enterprises or persons directly involved in the importation or exportation of standard goods, bonded goods or goods under tax reduction or exemption; the

Customs may make its examination within three years after clearance of the goods at the Customs or within the Customs control period. The detailed regulations for the examination shall be formulated by the State Council.

27. Article 34 becomes Article 52 and is revised as:

Imported and exported articles intended for official or personal use by foreign missions or personnel enjoying diplomatic privileges and immunities shall be dealt with in accordance with the relevant law and administrative regulations.

28. Article 35 becomes Article 53 and is revised as:

Customs duties shall be levied by the Customs according to law.

29. Article 38 becomes Article 55 and is revised as:

The duty-paying value of an export item shall be decided by the Customs on the basis of its transaction price. If the transaction price cannot be determined, the Customs shall assess the duty-paying value in accordance with law.

The duty-paying value of an import item consists of its price, transportation fees and corresponding expenses, and insurance fees before unloading after the arrival at a point of entry into the territory of the People's Republic of China. The duty-paying value of an export item consists of its price, transportation fees and corresponding expenses, and insurance fees before loading after the arrival at a point of departure from the territory of the People's Republic of China.

The Customs duties shall be deducted from the duty-paying value.

The duty-paying value of an imported or exported article shall be fixed by Customs in accordance with law.

30. Articles 40 and 41 are combined to become Article 57 and are revised as:

Customs duties for import or export goods in special areas, for special enterprises and for special purposes may be reduced or exempted. The State Council shall formulate detailed regulations about the scope and method of the reduction or exemption.

All import goods for which duty reduction or exemption is granted in accordance with the preceding Clause shall be used only in specified areas and enterprises or for specific purposes. They shall not be utilized otherwise unless Customs approval is obtained and duties duly paid.

31. Article 42 becomes Article 58 and is revised as:

The State Council shall decide the temporary reduction or exemption of Customs duties which fall under Articles 56 and 57 (1) of this Law.

32. Article 37 becomes Article 60 and is revised as:

Customs duty fees levied on imports or exports shall be paid within 15 days following the date of issuance of the duty memorandum. If this deadline is not met, a fee for late payment shall be imposed by the Customs on the person or entity responsible for paying the fees, or on its guarantor. If the Customs duties are not paid after three months, the Customs, with the approval of the director of the Customs office with direct jurisdiction or the director of the Customs department under it with its authorization, may carry out the following enforcement measures:

(1) Send a written request to banks or other financial institutions to deduct the amount of duties due from the entity's deposits;

(2) Sell off the goods to offset the duties;

(3) Detain and sell off goods and other assets of a value equal to the duties in order to offset the duties.

When carrying out the enforcement measures, the Customs shall also collect the fee for late payments stipulated in the preceding clause but not submitted by the persons or entities responsible for paying the Customs duties, or their guarantor. The payment of duties on imports or exports shall be made, prior to their release, by the person or entity responsible for paying the Customs duties.

33. One article is added as Article 61:

If the person or legal entity responsible for paying the Customs duties has given indications that it may try to transfer or hide the dutiable goods or other assets, the Customs may order it to provide collateral. In the event said person or legal entity is unable to provide collateral, the Customs, with the approval of the director of the Customs office with direct jurisdiction or the director of the Customs under it with its authorization, may carry out the following conservatory measures:

(1) Notify in writing any banks or other financial institutions where the person or legal entity responsible for paying the Customs duty has an account to suspend payment to said payer of a value equal to the duties due;

(2) Detain goods or other assets which belong to said payer of a value equal to the duties due.

If the person or legal entity responsible for paying the Customs duty does pay the duties within the time limit, the Customs shall revoke the suspension measures immediately; if said payer fails to pay the duties within the time limit, the Customs, with the approval of the director of Customs office with direct jurisdiction or the director of the Customs department under it with its authorization, may notify in writing the banks or other financial institutions where said payer has an account to deduct the duties due from the account which has been frozen, or to sell off the goods or other assets under detention to offset the duties due.

If there is any loss to the lawful rights and interests of the person or legal entity responsible for paying the Customs duty, either because of inappropriate suspension measures or because of delayed revocation of such measures after the payment of duties by said payer within the time limit, the Customs shall pay compensation.

34. Article 46 becomes Article 64 and is revised as:

When the person or legal entity responsible for paying the Customs duty is involved in a dispute over duty payment with the Customs, it shall pay the duties and may apply for an administrative reconsideration of the case in accordance with law. If it does not agree with the decision, it may file a lawsuit at the People's Court in accordance with law.

35. One article is added as Article 65:

Import taxes levied by the Customs as designated collector shall be regulated in accordance with regulations on the collection of Customs duties.

36. One chapter is added as Chapter Six: Collateral in Customs Affairs

37. One article is added as Article 66:

If the sender or receiver requests the release of goods before the classification decision, assessment of value and provision of effective declaration documents, or completion of other Customs procedures, the Customs shall order it to provide collateral which is commensurate with its legal obligations unless the law or administrative regulations provide otherwise.

Should there be specific law and administrative regulations over the collateral for the performance of Customs obligations, these laws and administrative regulations shall apply.

If the goods and articles are subject to State restrictions on imports and exports, licenses should be provided. If they cannot be provided and if it is a case in which the law or administrative regulations do not allow collateral, the Customs cannot release the restricted goods.

38. One article is added as Article 67:

Any legal person, organization, or citizen who is able to fulfill the obligations related to Customs affairs of the principle party can be a guarantor unless otherwise provided by the law.

39. One article is added as Article 68:

The following assets of a guarantor can be used as collateral:

(1) currency of RMB or convertible currencies;

(2) bills of exchange, promissory notes, checks, bonds and certificates of deposit;

(3) letter of guarantee from a bank or a non-financial institution;

(4) other assets and rights recognized by the Customs.

40. One article is added as Article 69:

A guarantor shall underwrite any obligations during the period listed in the guarantee. The presence of a guarantor does not absolve the principle party of its obligation to go through necessary Customs formalities.

41. One article is added as Article 70:

The administration of guarantees in Customs affairs shall be regulated the State Council.

42. One chapter is added as Chapter Seven: Supervision and Control over Law Enforcement.

43. One article is added as Article 71:

The Customs shall carry out its responsibilities in accordance with law in order to safeguard State interests. It shall enforce law in accordance with its legal mandate and legal procedures and shall accept supervision and control.

44. Article 7 (1) becomes Article 72 and is revised as:

Customs personnel shall enforce the law impartially, be upright and self-disciplined, be devoted to their duties, and render services in a civilized manner. The following behavior is prohibited:

(1) covering up, conniving or colluding with others in smuggling;

(2) illegally restricting the personal freedom of others, illegally searching persons or their property, or illegally searching and detaining incoming and outgoing means of transport, goods and articles;

(3) abusing power for personal interests or interests of others;

(4) soliciting or accepting bribes;

(5) divulging State, commercial or Customs secrets;

(6) misusing power by deliberately creating difficulties or delaying the process of supervision, control, and examination;

(7) buying, divvying up, or otherwise possessing confiscated articles or goods;

(8) engaging in unsanctioned profit-making activities;

(9) carrying out functions in violation of legal procedure or by exceeding authority;

(10) other misconduct.

45. One article is added as Article 73:

The Customs shall seek to improve the political and professional competence of its personnel to aid in its execution of power.

The Customs personnel shall have legal and other professional training and be qualified for their special posts.

The Customs personnel shall be admitted through public examination. Only the best and brightest shall be admitted.

The Customs shall train and examine its personnel in politics, law and Customs-related fields.

The Customs personnel shall participate in regular training and examinations. Those who fail to pass shall be disqualified from the post.

46. One article is added as Article 74:

The General Customs shall adopt a regular rotation regime for the directors of the Customs.

The director of the Customs shall report regularly to his or her superiors and give truthful statements about his/her functions. The General Customs shall carry out examinations of directors of the Customs offices directly under its control, and the Customs offices directly under the control of the General Customs shall carry out examinations of directors of the Customs departments under their control.

47. One article is added as Article 75:

The administrative law-enforcement activities of the Customs and its personnel shall be supervised by the supervision authority. The investigation activities of the anti-smuggling police shall be supervised by the People's Procuratorate.

48. One article is added as Article 76:

The audit authority shall conduct audits of Customs offices' financial income and payments and shall have the right to conduct special audits of activities of the Customs which are related to State finance.

49. One article is added as Article 77:

The Customs office of a higher level shall supervise the law enforcement of that of a lower level. The Customs office of a higher level may change or revoke the decisions made by that of a lower level which it believes to be inappropriate.

50. One article is added as Article 78:

The Customs shall establish an interior supervision and control system in accordance with this Law and other related law and administrative regulations to keep control over law-enforcement and ensure its personnel abide by Customs discipline.

51. One article is added as Article 79:

The Customs offices' departments responsible for the examination of documents, examination of goods, clearance, and investigation shall have clearly-defined spheres of power, execute their functions separately, and check and balance each other.

52. One article is added as Article 80:

Any unit or individual has the right to complain or disclose any violation of law or misconduct of the Customs and its personnel. The department which receives the complaint or the disclosure and which has jurisdiction over the case shall make a timely investigation and come to a decision. The departments which received the complaint or the disclosure and which handle the case shall keep confidential the identity of the person who raises the complaint or the disclosure.

53. One article is added as Article 81:

When investigating illegal activities, the Customs personnel in question shall recuse themselves from the investigation in the following situations:

(1) (s) he is a party to the case or a close relative of a party to the case;

(2) (s) he or his/her close relatives have interests in the case;

(3) (s) he has other relations with parties in the case which may affect the impartiality of the investigation of the case.

54. Articles 47 and 48 are combined to become Article 82 and are revised as:

Any of the following acts of evasion of Customs control, Customs duties, and State import and export prohibited or restricted control in violation of this Law and other related laws and administrative regulations shall constitute an act of smuggling:

(1) transporting, carrying, or sending by post into or out of the territory goods and articles which are prohibited or restricted by the State from being imported or exported, or which are dutiable;

(2) the sale in the territory of China of any bonded goods imported by special permission or listed for special duty reduction or exemption, as well as other goods, articles, or means of transport entering the territory without approval of the Customs, payment of Customs duties, or

presentation of the requisite certificates;

(3) any other act of evasion of Customs control which constitutes smuggling.

For any act listed in the above clauses which does not constitute a crime, the Customs shall confiscate any smuggled goods and articles and illegal income and impose a fine. Goods, articles, and means of transport involved in smuggling on multiple occasions shall also be confiscated. Specially-made equipment used to conceal smuggled goods shall be destroyed or confiscated.

Any act in the above clauses which constitutes a crime shall be punishable with criminal charges.

55. Article 49 becomes Article 83 and is revised as:

Any of the following acts shall be dealt with as an act of smuggling and shall be punishable in accordance with the provisions of Article 82 of this Law:

(1) the direct or indirect purchase of smuggled goods or articles from a smuggler;

(2) the transport by ship or the transport, purchase, or sale by ships' personnel in inland or territorial waters or border rivers and lakes articles which are prohibited or restricted by the State from being imported or exported; or transporting, purchasing or selling dutiable goods or articles without legal certification of tax payment.

56. One article is added as Article 84:

Counterfeiting, altering, or purchasing Customs documents and certificates, colluding with smugglers by providing loans, capital, account numbers, invoices, certificates and other Customs documents or providing means of transport, storage, posting and other conveniences shall be sanctioned with penal responsibilities if an act constitutes a crime. If the act is not serious enough to constitute a crime, any illegal income shall be confiscated and a fine imposed.

57. Article 51 becomes Article 86 and Clause 10 is revised as:

Without Customs approval, no person may open, pick up, deliver, forward, change, repack, mortgage, pledge, lien or transfer goods under Customs control, change the identification marks on such goods, use the goods for other purposes, or dispose of the goods in other manners.

One clause is added as Clause 12:

(12) When responsible for the transportation, storage, processing or other acts involving the goods under the Customs control, unable to provide justifiable reasons for missing goods in question, or for giving false records.

One clause is added as Clause 13:

(13) other acts in violation of regulations over the Customs control.

58. One article is added as Article 87:

The enterprises engaged in applicable business activity without the approval of the Customs, in violation of this Law, shall be ordered by the Customs to correct their wrongdoing and may receive warnings or have their business license suspended or revoked.

59. One article is added as Article 88:

If enterprises or individuals are engaged in Customs declarations without registration or qualification, they shall be stopped by the Customs and their illegal income shall be confiscated and a fine imposed.

60. One article is added as Article 89:

If enterprises or individuals illegally act as agents of others during a Customs declaration or exceed their spheres of power, they shall be ordered by the Customs to correct their acts and a fine shall be imposed and their business suspended. If the situation is serious, their registration or qualifications shall be revoked.

61. One article is added as Article 90:

If senders or receivers of imports or exports, enterprises, or individuals provide bribes to the Customs personnel during a Customs declaration, their registration or qualification shall be revoked and a fine imposed. If the act constitutes a crime, they shall bear penal responsibilities and shall be unable to obtain the registration or qualification again.

62. One article is added as Article 91:

The importation of goods in violation of intellectual rights protected by the law and administrative regulations of the People's Republic of China shall be sanctioned by the Customs by confiscating the goods and imposing a fine, or criminal charges in case of a crime.

63. Article 52 becomes Article 92 and is revised as:

Goods, articles and means of transportation which are detained by the Customs according to law can not be disposed of before the People's Court renders a judgment or the Customs makes a decision about punishment.

However, for dangerous or perishable goods and articles or goods with a short shelf-life, or in the event that the owner requests to sell the goods and articles or the means of transportation, the director of the Customs office with direct jurisdiction or the authorized director of the Customs under it may authorize their early sale in accordance with law. The money from the sale shall be kept at the Customs, which shall inform the owner of the money.

Smuggled goods, articles, illegal income, smuggling vehicles, or specially-made equipment confiscated by the People's Court or the Customs shall be disposed of by the Customs, which shall hand the money from the disposal together with the fines over to the State Treasury.

64. Article 53 becomes article 93 and is revised as:

If the party concerned refuses to carry out the Customs decision or fails to apply for a reconsideration of the case or file a suit in a People's Court within the prescribed time limit, the Customs establishment making the decision of punishment may use the deposit of the party concerned to substitute for the penalty, or sell off the goods, articles or means of transport it has detained to substitute for the penalty, or ask the People's Court for a mandatory execution of the decision.

65. One article is added as Article 95:

Should there be any violation of the lawful rights and interests of the parties resulting from illegal detention by the Customs of goods and articles or means of transport, the Customs shall bear responsibility for compensation.

66. Articles 55 and 56 are combined to become Article 96 and are revised as:

Customs personnel who conduct any acts as stipulated in Article 72 of this Law shall receive administrative disciplinary sanctions and their illegal income shall be confiscated; if the act constitutes a crime, they shall bear criminal responsibilities in accordance with law.

67. One article is added as Article 97:

If the financial income and payments made by the Customs violates law or administrative regulations, the audit authority and other related departments shall make a decision in accordance with law and administrative regulations. The directly responsible officials and other personnel shall receive administrative sanctions or criminal charges in case of criminal activity.

68. One article is added as Article 98:

If the Customs does not keep confidential the identity of the person who raises the complaint or the disclosure, the directly responsible official and other personnel shall received administrative sanctions by their units or other related units.

69. One article is added as Article 99:

If the Customs personnel in question do not recuse themselves in accordance with this Law when investigating law-violation cases, the directly responsible official and other personnel shall receive administrative sanctions.

70. Article 57 becomes Article 100 and one clause is added as the first clause:

A Customs office directly under the control of the General Customs refers to a Customs establishment which is responsible for administration of the Customs affairs in a certain area; while a Customs department under the control of a Customs office refers to a Customs branch responsible for the administration of specific Customs affairs.

Clause 3 becomes Clause 4 and is revised as:

Goods under Customs control refer to imports and exports listed in Article 23 of this Law; goods under transit or transfer; goods with duty reductions or exemptions; and goods temporarily imported or exported, bonded goods, or other imports and exports which have not cleared the Customs.

71. Article 60 is deleted:

In addition, the wording of some of the articles is changed according to this Decision.

This Decision shall be effective as of January 1, 2001.

The Customs Law of the People's Republic of China shall be re-promulgated in accordance with the revisions of this Decision.

(Edited by Kharis Templeman)

Regulation of the People's Republic of China on the Customs Protection of Intellectual Property Rights

(Promulgated by Decree No. 179 of the State Council of the People's Republic of China on July 5, 1995; and Effective as of October 1, 1995)

Chapter I General Principle

Article 1. This regulation is formulated in accordance with concerned laws of the People's Republic of China, in order to enforce the customs' Protection of intellectual property right, promote exchange of foreign economy, trade, technology and culture, safeguard social public interests.

Article 2. This regulation is applicable to intellectual property including copyright, patent and the right to exclusive use of Trade Marks, which is relating to imported or exported goods and protected by the laws and administrative regulations of the people's Republic of China.

Article 3. Import or export of the goods is forbidden, as long as they infringe the intellectual property right protected by the laws and administrative regulations of the people's Republic of China (called infringing goods for short following).

Article 4. The customs of the People's Republic of China enforce the protection of the intellectual property right relating to imported or exported goods, exercise concerned power stimulated by the customs law of the People's Republic of China.

Article 5. Consignees of imported goods or consigners of exported goods and their agent (called consignees or consigners by a joint name following) shall declare honestly to the Customs the state of intellectual property relating to imported or exported goods and submit concerned documents for verifying.

Article 6. If intellectual property right owners and their agents (called intellectual property owners by a joint name following) require the customs to enforce the protection of their intellectual property relating to imported or exported goods, they shall report their intellectual property right to the Customs for the record and file an application with the Customs to take protection measures when they consider it necessary.

Article 7. When the Customs enforce the protection of intellectual property right, they shall keep the trade secrets of concerned parties.

Chapter II Record

Article 8. Intellectual property right owners shall submit written applications to the Customs when they apply for the records of the Customs' protection of intellectual property right.

The application shall include:

(1) The name or the surname and personal name, registration place or nationality, domicile, legal representative and principal business place of intellectual property owners.

(2) Registrative number, content and period of validity of registered trademark, number, content and period of validity of patent of concerned content of copyright.

(3) Name and place of production of the goods relating to intellectual property.

(4) Persons authorized or licensed to use the intellectual property.

(5) The circumstances of principal importing or exporting customs, importer or exporter, principal features, prices of the goods relating to intellectual property.

(6) The circumstances of the producer, importer or exporter, principal importing or exporting customs principal features, prices of the known infringing goods.

(7) Other circumstances that the Customs General considers necessary to illustrate. When the application is submitted, following documents shall be enclosed:

① Copy of identification card, transcript of registration certificate or copy attested by registration organs of intellectual property owner.

② Copy of registration certificate of registered trademark, copy of announcement of transfer of registered trademark approved by Trademark Bureau or use of trademark license contract entered in the records of Trademark Bureau, copy of patent certificate, transcript of transfer of patent contract registered and announced by Patent Bureau, copy of use of patent license contract or certificate or proof of copyright.

③ Other documents that the Customs General consider necessary to be enclosed.

Article 9. The Customs shall notice the applicant whether the application is admitted to enter in the records within thirty days after receiving all of the applying documents. If the Customs admit the record, they shall give record certificate of the customs' protection of intellectual property; If not, they should illustrate the reasons.

Article 10. The period of validity of the Customs' protection of intellectual property right shall be seven years, counted from the day the record is admitted by the Customs General.

Subject to the validity of intellectual property, intellectual property owner may apply for a renewal of record within six months before the period of validity of the record the customs' protection of intellectual property right expires. The period of validity for each renewal of record shall be seven years.

The record of the customs' protection of intellectual property right shall be invalid of no application for renewal has been filed before the period of validity of the record of the customs' protection of intellectual property expires or the legal protection period of the right to exclusive use of trademark, patent or copyright expires.

Article 11. If the circumstances of the recorded intellectual property have changed, the intellectual property owner shall go through the formalities of the change or cancel of record within ten days after the day when the authorities of intellectual authorities approve the change.

Chapter III Application

Article 12. Intellectual property right owners who have entered in the record of the Customs may submit to the Customs located in imprting or exporting place the application to takeprotection measures of intellectual property right when they find that the goods which are suspected of infringing is to enter or leave the country.

Article 13. One shall submit written application of he require the customs to take protection measures of intellectual property.

The application shall include:

(1) Name of the intellectual property applied for protection, number of the Customs' record.

(2) Name of the suspected infringer domicile legal representative, principal business place.

(3) Circumstances of the name, size of the suspected infringing goods.

(4) Circumstances of the port time, conveyance and consignee or consignor.

(5) concerned infringing proof.

(6) Measures the applicant requires the Customs to take.

(7) Other circumstances that the Customs consider necessary to submit.

Article 14. If the applicant requires the Customs to detain the suspected infringing goods, the applicant should submit guarantees equal to C. I. F. of imported goods or F. O. B. of exported goods.

Article 15. If the intellectual property owner who requires the Customs to take protection measures of the intellectual property right hasn't enter in the records of the Customs General, he shall go through the formalities of the record of intellectual property in accordance with Article 8 of these regulations when he applies with the customs.

Article 16. If the application isn't in conformity with the relevant provisions of this chapter, the Customs will not accept it.

Chapter IV Procedure for Investigation and Punishment

Article 17

17. 1 If Customs, upon the petition of trademark or patent holder, decides to seize goods suspected of infringing the trademark or patent, Customs must file a Customs Detaining Receipt and serve it on either the consignee or consignor of the goods and also notify the petitioner in writing.

17. 2 The consignee or consignor of the seized goods has seven (7) days from the date of being served the Customs Detaining Receipt to raise an objection to the customs seizure. The objection must be submitted in writing and explain the reasons they feel that their goods do not violate any intellectual property rights. If no objection is filed within this seven (7) day period,

the Customs Department may conduct an investigation and depending on the outcome of the investigation, is entitled to treat the seized goods as violating a trademark or patent and deal with the goods accordingly. If the consignee or consignor submits an objection, Customs must immediately notify the petitioner in writing that an objection has been made.

17.3 The petitioner has fifteen (15) days from the date the written notification from the Customs Department is served, (as per Article 17.1), to apply to the appropriate agency to deal with and commence an intellectual property infringement action in the People's Court.

Article 18

18.1 Customs has the right to detain goods suspected of infringing intellectual property rights registered with them. If goods are detained, the Customs Department must serve either the consignee or consignor with a Customs Detaining Receipt and also notify the intellectual property owner in writing. If the intellectual property owner submits a written petition for intellectual property protection within three (3) days following the Customs Department's written notification of the detained goods, the matter will be handled in accordance with Article 17 of this regulation.

Article 19

19.1 A consignee or consignor of detained goods who maintains that his goods do not infringe any intellectual property rights, may apply for clearance of the goods. A bailment bond in the amount equal to two (2) times the CIA import value of the goods or two (2) times the FOB export value of the goods.

Article 20

20.1 If Customs detains goods suspected of violating intellectual property rights under the procedure described in Articles 17 & 18 of this regulation, it must conduct an investigation within fifteen (15) days after the goods were seized unless an objection has been submitted to the appropriate intellectual property agency or court of law.

20.2 If Customs suspects any criminal activity in relation to the intellectual property right infringement, it will alert the appropriate agency for further investigation.

Article 21

21.1 The intellectual property owner should afford all necessary assistance to the Customs officials in their investigation of the seized goods.

Article 22

22.1 Customs may release the seized goods under any of the following circumstances.

22.1.1 If the investigation by Customs or the appropriate intellectual property agency finds that the seized goods do not infringe any intellectual property rights.

22.1.2 If a Court, either by judgment or arbitration, finds that the seized goods do not infringe any intellectual property rights.

22.1.3 If the parties involved with the dispute did not commence the lawsuit within the specified deadline, or if the People's Court refuses to hear the case, or if the People's Court lifts the seizure and allows the goods to be released.

22.1.4 If the intellectual property owner does not file a petition within the specified time or declares that it does not require the intellectual property rights protection offered by Customs.

Article 23

23.1 If the seized goods are confirmed by Customs, the appropriate intellectual property agency, or by the People's Court, to infringe intellectual property rights, they will be confiscated.

Article 24

24.1 Customs will handle the confiscated goods in the following way:

24.1.1 Goods infringing copyright should be destroyed.

24.1.2 Goods infringing a trademark should be destroyed unless the infringing trademark can be removed from the goods. If the trademark can be removed and the goods are stilluseful, the trademark portion should be destroyed and the goods used either for public use or sold by public auction, however the party who infringed the trademark will be barred from the auction.

24.1.3 Intellectual property rights infringements other than copyright and trademark infringements will be dealt with according to the relevant State Council regulations.

Article 25

25.1 If the seized goods are declared by Customs, the appropriate intellectual property agency, or by the People's Court to be free of any intellectual property rights infringements, any bailment bond posted to allow the seized goods to clear Customs early and/or any guarantee posted by the petitioner, will be returned after subtracting the following fees:

25.1.1 Handling and storage fees.

25.1.2 Compensation to the consignee/consignor for goods seized due to an unjustly filed petition for Customs protection by the petitioner.

Article 26

26.1 The civil dispute between the intellectual property rights holder and the consignee or consignor of the goods should be resolved by arbitration, litigation or other means. The Customs Department will not hear civil cases.

Article 27

27.1 If Customs, due to the improper or incomplete information of the intellectual property owner's petition, does not find the goods in violation of any intellectual property rights or fails to commence protection of intellectual property rights on time or takes improper measures to protect the intellectual property, the petitioner (intellectual property right holder) will bear full responsibility.

Chapter V Legal Responsibility

Article 28

28.1 If the consignee or consignor knew or should have known that their goods infringe intellectual property rights, Customs may fine the consignee/consignor in the amount not more than the CIA price for importing or FOB price of exporting the goods.

Article 29

29.1 If the consignee or consignor fails to report the relevant information regarding the goods in question, provides false information, or fails to submit the relevant certificates, Customs may fine the consignee/consignor in the amount not more than the CIA price for importing or FOB price of exporting the goods.

Article 30

30.1 If either the petitioner or the consignee/consignor does not agree with the fine levied against the consignee/consignor by the Customs, they may, within thirty (30) days of receiving notification of the punishment, apply to either the Customs issuing the fine or a higher level of Customs to have the fine reconsidered. If Customs is unable to serve the punishment notice on any of the interested parties (the petitioner or the consignee/consignor), then the period for requesting a re-evaluation of the fine is extended to ninety (90) days after the announcement of the punishment decision. If the interested parties (the petitioner or the consignee/ consignor), still disagree with the Customs re-evaluation, they are entitled to bring an action in the People's Court.

30.2 The interested parties may also bring an action directly into the People's Court within thirty (30) days of receiving the punishment notice or the announcement of the punishment.

Article 31

31.1 If the act of importing or exporting goods infringing intellectual property rights constitutes a crime, the offender will be investigated for criminal responsibility according to the law.

Article 32

32.1 If any Customs officials or staff are suspected of abusing their powers, willfully creating difficulties, neglecting their duty, or engaging in malpractice to benefit any interested parties, they will be investigated for criminal activity. If the acts of the Customs officials or staff does not constitute a crime, they may still be investigated for administrative misconduct.

Chapter VI Attachment

Article 33

33.1 Goods either entering or exiting the country as luggage or by post, that exceed the amount used for personal use or a reasonable amount, will be handled in accordance with this regulation in the case of intellectual property rights infringements.

Article 34. Customs is entitled to charge registration fees and other necessary handling fees when dealing with goods in the course of carrying out intellectual property protection. These charges and fees will be established and fixed by the Central Customs Bureau in association with appropriate finance department of the State Council.

Article 35

35.1 The Central Customs Bureau will establish fixed procedures for filing intellectual property rights protection petitions and for carrying out intellectual property protection. The Central Customs Bureau will also administer all associated forms and documents required in the intellectual property protection process.

Article 36

36.1 This regulation comes into effect on October 1, 1995.

Procedures of the Customs of the People's Republic of China on Protection of Intellectual Property Rights

Chapter I General Provisions

Article 1. This set of procedures has been formulated in accordance with the Regulation on the Customs Protection of Intellectual Property Rights so as to ensure the effective protection of intellectual property rights by the Customs.

Article 2. Obligees of the intellectual property rights (referred to hereinafter as the obligee) in this set of procedures are the owners or licensees of copyrights as described in Article 9 of The Copyright Law of the People's Republic of China, the parties which have registered the trade mark as described in Article 3 of The Trade Mark Law of the People's Republic of China or the patentees as described in Article 6 of The Patent Law of the People's Republic of China.

Article 3. When it deems necessary, the Customs can request a consignor/consignee to make supplementary declaration on the intellectual property rights of the goods that are being shipped while undergoing import/export customs formalities.

The consignor/consignee shall, upon request by the Customs, truthfully declare the intellectual property rights of the import/export goods and present related documents proving ownership of the intellectual property rights or the right to legally use the intellectual property.

When it deems necessary, the Customs may, in accordance with provisions under The Customs Law of the People's Republic of China, examine and pick up samples of the import/export goods.

Article 4. In protecting intellectual property rights, the Customs shall safeguard the trade secrets of the parties concerned. The parties concerned shall expressly request the Customs to guard its trade secrets in its written document presented to the Customs.

Chapter II Record

Article 5. The application for keeping a record with the Customs for the protection of intellectual property rights shall be filed by the obligees or their agents with the General Administration of Customs. If an obligee has no business site or representative offices on the Chinese territory, he/she shall entrust his/her agent in China to file the application for record-keeping.

Article 6. In case one of the co-owners of the intellectual property right has filed an application for record-keeping with the General Administration of Customs, the other co-owners do not have to file such an application again.

Article 7. Obligees or their agents, in filing an application for record-keeping with the General Administration of Customs, shall apply separately according to the nature of the intellectual property and category of the goods, together with other documents as stated in Article 8 of The Regulations of Customs Protection.

Except stipulated items, the obligees or their agents shall fill up the application forms in Chinese and pledge to submit authentic and valid documents for examination, Documents submitted, if in foreign languages, shall have a Chinese version attached. The obligees or their agents shall also, upon request by the General Administration of Customs, provide samples or photographs of the objects on which the intellectual property rights are applied for record-keeping.

An agent entrusted by an obligee to file record-keeping applications shall present the power of attorney granted by the obligee concerned.

Article 8. An obligee, in applying for record-keeping, shall pay record- keeping fee in accordance with the nature of the intellectual property and the category of the goods. The way of collection and rate of the fees shall be determined separately by the General Administration of Customs together with other State organs.

Article 9. When approving the applications for record-keeping, the General Administration of Customs shall issue the obligee a Record-Keeping Certificate of Customs for Protection of Intellectual Property Rights (referred hereinafter as Record-Keeping Certificate)

The General Administration of Customs can issue a duplicate of Record-Keeping Certificate to the co-owner of an intellectual property right other than the one that filed record-keeping applications. When the obligee applies for protection, both the original and duplicates of Record-Keeping Certificate are legally valid.

When rejecting a record-keeping application, the General Administration of Customs shall notify the applicant of the rejection and provide reasons for the rejection.

Article 10. A Record-Keeping Certificate shall be effective as of the date of the its issuance by the General Administration of Customs. The effective time of the record-keeping is seven years. If the term for protecting an intellectual property is less than seven years from the date of issuance of the Record-Keeping, the effective time of the Record-Keeping Certificate shall conform with legal protection term of the intellectual property right.

Article 11. Upon the expiration of term of a record-keeping, the obligee or his/her agent may apply for a renewal within six months before the date of the expiration.

The obligee or agent, in applying for record-keeping renewal, shall present a written application.

Article 12. The General Administration of Customs shall, within 15 days since the receipt of the record-keeping renewal application, decides whether to approve or reject the application. In case of rejection, the General Administration of Customs shall issue a written notification and state the reasons.

The renewed record-keeping shall be effective as of the date immediately following the expiration of the original record-keeping term.

The effective term of the renewed record-keeping is seven years. If the legal protection time for an intellectual property right is less than seven years as of the effective date of the renewed record-keeping, the effective term of the renewal shall conform with the intellectual property rights' legal protection time.

Article 13. In one of the following circumstances, an obligee or his/her agent shall go through modification formalities of intellectual property protection with the General Administration of Customs:

(1) The name or registered residence of the obligee has changed;

(2) The licensing of the intellectual property rights has changed;

(3) The conditions of goods with which an intellectual property right rests have changed;

(4) The situation of the agent has changed;

(5) Other circumstances that call for the change of record-keeping of the intellectual property rights.

An obligee or his/her agent, in applying for modification of the record- keeping of intellectual property rights, shall present a modification application, the Record-Keeping Certificate and other documents on modification of the intellectual property rights. When the modification of the intellectual property rights need to be approved by department in charge of the State, the approval documents to the effect shall also be presented in applying for record-keeping modification.

Article 14. Under one of the following circumstances, the General Administration of Customs may rescind the record-keeping:

(1) The legal protection of an intellectual property right has been declared null;

(2) The obligee has transferred its intellectual property rights;

(3) The obligee decides to give up its record-keeping of intellectual property rights protection with the Customs;

(4) Major Customs protection fallacies incurred as a result of mistaken record-keeping by the obligee or his/her agent, or as a result of the fact that the obligee or his/her agent failed to undergo modification formalities of the record-keeping within the stipulated time limit;

(5) The obligee or his/her agent failed to pay the required fees as stipulated;

(6) Other circumstances that should result in the revocation of the record-keeping.

After the transfer of an intellectual property right, if the transferee wants continued Customs protection, he/she can undergo the modification formalities as stipulated in Article 13 of this set of procedures.

Chapter III Application for Customs Protections

Article 15. When an obligee or his/her agent requests protection from the Customs against suspected goods to be exported/imported, he/she shall, in accordance with Article 13 of the Regulations of Customs Protection, file a written application to this effect with the Customs office at the place where the goods are expected to be exported/imported, together with related material objects, photographs or other proofs proving the suspected infringement if requested by the Customs.

An application for Customs protection shall be written in Chinese. Other documents submitted, if written in a foreign language, shall also have Chinese versions attached.

In the application for customs protection, an obligee or his/her agent shall expressly request the Customs to apprehend the goods that are involved in the suspected infringement of the intellectual property rights concerned.

The obligee or its agent, in applying for Customs protection, shall present Record-Keeping Certificate as well as its identification papers. The agent shall also submit power of attorney granted by the obligee with the Customs.

Article 16. An obligee or his/her agent, in applying for Customs apprehension of the suspected goods, shall, in accordance with Article 14 of the Regulations of Customs Protection, pay a guarantee equivalent to the value of CAF/FOB of the imported/exported goods. If the amount of CAF/FOB cannot be decided, a sum as estimated by the Customs shall be paid.

Article 17. An obligee or his/her agent without a record-keeping arrangement with the Customs, in applying for Customs protection of his/her intellectual property rights, shall, in accordance with Article 15 of the Regulations of Customs Protection, present the General Administration of Customs with record-keeping application documents and application papers for protection.

Article 18. If the application documents of the obligee or his/her agent fail to meet the aforementioned requirements in this chapter, the Customs office of the import/export port can reject.

Article 19. If an obligee with record-keeping decides to withdraw his/her request for Customs protection, he/she shall file a written request to such effect before the Customs decides to carry out the apprehension of the suspected goods.

Chapter IV Investigation and Settlement

Article 20. The Customs, in apprehending suspected goods in accordance with Articles 17 and 18, shall issue an apprehension voucher to the consignor/consignee and issue a written notification to the obligee or his/her agent.

Article 21. Upon notification by the Customs of the apprehension of goods suspected of infringement in accordance with Article 18 of the Regulations of Customs Protection, an obligee or his/her agent shall reply in one of the following three ways within three days after the receipt of the written notification:

(1) In accordance with the provisions in Chapter Three of this set of procedures, file applications for Customs protection and pay guarantee in accordance with Article 16 of this set of procedures;

(2) Present a written statement to request the withdrawal of the right to protection and state the reasons;

(3) Present a written statement to the Customs to show that the goods apprehended are not involved in rights infringement.

If the obligee or his/her agent fails to present a reply within the time limit in the aforementioned manners, the Customs may, in accordance with Article 22 of the Regulations of Customs Protection, release the goods apprehended.

Article 22. A consignor/consignee, if considering that the goods apprehended by the Customs are not involved in rights infringement, may file a written objection within seven days since receiving the apprehension voucher with the Customs that produced the voucher.

Upon receiving the written objection of the consignor/consignee, the Customs shall send the obligee or his/her agent a written notification of the dispute over infringement.

Article 23. If an obligee or his/her agent, in accordance with Article 17 of the Regulations of Customs Protection, files a complaint over the disputed rights infringement with the departments in charge for the administration of intellectual property rights protection or files a lawsuit with the people's court, a written notification as well as related documents' duplicates shall be sent to the Customs within 15 days since the receipt of the Customs written notification for the infringement dispute. Without receiving the notification after the deadline, the Customs, in accordance with Article 22 of the Regulations of Customs Protection, shall release the apprehended goods.

Article 24. A consignor/ consignee, in requesting the release of the concerned goods in accordance with Article 19 of the Regulations of Customs Protection, shall file a written request with the Customs and pay in advance a guarantee equivalent to twice as much as the CAF/FOB of the imported /exported goods.

Before releasing the goods, the Customs shall pick up a sample and have it sealed and clearly marked by the Customs and the consignor/consignee confirms by signing on the paper snip seal or through other means.

Article 25. Under one of the following circumstances, the Customs can reject the application by a consignor/consignee for release of the goods suspected of rights infringement:

(1) The consignor/consignee failed to file an objection over the Customs apprehension of the goods in accordance with related provisions;

(2) The consignor/consignee failed to pay the required guarantee in advance;

(3) The goods apprehended by the Customs are involved in other illegal matters;

(4) The People's court has already made a ruling of possession protection;

(5) Other conditions for the Customs to release the goods were not met.

Article 26. The Customs shall, in accordance with Article 20 of the Regulations of Customs Protection, start to make investigations on the goods suspected of rights infringement and related matters within 15 days since the apprehension of the goods. The Customs shall cease the investigations under one of the following circumstances:

(1) The parties concerned have filed a complaint with the departments in charge for the protection of intellectual property rights or have filed a lawsuit with the people's court over the rights infringement dispute;

(2) The Customs suspect that the dispute involves criminal activities and thus should be turned over to other related departments for further investigation.

During the investigations, the obligee or its agent shall give necessary assistance as required by the Customs.

Article 27. The Customs, in releasing the goods in accordance with Article 22 of the Regulations of Customs Protection, shall send the obligee or his/her agent a written notification and return the guarantee fund after deducting storage fees and compensation to other party that suffered damages as a result of inappropriate application for goods apprehension.

If the goods in question have already been released in accordance with Article 19 of the Regulations of Customs Protection, the Customs shall return the submitted guarantee money to the obligee or his/her agent.

Article 28. If the apprehended goods have been proved by the Customs and the departments in charge for the protection of intellectual property rights or by the people's court as involved in rights infringement, the Customs shall have them confiscated in accordance with Article 23 of the Regulations of Customs Protection.

For the goods that have been released by the Customs in accordance with Article 19 of the Regulations of Customs Protection, the Customs shall have them recovered and confiscated. If the goods cannot be recovered and confiscated, the Customs shall seek a payment equivalent to the CAF/FOB of the imported/exported goods from the consignor/consignee.

The Customs, in confiscating the goods involved in rights infringement or seeking an equivalent payment, shall issue the consignor/consignee a notification of penalty.

Article 29. After confiscating the goods involved in rights infringement, the Customs shall, in accordance with Article 19 of the Regulations of Customs Protection, return the submitted guarantee fund to the consignor/consignee, deducting the value of the confiscated goods, the storage fees of the goods during apprehension and processing fee for the goods involved in rights infringement.

After confiscating the goods involved in rights infringement, the Customs shall send the obligee or his/her agent a written notification. As to the guarantee fund submitted by the obligee, the Customs shall, in addition to the money deducted from the consignor/consignee's guarantee as stated in the previous paragraph, deduct fees incurred during the storage and processing of the goods in question and return the remaining sum to the obligee.

Article 30. The amount of damages that should be paid to the other parties concerned as a result of the obligee's inappropriate application for goods apprehension shall be established in accordance with the ruling or verdict of the people's court.

The amount of storage fees of goods apprehended and the processing fees of goods involved in rights infringement shall be established in accordance with the actual expense incurred.

If the amount of guarantee funds submitted by the consignor/consignee and the obligee cannot fully coner the storage and processing fees and the equivalent of the value of the goods confiscated, the Customs ane entitied to seek full payment.

Chapter V Supplementary Provisions

Article 31. The right to interpret this set of procedures resides in the General Administration of Customs.

Article 32. This set of procedures goes into effect as of October 1, 1995.

[NEXT PARAGRAPH IS DEN – 100] [NEXT PAGE IS DEN – 1]

后　　记

　　为我们的导师郭老出版一部选集是在京的师弟师妹们合议形成的共识。我后来受托做些许技术工作，深感荣幸、责任重大。

　　由于我远在南国，编辑的具体工作还是由师妹郭虹等人完成的。在文稿处理的过程中她亲自向郭老作了多次汇报，听取了郭老的意见。

　　其实，我们做的工作是十分有限的。这里仅就选编的大体情况和思路作一些说明：

　　虽力图找全郭老的各种著述，但因涉及年代久远，难免有疏漏。正因此，以后关注郭老学术踪迹的同行若在故纸堆里惊喜地邂逅他老的大作，一点也不意外。

　　为了较全面地反应郭老的著述活动，除了知识产权法内容外，还包括民法以及几篇随笔等。

　　在编排体例上分中英文两大部分，各部分基本按发表或出版的时间顺序排列，而中文部分还对论文、著作、课题报告等作了区分。

　　编入文集的全部文稿，均未作内容上的调整，仅针对罕有的个别笔误或疏漏，作了些许修订，因纯为技术细节，未特别标出。

　　少数篇目为郭老与同事、学生合作的成果，已征求过合作者的认可，并均在题注中记明。

韦　之

2012 年 9 月 20 日　于桂林